KB265454

『류해』서 어휘 사용 양상 연구

『류해』서 어휘 사용 양상 연구

『류해』서 어휘 사용 양상 연구

김철준 편저

도서출판 역락

『류해』서 어휘 사용 양상 연구

머리말

　17~18세기는 중세에서 근대에로 넘어가기 위한 준비를 하고 있던 새로운 역사적 시기로서 사회생활과 인간들의 사상의식 수준에서 일련의 변화가 일어났다.

　사회가 발전하고 인간들의 자주적인 사상의식이 높아짐에 따라 어휘구성 관계에서 새로운 어휘부류들이 생겨났으며 어휘 사용이 더욱 다양해지고 풍부해졌다.

　17세기 이후 어휘구성과 사용의 변화관계는 이 시기에 나온 각종 언해본들과 국문문학작품들에서도 나타나고 있지만 당시 외국어학습이 심화되면서 나온 여러 대역사전들에도 포괄적으로 반영되어 있다.

　이런 의미에서 17~18세기에 편찬된 『역어류해』(1690), 『동문류해』(1748), 『몽어류해』(1768), 『왜어류해』(1780) 등의 『류해』서 문헌들이 귀중한 사료적 가치를 가진다고 볼 수 있으나 지금까지 그에 대한 응당한 연구가 진행되지 못하였다.

　이에 『류해』서들에 반영된 어휘자료를 종합적으로 분류하고 정리하여 여러 가지 자료집과 사전들을 만들어내는 것은 이 시기 조선말 어휘의 발전상태와 언어구조의 여러 특징을 밝혀내는 데서, 즉 중세조선어와 근대조선어를 이어주는 데서 자못 의의 있는 일로 된다.

　이런 의미에서 이 책을 편찬하게 되었다. 우리는 이 책을 통하여 비단 어휘변화연구뿐만 아니라 언어의 기본요소인 어음과 문법적 현상도 고찰할 수 있다.

　이 책이 만들어지게 된 데는 석사지도교수 이득춘 교수님의 가르침이 크다고 생각된다. 『<화어류초>의 어휘연구』의 출판에 이어 출판하게 되는 이

책도 이론성 저서인 것이 아니라 하나의 자료집이라고 할 수 있다. 이론도 중요하지만 자료정리도 자못 중요하다고 생각된다. 내가 이렇게 자료정리에 애착을 갖게 된 데는 그럴만한 이유가 있다.

석사과정에 들어가자 다행히도 이득춘 교수님의 95국가사회과학연구프로젝트 《명청시기 조선의 번역운서에 반영된 근대한어음운체계연구》의 한 성원으로 되어 자료정리 임무와 국제음성기호 전사를 맡게 되었다. 그때까지만 해도 컴퓨터가 그리 보급되지 않아 종이카드에 하나하나 자료를 정리하지 않으면 안 되었다. 그것이 무척 힘들었지만 그래도 그것이 나에게는 큰 자산이 된 것이다. 석사졸업 후에도 짬짬이 시간을 내어 문헌 어휘정리를 해 왔다.

그러던 차 2005년 국가지원으로 김일성종합대학에 1년간 방문학자로 가게 되었는데 이 교수님께서 『류해』류 문헌에 대하여 연구를 진행해보라고 일깨워주시었다. 하여 1년 동안 부지런히 『역어류해』, 『동문류해』, 『몽어류해』, 『왜어류해』 네 개 문헌의 어휘들을 정리하기 시작하였고 그것이 쌓여 오늘은 이렇게 책으로 만들어지게 된 것이다. 이 자료가 후학들의 학술연구에 조금이나 도움이 되었으면 하는 바람이다.

이 교수님의 가르침과 은혜를 떠나서는 오늘날의 나의 성과를 논할 수 없다. 이 교수님께 항상 고마운 마음뿐이다.

그리고 『<화어류초>의 어휘연구』의 출판에 이어 또 출판을 선뜻 맡아주신 도서출판 역락 이대현 사장님과 이소희 님께 깊은 감사를 드리고 싶다.

북경대학 원명원캠퍼스에서
2009년 9월 11일
김철준

차 례

일러두기

1. 올림말과 그 배렬

1) 〈자료 1〉에는 원문의 풀이말을 올림말로 적고 원문의 표제어를 그 뒤에 놓았다.
2) 〈자료 2〉에는 원문 그대로의 순서로 놓았는데 이 부분에는 중국어를 그대로, 혹은
   다른 한자어로, 혹은 조선어와 한자어가 섞인 부분만을 선택하였다.
3) 〈자료 3〉에는 원문의 풀이말을 올림말로 적고 그 뒤에 현대 단어로 혹은 설명구로
   해석을 주었다. 풀이말을 올림말로 적음에 있어서 주로 단어를 단위로 하여 끊어
   올렸고 단어결합, 토, 덧붙이 및 성구, 속담도 일정한 범위로 올렸다.
4) 올림말 뒤에는 그것이 나타나는 원문의 이름을 밝혀주고 그에 따르는 현대어어휘
   나 설명구를 적었고 그 뒤에 페이지수와 그것이 속하는 부문을 적었다. 현대어는
   『조선말대사전』(1, 2권)과 『중조사전』(외국문도서출판사, 1984년)을 따랐다.
5) 〈자료 1〉과 〈자료 2〉의 올림말의 배열은 다음의 자모차례에 따르는 『가나다』의 순
   서로 하였다.

   ㄱ, ㄴ, ㄷ, ㄹ, ㅁ, ㅂ(ㅳ, ㅄ, ㅶ, ㅷ), ㅅ(ㅅ, ㅺ, ㅼ, ㅆ, ?), ㅈ, ㅊ, ㅋ, ㅌ, ㅍ,
   ㄲ, ㄸ, ㅃ, ㅆ, ㅉ.
   ㅏ, ㅑ, ㅓ, ㅕ, ㅗ, ㅛ, ㅜ, ㅠ, ㅡ, ㅣ, ㆍ, ㅐ, ㅒ, ㅔ, ㅖ, ㅚ, ㅢ, ㅟ, ㅞ, ㅓ, ㅑ,
   ㅘ, ㅝ, ㅙ, ㅞ

   전체 범위에서의 배열은 이상과 같고 한 올림말에 여러 개의 올림말이 따를 때에
   는 이상의 자모 배렬 순서로 하지 않고 원문의 출판년대의 순서로 올렸다. 출판년
   대의 순서는 다음과 같다.

   역어류해(1690년)   동문류해(1748년)
   역어류해보(1775년)   왜어류해(1780년)
   몽어류해(1790년)(방효언본)

6) 〈자료 3〉의 올림말 순서는 한자의 병음차례대로 올렸다.

2. 부호와 략호

1) 부호

▷ → 〈자료 1〉의 올림말   Y → 원문의 오른쪽 페이지

Z → 원문의 왼쪽 페이지   1 → 매개 문헌의 상권

2 → 매개 문헌의 하권   3 → 매개 문헌의 보권

? → 똑똑하지 못한 글자(조선어, 한자)

2) 략호

『역1』→『역어류해 상』   『역2』→『역어류해 하』

『역3』→『역어류해 보』   『동1』→『동문류해 상』

『동2』→『동문류해 하』   『왜1』→『왜어류해 상』

『왜2』→『왜어류해 하』   『몽1』→『몽어류해 상』

『몽2』→『몽어류해 하』   『몽3』→『몽어류해 보』

3. 사용에서의 주의점

1) 『ㅅ』계 합용병서와 『ㅂ』계 합용병서로 된 것

2) 구개음화가 된 것과 되지 않은 것

3) 겹모음 『ㅣ』가 탈락된 것과 탈락되지 않은 것

4) 받침 『ㅅ』로 된 것과 『ㄷ』으로 된 것

5) 『ㅏ』와 『·』로 된 것

6) 『ㅐ』와 『ㅓ』로 된 것

7) 한 올림말에 따르는 여러 개의 올림말은 현대어의 뜻에 따라 형태가 같거나 비슷한 단어들을 올렸다.

예하면

▷워기다(동2)웨치다27y(매매)   웨이다(역3)웨치다18y(매매)

위이다(몽2)웨치다22y(매매)

8) 현대어에는 없거나 현대어로도 풀이하기 힘든 것은 한자 그대로 옮겨놓았다. 『왜어류해』에 나타나는 단어들에 주의하기 바란다.

9) 매개 문헌의 부문별 분류가 다르기 때문에 편리를 위하여 다음과 같이 소속시켰다.

① 『왜어류해』의 『간지(干支)』도 『시령(時令)』에 넣었다.

② 『동문류해』, 『몽어류해』, 『몽어류해보』, 『왜어류해』에서는 『기후』류에 속하는 단어들이 『시령(時令)』에 속해있다. 편의를 위하여 『시령』에 속한 단어들을 뽑아 『기후』에 넣었다.

③ 『왜어류해』의 『강호(江湖)』, 『방위(方位)』를 편의상 『지리』에 포함시켰다.

④ 『동문류해』와 『몽어류해』에서는 『궁궐(宮闕)』이라 하지 않고 『궁실(宮室)』이라 하였다. 편의를 위하여 『궁궐』에 넣었다. 그리고 『역어류해』와 『역어류해보』의 『옥댁(屋宅)』 부분도 그 내용이 『동문류해』와 『몽어류해』의 『궁실』의 내용과 비슷하기에 모두 『궁궐』에 넣었다.

⑤ 『동문류해』, 『몽어류해』, 『몽어류해보』, 『왜어류해』에서 『교량』의 부분을 모두 『성곽』에서 다루었기에 『역어류해』와 『역어류해보』의 『교량』 부분을 『성곽』에 넣었다.

⑥ 『동문류해』, 『몽어류해』, 『몽어류해보』, 『왜어류해』에는 『학교』 부분이 없고 『문학』 부분이 있다. 그 내용이 비슷하기 때문에 『동문류해』, 『몽어류해』, 『몽어류해보』, 『왜어류해』의 『문학』 부분을 『역어류해』의 『학교』 부분에 넣었다. 그리고 『역어류해』의 『과거』 부분도 『역어류해』의 『학교』 부분에 넣었다.

⑦ 『동문류해』, 『몽어류해』, 『몽어류보』, 『왜어류해』에서는 『무비(武備)』 부분으로 되여있다. 편의를 위하여 이것을 『역어류해』의 『교열(敎閱)』 부분에 넣었다.

⑧ 『왜어류해』에서는 『사관』이라 하지 않고 『사찰(寺刹)』이라 하였다.

⑨ 『동문류해』, 『왜어류해』, 『몽어류해』의 『용모(容貌)』를 『신체』에 넣었다.

⑩ 『왜어류해』에는 『잉산(孕産)』 부문이 없고 『혼처(婚娶)』 부문에 그 내용이 실려있다. 편의를 위하여 『잉산』과 관련된 내용을 뽑아내어 『잉산』에 넣었다.

⑪ 『왜어류해』에는 『례도(禮度)』 부문이 없고 『혼처』 부문이 있는데 내용상 『례도』와 비슷함으로 『례도』에 넣었다. 『역어류해』의 『혼처』 부문도 『례도』에 넣었다. 그것은 『동문류해』와 『몽어류해』의 『례도』에 『혼처』 부문의 내용이 포함되어 있기 때문이다.

⑫ 『왜어류해』에서는 『상장(喪葬)』이라 하지 않고 『상제(喪祭)』라 하였다. 편의를 위하여 『상장』에 넣었다.

⑬ 『동문류해』와 『몽어류해』에서의 『음식』과 『과품(果品)』을, 『왜어류해』에서의 『음식』과 『과실(果實)』을 모두 『역어류해』의 『음식』에 넣었다.

⑭ 『동문류해』, 『몽어류해』, 『왜어류해』에서는 『인륜(人倫)』이라 하였다. 편의를 위하여 『친속(親屬)』에 포함시켰다.

⑮ 『왜어류해』에서는 『산수(籌數)』라 하고 『몽어류해』에서는 『수목(數目)』이라 하였다.

⑯ 『동문류해』, 『왜어류해』, 『몽어류해』에서는 『직조(織造)』라 하지 않고 『포백(布帛)』이라 하였다.

⑰ 『동문류해』와 『몽어류해』에서는 『화곡』이라 하지 않고 『미곡(米穀)』이라 하였다.

⑱ 『동문류해』, 『왜어류해』, 『몽어류해』에서는 『주차(舟車)』라 하였다. 『역어류해』의 『차량(車輛)』을 『주강(舟舡)』에 넣었다.

⑲ 『동문류해』, 『왜어류해』, 『몽어류해』의 『잡어(雜語)』를 『역어류해』의 『쇄설(鎖說)』에 넣었다.

17~18세기 『류해』류 문헌의 편찬관계와 그 특성

조선에서 외국어연구의 역사는 매우 오래다. 봉건시대에 조선에서는 외국어연구가 외교의 필요상 이웃 나라들의 언어를 습득하려는 실천적인 목적과 결부되어 오래전부터 국가적 조치로 정규화되어 왔다. 이 과정에 회화집, 운서류, 옥편류, 류해류 등의 각종 외국어학습서와 사전들도 수많이 편찬되어 이용되어 왔는데 이것들은 조선말의 발전과정과 그 특징을 연구하는 데서 매우 귀중한 가치를 가지는 언어자료들로 되고 있다.

17~18세기에 편찬된 『역어류해(譯語類解)』(1690), 『동문류해(同文類解)』(1748), 『몽어류해(蒙語類解)』(1768), 『왜어류해(倭語類解)』(1780) 등의 류해류 문헌들은 중국어, 만주어, 몽골어, 일본어와 조선말 어휘들을 대역한 외국어학습의 어휘분류집, 대역사전들이다.

류해서들에 반영된 어휘자료들을 종합적으로 분류 정리하여 여러 가지 자료집과 사전들을 만들어 내는 것은 이 시기 조선 말 어휘의 발전 상태와 언어구조의 여러 특징을 밝혀내는 데서 의의 있는 일로 된다.

류해서들에 대한 전면적인 연구가 아직 이루어진 것이 없다. 그 현존본들에 대한 자세한 조사도 부족하고 그 내용에서의 서로의 영향관계 및 특징

등에 대한 연구도 없었다.

아래에 이러한 자료들을 연구하는 데 일정하게 도움을 주기 위하여 몇 개 류해서의 편찬관계와 그 특징을 간단히 소개하기로 한다.

역어류해(譯語類解)

『역어류해』는 한학에 속한다.『통문관지』(什物條)의 주해에 근거하여 우리는『역어류해』가 1682년에 로봉 민정중(閔鼎重)이 사역원의 신이행, 김경준, 김지남 등 역관들을 시켜 중국인 문가상, 정선갑에게 질문하여 수정케 하여 1690년에 역시 사역원의 정창주, 윤지홍, 조덕현으로 하여금 2권 2책의 목판본으로 간행하게 한 중국어 어휘사전이라는 것을 알 수가 있다.『역어류해』는 또 보편을 가지고 있다. 즉『역어류해보』는 김홍철이 1775년에『역어류해』의 단점을 보충하여 편찬한 중국어학습용 어휘집이다.

현재『역어류해』는 규장각본과 고도서본(古圖書本)의 두 가지 이본(嫩本)이 전하고 있다. 여기서 규장각본보다 고도서본이 그 초간본인 것으로 추정되는데 그것은 구개음화 등의 표기가 다른 본들보다 가장 적게 반영되어 있기 때문이다. 그러나 중간본이 언제 간행되었는지는 알 수 없다. 필사본도 전한다.

『역어류해』는 천문, 시령(時令), 지리, 기후 등 모두 62개의 항목으로 구성되었는데 어휘수가 약 5천 개 정도에 달한다. 모든 항목은 중국어와 그에 해당한 조선어어휘, 단어결합 및 일부 간단한 문장의 대역구조로 되었는데 먼저 중국어단어를 쓰고 글자의 중국음을 정음으로 달고 그 아래 정음으로 의미를 표기하였다. 올림말로 적힌 중국어어휘에는 좌우로 나누어 중국한자음(오른쪽의 것은 당대의 속음이고 왼쪽의 것은 역사적 표기에 의한 이른바 정음임)을 적었다.

春(츈)(츈) ○ 봄, 凍雨(둥유)(둥유) ○ 上소, 打春(다츈)(다츈) ○ 立春노롯, 重陽(충양)(쭝양) ○ 九月九日, 今年(긴년)(긴년) ○ 올, 水晶(쉬징)(쉬징) ○

ㅡㅡ, 天靑(텬칭)(텬칭) ○ 비단, 仰看(양칸)(양칸)○ 울어러보다
  * 웃쪽음이 왼쪽음이고 아래쪽음이 오른쪽음이다. 문헌에서는 세로로 되
    였다. 편의를 위하여 가로로 고쳐 적었다.

『역어류해보』는 『역어류해』와 85년의 시대적 차이가 있다. 이 보편은 『역
어류해』와 그 체재가 동일하며 『역어류해』의 62개 항목에 대하여 류문항목
은 변화 없고 새로운 단어들을 1천 1백여 개 새로 보충하였다. 그 내용을 보
면 한어의 발음표시는 『역어류해』와 다름이 없으나 조선어표기에는 85년 동
안의 변화가 반영되고 있다.

그리고 『역어류해』와 『역어류해보』에서 모든 류문에서 한 개의 한자로 된
올림말, 두개의 한자로 된 올림말, 세 개의 한자로 된 올림말, 네 개의 한자
로 된 올림말을 가르지 않고 대체로 내용에 따라 순서를 놓았지만 마지막
류문인 『쇄설』과 『쇄설보』에서만은 이자류(二字類), 삼자류(三字類), 사자류(四
字類)로 나누고 그에 해당된 음절수의 단어를 한데 모아놓았다.

17세기는 조선어사에서 근대가 시작된 과도적시기로서 여러모로 주목되
는데 이 시기의 언어자료가 적다고는 할 수 없지만 그 대표적인 어휘집이라는
점에서 17세기 말엽의 한어와 조선어의 어음, 어휘연구에 있어서 『역어류해』
는 아주 귀중한 자료로 된다.

동문류해(同文類解)

『동문류해』는 청학에 속하는 것이다. 『동문류해』는 현문항(玄文恒)이 6년이
란 시간을 들여가며 『청문감(淸文鑑)』, 『대청전서(大淸全書)』, 『동문광휘(同文廣彙)』
등의 문헌을 참고하여 1748년 영조(英祖) 24년에 간행한 중국어, 조선어, 만
주어의 대역사전이다.

이 책은 상하 2권, 2책으로 되어 있는 규장각 소장본으로서 어휘를 천문,
지리, 인륜(人倫) 등 항목으로 가르고 먼저 중국어올림말을 적고 그 아래에

정음으로 조선어를 달고 다음에 정음으로 만주어를 달아놓았다. 총 55부문에 4,803개의 표제어가 실려 있다. 권말에는 어록해라는 부록에서 만주자를 써서 실례를 보여 가면서 만주어조동사의 용법을 설명하였다.

간혹 만주어의 음을 적음에 있어서 오역이 있음이 발견된다. 이보다 20여 년 뒤에 간행된 한청문감에서 이러한 점이 시정되었다.

이 책의 뒤에 안명렬의 발문이 있다. 이 발문에 이 책의 편찬경위가 실려 있다.

『동문류해』는 만주어 연구와 사전편찬역사연구에 의의가 있는 사료가 된다.

天文－－ ○ 압캐 슈, 霖雨 댱마 ○실커 아가, 雲 구룸 ○투기, 天亮了 새다 ○ 거러커, 馬－ ○ 모린, 正朝 설날 ○ 아냐 이녕기, 元宵 正月보롬날 ○ 하친 이 이녕기, 凍了 어다 ○ 거첨비, 沙 모래 ○ 용간, 深 깁다 ○ 슈민

이는 사라져가는 만주어의 어휘, 음운연구에 있어서 아주 좋은 사료로 된다.

몽어류해(蒙語類解)

『몽어류해』는 몽학에 속한다. 『몽어류해』는 리조 시기에 있어 몽골어의 학습 또는 몽어 역관의 과거시험용으로 쓰이던 하나의 중국어, 조선어, 몽골어의 대역사전이다.

1768년 영조조 리억성(李襄成)에 의해서 그 개정본이 간행되었다는 기록이 있고 그 후 몽학 3서라 하여 『몽어로걸대』, 『첩해몽어』와 더불어 1790년 방효언(方孝彥)의 개정본도 간행된바 있지만 원간 작자가 누구인지는 미상이다.

지금까지 알려진 현존본으로는 규장각본이 유일하다. 그리고 그 사본도 전하고 있다. 규장각본은 상권, 하권, 보편, 어록해로 구성되었는데 모두 3책이다.

『몽어류해』는 어휘를 천문, 시령(時令), 지리, 인륜(人倫) 등의 항목으로 분

류하고 먼저 중국어올림을 적고 그 아래에 정음으로 조선어를 적었으며 그 다음에 몽골어를 정음으로 적어놓았다.

『몽어류해』는 몽골어연구와 사전편찬략사연구에서 의의 있는 사료가 된다.

天文－－ ○ 텅거리 연 운하, 霖雨 당마 ○뉘린 보로간, 雲 구룸 ○어구러, 天亮了 새다 ○ 거거러버, 馬－ ○ 모리, 正朝 설날 ○ 챠가라후 어둘, 元宵 正月보롬날 ○ 월졔투 어둘, 凍了 어다 ○ 쿨더뮈, 沙 모래 ○ 어러수, 深 깁다 ○ 군

왜어류해(倭語類解)

『왜어류해』는 왜학에 속한다. 『왜어류해』는 홍순명(洪舜明)이 일본인 우림방주(雨林芳洲)에게 물어서 만든 일본어학습과 역관의 과거시험용 일본어어휘집이다. 그 간행된 년대가 없으나 하권의 끝에 역관의 이름이 라렬되어 있어서 18세기 말에 간행된 것으로 추정할 수 있다.

이 책은 건(乾), 곤(坤) 2권 2책으로 되어 있는데 하권 끝에 있는 구결이라고 한 리두까지 합치면 그 총 어휘수가 무려 4천 4백이 넘는다.

상하 총 60여 개 항목으로 된 이 책은 다른 4학의 역학서류와는 그 계통을 달리 한다. 중국어 또는 한자 어휘를 위쪽에 표제어로 실었는데 그 일자(一字)류는 천자문이나 류합(類合)의 방식을 따라 한자의 석(釋)과 음을 달아놓았고 2자(二字)류 이상은 그 한자의 조선한자음을 달아놓고 있다. 물론 일본한자음도 싣고 있다. 그리고 그 밑에 정음으로 일본어새김을 붙였다.

『왜어류해』는 두 가지 이본이 있다. 하나는 책의 끝에 수정관, 서사관, 감인관의 이름이 밝혀져 있는 데 반해 다른 하나는 『이로파간음(伊路波間音)』이 들어있다.

『왜어류해』는 한자음의 비교연구, 일본어음운과 조사연구, 그리고 사전편찬력사연구에 있어서 의의가 있는 사료로 된다.

星(셰이)(별성) ○ 호시, 月蝕(계쯔쇼구)(월식)○ "淺齋, 銀河(엔가)(은하)○ 아마노 °가와, 霖雨(린우)(림우) ○ 나°가아메, 重陽(중양) ○ 죠우요우, 形(계이)(얼굴 형)○ 가다지, 姸(겐)(고올 연)○ 가오요시, 美(삐)(아 다올 미)○ 메데도우, 小(쇼우)(져믈 쇼)○ 와가이

이상에서 『류해』류에 속하는 문헌들에 대해 간단히 소개하였다. 주목할 만한 것은 이 네 개 문헌이 약 한 세기에 걸친 기간 동안에 간행되었다는 점이다.

이 네 개 문헌은 다음과 같은 특징을 갖고 있다.

① 내용과 형식에 있어서 비슷하다

모두가 어휘를 천문, 시령(時令), 지리 등 여러 항목으로 가르고 한자를 먼저 적고 그 아래에 정음으로 된 조선어 혹은 정음으로 된 만주어, 정음으로 된 몽골어, 정음으로 된 일본어 어휘거나 단어결합 등을 적었다. 이 가운데서 제일 먼저 간행된 『역어류해』가 그 후의 『류해』류의 기타 문헌들의 내용과 형식 및 편찬에 큰 영향을 주었음을 알 수 있다.

『역어류해』와 기타 류해의 항목별 목록을 보아도 알 수 있다.

『역어류해』

천문, 시령(시간), 기후, 지리, 궁궐(왕이 사는 큰 집), 관부(조정 또는 정부), 공식(공적인 형식이나 방식, 관직(관리의 벼슬자리), 제례(제사를 지내는 례법이나 례식), 성곽(성), 교량(다리), 학교, 과거(과거시험), 옥댁(집), 교열(군사에 대한 교련과 사열), 군기(무기), 전어(고기잡이), 관역(역말을 갈아타는 역참에 있는 려관집), 창고, 사관(절), 존비(존귀비천), 인품, 경중(경고), 매욕(욕), 신체, 잉산(임신과 해산), 기식(숨결), 동정(운동과 정지), 례도(례의도적), 혼처(혼인), 상장(죽음과 장례), 복식(옷차림), 소세(세수), 식이(먹이), 친속(친척), 연향(연회), 질병, 의약, 복서(무당), 산수(산술), 쟁송(소송), 형옥(형벌과 감옥), 매매(팔고 사기)—이상 (상권)

진보(진주보석), 잠상(누에), 직조(천을 짜는 것), 재봉, 전농(농사), 화곡(곡식), 채소, 기구(도구), 안비(안장과 고삐), 주강(배), 차량(차), 기희(재주), 비금(날짐승), 주수(짐승), 곤충, 수족(물속에 사는 동물의 족속), 화초, 수목ㅡ 이상 (하권)

『동문류해』

천문, 시령, 지리, 인륜, 인품, 신체, 용모, 기식, 성정(성질), 언어, 동정, 인사(행정적인 일), 궁실, 관직, 관부, 성곽, 문학, 무비(군비), 군기, 정사(정부의 사무), 례도, 악기, 잉산, 소세, 복식, 음식ㅡ이상 (상권)

전농(농사), 미곡(곡식), 채소, 과품(과일), 질병, 의약, 상장, 사관, 전어, 기구, 장기, 주차(배와 차량), 안비, 산수, 진보, 포백(천과 비단), 매매, 쟁론, 형옥, 국호, 희완(재주), 매욕, 비금(날짐승), 주수, 수족, 곤충, 수목, 화초ㅡ이상(하권)

『몽어류해』

천문, 시령, 지리, 인륜, 인품, 신체, 용모, 기식, 성정, 언어, 동정, 인사, 궁실, 관직, 관부, 성곽, 문학, 무비, 군기, 정사, 례도, 악기, 잉산, 소세, 복식, 음식, 전어ㅡ이상(상권)

전농, 미곡, 채소, 과품, 질병, 상장, 사관, 기구, 장기, 주차, 안비, 수목(수량), 진보, 포백, 매매, 쟁론, 형옥, 희완, 매욕, 국호, 비금, 주수, 수족, 곤충, 수목, 화초, 잡어(雜語)ㅡ이상(하권)

『몽어류해보』

천문, 시령, 지리, 인륜, 인품, 신체, 용모, 기식, 성정, 언어, 동정, 인사, 궁실, 관직, 관부, 성곽, 문학, 무비, 군기, 정사, 례도, 악기, 잉산, 소세, 복식, 음식, 전어ㅡ이상(상권)

전농, 미곡, 채소, 과품, 질병, 상장, 사관, 기구, 장기, 주차, 안비, 수목, 진보, 포백, 매매, 쟁론, 형옥, 희완, 매욕, 국호, 비금, 주수, 수족, 곤충, 수목, 화초, 잡어(雜語)ㅡ이상(하권)

『역어류해보』

천문, 시령, 기후, 지리, 궁궐, 관부, 공식, 관직, 제례, 성곽, 교량, 학교, 과거, 옥댁, 교열, 군기, 전어, 관역, 창고, 사관, 존비, 인품, 경종, 매욕, 신체, 잉산, 기식, 동정, 례도, 혼처, 상장, 복식, 소세, 식이, 친속, 연향, 질병, 의약, 복서(무당), 산수, 쟁송, 형옥, 매매 – 이상(상권)

진보, 잠상, 직조, 재봉, 전농, 화곡, 채소, 기구, 안비, 주강, 차량, 기희, 비수, 주수, 곤충, 수족, 화초, 수목 – 이상(하권)

『왜어류해』

천문, 시후, 간지(십이간지), 지리, 강호(강과 호수), 방위(위치), 인륜, 인품, 신체, 용모, 기식, 성정, 언어, 동정, 궁실, 성곽, 관직, 공식, 문학, 무비, 군기, 혼처, 연향, 악기, 잉산, 소세, 복식, 음식, 상장, 사찰, 형옥, 수수(산술), 매매 – 이상(상권)

국호, 전농, 화곡(곡식), 채소, 과실(과일), 진보, 포백, 색채, 기구, 안비, 주차, 기희, 비금, 주수, 수족, 곤충, 수목, 화초, 잡어(雜語), 일본관명 – 이상(하권)

목록에서 보면 내용과 형식에서 큰 차이가 없다. 『동문류해』, 『몽어류해』의 목록은 거의 같으며 『왜어류해』도 기본상 『동문류해』, 『몽어류해』의 목록과 같다. 그러고 보면 『동문류해』는 『역어류해』를 기초로, 『몽어류해』는 『동문류해』를 그대로 따랐으며 『왜어류해』는 이상의 것을 기초로 한 것 같다.

그리고 목록에서의 항목별을 보면 일부 다른 점도 있다. 『동문류해』, 『몽어류해』, 『왜어류해』에서 『시령』 속에 『기후』가 포함되어 있고 『왜어류해』에서는 『간지』를 『시령』에서 떼어내었으며 『지리』, 『강호』, 『방위』를 갈라 놓았다.

그리고 내용상 보면 『몽어류해보』는 『몽어류해』에 없는 『동문류해』의 내용의 일부를 보충한 것으로, 『역어류해보』는 『역어류해』에 없는 『동문류해』의 내용의 일부를 보충한 것으로 보인다.

이로부터 보면 『류해』류 문헌들은 내용상, 형식상 서로 많이 영향을 주었음을 알 수 있다.

② 한학(漢學)이 중심으로 되고 있다

한학이 중심을 이루었음은 그 표제어의 제시방법으로부터도 알 수 있다. 우에서 형식에 대하여 언급했지만 『역어류해』와 『역어류해보』는 더 말할 나위가 없고 『동문류해』와 『몽어류해』는 『한어─조선어─해당 외국어』의 순서로 제시하였다. 여기서 『왜어류해』는 좀 다르다. 『왜어류해』의 순서는 『한자어─조선어─일본어』의 순서로 되어 한어와의 관계성이 좀 멀어진다.

그러나 교수나 훈도의 수자로 보아 한어는 시종 그중의 중심이 되었다. 리조는 중앙의 사역원 외에도 지방에 또 한학훈도라는 것을 두었다. 1682년에는 또 『우어청』을 설립하고 한·청·몽·왜 사학을 설치했다. 사역원과 우어청외에도 리조는 『승문원』을 두어 『사대교린문서』를 관리하게 하였다.

한학서가 중심이 되었다는 것은 『궁실』, 『관직』과 『관부』에 속하는 어휘들 차용에서 알 수 있다. 비단 조선어뿐만 아니라 만주어, 몽골어에서도 관직이름과 관청이름은 직접 차용하였다.

『동문류해』

殿 ○ 댠, 亭子 ○ 팅스, 臺 ○ 태, 衙門 ○ 야문, 欽天監 ○ 킨턍갼, 世子 ○ 시즈, 宰相 ○ 재샹, 提督 ○ 티두, 部將 ○ 부쟝, 都使 ○ 두스

『몽어류해』

衙門 ○ 야문, 國子監 ○ 궈즈갼, 皇帝 ○ 황디, 皇太子 ○ 황태자, 丞相 ○ 쳥샹, 將軍 ○ 쟝쥰, 知縣 ○ 지햔, 布政司 ○ 부졍스

한학서가 사역원의 역학서들의 체재와 문체, 내용에 이르기까지 밀접한 영향을 주었다고 보아야 할 것이다.

③ 모두가 역관들의 외국어습득을 일차적인 목표로 하여 출판간행된 사
   전식어휘집이다

이런 문헌들은 아주 간편한 어휘집이지만 중국어의 경우『로걸대』,『박통
사』와 더불어, 일본어인 경우『첩해신어』와 더불어, 몽골어인 경우『첩해몽
어』,『몽어로걸대』와 더불어, 만주어인 경우『청어로걸대』와 더불어 외국어
습득을 위한 인기를 끄는 교재였다.

이런 문헌들은 사전편찬력사연구에서 연구가치가 있을 뿐만 아니라 사전
편찬자들에게 있어서 본보기 또는 도움으로 된다. 지금의 대역사전들도 모
두 이런 문헌들의 형식과 비슷하다. 좀 다르다면 천문, 지리 등 여러 부문으
로 분류하지 않았다는 점이다.

④ 외국어의 음을 정확히 적기 위하여 일부 특수문자를 만들어 쓰고 있다

그중『왜어류해』와『동문류해』를 례로 든다면 전자에서는『ᅌ, ㄸ, ㅽ』
등 특수문자들이 쓰이고 있으며 후자는『ㄹㅇ, ㄹˇ』등 특수문자를 만들어 쓰
고 있다.

『왜어류해』에서 보면 일본어의『つ』와『て』의 음을 적기 위하여 당시 조
선어고유어에 잘 쓰이지 않던『ㅉ, ㄸ』를 사용하였다. 그리고『ᅌ, ㄸ, ㅽ』등
은 일본어 탁음을 적을 때 사용되었다. 즉『?(아와 가의 간음)』는『か』행의 탁
음(が ぎ ぐ げ ご)을 적을 때,『ㄸ』는『た』행의 탁음(だ ぢ づ で ど)을 적을 때,
『ㅽ』는『は』행의 탁음(ば び ぶ べ ぼ)을 적을 때 사용되었다. 이는 일본어의 음
운연구에 있어서 좋은 사료로 된다고 보아진다. 그리고『동문류해』에서는 만
주어로 된 문장을 조선어로 음을 적음에 있어서 [l]음을『ㄹㅇ, ㄹˇ』로 적어서
[r]음의『ㄹ』와 구별하였는데『ㄹㅇ』을 종성으로,『ㄹˇ』을 초성으로 다시 세
분하여 전사음만을 가지고도 언제든지 만주문을 원형으로 환원(換元)될 수 있
게 하였다.

　이 네 개 문헌은 근대에로의 전환기초기 약 한 세기 동안에 간행된 것으로서 비교연구를 진행한다면 큰 성과를 거둘 수 있다고 보아진다. 그럼에도 불구하고 『류해』류에 대한 전반적인 연구가 아직 이루어진 것이 없다. 많은 학자들과 저서들에서는 17~18세기의 조선어를 연구함에 있어서 많이는 『박통사언해』, 『로걸대언해』 등을 기본 자료로 이용하여 왔을 뿐 『류해』류 문헌들에 대해서는 거의 홀시하다시피 하여왔다. 그러나 앞에서 보다시피 『류해』류 문헌들은 근대에로의 전환기초기의 조선어어휘체계와 어휘, 음운의 특징과 변화, 한자 어휘와 한자음의 변화, 그리고 당시의 중국어와 일본어와 몽골어와 조선어와의 비교, 삼국의 언어관계 등을 연구함에 있어서 아주 귀중한 사료로 된다. 즉 다시 말하면 『류해』류 문헌연구는 17~18세기의 조선어연구뿐만 아니라 만주어, 몽골어, 일본어연구에도 큰 도움으로 될 수 있다는 데 그 의의와 연구가치가 있다고 보아야 할 것이다.

[天 文]

표제어	한자	코드	표제어	한자	코드
견우셩(왜1)	牽牛星	02y	굶므지게(역3)	雙杠	02y
곳어름(몽3)	簷凌	02y	굶션므지게(역1)	虹橋	02y
곳어름지다(몽3)	簷氷垂凌	02y	개다(동1)	晴了	03z
구롬것다(역1)	雲開了	02z	갤쳥(왜1)	晴	03y
구롬ㄱ리오다(역3)	雲遮蔽	02z	귀에쩡ᄒ눈우리(역3)	灌耳雷	02z
구롬묽다(역3)	雲淡	02z	긔우(왜1)	祈雨	02z
구롬퍼지다(역3)	雲布開	02z	날일(왜1)	日	01z
구롬훗터디다(역1)	雲綻了	02z	남풍(왜1)	南風	02y
구롬훗터지다(역3)	雲散了	02z	노올(동1)	霞	02y
구롬어득ᄒ다(역1)	雲黑了	02z	노올(몽1)	霞	02y
구룸(동1)	雲	02y	노올(역3)	火雲	02z
구룸(몽1)	雲	02y	노올디다(동1)	火雲	02y
구룸질리다(몽3)	雲布	01z	노올하(왜1)	霞	03y
구룸운(왜1)	雲	02z	노올쓰다(몽1)	火雲	02y
그늘(동1)	陰	03z	눈(동1)	雪	03y
그늘(몽1)	陰	03y	눈(몽1)	雪	02z
그림자(동1)	影兒	03z	눈깁다(역1)	雪深	03z
그림자(몽1)	影兒	03y	눈개다(역1)	雪晴了	03z
그림자(역3)	影兒	01z	눈녹다(몽1)	雪化了	02z
급풍(왜1)	急風	02z	눈녹다(역1)	雪化了	03z
급ᄒ우리(역3)	焦雷	02z	눈눌리다(역3)	雪花飄揚	03z
급우(왜1)	急雨	02z	눈만히오다(역1)	下大雪	03z
ㄱ랑비(역1)	濛鬆雨	02z	눈만히오다(역3)	雪大	03z
ㄱ므다(역1)	天旱	02z	눈머즉ᄒ다(역1)	雪住了	03z
ㄱ믈한(왜1)	旱	02z	눈보라치다(몽3)	風揚雪	02y

눈ㅅ발(동1)	雪花	03y	둘붉다(동1)	月亮	02y
눈ㅅ발(몽3)	雪片	02y	둘붉다(몽1)	月亮	01z
눈셜(왜1)	雪	03y	둘붉다(역1)	月明	01z
눈오다(동1)	下雪	03y	된서리(역1)	嚴霜	03y
눈오다(몽1)	下雪	02z	뒤흐로부는ㅂ람(역3)	背風	02y
눈오다(역1)	下雪	03z	로인셩(왜1)	老人星	01z
댱마(동1)	霖雨	02z	림우(왜1)	霖雨	02z
댱마(몽1)	霖雨	02z	마조부는ㅂ람(역3)	頂風	02y
댱마디다(동1)	下霖雨	02z	먼동트다(동1)	晨光現	03z
댱마비(역1)	連陰雨	02z	먼동트다(몽3)	晨光現出	01z
댱마지다(몽1)	下霖雨	02z	모진ㅂ람(역3)	暴風	02z
동남풍(왜1)	東南風	02y	무뤼(동1)	氷雹	03y
동북풍(왜1)	東北風	02y	무뤼(몽1)	氷雹	02z
동트다(동1)	東開了	03y	무뤼오다(동1)	下雹子	03y
동트다(몽1)	東開了	03y	무뤼오다(몽1)	下雹子	02z
동풍(왜1)	東風	02y	무릐박(왜1)	雹	03y
드모로ᄒ다(몽3)	月暈	01z	무지게(동1)	天虹	02z
드초싱되다(몽3)	月芽	01z	무지게(몽1)	天杠	02z
둘(동1)	月兒	02y	무지게셔다(동1)	虹現	02z
둘(몽1)	月兒	01z	무지게셔다(몽1)	虹現	02z
둘(역1)	月兒	01z	무지게스다(동1)	虹消	02z
둘두렷ᄒ다(역3)	月盈	01z	무지게스다(몽1)	虹消	02z
둘디다(동1)	月兒落了	02y	무지게홍(왜1)	虹	03y
둘디다(몽3)	月落	01z	므서리(역1)	甜霜	03y
둘디다(역1)	月兒落了	02y	므지게(역1)	天杠	02y
둘모로(역1)	月暈	01z	므지게(역3)	天弓	02y
둘모로ᄒ다(동1)	月暈	02y	므지게셔다(역3)	虹現	02y
둘빗(동1)	月華	02y	므지게스다(역3)	虹消	02y
둘빗(역3)	月華	01z	믈줌기이다(역1)	水淹了	03y
둘빗여다(역3)	月淡	02y	믈위(역1)	氷雹	03z
둘어둡다(역3)	月黑了	02y	믈위오다(역1)	下雹子	03z
둘월(왜1)	月	01z	믉거품(역1)	水沫子	03y
둘이즈러지다(역3)	月虧	01z	믉방올(역1)	水泡	03y
둘흐리다(몽3)	月暗	01z	묽은하놀(몽3)	淸天	01z

미이우레ᄒ다(몽3)	轟雷	02y		비듯다(몽3)	下雨點	02y
박으로븟듯오ᄂ비(역1)	瓢倒雨	03y		비듯ᄂ뎜(역3)	雨點	03y
번개뎐(왜1)	電	02z		비만타(역3)	雨大了	03y
번게(몽1)	雷	02y		비맛다(冒雨)(역3)	被雨	03y
번게(역1)	閃電	02z		비머즉ᄒ다(몽3)	雨少停	02y
번게번득이다(역3)	電光閃爍	02z		비머즉ᄒ다(역1)	雨住了	03y
번게번듯번듯ᄒ다(몽3)	電光閃灼	02y		비미이오다(몽3)	滂沱雨	02y
번게치다(몽1)	打閃	02y		비부슬부슬오다(동1)	雨霏霏	02z
번게ᄒ다(동1)	打閃	02z		비븟드시오다(동1)	傾盆雨	02z
번게ᄒ다(역3)	打閃	02z		비ㅅ발(몽3)	雨點	02y
벼락치다(몽1)	雷打了	02y		비ㅅ방올지다(몽3)	雨起泡	02y
벽력(왜1)	霹靂	02z		비스믓다(역3)	雨透了	03y
볃(동1)	太陽	03z		비젓다(역3)	雨濕了	03y
별(동1)	星	02y		비젹이머즉ᄒ다(역3)	雨少停	03y
별(몽1)	星	02y		비최다(몽1)	照了	03y
별(역1)	星	02y		비흡죡하다(몽3)	雨露足	02y
별드므다(역3)	星稀	02y		비오다(동1)	下雨	02z
별비다(星密)(역3)	星稠	02y		비오다(몽1)	下雨	02y
별셩(왜1)	星	01z		비오다(역1)	下雨	02z
별지다(역3)	星落了	02y		비와방올지다(역3)	下雨起泡	03y
별악(역1)	霹靂火閃	02z		비우(왜1)	雨	02z
별악티다(역1)	雷打了	02z		빗취다(동1)	照了	03z
볏(몽1)	太陽	03y		ᄇ람(동1)	風	03y
부슬부슬오다(몽1)	雨霏霏	02z		ᄇ람(몽1)	風	03y
북두셩(동1)	七星	02y		ᄇ람니다(동1)	起風	03y
북두셩(몽1)	七星	02y		ᄇ람니다(몽1)	起風	03y
북풍(왜1)	風	02y		ᄇ람니다(역1)	起風	02y
븟드시오ᄂ비(역3)	傾盆雨	02z		ᄇ람마조가다(역3)	迎風	02y
비(동1)	雨	02z		ᄇ람머즉ᄒ다(동1)	風住	03y
비(몽1)	雨	02y		ᄇ람미즉ᄒ다(몽1)	風住	03y
비개다(몽1)	雨晴了	02z		ᄇ람부다(동1)	刮風	03y
비개다(역1)	雨晴	03y		ᄇ람부다(몽1)	刮風	03y
비담아븟드시오다(몽3)	傾盆雨	02y		ᄇ람부다(역3)	風刮了	02y
비듯다(동1)	雨點	02z		ᄇ람세다(역1)	風大了	02y

ᄇ람자다(동1)	風息	03y	송이눈(역3)	鵝毛雪	03y
ᄇ람자다(몽1)	風息	03y	슌풍(왜1)	順風	02y
ᄇ람자다(역3)	風定	02z	시위나다(역1)	水漲發洪	03y
ᄇ람자다(역1)	風住了	02y	스믓젓다(역3)	淋透	03y
ᄇ람업다(역1)	無風	02z	슴셩(몽1)	參星	02y
ᄇ람잇다(역1)	有風	02y	슴셩(왜1)	參星	01z
ᄇᄅᆷ풍(왜1)	風	02y	새다(동1)	天亮了	03z
붉은둘(몽3)	明月	01z	새다(몽1)	天亮了	03y
ᄲᅩ아가는별(역1)	流星	02y	새벽(동1)	曉頭	03z
ᄲ눈(몽1)	米心雪	02z	새벽(몽1)	曉頭	03y
ᄲ눈(역1)	米粒子雪	03z	새별(동1)	明星	02y
ᄲ눈오다(몽3)	下米心雪	02y	새별(역1)	明星	02y
산고ᄃᆡ(역1)	花霜	03y	새별(역3)	亮星	02y
산고ᄃᆡ(역3)	樹稼	03y	샛별(몽1)	明星	02y
산고ᄃᆡᄒ다(동1)	花霜	03y	째마초오는비(역3)	時雨	02z
산고ᄃᆡᄒ다(몽1)	花霜	02z	셰우(왜1)	細雨	02z
삼ᄐᆡ셩(왜1)	三台星	01z	쇠나기(동1)	驟雨	02z
서리(동1)	霜	03y	쇠나기(몽1)	驟雨	02z
서리(몽1)	霜	02z	쇠나기(역1)	過路雨	02z
서리녹다(역1)	霜化了	03y	잔풍(왜1)	殘風	02z
서리늦다(동1)	霜晚	03y	쟝마ㅅ비(역3)	汪雨	03y
서리늦다(역3)	霜晚	03y	져녁노올(역1)	晚霞	02z
서리맞다(역1)	着霜	03y	즌물위(역3)	米雹	03y
서리상(왜1)	霜	03y	직녀셩(왜1)	織女星	02y
서리치다(몽1)	霜打了	02z	청명훈날(몽3)	晴明天	02y
서리티다(동1)	霜打了	03y	초싱달(역3)	月芽	01z
서리티다(역1)	霜打了	03y	칠셩(왜1)	七星	01z
서리이ᄅ다(동1)	霜早	03y	춘ᄇ람(역3)	冷風	02y
서리일으다(역3)	霜早	03y	취우(왜1)	驟雨	02z
서풍(왜1)	西風	02y	큰우리(역3)	轟雷	02z
셔긔(왜1)	瑞氣	03y	텬긔변ᄒ다(역3)	天道變了	01z
셔남풍(왜1)	西南風	02y	포풍(왜1)	暴風	02z
셔북풍(왜1)	西北風	02y	표풍(왜1)	飄風	02y
션풍(왜1)	旋風	02y	풍지(왜1)	風止	02z

하늘(동1)	天道	01z	힌디다(몽1)	日頭落了	01z
하늘(몽1)	天道	01z	힌미이기우다(몽3)	日大斜	01z
하늘(역1)	天道	01z	힌ㅅ귀엣골(역1)	日環	01z
하늘ㅅᄀ(동1)	天涯	01z	힌ㅅ귀엿골(역3)	日珥	01z
하늘ㅅᄀ(몽1)	天涯	01z	힌ㅅ모로(역1)	日暈	01z
하늘쳥명ᄒ다(역3)	天淸亮	01z	힌ㅅ모로ᄒ다(동1)	日暈	01z
하늘텬(왜1)	天	01z	힌ㅅ모로ᄒ다(몽1)	日暈	01z
하늘흐리다(동1)	天陰	03z	힌ㅅ빗(동1)	日光	01z
하늘흐리다(몽1)	天陰	03y	힌ㅅ빗(몽1)	日光	01z
하늘흘이다(역3)	天暗昏	01z	힌ㅅ빗(역3)	日光	01z
호로래ᄇ람(동1)	旋窩風	03y	힌ㅅ빗눈에ᄇ의다(역3)	日晃眼	01z
호로래ᄇ람(몽1)	旋窩風	03y	힌ㅅ빗맛최다(역3)	回光返照	01z
호로래ᄇ람(역1)	旋窩風	02y	힌ㅅ빗쏘이다(동1)	映射	03z
호로래ᄇ람(역3)	倒捲風	02y	힌ㅅ빗쏘이다(몽3)	日照	01z
흐릴에(왜1)	曀	02z	힌격이기우다(몽3)	日微斜	01z
ᄒ쪠구롬(역3)	一朵雲	02z	힌지다(역3)	日頭落了	01z
ᄒ쪠ᄇ람(역3)	一陳風	02y	힌어슬음(역3)	日曛	01z
홁비(역3)	土雨	02z	싸눈션(왜1)	霰	03y
혜셩(역3)	箒星	02y	쓴눈(동1)	米雪	03y
힌(동1)	日頭	01z	쓴눈(역3)	米雪	03y
힌(몽1)	日頭	0z	아즈랑이(몽3)	游絲	02y
힌(역1)	日頭	01z	아즈랑이애(왜1)	靄	03y
힌기우다(동1)	日斜	01z	아춤노올(역1)	早霞	02z
힌기우다(몽1)	日斜	01z	안개(동1)	霧	02y
힌ᄀ비최다(역1)	日頭發紅	01z	안개(몽1)	霧	02y
힌귀엿골ᄒ다(동1)	日珥	01z	안개것다(몽1)	霧收	02y
힌귀엿골ᄒ다(몽1)	日珥	01z	안개것다(역3)	霧捲了	03y
힌나다(몽1)	日出	01z	안개늦초지다(몽3)	霧沈	02y
힌낫비다(역3)	日頭斜	01z	안개디다(동1)	下霧	02z
힌도ᄉ다(몽3)	日升	01z	안개디다(몽1)	下霧	02y
힌돗다(동1)	日出	01z	안개디다(역1)	下霧	03y
힌돗다(역1)	日頭上了	01z	안개무(왜1)	霧	03y
힌듕텬ᄒ다(역3)	日頭中天	01z	안개씨이다(역1)	罩霧	03y
힌디다(동1)	日頭落了	01z	안개즈옥ᄒ다(동1)	霧濃	02z

안개ᄌ옥ᄒ다(몽3)	下濃霧	02y		거년(왜1)	去年	03z
안개ᄌ욱ᄒ다(역3)	霧濃	03y		거월(역1)	前月	04y
역풍(왜1)	逆風	02y		거월(왜1)	去月	04y
우레(동1)	雷	02z		겨으동(왜1)	冬	03z
우레(몽1)	雷	02y		겨울(동1)	冬	03z
우레뢰(왜1)	雷	02z		겨울(몽1)	冬	03z
우레ᄒ다(몽1)	雷鼓鳴	02y		겨울(역1)	冬	03z
우리ㅅ소리(역1)	雷響	02z		경(몽1)	更	04z
우리ᄒ다(역3)	雷鳴	02z		경(왜1)	庚	07y
은하(왜1)	銀河	02y		경뎜(왜1)	更點	05z
은하슈(동1)	天河	01z		경뎜치다(몽1)	打更	05y
은하슈(몽1)	天河	01z		경뎜치다(역3)	起更	04z
음달(동1)	背陰處	03z		경뎜티다(동1)	打更	05z
음달(몽1)	背陰處	03y		경뎜티다(역1)	打更	05z
이슬(몽1)	露	02z		경일(왜1)	頃日	05y
이슬듯다(역3)	露滴	03y		구월(왜1)	九月	04y
이슬디다(역1)	下露水	03y		그날(역1)	當日	03z
이슬로(왜1)	露	03y		그날(역3)	本日	04y
이슬ᄆᆞ르다(역1)	露乾了	03y		그럿긔(동1)	前年	04z
이슬미친것(역3)	露珠	03y		그럿긔(몽1)	前年	04y
이슬오다(몽1)	下露子	02z		그믈음(왜1)	陰	06z
이슬(동1)	露水	03y		그뭄(동1)	盡頭	04y
이슬엉긔다(몽3)	露凝	02y		그젓긔(동1)	前日	04y
이슬오다(동1)	下露水	03y		그젓긔(몽1)	前日	03z
일식(왜1)	日蝕	01z		그제(역1)	前日	04y
일운(왜1)	日暈	01z		그희(동1)	當年	04z
월식(왜1)	月蝕	01z		그희(몽1)	當年	03z
월운(왜1)	月暈	01z		극한(몽3)	嚴寒	03y
				극히ᄀᆞᄆᆞ다(몽3)	亢旱	03y
				글픠(동1)	大後日	04y
[時 令]				글픠(역1)	外後日	04y
				글헉긔(역3)	大前年	03z
가외(역1)	中秋	05y		금년(왜1)	今年	03z
갑(왜1)	甲	07y		금석(왜1)	今夕	06y

금월(왜1)	今月	04y		녀름하(왜1)	夏	03y
금음(몽1)	盡頭	03z		녀롬(몽1)	夏	03y
금음(역1)	月盡	04y		누슈(역1)	更漏	05z
금음회(왜1)	晦	04z		느즐말(왜1)	晚	05z
금일(왜1)	今日	05y		늣다(동1)	姱啊	05y
굿그제(역1)	大前日	04y		녜(동1)	古	05z
기시(왜1)	其時	06y		녜(몽1)	古	05y
ᄀ장이ᄅ다(역1)	忒早	05y		녯날(몽3)	昔日	02z
ᄀ장훈지위(역3)	好一會	04z		너년(역1)	下年	04z
ᄀ올(동1)	秋	03z		너일(역1)	明日	04y
ᄀ올(몽1)	秋	03z		단구(왜1)	短晷	05z
ᄀ올(역1)	秋	03z		단오(왜1)	端午	04z
ᄀ올츄(왜1)	秋	03z		달야(왜1)	達夜	05z
계(왜1)	癸	07z		당년(왜1)	當年	03z
긔(왜1)	已	07y		당월(왜1)	當月	04y
긔년(왜1)	碁年	03z		뎡(왜1)	丁	07y
긔희(역3)	當年	03z		동지(왜1)	冬至	05y
긔일(왜1)	幾日	05z		동지ㅅ돌(동1)	十一月	04z
나조ㅅ겻(역3)	傍午	04y		동트다(역3)	東開了	04y
나조석(왜1)	夕	05z		디난힌(역1)	舊年	04y
나좃겻(몽3)	傍晌午	03y		돌거의그므다(몽3)	月將盡	03y
낟쥬(왜1)	晝	05z		돌그무다(동1)	月盡	04y
날(동1)	日	03z		돌그무다(몽1)	月盡	03z
날(몽1)	日子	03z		돌금을어가다(역3)	月將盡	04y
날일(왜1)	日	05y		돌마다(역3)	按月	04y
납향날(동1)	臘八	05y		돌이져거그므다(역1)	小盡	04y
납향날(역1)	臘日	05y		돌이커그므다(역1)	大盡	04y
낫(동1)	晌午	05y		돌월(왜1)	月	03z
낫(몽1)	晌午	04z		돌져다(동1)	小盡	04y
낫(역1)	晌午	05z		돌져다(몽1)	小盡	03z
낫계다(역1)	晌午剅	05z		돌크다(동1)	大盡	04y
넌테(몽3)	氷凌凝聚	03y		돌크다(몽1)	大盡	03z
녀름(동1)	夏	03z		랍일(왜1)	臘日	05y
녀름(역1)	夏	03z		륙월(왜1)	六月	04y

표제어	한자	코드
리년(동1)	明年	04z
리년(몽1)	明年	04y
리년(왜1)	來年	03z
리일(동1)	明日	04y
리일(몽1)	明日	03z
리월(왜1)	來月	04y
리월(下月)(역3)	出月	03z
립츈(왜1)	立春	04z
말복(왜1)	末伏	04z
먼동트다(역3)	晨光現	04y
명년(왜1)	明年	03z
명일(왜1)	明日	04z
명일(왜1)	明日	05y
명후일(왜1)	明後日	05y
모릐(몽1)	後日	03z
모리(동1)	後日	04y
모러(역1)	後日	04y
묘(왜1)	卯	07z
무(왜1)	戊	07y
무덥다(몽3)	悶熱	03y
플세이다(몽3)	溮了	03y
플쎄인히(역3)	溮年	03z
미(왜1)	未	07z
미시(왜1)	未時	06y
믹ㅅ그러워븨ㅅ독이다(몽3)	脚滑跟蹌	03y
믹ㅅ그러지다(몽3)	滑足此	03y
밤(동1)	黑夜	05z
밤(몽1)	黑夜	04z
밤(역1)	黑夜	05z
밤듕(역1)	半夜	05z
밤ㅅ듕(동1)	夜半	05z
밤ㅅ듕(몽1)	夜半	04z
밤새도록(역3)	竟夜	04z
밤아(왜1)	夜	05z
밥째(역3)	飯時	04y
벼ㅅ죄여덥다(몽3)	炎熱	03y
변양(왜1)	陽	06z
병(왜1)	丙	07y
보롬(몽1)	十五站	03z
보롬(역1)	月半	04y
보롬날(동1)	十五站	04y
보롬망(왜1)	望	04z
복날(역3)	伏天	03z
봄(동1)	春	03z
봄(몽1)	春	03y
봄(역1)	春	03z
봄츈(왜1)	春	03y
불혈째(역3)	點燈時	04z
불근날(역1)	白日	05z
불글랑(왜1)	朗	06z
불글명(왜1)	明	06z
빅죵(역1)	中元	05y
빅죵(왜1)	百種	05y
사볘효(왜1)	曉	05z
살어름지다(몽3)	氷凍成縷	03y
삼월(왜1)	三月	04y
삿기낫(역1)	小晌午	05y
샹년(동1)	去年	04z
샹년(몽1)	去年	04y
샹현(왜1)	上弦	04z
설(역1)	年節	04z
설날(동1)	正朝	04z
설날(몽1)	正朝	04y
섯둘(동1)	十二月	04z
섯둘(역1)	臘月	05y
셕양(왜1)	夕陽	05z
션보롬(역3)	上半月	04y

슐(왜1)	戌	07z	죵일(왜1)	終日	05z
슐시(왜1)	戌時	06z	쥬년(왜1)	周年	03z
시월보롬(역1)	下元	05y	즁복(왜1)	中伏	04z
시졀(왜1)	時節	04z	즁양(왜1)	重陽	05y
신(왜1)	申	07z	즉시(역3)	立刻	04z
신(왜1)	辛	07y	즉일(왜1)	卽日	05y
신시(왜1)	申時	06z	지난둘(역3)	去月	03z
십이월(왜1)	十二月	04y	지지는둘(몽3)	前月	02z
십일월(왜1)	十一月	04y	지는둘(몽3)	上月	02z
십월(왜1)	十月	04y	진(왜1)	辰	07z
亽(왜1)	巳	07z	진시(왜1)	辰時	06y
亽시(왜1)	巳時	06y	즈(왜1)	子	07z
亽월(왜1)	四月	04y	즈시(왜1)	子時	06y
새경드다(역1)	替更	05z	졔셕(왜1)	除夕	05y
새도록(동1)	通宵	05z	지작일(왜1)	再昨日	05y
새도록(몽1)	竟夜	04z	첫조곰(동1)	上弦	04y
새볘(역3)	曉頭	04y	첫조곰(몽1)	上弦	03z
샐력(역3)	黎明	04y	첫조곰(역1)	上弦	04y
쌔(동1)	時	05y	첫히(역1)	頭年	04y
쌔(몽1)	時	04z	쳐셔(왜1)	處暑	04z
쌔롤조亽다(몽3)	按	03y	초경(동1)	頭更	05z
쎠저리게칩다(몽3)	徹骨寒	03y	초경(몽1)	頭更	05y
찌는ᄃ시덥다(몽3)	蒸熱	03y	초경(역1)	頭更	05z
작셕(왜1)	昨夕	06y	초경째(역3)	初更天	04z
작일(왜1)	昨日	05y	초복(왜1)	初伏	04z
져녁(동1)	晩上	05z	초싱(역1)	月初	04y
져녁(몽1)	晩上	04z	초ᄒᆞᄅᆨ(동1)	初日站	04y
져녁(역1)	晩夕	05z	초ᄒᆞᄅᆨ(몽1)	初一站	03z
져므다(동1)	晩了	05z	초ᄒᆞᄅᆨ삭(왜1)	朔	04z
져므다(몽1)	晩啊	04z	츄셕(동1)	仲秋節	05y
져믈게야(역3)	傍晩	04z	츄셕(왜1)	秋夕	05y
져믈모(왜1)	暮	05z	츅(왜1)	丑	07z
젼년(역1)	年時	04z	츅시(왜1)	丑時	06y
졍월(왜1)	正月	03z	칠셕(왜1)	七夕	04z

칠월(왜1)	七月	04y	환갑히(역3)	本命年	03z
츳시(왜1)	此r	06y	아득홀암(왜1)	暗	06z
채붉다(역3)	天大亮	04y	아직이르다(역3)	咳早	04y
파루(晨鐘)(역3)	亮鐘	04y	아직이르다(역1)	還早	05y
파루(몽1)	晨鍾	04z	아촌설(역1)	暮歲	05y
파루(왜1)	罷漏	06y	아촌설밤(역1)	除夜	05y
팔월(왜1)	八月	04y	아촌설밤쇠오다(역1)	守歲	05y
평명(왜1)	平明	05z	아촘(동1)	早朝	05y
풍년(왜1)	豊年	03z	아촘(몽1)	早晨	04z
하늘붉다(역1)	天亮了	05y	아촘(역1)	淸早	05y
하시(왜1)	何時	06y	아촘설밤(역3)	除夕	03z
하현(왜1)	下弦	04z	아촘죠(왜1)	朝	05z
하일(왜1)	何日	05y	앙시(왜1)	卯時	06y
한식(몽1)	淸明	04y	어니날(역3)	幾日	04y
한식(왜1)	寒食	04z	어니히(역3)	那一年	03z
후ㅅ보롬(역3)	下半月	04y	어둡다(동1)	昏了	05z
후ㅅ조곰(동1)	下弦	04y	어둡다(몽1)	黑了	04z
훗조곰(몽1)	下弦	03z	어름굿다(몽3)	氷凍結實	03y
훗조곰(역1)	下弦	04y	어름어러ㅌ게되다(몽3)	氷結成渡	03y
흉년(몽1)	饑荒年	04y	어름즈최다(몽3)	溜氷	03y
흉년(역3)	饑荒年	03z	어름지픠려ᄒ다(몽3)	氷凍薄凌	03y
흉년(왜1)	凶年	03z	어제(동1)	昨日	04y
히(동1)	年	04y	어제(몽1)	昨日	03z
히(몽1)	年	03z	어제(역1)	昨日	03z
히(왜1)	亥	07z	언직(역1)	幾時	05z
히기다(동1)	日長	04y	어으름혼(왜1)	昏	06z
히년(왜1)	年	03z	열흘슌(왜1)	旬	04z
히뎌르다(동1)	日短	04y	열아믄날(역3)	十刺天	04y
히디도록(동1)	終日	04y	오(왜1)	午	07z
히ㅅ세(왜1)	歲	03z	오늘(동1)	今日	03z
히시(왜1)	亥時	06z	오늘(몽1)	今日	03z
히지도록(몽1)	終日	03z	오늘(역1)	今日	03z
환갑히(동1)	本命年	04z	오늘아촘(동1)	今朝	04y
환갑히(몽1)	本命年	04y	오시(왜1)	午時	06y

오후(역1)	後晌	05z	왼히(몽1)	整年	04y
오후(역3)	晚晌	04y	왼히(역3)	整年家	03z
오월(왜1)	五月	04y	월야(왜1)	月夜	05z
온밤(동1)	整夜	05z			
온히(동1)	整年	04z			
올(역1)	今年	04y			
운(몽1)	運氣	05y	**[氣 候]**		
유(왜1)	酉	07z			
유시(왜1)	酉時	06z	구열(역3)	火區熱	06z
윤돌(역3)	閏月	03z	ᄀ무다(동1)	天旱	06y
윤월(왜1)	閏月	04y	ᄀ물(역3)	天旱	05y
을(왜1)	乙	07y	녹다(동1)	消了	06y
이둘(역1)	這箇月	04y	녹다(역3)	化了	05y
이르다(동1)	早了	05y	더울셔(역3)	署	06z
이제(동1)	今	06y	더위ᄐ다(역1)	害熱	06y
이제(몽1)	今	05y	덥다(동1)	熱啊	06y
이튼날(동1)	翌日	04y	덥다(역1)	炎天	06y
이튼날(역3)	次日	04y	덥다(역3)	熱啊	04z
이히(역3)	這箇年	03z	덥다(역3)	熱啊	05y
이월(왜1)	二月	04y	ᄃ스다(역1)	煖和	05z
익년(왜1)	翌年	03z	ᄃ스ᄒ다(동1)	暖和	06y
익일(왜1)	翌日	05y	ᄃ스ᄒ다(몽1)	暖和	05y
인(왜1)	寅	07z	ᄃ술온(왜1)	溫	06z
인뎡(定更)(역3)	晚鐘	04z	모디리덥다(동1)	酷熱	06y
인뎡(몽1)	定更	04z	무덥다(동1)	炬熱	06y
인뎡(왜1)	人定	06y	무덥다(역1)	炬熱	06y
인시(왜1)	寅時	06y	물우다(역1)	天炬	06y
일르다(몽1)	早了	04z	몰뢰일포(역3)	曝	07y
일쯕이(역3)	傍早	04y	블뙤다(역1)	向火	06y
일을조(왜1)	早	05z	비췰죠(역3)	照	07y
임(왜1)	壬	07z	ᄇ람쏘이다(역1)	害風	06y
왼날(역3)	整日家	04y	ᄇ일영(역3)	映	07y
왼밤(몽1)	整夜	04z	쁠알히게칩다(역3)	天氣刺叉	04z
왼밤(역3)	整夜	04z	서늘량(역3)	亮	06z
			서늘ᄒ다(동1)	凉快	06y

서늘ᄒ다(역1)	凉快	06y
서늘ᄒ다(역3)	凉快	05y
치위젓다(역1)	怕冷	06y
치위ᄐ다(역1)	害冷	06y
칩다(동1)	寒冷	06y
칩다(역1)	天冷	06y
칩다(역3)	寒冷	05y
칩다(역3)	冷啊	04z
ᄎ다(동1)	冷啊	06y
ᄎ다(역3)	冷啊	05y
출한(역3)	寒	07y
출링(역3)	冷	06z
틋는ᄃ시덥다(역3)	焦熱	04z
하ᄂᆞᆯ개다(역1)	天晴了	06y
하ᄂᆞᆯ흐리다(역1)	天陰了	06y
훤환(역3)	暄和	06z
어다(동1)	凍了	06y
어다(역3)	凍了	04z
어다(역3)	凍了	05y
일영(역3)	日影	07y

[地 理]

가ᄑᆞᆫ두던(역1)	緊坡子	06z
가온대(동1)	當中	09z
가온대(몽1)	當中	08y
가온듸즁(왜1)	中	12y
강믈(역1)	江水	07z
거름낄(역1)	岔路	07y
거리가(왜1)	街	08z
거ㅅ호로(몽3)	浮面上	04y
거천거(왜1)	渠	10y
거츤길(역1)	荒路	07y

건너다(동1)	渡水	09y
건너다(몽1)	渡水	08y
겹품포(왜1)	泡	11y
곁(동1)	傍巴剌	10y
곁방(왜1)	傍	12y
경로(왜1)	經路	08z
고개(역1)	嶺頭	06z
고개현(왜1)	峴	08y
고인믈(역1)	死水	08y
곧(동1)	去處	07y
골(역1)	胡桐	07y
골곡(왜1)	谷	08z
골동(왜1)	洞	08z
골항츠다(동1)	挖了	09y
골항츠다(몽3)	挖	04y
곳어름(氷錘)(역3)	簷垂氷	07y
구무(동1)	窟籠	07z
구무(몽1)	窟籠	06y
구무굴(왜1)	窟	09y
구무혈(왜1)	穴	09y
구븨진길(역3)	羊腸路	06y
굴(동1)	窟	07z
굴(몽1)	窟	06y
굴교(왜1)	窖	09y
굴헝(동1)	壑	07y
굴헝(몽1)	壑	06y
굴헝(역3)	坑子	06y
굴헝감(왜1)	坎	09y
굴헝메오다(역1)	塡坑	08z
굴헝학(왜1)	壑	08y
굴픠다(역1)	空窖	08z
근원원(왜1)	源	09z
급ᄒᆞᆫ믈(역3)	湍水	06z
급ᄒᆞᆫ언덕(역3)	懸崖	05z

표제어	한자	코드	표제어	한자	코드
긔구(왜1)	崎嶇	09y	너데지다(역3)	地上結氷	07y
기를급(왜1)	汲	11y	너르바회(몽3)	盤石	03z
길닥다(修道)(역3)	修路	06y	너른들(몽3)	曠野	03z
길로(왜1)	路	08z	너물일(왜1)	溢	10z
길문허지다(역3)	路塌了	06y	놉다(동1)	高啊	08y
길몌오다(역3)	塡路	06y	놉다(몽1)	高啊	06z
길밋글업다(역3)	路滑	06y	놉흔묏봉(몽3)	危峯	03z
길사오납다(역1)	路歹	07y	놉히올으는믈결(역3)	白頭浪	06y
길쉬다(역1)	路瀾	07y	니녕(왜1)	泥濘	09y
길쉬다(路軟)(역3)	路濃	06y	님금난짜(역3)	發祥地	05y
길좁다(역3)	路窄	06y	ᄂ리는몬지(몽3)	飛塵	04y
길즈다(역1)	路泥	07y	ᄂ락(동1)	津頭	08y
깁다(동1)	深	09y	ᄂ락(몽1)	津頭	07y
깁다(몽1)	深	07z	ᄂ락(역1)	津頭	07z
깁흘심(왜1)	深	10z	ᄂ락진(왜1)	津	10y
ᄀ(동1)	傍邊	10y	ᄂ죽훈두던(역1)	慢坡子	06z
ᄀ(몽1)	傍邊	08z	눗다(동1)	低啊	08y
ᄀㅅ변(왜1)	邊	12y	눗다(몽1)	低啊	06z
ᄀ장노픈두던(역1)	陡坡子	06z	내(동1)	川	08y
ᄀ롬호(왜1)	湖	09z	내(몽1)	川	07y
개(동1)	浦	08y	내갈라진터(역3)	河岔	06y
개(몽1)	浦	07y	내쳔(왜1)	川	09z
개(역1)	港汊	07z	내츠다(역3)	開河	06y
개포(왜1)	浦	10y	내터지다(역3)	河決	06y
개흙(동1)	淤泥	07z	냇물(역1)	河水	07z
개흙(몽1)	淤泥	06z	네거리(역1)	十字街	07y
개흙(역3)	淤泥	07y	네녁(동1)	四邊	10y
괴셕(왜1)	怪石	08z	네녁(몽1)	四邊	08z
괸물(몽1)	死水	07z	뎌편(몽1)	那邊	08z
괸믈(동1)	死水	08z	독산(왜1)	禿山	08y
기쳔(동1)	溝	09y	돌(동1)	石頭	07z
기쳔(몽1)	溝	07z	돌(몽1)	石頭	06z
광활ᄒ다(몽3)	寬廣	03z	돌셕(왜1)	石	08z
남녁남(왜1)	南	11z	돌틈(역1)	石縫	08z

동녁동(왜1)	東	11z	모방(왜1)	方	12y
두던(동1)	丘陵	07z	몬지(灰土)(역3)	灰塵	07z
두던(몽1)	丘陵	06z	몬지니다(역3)	浮灰	07z
두던구(왜1)	丘	08y	몬지안짜(역3)	榻灰	07z
두두러진짜(몽3)	凸地	03z	몬지익(왜1)	埃	09y
두험(동1)	糞土	07z	몬연(왜1)	淵	10y
두험(몽1)	糞土	06z	몬지(왜1)	池	10y
두험흙(역3)	糞土	07z	몸틱(왜1)	澤	09z
드르(동1)	野甸子	07z	못(동1)	池塘	08y
드르(역1)	野甸子	06z	못(몽1)	池塘	07y
들(몽1)	野甸子	06z	못(역1)	池塘	07z
들교(왜1)	郊	08z	무즈믜악ᄒ다(동1)	余水	09y
들야(왜1)	野	08z	무즈믜악ᄒ다(몽1)	余水	08y
들을뎍(왜1)	滴	11y	물가리파(왜1)	泒	10y
디진(왜1)	池震	08y	물강(왜1)	江	09z
디진ᄒ다(동1)	地動	07y	물구뷔만(왜1)	灣	10y
디진ᄒ다(몽1)	地動	06y	물길(역3)	水路	05z
돈니기사오납다(역1)	歹走	07y	물방ㅅ올(몽1)	水沫子	07z
돈믈(역3)	甜水	06z	물ㅅ결파(왜1)	波	10z
뒤(동1)	後	09z	물쉬이즌ᄂ짜(역3)	水涸地	05y
뒤(몽1)	後	08z	물슈(왜1)	水	10z
뒤후(왜1)	後	11z	물ㄱ뎡(왜1)	汀	10y
뒤흐로(동1)	向後	10y	물ㄱ빈(왜1)	濱	10y
뒤흐로(몽1)	向後	08z	물ㄱ져(왜1)	渚	10y
뒷길(역3)	背路	05z	물ㄱ쥬(왜1)	洲	10y
람긔람(왜1)	嵐	09y	물언덕안(왜1)	岸	08y
마존언덕(역3)	對岸	05z	물엉길응(왜1)	凝	11y
막ᄃ론골(역1)	死胡桐	07y	뭇길(역3)	旱路	05z
만로(왜1)	彎路	08z	므른믈(역1)	善水	08y
모래(동1)	沙	07z	믈(동1)	水	08z
모래(몽1)	沙	06z	믈(몽1)	水	07y
모래사(왜1)	沙	09y	믈가리(동1)	水泒	08z
모롱이(역3)	轉彎處	05z	믈갈래(역3)	水泒	06z
모롱이우(왜1)	隅	12y	믈거품(동1)	水沫子	08z

믈거품(몽1)	水泡	07z		믈질리다(역3)	水衝	06z
믈구븨(역3)	河灣	06y		믈터지다(동1)	水決	08z
믈근원(동1)	水源	08z		믈터지다(몽1)	水決子	07z
믈근원(몽1)	水源	07y		믈트다(동1)	決水	09y
믈깃다(역3)	挑水	06z		믈트다(몽1)	決水	07z
믈ᄀ(역1)	河沿	07z		믈트다(역1)	放水	08y
믈넘다(동1)	水溢	08z		믈트다(역3)	決水	07y
믈넘다(몽1)	水溢	07z		믈혀다(동1)	潮退	08z
믈들리다(역3)	瀝水	07y		믈혀다(몽1)	潮退	07z
믈미다(동1)	潮上	08z		믈혀다(역1)	潮退	07z
믈미다(몽1)	潮上	07z		믈훙치다(역3)	水動	06z
믈미다(역1)	潮上	07z		믈흘리다(동1)	灌水	09y
믈밋(동1)	水底	08z		믈흘리다(역3)	灌水	06z
믈밋(역3)	水底	06z		믈업티다(동1)	水撒了	09y
믈ᄆᆞ르다(동1)	水涸	08z		믈우(동1)	水面	08z
믈ᄆᆞ르다(몽1)	水涸	07z		믕으리돌륵(왜1)	礫	08z
믈방올(동1)	水泡	08z		믯그러올활(왜1)	滑	11z
믈붓다(동1)	注水	09y		믿뎌(왜1)	底	12y
믈붓다(몽1)	注水	07z		밀믈(동1)	潮水	08z
믈ㅅ결(동1)	水波浪	08z		밀믈(몽1)	潮水	07z
믈ㅅ결(몽1)	水波浪	07y		밋ᄀ지어다(역3)	凍到底	07y
믈ㅅᄀ러(몽3)	河汉	04y		ᄆᆞ르지아닛는심(몽3)	不涸泉	04y
믈스픠다(몽3)	水滲	04y		몰글쳥(왜1)	清	10z
믈셜(역1)	波浪	07z		몰으지아닛는심(역3)	不枯泉	06z
믈씨이다(역3)	水潦	06z		묽다(동1)	清	09y
믈씨치다(역3)	撒水	06z		묽다(몽1)	清	07z
믈쓰다(동1)	歪水	09y		메올뎐(왜1)	塡	09y
믈쓰다(몽1)	歪水	07z		뫼문허지다(역3)	山崩	05z
믈쌀이다(역3)	灑水	07y		뫼ㅅ고개(역3)	山嶺	05y
믈쎅다(몽1)	水消	07z		뫼ㅅ골(동1)	山谷	07y
믈쎅다(水消)(역3)	水落了	06z		뫼ㅅ골(몽1)	山谷	06y
믈쏫다(동1)	傾水	09y		뫼ㅅ골(역1)	山峪	06z
믈쏫다(몽1)	傾水	07z		뫼ㅅ굴(역3)	山窟	05z
믈쏫다(역3)	傾水	06z		뫼ㅅ굴형(역1)	山壑	06z

어휘	한자	코드
뫼ㅅ긋(역1)	山頂	06z
뫼ㅅ길(역3)	山磎	05z
뫼ㅅ두던(역3)	山坡	05y
뫼ㅅ뒤(역3)	山背	05z
뫼ㅅ등(역3)	山脊	05y
뫼ㅅ밋(역1)	山底	06z
뫼ㅅ밋(역3)	山根	05z
뫼ㅅ봉(동1)	山峰	07y
뫼ㅅ봉(몽1)	山峰	06y
뫼ㅅ봉(역3)	山峯	05y
뫼ㅅ봉오리봉(왜1)	峯	08y
뫼ㅅ부리(동1)	山崗	07y
뫼ㅅ부리(몽1)	山崗	06y
뫼ㅅ비탈(동1)	山坡	07y
뫼ㅅ비탈(몽1)	山坡	06y
뫼ㅅ산(왜1)	山	08y
뫼ㅅ앏(역3)	山陽	05z
뫼ㅅ틈(역3)	山縫	05z
뫼ㅅ허리(역1)	山腰	06z
뫼아리(몽1)	響應	06y
뫼아리(역3)	響應聲	05z
뫼아리ㅎ다(동1)	響應	07z
뫼희돈니다(몽3)	山上行走	03z
믠짜(동1)	光廠地	07y
믠짜(몽1)	光廠地	06y
믠뫼(역3)	禿山	05z
믠산(몽3)	禿山	03z
믯그럽다(동1)	滑了	09z
믯그럽다(몽1)	滑啊	08y
믯그럽다(역3)	滑了	07y
바다(동1)	海	08y
바다(몽1)	海	07y
바다넘다(역3)	海溢	06y
바다여위다(역1)	海枯	07z
바다쓸다(역3)	海笑	06y
바다히(왜1)	海	09z
바닷믈(역1)	海水	07z
바론길(역1)	直路	07y
바회(동1)	巖頭	07z
바회(역1)	巖頭	06z
바회암(왜1)	巖	08y
받의(왜1)	外	12y
받표(왜1)	表	12y
발온길(역3)	直道	06y
밧(동1)	外頭	10y
밧(몽1)	外頭	08z
밧그로(몽3)	往外	04y
밧편(동1)	外邊	10y
밧편(몽1)	外邊	08z
방애(버로)(역1)	地灘	08y
벗블(역1)	燒荒	08z
부을주(왜1)	注	11y
부틀ㅈ(왜1)	滋	11y
북녁북(왜1)	北	11z
비ㅅ물료(왜1)	潦	10z
빗근길(역1)	斜路	07y
뷔고널은짜(역3)	光廠地	05y
븬짜(몽3)	空地	03z
뗏덩이(역3)	草坯子	07y
비다혀홍정ㅎ는디(역1)	埠頭	07z
뼈나다(역1)	盪流去	08y
쁜믈(역3)	苦水	06z
쁜짜(역3)	鹵地	05y
사셕만잇는짜(몽1)	沙石地	06y
산남편(몽3)	山陽	03z
산록(왜1)	山麓	08y
산북편(몽3)	山陰	03z
살어름(역1)	氷凌	08y

살어름(역3)	氷縷	07y		속으로(몽1)	向裏面	08z
살어름디다(동1)	氷縷	09z		수로(왜1)	水路	08z
샤로(왜1)	斜路	08z		슈령(왜1)	水鈴	10z
샤셕만잇눈짜(동1)	沙石地	07y		슈종(왜1)	水宗	10z
샤태나다(역1)	龍抓了	08y		슌류(왜1)	順流	10z
서벅돌(몽3)	麵石	03z		시내(동1)	溪	08y
서벅서벅훈 흙(몽3)	酥土	04y		시내(몽1)	溪	07y
성애씌(왜1)	澌	11y		시내간(왜1)	磵	10y
성에(역1)	氷筏子	08y		시내계(왜1)	溪	10y
성에(역3)	流凌	07y		시위나다(동1)	水漲	08z
성에디다(동1)	結澌	09z		시위나다(몽1)	水漲	07z
성에지다(역3)	結澌	07y		스면(왜1)	四面	12y
셔ㅅ녁셔(왜1)	西	11z		스방(왜1)	四方	12y
셕벽(동1)	阹壁	07z		스이(동1)	中間	09z
셕벽(왜1)	石壁	08y		스이(몽1)	中間	08y
셕슈(왜1)	汐水	10z		스이간(왜1)	間	12y
션창(동1)	馬頭	08y		스ㄹ질쇼(왜1)	消	11z
셤(동1)	海島子	08y		스못는골(역1)	浩胡桐	07y
셤(몽1)	海島子	07y		세가랫길(역3)	三岔路	05z
셤(역1)	海島子	08z		세거리(역1)	丁字街	07y
셤도(왜1)	島	09z		센물(역1)	緊水	08y
소(동1)	潭	08y		셰사(왜1)	細沙	09y
소(몽1)	潭	07y		쉬여움즉이다(역3)	地軟顫動	05y
소(역1)	龍潭	07z		쉬는길(역1)	陷路	07y
소담(왜1)	潭	09z		쉬는짜(몽3)	陷泥地	03z
소비(역1)	浪栽	08z		싀공(역1)	溝子	07y
소사나다(동1)	湧出	08z		실루(왜1)	漏	11y
소사나다(몽1)	湧出	07y		심(동1)	泉	08z
소술용(왜1)	湧	11y		심(몽1)	泉	07y
소올지다(역3)	地皮硝起	07y		심쳔(왜1)	泉	09z
속돌(몽3)	海沫石	04y		짜(동1)	地頭	07y
속리(왜1)	裏	12y		짜(몽1)	地頭	06y
속신지모른짜(역3)	乾透地	05y		짜광활ᄒ다(동1)	地廣	07y
속으로(동1)	向裏面	10y		짜굿다(역3)	地硬	05y

짜널으다(역3)	地瀾	05y	즈름길(역1)	抄路	06z
짜두두록ᄒ다(동1)	地凸	07y	즌길(역1)	汊路	07y
짜무르다(역3)	地酥	05y	즌퍼리(동1)	陷泥地	07y
짜ᄆᆞ르다(몽3)	地乾	03z	즌퍼리(몽1)	陷泥地	06y
짜소올디다(동1)	地皮峭起	07y	즌퍼리(역1)	茅蕩	08z
짜쓰다(역1)	掃地	08z	즌흙니(왜1)	泥	09y
짜젓다(몽3)	地濕	03z	즘싱헤음ᄒ다(동1)	牲口泅水	09y
짜축축ᄒ다(몽3)	地潮	03z	좀기다(동1)	沉	09y
짜축축ᄒ다(역3)	地潮	05y	좀기다(몽1)	沉	08y
짜터지다(역3)	地坼	05y	좀길침(왜1)	沉	11y
짜우목ᄒ다(동1)	地凹	07y	좀길함(왜1)	涵	11y
쓰다(동1)	浮	09y	재(동1)	嶺頭	07y
쓰다(몽1)	浮	08y	재(몽1)	嶺頭	06y
쌔디다(동1)	淹了	09y	재령(왜1)	嶺	08y
쌔질닉(왜1)	溺	11y	지회(왜1)	灰	09y
쌔질함(왜1)	陷	09y	축축ᄒ다(역1)	潮了	08y
쏘족털(왜1)	凸	09y	큰구뭉(역1)	窟籠	08z
쑤릴쇄(왜1)	灑	11y	큰길(역1)	大路	06z
쟉별(동1)	夗石	07z	큰믈ㅅ결(몽3)	大浪	04y
쟉별(몽1)	夗石	06z	큰즘싱의구무(동1)	獸穴	07z
쟉별적(왜1)	磧	08z	큰즘싱의구무(몽1)	獸穴	06y
쟝긔쟝(왜1)	瘴	11z	틔ㅅ글(동1)	塵埃	07z
저즐습(왜1)	濕	11y	틔ㅅ글(몽1)	塵埃	06z
져근길(역1)	小路	06z	틧글진(왜1)	塵	09y
져근즘싱의구무(동1)	小獸穴	07z	판판ᄒ길(역1)	光路	07y
져근즘싱의구무(몽1)	小獸穴	06z	팔방(왜1)	八方	12y
져편(동1)	那邊	10y	평디(왜1)	平地	08y
결도(왜1)	絶島	09z	평ᄒ다(동1)	平啊	08y
결벽(동1)	懸巖	07z	평ᄒ다(몽1)	平啊	06z
결벽(몽1)	巖頭	06z	평ᄒ길(역3)	平路	05z
결벽(왜1)	絶壁	08y	폭포(왜1)	瀑布	09z
죠슈(왜1)	潮水	10z	폭포(瀑布)(역3)	練水	06z
즈다(동1)	泥濘	07y	하슈하(왜1)	河	09z
즈다(몽1)	泥濘	06y	합빙ᄒ다(역3)	合氷	07y

허여질궤(왜1)	潰	10z	안(동1)	裏頭	10y
험ᄒ다(동1)	險呵	08y	안(몽1)	裏頭	08z
험ᄒ다(몽1)	險呵	06z	안즌몬지(몽3)	塵垢	04y
험혼길(역3)	險路	06y	안편(동1)	內面	10y
험혼언덕(몽3)	險陂	03z	안호로(동1)	從內	10y
흐르다(동1)	水流	08z	안호로(몽3)	向內	04y
흐르다(몽1)	水流	07y	안니(왜1)	內	12y
흐르는믈(역1)	活水	08y	앒(동1)	前	09z
흐리다(동1)	濁	09y	앒(몽1)	前	08y
흐리다(몽1)	濁	07z	앒젼(왜1)	前	11z
흐린믈(역3)	混水	06z	앒흐로(동1)	向前	09z
흐릴탁(왜1)	濁	10z	앒흐로(몽1)	向前	08z
흘을류(왜1)	流	10z	어름(동1)	氷	09y
흙(동1)	土	07z	어름(몽1)	氷	08y
흙(몽1)	土	06z	어름굿다(역3)	氷堅	07y
흙덩이(동1)	土塊	07z	어름빙(왜1)	氷	11z
흙덩이(몽1)	土塊	06z	어름서벅서벅ᄒ다(역3)	氷酥了	07y
흙덩이(역3)	土塊	07y	어름어다(동1)	氷凍	09z
흙무디(역1)	土堆	08z	어름어다(몽1)	氷凍	08y
흙토(왜1)	土	08z	어름으로건너다(역3)	跑氷	07y
헤음ᄒ다(동1)	泅水	09y	어름조각(역1)	氷牌	08y
헤음ᄒ다(몽1)	足此水	08y	어름터지다(역3)	氷綻	07y
휘슈(역1)	旋窩水	08y	언덕(동1)	岸頭	07z
희ᄌ픠다(역1)	圪壚	08z	언덕(몽1)	岸頭	06z
훤ᄒ다(몽3)	廠亮	03z	언덕(역3)	岸頭	05z
따디(왜1)	地	08y	언덕원(왜1)	原	08y
뜰부(왜1)	浮	11y	얼동(왜1)	凍	11z
뽀롯혼봉(역1)	尖峰	06z	얽머흔짜(역3)	坎坷地	05y
아리(동1)	下頭	09z	여흘(동1)	灘裏	08y
아리라(몽1)	下頭	08y	여흘(몽1)	灘裏	07y
아리로(몽3)	往下	04y	여흘(역1)	灘裡	08y
아리ㅅ덕(동1)	下巴刺	10y	여흘탄(왜1)	灘	10y
아리ㅅ덕(몽3)	下首	04y	역슈(왜1)	逆水	10z
아리하(왜1)	下	12y	엳틀쳔(왜1)	淺	10z

엿다(동1)	淺	09y		**[宮 闕]**		
엿다(몽1)	淺	07z		가가(동1)	棚子	35y
오목올(왜1)	凹	09y		가가(몽1)	棚子	26z
온졍(왜1)	溫井	10y		가가(역3)	棚子	13y
올흘우(왜1)	右	11z		가가붕(왜1)	棚	32z
우목호다(역1)	凹子	07y		가개(역1)	凉棚	17z
우묵호짜(몽3)	凹地	03z		가른다디(역1)	雙扇	18y
우물졍(왜1)	井	10y		거동호시다(역3)	動駕	07z
우믈(동1)	井	08y		거유우리(역1)	鵝欄	20y
우믈(몽1)	井	07y		결새(동1)	釘錦	36y
우믈츠다(동1)	淘井	08y		결새(몽1)	釘錦	27y
우믈츠다(역1)	淘井	08z		결새(역1)	釘錦	18z
우믈퍼다(역1)	乞井	08z		결새료(왜1)	釘	33y
우ㅅ덕(몽3)	上頭	04y		겹문(역3)	重門	14y
우ㅅ샹(왜1)	上	12y		고비(역1)	書ネ八	19z
우ㅅ틱(동1)	上巴刺	10y		고식고비(역1)	紙窩子	19z
우흐로(몽3)	向上	04y		곡식녓는집(역3)	倉房	13y
우히라(동1)	上頭	09z		골목어귀(역3)	衚衕口	14z
우히라(몽1)	上頭	08y		골플무(역1)	風匣爐	20z
웅덩이(동1)	澤	08y		공스호는뎐(역3)	保和殿	07z
웅덩이(몽1)	洿池	07y		구돌(동1)	炕	36y
웅덩이(역3)	汙池	06z		구돌(몽1)	炕	27y
윤습호다(역1)	水潤	08y		구돌골애(역3)	炕洞	14y
은구(水溝)(역3)	陰溝	06y		구돌뎐(역3)	炕沿	14y
음달(역3)	背陰地	05y		구돌아릿목(역3)	炕頭	14y
이편(동1)	這邊	10y		구돌쩌지다(역3)	炕塌	14z
이편(몽1)	這邊	08z		구들드리다(역1)	打炕	19y
일도(왜1)	淘	11y		구들방(왜1)	房	32y
잇기(동1)	靑苔	09z		구븐보(역3)	彎樑	13z
에움길(역1)	彎路	06z		구븨진곳(몽3)	彎曲處	15z
에움길(盤道)(역3)	盤路	05z		굴독돌(왜1)	埃	33z
외온길로가다(역3)	外路走	06y		굴ㅅ독(煙窓)(역1)	煙洞	19y
윌좌(왜1)	左	11z		굴쏙(동1)	烟洞	36y

굴쑥(몽1)	烟洞	27y	닷다(동1)	關上	35z
글ㅅ방(역3)	書房	13y	닷다(몽1)	關上	27y
기동(동1)	停柱	35y	댱부(역1)	笒子	18y
기동(몽1)	停柱	26z	댱혀(역1)	桁-1	18y
기동(역1)	停柱	17z	댱혀도리(역1)	托檁	18y
기동쥬(왜1)	柱	32z	뎐좌ᄒ시다(역3)	坐殿	07z
기슭밍(왜1)	薨	32z	뎡ᄌ뎡(왜1)	亭	32y
기온집(역3)	歪房子	13y	도리(동1)	隨樑	35y
기온집니ᄅ혀다(역1)	房子	19y	도리(몽1)	隨樑	26z
개자리(역1)	狗窩	20y	도리(역3)	隨樑	13z
관쟝(역3)	板壁	15y	도리항(왜1)	桁	32z
납(역1)	檁	18y	도쟝규(왜1)	閨	32y
너른집(역1)	寬房	17z	독굽난굴(역1)	岡瓦窯	20z
널로셔슬ᄭ다(역1)	鋪板	18y	돌섬(역1)	石階	19z
널로싼반ᄌ(역1)	仰板	19z	돗희우리(역1)	猪圈	20y
널반ᄌ(역3)	望板	13z	동산원(왜1)	園	33z
누각(동1)	樓子	34z	동ᄌ기동(역3)	排山柱	13z
누각(몽1)	樓子	25z	동ᄌ기동(역1)	短柱	18y
니문(架欄子)(역3)	柵欄	14y	두로년호집(역3)	遊廊	13y
님금믜뵈옵다(역3)	面聖	07z	둔비목(역3)	門鸛嘴	14y
다다거다(동1)	關閉	35z	둥군뎐(역3)	團殿	07z
다다거다(몽1)	關閉	27y	듕긴령(왜1)	櫺	33y
다들폐(왜1)	閉	33y	듕방(역3)	山柁	13z
다락루(왜1)	樓	32y	들보(역1)	過樑	18y
다락집(역1)	樓房	17y	들ㅅ보(동1)	過樑	35y
달고질ᄒ다(몽3)	打夯	15z	들ㅅ보(몽1)	過樑	26z
달구질ᄒ다(역3)	夯打	14z	들ㅅ보(역3)	架樑	13y
담(동1)	墻	36z	들ㅅ보량(왜1)	樑	32z
담(몽1)	墻	27z	디새굽눈굴(역1)	瓦窯	20z
담밋(역3)	墻根兒	14z	디새니다(역1)	?瓦	17z
담쟝(왜1)	墻	34y	디새집(역1)	瓦房	17y
담ᄲ다(역3)	打墻	14z	디졍(동1)	地脚	37y
담쓰다(동1)	打墻	36z	디졍다으다(동1)	打地脚	37y
담쓰다(몽1)	築墻	27z	디졍다으다(역3)	打地脚	14z

둙의자리(역1)	鷄窩	20y	문문(왜1)	門	32z
대공(역1)	斗拱	18y	문반만여다(동1)	門半開	35z
대공(역3)	屋山	13z	문븨(역3)	門神	14y
대궐(동1)	內裏	34z	문빗쟝(동1)	門楗	35z
대궐(몽1)	內裏	25z	문빗쟝(몽1)	門楗	26z
대궐성(역3)	紫禁城	07z	문빗쟝질으다(역3)	門	14y
대궐셤(동1)	丹樨	34z	문ㅅ간방(역3)	門面房	13y
대쟝의플무(역1)	鐵匠爐	20y	문ㅅ쟝(역3)	門簾子	14y
대뇌(왜1)	大內	32y	문ㅅ쟝부(몽3)	轉軸	15y
뒤ㅅ간측(왜1)	厠	32z	문ㅅ지방(몽1)	門限	26z
뒷간(역1)	淨房	19z	문쇼란(역3)	綽邊框	14y
뒷나모(역1)	楷屁棍	20y	문얼굴(동1)	門框	35z
뒷집(역3)	照房	13y	문얼굴(몽3)	門框	15y
더공졀(왜1)	梲	32z	문에뎐좌ㅎ시다(역3)	御門	07z
더디(왜1)	臺	33z	문열라불으다(역3)	叫門	14y
란간(왜1)	欄干	33y	문지방(동1)	門限	35z
마구(동1)	馬房	35y	문지방(역3)	門限	14y
마구(몽1)	馬房	26z	문짝(역1)	門扇	18z
마루(동1)	底塘板	36y	문짝(동1)	門扇	35z
마루(몽1)	底塘板	27y	문짝(몽1)	門扇	26z
마루(역1)	地塘板	17y	밋슷는죠희(역1)	茅紙	20y
막새(역1)	貓頭瓦	17z	ᄆᆞ르업시편히혼집(역1)	平房子	17z
막새(역3)	花頭瓦	13z	ᄆᆞ오향(역1)	馬房	20y
말루(왜1)	抹樓	33y	ᄆᆞ릭(동1)	脊樑	35y
말쏙(역1)	橛子	18y	ᄆᆞ릭(몽1)	脊樑	26z
면흙쏫다(동1)	椶墻	36z	ᄆᆞ릭(역1)	脊樑	17z
면흙뿟다(역3)	墁墻	14z	ᄆᆞ릭(역3)	正樑	13y
모옥(왜1)	茅屋	32y	ᄆᆞ릭동(왜1)	棟	32z
몸채(동1)	正房	35y	ᄆᆞ릭언다(역3)	上樑	13z
몸채(몽1)	正房	26y	ᄆᆞ릭언ㅅ다(동1)	上樑	35y
몸채(역1)	正房	17y	ᄆᆞ릭언짜(몽1)	上樑	26z
몸채(中堂)(역3)	上屋	13y	몰구유(역1)	馬槽	20y
문돌(역3)	門礅	14y	미ᄆᆞ지다(동1)	抹鏝	36z
문두들이다(역3)	拷門	14y	미ᄆᆞ지다(몽3)	抹泥	15z

표제어	한자	기호
바람ㅅ벽(몽1)	壁	27z
바죠(역1)	笆子	19z
바즈(동1)	籬笆	36y
바즈(몽1)	籬笆	27z
박공(역1)	愽風	18y
박궁(역3)	風面	13z
박셕(왜1)	薄石	34y
발(동1)	簾子	36z
발렴(왜1)	簾	33z
발로셔슬쩌다(역1)	鋪簾	18y
벽굼는굴(몽1)	瓦窯	27y
벽굽는굴(동1)	瓦窯	36y
벽다듬다(역3)	砍磚	14z
벽으로짜다(역3)	砌磚	14z
벽으로짠담(역3)	磚墙	14z
벽쟝(동1)	磚頭	36z
벽쟝(몽1)	磚頭	27z
벽쩌다(역1)	鋪磚	19z
보(역1)	樑	18y
봉ᄒ다(동1)	封了	35z
부억아귀(역1)	竈火門	19y
부억(동1)	廚房	35y
부억(몽1)	廚房	26y
부억쥬(왜1)	廚	32y
불넘기(역3)	竈嗓	14z
붓두막(몽3)	鍋臺	15z
붓두막(鍋臺)(역3)	竈臺	14z
붓박이창(몽3)	不開的窓	15z
블못쩻는구들(역1)	死炕	19y
블쩻는구들(역1)	活炕	19y
붓바기창(역3)	死窓	14y
비돌긔집(역1)	鴿子窩兒	20y
빗쟝솬(왜1)	楗	33y
빗쟝지르다(동1)	楗門	35z
빗쟝질으다(몽1)	楗門	26z
ᄇ람ㅅ벽(동1)	壁	36y
ᄇ르다(동1)	塗褙	37y
ᄇ르다(몽1)	塗褙	27z
ᄇ롬벽(왜1)	壁	33y
ᄇ롬ᄇ르다(역1)	糊墙	19y
불으다(역3)	塗褙	15y
비목(동1)	門鸛嘴	36y
비목(몽1)	門鸛嘴	27y
비목(역1)	金屈鈇	18z
비목슈(왜1)	鈇	33y
비졉ᄒ다(동1)	表褙	37y
비졉ᄒ다(몽1)	表褙	27z
비졉ᄒ다(역3)	打合褙	15y
뜰(역1)	院落	19y
뿔츅(왜1)	築	34y
사인창(역3)	花窓	13z
사ᄃ리데(왜1)	梯	33z
산막(역1)	窩房	17z
살문(동1)	楎門	35z
살업슨창(역3)	明窓	13z
샤랑(동1)	客位	35y
샤랑(몽1)	客位	26y
샤랑(왜1)	舍廊	32y
샤창(역3)	斜眼	14y
서ᄃ리(동1)	層堦	34z
섬(동1)	臺堦	34z
섬(몽1)	堦	26y
섬서흐레(역1)	階級	19z
섬층(동1)	堦級	34z
섬층(몽1)	堦級	26y
섬페(왜1)	陛	33z
셔슬(동1)	葦箔	35z
셔슬(몽1)	葦箔	26z

셔연(왜1)	椽	32z	죠회예가다(역3)	上朝	07z
션반(역1)	閣板子	19z	줏개(역1)	獸頭	17z
셧가래(동1)	椽	35z	줏개(역3)	穩獸	13z
셧가래(몽1)	椽	26z	쥬렴(왜1)	珠簾	33z
손뎡(역1)	客房	17y	쥬츄돌(역1)	磉石	17z
솟아귀(동1)	竈口	36y	쥬츄ㅅ돌(동1)	柱頂石	35y
솟아귀(몽1)	竈口	27y	쥬츄ㅅ돌(몽1)	柱頂石	26z
솟아귀(역3)	竈門	14z	쥬츄초(왜1)	礎	32z
수디새(역1)	同瓦瓦	17z	즁깃(몽3)	排山柱	15y
수지새(동1)	同瓦瓦	36z	즁방(몽3)	山柁	15y
수지새(몽3)	同瓦瓦	15z	지게(동1)	戶	36y
숫픠오는구돌(역3)	煤火炕	14z	지게(몽1)	戶	27y
슈리(왜1)	修理	34y	지게호(왜1)	戶	33y
슈채구무(동1)	墻水眼	36z	지도리(동1)	門斗	35z
슈채구무(몽1)	墻水眼	27z	지도리(몽1)	門斗	26z
슈채구무(역3)	墻水眼	14z	지도리츄(왜1)	樞	33y
시렁가(왜1)	架	33z	지새(동1)	瓦頭	36z
새니다(역1)	苫房子	17z	지새(몽1)	瓦頭	27z
쇠블리는플무(역1)	放砂爐	20y	지새(역3)	瓦頭	13z
쇠야기(역1)	楔子	18y	지새것다(동1)	揭起瓦	37y
쇠우리(역1)	牛欄欄	20y	지새것다(몽3)	揭起瓦	15z
싀비(왜1)	柴扉	32z	지새골항(몽3)	瓦櫳溝	15z
뜰(동1)	庭子	36z	지새골항(역3)	瓦壟溝	13z
뜰(몽1)	庭子	27z	지새녜다(동1)	盖瓦	36z
뜰(역3)	院子	14z	지새녜다(몽1)	盖瓦	27z
뜰뎡(왜1)	庭	33z	지새녜다(역3)	盖瓦	13z
자븐것들넛는집(역1)	庫房	17y	지새와(왜1)	瓦	32z
자는방(역1)	臥房	17y	지새ᄆᆞ라(몽3)	盖瓦櫳	15z
쟉슈(역1)	叉竪	18y	지새ᄆᆞ락(역3)	盖瓦壟	13z
쟝즈(왜1)	障子	33y	집(동1)	房子	34z
졉의집(역1)	鷰窩兒	20y	집(몽1)	房子	26y
조구(왜1)	竈口	33z	집(역1)	房子	17y
좁은집(역1)	窄房子	17z	집가(왜1)	家	32y
죠회밧는뎐(역3)	太和殿	07z	집곡지(역3)	房頂	13z

집궁(왜1)	宮	32y	쳠하쳠(왜1)	簷	32z
집궐(왜1)	闕	32y	초가네다(동1)	苫盖	37y
집기슭(역1)	房簷	19y	초가네다(역3)	苫盖	13z
집뎐(왜1)	殿	32y	초개집(역1)	草房	17y
집뒷터(역1)	後院	19z	초개집의역거쯰워싼반주(역1)		
집안(역1)	屋梩	17y		浮篷	19z
집짓다(동1)	盖房子	37y	초막(역1)	草厦	17z
집짓다(몽1)	作房子	26y	츈혀(역3)	飛簷	13y
집짓다(역1)	盖房子	17z	측간(동1)	茅房	35y
집텽(왜1)	廳	32y	측ㅅ간(몽1)	茅房	26y
좌우듕집(동1)	廂房	35y	캉젼(몽3)	炕沿	15z
좌우듕집(몽1)	廂房	26y	탁주(왜1)	卓子	33z
창구므(역3)	窓眼	14y	탄막(왜1)	炭幕	32z
창령(왜1)	窓欄	33y	터(동1)	院子	36z
창버틔오다(동1)	支窓	36y	터(몽1)	院子	27z
창버틔오다(몽1)	支窓	27y	터긔(왜1)	基	33z
창빗틔오다(역3)	支窓	14y	터어엿(역3)	院圈子	14z
창ㅅ셰살(몽3)	窓豎欄	15z	터에음(동1)	院圈子	36z
창ㅅ뎐(몽1)	窓臺	27y	토담싼다(동1)	打土墻	36z
창셰살(동1)	窓欄	36y	태티다(역1)	鳴鞭	09z
창지빈(역3)	窓臺	14y	퇴(동1)	廊	35y
창지오다(동1)	放窓	36y	퇴(몽1)	廊	26y
창지오다(몽1)	放窓	27y	판장(동1)	板壁	36z
창창(왜1)	窓	33y	판쟝(몽1)	板壁	27z
창ㄱ른ㅅ살(몽3)	窓橫欄	15z	판주(왜1)	板子	33y
창ㄱ른살(동1)	窓橫欄	36y	풀무(역3)	冶鐵爐	15y
챠면(역3)	牌杈子	15y	헛간(동1)	草棚	35y
챠면(왜1)	遮面	33z	헛간(몽1)	草棚	26z
챠양(왜1)	遮陽	33z	혀(역1)	椽	17z
챵ㅅ뎐(동1)	窓臺	35z	혀거다(역1)	擺椽	19z
쳠하(동1)	滴水簷	35z	현판(왜1)	匾額	33z
쳠하(몽1)	滴水簷	26z	현판(역3)	匾額	13y
쳠하(역1)	滴水簷	19y	홈(역3)	水筧	15y
쳠하쳘망(몽3)	簷網	15y	훈간(동1)	一間	36y

혼간(몽1)	一間	27y
흙구들(역1)	土炕	19y
흙닉이다(역1)	和泥	19y
흙뿟다(역3)	抹墁	14z
회(동1)	石灰	37y
회(몽1)	石灰	27z
회굽다(역3)	煮灰	15y
회숫다(역1)	石灰抿抿	19z
힝각(동1)	翼廊	34z
힝각(몽1)	翼廊	26y
힝랑랑(왜1)	廊	32y
화계(왜1)	花階	34y
화방(동1)	房山墙	36z
화방(몽1)	房山墙	27z
화방(역3)	房山墙	14z
황졔계신디(역3)	乾淸宮	07z
황후계신디(역3)	坤寧宮	07z
휜이여다(동1)	大開	35z
휜이여다(몽1)	大開	27y
홰이(왜1)	橃	33z
아니구은지새(역3)	坯瓦	13z
아조바근댱부(역1)	笋挿	18y
암디새(역1)	仰瓦	17z
암지새(동1)	仰瓦	36z
앙벽ᄒ다(역1)	仰泥	19y
어탑(동1)	寶座	34z
어탑(몽1)	寶座	25z
어탑(역3)	寶座	07z
여다(동1)	開了	35z
여다(몽1)	開了	26z
여윈우믈(역1)	枯井	19z
열 개(왜1)	開	33y
온집(동1)	閤家	35y
올희우리(역1)	鴨欄	20y

우러리窓(역1)	天窓	18y
우믈(역1)	井眼	19z
울섭(동1)	藩籬	36y
울섭(몽1)	藩籬	27y
울섭(역3)	藩籬	15y
울섭리(왜1)	籬	34y
움(동1)	地窖	36y
움(몽1)	地窖	27y
움(역1)	窖子	17z
움(역3)	地窖	13y
외다리(역1)	單扇	18z
외양구(왜1)	廐	32z
왼집(몽1)	閤家	26y
위박(왜1)	葦箔	32z

[官 府]

곡식넛는움(동1)	地窖	40y
구의(몽1)	官	30z
긱새(동1)	官舍	40y
대텽(동1)	廳事	40y
대텽(몽1)	廳事	30z
마을(동1)	衙門	40y
마을(몽1)	衙門	30y
마올(역1)	衙門	09z
버금고올(역1)	州	10y
별보는디(역3)	觀星臺	08y
술위ᄀ음아는마올(역1)	遞運所	10y
슈례두다(역1)	畫押	11y
져근고올(역1)	縣	10y
져근마올(역1)	小衙門	09z
큰마올(역1)	大衙門	09z
투슈(역1)	押子	10z

투슈티다(역1)	押了	10z
인교디ᄒᄂ집(역3)	接官廳	08z
일못다(역1)	早聚	10z
일홈두다(역1)	畫字	11y

[公 式]

가지(역1)	告身	11z
건긔(왜1)	件記	37z
계문(왜1)	啓聞	37y
글월초(역1)	篆本	11z
긔록(왜1)	記錄	37z
관ᄌ(왜1)	關子	37z
늦은좌긔(역3)	晩堂	09y
단ᄌ(왜1)	單子	37z
답장(왜1)	荅狀	37z
도셔(왜1)	圖書	37z
드듸여마초와보다(역1)	踏勘	12z
데김(역1)	票帖	12y
례단(왜1)	禮單	37y
례물(왜1)	禮物	37y
마초ᄂ글월(역1)	勘合	12y
마촌글월(역1)	撿子	12y
목록(왜1)	目錄	37z
문젹(왜1)	文籍	37z
문졍(왜1)	問情	37y
반포ᄒ다(역3)	布告	09y
방물(왜1)	方物	37y
번나다(역3)	下夜	09z
번ᄉᆞ다(역3)	作班	09z
별복(왜1)	別幅	37y
사ᄅᆞᆷ잡아오ᄂᄂ사ᄉ(역3)	綠頭籤	09y
셔계(왜1)	書契	37y

셔간(왜1)	書簡	37z
슈본(왜1)	手本	37y
젹어주다(역3)	批回	09y
젼령(왜1)	傳令	37y
죠보(塘報)(역3)	循環報	09y
지위ᄒ다(역3)	行會	09y
지의밧줍다(역3)	承旨	08z
짐수험ᄒ다(역1)	驗包	12z
파발(역1)	塘報	12z
파발(역3)	跑報	09y
하톄(역1)	帖文	11z
효쥬(왜1)	爻周	37z
휴지(역1)	故紙	12z
알외다(역1)	照會	11z
약됴(왜1)	約條	37y
엿ᄌ온글월ᄂ리다(역1)	本下	11z
엿ᄌ와ᄂ리다(역1)	奏下	11z
엿ᄌᆞᆸᄂᄂ글월드리ᅌᆞᆸ다(역1)		
	題本	11z
유무(역1)	書信	12z
인인(왜1)	印	37z
일은좌긔(역3)	早堂	09y
??(역3)	告暇	09z
??(역3)	上夜	09z
??등(왜1)	膽	37z

[官 職]

가ᄌ(동1)	告命	39y
가ᄌ(몽1)	誥命	29y
감ᄉ(왜1)	監司	36y
공명(왜1)	功名	37y
공쥬(왜1)	公主	35z

어휘	漢字	위치	어휘	漢字	위치
구실식이다(역3)	派出	10y	말ㅁ(몽1)	告暇	29z
군관(왜1)	軍官	36z	문위관(왜1)	問慰官	36y
길ㄱㄹ치ㄴ관원(동1)	鄕道官	38z	버금(동1)	副	39y
길ㄱㄹ치ㄴ관원(몽1)	鄕道官	29y	버금(몽1)	副	29y
ㄱ다(동1)	遞任	39z	벼슬돗다(역3)	陞任	10y
ㄱ다(몽1)	遞任	29z	벼술(동1)	前程	39y
ㄱ음알장(왜1)	掌	36z	벼술(역1)	前程	13y
괴로은구실(역3)	苦差	10z	벼술돗다(역1)	陞官	13z
관원(왜1)	官員	36y	벼술봉ㅎ다(동1)	封爵	39y
궐메오다(역3)	頂缺	10y	벼술봉ㅎ다(몽1)	封爵	29y
궐주리다(역3)	裁缺	10y	벼술위(왜1)	位	36z
나은소임(역3)	優任	10y	벼술직(왜1)	職	36z
녹(동1)	俸祿	39y	벼술ㄱ다(역1)	替代	13z
녹(몽1)	俸祿	29y	벼술ㅅ(왜1)	仕	36z
녹(역3)	俸祿	10z	벼술ㅎ다(동1)	做官	39z
녹록(왜1)	祿	37y	벼술ㅎ다(몽1)	做官	29z
뇨(동1)	錢粮	39y	벼술ㅎ다(역1)	做官	13z
뇨(몽1)	錢粮	29y	벼술ㅎ이다(동1)	除做官	39z
님금(동1)	主子	37y	벼술ㅎ이다(몽1)	除做官	29z
님금(몽1)	主子	28y	벼술ㅎ이다(역1)	除官	13y
님금군(왜1)	君	35z	벼술ㅎ이다(역3)	除做官	10y
님금왕(왜1)	王	35z	별치(왜1)	別差	36y
당샹관(왜1)	堂上官	36y	보궐ㅎ다(몽3)	頂缺	16z
동궁(왜1)	東宮	35z	본직(역3)	原職	10y
됴뎡(왜1)	朝廷	35z	부마(왜1)	駙馬	35z
대군(왜1)	大君	35z	부ㅅ(왜1)	府使	36y
대쟝(왜1)	大將	36y	산두ㄴ이(역3)	筭手	10y
뎌감ㅎ다(몽1)	替監	29z	샹관끠뵈ㅇ다(역3)	參官	10z
뎌진ㅎ종실(동1)	覺羅	37z	셔리(왜1)	書吏	36z
뎌진ㅎ종실(몽1)	覺羅	28y	소임(동1)	職任	39y
령ㅎ녕(왜1)	令	36z	소임(몽1)	職任	29y
록ㅅ(왜1)	錄使	36z	슈령(왜1)	守令	36y
맏들임(왜1)	任	36z	승샹(왜1)	丞相	36y
말ㅁ(동1)	告暇	39y	신하(동1)	臣	37z

신하(몽1)	臣	28y
신하들(동1)	大人門	37z
신하신(왜1)	臣	35z
신ᄉ(왜1)	信使	36y
ᄉ신(왜1)	使臣	36y
셰ᄌ(왜1)	世子	35z
졉위관(왜1)	接慰官	36y
졍ᄉ졍(왜1)	政	36z
종실(왜1)	宗室	35z
쥬봉ᄒ다(동1)	罰俸	39y
쥬봉ᄒ다(몽1)	罰俸	29z
쥬원(왜1)	籌員	36z
지샹(왜1)	宰相	36y
졔후(왜1)	諸侯	35z
쳔거(왜1)	薦擧	37y
칙ᄉ(왜1)	勅使	36y
ᄎ례품(왜1)	品	36z
치비관(왜1)	差備官	36z
통ᄉ(왜1)	通事	36z
태ᄌ(왜1)	太子	35z
파발쟝(동1)	驛丞	38z
포폄(왜1)	褒貶	37y
품(동1)	品級	39y
품(몽1)	品給	29y
훈도(왜1)	訓導	36y
화원(왜1)	畵員	36z
황뎨(왜1)	皇帝	35z
황후(왜1)	皇后	35z
아릿망넛다(역3)	擬賠	10y
어ᄉ(왜1)	御使	36y
역승(역3)	驛丞	10y
왕(동1)	王爺	37y
우격으로식이다(역3)	壓派	10y
원(동1)	知縣	38z

원(몽1)	知縣	29y
의원(왜1)	醫員	36z
인치다(몽1)	打印	29z
인티다(동1)	押印	39z
인임ᄒ다(역3)	還缺	10y

[祭 祀]

굿ᄒ다(역1)	足垂神	14y
긴지계(역3)	長齊	10z
믈으쳐ᄇ리다(역3)	送崇	11y
뫼들이다(역3)	供飯	10z
잔들이다(역3)	奠酒	10z
졀은지계(역3)	短齊	10z
죠희로삭인덕담(역3)	利市紙	10z
진영(역1)	影身	14y
익풀이ᄒ다(역3)	禳災	11y

[城 郭]

가름길(동1)	岔路	41z
가름길(몽1)	岔路	31z
갓가오되가기머다(몽3)	路覺遠	16z
갓가온곳(동1)	近方	42y
갓가온곳(몽1)	近方	31z
갓갑다(동1)	近	41z
갓갑다(몽1)	近	31z
경계뎡ᄒ목칙(동1)	界閑	41y
경계뎡ᄒ목칙(몽1)	界閑	31y
경계졍ᄒ디(역3)	界限	11y
고ᄉ집창(왜1)	倉	35y
고향(왜1)	故鄕	35y
고올(동1)	縣	41y

고올(몽1)	縣	31y	드리(몽1)	橋	31z
고올군(왜1)	郡	34z	드리(역1)	橋	15y
고올읍(왜1)	邑	34z	드리곳티다(역1)	修橋	15y
골(동1)	衚衕	41z	드리교(왜1)	橋	34z
골(몽1)	衚衕	31z	드리노타(역1)	打橋	15y
곳집고(왜1)	庫	35y	드리놋타(동1)	搭橋	42y
구의관(왜1)	官	34y	드리놋타(몽1)	搭橋	32y
군포(역1)	鋪舍	15y	드리ㅅ구무(역3)	橋洞	11y
길(동1)	路	41z	드리ㅅ기동(역3)	橋柱	11y
길(몽1)	路	31y	드리ㅅ난간(역3)	橋廂	11y
길거리(동1)	街上	41z	드리ㅅ보(역3)	橋梁	11y
길모롱이(동1)	路隅	41z	드리허다(역3)	坼橋	11y
길모롱이(몽1)	路隅	31z	려염(왜1)	閭閻	35y
나라(동1)	國	40z	리문(동1)	柵欄	42y
나라(몽1)	國	30z	마올부(왜1)	府	34y
나라국(왜1)	國	34y	막힌골(동1)	死衚衕	41z
나모셩(역1)	木寨	14z	막힌골(몽1)	死衚衕	31z
낫참(동1)	打過站	41z	막힌어귀(동1)	隘口	41y
낫참(몽1)	打店地方	31z	막힌어귀(몽1)	隘口	31y
널드리(역1)	板橋	15y	머다(동1)	遠	41z
뉵노(동1)	旱路	41z	머다(몽1)	遠	31z
뉵노(몽1)	旱路	31y	머되가기쉽다(몽3)	不覺遠	16z
니문(몽1)	架欄	31z	먼곳(동1)	遠方	42y
돈디(왜1)	墩臺	34z	먼곳(몽1)	遠方	31z
돌드리(역1)	石橋	15y	멀리도다(몽3)	繞遠了	16z
돌드리강(왜1)	矼	34z	모개관(왜1)	關	34z
드는드리(몽1)	吊橋	32y	목쟝(왜1)	牧場	35y
디경(동1)	境界	41y	무은드리(역3)	搭的橋	11y
디경(몽1)	境界	31y	문루(역3)	譙樓	11y
디경진혼디(몽3)	盡邊	16y	믄허디다(역1)	塌了	15y
디경패(역3)	界牌	11y	믈애띄워노혼드리(역1)	浮橋	15y
디윗다가것는드리(역1)	扯吊橋	14z	모올(동1)	里	41z
딩검드리(역1)	跳過橋	15y	모올(몽1)	里	31y
드리(동1)	橋	42y	모올리(왜1)	里	35y

무올촌(왜1)	村	35y	싀골향(왜1)	鄕	35y
밧셩곽(왜1)	郭	34y	쓰는드리(동1)	吊橋	41y
변방(왜1)	邊方	34z	잘참(동1)	宿站	41z
본(동1)	原籍	41y	잘참(몽1)	宿站	31z
봉슈(왜1)	烽燧	34z	장(동1)	集	42y
비참ᄒᆞ여가다(몽1)	無程	31y	쟝승(동1)	土地老兒	41z
사드리(역1)	梯子	15y	쟝승(몽1)	土地老兒	31z
사드리(역3)	雲梯	11y	쟝승(역3)	土地老兒	11y
살거(왜1)	居	35y	쟝승후(왜1)	堠	35y
샤단사(왜1)	社	35y	져근셩(동1)	堡	40z
샤직(왜1)	社稷	34y	져제(동1)	市上	42y
셔울(역1)	京城	14z	져지ㅅ거리(몽1)	街上	31z
셔울(동1)	京城	40z	좁은어귀(역3)	隘口	11y
셔울(몽1)	京城	30z	종묘(왜1)	宗廟	34y
셔울경(왜1)	京	34y	죵루(왜1)	鐘樓	35y
셩(동1)	城子	40z	즈름길(동1)	抄路	41z
셩(몽1)	城子	30z	즈름길(몽1)	抄路	31z
셩가퀴(동1)	城垜子	40z	즈음ᄒᆞ스이(몽3)	相隔	16z
셩각퀴(몽1)	城垜子	30z	지경경(왜1)	境	34z
셩각회구무(역3)	砲眼	11y	진징진(왜1)	鎭	34z
셩각회텹(왜1)	堞	34z	집관(왜1)	館	34z
셩귀다아(동1)	垜口水眼	40z	징검드리(동1)	跳過橋	42y
셩귀ㅅ대아(몽3)	垜口炮眼	16z	징검드리(몽1)	跳過橋	32y
셩문밧좌우판(동1)	關廂	41y	ᄌᆞ믈쇠(역1)	鎖子	14z
셩문밧좌우판(몽1)	關廂	31y	ᄌᆞ믈쇠겁질(역1)	鎖殼	14z
셩셩(왜1)	城	34y	ᄌᆞ믈쇠속(역1)	鎖鬚	14z
셩쥬회(역3)	城圈	11y	참참(왜1)	站	34z
슌막뎜(왜1)	店	35y	터쟝(왜1)	場	35y
슈문(몽3)	閘	16z	흙드리(역1)	土橋	15y
습진터(동1)	敎場	41y	회ᄌᆞ(동1)	城壕	41y
습진터(몽1)	敎場	31y	회ᄌᆞ(몽1)	城壕	30z
쇠시슬(역1)	鐵鎖	15y	회ᄌᆞ(역3)	護城河	11y
싀골(동1)	鄕村	41y	회ᄌᆞ호(왜1)	濠	34z
싀골(역3)	鄕村	11y	에음길(동1)	彎路	41z

에음길(몽1)	彎路	31z	그을획(왜1)	畵	38y
역(동1)	館驛	41y	글(동1)	文書	42z
역(몽1)	館驛	31y	글(몽1)	文書	32y
역역(왜1)	驛	34z	글강ᄒ다(동1)	講書	43z
연디(동1)	墩臺	41y	글강ᄒ다(몽1)	講書	33y
연디(몽1)	墩臺	30z	글강ᄒ다(역1)	講書	15z
엸쇠(역1)	鑰匙	14z	글ᄀᄅ치다(역1)	敎書	15z
온나라(동1)	通國	40z	글념ᄒ다(동1)	念書	43z
온나라(몽3)	通國	16y	글닉이다(동1)	溫習	43z
이오지(동1)	隣	41y	글닉이다(몽1)	溫習	33y
이오지(몽1)	隣	31y	글닑다(동1)	讀書	43y
이운린(왜1)	隣	35y	글닑다(몽1)	讀書	33y
외나모ᄃᄅ리(동1)	獨木橋	42y	글닑히다(동1)	敎讀書	43y
외나모ᄃᄅ리(몽1)	獨木橋	32y	글뎨뎨(왜1)	題	38y
외나모ᄃᄅ리(역1)	獨木橋	15y	글듯다(역1)	上字	15z
외방(왜1)	外方	34z	글벗기다(동1)	抄寫	44y
외방큰마을(동1)	府	41y	글벗기다(몽1)	抄寫	33z
			글벗기다(역3)	抄寫	12y
			글붓치다(몽3)	寄字	16z
[學 校]			글비호다(역1)	學書	15z
			글비호ᄂᆫ디(역1)	學堂	15z
갑에넛다(동1)	入套	44z	글쓰다(역1)	寫字	15z
강미(역3)	學課錢	12z	글쏘노다(동1)	判了書	44y
강홀강(왜1)	講	38y	글쓰다(동1)	寫字	43z
고치다(동1)	改正	44y	글쓰다(몽1)	寫字	33z
고치다(몽1)	改正	33z	글잘ᄒ다(역1)	好文章	16y
공부(왜1)	工夫	38y	글지은명지(역1)	試卷	16z
궁구ᄒ다(몽3)	詳究	16z	글짓다(동1)	作文章	43y
그리다(동1)	畵畵	42z	글짓다(몽1)	作文章	33y
그리다(몽1)	畵畵	32z	글짓다(역1)	作詩	15z
그림(동1)	畵	42z	글ᄌ(동1)	字	43z
그림(몽1)	畵	32z	글ᄌ(몽1)	字	33y
그림그리다(역3)	畵畵	12z	글ᄌ파임(몽3)	字尾	16z
그림화(왜1)	畵	38z	글초(동1)	草稿	44y

글초(몽1)	草藁	33z	뎜티다(동1)	打點	43z
글초잡다(동1)	打草稿	44y	뎜티다(몽1)	打點	33y
글초잡다(몽1)	打草藁	33z	동고리다(동1)	圈了	43z
글초잡다(역3)	打草藁	11z	동고림(동1)	圈	43z
글톄(동1)	題目	42z	동고림(몽1)	圈	33y
글톄(몽1)	題目	32z	둘째(역1)	榜眼	16z
글외오다(몽1)	背念	33y	둥구리다(역3)	圈了	12y
글외오다(역1)	念書	15z	뎨ᄌ(동1)	徒弟	43y
글외오다(역3)	北念	11z	력셔(왜1)	曆書	38z
글월문(왜1)	文	37z	먹(동1)	墨	44z
글을통ᄒ다(몽3)	通文	16z	먹(몽1)	墨	33z
글읊다(역1)	吟詩	15z	먹묵(왜1)	墨	39y
긁고부치다(역3)	刮貼	12y	먹묽다(역3)	墨淡	12z
긁고쓰다(역3)	扣寫	12y	먹쇠미다(역3)	墨透	12z
급제ᄒ긔별젼ᄒ다(역3)	報喜	13y	먹칠ᄒ다(동1)	㳫墨	44z
ᄀ르치다(역3)	敎授他	11z	먹칠ᄒ다(몽1)	㳫墨	33z
ᄀ르치다(동1)	敎他	43y	먹ᄀ다(동1)	硏墨	44z
ᄀ르치다(몽1)	敎他	33y	먹ᄀ다(몽1)	磨墨	33z
ᄀ르칠교(왜1)	敎	38y	먹ᄀ다(硏墨)(역3)	磨墨	12z
ᄀ르칠훈(왜1)	訓	38y	명함(동1)	名帖	43y
ᄌ획긋다(역3)	打沿道	12y	명함(몽1)	名帖	34y
긔록ᄒ다(몽1)	記着	34y	문지(왜1)	紋紙	38z
긔초(왜1)	記草	38z	ᄆᆞ음오롯이ᄒ다(몽3)	專心	16z
과거뵈다(동1)	科試	44z	박아내다(역3)	印出	12y
권권(왜1)	卷	38z	반힝(왜1)	半行	38z
권쟝ᄒ다(동1)	勤勉	43y	법톕(왜1)	法帖	38z
권쟝ᄒ다(몽1)	勸勉	33y	벼로(동1)	硯	44z
너길습(왜1)	習	38y	벼로(몽1)	硯	33z
눌러쓰다(동1)	押習	44y	벼로연(왜1)	硯	39y
눌러쓰다(역3)	壓習	12y	별로믈집(역3)	硯水城	12z
능필(왜1)	能筆	38z	보람최(역)	褙子	12z
닐글독(왜1)	讀	38y	보쟝ᄒ다(몽1)	申報	34y
닑엇다(역3)	念過了	11z	본밧다(동1)	效法	43y
뎜뎜(왜1)	點	38y	본밧다(몽1)	效法	33y

부즈런이ᄒᆞ다(동1)	勤謹	43z	젼갈ᄒᆞ다(동1)	口傳信	43y
부즈런이ᄒᆞ다(몽1)	勤謹	33y	젼ᄌᆞ쓰다(동1)	篆字寫	44y
분필(왜1)	筆	39y	젼ᄌᆞ젼(왜1)	篆	38y
붓(동1)	筆	44y	졍셔(왜1)	正書	38z
붓(몽1)	筆	33z	졍셔ᄒᆞ다(동1)	謄眞	44y
붓대(동1)	筆管	44y	졍히쓰다(동1)	丁字寫	44y
붓대(역3)	筆管	12y	졍ᄌᆞ쓰다(몽1)	正字寫	33z
붓두겁(동1)	筆帽	44y	죠희(동1)	紙	44y
붓두겁세오다(동1)	戴筆帽	44y	죠희(몽1)	紙	33z
붓무되다(역3)	筆禿	12y	죠희졀ᄒᆞ다(동1)	裁紙	44y
붓세먹뭇치다(역3)	膏筆	12z	죠희지(왜1)	紙	38z
붓슷다(역3)	楷筆	12z	죠희ᄆᆞ르다(역3)	裁紙	12y
붓에먹무치다(몽1)	餂筆	33z	죠희쓰다(동1)	抄紙	44y
붓에먹무티다(동1)	餂筆	44y	죠희ᄒᆞᆫ권(동1)	一打子紙	44y
붓긋(역3)	筆尖	12y	죠희ᄒᆞᆫ권(몽1)	一打子紙	33z
비호다(동1)	學了	43y	주닐주(왜1)	註	38y
비호다(몽1)	學了	32z	줄긋다(동1)	"澁"	43z
비호다(역3)	學了	11z	줄긋다(몽3)	打遏子	16z
비홀혹(왜1)	學	37z	지조(역1)	本事	16y
뜻를독실이ᄒᆞ다(몽3)	篤志	16z	지조밧다(역1)	比試	16y
셔안(왜1)	書案	39y	초로쓰다(동1)	草字寫	44y
셔진(몽3)	鎭尺	16z	초로쓰다(몽1)	草字寫	33z
셔진(역3)	鎭紙	12y	초셔(왜1)	草寫	38z
셔진(왜1)	書鎭	39y	츳운(왜1)	次韻	38y
슈먹다(동1)	墨蔭了	44z	춤먹(역3)	香墨	12z
슈묵(왜1)	水墨	38z	칙(동1)	本子	44z
슈묵지다(몽1)	墨蔭了	33z	칙(몽1)	本子	33z
스승(동1)	師傅	43y	칙갑(동1)	書套	44z
스승(몽1)	師傅	32z	칙갑(몽1)	書套	34y
스승(역1)	師傅	15z	칙걸이(역3)	書架	12z
셋째(역1)	探花郎	16z	칙녁(동1)	皇曆	42z
식지(왜1)	色紙	38z	칙녁(몽1)	曆書	32z
샌다(동1)	選了	44z	칙의(역3)	書面子	12z
샌다(몽1)	選了	34y	칙미다(몽3)	釘書	16z

칙칙(왜1)	冊	38z
톄즈(몽1)	徒弟	32z
통ᄒ다(몽1)	通	33y
편지(동1)	書信	43y
편지(몽1)	書信	32z
편지ᄒ다(동1)	寄信	43y
편지ᄒ다(몽1)	寄信	32z
평항에쓰다(동1)	平行寫	43z
표올리다(동1)	上表	45y
표올리다(몽1)	上表	34y
풍월(왜1)	風月	38y
흐리오다(동1)	塗抹	44y
흐리오다(몽1)	塗抹	33z
흐리오다(역3)	塗抹	12y
흐터디다(역1)	散了	16y
흥긔ᄒ다(몽3)	奮興	16z
ᄒ장(동1)	一張	44z
ᄒ장(몽1)	一張	33z
ᄒ질(동1)	一部	44z
ᄒ질(몽1)	一部	33z
ᄒ편(동1)	一編	44z
ᄒ편(몽1)	一編	33z
획긋다(동1)	劃了	43z
획긋다(몽1)	打畫	33y
획긋다(역3)	劃了	12y
쓸샤(왜1)	寫	38y
언문(왜1)	諺文	38z
연뎍(왜1)	硯滴	39y
연샹(왜1)	硯箱	39y
올려쓰다(동1)	擡頭寫	43z
올려쓰다(역3)	擡頭寫	11z
을쥬어리다(몽1)	吟咏	32z
을플음(왜1)	吟	38y
읇쥬어리다(동1)	吟咏	43y

일긔(왜1)	日記	38z
에오다(역3)	打圈	12y
에우치다(몽3)	句末	16z
에우티다(동1)	打圈	43z
에운것내살오다(몽3)	圈活	16z
외오다(동1)	背念	43z
외올숑(왜1)	訟	38y

[敎 閱]

겁흘겁(왜1)	㤼	40y
결워ᄡᅩ다(역3)	較射	15z
구완병(동1)	援兵	45y
구완병(몽1)	援兵	34z
구원(왜1)	救援	40y
군포(동1)	冷舖	45z
군ᄉ(동1)	兵丁	45y
군ᄉ(몽1)	兵丁	34z
군ᄉ도로혀다(동1)	班師	47y
군ᄉ도로혀다(몽1)	班師	36y
군ᄉ발ᄒ다(동1)	發兵	45z
군ᄉ발ᄒ다(몽1)	發兵	35y
군ᄉ병(왜1)	兵	39y
군ᄉ시겨내다(동1)	調兵	45z
궁품좃타(역3)	弓式好	15z
깁히드러가다(몽3)	突入	17z
ᄀ득드리다(역3)	滿拉	15z
ᄀ즉이ᄒ다(동1)	整齊	45z
ᄀ즉이ᄒ다(몽1)	整齊	35y
계교쓰다(몽3)	用計	17y
긔병(왜1)	起兵	39y
긔츄(역3)	騎射	15z
노략락(왜1)	掠	39z

노략ᄒ다(역3)	擄掠	15z
달뾰다(동1)	精選	45z
달샌다(몽1)	精選	35y
도망ᄒ다(동1)	逃走	47y
도망ᄒ다(몽1)	逃走	35z
도적적(왜1)	賊	39z
도젼(왜1)	挑戰	39z
두를잡(왜1)	匝	39z
드라나다(동1)	敗走	46z
뒤막다(역3)	捍後	15y
뒤흘막다(동1)	捍後	46z
뒤흘막다(몽3)	斷後	17z
뒤ᄡᅢ지다(역3)	失手放	15z
디뎍(왜1)	對敵	39z
디젹ᄒ다(동1)	敵他	46z
디쳑ᄒ다(몽1)	敵他	35z
라발부다(역1)	吹喇叭	20z
막ᄌ르다(동1)	拒他	46y
막ᄌ르다(몽1)	拒他	35z
맛다(着了)(역1)	中了	21y
망ᄒ다(동1)	亡啊	47y
망ᄒ다(몽1)	亡啊	36y
망ᄒ망(왜1)	亡	40y
멸ᄒ다(동1)	滅啊	47y
멸ᄒ다(몽1)	滅啊	36y
멸ᄒ멸(왜1)	滅	40y
모칙(동1)	計策	45z
모칙(몽1)	計策	34z
못맛다(不中)(역1)	不着	21y
못이긔다(동1)	負了	46z
못이긔다(몽1)	不勝了	35z
무루쳐오다(역3)	撞回	15z
묻지를킹(왜1)	坑	40y
뭇질러죽이다(동1)	坑殺	46z
몰돌리다(역1)	跑馬	21y
반홀반(왜1)	叛	40y
방비방(왜1)	防	40y
버히다(동1)	砍了	46z
버히다(몽1)	砍了	35z
보슈(왜1)	報讎	40z
복병(왜1)	伏兵	39y
북티고들우레다(역1)	鼓噪	21y
북티다(역1)	打鼓	20z
붓좃게ᄒ다(동1)	招撫	47y
붓좃다(동1)	附他	47y
블노타(역1)	放砲	20z
비반(왜1)	背叛	40z
사로잡을금(왜1)	擒	40y
사로잡힌이(몽1)	擄來的	35z
살근ᄃ겨가다(역1)	箭搖到	21y
살기우로가다(역1)	歪了	21y
살넘다(역1)	大了	21y
살메오다(역3)	搭箭	15z
살저어가다(역1)	撒過	21y
살펴디다(역1)	小了	21y
서로싸호다(동1)	相戰	46y
솔(역1)	布塀把子	21y
솔뽀다(역1)	射垜子	21y
슈사리군ᄉ(동1)	戍兵	45y
슈사리군ᄉ(몽1)	戍兵	34z
슈사리슈(왜1)	戍	40y
실료(왜1)	失瞭	40y
싱금ᄒ다(동1)	搶人	47y
싱금ᄒ다(몽1)	捉生	35z
쪄치다(몽3)	挾攻	17y
쪄티다(동1)	挾攻	46z
쑤르지르다(동1)	突入	46z
ᄯ로다(동1)	追趕	46z

ᄯᅡ로다(몽1)	追趕	35z		침노ᄒᆞ다(몽1)	侵擾	35y
ᄯ롸밋지못ᄒ다(동1)	趕不上	46z		크게죽다(동1)	厮殺	46z
ᄯ롸잡다(몽3)	追獲	17y		크게죽이다(몽3)	亂殺	17z
ᄺᅦ티다(동1)	衝突	46z		탐지군(역3)	塘報兵	15y
ᄺᅢ힐발(왜1)	拔	40y		퇴축ᄒ다(역3)	硼落	15z
져기낫다(역1)	低些兒	21y		파ᄒ다(동1)	擊破	46z
져기놉다(역1)	高些兒	21y		파ᄒ다(몽1)	擊破	35z
전쟝(왜1)	戰場	39z		파홀파(왜1)	破	40y
졈ᄎ로나아오다(몽3)	漸次前進	17y		평졍ᄒ다(몽3)	安定	17z
졍졔(왜1)	整齊	39y		피나게싸호다(동1)	血戰	46y
죠춍놋타(역3)	放鳥銃	15z		피나게싸호다(몽3)	血戰	17y
죽도록(몽3)	拼命	17y		핍박(왜1)	逼迫	39z
죽이다(동1)	殺他	46z		패ᄒ여ᄃᆞᆺ다(몽1)	敗走	35z
죽이다(몽1)	殺他	35z		패홀패(왜1)	敗	40y
쥬라부다(역1)	吹哱囉	20z		항복밧다(몽1)	受降	36y
지르다(동1)	刺了	46z		항복항(왜1)	降	40y
지르다(몽1)	刺了	35z		항복ᄒ다(동1)	歸順	47y
직희다(동1)	守了	46y		항복ᄒ다(동1)	受降	47y
직희다(몽1)	守了	35y		항복ᄒ다(몽1)	歸順	36y
직희오다(동1)	令守	46y		항복ᄒ다(역3)	歸順	15z
직희오다(몽1)	敎守	35y		호령(왜1)	號令	39z
직힐슈(왜1)	守	40y		호령ᄒ다(동1)	發令	45z
진치다(下營)(역3)	排陳	15y		호령ᄒ다(몽1)	發令	34z
진칠진(왜1)	陳	39y		호반무(왜1)	武	39y
진터(역3)	營盤	15y		후샤디(동1)	斷後軍	45z
진티다(동1)	排陣	46y		훌여내다(동1)	餌誘	46y
진티다(몽1)	排陳	35y		훌여내다(몽3)	誆誘	17z
창디르기ᄒ다(역1)	戳槍	21z		흐터지다(동1)	散了	46z
쳡셔올리다(동1)	報捷	47y		흐터지다(몽1)	散了	35z
쳡셔올리다(몽1)	報捷	36y		훗더가다(역1)	撒開	21z
춍돌ᄒ다(몽3)	衝突	17y		화친(왜1)	和親	40z
칠벌(왜1)	伐	39z		활ᄃ리다(역1)	扯弓	21y
침노침(왜1)	侵	39z		활ᄃ리다(역3)	拉弓	15z
침노ᄒ다(동1)	侵擾	46y		활ᄡᅩ다(射箭)(역1)	射箭	21y

싸호다(동1)	攻戰	46y
싸홀젼(왜1)	戰	39z
싸홀투(왜1)	鬪	39z
싸홈ᄒ다(몽1)	攻戰	35z
아오셩ᄒ다(동1)	吶喊	46y
아오셩ᄒ다(몽1)	吶喊	35y
어우러져싸호다(동1)	混戰	46y
어우러져싸호다(몽3)	?戰	17y
어즈러올란(왜1)	亂	40y
엄습홀습(왜1)	襲	39z
엄히ᄒ다(동1)	嚴緊	45z
엄히ᄒ다(몽1)	嚴緊	35y
엄홀엄(왜1)	嚴	39z
에올위(왜1)	圍	39z
에우다(역3)	圍着	15z
에워쓰다(동1)	圍着	46y
에워쓰다(몽1)	圍着	35y
위엄위(왜1)	威	39z
이긔다(동1)	勝了	46z
이긔다(몽1)	勝了	35z
?취(역3)	頭號	15z

[軍　器]

각지(동1)	扮指子	48y
각지(몽1)	扮指子	36z
각지(역1)	扮指子	22z
각지(왜1)	角指	41z
갑온갑(왜1)	甲	40z
갑옷(동1)	甲	47z
갑옷(몽1)	甲	36y
갑옷닙다(동1)	披甲	47z
갑옷닙다(역3)	穿甲	16y
갑옷린을(몽3)	甲葉	17z
갑옷아릿동(역3)	甲裙	16y
갑옷웃동(역3)	甲身	16y
갑옷치마(동1)	甲裙	47z
갑풀쵸(왜1)	鞘	40z
강궁(왜1)	强弓	41y
거마창(鹿角)(역3)	欄擋木	17z
거머젹(동1)	柵木	50y
거머젹(몽1)	柵木	38y
걸경쇠(역1)	鉤子	22z
견홍바로다(몽3)	指的準頭	18y
고도리(동1)	撲頭	48y
고도리(몽1)	樸頭	36z
고도리(역1)	樸頭	22y
고도리박(왜1)	髇?	41y
고도리쏘다(동1)	射撲頭	48z
고동(동1)	海螺	50y
고동(몽1)	海螺	38y
고동부다(동1)	吹螺	50y
고동부다(몽1)	吹螺	38y
곤지쏘다(동1)	向上射	48z
골지구(왜1)	轎	41z
구룸ᄃ리(동1)	雪梯	50y
구룸ᄃ리(몽1)	雲梯	38y
궁소(역3)	弓胎	16z
궁ᄃ동개(역1)	弓箭撒伐	22y
ᄀ득긋다(몽3)	拉滿	18y
ᄀ는대(동1)	挑遠箭	48y
ᄀ는대(몽3)	挑遠箭	17z
ᄀ득긋다(동1)	滿拉	47z
개개(왜1)	盖	41z
긔(왜1)	旗	41z
긔계계(왜1)	械	41z
긔ㅅ발(동1)	旗幅	49z

긔추쏘다(동1)	騎射	48z	마기탑(왜1)	鐺	40z
긔추쏘다(몽1)	騎射	37y	마름쇠(동1)	鐵蒺藜	50y
긧발(역3)	旗幅	17y	맏칠쥼(왜1)	中	41y
관혁(동1)	箭把子	48z	말음쇠(역3)	鐵蒺藜	17y
관혁(몽1)	箭把子	36z	맛다(동1)	中啊	48z
관혁(역3)	箭把子	16z	맛다(몽1)	中啊	37y
관혁(왜1)	貫革	41y	맛치다(동1)	中了	48z
낫낫치맛치다(몽3)	箭箭中	18y	멀니쏘다(몽1)	遠射	37y
늘두다(몽1)	快利	37y	멀리쏘다(동1)	遠射	48z
늘무되다(몽1)	鈍啊	37y	목쓰는갑쇠(역3)	圍脖鐵	16y
늘부러지다(몽1)	刀刃卸碎	37y	몽고쟝막(동1)	穹帳房	50y
늘셰오다(동1)	鐋刃	49y	몽고쟝막(몽1)	穹帳房	38y
늘셰오다(몽1)	鐋刀	37y	몽고쟝막(역3)	穹帳房	17z
늘인(왜1)	刃	40z	몽동이(동1)	木棒	49z
늘잇는것(역3)	有鋒的	17y	몽동이(몽1)	木棒	37z
닥다(동1)	鎝磨	49y	묘득(몽3)	準頭	18y
닥다(몽1)	鎝磨	37z	무되다(동1)	鈍啊	49y
단검(동1)	順刀	49y	무딀둔(왜1)	鈍	41y
도고리(동1)	弓墊子	47z	물매(木棍)(역3)	木棒	17y
도고리(몽1)	弓墊子	36z	밋쌔힌살(역3)	齊頭箭	16z
도리매(동1)	木棍	49z	방ㅅ쟝(동1)	弓棚子	50y
도리매(몽1)	木棍	37z	방ㅅ쟝(몽1)	弓棚子	38y
도리쌔(몽3)	梢子棍	17z	방패(동1)	遮箭牌	50y
도본(왜1)	刀本	40z	방패(몽1)	遮箭牌	38y
도지게(동1)	弓拿子	48y	방패(역3)	遮箭牌	16z
도지게(역1)	弓拿子	31z	방패(團牌)(역1)	挨牌	22z
됴춍(왜1)	鳥銃	41z	방패간(왜1)	干	41y
됴춍(鳥槍)(역1)	鳥銃	22z	방포(역3)	號砲	17y
됴춍놋타(동1)	放鳥銃	49z	방포(왜1)	放砲	41z
둑(역1)	'炖t	22z	방혁(몽3)	皷子	18y
둑둑(왜1)	纛	41z	버튀오는나무(동1)	支桿	50z
드다(동1)	快利	49y	병부(왜1)	兵符	41z
라발(몽1)	喇叭	38y	보검(왜1)	寶劍	40z
리도(왜1)	利刀	40z	보리와리(역1)	古朵	23z

봇닙히다(동1)	上樺	47z	살째돌려보다(몽3)	捻箭桿	18y
봇올리다(역3)	上樺	16y	살째잡다(몽3)	端箭桿	18y
부레(동1)	魚鰾	48y	살짓(동1)	箭翎	48y
부레소로다(동1)	先上鰾	48y	살짓다듬다(역3)	箭翎	16z
부쇠(동1)	火鎌	49z	살짓붓치다(몽3)	翎箭翎	18y
부쇠(몽1)	火鎌	37z	살츠다(몽3)	掖箭	18y
부쇠ㅅ깃(동1)	火絨	49z	살퇴촉ㅎ다(동1)	硼落	48z
부쇠ㅅ깃(몽1)	火絨	37z	살오늬(동1)	箭扣	48y
부쇠ㅅ돌(동1)	火石	49z	살오늬(몽1)	箭扣	36z
부쇠ㅅ돌(몽1)	火石	37z	살오늬(역1)	箭口	22y
부쇠치다(몽1)	打火鎌	37z	살우비(동1)	雨箭罩	48z
부쇠티다(동1)	打火鎌	49z	살우비(몽3)	箭罩	18y
부월(왜1)	斧鉞	41y	살우비(역1)	箭單子	22z
북메오다(역3)	鞔皷	17y	살우비(역3)	雨箭罩	16z
북채(역3)	皷槌	17y	삼지창(동1)	鋼釵	49y
살(동1)	箭	48y	삼지창(몽1)	鋼釵	37z
살(몽1)	箭	36z	서부즈살(역1)	鈚子箭	22y
살(역1)	箭	22y	셔부즈(동1)	鈚子箭	48y
살년는동개(역1)	箭靫俗	22y	소늬활(동1)	弓弩	47z
살동개(동1)	箭釵俗	48z	소늬활(역3)	弩弓	16y
살동개(몽1)	箭釵俗	36z	손늬활(몽1)	弩弓	36y
살동개(역3)	走獸壺	16z	솔살(동1)	骨鈚箭	48y
살먹이다(동1)	搭箭	48z	솔후(왜1)	帿	41y
살먹이다(몽1)	搭箭	36z	수메빠지다(역3)	吐信	17y
살무겁무온티(역1)	箭垜子	22z	숫돌(동1)	磨刀石	49y
살민족(왜1)	鏃	41y	숫돌(몽1)	磨刀石	37z
살밋(동1)	箭鏃	48y	슬갑(몽3)	護膝	17z
살밋(역1)	箭頭	22y	시위(동1)	弓弦	47z
살ㅅ대(동1)	箭桿	48y	시위(몽1)	弓弦	36z
살ㅅ대(몽1)	箭桿	36z	시위언ㅅ다(몽3)	配弓弦	18y
살ㅅ대(역1)	箭竿	22y	시위현(왜1)	弦	41y
살ㅅ짓(역1)	箭翎	22y	신긔젼(동1)	火箭	48y
살ㅅ짓짓다(역1)	翎箭	22y	신긔젼(몽1)	火箭	36z
살시(왜1)	矢	41y	신긔젼(燎箭)(역3)	火箭	16z

싱긔젼(역1)	起火箭	22z		칼눌(역3)	刀刃	16z
뽈고도리(역3)	骨鈚箭	16z		칼눌부러지다(동1)	刀刃崩	49y
세갈고리살(역1)	三叉箭	22y		칼눌겨부러지다(동1)	刀刃捲	49y
잘마치다(몽1)	肯中	37y		칼눌겹히다(역3)	刀刃捲	17y
잘쏘다(동1)	善射	48z		칼ᄃ무다(동1)	焠刀	49y
잘쏘다(몽1)	善射	37y		칼도(왜1)	刀	40z
쟝(동1)	幔子	50y		칼드다(역3)	刀快	17y
쟝(몽1)	幔子	38z		칼등(역3)	刀背	16z
쟝(역3)	幔子	17z		칼로지르다(동1)	刀刺了	49z
쟝갑(왜1)	掌甲	41z		칼로지르다(몽1)	刀刺了	37y
쟝막(동1)	帳房	50y		칼마기(동1)	刀捒子	49y
쟝막(몽1)	帳房	38y		칼무듸다(역3)	刀鈍	17y
쟝막치다(몽1)	支帳房	38z		칼뷪(역3)	刀尖	16z
쟝막치다(역3)	打帳房	17z		칼ㅅ등(동1)	刀背	49y
쟝막티다(동1)	支帳房	50z		칼ㅅ등(몽1)	刀背	37y
죠춍놋타(몽1)	放鳥銃	37z		칼수메(역3)	信子	17y
줄살(역3)	擊絲箭	16z		칼씃(동1)	刀尖	49y
쥬라(몽1)	號頭	38y		칼씃(몽1)	刀尖	37y
즈른(동1)	靶子	49y		칼집(동1)	刀鞘	49y
즈른(몽1)	靶子	37y		칼집에ᄲᅡ지다(역3)	刀吐鞘	17y
졔오도리(역1)	響樸頭	22y		탄즈(왜1)	彈子	41z
징경(왜1)	鉦	41z		탄즈쏘다(동1)	打彈弓	48z
창과(왜1)	戈	41y		탄즈활(동1)	彈子弓	47z
창에쵹(몽3)	鎗?子	18y		탄즈활(몽1)	彈子弓	36y
창으로지르다(동1)	截鎗	49z		탄즈활(역3)	彈弓	16y
챠일(동1)	布凉棚	50y		탄즈활쏘다(몽3)	打彈弓	18y
챠일(몽1)	布凉棚	38z		텰환(동1)	鉛丸	49z
챵포검(역3)	兩刃刀	17y		텰환(몽1)	鉛丸	37z
칼(동1)	刀子	48z		텰환(왜1)	鐵丸	41z
칼(몽1)	刀子	37y		텰환(鉛丸)(역3)	鉛子	17y
칼ᄀ다(동1)	磨刀	49y		통ᄋ(역3)	箭梯	16z
칼ᄀ다(몽1)	磨刀	37z		투구(동1)	頭盔	47z
칼눌(동1)	刀刃	49y		투구(몽1)	頭盔	36y
칼눌(몽1)	刀刃	37y		투구(역1)	頭盔	31z

투구감토(역3)	盔帽	16y		활동개(역3)	飛魚佾	16z
투구두넙드림(역3)	耳鏡	16y		활ᄃ리다(동1)	拉弓	47z
투구뒷드림(역3)	腦包	16y		활ᄃ리다(몽1)	拉弓	36z
투구샹모(몽3)	盔纓	17z		활뒤쳐지다(몽3)	飜弓身	18y
투구쓰다(동1)	戴盔	47z		활뒤텨지다(동1)	弓反身	48y
투구쥬(역3)	胄	40z		활몰리이다(역3)	弓半欺	16y
투구쓰다(역3)	戴盔	16y		활무르다(동1)	弓軟	47z
패패(왜1)	牌	41z		활물으다(역3)	弓軟	16y
표신(왜1)	標信	41z		활부리오다(동1)	卸弓	48y
헐겁질(역1)	包指	22z		활부리오다(몽1)	卸弓	36z
호통(역1)	火銃	22z		활브리오다(역1)	卸弓	22y
힘감다(동1)	纏筋	47z		활세다(동1)	弓硬	47z
힘올린활(몽3)	纏筋弓	17z		활세다(역3)	弓硬	16y
화살츠ᄂ치마(역1)	箭裙	22z		활시위(역1)	弓弦	31z
화승(왜1)	火繩	41z		활좀(동1)	弓把	47z
화약(왜1)	火藥	41z		활좀(몽1)	弓把	36y
환도(동1)	腰刀	49y		활좀(역1)	弓弝	31z
환도(몽1)	腰刀	37y		활좀잡다(몽3)	端弓	18y
환도검(왜1)	劍	40z		활집(역3)	弓套子	16z
환도양마(역3)	刀隔手	16z		활짓다(동1)	上弓	47z
활(동1)	弓	47z		활짓다(몽1)	上弓	36z
활(몽1)	弓	36y		활짓다(역1)	上弓	22y
활(역1)	弓	31z		활토기다(동1)	彈弓弦	47z
활고자(몽1)	弓銷	36z		활토기다(역3)	彈弓絃	16y
활고재(동1)	弓銷	47z		활혈만(왜1)	彎	41y
활고재(역1)	弓銷	31z		활힘의맛다(역3)	弓隨手	16y
활궁(왜1)	弓	41y		활오ᄂ(역1)	弓彄子	31z
활굿다(몽3)	開弓	18y		활우개(동1)	雨弓套	48z
활넘다(역3)	弓反身	16z		활우비(몽1)	雨弓套	36z
활년ᄂ동개(역1)	弓靫佾	22y		활우비(역1)	弓單子	22z
활뎜화ᄒ다(역1)	炕弓	22y		활우비(역3)	雨弓套	16z
활도고리(역1)	弓彄	31z		활에힘감다(역3)	纏筋	16y
활동개(동1)	弓靫佾	48z		활에힘올리다(역1)	鋪筋	22y
활동개(몽1)	弓靫佾	36z		쏘다(동1)	射箭	48z

쏘다(몽1)	射箭	36z		그믈벼리(몽1)	網綱	50z
쏠시(왜1)	射	41y		그믈별이(역1)	網綱	23y
언월도(동1)	大刀	48z		그믈성긔다(몽3)	網稀	22y
언월도(몽1)	大刀	37y		그믈치다(역3)	撒網子	18y
오닉괄(왜1)	筶	41y		그믈톳(역1)	網脚兒	23y
올흔활(동1)	右弓	48y		그믈티다(동2)	張網	13y
올흔활(몽1)	右弓	36z		그믈티다(몽1)	張網	50z
요구창(역3)	鉤槍	17y		그믈티다(역1)	下網子	23y
왼활(동1)	左弓	48y		그믈밋다(역3)	編網	18y
왼활(몽1)	左弓	36z		그믈비다(몽3)	網密	22y
				길즐르다(몽3)	截岔	21z
				깁히맛다(몽3)	淙中	22y
[佃 漁]				개놋타(동2)	放狗	12z
				개놋타(몽1)	放狗	50z
가리(몽3)	魚罩	22y		낙시(역1)	釣鉤	23y
가리질ᄒ다(몽3)	罩魚	22y		낙시갈고리(동2)	釣鉤	13y
갈고리(몽1)	釣鉤	50z		낙시미늘(역1)	鉤子倒鬚	23y
걸리다(동2)	掛住	13y		낙시밥(동2)	甛食	13y
걸리다(몽1)	掛住	50z		낙시밥(몽1)	甛食	50z
걸리다(역3)	掛住	18y		낙시밥(역1)	下誘子	23z
고기낙다(역1)	釣魚	23z		낙시ㅅ대(동2)	釣竿	13y
고기낙다(역3)	釣了	18y		낙시ㅅ대(몽1)	釣竿	50z
고기더듬다(역1)	摸魚	23z		낙시ㅅ대(역3)	釣竿	18y
고기디ᄅ다(역1)	挿魚	23z		낙시ㅅ밥(역3)	魚餌	18y
고기디ᄅ는담화(역1)	魚叉子	23z		낙시ㅅ줄(역3)	釣線	18y
고기무지아니타(역3)	魚不餌	18y		낙시ㅅ줄묏독이(역3)	釣瓢子	18y
고기잇기무다(몽3)	魚上餌	22y		낙시줄(동2)	釣線	13y
고기잡다(몽1)	拿魚	50z		낙시줄(몽1)	釣線	50z
고기잡다(역1)	拿魚	23z		낙시질ᄒ다(동2)	釣了	13y
고기잡는가리(역1)	箵籠	23z		낙시질ᄒ다(몽1)	釣了	50z
그믈(동2)	網	13y		도리(몽3)	轉軸	21z
그믈(몽1)	網	50z		듯그믈티다(역1)	打扮罾	23y
그믈버굿(역1)	網瓢兒	23y		맛치맛다(몽3)	正中	22y
그믈벼리(동2)	網綱	13y		망얽다(동2)	編網	13y

망얽다(몽3)	拴塥子眼	22y
미늘(동2)	釣倒鬚	13y
미늘(몽3)	倒鬚鉤	22y
밋쎙(역1)	誘子	23y
매갸즈(동2)	鷹架	12z
매갸즈(몽1)	鷹架	50z
매겻다(동2)	呌鷹	12z
매겻다(몽3)	喚鷹	21z
매겻다(역3)	呌鷹	17z
매놋타(동2)	放鷹	12z
매놋타(몽1)	放鷹	50z
매놋타(역1)	放鷹	23y
매도론것(몽3)	鷹萪	21z
매묵이다(몽3)籠	籠鷹	21z
매밧다(동2)	架鷹	12z
매밧다(몽1)	架鷹	50z
매밧다(역3)	臂鷹	17z
매밧는놈(역3)	鷹把勢	17z
매방올(역3)	鷹鐺	17z
매재오지아니타(몽3)	熬鷹	21z
매안치다(역3)	蹲鷹	17z
반도(몽3)	撍網	22y
반도(역1)	撍網	23z
반도(역3)	撈網	18y
버무레(동2)	咳網	13y
버므레(역3)	咳網	17z
범투기다(몽3)	哄虎	50z
산영ᄒ다(역1)	打圍	23y
산자이(역3)	打捕戶	17z
산장이(역1)	獵戶	23y
산힝(몽1)	獵	50z
산힝ᄒ다(동2)	打鷹	12z
산힝ᄒ다(몽1)	打圍	50z
살맛고둣다(역3)	帶箭走	17z

살박이다(몽3)	箭釘住	21z
살미다(역1)	下梁子	23y
설맛다(몽3)	些微射着	21z
새잡는올감이(역3)	鳥套子	17z
쎄뚤러나오다(몽3)	穿透	21z
즘싱다히다(역3)	打牲	17z
즘싱뒤지다(역3)	搜獸	17z
즘싱잡다(역1)	打捕	23y
챠ᄋ(동2)	挾子	13y
챠ᄋ(몽1)	俠子	50z
챠ᄋ(역3)	'挾子	17z
챠ᄋ고동(역3)	挾子嘴	17z
통그믈(역3)	袖網	18y
통바리(역3)	魚筌	18y
통발이(동2)	魚筌	13y
통발이(몽1)	魚筌	50z
프지게티다(역1)	打靑帳	23y
후리ㅅ그믈(역3)	圍網	18y
어살(동2)	魚梁	13y
어살(몽1)	魚梁	50z
어살(역3)	魚梁	18y
올감이(동2)	活扣子	13y
올감이(몽1)	活扣子	50z
욱여드다(역3)	凹進	17z

[館 驛]

구레벗다(역3)	退轡頭	18z
구레끼다(역3)	帶轡頭	18z
굴리벗기다(역1)	麻轡頭	24y
굴리끼다(역1)	套轡\頭	24y
기ᄅ마벗기다(역1)	摘鞍子	24y
기ᄅ마짓다(역1)	輔鞍子	24y

길머무르다(역1)	悮了路	24z
길일타(역1)	迷了路	24z
나귀모는사룸(역1)	驢夫	24y
나귀ㄱ옴아는사룸(역1)	驢牌	
니부자리(역1)	鋪盖	24z
두힝츳(역1)	兩起	24z
등ㄷ드듸다(역3)	登鐙	18z
마함벗기다(역1)	取了嚼子	24z
마함벗다(역3)	退水環	18z
마함끼다(역1)	上了嚼子	24z
물ㄱ옴아는사룸(역1)	馬牌	23z
물모는사룸(역1)	馬夫	23z
물쥭(역3)	馬糊塗	18z
밧븐제두물가져 가는푸마(역1)	雙馬	24y
자리것다(역1)	收拾鋪盖	24z
자리펴다(역1)	鋪鋪盖	24z
혼힝츳(역1)	壹起	24z
어니길로온다(역1)	打那路來	24z

[倉 庫]

골게되다(역3)	凹量	18z
글월벗긴갑(역1)	稅錢	25y
냥식ㄱ으마는이(역3)	管粮的	18z
말로되다(역1)	斗量	25y
말삭(역1)	斗子錢	25y
쓰서되다(역3)	平量	18z
뿔트다(역1)	關米	25y
사술마초다(역1)	對籌	25y
사술주다(역1)	過籌	25y
삭갑(역1)	脚錢	25y
삭짐지는이(역3)	挑脚的	18z

수득이되다(역3)	尖量	18z
창(역3)	倉廒	18z
휘호되다(역1)	斜起	25y

[寺 觀]

가사(왜1)	袈裟	53z
갓북티다(역1)	打鼓	26z
갓북둔누(역1)	鼓樓	25z
거스(역1)	善友	26y
경닑다(동2)	念經	12y
경닑다(몽2)	念經	09y
공덕ᄒ다(역1)	捨施	26z
구경ᄒ다(역1)	隨喜	26z
굴갓(역1)	箬笠	26z
굿하다(몽2)	跳神	09z
굿ᄒ다(동2)	跳神	12y
글와부다(역1)	吹海螺	26z
귀신귀(왜1)	鬼	53z
긔우ᄒ다(동2)	忌門	12z
긔우ᄒ다(몽2)	忌門	09z
긔우ᄒ다(역3)	忌門	19y
관왕(몽2)	關聖帝	08z
녀도스(역3)	道姑	19y
념쥬(역1)	數珠子	26y
녕험뵈다(동2)	現靈	11z
단단(왜1)	壇	53z
뎔(동2)	寺院	11z
뎔(몽2)	寺院	08z
뎔(역1)	寺觀	25z
독갑의불(동2)	鬼火	12z
독갑이(동2)	夜叉精	12z
독갑이(몽2)	夜叉精	09z

동냥ㅎ다(역1)	抄化	26z		샹지(동2)	沙彌	12y
됴흔일ㅎ다(역1)	做好事	25z		샹지(몽2)	沙彌	09y
들히위훈신령(몽3)	野神	25y		셩황ᄉ(동2)	山路神	11z
라마즁(몽2)	喇嘛	09y		셩황ᄉ(몽2)	山路神	09y
령험ㅎ다(몽2)	現靈	09z		소샹(동2)	塑像	12y
명도(동2)	神鏡	11z		소샹(몽2)	塑像	09y
명도(역3)	神鏡	19y		소ㅎ다(동2)	喫齋	12y
무당(동2)	女師 婆子	12y		소ㅎ다(몽2)	喫齋	09z
무당(몽2)	女師 婆子	09z		승(동2)	尼姑	12y
바라티다(역1)	打銅鈸	26z		승(몽2)	尼姑	09y
바리(역3)	鐃鈸	19y		승(역1)	尼姑	26y
밥먹ᄂ집(역1)	齋堂	25z		승니(왜1)	尼	53z
방올(동2)	鈴子	11z		승모(왜1)	僧帽	53z
방올(몽2)	鈴子	08z		신령령(왜1)	靈	53z
방올흔드다(역3)	搖鈴	19y		쇠북티다(역1)	撞鍾	26z
법쥬(역1)	壇主	25z		쇠북ᄃ누(역1)	鐘樓	25z
보살(왜1)	菩薩	53z		쓴것믈리다(몽3)	送祟	25z
보시ㅎ다(동2)	布施	12y		쟝로(왜1)	長老	53z
보시ㅎ다(몽2)	布施	09z		쟝삼(왜1)	長衫	53z
보시ㅎ다(역1)	布施	26y		져근뎔(역1)	庵堂	25z
부쳐불(왜1)	佛	53z		절찰(왜1)	刹	53y
부텨(동2)	佛爺	12y		절ᄉ(왜1)	寺	53y
부텨(몽2)	佛像	09y		조심ㅎ다(역1)	修行	26y
부텨(佛爺)(역1)	佛像	25z		죵희술오다(역1)	燒紙	26y
부텨공양ㅎ다(역1)	供佛	25z		즁(동2)	和尙	12y
부텨ᄭᅴ저웁다(역1)	拜佛	25z		즁(몽2)	和尙	09y
불ㅅ도닥다(동2)	坐禪	12y		즁(역1)	和尙	25z
불ㅅ도닥다(몽2)	坐禪	09y		즁승(왜1)	僧	53z
비셴집(역1)	碑殿	25z		즁위ㅎᄂ말(역1)	長老	25z
빌그(왜1)	祈	53z		즁의막대(역3)	錫杖	19y
빌믜짓다(몽3)	作祟	25z		즁이밧다(역1)	齋僧	25z
사미(왜1)	沙彌	53z		즁자ᄂ방(역3)	方丈	19y
샤긔(동2)	邪星子	12z		즁죽다(역1)	圓寂	26z
샹재(역1)	沙彌	26y		진언(동2)	眞呪	12y

진언(몽2)	眞呪	09y
진언ᄒ다(동2)	念呪	12y
진언ᄒ다(몽2)	念呪	09y
진언ᄒ다(역3)	念呪	19y
지변(동2)	灾異	12z
지변의ㅅ것(몽3)	怪物	25z
지앙(동2)	灾	12z
지올리다(동2)	上醮	12y
좌션ᄒᄂᆫ디(역1)	禪堂	25z
쵸졔ᄒ다(역3)	上醮	19y
탑(동2)	塔兒	11z
탑(몽2)	塔兒	08z
탑(역1)	塔兒	25z
탑탑(왜1)	塔	53z
토지신(역3)	當方神	19y
풍경(역3)	風鈴	19y
악귀(몽3)	醜鬼	25y
암ᄌ암(왜1)	菴	53z
야차(왜1)	夜叉	53z
요괴(동2)	妖精	12z
요긔(몽2)	妖精	09z
원혼(동2)	冤鬼	12z

[尊 卑]

각시님(역1)	妳妳	27y
군뢰(역1)	牢子	27z
군ᄉ(역3)	披甲的	19z
계집년(역1)	妮子	28y
나쟝(역1)	皂隷`	27z
노연(역1)	使長	27y
노판사ᄅᆷ(역1)	大人	27y
늣가온사ᄅᆷ(역1)	小人	27z

마노라(역3)	太太	19y
마리다ᄒ계집아히(역1)	丫頭	28y
묘직이(역3)	看墳的	19z
물구죵(역1)	跟馬的	27z
벼슬ᄒᄂᆫ사ᄅᆷ(역1)	官人	27y
빅셩(역3)	民家	19z
셔리(역1)	外郎	27z
슈쳥(역3)	安童	19z
ᄉ령(역1)	夜不收	27z
ᄉ지노ᄌ(역3)	官家	19z
정승(역1)	閣老	27y
죵(역1)	軀口	27z
죵(역3)	幫子	19z
쳡(역1)	小娘子	27z
통인아히(역1)	門子	27z
패두ᄉ령(역1)	班頭	27z
아히놈(역1)	小厮	27z
안해(역1)	正娘子	27y
얼운(역1)	尊長	27y

[人 品]

간사ᄒᆫ이(역1)	姦猾的	29y
강도(왜1)	强盜	16y
거어지(역1)	叫化子	30z
거즛말ᄒ고셥셥ᄒᆫ이(역1)		
	謊鬆的	29y
거즛말ᄒᄂᆫ놈(역1)	撒謊的	29y
거ᅌᅳ지(동1)	叫化子	14z
거ᅌᅳ지(몽1)	叫化子	11z
걸인(왜1)	乞人	16y
검약ᄒᆫ사ᄅᆷ(몽3)	儉省人	05z
격군(동1)	溜夫	14y

경ᄉᆞ(역1)	山人	28z
경지인(동1)	跟趴的	14z
경지인(왜1)	輕才人	15z
고공(왜1)	雇工	16y
고공이(동1)	'工	14z
고공이(몽1)	'工	11z
고괴ᄒᆞᆫ사ᄅᆞᆷ(몽3)	古怪人	05z
고디식ᄒᆞᆫ이(역1)	老實的	28z
고쟈(동1)	太監	14y
고쟈(몽1)	太監	11y
고쟈(역1)	火者	30z
고쟈(역3)	老公	20z
고쟈위ᄒᆞᆫ말(역1)	太監	30y
고집ᄒᆞᆫ사ᄅᆞᆷ(역3)	執拗人	19z
곱댱이(역1)	陀子?	30y
구죵(동1)	跟馬人	14z
구죵(몽1)	跟馬人	11z
군ᄌᆞ(왜1)	君子	14z
궤사ᄒᆞᆫ사ᄅᆞᆷ(몽3)	鬼詐人	05z
귀먹은놈(역1)	聾子	30y
귀먹은톄ᄒᆞᆫ이(역1)	粧聾的	30y
긔괴ᄒᆞᆫ이(동1)	奇性的	13z
기ᄉᆡᆼ(동1)	妓女	14z
기ᄉᆡᆼ(몽1)	妓女	11z
근나희(역1)	表子	30z
근나히(동1)	養漢的	14z
근나히(몽1)	養漢的	11z
게으른놈(역1)	邋遢的	29y
계집(동1)	女人	13z
계집(몽1)	女人	11y
계집업슨놈(역1)	曠夫	30z
계집죵(동1)	女幇子	14z
계집죵(몽1)	女幇子	11z
광대(동1)	耍子	14z
광대(역3)	耍子	20z
광대괴(왜1)	傀	15z
나모ᄒᆞᄂᆞᆫ사ᄅᆞᆷ(동1)	樵夫	14y
나모ᄒᆞᄂᆞᆫ사ᄅᆞᆷ(몽1)	樵夫	11y
나모ᄒᆞᄂᆞᆫ이(역3)	打柴的	20y
난장이(역1)	矮子	29y
난장이(역3)	天不高	20y
녀기(왜1)	女妓	16y
노둔ᄒᆞᆫ사ᄅᆞᆷ(역3)	魯蠢人	19z
노래부르ᄂᆞᆫ사ᄅᆞᆷ(몽3)	唱詞人	05z
눈먼놈(역1)	瞎厮	29z
눈흘귄놈(역1)	斜眼的	29z
늘근사ᄅᆞᆷ(역1)	老頭子	28z
늘근의막대(역1)	枴棍	28z
늙은이(역3)	年老的	19z
니버든놈(역1)	齙牙子	30y
니쟝이(역3)	泥水匠	20y
니줌헐ᄒᆞᆫ사ᄅᆞᆷ(동1)	肯忘人	14y
니줌헐ᄒᆞᆫ이(몽3)	忘性人	05z
니줌헐ᄒᆞᆫ이(역3)	忘魂大的	19z
눌치도든사ᄅᆞᆷ(역1)	飛膀子	28y
눔의기림취ᄒᆞᄂᆞᆫ이(몽3)	討好的	05z
눔의게밀오기잘하ᄂᆞᆫ이(몽3)		
	賴皮	05z
더투어리ᄂᆞᆫ놈(역1)	拮吧子	29z
뎐부(왜1)	田夫	15y
도섭ᄒᆞᄂᆞᆫ이(역1)	弄戲法的	28z
도잇ᄂᆞᆫ사ᄅᆞᆷ(몽3)	有道人	05y
도ᄉᆞ(왜1)	道士	15y
돈기도ᄂᆞᆫ主人(역1)	掌櫃的	30z
둔ᄒᆞᆫ사ᄅᆞᆷ(역1)	倖人	29y
듕매(동1)	媒人	14z
듕ᄆᆡ(몽1)	媒人	11z
등곱은이(역3)	背龜	20z

등구븐놈(역1)	龜"腰子	30y		믜온놈(역3)	賴皮	20y
디관(동1)	地士	13z		믠머리(역1)	禿子	29z
데즈(왜1)	弟子	15y		박스(역1)	端公	28y
대뎡(동1)	冶匠	14y		반벙얼이(역3)	嘴僵子	20z
량반(왜1)	兩班	15y		밧짱죠알이(역3)	鱉脚	20z
렬녀(왜1)	烈女	14z		법도잇는사롬(동1)	有道人	13y
렬스(왜1)	烈士	14z		벙어리(역1)	啞子	29z
렵호(왜1)	獵戶	15z		벙어린테ㅎ는이(역1)	推啞的	30y
령혜훈이(몽3)	靈性	05z		변기ㅎ기잘ㅎ는이(몽3)	肯變卦的	05z
령혼이(역3)	有靈的	20y		보힝(왜1)	步行	15z
리마(왜1)	理馬	15z		복잇는사롬(몽3)	天生福人	05y
마리빗기는이(역1)	批頭的?	30z		복쟈(왜1)	卜者	15z
마리싹는이(역1)	剃頭的	30z		부릿치기(역3)	'慣貼的	19z
마샹지(왜1)	馬上才	16y		부리기온놈(역1)	歪嘴子	30y
말만훈이(역3)	多口的	20y		부리버미다(역3)	㩥嘴?	20z
말잘ㅎ는이(역3)	鸚哥嘴	20y		붓그림트는사롬(동1)	肯差人	14y
먀옥훈이(역1)	乜斜的	29y		붓그림트는사롬(역3)	肯差人	19z
머롱태(역3)	扎瞎的	20z		붓그림트는이(몽3)	肯差人	05z
모레와든놈(역1)	蟒漢子	29y		비각(왜1)	飛脚	15z
목기온놈(역1)	歪脖子	30y		비오는사롬(동1)	打扮人	13z
목에혹도든놈(역1)	癭脖子	30y		빅댱(동1)	屠戶	14z
못쁠놈(역1)	派癩的	29y		빅댱(역1)	屠牛的	30z
무당(역1)	女師 婆子	28y		빅셩(동1)	民家	13z
무당무(왜1)	巫	16y		빅셩(몽1)	民家	11y
무디훈이(동1)	村俗人	13z		빅셩민(왜1)	民	15y
무지훈사롬(몽1)	村俗人	11z		빅쟝(몽1)	屠戶	11z
믈에부작ㅎ는이(역1)	呪水的	28y		사공(동1)	水手	14y
미쟝이(동1)	泥水匠	14y		사나히(몽1)	漢子	11y
미친놈(역1)	風漢子	30y		사롬(동1)	人	13y
미혹훈사롬(역1)	蠢人	28y		사롬(왜1)	人	10z
무룸(동1)	庄頭	14z		사롬인(왜1)	人	14z
무룸(몽1)	庄頭	11z		사오나온사롬(역1)	歹人	28y
물음(역3)	庄頭	20y		산원(동1)	筭手	13y
매부리코(역3)	鷹嘴鼻	20z		산쟝이(동1)	獵戶	14y

산힝ᄒᄂ는사롬(몽1)	獵戶	11y	쐬쟝이(역3)	條匠	20y
샤치ᄒᄂ는사롬(동1)	奢侈人	13z	장뎡뎡(왜1)	丁	15y
샤치ᄒᄂ는사롬(몽3)	奢費人	05z	쟝인(왜1)	匠人	15z
샹보ᄂ는사롬(동1)	相士	13z	쟝인위ᄒᄂ는말(역3)	待詔	20z
샹보ᄂ는사롬(몽1)	相士	11y	쟝쟈(왜1)	長者	14z
샹보ᄂ는이(역3)	看相的	20y	저ᄂ는놈(역1)	蹶子	30y
샹인(왜1)	常人	15y	졈즉ᄒᆞᆫ이(역1)	蠢動的	29y
섭섭ᄒᆞᆫ놈(역1)	鬆漢子	28y	졀믄이(역3)	年青的	19z
션인(왜1)	仙人	15y	졈ᄒᄂ는사롬(동1)	筭卦的	13z
션비(동1)	士	13y	졈ᄒᄂ는사롬(몽1)	會卦的	11y
션비(몽1)	士	10z	졍셩업고공교로온놈(역1)	乖覺的	29y
션비(역1)	秀才	28y	조심ᄒᄂ는사롬(동1)	小心人	13z
션비ᄉ(왜1)	士	14z	조심ᄒᄂ는사롬(몽3)	小心人	05z
셩녕바치(역1)	匠人	30z	조심ᄒᄂ는이(역1)	勤謹的	28z
셩악ᄒᆞᆫ이(역1)	用强的	29y	죵노(왜1)	奴	16y
셩인(왜1)	聖人	14z	죵들(동1)	帮子們	14z
소경의막대(역1)	明杖	29z	죵들(몽3)	帮子們	05z
쇼동(왜1)	小童	15y	죵복(왜1)	僕	16y
쇼인(왜1)	小人	15y	죵비(왜1)	婢	16y
슈슈(동1)	廚子	14z	주쟝(왜1)	鑄匠	15z
슐쟈(왜1)	術者	15z	쥬망(역3)	酒鬼	20y
스승ᄉ(왜1)	師	15y	쥬복코(역1)	糟鼻子	30y
시뎡(동1)	賣買人	14y	즈름(동1)	牙子	14z
시인(왜1)	市人	15y	즈름(몽1)	牙子	11y
식견잇ᄂ는이(몽3)	有識見的	05y	즘싱고티ᄂ는사롬(역1)	獸醫	28z
ᄉ나히(동1)	漢子	13z	즘싱머기ᄂ는이(동1)	喂牲口的	14z
ᄉ나히죵(동1)	男帮子	14z	즘싱먹이ᄂ는이(몽1)	喂牲的	11z
ᄉ나히죵(몽1)	男帮子	11z	증인(동1)	干證人	14z
ᄉ령(왜1)	使令	15y	증인(몽1)	干證人	11z
슬쩐사롬(역1)	胖子	29z	지위(동1)	木匠	14y
셰쓰ᄂ는사롬(동1)	矜勢人	13z	지위(몽3)	木匠	05z
셰쓰ᄂ는사롬(몽1)	矜勢人	11z	집소솔(동1)	家口	14z
셰쓰ᄂ는이(역3)	矜勢人	20y	집소솔(몽1)	家口	11z
쐬쟝이(동1)	條匠	14y	ᄌ셔ᄒᆞᆫ사롬(동1)	精細人	13z

ᄌ셔ᄒᆞ사름(역1)	細詳人	28z		혹도든놈(역1)	疣子	30y
ᄌ셰ᄒᆞ사름(몽3)	精細人	05y		홀아비환(왜1)	鰥	16y
ᄌ셰ᄒᆞ사름(역3)	精細人	19z		홀어미과(왜1)	寡	16y
ᄌ말ᄒᆞᄂ사름(동1)	嘴碎人	14y		효ᄌ(왜1)	孝子	14z
ᄌ말ᄒᆞᄂ이(몽3)	ノ嘴碎的	05z		흐린사름(동1)	糊途人	14y
ᄌ말ᄒᆞᄂ이(역3)	ノ嘴碎的	20y		흐린사름(몽1)	糊途人	11z
ᄌ혬만흔사름(역3)	小筭人	19z		흘근드리ᄂ놈(역1)	駒子	30y
쳐변ᄒᆞᄂ이(역1)	詭詐的	28z		흥졍ᄒᆞᄂ사름(몽1)	賣買人	11y
총흔사름(동1)	有記性的	13z		희ᄌ(왜1)	戲子	15z
총흔사름(몽3)	有記性的	05y		화낭이(동1)	花娘	14z
총혜ᄒᆞ이(몽3)	聰慧人	05z		화랑이격(왜1)	覡	16y
총잇ᄂ이(역3)	有記性的	19z		환슐(왜1)	幻術	16y
쵸부(왜1)	樵夫	15z		아공(동1)	樂工	14y
츙신(왜1)	忠臣	14z		아담ᄒᆞᄂ이(역1)	諂佞的	29y
츙직ᄒᆞ이(몽3)	忠直人	05y		아파(왜1)	牙婆	16y
침의(역3)	外科	20y		아ᄒᆡ동(왜1)	童	15y
코머근놈(역1)	齆鼻子	29z		안ᄯᅡᆼ죠알이(역3)	鴨脚	20z
킈격은놈(역1)	矬漢	29z		야장(왜1)	冶匠	15z
킈큰놈(역1)	長大漢	29z		약의(역3)	內科	20y
태ᄌ(역1)	童靈哥	28y		어린놈(역3)	癡厮	20y
텬상ᄇ라기(역3)	望天子	20z		어린사름(역1)	癡人	28y
파발(동1)	跑報人	14z		어린이(몽3)	豈犬 的	05z
파발(몽1)	跑報人	11z		어옹(왜1)	漁翁	15z
포한(왜1)	浦漢	15z		얽은이(역3)	麻子	20y
풍뉴아치(역1)	樂工	30z		엇뎡이(역1)	豁脣子	30y
폴목업슨놈(역1)	?子	30y		여윈사름(역1)	瘦子	29z
폴펴지못ᄒᆞᄂ이(역3)	瘸胳膊	20z		역졸(동1)	驛夫	14z
폐만흔아젼(역3)	徇蠹的	20y		영노ᄒᆞ이(역1)	爽利的	28z
하인(왜1)	下人	15y		영웅(왜1)	英雄	14z
향암된사름(역3)	村俗人	19z		영합ᄒᆞᄂ이(몽3)	迎合的	05z
향음(역1)	莊家	29y		올흔체ᄒᆞᄂ사름(몽3)	强嘴人	05z
헌ᄉᄒᆞᄂ사름(역1)	儧唆人	29y		용흔스룸(역1)	好人	28y
호걸(왜1)	豪傑	14z		우기ᄂ이(동1)	執拗人	13z
호올독(왜1)	獨	16y		우기ᄂ이(몽3)	執拗人	05z

유셩(왜1)	儒生	15y
은ᄉ(왜1)	隱士	14z
응ᄉ(왜1)	鷹師	15z
외로올고(왜1)	孤	16y
의원(동1)	太醫	13y
의원(몽1)	太醫	11y
왜걸이(역3)	羅圈腿	20z

[敬 重]

공경ᄒᆞᆷ(역1)	敬心	31z
그리다(역3)	想念	21y
나만ᄒ시다(역3)	有壽	21y
눔의아비공경ᄒᄂᆫ말(역1)	賢尊	31y
눔의안히공경ᄒᄂᆫ말(역1)	貴眷	31y
눔의어미공경ᄒᄂᆫ말(역1)	令堂	31y
눔의집위ᄒᄂᆫ말(역3)	尊府	20z
눔의쳐위ᄒᄂᆫ말(역3)	令正	21y
눔의쳡위ᄒᄂᆫ말(역3)	令翠	21y
눔의팔ᄌ(역3)	貴造	21y
눔의ᄌ식위ᄒᄂᆫ말(역3)	令郎	21y
말ᄉᆷ엿줍다(역1)	上覆	31z
뫼시지못ᄒᄂᆫ이다(역3)	失陪	21y
반갑다(역3)	趂想	21y
셤기다(역1)	服事	31z
싱심이나(역1)	不敢	31z
젓ᄉ와이다(역1)	惶恐	31z
졍셩ᄒᆞᆷ(역1)	誠心	31z
아비위ᄒᄂᆫ말(역1)	老爹	31y
어듸쩐(역1)	怎麼敢	31z
어미위ᄒᄂᆫ말(역1)	老娘	31y
열윤(역1)	大舍	31y
이분(역3)	這一位	21y

위대(역1)	保重	31z

[罵 辱]

가희삿기(역1)	狗崽子	32z
가희쎄(역1)	狗娘的	31z
간대로쑤짓다(역1)	胡罵人	32y
개ᄀᆞ톤죵놈(역1)	狗奴才	32z
계집ᄑᄂᆫ놈의씨(동2)	王八崒子	34z
계집ᄑᄂᆫ놈의쎄(역1)	王八崒子	32z
괴망ᄒ니(동2)	怪詐的	34y
과씸ᄒ다(동2)	可惡	34y
과씸ᄒ다(몽2)	可惡	27z
나귀쎄(역1)	驢養的	31z
더러온말(역1)	土參話	32y
더러이셔짓다(역1)	罵的慘	32y
뎌놈(역1)	那厮	32y
도적놈(역1)	賊頭	31z
맛다(역1)	喫打	32y
모딘말(역1)	歹話	32y
목버힐놈(동2)	砍頭的	34y
목버힐놈(몽2)	砍頭的	27z
목버힐놈(역1)	砍頭的	32z
몹시삼긴것(몽3)	賤貨	30z
몹시삼긴놈(동2)	賤貨	34y
못견디게구다(몽3)	擺布	30z
무류비(동2)	光棍	34y
무류비(몽2)	光棍	27z
무수히쑤짓다(역1)	罵不住	32y
무스거시니(몽3)	甚麼行子	30z
ᄆᆞᆷ기우다(동2)	心歪了	34y
뮈여ᄒ다(동2)	惡他	34y
뮈여ᄒ다(몽2)	惡他	27z

뮈온것(동2)	可惡的	34y
뮈운것(역3)	厭物	21y
뮈워ᄒ다(역3)	惡他	21y
뮙다(동2)	可憎	34y
뮙다(몽2)	惡啊	27z
벼로다(동2)	記恨	34y
벼로다(몽2)	記恨	27y
부리사오납다(동2)	嘴利害	34y
비로먹은것(몽3)	癩物	30z
빌오다(역3)	記恨	21y
쓸듸업슨놈(역1)	死漢子	32z
사ᄅᆞᆷ못될것(역3)	不成器	21z
샹업슨놈(몽2)	賴皮子	27z
샹업타(동2)	無樣的	34y
셩내여ᄭᅮ짓다(몽3)	怒罵嚇	30y
수죄ᄒ다(동2)	數落	34y
수죄ᄒ다(몽2)	數落	27z
심훈도적(역1)	好賊	32y
썩지르다(몽3)	折磨	30z
ᄭᅮ지람듯다(역1)	喫罵	32y
ᄭᅮ짇다(동2)	罵他	33z
ᄭᅮ짇다(몽2)	罵他	27y
ᄭᅮ짓다(역1)	罵他	32y
잘코셔니(동2)	趁願	34y
잘코셔니(몽2)	趁願	27z
잡죄다(몽3)	約束	30y
잡삐(역1)	雜種	32z
저히다(역1)	嚇他	32y
죵ᄀᆞ치부리다(동2)	僕役	34y
죵ᄌᆞ치부리다(몽2)	僕役	27z
주글놈(역1)	該死的	32y
죽글디언ᄂᆞᆫ놈(역1)	覓死的	32y
죽엄즉ᄒ것(몽3)	該死的	30z
즘싱의삐(역1)	小畜生	32y

쳔이부리다(동2)	作賤	34y
쳔이부리다(몽2)	作賤	27z
쳔한삐(몽3)	賤種	30z
쳔히너기다(몽3)	作賤	30z
쳔히너기다(역3)	作賤	21z
촌것(몽3)	村奴	30z
춤밧타ᄭᅮ짇ᄂᆞᆫ소리(동2)	唾罵聲	33z
춤밧타ᄭᅮ짇ᄂᆞᆫ소리(몽2)	唾罵聲	27z
칙ᄒ다(동2)	責他	33z
칙ᄒ다(몽2)	責他	27y
티다(역1)	打他	32y
패악히구다(동2)	撒撥	34y
패악히구다(몽2)	撒發	27z
화냥이(몽3)	慣嫁人	30z
쓸믠것(몽3)	厭物	30z
아니완ᄒ놈(역1)	生分忬?	32y
악쓰다(역3)	撒潑	21z
어린놈의삐(역1)	呆種	32z
엄슈이너기다(역1)	小看	32y
욕ᄒ다(동2)	罵話他	34y
욕ᄒ다(몽2)	罵話他	27y
우리더다(역1)	喝他	32y
우리쳐물리치다(역3)	喝退	21y
이놈(역1)	這厮	32y
의졋디아니타(동2)	不肯	34y
의졋티아니타(몽2)	不肯	27z
원슈스러은놈(역3)	業障	21z

[身 體]

가리뼈(역1)	肋條	35z
가리뼈(동1)	肋條骨	17y
가리뼈(몽1)	肋條骨	14y

가림자(역3)	分道子	21z	귀(몽1)	耳朶	12z
가족(동1)	皮子	17z	귀(역1)	耳朶	33z
가족(몽1)	皮子	14y	귀밑(동1)	耳根	15z
가족피(왜1)	皮	18z	귀밑(몽1)	耳根	12z
가슴(동1)	胸膛	16z	귀밑빈(왜1)	鬢	16z
가슴(몽1)	胸膛	13z	귀밋(역1)	耳根	33z
가슴(역1)	胸膛	35z	귀밋털(역1)	鬢毛	34y
가슴흉(왜1)	胸	18y	귀ㅅ구무(동1)	耳孔	15z
간(동1)	肝花	17z	귀ㅅ구무(몽1)	耳孔	12z
간(몽1)	肝花	14y	귀ㅅ구무(역1)	耳朶眼	33z
간간(왜1)	肝	19y	귀ㅅ구무(역3)	耳孔	22y
거동의(왜1)	儀	19z	귀ㅅ던뒷쳐지다(역3)	耳輪反	22y
건담(역3)	粘痰	22y	귀ㅅ바회(역1)	耳輪	33z
겨드랑(동1)	肐子窩	16y	귀ㅅ박회(동1)	耳輪	15z
겨드랑(몽1)	肐子窩	13y	귀ㅅ박회(몽1)	耳輪	12z
겨드랑(역1)	肐子窩	35y	귀ㅅ밥(역1)	耳垂	33z
겨드랑이익(왜1)	腋	17z	귀ㅅ불(몽3)	耳垂	06y
고비(왜1)	鼻	17y	귀ㅅ젼(역1)	耳城郭	33z
고올연(왜1)	姸	19z	귀여지(동1)	耳矢	15z
곡뒤(역1)	腦後	32z	귀여지(몽1)	耳矢	12z
골슈(왜1)	骨髓	18z	귀여지(역1)	耳矢	33z
교티교(왜1)	嬌	20y	귀이(왜1)	耳	17y
구레나룻(역1)	連鬢鬍子	34z	광대쎠(동1)	兩臉骨	15y
궁둥이(동1)	外胯	17y	광대쎠(몽1)	兩臉骨	12y
궁둥이(몽3)	外胯	06z	광디쎠(역1)	兩臉骨	34y
궁둥이(역3)	外胯	22z	나룻(동1)	鬍子	16y
그림자영(왜1)	影	20z	나룻(몽1)	鬍子	13y
김의(몽1)	痣子	15z	나만타(몽1)	有年紀	15y
김의(역1)	痣子	36z	나히라(몽1)	年紀	15y
ᄀ림자(동1)	分道子	15y	나룬슈(왜1)	鬚	17z
ᄀ림자(몽1)	分道子	12y	나룬염(왜1)	髥	17z
ᄀ눈눈(역3)	密縫眼	21z	냥미간(몽3)	印堂	06y
기자ᄒ다(몽1)	俊美	14z	냥미간(역3)	印堂	21z
귀(동1)	耳朶	15z	넉(동1)	魄	17z

넙덕다리(역1)	大腿	36y		눈썹(동1)	眼睞	15z
넘쥬쌔(몽3)	外結喉	06z		눈썹(몽1)	眼睞	12z
넘통(동1)	心	17z		눈썹미티다(동1)	睞結	15z
넘통(몽1)	心	14y		눈썹미티다(몽1)	睞結	12z
넘통(역1)	心	35z		눈어둡다(몽1)	眼昏	15z
넘통심(왜1)	心	19y		눈어엿(동1)	眼眶	15z
녕팔지(역1)	肋扇	35z		눈어엿(역1)	眼眶	33y
녕혼(동1)	魂	17z		눈엣동ㅈ(동1)	眼瞳	15z
눈 섭(동1)	眉毛	15z		눈엣동ㅈ(몽1)	眼瞳	12y
눈 섭(몽1)	眉毛	12y		뉴가락(동1)	贅指	16z
눈(동1)	眼	15z		뉴가락(몽3)	贅指	06z
눈(몽1)	眼	12y		뉴가락(역3)	贅指	22z
눈(역1)	眼	33y		늘글로(왜1)	老	20y
눈두에(동1)	眼胞	15z		늙다(몽1)	年老	15y
눈두에검(왜1)	瞼	17y		늙되다(역1)	老耆	37y
눈망올(동1)	眼珠	15z		늙어가다(몽1)	向老	15y
눈망올(몽1)	眼珠	12y		니(동1)	牙齒	16y
눈망올(역1)	眼睛	33y		니(몽1)	牙齒	12z
눈망올(역3)	眼珠	21z		니(역1)	牙齒	34y
눈망을모(왜1)	眸	16z		니마(동1)	頭顱	15y
눈목(왜1)	目	16z		니마(몽1)	額顱	12y
눈믈(동1)	眼淚	15z		니마(역1)	頭顱	32z
눈믈(몽1)	眼淚	12z		니마ㅅ두쌀(역1)	額角	33y
눈부쳐동(왜1)	瞳	16z		니마ㅅ박(역1)	額腦盖	33y
눈ㅅ곱(역1)	眼脂兒	33y		니마익(왜1)	額	16z
눈ㅅ두에(몽3)	眼胞	06y		니ㅅ무음(동1)	牙根	16y
눈ㅅ두에(역1)	眼胞	33y		니ㅅ무음(몽1)	牙根	12z
눈ㅅ믈(역1)	眼淚	33z		니ㅅ무음(역3)	牙床	22y
눈ㅅ부텨(역1)	眼瞳子	33y		니ㅅ무음흔(왜1)	齦	17y
눈ㅅ섭(역1)	眉毛	33y		니ㅅ므음(역1)	牙根	34y
눈ㅅ섭거리(역1)	眉頭	33y		니ㅅ블회믓튼디(역1)	牙框	34y
눈셥미(왜1)	眉	16z		니ㅅ삿(역3)	牙縫	22y
눈시울(몽1)	眼邊	12z		니치(왜1)	齒	17y
눈초리(역1)	眼角	33y		니통소(동1)	爭食窩	15y

니통소(몽3)	爭食窩	06y	두귀밋(역1)	兩鬢	34y
니통소(역1)	爭食窩子	33y	두다리ㅅ스이(역3)	內膀	22z
니ᄀ다(역1)	退齒	34y	둘재가락(동1)	指人指	16z
눈면(왜1)	面	19z	둘재가락(몽1)	指人指	13y
눈안(왜1)	顔	16z	등(동1)	脊背	16z
낯(동1)	臉鳴	15y	등(몽1)	脊背	13z
낯(몽1)	臉鳴	12y	등(역1)	脊背	35z
낯(역1)	臉	34y	등ㅅ골(몽3)	脊髓	06z
낯갓(역1)	面皮	34y	등ᄆᄅ(역1)	脊樑	35z
낯살디다(몽1)	面有紋	15y	등ᄆᄅ척(왜1)	脊	18y
낯체살지다(역3)	面皺	22z	등ᄆᄅ쎠(동1)	脊樑骨	17y
뉘웃춤(몽3)	痴水	07y	등ᄆᄅ쎠(몽3)	脊梁骨	06z
다리(동1)	腿子	17y	등비(왜1)	背	18y
다리(몽1)	腿子	13z	더골(역1)	腦伩	33y
다리각(왜1)	脚	18z	더골로(왜1)	顱	16z
다리ㅅᄆᄅ(역1)	腿頂骨	36z	련령개(몽3)	腦盖骨	06z
담(동1)	粘痰	16y	류부(왜1)	六腑	19y
담(몽1)	粘痰	12z	륵슈(왜1)	勒鬚	17z
담밧다(동1)	喀痰	16y	마리(동1)	頭	15y
담밧다(몽3)	喀痰	07y	마리(몽1)	頭	12y
댱가락(동1)	長指	16z	마리골슈(역1)	頭腦	32z
댱가락(몽1)	長指	13y	마리두(왜1)	頭	16z
더러울루(왜1)	陋	20y	마리뒤내미다(역3)	後奔	21z
더러울췌(왜1)	醜	20y	마리ㅅ가마(역1)	頭旋	32z
더럽다(몽1)	醜	14z	마리ㅅ골(동1)	頭腦	15y
더수기(동1)	脖項	16y	마리ㅅ골(몽1)	頭腦	12y
더수기(몽3)	脖項	06z	마리앎내미다(역3)	前奔	21z
덧니(몽3)	重牙	06z	마리터럭(역1)	頭髮	33y
덧니(역3)	重牙	22y	마리털(동1)	頭髮	15y
뎡바기뎡(왜1)	頂	16z	마리털(몽1)	頭髮	12y
뎡박기예더핀뼈(역1)	天靈`盖	33y	만하비(왜1)	脾	19y
뎡박이(역1)	頭頂	32z	만화(동1)	脾	17z
뎡박이(역3)	腦盖子	21z	만화(몽1)	脾	14y
됴츤(왜1)	齠齔	17y	만화(역1)	沙肝	35z

표제어	한자	번호
면마(왜1)	面麻	20y
명치(동1)	心窩	16z
명치(몽1)	心窩	13z
명치(역1)	心窩	35z
명치뼈(역3)	胸岔骨	22z
모양양(왜1)	樣	19z
모지(왜1)	拇指	18y
목(동1)	脖頸	16y
목(몽1)	脖頸	13y
목(역1)	脖項	34z
목구무(몽1)	咽喉	13y
목구무(역1)	咽喉	34z
목넘쥬뼈(역1)	嗓子骨	34z
목숨슈(왜1)	壽	20z
목졋(동1)	舌頭	16y
목졋(몽1)	重舌	13y
목줄씨(역1)	嗓子	34z
목항(왜1)	項	17z
몸(동1)	身子	15y
몸(몽1)	身子	12y
몸(역1)	身子	32z
몸신(왜1)	身	16z
몸에ㅅ털(몽3)	細汗毛	06y
몸격다(몽3)	身材小	06y
몸삐(역3)	身分	23y
몸삐죠타(역3)	好身量	23y
묘홀묘(왜1)	妙	19z
무롭(동1)	曲膝	17y
무롭(몽1)	曲膝	13z
무롭(역1)	曲膝	36y
무롭슬(왜1)	膝	18z
무명지(왜1)	無名指	18y
문치(왜1)	門齒	17y
므샤마괴(역1)	黃子	36z
밋구무(역1)	屁眼	36y
몰근춤(동1)	稀涎	16y
묽은춤(몽3)	稀涎	06z
묽은춤(역3)	稀涎	22y
뒤울치(왜1)	媢	20y
미이얽다(역3)	面麻稠	22z
믹믹(왜1)	脉	19y
발(동1)	脚	17y
발(몽1)	脚	13z
발(역1)	脚子	36z
발가락(역1)	脚指頭	36z
발뒤측(동1)	脚跟	17y
발뒤측근(왜1)	跟	18z
발뒷측(역1)	脚後跟	36z
발목(역1)	脚腕子	36z
발바당(동1)	脚掌	17y
발바당(역3)	脚底板	22z
발밧쑤머리(역1)	外踝	36z
발부릇다(역3)	脚繭	22z
발ㅅ등(동1)	脚背	17y
발ㅅ등(몽1)	脚背	13z
발안쑤머리(역1)	內踝	36z
발자국(역3)	脚印	22z
발죡(왜1)	足	18z
방광(왜1)	膀胱	19y
방긔비(왜1)	糞	19z
범아귀(동1)	手虎口	16z
범아귀(몽1)	手虎口	13z
보죠개(몽1)	笑印	12y
보죠개우물(역3)	笑印	22y
보죠개협(왜1)	頰	16z
보죠개(동1)	笑印	15z
복쇼아뼈(역1)	踝子骨	36z
복쇼아뼈(동1)	踝子骨	17y

복쇼아뼈(몽3)	踝子骨	06z	싸혀날슈(왜1)	秀	19z
볼기(동1)	臀子	17y	쁠개(역1)	肚子膽	36y
볼기(몽1)	屁股	13z	산사롬의진영(역1)	喜身	36z
볼기(역1)	臀子	36y	살쪅(동1)	鬆際	15y
볼기듄(왜1)	臀	18y	살쪅(몽1)	髮際	12y
볼기뼈(역3)	股䯏	22z	삼쵸(왜1)	三膲	19y
볼기쪅(몽3)	屁股蛋	06z	샤마괴(몽1)	黑子	15z
부러진눈(역3)	慕眼	21z	샤마괴(역1)	黶子	36z
부하(역1)	肺子	35z	샤티(역1)	雜頭髮	34z
부회(동1)	肺子	17z	샹토(동1)	纘子	15y
부회(몽1)	肺子	14y	샹토(몽1)	纘子	12y
부회폐(왜1)	肺	19y	속눈ㅅ섭(몽3)	眼睫毛	06y
불(동1)	卵胞	18y	속눈섭(역3)	眼挾毛	22y
불(몽1)	卵胞	14z	손(동1)	手	16y
불(역1)	卵子	36y	손(몽1)	手	13y
불(역3)	卵胞	22z	손가락(동1)	手指	16z
불ㅅ거옷(역1)	卵毛	36y	손가락(몽1)	手指	13y
불ㅅ줄기(역1)	卵根子	36y	손가락지(왜1)	指	17z
불알(동1)	卵子	18y	손목(동1)	手腕	16y
비공(왜1)	鼻孔	17y	손목(몽1)	手腕	13y
비듬(역1)	浮皮	33y	손목(역1)	手腕子	35y
비량(왜1)	鼻梁	17y	손바당쟝(왜1)	掌	17z
비(동1)	肚子	17y	손발쏩(몽1)	手脚指甲	13z
비(몽1)	肚子	13z	손범아귀(역1)	手虎口	35y
비(역1)	肚子	35z	손비당(동1)	手掌	16z
비복(왜1)	腹	18y	손ㅅ금(동1)	手紋	16z
비ㅅ곱(동1)	肚臍子	17y	손ㅅ금(몽1)	手紋	13y
비ㅅ곱(몽1)	肚臍子	13z	손ㅅ금(역1)	手紋	35y
비ㅅ보록(역1)	肚臍兒	35z	손ㅅ돕(역1)	手指甲	35y
비쏩졔(왜1)	臍	18y	손ㅅ등(동1)	手背	16z
빅낙(역3)	白癜	23y	손ㅅ등(몽1)	手背	13y
빅발(왜1)	白髮	17z	손ㅅ등(역1)	手背	35y
빅졍(왜1)	白晴	16z	손ㅅ바당(몽1)	手掌	13y
빅회(역1)	頭頂心	32z	손ㅅ바당(역1)	手心	35y

손ㅅ삿(역1)	手丫子	35y		씀(동1)	汗	18y
손ㅅ삿(역3)	手丫	22z		씀(몽1)	汗	14z
손슈(왜1)	手	17z		씨구(왜1)	垢	20y
손톱조(왜1)	爪	18y		쌤(동1)	腮頰	15y
손까락(역1)	手指頭	35y		쌤(몽1)	腮頰	12y
손씀에고리(역1)	手破落	37y		쌤(역1)	腮頰	34y
손씀에키(역1)	手簸箕	37y		쌤싁(왜1)	腮	16z
손쏩(동1)	手指甲	16z		쎠(동1)	骨頭	17y
송곳니(몽3)	虎牙	06y		쎠(몽1)	脚跟	13z
송곳니(역3)	月牙	22y		쎠골(왜1)	骨	18z
쇼지(왜1)	小指	18y		자최젹(왜1)	跡	20z
숨통(역1)	嗉俗	34z		쟝긔뼈(역1)	曲膝盖	36y
숨통(역3)	氣衝	22y		쟝긔쎠(동1)	接膝骨	17y
슈완(왜1)	手腕	17z		쟝긔쎠(역3)	接膝盖	22z
슈비(왜1)	手背	17z		쟝셩(왜1)	長成	20y
술(동1)	肌?	17z		쟝지(왜1)	長指	18y
술(몽1)	肌?	14y		저근챵즛(역1)	小腸子	35z
술긔(왜1)	肌	18z		져근물(역1)	小便	37y
술질비(왜1)	肥	20y		져머뵌다(역1)	嫩瞧	37y
술찌다(몽1)	胖啊	15y		져믈쇼(왜1)	少	20y
셰다(몽1)	髮白	15y		져ㅅ지다(몽3)	擠妳子	06z
쉿구무(동1)	顖門	15y		젹이얽다(역3)	稀麻	22z
쉿구무(몽1)	顖門	12y		젼유(왜1)	乳	18y
쉿구무(역1)	天門	32z		졈다(몽1)	年盛	15y
쉿구무(역3)	顖門	21z		졈어뵈다(몽1)	嫩瞧	15y
셕셕홀쟝(왜1)	莊	19z		졋(동1)	妳子	16z
쉰다리(동1)	大腿	17y		졋(몽1)	妳子	13z
쉰다리(몽3)	大腿	06z		졋(역1)	妳子	35z
쉰다리퇴(왜1)	腿	18z		졋가슴(역1)	妳膀	35z
쏭(동1)	巴白	18y		졋곡지(동1)	妳頭子	16z
쏭(몽1)	巴白	14z		졋곡지(몽3)	妳頭子	06z
쏭누다(동1)	出恭	18y		졋곡지(역3)	妳頭嘴	22z
쏭누다(몽1)	出恭	14z		졋니(역3)	妳牙	22y
쏭시(왜1)	屎	19y		졋통(동1)	妳膀子	16z

졋통(몽3)	妳膀子	06z		코(몽1)	鼻子	12z
졋쓰다(동1)	摘妳子	16z		코(역1)	鼻子	33z
조츨하다(몽1)	光潔	14z		코ㅅ구무(역1)	鼻孔	33z
조흘졍(왜1)	淨	19z		코ㅅ구무엣털(역1)	鼻毛	33z
죠흘호(왜1)	好	19z		코ㅅ긋(역1)	鼻準	33z
죡쟝(왜1)	足掌	18z		코ㅅ대(역1)	鼻柱	33z
죡비(왜1)	足背	18z		코ㅅ믈(동1)	鼻涕	15z
죵아리(동1)	小腿	17y		코ㅅ믈(몽1)	鼻涕	12z
죵아리(몽1)	小腿	13z		코ㅅ믈(역1)	鼻涕	33z
죵아리(역1)	小腿	36y		코ㅅ방올(역3)	鼻翅	22y
죵아리(역3)	攬筋	22z		코ㅅㅁ르(역1)	鼻樑	33z
죵아리경(왜1)	脛	18z		코푸다(동1)	扌幸 鼻涕	15z
주머귀(동1)	拳頭	16z		코푸다(몽1)	扌幸 鼻涕	12z
주머귀(몽1)	拳頭	13y		코아래(역1)	人中	34y
주머귀(역1)	拳頭	35y		콧ㅁ르(몽3)	鼻樑	06y
주머귀권(왜1)	拳	18y		콩풋(동1)	腰子	17z
죽은깨(몽1)	雀瘢	15z		콩풋(몽1)	腰子	14y
죽은깨(역3)	雀瘢	23y		콩풋(역1)	腰子	35z
즌굴이(역3)	腰眼	22z		콩풋신(왜1)	腎	19y
지인지(왜1)	指人指	18y		큰챵ᄌ(역1)	大腸子	35z
ㅈㅌㅣㅈ(왜1)	姿	19z		큰몰(역1)	大便	36z
죤허리(동1)	軟腰	17y		킈젹다(몽1)	身矮	15y
죤허리(몽3)	軟肋	06z		킈젹다(역3)	身子矮	23y
죤허리(역3)	軟腰	22z		킈크다(몽1)	身子高	15y
챵쟈(몽1)	腸子	14y		킈크다(역3)	身子高	23y
챵ᄌ(동1)	腸子	17z		터럭발(왜1)	髮	17z
쵸췌(왜1)	憔悴	20y		털구무(동1)	毛孔	17z
춤(동1)	口涎	15z		털구무(몽1)	毛孔	14y
춤(몽1)	口涎	12z		특(동1)	下額	16y
춤(역1)	口涎	34y		특(몽1)	下額	13y
춤(역3)	唾津	22y		특(역1)	下額	34z
춤밧다(동1)	吐沫	16y		특앳나롯(역1)	鬚	34z
춤밧다(몽1)	吐沫	12z		특이(왜1)	頤	17z
코(동1)	鼻子	15z		티도티(왜1)	態	20y

피(동1)	血	17z		쓸기담(왜1)	膽	19y
피(몽1)	血	14y		찡길추(왜1)	皺	20y
피ㅅ대(동1)	血道	17z		아금이(몽3)	大牙	06y
피ㅅ대(몽1)	血道	14y		아래폴쑥(역1)	小肐膊	35y
피혈(왜1)	血	19y		아롬답다(몽1)	美	14z
폴(동1)	臂	16y		아롭다올미(왜1)	美	19z
폴(몽1)	臂	13y		아릿비(역3)	小肚	22z
폴구미쥬(왜1)	肘	17z		앏니(몽3)	門牙	06y
폴비(왜1)	臂	17z		앏니(역1)	門牙	34y
폴ㅅ구머리(역1)	拐肘子	35y		암니(역1)	鬼牙	34y
폴쑥(동1)	肐膊	16y		애쟝(왜1)	腸	19y
폴쑥(몽1)	肐膊	13y		양(동1)	胃	17z
폴쑥(역1)	肐膊	34z		양(몽1)	胃	14y
항문(동1)	肛門	18y		양물(왜1)	陽物	18z
항믄(역3)	糞門	22z		양ᄌ(역1)	模樣	32z
허리(동1)	腰身	17y		양위(왜1)	胃	19y
허리(몽1)	腰身	13z		양의마리(역3)	陽物	21z
허리(역1)	腰身	35z		어금니(역3)	腮牙	22y
허리요(왜1)	腰	18y		어리다(몽1)	年幼	15y
허믈흔(왜1)	痕	20y		어림치(왜1)	稚	20y
헛틔ㅅ비(역1)	腿肚	36y		언게견(왜1)	肩	17z
혀(몽1)	舌頭	12z		얼굴형(왜1)	形	19z
혀(역1)	舌頭	34y		얽다(몽1)	面麻	14z
혀ㅅ긏(역1)	舌尖	34z		엄니(몽3)	包牙	06z
혀셜(왜1)	舌	17y		엄니(역3)	齫牙	22y
호숑이(몽1)	辮子	12y		엄니아(왜1)	牙	17y
호숑치(동1)	辮子	15y		엄지가락(동1)	拇指	16z
황문(몽1)	肛門	14z		엄지가락(몽1)	拇指	13y
황믄(역1)	肛門	36y		엇게(동1)	肩膀	16y
힘ㅅ줄(동1)	筋	17z		엇게(몽1)	肩膀	13y
힘ㅅ줄(몽1)	筋	14y		엇게(역1)	肩膀	34z
힘쑬근(왜1)	筋	18z		엇게(역3)	膀子	22y
쓸게(동1)	肚子膽	17z		여외다(몽1)	瘦	15y
쓸게(몽1)	肚子膽	14y		여윌수(왜1)	瘦	20y

오장(왜1)	五臟	19y
오장뉴부(동1)	臟腑	17z
오장뉴부(몽1)	臟腑	14y
오좀(동1)	尿	18y
오좀(몽1)	尿	14z
오좀누다(동1)	撒尿	18y
오좀누다(몽1)	撒尿	14z
오좀통(동1)	尿胞	17z
오좀통(몽1)	尿胞	14y
오좀통(역1)	水月孛	36y
오좀노(왜1)	尿	19y
오치(왜1)	奧齒	17y
옹미고(왜1)	尻	18y
우목흔눈(역3)	凹眼	22y
웃풀쪽(역1)	大肐膊	34z
음낭(왜1)	陰囊	18z
음문(왜1)	陰門	18z
음슈(역1)	腎水	37y
인즁(왜1)	人中	17y
인후(왜1)	咽喉	17y
일즉을요(왜1)	夭	20z
임시울슌(왜1)	唇	17y
입(동1)	口	15z
입(몽1)	口	12z
입(역1)	口	34y
입구(왜1)	口	17y
입ㅅ욹(역3)	嘴唇	22y
입시울(동1)	嘴唇	16y
입시울(몽1)	嘴唇	12z
입하눌(몽3)	巧舌	06z
입아귀(몽3)	口角	06y
입아귀(역3)	口吻	22y
입아랫나롯(역1)	鬚	34z
입아랫시울(역1)	口下唇	34y

입웃나롯(역1)	髭	34z
입웃시울(역1)	口上唇	34y

[孕 産]

강보(왜1)	襁褓	42z
거격펴다(역1)	炕上鋪草	37z
경수(왜1)	經水	42y
경ᄌ밧다(동1)	嬌愛	54z
경ᄌ밧다(몽1)	嬌愛	42y
기르다(동1)	養活	54z
기르다(몽1)	養活	42y
길으다(역3)	養活	23z
계집녀(왜1)	女	42z
긔다(역3)	爬走	23z
나흘산(왜1)	産	42y
날싱(왜1)	生	42y
낫타(역1)	生下	37y
님삭(동1)	臨月	54y
님삭(몽1)	臨月	41z
님삭ᄒ다(역3)	臨月	23y
등두드리다(동1)	拍背	54y
등두드리다(몽1)	拍背	42y
디낫타(역1)	小産了	37z
둘못츠다(역1)	月末成	37y
무섯나핫노고(역1)	添甚麽	33y
메츠다(동1)	已成	54z
발옴기다(역3)	會才那 步	23z
ᄇ려길으다(역3)	潑養	23z
비부로기(역1)	襯子	37z
비부로기(역3)	圍肚	23y
빌잉(왜1)	孕	42y
삼거적(몽3)	蓐草	19y

삼겨나다(동1)	化生	54z		피흐론다(역1)	盪血來	37z
삼겨나다(몽1)	化生	42y		훗비알타(몽3)	兒枕疼	19z
삿깃(역3)	尿襯子	23y		훗비알타(역3)	兒枕痛	23y
슉셩ᄒ다(몽1)	已成	42y		희산ᄒ려ᄒ다(몽3)	臨産	19y
스나히남(왜1)	男	42z		아기나코누엇다(역1)	娩臥	37y
슘거적(역3)	褥草	23y		아기나히는계집(역1)	穩婆	33y
슘쑬베히다(역1)	剪臍帶兒	37z		아기나히는계집(역3)	收小的	23y
똥오좀굿다(몽1)	把尿矢	42y		아기낫타(역1)	分娩	37y
졋먹다(역1)	吃妳	37z		아기빌웃다(역3)	轉胎	23y
졋먹이다(역1)	乳哺	37z		아기비다(역1)	懷身	37y
졋토ᄒ다(역3)	洋妳	13y		아긔깃(역1)	襯子	37z
졋ᄂ리다(몽3)	乳下了	19z		아희깃(동1)	襁褓	54z
졋儞다(역1)	摘妳子	37z		아희깃(몽1)	襁褓	42y
졋샌다(역1)	呷妳子	37z		아희보슙피다(동1)	保赤子	54y
조훈셰답(역1)	月布	37z		아희보슙피다(몽1)	保赤子	41z
주을든아희(역3)	懦兒	23z		아희(역1)	小哇哇	37z
즈라다(동1)	長了	54z		아희디다(역1)	丟孩	37z
즈라다(몽1)	長成	42y		아희춤밧기(역1)	褊子	37z
즈식낫타(동1)	分娩	54y		암쥭먹이다(몽3)	嚼喂食物	19z
즈식낫타(몽1)	分娩	41z		업다(동1)	背負	54z
즈식비롯다(동1)	轉胎	54y		업ᄉ다(몽1)	背負	42y
즈식비롯다(몽1)	轉胎	41z		오좀굿다(동1)	把尿	54z
즈식셔다(동1)	喜身	54y		오좀굿다(역3)	把尿	23z
즈식셔다(몽1)	喜身	41z		요챠에아히누이다(몽3)	上搖車	19z
즈식셔다(역3)	害身	23y		유월ᄒ다(동1)	過了月	54y
즈식비다(동1)	重身	54y		유월ᄒ다(역3)	過了月	23y
즈식비다(몽1)	重身	41z		유월ᄒ다(몽1)	過了月	42y
탄일(동1)	壽誕	54z		이릐ᄒ다(동1)	撒嬌	54z
탄일(몽1)	壽誕	42y		이릐ᄒ다(몽1)	撒嬌	42y
티(동1)	胎胞	54y		입마초다(동1)	親嘴	54y
티(몽1)	胎胞	41z		입마초다(몽1)	親嘴	41z
티(역3)	胎胞	23y		입맛젓다(몽3)	害口	19y
티낫타(몽3)	胎包下了	19y		입졋다(역3)	害口	13y
티티(왜1)	胎	42y				

[氣 息]

가흠(왜1)	呵欠	20z
가슴도곤도곤ᄒ다(동1)	心跳	21y
가슴도곤도곤ᄒ다(몽3)	心足垂	08y
가슴왈학ᄒ다(역1)	酥軟了	38z
걱정ᄒ다(역3)	躁心	24y
견듸디못ᄒ다(역1)	捱不過	39y
견딜내(왜1)	耐	22y
구을려싱각ᄒ다(동1)	尋思	20y
그릇아다(역3)	錯認	24z
그리다(동1)	想慕	20y
그리다(몽1)	想慕	16y
그릴련(왜1)	戀	22y
근심수(왜1)	愁	21z
근심우(왜1)	憂	21z
기지게켜다(역1)	舒腕	39y
기지게혀다(동1)	伸腰	20y
기지게혀다(몽1)	伸腰	16z
기춤(역1)	欬嗽	38y
기춤ᄒ다(동1)	咳嗽	20y
기츰ᄒ다(몽1)	咳嗽	15z
긷글열(왜1)	悅	21z
ᄀ래춤밧다(역1)	吐痰	38y
ᄀ만이닐으다(역3)	悄悄說	24y
ᄀᄂᄀᄂ웃다(역3)	顚倒笑	23z
귀열이다(역3)	耳軟	24z
귀예ᄠᅦᇰᄒ다(역3)	耳眩	24z
귀볽다(역3)	耳聰	24z
ᄀ롱엣말(역3)	頑話	24y
긔운(동1)	氣	19z
긔운(몽1)	氣	15z
긔운긔(왜1)	氣	20z
넘려념(왜1)	念	22y
놀날경(왜1)	驚	21z
놀라다(동1)	吃驚	21y
놀라다(몽1)	吃驚	16z
놀라다(失驚)(역1)	喫驚	38z
놀라도도리치다(몽3)	嚇一嚇	08y
놀라어리다(동1)	驚呆	21y
놀라어리다(몽3)	驚呆	08y
놀랍다(역1)	驚恐	38z
눈금져기다(역1)	瞯眼	39y
눈무듸다(역3)	眼拙	24z
눈물루(왜1)	涙	20z
눈믈먹이다(역1)	閣眼涙	39y
눈믈먹이다(역3)	含涙	24z
눈번ᄒ다(역3)	眼亮	24z
눈살집픠다(역3)	皺眉	24z
눈살미이지픠오다(역1)	緊皺眉	38z
눈썹찡긔다(몽1)	皺眉	16y
눈살자픠다(동1)	皺眉	20z
눈의틔드다(역3)	眼眯	24z
눈즈벅즈벅ᄒ다(역1)	眼?了	39y
늗길감(왜1)	感	22y
니야기(역3)	古話	14y
니즐망(왜1)	忘	22y
닐럿다(역3)	說過	24y
닛다(동1)	忘了	20z
닛다(몽1)	忘了	16y
늠의말막아ᄒ다(역3)	攔話	14y
늣곳ᄒ다(역3)	皮氣	14z
뉘운츨회(왜1)	悔	22y
담밧다(역3)	喀痰	23z
답답ᄒ다(역1)	悶的慌	38z
답답ᄒ다(역3)	心悶	24y
답답홀울	鬱	21z
덤벙이다(역3)	鬧的慌	23z

도도리치다(동1)	驚跳	21y			咕噥	38z
도언(역3)	打市話	24y	ᄆᆞ옴에둘게너기다(역3)	心惦	24z
두로춪다(역3)	遍尋	24z	ᄆᆞ옴죽다(몽3)	心灰了	08y
두리다(동1)	怕	21y	ᄆᆞ옴ᄐᆞᆨᄂᆞᆫ듯ᄒᆞ다(역3)	心裡焦	24z
두리다(몽1)	恐怕	16z	방긔(동1)	屁	21y
두릴외(왜1)	畏	21z	방긔ᄒᆞ다(동1)	放屁	21y
듕어리다(역3)	絮叨	24z	방긔ᄒᆞ다(역1)	放屁	39z
류연(왜1)	流涎	21y	변스ᄒᆞ다(역3)	改嘴	24z
말그릇ᄒᆞ다(역3)	失口	24y	복명(왜1)	腹鳴	21y
말깃드다(역3)	揷話	24y	부를호(왜1)	呼	21y
말다ᄉᆞ리다(역3)	强嘴	24y	부질업슨말(역3)	白話	14y
말막히다(역3)	話窮	24y	분홀분(왜1)	忿	21z
명빅히아다(동1)	明白知道	20z	붇그릴치(왜1)	恥	22y
모로다(동1)	不知道	20z	붓그럽다(동1)	可醜	20z
모로다(몽1)	不知道	16y	붓그럽다(역1)	害羞	38z
목메다(역1)	噎了	38z	붓그리다(동1)	害羞	20z
목소다(역1)	癆了	38z	붓그리다(몽1)	害羞	16y
목숨명(왜1)	命	20z	붓그림ᄀ리오다(역1)	遮羞	38z
목ᄆᆞ르다(동1)	渴了	20y	비톄(왜1)	鼻涕	21y
목ᄆᆞ르다(몽1)	嗓子渴了	15z	ᄇᆞᄐᆞᆫ기춤ᄒᆞ다(동1)	乾嗽	20y
목ᄆᆞ르다(역1)	嗓子渴了	38z	사롬아다(동1)	認得	20z
무료보다(역3)	受愧	24z	사롬아다(몽1)	認得	16y
무료ᄒᆞ다(동1)	報然	20z	샤리드다(역1)	暢了	38y
무료ᄒᆞ다(몽1)	報然	16y	샤리드다(역3)	嗄咽了	23z
문물디다(역1)	下眼淚	39z	셜울원(왜1)	寃	21z
민망민(왜1)	悶	21z	셜워알는소릭(역1)	哎呀	38z
민망ᄒᆞ다(동1)	心悶	20z	셜웨라(역1)	叫苦	38z
민망ᄒᆞ다(몽1)	心悶	16y	성결우다(역3)	賭氣	24z
밋친말(역3)	瘋話	24y	셩내다(역1)	撒性子	39y
ᄆᆞ옴녕ᄒᆞ다(역3)	心靈	24y	셩내다(역3)	惱了	24z
ᄆᆞ옴노히다(역3)	心鬆	24z	셩ᄆᆞ르다(역1)	性急	39y
ᄆᆞ옴싀훤ᄒᆞ다(동1)	快心	21y	셩쩌지다(역3)	息怒	24z
ᄆᆞ옴싀훤ᄒᆞ다(몽1)	快心	16y	소릭(역3)	聲響	23z
ᄆᆞ옴에노ᄒᆞ여구두더리다(역1)			소릭셩(왜1)	聲	21y

소리음(왜1)	音	21y	저퍼ᄒ다(몽3)	畏懼	08y
속쩨다(몽3)	胆戰	08y	저프다(역1)	恐怕	38z
수고로을로(왜1)	勞	22y	져근믈보다(역1)	撒尿	39z
순두어릴훤(왜1)	喧	21z	져근믈보라가ᄂ이(역1)	出外	39z
숨(동1)	氣息	19z	져근믈보신다(역1)	小見風	39z
숨(몽1)	氣息	15z	전갈ᄒ다(역3)	口傳信	24y
숨쉬다(동1)	出氣	19z	정신(왜1)	精神	20z
숨쉬다(몽1)	出氣	15z	즌저리치다(몽3)	打冷戰	08y
숨쉬다(역3)	出氣	23z	즌저리틔다(역1)	打寒澿	38y
숨츠다(동1)	喘急	20y	즌저리티다(동1)	打寒噤	20y
숨츠다(몽1)	喘急	15z	즐기다(心樂)(역3)	樂了	23z
숨츠다(역3)	喘急	23z	지져귀다(역3)	喧嚷	23z
신목곱다(동1)	打醋心	20y	진익(왜1)	津液	20z
신목숩다(몽1)	打醋心	15z	짐쟉ᄒ여싱각ᄒ다(역1)	估想	39y
신목숩다(역1)	打醋心	38y	ᄌ최옴ᄒ다(동1)	打嚏噴	20y
싱각나다(동1)	想起	20y	ᄌ최옴ᄒ다(몽1)	打嚏噴	15z
싱각뎌기다(동1)	沉思	20y	ᄌ최옴ᄒ다(역1)	打嚏噴	38y
싱각사(왜1)	思	22y	ᄌ최음테(왜1)	嚏	21y
싱각ᄒ다(동1)	思想	20y	죤말(역3)	小米子話	24y
싱각ᄒ다(몽1)	思想	15z	차탄ᄒ다(동1)	口咨 口嗟	21y
싱각ᄒ다(역1)	想一想	39y	춤받틀타(왜1)	唾	21y
싱글빈(왜1)	嚫	21y	춤밧다(역1)	吐唾沫	38y
쉴식(왜1)	息	20z	춤밧다(역3)	喀吐	23z
싀훤ᄒᆯ챵	暢	21z	춤연(왜1)	涎	21y
깁즉놀라다(역3)	驚跳	24z	춤다(역1)	忍住	39y
깁즉깁즉(동1)	嚇一跳	21y	춤디못ᄒ다(역1)	忍不住	39y
깁쯕놀라다(몽3)	吃一驚	08y	춤을인(왜1)	忍	22y
씨칠오(왜1)	悟	22y	코고으다(동1)	打呼鼾	20y
씨티다(동1)	懂得	20z	코고으다(몽1)	打呼鼾	15z
씨둧다(동1)	覺得	20z	코고으다(역3)	打呼鼾	24z
씨둧다(몽1)	覺得	16y	코고을한(왜1)	鼾	21y
씨둧다(역3)	覺得	24z	큰믈보다(역1)	撒屎	39z
쏨한(왜1)	汗	20z	큰믈보신다(역1)	出後	39z
저퍼ᄒ다(동1)	恐怕	21y	큰믈보신다(역1)	大見風	39z

쾌홀쾌(왜1)	快	21z		아닉곱다(역1)	惡心	38y
탄식탄(왜1)	歎	21y		아닉쏩다(몽1)	惡心	15z
태식(왜1)	太息	22y		아다(동1)	知道	20z
토ㅎ다(동1)	嘔吐	20y		아다(몽1)	知道	16y
토ㅎ다(몽1)	嘔吐	15z		아다(曉得)(역1)	知道	39y
트림ㅎ다(동1)	打噯咈	19z		아다못ㅎ다(역1)	不知道	39y
트림ㅎ다(몽1)	打噯咈	15z		어려워ㅎ다(동1)	作難	20z
트림ㅎ다(역1)	打嗄咈	38y		어려워ㅎ다(몽1)	作難	26z
품을회(왜1)	懷	22y		어려워ㅎ다(역3)	作難	24z
피기(역3)	打嗝	23z		어엳불련(왜1)	憐	21z
피기ㅎ다(동1)	打嗝	20y		우움쇼(왜1)	笑	21y
피기ㅎ다(몽1)	打嗝	16z		울이일향(왜1)	響	21y
픽이질ㅎ다(역1)	打噎	38y		응당홀말(역3)	正經話	24y
편잔스럽다(몽1)	慙愧	16y		익것믓다(역3)	儘着問	24y
편잔젓다(동1)	慙愧	21y		일불곤(왜1)	困	22y
하픠옴(역1)	呵欠	38y		입다시다(역1)	咂嘴	38y
하픠옴ㅎ다(동1)	打哈欠	20y		애돏다(역1)	氣不念	38z
하픠옴ㅎ다(몽1)	打哈欠	15z		애뼈목ㅁ르다(역1)	喉急了	38z
하픠음ㅎ다(역3)	打呵	23z		애쓰다(역1)	淘氣	38z
한숨디다(역1)	長吁短歎	38z		익도롤에(왜1)	恚	21z
혀츠다(역1)	喝保	39y		원망원(왜1)	怨	21z
혀출돌(왜1)	咄	21y		원망ㅎ다(역3)	埋怨	24z
호흡(왜1)	呼吸	20z				
혼쩌러지다(역3)	魂呆	24z				
흥미흥(왜1)	興	22y				
힘력(왜1)	力	20z				

[動 靜]

혼탄ㅎ다(동1)	歎惜	20z		가다(동1)	走了	27z
혼홀혼(왜1)	恨	21z		가다(몽1)	走了	21y
헷구역ㅎ다(동1)	乾嘔	20y		가라(동1)	去罷	27z
헷구역ㅎ다(몽3)	乾噦	08y		가라(몽1)	去罷	21y
혜아리다(동1)	料度	20y		가며기ᄃ리다(동1)	慢走等着	27z
혜아리다(몽1)	料度	16y		가며기ᄃ리다(몽3)	慢走等後	11y
힝비톄(왜1)	悻鼻涕	21y		가져가다(몽1)	拿去了	23y
아닉곱다(동1)	惡心	20y		가져오다(몽1)	取來	23y

표제어	한자	위치		표제어	한자	위치
가져오라(몽1)	拿來	23y		구블부(왜1)	俯	29z
가지다(몽1)	拿着	23y		구우다(몽1)	展轉	22z
가질라가다(몽1)	取去	23y		구을리다(동1)	展轉	29z
가질지(왜1)	持	30z		그날도라오다(몽3)	當日回來	11y
가는겨리(동1)	去便	27z		그늘에쉬다(동1)	歇陰凉	28y
가는결(몽1)	去便	23y		그늘에쉬다(몽3)	歇陰凉	11z
간직ᄒ다(동1)	收藏	30z		글글소(왜1)	搔	30z
간직ᄒ다(몽1)	收藏	23y		급히니다(동1)	快起來	26z
갈거(왜1)	去	29z		급히니다(몽3)	猛站起	10z
감초다(몽1)	藏着	23y		기오로안짜(역1)	歪坐	40z
거두다(동1)	收了	30z		기우러지다(몽3)	歪斜	12y
거두다(몽1)	收了	23y		기웃거리다(동1)	窺探	29y
거두다(역3)	收了	26z		기웃거리다(몽3)	暗窺	12y
거러가다(동1)	步行走	26z		기ᄃ리다(동1)	等着	27z
거러가다(몽1)	步行走	20z		기ᄃ리다(몽1)	等着	21y
거러안ㅅ다(동1)	踞坐	26z		길돈니기잘ᄒ다(몽3)	行頭好	11y
거름(동1)	步	26z		길쩌나다(동1)	起身	27z
거름(몽1)	步	20z		길쩌나다(몽1)	起身	21y
거름것다(몽1)	步走	20z		깁게자다(역3)	濃睡	26z
거름보(왜1)	步	29z		ᄀ로막다(역3)	攔住	26z
거름비ᄒ다(동1)	學挪步	26z		ᄀ으로가다(역3)	溜邊走	25z
거름비ᄒ다(몽3)	學挪步	11y		ᄀ르막다(동1)	攔住	30z
거의밋다(몽3)	將近	11y		ᄀ르막다(몽1)	攔住	23z
건너쮜다(몽3)	跳過	11y		ᄀ른칠지(왜1)	指	30z
걸어가다(역3)	步行走	25z		ᄀᆷ초다(동1)	藏着	30z
것구러디다(동1)	倒了	27y		ᄀᆺ부다(동1)	疺了	28y
것구러지다(몽1)	倒了	20z		ᄀᆺ부다(몽1)	疺了	21z
것다(동1)	步走	26z		ᄀᆺ부다(역1)	疺了	40z
고요정(왜1)	靜	30y		ᄀᆺ부다(역3)	困了	26z
곤ᄒ다(동1)	困疺了	28y		괴오다(동1)	支着	31y
곤ᄒ다(몽1)	困疺了	21z		괴오다(몽1)	撑着	24y
구러지다(동1)	傾倒	31y		괴와바티다(동1)	撑着	31y
구러지다(몽1)	傾倒	24y		귀붉다(동1)	耳聰	29y
구불굴(왜1)	屈	30y		귀붉다(몽1)	耳聰	22y

표제어	한자	출전	표제어	한자	출전
긔기ᄒ다(역1)	會爬	41y	눈지내다(몽1)	經過目	22y
긔다(동1)	爬走	27y	눈칙(역1)	眼勢	40y
긔다(몽1)	爬走	21y	눈회번득이다(역3)	飜白眼	25y
긔디못ᄒ다(역1)	爬不起來	41y	눈ᄀ믈명(왜1)	瞑	30z
나가다(동1)	出去	27z	눈곰다(동1)	閉眼	28z
나가다(몽1)	出去	21y	눈곰다(몽1)	閉眼	21z
나올진(왜1)	進	29z	눈기다(동1)	擠眼	29y
나ᄋ오다(몽1)	進	20z	눈기다(몽3)	擠眼	12y
날츌(왜1)	出	29z	눈기다(역1)	擠眼	40y
넘다(동1)	越過	27y	눈브의다(몽1)	眼生花	22y
넘다(몽1)	越過	21y	눈씀쟈길슌(왜1)	瞬	30z
녁노(동1)	順便	27z	눈씀격이다(동1)	挦眼	28z
녑흐로눕다(동1)	側臥	28y	눕다(동1)	臥着	28y
녑흐로눕다(몽1)	側臥	21z	눕다(몽1)	臥着	21z
노망ᄒ다(역3)	老悖回	26y	눕다(역1)	臥倒	40z
놉흔디쮜다(몽3)	跳高	11y	느리다(몽3)	遲鈍	12y
누어몸두로혀다(동1)	臥轉身	28y	니다(起動)(역1)	起身	40y
누어몸두로혀다(몽1)	臥轉身	21z	닐그(왜1)	起	29y
누이다(동1)	教臥	28y	ᄂ리다(동1)	下來	27z
눈금져기다(역1)	閃眼	40y	ᄂ리다(몽1)	下來	21y
눈금져길별(왜1)	瞥	30z	ᄂ릴강(왜1)	降	30y
눈금격이다(몽1)	挦眼	22y	놈의게뒤지다(몽3)	落人後	12y
눈두로다(역1)	轉眼	40y	녤힝(왜1)	行	29z
눈부룹쓰다(몽1)	睜眼	22y	다고(몽1)	給我	22z
눈부룹쓰다(동1)	睜眼	28z	다리두들이다(역3)	打腿	25z
눈브롭뜨다(역1)	睜眼	40y	다리버리고셔다(동1)	盆腿站着	26z
눈숫다(역1)	揩揩眼	40z	다리버리고셔다(몽3)	岔腿站着	11y
눈에뵈다(동1)	教臥	28z	다리버리다(역3)	岔腿	25z
눈에뵈다(몽1)	眼裏瞧	22y	다리살이고안짜(역3)	盤腿坐	25z
눈에아즈랑이나다(동1)	眼生花	29y	다리쉬오다(역3)	歇脚	26y
눈에아즈랑이나다(몽3)	眼生花	12y	다리펴고안짜(역3)	伸腿坐	25z
눈주다(동1)	丟眼色	28z	다리펴고안ㅅ다(몽3)	伸腿坐	10z
눈주다(역1)	丟眼色	40y	다닷다(동1)	趕上	27y
눈지내다(동1)	經過目	28z	다닷다(몽3)	到去	11y

닥두리다(동1)	相衡	30y	들너다(몽1)	經過	21y
단정이안ㅅ다(몽3)	端坐	10z	들입(왜1)	入	29z
담다(몽3)	盛着	12z	듯다(동1)	聽見	29y
더둠다(동1)	搜摩	29z	듯다(몽1)	聽見	22y
더듸다(동1)	遲了	30y	듯보다(동1)	打聽	29y
더듸다(몽1)	遲了	23z	듯보다(몽1)	打聽	22y
더지다(동1)	抛了	29z	등두들이다(역3)	拍背	25z
더지다(몽1)	甩了	22z	둔니다(동1)	走行	26z
도라갈귀(왜1)	歸	29z	둔니다(몽1)	走行	20z
도라보다(동1)	回看	29y	둔둔이잡지못ᄒ다(몽3)	不得力	12z
도라보다(몽1)	回看	22y	둘게자다(동1)	濃睡	28z
도라보다(역3)	回看	40y	둘게자다(몽3)	睡熟	11z
도라볼고(왜1)	顧	30y	둘게자다(역3)	恬睡	26z
도라올환(왜1)	還	29z	둘을주(왜1)	走	29z
도래도래안쩌(역3)	圍坐	25z	둘의여쓴타(역3)	扯斷了	26z
돌쳐보다(동1)	回頭看	29y	둣기ᄒ다(역1)	會跑	41y
두로다(동1)	旋轉	29z	둣다(동1)	跑了	26z
두로다(몽1)	旋轉	22y	둣다(몽1)	跑了	20z
두로보다(동1)	遍觀	28z	둣다(역3)	跑了	25z
두루혀다(동1)	轉向	29z	뒤짐지다(역1)	背叉手	39z
두루혀다(몽1)	轉向	22z	뒤ᄒ로므르다(역1)	靠後	40z
두를휘(왜1)	揮	30z	뒤쩌지다(동1)	落後	27y
두손으로우희다(역3)	兩手掬	25z	뒤쩌지다(몽1)	落後	20z
두드릴고(왜1)	扣	30z	뒷티마작(역1)	往後些	40z
둘러안ㅅ다(동1)	圍坐	26z	마리그더기다(동1)	點頭	28y
둘러안ㅅ다(몽3)	圍坐	10z	마리그더기다(몽1)	點頭	21z
드다(동1)	擡起	30z	마리기우리다(역3)	歪着頭	25y
드다(몽1)	擡起	23z	마리두로혀다(역1)	回頭	40y
드된것들라(몽3)	令擡起	10z	마리수그리다(몽1)	低頭	21z
드러가다(몽3)	進去	11z	마리수기다(동1)	抵頭	28y
드러오다(동1)	進來	27z	마리수기다(역1)	低頭	40y
드러오다(몽1)	進來	21y	마리죳다(역1)	點頭	40y
드리다(몽1)	進呈	23y	마조드다(역3)	對擡	26z
들너다(동1)	經過	27z	마조메다(동1)	對擡	30z

마조메다(몽3)	'兩人擡着	12z		몽압(역3)	夢壓	27y
마조쳐보다(몽3)	撞見	11z		무롭안고안ㅅ다(몽3)	抱膝坐	10z
마조쳐보다(역3)	硼見了	26y		무르다(몽1)	退	20z
마조티다(동1)	撞着	30y		무를퇴(왜1)	退	29z
마초고못다(동1)	約會	27z		물그름보다(역3)	定睛看	25y
마초고못다(몽1)	約會	21y		므릅쓰다(동1)	倒退	31y
만나다(동1)	逢着	30y		믈그름보다(동1)	定睛看	28z
만나다(몽1)	逢着	23y		믈그름보다(몽1)	定睛看	22y
만나다(역3)	逢着	26z		밀치다(동1)	推了	29z
만나보다(동1)	會見	30y		밀치다(몽1)	推了	22z
만나보다(몽1)	會見	23y		밀치다(역3)	推了	26z
만히짯다(몽3)	積蓄	12z		밋처오다(동1)	到來	27z
말쓰다(역3)	嘴遲鈍	25z		물젼ᄒᆞ기ᄒᆞ다(역3)	學舌	25z
머무다(存着)(역3)	留着	26z		메다(동1)	担着	30z
머무로다(동1)	留着	30z		메다(몽1)	担着	23z
머무로다(몽1)	敎留	23z		메다(扛着)(역3)	担着	26z
머무ㅅ거리다(몽1)	躕躇	20z		멜담(왜1)	擔	30z
머믓거리다(동1)	躕躇	26z		미양든니다(몽3)	常來往	11z
머믈류(왜1)	留	30y		바드라(몽1)	受罷	22z
먼길가다(동1)	遠行	27y		바론길로가다(동1)	正路走	27y
먼길가다(몽1)	遠行	20z		바른길로가다(몽3)	直路走	11y
멀거니보다(동1)	瞪視	28z		발구르다(동1)	頓足	26z
멀리셔동졍보다(몽3)	遠望動靜	12y		발마가자다(역1)	通脚睡	41y
멀리쩌러지다(몽3)	離遠了	11y		발막아눕다(동1)	通脚臥	28y
멈초지아니타(몽3)	不住	12y		발막아자다(몽3)	通脚睡	11z
모도다(동1)	輳輳	30z		발사리고안ㅅ다(동1)	盤腿坐	26y
모도다(몽1)	輳輳	23y		발사리고안ㅅ다(몽3)	盤膝坐	10z
모도져기다(몽3)	湊	12z		발펴고눕다(몽3)	伸腿臥	11z
모토져기다(동1)	湊湊	30z		밧다(몽1)	受了	23y
몸도로혀다(역1)	轉身	40y		밧치다(몽1)	支着	24y
몸휘영휘영타(역3)	身子虛飄	25y		뱌븨다(역1)	撚指	39z
몸쯰노다(역1)	跳身	40y		벌쩍니다(역3)	阧起來	25z
못다(동1)	會了	27z		변대메다(몽3)	挑担子	12z
못다(몽1)	會了	21z		보내다(몽1)	送去	23y

보내여오다(몽1)	送了來	23y	서늘ᄒᆞ디쉬다(역3)	納凉	26y
보다(동1)	看見	28z	서로마조치다(몽1)	相撞	23y
보다(몽1)	看見	22y	셔다(동1)	起來了	26z
보라보내다(동1)	差往看	28z	셔라(동1)	起來	26z
보왓다(瞧過)(역3)	看過	25y	셔라(몽1)	起罷	20z
볼견(왜1)	見	30z	셔라(몽1)	站着	20z
부듸잇다(몽3)	摔	12y	셜립(왜1)	立	29z
부븨다(동1)	揉摩	29z	셤어ᄒᆞ다(몽3)	睡中譫語	11z
부븨다(몽1)	揉摩	22z	소소다(동1)	跳上	27y
부븨다(역3)	揉摩	25z	소소다(몽3)	跳上	11y
부졀업시ᄃᆞ니다(동1)	白走	27y	손밧변ᄒᆞ다(역1)	手勢	40y
부졀업시ᄃᆞ니다(몽1)	白走	20z	손비비다(역1)	搓手	39z
부티다(동1)	留住	31y	손쳐부르다(동1)	壓手叫	27z
부티다(몽1)	接住	24y	손쳐불으다(역3)	揶手叫	25z
붇들부(왜1)	扶	30z	손티다(동1)	壓手	27z
ᄇᆞ라보다(동1)	瞭望	29y	손티다(역1)	點手	39z
ᄇᆞ라보다(몽1)	瞭望	22y	쇼식듯보다(역3)	探聲息	26y
ᄇᆞ라보다(역3)	瞭望	25y	시즈리다(동1)	歪靠	28y
ᄇᆞ리다(동1)	甩了	30y	시즈리다(몽1)	歪靠	21z
ᄇᆞ리다(몽1)	抛了	22z	시즐이다(역3)	歪靠	26z
ᄇᆞ롤망(왜1)	望	30y	심거박다(동1)	揷了	29z
볿다(동1)	躧着	27y	슘혀보다(역3)	張看	25y
볿다(몽1)	躧着	21y	쉬다(동1)	歇歇	28y
볿피다(동1)	被躧	27y	쉬다(몽1)	歇歇	21z
볿피다(몽1)	被躧	21y	쎳붓드다(몽3)	挽着	12z
볿히이다(역3)	被跐	26z	꼿다(동1)	揷上	31y
뵈게ᄒᆞ다(동1)	敎見	30y	꼿다(몽1)	揷上	24y
븻독이다(역3)	走跟蹌	26y	쑤러안ㅅ다(동1)	跪坐	26z
비게자다(역1)	擠者睡	41y	쑤러안짜(역1)	跪者坐	40z
비참ᄒᆞ여가다(동1)	兼程	27y	쑥안ㅅ다(몽3)	實坐	10z
비회(왜1)	徘徊	29z	쑴(동1)	夢	28z
상쾌ᄒᆞ다(몽3)	爽利	12z	쑴(몽1)	夢	21z
서늘진뒤안ㅅ다(동1)	乘亮	28y	쑴에뵈다(몽3)	夢見	11z
서늘진뒤안ㅅ다(몽3)	乘凉	11z	쑴꾸다(동1)	作夢	28z

표제어	한자	위치
꿈꾸다(몽1)	做夢	21z
꿈꾸다(역3)	做夢	27y
끼다(동1)	狹着	30z
끼다(몽1)	挾着	23z
끼다(역3)	挾着	26y
씰옹(왜1)	擁	30z
씨다(동1)	醒了	28z
씨다(몽1)	醒了	21z
써나다(몽1)	離了	23z
써나다(동1)	離了	30y
써들리다(몽3)	撬起	12y
싼를슈(왜1)	隨	30y
쒸노다(몽3)	踴躍	11y
쒸다(동1)	跳過	27y
쒸다(몽1)	跳過	21y
쒸여넘다(동1)	跳越	27y
쒸여넘다(역3)	跳過去	26y
쒸여올으다(역3)	跳上	26y
빠져드라나다(몽3)	跑脫了	11y
빠히다(동1)	抽了	31y
빠히다(몽1)	抽了	24y
뿌리다(동1)	撒一撒	30y
쏘차내치다(동1)	趕出去	30z
쏘출축(왜1)	逐	30y
쏫다(몽1)	趕出去	23z
자다(동1)	睡覺	28z
자다(몽1)	睡覺	21z
자다(睡倒)(역1)	睡覺	41y
자는듯마는듯ᄒ다(몽3)	似睡不睡	11z
잡다(동1)	拿着	29z
잡다(몽1)	拿了	22z
잡을조(왜1)	操	30z
잡히이다(동1)	被拿住	29z
잡히이다(몽1)	被拿了	22z
잡히이다(역3)	被拿住	26y
절로노화ᄇ리다(몽3)	脫落	12y
절로버서지다(역3)	自脫落	26y
절비(왜1)	拜	30y
절로노하ᄇ리다(동1)	自脫落	29z
졉바질패(왜1)	沛	30y
졋바뎌눕다(역1)	仰白臥	40z
졋바디다(몽1)	仰倒	20z
졋바디다(역1)	往後倒	40z
졋바져눕다(동1)	仰臥	28y
졍히안짜(역1)	正坐	40z
조급ᄒ다(몽3)	急躁	12z
조올이다(몽1)	打盹	21z
조우다(역1)	打盹	40z
조으다(동1)	打盹	28y
조을음(역3)	睡頭	26z
조쏘리켜안짜(역1)	蹲者坐	40z
주다(몽1)	給他	23y
줍다(동1)	檢起	30z
줍다(몽3)	撿起	12z
줍다(역3)	拾起	26z
줏그려안ㅅ다(동1)	蹲坐	26z
줏그려안ㅅ다(몽1)	蹲着坐	20z
쥬정ᄒ다(역3)	撒酒風	26y
즈름길로가다(동1)	抄路走	27y
즈름길로가다(몽1)	抄路走	20z
즐러막다(동1)	堵截	30z
지나다(동1)	過去	27z
지나다(몽1)	過去	21y
지다(동1)	背着	30z
지다(몽1)	背着	23z
지다(역3)	背着	26y
지치다(몽3)	疲倦	11z
지혀다(동1)	靠着	28y

지혀다(몽1)	靠着	21z		특밧치다(역3)	托腮	25y
집다(동1)	拾起	30z		퇴츅ᄒ다(동1)	倒縮	31y
집다(몽1)	拾起	22z		편히쉬다(몽3)	安息	11z
집벅이다(동1)	走跟蹌	27y		편히안ㅅ다(몽3)	穩坐	10z
집벅이다(몽3)	打跟蹌	11y		편히안짜(역1)	穩坐	40z
집써나다(동1)	離家	30y		펼신(왜1)	伸	30y
ᄌ셔히보다(동1)	仔細看	29y		품다(동1)	懷揣	30z
ᄌ셔히보다(몽1)	仔細看	22y		품다(몽1)	懷揣	23z
줌(동1)	睡頭	28y		품에질으다(역3)	揣着	26y
줌(몽1)	睡頭	21z		피ᄒ다(동1)	回避	30z
줌겹ㅅ다(몽3)	困大	11z		피ᄒ다(몽1)	回避	23z
줌겹다(동1)	睡的狠	28y		피ᄒ다(역3)	廻避	26z
줌고대ᄒ다(동1)	說夢話	28z		풀매ᄒ다(동1)	撤了	29z
줌귀붉다(동1)	睡聰	28y		풀매ᄒ다(몽1)	撤了	22z
줌ㅅ귀붉다(몽3)	睡的輕	11z		풀매ᄒ여더디다(동1)	擲了	29z
줌ㅅ귀붉다(역3)	睡聰	27y		풀매ᄒ여더지다(몽3)	擲	12y
줌쏘대(역3)	夢話	27y		폴ㅅ댱디ᄅ다(역1)	叉手	39z
줌쏘대ᄒ다(몽1)	說夢話	21z		한가히ᄃ니다(몽3)	閒走	11z
줌씨다(역1)	睡醒了	41y		햐쳐ᄒ다(동1)	住下處	30y
줌줌ᄒ다(역3)	默口	25z		햐쳐ᄒ다(몽1)	住下處	23z
줌업다(동1)	長醒了	28z		허리굽프리다(몽3)	彎腰	10z
줌업다(몽3)	沒困	11z		혼자안ㅅ다(몽3)	獨坐	10z
줌업다(역3)	長醒	26z		홀연이만나다(몽3)	忽遇見	11z
쥐무로다(동1)	拿弄	29z		흔드다(동1)	搖動	29z
쥐무로다(몽1)	拿弄	22z		흔드다(몽1)	搖動	22y
천천이(동1)	慢慢的	30y		흔득이다(몽3)	搖撮	12y
천천이(몽1)	慢慢的	23z		흘긔여보다(동1)	瞟看	29y
추창ᄒ다(몽3)	俯身趨走	11y		흘긔여보다(몽1)	瞟看	22y
춤흘리다(역3)	流涎	25z		흘긔여보다(역3)	斜看	25y
취ᄒ여뷔것다(동1)	醉跟蹌	27y		흘길면(왜1)	眄	30y
취ᄒ여뷔것다(몽3)	醉跟蹌	11y		흐디셔자다(역1)	露天睡	41y
코고오고자다(역1)	打鼾睡	41y		흐디셔자다(역1)	一打里睡	41y
코슷다(역1)	揩鼻涕	40z		흔쒸음(몽3)	一跳遠	11y
코프다(역1)	悻鼻涕	40z		홀긋보다(동1)	探瞧	29y

헤치다(몽1)	撒一撒	22z	업더눕다(동1)	俯臥	28y
헷우음(역1)	陪笑	40y	업더디다(동1)	顚倒	27y
휘듯다(동1)	彎轉	29z	업더디다(몽1)	顚倒	20z
휘듯다(몽1)	彎轉	22z	업더지다(역3)	倒了	26z
희번득여보다(동1)	飜白眼看	29y	업더질뎐(왜1)	顚	30y
희번득여보다(몽3)	飜白眼看	12y	업디다(몽3)	俯着	10z
힁눈에ㅂ의다(동1)	日晃眼	29y	업디다(역1)	伏者	40z
힝ᄒ다(동1)	行走	26z	엇다(동1)	得了	30y
힝ᄒ다(몽1)	行走	20z	엇다(몽1)	得了	22z
썩드러가다(몽3)	竟入	11z	여러히안ㅅ다(동1)	打果多兒坐	26y
아감좃다(역3)	單腿跳	26y	여러히안짜(몽1)	打果多兒	20y
안다(동1)	抱了	29z	여러히ㄷ도아ᄃ다(몽3)	衆人爭跑	11y
안다(몽1)	抱了	22z	여러히붧다(동1)	齊蹴	27y
안다(역3)	抱着	26z	여어보다(동1)	偸看	28z
안ㅅ다(동1)	坐	26y	여어보다(몽1)	偸看	22y
안을포(왜1)	抱	30z	여어보다(역1)	偸看	40y
안자즈츼여ᄂ리다(역3)	坐溜下	25z	열볼규(왜1)	窺	30y
안잣지못ᄒ다(역3)	坐不住	25z	엿보다(역3)	窺探	25y
안즈라(동1)	坐着	26y	오다(동1)	來罷	27z
안즈라(몽1)	坐着	20y	오다(몽1)	來了	21y
안즈쇼셔(동1)	請坐	26y	오라(몽1)	來罷	21y
안즐좌(왜1)	坐	29y	오로다(몽1)	登上	21y
안치다(동1)	敎坐	26y	오르다(동1)	登上	27z
안치다(몽1)	敎坐	20y	오를등(왜1)	登	30y
안짜(몽1)	坐	20y	올리(왜1)	來	29z
안짜(역1)	坐者	40z	옴기다(동1)	搬移了	30y
앏셔가다(역3)	頭裏走	26y	옴기다(몽1)	搬移了	23z
앏프로나아가다(역1)	靠前	40z	옴기다(역3)	搬移	26z
야감좃다(동1)	單腿走	26z	옴다(동1)	搬移	30y
야긔쏜쳬ᄒ다(역3)	放勻	26y	옴다(몽1)	搬移	23z
어르ᄆ지다(동1)	撫摩	29z	옷쟈락에ᄡ다(몽3)	兜着	12z
어르ᄆ지다(몽1)	撫摩	22z	우러러보다(동1)	仰看	29y
어즈러이홋더지다(몽3)	橫竪亂抛	12y	우러러보다(몽1)	仰看	22y
얼픳보다(역3)	瞥看	25y	우럴앙(왜1)	仰	29z

우희다(몽1)	兩手掬	22z
우희여쥐다(동1)	兩手掬	29z
우휠국(왜1)	掬	30z
울어러보다(역1)	仰看	40y
움즈기다(동1)	動了	29z
움즉이다(몽1)	動了	22y
움즉일동(왜1)	動	29z
읍홀읍(왜1)	揖	30y
이다(동1)	頂戴	30z
이다(몽1)	頂戴	23z
인편(몽1)	順便	21y
일글휴(왜1)	携	30z
일에걸려머무다(몽3)	耽擱	12y
일타(동1)	丟了	30y
일허브리다(몽1)	丟了	22z
입다므다(동1)	閉口	29y
입마초다(역1)	嗳嘴	40y
입버리다(동1)	張口	29y
입벌이다(역3)	張口	25y
입병웃거리다(역1)	口吧吧	40y
입뿟다(楷嘴)(역3)	抿嘴	25z
입쥬다(扭口)(역1)	扭嘴	40y
에워가다(동1)	遶遠走	27y
에워가다(몽1)	遶遠走	20z
에워가다(역3)	遶遠走	26y
외나모드리로가다(몽3)	走獨木橋	11y
의희이보다(동1)	依俙看	29y
의희이보다(몽3)	依稀看	12y
왕반(역3)	來回	26y
왕반ᄒ다(동1)	來面	26z

[禮 度]

겨집엇다(역1)	娶娘子	42y
겨집의집의셔사다(역1)	贅居	42y
궁합마초다(동1)	合庚	52z
계집아ᄂ글(역1)	休書	42z
나오다(동1)	進	52y
니믈리기(역1)	後婚	41z
녜ᄒ다(동1)	行禮	52y
듕인ㅅ갑(역1)	媒婆錢	42z
듕미(역1)	媒人	41z
디답ᄒ다(역1)	荅應	41z
리이(왜1)	離異	42z
례ᄒ다(몽1)	行禮	39z
마리좃다(역1)	叩頭	41y
말리다(역1)	離異	42z
말슴회답ᄒ다(역1)	回話	41z
맛다(동1)	迎接	53y
맛다(몽1)	迎接	40z
무르다(동1)	退	52y
민며느리(역1)	豚養媳婦	42y
민사회(역1)	養老女婿	42y
미이디답ᄒ다(역1)	哦	41z
뫼시다(동1)	侍	52y
본옷보내다(역1)	下財禮	42y
브르다(역1)	叫喚	41z
비다(동1)	祈禱	52z
비다(몽1)	祈禱	40y
사돈(역1)	親家	42y
사돈ᄒ다(동1)	結親	52z
사돈ᄒ다(몽1)	結親	40z
사례ᄒ다(역3)	作謝	27y
사회엇다(역1)	招女婿	42y
사롬만하메이다(몽3)	擁擠	19y

샤례ᄒ다(동1)	作謝	52y	졔믈드리다(몽1)	供獻	40y
샤례ᄒ다(몽1)	作謝	40y	졔믈버리다(동1)	供獻	52z
셔방마칠가(왜1)	嫁	42y	졔ᄒ다(동1)	行祭祀	52z
셔방맛다(역1)	嫁與人	42y	졔ᄒ다(몽1)	行祭祀	40y
술권ᄒ다(몽3)	讓酒	19y	좌긔ᄒ다(동1)	坐堂	52z
술잔도로권ᄒ다(몽3)	回敬	19y	좌긔ᄒ다(몽1)	坐堂	40y
습의ᄒ다(역3)	演禮	27y	쳐녀(왜1)	處女	42y
새익시(역1)	女孩兒	41z	쳥ᄒ다(동1)	請他	53y
세 번ᄭ다(몽3)	三跪	19y	쳥ᄒ다(몽1)	請他	40z
셰스나다(分家)(역1)	出舍	42y	팔ᄌ(왜1)	八子	42y
ᄭ다(동1)	跪	52y	폴쟝지르다(동1)	拱手	52y
ᄭ다(몽1)	跪	40y	폴쟝지르다(몽1)	拱手	39z
ᄭ다(역1)	跪	41y	하례(동1)	賀喜	52y
ᄭ러안ㅅ다(몽1)	跪坐	40y	하례ᄒ다(몽1)	賀喜	40y
ᄶ짓다(동1)	結配耦	53y	하례ᄒ다(역3)	賀喜	27y
ᄶ짓다(몽1)	結配耦	40z	하직ᄒ다(동1)	辭了	53y
ᄶ비(왜1)	配	42y	하직ᄒ다(몽1)	辭了	40z
잔잡아강권ᄒ다(몽3)	强讓酒	19y	하ᄂᆯ끠졔ᄒ다(몽1)	祭天	40y
잔채(동1)	宴	53y	향(동1)	香	52z
잔채(몽1)	宴	40z	향(몽1)	香	40y
잔채ᄒ다(동1)	開宴	53y	허리굽혀읍ᄒ다(역3)	打恭	27y
잔채ᄒ다(몽1)	開宴	40z	혼인(왜1)	婚姻	42y
쟝가드릴춰(왜1)	娶	42y	혼인니ᄅ다(몽3)	說親	19y
절ᄒ다(동1)	磕頭	52y	혼인잔채(동1)	婚宴	53y
절ᄒ다(역1)	拜	41y	혼인잔채(몽1)	婚宴	40z
절드리다(역1)	納拜	41z	혼인ᄀ옴알아ᄒ다(역1)	主婚	41z
절ᄒ다(몽1)	磕頭	40y	혼인ᄒᄂᆫ일(역1)	親事	41z
죠공ᄒ다(동1)	進貢	52z	흠향ᄒ다(동1)	神享	52z
죠공ᄒ다(몽1)	進貢	40z	흠향ᄒ다(몽1)	神享	40y
죠회ᄒ다(동1)	上朝	52z	흔다리ᄭ다(몽3)	單腿跪	19y
죠회ᄒ다(몽1)	上朝	40y	회샤ᄒ다(역3)	回敬	27y
쥬인노롯ᄒ다(동1)	作-|家	53y	아홉 번고두ᄒ다(몽3)	九叩	19y
쥬인노롯ᄒ다(몽3)	作主人	19y	안심치아니타(동1)	生受	52y
즁미(왜1)	中媒	42y	언약ᄒᄂᆫ잔치(역1)	開口延席	42y

표제어	한자	위치
오듀(역1)	庚帖	41z
음식분비ᄒᆞ다(몽3)	放分	19y
읍ᄒᆞ다(동1)	作揖	52y
읍ᄒᆞ다(몽1)	作揖	40y
????(몽1)	陪	40y

[喪 葬]

표제어	한자	위치
거상(동2)	孝	10z
거상(몽2)	孝	08y
거상닙다(동2)	穿孝	11y
거상닙다(몽2)	穿孝	08y
거상닙다(역1)	穿孝	33y
거상벗다(동2)	脫孝	11y
거상벗다(몽2)	脫孝	08y
거상벗다(역1)	脫孝	33y
거상즐에벗기다(역1)	起復	33y
거상ᄯᅴ(동2)	孝帶子	11y
거상ᄯᅴ(몽2)	孝帶子	08y
거상옷(역1)	孝服	32z
거즛죽은테ᄒᆞ다(역3)	裝死	28y
근심(동2)	愁懷	10y
근심(몽2)	愁懷	07z
근심ᄒᆞ다(동2)	愁懷了	10y
근심ᄒᆞ다(몽2)	愁懷了	07z
ᄀ장셟다(몽3)	痛苦	25y
긔일(왜1)	忌日	53y
관(동2)	棺材	10z
관(몽2)	棺材	08y
관지관(왜1)	棺	52z
관에ᄢᅵ오ᄂᆞᆫ것(역3)	棺罩	27z
넘습ᄒᆞ다(역3)	殯殮	27z
눈믈머금다(동2)	含淚	10z
눈믈먹음다(몽2)	含淚	07z
눈믈흘리다(동2)	流涕	10z
눈믈흘리다(몽2)	流涕	08y
닙을복(왜1)	服	52z
됴문됴(왜1)	吊	53y
됴문ᄒᆞ다(역3)	慰孝	27z
됴상ᄒᆞᄂᆞᆫ말(역3)	煩惱	27z
두건(孝帽)(역3)	孝巾	28y
덧븨ᄯᅴ(역1)	孝帶	32z
렴습ᄒᆞ다(동2)	殯殮	10z
렴습ᄒᆞ다(몽2)	殯殮	08y
명정(역3)	魂幡	27z
모사에술붓다(동2)	澆酒	11y
목몌여우다(동2)	嗚咽	10z
목몌여우다(몽3)	嗚咽	25y
목미여죽다(동2)	自縊了	10y
무덤묘(왜1)	墓	53y
무들장(왜1)	葬	53y
무들미(왜1)	埋	53y
뭇다(동2)	埋着	11y
뭇다(몽2)	埋着	08z
뭇다(역1)	下葬	33y
뭇다(下了)(역3)	埋着	28y
미장군(역3)	仵作	28y
반혼보다(역3)	接靈	28y
발인ᄒᆞ다(동2)	送殯	11y
발인ᄒᆞ다(몽2)	送殯	08y
발인ᄒᆞ다(역3)	出殯	27z
복닙다(역1)	'掛孝	33y
복이셰라(역1)	服在身	33y
복잇다(역3)	有孝	28y
부음젼ᄒᆞ다(역3)	報喪	28y
비셕비(왜1)	碑	53y
빙소ᄒᆞ다(역1)	停尸	32z

삼씌(역1)	麻帶	32z		죽엄(역3)	屍身	27z
삼씌(역3)	麻-	28y		죽엄덥ᄂᆞᆫ것(역3)	千秋幡	28y
상복(동2)	孝服	10z		죽엄시(왜1)	尸	52z
상복(몽2)	孝服	08y		죽을ᄉ(왜1)	死	52z
상쟝(역3)	哭喪棒	28y		ᄌᆞ식죽이다(동2)	喪子	10y
상ᄉ상(왜1)	喪	52z		ᄌᆞ져ᄒ다(동2)	自裁	10y
샹도ᄉ군(역3)	扛擡軍	28y		ᄌᆞ쳐ᄒ다(몽2)	自裁	07z
셜워ᄒ다(동2)	傷痛	10z		ᄌᆞ쳐ᄒ다(역3)	自裁	28y
셟다(동2)	苦啊	10z		지계지(왜1)	齋	53y
셟다(몽2)	苦啊	08y		지상ᄒ다(동2)	丁憂	10y
소리업시우다(몽3)	吞聲哭	25y		지상ᄒ다(몽2)	丁憂	07z
소분ᄒ다(동2)	上墳	11y		졔ᄉ졔(왜1)	祭	53y
소분ᄒ다(몽2)	上墳	08z		희소ᄒ다(역1)	開齋	33y
소쟝(역3)	孝幛	28y		아븨거상옷(역1)	斬衰	32z
소ᄒ다(역1)	喫齋	33y		어믜거상옷(역1)	齊衰	32z
슬프다(동2)	可哀	10z		영장ᄒ다(동2)	下葬	11y
슬프다(몽2)	可哀	08y		영장ᄒ다(몽2)	下葬	08y
슬허셜워ᄒ다(역1)	哀痛	32z		우다(동2)	哭了	10z
슬허ᄒ다(동2)	哀了	10z		우다(몽2)	哭了	08y
슬허ᄒ다(몽2)	傷痛	08y		우다(역1)	啼哭	32z
슬허ᄒ다(몽3)	傷心	25y		울곡(왜1)	哭	53y
슬허우다(역1)	哀哭	32z		유언ᄒ다(동2)	遺囑	10y
슬허우다(역3)	悲哭	28y		유언ᄒ다(몽2)	遺屬	07z
신쥬(동2)	家堂神	11y		은ᄉ뎡(역3)	長命釘	27z
신쥬(몽2)	家堂神	08z		일만나다(동2)	禍事了	10y
신쥬(왜1)	神主	53y		일만나다(몽2)	禍事了	07z
신톄ᄡ리다(역1)	裝裹	32z		외관(동2)	槨	10z
ᄉ당(왜1)	祠堂	53y		외관(몽2)	槨	08y
주검(동2)	屍身	10z				
죽다(동2)	沒了	10y				
죽다(동2)	死了	10y				
죽다(몽2)	沒了	07z				
죽다(몽2)	死了	07z				
죽엄(몽2)	屍身	08y				

[服 飾]

가락지(역1)	戒指	44z
가의질ᄒ다(동1)	使剪子	57y

표제어	한자	출전
가족쳥(역1)	皮襪	46y
가족쳥(역3)	暖袜子	29z
가족씌(역1)	革帶	45z
가히다(折疊)(역3)	疊起來	30y
가이질ᄒ다(몽3)	剪	20y
간립(왜1)	笠	45z
간온구(왜1)	裘	46y
감토(동1)	帽子	55z
감토(몽1)	頂帽子	43y
감토(역1)	小帽子	43z
갓(동1)	凉帽子	55z
갓(몽1)	帽子	43y
갓(역1)	大帽子	43z
갓동옷(동1)	短皮褂	56y
갓동옷(몽3)	齊肩短褂	19z
갓드르(역1)	帽簷兒	44y
갓모(역1)	雨籠	44y
갓모(역3)	油帽	28z
갓벗기다(역3)	摘帽子	28z
갓휘(동1)	皮靴	58z
갓휘(몽1)	皮靴	45z
갓휘(역3)	皮靴	29z
갓쓰다(역3)	戴帽子	28z
갓씬(동1)	冠纓	55z
갓씬(몽1)	冠纓	43y
갓씬(역1)	帽珠兒	44y
갓옷(동1)	皮襖子	56y
갓옷(몽1)	皮襖子	43z
갓옷(역1)	皮襖子	45z
갓옷(역3)	皮掛	28z
갓옷닙다(동1)	穿皮襖	57z
갓옷닙다(몽3)	穿皮襖	20y
거믄휘(역1)	皂靴	46y
검은휘(몽3)	皂靴	19z
것섭(동1)	大襟	56z
것섭(몽1)	大襟	43z
것올리다(몽3)	糸吊 面	20y
격지(몽3)	木屐	19z
격지(역1)	木屐	47z
격지극(왜1)	屐	47y
겹(동1)	夾	56y
겹(몽1)	'挾的	43z
겹것(역3)	夾的	28z
겹바디(역1)	甲袴	46y
겹옷(동1)	夾衣	56y
고내여미다(몽3)	拴活口	20y
고롬반(왜1)	襻	46z
고의(동1)	單褲	56z
고의(몽1)	單袴	44y
고의(袴子)(역1)	袴兒	46y
고의곤(왜1)	褌	46y
고의벗다(역1)	袴子褪了	47z
곳갈(역1)	頭面	44y
구긔다(동1)	縐縮	57y
구긔다(몽1)	縐縮	44z
긴져고리(역3)	掛子	28z
긴치마(역1)	長裙	46y
긴령(왜1)	領	46y
깁다(동1)	補綻	57y
깁다(몽1)	補綻	44y
ᄀ두루다(몽3)	緣邊	20y
ᄀ옴(몽3)	身料	20y
귀내여싸다(몽3)	斜包	20y
귀엿골(역1)	耳墜	44z
귀엿골(역3)	耳環	28z
귀우개(역1)	耳空子	44z
관관(왜1)	冠	45z
관ᄃ(동1)	團領	55z

관디(몽1)	圓領	43z	녯것(동1)	舊的	57y
관씬(역3)	冠纓	28z	녯것(몽1)	舊的	44z
관ᄌ(역1)	圈子	44y	다님씬(역1)	小帶子	45z
나모신(동1)	木屐	58z	다님씬(역3)	腿帶	29y
난모(왜1)	煖帽	45z	다리예ᄢᅵ오ᄂᆞᆫ것(역3)	套袴	29y
너널(동1)	暖襪子	56z	단두루다(동1)	悶邊	56z
너널(몽3)	皮襪頭	19z	단령(왜1)	圍領	45z
너븐다회(역1)	區條	45z	단의(왜1)	單衣	46y
널쿠(동1)	斗蓬	56y	단졉다(동1)	綈邊	56z
널쿠(몽1)	斗蓬	43z	단졉다(몽3)	繑邊	20y
녀름ㅅ갓(역3)	凉帽子	28z	단쵸(동1)	鈕子	58y
념쥬(동1)	數珠	58y	단쵸(몽1)	紐子	45y
념쥬(몽1)	數珠	45y	단쵸ᄢᅵ오다(동1)	扣鈕	58y
누더기납(왜1)	衲	46z	단쵸ᄢᅵ오다(몽1)	扣紐	45y
누비다(동1)	衲一衲	57y	단쵸ᄢᅵ우다(역3)	扣上	29y
누비다(몽1)	衲一衲	44y	담(동1)	氈子	59y
누비바디(역1)	衲袴兒	46y	담(몽1)	氈子	45z
누비옷(역1)	衲襖	45z	담보션(동1)	氈襪子	56z
누비쳥(역1)	衲襪子	46y	담옷(역1)	氈衫	45y
누역(동1)	簑衣	56y	담유삼옷(동1)	氈褂子	56y
누역(몽1)	簑衣	43z	담유삼옷(몽1)	氈褂子	43z
누역(역1)	簑衣	45z	더그레(역1)	搭護	45y
니불(동1)	被兒	58z	덥다(동1)	盖着	58z
니불(몽1)	被兒	45z	덥다(몽1)	盖着	45z
니쓔시개(몽3)	牙籤	19z	덜온휘(역1)	油靴	46z
니풀(동1)	糨粉	57z	도련ᄒᆞ다(몽3)	剗齊	20y
니풀(몽1)	糨粉	44z	도포포(왜1)	袍	45z
닉인가죡(역1)	熟皮	47y	돈피옷(역1)	貂裘	45z
닙다(동1)	穿上	57z	돌쩨(동1)	襖子	56y
닙다(몽1)	穿上	44z	돌쩨(몽1)	襖子	43z
닙을착(왜1)	着	47y	돗(동1)	凉席	59y
늙다(동1)	舊了	57y	돗(몽1)	凉席	45z
늙다(몽1)	舊了	44z	동곳(역3)	串子	28z
니드린가죡(역1)	燻皮	47y	동돌쩨(동1)	小襖子	56y

동옷(몽3)	襖	19z	모즈(왜1)	帽子	45z
두건(왜1)	頭巾	45z	무더더럽다(동1)	霑汚了	57y
두로싼다(동1)	圍盖	59y	무더더럽다(몽1)	沾汚了	44z
두터온핫옷(역1)	胖襖子	45z	무릅다(동1)	冒衣	57z
둔즈(역1)	頓子	45z	무릅다(몽1)	冒衣	44z
둔즈(동1)	皮紩	56y	무리(동1)	粉子	57z
둔즈(몽1)	皮紩	43z	무리(몽1)	粉子	44z
둔즈닙다(몽3)	穿皮瑞罩	20y	무리(역1)	生糫	47z
등지게(동1)	齊肩褂	56y	무리먹이다(역1)	打糫子	47z
등지계(砍肩)(역3)	齊肩掛	28z	물이(역3)	粉子	29z
딩박근휘(역1)	釘靴	46z	믈에타옷에쩌디오는돌(역1)		
딩즈(동1)	頂子	55z		鹵兼洗	47z
딩즈(몽1)	頂子	43y	믈짜다(역3)	擠水	29z
드로기(동1)	兀剌	58z	믈싸다(동1)	擠水	57z
드로기(몽1)	兀剌	45z	믈싸다(몽1)	擠水	44z
둘막이뉴(왜1)	紐	46z	밋막은바지(역3)	窮袴	29y
둘오기(역1)	兀剌	47y	ᄆ라쌴다(몽1)	纏包	45z
둘오기휘(역1)	兀剌靴	46z	ᄆ르다(동1)	裁了	57y
뒤집어닙다(역3)	反穿	29z	ᄆ르다(몽1)	裁了	44y
뒤켜닙다(동1)	反穿	57z	ᄆ르쌴다(동1)	纏包	59y
뒤켜닙다(몽1)	反穿	44z	ᄆ론휘(역1)	旱靴	46z
뒤타둘마기둘온갓(역1)	剛叉帽	43z	ᄆ롤지(왜1)	裁	46y
뒤트기(역3)	開岐袍	28z	메토리(동1)	蔴鞋	58z
뒤트기옷(역1)	開襟衣裳	45y	믿듭(동1)	扢搭	58y
딕우업슨갓(역1)	凉圈子	44y	믿듭(몽1)	扢搭	45y
마리덥는슈건(역1)	首帕	44y	믿즙(역1)	流蘇	46y
마리싸는것(역1)	包頭	44y	믿즙밋다(동1)	打結子	58y
마초임것(역1)	主顧的	47y	믿즙밋다(역3)	打結子	29y
마흐래(동1)	帽纓子	55z	밋다(동1)	挽結	58y
마흐래상모(몽1)	帽纓子	43y	밋다(몽1)	挽結	45y
마흐래지오다(몽3)	放帽沿	20y	바지(동1)	綿褲	56z
망건(동1)	網子	55z	바지(몽1)	綿褲	44y
망건(몽1)	網子	43y	바지과(왜1)	袴	46y
망건(역1)	網兒	44y	바지춤곳다(역3)	兜袴子	29y

표제어	한자	위치		표제어	한자	위치
바지춤쌔히다(역3)	開袴子	29y		븨트러믈傷다(역1)	扭下水	47z
바느질(동1)	裁縫	57y		비뎝(역1)	褾褯	47y
바느질(몽1)	裁縫	44y		비즈(역3)	背心	29y
바눌거리(몽3)	針札	19z		사립(왜1)	簑笠	46y
바눌귀쎄다(동1)	紉針	57y		사마치(몽3)	男裙	19z
바눌귀쎄다(몽3)	紉鈄	20y		사모(왜1)	紗帽	45z
발쓰개(역1)	裹脚	47z		사모뿔(역1)	紗帽翅兒	43z
방석(동1)	坐褥	58z		사모뿔곳다(역1)	挿上翅兒	43z
방석(몽1)	坐褥	45z		사의(왜1)	簑衣	46y
버슬탈(왜1)	脫	47y		삼신(역3)	麻鞋	29z
버틔여볏쑈다(역3)	弸曬	29z		삿(동1)	炕席	59y
벌거벗다(동1)	裸體	57z		삿(몽1)	炕席	45z
벌거벗다(몽1)	裸體	45y		삿갓(역1)	簑笠	44y
벗기다(동1)	敎脫	57z		서근가족(역1)	爛皮	47y
벗기다(몽1)	敎脫	45y		섭업슨옷(역1)	對襟衣裳	45y
벼개(동1)	枕頭	58z		션두루다(동1)	鑲邊	56z
벼개(몽1)	枕頭	45z		션드루다(몽1)	鑲邊	44y
벼개침(왜1)	枕	46z		속옷(역3)	底衣	29z
보(동1)	袍袱	59y		손슈건(동1)	汗巾	58z
보(몽1)	袍袱	45z		손슈건(몽1)	汗巾	45y
보션(동1)	襪子	56z		솔붓치다(몽3)	對縫	20y
보션(몽1)	襪子	44y		수여휘(역1)	快靴子	46z
보션말(왜1)	襪	46z		수울(동1)	繸子	58y
본보기(몽3)	樣子	20y		수울(역3)	繸子	29y
볼쎄(동1)	遮臉皮	55z		수둘마기(역1)	紐子	46y
볼쎄(몽3)	皮馬虎	19z		슈건(手巾)(역3)	汗巾	30y
볼쎄(역3)	遮臉皮	28z		슈건건(왜1)	巾	46z
부뎐(역1)	鈿子	44z		슈놋타(동1)	繡了	57y
부리욱여씬쎄다(몽3)	抽口	20y		슈놋타(몽1)	繡了	44y
비게옷(역1)	比甲	45y		슈신(동1)	綉鞋	58z
비김(역1)	撑布	47y		슈신(몽1)	綉鞋	45z
비이다(역1)	打扮	47y		슈신(역3)	綉鞋	29z
볘다(동1)	枕着	58z		슷다(동1)	草縫	57y
볘다(몽1)	枕着	45z		슷다(몽3)	紃	20y

시욹쳥(역1)	氈襪	46y	씌(동1)	帶子	58y
신(동1)	鞋子	58z	씌(몽1)	帶子	45y
신(몽1)	鞋子	45z	씌ㅅ돈(동1)	帶版子	58y
신(역1)	鞋子	46z	씌ㅅ돈(몽3)	帶板	19z
신신다(동1)	穿鞋	58z	씌디(왜1)	帶	46y
신신다(몽1)	穿鞋	45z	씌씌다(동1)	束帶	58y
신챵(동1)	鞋底	58z	씌씌다(몽1)	繫帶	45y
신챵(몽1)	鞋底	45z	씌씌다(역1)	繫腰	45z
신챵(역3)	鞋底	29z	씌씌다(역3)	束帶子	29y
신챵밧다(역1)	?鞋	47y	씿돈(역3)	大版子	29y
신혜(왜1)	鞋	47y	쏨밧기(역3)	汗塔兒	28z
신ㄱ뭇(역1)	鞜頭	47y	쏨밧기젹삼(역1)	汗衫	45y
신ㄱ뭇박다(역1)	鞜鞋	47y	씌지우다(역3)	退土后	29z
스매(동1)	袖子	56z	씌여지다(동1)	裂了	57y
스매(몽1)	袖子	43z	씌여지다(몽1)	裂了	44z
스매슈(왜1)	袖	46z	잔ㅅ득싸다(몽3)	緊緊包着	20y
술혜다혀닙ᄂᆞᆫ옷(역1)	襯衣	45y	잣디우(역1)	帽頂兒	44y
새(동1)	新	57y	져구리옷(역1)	小襖子	45z
새(몽1)	新	44y	젹삼(동1)	衫兒	56y
새것(동1)	新的	57y	젹삼(몽1)	衫兒	43z
새것(몽1)	新的	44y	젹삼삼(왜1)	衫	46y
새롭게ᄒᆞ다(동1)	劃新	57y	젼디(역1)	纏帶	45z
세답ᄒᆞ다(역3)	漿洗了	29z	졉다(동1)	疊起	57z
쪄닙다(동1)	重穿	57z	졉다(몽1)	疊起	44z
쪄닙다(몽1)	層穿	44z	죵갓(역1)	樓帽子	43z
쪄닙다(重穿)(역3)	層穿	29z	주다(동1)	自抽窄	58y
ᄶᆞ을신(역1)	撒鞋	46z	주다(몽1)	自袖窄	45y
씬(동1)	纓子	58y	주룸벽(왜1)	襞	46z
씬(몽1)	纓子	45y	주름(동1)	摺子	56z
씬영(왜1)	纓	46z	주름(몽1)	褶子	44y
ᄭᆞ다(동1)	舖着	58z	주리다(동1)	撙了	58y
ᄭᆞ다(몽1)	舖着	45z	주리다(몽1)	撙了	45y
쑤러지다(동1)	破透了	57y	주머니(역3)	荷包	29y
쑤러지다(몽1)	破透了	44z	주먼이(동1)	荷包	58z

주머이(몽1)	荷包	45y	토슈(몽1)	手套	44y
주머이에넛타(동1)	裝囊	58z	토슈(역3)	套手	29y
주머이에넛타(몽1)	裝囊	45z	테(역1)	箍子	44y
죽여빳타(몽3)	'捲堞起	20y	폭복(왜1)	幅	46z
즌휘(역1)	蠟靴	46z	표의(왜1)	表衣	45z
짓ㅅ믈(역3)	灰泥水	29z	풀(동1)	糊子	57z
짓믈(동1)	灰泥水	57z	풀(몽1)	糊子	44z
챵의(왜1)	氅衣	45z	풀먹이다(동1)	漿之	57z
쳥(역1)	襪子	46y	풀먹이다(몽1)	漿了	44z
쳡의(왜1)	疊衣	46y	풀쇠(역3)	釧子	28z
쳥ㅅ깃(역1)	抹口	46y	한삼(왜1)	汗衫	46y
초갓(동1)	草帽子	55z	핟온오(왜1)	襖	45z
초갓(몽1)	草帽子	43y	핫바디(역1)	緜袴兒	46y
초갓(역1)	草帽子	43z	핫옷(동1)	綿襖子	56y
초혜(왜1)	草鞋	47y	핫옷(몽1)	綿襖子	43z
츠엿집(몽3)	牙?筒	19z	핫옷(역1)	襖子	45y
치마(동1)	裙子	56z	향단ᄌ(역3)	香帒	29y
치마(몽1)	裙子	44y	허리씌(동1)	褲帶子	58y
치마(역1)	裙兒	46y	허리씌(몽1)	褲帶子	45y
치마샹(왜1)	裳	46y	허리씌(역3)	褲帶子	29y
츳다(동1)	佩(珮)帶	58z	호다(동1)	縫了	57y
츳다(몽1)	佩(珮)帶	45y	호다(몽1)	縫了	44y
쿠리매(동1)	褂子	56y	홀(역1)	手板	44z
쿠리매(몽1)	褂子	43z	홀봉(왜1)	縫	46z
큰보(동1)	臥單	59y	홀홀(왜1)	笏	45z
큰옷(역3)	袍衫	28z	홋(동1)	一重	56y
털갓(역1)	氈帽子	43z	홋(몽1)	單的	43z
털두론옷깃(역3)	風領	28z	홋고의(역1)	單袴	46y
털로쫀자리(동1)	?子	59y	홋옷(동1)	單衫	56y
털업슨갓옷(역1)	光皮襖	45z	흉비(동1)	補子	56y
털옷깃(동1)	風領	56z	흉비(몽1)	補子	43z
털옷깃(몽1)	風領	43z	흉비(역3)	補子	28z
텰릭(역1)	帖裡	45y	흉비(왜1)	胸背	45z
토슈(동1)	套手	56z	휘건(역3)	圍裙	29y

표제어	한자	위치		표제어	한자	위치
히여지다(동1)	毀壞	57y		옷가혀다(역1)	疊衣裳	47z
히여지다(몽1)	毀壞	44z		옷가혀곰초다(역1)	疊藏了	47z
힝젼(역3)	腿套	29y		옷가슴혜티다(동1)	開襟	57z
힝젼(왜1)	行纏	46z		옷거다(역1)	搭衣裳	47z
힝ᄌ치마(역1)	扁裙子	47z		옷거두추다(동1)	撩衣	57z
훠(동1)	靴子	58z		옷거두치다(역3)	撩衣	29z
훠(몽1)	靴子	45z		옷것(동1)	衣面	56z
훠(역1)	靴子	46y		옷것(몽1)	衣面	44y
훠벗다(역1)	脫靴子	46z		옷구긔다(역1)	衣服臥了	47z
훠신다(역1)	穿靴子	46z		옷구긔다(역3)	衣裳皺了	29z
훠ᄌ(왜1)	靴子	46z		옷기슭(동1)	衣邊	56z
횟고(역1)	鴈爪	46z		옷기슭(몽3)	衣邊	19z
횟돈(역1)	靴靿	46z		옷깃(동1)	衣領	56z
횟뒷볼(역1)	靴膀子	46z		옷깃(몽1)	衣領	43z
횟뒷측(역1)	靴跟子	46z		옷너르다(동1)	衣寬	57z
횟머리(역1)	靴頭	46z		옷너르다(몽1)	衣寬	45y
횟볼(역1)	靴臉子	46z		옷널으다(역3)	衣寬	29z
횟창(역1)	靴底子	46z		옷눌리이다(역3)	壓衣	29z
횟울(역1)	靴扇	46z		옷닙다(역1)	穿衣裳	47y
끌박다(몽3)	揎	20y		옷다리다(역1)	運衣裳	47z
씻다(몽1)	洗洗	44z		옷더러이다(역1)	鸚汚了	47z
쓰다(동1)	包裹	59y		옷밧다(역1)	接衣裳	47y
쓰다(몽1)	包起	45z		옷밧줍다(역1)	遞衣裳	47y
쓰덥다(몽3)	幪盖	20y		옷벗기다(역1)	剝衣裳	47y
아롱씌(역1)	欒帶	45z		옷벗기지르다(동1)	剝衣裳	57z
안ㅅ쟈락(몽3)	底襟	19z		옷벗기지르다(몽3)	剝衣服	20y
안올리다(동1)	吊裏	56z		옷벗다(동1)	脫衣裳	57z
안올리다(몽1)	吊裏	44y		옷벗다(몽1)	脫衣裳	44z
암단쵸(동1)	鈕扣	58y		옷벗다(역1)	脫衣裳	47y
암단쵸(역3)	紐口	29y		옷불에몰늬오다(역3)	烘衣裳	29z
암둘마기(역1)	紐子	46y		옷좁다(동1)	衣窄	58y
온의(왜1)	衣	45z		옷좁다(몽1)	衣窄	45y
옷(동1)	衣裳	55z		옷좁다(역3)	衣窄	29z
옷(몽1)	衣裳	43y		옷헷티다(역1)	""開衣裳	47z

옷뗘다(역1)	抖衣裳	47y
옷쓰다(역1)	洗衣裳	47z
옷안(동1)	衣裏	56z
옷안(몽1)	衣裏	44y
옷에무리먹기다(역1)	糠衣裳	47z
요(동1)	褥子	58z
요(몽1)	褥子	45z
요욕(왜1)	袒	46z
요디(왜1)	腰帶	46y
우장(왜1)	雨裝	46y
운월(역1)	大帽雲頂兒	44y
운혀(역1)	翰鞋	47y
웃옷(동1)	袍子	56y
웃옷(몽1)	袍子	43z
웃옷(역3)	袍子	28z
유삼(동1)	兩衣	56y
유삼(몽1)	雨衣	43z
유삼(역1)	油衣	45z
유삼(역3)	雨衣	29y
유삼(왜1)	油衫	46y
이삭옷(역1)	衣撒	45y
의상이남누ᄒ다(동1)	懸鶉衣裳	57z

[梳 洗]

가락지(동1)	戒指	55y
가락지(몽1)	戒指	42z
거울(동1)	鏡子	55y
거울(몽1)	鏡子	43y
거울거리(역3)	鏡子架	30z
거울경(왜1)	鏡	45y
거울보다(동1)	照鏡	55z
거울보다(몽1)	照鏡	43y

고솟다(역1)	戴花兒	48y
ᄀ려온디긁다(역1)	快快癢	49y
귀여지내다(역1)	掏耳朵	48z
귀여지내다(역3)	空耳	30y
귀열골이(왜1)	珥	45y
귀엿골(동1)	耳墜子	55y
귀엿골(몽1)	耳墜子	42z
귀우개(동1)	耳空子	55y
귀우개(몽1)	耳空子	43y
귓구무위우다(역1)	扣耳朵眼	49y
눈ㅅ섭짓다(역3)	描眉	30y
니닥다(역1)	剔牙	48y
니닥는샤ᄌ(역3)	刷牙	30y
니뿌시개집(역3)	牙簽筒	30y
니뿌시다(역1)	扣扣牙	48y
늧씨슬관(왜1)	盥	44z
늧더럽다(역3)	臉髒	30z
늧싯다(동1)	洗臉	55y
늧싯다(몽1)	洗臉	42z
늧싯다(역1)	洗臉	48y
늬뿌시개(역3)	牙叉兒	30y
다흔것(역1)	辮子	48y
단장(동1)	粧飾	55y
단장(몽1)	粧飾	42z
단장(역3)	梳粧	30z
단장ᄒ다(동1)	粧飾了	55z
단장ᄒ다(몽1)	粧飾了	43y
단장홀장(왜1)	粧	45y
두셜(왜1)	頭屑	44z
등글기(역1)	孝椿子	49y
드리(동1)	假髮	55y
드리(몽1)	假髮	42z
드리(역3)	假髮	30y
들리빗기다(역1)	梳頭髮	48y

돌의체(왜1)	髻	44z	발동히다(동1)	絟脚	55z
랍유(왜1)	蠟油	45y	분브르다(역1)	搽粉	48z
마리긁다(역1)	抓抓頭	49y	비노(동1)	膩子	55y
마리닷타(동1)	編頭髮	54z	비노(몽1)	膩子	42z
마리닷타(역1)	編頭髮	48y	비노(역1)	皂角	48z
마리딕이다(역1)	掐掐頭	49y	비노통(역3)	胰壺	30y
마리빗다(동1)	梳頭髮	54z	비듬긁빗다(역1)	刮風屑	48y
마리빗다(몽1)	梳頭髮	42y	빈혀(동1)	簪子	55y
마리빗다(역1)	批頭	48y	빈혀(몽1)	簪子	42z
마리슈건(동1)	首帊	55y	빈혀곳다(동1)	挿簪	55y
마리슈건(몽1)	首帊	42z	빈혀곳다(몽1)	挿簪	42z
마리싯다(역1)	洗頭	48y	빈혀곳다(역3)	挿簪	30y
마리족지다(동1)	鬆頭髮	54z	빈혀줌(왜1)	簪	45y
마리족지다(몽1)	鬆頭髮	42z	빈소(왜1)	梳	44z
마리푸다(동1)	散頭髮	54z	빗나게꾸미다(동1)	文餙	55z
마리푸다(몽1)	散頭髮	42y	빗나게꾸미다(몽1)	文飾	43y
마리푸다(역3)	散頭髮	30y	빗에쩌(역3)	百齒霜	30y
마리환(왜1)	鬢	44z	삸격쓰다(역1)	抿子抿	48z
마리儞다(역1)	綰頭髮	48y	샤쥭(동1)	刷牙	55y
마리儞다(역3)	扎頭髮	30y	샤쥭(몽1)	刷子	42z
마리깍다(동1)	剃頭	55y	샹토(역1)	纘子	48y
마리깍다(몽1)	剃頭	42z	샹토계(왜1)	髻	44z
마리깍다(역3)	剃頭	30y	샹토쓰다(동1)	綰頭髮	54z
마리쑤유다(역1)	鬆頭	48y	샹토쓰다(몽1)	綰頭髮	42z
마리쑤윤것(역1)	雲鬢	48y	졉쥭(왜1)	鑷子	45y
마리쌋타(몽1)	編髮	42y	셩젹함(역3)	粧?	30y
마리에곳는곳(역3)	花翠	30y	소각(왜1)	梳角	44z
망긴쓰라(역1)	包網兒	48z	소두(왜1)	梳頭	44z
망긴쓰쇼셔(역1)	籠網兒	48z	소성(왜1)	梳箒	44z
목욕(왜1)	沐浴	44z	소렵(왜1)	梳貼	44z
목욕ᄀᆷ다(역1)	洗澡	48z	손싯다(역1)	洗手	48z
바를도(왜1)	塗	45y	손똡다듬다(역1)	修手	48z
발동이다(몽1)	絟脚	43y	수목(왜1)	漱木	45y
발동이다(역3)	絟脚	30z	쑤밀식(왜1)	餙	45y

쑤릴슘(왜1)	糝	45y		가얌(역1)	榛子	55z
쪽집개(몽1)	鑷子	42z		가얌ᄭ다(역1)	打榛子	56z
쪽집개(역3)	鑷子	30y		간대로먹다(역1)	胡喫	54z
쪽집게(동1)	鑷子	55y		갈분(왜1)	葛粉	48z
지환(왜1)	指環	45y		갈홀감(왜1)	渴	50y
츌패(왜1)	佩	45y		감(동2)	柿子	05y
춤빗(동1)	篦子	55y		감(몽2)	柿子	04z
춤빗(몽1)	篦子	42z		감(역1)	柿子	55y
춤빗질ᄒ다(역3)	篦了	30y		감쟝(왜1)	甘醬	48y
데두(왜1)	剃頭	44z		감쥬(동1)	醴酒	60z
풀쇠(동1)	釧子	55y		감쥬(몽1)	醴酒	47z
풀쇠(몽1)	釧子	42z		거르다(동1)	釃一釃	60z
풀쇠쳔(왜1)	釧	45y		거르다(몽1)	釃一釃	47z
씨슬셰(왜1)	洗	44z		거를록(왜1)	漉	47z
아게(왜1)	丫髻	44z		거믜양(동1)	鍋煤	64y
양치믈ᄒ다(동1)	漱口	55y		거믜양(몽1)	鍋煤	50y
양치믈ᄒ다(몽1)	漱口	42z		거픔(역3)	浮漚	32y
양치믈ᄒ다(역1)	漱口	48y		건져내다(몽3)	撈出	21y
양치질ᄒ수(왜1)	漱	44z		건지다(동1)	撈了	62y
어레빗즐(왜1)	櫛	44z		건지다(몽1)	撈了	48z
어리빗(동1)	梳子	55y		검듸양(역3)	鍋煤	32z
어리빗(몽1)	稀梳	42z		겁딜벗기다(동2)	剝皮	06y
얼운털(역1)	寒毛	48z		겁질벗기다(몽2)	剝皮	05z
연지(왜1)	臙脂	45y		고기(동1)	肉	60y
이ᄌ(왜1)	膩子	45y		고기(몽1)	肉	46z
				고기(역1)	肉	50z
				고기굽다(역1)	燒肉	51y
[食 餌]				고기기름(몽1)	肉膏	46z
				고기데치다(동1)	湯炸肉	60y
가래(몽3)	山核桃	23z		고기데치다(몽1)	湯炸肉	47y
가싀걸리다(동1)	嗓子閣剌	63z		고기데치다(역3)	湯炸肉	31y
가싀걸리다(몽1)	嗓子閣剌	49z		고기믈(역3)	空湯	30z
가얌(동2)	榛子	05z		고기버히다(역3)	割肉	31y
가얌(몽2)	榛子	04z		고기복다(역1)	炒肉	51y

고기ㅅ덩이(동1)	肉塊	60y	국슈(몽1)	哈絡	46y
고기ㅅ덩이(몽1)	肉塊	46z	국슈(역1)	麵	51z
고기ㅅ덩이(역3)	肉塊	31y	국슈눌으다(역3)	壓麵	30z
고기소(역1)	肉餡	52y	국슈면(왜1)	麵	47z
고기소녀혼상화(역1)	肉包	52y	국슈미다(몽3)	趕麵	21y
고기젹(역1)	肉簽	51z	국깅(왜1)	羹	47y
고기술믄믈(동1)	空湯	61y	굴근국슈(역1)	餚餎	51z
고기술믄믈(몽1)	空湯	47z	굴근님금(동2)	蘋婆果	05z
고기숢다(역1)	煮肉	51y	굴근님금(역1)	蘋婆果	55z
고기육(왜1)	肉	47z	굴근외얏(역1)	虎刺賓	56y
고라지찌다(역1)	生白皮	54y	굽다(동1)	燒了	60z
고소다(동1)	香	62y	굽다(몽1)	燒了	47y
고소다(몽1)	香	48z	굽다(역1)	烙了	53z
고소다(역1)	香	53z	권쟝이(역3)	鹵鰕	31z
고조목술(역1)	鋼頭酒	50z	귤(동2)	金橘	05y
고러에그으름(몽3)	炕洞煤	21z	귤(몽2)	金橘	04z
곡식복다(동1)	炒穀	60y	귤(역1)	金橘	56y
골(동1)	骨髓	60y	귤병(왜1)	橘餅	48z
골미지찌다(역3)	起衣	32y	그슬리다(동1)	燎了	60z
곰탕(몽3)	醸	21y	그슬리다(몽1)	燎了	47y
곰탕쓰다(동1)	霉了	62z	그슬이다(역3)	燎了	32y
곰탕쓰다(몽1)	霉了	49y	그으름(동1)	竈煤	64y
곰픠다(역1)	白焙	54y	그으름(역3)	竈煤	32z
곳감(동2)	柿餅	05y	긁다(동1)	刮刮	60y
곳감(몽2)	柿餅	04z	긁다(몽1)	刮刮	47y
곳감(역1)	柿餅	55y	기름(동1)	油	61z
교퇴(大料)(역1)	料物	52y	기름(몽1)	油	46z
구소다(역1)	薰	53z	기름유(왜1)	油	48y
구은쩍(역1)	燒餅	51z	기름傛다(역1)	笮油	52z
구을젹(왜1)	炙	48z	기름띄업슨고기(역1)	瘦的	53z
국(동1)	湯	61y	김나다(역3)	走氣	32y
국(몽1)	湯	47z	ᄀᆞᄅ셜(왜1)	屑	48y
국먹다(역3)	哈湯	30z	ᄀᆞᄅ쟝(역1)	麵醬	53y
국슈(동1)	哈絡	59z	ᄀᆞᄅ민드다(역3)	磨麵	30z

근슈(동1)	滷水	61z	노린내(몽1)	臊氣	48z
근슈(역1)	滷水	53y	노린내(역1)	臊氣	54y
근쟝(동1)	淸醬	61z	노릴젼(왜1)	羶	49y
근쟝(몽1)	淸醬	48y	녹난ᄒ다(동1)	爛煮	60y
근쟝(역1)	醬油	53y	녹난ᄒ다(몽1)	爛煮	47y
계ᄌᆞᄉᆞ르(역1)	芥末	53y	놀러고기(역1)	獐子肉	50z
괴옴(역1)	羊矢棗	56y	뇨취(왜1)	尿臭	49z
긔쥬ᄒ다(몽3)	發麵	21z	누룩(동1)	酒麴	61y
깅민ᄃ다(역1)	做飯湯	49z	누룩(역1)	麴子	50y
과실(동2)	果子	05y	누룩(몽1)	酒麴	47z
과실(몽2)	果子	04y	누룩국(왜1)	麴	47z
과실(역1)	樹果	55y	누른내(역1)	胡撥氣	54y
과실각다(동2)	果穀子	06y	누른밥(역1)	胡飯	49z
과실ㅅ각다(몽2)	果穀子	05y	누리다(동1)	葷	62z
과실삐(동2)	果核子	06z	누리다(몽1)	葷	48z
과실삐(몽2)	果核子	05y	누리다(역1)	葷	54y
과실싹다(몽3)	"果皮	23z	누릴훈(왜1)	葷	49y
과즐(동1)	油果子	59z	눗다(동1)	烤燋	60z
과즐(몽1)	油果子	46z	눗다(몽1)	烤燋	47y
과즐(역1)	油果子	52y	니글슉(왜1)	熟	48z
나괴즈름(역1)	驢板腸	51y	니불지다(몽1)	結皮	46y
나귀고기(역1)	驢肉	51y	니불지따(동1)	結皮	59z
나모버히다(역1)	砍柴	55y	니싀여곱다(역3)	牙齼	32z
나모ㅅ기족(역1)	木楂子	55y	니물기(역1)	醋酒	50z
나모ᄣ리다(역1)	劈柴	55y	니뿔밥(역1)	大米飯	49y
낫밥(역1)	晌飯	49z	니취ᄒ다(동1)	狠醉了	61y
너흐다(동1)	齦了	63y	닉다(동1)	熟了	60z
너흐다(역1)	齦	54z	닉다(몽1)	熟了	47y
너흘흘(왜1)	齕	49z	님금(동2)	檳子	05z
넙은챵ᄌ(몽3)	大腸	20z	님금(몽2)	檳子	04z
년근ᄉᆞ르(역3)	藕粉	31z	ᄂᆞ물데치다(동1)	炸菜	60y
년ㅅ밤(동2)	蓮子	05z	ᄂᆞ물데치다(몽1)	炸菜	47y
녑팔지(몽3)	水肉	20z	눌걷싱(왜1)	生	48z
노린내(동1)	臊氣	62z	눌것(동1)	生的	60z

눌것(몽1)	生的	47y		더이다(몽1)	熰一熰	48y
눌고기(역1)	生肉	51y		도면(왜1)	刀麵	47z
내(동1)	氣	62z		돗희고기(역1)	猪肉	51y
내(몽1)	氣	49y		돗희양(역1)	猪肚子	51y
내맛다(동1)	聞聞	62z		되다(동1)	稠	59z
내맛다(몽1)	聞聞	49y		되다(몽1)	稠	46y
내취(왜1)	臭	49y		두부(왜1)	豆腐	47z
늬ㅅ근ᄒ여믈리다(몽3)	膩住	20z		두부餙다(역1)	笮豆腐	52y
늬(동1)	火烟	63z		드리그러마시다(몽1)	抽哈	49z
늬(몽1)	火烟	50y		드리그어마시다(동1)	抽哈	63y
늬무희다(몽3)	熰烟	21z		드스ᄒ다(역3)	溫些	32y
늬쏘이다(동1)	燻	63z		들기름(역1)	蘇油	52z
늬쏘이다(몽1)	燻了	50y		들믜쥬근ᄒ다(역1)	酒忤禿	50z
늬연(왜1)	烟	50y		들ㅅ불(동1)	野火	63z
늬좃차눌리ᄂ거믜양(역1)	黑烟子	55y		들ㅅ불(몽1)	野火	50y
늬찌이다(역3)	煙罩	32z		들쥭(몽3)	杜木隷	23z
닝과리(역1)	烟頭子	55y		들즘싱의고기(역3)	野味	31y
다스마(역1)	海帶	55y		등걸숫(역1)	骨董炭	55y
달감(왜1)	甘	49y		등뎡(왜1)	橙丁	48z
달히다(동1)	熬了	59y		등ㅅ골(몽3)	脊髓	21y
달히다(몽1)	熬了	46y		등졍(동2)	橙子	05y
달히다(역3)	熬了	32y		듯다(동1)	甛	62y
달힐젼(왜1)	煎	48z		듯다(몽1)	甛	48z
담다(동1)	盛着	61z		듯다(역1)	甛	53z
담을셩(왜1)	盛	48z		듯래(동2)	軟棗	06y
담비(동1)	烟	61z		듯래(몽2)	軟棗	05y
담비(몽1)	烟	48y		듯래(역1)	㮕棗	56y
담비먹다(동1)	吃烟	61z		둘릭(역1)	小蒜	53y
담비먹다(몽1)	吃烟	48y		둘의알썩(역3)	鷄鳴饊	31y
담비ㅅ대(동1)	烟帒	61z		둙의알썩(동1)	鷄蛋糕	59z
담비ㅅ대(몽1)	烟帒	48y		둙의알썩(몽1)	鷄蛋糕	46z
당마의곰탕픠다(역1)	上壇了	54y		대쵸(동2)	棗兒	05z
더럽다(역1)	臭	54y		대쵸(몽2)	棗兒	04z
더이다(동1)	熰一熰	62y		대쵸(역1)	棗兒	55z

된쇼쥬(역3)	乾燒酒	30z		먹다(몽1)	喫了	49y
된쟝(역3)	盤醬	31z		먹엄즉디아니타(역1)	不中喫	54z
된쥭(역1)	稠粥	50y		먹엄즉ᄒ다(역1)	中喫	54z
뒷다리(동1)	後腿	60y		먹엄즉혼것(몽3)	穀喫	20z
뒷다리(몽1)	後腿	46z		먹엇다(동1)	喫過了	62z
리지(동2)	荔芝	05y		먹엇다(몽1)	喫過了	49y
마다(몽1)	哈了	49z		먹으라(동1)	喫罷	62z
마름(동2)	菱角	06y		먹으라(몽1)	喫罷	49y
마름(몽2)	菱角	05y		먹으라가다(동1)	去喫	62z
마시다(동1)	哈了	63y		먹으라오다(동1)	來喫	62z
마시다(역3)	哈了	32y		먹을식(왜1)	食	49y
마눌(역1)	大蒜	53y		머금다(동1)	含着	63y
만두만(왜1)	饅	47z		머금다(몽1)	含着	49y
만믈(동1)	末淋酒	60z		머금다(역1)	含者	54z
만믈(몽3)	酒稍子	20z		먹음을함(왜1)	含	49z
믇미(왜1)	味	49y		먹이다(동1)	給他喫	63y
믇볼샹(왜1)	嘗	49y		먹이다(몽1)	給他喫	49y
믇틀후(왜1)	嗅	49z		먹일햐(왜1)	餉	49y
말암ᄭ다(역1)	剝菱角	56z		멀위(역1)	山葡萄	56y
맛(동1)	味	62y		멀위(역3)	臭李子	31z
맛(몽1)	味	48z		멋(역1)	柰子	56y
맛나다(동1)	有味的	62y		면디다(역1)	粉漏	52y
맛나다(몽1)	有味	48z		목몌다(동1)	饐了	63z
맛보다(동1)	嘗嘗	63y		목몌다(몽1)	饐了	49z
맛보다(몽1)	嘗嘗	48z		몬져먹엇ᄂ이다(역3)	偏過	32z
맛보다(역1)	嘗味	53z		몬지(동1)	灰塵	64y
맛보다(역3)	到口	32z		못먹을쩌시로다(역1)	難喫	54z
맛훈감ᄒ다(몽3)	味濃	21y		무다(동1)	黴了	63y
머뤼(동2)	臭李子	06y		무다(몽1)	黴了	49y
머뤼(몽2)	臭李子	05y		무로녹을란(왜1)	爛	48z
머욱(역1)	海菜	55y		무른밥(역1)	爛飯	49z
먹고져ᄒ다(역1)	要喫	54z		무술(역1)	水酒	50y
먹기쳥ᄒ다(몽3)	請嚔	20z		묵(역3)	菉豆腐	31y
먹다(동1)	喫了	62z		문비(역3)	酸梨	31z

문비(山梨)(역1)	抄梨	55z	몰즈릅(역1)	馬板腸	51y
묽다(동1)	稀	59z	메쥬(역1)	醬麴	53y
묽다(몽1)	稀	46y	믠소(역1)	素餡	52y
묽고기젓(역1)	魚鮓	52z	밍근ᄒ다(동1)	溫些	62y
므다(역1)	咬	54z	미실(동2)	梅子	05z
므르다(동1)	軟	62z	미실(역3)	梅子	31z
므르다(몽1)	軟	49y	미온술(역1)	釀酒	50z
믈근쥭(역1)	稀粥	50y	미올신(왜1)	辛	49y
믈긔안존술(역1)	釀酒	50z	미이끌타(역1)	湯飜滾了	53z
믈깃다(역1)	打水	49y	민기름고기(역1)	肥的	53z
믈먹음다(몽3)	含着水	20z	민밥(역3)	空飯	30z
믈믄밥(역1)	水飯	49z	밉다(동1)	辣	62y
믈씨치다(몽3)	澆水	21y	밉다(몽1)	辣	48z
믈씨티다(역1)	潑水	49y	밉다(역1)	粹	54y
믈쓰다(역1)	舀水	49y	반만닉다(역1)	半熟	53z
믈쓰의(동1)	水渣滓	62y	반만서다(역1)	半生	53z
믈혼비(역1)	香水梨	55z	반죽ᄒ다(동1)	和麵	60z
믈으게숢다(역1)	爛煮	53z	반죽ᄒ다(몽1)	和麵	47y
믉고기(역1)	魚	50z	반죽ᄒ다(역3)	和麵	30z
믉고기젼ᄒ다(역1)	煎魚	51z	반찬(동1)	飯米	61y
미시(동1)	炒麵	59z	반찬(몽1)	飯菜	47z
미시(몽1)	炒麵	46y	반찬(下飯)(역3)	飯菜	30z
미시(역1)	麨麵	52y	반찬먹다(몽3)	用餚饌	20z
미시쩍(역1)	乾饊	51z	반찬찬(왜1)	饌	47y
밀과(왜1)	蜜果	48y	반찬민ᄃ다(역1)	做下飯	49z
ᄆ다(동1)	攪和	60z	밤(동2)	栗子	05z
ᄆ다(몽1)	攪和	47y	밤(몽2)	栗子	04z
ᄆ론고기(역1)	乾肉	51y	밤(역1)	栗子	55z
ᄆ론국슈(역1)	掛麵	52y	밥(동1)	飯	59y
ᄆ론쟝(역1)	乾醬	53y	밥(몽1)	飯	46y
몰고기(역1)	馬肉	51y	밥건디다(역1)	撈飯	49z
몰온밥(역1)	湯飯	49z	밥담다(역1)	舀飯	49z
몰졋고은것(역1)	酥	52z	밥담다(역3)	盛飯	30z
몰졋傷다(역1)	摘馬妳子	52z	밥먹다(喫飯)(역3)	用飯	30z

밥먹다(동1)	喫飯	62z		불부다(몽1)	吹火	50y
밥먹다(몽1)	喫飯	49y		불부치다(역3)	點火	32z
밥반(왜1)	飯	47y		불붓다(동1)	火燒	63z
밥서다(동1)	飯半生	59y		불붓다(몽1)	火燒	50y
밥서다(몽1)	飯半生	46y		불븓틀분(왜1)	焚	50y
밥지을췌(왜1)	炊	50y		불ㅅ곳(동1)	火焰	63z
밥짓다(역1)	做飯	49y		불ㅅ곳(몽1)	火焰	50y
밥풀(역1)	飯粒兒	49z		불살오개(역3)	火絨草	32z
밥끠오다(역1)	悶飯	49z		불지를찬(왜1)	爨	50y
밥출여오다(역3)	看飯來	30z		불화(왜1)	火	50y
버레나다(동2)	果生虫	06z		불ᄃ릐다(역3)	火着了	32z
버레나다(몽2)	果蛀	05y		불ᄉ희다(역3)	火灰了	32z
버무리다(동1)	攪混	60z		불쩌지다(몽1)	火滅了	50y
버무리다(몽1)	攪混	47y		불꼿(火焰)(역3)	火苗	32z
버이다(몽1)	割開	46z		불쓰다(몽1)	滅火	50y
버히다(동1)	割開	60y		불찌질식(왜1)	熄	50y
벗(烏櫻桃)(역1)	山桃	56y		불짜히다(동1)	燒火	63z
변시(역1)	匾食	52y		불쬐다(동1)	向火	63z
보믜(동2)	穀裏皮	06y		블내치다(몽3)	烟洞倒風	21z
복글쵸(왜1)	炒	48z		블모호다(역1)	轒火	55y
복다(동1)	烙爆	60z		블무휘다(역1)	熰火	55y
복다(몽1)	烙爆	47y		블믓다(역1)	種火	54z
복쇼아(동2)	桃子	05z		블픠오다(역1)	弄火	54z
복쇼아(몽2)	桃子	04z		블혀다(몽3)	點火	21z
복쇼와(역1)	桃子	56y		블흘훌붓다(몽3)	小忽着	21z
복쇼와뜨기(역1)	毛桃	56y		블짜이다(몽1)	燒火	50y
볼기롬(몽3)	臁貼油	21y		블찟다(역1)	燒火	55y
봄의(역3)	穀裡皮	31z		블쬐다(몽1)	烤火	50y
부취(왜1)	腐臭	49z		붉은풋소(역3)	鄧沙餡	31y
불(동1)	火	63z		비늘긁다(역1)	打鱗	51z
불(몽1)	火	49z		비늘긁다(몽3)	刮魚鱗	21y
불니러나다(동1)	火燃	63z		비늘긁다(역3)	刮鱗	31y
불니러나다(몽1)	火燃	50y		비리다(동1)	腥	62z
불부다(동1)	吹火	63z		비리다(몽1)	腥	48z

비리다(역1)	腥	54y	儉다(역1)	醎	54y
비릴셩(왜1)	腥	49y	사과(몽2)	蘋果	04z
비즐앙(왜1)	釀	47z	사당(왜1)	砂糖	48y
비지(역1)	豆腐米笮	52y	사탕소녀흔상화(역1)	糖包	52y
비얏다(동1)	吐哺	63z	사슴고기(역1)	鹿肉	50z
비얏다(몽1)	吐哺	49z	산이스랏(동2)	郁李	06y
빙당(왜1)	氷糖	48y	산이스랏(몽3)	杜李	23z
빙자(역1)	餠餈	51z	살박은쩍(동1)	印子餻餻	59z
비(동2)	梨兒	05z	살박은쩍(역3)	印子餻餻	31y
비(몽2)	梨兒	04z	상화(동1)	饅頭	59z
비(역1)	梨兒	55z	상화(몽1)	饅頭	46z
비(역3)	甛梨	31z	상화(역1)	饅頭	51z
비벗기다(역1)	剝梨兒皮	56z	상홧깅(역1)	粉羹	51z
비부루다(동1)	飽了	63z	샤러드다(동1)	嗆了	63z
비부루다(몽1)	飽了	49z	샤러드다(몽1)	嗆了	49z
비불러숨츠다(역3)	飽喘	32z	서김(역1)	酒酵	50y
비브를포(왜1)	飽	49z	석글부(왜1)	腐	49y
베무다(몽1)	用齒斷	49y	석다(拌了)(역3)	攪混	32y
빈주거리(동2)	空穀子	06z	석다(동1)	攪了	60z
빈주걸디다(동2)	結秕子	06z	석다(몽1)	參了	47y
빈죽얼이(몽2)	空穀子	05y	석엇다(동1)	摻了	62z
빈죽어리(역3)	空穀子	31z	선지(역3)	凝血	31y
뺀묵(역1)	油米笮	52z	셕반(왜1)	夕飯	47y
따오다(역1)	摘來	56z	셜교(역1)	雪餻	51z
뜖다(역1)	澁	54y	셜교(역3)	撒餻	31y
쓰믈(역3)	泔水	32y	셜당(왜1)	雪糖	48y
쓰다(역1)	苦	54y	소(동1)	餡子	59z
삐민티다(동2)	結子	06z	소(몽1)	餡子	46z
삐밋티다(몽2)	結子	05y	소곰(동1)	鹽	61z
삐ㅂ르다(동2)	去核子	06z	소곰(몽1)	鹽	48y
삐ㅂ르다(몽2)	去核子	05z	소곰(역1)	乾鹽	52z
쓸슬타(역1)	師米	49y	소곰딕어먹다(역1)	鹽點喫	53z
쓸이다(역1)	淘米	49y	소곰염(왜1)	鹽	48y
찐밥(역3)	蒸飯	30z	쇼쥬(왜1)	燒酒	47z

표제어	한자	코드	표제어	한자	코드
쇼쥬ㅅ즈의(동1)	燒酒粕	61y	슉슈(왜1)	熟水	47y
숑편(동1)	葉子餑餑	59z	슉닝(몽1)	鍋巴水	46y
숑편(역3)	葉子餑餑	31y	슝농(역1)	鍋巴水	49z
숟탄(왜1)	炭	50y	슬먹다(역3)	懶待喫	32z
술(동1)	黃酒	60z	슬믈눅다(몽1)	酒龍多	47z
술(몽1)	黃酒	47z	슬타(몽1)	不要	49z
술(역1)	酒	50y	슬토룩(몽1)	勾勾的	49z
술거르다(역1)	閣酒	50y	슬흘에(왜1)	?	50y
술걸으다(역3)	醨酒	31z	습겁다(역1)	淡	54y
술고조에언짜(역1)	上槽	50y	승거울담(왜1)	淡	49y
술괴다(역1)	酒發	50y	승겁다(동1)	淡	62y
술들이오다(역1)	搾酒	50y	승겁다(몽1)	淡	48z
술맛되다(동1)	酒釅	61y	시르쩍(동1)	撒糕	59z
술맛되다(몽1)	酒釅	47z	시르쩍(몽1)	撒糕	46z
술무눅다(동1)	酒龍多	61y	식다(동1)	淸了	62y
술빗다(몽1)	釀酒	47z	식다(몽1)	淸了	48y
술빗다(역1)	釀酒	50y	식다(역3)	淸了	32y
술쥬(왜1)	酒	47z	식혜(역1)	醯	52z
술ㄱ장되다(몽3)	酒狠釅	20z	식을쳥(왜1)	淸	48z
술씨다(동1)	酒醒了	61y	십다(역1)	嚼	54z
술씨다(몽1)	酒醒了	47z	스로다(동1)	燒了	63z
술에젓다(몽3)	酒糟透了	20z	스로다(몽1)	燒了	50y
숫(몽1)	煤炭	49z	스희다(동1)	成燼	64y
숫(역1)	煤炭	55y	스희다(몽1)	成燼	50y
숫불(동1)	煤火	63z	슬고(동2)	杏子	05z
숫불(몽1)	煤火	49z	슬고(몽2)	杏子	04z
슈면(동1)	粉湯	59z	슬고(역1)	杏子	55z
슈면(몽1)	粉湯	46y	슬물핑(왜1)	烹	48z
슈박(동2)	西苽	06y	슬믄고기(역1)	熟肉	51y
슈박(몽2)	西苽	05y	슬을쇼(왜1)	燒	50y
슈박씨(동2)	西苽子	06y	습다(동1)	煮了	60z
슈박씨(몽2)	西苽子	05y	습다(몽1)	煮了	47y
슈박삐신다(역1)	嗑西瓜子	56z	습킬탄(왜1)	呑	49z
슈져비(역1)	麵飥食達	51z	습씨다(동1)	呑下	63y

숨끼다(몽1)	呑下	49z	끌을탕(왜1)	湯	48z
숨끼다(역1)	呑下	54z	깐다(동2)	磕開	06z
세다(동1)	剛	62z	깔기(동2)	地椹	06y
세다(몽1)	剛	49y	깔기(역3)	地葚	31z
쇠고기(역1)	牛肉	51y	떡(동1)	餑餑	59z
쇠념통(역1)	牛心	51y	떡(몽1)	餑餑	46z
쇠양(역1)	牛肚兒	51y	떡(역1)	餻	51z
쇠졋儞다(역1)	摘牛妳子	52z	떡그쥬ㅎ다(역1)	起番	52y
쇠족(역1)	牛蹄	51y	떡병(왜1)	餠	47z
쉬다(역1)	氣到	54y	떫다(동1)	澁	62y
쉬스다(역3)	下蚱子	32y	떫다(몽1)	澁	48z
쉰밥(역1)	餿飯	49z	또애복쇼와(역1)	匾桃	56y
싀다(동1)	酸	62y	쓰더먹다(몽1)	齦喫	49y
싀다(몽1)	酸	48z	쓰믈(동1)	泔水	62y
싀다(역1)	酸	54y	쓰믈(몽1)	泔水	48z
싀면(역1)	粉湯	51z	뜯어먹다(동1)	齦喫	63y
싀산(왜1)	酸	49y	씌오다(동1)	悶飯	59y
째인졀미(역1)	芝麻餻	51z	씌오다(몽1)	悶飯	46y
꼬아리(동2)	紅姑娘	06y	찔즘(왜1)	蒸	48z
꼬아리(몽2)	紅姑娘	05y	쫄기(몽3)	草荔芝	23z
꿀(동1)	蜂蜜	61z	쐿쐿ㅎ다(동1)	溫啊	61z
꿀(몽1)	蜂蜜	48y	쐿쐿ㅎ다(몽1)	溫啊	48y
꿀(역1)	蜂蜜	52z	쌤을분(왜1)	噴	49z
꿀밀(왜1)	蜜	48y	싼다(동1)	吮	63y
꿀에조린밤(역1)	蜜栗子	55z	싼다(몽1)	吮	49z
꿀조차띤대초(역1)	蜜棗	55z	쌸연(왜1)	吮	49z
꿀떡숨끼다(동1)	囫圇呑	63y	쐬야몰뢰오다(동1)	烤烘	60z
끓는믈에데다(역1)	湯的慌了	53z	쐬야몰뢰오다(몽1)	烤烘	47y
끓타(동1)	開了	59y	쐬오다(동1)	瀝溜	62y
끓타(몽1)	開了	46y	쐬오다(몽1)	瀝溜	48z
끓타(역3)	湯滾	32y	찌다(동1)	蒸了	60y
끓흔차식이다(몽3)	揚茶	21y	찌다(몽1)	蒸了	47y
끓한믈(역3)	滾過	32y	찐밥(동1)	蒸飯	59y
끓어넘다(역3)	滾溢	32y	찐밥(몽1)	蒸飯	46y

쓰다(동1)	醎	62y	조각조각싸흐다(동1)	片片開	60y
쓰다(몽1)	醎	48z	조각조각싸흐다(몽3)	切成塊	21y
쓸함(왜1)	醎	49y	조반(왜1)	早飯	47y
자오쇼셔(동1)	請嘗	63y	조악(동1)	餃子	59z
잡구(왜1)	唖口	49z	조뿔밥(역1)	小米飯	49z
잣(동2)	松子	05z	좁은챵즈(몽3)	小腸	20z
잣(몽2)	松子	04z	족(동1)	蹄子	60y
잣(역1)	松子	55z	족(몽1)	蹄子	46z
잣송이(동2)	栢塔子	06y	종아리쪄(몽3)	後腿小骨	20z
잣송이(몽2)	栢塔子	04z	주리다(역3)	餓了	32z
잣ᄭᆞ다(역1)	劃松子	56z	주릴긔(왜1)	飢	50y
쟝거르다(역1)	篩醬	53y	줄져돌린그으름(역3)	掛煙	32z
쟝딕어먹다(역1)	蘸醬喫	53z	쥬망(동1)	酒鬼	61y
쟝앗ᄶᅵ이(몽1)	醬瓜子	48y	쥬정ᄒ다(동1)	撒酒風	61y
쟝에둠은무오(역1)	醬蘿葍	53y	쥬정ᄒ다(몽1)	撒酒風	47z
쟝에둠은외(역1)	醬瓜子	53y	쥬정ᄒᄂᆞ사ᄅᆞᆷ(동1)	使酒人	61y
저리다(동1)	加鹽	61z	쥬정ᄒᄂᆞ사ᄅᆞᆷ(몽1)	使酒人	47z
저리다(몽1)	加鹽	48y	쥭니불(동1)	粥皮	59z
저린외(역1)	醃瓜	53y	쥭에니블지다(역1)	起粥皮	50y
전병(역3)	村餅	31y	쥭쥭(왜1)	粥	47y
절히(왜1)	醯	48y	쥭뿌다(역1)	熬粥	50y
절이다(加鹽)(역3)	用鹽	31z	즁계(몽3)	扁-l	21y
젓다(몽3)	捩攪	21z	즈의지(왜1)	滓	47z
져녁밥(역1)	晚飯	50y	즐겨먹다(역1)	好喫	54z
젼병(동1)	薄餅	59z	즐겨먹디아니타(역1)	不肯喫	54z
젼병(역1)	薄餅	52y	즐길기(왜1)	嗜	49z
젼쵸(川椒)(역1)	花椒	53y	증편(역1)	蒸饅	51z
졀어알ᄶᅵ근ᄒ다(역3)	油鮮	32z	지에(역1)	酒米飯	50y
졋고으다(역1)	熬妳子	52z	지지다(동1)	油炸	60y
졋다(동1)	油辣	62z	지지다(몽1)	油炸	47y
졋다(몽1)	油辣	49y	지진떡(동1)	燒餅	59z
졍과(동2)	蜜泥果	06y	지진떡(몽1)	燒餅	46z
졍과(몽2)	蜜泥果	05y	지질자(왜1)	煮	48z
조각(몽1)	片	46z	질긔다(동1)	硬	62z

질긔다(몽1)	硬	49y	치오다(역3)	湃了	32y
질권고기(역1)	硬肉	51y	타락(역1)	酪	52z
즌님금(역1)	小紅	55z	타락(왜1)	酡酪	48y
즌비(역1)	棠梨	55z	타락(酥茶)(역3)	妳子茶	31y
줄게싸흐다(동1)	細切	60y	타락고으다(역1)	熬酪	52z
줄게싸흐다(몽1)	細切	46z	타락차(동1)	妳子茶	61z
제철에새것(몽3)	新鮮	21y	타락차(몽1)	妳子茶	48y
쥐먹다(역1)	抓喫	54z	탁쥬(몽1)	渾酒	47z
지(동1)	灰	64y	탁쥬(왜1)	濁酒	47z
지(몽1)	灰	50y	탕드다(歪湯)(역3)	舀湯	30z
지강(동1)	酒糟	61y	토홀토(왜1)	吐	49z
지강(몽1)	酒糟	47z	톳긔소기(역1)	'兎肉	51y
지강(역1)	酒糟	50y	팀치조(왜1)	葅	48y
지뻐러디다(역1)	吊塵灰	54y	툿다(동1)	和攪	60z
차(동1)	茶	61y	툿다(몽1)	攪拌	47y
차(몽1)	茶	47z	튀ᄒ다(동1)	退毛	60y
차달히다(역1)	燒茶	53z	튀ᄒ다(몽1)	退毛	46z
차반(동1)	茶飯	61z	파(역1)	生蔥	53y
천엽(몽3)	百葉肚	20z	포도너출(몽3)	葡萄藤	23z
천엽(역1)	百葉	51y	픗내(몽3)	草腥氣	21y
쳥쟝(왜1)	清醬	48y	픗내(역3)	草氣	32y
쳥쥬(왜1)	清酒	47z	픗단것(몽3)	豆產 饀	21y
초(역1)	醋	53y	픗소(역1)	豆饀	52y
초초(왜1)	醋	48y	핥틀텨(왜1)	舔	49z
친쩍(역3)	打糕	31y	할ㅅ다(동1)	餂	63y
침치(몽1)	醎菜	48y	할ㅅ다(몽1)	餂	49z
침치(醎菜)(역3)	醃菜	31z	할타먹다(역1)	餂喫	54z
츠다(역3)	冷了	32y	향긔롭다(동1)	香氣撲鼻	62z
출쩍(역3)	粘糕	31y	향긔훈(왜1)	焄	49y
춤기름(역1)	香油	52z	호도(동2)	核桃	05z
춤외(동2)	甛苽	06y	호도(몽2)	核桃	04z
춤외(몽2)	甛苽	05y	호도(역1)	核桃	55z
취ᄒ시다(동1)	有酒意	61y	호도신다(역1)	嗑核桃	56z
치소(역1)	菜饀	52y	후간(왜1)	喉乾	49z

흐믓ᄒ다(동1)	嫵月己膩	63z	압다리(동1)	前腿	60y
흐믓ᄒ다(몽1)	嫵月己膩	49z	압다리(몽1)	前腿	46z
흑포도(동2)	馬乳萄	05z	어릐다(동1)	凝了	59z
혼먹음(동1)	一口	63y	어릐다(몽1)	凝了	46y
혼숨에마시다(동1)	一口哈	63y	어한ᄒ다(역3)	湯寒	32z
회(동1)	繪鮓	60y	어우렁이(동2)	並帶子?	06z
회(몽1)	繪鮓	46z	어우렁이(몽2)	並?子	05y
회(역3)	繪鮓	31z	어으렁이(역3)	幷帶子?	31z
회티다(역1)	打生	51z	얼의다(凝定)(역3)	凝了	32y
회회(왜1)	膾	47z	엉길음(왜1)	凝	48z
흰산ᄌ(몽3)	白馓子	21y	여러가지모도섯다(몽3)	攙雜	21z
뼈라먹다(역1)	吮喫	54z	여러히마시다(동1)	打夥兒哈	63y
썩다(몽1)	爛了	49y	여러히먹다(동1)	打夥兒喫	62z
쓰다(동1)	苦	62y	여러히먹다(몽1)	打夥兒喫	49y
쓰다(몽1)	苦	48z	연쇄(왜1)	烟鎖	50y
쓸고(왜1)	苦	49y	연혼고기(역1)	軟肉	51z
씨블금(왜1)	噙	49z	엿(동1)	白糖	61z
씹다(동1)	嚼了	63y	엿(몽1)	白糖	48y
씹다(몽1)	嚼了	49y	엿(역1)	糖餹	51z
쓸니다(몽3)	淘米	21y	엿(역3)	白糖	31y
아가외(동2)	山裏紅	06y	엿기름(역3)	糖芽子	31y
아가외(몽2)	山裏紅	05y	오리다(동1)	劃開	60y
아가외(역1)	山裡e紅	56y	오리다(몽1)	劃開	46z
아삭아삭ᄒ다(몽3)	脆	21y	오반(왜1)	午飯	47y
아춤밥(역1)	早飯	49z	오화당(왜1)	五花糖	48y
악긔(역3)	墋氣	32y	오디(동2)	葉椹	06y
악취(동1)	墋氣	62z	온반(역1)	和和飯	49z
악취(몽1)	墋氣	49y	온이로숨끼다(역3)	囫圇吞	32z
안쥬(동1)	酒茱	61y	우둥ㅅ불(동1)	堆柴火	63z
안쥬(몽1)	酒茱	47z	우둥ㅅ불(몽1)	堆柴火	50y
안쥬(역3)	酒茱	30z	우무(역1)	海凍	52z
안쥬효(왜1)	肴	47z	유ᄌ(역3)	香圓	31z
알붓다(역3)	攤蛋	31y	은힝(동2)	白果	06y
알붓다(동1)	攤蛋	60z	은힝(몽2)	白果	05y

은힝(역1)	白果	55z
음식쉬다(동1)	氣到	59y
음식쉬다(몽1)	氣到	46y
음식탐ᄒ다(역3)	貪嘴	32z
이다(동1)	淘沙	62y
이다(몽1)	淘沙	48z
이당(왜1)	飴糖	48y
인절미(동1)	打糕	59z
인절미(역1)	餈餻	51z
인싴(왜1)	咽塞	49z
입데다(역1)	口湯了	53z
입며르다(동1)	食廉	63y
입며르다(몽1)	嘴廉	49z
입맛업다(동1)	口不饞	63y
입슈얼데다(역1)	湯了脣	53z
입절으다(역3)	食廉	32z
입ᄃ다(동1)	口饞	63y
입ᄃ다(몽1)	口饞	49z
입ᄃ지아니타(몽3)	不饌	20z
예고쵸(역1)	秦椒	53y
외얏(동2)	李子	05z
외얏(몽2)	李子	04z
외얏(역1)	李子	55z
왼이로솜키다(몽3)	囫圇吞	20z

[親　屬]

각시시(왜1)	氏	14z
겨리(동1)	親戚	12y
겨리(몽1)	親戚	10y
겨리족(왜1)	族	14y
겨리쳑(왜1)	戚	14y
고비(왜1)	考妣	12z

그디(몽1)	君	10z
기피사괴다(동1)	深交結	12z
길벋(동1)	路伴	12z
깁히사괴다(몽3)	淡交結	05y
ᄀᆺ난아히(몽3)	赤子	04z
계집(역1)	婆子	58z
계집(역3)	老婆	33z
계집동세(동1)	妯娌	12y
계집동세(역1)	妯娌	58z
계집의동모(역3)	女伴	33z
권당(역3)	親眷	33z
남진(역1)	丈夫	58z
녀식(왜1)	女息	13z
누의들(역1)	姉妹	57z
니외죵(몽3)	中表	04z
뎍실(왜1)	嫡室	13z
동관(왜1)	同官	14y
동모(동1)	夥計	12z
동서(왜1)	同婿	13z
동싱(왜1)	同生	13y
동싱형(역1)	親哥哥	57z
동싱아ᄋ(역1)	親兄弟	57z
동셰(동1)	連襟	12y
동셰(몽3)	連襟	04z
드린사회(동1)	贅婿	11y
드린사회(몽1)	贅婿	09z
드린사회(역3)	贅婿	33z
데수(왜1)	弟嫂	13y
막나이(역3)	晩生子	33y
먼겨리(동1)	遠族	12y
먼겨리(몽1)	遠親	10y
며ᄂ리(동1)	媳婦	11y
며ᄂ리(몽1)	媳婦	09z
며ᄂ리(역1)	媳婦兒	58y

며ᄂᆞ리부(왜1)	婦	13z	사회(역1)	女婿	58y
ᄆᆞᆮ누의(동1)	姐姐	11y	사회셔(왜1)	婿	13z
ᄆᆞᆮ누의(몽1)	姐姐	09z	성성(왜1)	姓	14y
ᄆᆞᆮ누의ᄌᆞ(왜1)	姊	13y	셔얼(왜1)	庶孼	13z
ᄆᆞᆮ싀누의(동1)	大姑	12y	손ᄌᆞ손(왜1)	孫	13z
ᄆᆞᆮ싀누의(몽3)	大姑	04z	숙모(왜1)	叔母	12z
ᄆᆞᆮ싀아ᄌᆞ비(동1)	大伯	11z	숙부(왜1)	叔父	12z
ᄆᆞᆮ싀아ᄌᆞ비(몽3)	大伯	04z	슈양아비(역3)	乾爺	33y
ᄆᆞᆮ처남(동1)	大舅子	12y	슈양아ᄃᆞᆯ(역3)	乾兒子	33z
ᄆᆞᆮ처남(몽3)	大舅子	04z	슈양어미(역3)	乾娘	33y
ᄆᆞᆮ형(왜1)	兄	13y	ᄉᆞ나희동세(역1)	連妗	8z
ᄆᆞᆮ아ᄃᆞᆯ(몽1)	長子	09z	싀아비(동1)	公公	11z
ᄆᆞᆮ아ᄌᆞ미(몽1)	伯母	09y	싀아비(몽1)	公公	10y
ᄆᆞᆮ아ᄌᆞ비(몽1)	伯父	09y	싀아비(역1)	公公	58z
ᄆᆞᆮ미부(동1)	姐夫	11y	싀아비구(왜1)	舅	12z
못누의(역1)	姐姐	58y	싀어미(동1)	婆婆	11z
못누의남편(역1)	姐夫	58y	싀어미(몽1)	婆婆	10y
못며ᄂᆞ리(역1)	大媳婦	58y	싀어미(역1)	婆婆	58z
못싀누이(역3)	大姑	33y	싀어미고(왜1)	姑	12z
못싀아자비(역3)	大伯	33y	싱질싱(왜1)	甥	13z
미부(왜1)	妹夫	13y	ᄆᆞᆾ타아ᄃᆞᆯ(동1)	晚生子	11z
번(동1)	朋友	12z	ᄆᆞᆾ희아ᄃᆞᆯ(몽1)	晚生子	09z
번(몽1)	朋友	10y	ᄡᅩᆫ남진에난ᄌᆞ식(역3)	私孩子	33z
번사괴다(동1)	交友	12z	ᄯᆞᆯ(동1)	女兒	11y
번사괴다(몽1)	交友	10z	ᄯᆞᆯ(몽1)	女兒	09z
별호(왜1)	別號	14z	ᄯᆞᆯ(역1)	女兒	58y
본(몽1)	原籍	10z	쟈근며ᄂᆞ리(역1)	小媳婦	58y
부부(왜1)	夫婦	13y	젼실(역3)	先頭娘子	33y
붕우(왜1)	朋友	14y	졋아비(역3)	奶公	33z
ᄡᅡᆼ싱(역3)	雙生子	33y	졋어미(역3)	奶娘	33z
사돈(동1)	婚家	12z	조모(왜1)	祖母	12z
사돈(몽1)	婚家	10y	조부(왜1)	祖父	12z
사회(동1)	女婿	11y	족하(동1)	姪兒	11z
사회(몽1)	女婿	09z	족하(몽1)	姪兒	09z

족하질(왜1)	姪	13z
죵형뎨(왜1)	從兄弟	13z
증손(왜1)	曾孫	13z
증조모(왜1)	曾祖母	12z
증조부(왜1)	曾祖父	12z
지아븨아의안해니아ᄋ동세(역1) 嬸嬸		59y
지아븨형의안해니ᄆᆞᆺ동세(역1) 姆姆		58z
지아비(동1)	當家的	11y
지아비(몽1)	當家的	09y
지아비부(왜1)	夫	13y
질녀(왜1)	姪女	13z
집소솔(역3)	家口	33z
ᄌ(동1)	表字	12z
ᄌ(몽1)	表字	10z
ᄌ식(동1)	兒子	11y
ᄌᄌ(왜1)	字	14y
지죵(왜1)	再從	13z
쳐(동1)	正娘子	11y
쳐(몽1)	正娘子	09y
쳐가(동1)	娘家	11y
쳐남(왜1)	妻娚	13z
첩(동1)	小娘子	12y
첩(몽1)	小娘子	10y
첩아ᄃᆞᆯ(동1)	偏傍兒子	12z
첩아ᄃᆞᆯ(몽3)	偏傍兒子	04z
첩쳡(왜1)	妾	14y
츅리(왜1)	妯娌	13z
친구(역3)	慣家	33z
친구(왜1)	親舊	14y
친홀친(왜1)	親	14y
한아비(역1)	祖公	56z
한어미(역1)	婆婆	56z
항녈(동1)	等輩	12z
항녈(몽1)	排行	09z
형(동1)	哥哥	11y
형(몽1)	哥哥	09y
형뎨(왜1)	兄弟	13y
형수(왜1)	兄嫂	13y
형아ᄒᆞᄂᆞᆫ말(동1)	阿哥	12y
형아ᄒᆞᄂᆞᆫ말(몽1)	阿哥	10y
형의쳐(동1)	嫂子	11y
형의쳐(몽1)	嫂子	09z
혼가(왜1)	婚家	14y
후실(왜1)	後室	13y
희ᄋ(왜1)	孩兒	14y
아들ᄌ(왜1)	子	13y
아븨누의(역1)	姑姑	57y
아븨아ᄋ누의(역1)	小姑娘	57y
아븨못누의(역1)	大姑娘	57y
아비(역1)	父親	56z
아비부(왜1)	父	12z
아희들(몽3)	孩子們	04z
아들(동1)	男子	11y
아들(몽1)	兒子	09z
아들(역1)	兒子	58y
아ᄌ미(몽1)	叔母	09y
아ᄌ비(몽1)	叔父	09y
아촌아들(역1)	姪兒	58y
아촌ᄯᆯ(역1)	姪女	58y
아희(몽1)	孩子	10y
아희들(동1)	孩子們	12z
아ᄋ(동1)	兄弟	11y
아ᄋ(몽1)	兄弟	09z
아ᄋ(역1)	姑舅兄弟	58y
아ᄋ(역1)	兩姨兄弟	58z
아ᄋ(역1)	叔父兄弟	58y

아ᄋᆞ누의(동1)	妹子	11y
아ᄋᆞ누의(몽1)	妹子	09z
아ᄋᆞ누의(역1)	妹子	58y
아ᄋᆞ누의남편(역1)	妹夫	58y
아ᄋᆞ누의미(왜1)	妹	13y
아ᄋᆞ뎨(왜1)	弟	13y
아ᄋᆞ미부(동1)	妹夫	11y
아ᄋᆞ쇠누의(동1)	小姑	12y
아ᄋᆞ쇠누의(몽3)	小姑	04z
아ᄋᆞ쇠누이(역3)	小姑	33y
아ᄋᆞ의쳐(동1)	小嬸	11y
아ᄋᆞ의쳐(몽1)	小嬸	09z
아ᄋᆞ쳐남(동1)	小舅子	12y
아ᄋᆞ쳐남(몽3)	小舅	04z
아ᄋᆞ쇠아자비(역3)	小叔	33y
아ᄋᆞ쇠아ᄌᆞ비(동1)	小叔	11z
아ᄋᆞ쇠아ᄌᆞ비(몽3)	小叔	04z
안ㅅ손님(역3)	堂客	33z
안해쳐(왜1)	妻	13y
안히(역3)	正娘子	33y
양모(왜1)	養母	12z
양부(왜1)	養父	12z
양ᄌᆞ(왜1)	養子	13y
어룬(몽3)	長輩	04z
어믜형(역1)	大姨娘	57z
어미(역1)	母親	57y
어미모(왜1)	母	12z
어버이(동1)	親	10z
어버이(몽1)	親	09y
어버이친(왜1)	親	12z
얼ᄌᆞ(왜1)	孼子	14y
엄의계집동ᄉᆡᆼ(역1)	姨姨	57z
엄의아ᄋᆞ(역1)	小姨娘	57z
오누의게난형(역1)	姑舅哥哥	58y

유모(왜1)	乳母	13z
유ᄋᆞ(왜1)	幼兒	14y
일가(왜1)	一家	14y
일족(왜1)	一族	14y
일홈(동1)	名子	12z
일홈(몽1)	名子	10z
일홈명(왜1)	名	14y
외구(왜1)	外舅	13y
외삼촌(동1)	母舅	11z
외삼촌(몽1)	母舅	10y
외삼촌의쳐(동1)	舅母	11z
외삼촌의쳐(몽3)	舅母	04z
외아자비(역3)	母舅	33y

[宴享]

고기드리다(역1)	遞肉	59z
고기버히다(역1)	割肉	59z
골흔잔(역1)	凹面盞	59z
교퇴노타(역1)	放料物	60z
권식(왜1)	'勸食	43y
너리쾌다(역1)	打攪	61y
너리다(역1)	定害	61y
노래부ᄅ다(역1)	歌唱	60z
노러가(왜1)	歌	43y
놀유(왜1)	遊	43y
단비(역1)	單鍾	60y
뎡지노릇ᄒᆞ다(역1)	呈把戲	60z
듕비(역1)	串鍾	60y
드르쇼셔(역1)	留步	61y
대육드리다(역1)	遞大飯	60z
디긱ᄒᆞ다(역1)	陪客	59y
디쟉(역1)	底酒	60z

로ᄎ연(왜1)	路次宴	42z		술붓다(역1)	釃酒	59z
마실음(왜1)	飮	43y		술ᄉ양ᄒ다(역3)	讓酒	34y
마즐영(왜1)	迎	42z		술잔에넘게붓다(역3)	酒流沿	34y
면드리다(역1)	遞麵	60z		술차다(역1)	酒寒	59z
ᄆ이취ᄒ다(역3)	爛醉	34y		술쳥ᄒ다(역1)	請酒	60y
ᄆᄋᆷ을먹디술을먹ᄂ줄이아니라(역1)				술씨다(역3)	酒醒了	34y
	飮心不飮酒	60y		술아니먹다(역1)	不用酒	60y
몰ᄐ쇼셔(역1)	請上馬	61y		술이하다(역1)	酒海	60z
바다ᄀᄐᆫ쥬량(역1)	海量	60y		ᄉ쥬(왜1)	使酒	43y
보낼송(왜1)	送	43z		씰셩(왜1)	醒	43y
본디술못먹다(역1)	天戒酒	60y		잔치연(왜1)	宴	42z
부를챵(왜1)	唱	43y		잔치ᄒ다(역3)	開宴	34y
ᄣ비을먹고단비을먹디아니				쟉쥬(왜1)	酌酒	43y
ᄒᄂ니라(역1)	喫雙不喫單	60y		쟝만홀판(왜1)	辦	43y
상드리다(역1)	遞卓兒	59z		전송전(왜1)	餞	43y
상서릇다(역1)	攙卓兒	60z		졉디(왜1)	接待	42z
상슷다(역1)	抹卓兒	59z		쥬량엿다(역1)	量淺	60y
샹버리다(역1)	擺卓兒	59z		쥬인(왜1)	主人	42z
샹션연(왜1)	上船宴	42z		쥬인노롯ᄒ다(역3)	作東家	33z
션퇴(왜1)	膳退	43y		즁연(왜1)	中宴	42z
손긱(왜1)	客	42z		진샹연(왜1)	進上宴	42z
손맛다(역3)	迎客	33z		차나(왜1)	茶	43y
손보내다(역1)	送客	61y		차드리다(역1)	遞茶	59z
손쳥ᄒ다(역1)	請客	59y		차예비ᄒ다(역1)	看茶	59y
손오다(역1)	客來	59y		차쳥ᄒ다(역1)	請茶	59y
술골케붓다(역1)	釃淺	59z		춤추다(역1)	打舞	60z
술ᄀ독이붓다(역1)	釃滿	59z		춤출무(왜1)	舞	43y
술너무덥다(역1)	酒大了	59z		취홀취(왜1)	醉	43y
술넘ᄭ다(역1)	灢酒	59z		취치아니타(역3)	沒醉	34y
술다자옵(역1)	請乾	60y		취ᄒ듯ᄒ다(역3)	有酒氣	34y
술더이다(역1)	湯酒	59z		탕드리다(역1)	遞湯	60z
술덥다(역1)	酒熱	59z		탕쳥ᄒ다(역1)	請湯	60z
술드리다(역1)	遞酒	59z		탕쓰다(역1)	舀湯	60z
술량너르다(역1)	量繩'	60y		풍뉴ᄒ다(역1)	動樂	60z

하딕술(역1)	辭酒	61y
하딕ᄒ다(역1)	告辭	61y
하션연(왜1)	下船宴	42z
하직ᄉ(왜1)	辭	43y
회비(역1)	回酒	60z
쌍비(역1)	雙鍾	60y
안쥬자오(역1)	請茶	60z
안쥬텸ᄒ다(역1)	補菜	60z
안쥬텸ᄒ다(역3)	添菜	34y
안ᄌ쇼서(역1)	請坐	59y
이바디(역1)	筵宴	59z
이바디상(역1)	卓面	59z
이바지공(왜1)	供	43y
완비(역1)	完酒	60y
완비대되히먹다(역1)	通完	60y
완비논셋만ᄒ고네흘먹디		
아니ᄒᄂ니라(역1)	完三不完四	60y

[疾 病]

가랏돗(역1)	行陽	62y
가슴알타(동2)	心疼	07y
가슴알타(몽2)	心疼	06y
가슴알프다(역1)	胸疼	61z
가슴ᄶ힌병(역3)	痞癖	34z
가싀(동2)	刺子	09y
가싀(몽2)	刺子	07y
가싀바키다(동2)	戳刺	09y
가싀박이다(몽2)	戳刺	07y
각마(왜1)	脚麻	51y
간질(몽3)	羊叫瘋	23z
간질(왜1)	癎疾	51y
감질(역1)	生牙疳	63y

강잉ᄒ다(동2)	勉强	06z
강잉ᄒ다(몽2)	勉强	05z
거위나다(역1)	下蚯蚓	62z
결슌(왜1)	缺唇	52y
고곰(역1)	瘧疾	62y
고디머리(역1)	癩頭	62y
고롬(동2)	濃水	08z
고롬(몽2)	濃水	06z
고롬(역1)	濃水	62z
고롬흐르다(몽3)	流濃水	24z
고쟈엄(왜1)	閹	52y
골므려알타(역3)	跳膿疼	35y
곰다(동2)	會濃	08y
곰다(몽2)	會濃	06z
곱쟝이(동2)	疙子	08z
곱쟝이(몽2)	陀?子	06z
곳불ᄒ다(동2)	害鼻淵	06z
곳블(역1)	鼻淵	61z
곳블ᄒ다(몽3)	傷風	24y
구병(왜1)	救病	52z
구역(왜1)	嘔口逆	50z
긁다(동2)	搔痒	08y
긁다(몽2)	搔痒	06z
긁히다(몽3)	劃傷	24z
기뮈지(왜1)	痣	51z
ᄀ려온디긁다(역3)	搔癢	34z
ᄀ렵다(동2)	癢癢	08y
ᄀ렵다(몽2)	癢癢	06z
귀머거리(동2)	耳聾的	08z
귀먹다(몽2)	耳聾	06z
귀먹다(역1)	耳聾	61z
귀먹어리(몽2)	耳聾的	06z
귀먹을롱(왜1)	聾	52y
귀졋나다(동2)	生耳底	08y

귀졋나다(몽3)	生耳底	24y		담병(왜1)	痰病	50z
귀졋나다(역3)	生耳底	34z		당옴(동2)	楊梅瘡	08y
귀비(왜1)	龜"背	52y		당옴(몽2)	楊梅瘡	06y
긔졀(왜1)	氣絕	52y		당옴(역1)	楊梅瘡	62y
긔졀ᄒ다(몽2)	發昏	06y		더덩이(동2)	瘡痂	08z
곽란(왜1)	霍亂	50z		더덩이(몽2)	瘡痂	06z
관롱ᄒ다(역3)	灌漿	35y		더덩이(역1)	疙滓	62z
난장이(동2)	矮子	08z		더덩이지다(동2)	瘡坐痂	08z
난장이(몽2)	矮子	06z		더덩이지다(역3)	瘡坐痂	35y
년쥬창(동2)	瘰癧	08y		더데가(왜1)	痂	51z
년쥬창(역3)	瘰癧	34z		더두어리(동2)	結吧	09y
년쥬창나다(동2)	生瘰癧	08y		더위드다(동2)	害暑	07y
노올구다(역1)	下蠱	62z		더위드다(몽2)	害暑	05z
노육(왜1)	惱肉	52y		더위드다(역1)	中暑	63y
농즙(왜1)	濃汁	51z		더위드다(역3)	害暑	34y
눈곱(역1)	眼眵	61z		더위마키다(동2)	中暑	07y
눈밤의다(역1)	眼花了	61z		덕다(동2)	起臕子	09y
눈알타(역1)	害眼	61y		덕다(몽2)	起臕子	07y
눈알프다(역1)	眼疼	61y		뎍오(역3)	鬼魂	34z
눈어둡다(역1)	眼昏	61z		뎡죵(동2)	疔瘡	07z
눈의알딕히다(역1)	蘿葡眼	61z		뎡죵(몽3)	疔	24y
눈즌므르다(역1)	目颷眼	61y		독두(왜1)	禿頭	52y
눈줄믈으다(역3)	紅爛眼	34z		됴리(왜1)	調理	52z
늘은ᄒ다(몽3)	倦軟	24y		두두러기(역1)	癮疹	62z
니질ᄒ다(동2)	下痢	07y		두드러기(역3)	鬼飯疙疸	35y
니질ᄒ다(몽2)	下痢	05z		두드러기나다(동2)	鬼飯疙疸	08z
니질ᄒ다(역1)	害痢疾	62y		두드럭이나다(몽3)	起鬼疙風疸	23z
니쏭(역3)	馬牙子	34z		두로허다(역3)	遍瘡	34z
님질(역1)	痲疾	63y		두진(왜1)	痘疹	51z
눌에버히다(몽3)	劃破	24z		두통(왜1)	頭痛	50z
다리알프다(역1)	腿疼	62y		두풍(왜1)	頭風	50z
다쳐푸르다(동2)	傷靑	09y		등창(동2)	背疽	08y
다쳐프르다(몽3)	靑傷	24z		등창(몽2)	背疽	06y
담담(왜1)	痰	51y		등창(역3)	發背	34z

딜알(역1)	癎疾	62z		몸져눕다(몽3)	落炕	23z
드라치(동2)	眼丹	08y		몸져눕다(역3)	病落炕	34z
드라치(몽2)	眼丹	06y		몽셜(왜1)	夢泄	51y
드라치(역1)	生眼丹	61z		믈근몰(역1)	水痢	62y
데여부푸다(동2)	燎炮	09y		미치다(동2)	瘋了	07y
데여브프다(몽3)	燎泡	24z		미치다(역3)	瘋了	34y
되씨다(몽2)	甦醒	07z		미칠광(왜1)	狂	51y
되야기(동2)	疹子	07z		밋치다(몽2)	瘋了	05z
되야기(역1)	疹子	62z		매ㅅ자곡(동2)	鞭根痕	09y
디하(왜1)	帶下	51y		매ㅅ자곡(몽2)	鞭根痕	07y
라력(왜1)	瘰癧	51z		믠마리(동2)	禿子	08z
려을앙(왜1)	瘍	51z		믠마리(몽3)	禿子	24z
런쥬창(몽2)	瘰癧	06y		미이알타(몽3)	甚痛	24y
로심병(몽3)	勞病	23z		반벙어리(동2)	嘴僵子	09y
로올병(역1)	蠱疾	62z		발알프다(역1)	脚疼	62y
룡병래(왜1)	癩	51z		발자리다(역1)	脚麻	63y
리질(왜1)	痢疾	50z		밤눈못보다(역1)	崔目眼	61z
마리알타(역1)	頭疼	61y		버좀(역1)	生癬	62z
마리어즐ᄒ다(동2)	頭暈	07z		버즘(동2)	生癬	07z
마리어즐ᄒ다(몽2)	頭暈	06y		버즘(몽2)	生癬	06y
마리어즐ᄒ다(역1)	頭眩	61y		버즘션(왜1)	癬	51z
마목(왜1)	麻木	51y		번열ᄒ다(동2)	發熱	07z
마진(왜1)	痲疹	51z		번열ᄒ다(몽2)	發熱	06y
말더두어리다(동2)	期期	09y		벙어리(동2)	啞吧	09y
명약(왜1)	命藥	52z		벙어리(몽2)	啞吧	07y
목기운이(몽3)	歪脖	24z		벙어리아(왜1)	啞	52y
목쉬다(역1)	嗓子啞了	61z		병(역1)	證候	61y
목에혹도든이(역1)	癭袋脖子	63y		병곳치다(몽2)	醫病	07y
목졋디다(역1)	喉閉	61z		병낫다(몽2)	病痊	07z
목졋지다(동2)	咽喉吊了	06z		병드다(동2)	病了	06z
목졋지다(몽2)	喉閉	05z		병드다(역1)	不耐繁	61y
몸셩치못ᄒ다(동2)	身子不快	06z		병드다(역3)	身子不快	34y
몸셩치못ᄒ다(몽2)	身子不快	05z		병든사롬(동2)	病人	06z
몸져눕다(동2)	病落炕	09z		병들어기외다(역3)	黃瘦	34z

병병(왜1)	病	50z	산증(동2)	疝氣	07y
병쟉이(역3)	'T病	34y	산증(몽3)	疝氣	23z
병폐ᄒ다(동2)	殘疾了	09y	산증(역1)	疝氣	63y
병폐ᄒ다(몽2)	殘疾了	07y	샤마귀염(왜1)	黶	51z
병줏다(몽3)	肯病	23z	샤안(왜1)	斜眼	52y
병알타(동2)	害病	06z	샹한(왜1)	傷寒	50z
병알타(몽2)	害病	05z	셜샤(왜1)	泄瀉	50z
병알타(역1)	害病	61y	셤어ᄒ다(동2)	說鬼話	07z
병에쓰이다(동2)	病纏綿	09y	소을음(역3)	寒粟子	34z
병에쓰이다(몽3)	總不離病	23z	소리지르다(몽3)	叫喊	24y
병우연ᄒ다(몽3)	纔好些	24z	손자리다(역1)	手麻	63y
복통(왜1)	腹痛	51y	손ᄃ다(역1)	輝手	63y
부룻다(역1)	起泡	62z	손쪄다(역1)	手顫	63y
부리지다(몽3)	出頭	24z	솔(역3)	紅點瘡	34z
부리짓다(동2)	瘡出頭	08y	송신ᄒ다(동2)	送痘	07z
부으름(동2)	廊子	08y	송신ᄒ다(몽2)	送痘	06y
부으름(몽2)	癧子	06y	송신ᄒ다(역3)	送痘	35y
부으름터지다(역3)	瘡破	35y	쇼갈(왜1)	消渴	51y
부으름ᄧ다(역3)	擠腫	35y	쇼경(동2)	瞎厮	09y
부을죵(왜1)	腫	51y	쇼경(몽2)	割子	07y
붓다(동2)	腫了	08y	쇼경고(왜1)	瞽	52y
붓다(몽2)	腫了	06z	슌죵(동2)	鱗唇	07z
브어오르다(몽3)	腫脹	24z	슌죵(몽3)	鱗唇	24y
브으름(역1)	廊子	62y	시드다(몽3)	皮裏抽肉	24y
브으름나다(역1)	出瘡	62y	시병(왜1)	r病	50z
블근몰(역1)	血痢	62y	실음(왜1)	失音	50z
붉은발셔다(몽3)	紅腫	24z	술버서지다(동2)	蹉傷	09y
ᄇ람드다(역1)	感冒	61z	술버서지다(몽3)	剉傷	24z
ᄇ람마자손발못쓰다(역1)			술쩔리다(동2)	肉戰	07z
	風癱	61z	쇠너덩이(역3)	硬痂	35y
ᄇ튼기춤(역3)	乾嗽	34z	싀근싀근ᄒ다(동2)	酸疼	07y
비알프다(역1)	肚疼	61z	싀근싀근ᄒ다(몽3)	酸疼	24y
쁠알히다(역1)	刺刺疼	62z	싱호손(역3)	惡指	34z
삭뵈다(몽3)	見苗	24z	싱호손알타(동2)	惡指	08y

싱흔손알타(몽3)	惡指	24z		즈최다(역1)	走痢	62y
씌여날소(왜1)	甦	52y		직항증나다(몽3)	落枕	24y
쩌다(동2)	打戰	07z		진믈(동2)	黃水	08z
쩌다(몽2)	打戰	06y		진믈(몽2)	黃水	06z
쓰리(동2)	水痘	07z		진믈(역3)	黃水	35y
쓰리(몽3)	水痘	24z		쥐졋(동2)	拴馬樁	08y
쓰리(역3)	水痘	35y		창부리짓다(역3)	瘡出頭	35y
씀단지흐다(몽3)	拔火罐	24z		창암그다(역3)	瘡口平	35y
씀질구(왜1)	灸	52z		창종(동2)	瘡	07z
씀질흐다(몽2)	艾灸	07z		창종(몽2)	瘡	06y
씀내다(몽2)	得了汗	07z		챵질챵(왜1)	瘡	51z
씀되돗다(동2)	起痱子	08z		챵만챵(왜1)	脹	51y
씀되돗다(몽2)	起痱子	06z		챵흐다(몽3)	膨脹	24y
씀쏘야기(역1)	起痱子	62z		쳑골흐다(동2)	瘦乾	09y
씀씌불(왜1)	痱	51z		쳑골흐다(역3)	瘦乾	34z
쪄쓴지사못알타(몽3)	徹骨疼	24y		천마천(왜1)	喘	51y
자리다(몽2)	麻啊	06y		츅각(왜1)	縮脚	52y
자리ᄂ병(역1)	麻病	63y		치질(동2)	痔瘡	08y
저다(동2)	瘸了	08z		치질(몽2)	痔瘡	06y
저다(몽2)	瘸了	06z		침(몽2)	鍼	07y
저리다(동2)	麻啊	07z		침주다(몽2)	下鍼	07y
저ᄂ놈(동2)	蹶子	08z		침침(왜1)	鍼	52z
저ᄂ놈(몽2)	蹶子	06z		텬만(역3)	痨喘	34y
절건(왜1)	蹇	52y		토랏다(몽3)	漾	24y
져근혹(역1)	氣脖子	63y		트다(동2)	皴了	09y
죡마(왜1)	足麻	51y		트다(몽2)	皴了	07y
죵긔(몽3)	癰疽	24y		티질(역1)	痔漏	63z
죵긔터지다(동2)	瘡破	08y		틔눈(동2)	鷄眼	08y
죵긔터지다(몽2)	瘡破	06z		틔눈(몽2)	鷄眼	06y
죵긔ᄶ다(동2)	擠瘇	08z		피지다(동2)	血瘀住	09y
죵긔ᄶ다(몽2)	擠瘇	06z		피지다(몽3)	血蔭	24z
죽다(역1)	不得命	63z		학질(동2)	半日病	07y
죽은것다시사다(몽2)	死而復生	07z		학질(몽2)	半日病	05z
즁풍(왜1)	中風	50z		학질(왜1)	瘧疾	50z

합창ᄒ다(몽2)	瘡口平	06z		암그다(동2)	瘡口平	08z
허러ᄀ못다(몽3)	腰閃了	24y		암글젼(왜1)	痊	51z
허러뜸뜬ᄂ병(역1)	癩瘡	62y		약(몽2)	藥材	07y
허리ᄀ못다(동2)	閃腰	08z		약약(왜1)	藥	52z
허리ᄀ못다(역3)	閃腰	35y		어루러기(역1)	癜疾	62z
허믈(동2)	瘡疤	08z		어루러기뎐(왜1)	癜	51z
허믈(몽2)	瘡疤	06z		어리다(동2)	吊了	07z
허믈(역1)	疤癩	63y		어즐ᄒ다(역3)	發昏	34y
허믈(역3)	瘡疤	35y		언쳥이(동2)	豁唇子	08z
허믈지다(역3)	成疤	35y		언쳥이(몽2)	豁唇子	06z
헌허믈렛미듭(역1)	疙疸	62z		여드름(몽3)	熱疙疸	24y
헐못다(동2)	遍瘡	07z		역질도셔다(역3)	痘回了	35y
헐못다(몽2)	遍瘡	06y		역질돗다(몽3)	出花	24z
혀뎌르다(동2)	短舌頭	09y		역질삭뵈다(역3)	見苗	35y
현운(왜1)	眩暈	50z		역질ᄒ다(동2)	出花兒	07z
혹(동2)	瘰俗	08y		역질ᄒ다(몽2)	出花兒	06y
혹(몽2)	瘰俗	06y		염병(동2)	瘟疫	07y
혹(역1)	疣疸	63y		염병(몽2)	瘟疫	05z
혹우(왜1)	疣	51z		염병(역3)	瘟病	34y
혼졀ᄒ다(동2)	發昏	07z		오랜병(역3)	病纒綿	34z
후비(왜1)	喉痺	51y		옴(동2)	疥瘡	07z
흉통(왜1)	胸痛	51y		옴(몽2)	疥瘡	06y
ᄒ릴츄(왜1)	瘳	52z		옴(역1)	疥瘡	62y
흔눈머다(동2)	瞎一眼	08z		옴개(왜1)	疥	51z
흔눈머다(몽2)	瞎一眼	07y		일목(왜1)	一目	52y
힝역(역1)	出痘兒	62z		입시욹불웃다(역3)	繭唇	34z
황달(왜1)	黃疸	51y		외감(왜1)	外感	50z
쓸알히다(동2)	刺疼	07y		외불(역1)	潮毬	63y
쓸알히다(몽3)	刺疼	24y		왜ᄌ(왜1)	矮子	52y
안막(왜1)	眼膜	52y				
안흐로곰다(몽3)	徃裏套	24z				
알디킨눈(동2)	蘿蔔眼	08z		**[醫 藥]**		
알딕힌눈(몽2)	蘿蔔眼	07y				
알흘통(왜1)	痛	50z		감인(역3)	鷄頭	36y

고은약(역1)	膏藥	63z
됴리ᄒ다(역1)	將息	64y
되씨다(동2)	甦醒	09y
되씨다(역3)	甦醒	35z
믹보다(역1)	看脉	64y
믹잡다(역1)	把脉	64y
발표ᄒ다(동2)	得了汗	09y
병고치다(동2)	醫病	09y
병고티다(역1)	醫病	64y
병낫다(동2)	病痊	09y
병머즉다(역1)	好些兒	64y
병우연ᄒ다(동2)	病少間	09y
병위연ᄒ다(역3)	病小間	35z
병ᄒ리다(역3)	病痊	35z
병홀이다(역1)	疴了	64y
뜸쓰다(역1)	灸了	64y
뿍ᄀᄒ다(역3)	艾焙	35z
샤향(역3)	香臍子	36y
싯눈약(역1)	洗藥	63z
뜸단지ᄒ다(동2)	拔火罐子	09y
뜸ㅅ단지(역3)	拔火罐	35z
뜸질ᄒ다(동2)	艾灸	09y
뜸질ᄒ다(역3)	艾灸	35z
쏨내다(동2)	取汗	09y
쏨내다(역1)	出汗	64y
쏨내다(역3)	得了汗	35z
쏨흐르다(역1)	盪汗	64y
쏨ᄆᄅ다(역1)	燥汗	64y
죽은것다시사다(동2)	死而復生	09y
침(동2)	鍼	09y
침주다(동2)	下鍼	09y
침주다(역1)	下針	64y
쾌복ᄒ다(동2)	痊愈	09y
약가다(역1)	碾藥	63z

약달히다(역1)	湯藥	63z
약먹다(역1)	服藥	63z
약ᄇᄅ다(역1)	搽藥	63z
약싸ᄒ다(역1)	剉藥	63z
약짓다(역1)	合藥	63z
약ᄒ복(역1)	一服	64y
약ᄒ텹(역1)	一貼	64y
약ᄒ환(역1)	一丸	64y
약환짓다(역1)	丸藥	63z
우각뜸(역1)	虛灸	64y

[卜 筮]

과ᄉ시기다(역1)	破卦	64z
날ᄀᆯ히다(역1)	揀箇日子	64z
졈복사슬빠히다(역1)	抽簽	64z
졈복ᄒ다(역1)	占問	64z
때ᄀᆯ히다(역1)	擇箇時候	64z
졈티다(역1)	筭卦	64z
졈ᄑ다(역1)	賣卜	64z
졈ᄒ눈이(역3)	打卦的	36y
팔ᄌ헤아려보다(역1)	筭命	64z
틱일(역3)	索日	36y

[筭 數]

가비얍다(동2)	輕啊	22z
가비얍다(몽2)	輕啊	18y
근근(왜1)	斤	55z
근ᄃ다(동2)	秤稱	22z
근ᄃ다(몽2)	秤稱	18y
남다(동2)	餘剩	22z
남다(몽2)	餘剩	18y

표제어	한자	위치	표제어	한자	위치
너푼(역1)	四分	65y	둘재(동2)	第二	21z
넉넉ᄒ다(동2)	餘裕	22z	둘재(몽2)	第二	17y
넉넉ᄒ다(몽2)	有句	18y	대되몃고(역1)	一總幾箇	65y
넉ᄉ(왜1)	四	55y	대되혜다(역3)	大模兒筭	36z
닐곱(동2)	七箇	21y	되(왜1)	升	55z
닐곱(몽2)	七箇	16z	되다(동2)	量量	22z
닐곱근(역1)	七斤	65y	되다(몽2)	量量	18y
닐곱벌(역3)	七件	36z	되다(역3)	量量	36y
닐곱칠(왜1)	七	55y	량량(왜1)	兩	55z
닐흔(동2)	七十	21y	마흔(동2)	四十	21y
닐흔(몽2)	七十	17y	마흔(몽2)	四十	16z
네아롬(역3)	四摟	36z	만(동2)	一萬	21z
넷(동2)	四箇	21y	만(몽2)	一萬	17y
넷(몽2)	四箇	16z	만타(동2)	多啊	22z
다섯쪽(역3)	五瓣	36z	만타(몽2)	多啊	18y
다ᄉᆞ오(왜1)	五	55y	말두(왜1)	斗	55z
다ᄉᆞᆺ(동2)	五箇	21y	모조리혜다(역3)	赶帳筭	36z
다ᄉᆞᆺ(몽2)	五箇	16z	무겁다(동2)	重啊	22z
닷돈(역1)	五錢	65y	무겁다(몽2)	重啊	18y
더다(동2)	減除	22z	밤다(동2)	臂量	22z
더다(몽2)	減除	18z	밤다(몽2)	臂量	18y
더ᄒ다(동2)	添上	23y	밤다(역3)	臂量	36y
더ᄒ다(몽2)	添上	18z	빅(동2)	一百	21y
덕은것(역1)	火帳	65y	빅(몽2)	一百	17y
돈젼(왜1)	錢	55z	ᄲᅡᆼ짓다(몽2)	作雙	18y
됴곰(역3)	一點子	36y	ᄲᅡᆼᄲᅡᆼ이(몽2)	雙雙	17z
두뭇(역3)	二綑	36y	ᄶᅡᆨᄶᅡᆨ이(몽2)	隻隻	17z
두 번(동2)	二次	21z	산두다(역1)	打筭	64z
두 번(몽2)	兩次	17y	석삼(왜1)	三	55y
두이(왜1)	二	55y	셜흔(동2)	三十	21y
두재(역1)	二尺	65y	셜흔(몽2)	三十	16z
둘(동2)	二箇	21y	셤셕(왜1)	石	55z
둘(몽2)	二箇	16z	손곱아혜다(동2)	屈指數	20z
둘식(몽2)	每兩箇	17y	손곱아혜다(몽2)	屈指數	16z

손곱아혜다(역3)	用手筭	36y	죠곰(동2)	一點子	22y
수(동2)	數兒	20z	첫것(동2)	第一	21z
수(몽2)	數兒	16z	첫것(몽2)	第一	17y
수혜다(동2)	數數	20z	천(동2)	一千	21y
수혜다(몽2)	數數	16z	천(몽2)	一千	17y
수혜다(역1)	數數	64z	치촌(왜1)	寸	55z
수잇는것(동2)	有數的	22z	크게(몽2)	大	18z
스믈(동2)	二十	21y	크다(몽2)	大了	18z
스믈(몽2)	二十	16z	푼(동2)	分	21z
세발(역1)	三托	65y	푼분(왜1)	分	55z
세우흠(역3)	三掬	36z	필필(왜1)	疋	55z
셋(동2)	三箇	21y	혼근(몽2)	一斤	17y
셋(몽2)	三箇	16z	혼나(동2)	一箇	20z
셋식(몽2)	每三箇	17y	혼나(몽2)	一箇	16z
셋재(동2)	第三	21z	혼나(역1)	一箇	64z
셋재(몽2)	第三	17y	혼나식(동2)	每一箇	21z
쉰(동2)	五十	21y	혼나식(몽2)	每一箇	17y
쉰(몽2)	五十	16z	혼낫(동2)	一箇	21z
싣다(동2)	縮了	22z	혼낫(몽2)	一顆	17z
싣다(몽2)	少了	18y	혼낫(역1)	一粒	65y
싹싹이(동2)	隻隻	22y	혼냥(몽2)	一兩	17z
자척(왜1)	尺	55z	혼돈(동2)	一錢	21z
쟝ㅅ대(동2)	量杆	22y	혼돈(몽2)	一錢	17z
저울세다(동2)	稱高	22z	혼뭇(동2)	一綑	22y
저울세다(몽2)	稱高	18y	혼뭇(몽2)	一綑	17z
저울ㄴ리다(동2)	拉拉	22z	혼발(동2)	一托	22y
저울ㄴ리다(몽2)	拉拉	18y	혼발(몽2)	一托	17z
져근쌈(동2)	一虎口	22y	혼번(동2)	一次	21z
져기(동2)	略小	23y	혼번(몽2)	一次	17y
져기(몽2)	小些	18z	혼번식(동2)	每一次	21z
젹다(동2)	小啊	22z	혼번식(몽2)	每一遭	17y
젹다(몽2)	小啊	18y	혼셤(동2)	一擔	22y
젹으마치(동2)	小小的	23y	혼셤(몽2)	一擔	17z
죠고마치(몽2)	一點子	18z	혼쌍(동2)	一雙	22y

흔쟈봄(역1)	一撮	65y	아홉(몽2)	九箇	16z
흔줌(동2)	一把	22y	아홉구(왜1)	九	55z
흔줌(몽2)	一把	17z	아홉말(역1)	九斗	65y
흔줌(역1)	一抄	65y	아홉휘(역3)	九斛	36z
흔츠리(동2)	一遭	21z	아흔(동2)	九十	21y
흔푼(몽2)	一分	17z	아흔(몽2)	九十	17y
흔홉(동2)	一合	22y	약간(동2)	小些	23y
흔홉(몽2)	一合	17z	억억(왜1)	億	55z
흔흔다(동2)	揆量	22z	언머(몽2)	幾箇	17y
흔흔다(몽2)	限量	18y	여든(동2)	八十	21y
흔휘(몽2)	一斛	17z	여든(몽2)	八十	17y
흔빵(몽2)	一雙	17z	여듧되(역1)	八升	65y
흔삑(역1)	一包	65y	여러(동2)	衆啊	22z
흔빡(몽2)	一隻	17z	여러(몽2)	衆啊	18y
흔쏨(동2)	一扎	22y	여러번(동2)	累次	21z
흔쏨(몽2)	一扎	17z	여러번(몽2)	屢次	17y
흔쏨(역1)	一坼	65y	여섯쌍(역3)	六對	36z
흔쏨(역3)	一札	36y	여슌(동2)	六十	21y
흔짝(동2)	一隻	22y	여슌(몽2)	六十	17y
흔아롬(동2)	一摟	22y	여슫륙(왜1)	六	55y
흔아롬(몽2)	一摟	17z	여듦(동2)	八箇	21y
흔오리(동2)	一條	22y	여듦(몽2)	八箇	16z
흔오리(몽2)	一條	17z	여듦오리(역3)	八條	36z
흔우흠(동2)	一掬	22y	여듦팔(왜1)	八	55y
흔우흠(몽2)	一掬	17z	여슷(동2)	六箇	21y
흔일(왜1)	一	55y	여슷(몽2)	六箇	16z
혜다(역1)	筭數	64z	열(동2)	一十	21y
혬수(왜1)	數	55y	열(몽2)	一十	16z
혬쥬(왜1)	籌	55y	열닷(역1)	一十箇	65y
혬혜다(역3)	筭筭	36y	열다슷(동2)	十五	21y
휘(동2)	斛	21z	열다슷(몽2)	十五	16z
쌍쌍이(동2)	雙雙	22y	열셤(역1)	十甑	65y
쌍짓다(동2)	作雙	22y	열십(왜1)	十	55z
아홉(동2)	九箇	21y	열즈로(역3)	十把	36z

엿냥(역1)	六兩	65y
이번(동2)	此番	21z
이번(몽2)	這一遭	17y
일만(역1)	一萬箇	65y
일만만(왜1)	萬	55z
일빅(역1)	一百箇	65y
일빅빅(왜1)	百	55z
일쳑(왜1)	一隻	56y
일쳔(역1)	一千箇	65y
일쳔쳔(왜1)	千	55z
일촬(왜1)	一撮	56y
일태(왜1)	一馱	56y
일악(왜1)	一握	56y

[爭 訟]

간련훈사룸(역1)	干連人	66y
감죄호여결단호다(몽3)	勘斷	29z
결단호다(역1)	決斷	66y
결ㅅ단호다(동2)	斷了	29z
결ㅅ단호다(몽2)	斷了	24z
공스호다(역1)	聽理	66y
구의숑스호다(역1)	打官司	65z
구히호여뭇다(몽3)	究問	29z
그름(동2)	不是的	29z
그름(몽2)	不是的	24y
그릇너기다(동2)	非之	29z
그릇너기다(몽2)	可非	24y
ㄱ마니해호다(역3)	暗筭	37y
니ㄱ다(동2)	切齒	29y
니ㄱ다(몽2)	切齒	23z
놉뛰며소리지르다(몽3)	跳嚷	29y
놈의겨집도적호다(역3)	偸姦	36z
놈의일에버무다(몽3)	?誤	29z
뇌믈쓰다(동2)	打賂	30y
뇌믈쓰다(몽2)	打賂	24z
다딤(역1)	招供	65z*
도적맛다(역1)	喫賊	65z
도적호여가다(역3)	偸去	37y
둘러쳥호다(몽3)	鑽營	29z
ㄷ토다(동2)	相爭	29y
ㄷ토다(몽2)	相爭	23z
ㄷ토다(역3)	相爭	36z
둣토와지져괴다(몽2)	嚷鬧	23z
데날믈뎡호다(역1)	他告着我	66z
데스호다(동2)	批判	29z
데스호다(몽2)	批判	24y
디숑인(몽3)	對頭	29z
런호여즈다(몽3)	連踢	29z
마리부듸잇다(동2)	撞頭	29y
마리부듸잇다(몽2)	撞頭	23z
마리쥐여지르다(몽3)	鑿頭	29z
마리털맛잡다(몽3)	揪頭髮	29z
말리다(역1)	'勸解	66y
말싯구다(동2)	對口	29y
맛다(동2)	喫打	30y
맛다(역1)	喫打	65z
멱잡다(몽3)	招脖子	29z
면질호다(동2)	對質	29z
면질호다(몽2)	對面	24y
무다(역1)	陪者	66z
물리티다(동2)	退他	29z
물리티다(몽2)	退他	24z
믈리다(역1)	追陪	66z
뭇촌일뎨긔호다(몽3)	刁蹬	29z
맹셰호다(몽2)	起誓	23z
미이치다(몽3)	着實打	29z

밍셰ᄒ다(동2)	起誓	29y		자분것밧다(역1)	接受東西	65z
발괄ᄒ다(역1)	打告	65z		작난ᄒ다(동2)	亂鬧	29y
버믄사룸(역1)	連B累人	66y		작난ᄒ다(몽2)	亂鬧	23z
벗치다(역3)	抵賴	37y		져조어뭇다(동2)	拷問	29z
보방ᄒ다(역1)	保官	66y		져조어뭇다(몽2)	拷問	24y
본증(역1)	證見人	66y		주머귀로지르다(몽3)	拳搗	29z
봉쵸(동2)	口供	29z		주머귀로치다(역3)	拳打	36z
봉쵸(몽2)	口供	24y		주머귀로티다(동2)	拳打	29y
봉쵸(역3)	口供	37y		주머귀로티다(몽2)	拳打	23z
ᄯ지람듯다(역1)	喫罵	65z		지져괴다(동2)	嚷鬧	29y
ᄯ어두로다(동2)	採回來	29z		죄주다(동2)	罪他	30y
ᄯ어두로다(몽2)	採回來	24z		죄주다(몽2)	罪他	24z
ᄯ으다(동2)	拉	29z		쳥ᄉ길다히다(역3)	打線索	37y
ᄯ으다(몽2)	拉	24z		청쵹(몽2)	關節	24y
ᄲᆞᆫ가듥일(몽3)	叉股事	29z		청쵹ᄒ다(몽2)	打關節	24z
ᄲᅡ혀드다(동2)	抽拿	30y		츄정ᄒ다(몽3)	追告	29z
ᄲᅡ혀드다(몽2)	抽拿	23z		치다(역3)	打他	36z
ᄲᅢᆷ티다(동2)	打嘴吧	29y		츳다(동2)	踢了	29y
ᄲᅢᆷ티다(몽2)	打嘴吧	23z		츳다(몽2)	踢了	23z
사ᄒᆨᄒ다(동2)	査査	29z		티다(동2)	打	30y
사ᄒᆨᄒ다(몽2)	査査	24y		풀쏨내다(몽2)	攘臂	23z
샤ᄒ다(역3)	饒他	37y		풀쏨내다(동2)	攘臂	29y
서ᄅᆞ치다(역3)	厮打	36z		풀쏨내다(역3)	攘臂	36z
소지졍ᄒ다(몽2)	告狀	24y		폐단(몽3)	情獘	30y
숑ᄉ(동2)	訟	29y		하다(역1)	告訴	65z
숑ᄉᄒ다(동2)	打官司	29y		할이다(역1)	喫告	65z
쇼쳥ᄒ다(역1)	打關節	65z		허위다(몽2)	抓了	23z
숑ᄉ(몽2)	訟	23z		허휘티다(동2)	抓了	29y
숑ᄉ뒤집히다(몽3)	官司翻了	29z		혀겨힐후다(역1)	刁蹬	66y
숑ᄉᄒ다(몽2)	打官司	24y		희짓다(역1)	弄壞了	66y
스지졍ᄒ다(동2)	告狀	29y		화논ᄒ다(역1)	講和	66z
신원ᄒ다(동2)	伸枉	30y		싸호다(역1)	交手	66y
신원ᄒ다(몽2)	伸枉	24z		아사가다(역3)	搶去	37y
신원ᄒ다(역3)	伸枉	37y		아이다(역1)	喫奪了	65z

아이다(역3)	被搶了	37y
악뼈벗치다(역3)	撒賴	37y
악쓰다(몽2)	用强	23z
알외다(몽2)	告訴	24y
알의다(동2)	告訴	29y
억지로ᄒ다(몽3)	壓派	29z
올흠(동2)	是的	29z
올흠(몽2)	是的	24y
올히너기다(동2)	是之	29z
올히너기다(몽2)	可是	24y
일에잇글리이다(몽3)	被牽扯	29z
일힐흠(역1)	合口	66y
입히롬(몽3)	犕嘴	29y
입힐홈ᄒ다(동2)	爭嘴	29y
입힐홈ᄒ다(몽2)	爭嘴	23z
익미(동2)	寃枉	30y
익미히무다(역1)	枉陪	66z
익미ᄒ다(동2)	寃屈啊	30y
원슈(동2)	怨家	29z
원슈(몽2)	怨家	24y
원슈(역3)	寃家	36z
원슈갑다(동2)	報怨	29z
원슈갑다(몽2)	報怨	24y
원슈갑다(역3)	報寃	37y
원슈짓다(동2)	結怨	29z
원슈짓다(몽2)	結怨	24y
원척(동2)	被告人	29y
원척(몽2)	被告	24y
원통ᄒ다(역3)	寃屈	36z
원억(몽2)	寃枉	24z
원억ᄒ다(몽2)	寃屈啊	24z

[刑　獄]

가도다(동2)	監着	31y
가도다(몽2)	監着	25z
가도다(역1)	監囚	67y
가도다(역1)	牢裡監者	66z
가돌슈(왜1)	囚	54y
갓벗겨드리나(역1)	採帽子來	67y
갸군ᄒ고티ᄂ나모(역1)	杠子撞	67y
걸릴구(왜1)	拘	54y
결단(왜1)	決斷	54z
결박(왜1)	結縛	54y
결박ᄒ다(동2)	綁着	31y
결박ᄒ다(역3)	綁着	37y
고모도적(동2)	?盜	30z
곤댱으로티다(역1)	棍打	67z
곤쟝(동2)	板子	30z
곤쟝(몽2)	板子	25y
곤쟝(역3)	板子	37z
교홀교(왜1)	絞	55y
구향가다(몽2)	擺站去	26y
구향하다(동2)	擺站去	31z
금홀금(왜1)	禁	54y
긴칼(역1)	長枷	67y
개티ᄂ놈(역1)	搶狗的	66z
귀향가다(역1)	擺站去	68y
낫도적(역1)	白眼强盜	66z
노흘방(왜1)	放	54z
놋타(동2)	放他	31y
놋타(몽2)	放他	26y
놋타(역1)	脫放	68y
내칠츌(왜1)	黜	54z
다딤밧다(역1)	取招	67z
다짐글월(역3)	招狀	37z

다스릴치(왜1)	治	54y
단쵸도적ᄒ는놈(역1)	剪紐的	66z
댱(역1)	杖	67z
도년(역1)	徒	68y
도적(몽2)	强盗	25y
도적(역1)	正賊	66z
도적놈(동2)	賊漢	30z
도적맛다(동2)	喫賊	30z
도적맛다(몽2)	喫賊	25y
도적질홀투(왜1)	偸	54y
도적ᄒ다(동2)	?取	30z
도적ᄒ다(몽2)	?取	25y
두로힐워뭇다(역1)	盤問	67z
둥구레칼(역1)	圍枷	67y
등티다(역1)	鞭打背	67z
딜러내티다(역1)	叉出去	68y
대쪽으로티다(역1)	竹板打	67z
뒤다(동2)	搜撿	30z
뒤다(몽2)	搜檢	25y
디로티다(몽2)	笞打	25y
디쟝티(왜1)	笞	54z
류비(역1)	流	68y
막대쟝(왜1)	杖	54z
맛다(몽2)	喫打	25y
멱잡어오다(역1)	招領來	67y
면질ᄒ다(역3)	對面	37z
면ᄒ다(동2)	免了	31y
면ᄒ다(몽2)	免了	25z
목버이다(몽2)	砍頭	26y
목버히다(동2)	砍頭	31z
목버히다(역1)	斬	68y
목버히는놈(역1)	劊子手	68y
목ᄌᄅ다(역1)	絞	68y
무함ᄒ다(역3)	誣害	37z

뭇매로티다(역1)	亂棍打	67z
미러내티다(역1)	碾出去	68y
발명(왜1)	發明	54z
버서나다(동2)	脫出來	31z
버서나다(몽2)	脫出來	26y
범홀범(왜1)	犯	54y
법법(왜1)	法	54y
벗겨내다(동2)	敎脫	31y
벗겨내다(몽2)	敎脫	26y
볼기티다(동2)	打尻骨	30z
볼기티다(몽2)	打屁股	25y
볼기티다(역1)	打臀	67z
봉쵸(왜1)	捧招	54z
불상ᄒ다(동2)	可矜	31z
불샹ᄒ다(몽2)	可矜	26y
븍결ᄒ여오라(역1)	背綁來	67y
베힐참(왜1)	斬	55y
또차내티다(역1)	赶出去	68y
사슬(역1)	鐵鎖	67y
사슬머이다(역1)	鎖了	67y
사롬즉이는터(역3)	法場	37z
사롬둘의여지다(역3)	扳人	37z
사힉(왜1)	查覈	54z
샤ᄒ다(동2)	赦他	31y
샤ᄒ다(몽2)	赦他	25z
샤홀샤(왜1)	赦	54y
손가락의쪄미는것(역1)	僭指	67y
손가락쪄미고티는널쪽(역1)	索板	67y
손에뉴(동2)	手扭	31y
손에뉴(몽2)	手扭	25z
손에뉴박다(역1)	手枏	67y
속공(왜1)	屬公	54z
속밧다(동2)	收贖	31y

쇽밧다(몽2)	收贖	25z		지를즈(왜1)	刺	54z
승복ᄒ다(역3)	認罪	37z		집뒤다(역1)	膽房子	67y
술쓰더죽이다(역1)	剮了	68y		ᄌᄌ지경(왜1)	黥	54z
쇠사슬(동2)	鎖連子	31y		ᄌᄉ현ᄒ다(동2)	自首	30z
쇠사슬(몽2)	鎖連子	25z		ᄌᄉ현ᄒ다(몽2)	自首	25y
쇠사슬(역3)	鎖連子	37z		ᄌᄉ현ᄒ다(역3)	自首	37z
쓰드러오다(역1)	探來	67y		죄결ᄒ다(역1)	決罪	67z
쓰어내티다(역1)	探出去	68y		죄닙다(역1)	伏打	67z
쓰어둘으다(역3)	探回	37z		죄벗다(역3)	脫罪	37z
쌤에ᄌᄌᄒ다(역1)	臉上刺字	68y		죄인져조다(역3)	訊囚	37y
자바드릴나(왜1)	拿	54y		죄줄벌(왜1)	罰	54y
잡힌장믈(역3)	見贓	37y		죄줄젹(왜1)	謫	54z
잡아가도다(역3)	收禁	37z		쳐져조다(역3)	拷訊	37y
장믈(동2)	現贓	30z		츄쇄(왜1)	推刷	54z
장믈(몽2)	現賊	25y		칼(동2)	枷	31y
쟝으로티다(동2)	杖打	30z		칼(몽2)	枷	25z
쟝으로티다(몽2)	杖打	25y		칼(역1)	枷	67y
져조다(역1)	栲問	67z		칼머이다(역1)	枷了	67y
져줄신(왜1)	訊	54z		칼메우다(역1)	枷號	68y
격몰ᄒ다(동2)	抄家	31z		칼씌오다(동2)	穿枷	31y
격몰ᄒ다(역3)	抄家	37z		칼삑오다(몽2)	穿枷	25z
격물ᄒ다(몽2)	抄家	26y		칼삑오다(역3)	穿枷	37y
졉을셔(왜1)	恕	54z		티다(몽2)	打	25y
족쇄(역1)	脚鐐	67y		티(역1)	笞	67z
족쇄(동2)	脚鐐	31y		티로티다(동2)	笞打	30z
족쇄(몽2)	脚鐐	25z		허물과(왜1)	過	54y
주기도록(동2)	到死	31z		허물죄(왜1)	罪	54y
죽을죄인(역3)	死囚	37y		형벌(동2)	刑	30y
죽일살(왜1)	殺	55y		형벌(몽2)	刑	24z
쥬뢰트는나모(역1)	夾棍	67y		형벌형(왜1)	刑	54y
쥬릐(동2)	挾棍	30z		형벌ᄒ다(동2)	用刑	30y
쥬릐(몽2)	挾棍	25y		형벌ᄒ다(몽2)	用刑	24z
쥬릐트다(동2)	挾挾棍	30z		형벌ᄒ다(역3)	用刑	37z
쥬릐트다(몽2)	挾挾棍	25z		효시(왜1)	梟示	55y

혼(동2)	限期	31y
혼(몽2)	限期	25z
혼믈리다(동2)	寬限	31y
혼믈리다(몽2)	寬限	25z
혼졍ᄒ다(동2)	之限	31y
혼졍ᄒ다(몽2)	定限	25z
힝츳칼(역1)	行枷	67y
아프게ᄒ다(동2)	敎疼	30z
아프게ᄒ다(몽2)	敎疼	25z
아이다(몽2)	被搶了	25y
앗기이다(동2)	被搶了	30z
앗다(동2)	搶了	30z
앗다(몽2)	搶了	25y
약머겨주기다(동2)	藥殺了	31z
오챠ᄒ여죽이다(역1)	陵遲	68y
옥옥(왜1)	獄	54y
일나다(동2)	事情出來	31z
일나다(몽2)	事情出來	26y
일내다(동2)	惹事	31z
일내다(몽2)	惹事	26y
일내다(역3)	惹事	37z
일주저안ㅅ다(동2)	息事	31z
일주저안ㅅ다(몽2)	息事	26y
일쓰다(동2)	弭事	31z
일쓰다(몽2)	弭事	26y
이미히승복ᄒ다(역3)	屈認	37z
의심젓다(동2)	可疑	31z
의심젓다(몽2)	可疑	26y

[賣 買]

가난(동2)	貧	28z
가난(몽2)	貧	23y
가난ᄒ다(동2)	貧窮	28z
가난ᄒ다(몽2)	貧窮	23y
가난홀빈(왜1)	貧	57y
가세(왜1)	家貰	56z
가플샹(왜1)	償	56z
가업(동2)	産業	28y
가업(몽2)	産業	23y
가옴여다(동2)	富啊	28z
가옴여다(몽2)	富啊	23y
가옴열부(왜1)	富	57y
갑(동2)	價錢	27y
갑(몽2)	價錢	21z
갑가(왜1)	價	56y
갑과ᄒ다(동2)	價高	27y
갑과ᄒ다(몽3)	價昂	28z
갑노다(동2)	價貴	27y
갑노다(몽2)	價貴	21z
갑드리오다(역1)	拖欠	69y
갑ᄲ다(몽2)	價直	21z
갑ᄊ다(동2)	價直	27y
갑졀(동2)	一倍	27y
갑졀(몽2)	一倍	22y
갑졀(역3)	一倍	38y
갑졀비(왜1)	倍	56z
갑졍ᄒ다(역3)	開帳	38y
갑직(왜1)	直	56y
갑치다(몽3)	估價	28z
갑혀기다(역1)	講價	69y
갑흔ᄒ다(동2)	價賤	27y
갑흔ᄒ다(몽2)	價賤	21z
갑알맛다(동2)	價相等	27y
갑알맛다(몽2)	價相等	21z
갑알맛다(역3)	價直	38y
강가(왜1)	講價	56y

거두어사다(역1)	收買	69y		동모(왜1)	同謀	57y
거릿모롱이(역1)	角頭	68z		동무(역1)	夥計	68z
거즛것(역1)	假的	69z		두어라ᄒ다(역1)	將就	69y
겨르다(몽3)	隔出	29y		디쳔ᄒ다(동2)	狠賤	27y
고기노하ᄑᆞᆫ디(역1)	肉案	69y		둘ㅅ변리(역3)	月利錢	38z
고로다(동2)	均勻	27z		디예믈리다(동2)	代徵	28y
고로다(몽2)	均勻	22y		디예믈리다(몽2)	替賠	22z
곳쳐두다(역3)	改兌	38z		리(동2)	利錢	27z
글월벗기다(역1)	稅契	69z		리(몽2)	利	22y
기름ᄑᆞᆫ디(역1)	油房	68z		리홀리(왜1)	利	56z
길벋(몽2)	路半	22z		리업다(동2)	丟利	27z
ᄀᆞ장됴타(역3)	狠好	38y		리업다(몽2)	丟利	22y
ᄀᆞ장됴타(역1)	絶高	69z		리잇는것(동2)	有利的	27z
ᄀᆞᆺ치ᄂᆞᆫᄒ다(몽3)	平分	29y		리잇는것(몽2)	有利的	22y
귀ᄒ다(역1)	稀罕	69z		막밧고다(역1)	對換	69y
나라에셔쓸것(역3)	上用的	38y		만히더ᄒ다(몽3)	多加	29y
남은것(역3)	剩的	38y		명문(동2)	文契	28y
눈에츤것(역3)	上眼的	38y		명문(몽2)	文契	22z
니내다(역1)	轉錢	69z		명문(왜1)	明文	56z
ᄂᆞᆫᄒ다(동2)	分了	27z		모도(역3)	一倂	38y
ᄂᆞᆫᄒ다(몽2)	分了	22y		모ᄌᆞ란것(역3)	欠的	38y
ᄂᆞ화벼로다(동2)	按人派分	28y		무긔들머겨보다(몽3)	掂估輕重	29y
ᄂᆞ화벼로다(몽3)	分派	29y		문셔(역3)	文契	38z
눕모로게ᄀᆞᆯ여먹다(몽3)	侵蝕	28z		물화(왜1)	物貨	56y
녜숫것(역1)	常行的	69z		믿본(왜1)	本	56y
더달라다(몽3)	爭添	28z		밋디다(역1)	折本	69z
더음(동2)	補錠	27z		밋지다(역3)	虧本	38z
더음(몽2)	補錠	22y		밋쳔(역3)	本錢	38z
더ᄒ다(역3)	添上	38y		밋짜쎳(역1)	地頭的	69z
뎐당(왜1)	典當	56z		반젼(동2)	盤費	27z
뎐당믈너주다(몽3)	許贖	29y		반젼(몽2)	盤纏	22y
뎐당푸ᄌ(역3)	當鋪	38z		받골역(왜1)	易	56y
돈버으다(역3)	掙錢	38z		발내다(역1)	倡價	69y
동모(몽2)	夥計	22z		밥ᄑᆞᆫ디(역1)	飯店	68z

밧고다(동2)	兌換	27z	비곱프다(동2)	餓了	28z
밧고다(몽2)	兌換	22y	ᄲᅡ냐ᄲᅡ지아니나(역3)	直不直	38y
밧고다(역3)	換換	38y	사는님자(역1)	買主	68z
변리(동2)	月利錢	27z	사다(동2)	買了	27y
변리(몽2)	月利錢	22y	사다(몽2)	買了	21z
변리느다(동2)	利息	27z	사라가다(동2)	買去	27y
변리느다(몽2)	息利	22y	사라가다(몽2)	買去	21z
변리변(왜1)	邊	56z	사라오다(동2)	來賣	27y
별리잇는빗(역3)	子母債	38z	사라오다(몽2)	來賣	21z
보고욕심내다(몽3)	眼饞	28z	사룸혜여는호다(몽3)	叩籌分給	29y
보두다(동2)	做保人	28y	삭내다(역3)	雇了	39y
보두다(몽2)	做保人	22z	살미(왜1)	買	56y
보둘보(왜1)	保	56z	샹고(왜1)	商賈	57y
볼모지(왜1)	質	56z	셟다(역1)	虧了	69z
분반ᄒ다(역3)	對半分開	38y	쇽결업다(역1)	不濟事	69z
분복(동2)	福分	28z	수북이되다(몽3)	尖量	29y
분복(몽2)	福分	23y	수에ᄲᅡ지다(몽3)	落空	29y
분집(왜1)	分執	57y	술프는집표ᄒ긔(역1)	青帘	69y
비ㅅ구러기(몽3)	債椿	29y	술프는디(역1)	酒店	68z
빈채(왜1)	債	56z	숫막(동2)	店房	28y
빌차(왜1)	借	56z	숫막(몽2)	店房	22z
빗(동2)	債	28y	슈공(동2)	工錢	27z
빗(몽2)	債	22y	슈공(몽2)	工錢	22y
빗갑다(동2)	還償	28y	슬타(역1)	不肯	69z
빗갑다(몽2)	還償	23y	시가대로ᄒ다(역1)	照市'r	69y
빗내다(동2)	出債	28y	시직(왜1)	市直	56y
빗내다(몽2)	出債	22z	스망(동2)	造化	28y
빗만타(몽3)	債多	29y	스망(몽2)	造化	22z
빗문셔(역3)	借契	38z	스망잇다(동2)	大造化	28y
빗쑤러이(역3)	債椿	38z	스망잇다(몽2)	造化高	22z
빗주다(동2)	放債	28y	세내다(동2)	雇了	27z
빗주다(몽2)	放債	22z	세내다(몽2)	雇了	22y
빗지촉ᄒ다(역3)	討債	38z	세낼님(왜1)	賃	56z
비골푸다(몽2)	肚裏餓了	23y	세밧치다(역3)	上稅	39y

싱이(왜1)	生涯	57y		지쳔ᄒ다(몽2)	狠賤	22y
쑬디(왜1)	貸	56z		진짓것(역1)	眞的	69z
쩌혀내다(동2)	分開	27z		질지(역1)	稅錢	69z
쩌혀내다(몽2)	分開	22y		즈륵북들고도는댱ᄉ(역1)		
쩌혀먹다(동2)	?喫	27z			搖貨郎	69y
쩌혀먹다(몽2)	?喫	22z		지산(왜1)	財産	57y
쩌혀먹다(역3)	吮喫	38z		츄렴ᄒ다(역3)	湊歛	38y
쏜로치오다(역3)	另補	38z		츄이(왜1)	推移	57y
빠히다(몽3)	除出	29y		츄징(왜1)	推徵	56z
자분것ᄑ눈집의보람ᄒ쿤것(역1)				큰져울(몽3)	稱	29y
	幌子	69y		큰져지(역1)	大市	68z
쟝보라가다(역1)	趕集	68z		탕패ᄒ다(동2)	敗	28z
쟝지(역3)	財主	18z		탕패ᄒ다(몽2)	罄業	23z
져울격이ᄂ리다(몽3)	稱底些	29y		텨주다(동2)	抵兌還償	28y
져울축치오다(역3)	補秤	18z		텨주다(몽2)	抵兌還償	23y
져비질르다(몽2)	撚閭	22y		텬평으로두다(몽3)	天平兌	29y
져제(몽2)	市上	22z		투정ᄒ다(역3)	討添	38y
져젯거리(역1)	街上	68z		푸즈(동2)	鋪子	28y
전당무루다(동2)	還當	28y		푸즈(몽2)	鋪子	22z
전당물르다(몽2)	還當	22z		ᄑ다(동2)	賣了	27y
전당므르다(역3)	還當	38z		ᄑ다(몽2)	賣了	21z
전당푸즈(동2)	當鋪	28y		ᄑ다(역1)	發賣	69y
전당푸즈(몽2)	當鋪	22z		ᄑ눈님자(역1)	賣主	68z
전당ᄒ다(동2)	典當了	28y		폴미(왜1)	賣	56y
전당ᄒ다(몽2)	典當了	22z		혼쟈가지다(몽3)	獨佔	28z
접이지르다(동2)	撚閭	27z		흔ᄒ다(역1)	廣	69z
좀것(역3)	平常的	38y		흘림ㅅ쟝(역3)	流水帳	38z
주리다(동2)	餓着	28z		홍리(왜1)	興利	56z
주리다(몽2)	餓着	23y		홍졍므르다(역1)	打倒	69z
주림(동2)	餓	28z		홍졍바치(역1)	利家	69y
주림(몽2)	餓	23y		홍졍밧치(역3)	買賣人	38y
즈름(역1)	牙子	68z		홍졍시쟉ᄒ다(역1)	開鋪	69y
즈름갑(역1)	牙錢	69z		홍졍못다(역1)	成交	69y
증인(왜1)	證人	56z		홍졍ᄒ다(동2)	做賣買	27y

훙졍ᄒ다(몽2)	做賣買	21z		금박(역3)	飛金	39y
훙졍ᄒ다(역3)	做買賣	38y		금은ㅅ덩이(역3)	錠子	39y
훙졍ᄒ는술위(역1)	貨車	69y		금은져근덩이(몽2)	錠子	18z
훙졍ᄒ는ᄃᆡ(역1)	鋪子	68z		금패(역2)	金珀	02y
훙판판(왜1)	販	56y		나뎐(역2)	鈿螺	02y
ᄒᆞᆫ번에믓다(역1)	一倒兩斷	69y		날(역2)	刺兒	02y
혬믓다(역3)	完帳	38z		납(동2)	錫鑞	24y
횡지ᄒ다(역3)	大發財	38y		납(역2)	錫鑞	02z
여러히ᄂᆞᆫ호다(동2)	衆共分	27z		납랍(왜2)	鑞	09y
엿ᄑᆞᄂᆞᆫᄃᆡ(역1)	糖房	68z		노길용(왜2)	鎔	09y
은ᄃᆞᄃᆡ(역3)	兌銀子	38z		놀유(왜2)	鍮	09y
외자내다(동2)	賒着來	27z		놋(동2)	鍮鐵	23z
외자내다(몽2)	賒着來	22y		놋(몽2)	鍮鐵	19y
외자ㅅ쟝(역3)	賒帳	38z		놋(역3)	鍮	39y
위여ᄑᆞ다(몽2)	吆喝着賣	22y		누른금(역2)	黃金	01z
워겨ᄑᆞ다(동2)	吆喝着賣	27y		니금(왜2)	泥金	08y
웨여ᄑᆞ다(역3)	噯哽賣	38y		니긴쇠(동2)	熟鐵	23z
				니길련(왜2)	鍊	09y
				닉인쇠(몽3)	熟鐵	27z
[珍 寶]				닉인쇠(역3)	熟鐵	39z
				돈(동2)	錢	23y
거믄금(역2)	烏金	01z		돈(몽2)	錢	18z
검금(역3)	黑鐢	39z		돈젼(왜2)	錢	08z
구리(동2)	紅銅	23z		돈쎄음(동2)	錢串	23y
구리(몽2)	紅銅	19y		돈쎄음(몽2)	錢串	18z
구리(역2)	紅銅	02z		됴흔쇠(역3)	鋼鐵	19y
구리동(왜2)	銅	08z		됴흔쇠(동2)	鋼鐵	23z
구슬(역2)	珠子	01z		됴흔쇠(몽2)	鋼鐵	19y
구은옥(역2)	茅山石	02z		두셕(역3)	黃銅	39z
구읫나기은(역2)	官銀	01z		듀셕(동2)	黃銅	23z
구슬쥬(왜2)	珠	08z		듀셕(몽2)	黃銅	19y
금(동2)	金子	23y		디모(왜2)	玳瑁	08z
금(몽2)	金子	18z		라뎐(왜2)	螺鈿	08z
금(역2)	金子	01z		류리(역3)	玻瓈	39y

류리(왜2)	琉璃	08z		빅랍(왜2)	白蠟	09z
류황(왜2)	硫黃	09z		빅쳘(몽2)	錫	19y
마노(동2)	瑪瑙	23z		빅퉁(동2)	白銅	23z
마노(몽2)	瑪瑙	19y		빅퉁(몽2)	白銅	19y
마노(왜2)	瑪瑙	08z		산호(왜2)	珊瑚	08z
망쵸(동2)	皮硝	24y		샹아(왜2)	象牙	09y
망쵸(몽2)	皮硝	19z		셔각(왜2)	犀角	09y
명패(역2)	明珀	02y		셕뉴황(동2)	硫黃	24y
무공쥬(왜2)	無孔珠	08z		셕뉴황(몽2)	硫黃	19z
미라(동2)	蜜蠟	23z		셕닌(역3)	雲母	39y
미라(몽2)	蜜蠟	19y		숑지(동2)	松香	24y
밀(동2)	黃蠟	24y		슈은(왜2)	水銀	08z
밀(몽2)	黃蠟	19z		슈졍(왜2)	水晶	08z
밀(역3)	黃蠟	39z		슉동(왜2)	熟銅	09y
밀랍(왜2)	蠟	09z		셰살쿠즈(역2)	細絲	01z
밀랍(왜2)	蜜蠟	08z		쇠(동2)	鐵	23z
물굽쇠(동2)	元寶	23y		쇠(몽2)	鐵	19y
물굽쇠(몽3)	元寶	27z		쇠금(왜2)	金	08y
물굽쇠(역2)	元寶	01z		쇠니기다(동2)	鍊鐵	24y
버리(동2)	玻瓈	23z		쇠텰(왜2)	鐵	09y
보리(몽2)	玻瓈	19y		쇠티다(동2)	打鐵	24y
보믜(동2)	鐵銹	24y		쇠쏭(역3)	生鐵梢	39z
보믜(몽2)	鐵銹	19y		싱동(왜2)	生銅	09y
보믜쓰다(동2)	銹了	24y		쟈개(동2)	硨磲	23z
보믜쓰다(몽2)	銹子	19z		쟈개(역2)	王車 琚	02y
보비(동2)	寶貝	23y		쟈기패(왜2)	貝	08z
보비(몽2)	寶貝	18z		쥬셕셕(왜2)	錫	09y
보비보(왜2)	寶	08y		쥬홍(동2)	銀珠	24y
붕사(왜2)	硼砂	09z		쥬홍(몽2)	銀珠	19z
블근금(역2)	赤金	01z		쥬홍(역2)	銀硃	02z
블린금(몽3)	精金	27z		쥬수(왜2)	朱砂	09y
비상(왜2)	砒礵	09z		즘은(역3)	潮銀	39y
빗연금(몽3)	茱金	27z		지을쥬(왜2)	鑄	09y
비반(왜2)	白礬	09z		진쥬(왜2)	珍珠	08z

즈공(역3)	紫膠	39z
즈셕(왜2)	磁石	09z
지믈(몽3)	貨財	27z
쳑동(왜2)	尺銅	09y
파란(역3)	法瑯	39y
함셕(왜2)	含錫	09y
호박(왜2)	琥珀	08z
아교(왜2)	阿膠	09z
야광쥬(동2)	猫睛	23y
연(몽2)	黑鉛	19z
연(혹 함셕)(역2)	黑鈆	02z
연연(왜2)	鉛	09y
염쵸(왜2)	焰硝	09z
오동(왜2)	烏銅	09y
옥(역2)	玉	01z
옥옥(왜2)	玉	08z
옥뿔는것(역2)	金'''鑽	02z
은(동2)	銀子	23y
은(몽2)	銀子	18z
은(역2)	銀子	01z
은은(왜2)	銀	08y
왜진쥬(동2)	東珠	23y
왜진쥬(몽2)	東珠	18z

[蚕 桑]

고치(역3)	蠶繭	39z
고티짓다(역2)	結繭	03y
고티쁘다(역2)	摘繭	03y
나븨나다(역2)	出蛾子	03y
나븨어우다(역2)	成對	03y
누에알스다(역2)	下子	03y
누에치다(역2)	養蚕	03y
누에쓰다(역2)	掃下	03y
누에삐(역2)	蚕種	03y
둘째줌(역2)	二眠	03y
본도기(역2)	蚕蛹	03y
섭헤올리다(역2)	上草	03y
실닉이다(역3)	練絲	40y
실르리다(역2)	絡絲	03y
실븨다(역3)	捻線	40y
실짯다(역3)	紡線	40y
실혀다(역2)	繰絲	03y
실혀다(역3)	抽絲	40y
첫줌(역2)	頭眠	03y
한줌(역2)	三眠	03y
한줌(역3)	大起	39z

[織 造]

가유ᄒ다(동2)	重油	27y
감차할비단(역2)	酒沉茶褐	04y
거믄아쳥비단(역2)	黑青	04z
거믄차할비단(역2)	丁香褐	04y
검다(동2)	黑	26z
검다(몽2)	黑	20z
검으스러ᄒ다(동2)	淡黑	26z
검으스러ᄒ다(몽2)	淡黑	20z
견(동2)	絹子	24z
고티견(왜2)	繭	10z
곡도숑믈든비단(역2)	茜紅	04y
곳티(동2)	蚕繭	25z
교직(왜2)	交織	10y
굵다(몽2)	麤啊	20z
굵은합션(몽3)	珠兒線	28y
금션(왜2)	金線	10y

금선단(동2)	片金	24z		도홍(왜2)	桃紅	11y
금선단(역3)	片金	40z		도홍비단(역2)	桃紅	04y
금선비단(역2)	織金段子	04y		됴흔능(역2)	聖綾	05y
금의(역2)	錦被	05z		두드림질ᄒ다(역2)	搖搗	06y
금차할비단(역2)	金黃	04y		두록(왜2)	豆綠	11y
깁(동2)	羅	24z		듕삼승(역2)	中三梭	05z
깁(몽2)	絹子	20y		디튼남(동2)	深藍	26y
깁(역3)	絹子	40z		디튼빗(동2)	深濃	26z
깁라(왜2)	羅	10y		딋튼쵸록비단(역2)	栢枝綠	04z
깁릉(왜2)	綾	10y		딋흔빗(몽2)	淏濃	21y
깁사(왜2)	紗	10y		대단(동2)	緞子	24z
깁빅(왜2)	帛	09z		대단(몽2)	緞子	19z
ᄀᄂ다(몽2)	細啊	20z		대홍(왜2)	大紅	11y
광직(왜2)	廣織	10y		량슷엇다(몽3)	儘量得	28z
남(동2)	月白	26y		만히엇다(몽3)	滿得	28z
남빗(몽3)	月白	28z		면쥬(동2)	綿紬	25y
남사(역2)	藍紗	05y		면쥬(몽2)	綿紬	20y
누루다(동2)	黃	26y		면쥬(왜2)	綿紬	10y
누루다(몽2)	黃	20z		모단(왜2)	冒段	10y
누루스러ᄒ다(동2)	淡黃	26y		모단식(몽3)	紅青	28z
누루스러ᄒ다(몽2)	淡黃	20z		모시(동2)	苧布	25y
누은뵈(역2)	洗白布	06y		모시(몽2)	苧布	20y
능(동2)	綾子	24z		모시뵈(역2)	苧麻布	06y
능(몽2)	綾段	20y		목면(왜2)	木綿	10z
눌경(왜2)	經	11y		목홍비단(역2)	木紅	04y
눌넛타(동2)	打緯	25z		무로(역2)	帽紗	05y
눌넛타(몽3)	理橫絲	28y		무문(몽3)	素	28z
눌넛타(역3)	打緯	40y		무ᄌ(역2)	氈子	05z
다홍비단(역2)	大紅	04y		문잇는것(동2)	有花的	26z
다듬다(역2)	舒扯	06y		문잇는것(몽2)	有花的	21y
다듬은깁(역2)	碾絹	05z		믄업슨것(역3)	素的	41y
다식(왜2)	茶色	11y		믄잇는것(역3)	有花的	41y
담미다(몽3)	趐氈子	28y		믈드리다(동2)	打染	26z
도토마리(역2)	機頭	04y		믈드리다(몽2)	打染	21y

믈드리다(역3)	打染	41y		비단조각(몽3)	補丁塊	28y
믈드리는보람(역3)	染記	41y		비단느다(역2)	牽經	05z
믈드릴염(왜2)	染	11z		비단짜는잉아(역2)	掙線	03z
믈든깁(역2)	顏色絹	05z		비단쓴타(역2)	扯段子	05z
믈속(역2)	柚頭	03z		빗(동2)	顏色	26y
매등빗쳇비단(역2)	鷹背褐	04z		빗(몽2)	顏色	20z
편비단(역2)	光素	05y		빗난것(동2)	有色的	26z
바늘쎄는실긋(몽3)	紉頭	28y		빗난것(몽2)	有色的	21y
반믈드리다(동2)	染靛	26z		브디(역2)	筬	03z
반믈드리다(몽2)	染靛	21z		브디셩(왜2)	筬	11y
반믈후염ᄒ다(역3)	倒靑	41y		브디집(역2)	筬筐	03z
방거(왜2)	紡車	10z		브이다(동2)	耀目	26z
방조각(동2)	補齦	26y		뵈(동2)	夏布	25y
방조각(몽2)	補齦	21z		뵈(몽2)	夏布	20y
방쥬(왜2)	方紬	10y		뵈(역2)	夏布	06y
방스쥬(동2)	紡紬	24z		뵈느다(역2)	撒布	05z
방스쥬(몽2)	紡紬	20y		뵈미다(역2)	刷布	06y
버슨금차할비단(역2)	鵝黃	04y		뵈틀(역2)	機身	03z
버슨분홍비단(역2)	水紅	04y		뵈포(왜2)	布	10z
번홍비단(역2)	礬紅	04y		뵈에플머기다(역2)	糨布	06y
베거리(역2)	三脚	03z		뷔트다(동2)	交擰	25z
벽드르운문(역2)	界地雲	05y		븨트다(역3)	交擰	40y
봉이곳치나다는문(역2)	穿花鳳	05y		뻬구롬문(역2)	骨朶雲	05y
북(역2)	梭	03z		뿍빗쳇비단(역2)	艾褐	04z
북사(왜2)	梭	10z		삐넛타(몽3)	理竪絲	28y
분홍비단(역2)	粉紅	04y		삐넛타(역3)	打經	40y
붉다(몽2)	紅	20z		사오나온비단(역2)	草金	04y
붉으스러ᄒ다(몽2)	淡紅	20z		사춤대(역2)	攪棍	03z
붉다(동2)	紅	26y		삼삼다(역2)	績麻	05z
비단(동2)	紬子	24z		삼승(동2)	三梭布	25y
비단(몽2)	紬子	19z		삼승(몽2)	三梭布	20y
비단(역3)	紬子	40z		삼승(왜2)	三升	10z
비단금(왜2)	錦	09z		삼숨다(몽3)	績麻	28y
비단단(왜2)	緞	09z		샤향빗쳇비단(역2)	麝香褐	04z

션단(동2)	閃段	24z	실골이다(역2)	理理絲	03z
션단(역3)	閃緞	40z	실골히다(동2)	理理絲	25y
션단(왜2)	縇段	10y	실골히다(몽2)	理絲	20z
셤단(왜2)	閃段	10y	실눈느리다(몽3)	線力鬆	28y
소옴(동2)	凉花	25z	실눈되다(몽3)	線力緊	28y
소옴(몽2)	凉花	21z	실니기다(동2)	練絲	25y
소옴면(왜2)	綿	10z	실닉이다(몽2)	練絲	20z
소옴투다(동2)	彈綿花	25z	실로치다(몽2)	編條	20z
소옴투다(몽2)	彈綿花	21z	실로티다(동2)	編條	25z
쇼삼승(역2)	小三梭	05z	실모리다(역2)	旋線	03z
쇼홍비단(역2)	小紅	04y	실미듭(역2)	紆緒	03z
숑화식(동2)	秋香色	26y	실바디(역3)	絲團子	40y
숑화식(몽3)	秋香色	28y	실뷔다(동2)	捻線	25z
숑화식(역3)	秋香色	40z	실뷔다(몽2)	捻線	20y
숑화식(왜2)	松花色	11z	실스(왜2)	絲	10z
슈질슈(왜2)	綉	10y	실꾸리(동2)	線軸	25z
슉사(동2)	絨線	25y	실꾸리(역3)	線軸	40y
슉스(몽2)	絨線	20y	실꾸리다(몽2)	線軸	20z
슌금비단(역2)	渾金搭子	05y	실스옴(역2)	絲料	03z
스믠문(역2)	暗花	05y	실좃다(몽2)	紡線	20y
승새굵다(동2)	粗踈	25z	실테(동2)	線橫	25z
승새굵다(역3)	粗踈	40y	실테(몽2)	線橫	20z
승새ᄀᆞᄂᆞ다(동2)	織密	25z	실테(역3)	線橫	40y
승새ᄀᆞᄂᆞ다(역3)	織密	40y	실혀다(동2)	抽絲	25z
승시굵다(몽3)	粗	28y	실혈소(왜2)	纊	10z
승시ᄀᆞᄂᆞ다(몽3)	密實	28y	실훈가닭(동2)	線一縷	25y
식셔(동2)	段邊子	25z	실훈가닭(역3)	線一縷	40y
식셔(몽2)	段邊子	21z	실훈니음(몽2)	線一縷	20z
실(동2)	絲	25y	실어우로다(역2)	紃線	03z
실(몽2)	線	20y	실얼키다(동2)	絲亂	25y
실감기(역3)	線板	40y	실얼키다(역3)	絲亂	40y
실감기에감다(몽3)	上線板	28y	실얽키다(몽2)	絲亂	20z
실감다(동2)	線上板	25z	실왼테(역3)	整橫	40y
실감다(몽2)	線上板	20z	심남식(몽2)	藍	21y

심도홍비단(역2)	火炎桃紅	04y		즈디비단(역2)	紫紵絲	05y
셰삼승(역2)	大細三梭	05z		즈지(동2)	紫色	26y
쇳기리(역2)	鞦頭	04y		즈지(몽2)	紫色	21y
싱포(왜2)	生布	10z		즈지(역3)	紫色	40z
쑤리(역2)	線繐子	06y		즈지(왜2)	紫芝	11y
쑬빗쳇비단(역2)	蜜褐	04z		줏다(동2)	紡線	25z
씌치다(역3)	編條	41y		제믈엣깁(역2)	水光絹	05z
쓰다(동2)	織了	25z		쳥삼승(동2)	毛靑布	25y
쓰다(몽2)	織了	20z		쳥삼승(몽2)	毛靑布	20y
쓸직(왜2)	織	11y		쳥디(동2)	小藍	26z
자토리(역2)	零布	06y		쳥디(몽2)	大籃	21y
장단(왜2)	粧段	09z		초록(왜2)	草綠	11y
쟝ㅅ빗(동2)	醬色	26y		칠ᄒ다(동2)	塗擦	27y
저즐윤(왜2)	潤	11z		침향식(왜2)	沈香色	11y
져루다(동2)	油了	27y		칙칙ᄒ뵈(역2)	緊密布	06y
져포(왜2)	苧布	10z		탈대(몽3)	線砣落	28y
족람(왜2)	藍	11y		탈대질ᄒ다(몽3)	砣落打線	28y
죠흔풀소옴(역3)	湖綿	41y		틀긔(왜2)	機	10z
죠희쓰다(몽3)	抄紙	28y		튼소옴(역2)	彈的綿花	06y
주사(동2)	綯紗	25y		튼소옴(역3)	彈花	41y
주사(몽3)	綯紬	27z		태모시(역3)	苧麻	40y
주사(왜2)	走紗	10y		테모시(몽3)	苧麻	28y
쥬황(동2)	金黃	26y		테짓다(동2)	纆絲	25y
쥬황(몽2)	金黃	21y		테짓다(몽3)	橫線	28y
쥬황비단(역2)	閃黃	04z		푸루다(동2)	綠	26z
즈우사(역2)	綯紗	05y		푸루다(몽2)	綠	21y
진홍(왜2)	眞紅	11y		푸루스러ᄒ다(동2)	淡綠	26z
질상방(왜2)	紡	11y		푸루스러ᄒ다(몽2)	淡綠	21y
짓비단(동2)	羽段	24z		풀소옴(동2)	雪綿子	25z
짓비단(몽2)	羽段	19z		풀소옴(몽2)	雪綿了	21z
짓비단(역2)	羽段	05z		플소옴(역2)	綿子	06y
짓튼숑화식(역3)	北松	40z		플소옴고토리(역2)	綿繐兒	06y
짓튼초록(역3)	官綠	40z		합션호실(동2)	線	25y
짓흔흑식(몽3)	烏黑	28z		항라(왜2)	杭羅	10y

허ᄌᆞ(동2)	毾子	25y	연남비단(역2)	月白	04z
허ᄌᆞ(왜2)	許子	10z	연도홍(역3)	淡紅	40z
흑마포(왜2)	黑麻布	10z	연빗(동2)	淡色	26z
혼복(동2)	一幅	25z	연빗(몽2)	淡色	21y
혼복(몽2)	一幅	21z	연숑화식(역3)	南松	40z
혼필(동2)	一定?	25z	연초록(역3)	嫩綠	40z
혼필(몽2)	一?	21z	연초식(왜2)	軟草色	11z
헤여ᄒᆞ다(몽2)	雪白	21y	연쵸록비단(역2)	鸚哥綠	04z
헤여ᄒᆞᆫ빗(동2)	雪白	26y	열온뵈(역2)	涬布	06y
희다(동2)	白	26y	옥식(동2)	魚白	26y
희다(몽2)	白	20z	옥식비단(역2)	蔥白	04z
희무로비단(역2)	黑墨綠	04z	옷칠(동2)	柒	26z
희읍스러ᄒᆞ다(동2)	淡白	26y	옷칠ᄒᆞ다(동2)	柒物	26z
희읍스러ᄒᆞ다(몽2)	淡白	20z	우힐비단(역2)	藕絲褐	04y
흰노(역2)	白羅	05y	유록(왜2)	油綠	11y
흰빗(역3)	雪白	40z	육홍비단(역2)	肉紅	04y
화두(몽3)	機頭	28y	윤포(왜2)	潤布	10z
화방쥬(동2)	花紬	24z	융ᄉᆞ(역3)	絨線	40y
화방쥬(몽2)	花紬	20y	잉아(몽3)	綿繒子	28y
화쥬(왜2)	花紬	10y	잉아(역2)	綜線	03z
화포(동2)	印花布	25y	외올실(몽2)	絲	20y
화포(몽2)	印花布	20y			
씨넛타(동2)	打經	25z			
씨위(왜2)	緯	11y	**[裁 縫]**		
아청(왜2)	鴉靑	11y			
압거(왜2)	壓車	10z	골모(역3)	頂針子	41z
야견ᄉᆞ(역3)	繭紬	41y	골홈(역2)	衣襻	06z
야청(동2)	鴉靑	26z	골홈ᄃᆞ다(역2)	釘帶子	06z
야쳥(몽2)	鴉靑	21y	굴근비눌(역2)	大針	06z
야쳥드리다(몽3)	染靑	28z	기슭각다(역2)	綽針	06y
야토록비단(역2)	鴨頭綠	04z	깁다(역2)	補綻	06z
어르누글문(왜2)	紋	10y	깃(역2)	領	06z
어릐(역2)	蔓子	03z	깃바디(역2)	袘肩	06z
얼픤뵈(역2)	稀糯布	06y	깃바디(역3)	護肩	41z

ᄀᄂ는주롬(역2)	細褶兒	06y	식셔(역3)	緞邊子	42y
너븐주롬(역2)	板褶兒	06y	실븨다(역2)	搓線	06y
누비(역3)	衲行	41z	스매(역2)	袖子	06z
단(역2)	滾邊	06y	스매밋동(역2)	大袖	06z
단두로다(역2)	悶邊	06y	스매밋동(역3)	袖根	41z
단두르다(역3)	鑲邊	41z	스맷부리(역2)	袖口	06y
단ᄀ즉이ᄒ다(역3)	齊邊兒	41z	쎄뿌러지다(역3)	破透了	42y
동졍(역2)	護領	06z	졉은단(역3)	貼徼	41z
듕동(역2)	小袖	06z	지(역3)	棍子	41z
듕의밋(역2)	棍襠	06z	준누비(역2)	衲的	06z
드믄누비(역2)	行的	06y	준누비(역3)	分行	41z
드믄누비(역3)	寸行	41z	준비ᄂᆞᆯ(역2)	小針	06z
뒷쟈락(역2)	後襟	06z	헝것긋(역2)	帓片	06z
딩침(역2)	句針	06y	힝침(역2)	一列針	06y
막호다(역2)	死縫	06y	화도긋(역2)	機頭	06z
무(역2)	衩兒	06z	안쟈락(역2)	底襟	06z
바ᄂ질갑(역3)	裁縫錢	42y	압쟈락(역2)	前襟	06z
바ᄂ질쏨(역3)	針脚兒	41z	어우로다(역2)	縫連	06y
바ᄂ질ᄒ는이(역3)	裁縫的	42y	어우르다(역3)	縫起	41z
바ᄂᆞᆯ결이(역3)	針扎子	41z	엇ᄆᆞ르다(역2)	顚倒裁	06z
바ᄂᆞᆯ귀이다(역3)	紉針	41z	옷거죽(역3)	衣面	41y
박음질(역3)	倒扣針	41z	옷것셥(역3)	大襟	41y
방조각(역2)	補靘	06y	옷것올리다(역2)	吊面	06y
비ᄂᆞᆯ(역2)	針子	06z	옷기슭(역3)	衣邊	41y
비단조각(역2)	段頭	06z	옷길(역2)	身子	06z
븻조각(역2)	布頭	06z	옷ᄀ옴(역2)	裁帛	06z
쓰레주롬(역2)	順風褶兒	06y	옷ᄀ옴(역3)	衣料	41y
소옴두다(역2)	樹綿花	06y	옷ᄆᆞ르다(역2)	裁衣裳	06z
소옴두다(역3)	鋪凉花	41z	옷아랫동(역2)	下身	06z
솔븟치다(역3)	對縫	41z	옷안올리다(역3)	吊裡	41z
슈쓰는비ᄂᆞᆯ(역2)	綉針	06z	옷웃동(역2)	上身	06z
스츰실(역2)	水線	06y	인도밧침젼반(역3)	烙板	41z
숫다(역2)	引了	06y			
숫다(역3)	草縫	41z			

[田 農]

거들슈(왜2)	收	04y
거츠다(동2)	荒蕪	02z
거츠다(몽2)	荒蕪	02y
거츨황(왜2)	荒	03z
겨강(왜2)	糠	04y
결실(왜2)	結實	03z
고개수기다(동2)	穗垂	02y
고개수기다(역3)	穗垂	42y
고개숙다(몽3)	穗下垂	22z
고토리(동2)	豆角	02y
고토리(몽2)	豆角	02y
고토리미티다(동2)	結角兒	02y
고토리믿다(몽2)	結角兒	02y
곡식거두다(역2)	收田禾	09y
곡식그르(역3)	穀楂子	42z
곡식ᄀ다(동2)	碾了	02z
곡심ᄀ다(몽2)	碾穀	02y
곡식ᄀ다(역3)	碾了	42z
곡식도두듥이다(역3)	打穀	42z
곡식두드리다(동2)	打糧	02z
곡식드르리다(몽2)	打穀	02y
곡식버레먹다(동2)	虫損	02z
곡식버레먹다(몽2)	虫損	02y
곡식븨다(역2)	割穀子	09y
곡식퓌다(동2)	發穗	02y
곡식퓌다(몽2)	發穗	02y
곡식알밋치다(역3)	結粒	42z
공셰셰(왜2)	稅	04z
공이져(왜2)	杵	04y
구을매(동2)	碾子	02z
구을매(몽2)	碾子	02z
그르(동2)	穀楂子	02y
그르(몽2)	穀楂子	02y
기음(역2)	莠子草	08z
기음미다(동2)	鋤草	02z
기음미다(몽2)	鋤草	02y
기음미다(역2)	鋤草	09y
기음미다(역3)	盪地	42y
기음밀운(왜2)	耘	03z
ᄀ을마(왜2)	磨	04y
ᄀ음출장(왜2)	藏	04y
ᄀ줏난벼(역2)	秧針	08z
ᄀ줏니론짜(몽3)	新開地	22y
괏고토리미치다(역2)	小豆結角兒	09y
광이(역2)	鐵鍬	08z
나모가래(역2)	木枚	08z
나모쇼시랑(역2)	木杷子	08z
낟(동2)	鎌子	02z
낟(몽2)	鎌刀	02z
낟렴(왜2)	鎌	03z
낫(역2)	鎌刀	08z
녀름지을농(왜2)	農	03y
녀룸됴타(역2)	年成好	09y
논(동2)	水田	01z
논(몽2)	水田	01z
논(역2)	水田	07z
논답(왜2)	畓	03y
농소(역3)	庄地	42y
농소셔(왜2)	墅	04y
느즌곡식(동2)	晚穀	02y
느즌곡식(몽2)	晚穀	02y
느즌곡식(역3)	晚穀	42z
니로지아닌짜(몽3)	未開墾地	22y
ᄂ몰밭(동2)	菜田	01z
ᄂ몰밭(몽2)	菜田	01z
ᄂ몰밧(역3)	菜田	42y

뇌여츠다(몽3)	重節	22z		매ᄀ다(몽3)	磨一磨	22z
다시닐온밧(역2)	開荒田	08y		매의(왜2)	磑	04y
달호지아닌ᄯᅢ(동2)	荒地	01z		매ᄀ다(몽2)	磨一磨	02z
도리채(동2)	連耞	02z		받(동2)	旱田	01z
도리채(몽2)	連耞	02z		받(몽2)	旱田	01z
도리채(역2)	連耞	08z		받가다(동2)	耕田	01z
도리채가(왜2)	耞	03z		받가다(몽2)	耕田	01z
도리채질ᄒ다(역2)	打連楷	09y		받갈경(왜2)	耕	03y
돌매(동2)	磨兒	02z		받거리뎡(왜2)	町	03y
돌매(몽2)	磨兒	02z		받경계(몽3)	田界	22y
됴티아닌받(동2)	薄田	01z		받골항(몽3)	田溝	22y
됴티아닌받(몽2)	薄田	01z		받니로다(동2)	開荒	01z
됴흔받(몽2)	好田	01z		받뎐(왜2)	田	03y
됴흔밧(역2)	壯田	07z		받두듥(몽2)	頃畝	01z
됴흔 받(동2)	好田	01z		받뒤혀다(동2)	飜田	01z
두드릴도(왜2)	擣	03z		받뒤혀다(몽3)	飜犁	22y
드릴납(왜2)	納	04y		받칠공(왜2)	貢	04z
뎨언(왜2)	堤堰	03y		밧(역2)	旱田	08y
디고(왜2)	藁	03z		밧가다(역2)	耕田	08z
량식량(왜2)	糧	04z		밧걸오다(역2)	糞田	08y
롱소(동2)	庄地	01z		밧두듥(역2)	田壟	09y
롱소(몽2)	庄地	01z		밧뒤혀다(역3)	飜田	42y
마당(동2)	打糧場	02y		밧묵다(역3)	荒蕪	42z
마당(몽2)	打糧場	01z		밧미다(역2)	鋤田	09y
마당(역3)	打麥場	42z		밧시므다(역2)	種田	08z
멍에메오다(역2)	套鞅子	08y		방하(동2)	碓子	02z
모옴기다(역2)	揷秧	08z		방하(몽2)	碓子	02z
묵글속(왜2)	束	03z		방하ㅅ고(동2)	碓嘴	03y
묵을진(왜2)	陳	03z		방하ㅅ고(몽2)	碓嘴	02z
묵인받(몽3)	廢田	22y		방하에삣타(몽3)	碓擣	22z
믈여믈드다(몽3)	打包	22z		방하디(왜2)	碓	04y
믈여믈드다(역3)	穗含漿	42y		방하씻다(역2)	擣碓	09y
믈이믈드다(동2)	穗合漿	02y		벌레먹다(역3)	虫損了	42z
매ᄀ다(동2)	磨一磨	02z		벼겁풀부(왜2)	稃	04y

벗(역2)	鏵子	08y	뗏타(역3)	舂擣	42z
병작ᄒ다(역3)	收半	42z	사오나온밧(역2)	薄田	07z
보(역2)	犁兒	08y	삭(동2)	苗	02y
보ㅅ부츨나모(역2)	犁槳	08y	삭(몽2)	苗	01z
보십(동2)	犁兒	02z	삭나다(동2)	發芽	02y
보십(몽2)	犁兒	02y	삭나다(몽2)	發芽	02y
보십ᄂ롯나모(역2)	犁轅	08y	삭나다(역3)	發芽	42y
보십눌(몽3)	犁鏵	22z	삭나셔짜들치다(몽3)	苗拱土	22z
보십눌(역2)	犁鏵兒	08y	삷(역2)	鐵鍬	08z
보십눌히박는나모(역2)	犁頭	08y	섭수죠타(몽3)	穗秀齊	22z
보십리(왜2)	犁	03y	세 번째닐온밧(역2)	查過田	08y
보십허리예세온기동(역2)	犁柱	08y	셔셔기음미는호믜(역2)	鏟子	08y
부루박다(몽3)	隔壟種	22y	솟고다(동2)	撮梢	02z
붇도들비(왜2)	培	03z	솟고다(몽3)	分苗	22z
불실(왜2)	不實	03z	시무다(몽2)	栽了	01z
붓도도다(동2)	培本	02y	시므다(동2)	栽了	02y
붓도도다(몽2)	培本	02y	심그다(역3)	栽了	42y
붓도딜ᄒ다(동2)	颺颺	02z	쇠가래(역2)	鐵杴	08z
붓도질ᄒ다(몽3)	颺颺	22z	쇠쇼시랑(역2)	鐵杷子	08z
붓돗질ᄒ다(역3)	颺颺	42z	짜무다(동2)	簁一簁	03y
붓돗티다(역2)	揚穀子	09y	짜보로다(역2)	簁一簁	09y
ㅂ린받(동2)	廢田	01z	짜부다(몽3)	簁一簁	02z
뷔다(동2)	刈了	02z	짜닐오다(역3)	開墾	42y
뷔다(몽2)	刈了	02y	짜븨뢰(왜2)	耒	03y
뷔다(역3)	刈了	42z	ᄯ다(동2)	摘了	02z
뷜예(왜2)	刈	03z	ᄯ다(몽2)	摘了	02y
뻐흐레(몽3)	耙	22z	뽑다(동2)	擺了	02z
삐(동2)	種子	02y	뽑다(몽2)	擺了	02y
삐(역2)	種子	08z	찟타(동2)	舂擣	03y
삐쪄타(역2)	撒穀	08z	찟타(몽2)	捲擣	02z
삐뼷코구올리는나모(몽3)	轅子木	22z	졍의아비(몽3)	草人	22z
삐뼷는즈로박(역3)	點葫蘆	42y	졍의아비(역3)	赫禽草人	42y
삐홀것굴히다(몽3)	揀種	22z	져축져(왜2)	儲	04y
뿔슬타(역2)	師一師	09y	졀고(동2)	杵臼	03y

어휘	한자	코드
졀고(몽2)	杵臼	02z
졀고ㅅ고(동2)	米杵	03y
졀고ㅅ고(몽2)	米杵	02z
졈졈ㅈ라다(동2)	漸漸長	02y
지식(왜2)	栽植	03z
처음 닐온밧(역2)	破荒田	08y
콩고토리미치다(역2)	豆子結斑兒	09y
키(동2)	簸箕	03y
키(몽2)	簸箕	02z
키긔(왜2)	箕	04y
킈다(동2)	挑揀	02z
킈다(몽2)	挑揀	02y
호믜(동2)	鋤頭	02z
호믜(몽2)	鋤子	02z
호믜(역2)	鋤子	08y
호믜서(왜2)	鋤	03y
혼나잘가리(동2)	一晌田	01z
혼나잘가리(몽2)	一晌田	01z
혼나잘가리(역3)	一晌田	42y
헷쳐볏쬐다(몽3)	散晒	22z
힉마다ㄱ는밭(몽3)	熟田	22y
확(동2)	碓窩	02z
확(몽2)	碓臼	02z
확구(왜2)	臼	04y
까불파(왜2)	簸	04y
싸흘젹(왜2)	積	04y
씨(몽2)	種子	01z
씨죵(왜2)	種	03z
씨쎳타(동2)	撒種子	02y
씨쎳타(몽2)	撒種子	01z
찌흘용(왜2)	舂	04y
알비다(몽3)	作粒	22z
엄나다(역2)	出苗	08z
여무다(동2)	實了	02y
염그다(몽2)	實了	02y
움(동2)	芽	02y
움(몽2)	芽	01z
움나다(몽3)	根發芽	22z
이랑(동2)	頃畆	01z
이랑(역2)	頃畆	08y
이랑묘(왜2)	畆	03y
이른곡식(동2)	早穀	02y
이른곡식(몽2)	早穀	02y
이삭(동2)	穗子	02y
이삭(몽2)	穗子	02y
이삭묘(왜2)	苗	03z
이삭비다(역2)	包	08z
이삭슈(왜2)	穗	03z
이삭ㅈ라다(동2)	穗長	02y
이삭ㅈ라다(역3)	穗長	42y
이삭픠다(역2)	發穗	08z
이삭픠다(몽3)	開花	22z
일은곡식(역3)	早穀	42z

[禾 穀]

어휘	한자	코드
가믄콩(역2)	黑豆	10y
것조(역2)	穀子	09z
겨(동2)	糠	03z
겨(몽2)	糠	03y
겨(역2)	糠	10z
겨릅대(역2)	麻楷	10z
경미(왜2)	粳米	04z
곡식(동2)	穀	03y
곡식(몽2)	穀	02z
곡식곡(왜2)	穀	04z
곡식볏쬐다(역3)	曬穀子	43y

기름쯔는씨앗(동2)	油麻子	03z		메밀(역3)	烏麥	42z
기장(동2)	大黃米	03y		메밀교(왜2)	蕎	05y
기장(몽2)	大黃米	03y		메밀ᄀ᷂ᄅ(몽3)	蕎麥糝	23y
기장(역2)	穈子	09z		밀(동2)	小麥	03y
기장셔(왜2)	黍	04z		밀(몽2)	小麥	03y
기장뿔(역2)	大黃米	09z		밀(역2)	小麥	09z
ᄀ᷂ᄅ(동2)	麵	03z		밀기울(역2)	麩皮	10y
ᄀ᷂ᄅ(몽2)	麵	03y		밀ㅅ기울(역3)	麩子	42z
ᄀ᷂ᄅ밀드다(동2)	磨麵	03z		밀미(왜2)	麥	05y
ᄀ᷂ᄅ밀드다(몽2)	磨麵	03y		뫼(역2)	籼的	10y
ᄀ᷂올보리(몽3)	靑稞	23y		미아(왜2)	麥芽	05y
귀오리(역3)	鈴鐺麥	42z		벼(동2)	水稻	03y
귀우리(동2)	鈴鐺麥	03y		벼(몽2)	水稻	02z
귀우리(몽2)	鈴鐺麥	03y		벼(역2)	稻子	09z
귀우리(역2)	零大麥	10y		벼도(왜2)	稻	04z
광쟝이(역2)	莞豆	10y		벼화(왜2)	禾	04z
논에난뿔(역2)	水稻米	09z		보리(동2)	大麥	03y
누른콩(역2)	黃豆	10y		보리(역2)	大麥	09z
누에홈끠먹는풋(역2)	蚕豆	10y		보리모(왜2)	麰	04z
니뿔(역2)	稻米	09z		보리ㅅ집(역3)	麥稭	43y
닉다(역2)	熟了	10y		볼이(몽2)	大麥	03y
닛집(역2)	稻草	10z		블근뿔(역2)	桃花米	09z
동비(동2)	豇豆	03z		뿔미(왜2)	米	04z
동비(몽3)	豌豆	23y		뿔아기(몽3)	米?子	23y
들째(동2)	蘇子	03z		산도미(역2)	旱稻米	09z
들새(몽2)	蘇子	03y		삼쩌올(역2)	麻刀	10z
들째(역2)	蘇子	10y		쇼두(왜2)	小豆	05y
들샛대(역2)	蘇子楷	10z		슈슈(동2)s	高粱米	03z
등겨(몽3)	米皮	23y		슈슈(몽2)	高粱米	03y
대두(왜2)	大豆	05y		슈슈(역2)	薥薥	09z
록두(왜2)	菉豆	05y		슈슛대(역2)	薥薥楷	10z
메밀(동2)	蕎麥	03y		슈임(왜2)	水荏	05y
메밀(몽2)	蕎麥	03y		샛목(동2)	油楂	03z
모밀(역2)	蕎麥	09z		조부거미(역2)	穀穰	10z

조속(왜2)	粟	05y
조뿔(역2)	小米	09z
좁쌀(동2)	小米	03y
좁쌀(몽2)	小米	03y
좃집(역2)	穀草	10z
죠흔쌀(역3)	粳米	42z
죽다	秕了	10z
죽정이(동2)	粃子	03z
죽정이(몽2)	粃子	03y
진임(왜2)	眞荏	05y
쳥냥미(역2)	黑粘穀米	09z
쳥량미(몽3)	凉穀米	23y
쵹쵹(왜2)	蜀薥	05y
춧조(동2)	小黃米	03y
춧조뿔(역2)	黃小米	09z
출(역2)	粘的	10y
출기장(동2)	粘黃米	03z
출기장(역2)	黃粘糜子	09z
출기장(역3)	粘黃米	42z
출슈슈(몽3)	粘高粱	23y
출조(몽2)	小黃米	03y
출쌀(역3)	粘米	42z
춤개째(역2)	芝麻楷	10z
춤깨(동2)	芝麻	03z
춤깨(몽2)	芝麻	03y
춤깨(역2)	芝麻	10y
춥뿔(몽2)	粘米	02z
춥뿔나(왜2)	糯	04z
춥쌀(동2)	粘米	03y
콩(동2)	黃豆	03z
콩(몽2)	黃豆	03y
콩각대(역2)	豆楷	10z
콩고토리(역2)	豆角	10z
피(동2)	稗子米	03z

피(몽2)	稗子米	03y
피(역2)	稗子	09z
피ㅅ집(역3)	稗草	43y
피직(왜2)	稷	04z
픗(동2)	小豆	03z
픗(몽2)	小豆	03y
픗(역2)	小豆	10y
쏠(동2)	大米	03y
쏠(몽2)	大米	02z
쏠아기(역3)	碎米	43y
쏠악이(동2)	碎米	03z
쏠알(동2)	米粒子	03z
쏠알(몽2)	米粒子	03y
염그다(역2)	實了	10y
옥셔(왜2)	玉黍	05y
옥슈슈(역2)	玉薥薥	10y
율모(동2)	草珠米	03z
율모(몽3)	草珠米	23y
율모뿔(역2)	玉米珠子	10y
이모(왜2)	耳麳	04z
의이(왜2)	薏苡	05y

[菜 蔬]

가지(동2)	茄子	04y
가지(몽2)	茄子	03z
가지(역2)	茄子	11z
가지가(왜2)	茄	05z
감곽(왜2)	甘藿	06z
감틱(왜2)	甘苔	06z
갓(동2)	芥菜	04y
갓(몽3)	芥菜	23y
갓(역2)	芥菜	11y

거유목(역2)	苜蓿	12z	네골외(역2)	四瓣瓜	11z
겨류기(역2)	薺苨	12z	다스마(동2)	海帶菜	04y
고사리(동2)	拳頭菜	04y	다스마(몽2)	海帶	03z
고사리(몽2)	拳頭菜	03z	더덕(동2)	沙蔘	04z
고사리(역2)	拳頭菜	12y	더덕(몽2)	沙蔘	04y
고사리궐(왜2)	蕨	05z	더덕(역2)	山蔘	12z
고싀(역2)	荒荽	11y	더덕솝(왜2)	蔘	06y
곰ᄃ리(동2)	馬蹄菜	04z	뎡가(역2)	荊芥	11y
곰둘리(역2)	馬蹄菜	12y	도랏(동2)	苦蕒	05y
곳다대(역2)	狗脚踵菜	12y	도랏(몽2)	苦蕒	04y
근대(역2)	莙蓬菜	12y	도랏(역2)	苦蕒	12z
길경(왜2)	苦蕒	06y	도아리(역2)	紫花菜	12y
길경이(몽3)	車前菜	23y	도ᄅ롯려(왜2)	藜	06y
계ᄌ(동2)	芥子	04y	도ᄐ랏(역2)	洛藜	11z
계ᄌ(몽2)	芥子	03z	동고치(역2)	茼蒿	12y
계ᄌ개(왜2)	芥	05z	동과(왜2)	冬苽	05z
나히(동2)	甘薺菜	04z	동화(동2)	冬苽	04y
나히(몽2)	甘薺菜	04y	동화(몽2)	冬苽	03z
나히(역2)	薺菜	12y	동화(역2)	冬瓜	11y
납겟버슷(역2)	木耳	12z	둘읍(역2)	搖頭菜	12y
낭이졔(왜2)	薺	06y	듬북이(역2)	黃角菜	12z
넙ᄂ믈(역2)	黃花菜	12y	둘랑귀(동2)	小根菜	04y
년근치(역2)	藕菜	12y	둘랑귀(몽2)	小根菜	04y
노른댓무우(역2)	胡蘿蔔	11y	둘랑이(역3)	小根菜	43y
녹두기름(역3)	菉豆芽	43y	댓무우(역2)	蘿蔔	11y
녹두기름(역2)	豆芽菜	10z	라복(왜2)	蘿蔔	05z
ᄂ믈닙ᄠ다(역2)	劈菜葉	13y	마(동2)	山藥	04z
ᄂ믈다듬다(역2)	摘菜	13y	마(몽2)	山藥	04y
ᄂ믈데티다(역2)	煠菜	13y	마(역2)	山藥	12z
ᄂ믈쇠다(역3)	柴了	43y	마셔(왜2)	薯	06y
ᄂ믈키다(역2)	挽菜	12z	마ᄂᆯ(동2)	大蒜	04y
ᄂ믈(몽2)	菜	03z	마ᄂᆯ(몽2)	大蒜	03z
ᄂ믈소(왜2)	蔬	05y	마ᄂᆯ(역2)	蒜菜	11y
ᄂ믈치(왜2)	菜	05y	마ᄂᆯ쉰(왜2)	蒜	05z

마눌셧다(역2)	剝蒜	13y	부룻대(역2)	蓮子	10z
말옴룽(왜2)	菱	06z	부치(동2)	薤菜	04y
머육(동2)	海菜	04y	부치(몽2)	韭菜	03z
머육(몽2)	海菜	03z	부치(역2)	薤菜	11y
멸(역2)	葷管菜	12z	부치히(왜2)	薤	05z
명화치(동2)	灰菜	04z	붓도도다(역3)	培本	43y
명화치(몽3)	灰條菜	23y	비름(동2)	莧菜	04z
목슉(왜2)	苜蓿	06z	비름(몽2)	莧菜	04y
무우(동2)	蘿蔔	04y	비름(역2)	莧菜	12y
무우(몽2)	蘿葍	03z	비름현(왜2)	莧	06y
무우키다(역2)	起蘿蔔	12z	비치(동2)	白菜	04y
믈가지(역2)	水茄子	11z	비치(몽2)	白菜	03z
믈한댓무우(역2)	水蘿蔔	11y	비치숑(왜2)	?	05z
믈쑥(몽3)	茼蒿菜	23y	산쟝(왜2)	酸醬	06z
믈쑥(역2)	蔞蒿	12z	삽듀(역2)	蒼術?菜	12y
미나리(동2)	芹菜	04y	삽쥬(동2)	蒼術?菜	04z
미나리(몽2)	芹菜	03z	샤라부로(역2)	曲曲菜	11z
미나리(역2)	水芹菜	11y	샤태올(역2)	田菁	11z
미나리근(왜2)	芹	06z	샹쥬(몽3)	鎗頭菜	23y
메(몽3)	燕伏苗	23y	샹쥬츌(왜2)	朮?	06y
뫼가지(역2)	旱茄子	11z	션동화(역3)	枕頭瓜	43y
묏ᄂᆞ믈키다(역2)	挑菜	13y	셕이(왜2)	石耳	06y
박(동2)	葫蘆	04z	소과(역2)	稍瓜	11z
박(몽2)	葫蘆	04y	소로쟝이데(왜2)	蹄?	06z
박(역2)	葫蘆	11z	소로쟝이(동2)	羊蹄菜	04z
박고지으(역2)	葫蘆絲	11z	소로쟝이(몽2)	羊蹄菜	04y
박우거리(동2)	葫蘆條	04z	솔옷(역2)	羊蹄菜	12y
박우거리(몽3)	葫蘆條	23y	숑이(왜2)	松耳	06y
버섯균(왜2)	菌	06y	수세외(동2)	絲苽	05y
버슷(동2)	蘑蒿	04z	수세외(역2)	絲瓜	11z
버슷(몽2)	蘑菇	04y	슈가지(동2)	水茄子	04y
버슷(역2)	菌	12z	슈가지(몽3)	水茄子	23y
부로(역2)	蒿苣	10z	슈박(역2)	西瓜	11z
부루와(왜2)	蒿	05z	승아(동2)	酸漿菜	04z

숭아(몽2)	酸蔣菜	04y		파(몽2)	蔥菜	03z
숭아(역2)	酸蔣	12y		파(역2)	蔥菜	11y
시근치(동2)	赤根菜	04z		파ㅅ죵지(역3)	蔥筆管	43y
시근치(역2)	赤根菜	11y		파속고다(역2)	凹蔥	12z
숭치(동2)	生菜	04y		파죵지(역2)	蔥筆頭	12z
세골외(역2)	三瓣瓜	11z		파춍(왜2)	蔥	05z
쉰무우쳥(왜2)	菁	05z		평지(동2)	䔫蒿菜	04z
쉿무우(동2)	蔓菁	04y		평지(몽2)	䔫篙菜	04y
쉿무우(몽2)	蔓菁	03z		평지(역3)	䔫蒿菜	43y
쉿무우(역2)	蔓菁	11y		표고(동2)	香蕈	04z
싱강강(왜2)	薑	05z		표고(몽2)	香蕈	04y
싱치(몽2)	生菜	03z		표고(역2)	香蕈	12z
쟉셜(몽3)	雀舌菜	23y		하눌다리(역2)	天瓜	11z
쟝앗디이(동2)	醬苽子	05y		향심(왜2)	香蕈	06y
죡지(역2)	野蒜	12z		호박(역3)	倭瓜	43y
죽슌슌(왜2)	筍	06y		호호(왜2)	胡瓠	05z
즈춍(왜2)	紫蔥	06y		회춈이(역2)	貫衆菜	12y
즈춍이(몽3)	野蒜苗	23y		힁디(왜2)	海帶	06z
쥐춈외(역2)	土瓜	11z		힁의(왜2)	海衣	06z
청각(역2)	靑角菜	12y		황각(왜2)	黃角	06z
침치(동2)	醎菜	05y		황과(왜2)	黃苽	05z
츳조기(동2)	紫菜	05y		씀바괴(동2)	苦菜	04z
츳조기(역2)	紫蘇	11y		아옥(동2)	藜菜	04z
츳조기소(왜2)	蘇	06y		아옥(몽2)	葵菜	03z
춈버슷(동2)	木耳	04z		아옥규(왜2)	葵	05z
춈ᄂ믈(역2)	山芹菜	12y		아혹(역2)	葵菜	10z
춈외(역2)	甛瓜	11z		야춍(왜2)	野蔥	06y
콩기름(동2)	豆芽菜	05y		엄아(왜2)	芽	06z
키다(역3)	挑菜	43y		역괴(동2)	蓼莪菜	04z
토란(역2)	芋頭	11y		역괴(몽2)	蓼莪菜	04y
토란키다(역2)	掘芋妳	12z		역괴기름(역2)	蓼芽菜	10z
토란알(역2)	芋妳	11y		열귀료(왜2)	蓼	06z
토란우(왜2)	芋	06y		염규(역2)	韭菜	11y
파(동2)	蔥菜	04y		우웡(역2)	牛蒡菜	11y

움(역3)	再生草	43y		검얼못(역3)	巴鍋子	45z
외(동2)	黃苽	04y		겨믓친뇽지(역3)	糠燈	44z
외(몽2)	黃瓜	03z		경디(역2)	鏡臺	15z
외(역2)	黃瓜	11y		고기굽는섯쇠(역2)	灸床	14y
외고(왜2)	苽	05z		고도쇠(역2)	鏻釘	17z
욋속(역2)	瓜瓤	11z		고리(동2)	破落	15z
				고리(몽2)	飄落子	11z
				고리(역2)	破落	15z
				곧치쳔(왜2)	串	16y
[器 具]				골(역3)	盔子	45z
				골진칼(역2)	凹面刀	17z
가래흠(왜2)	枕	17y		골풀무(역3)	拉風廂	45y
가마(동2)	鍋兒	14z		교의(동2)	椅子	13z
가마(몽2)	鍋兒	10z		교의(몽2)	椅	10y
가마(역2)	大鍋兒	13y		교의(역2)	椅子	19y
가마두에(동2)	鍋盖子	14z		교의(왜2)	交椅	13y
가마두에(몽2)	鍋盖子	10z		교족상(역2)	高卓兒	14y
가마부(왜2)	釜	14z		구기(동2)	馬勺	15y
가싀다(몽3)	洗淨	26y		구기(몽2)	馬勺	11y
가유ᄒ다(역3)	重油	46y		구기작(왜2)	勺	14y
가이(역2)	剪子	16y		국먹는술(역3)	湯匙子	43z
각기소리(역3)	千眼廚	44z		그다(동2)	搜爬	17y
간막은탁ᄌ(몽3)	櫃隔子	25z		그다(몽2)	搜爬	12z
간막이(역3)	橫隔子	44z		그다(역3)	授杌	44y
갈구리구(왜2)	鉤	17y		그른긔(왜2)	器	12z
갈키(동2)	柴爬子	16z		그른명(왜2)	皿	12z
갈키(몽2)	柴爬子	12z		그릇(동2)	器	13z
갈키(역3)	柴把子	44y		그릇(몽2)	器	09z
갈키질ᄒ다(동2)	使爬子	16z		그릇가싀다(동2)	除是爭?	16z
갈키질ᄒ다(몽2)	使爬子	12z		그릇부싀다(동2)	滌器	16z
갓거리(역2)	帽架	18z		그릇부싀다(몽2)	滌器	12y
갓디웃골(역2)	帽盔	18z		그릇쩻다(역3)	滌器	43z
갓쓰는솔(역2)	帽刷	15y		그림그린빗(역2)	畵樑梳	19z
거올집(역2)	鏡奩	15z		그믈망(왜2)	網	16y
거적(역2)	草簾	19z				

글게(역2)	鐵鉋子	18z
금붓치다(역3)	貼金	46y
기라ᄆᆞ거리(역2)	鞍架	18z
기름수기다(역2)	油浸者	17y
기름치다(역2)	添油	17y
기름ᄧᆞᄂᆞᆫ고ᄌᆞ(역2)	油榨	14z
깁체(역2)	羅兒	14y
ᄀᆞᆯ이다(역3)	鏇了	46y
개지(왜2)	盖之	14z
귀야(역2)	糊刷	15y
귀야(역3)	糊箒	44y
귀우조(왜2)	槽	16z
귀ᄃᆞᆫ병(동2)	執壺	14z
귀ᄃᆞᆫ병(역3)	執壺	43z
긔구ᄡᅳᄂᆞᆫ솔(역2)	刷帚	15y
관솔(역2)	明子	17z
관솔(역3)	松明	44z
광명등(역3)	燈竪子	44z
광조리(동2)	筐子	15z
광조리(몽2)	筐子	11z
광조리(역2)	筐兒	15z
광조리광(왜2)	筐	15z
광치다(역3)	磨光	46y
광이궐(왜2)	鐝	17y
괘연(왜2)	掛硯	13y
궤(동2)	櫃子	13z
궤(몽2)	櫃子	09z
궤(역2)	櫃子	15z
궤궤(왜2)	櫃	12z
나모뎝시(역2)	木碟?子	13z
나모ᄠᅩᆨ박(동2)	木瓢子	15y
나모ᄶᅩᆨ박(몽3)	木瓢	25z
나모쥬게(역2)	槁杓	14y
나모쥬게(역3)	木瓢子	43z

나모한(역3)	木坐	45y
낙대ᄀᆞᆫ(왜2)	竿	16y
낙시됴(왜2)	釣	16y
노(동2)	繩子	17y
노(몽2)	繩子	12z
노고(동2)	鑼鍋	14z
노고(몽3)	鋗子	25z
노고(역2)	鑼鍋	13y
노고오(왜2)	鏊	14z
노망태(역3)	繩絡	45z
노망틔(몽3)	繩絡子	26y
노승(왜2)	繩	16y
노ᄭᅩ다(역3)	繳繩	45y
녹이다(역3)	鎔化	46y
놋그릇(역2)	銅椀	13y
놋소라(역2)	銅盆	13z
놋술(역2)	銅匙子	13y
놋쥬게(역2)	銅杓	14y
뇨령뇨(왜2)	鐃	17y
농소(동2)	酒篘子	14z
농소(몽3)	蔞子	26y
농지(동2)	亮子	15z
농지(몽2)	亮子	11z
농지(역3)	亮子	44z
니불대련(역3)	被搭子	44z
니불집(동2)	被搭子	16y
니불집(몽2)	被搭子	11z
니블(역2)	被兒	16y
니블집(역2)	搭連	15z
닛븨(역2)	苕帚	15y
ᄂᆞ존상(역2)	低卓兒	14y
놀칼(역2)	白鐵刀	17z
뇌여츠다(동2)	重羅	15y
다드미침(왜2)	砧	16y

다리오리(역2)	熨斗	16y	둑박(동2)	瓢子	15y
다야션(왜2)	鐥	15y	둑박(몽2)	瓢子	11y
단지(몽3)	礶子	26y	두에(동2)	盖子	14z
단지관(왜2)	罐	14z	두에(몽2)	盖子	10z
담(역2)	毯子	16z	두에개(왜2)	盖	14z
담젼(왜2)	氈	13z	두에더푸라(동2)	盖罷	14z
답쟝(역2)	脚踏	19y	둥굴리다(역3)	團起來	46y
덧(역2)	反車子	20y	둥조리(동2)	草苙	16y
덧(역3)	地弩	45y	듀발(몽3)	銅碗	25z
뎝시뎝(왜2)	楪	14z	드레(동2)	水斗	15y
도간(역2)	坩堝	15y	드레(몽2)	水斗	11y
도금ᄒ다(역3)	鍍金	46y	드레(역2)	水斗	14z
도도개(역2)	挑竿	17y	드레(元話)(역2)	鐵落	14z
도등(왜2)	挑燈	15z	드레ᄀᄅ人씨(동2)	桶梁	15y
도마(동2)	案板	15y	드ᄂᆫ광조리(역2)	提籃	15z
도마(몽2)	案板	11y	들썃(역2)	攙把	20y
도마(역2)	切板	15z	들엣줄(역2)	井繩	14z
도마조(왜2)	俎	15y	등긁이(동2)	孝捧子	14y
도치부(왜2)	斧	16z	등긁이(몽2)	孝捧子	12z
독(동2)	鋼子	15z	등긁이(역3)	痒撓	45y
독(역2)	缸子	14y	등상(동2)	杌子	13z
독긔(역2)	斧子	18y	등상(몽3)	杌子	25z
독옹(왜2)	甕	15y	등잔등(왜2)	燈	15z
돈대련(역3)	錢搭子	44z	등잔켜다(동2)	點燈	15z
돈셕(왜2)	席	13y	등잔혀다(몽2)	點燈	11z
돌겻(역2)	旋棒	18z	등화(왜2)	燈火	15z
돗(역2)	席子	16z	등으로겨론벼개(역2)	凉枕	16y
돗바눌(역2)	鈹針	18y	등으로겨론안셕(역2)	凉墩	16y
동고리(동2)	小開披	16y	디새니ᄂᆫ칼(역2)	?刀	17z
동고리(몽2)	小開披	11z	디지즑(역2)	藁薦	16z
동희(동2)	瓦盆	15z	디의(왜2)	地衣	13y
동희(몽2)	瓦盆	11y	딜것굽다(동2)	陶子	15z
동희분(왜2)	盆	15y	딜것굽다(몽2)	陶子	11y
됴흔칼(역2)	鋼刀	17z	딜드레(역2)	瓦罐	14z

딜소라(역2)	瓦盆	13z	먹줄치다(역3)	彈墨線	45z
딥칼(역2)	月刀	17z	먹칼(역2)	墨篗	18y
드랏기(몽3)	提籃	26y	면화활(역3)	花弓	45y
드림ㅅ줄(역3)	準線	45z	멸등(왜2)	滅燈	15z
드림츄(왜2)	錘	14y	명함필갑(역2)	拜帖匣子	15z
드문칼(역2)	蘸刀	17z	모욕ᄒᄂᆫ소라(역3)	澡盆	43y
대광조리(역3)	竹簍子	44z	목긴병(역3)	長頸瓶	43z
대련(동2)	搭連	16y	목퇴(왜2)	木槌	16y
대련(몽2)	搭連	11z	몬지쩌ᄂᆫ것(역3)	撢箒	44y
대륜도(역3)	羅經	45y	몯뎡(왜2)	釘	16z
대삭(동2)	大繩子	17y	무듸(역3)	皮鍬子	45z
대삭(몽2)	大繩子	12z	문장(왜2)	蚊帳	13z
대쵸ㅅ대(역3)	滿堂紅	44z	물통(역2)	水桶	14z
대테메오다(역2)	篾籍	14z	믈레(역2)	紡車	19y
대파포(왜2)	鉋	16z	믈레가락(역2)	釘竿子	19y
대야(역2)	盂子	13z	믈통(동2)	水桶	15y
대야거리(역3)	盆架	43z	믈통(몽2)	水桶	11y
되(동2)	升子	16z	뭇친셕류황(역3)	取燈	44z
되(몽2)	升子	12y	밋(동2)	底子	14z
디파(역2)	推鉋	18y	밋(몽2)	底子	10z
디패ㅅ밥(역3)	鉋花	45z	ᄆᆞ똥줍ᄂᆫ것(역3)	糞叉子	45y
락텰(왜2)	烙鐵	17y	ᄆᆞᆯ총체(역2)	馬尾羅兒	14y
롱롱(왜2)	籠	12z	매(역2)	磨兒	15z
륜도(왜2)	輪圖	13z	매ㅅ줌쇠(역3)	磨臍	44y
마리쌋ᄂᆫ칼(역2)	剃刀	17z	매판(역3)	磨盤	44y
막ᄌ(역2)	擂槌	18y	메(동2)	榔頭	15y
말(동2)	斗子	16z	메(몽2)	棚頭	11y
말(몽2)	斗子	12y	메(역2)	榔頭	15z
말(역2)	斗子	15y	메ᄂᆫ큰져울(역3)	杠秤	45y
말쪽말(왜2)	枡	16y	밍그다(몽2)	作作	12z
망근골(역2)	網子盔	18z	바리발(왜2)	鉢	14z
먹(역2)	墨	19z	바놀침(왜2)	針	17y
먹고ᄌ(역2)	墨斗	18y	박표(왜2)	瓢	15y
먹줄(역2)	墨線	18y	박히ᄂᆫ불(역2)	坐火	18z

반(동2)	方盤	14y		벼롯집(역2)	硯匣兒	19z
반(몽2)	方盤	10y		벼리강(왜2)	綱	16y
반(역2)	盤子	13z		변대(동2)	扁担	15z
반등(동2)	板凳	13z		변대(몽2)	扁担	11y
반등(몽2)	板凳	10y		병(동2)	瓶子	14y
반반(왜2)	盤	14y		병(몽2)	瓶子	12z
발(역2)	竹簾	19z		병병(왜2)	瓶	14y
발도돔(역3)	梯橙	44z		병에다히고붓는것(역3)	酒漏子	43z
발로츠는체(역3)	脚籮	44y		병풍(동2)	圍屏	13z
방마치(동2)	棒槌	15z		병풍(몽2)	圍屏	10y
방마치(몽2)	棒槌	11z		병풍(역3)	圍屏	44y
방마치(역2)	棒槌	16y		병풍(왜2)	屏風	13y
방사오리(역2)	兀子	19y		보(역2)	包袱	15z
방셔(역3)	坐褥	44z		보복(왜2)	袱	16y
방셕(왜2)	方席	13y		보ᄋ(동2)	甌子	14y
방올령(왜2)	鈴	17y		보ᄋ(몽2)	甌子	10z
방츄ㅅ돌(동2)	槌板石	15z		보ᄋ(역2)	甌子	13z
방츄ㅅ돌(몽2)	槌板石	11z		복ᄌ(몽3)	明流子	25z
방춧돌(역2)	呀石	16y		봄의스다(역3)	銹了	46y
방하(역2)	碓子	16z		부대(동2)	大口帒	16y
방하허리(역2)	碓腰子	17y		부대(몽2)	大口帒	11z
방하허리엣ᄀᄅᆺ세(역2)	碓腰幹	17y		부대더(왜2)	帒	15z
방하확(역3)	碓窩	44y		부들쾅지(역3)	蒲包	45z
방핫고(역2)	碓嘴	16z		부레로부치다(역3)	鰾貼	45y
방핫몸쑁이(역2)	碓身	17y		부레ㅅ도관(역3)	鰾罐子	45y
방핫봇(역2)	碓床	16z		부레소로다(역3)	上鰾	45y
방핫확(역2)	碓臼	17y		부리너른독(몽3)	?口缸	26y
방핫술게(역2)	碓夾柱	17y		부쇠(역2)	火鎌	18z
버들로겨론드레(역2)	柳罐	14z		부쇳갓(역2)	火絨	18z
벗틔오는대(역3)	支竿	4y		부쇳돌(역2)	火石	18z
베플진(왜2)	陳	13z		부지ㅅ대(동2)	撥火棍	16z
벼개(역2)	枕頭	16y		부지ㅅ대(몽2)	撥火棍	12y
벼개ㅅ모(역2)	枕頭頂兒	16y		부짓대(역3)	撥火棍	43z
벼로(역2)	硯石	19z		부체(동2)	扇子	13z

부체(몽2)	扇子	10y		사랑(몽2)	器架	11z
부체(역2)	扇子	19z		사발(동2)	椀	14y
부체션(왜2)	扇	13z		사발(몽2)	椀	10y
부체질ᄒᆞ다(동2)	搨搨	14y		사발(역2)	磁椀	13z
부체질ᄒᆞ다(몽2)	搨搨	10y		사발(왜2)	砂鉢	14z
부쳇살(역2)	扇骨子	20y		사소라(역3)	磁盆	43z
붓(역2)	筆	19z		사슬(동2)	籤	16y
붓두겁(역2)	筆帽	19z		사슬(몽2)	籤	12y
뷔(동2)	箒子	16z		사슬쳠(왜2)	簽	14y
뷔(몽2)	箒子	12y		사즛(역2)	刷子	15y
뷔츄(왜2)	箒	6y		사푼즛(동2)	磁盆	15z
블도도다(역2)	挑燈	17y		사오리(역2)	板凳	19y
블쏭집다(역2)	剪燈	17y		산판(동2)	筭盤	16y
블쏭티다(역2)	剔燈	17y		산뎜(왜2)	簟	13z
블쬐여휘우다(역3)	煨彎	46y		삷삽(왜2)	鉎	17y
비븨(역2)	鐵鑽	18y		삼모리(역2)	麻纓兒	19y
비븨찬(왜2)	鑽	16z		삼태(동2)	糞斗	17y
비븨활(역3)	鑽弓	46y		삼태(몽2)	糞斗	12z
빗살(역2)	梳齒子	19z		삼태(역2)	糞斗	20y
빗솔(역2)	篦刷子	19z		삼태궤(왜2)	簀	16y
배(몽2)	杯	10z		삿(역2)	蘆席	16z
빈츔빗(역2)	密篦	19z		삿광조리(역3)	席籠子	44y
뚧다(역3)	鑽開	45z		상(동2)	卓子	14y
뜨는국이(역3)	提子	43z		상(몽2)	卓子	10y
뼈양이(역2)	壓車	18z		상(역2)	卓子	13z
뼈양이엣나모가락(역2)	木柸	19y		상상(왜2)	床	13y
뼈양이엣드듸는것(역2)	躧脚子	18z		상마티(역2)	馬杌子	19z
뼈양이엣쇠가락(역2)	鐵杻	19y		샹즛(역2)	箱籠	15y
뽀리븨(역2)	掃帚	15y		샹즛(왜2)	箱子	13y
사그(몽2)	磁器	10y		서러(역2)	柳箱	15z
사뎝시(역2)	磁碟?子	13z		설픤츔빗(역2)	稀篦子	19z
사ᄃ리(동2)	梯子	16z		섥(동2)	柳箱	13z
사ᄃ리(몽2)	梯子	12z		섥(몽2)	柳箱	10y
사랑(동2)	器架	16y		섥스(왜2)	笥	15z

섯재(동2)	漏勺	15y		술시(왜2)	匙	14z
섯재(역2)	漏杓	14y		술준(역2)	酒?子	13z
션반(동2)	閣板子	13z		술준준(왜2)	罇	14y
션반(몽2)	閣板子	12z		술질ᄒ다(동2)	用匙子	14y
셜재(몽2)	漏勺	11y		술질ᄒ다(몽2)	用匙子	10z
셜합(역3)	抽替	44z		슈두(왜2)	水斗	15y
셩녕(역3)	工程	45z		슈통(왜2)	水桶	15y
소용(동2)	小口瓶	14z		슈풍로(왜2)	水風爐	14z
소용(역2)	油瓶	14y		슈합(동2)	背壺	14z
소용(역3)	小口瓶	43z		승상(왜2)	繩床	13y
솓덩(왜2)	鼎	14z		시르(동2)	甑子	15y
솔(동2)	鍋刷	14z		시르(몽2)	甑兒	11y
솔(몽2)	鍋刷	10z		시르밋(동2)	甑簞	15y
솔(역3)	鍋刷	44y		시르밋(몽2)	甑簞	11y
솔셩(왜2)	箸	15z		시르증(왜2)	甑	15y
솟(동2)	小鍋	14z		시릭(역2)	甑兒	14z
솟(몽2)	小鍋	10z		시릭밋(역2)	甑簞兒	14z
솟(역2)	鍋兒	13y		시칼(동2)	廚刀	15y
송곧츄(왜2)	錐	16z		시탁(역2)	托盤	15y
송곳(역2)	錐子	18y		시울(몽2)	邊口	10z
쇼대련(동2)	錢搭子	16y		시욹(동2)	邊口	14z
쇼대련(몽2)	錢搭子	11z		식칼(몽2)	廚刀	11y
쇼라잔(몽3)	螺螄杯	25z		식칼(역2)	食刀	17z
쇼졉시(몽3)	小碟子	25z		신션로(왜2)	神仙爐	15y
쇼쥬ㅅ고오리(역2)	酒甑	14z		실ㄴ리다(역2)	揄線	19y
숑시(역2)	松香	17z		실모리(역2)	線纓兒	19y
숟돌려(왜2)	礪	17z		실모리다(역2)	線起紐	19y
술(동2)	匙子	14y		심(역2)	燈草	17y
술(몽2)	匙子	10z		ᄉ각반(왜2)	四角盤	14y
술고즈(역2)	酒榨	14z		세수대야(몽2)	洗臉盆	12y
술고즈주머니(역2)	酒帘	14z		셰답줄(역3)	窘I	45y
술대야(역2)	酒鏇子	15y		셰슈대야(동2)	洗臉盆	16y
술병(몽3)	酒瓶	26y		셰슈소라(역2)	洗臉盆	13z
술ㅅ병(동2)	酒壺	14y		쇠고(역2)	鐵杵	17y

쇠녹이눈도관(역3)	火罐子	45y	장(몽2)	竪橫	09z
쇠닉이다(역3)	鍊鐵	46y	장(역3)	竪橫	44z
쇠달호다(역3)	炸白	46y	쟝쟝(왜2)	㰒	12z
쇠마치(역2)	鐵鎚	18z	쟈릭(동2)	口伇	16y
쇠마치퇴(왜2)	鎚	16z	쟈릭(몽2)	口伇	11z
쇠버히눈협도(역3)	夾剪	44y	쟈릭(역2)	口伇	15z
쇠손(역2)	鐵鏝	18y	쟈릭탁(왜2)	槖	16y
쇠손만(왜2)	鏝	17y	쟉도(동2)	劗刀	16z
쇠지다(역3)	鑄了	46y	쟉도(몽2)	劗刀	12z
쇠테메오다(역2)	鐵箍	14z	쟉도(역2)	鑭刀	17z
쇄지(왜2)	鎖之	13y	쟉도(왜2)	斫刀	17y
쇄즈(왜2)	鎖子	13y	쟉도바탕(동2)	劗床	16z
싹글쟉(왜2)	斫	17z	쟉도벗텅(역2)	鑭床	17z
싹다(역3)	鏟子	45z	쟝도리(역2)	老鶴?鎚	18z
쎄뚧다(역3)	透鑽	45z	쟝막막(왜2)	幕	13z
싈(역2)	鑿子	18y	쟝ㅅ대(몽2)	量杆	12y
싈착(왜2)	鑿	16z	쟝쟝(왜2)	帳	13z
째다(역3)	銲了	46y	저울갈고리(역2)	秤鉤	16z
쌜한(왜2)	銲	17y	저울눈(역2)	毫星	16z
쩍굼눈편쇠(역2)	鏊子	14y	저울째(역2)	秤竿	16z
쩍찌눈데(역3)	蒸籠	44y	저울(동2)	莘子	16y
쏘애(동2)	頂圈子	15z	저울(몽2)	莘子	12y
쑴돈(왜2)	芚	15z	저울눈(동2)	稱毫	16z
자(역2)	尺頭	15z	저울눈(몽2)	稱毫	12y
자괴(역2)	銼子	18y	저울ㅅ대(동2)	稱桿	16y
자괴분(왜2)	銼	16z	저울ㅅ대(몽2)	稱桿	12y
자와완(왜2)	椀	14y	저울청(왜2)	稱	14y
잔(동2)	杯	14y	저울튜(동2)	稱錘	16y
잔(역2)	盞兒	13z	저울튜(몽2)	稱錘	12y
잔ㅅ디(동2)	鍾托	14y	저울튜(역2)	秤錘	16z
잔ㅅ디(몽2)	鍾托	10z	전반(역2)	尺板	15z
잔ㅅ디(역3)	鍾托	43z	져(동2)	快子	14y
잔비(왜2)	杯	14y	져(몽2)	快子	10z
장(동2)	竪橫	13z	져(역2)	筯子	13y

져근가마(역2)	小鍋兒	13y		죵즛(왜2)	鐘子	14z
져근저울(역2)	䒭子	16z		죵희심(역2)	紙捻兒	17y
져근우산(역2)	老鶴?傘	16z		주머니낭(왜2)	囊	15z
져져(왜2)	箸	14z		줄(역2)	鐵銼子	18y
져질ᄒ다(몽2)	用快子	10z		줄긍(왜2)	緪	16y
젹곳(역2)	簽子	15y		줄려(왜2)	鑢	16z
젹쇠(역2)	鐵撑	14y		즁(동2)	長頸瓶	14z
젹은고리(몽3)	小?蘿	26y		쥬게(동2)	柳瓢	15y
젼(동2)	邊子	14z		쥬게(몽2)	柳瓢	11y
젼(몽2)	邊子	10z		쥬벼ᄋ(역2)	酒鼈兒	13z
젼대(동2)	小口帒	16y		쥬자(왜2)	酒榨	14y
젼대(몽2)	纏帶	12y		쥬젼즛(역2)	銅銚	13z
젼메오다(역3)	鑲嵌	46y		쥬젼즛(역3)	茶壺子	43z
젼목통(동2)	整木桶	15y		쥬젼즛(왜2)	酒煎子	14y
젼목통(역3)	整木桶	43z		쥬판(몽2)	籌盤	12y
젼텰(왜2)	煎鐵	14z		쥬합(몽2)	背壺	12z
젼툐(역2)	氈-1	16z		쥭스(왜2)	竹篩	15z
젼즛(왜2)	剪子	17y		지게(동2)	背挾子	16z
졀구(역3)	杵臼	44y		지게(몽2)	背挾子	12z
졀구ㅅ고(역3)	米杵	44y		지게(역3)	背挾子	45y
졀우다(몽2)	油了	12z		지레(역3)	千斤子	45z
졀질ᄒ다(동2)	用快子	14y		질걷도(왜2)	陶	15y
졉시(동2)	楪子	14y		질뎡(왜2)	蛭釘	16z
졉시(몽2)	楪子	10z		짐메는나모(역2)	區擔	18z
조이ᄒ다(역3)	起花	46y		집게(역2)	鐵鉗	18y
조지(동2)	手把子	14z		집게겸(왜2)	鉗	16z
조지(몽2)	手把子	10z		집팡이(동2)	拐杖	13z
조지(역3)	手把子	43z		집팡이(몽2)	拐杖	10y
죡즛(역3)	吊屏	44y		집팡이(역3)	柺杖	44z
죡즛(왜2)	簇子	13y		짓부ㅅ체(몽2)	羽扇	12z
죠리(역2)	笊籬?	14y		짓부체(동2)	羽扇	14y
죠리조(왜2)	笊	15z		짓뷔(동2)	担箒	16z
죡박(역2)	瓢子	14z		짓뷔(몽2)	担箒	12y
죵즛(역2)	鍾子	13z		즈로병(왜2)	柄	17z

즈명죵(왜2)	自鳴鐘	13z	층함(왜2)	層梴	12z
즈무다(동2)	鎖了	13z	칠ᄒ다(몽2)	塗擦	12z
즈무다(몽2)	鎖了	10y	채광조리(역2)	荊筐	15y
즈물쇠(동2)	鎖頭	13z	채농(역2)	荊籠	15y
즈물쇠(몽2)	鎖頭	10y	체(동2)	羅兒	15y
즈물쇠살(동2)	鎖鬚子	13z	체(몽2)	羅兒	10z
즈애(역2)	橫櫨	14z	체ᄉ(왜2)	篩	15z
즈완(동2)	大椀	14y	칙상궤(왜2)	几	13y
쥐덧(역2)	木猫	20y	칼가플(역2)	刀鞘	17z
징반(동2)	托盤	14y	칼마기(역2)	刀揀子	17z
징반(왜2)	錚盤	14y	칼즈ᄅ(역2)	刀把	17z
좌즈(역2)	坐兒	19y	쾅지(동2)	竹簍子	16y
차탕권(역2)	茶鑵	13y	쾅지(몽2)	竹簍子	11z
차통(동2)	茶桶	15y	큰말(역3)	板斗	44y
차통(몽2)	茶桶	11y	큰사발(몽3)	大盌	25z
찬지(왜2)	鑽之	17z	큰저울(역2)	秤子	16z
찻반(역2)	茶托	13z	큰탁즈(역3)	春橙	43z
챠일(왜2)	遮日	13z	키(역2)	簸箕	15y
쳔리경(왜2)	千里鏡	13z	타구(역3)	唾沫盒子	44z
쳔안쥬(왜2)	千眼廚	12z	탈판(역3)	模板子	45z
초렴(왜2)	草簾	15z	털로ᄻ담(역3)	闞子	44y
쵸(동2)	蠟	15z	텬평저울(동2)	秤子	16y
쵸(몽2)	蠟	11z	텬평저울(몽2)	秤子	12y
쵸롱(동2)	燈籠	15z	텬평츄(동2)	法馬	16y
쵸롱(몽2)	燈籠	11z	텰퇴(왜2)	鐵椎	16z
쵸롱(역2)	燈籠	17y	텰파(왜2)	鐵杷	17y
쵸ㅅ대(몽2)	蠟臺	11z	텰스뽑다(역3)	拔鐵絲	46y
쵸ㅅ대(역3)	蠟臺	44z	텸평튜(몽2)	法馬	12y
쵸ㅅ디(동2)	蠟臺	15z	텹셕(왜2)	疊席	13y
쵸쵹(왜2)	燭	15z	톱(역2)	鉅子	18y
쵹디(왜2)	燭臺	15z	톱거(왜2)	鉅	16z
춋디(역2)	燭臺	17y	톱니(역3)	鉅齒	45y
즈다(동2)	羅一羅	15y	톱밥(역3)	鉅末	45y
즈다(몽2)	羅一羅	10z	톱씨이다(역3)	鉅澁?住	45y

통에ㄱ롯세(역3)	桶樏	43z		항괴(역2)	鎊	18z
통통(왜2)	桶	15y		항항(왜2)	缸	15y
툐상(역2)	馬床	19z		향로(왜2)	香爐	15y
퉁노고(몽3)	銅銷子	25z		향합(왜2)	香盒	15y
퉁노고(역3)	銅鍋	43z		혈칼(역2)	擦床	17z
퉁노고자리(동2)	野竈	16z		협도(동2)	夾剪	16z
톨대(역3)	砣落	45z		협도(몽2)	挾剪	12y
테(동2)	鐵箍	15y		협도(왜2)	挾刀	17y
테(몽2)	箍子	11y		호로(왜2)	葫蘆	15y
테고(왜2)	箍	15y		호병(역2)	酒壺	13z
펼포(왜2)	鋪	13z		홋니볼(역2)	臥單	16y
평목(역2)	槃子	15y		홍도ㅅ개(동2)	趕麵棍	15y
평상(동2)	床子	13z		홍도ㅅ개(몽2)	趕麵棍	11z
평상(몽2)	床子	10y		홍돗개(역2)	赶麵棍	16y
평상(역2)	床	19y		홍홍(왜2)	筷	16z
표ᄌ박(몽3)	椰瓢	25z		흙밧기(역2)	泥托	18y
풀무아(왜2)	冶	16z		헤너러딘가마(역2)	荷葉鍋	13y
풍로(왜2)	風爐	14z		휘(역2)	斛子	15y
픈ᄌ(몽3)	小盆子	26y		휘우다(역3)	撅彎	46y
피괘연(왜2)	皮掛硯	13y		화로(동2)	火盆	15z
피롱(왜2)	皮籠	12z		화로(몽2)	火盆	11y
필갑(역2)	匣兒	15z		화로(역2)	火床	14y
픠리채(동2)	蠅拂子	14y		화로로(왜2)	爐	14z
픠리채(몽2)	蠅拂子	10y		화병(왜2)	畵瓶	14y
픠리채(역2)	蠅拂子	15y		화져(동2)	火快子	15z
한(역3)	錫	45y		화져(몽2)	火快子	11y
함함(왜2)	栖	12z		화쥬(역2)	火筯	14y
합(동2)	盒子	14y		화초에믈주는병(역3)	噴壺	43z
합(몽3)	盒子	25z		화텰(왜2)	火鐵	13z
합(역2)	盒兒	15y		활비븨(역2)	牽鑽	18y
합합(왜2)	盒	14y		활비븨(역3)	活鑽	45z
항(동2)	罐子	15z		홰(동2)	火把	15z
항(몽2)	罐子	11y		홰(몽2)	火把	11z
항(역2)	墰子	14y		홰거(왜2)	炬	16y

표제어	한자	위치
힝담(역3)	開披	44z
힝즈(동2)	抹布	16z
힝즈(역2)	抹布	14y
힝즈질ᄒ다(몽3)	用布擦抹	26y
끌회환(왜2)	環	17y
쌍괘연(왜2)	雙掛硯	12z
쓰다(동2)	掃了	16z
쓰다(몽2)	掃了	12y
슷다(동2)	揩了	16z
아교(역3)	皮膠	45y
아니박히ᄂ불(역2)	飛火	18z
아니쇠(역3)	鍋撑子	43y
아리쇠(동2)	鍋撑子	14z
아리쇠(몽2)	鍋撑子	10z
아히담아흔드ᄂ술위(역2)		
	搖車	18z
안경(왜2)	眼鏡	14y
안셕(역2)	靠墩	16y
얼멍이(역2)	竹篩子	14y
얼에빗(역2)	梳子	19z
에유아리(역2)	鉢盂	13z
여론식칼(역2)	博刀	17z
여믈싸ᄒ다(동2)	剉草	16z
여믈싸ᄒ다(몽2)	剉草	12z
여둛먹ᄂ조ᄌ(역3)	八仙卓子	43z
연덕(역2)	硯水瓶	19z
연연(왜2)	研	16y
연쥭(왜2)	煙竹	13z
열쇠(동2)	鑰匙	13z
열쇠(몽2)	鑰匙	10y
열쇠악(왜2)	鑰	13y
옷거리(동2)	衣架	16y
옷거리(몽2)	衣架	11z
옷거리(역2)	衣架	18z
옷칠(몽2)	柒	12z
옷칠ᄒ다(몽2)	柒物	12z
요(역2)	褥子	16y
요강(동2)	夜壺	16y
요강(몽2)	夜壺	12y
요강(역3)	夜壺	44y
용소(역2)	酒篘子	14z
우븨다(역3)	空摳	45z
우븨ᄂ칼(역3)	剜刀	45z
우산(왜2)	雨傘	13z
울두(왜2)	熨斗	17y
인도(역2)	烙鐵	16y
일산(동2)	日照子	13z
일산(몽2)	日照子	10y
일산(역2)	日照子	16z
일산(왜2)	日傘	13z
일산밧다(동2)	打傘	13z
일산밧다(몽2)	打傘	10y
일산밧다(역3)	打傘	44z
잉무비(역2)	鸚鵡螺	13z
윈쳡(몽2)	托盤	10y

[鞍 轡]

표제어	한자	위치
가슴거리(동2)	攀胸	20y
가슴거리(몽2)	攀胸	15z
가슴거리(역2)	攀胸	20z
간다개(역2)	稍繩	21y
간지개(몽3)	稍繩	27z
갓엇치(역2)	皮屉	20y
걸피(몽3)	箍皮	27y
견마ᄒ다(역2)	儱着馬	21y
고마(왜2)	雇馬	18y

고돌개(역2)	鞦	20y	다흘혁(역2)	編繮	20z
고돌개츄(왜2)	鞦	18y	두디(왜2)	肚帶	17z
곳비(동2)	韁繩	20z	둥울(역2)	雁翅板	20y
곳비(몽2)	韁繩	16y	듀락(역3)	緹胸	46z
구레(동2)	轡頭	20y	등피(역2)	鐙鞽皮	20z
구레(몽2)	轡頭	15z	등ᄌ(동2)	馬鐙	20y
구레곡뒤거리(역3)	搭腦	46z	등ᄌ(몽2)	馬鐙	15z
구레벗기다(동2)	摘轡頭	20y	등ᄌ(역2)	鐙	20z
구레벗기다(몽2)	摘轡頭	15z	등ᄌ(왜2)	鐙子	17z
구레벗다(동2)	退轡頭	20y	딜채(역2)	鞦皮穗頭	20z
구레벗다(몽2)	退轡頭	16y	딤기라마(동2)	馱鞍	20y
구레끼오다(동2)	帶轡頭	20y	딤기르마(몽2)	馱鞍	15z
구레끼오다(몽2)	帶轡頭	15z	ᄃ래(동2)	馬韂	20y
구슬망(역2)	網盖兒	21y	ᄃ래(몽2)	馬韂	15z
굴레(역2)	轡頭	20z	ᄃ래쳠(왜2)	韂	17z
굴에륵(왜2)	勒	17z	둘애(역2)	韂	20y
글기(몽2)	鉋子	16y	뒷솟동(역2)	坐鞦	20z
기라마(동2)	鞍子	20y	라구레(몽2)	籠頭	15z
기라마가지(동2)	鞍轎子	20y	마함(동2)	嚼子	20z
기라마벗기다(동2)	摘鞍子	20z	마함(몽2)	嚼子	16y
기라마우비(역3)	鞍罩	46z	마함(역2)	水環	20z
기라마짓다(동2)	鞴鞍子	20z	마함(왜2)	馬銜	17z
기르마(몽2)	鞍子	15z	마함벗다(동2)	退水環	20z
기르마가지(몽2)	鞍轎子	15z	마함벗다(몽2)	退水環	16y
기르마벗기다(몽2)	摘鞍子	16y	밀치(몽3)	軟鞦	27z
기르마안(왜2)	鞍	17z	밀치(역2)	包糞	20y
기르마지을피(왜2)	鞍	18y	물말독(역2)	馬椿子	21y
기르마짓다(몽2)	鞴鞍子	16y	물입에망(몽2)	筊嘴	16y
기ᄅ마(역2)	鞍子	20y	물입에망(역3)	兜嘴	46z
기ᄅ마가지(역2)	鞍橋子	20y	민등에ᄐ다(역2)	馬産 騎	21y
다갈(몽2)	馬釘	16y	바곳비(역2)	繮繩	20z
다갈(역2)	馬脚匙	21y	바구레(동2)	籠頭	20y
다갈박다(몽2)	打馬釘	16y	바구레끼오다(동2)	帶籠頭	20y
다갈박다(역3)	打馬釘	46z	바굴레(역2)	籠頭	20z

복물(왜2)	卜物	18y	채편(왜2)	鞭	18y
부리울샤(왜2)	卸	18y	채열(동2)	鞭繐	20z
비ㅅ대(동2)	肚帶	20y	채열(몽2)	鞭繐	16y
비ㅅ대(몽2)	肚帶	15z	채열(역2)	鞭穗	21y
빗대(역2)	肚帶	20z	챗딕(역2)	鞭竿	21y
삼뎡(역2)	馬護衣	21y	태안(왜2)	馱鞍	17z
소부리(동2)	鞍座兒	20y	하준(왜2)	荷栲	18y
소부리(몽2)	鞍座兒	15z	허쇠(역3)	折舌	46z
소부리(역3)	護屁股	46z	혀쇠(동2)	折舌	20y
술위메오는기르마(몽3)	駕車鞍	27y	혀쇠(몽2)	折舌	15z
스견(역3)	餙件	46z	혁(동2)	扯手	20z
쏨엇치(역2)	汗屉	20y	혁(몽2)	扯手	16y
장식(몽3)	餙件鐵	27z	혁(역2)	接絡	20z
쥬락(동2)	緹胸	20z	혁(역3)	扯手	46z
쥬락(몽2)	緹胸	16y	혁비(왜2)	轡	17z
쥬리올(역2)	牽鞚	20z	후거리(동2)	鞦皮	20y
쥬리울강(왜2)	韁	18y	후거리(몽2)	鞦皮	15z
쥬피(몽3)	鞦鞁子	27z	흉디(왜2)	胸帶	17z
쥬피(역2)	鞦皮	20y	안갑(동2)	鞍甲兒	20y
지달(동2)	絆	20z	안갑(몽2)	鞍甲兒	15z
지달(몽2)	絆	16y	안갑(역2)	鞍塔兒	20z
지달쓰다(동2)	絆了	20z	안갑(왜2)	鞍甲	17z
지달쓰다(몽2)	絆了	16y	안롱(역2)	鞍籠	21y
짐기라마(역3)	馱鞍	46z	앏솟동(역2)	前纓	20z
즈가미(역2)	兜頦	20z	앏솟동(역3)	鼻花	46z
쳠보로(역2)	韂甲兒	20z	어울ㅌ다(역2)	疊騎	21y
채(동2)	鞭子	20z	언치(동2)	屉子	20z
채(몽2)	鞭子	16y	언치(몽2)	屉子	16y
채(역2)	鞭子	21y	언치쳔(왜2)	韉	18y
채빗(역3)	鞭稍	46z	엇치(역2)	屉子	20y
채씬(동2)	挽手	20z	연좌ㅇ(역2)	軟座兒	20y
채씬(몽2)	挽手	16y			
채티다(동2)	打鞭子	20z			
채티다(몽2)	打鞭子	16y			

[舟 舡]

가마(동2)	轎車	19z		뎡람(왜2)	碇纜	18z
가마(몽2)	轎車	15y		돋대쟝(왜2)	檣	18z
건널도(왜2)	渡	19y		돋범(왜2)	帆	18z
격군(왜2)	格軍	19y		돗대(동2)	桅杆	19y
고기잡눈비(동2)	漁船	19y		돗대(몽2)	桅杆	14z
고기잡눈비(몽2)	漁船	14z		돗대누이다(역3)	眠桅	46z
교주(왜2)	轎子	19z		돗대세우다(역3)	竪桅	46z
교주메다(동2)	擡轎子	19z		돗지오다(동2)	卸蓬	19y
교주메다(몽2)	擡轎子	15y		돗지오다(몽2)	卸蓬	14z
구을젼(왜2)	轉	19z		돗드다(동2)	'掛蓬	19y
긴사화ㅅ대(몽3)	楝	27y		돗드다(몽2)	'掛蓬	14z
괘봉(왜2)	掛蓬	19y		대션(왜2)	大船	18y
남녀(동2)	跁山兜	19z		련련(왜2)	輦	19z
남녀(몽2)	跁山兜	15y		룡승(왜2)	龍繩	18z
남녀(역3)	爬山箆	47y		마샹이(동2)	全木船	19y
노로(왜2)	櫓	18z		마샹이(몽2)	全木船	14z
노젓다(동2)	盪槳	19y		마샹이(역2)	槽舡	21y
노젓다(몽2)	盪槳	14z		마샹이(역3)	全木船	46z
노젓다(역2)	搖櫓	22y		멍에(동2)	車軶	19z
느르비(역2)	擺渡舡	21y		멍에(몽2)	車軶	15y
느르ㅅ비(동2)	擺渡船	18z		멍에(역3)	車軶	47y
느르ㅅ비(몽2)	擺渡船	14z		멍에가(왜2)	駕	19z
닫(동2)	鐵錨	19y		목집게(역2)	拘索	23y
닫(몽2)	鐵錨	14z		무주미미(왜2)	迷	19z
닫(역2)	鐵猫	21y		무주미ㅎ다(역2)	氽水	22z
닫뎡(왜2)	碇	18z		므주미ㅎ눈사룸(역2)	托艋子	22z
닫주다(동2)	抛錨	19y		미눈술위(동2)	推車	19z
닫주다(몽2)	抛錨	14z		미눈술위(몽2)	推車	15y
닫줄(역2)	纜	21y		몰쎄볼피다(역2)	馬躧了	23z
닷거다(역2)	拔猫	22y		멜줄(역2)	套繩	23y
닷주다(역2)	抛猫	22y		박회륜(왜2)	輪	19z
뎜션(왜2)	點船	19y		발뎡(왜2)	拔碇	19y
				발외(역2)	把犁	23z
				번챠ㅎ다(동2)	飜車	19z

표제어	한자	출전	표제어	한자	출전
번챠ᄒ다(몽2)	飜車	15y	비젓다(역2)	划舡	22y
부를박(왜2)	泊	19y	비젓다(역3)	撑船	46z
부리오다(동2)	卸了	19z	비젓ᄂ가리(역2)	划子	21z
부리오다(몽2)	卸了	15z	비젓ᄂ나모(몽3)	槳	27y
비션(왜2)	飛船	18z	비젓ᄂ이(역2)	使舡的	22y
비(동2)	船	18z	비져편의다히다(동2)	艫那岸	19y
비(몽2)	船	14z	비혀다(역2)	盪槳	22y
비거다(역2)	舡旱了	22y	비여튼더거다(역2)	閣淺	22y
비겨티젓ᄂ나모(역2)	櫓	21z	비엿흔더걸리다(몽3)	船淺住	27y
비기오다(역2)	舡偏了	22y	비이편의다히다(동2)	艫這岸	19y
비다히ᄂ선창(역2)	馬頭	21z	비예늘윗ᄂ줄(역2)	攤繩	21z
비돗디오다(역2)	卸篷	21z	비예싯다(역2)	裝舡	22y
비돗ᄃ리다(역2)	扯篷	21z	비예이슬프다(역2)	潑水	22z
비믓틔다히다(역2)	艫岸	22z	비예이슬프다(역3)	戽船	47y
비믓틔닷다(역2)	上岸	22z	비틈메오다(역2)	艙舡	22y
비밋터겻ᄂ나모(역2)	櫓	21z	비ᄐ다(역2)	駕舡	22y
비미다(동2)	絟船	19y	빗고믈(몽3)	船梢	27y
비미다(몽2)	絟船	15y	빗고믈(역2)	舡梢	21z
비미다(역2)	絟舡	22y	빗니믈(몽3)	船頭	27y
비버리다(역2)	"[舡	22y	빗니믈(역2)	舡頭	21z
비뻐왓다(역2)	開舡	22y	빗돗(역2)	桅篷	21z
비ㅅ고믈(동2)	船梢	19y	빗돗대(역2)	桅竿	21z
비ㅅ노(동2)	橈	19y	빗돗ᄃ다(역2)	掛篷	21z
비ㅅ노(몽2)	橈	14z	빗멀믜ᄒ다(역2)	暈舡	22z
비ㅅ니믈(동2)	船頭	19y	뻬(역2)	筏子	21y
비ㅅ돗(동2)	桅篷	19y	사공(몽2)	梢工	15y
비ㅅ돗(몽2)	桅篷	14z	사공(역2)	梢工	21z
비ㅅ젼(몽3)	船舷	27y	사공(역3)	舵工	47y
비ㅅᄃ리(역2)	跳板	22z	사공(왜2)	沙工	19y
비셕세ᄃ다(역2)	停泊	22y	사화ㅅ대(동2)	撑子	19y
비션(왜2)	船	18y	사화ㅅ대(몽2)	撑子	14z
비ᄭ지시다(역2)	'嶔켸b	22y	사환대고(왜2)	篙	18z
비젓다(동2)	撑船	19y	사홧대(역)	撑子	21z
비젓다(몽2)	撑船	14z	샤봉(왜2)	卸篷	19y

상션(왜2)	商船	18z
션두(왜2)	船頭	18z
션창(왜2)	船倉	19y
션쵸(왜2)	船梢	18z
션판ᄌ(왜2)	船板子	19y
쇼교(왜2)	小轎	19z
쇼션(왜2)	小船	18y
술릐거(왜2)	車	19z
술위(동2)	車子	19z
술위(몽2)	車子	15y
술위갈모에기름ᄇᄅ다(역2)		
	膏車	23z
술위거쳐충이다(몽3)	車顚瓺	27y
술위걸닌디뻐드다(역2)	點車	23z
술위ᄀ다(역2)	倒車	23z
술위니다(역2)	笡車	23z
술위뒤고요는나모(역2)	撐兒	23y
술위뒷티다(역2)	飜車	23z
술위메오다(동2)	駕車	19z
술위메오다(몽2)	駕車	15y
술위메오다(역3)	套車	47y
술위모다(동2)	趕車	19z
술위모다(몽2)	趕車	15y
술위모다(역2)	赶車	23z
술위박회(동2)	車輪	19z
술위박히다(몽3)	車惧住	27y
술위삐(역2)	車軸	23y
술위ㅅ난간(동2)	車箱	19z
술위ㅅ난간(몽2)	車箱	15y
술위ㅅ동모(역3)	車夥子	47y
술위ㅅ박회(몽2)	車輪	15y
술위ㅅ살(동2)	輻條	19z
술위ㅅ살(몽2)	輻條	15y
술위ㅅ회통(몽3)	車頭	27y
술위쓰으다(몽3)	拉車	27y
술위짐브리오다(역2)	卸車	23z
술위채(동2)	車轅	19z
술위채(몽2)	車轅	15y
술위통구무안희바근쇠(역2)		
	車鐗	23y
술위앏고오는나모(역2)	梯子	23y
술위앏괴오는나모(역2)	車頭	23y
술위우희ᄀ리오다(역2)	打棚	23z
술위예싯다(몽2)	裝車	15y
술위예짐싯다(역2)	裝車	23z
술위예티이다(역2)	車碾了	23z
술윗난간(역2)	車箱	23y
술윗ᄂ릇(역2)	車轅	23y
술윗ᄂ릇멍에(역2)	大鞅	23y
술윗바쾨(역2)	輞子	23y
술윗바쾨쩌미는나모(역2)		
	挾棒	23z
술윗살(역2)	輻條	23y
술윗쇠야기(역2)	轄子	23y
술윗줄에저근멍에(역2)	小鞅	23y
술윗통시옭에바근쇠(역2)		
	車釧	23y
슈운ᄒ다(동2)	搬運	19z
슈운ᄒ다(몽2)	搬運	15z
슈운ᄒ다(역3)	搬運	47y
슈운홀슈(왜2)	輸	19z
슈즙(왜2)	修葺	19z
승사사(왜2)	槎	18z
시를직(왜2)	載	20y
ᄭ으을줄(역2)	撒繩	23y
ᄭᆯ을예(왜2)	曳	20y
쩨(동2)	筏子	19y
쩨(몽2)	筏子	14z

쪠벌(왜2)	筏	18z		헤옴슈(왜2)	泅	19z
자븐것넌ᄂ술위(역2)	庫車	22z		헤옴티다(역2)	泅水	22z
저어오다(역3)	儱來	46z		어션(왜2)	漁船	18z
저을뇨(왜2)	撓	19y		역풍에환질ᄒ다(몽3)	折檣	27y
져근술위(역2)	小車	22z		역풍의환질ᄒ다(역3)	折艙	46z
격은마샹이(몽3)	樺皮船	27y		연훈(왜2)	煙燻	19z
지봉(왜2)	扯篷	19y		우업손교ᄌ(몽3)	涼轎	27y
짐부리오다(역2)	盤下來	22z		운션(왜2)	暈船	19z
집지은술위(역2)	實車	22z		웃짐(역3)	梢頭	47y
창방(왜2)	艙房	18z		일글견(왜2)	牽	20y
츌션(왜2)	出船	19y				
치(역2)	柁	21z				
치타(왜2)	柁	18z		[技 戲]		
큰멍에두녁말(역2)	羊角椿子	23y				
큰술위(역2)	大車	22z		가긔(왜2)	假碁	20z
큰비(역2)	海舡	21y		곡도(역2)	面魁	24z
쾌션(왜2)	快船	18y		골패노롯ᄒ다(역2)	抹骨牌	24y
탕쥬(왜2)	盪舟	19y		골패ᄒ다(동2)	抹骨牌	33y
티(동2)	舵	19y		골패ᄒ다(몽2)	抹骨牌	26z
티(몽2)	舵	14z		공긔노다(역2)	耍指兒	24y
트ᄂ술위(역2)	坐車	23y		그릐(동2)	鞦韆	33z
톨승(왜2)	乘	20y		그릐(몽2)	鞦韆	27y
파래(역2)	戽斗	22z		그릐쯰다(동2)	打鞦韆	33z
파션(왜2)	破船	19z		그릐쯰다(몽2)	打鞦韆	27y
평교ᄌ(동2)	亮轎	19z		그릐(역2)	鞦韆	24z
포뎡(왜2)	抛碇	19y		근두딜ᄒ다(동2)	打跟足斗	33z
표풍(왜2)	飄風	19z		근두질ᄒ다(몽2)	打跟足斗	27y
표풍ᄒ다(동2)	飄風了	19y		근두질ᄒ다(역2)	跟陡	24z
표풍ᄒ다(몽2)	飄風了	15y		근지러이다(동2)	挏肐子窩	33z
플(역2)	暗礁	22z		근지러이다(몽2)	挏肐子窩	27y
프래호(왜2)	戽	19y		곫지다(몽3)	兩人俱倒	30y
함거(몽2)	囚車	15y		개야(역2)	彩棚	24z
항거(동2)	囚車	19z		긔롱(역3)	頑兒	47z
흔쯰술위(역2)	車壘 軸	23y		긔통(왜2)	碁桶	20y

긔ᄌ(왜2)	碁子	20y	바독두다(몽2)	下大碁	26z
광대(역2)	鬼臉兒	24z	바독두다(역2)	下大棋	24z
권법ᄒ다(몽3)	撲拿	30y	바독슈놋다(역3)	碁醜	z47z
나기도(왜2)	賭	20z	바독졉히다(역3)	讓子	47z
나기셜치ᄒ다(동2)	趕撈本	33y	박팽이티다(역2)	放空中	24y
나기ᄒ다(동2)	賭賽	33y	북티ᄂ사ᄅ(역2)	皷手	24y
나기ᄒ다(몽2)	賭賽	27y	브산뎌(역2)	魁山	24z
나기ᄒ다(역3)	賭賽	47z	비교(동2)	爭長	33y
나모놀리다(역2)	弄棒	24z	비교(몽2)	爭長	26z
노다(동2)	玩耍	33y	산뎌(역2)	?山	24y
노다(몽2)	玩耍	26z	상뉵티다(동2)	打雙陸	33y
노다(역3)	遊耍	47z	상뉵티다(몽2)	打雙陸'	26z
노롬(몽3)	頑藝	30y	상륙티다(역2)	打雙六	24y
노롯(역2)	雜戲	24y	셜치ᄒ다(역3)	趕潦本	47z
노롯즐기다(역2)	好耍子	24z	숏대ᄃ다(역3)	緣竿	47z
노롯ᄒ다(역2)	弄把戲	24y	승부결우다(몽3)	決勝負	30y
노롯ᄒ리못ᄂ디(역2)	拘欄	24y	실홈ᄒ다(동2)	'捽挍	33z
노롣희(왜2)	戲	20y	실홈ᄒ다(몽2)	捽挍	27y
댱방올뎌기ᄎ다(역2)	踢毬	24y	실홈ᄒ다(역2)	捽挍	23z
댱방올티다(역2)	打毬	24y	ᄉ애(동2)	骰子	33y
뎌기(동2)	鞬子	33z	ᄉ애(몽2)	骰子	26z
뎌기(몽2)	鞬子	27y	ᄉ애더지다(동2)	擲骰	33y
뎌기ᄎ다(동2)	踢鞬子	33z	ᄉ애더지다(몽2)	擲骰子	26z
뎌기ᄎ다(몽2)	踢鞬子	27y	ᄉ익(역3)	骰子	47z
뎌기ᄎ다(역2)	踢鞬子	24y	숏대노롯(역2)	上竿	24z
돈더ᄂ다(역2)	賭錢	24y	쏭불쥐다(역2)	拿錢	24y
뎌신시기다(몽3)	替擋	30y	잡기(왜2)	雜技	20y
뎌젹지못ᄒ다(몽3)	敵不住	30y	쟝긔(동2)	象碁	33y
말로우이다(몽3)	閗笑	30y	쟝긔(몽2)	象碁	26z
바독(동2)	大碁	33y	쟝긔두다(동2)	打象碁	33y
바독(몽2)	大碁	26z	쟝긔두다(몽2)	打象碁	26z
바독구무(역3)	碁眼	47z	쟝긔두다(역2)	打象棋	24z
바독긔(왜2)	碁	20y	쟝긔혁(왜2)	奕	20y
바독두다(동2)	下大碁	33y	져기건(왜2)	毽	20z

격슈(동2)	對手	33z	희롱(몽2)	戲玩	26z
격슈(몽2)	對手	27y	희롱ᄒ다(동2)	戲耍了	33y
격슈(역3)	對手	47z	희롱ᄒ다(몽2)	戲耍了	26z
격이(역3)	行頭	47z	희ᄌ(역3)	場戲	47y
졉이구(왜2)	闆	20z	희ᄌ뎜쳐식이다(역3)	點戲	47y
쪽티다(동2)	打躠脚	33z	희ᄌ칙(역3)	戲本	47y
쪽티다(몽2)	打躠脚	27y	희ᄌᄒᄂ잔치(역3)	戲筵	47y
줄넘다(동2)	跳擺索	33z	환슐ᄒ다(동2)	變戲法	33z
줄넘다(몽2)	跳擺索	27y	환슐ᄒ다(몽2)	變戲法	27y
줄넘다(역3)	跳擺索	47y	환슐ᄒᄂ사ᄅᆷ(동2)	變戲法的	33z
줄어름ᄒ다(역2)	躧軟索	24z	환슐ᄒᄂ사ᄅᆷ(몽2)	變戲法的	27y
줄얼음ᄐ다(역3)	舞絚	47y	쌍륙(왜2)	雙六	20y
죽방올(몽3)	毬	30y	연(동2)	風箏	33z
죽방올구(왜2)	毬	20z	연놀리다(동2)	放風箏	33z
지패(왜2)	紙牌	20y	연놀리다(역2)	放鶴兒	24y
질부(왜2)	負	20z	우럴다토다(몽2)	爭短長	26z
챡긔(왜2)	着碁	20y	우럴ᄃ토다(동2)	爭短長	33y
츄사ᄋ하다(역2)	下齷棊	24z	우럴ᄃ토다(역3)	爭短長	47z
츄천(왜2)	鞦韆	20z	이길승(왜2)	勝	20z
탈광대(몽2)	鬼臉兒	27y	임내내다(몽3)	撒癩	30y
투젼(동2)	紙牌	33y			
투젼(몽2)	紙牌	26z			
투젼ᄒ다(역3)	耍紙牌	47z	**[飛 禽]**		
판(몽2)	盤子	26z			
판국(왜2)	局	20y	가마괴(동2)	老鴉	35z
판스(동2)	盤子	33y	가마괴(역2)	老鴉	27y
패셕다(몽3)	洗牌	30y	가마괴오(왜2)	烏	22y
패치다(역3)	打劫	47z	가마귀(몽2)	老鴉	29z
핑이돌리다(역2)	碾掇落子	24y	가마오디(역2)	水老鴉	27y
폴매(역3)	撇石	47z	가마오지(동2)	水鸛	34z
합등(몽3)	盒子燈	30y	가마오지(몽2)	水鸛	29y
훈슈말라(역3)	別幫	47z	가마오지(역3)	水鸛	48y
훈슈방(왜2)	幫	20z	가치(동2)	喜鵲	35z
희롱(동2)	戲耍	33y	가치(몽2)	喜鵲	29z

가치(역2)	喜鵲	27z		굴며기구(왜2)	鷗	21y
가치쟉(왜2)	鵲	22y		굴새(동2)	葦鳥	35z
갈가마괴(동2)	寒鴉	35z		굴새(몽2)	葦鳥	29z
갈가마귀(몽2)	寒鴉	29z		개가마리(역2)	馬布郞	28y
갈지게(역2)	黃鷹	26y		게유아(왜2)	鵝	21z
거유(동2)	鵝子	35y		괸고리잉(왜2)	鸎	21z
거유(몽2)	鵝子	29y		굇고리(역2)	黃鳥	27z
거유(역2)	鵝	26y		과하(역2)	百雄	26z
거유삿기(역2)	鵝雛	26y		궉진(역2)	白角鷹	26y
걸픠여기(동2)	花鴒	35y		나친이(역2)	鴉鶻	26y
걸픠여기(역2)	花鴒	26y		너븐짓(역3)	翅次翎	48y
것겁플(역3)	硬皮	48y		너새(동2)	鴇子	34z
고지새(역2)	石錢兒	28y		너새(몽2)	鴇子	29y
고해곡(왜2)	鵠	21y		너싀(역2)	搗子	28y
곤이(동2)	天鵝	34z		노른즈의(동2)	蛋黃	36y
곤이(몽2)	天鵝	28z		노른즈의(역3)	鴨黃	48y
곤이(역2)	天鵝	27z		놉히ᄂ다(동2)	高飛	36y
공듕더워이(역2)	懸扯的	26z		놉히ᄂ다(몽2)	高飛	30y
공쟉(왜2)	孔雀	21y		놉히쓰다(몽3)	飛騰	31y
구겨내(역2)	黃鸎子	26y		누른즈의(몽2)	蛋黃	30y
구수둙(역2)	花鷄	25y		닉더귀(역2)	'氣X	26y
기러기(동2)	隨陽鳥	35y		ᄂ다(동2)	飛了	36y
기러기(몽2)	隨陽鳥	29y		ᄂ다(몽2)	飛了	30y
기러기(역2)	雁	27z		놀개(동2)	翅膀	36y
기러기(역3)	隨陽鳥	48y		놀개(몽2)	翅膀	30y
기러기안(왜2)	雁	21y		놀개붓다(동2)	""翅	36y
긷드릴셔(왜2)	棲	22z		놀개붓다(몽2)	""翅	30y
긷드릴소(왜2)	巢	22z		놀개익(왜2)	翼	22y
길드다(몽3)	熟化了	31y		놀개펴다(동2)	展翅	36y
ᄀ는털(몽3)	爛譎毛	31y		놀개펴다(몽2)	展翅	30y
굴가마괴(역2)	環鴉	27y		놀비(왜2)	飛	22z
굴며기(동2)	江鷹	35y		놀즘싱(동2)	禽	34z
굴며기(몽2)	江鷹	29y		놀즘싱(몽2)	禽	28z
굴며기(역2)	江鷹	28y		놀즘싱ᄒ로다(동2)	躐了	36y

눌즘싱의집(동2)	巢窩	36z	둙쵸ᄒ다(역2)	炒鷄	25z
눌즘싱의집(몽2)	巢窩	30z	둙튀ᄒ다(역2)	退鷄	25z
눌즘싱의집(역3)	巢窩	48z	둙홰에오로다(몽3)	鷄上架	31y
눌애븟다(역3)	搨翅	48y	둙흘우다(역2)	鷄躧	25y
눌애펴다(역3)	展翅	48y	둙뜻다(역2)	搰鷄	25z
다뫼기(역2)	紅鶴	28y	둙ᄡᅡ호다(몽2)	鷄鬪	30y
다와기(동2)	紅鶴	34z	둙ᄡᅡ호다(역3)	鷄鬪	48y
다와기목(왜2)	鶩	21y	둙우다(동2)	鷄叫	36z
닫뎌구리렬(왜2)	鴷	22y	둙우다(몽2)	鷄叫	30z
닷뎌고리(동2)	啄木官	35z	둙의간(역2)	鷄肝	25z
닷뎌구리(몽2)	啄木官	29z	둙의념통(역2)	鷄心	25z
더위칠확(왜2)	攫	22z	둙의눌개(역2)	鷄翅膀	25z
뎌구리(역2)	啄木官	27z	둙의다리(역2)	鷄腿	25z
뎌뒤(역2)	羅甸子	28y	둙의목(역2)	鷄脖子	25z
도요새(동2)	水扎鳥	35z	둙의발(역2)	鷄抓子	25z
도요새(몽3)	水扎子	30z	둙의볏(동2)	鷄冠	36y
도요새(역2)	水札子	28y	둙의볏(몽2)	鷄冠	30y
도요새흉(왜2)	鷸	21z	둙의볏(역2)	鷄冠	25z
됴이(왜2)	鳥餌	22z	둙의산멱(역2)	嗉岱	25z
두거머리둙(역2)	蓬頭鷄	25y	둙의쏘리(역2)	鷄尾把	25z
두견(왜2)	杜鵑	21z	둙의짓(역2)	鷄翎	25z
두견이(역2)	杜鵑	28z	둙의챵자(역2)	鷄腸	25z
두로미(역2)	鶖鵝	27y	둙의홰(몽2)	鷄棲	30z
두루미즉(왜2)	鶖	21y	둙의쏭개(역2)	鷄肶	25z
드러업듸다(몽3)	捿止	31y	둙의알(역2)	鷄鴠	25y
둙(동2)	家鷄	35z	둙의우리(동2)	鷄棲	36z
둙(몽2)	家鷄	29z	댓두럭기(역2)	老鷹	26y
둙(역2)	家鷄	25y	되롱태(동2)	松鳥?兒	35y
둙굽다(역2)	燒鷄	25z	되롱태(역2)	弄鬪兒	26y
둙계(왜2)	鷄	22y	란됴란(왜2)	鸞	20z
둙보곰쟈리치다(몽3)	鷄奮土	31y	로즉(왜2)	鷺鷥	21y
둙보끔자리티다(역2)	土浴	25y	매(동2)	鷹	35y
둙싸호다(동2)	鷄鬪	36y	매(몽2)	鷹	29y
둙숢다(역2)	煮鷄	25z	매겻ᄂᆞᆫ것(역2)	叫頭	26z

매놋타(역2)	放鷹	26z	뫼히무근매(역2)	野鷹	26y
매단댱고(역2)	鷹墊板	26z	묏비돌기(역2)	班鳩	26y
매도래(역2)	鷹戴帽	26z	묏비들기(몽3)	斑鳩	30z
매먹이다(역2)	喂鷹	26z	묏ㅅ비들기(동2)	斑鳩	35y
매발에민논갓(역2)	撒皮	26z	묏올히(역2)	野鴨子	27z
매발에민논긴갓(역2)	五皮	26z	밥도로다(역2)	擺呑	27y
매밧다(역2)	架鷹	26z	뱝새(동2)	鷦鷯	35z
매방울(역2)	鷹銃子	26z	뱝새(몽2)	鷦鷯	29z
매버러(역2)	五指兒	26z	벅구기(동2)	可鴣	35z
매쏭(동2)	鷹條	36z	벅국새시(왜2)	鳱	21z
매쏭(몽2)	鷹條	30z	벅국이(몽2)	可鴣	29z
매쏭누다(역2)	鷹打潮	26z	볍새(역2)	鷦鷯	28z
매츠다(역2)	抓了	26z	병아리(몽3)	雞雛	30z
매아논토올(역2)	鷹坐兒	26z	보라매(동2)	秋鷹	35y
매응(왜2)	鷹	21y	보라매(역2)	秋鷹	26y
멀쩌군이(몽3)	膊	31y	보라미(몽3)	秋黃	30z
며느리톱(동2)	距	36z	봉황봉(왜2)	鳳	20z
며느리톱(몽2)	距	30z	봉황황(왜2)	凰	20z
며느리톱(역3)	距	48y	부리(동2)	嘴	36y
며느리톱거(왜2)	距	22z	부리(몽2)	嘴	30y
먹부리닭(역3)	鬚鷄	47z	부리췌(왜2)	嘴	22z
명마기(동2)	巧燕	35z	부헝이(동2)	鵂鶹	35y
명막이(몽2)	巧燕	29z	부헝이(몽2)	鵂鶹	29y
명막이(역2)	胡鷰	27z	부헝이(역2)	鵂鶹	28y
몯츠ᄅ기슌(왜2)	鷸	22y	불아온닭(역2)	騸鷄	25y
몽이(동2)	鳥食	36z	비돌기(역2)	鴿子	26y
몽이(몽2)	鳥食	30z	비들기(동2)	鴿子	35y
몽이먹다(동2)	啄喫	36y	비들기구(왜2)	鳩	22y
몽이먹다(몽2)	啄喫	30y	비듥이(몽2)	鴿子	29y
뫼ㅅ초라이(몽2)	鶉鷯	29z	비오리게(왜2)	鸂	21z
뫼올이(몽2)	野鴨子	29y	비올히(역2)	梳鴨子	27z
뫼올히(동2)	野鴨子	35y	비취(왜2)	翡翠	21y
뫼초라기(동2)	鶉鷯	35z	ᄇ람가비(동2)	蛟母鳥	35y
뫼츠라기(역2)	鶉鷯	27z	ᄇ람갑이(몽2)	蛟母鳥	29y

ᄇ람갑이(역3)	蛟母鳥	48y		수리츄(왜2)	鷟	21y
ᄇᄅᆷ가비일(왜2)	鶢	21z		수닭(역2)	公鷄	25y
붉쥐(동2)	蝙蝠	35z		수닭업시나흔알(역2)	寡鴡	28z
붉쥐(몽2)	蝙蝠	29z		슈죵다리(역2)	銅鴷	28y
붉쥐(역3)	簷鼠	48y		슈진매(동2)	籠鷹	35y
붉쥐(역2)	蝙蝠	28y		슈진매(역3)	籠鷹	47z
빅노(동2)	鷺鷥	34z		꼬리(동2)	尾把	36z
빅노(몽2)	鷺鷥	29y		꼬리(몽2)	尾把	30y
빅로(왜2)	白鷺	21y		꾀ㅅ고리(역3)	金衣公子	48y
사ᄃ새(역2)	陶河	27z		꾀꼬리(동2)	黃鸝	35z
산것(몽3)	活的	31y		꾀꼬리(몽2)	黃鸝	29z
산멱(동2)	嗉俗	36y		꿩(동2)	野鷄	35y
산멱(몽2)	嗉俗	30y		꿩(몽2)	野鷄	29y
산기츄(왜2)	雛	22y		꿩(역2)	野鷄	27z
샷기(동2)	雛	36z		꿩치(왜2)	雉	22y
샷기(몽2)	雛	30z		짜히쓰쳐나다(몽3)	擦地飛	31y
상가손(역2)	鷹跳	26z		쩌올으다(동2)	飛騰	36y
소옴치(몽3)	鸐毛	31y		찌셥으로ᄂ다(역3)	擦地飛	48z
소옴치다(동2)	毛羽	36z		쎄짓(동2)	飄翎	36z
소옴치짓(몽2)	毨毛	30y		쎄짓(몽2)	飄翎	30y
소옴치짓(역3)	毛羽	48y		쎄짓(역2)	飄翎兒	26z
속겁플(역3)z	軟皮	48y		새(동2)	雀兒	35z
송골매골(왜2)	鶻	21z		새(몽2)	雀兒	29z
쇄우(왜2)	刷羽	22z		새대젼(왜2)	鸇	21z
쇠새(역2)	翠雀	28y		새됴(왜2)	鳥	20z
쇼로기(동2)	鶹鷹	35y		새매(동2)	鷂子	35y
쇼로기(몽2)	鶹鷹	29y		새매(몽2)	鷂子	29y
쇼로기(역2)	鶹鷹	27z		새매(역2)	鷂子	27y
쇼로기연(왜2)	鳶	21z		새붕(왜2)	鵬	21y
수(동2)	公的	36z		새안ㅅ다(동2)	飛止	36z
수(몽2)	公的	30z		새안ㅅ다(몽2)	飛止	30z
수리(동2)	皂雕	34z		새옹민이(몽3)	臊尖	31y
수리(몽2)	皂雕	28z		새우다(동2)	鳥啼	36z
수리(역2)	皂鷹	27y		새우다(몽2)	鳥啼	30z

표제어	한자	위치		표제어	한자	위치
쟈고(왜2)	鷓鴣	21z		척령(왜2)	鶺鴒	21z
쟉조(왜2)	雀噪	22y		쵸됴(왜2)	鷦鷯	21z
져비(동2)	拙燕	35z		츳다(동2)	抓物	35y
져비(몽2)	拙燕	29z		츳다(몽2)	抓物	29y
져비(역2)	拙鷰	27z		춤새(동2)	麻雀	35z
져비연(왜2)	燕	22y		춤새(몽2)	麻雀	29z
조아먹다(역3)	啄喫	48z		춤새(역2)	麻雀	27z
조을탁(왜2)	啄	22z		춤새작(왜2)	雀	22y
죠롱태(몽3)	松鳥?兒	30z		칼짓(역3)	翅大翎	48y
죵고리(역2)	鑽木兒	28y		콩부리(동2)	嘴黃	36y
죵다리(역2)	造化	28y		콩부리(몽2)	嘴黃	30y
죽지쎄고ᄂ다(역3)	抵翅飛	48z		콩새(동2)	茶鳥	35z
즘싱쏭누다(동2)	撒糞	36z		콩새(몽2)	茶杪B	29z
즘싱쏭누다(몽2)	撒糞	30z		콩새(역2)	茶鳥	28y
즘싱의발톱(동2)	爪子	36z		털숭그리다(역3)	鬆開毛	48z
즘싱의발톱(몽2)	爪子	30z		튀곤(역2)	白黃鷹	26y
즘싱의톱(몽3)	爪	31y		편복(왜2)	蝙蝠	22y
즘싱의쏭(동2)	鳥獸糞	36z		풋돍(역2)	鸂鶒	28z
즘싱의쏭(몽2)	鳥獸糞	30z		하야로비(역2)	鷺鷥	27y
진우(왜2)	羽	22y		학(동2)	仙鶴	34z
집올히(역2)	鴨	26y		학(역2)	仙鶴	27y
짓(동2)	翎兒	36z		학학(왜2)	鶴	21y
짓(몽2)	翎兒	30y		한새(동2)	老鸛	34z
짓ᄀ다(동2)	換毛	36z		한새(몽2)	老鸛	29y
짓ᄀ다(몽2)	換毛	30z		한새(역2)	老鸛	27y
짓ᄀ다(역3)	換毛	48z		한새관(왜2)	鸛	21y
짓다듬다(역2)	理毛	28z		할미새(역2)	水不刺	28y
짓드리다(동2)	棲止	36z		형용삼기다(몽3)	分形	31y
짓드리다(몽2)	棲止	30z		호연(왜2)	胡燕	22y
짓쪄다(몽3)	抖羽	31y		휴류(왜2)	鵂鶹	21z
짓통(역3)	翎管	48y		혼눌음(역3)	一翅	48z
창경(왜2)	鶬鶊	21z		흰ᄌ의(동2)	蛋清	36y
첫비(역2)	頭窩兒	25z		흰ᄌ의(몽2)	蛋清	29z
척령(동2)	鶺鴒	35z		흰ᄌ의(역3)	鴠青	48y

화악둙(역2)	哈八鷄	25y	옷밤이(몽2)	夜猫	29y
힌동쳥(동2)	海靑	35y	옷밤이(역2)	夜猫	28z
힌동쳥(몽2)	海靑	29y	울명(왜2)	鳴	22z
힌동쳥(역2)	海靑	26y	익두매(역2)	窩雛鷹	26y
알(동2)	蛋	36y	잉무(동2)	鸚哥鳥	34z
알(몽2)	蛋	29z	잉무(몽2)	鸚哥鳥	28z
알겻다(동2)	雞嘎蛋	36y	잉무(역2)	鸚哥	27y
알겻다(몽2)	鷄嘎蛋	30y	잉무(왜2)	鸚鵡	21y
알겻다(역3)	鷄嘎鴠	48y	원앙(왜2)	鴛鴦	21y
알구울리다(역2)	巢鴠	25y			
알낫타(동2)	下蛋	36y			
알낫타(몽2)	下蛋	30y			
알낫타(역2)	下鴠	25y	**[走 獸]**		
알란(왜2)	卵	22z			
알ᄲᅵ다(역2)	啄鴠	25y	가라ᄆᆞᆯ(동2)	黑馬	37z
알ᄭᅵ다(동2)	啄蛋	36y	가라ᄆᆞᆯ(몽2)	黑馬	31y
알ᄭᅵ다(몽2)	啄蛋	30y	가라ᄆᆞᆯ(역2)	黑馬	28z
알안다(동2)	抱蛋	36y	가리운ᄆᆞᆯ(역2)	海騮馬	29y
알안다(몽2)	抱蛋	30y	가믈드다(몽3)	啼漏	33y
알안다(역2)	抱鴠	25y	가족니기다(동2)	熟皮	41y
알이새(역2)	鶺鴒	27z	가족닉이다(몽2)	熟皮	34y
암(동2)	母的	36z	가족무듸질ᄒᆞ다(역3)	鍬皮	49z
암(몽2)	母的	30z	가족부들업게ᄲᅡᄒᆞ다(역3)		
암죵다리(역2)	蠟鳶	28y		鑭皮	49z
암둙(역2)	母鷄	25y	가족부븨다(동2)	楺槎	41y
연계(동2)	笋鷄	35z	가족부븨다(몽2)	揉搓	34y
연계(몽2)	笋鷄	29z	가족케오다(몽3)	撑皮	33z
연계(역2)	茅鷄	25y	가족오리(동2)	皮條	41y
오가리(역2)	靑?	28y	가족오리(몽2)	皮條	34y
오리압(왜2)	鴨	22y	가탈ᄒᆞᄂᆞᆫᄆᆞᆯ(역2)	點的馬	29z
온바미효(왜2)	梟	21z	간쟈ᄆᆞᆯ(동2)	線臉馬	37z
올이(몽2)	鴨子	29y	간쟈ᄆᆞᆯ(몽2)	線臉馬	31z
올히(동2)	鴨子	35y	간쟈ᄆᆞᆯ(역3)	線臉馬	48z
옷밤이(동2)	夜猫	35y	간쟈ᄉᆞ죡빅(역2)	五明馬	29y
			갈기(동2)	脖鬃	38y

갈기(몽2)	脖鬃	31z	굴헝물(몽2)	栗色馬	31z
갈기렵(왜2)	鬣	24z	굴헝물(역2)	栗色馬	29y
거믄괴(역2)	黑猫	33z	굶긁다(역3)	飢討	49y
거티는 물(역2)	撒瘺的	29z	굽슬굽슬혼털(몽3)	捲毛	32y
거헐물(역2)	粉嘴馬	29y	굽슬굽슬혼털(역3)	捲毛	49z
것는 물(역2)	?馬	29z	굽톄(왜2)	蹄	24z
것는 물(역2)	會走馬	31y	굽통속(몽3)	蹄心	32y
겨드랑이가족(역3)	腺	49y	굽통속(역3)	蹄心	48z
고개흔드다(몽3)	搖脖子	32z	굽ᄀ리는물(역2)	撒蹄馬	29z
고라니(몽3)	麠	31y	글게(동2)	鉋子	38z
고라니(역2)	麞子	34y	금괴(역2)	豹花猫	33z
고라물(동2)	黃馬	37z	기르마업슨물(동2)	馬産 馬	37z
고라물(역2)	黃馬	28z	기르마업슨물(몽2)	馬産 馬	31z
고솜돝위(왜2)	蝟	24y	기르마업슨물(역3)	馬産 馬	48z
고솜돛(동2)	刺蝟	40y	길드릴슌(왜2)	馴	24z
고솜돛(몽3)	刺蝟	31z	ᄀ득싯다(몽3)	滿駝	33y
고솜돛(역2)	刺蝟	33y	ᄀ래는물(동2)	劣馬	37z
골희눈개(몽3)	玉眼狗	31z	ᄀ래는물(몽2)	劣馬	31z
골희눈물(역2)	環眼馬	29y	ᄀ리오물(몽3)	海騮	32y
곰(동2)	熊	39y	개(몽2)	狗	33z
곰(몽2)	熊	33y	개구(왜2)	狗	24y
곰(역2)	熊	33z	개목엣도래쇠(역2)	狗項圈	33y
곰비(왜2)	羆	23z	개방올(역2)	狗鎤子	33y
곰웅(왜2)	熊	23z	개샷기(동2)	狗滓子	40y
곳비글러지다(역3)	溜繮	49y	개샷기(몽2)	狗滓子	33z
곳비노화쮜다(몽3)	放轡	32y	개즛다(동2)	狗吠	40z
곳비긋타(몽3)	墜繮	32z	개즛다(몽2)	狗吠	33z
공골물(몽2)	黃馬	31y	개즛다(역2)	狗吠	32z
공골물(역2)	土黃馬	29y	개흐루다(동2)	狗連	40z
공샹놉흔물(몽3)	高脚馬	32y	개흐르다(몽2)	狗連	33z
구불쟈할(동2)	豹臀馬	37z	개흘우다(역2)	狗連	32z
구븐쟈하물(역2)	豹臀馬	28z	괴(동2)	猫兒	40z
구유(동2)	馬槽	40z	괴(몽2)	猫兒	33z
굴헝물(동2)	栗色馬	37z	괴(역2)	猫兒	33y

괴묘(왜2)	猫	24y		능주마(동2)	快走馬	37z
괴흘레(역2)	猫走仰	33z		능주마(몽2)	快走馬	31z
긔린(왜2)	麒麟	22z		니긴가족(동2)	熟過皮	40z
길즘싱(동2)	獸	37y		니마흰즘싱(몽3)	破臉	31z
길즘싱(왜2)	獸	30z		닉인가족(몽2)	熟過皮	34y
나괴(동2)	驢子	39y		느는드시쮜다(몽3)	飛跑	32y
나괴(몽2)	驢子	32z		내맛는개(역2)	香狗	32z
나괴썰이(역2)	滾鞦	32y		넙쓰다(몽3)	奪扯手	32z
나귀(역2)	驢子	32y		네눈개(역2)	四眼狗	32z
나귀려(왜2)	驢	23z		다갈(동2)	馬釘子	38z
나귀삿기(역2)	驢駒子	32y		다갈박다(동2)	打馬釘	38z
나귀흘우다(역2)	驢跳	32y		담뷔(동2)	臊鼠	40y
납(역2)	胡猻	34y		담뷔(몽2)	臊鼠	33z
너고리(동2)	山獺	39z		담뷔환(왜2)	獾	24y
넉우리(역2)	山獺	34y		담븨(역2)	臊鼠皮	34z
노로(동2)	獐	39z		담븨(역3)	掃雪	19z
노로(몽2)	獐	33y		더펄개(역2)	獅子狗	32z
노로잡는개(역2)	赶獐狗	32z		더펄개방(왜2)	猱	24y
노로쟝(왜2)	獐	23z		딜넘이는물(역2)	光當馬	30y
노새(동2)	騾子	39y		덜렁이다(몽3)	顚	32y
노새(몽2)	騾子	32z		덜렁이는물(동2)	光當馬	37z
노새(역2)	騾子	32y		덜렁이는물(몽2)	光當馬	31z
노새라(왜2)	騾	23z		뎌불니는나모(역2)	停棍	33y
노흔물막즈르다(역2)	攔馬	31y		돈피(동2)	貂鼠	40y
놀라는물(역2)	眼生馬	29y		돈피(몽2)	貂鼠	33z
놀라쮜다(몽3)	驚跑	32z		돈피(역2)	貂鼠	33z
놀니삿기(역2)	獐羔兒	34y		돈피됴(왜2)	貂	23z
놀리삿기(동2)	獐羔	39z		돋제(왜2)	猪	24y
누루스러흔쇼(몽3)	淡黃牛	33y		돗(동2)	猪	40y
누웃구다(역2)	打滾	30z		돗(몽2)	猪	33z
눈먼물(역2)	瞎馬	30y		돗흘우다(역2)	猪跳	32y
눈에치알타(역2)	害骨眼	31y		돗희우리(동2)	猪圈	40z
눈에티(동2)	骨眼	38z		돗희우리(몽2)	猪圈	34z
눈에티(몽2)	骨眼	32y		돗틔삿기(역2)	猪豬	32z

돗희밥(몽3)	猪食	33y	몬다회(역3)	迎鞍頭	48z
돗희외양(몽3)	猪窩	33y	몰구(왜2)	驅	24z
동경개(동2)	獐子狗	40z	무듸질ᄒ다(동2)	剗皮	41y
동경개(역2)	獐子狗	32z	무듸질ᄒ다(몽2)	剗皮	34y
두더쥐(동2)	鼢鼠	40y	무릅쓰다(몽3)	倒退	32z
두더쥐(몽2)	鼢鼠	33z	무쇼(동2)	水牛	39y
두더쥐(역2)	鼢鼠	33z	무쇼(몽2)	水牛	32z
두더쥐분(왜2)	鼢	24y	무쇼셔(왜2)	犀	23z
들쇼(동2)	兕	37y	물ㅅ셔(왜2)	噬	24z
들픠딘물(역2)	熱瘸馬	29z	믈니이다(역3)	被咬	49z
등닷타(동2)	迎鞍瘡	38z	믈쇼(역3)	水牛	49y
등닷타(몽2)	迎鞍頭破	32z	미친개(역2)	風狗	32z
등ᄌᄃ듸다(몽3)	?鐙	32z	밀치끼오다(몽3)	拴軸棍	32z
디달쏘다(역2)	絆了	34z	ᄆ쇼ᄒ루다(동2)	馬盖牛走	39y
딥싸흐다(역2)	鍘草	34z	몰(동2)	馬	37y
ᄃ라미(동2)	松鼠	40y	몰(몽2)	馬	31y
ᄃ라미(역2)	山鼠	34z	몰가슴(동2)	馬胸膛	38y
ᄃ람이(몽2)	松鼠	33z	몰가슴(몽2)	馬胸膛	31z
ᄃ람이오(왜2)	鼯	24y	몰가슴(역2)	馬胸	30y
둔ᄂ몰(역2)	會跑馬	31y	몰갈기(역2)	馬鬃	30z
둘닐치(왜2)	馳	24z	몰걸리다(동2)	馬走走	38y
뒷다리(역2)	後腿	30y	몰걸리다(몽2)	馬走走	32y
마야지(몽2)	馬駒子	31z	몰고티다(역2)	醫馬	31y
마이지(동2)	馬駒子	38y	몰굽(동2)	馬蹄子	38y
마이둣ᄂ몰(역2)	響走馬	30y	몰굽(몽2)	馬蹄子	31z
먹여술지다(몽3)	喂肥	33y	몰굽(역2)	馬蹄子	30y
먼길겨닉다(몽3)	耐遠	32y	몰노하가다(역2)	馬走	31y
멀리붓쳐갈몰(역3)	耐遠	49y	몰노하돌리다(동2)	放馬	38y
멍에메오다(역2)	駕轅子	31z	몰노하돌리다(몽2)	跑馬	32y
모도굴러츳다(몽3)	打腦椿	32z	몰노히다(동2)	馬撒了	38z
모리(역3)	毛旋窩	49y	몰노히다(몽2)	馬撒了	32z
목션개(몽3)	白脖子狗	31z	몰노히다(역2)	馬撒了	30z
몬다회(동2)	迎鞍	38y	몰놀라다(역2)	馬驚了	30z
몬다회(몽2)	迎鞍頭	31z	몰등(역2)	馬脊樑	30y

물떠다(역2)	馬抖身	31y	물흐루다(몽2)	馬交	32z
물(왜2)	馬	23y	물흘우다(역2)	馬盖	30z
물이다(역2)	喂馬	30z	물싸호다(역2)	馬廝咬	31y
물(역2)	馬脖子	30y	물앏거티다(동2)	馬前失	38z
물머기다(동2)	飮馬	38y	물앏거티다(몽2)	馬前失	32z
물먹이다(몽2)	飮馬	32y	물여위다(동2)	馬瘦	38z
물믹다(역2)	経馬	30z	물여위다(몽2)	馬瘦	32y
물부리(역2)	馬嘴	30y	물오좀누다(역2)	馬潮	30z
물비로먹다(동2)	馬癩了	38z	물올가잡다(몽3)	套馬	32z
물비로먹다(몽2)	馬癩了	32z	물우다(동2)	馬嘶	38y
물빗기다(역2)	刷馬	30z	물우다(몽2)	馬嘶	32y
물비(역2)	馬肚	30y	물우다(역2)	馬叫	30z
물비부르다(동2)	馬肚子	38z	물입의망(동2)	笼子	38z
물싯기다(역2)	澡馬	30z	물잇그다(동2)	拉馬	38y
물술디다(동2)	馬肥	38z	물잇그다(몽2)	拉馬	32y
물술지다(몽2)	馬肥	32y	물외알레다(몽2)	單蹄馬	32y
물쏭누다(역2)	抛糞	30z	물야지(역2)	馬駒子	29z
물쓰더먹다(몽2)	啃青	32y	물야지구(왜2)	駒	23y
물씀드리다(동2)	吊乾汗	38y	바구레끼오다(몽3)	帶籠馬	32z
물씀드리다(몽3)	吊乾汗	33y	바독개(동2)	花狗	40z
물쮜오다(몽3)	躍馬	32y	박마(왜2)	駁馬	23y
물죽(동2)	馬糊米塗	38z	박은드시셔다(몽3)	四脚柱立	32z
물죽(몽2)	馬糊米塗	32y	발발이(몽3)	哈叭狗	31z
물채텨돌리다(동2)	拍馬	38y	밤눈(몽3)	夜眼	32y
물초리(역2)	馬尾子	30z	버른뉴(왜2)	狃	24z
물총(동2)	馬尾子	38y	버릇격이다(몽3)	掙跳	32z
물총(몽2)	馬尾子	32y	범(동2)	老虎	37y
물코부다(몽3)	馬噴鼻	32z	범(몽2)	老虎	31y
물콩(동2)	馬豆子	38z	범(역2)	老虎	33z
물콩(몽2)	馬料	32y	범(역3)	老麻子	48z
물텨돌리다(몽2)	拍馬	32y	범인도ᄒ눈귀신(역3)	倀鬼	48z
물투다(동2)	騎馬	38y	범호(왜2)	虎	23y
물투다(몽2)	騎馬	32y	범흘레(역2)	虎走仰	33z
물회목(역2)	馬蹄腕	30y	벗진는 물(역2)	念辈馬	30y

부루물(동2)	紅紗馬	37z	삽살개(동2)	絡絲狗	40z
부루물(몽2)	紅紗馬	31y	삽살개(몽3)	長毛細狗	31z
부루물(역2)	紅紗馬	28z	삽살개(역2)	絡絲狗	32z
불티다(몽2)	騸了	32y	삿기낫타(역2)	下駒子	30z
블티다(동2)	騸子	38y	삿기노새(역2)	駒騾子	32y
블여으(동2)	沙狐狸	39z	삿기디다(역2)	丟駒子	30z
블여으(몽3)	沙狐	31z	삿기비다(역2)	懷駒子	30z
블여으(역2)	火狐狸	34y	샤향노로(동2)	香獐	39z
비(동2)	羆	39z	샤향노로(역2)	香獐	34y
비라오론물(역2)	癩馬	29z	샤향놀새(왜2)	麝	23z
백마(왜2)	白馬	23y	서로지르다(몽3)	相頂	33y
볘눈물(역2)	掠蹶馬	29z	셔피(역2)	灰鼠皮	34z
비부르다(몽3)	肚大了	33y	셔피(동2)	灰鼠皮	41y
빅셜아물(역2)	白馬	28z	셔피(몽2)	灰鼠皮	34y
쓴나괴(역2)	懶驢	32y	션마(왜2)	騸馬	23y
쓴물(역2)	懶馬	29z	셜아물(역2)	銀褐馬	28z
사룸도도다(역3)	掠人	49y	셩쏜물(역2)	急性馬	30y
사룸무는물(역2)	咬人馬	29z	소옴치(동2)	風毛	41y
사슴록(왜2)	鹿	23z	소옴치(몽2)	風毛	34y
사슴의삿기(역3)	鹿羔	49y	소옴치(역3)	風毛	49z
사슴(동2)	鹿	39z	소옴티양(역2)	綿羊	33y
사슴(몽2)	鹿	33y	소용이치다(역3)	馬浴土	19y
사슴의삿기(동2)	鹿羔	39z	쇼(동2)	牛	38z
사향노로(몽2)	香獐	33y	쇼(몽2)	牛	32z
산달(왜2)	山獺	24y	쇼먹이다(역2)	喂牛	31z
산달피(역3)	貉子皮	19y	쇼메오다(역2)	套牛	31z
산제(왜2)	山猪	24y	쇼모다(역2)	赶牛	31z
산제피(몽3)	野猪皮	33y	쇼믈먹이다(역2)	飲牛	32y
산양(몽3)	羚羊	31z	쇼삿기낫다(역2)	下犢兒	31z
산영개(동2)	香狗	40y	쇼삿기디다(역2)	丟犢兒	31z
살오기다(동2)	畧瘸	38z	쇼삿기비다(역2)	帶犢兒	31z
살옥이다(몽2)	畧瘸	32z	쇼싸호다(역2)	牛低頭	31z
살옥이다(역3)	畧蹶	49y	쇼쏭누다(역2)	牛抛糞	31z
삼삼이쎠(몽3)	三岔骨	32y	쇼저히다(역2)	喝牛	32y

쇼주기다(역2)	宰牛	32y	시라손(동2)	猞猁猻	39z
쇼지르다(동2)	牛低頭	39y	시라손(몽2)	猞猁猁	33y
쇼지르다(몽2)	牛低頭	32z	시라손(역2)	土豹	34y
쇼흐루다(몽2)	牛交	32z	신코디다(역2)	流?	31y
쇼흘우다(역2)	牛走	31z	신코지다(동2)	?了	38z
쇼티셩마(역2)	玉頂馬	28z	신코지다(몽2)	广桑了?	32y
쇼티셩몰(동2)	玉頂馬	37z	스족빅(동2)	銀蹄馬	37z
쇼티셩몰(몽2)	玉頂馬	31z	스족빅(몽2)	銀蹄馬	31z
쇼여믈도로다(동2)	倒嚼	39y	스족빅(역2)	四明馬	29y
쇼여믈도로다(역2)	倒嚼	31z	스족빅(역3)	銀蹄馬	48z
쇼오좀누다(역2)	牛放尿	31z	스지(역2)	獅子	33z
쇼우(왜2)	牛	23y	스지스(왜2)	獅	23y
쇼우다(동2)	牛吼	39y	술진몰(역2)	月表 馬	30y
쇼우다(역2)	牛吼	31z	슮(동2)	野猫	39z
쇼잇그다(역2)	牽牛	32y	슮(몽2)	野猫	33y
수개(역2)	牙狗	32z	슮(역2)	野猫	34y
수괴(역2)	郎猫	33y	습리(왜2)	狸	23z
수나귀(역2)	叫驢	32y	셰가탈(역2)	細點的	29z
수노새(역2)	叫騾	32y	셴괴(역2)	白猫	33z
수돗(역2)	牙猪	32y	쇠옹이치다(몽3)	打滾	32z
수범(동2)	公虎	37y	쇠ㄴ래브튼몰(역2)	膊馬	29y
수범(몽2)	公虎	31y	쇠가족(동2)	牛皮	40z
수사슴(역2)	角鹿	34y	쇠가족(몽2)	牛皮	34y
수산제(몽3)	公野豕	31y	쇠멱(역3)	鶑?皮	49y
수양(몽3)	公羊	31z	쇠삿기(몽2)	牛犢	32z
수양(역2)	羝羊	33y	쇠심(몽2)	牛筋	32z
수웅(왜2)	雄	24z	쇠힘(동2)	牛筋	39y
수몰(동2)	兒馬	37y	쇠아지(역2)	犢兒	31y
수몰(몽2)	兒馬	31y	쇠야지(동2)	牛犢	39y
슈달(왜2)	水獺	24y	쇠야지독(왜2)	犢	23y
슬피(역2)	蜜狗皮	34z	쇳블(역2)	牛機角	31z
승냥이(동2)	豺	39y	쇳꼬리(역2)	牛尾把	31z
승냥이(몽2)	豺	33y	숡것다(몽3)	大走開	32y
승량이싀(왜2)	豺	23z	꼬리치다(몽3)	擺尾	31z

꼬리티다(몽2)	搖尾把	33z	즘싱(몽2)	牲口	31y
꼬리미(왜2)	尾	24z	즘싱삿기낫타(몽3)	下崽	31z
짜뒤지다(동2)	猪拱地	40y	즘싱삿기비다(동2)	獸有胎	40z
짜뒤지다(몽3)	猪拱地	31z	즘싱삿기비다(몽2)	獸有胎	33z
짜허위다(동2)	創地	40y	즘싱슈(역3)	獸	22z
쎄짓다(몽3)	合羣	32z	즘싱의신(몽3)	外腎	32y
쒸노다(몽3)	跳躍	31z	즘싱자리드리다(역2)	看窩	34z
쓴물(동2)	鈍馬	37z	즘싱헤음ᄒ다(몽2)	牲口泅水	34y
쓴물(몽2)	鈍馬	31z	즘싱의무리(동2)	牲口群	37y
쓸(동2)	角	39y	즘싱의무리(몽2)	牲口羣	31y
쓸(몽2)	角	32z	짐(동2)	包子	39y
쓸각(왜2)	角	24z	짐(몽2)	包子	33y
자괴밧다(역2)	爪脚	34z	짐무겁다(몽3)	疊墜	33y
잔쏙무다(몽3)	咬住	31z	짐싯다(동2)	馱包子	39y
쟉도누로다(역2)	按草	34z	짐싯다(몽2)	馱包子	33y
쟉도먹이다(역2)	入草	34z	집벅이다(몽3)	打奔	32z
잠불물(역2)	白臉馬	29y	집의기르ᄂᆞᆫ즘싱(몽2)	家畜	33z
저는물(역2)	瘸馬	29z	집의기ᄅᆞᆫ즘싱(동2)	家畜	40z
져븨초리털(역3)	寸子毛	49y	ᄌᆞ류물(동2)	棗騮馬	37z
젹마(왜2)	赤馬	23y	ᄌᆞ류마(역2)	棗騮馬	29y
졀짜물(동2)	赤馬	37y	존거름ᄒ다(몽3)	小走	32y
졀짜물(몽2)	赤馬	31y	잰나괴(역2)	快驢	32y
졀짜물(역2)	赤馬	28z	잰물(동2)	?馬	37z
조류물(몽2)	棗騮馬	31y	잰물(몽2)	?馬	31z
조올갈기(몽3)	腦鬃	32y	쥐(동2)	耗子	40y
조을ㅅ갈기(역3)	脖鬃	48z	쥐(몽2)	耗子	33z
죡져비(동2)	黃鼠	40y	쥐(역2)	耗子	33y
죡져비(역2)	黃鼠	34y	쥐구무뚧다(동2)	鼠鑽孔	40y
죡졉이(몽2)	黃鼠	33z	쥐구무뚧다(몽2)	鼠鑽孔	33z
죡졉이광(왜2)	犹	24y	쥐먹다(역3)	鼠耗	49z
죵바당(몽3)	蹄掌	32y	쥐서(왜2)	鼠	24y
쥰마(왜2)	駿馬	23y	쥐좃다(역2)	鼠敝	33z
즈즐페(왜2)	吠	24z	지괴(역2)	灰猫	33z
즘싱(동2)	牲口	37y	지ㅅ빗쇼(몽3)	青牛	33y

진나비(동2)	猴兒	39z		털붑다(동2)	毛厚	41y
진납이(몽2)	猴	33y		털ㅂ론가족(동2)	秋板	41y
진납이원(왜2)	猿	23z		털븟다(동2)	毛短	41y
짓빗물(몽2)	灰馬	31y		털븟다(몽3)	毛薄	33y
짓빗히총이물(몽3)	灰青馬	32y		털붗튼가족(몽3)	秋板	33y
철청총이물(몽3)	鐵青馬	32y		털붗튼가족(역3)	秋板	49z
총마(왜2)	驄馬	23y		털지다(역3)	脫毛	49z
총이물(동2)	青馬	37y		털지오다(몽2)	燖毛	34y
총이물(몽2)	青馬	31y		털지오다(역3)	硝毛	49z
총이물(역2)	青馬	29y		털지우다(동2)	燖毛	40z
츄마(왜2)	騅馬	23y		털튀ㅎ다(역3)	燖毛	19z
츄마물(동2)	灰馬	37z		털싹다(몽3)	剃毛	33z
츄마물(역2)	灰馬	29y		털쩌다(몽3)	抖毛	32z
치란(동2)	皮股子	41y		털잇는가족(동2)	皮子	40z
치란(몽2)	皮股子	34y		털잇는가족(몽2)	毛皮	34y
코ㅅ도래(동2)	鼻鉤	39y		털총이(역2)	青驄馬	29y
코ㅅ도래(몽2)	鼻鉤	32z		톤기토(왜2)	兎	24y
코ㅅ도래(역3)	鼻鉤	49y		톳기(동2)	兎兒	40y
코키리(동2)	象	37y		톳기(몽2)	兎兒	33z
코키리(몽2)	象	31y		톳기(역2)	兎兒	34y
코키리(역2)	象	33z		톨긔(왜2)	騎	24z
코키리샹(왜2)	象	23y		표범(동2)	豹虎	37y
코뼌물(역2)	豁鼻馬	29z		표범(몽2)	豹虎	31y
콩버무리다(역2)	拌料	34z		표범(역2)	金絲豹	33z
큰사슴(동2)	麋	39z		표범표(왜2)	豹	23y
큰즘싱우다(동2)	大獸鳴	40z		표물(역2)	銀鬃馬	29z
큰진나비(동2)	猿	39z		풀에(역2)	囤子	34z
큰진납비(몽3)	猿	31z		풀쓰더먹다(동2)	啃青	38y
터럭모(왜2)	毛	24z		플에눗타(역2)	放青	34z
털(동2)	毛	38y		플뜯어먹다(역3)	齦青	19y
털(몽2)	毛	31z		피케여저다(몽3)	熟瘸	33y
털거스러지다(역3)	毛倒搶	49z		피느리다(몽3)	啼上瘀血	33y
털ㄱ다(몽3)	脫毛	32z		한쇼(동2)	牛荓 牛	38z
털물우다(몽3)	煺毛	33y		한쇼(몽2)	牛荓牛	32z

한쇼(역2)	牛荓 牛	31y	암사슴(역2)	麋鹿	34y
헐믓ᄂ 몰(역2)	瘡馬	30y	암산제(몽3)	母野豕	31z
혁대세다(역3)	嘴生	49y	암쇼(동2)	乳牛	38z
후일죡(역3)	孤蹄	49y	암쇼(몽2)	乳牛	32z
휘지지아니타(몽3)	耐長	32y	암쇼(역2)	牡牛	31y
희모(동2)	珍珠毛	41y	암ᄌᆞ(왜2)	雌	24y
희모(몽3)	銀針毛	33y	암양(역2)	母羊	33y
흰톳기(동2)	天馬	40y	압다리(역2)	前脚	30y
흰톳기(몽3)	天馬	31z	압발치다(몽3)	雙蹄拍	32z
힌털섯쯴여ᄋ(역2)	沙狐狸	34y	약대(동2)	駱駝	39y
찌를축(왜2)	觸	24z	약대(몽2)	駱駝	33y
아귀무른몰(역2)	口軟馬	29z	약대(역2)	駱駝	33z
아귀세다(동2)	口硬	38y	약대타(왜2)	駝	23y
아귀세다(몽2)	口硬	32y	약대육안(역3)	駝峯	49y
아귀센몰(역2)	口硬馬	29z	양양(왜2)	羊	23z
아래더른개(역2)	哈八狗	32z	양염흘위나혼것(역2)	殺羘	33y
아몰(동2)	騍馬	37y	양의삿기(역2)	羊羔兒	33y
아몰(역2)	騍馬	29y	어롬(몽2)	斑	34y
아질개몰(역2)	'厚R	29y	어롱(동2)	斑	37y
악대쇼(동2)	犍牛	39y	어롱개(역2)	花狗	32z
악대쇼(몽2)	犍牛	32z	어롱괴(역2)	花猫	33y
악대쇼(역2)	犍牛	31y	어룽개(몽3)	?狗	31z
악대양(역2)	羯羊	33y	어룽쇼(동2)	花牛	39y
악대몰(역2)	騸馬	29y	어룽쇼(몽2)	花牛	32z
앏거티ᄂ 몺(역2)	前失馬	29z	어룽쇼(역2)	花牛	31y
암캐(역2)	騲狗	32z	어울ᄐ다(동2)	疊騎	38y
암괴(역2)	女猫	33y	어울ᄐ다(몽2)	疊騎	32y
암나귀(역2)	騲驢	32y	언치놋타(몽3)	搭屜	32z
암노로(역2)	騲獐	34y	얼럭몰(몽2)	花馬	31y
암노새(역2)	騍騾	32y	엄노로(역2)	牙獐	34y
암돗(역2)	母猪	32y	여믈(동2)	馬草	38z
암몰(몽2)	騍馬	31y	여믈(몽2)	馬草	32y
암범(동2)	母虎	37y	여믈담다(역2)	撮?草	34z
암범(몽2)	母虎	31y	여믈도로다(몽3)	倒嚼	33y

여믈옷쟈락에담다(역2)	逗草	34z
여믈주다(역2)	上草	34z
염소(동2)	山羊	39z
염쇼(몽2)	山羊	33y
염쇼(역2)	山羊	33y
염쇼고(왜2)	羖	23z
염쇼삿기(역2)	羔兒	33y
여으호(왜2)	狐	23z
여의가족(동2)	狐狸皮	40z
여ᄋ(동2)	狐狸	39z
여ᄋ(몽2)	狐狸	33y
여ᄋ(역2)	狐狸	34y
여윈몰(역2)	瘦馬	30y
오소리단(왜2)	猯	24y
오스리(동2)	獾子	40y
오스리(몽2)	獾子	33z
오슈리(역2)	獾子	34y
용훈몰(동2)	老實馬	37z
용훈몰(몽2)	老實馬	31z
일히(동2)	狼	39y
일히(몽2)	狼	33y
일히(역2)	狼	33z
일히랑(왜2)	狼	23z
ᄋᄆ(몽3)	小馬	32y
외알녜다(동2)	單蹄揮	38y
외알덕이다(역3)	單蹄揮	49y
월라몰(동2)	花馬	37z
월라몰(역2)	花馬	29y

[昆 虫]

가야미(동2)	螞蟻	43z
가얌이(몽2)	螞蟻	36y

가얌이의(왜2)	蟻	27y
갈외(동2)	斑猫	43y
갈외(몽2)	斑猫	35z
갈외(역2)	斑猫	35y
거머리(동2)	馬蟥	43z
거머리(몽2)	馬蝗	36y
거머리(역2)	馬蟥	36z
거머리질(왜2)	蛭	27y
거믜(동2)	蜘蛛	43z
거믜(몽2)	蜘蛛	36y
거믜(역2)	蜘蛛	35y
거믜쥬(왜2)	蛛	27z
거위(동2)	蛔虫	43z
거위(역2)	饞虫	35z
골왕이(역2)	水螺子	35y
구더기(역2)	多脚虫	35z
구렁이망(왜2)	蟒	26z
구무거릴쥰(왜2)	蠢	28y
구인(왜2)	蚯蚓	27z
굴헝이(동2)	蟒	42z
굴헝이(몽2)	蟒	35z
굴헝이(역3)	蟒	50y
굼벙이(동2)	蠐螬	44y
굼벙이(몽2)	蠐螬	36z
굼벙이(역2)	蠐螬	36y
굼벙이제(왜2)	蠐	28y
굼틀굼틀ᄒ다(동2)	蜿蜒	42z
굼틀굼틀ᄒ다(몽2)	蜿蜒	35z
굼틀굼틀ᄒ다(역3)	蜿蜒	50y
그리매(역2)	蠷螋	36z
개구리와(왜2)	蛙	27z
개벼룩(역2)	狗蚤	35z
개파리(역2)	狗蠅	36y
개야미(역2)	螞蟻	36z

귀더기(동2)	蛆虫	44y	도로래고(왜2)	蛄	27y
귀더기(역2)	蛆虫	35z	도마ㅂ얌(동2)	馬蛇子	42z
귀더기져(왜2)	蛆	27z	도마ㅂ얌(몽2)	馬蛇子	35z
귀덕이(몽2)	蛆虫	36z	도마비얌(역2)	馬蛇	37y
귓도라미(동2)	蛅虫孫	43y	도마비얌언(왜2)	蝘	26z
귓도라미(역2)	織兒	35y	독샤(역2)	蝮蛇	37y
귓도람이(몽2)	蛅虫孫	36y	독샤(왜2)	毒蛇	26z
귓도람이(역3)	竈馬兒	50y	되룡(역2)	蝘蜓	37y
걸기(왜2)	蚊	28y	두텁이셤(왜2)	蟾	27z
과두(왜2)	蝌蚪	27z	듯터비(역2)	黑蟆	36z
나나리벌(역3)	螟蛉	49z	등의(동2)	下虻	43z
나븨(동2)	蝴蝶兒	42z	등의(몽2)	夏?	36y
나븨(몽2)	蝴蝶兒	35z	등의(역2)	夏蟲	36y
나븨뎝(왜2)	蝶	26z	등의므다(역2)	虻咬	36y
납이(역2)	蝴蝶兒	35y	등의밍(왜2)	虻	27y
납이(역3)	粉蝶	49z	디룡이(역2)	蚯蚓	35z
낫거믜집(역2)	壁鏡	35z	돌팡이(동2)	蝸牛	43z
놀여기(역2)	蜈臊	35z	돌팡이(몽2)	蝸牛	36y
누에(동2)	蚕子	43y	돌팡이(역2)	草螺子	35y
누에(몽2)	蚕子	35z	돌팡이와(왜2)	蝸	27y
누에고치(몽3)	蚕繭	34y	머구리(역2)	田鷄	36z
누에줌(왜2)	蠶	26z	모긔(동2)	蚊子	43z
니(동2)	虱子	43z	모긔(몽2)	蚊子	36y
니(몽2)	虱子	36y	모긔(역2)	蚊子	36y
니(역2)	虱子	35z	모긔문(왜2)	蚊	27y
니무다(몽2)	叮了	36z	모긔므다(역2)	蚊釘	36y
니므다(동2)	叮了	43z	무다(역3)	叮了	50y
니슬(왜2)	虱	27z	모얌이(역2)	秋凉兒	35y
닥쟝버레(몽3)	磕頭虫	34y	물벌(동2)	馬蜂	43y
닥쟝벌레(역2)	焦苗虫兒	36y	물벌(몽2)	馬蜂	35z
당랑(왜2)	螳螂	27y	물벌(역3)	馬蜂	49z
도로래(동2)	土狗	43y	물쏭구우리(역2)	蟷蜋	35y
도로래(몽3)	蝲蝲蛄	34y	물쏭구으리(동2)	螳螂	43y
도로래(역2)	土狗	35z	물쏭구으리(몽2)	糞蜋	36y

몰쫑구을이(역3)	糞蜋	50y		부유(왜2)	蜉蝣	27y
묈도기작(왜2)	蚱	27y		블근납이(역2)	紅蛾兒	35y
묏도기(동2)	螞蚱	43y		빈대(동2)	臭虫	43z
묏독이(몽2)	螞蚱	35z		빈대(몽2)	壁虱	36z
묏됴기(역2)	螞蚱	36z		빈대(역2)	臭虫	36y
미야미(동2)	秋蟬	43y		빈대좀(역2)	壁魚	36y
미얌이(몽2)	秋蟬	35z		ᄇ얌(동2)	長虫	42z
미얌이션(왜2)	蟬	27y		ᄇ얌(몽2)	長虫	35z
바드리벌(역2)	細腰蜂	36y		베레츙(왜2)	蟲	26z
박회(동2)	金包子	43z		뵈ㅅ장이(몽3)	促織	34y
박회(몽2)	金包虫	36z		뵈짱이공(왜2)	蛩	27y
박회(역2)	蝱蜋	36y		뵙장이(동2)	促織虫	43y
반도(동2)	螢火虫	43y		뵙장이(역2)	促?織虫	35y
반도(몽2)	螢火虫	35z		비얌(역3)	長虫	50y
반도형(왜2)	螢	26z		비얌ᄉ(왜2)	蛇	26z
반되(역2)	螢火虫	35y		비얌허물벗다(역3)	蛇蛻皮	50y
발긴거믜(역2)	蟢蛛	35y		비얌허믈벗다(몽3)	蛇蛻皮	34y
버레(동2)	虫子	43y		뽀다(몽2)	螢了	35z
버레(몽2)	虫子	36y		뽀다(역3)	螢了	49z
버레우골우골ᄒ다(몽3)	虫蟻集聚	34z		쀠악이(몽3)	楊辣子	34y
버레꿈격꿈격ᄒ다(몽3)	虫拱動	34y		서리다(동2)	蟠繞	42z
벌(역2)	蜂子	36y		서리다(몽2)	蟠繞	35z
벌봉(왜2)	蜂	27y		서리다(역3)	蟠繞	50y
벌통(몽3)	蜜?	34y		서릴반(왜2)	蟠	28y
범나븨(동2)	大蝴蝶	42z		셔(몽2)	蟣子	36y
범나븨(몽2)	大蝴蝶	35z		셤여(왜2)	蟾蜍	27z
벼록(동2)	虼蚤	43z		실솔(왜2)	蟋蟀	27y
벼록(몽2)	虼蚤	36z		ᄉ면발(동2)	八脚子	43z
벼록(역2)	跳蚤	35z		ᄉ면발(몽2)	八脚子	36y
벼록(역3)	肨蚤	50y		ᄉ면발이(역3)	八脚子	50y
벼록조(왜2)	蚤	27z		쇠야기(역2)	癢癩子	36z
부나븨(동2)	撲燈蛾	43y		쉬(동2)	白蚱	43y
부나븨(몽2)	撲燈蛾	35z		쉬(몽2)	白蚱	36y
부납이(역3)	撲燈蛾	49z		쉬(역2)	白蛆	36z

쉬(역3)	蒼蠅蚱	50y
쉬스다(동2)	下蚱子	43z
쉬스다(몽2)	下蚱子	36y
ᄭᅮᆯ벌(동2)	蜜蜂	43y
ᄭᅮᆯ벌(몽2)	蜜蜂	35z
ᄭᅮᆯ벌(역3)	蜜蜂	49z
자자히(역2)	曲尺虫	35z
쟝고아비(역2)	釘倒虫	36z
젼갈(역2)	蠍子	37y
죰(동2)	蛀虫	44y
죰(몽2)	蛀虫	36z
죰(역2)	蛀虫	36y
죰두(왜2)	蠹	27z
죰삭이다(역3)	虫鈒了	50y
죰집다(역2)	虫蛀了	36y
지룡이(몽2)	蚯蚓	36y
지차리(역2)	蚰蜒	35z
진되(동2)	狗鱉	43y
진되(몽2)	狗鱉	36y
진되(역2)	草蜫	36z
진뒤비(왜2)	蜫	27z
진듸(역3)	狗鱉	50y
진에(동2)	蜈蚣	43z
진에(몽2)	蜈蚣	36y
진에(역2)	蜈蚣	35z
존자리(동2)	蜻蜓子	43y
존자리(몽2)	蜻蜓子	35z
존자리(역2)	蜻蜓	35y
존자리뎡(왜2)	蜓	27y
쥐며ᄂᆞ리(역2)	負盤	36z
쳑확(왜2)	蚇蠖	27z
쳥개구리(역2)	青蛙	36z
츙손(왜2)	虫損	28y
취츙(왜2)	臭虫	27z
풍뎅이(동2)	糞蜋	43y
ᄑᆞ리(동2)	蒼蠅	43y
ᄑᆞ리(몽2)	蒼蠅	36y
ᄑᆞ리(역2)	蠅子	36y
ᄑᆞ리승(왜2)	蠅	27y
하마(왜2)	蝦蟆	27z
혀(동2)	蟣子	43z
혀(역2)	蟣子	35z
혀긔(왜2)	蟣	27z
ᄒᆞᄅᆞ사리(동2)	陰生虫	44y
ᄒᆞᄅᆞ사리(몽2)	陰生虫	36z
ᄒᆞᄅᆞ사리(역2)	陰生虫	36z
흰납의(역2)	白蛾	35y
황츙(왜2)	蝗虫	27y
쏘다(동2)	螫了	43y
쐬야기(동2)	癢癩子	43z
안탁갑이(몽3)	花毛虫	34y
어영가싀(몽2)	螳螂	35z
오공(왜2)	蜈蚣	27z
올창이(역2)	蝌蚪	36z
옴둣터비(역2)	癩蝦蟆	36z
왕ᄑᆞ리(몽3)	痲豆蠅	34y

[水 族]

가계어(왜2)	家鷄魚	25y
가리맛(역2)	蟶腸	37z
가몰치(동2)	黑魚	41z
가믈치(몽3)	黑魚	33z
가믈티(역2)	烏魚	37y
가자미(동2)	比目魚	41z
가자미(역2)	鏡子魚	38z
가자미(역3)	比目魚	50y

가잠이(몽2)	比目魚	34z	고기진에(동2)	奔水	42y
가재(동2)	石蟹	42z	고기진에(역2)	魚膀子	39y
가재(몽2)	石蟹	35y	고기진에(역3)	奔水	50z
가재(역2)	刺古	38z	고기쮜다(동2)	魚躍	42y
가지(역3)	石次蛙	50z	고기쮜다(몽2)	魚躍	35y
가오리(동2)	洋魚	41z	고기쮜다(역3)	魚躍	50z
가오리(몽3)	洋魚	33z	고도리(역2)	古道魚	38y
가오리(역2)	湘洋魚	37z	고도어(왜2)	古道魚	25z
간고어(왜2)	乾古魚	26y	고래(동2)	鯨	42y
갈티(역2)	裙帶魚	38y	고래(몽2)	鯨	35y
개구리(동2)	靑蛙	42z	고래(역3)	老魚	50y
개구리(몽3)	靑蛙	34y	고리경(왜2)	鯨	26y
거복(동2)	烏龜	42y	곳게(역2)	海鷄	38z
거복(몽2)	烏龜	35y	교룡(왜2)	蛟龍	25y
거복(역2)	烏龜	38z	구올무지(역3)	細鱗魚	50y
거복귀(왜2)	龜	26y	구을무지(동2)	細鱗白	41z
경어(왜2)	鏡魚	25z	구을무지(몽3)	細鱗魚	33z
고기가싀(동2)	魚刺子	42y	굴(역2)	蠣子	37z
고기가싀(몽2)	魚刺子	35y	금죠개(역2)	朋蚵	37z
고기믈먹다(동2)	魚呑水	42y	금죠개거플(역2)	蚌穀子	37z
고기믈먹다(몽3)	水面呑食	34y	곤틴고기(역2)	醃魚	39y
고기믈방올내다(동2)	魚撥泡	42y	게(동2)	螃蟹	42z
고기믈방올내다(몽3)	魚發泡	34y	게(몽2)	螃蟹	35y
고기ㅅ작싀(역2)	魚刺兒	39y	게(역2)	螃蟹	38z
고기삿기(동2)	魚鮍子	42y	게엄지발(동2)	蟹鉗	42z
고기삿기(역2)	魚秧	39y	게엄지발(역3)	蟹鉗	50z
고기아감이(역2)	魚閤顋	39y	계희(왜2)	蟹	26z
고기알(동2)	魚子	42y	광어(왜2)	廣魚	25z
고기알(몽2)	魚子	34z	궐어(왜2)	鱖魚	25z
고기알스다(동2)	魚擺子	42y	낙지(역2)	小八梢魚	37y
고기알스다(몽2)	魚擺子	35y	년어(역2)	鰱魚	37y
고기알스다(역3)	魚擺子	50z	눗치(몽3)	重唇魚	33z
고기어(왜2)	魚	25y	눗티(동2)	重唇魚	41z
고기쟈감이(몽3)	魚顋	34y	눗티(역2)	重唇魚	38y

능게(몽3)	海蟹	33z		문어(역2)	八梢魚	37y
뎜어(왜2)	鮎魚	25z		물고기(동2)	魚	41y
도리(역2)	家鷄魚	39y		물아치(역2)	江魠	38z
도미(몽3)	厚魚	33z		믈고기(몽2)	魚	34z
도츙(왜2)	倒虫	26y		믈훙쳐방올지다(역3)	魚撥泡	50z
됴개(역3)	蚌蛤	50z		미르룡(왜2)	龍	25y
두터비(동2)	蝦蟆	42z		민어(왜2)	民魚	25y
두텁이(몽2)	蝦蟆	35y		메유기(동2)	鮎魚	41z
드렁허리(동2)	鱔魚	41z		메육이(몽2)	鮎魚	34z
드렁허리(몽2)	鱔魚	34z		믯그리(동2)	泥鰍	42y
드렁허리(역2)	鱔魚	38z		믯그리(몽3)	泥鰍	33z
들엄(몽3)	?鰉魚	33z		믯그리(역2)	泥鰍魚	38y
대구(동2)	大口魚	41z		반당이(역2)	蘇魚	38y
대구(몽2)	大口魚	34z		방어(왜2)	魴魚	25y
대구(역2)	大口魚	37y		뱡어(역2)	魴魚	37y
대구어(왜2)	大口魚	25y		병어(왜2)	魚兵?魚	25z
대하(몽3)	海蝦	33z		복(동2)	河魠	42y
되룡룡(동2)	蛟龍	41y		복(몽2)	河魠	34z
뒷진엄이(몽3)	後分水	34y		복(역2)	魠魚	38y
련어(왜2)	鰱魚	25y		부레(몽2)	魚鰾	35y
로어(몽2)	鱸魚	34z		부레표(왜2)	鰾	26y
로어(왜2)	鱸魚	25y		부어(동2)	鯽魚	41z
롱어(역2)	鱸魚	38y		부어(몽2)	鯽魚	34z
릉어(동2)	鱸魚	41z		부어(왜2)	鮒魚	25z
리어(왜2)	鯉魚	25y		붕어(역2)	鯽魚	38y
망어(몽3)	鯧魚	33z		블에(역2)	魚鰾	39y
망어(역2)	拔魚	38y		비어(몽2)	麵-l魚	34z
망어(왜2)	芒魚	25z		비눌(동2)	魚鱗	42y
머고리(몽2)	田鷄	35y		비눌(몽2)	魚鱗	35y
머구리(동2)	田雞	42z		비눌린(왜2)	鱗	26y
머유기(역2)	鮎魚	37z		비얌댱어(동2)	黃鱔	41z
모래무지(몽3)	穿沙魚	33z		비얌댱어(역2)	黃鱔	38y
모래므티(역2)	沙骨落	38z		비어(동2)	麵-l魚	41z
문어(동2)	八梢魚	41z		비어(역2)	麵-l魚	37z

사어(왜2)	鯊魚	25y	젹은쇼라(몽3)	小螺螄	33z
상어(역2)	鯊魚	37z	젼머(역2)	玉板魚	37z
상필이(역2)	舡頂魚	38z	젼복(왜2)	全鰒	26y
셕화(왜2)	石花	26z	젼어(왜2)	鱣魚	25z
셕어(왜2)	石魚	25z	조긔(역2)	石首魚	38y
셩챵(왜2)	虫聖 腸	26z	죠개(동2)	蚌蛤	42y
소과리(역2)	鱖魚	38z	죠개(몽2)	蚌蛤	35y
쇼라(동2)	螺螄	42y	죠개합(왜2)	蛤	26y
쇼라(몽2)	螺螄	35y	쥰티(역2)	肋魚	37y
쇼라(역2)	螺螄	39y	쳥어(왜2)	鯖魚	26y
쇼라라(왜2)	螺	26y	츄어(왜2)	鰍魚	25z
쇼쳔어(동2)	小魚	41z	춤죠개(동2)	蛤蜊	42y
쇼쳔어(몽2)	小魚	34z	측어(왜2)	鯔魚	25y
쇼쳔어(역3)	小魚	50y	팔쵸어(왜2)	八梢魚	25y
쇼팔쵸(왜2)	小八梢	26y	하돈(왜2)	河魨	25z
숑어(왜2)	松魚	25z	허대(역2)	鞋底魚	38z
수게(역2)	尖臍	38z	혀대(몽3)	鞋底魚	33z
슉복(왜2)	熟鰒	26y	홍어(왜2)	洪魚	25z
새오(역2)	蝦兒	38z	홍합(동2)	淡菜	42z
새오젓(역2)	酉鹵 蝦	39y	홍합(몽2)	海紅	35y
새오하(왜2)	鰕	26z	홍합(역3)	海紅	50z
새오짠것(역2)	蝦米	38z	홍합(왜2)	紅蛤	26y
새요(동2)	蝦兒	42z	홍합(역2)	淡菜	39y
새요(몽2)	蝦兒	35y	히슴(왜2)	海蔘	26y
싱복(왜2)	生鰒	26y	황티(역2)	黃魚	37z
싱포(역2)	鰒魚	37z	쌍피리(몽3)	船釘魚	33z
쟈가사리(역2)	n刺	38z	쌍필이(동2)	船釘魚	42y
쟈가사리(동2)	n刺	41z	알(역2)	魚子子	39y
쟈가사리(몽3)	n刺	33z	앏진엄이(몽3)	前分水	34y
쟈라(동2)	王八	42y	암게(역2)	團臍	38z
쟈라(몽2)	王八	35y	어이(왜2)	魚餌	26z
쟈라(역2)	王八	38y	오적어(왜2)	烏賊魚	25z
쟈라남샹의거플(몽3)	穀盖	34y	오증어(역2)	烏鰄魚	37y
쟈라별(왜2)	鼈	26y	올창이(동2)	蝌蚪	42z

올창이(몽2)	蝌蚪	35y	곳(몽2)	花	38y
옴두터비(동2)	癩蝦蟆	42z	곳다대(동2)	花蔕	46y
우롱이(역2)	土螺	39y	곳다대(몽2)	花蕚	38z
유어(왜2)	鮪魚	25z	곳다대(역3)	花蔕	50z
은구어(역2)	秋生魚	38y	곳다픠다(몽3)	開放	35y
은구어(왜2)	銀口魚	25y	곳밋티즐기(역2)	花脖根	40z
이혹(역2)	蛤蜊	37z	곳봉오리(동2)	花乳頭	45z
일의(동2)	魚白兒	42y	곳봉오리(몽2)	花乳頭	38z
일의(몽2)	魚白兒	35y	곳봉오리(역3)	花乳頭	50z
일의(역2)	魚白兒	39y	곳봉오리버다(동2)	花綻	46y
위어(역2)	刀梢魚	37z	곳봉오리버다(몽2)	花綻	38z
			곳봉오리버다(역3)	花綻	50z
			곳송이(동2)	花朶	45z
			곳송이(몽2)	花朶	38z
[花 草]			곳송이(역3)	花朶	50z
			곳지다(동2)	花謝	46y
			곳지다(몽2)	花謝	38z
가마종이(역2)	天茄子	41z	곳지다(역3)	花謝	50z
가마종이(역3)	龍葵	51y	곳퍼괴(동2)	花蕤	46y
가화(왜2)	假花	30z	곳퍼괴(몽2)	花蕤?	38z
검화(역2)	白蘇	41z	곳퍼기(역3)	花蕤	50z
겨릅대(몽3)	麻楷梃	35y	곳픠다(동2)	花開	46y
겨으사리(동2)	寄生草	46z	곳픠다(몽2)	花開	38z
겨으사리(역2)	冬青子	41z	곳픠다(역3)	花開	50z
고을염(왜2)	艶	30z	곳여희(동2)	花鬚	46y
곡도숑(역2)	茜草	41y	곳여희(몽2)	花鬚	38z
곡도숑(동2)	茜草	46y	곳여희(역2)	花絨兒	40z
곡도숑(몽2)	茜草	38z	곳옴기다(동2)	移花	45z
곧다올향(왜2)	香	30z	국화(왜2)	菊花	29z
곧부리영(왜2)	英	30z	규화(왜2)	葵花	29z
곧아올방(왜2)	芳	30z	근화(왜2)	槿花	30y
곧화(왜2)	花	29z	글희영(역2)	勒草	40z
골(동2)	水葱	46z	금전화(왜2)	金錢花	30y
골(몽2)	水蔥	39y	기음(역3)	莠草	51y
골(역2)	莞草	40z			
곳(동2)	花	45z			

기음의털(역2)	毛草	41z	뎍튝(역2)	映山紅	40y
기음(동2)	蒡草	46z	도랏곳(역2)	僧帽花	40y
기음(몽2)	蒡草	39y	도꼬마리(역2)	蒼耳	41y
ᄀ랏(역2)	野穀草	41y	도ᄐ랏(역2)	落藜?草	41z
굴(동2)	葦子草	46z	돌삼(역2)	野麻	41z
굴(몽2)	葦子草	39y	돗고마리(동2)	蒼耳	46y
굴(역2)	葦子草	40z	돗고마리(몽3)	蒼耳子	35y
굴위(왜2)	葦	31z	동빅(역2)	冬花	40y
개너리곳(역2)	捲丹花	40y	동빅(왜2)	冬栢	30z
계관화(왜2)	鷄冠花	30y	두견화(몽2)	香氣花	38y
너출(동2)	苽藤	46z	두견화(왜2)	杜鵑花	30y
너출(몽2)	苽藤	39y	등(동2)	藤子	46z
너출만(왜2)	蔓	31z	돍의십곳(역2)	綠G梅花	40y
너출시풀(역3)	野藤草	51y	란초란(왜2)	蘭	31y
년곳(역2)	藕花	39z	련화(왜2)	蓮花	29z
년송이(역2)	蓮蓬	39z	료화(역2)	水葒花	40y
노두(동2)	蓼蘆	46y	료화(왜2)	蓼花	30y
노두(몽2)	蓼蘆	38z	류셔(왜2)	柳絮	30y
노론속새(역2)	黃皮草	40z	마람(역2)	菱角	39z
눈비엿(역2)	野蘇子草	41y	만도라미(동2)	鷄冠花	45z
니ㅅ집(동2)	稻草	46z	만도라미(역2)	鷄冠花	40y
니ㅅ집(몽2)	稻草	39y	만도람이(몽2)	鷄冠花	38y
다복쑥봉(왜2)	蓬	31z	명화지(역2)	灰菜	41z
다복뿍(역2)	蒿草	40z	모란(역2)	牧丹	39z
다북쑥(동2)	蓬蒿	46y	모란곳(동2)	牧丹花	45z
다북뿍(몽2)	蓬蒿	38z	모란곳(몽2)	牧丹花	38y
단엽화(왜2)	單葉花	30z	모시져(왜2)	苧	31y
달(동2)	荻草	46z	목단(왜2)	牧丹	29z
달(몽2)	荻草	39y	무궁화(역2)	木槿花	40y
달(역2)	荻子草	40z	믈에이ㅅ기(몽3)	水上綿苔	35y
담쟝이(동2)	爬山?	46z	믈뿍(역2)	水蒿草	41y
담쟝이(몽2)	爬山虎	39y	미슴(동2)	蓼鬚	46y
담쟝이(역2)	八散葫	41z	미슴(몽2)	蓼鬚	38z
대뿌리(역3)	地?草	51y	므를고(왜2)	枯	31y

몰가리(역3)	香芹	51y	속새(몽2)	銼草	38z
몰역피(역2)	白米花	40y	속새(역3)	銼草	51y
민화(왜2)	梅花	29z	손(동2)	苽蔓	47y
바랑이(역2)	八根草	41y	손(몽2)	苽蔓	39y
번성홀번(왜2)	藩	31z	수리취(동2)	狗舌草	46z
벽려(왜2)	薜荔	31y	수리취(몽3)	狗舌草	35y
봉션화(역2)	金鳳花	40y	수리취(역3)	狗舌草	51y
봉션화(왜2)	鳳仙花	30y	슈슈ㅅ대(몽2)	蜀秸	39y
봉오리밋치다(몽2)	咕嘟結了	38z	슈유(왜2)	茱萸	30y
봉오송이(역2)	艾毬	41y	슉마(동2)	練麻	46z
부돌주지(역2)	蒲梆	41z	슉마(몽2)	練麻	39z
부들(동2)	蒲草	46z	신화(왜2)	莘花	30y
부들(몽2)	蒲草	39y	스계(역2)	四季花	40y
부들(역2)	蒲草	40z	새콩(역2)	料豆草	41y
부들인(왜2)	茵	31y	새품(동2)	鬼虱子	46z
부용(왜2)	芙蓉	30y	새품(몽3)	鬼針	35y
블쓰개(몽3)	引火草	35y	새픔(역3)	鬼虱子	51y
비영(역2)	青蒿	41y	새슘(몽3)	鬼絲子	35y
빨기(역2)	覆盆子	41z	꼬아리(역2)	紅姑娘	41z
뛰(역2)	茅草	40z	꼴(동2)	生草	46z
뿍(몽2)	艾草	38z	꼴(몽2)	生草	39y
뿍(역2)	艾草	41y	꼴추(왜2)	蒭	31z
사약곳(동2)	芍藥花	45z	쒸(동2)	茅草	46z
산단(왜2)	山丹	30y	쒸(몽2)	茅草	39y
산단화(역2)	山茶花	39z	쒸모(왜2)	茅	31z
삼(동2)	麻	46z	쎄알(역2)	三稜草	40z
삼(몽2)	麻	39z	쟉약(역2)	芍藥	39z
삼(역2)	蒿麻	41z	쟉약(왜2)	芍藥	29z
삼마(왜2)	麻	31y	쟘뛰(역2)	回軍草	40z
샤간(왜2)	射干	31y	쟘쒸(동2)	莎草	46z
셕류곳(역2)	石榴花	40y	쟘쒸(몽2)	莎草	39y
셕듁화(왜2)	石竹花	30y	쟘쒸(역3)	莎草	50z
소텰(왜2)	蘇鐵	31y	쟝미(왜2)	薔薇	30y
속새(동2)	銼草	46y	젼또아기(역2)	馬菲草	41y

조ㅅ집(동2)	穀草	46z		픠여란만ᄒ다(몽3)	紅鮮	35y
조ㅅ집(몽2)	穀草	39y		하놀ᄐ리(몽3)	赤包子	35y
족(몽2)	小藍	39z		한삼(역2)	野麻藤草	41y
족(역2)	小藍	41z		한삼너출(역2)	葎草蔓	41y
줄(역2)	莨子草	41y		홍화(왜2)	紅花	30y
줄기경(왜2)	莖	31z		히당(역2)	海棠	39z
지초지(왜2)	芝	31y		히당화(왜2)	海棠花	29z
진ᄃ리(역2)	杜鵑花	39z		화분(왜2)	花盆	30z
질락(왜2)	落	30z		화타(왜2)	花朵	30z
챵포(왜2)	菖蒲	31y		화테(왜2)	花蔕	30z
쳑쵹(왜2)	躑躅	30y		훤초훤(왜2)	萱	31y
천엽화(왜2)	千葉花	30z		띄사(왜2)	莎	31z
청대콩ㅅ대(몽3)	連角豆楷	35y		쑥(동2)	艾草	46y
쳥딕(역2)	馬藍	41z		쑥애(왜2)	艾	31z
초라삼(역2)	線麻	41z		아기플(역2)	狗尾草	41z
츩(동2)	葛藤	46z		아둘마기(역2)	獐羔草	41y
츩(몽2)	葛藤	39y		양구빗곳(역2)	虆粟花	40y
츩(역2)	葛藤	41z		어저귀(동2)	?麻	47y
츩갈(왜2)	葛	31z		어저귀(몽2)	林麻?	39y
치ᄌ(왜2)	梔子	30z		어저귀(역2)	?麻	41z
테모시(동2)	苧麻	47y		어웍새(역2)	罷王根草	40z
파쵸(왜2)	芭蕉	31y		엉것귀(역2)	野紅花	40y
퍼기총(왜2)	叢	31z		여히예(왜2)	藥	30z
평초평(왜2)	萍	31z		영산홍(왜2)	暎山紅	30y
풀(동2)	草	46y		옥슈슈(몽2)	玉薥薥	38z
풀(몽2)	草	38z		요항(역2)	水葱草	41y
풀움(몽3)	草茅	35y		요향관(왜2)	茺	31y
퓔기(왜2)	開	30z		이울조(왜2)	凋	30z
플초(왜2)	草	31y		인슴(왜2)	人蔘	31y
피마ᄌ(동2)	蓖蔴	46z		잇기티(왜2)	苔	31z
피마ᄌ(몽2)	蓖蔴	39y		잇기(몽2)	青苔	39y
피마ᄌ(역2)	蓖蔴	41z		잇쩨(역3)	青苔	51y
피마ᄌ(왜2)	?麻子	31y		외ㅅ손(역3)	瓜蔓	51y
픠여곱다(몽3)	鮮艷	35y		외쑥지(역3)	瓜蔕	51y

월계(역2)　月季花　40y

[樹 木]

가랑나모(역2)	柞木	42y
가래나모(몽3)	楸	34z
가싀형(왜2)	荊	29y
가지(동2)	枝條	45y
가지(몽2)	枝條	37z
가지지(왜2)	枝	29y
가지희소ᄒ다(몽3)	枝杈稀疎	34z
검픵검(왜2)	檢	29y
겨ᄋ사리(몽3)	寄生木	34z
고긔앙(동2)	木心	44z
고긔앙(몽2)	木心	37y
ᄀ래츄(왜2)	楸	28z
개듁나모(역2)	臭椿樹	43y
개ㅅ버들(동2)	柳樹	44y
계슈계(왜2)	桂	28y
긔싱(왜2)	寄生	29y
관솔ᄒᆡ(몽3)	油松亮子	34z
나모(동2)	樹	44y
나모(몽2)	樹	36z
나모거풀(동2)	樹皮	44z
나모결(몽2)	木理	37z
나모공이(동2)	樹節子	45y
나모공이(몽2)	樹節子	37z
나모끝쵸(왜2)	梢	29y
나모ᄆ티(동2)	樹節	45y
나모ᄆ티(몽2)	樹節	37z
나모ㅅ거풀(몽2)	樹皮	37z
나모ㅅ결(동2)	木理	44z
나모ㅅ등걸(역2)	木根老	43z
나모슈(왜2)	樹	28y
나모좀먹다(동2)	虫蛀木	45y
나모좀먹다(몽2)	虫蛀木	37z
나모진(동2)	樹津	44z
나모진(몽2)	樹津	37z
나모토막(몽3)	木頭墩	34z
낤쥬(왜2)	株	29y
널(동2)	板子	45y
널(몽2)	板子	37z
널판(왜2)	板	29y
넙갈나모(역2)	?櫟樹	42y
노가즈(역2)	刺松	42y
느름나모유(왜2)	楡	28z
느릅나모(동2)	白楡樹	44y
느틔나모(역2)	黃槐樹	43y
닙(동2)	葉兒	45y
닙(몽2)	葉兒	37z
닙누르다(동2)	葉黃	45y
닙누르다(몽2)	葉黃	37z
닙쩌러지다(몽3)	葉落	34z
닙엽(왜2)	葉	29y
닝과리(몽3)	煙頭	34z
다릅나모(역2)	炮火木	42z
다목(동2)	蘇木	44z
다목(몽2)	蘓木	37y
다목(역2)	蘇木	43y
닥져(왜2)	楮	28z
단풍(왜2)	丹楓	29y
덤블수(왜2)	?	29z
도토리(역2)	檪實	42y
도토리상(왜2)	橡	28z
두츙(왜2)	杜冲	28z
드므다(몽2)	稀罕	37z
등걸사(왜2)	楂	29z

등등(왜2)	藤	29y		뽕나모(몽2)	桑樹	36z
둘외나모(역2)	水苦梨木	42z		뽕나모(역2)	桑樹	42z
대(동2)	竹	45y		뽕나모상(왜2)	桑	28y
대(몽2)	竹	37z		서글후(왜2)	朽	29z
대죽(왜2)	竹	28y		석은나모(몽3)	朽木	34z
딩딩이너출(동2)	藤蘿	45y		섭신(왜2)	薪	29z
딩딩이너출(몽2)	藤蘿	37z		소나모(동2)	松樹	44y
머괴나모(역2)	梧桐樹	42z		소나모(몽2)	松樹	36z
무푸레(동2)	苦理木	44z		소나모(역2)	松樹	42y
무푸레(몽2)	苦理木	37y		소리춤나모(역2)	鐵櫟樹	42y
무프레(역2)	苦理木	42z		소목(왜2)	蘇木	28z
묏이스랏나모(역2)	郁李樹	42z		속거풀(몽3)	嫩皮	34z
박달나모(동2)	牛筋木	44z		솔닙(동2)	松針	45y
박달나모(역2)	牛筋木	42z		솔닙(몽2)	松針	36z
박달단(왜2)	檀	28z		솔방올(역2)	松塔子	42y
버들(몽2)	柳樹	37y		솔숑(왜2)	松	28y
버들가야지(몽2)	柳絮	37y		숑즈(왜2)	松子	29y
버들개야지(동2)	柳絮	45y		수목거호디(동2)	山林	45y
버들나모(동2)	楊樹	44y		수풀(동2)	林	45y
버들나모(역2)	柳樹	43z		수풀(몽2)	林	37z
버들류(왜2)	柳	28z		수플림(왜2)	林	29z
본화(왜2)	樺	28z		스미나모(동2)	刺楡樹	44z
봇나모(동2)	樺皮樹	44z		스믜나모(몽2)	白楡樹	37y
봇나모(몽2)	樺皮樹	37y		스믜나모(역2)	刺楡樹	43y
봇나모(역2)	樺皮木	43y		신나모(역2)	茶-l樹	42y
분디나모(역2)	山椒樹	42z		신나모풍(왜2)	楓	28z
불휘(동2)	木根兒	44z		싯나모(동2)	茶條樹	44z
불휘(몽2)	木根兒	37y		싯나모(몽2)	茶條樹	37y
불휘근(왜2)	根	29y		싀목(왜2)	柴木	29z
비다(몽2)	稠密	37z		쟌빅(왜2)	栢	28y
비양목(역2)	白楊樹	42z		잣나모(동2)	果松樹	44y
뿌리(몽2)	荊-l	37z		잣나모(몽2)	油松	36z
뿔리(역2)	荊-l	43y		잣나모(역2)	果松樹	42y
뽕나모(동2)	桑樹	44y		장작(몽3)	劈柴	34z

젼나모회(왜2)	檜	28z		피나모가(왜2)	椵	28z
젓나모(동2)	杉松	44y		회나모(역2)	鬼箭樹	42z
젓나모(몽2)	檜松	36z		회화괴(왜2)	槐	28z
젓나모(역2)	檜松	42y		회화나모(동2)	槐樹	44z
젼쵸나모(동2)	花椒樹	44z		회화나모(몽2)	槐樹	37y
젼쵸나모(몽2)	花椒樹	37y		회화나모(역2)	槐樹	42z
종려(왜2)	棕櫚	28z		황벽나모(역2)	暖木	43y
주염나모(동2)	皁角樹	44z		황빅나모(동2)	暖木	44z
주염나모(몽2)	蒺藜木	37y		황빅나모(몽2)	暖木	37y
주엽나모(역2)	皁角樹	42y		황빅피(몽3)	柞木朽黃	34z
줄기(동2)	幹條	44z		싸리뉴(왜2)	杻	29y
줄기(몽2)	幹條	37z		쏘야기(몽3)	木塞子	35y
즈작나모(역2)	沙木	43y		쓴리(동2)	荊條	45y
지목지(왜2)	材	29y		엄나모(동2)	刺楸樹	44z
쳥양목(역2)	靑楊樹	42z		엄나모(몽2)	刺椿樹	37y
초리얼(왜2)	蘗	29y		엄나모(역2)	刺楸樹	43y
츈나모(동2)	椿樹	44y		오동(왜2)	梧桐	28y
츈나모(몽2)	椿樹	36z		오디(역2)	桑椹	42z
측빅(동2)	區松	44y		오리나모(역2)	楡理木	42z
측빅(몽2)	區松	36z		온나모칠(왜2)	榛	28z
측빅(역2)	栢松	42y		은힝나모(역2)	鴨脚樹	43y
측빅(왜2)	側柏	28y		잇개나모(동2)	杉木	44y
춤나모(동2)	柞木	44z		잇개나모(몽2)	杉木	36z
춤나모(몽2)	柞木	37y		의개삼(왜2)	杉	28z
토막(동2)	木頭銼	45y				
토밥(동2)	鉅末	45y				
튱나모(역2)	椿樹	42z				
팅즈기(왜2)	枳	29y		**[性 情]**		
팅즈나모(역2)	醜橙樹	42z				
퍼괴(동2)	虆	45y		간계부리다(동1)	行詐	24y
퍼괴(몽2)	虆	37z		간사(동1)	狡詐	24y
피나모(동2)	椴木	44z		간사(몽1)	姦猾	18z
피나모(몽2)	椴木	37y		간사간(왜1)	姦	25y
피나모(역2)	椴木	42z		간사이구다(동1)	詭多阿	24y
				간악(왜1)	姦惡	24z

강악히구다(동1)	用强	23y	게을리ᄒ다(동1)	惰了	24y
강홀강(왜1)	强	24y	너를관(왜1)	寬	23z
거만(왜1)	倨慢	24z	녕혼이(동1)	有靈的	23y
거만ᄒ다(몽1)	倨傲	18y	노홀노(왜1)	怒	23z
건장건(왜1)	健	24y	노ᄒ여ᄒ다(몽3)	忿惱	09y
검소검(왜1)	儉	24y	눈에걸리다(몽3)	不順眼	09y
겁(몽1)	怯氣	18y	느릐다(동1)	邏遢	24y
겸손겸(왜1)	謙	23y	능히ᄒ다(몽3)	能成	08z
경망ᄒ다(동1)	輕佻	23y	능홀능(왜1)	能	23y
경솔(동1)	輕踈	23y	닌ᄒ다(동1)	性吝	23y
고들졍(왜1)	貞	23y	닌ᄒ다(몽1)	慳吝	18y
고롤화(왜1)	和	23z	ᄂ붉키다(동1)	面發紅	22z
고지식(몽1)	老實	17y	놀낼용(왜1)	勇	23y
고집(왜1)	固執	24y	놋붉키다(몽1)	面發紅	17z
고집ᄒ다(몽1)	執繆	17z	단졍(왜1)	端正	23z
공경경(왜1)	敬	23y	당돌(왜1)	唐突	24z
공교(동1)	巧	23y	덕(동1)	才德	22y
공교교(왜1)	巧	25y	덕(몽1)	才德	17y
공교히ᄒ다(동1)	行巧	23y	뎡졀(동1)	節操	21z
공졍(왜1)	公正	24z	둔홀둔(왜1)	鈍	25y
광망ᄒ다(동1)	行狂妄	24y	디혜(동1)	智	22y
교만(동1)	驕	23z	디혜(몽1)	智	17y
교만ᄒ다(동1)	行驕	23z	딘실(몽1)	眞箇	17y
교만ᄒ다(몽1)	驕	18y	든든ᄒ다(몽3)	結實	08z
굳셀강(왜1)	剛	23z	례도례(왜1)	禮	22z
긴글희(왜1)	喜	23z	린홀린(왜1)	吝	24y
깃거ᄒ다(동1)	喜歡	22z	모디다(동1)	剽悍	23z
깃거ᄒ다(몽1)	喜歡	17z	모디다(몽1)	剽悍	18y
깃거아니타(동1)	不悅	22z	모질악(왜1)	惡	24y
깃거아니타(몽3)	不悅	09y	목강(왜1)	木强	24z
깃붐(몽1)	喜	17z	미들신(왜1)	信	23y
게어를란(왜1)	懶	24z	미혹ᄒ다(동1)	愚蠢	24y
게으르다(몽1)	懶惰	18y	미혹ᄒ다(몽1)	愚蠢	18y
게으름(동1)	懶	24y	민쳡민(왜1)	敏	23z

ᄆᆞ옴(동1)	心裏	21z	셩머즉ᄒ다(동1)	息怒	22z
ᄆᆞ옴(몽1)	心裏	16z	셩ᄆᆞ르다(동1)	性躁	23y
뮈올증(왜1)	憎	24y	셩ᄆᆞ르다(몽1)	性躁	17z
밍녈밍(왜1)	猛	23y	셩인셩(왜1)	聖	22z
바로다(동1)	直	21z	속으로셩내다(몽3)	暗怒	09y
방ᄌᆞᄌ(왜1)	恣	25y	손젹다(동1)	手窄	23z
범람(왜1)	汎濫	24z	손젹다(몽1)	手窄	18z
부드러올유(왜1)	柔	23z	손크다(동1)	手濶	23y
부드럽다(동1)	軟柔	22y	손크다(몽1)	手濶	18z
부드럽다(몽1)	軟柔	17y	쇼심(왜1)	小心	23z
부즈런ᄒ다(몽3)	勤	08z	슌박(왜1)	純朴	23z
부즈런홀근(왜1)	勤	24z	슌직(왜1)	純直	23z
분푸다(동1)	解憤	23z	슌ᄒ다(동1)	順啊	22y
분ᄒ다(동1)	憤	23z	슌ᄒ다(몽1)	順啊	17y
분ᄒ다(몽1)	發憤	18y	슌홀슌(왜1)	順	23z
뜯(동1)	意思	21z	슬긔혜(왜1)	慧	23y
뜯(몽1)	意思	16z	슬플익(왜1)	哀	23z
뜻에맛굿다(몽3)	順適	08z	슬히너기다(몽3)	嫌	09y
사오납다(동1)	惡啊	23y	ᄉᆞ랑ᄒ다(동1)	愛疼	23y
사오납다(몽1)	利害	17z	ᄉᆞ랑ᄒ다(몽1)	愛疼	17z
사오납다(몽3)	利害	09z	ᄉᆞ랑익(왜1)	愛	24y
삼갈신(왜1)	愼	23y	ᄉᆞ양양(왜1)	讓	23y
삼긴품(동1)	生性	21y	ᄉᆞ졍아니타(몽3)	不徇情	08z
삼긴품(몽3)	生性	08z	슐갑다(몽1)	穎悟	17y
샤치샤(왜1)	奢	24y	술필찰(왜1)	察	23z
서재다(동1)	倨傲	23z	셰보와ᄒ다(몽3)	就勢	08z
셩(동1)	怒	22z	싀훤치아니타(몽3)	不舒服	09y
셩(몽1)	怒	17z	꾀모(왜1)	謀	23y
셩관(왜1)	誠款	24y	쁟의(왜1)	意	22z
셩쩌지다(몽1)	息怒	17z	쁟졍(왜1)	情	22z
셩끠내다(몽3)	使性氣	09y	쁟지(왜1)	志	22z
셩내다(동1)	惱了	22z	ᄶᅡ라합지아니타(몽3)	不隨合	09y
셩내다(몽1)	惱了	17z	잔인(왜1)	殘忍	24z
셩내여쩌다(몽3)	氣的打戰	09y	잘못홀셰라(몽3)	恐有失錯	09y

잘홀선(왜1)	善	24y	참아ᄒ다(몽3)	忍了	09y
장홀장(왜1)	壯	24y	큰덕(왜1)	德	22z
절(몽1)	節操	17y	탐ᄒ다(동1)	使黑心	23z
정셩(동1)	誠	21z	탐ᄒ다(몽1)	使黑心	18y
정셩(몽1)	誠	17y	탐홀탐(왜1)	貪	24y
정셩셩(왜1)	誠	23y	텬셩셩(왜1)	性	22z
조븨압다(동1)	量窄	24y	투긔ᄒ다(동1)	嫉妬	23y
조심ᄒ라(몽3)	小心着	08z	투긔ᄒ다(몽1)	嫉妬	18y
조타(몽1)	乾淨	17z	팍홀팍(왜1)	愎	25y
조홀조(왜1)	躁	25y	편벽(왜1)	偏僻	24z
졸홀졸(왜1)	拙	24z	포학ᄒ다(동1)	行虐	24y
좃타(동1)	乾淨	22z	패악(왜1)	悖惡	25y
즈즐ᄒ다(몽3)	厭煩	09y	패악ᄒ이(동1)	悖逆	24y
즐겨ᄒ다(동1)	樂了	23y	허ᄉ될허(왜1)	虛	25y
즐겨ᄒ다(몽1)	樂了	17z	협륵ᄒ다(몽3)	逼勒	09z
즐길락(왜1)	樂	23z	혹홀록(왜1)	惑	24z
지혜지(왜1)	智	22z	혼망ᄒ다(동1)	昏憒	24y
진듕ᄒ다(동1)	沉重	22z	효도효(왜1)	孝	22z
ᄌ셰샹(왜1)	詳	23z	효도ᄒ다(동1)	行孝	21z
ᄌ약ᄒ다(몽3)	自如	08z	효도ᄒ다(몽1)	行孝	16z
지간(몽1)	才能	17y	힘(동1)	力	23z
지죠(동1)	才能	22y	힘(몽1)	力量	18y
지죠(몽3)	能幹	08z	힝실힝(왜1)	行	22z
지조슐(왜1)	術	25y	화(동1)	雍和	22z
지조저(왜1)	才	23y	화(몽1)	雍和	17y
착ᄒ다(동1)	善鵝	23y	화목지못ᄒ다(몽3)	不睦	09y
청렴렴(왜1)	廉	23y	확실(왜1)	確實	24z
총명(왜1)	聰明	23y	쓸믜다(몽3)	憎	09y
춤을흘리다(몽3)	垂涎	09y	아득홀미(왜1)	迷	24z
츙셩츙(왜1)	忠	22z	앗길셕(왜1)	惜	24y
ᄎ마못ᄒ다(몽1)	不忍爲	17z	앗기다(동1)	愛惜	23y
춤다(동1)	忍住	22z	앗기다(몽1)	愛惜	17z
춤다(몽1)	忍住	17z	약홀약(왜1)	弱	24y
춤아(동1)	何忍	22z	어득ᄒ다(동1)	憒憒	24y

어득ᄒ다(몽1)	昏迷	18z
어린이(동1)	癡獃	24y
어릴우(왜1)	愚	24z
어릴치(왜1)	痴	25y
어질인(왜1)	仁	22z
어질현(왜1)	賢	22z
영오(왜1)	穎悟	23y
오활(왜1)	迂闊	24z
올흘의(왜1)	義	22z
요란쩌다(몽3)	嚷鬧	09y
욕심욕(왜1)	慾	24y
용내다(동1)	奮勇	23z
용내다(몽3)	奮勇	08z
용렬ᄒ이(동1)	庸碌的	24y
용탑(동1)	庸懶	24y
음난ᄒ다(동1)	行淫	24y
음난ᄒ다(몽1)	使濫心	18z
음란(왜1)	淫亂	25y
의심ᄒ다(동1)	疑惑	23z
의심ᄒ다(몽1)	疑惑	18y

[言 語]

가부(왜1)	可否	26z
가탁(왜1)	假托	28y
간ᄒᆞᆯ간(왜1)	諫	26z
경계계(왜1)	誡	26z
고ᄒᆞᆯ고(왜1)	告	26z
공론(왜1)	公論	26z
공언(왜1)	空言	27y
구변이잇ᄂᆞᆫ이(동1)	鸚哥鳥 嘴	25y
구변잇ᄂᆞ니(몽1)	鸚哥鳥 嘴	19y
기리다(동1)	稱贊	25y

기리다(몽1)	稱贊	19y
길릴예(왜1)	譽	27y
ᄀᆞ롭져말ᄒ다(몽3)	揷話	09z
ᄀᆞ만이(몽1)	悄悄的	19y
ᄀᆞ만이말ᄒ다(몽1)	悄悄話	19y
ᄀᆞ만ᄀᆞ만말ᄒ다(동1)	悄悄話	25y
ᄀᆞᆫᄀᆞᆫ웃다(동1)	顚倒笑	26y
ᄀᆞᆫᄀᆞᆫ웃다(몽1)	顚倒笑	19z
기구(왜1)	開口	26z
기유(왜1)	開諭	26z
기유ᄒ다(동1)	曉誘	25y
광언ᄒ다(동1)	瘋話	25y
권ᄒᆞᆯ권(왜1)	勸	27y
낫낫치니ᄅᆞ다(동1)	一箇箇說	25z
니ᄅᆞ다(동1)	說了	24z
니ᄅᆞ다(몽1)	說了	18z
니ᄅᆞ라보내다(동1)	差佺告訴	25z
니야기(동1)	古話	24z
니야기(몽1)	古話	18z
다시뭇다(동1)	再問	25z
다시뭇다(몽1)	再問	19z
다룬말로ᄭ우미다(몽3)	借詞遮餙	09z
달낼유(왜1)	誘	27z
당부(왜1)	當付	27y
당부ᄒ다(동1)	囑咐	25y
당부ᄒ다(몽1)	囑咐	19y
더두어리(몽1)	結吧的	19y
도언ᄒ다(동1)	調市話	24z
동요(동1)	謠言	24z
동요(몽1)	謠言	18z
들닐문(왜1)	聞	26z
듯기슬타(몽1)	厭聽	19z
ᄃᆞ톨징(왜1)	爭	27z
데긔(왜1)	提起	27y

디답답(왜1)	荅	26z	밍셰밍(왜1)	盟	27y
디답ᄒ다(동1)	答應	25z	부르다(몽1)	叫了	19z
디답ᄒ다(몽1)	答應	19z	부이어(왜1)	付耳語	27z
롱담(왜1)	弄談	27y	부츅이다(몽3)	?掖	10z
루셜(왜1)	漏泄	28y	분부(왜1)	分付	27y
마리그더겨부르다(몽3)	點頭呼	10y	분ᄒ여말못ᄒ다(동1)	氣不說話	25z
막아말ᄒ다(몽3)	截話	09z	브르다(동1)	叫了	25z
말(동1)	話	24z	비우슬긔(왜1)	譏	27z
말구들눌(왜1)	訥	27z	비웃다(동1)	笑話	25z
말나는대로ᄒ다(몽3)	信口說	09z	비웃다(몽1)	笑話	19z
말닉게ᄒ다(몽3)	熟練	09z	사롬쓸타(몽3)	譏刺	10y
말닉고샐르다(몽3)	熟快	09z	셤어(왜1)	譫語	27z
말더두어리다(몽1)	話打噎	19z	소리(동1)	聲響	24z
말련쇽ᄒ다(몽3)	聯"貫	09z	소리(몽1)	聲響	18z
말마자지다(동1)	話合機	25y	소리지르다(동1)	大聲	25z
말막히다(동1)	話窮	25y	속일가보나(몽3)	瞞得過麼	10y
말막히다(몽1)	話窮	19y	손쳐브르다(몽3)	招呼	10z
말분명히못ᄒ다(몽3)	語不清楚	09z	쇼개(왜1)	紹介	27y
말잘ᄒᆯ변(왜1)	辯	27z	쇽담(동1)	俗話	24z
말뭇지못ᄒ여서(동1)	話未完	25y	쇽담(몽1)	俗話	18z
말숨(몽1)	話	18z	숑ᄉ숑(왜1)	訟	27z
말숨언(왜1)	言	25y	슈군다히다(동1)	耳邊低說	25y
말숨ᄉ(왜1)	辭	25y	슈군다히다(몽1)	耳邊低說	19y
말쑤미다(동1)	餙言	26y	슈작(왜1)	酬酢	26z
말쑤미다(몽1)	飾言	20y	술올빅(왜1)	白	26z
말ᄒ다(동1)	說話	24z	쑤지즐즐(왜1)	叱	27z
말ᄒ다(몽1)	說話	18z	쟈랑긍(왜1)	矜	27z
망녕되이말ᄒ다(몽3)	妄談	09z	젼갈(왜1)	傳喝	27y
망발(왜1)	妄發	28y	젼갈ᄒ다(몽1)	口傳信	19y
못보는더훼방ᄒ다(몽3)	背後毀謗	10z	죠론(왜1)	嘲弄	27y
무를문(왜1)	問	26z	지위(왜1)	知委	27y
무스것(몽3)	何樣	10y	지휘(왜1)	指"	27y
뭇다(동1)	問着	25z	ᄌ칭(왜1)	自稱	28y
뭇다(몽1)	問着	19z	존말ᄒ다(몽3)	絮叨	09z

좀좀묵(왜1)	默	27z	홈자ㅅ말ᄒ다(몽1)	自言自語	19y
좀좀ᄒ다(동1)	默口	25z	회보ᄒ다(몽1)	回話	20y
좀좀ᄒ다(몽1)	默口	19z	흔연이웃다(동1)	欣笑	25z
착히너기다(동1)	善之	25y	흔연히웃다(몽3)	笑盈盈	10y
쳥ᄒ쳥(왜1)	請	26z	힐난ᄒ힐(왜1)	詰	27z
쵸길쥬(왜1)	嗾	27z	힐문ᄒ다(동1)	盤問	25z
칭탈(왜1)	稱頉	28y	힐문ᄒ다(몽3)	盤問	10y
춤소(동1)	讒	26y	아담(몽1)	諂	20y
춤소(몽1)	讒	20y	아담ᄒ다(몽1)	行諂佞	20y
춤소닙다(동1)	被讒	26y	아당(동1)	諂	26y
춤소닙다(몽1)	破讒	20y	아당ᄒ다(동1)	行諂	26y
춤소참(왜1)	讒	27z	아양ᄒ유(왜1)	諛	27z
춤소ᄒ다(동1)	行讒	26y	앙텬대쇼ᄒ다(몽3)	仰面大笑	10y
춤소ᄒ다(몽1)	行讒	20y	어듸잇ᄂ냐(몽3)	在何處	10y
통ᄉ노롯ᄒ다(동1)	通番話	24z	어습(왜1)	語澁	28y
통ᄉ노롯ᄒ다(몽1)	通番話	18z	어훈(동1)	語音	24z
평안ᄒ냐(몽1)	好麽	19z	어훈(몽1)	語音	18z
평안ᄒ신가(몽3)	安麽	10y	언약(몽1)	定約	19y
품ᄒ품(왜1)	稟	26z	언약약(왜1)	約	27y
핑계잡다(몽3)	討憑據	10y	업다(몽1)	沒有	19z
하쇽거리다(동1)	唆調	26y	업ᄂ냐(몽1)	沒了麽	19z
하쇽쩌리다(몽3)	挑唆	10z	엇지ᄒ엿ᄂ니(몽3)	怎樣了	10y
한담(왜1)	閑談	27y	올스외다(동1)	口遮	25z
할소(왜1)	訴	26z	올스외다(몽3)	口遮	10y
허낙(왜1)	許諾	27y	올타(동1)	是啊	25z
허락ᄒ다(동1)	許他	25y	올타(몽1)	是啊	19z
허락ᄒ다(몽1)	許他	19y	우격으로말ᄒ다(몽3)	強詞	09z
허허대쇼ᄒ다(몽3)	響笑	10y	우숩다(몽3)	耻笑	10y
헐훼(왜1)	毀	27z	우음(동1)	笑	25z
혀져르다(몽1)	舌頭短	19y	웃다(동1)	笑了	25z
혀차기리다(동1)	咂嘴稱奇	25y	웃다(몽1)	笑了	19z
혀츳기리다(몽3)	咂嘴稱奇	10y	일ᄶ오다(동1)	醒提	24z
혼잡히말ᄒ다(몽3)	混說	09z	일ᄶ오다(몽1)	醒提	19y
홈자ㅅ말ᄒ다(동1)	自言自語	25y	일홈부르다(몽1)	叫名子	19z

일홈브르다(동1)	叫名子	25z		맏당의(왜1)	宜	28y
입다므다(몽1)	閉口	20y		말니을이(왜1)	而	27y
입버리다(몽1)	張口	20y		모돌도(왜1)	都	29y
잇나냐(몽1)	有麼	19z		모들제(왜1)	諸	29y
잇다(몽1)	有啊	19z		모로미슈(왜1)	須	27y
의논(동1)	商量	25y		무릇범(왜1)	凡	27y
의논(몽1)	商量	19y		문득홀(왜1)	忽	29y
의논ᄒ다(동1)	商量了	25y		ᄆ춤내경(왜1)	竟	28y
의논ᄒ다(몽1)	商量了	19y		미양미(왜1)	每	28y
의론(왜1)	議論	26z		바소(왜1)	所	27z
				바야흐로방(왜1)	方	28y
				반듣필(왜1)	必	28z
[語辭]				벅벅응(왜1)	應	28z
				부틀ᄌ(왜1)	自	29y
각각(왜1)	各	29y		비록슈(왜1)	雖	28z
감히감(왜1)	敢	28y		뻐이(왜1)	以	27y
거의기(왜1)	幾	27z		쇽결업슬공(왜1)	空	29y
그기(왜1)	其	27z		스스로ᄌ(왜1)	自	27z
그럴연(왜1)	然	28y		시러곰득(왜1)	得	27z
극홀극(왜1)	極	28z		쟝ᄎᆞᆫ쟝(왜1)	將	27y
ᄀ쟝최(왜1)	最	27z		종요요(왜1)	要	29y
ᄀᆯ왈(왜1)	曰	28z		즉지즉(왜1)	卽	28y
늘어(왜1)	於	27y		진실노셩(왜1)	誠	28z
니롤운(왜1)	云	28z		짐짇고(왜1)	故	28y
다기(왜1)	皆	28y		ᄌ몯파(왜1)	頗	27y
다를별(왜1)	別	29y		특별특(왜1)	特	28y
다만단(왜1)	但	27z		출아리녕(왜1)	寧	27z
다몬여(왜1)	與	28z		혹혹(왜1)	或	28y
다시깅(왜1)	更	27z		ᄒ믈며황(왜1)	況	28z
더욱우(왜1)	尤	27z		ᄒ여곰ᄉ(왜1)	使	28z
도로혈반(왜1)	返	27y		한갇도(왜1)	徒	27z
드딀슈(왜1)	遂	28z		홀위(왜1)	爲	28y
마줌뎍(왜1)	適	28z		힝여힝(왜1)	幸	28y
만일약(왜1)	若	28y		또우(왜1)	又	27z

아올병(왜1)	幷	29y
아직고(왜1)	姑	27z
얻지하(왜1)	何	27z
오로젼(왜1)	專	29y
오직유(왜1)	惟	27z
오히려유(왜1)	猶	27z
올홀가(왜1)	可	28z
이시(왜1)	是	28z
이ᄎ(왜1)	此	28z
인홀인(왜1)	因	28y
일즉증(왜1)	曾	28y
임의기(왜1)	旣	28z
애오라지료(왜1)	聊	29y
원홀원(왜1)	願	29y

[人 事]

가비야이너기다(몽3)	輕忽	14y
강악히구다(몽3)	用强	13z
거스다(동1)	駁辭	32y
거스다(몽1)	馬啜辭?	24z
거스리다(동1)	逆	32y
거스리다(몽1)	逆	24z
거즛(동1)	謊	33z
거즛(몽1)	謊	25y
것꾸미다(동1)	外餙	33y
것꾸미다(몽3)	外餙	14z
결단치못ᄒ다(몽3)	遲疑不決	14z
겸양(몽3)	謙	13y
경계(동1)	起戒	33y
고이이다(동1)	被寵	31z
곡절업시(몽3)	無緣無故	14y
공경(몽3)	敬	13y
공경ᄒ다(동1)	尊敬	31y
공경ᄒ다(몽1)	尊敬	24y
공슌(몽3)	恭	13y
구쳥ᄒ다(동1)	求請罷	34y
그른일놈의게미다(동1)	推惡	33y
그른일놈의게미다(몽1)	推惡	25y
그릇ᄒ다(동1)	錯了	32z
그릇ᄒ다(몽1)	錯了	25y
극진이ᄒ다(몽1)	竭盡	24y
극진히ᄒ다(동1)	竭盡	31y
깁히아다(몽3)	渁知	13y
게으르지아니타(몽3)	不倦	13z
긔수치아니타(동1)	不理人	33y
긔수치아니타(몽3)	不理人	14y
긔이다(동1)	瞞他	33z
긔이다(몽1)	瞞他	25z
과람ᄒ다(몽3)	過踰	13z
광패히구다(몽3)	張狂	13z
남용ᄒ다(동1)	胡使了	33y
녁드다(몽3)	偏護	14z
눈맛지아니타(동1)	反目	33z
눈맛지아니타(몽1)	反目	25z
니즘헐ᄒ다(몽3)	肯忘	14z
놈파어긔다(몽3)	乖張	14z
놈의게미다(동1)	推他	32z
놈의게미다(몽1)	推他	25y
눗ᄀ리와ᄒ다(동1)	遮餙臉	33y
눗업서ᄒ다(몽3)	丟臉	14y
뉘웃다(동1)	後悔	32z
뉘웃다(몽1)	後悔	25y
단쳐들추다(몽3)	揭短	14y
됴화ᄒ다(동1)	嗜好	34y
됴화ᄒ다(몽1)	嗜好	25z
두ᄆ음아니타(몽3)	不貳心	13y

디졉ㅎ다(동1)	敬人	31z
디졉ㅎ다(몽1)	敬人	24z
람비치아니타(몽3)	不濫費	13z
료량업다(몽3)	沒理會	14y
말리다(동1)	勤開	31z
말쩌리(몽3)	話把	14z
멸시ㅎ다(동1)	輕視	33y
무례히구다(동1)	不留體面	32z
무루좃다(몽3)	退後	14z
므드다(동1)	習染	32z
므드다(몽1)	習染	25y
ᄆᆞ음좁다(몽3)	區淺	14z
방ᄌᆞㅎ다(동1)	放肆	32z
방ᄌᆞㅎ다(몽1)	放肆	25y
변치아니타(몽3)	不變	13y
변ᄉᆞㅎ다(동1)	改嘴	33z
변ᄉᆞㅎ다(몽1)	改嘴	25z
병통만타(몽3)	毛病多	14z
보채다(동1)	勒掯	32z
보채다(몽1)	勒掯	25y
보술피다(동1)	看顧	34z
보ᇙ히다(몽1)	看顧	25z
부럽다(동1)	歆羨	34y
부리사오납다(몽3)	嘴毒	14z
분내여ㅎ다(동1)	發憤	32y
분디킈다(동1)	守分	32y
분직희다(몽1)	守分	24z
분훈잇다(몽3)	有節	13z
붓그림(몽3)	羞耻	13z
ᄇᆞ라다(몽1)	指望	25z
붉지못ㅎ다(몽3)	不了亮	14y
뷘말로ᄭᅮ미다(몽3)	虛詞假作	14z
빅디에소기다(몽3)	明明的哄	14z
샹합ㅎ다(몽3)	共合	13y
서어ㅎ다(몽3)	扭別	14y
셤기다(동1)	服事	31y
셤기다(몽1)	服事	24y
셩내여쩌다(동1)	怒戰	33z
셩풀리다(동1)	怒解	34y
소기다(동1)	謊他	33z
속이다(몽1)	哄他	25z
슬희여ㅎ다(동1)	可厭	34y
슬희여ㅎ다(몽1)	可厭	25z
ᄉᆞ양ㅎ다(동1)	讓他	32y
ᄉᆞ양ㅎ다(몽1)	讓他	24z
셰쓰다(동1)	矜勢	32z
셰쓰다(몽3)	矜勢	13z
쉬지아니타(몽3)	無止息	13z
싱각나다(몽3)	想起	13y
쩌리다(동1)	憚	33z
쩌리다(몽1)	憚	25z
꾀오다(동1)	哄誘	33y
꾀오다(몽1)	哄誘	25y
꾀와소기다(동1)	誘騙	33y
꾀와소기다(몽3)	誆哄	14z
띄치다(몽3)	曉得	13y
쩨치다(몽3)	瓢賴	14z
뜻에맛디아니타(동1)	不合意	34y
ᄲᅡ지오다(몽1)	遺漏	25y
쓴더이너기지아니타(동1)	不嫌	34y
쟈랑ㅎ다(동1)	誇張	32z
쟈랑ㅎ다(몽1)	誇張	24z
저품업다(몽3)	無怕懼	14y
저ᄒᆞ다?(몽1)	嚇他	25y
저히다(동1)	嚇他	33y
져ᄇᆞ리다(동1)	負他	33z
져ᄇᆞ리다(몽1)	孤負	25z
졈어싱각ㅎ다(동1)	體諒	31z

졉어싱각ᄒ다(몽1)	體諒	24y	허비(몽1)	費	25y
정셩다ᄒ다(몽3)	竭誠	12z	허비다(몽1)	費了	25y
졍신두지아니타(몽3)	沒留神	14y	허비ᄒ다(동1)	費了	33y
졍신ᄀ다듬다(동1)	勵精	32y	형으로더졉ᄒ다(몽3)	兄禮相待	12z
졍업다(동1)	沒情分	33y	홈자ᄒ다(동1)	專擅	32z
조심ᄒ다(동1)	小心	32y	후리다(동1)	圈套人	33z
조심ᄒ다(몽1)	小心	24z	후리다(몽3)	設圈套	14z
조츨지아니타(몽3)	邋遢	14z	후리마리(동1)	胡裏麻裏	33z
조비욥다(몽3)	窄迫	14z	후리이다(동1)	被圈套	33z
존졀치아니타(동1)	不撙節	32y	후림에드다(몽3)	入了圈套	14z
쥬쟝업다(몽3)	無主張	13z	흔망ᄒ다(몽3)	無心緒	14z
즈즐ᄒ다(동1)	厭煩	34y	힘쓰다(동1)	用力	32y
즐기다(동1)	肯	34y	힘쓰다(몽1)	用力	24z
즐기다(몽1)	肯	25z	혼가지로ᄒ다(몽3)	共同	13y
지식업다(몽3)	無知識	13z	혜지아니타(동1)	不筭	33y
진득지못ᄒ다(몽3)	無坐性	13z	혜지아니타(몽3)	不籌數	14y
집쟉ᄒ다(몽3)	纏擾	14y	힝실더러이다(동1)	?玷	33z
천히너기다(몽3)	輕賤	14y	화목(동1)	和調	31z
청쵹(동1)	囑托	34y	화목지못ᄒ다(동1)	不睦	33z
청쵹ᄒ다(동1)	囑托了	34y	쓸믜게구다(몽3)	作厭惡事	14z
참아못ᄒ다(동1)	不忍	32y	아는쳬ᄒ다(몽3)	充知道	14z
톄면업다(동1)	體面吊	32z	아ᄋ노롯ᄒ다(동1)	弟弟	31y
톄면업다(몽1)	體面吊	24z	아ᄋ노롯ᄒ다(몽3)	行弟道	12z
톄모업다(몽3)	無體統	14y	악쓰다(동1)	用强	33y
편벽지아니타(몽3)	不偏邪	13y	안후ᄒ다(동1)	面厚	32z
평안ᄒ냐(동1)	好麼	31z	안후ᄒ다(몽3)	面厚	14y
평안ᄒ신가(동1)	請安	32y	안쭝업다(몽3)	無內囊	13z
풀쯰업다(몽3)	不骨立	14y	알며짐줏뭇다(몽3)	明知故問	14z
핑계ᄒ다(동1)	挑?	32z	앗갑다(동1)	可惜	34z
허믈(동1)	過失	33z	어긔치다(동1)	違瞞	33z
허믈(몽1)	過失	25z	어긔치다(몽1)	違約	25z
허믈ᄒ다(동1)	怪他	33z	어룬공경ᄒ다(동1)	敬長	31y
허믈ᄒ다(몽1)	怪他	25z	어룬공경ᄒ다(몽1)	敬長	24y
허비(동1)	費	33y	어룬노롯ᄒ다(몽3)	居長	13y

어룬인체ᄒ다(동1)	自居長	31y
어룬인체ᄒ다(몽3)	自居長	13y
억지내다(동1)	覇佔	32z
억지내다(몽1)	覇佔	24z
업슈이너기다(동1)	小看	33y
업슈이너기다(몽1)	小看	25y
오활ᄒ다(동1)	迂浮	33z
용납ᄒ다(동1)	容他	32y
용납ᄒ다(몽1)	容他	24z
유인ᄒ다(몽3)	引誘	14z
은릭ᄒ다(동1)	隱瞞	33z
은혜갑다(동1)	報恩	31z
은혜갑다(몽1)	報恩	24z
음탕ᄒ다(몽3)	行淫	13z
이리토져리토못ᄒ다(몽3)	無定向	13z
일에버서나다(몽3)	脫滑	14y
일에쮜쓰지아니타(몽3)	不躱懶	13z
일혜아려그르지아니타(몽3)		
	料事不差	13y
임의대로ᄒ다(몽3)	任性	13z
원ᄒ다(동1)	願了	34y

[政 事]

구실(몽3)	公務	18z
구실그어보내다(몽3)	派	18z
구의(동1)	官	51y
근본(몽1)	本	39y
노박ᄒ다(몽1)	參劾	39y
논박ᄒ다(동1)	參劾	51z
녜ᄉ일(동1)	常事	51y
다스리다(동1)	治	51y
다스리다(몽1)	治	39y

담당ᄒ다(몽3)	承當	18z
됴건됴건엿줍다(동1)	條奏	51z
례ᄉ일(몽1)	常事	39y
믓촌일을곳쳐말ᄒ다(몽3)	變張	18z
반포ᄒ다(동1)	布告	51y
반포ᄒ다(몽1)	布告	39y
번ᄀ다(동1)	遆番	51z
번나다(동1)	下番	51z
번나다(몽1)	下番	39z
번돌리다(동1)	輪番	51z
번돌리다(몽1)	輪番	39z
번드다(동1)	上番	51z
번드다(몽1)	上番	39z
번ᄲ다(몽1)	擺番	39z
번ᄶ다(동1)	作班	51z
번잡(몽1)	混雜	39y
부리다(동1)	使之	51y
부리다(몽1)	使着	39y
부셰밧다(동1)	抽稅	51z
부셰밧다(몽1)	抽稅	39z
비밀ᄒ일(동1)	密事	51y
비밀ᄒ일(몽1)	密事	39y
뜻뵈다(몽3)	示意	18z
샹고의셰(동1)	稅	51z
샹고의셰(몽1)	稅	39y
ᄉᆞᄉᆞ일(몽1)	私事	39y
긋(몽1)	末	39y
젼례대로(동1)	照例	52y
젼례대로(몽1)	條例	39z
죠건죠건엿줍다(몽3)	條陣	18z
쳘쥬ᄒ다(몽3)	牽扯	18z
초료(몽3)	廩給	18z
츄렴ᄒ다(동1)	湊歛	51z
츌염ᄒ다(몽1)	湊歛	39z

폐단(동1)	弊	51y	기약고슬(왜1)	瑟	43z
허도레일(동1)	冗雜事	51y	노래(동1)	歌曲兒	54y
효근일(동1)	小事	51y	노래(몽1)	歌曲兒	41z
혼지나다(몽3)	逾限	18z	노래부르다(동1)	唱歌	54y
어즈러이구다(동1)	撒亂	51y	노래부르다(몽1)	唱歌	41z
어즈러이구다(몽1)	撒亂	39y	뎌(동1)	笛	53z
어즈럽다(동1)	亂	51y	뎌(몽1)	笛	41y
어즈럽다(몽1)	亂	39y	뎌뎍(왜1)	笛	44y
은덕(동1)	恩典	50z	뎌부다(몽1)	吹笛	41z
은덕(몽1)	恩典	38z	동쇼(왜1)	洞簫	44y
인번ᄒ다(몽3)	接班	18z	두드리다(동1)	敲了	54y
일(몽1)	事情	39y	라발(동1)	囉叭	53z
일막아보내다(몽3)	駁回	18z	라발(왜1)	囉叭	44y
일시기다(몽3)	著落	18z	바라(동1)	鐃鈸	53z
일에미리챡급ᄒ다(몽3)	事前着急	18z	바라(몽1)	鐃鈸	41y
일에어즐ᄒ다(몽3)	迷"y	18z	부다(동1)	吹	54y
일츌ᄒ다(동1)	辦事	51y	북(동1)	鼓	53z
일츌ᄒ다(몽1)	辦事	39y	북(몽1)	鼓	41y
위두ᄒ다(몽3)	領頭	18z	북고(왜1)	鼓	43z
위엄(동1)	威	50z	북채(동1)	鼓槌	53z
위엄(몽1)	威	38z	북티다(동1)	搢鼓	53z
			북티다(몽1)	打鼓	41y
			불췌(왜1)	吹	44y
			비파(왜1)	琵琶	43z
[樂 器]			빅빅(왜1)	拍	44y
			세줄거문고(몽1)	絃子	41z
가ᄉᄒ다(동1)	唱歌詞	54y	셕경(왜1)	石磬	44y
가ᄉᄒ다(몽1)	唱歌詞	41z	슈프롬쇼(왜1)	嘯	44y
거문고금(왜1)	琴	43z	싱황싱(왜1)	笙	43z
거믄고(동1)	琴	53y	세줄거믄고(동1)	絃子	53z
거믄고(몽1)	琴	41y	쇠북(동1)	鍾	53z
곡됴(동1)	曲兒	53y	쇠북(몽1)	鍾	41y
곡됴(몽1)	曲兒	41z	쇠북종(왜1)	鐘	43z
곡됴(왜1)	曲調	43z	쟝고(왜1)	長鼓	44y
구뎍(왜1)	口笛	44y			

주라각(왜1)	角	44y
줄(동1)	絃	53z
줄(몽1)	絃	41y
줄현(왜1)	絃	43z
쥬라(동1)	號頭	53z
증(동1)	鉦	53z
증(몽1)	鉦	41y
징(동1)	箏	53z
징(몽1)	箏	41y
징징(왜1)	箏	43z
초김가(왜1)	筎	44y
춤(동1)	舞	54y
춤(몽1)	舞	41z
춤추다(동1)	打舞	54y
춤추다(몽1)	打舞	41z
취라(왜1)	吹螺	44y
탈팡대(동1)	鬼臉兒	54y
통쇼(몽1)	洞簫	41y
통쇼(동1)	洞簫	53z
트다(동1)	彈了	53z
트다(몽1)	彈了	41y
톨탄(왜1)	彈	43z
태평쇼(왜1)	太平嘯	44y
풍뉴(동1)	樂	53y
풍뉴(몽1)	樂	41y
풍뉴ᄒ다(몽1)	作樂	41y
풍류악(왜1)	樂	43z
피리(동1)	管	53z
피리(몽1)	管	41z
피리률(왜1)	篥	44y
힝금(동1)	胡琴	53z
힝금(몽1)	胡琴	41y
힝금(왜1)	胡琴	43z
힝금커다(몽1)	彈胡琴	41z

[匠 器]

가락(동2)	釘竿子	18y
가락(몽2)	釘竿子	13z
가래(동2)	木木欣	18y
가래(몽2)	木木欣	13z
가이(동2)	剪子	18y
가이(몽2)	剪子	14y
가이사복(몽3)	剪軸	26y
각괴(몽3)	兩刃斧	26y
거멀못(동2)	巴鍋子	17z
거멀못(몽2)	巴鍋子	13z
거음한(몽3)	馬牙磋	26y
골(동2)	盔子	17z
골(몽2)	盔子?	13z
골모(동2)	頂針子	18y
골모(몽2)	頂針子	14y
골박다(동2)	援一援	17z
골풀무(몽3)	風箱	26y
골희(동2)	環子	17z
골희(몽2)	環子	13z
곳광이(몽3)	尖鑝頭	26z
곳챵이(동2)	尖子	17z
곳챵이(몽2)	尖子	13z
금스얽다(동2)	鑲嵌	18z
ᄀ리다(동2)	鏇了	18z
ᄀ리다(몽2)	鏇了	14y
광두뎡(몽3)	兩點釘	26z
광치다(몽3)	硏亮	26z
광이(동2)	鑝頭	17z
광이(몽2)	鑝頭	13z
노기다(동2)	鎔化	18z
노호로자히다(몽3)	繩量	26z
녹이다(몽2)	鎔化	14y

다리다(동2)	運一運	18y	ㅂ뒤(몽2)	篦子	13z
다리우리(동2)	熨斗	18y	뵈ㅅ북(동2)	梭	18y
달이다(몽2)	運一運	14y	뵈ㅅ북(몽2)	梭	14y
달이울이(몽2)	熨斗	14y	삭이다(몽2)	刻了	14y
달호다(몽3)	燒紅	26z	삷(동2)	鐵鋬	17z
도관(동2)	火罐子	17y	삷(몽2)	鐵鋬	13z
도관(몽2)	火罐子	13y	섭삭임ᄒ다(몽3)	彫刻	26z
독긔(동2)	斧子	17z	셩녕(동2)	工程	18y
독ㅅ긔(몽2)	斧子	13y	셩녕ᄒ다(동2)	做工	18y
대패질ᄒ다(몽3)	鉋了	26z	셩뎡(몽2)	工程	14y
디파(동2)	推鉋	17y	셩뎡ᄒ다(몽2)	做工	14y
디파(몽2)	推鉋	13y	송곳(동2)	錐子	17z
마치(동2)	鐵鎚	17y	송곳(몽2)	錐子	13z
마치(몽2)	鐵鎚	13y	쇠닉이다(몽3)	煅煉	26z
먹줄(동2)	墨線	17z	쇠몽동이(동2)	銀?頭	17y
먹줄(몽2)	墨線	13y	쇠몽동이(몽2)	鋤頭	13y
먹줄치다(몽3)	打墨線	26z	쇠블리다(몽3)	化鐵	26z
먹통(동2)	墨斗	17z	쇠ㅅ동(몽3)	鐵渣子	26z
먹통(몽2)	墨斗	13y	쇠테(동2)	鐵?子	17z
모로(몽3)	鐵砧子	26y	쇠테(몽2)	鐵?子	13z
못(동2)	釘子	17z	쇠드므다(몽3)	蘸鋼	26z
못(몽2)	釘子	13z	시긔다(동2)	刻了	18z
무되(동2)	皮鍬子	17z	싹다(동2)	刷了	18z
믈레(동2)	紡車	18y	싹다(몽2)	刷了	14y
믈레(몽2)	紡車	13z	쎄다(동2)	穿紉	18z
밍그다(동2)	作作	18y	쎄다(몽2)	穿紉	14y
바늘(동2)	針子	18y	쎄뚧다(동2)	透鑽	17z
바눌(몽2)	針子	14y	쎄뚧다(몽2)	透鑽	14y
부레도관(동2)	鰾罐子	17y	쓸(동2)	?子	17z
부레도관(몽2)	鰾罐子	13y	쓸(몽2)	?子	13y
불찍여휘오다(동2)	煨彎了	18z	쓸질ᄒ다(몽3)	鑿了	26z
비븨(동2)	鑽子	17z	째다(동2)	錑了	18z
비븨(몽2)	鑽子	13z	째다(몽2)	錑了	14z
ㅂ뒤(동2)	篦子	18y	뚧다(동2)	鑽開	17z

뚧다(몽2)	鑽開	13z	한(동2)	木銼	17y
자(동2)	棍子	18y	한(몽2)	木銼	13y
자(몽2)	?子	14y	흙손(동2)	泥鏝	18y
자괴(동2)	鋳子	17y	흙손(몽2)	泥鏝	13z
자괴(몽2)	鋳子	13y	휘오다(동2)	彎之	18z
자괴질ᄒ다(몽3)	鋳去	26z	휘오다(몽2)	彎了	14y
쟝도리(동2)	老鸛鎚	17y	쓸타(동2)	磋了	17y
쟝도리(몽2)	老鸛鎚	13y	쓸타(몽2)	磋了	13y
젹은도치(몽3)	小斧子	26y	어릐(동2)	錣子	18y
조이ᄒ다(동2)	起花	18z	어릐(몽2)	錣子	13z
조이ᄒ다(몽2)	起花	14y	얽어ᄭ미다(몽3)	鑲嵌	26z
줄(동2)	鐵銼	17y	우븨다(동2)	摳?	18z
줄(몽2)	鐵銼	13y	우븨다(몽2)	挖?	14y
지레(동2)	千斤子	18y	인도(동2)	烙鐵	18y
지레(몽2)	千斤子	13z	인도(몽2)	烙鐵	14y
지오다(동2)	鑄了	18z	인도질ᄒ다(동2)	烙一烙	18y
지오다(몽2)	鑄了	14z	인도질ᄒ다(몽2)	烙一烙	14y
집게(동2)	鸛鉗	17y	입ᄉᄒ다(동2)	鋄了	18z
집게(몽2)	鸛鉗	13y	입ᄉᄒ다(몽3)	鋄了	26z
큰자괴(몽3)	鋳子	26y			
탈관(동2)	模板子	17z			
탈판(몽2)	模板子	13z			
털ᄉ혀다(동2)	拔鐵絲	18z	**[國 號]**		
털ᄉᄲᆸ다(몽3)	拔鐵絲	26z			
톱(동2)	鉅子	17y	고려(왜2)	高麗	02z
톱(몽2)	鉅子	13y	금나라금(왜2)	金	02z
톱질ᄒ다(몽3)	鉅了	26z	곡나리곡(왜2)	虢	02z
틀(동2)	機身	18y	긔나라긔(왜2)	杞	02z
틀(몽2)	機身	13z	남만(왜2)	南蠻	02z
평평히ᄒ다(몽3)	平地面	26z	달ᄌ(왜2)	㺚子	02z
풀무(동2)	冶鐵爐	17y	당나라당(왜2)	唐	01z
풀무(몽2)	冶鐵爐	13y	등나라등(왜2)	滕	02z
풀무부다(동2)	拉風箱	17y	로나라로(왜2)	魯	02y
풀무부다(몽2)	拉風箱	13y	료나라료(왜2)	遼	02z
			류구(왜2)	琉球	02z

명나라명(왜2)	明	02y
몽고(왜2)	蒙古	02z
북뎍(왜2)	北狄	02z
백졔(왜2)	百濟	02z
삼한(왜2)	三韓	02z
셜나라셜(왜2)	薛	02z
송나라송(왜2)	宋	01z
슈나라슈(왜2)	隨	01z
신라(왜2)	新羅	02z
졍나라졍(왜2)	鄭	02y
조나라조(왜2)	曹	02y
조나라조(왜2)	趙	02y
죠션(왜2)	朝鮮	02z
쥬나라쥬(왜2)	周	01z
진나라진(왜2)	陳	02y
진나라진(왜2)	晉	01z
진나라진(왜2)	秦	01z
졔나라졔(왜2)	齊	02y
쳥나라쳥(왜2)	淸	02y
초나라초(왜2)	楚	02y
촉나라촉(왜2)	蜀	01z
채나라채(왜2)	蔡	02y
하나라하(왜2)	夏	01z
한나라한(왜2)	韓	02y
한나라한(왜2)	漢	01z
허나라허(왜2)	許	02z
안남(왜2)	安南	02z
연나라연(왜2)	燕	02y
오나라오(왜2)	吳	02y
오랑캐호(왜2)	胡	02z
우나라우(왜2)	虞	01z
은나라은(왜2)	殷	01z
일본(왜2)	日本	02z
위나라위(왜2)	衛	02y

위나라위(왜2)	魏	02y
원나라원(왜2)	元	01z
월나라월(왜2)	越	02y
왜(동2)	倭子	32z
왜(몽2)	倭子	28z

[彩 色]

거믈흑(왜2)	黑	12y
누를황(왜2)	黃	11z
도칠(왜2)	塗漆	12y
도황(왜2)	桃黃	11z
동록(왜2)	銅綠	12y
물글담(왜2)	淡	12z
민화(왜2)	霾花	12y
분분(왜2)	粉	12y
블글홍(왜2)	紅	11z
빋광(왜2)	光	12z
빋식(왜2)	色	11z
삼록(왜2)	三綠	12y
삼쳥(왜2)	三靑	12y
셕웅황(왜2)	石雄黃	11z
셕ᄌ황(왜2)	石雌黃	11z
시회(왜2)	蒔繪	12z
싱구(왜2)	銈垢	12y
쥬홍(왜2)	朱紅	11z
쳥화(왜2)	靑花	12y
치식치(왜2)	彩	11z
프를쳥(왜2)	靑	12y
프를록(왜2)	綠	12y
하엽(왜2)	荷葉	12y
회회쳥(왜2)	回回靑	12y
흰빅(왜2)	白	12y

황단(왜2)	黃丹	11z
황칠(왜2)	黃漆	11z
어록반(왜2)	斑	12z
온칠(왜2)	漆	12y
이쳥(왜2)	二靑	12y

[瑣 說]

가련(왜2)	可憐	47z
가름씌업슨것(역2)	沒油水的	54y
가셕(왜2)	可惜	47z
가쟝인체ᄒ다(역3)	喬家公	57y
가져가다(동2)	拿去了	52y
가져오다(동2)	取來	52y
가져오라(동2)	取來	52y
가지다(동2)	拿着	52y
가지후리다(몽3)	削樹皮	39y
가질나가다(동2)	去取	52y
가비야올경(왜2)	輕	32y
각각(동2)	各自各自	52z
각각(몽2)	各自各自	44z
각쳐의것(몽3)	各處的	35z
간곳마다탈잇다(역3)	到處有蹤	61y
간대로(동2)	胡亂	49y
간대로(몽2)	胡亂	41y
간대로(역3)	胡亂	54y
간대로노하다(역2)	胡惱	46y
간대로허비ᄒ다(역2)	花費	46z
간대로쓰다(역2)	花使	46z
간대로쇠온다(역2)	胡討	49z
간대로(몽3)	胡亂	40z
간마기(동2)	匱隔	55y
간막다(동2)	隔斷	55y

간막다(몽2)	隔斷	46z
간막이(몽2)	匱隔	46z
간셥(동2)	相干	50y
간셥(몽2)	相干	42z
간셥지아니타(동2)	不相干	50y
간셥지아니타(몽2)	不相干	42z
간셥홈이잇다(몽3)	有干涉	40z
갇가올근(왜2)	近	32z
감다(동2)	纏繞	54y
감다(몽2)	纏繞	46y
감다(역3)	纏繞	55y
감히(동2)	敢	50y
감히(몽2)	敢	42y
감히명을좃디아니라(역2)	敢不承命	54y
갑다(동2)	報了	56y
갑다(몽2)	報了	47z
갑흘보(왜2)	報	40z
강개(왜2)	慷慨	44z
강인(왜2)	强忍	46y
강잉ᄒ강(왜2)	强	41z
거다(동2)	掛着	54y
거다(몽2)	掛着	46y
거다(역3)	'掛上	55z
거듭(동2)	重重	52z
거듭(몽2)	重重	44y
거름마다업써지다(역3)	一步一顚	61y
거리에붓치는방(역3)	招子	56z
거오오(왜2)	傲	35z
거위덧내단말(역3)	打草驚蛇	61z
거의(동2)	庶幾	50z
거의(몽2)	幾呼	42z
거의밋다(동2)	幾及	50z
거즐위(왜2)	僞	34z
거쳐(역3)	下落	54y

거ᄂ리다(동2)	率領	60y	견졸(왜2)	見拙	48z
거ᄂ리다(몽2)	帶領	50y	견졸비(왜2)	比	42y
거ᄂ릴솔(왜2)	率	33z	견듸다(역3)	挨過	52z
거스릴역(왜2)	逆	36y	견듸지못ᄒ다(몽3)	受不得	37z
걱정ᄒ시외다(역3)	費心	54y	견듸지못ᄒ다(역3)	耐不的	57y
건네(동2)	常常的	52z	견딀갑(왜2)	堪	42z
건네(몽2)	扯常	44z	결단ㅅ코(몽3)	執定	36y
건뎌내다(역2)	撈出來	50z	결박ᄒ다(몽2)	綁着	45z
건믈(왜2)	物	33y	결연(왜2)	缺然	45z
걸괘(왜2)	掛	39y	결오다(역2)	比倂	48z
걸리다(역3)	閣着	55z	결을가(왜2)	暇	38z
걸리ᄂ대로(몽3)	撈著	40z	결을업다(역3)	不得空	58z
걸릿긴듸업다(역3)	自由自在	60y	겸홀겸(왜2)	兼	39y
검찰검(왜2)	檢	43y	겹말(역2)	謎話	47y
겁내다(역3)	慌了	56y	겹즁(왜2)	重	37y
겁질갑(왜2)	匣	39z	경경(왜2)	耿耿	49y
것츠로ᄂᆽᄀ리오다(역3)	遮饊臉	57z	경영(왜2)	經營	49y
것흐로길이다(역3)	面獎	52y	경극(왜2)	頃刻刻	44y
겨레(동2)	卽時	47z	고공이(역3)	作活的	59z
겨ㅅ조치일(몽3)	旁盆事	39z	고기잡을어(왜2)	漁	38z
겨요근(왜2)	僅	42z	고내여미다(역3)	活扣	55z
겨요즈라다(몽3)	剛?	39y	고들직(왜2)	直	34z
겨닉지못ᄒ다(동2)	不耐	56z	고를균(왜2)	均	37z
겨닉지못ᄒ다(몽2)	不耐	48y	고양이소(역2)	猫喫齊	52y
겨룰ᄒ다(몽3)	迭當	40z	고요ᄒ다(동2)	靜	57z
겨리(몽2)	就	40y	고요ᄒ다(몽2)	靜	48z
격도ᄒ다(동2)	激他	59z	고이ᄒ다(역2)	巧?	44z
격동ᄒ다(몽2)	激他	49z	고일춍(왜2)	寵	34y
격셔격(왜2)	檄	40y	고지식ᄒ다(역3)	老實	52y
견딀만ᄒ다(역3)	充得過	59z	고칠기(왜2)	改	37y
견딀셩업다(역3)	沒耐性	57z	곡뒤치다(역2)	打背公	50y
견앙(역2)	樣子	49z	곡절(왜2)	曲折	47z
견조다(동2)	比比	52z	곡디뒤헤ᄇ리다(역3)	抛在腦後	61y
견조다(몽2)	比彷	44z	곤곤(왜2)	滾滾	50z

곧쳐(왜2)	處	41z	구을려싱각ㅎ다(몽3)	尋思	36y
골몰(왜2)	汨沒	44z	구의공(왜2)	公	33y
골타(동2)	不滿	54z	구챠(왜2)	苟且	46z
골타(몽2)	凹着	46y	구호호(왜2)	護	34y
골타(몽3)	盛的淺	38z	구홀구(왜2)	求	36z
곱다(역2)	可喜	45y	굴글츄(왜2)	麤	32y
곱은것(몽3)	有鉤的	38z	굵다(동2)	麤啊	58z
곱은것(역3)	鉤的	55z	굿게ㅎ다(동2)	固	60y
곳(몽2)	去處	40z	굿게ㅎ다(몽2)	敎固	50y
곳곳에(몽3)	處處	35z	굿다(역2)	牢壯	49y
곳곳지구무나다(동2)	處處有空	61y	궁구홀구(왜2)	究	42z
곳곳지구무나다(몽2)	處處有孔	50z	궁굴(왜2)	窮屈	45z
곳다(동2)	直了	54z	궁홀궁(왜2)	窮	40y
곳다(몽2)	直了	46z	그대로(동2)	照例	50y
곳이라(역3)	就是	53y	그대로(역3)	照樣	56z
공공(왜2)	功	38z	그러면(역3)	旣然	53z
공교히마조치다(역3)	湊巧	53z	그런가(동2)	或是	47z
공업(왜2)	功業	46z	그런가(몽2)	或是	40y
공연(왜2)	公然	45z	그르박다(역3)	齊底兒	59y
공즁에지어내다(역3)	架虛?空	60y	그르턱박히다(역2)	蹉者茨	52y
교교(왜2)	皎皎	49z	그름홀오(왜2)	誤	34z
교만교(왜2)	驕	35z	그를비(왜2)	非	34z
교티ㅎ다(몽3)	架虛?空	36z	그릇가져가다(역2)	錯拿去	52z
구경완(왜2)	翫	36y	그릇금싯다(역2)	壘了	48y
구경ㅎ다(동2)	光光	61y	그릇긔록ㅎ다(역2)	錯記了	52z
구경ㅎ다(몽2)	光光	50z	그릇부리어엿(몽3)	口面	38z
구경ㅎ다(역2)	看景致	52y	그릇우그러디다(역2)	㿻了	48y
구구(왜2)	區區	51y	그릇젼ㅎ다(몽3)	錯過了	36z
구굼살지다(몽3)	皺	38y	그릇지내치다(역3)	錯過了	59y
구들견(왜2)	堅	37y	그릇허믈ㅎ다(역3)	錯怪他	57y
구븐것(몽2)	彎的	46z	그리아니면(역3)	再不	53z
구블곡(왜2)	曲	34z	그린쩍(역3)	畵餠充饑	62y
구실그어보내다(역2)	派定	43z	그릴시(동2)	自然口氣	50y
구완ㅎ다(동2)	救他	56z	그릴시(몽3)	自然	40z

그번(역2)	那站箇	53y	기나긴날(역3)	長天老日	61z
그으러눍다(몽3)	曹少?舊	37z	기다(동2)	長了	54z
그윽유(왜2)	幽	38y	기다(몽2)	長了	46y
그윽절(왜2)	竊	43y	기도로다(역2)	等者	46y
그윽ᄒ다(동2)	幽	56y	기름뭇다(역2)	油黵了	51z
그윽ᄒ다(몽2)	幽	47z	기릐로놋타(역2)	長放	45z
그윽혼디(동2)	遮掩處	56y	기리(동2)	永長	48z
그윽혼디(몽2)	遮掩處	47z	기리(몽2)	永遠	41y
그을어검다(역3)	熏黑	56z	기오다(동2)	偏了	55y
그저(동2)	白白	48z	기오다(몽2)	偏了	46z
그저(몽2)	白白	41y	기올보(왜2)	補	33y
그치다(동2)	停止	62y	기우러질경(왜2)	傾	37y
그치다(몽2)	停止	51y	기울긔(왜2)	帝欠	41z
그칠지(왜2)	止	41y	기웃기웃보다(역3)	探頭舒腦	62y
그디(동2)	君	59y	기칠유(왜2)	遺	39z
그디군(왜2)	君	33z	기ᄃ릴디(왜2)	待	39y
그룹을면케ᄒ다(역2)	免致錯了	54y	긴쟝(왜2)	長	32y
그째로서(역3)	登時	53z	긴홀긴(왜2)	緊	41y
극진(몽3)	極	40y	길가는디부조ᄒ다(역2)	程'x	43z
근간(왜2)	近間	43z	길ㅅ즉흔것(몽3)	長長的	38z
근본(동2)	本	56y	길일타(동2)	迷失路	60y
근본분명치아니타(역3)	來歷不明	60y	길일타(몽2)	迷失路	50y
글벅겨오다(역2)	抄書來	51y	길쟝(왜2)	丈	39z
글은거슬올혼체ᄒ다(역3)	將曲作直	60y	길즈다(동2)	長些兒	54z
금조이다(동2)	紋了	53z	길즉이(몽2)	長些兒	46y
금조이다(몽2)	紋了	45y	길ᄆᄂ니보내다(역2)	送行	46y
급히(동2)	緊急	52z	길홀길(왜2)	吉	34y
급히(몽2)	打急	44y	김나다(역2)	走了氣	52z
급히움치켜다(역2)	急縮頭	51y	깃브다(역)	喜歡	43z
급히ᄒ다(동2)	急速着	52z	깃치다(동2)	遺下	59z
급히ᄒ다(몽2)	急些着	44y	깃치다(몽2)	遺下	49z
급홀급(왜2)	急	35y	ᄀ득(동2)	多多的	49z
긋재(동2)	一併	49y	ᄀ득(몽2)	多多的	41z
긋재(몽2)	一併	41z	ᄀ득ᄒ다(동2)	滿了	54z

표제어	풀이	출전	표제어	풀이	출전
ᄀᆞ득ᄒᆞ다(몽2)	滿了	46y	ᄀᆞᆷ초다(역2)	藏者	46y
ᄀᆞ려더다(역2)	剋減了	52z	ᄀᆞᆺ(동2)	方纔	47z
ᄀᆞ르(동2)	橫	55y	ᄀᆞᆺ(몽2)	纔	40y
ᄀᆞ리오다(동2)	遮蔽	54y	ᄀᆞᆺ(역2)	剛纔	49y
ᄀᆞ리오다(몽2)	遮蔽	46y	ᄀᆞᆺ곰사ᄀᆞᆺ곰먹다(역2)	旋買旋喫	53z
ᄀᆞ리울엄(왜2)	掩	39y	ᄀᆞᆺ다(동2)	一樣	53y
ᄀᆞ리울예(왜2)	翳	37z	ᄀᆞᆺ다(몽2)	一樣	44z
ᄀᆞ리워막다(몽3)	遮住	38y	ᄀᆞᆺᄒᆞᆫ것(몽3)	一樣的	38z
ᄀᆞ만이(동2)	悄悄的	61y	ᄀᆞᆺᄒᆞ득ᄒᆞᆫ것(몽3)	相似的	38z
ᄀᆞ장(동2)	狠	48z	게걸들리다(몽3)	饞的慌	37z
ᄀᆞ장(몽2)	狠	41y	계요지낼만ᄒᆞ다(몽3)	過還得	37y
ᄀᆞ장(역2)	好生	49y	계유(동2)	剛剛的	50z
ᄀᆞ장가난ᄒᆞ다(몽3)	狠窮	37z	계유(몽2)	剛剛的	42z
ᄀᆞ장놉다(역2)	妙高	49z	계유(역2)	剛剛	47y
ᄀᆞ장젹다(몽3)	狠小	38z	계집ᄃᆞ토ᄂᆞᆫ새옴(역2)	爭風	48z
ᄀᆞ장편ᄒᆞ다(역3)	好自在	58z	계집스이드다(역3)	做牽頭	58y
ᄀᆞ장ᄆᆞᄅᆞ다(몽3)	狠乾了	38y	괴로올고(왜2)	苦	36y
ᄀᆞ장ᄉᆞ랑ᄒᆞ다(몽3)	狠愛	37y	괴롭게ᄒᆞ다(동2)	敎苦	56z
ᄀᆞ즉졔(왜2)	齊	42y	괴롭ㅅ게ᄒᆞ다(몽2)	敎苦	48y
ᄀᆞ쵸구(왜2)	具	41y	괴슈괴(왜2)	魁	40z
ᄀᆞᄂᆞ다(동2)	細啊	58z	괴아ᄒᆞᆫ벽(역3)	毛病	52z
ᄀᆞ눌셰(왜2)	細	32y	괴오다(역2)	支者	45z
ᄀᆞ독미(왜2)	彌	37y	괴이타(몽2)	古怪	48z
ᄀᆞᄅᆞ(몽2)	橫	46z	괴이홀괴(왜2)	怪	36y
ᄀᆞᄅᆞ놋타(역2)	橫放	45z	귀국(왜2)	貴國	45z
ᄀᆞᄅᆞ침을밧다(역3)	領教	52y	귀진것(동2)	有方的	55y
ᄀᆞᄅᆞ뛰고셰뛰다(역3)	橫跳竪跳	61y	귀진것(몽2)	有方的	46z
ᄀᆞ톨여(왜2)	如	42y	귀진것(몽3)	有角的	38z
ᄀᆞ톨잡(왜2)	似	42y	귀홀귀(왜2)	貴	33y
근나히어미(역2)	老鴇子	51y	긔개(왜2)	幾介	48z
근절이구ᄒᆞ다(몽3)	懇求	37y	긔걸ᄒᆞ다(역2)	擺佈	46z
귤길젼(왜2)	剪	43y	긔별듯보다(동2)	探信息	57y
귤톄(왜2)	遞	36z	긔별듯보다(몽2)	挨信息	48y
귤힐틱(왜2)	擇	38y	긔약긔(왜2)	期	41z

긔약어긔치다(동2)	期	56z	관계ᄒ랴(동2)	何干	50y
긔일휘(왜2)	諱	35z	관소(왜2)	館所	45z
긔찰ᄒ다(몽3)	訪察	36y	광치눈에ᄇ이다(몽3)	耀眼	39z
긔쳑(동2)	聲息	57y	권도(왜2)	權道	48z
긔쳑(몽2)	聲息	48y	권셰권(왜2)	權	38y
긔트기너기다(동2)	奇之	53y	나그너려(왜2)	旅	40z
긔특(왜2)	奇特	45z	나도(동2)	我也	51y
긔특이너기다(몽2)	稱奇	45y	나로여셔(왜2)	徐	41z
긔특ᄒ다(동2)	奇哉	53y	나모가리다(몽3)	堆木朵	39y
긔특ᄒ다(몽2)	奇哉	45y	나모ᄯ리다(동2)	劈燒柴	59z
긔하(왜2)	幾何	49y	나모ᄯ리다(몽3)	劈燒柴	39y
긔회(왜2)	機會	44z	나종내(동2)	到底	49z
긔회만나다(동2)	遭遇	53y	나죵내(몽2)	到底	41z
긔회만나다(몽2)	遭機會	44z	나죵내(역3)	到底	53z
긔흘(왜2)	齮齕	46y	나타나다(몽2)	顯揚	47z
긔식드러나다(동2)	露出	56z	나타내다(동2)	顯露	56y
긔식드러나다(몽2)	露出	47z	나한(왜2)	那漢	45y
긔변ᄒ다(역3)	改變	52z	나히언머니(동2)	年紀多少	61z
긔찬(왜2)	改撰	49y	나히언머니(몽3)	年紀多少	40y
긔유ᄒ다(역3)	曉誘	53y	나아(왜2)	我	33z
과거과(왜2)	科	38z	나을우(왜2)	優	34z
과걸리(역2)	急且	49z	나의(동2)	我的	51y
과셰ᄒ다(동2)	守歲	61y	나의(몽2)	我的	43y
과셰ᄒ다(몽2)	守歲	50z	난밧남쥐(역3)	露水夫妻	61z
과심ᄒ다(역2)	可惡	48y	낟타날현(왜2)	顯	40y
과연(왜2)	果然	45y	낟미(왜2)	枚	39z
과연ᄒ다(몽3)	果然了	40z	날돌보다(역2)	照顧我	51y
과히(몽2)	太過	49y	날마다(역3)	日逐	56y
과ᄒ다(동2)	過啊	58y	날을져힌다(역2)	嚇我	44y
과ᄒ다(몽2)	太過了	49y	날조로다(역2)	賴我	44y
관겨치아니타(동2)	不妨	50y	날허비ᄒ다(동2)	費日子	59z
관겨치아니타(몽2)	不妨	42z	날허비ᄒ다(역3)	費日子	59y
관겨ᄒ랴(몽2)	何干	42z	날회라(동2)	且住	49y
관계티아니타(역2)	不打緊	52z	날회라(몽2)	且住	41z

날회라(역3)	且住	53z	넘나다(동2)	潛越	58y
남기다(동2)	剩一些	59y	넙죽ᄒ다(동2)	匾的	55y
남기다(몽2)	剩一些	49z	넙죽ᄒ다(몽2)	匾的	46z
남다(역3)	剩下	54z	녀여(왜2)	汝	33z
남을여(왜2)	餘	32z	노리ᄒ려코넘내다(역2)	出分資	53y
남진드토ᄂ새옴(역2)	喫醋	48z	노외야츠다(역2)	重羅	48y
납죡ᄒ것(역3)	匾的	55z	노플존(왜2)	尊	33y
너(동2)	你	51y	노ᄒ염즉ᄒ다(역2)	該惱	46y
너(몽2)	你	43z	논박ᄒ다(역3)	參了	56z
너르다(동2)	寬濶	54z	놀나가슴벌쩍이다(역3)	心裡亂跳	60z
너르다(몽2)	寬濶	46z	놀란것안초다(역3)	壓驚	56z
너를(동2)	把你	51z	뇨뇨(왜2)	嫋嫋	50y
너를(몽2)	把你	43z	누고(동2)	誰	51z
너를조로다(역2)	賴你	44y	누고(몽2)	誰	43z
너를활(왜2)	濶	32y	누구슈(왜2)	誰	33z
너모의심ᄒ다(역3)	忒多心	57y	누누이(동2)	再再的	49y
너모크다(역2)	偌大	45z	누누이(몽2)	再再的	41z
너무(동2)	忒	48z	누를압(왜2)	壓	42y
너무(몽2)	忒	41y	눅을완(왜2)	緩	35y
너무굵다(역2)	忒麤	49z	눈만유복ᄒ다(역3)	眼飽肚饑	61y
너무기리다(역2)	過獎	45y	눈부븨다(역3)	揉眼	56z
너무좁다(역2)	忒窄	49z	눈에들키다(역3)	漏在眼裡	61y
너무ᄀᄂ다(역2)	忒細	49y	눈에츠지아니타(역3)	看不上眼	60z
너희(동2)	你們	51z	눈헐쩍이다(역3)	眼睛摳樓	61z
너희(몽2)	你們	43z	눈흘귀음식먹다(역2)	瞧喫	48y
너희들(역3)	你每	56y	눌리여넙죽ᄒ다(몽3)	壓扁	38z
너희의(동2)	你"的	51z	눌을밋으리오(역3)	仗着誰	57y
너희의(몽2)	你"的	43z	눌이다(역3)	受用	54z
너의(동2)	你的	51y	뉴들(동2)	輩	51z
너의(몽2)	你的	43z	뉴들(몽2)	輩	44y
넉넉디아니타(역2)	不勾	49z	느러지다(동2)	下垂了	55y
넉넉ᄒ다(역3)	寬綽	55y	느러지다(몽2)	下垂了	46z
넉넉홀요(왜2)	饒	40z	늘횟늘횟(역3)	慢-l斯禮	60z
널으다(역3)	寬閣	55y	능히(동2)	能	61z

능히(몽2)	能	51y		놈 올말네ᄒ다(역3)	那三道三	60y
니글관(왜2)	慣	42z		늣닉다(역2)	面熟	44z
니뢸치(왜2)	致	40y		늣붓그럽다(역3)	面羞	53y
니어길게ᄒ다(역3)	接長	55y		늣서다(역2)	面生	44z
니을쇽(왜2)	續	36z		늣업다(역3)	沒臉	53y
니을승(왜2)	承	36z		늣업시붓그럽게ᄒ다(몽3)	給沒臉	36z
니음ᄃ라(동2)	連絡	52z		내(동2)	我	51y
니음ᄃ라(몽2)	連絡	44y		내(몽2)	我	43y
니ᄅ시ᄂ대로ᄒ리이다(역3)				내것(동2)	我的東西	51y
	遵命	52y		내것(몽2)	我的東西	43y
니ᄅ지(왜2)	至	41y		내게(몽3)	在我	35z
니ᄅ지말라(역3)	不用說	58y		내게서(동2)	比我	51y
니롤것업다(역3)	沒得說	58y		내게서(몽2)	比我	43y
니롤으드덕다무다(역3)	咬定牙兒	62y		내게ᄉ양ᄒ다(역2)	讓了我	51z
닉게돈니ᄂ이(역3)	走熟的	58y		내맏다(역3)	聞一聞	59z
닐러보내라(역3)	回他罷	59z		내저즐어내밧다(역2)	自作自受	54y
닐더(왜2)	戴	39y		네것(몽3)	是你的	35z
닑도록더욱서다(역2)	越讀越生	54y		네게(동2)	於你	51y
닛다(동2)	連了	54y		네게(몽2)	於你	43z
닛다(몽2)	連了	45z		네게빈다(역3)	煩你	54y
닛다(역2)	忘了	49y		네녁ᄒ로보다(역2)	四下看	51y
닛다(역3)	連着	55y		네닐으라뉘나으니(역3)	你說誰强	61z
ᄂ줄비(왜2)	卑	33y		네 대로(역2)	隨他	46z
늙아검다(몽3)	黑舊	37z		네 대로(역3)	依你	56y
놈(동2)	別人	51z		네아랑곳가(동2)	管你麽	50y
놈(몽2)	別人	43z		네아랑곳가(몽2)	管你麽	42z
놈밋고일ᄒ다(역3)	靠人做事	60y		네아롱곳가(역2)	你管他麽	53z
놈ᄒᄂ대로보와가며ᄒ다(역2)				녜고(왜2)	古	35y
	順風打旗	53z		녜구(왜2)	舊	35y
놈의걱뎡더신ᄒ다(역3)	替人耽憂	60z		녜대로(동2)	依舊	50y
놈의것(동2)	別人的	51z		녜대로(몽2)	依舊	42z
놈의것(몽2)	別人的	43z		녜대로(역3)	照舊	52z
놈의일은걱졍업다(역3)	隔壁心寬	60z		녜ᄉ(몽2)	平常	49y
놈의허믈들추디말라(역2)	別揭短	50y		뉘것(동2)	誰的	51z

뉘것(몽2)	誰的	43z	다뭇다(동2)	完畢了	62y
뉘게(몽3)	向誰	35z	다뭇다(몽2)	完畢了	51y
뉘냐(몽3)	誰呀	35z	다훌진(왜2)	盡	37z
뉘옷다(역2)	懊悔	44y	다힝(왜2)	多幸	45z
뉘이기며뉘디뇨(역2)	誰贏誰輸	53z	닥다(동2)	修了	60z
니도이(몽2)	逈然	41y	닥다(몽2)	修了	50y
니도히(동2)	逈然	49y	단명타못ᄒ리라(동2)	不稱天	59z
니예그으다(몽3)	燻黑	37z	닫글슈(왜2)	修	40y
다(동2)	都是	49y	달래여소기다(역2)	噴誘	44y
다(몽2)	都是	41z	달하둥그다(몽3)	磨圓了	38y
다고(동2)	給我	52y	달하뿌러지다(역3)	磨透	56z
다고(역3)	饋我	56z	담넘다(역2)	跳墻	49z
다를이(왜2)	異	34z	담당ᄒ다(역2)	當者	46y
다를타(왜2)	他	33z	담박(왜2)	淡薄	46z
다만(동2)	但是	49y	당마조진놈(역2)	老骨董	52y
다만(몽2)	但是	41z	당부ᄒ다(역2)	囑咐	49y
다만(역3)	但是	53z	당초(왜2)	當初	43z
다먹다(역2)	喫了乾	52z	당홀당(왜2)	當	42z
다시(동2)	再	49y	더듬어내다(역3)	掏出	56y
다시(몽2)	再	41z	더듬을탐(왜2)	探	38z
다시곰(동2)	再三	50z	더딀지(왜2)	遲	35y
다시곰(몽3)	再三	36y	더러이다(동2)	汚了	57y
다시곰(역3)	再三	53z	더럽다(몽2)	汚了	48y
다시ᄒ다(역2)	從新	45y	더브러(동2)	與	49y
다실(왜2)	悉	37z	더블여(왜2)	與	40y
다ᄃ를뎌(왜2)	抵	41y	더옥(몽2)	越發	42y
다ᄃ도록(동2)	及至	50z	더욱(동2)	越發	49z
다ᄃ도록(몽2)	及着到	42z	더욱(역2)	越發	45y
다ᄅ다(동2)	異	53y	더욱됴타(역2)	越好	45y
다ᄅ다(몽2)	異	44z	더질척(왜2)	擲	39y
다ᄅ이(동2)	他人	51z	더훌가(왜2)	加	32z
다ᄅ이(몽2)	他人	43z	덕근거플(역3)	重皮	56y
다ᄅ더로(동2)	向別處	48z	덕분닙히쇼셔(역3)	求恩典	57y
다ᄅ더로(몽2)	打別處	41y	덕식(왜2)	德色	44y

덛덛샹(왜2)	常	40y
덜감(왜2)	減	32z
덤벙여결을업슨거동(역3)	手忙脚亂	60z
덤벙이다(동2)	亂弄	59z
덤벙이다(몽3)	亂來	36z
덤벙이는씸에(역3)	趕鬧	52z
덧내다(역3)	撩撥	52z
덧더디(동2)	常	47z
덧덧이(몽2)	常	40y
덩이괴(왜2)	塊	32z
뎌러툿(몽2)	那樣的	41y
뎌를긔수티아니타(역2)	不理他	53y
뎌를녁드다(역2)	向他	43z
뎌를돌보다(역2)	扶助他	53y
뎌를소기다(역2)	哄他	43z
뎌를집쟉말라(역2)	莫惹他	53y
뎌리(동2)	那樣	48z
뎌리(몽2)	那樣	41y
뎌리툿(동2)	那樣的	48z
뎌브러디다(역2)	捲了	47z
뎌편(역2)	那簷子	52y
뎍당(왜2)	的當	47y
뎐당ᄒ여오다(역2)	典當來	50z
뎜방잡다(역2)	跐店房	51y
뎜치다(역3)	叩求	54z
뎜티다(역2)	打點	47y
뎡뎡(왜2)	丁丁	50z
뎡지(왜2)	停止	48z
뎡티못ᄒ다(역2)	定不得	50z
뎡ᄒᆫ것업다(역3)	沒定準	57z
뎡ᄒᆫ모음업다(역3)	毬子心腸	60z
뎡홀뎡(왜2)	呈	41y
뎡홀뎡(왜2)서	定	38y
도라오다(몽2)	廻來	50z
도로근본으로가단말(역3)	葉落歸根	61z
도로혀(동2)	反倒	50z
도로혀(몽2)	倒是	42z
도망도(왜2)	逃	38y
도모(왜2)	圖謀	46y
도모지(동2)	一槪	49z
도모지(몽2)	一骨腦子	41z
도모지(역3)	大檠	53y
도을보(왜2)	輔	40z
도현(왜2)	倒懸	48z
독갑이(역2)	夜叉精	52z
독당(왜2)	獨當	47z
독촉ᄒ다(동2)	催逼	56y
돈거슬이다(역2)	貼錢	49y
돈들이다(역3)	壞鈔	54z
돌보다(역3)	看顧	51z
돌보리업다(역3)	沒脚蟹	59z
돕다(동2)	幫助	56y
돕다(몽2)	幫助	47z
동동(왜2)	憧憧	50y
동류류(왜2)	類	3z
동이다(몽2)	綑着	45z
동편(역2)	東塊子	52y
동히다(동2)	桼纏	54y
동히다(역3)	綑着	55z
됴리잇게(몽2)	有條	49z
됴리잇다(동2)	有條	59y
됴히디내다(역2)	過活	44z
됴히보리란말(역3)	佛眼相看	60y
두녁ᄒ로보다(역2)	兩下看	51y
두두러지다(동2)	暴露	56z
두두러지다(몽2)	暴露	47z
두드리다(몽2)	敲了	47y
두렷ᄒ다(동2)	圓了	54z

두렷ᄒ다(몽2)	圓了	46z	드무다(몽2)	使浸	47y
두로(역3)	一地裡	58y	돈니다(역3)	走動	56y
두로베다(역2)	擺擁	47z	둔둔이(동2)	緊扣	54y
두로보(왜2)	普	41z	둔둔이(몽2)	牢牢的	45z
두로쪄오다(역2)	擺着擁來	53z	둔둔이박다(몽3)	釘牢	38y
두류(왜2)	逗遛	44z	둔둔이미다(역3)	緊扣	55z
두를요(왜2)	繞	39y	둔둔ᄒ다(역3)	結實	56y
두텁다(동2)	厚了	54z	둘니이다(동2)	懸掛了	60y
두텁다(몽2)	厚了	46y	돌현(왜2)	懸	33y
둗터올후(왜2)	厚	32y	닷토와췌ᄒ다(몽3)	爭取	37y
둘러ᄀ리오다(몽3)	圍遮	38y	닷는더발내엿다(역2)	厮打脚	52z
둘치(왜2)	置	36y	대개(몽3)	總得	40y
둘히(동2)	兩箇人	51z	대개(왜2)	大槪	43z
둘히(몽2)	兩箇人	**44y**	대되(동2)	共同	49y
둥구러케똇타(몽2)	圍堆	46z	대되(몽2)	共同	41z
둥굴원(왜2)	圓	32z	대되(역2)	共通	48z
둥그러케샛타(동2)	圍堆	55y	데ᄉ(동2)	平常	58z
듕간즈음(동2)	半途	51y	되로리(역2)	車輪會	51z
듕쥬어리다(동2)	亂說貌	57z	되는대로(동2)	撈把住	50z
드러썰치다(몽3)	抖洒	37z	되는대로(몽2)	撈把住	42z
드를문(왜2)	聞	38z	되씨여나다(역2)	蘇醒	49y
드름급(왜2)	級	39z	뒤니ᄅ다(역3)	顚倒說	57z
드리다(동2)	進呈	52y	뒤집다(역3)	翻過來	59y
드리올슈(왜2)	垂	37z	딀수(왜2)	搜	43y
드므다(동2)	稀罕	58z	디신갑쳐주다(역3)	折兌還償	61y
드므다(몽3)	稀少	38z	디디로(동2)	倍倍	52z
드믈희(왜2)	稀	33y	디디로(몽2)	倍倍	44y
들을듯말듯ᄒ다(역3)	半推半就	60z	디홀디(왜2)	對	40y
들이다(역3)	呈上	55y	락락(왜2)	落落	50y
듯기슬타(동2)	厭聽	59z	락루(왜2)	落漏	49y
듯부다(역2)	打聽	49y	란잡(왜2)	亂y雜	47y
등두드리다(역2)	拍拍	46z	란츌(왜2)	攔出	45z
드리고돌보다(역3)	帶攜?	56y	랑자(왜2)	狼藉	44y
드무다(동2)	浸泡	55z	랑패(왜2)	狼狽	46y

량좁다(역3)	量窄	52z	마치흡(왜2)	恰	42y
력력(왜2)	歷歷	50z	마줌(동2)	遭是	50z
련락(왜2)	連絡	47z	막막(왜2)	漠漠	50y
련홀련(왜2)	連	36z	막히이다(몽3)	住	38y
령령(왜2)	泠泠	50z	막힐격(왜2)	隔	33y
령롱(왜2)	玲瓏	44z	막미다(역2)	死綖	46z
로졍(왜2)	路程	45z	막즈모다(역2)	死鎖	46z
로츌(왜2)	露出	45z	막즈르다(역2)	攔當	43z
료료(왜2)	廖廖	50y	만나다(역2)	撞着	46y
루루(왜2)	縷縷	49z	만나보다(역2)	撞見	46y
름름(왜2)	凜凜	51y	만나지못ᄒ다(역3)	撞不着	58y
름마초다(몽3)	合縫	38y	만날봉(왜2)	逢	41z
리별(왜2)	離別	45y	만뢰(왜2)	萬籟	48y
린린(왜2)	轔轔	50y	만을과(왜2)	夥	42z
림홀림(왜2)	臨	41z	만일(동2)	倘或	47z
마고ᄒ다(역3)	沒高低	57y	만일(역3)	倘或	53z
마구ᄃ리다(역3)	亂扯	55y	만흘다(왜2)	多	32y
마다(동2)	每人之每	61y	맏질슈(왜2)	授	36z
마다(몽2)	每人之每	50y	말라(동2)	別	50y
마드다(역3)	起瘢	56y	말라(몽2)	別	42y
마디못ᄒ다(역2)	罷不得	50z	말로쟈랑(역3)	誇口	52y
마라(동2)	罷呀	50y	말로쩌보다(역3)	將言探他	60z
마라(몽2)	罷呀	42y	말미아마(동2)	由	61z
마리흔드다(역2)	搖頭	47y	말미암아(몽2)	由	51y
마리쩌ᄒ다(역2)	撞頭	47y	말미유(왜2)	由	41y
마조(동2)	相對	52y	맛것젓다(동2)	順適	59y
마조(몽2)	相對	44y	맛다(역2)	迎者	46y
마조ᄃ리다(역3)	對扯	55y	맛당이(역3)	該當	53z
마즘(몽2)	遭是	42z	맛졉다(역3)	雙疊起來	61z
마즘(역3)	遭是	53z	맛지다(동2)	委任	56y
마지ᄒ다(역2)	接風	46y	맛지다(몽2)	委任	47z
마치(동2)	恰似	57z	맛초다(역3)	合叩	54z
마치됴타(역2)	恰好	45y	맛촌것버다(몽3)	榫子開了	39y
마치격으면쇠쮜논다(역3)	鎚輕鐵跳	61z	맛치맛초아(역3)	可可的	59y

맛치몰올다(역3)	未必	53z		모해(왜2)	謀害	46y
맛치ᄀ다(역3)	恰似	53z		목느리혀다(동2)	延頸	61y
망녕될망(왜2)	妄	34z		목숨가진것(몽3)	生靈	40z
망망(왜2)	茫茫	50y		목숨ᄇ리다(동2)	捨命	60y
머믓거리다(역2)	躊躇	43z		목숨ᄇ리다(몽2)	捨命	49z
먹되게ᄀ다(역2)	揑墨稠	50y		목에가싀걸리다(역2)	喋子閣刺	54y
먹묽게ᄀ다(역2)	揑墨稀	50y		목터지도록부르다(역3)	叫破喉嚨	60y
먹엇다(역3)	喫過	56y		목미야죽다(역2)	吊死	47z
먹은듯ᄒ다(역2)	敢喫了	52z		몬져션(왜2)	先	41y
멀거케(동2)	光潤貌	57z		몬져ᄒ다(동2)	當先	47y
멀거케(몽2)	光明	48z		몬져ᄒ다(몽2)	當先	39z
멀원(왜2)	遠	32z		몯ᄒᆞᆯ불(왜2)	不	42z
면면(왜2)	綿綿	50y		몰속(동2)	盡數	49z
면ᄒᆞᆯ면(왜2)	免	41z		몰속(몽2)	盡數	41z
멸시(왜2)	蔑視	47y		몰오리로다(역2)	知他	48z
몃번돈녀는다(역2)	幾塘走	53y		몰ᄒᆞᆯ몰(왜2)	沒	42z
명명(왜2)	冥冥	49z		못내죳티니ᄅ다(역3)	滿口說好	62y
명셩(왜2)	名聲	44y		못보는디(동2)	背地理	59y
명빅(왜2)	明白	44y		못보는디(몽2)	背地理	49z
명빅히ᄒ다(동2)	明白了	56y		못보는디(역3)	背地裡	58y
명빅히ᄒ다(몽2)	明白了	47z		못ᄒᆞ엿다(동2)	咳未	50z
모(동2)	稜兒	55y		못ᄒᆞ엿다(몽2)	咳未	42z
모(몽2)	稜兒	46z		못ᄒᆞ젼(동2)	未然前	47y
모(역3)	稜兒	55z		못ᄒᆞ젼(몽2)	未然前	39z
모도(몽3)	普?	39z		몽롱(왜2)	朦朧	44y
모들회(왜2)	會	36y		몽몽(왜2)	濛濛	50z
모디다(역2)	利害	47z		묘리(왜2)	妙理	49y
모로미(역2)	好歹	48z		묘리안다(역3)	在行	52y
모로미말라(역3)	不消了	58z		묘묘(왜2)	渺渺	50y
모룽(왜2)	稜	39z		무가내하(몽2)	沒奈何	40z
모몰ᄒ다(역3)	皮着臉	57z		무거올줄(왜2)	重	32y
모실시(왜2)	侍	33z		무궁(왜2)	無窮	49y
모양비우다(역3)	喬摸喬樣	62y		무던타(역2)	不妨事	52z
모진것(몽3)	有楞的	38z		무던타(역2)	儘教	46z

무던ᄒ다(동2)	罷了	60z	문허질퇴(왜2)	頹	37y
무롭쓰다(몽3)	冒犯	36y	문치(왜2)	文彩	44y
무릅쓰다(동2)	冒矢石冒	61z	묻군(왜2)	群	42z
무릇(동2)	大凡	49z	물오녹다(역3)	軟爛	56y
무릇(몽2)	凡	41z	물쑤리다(동2)	洒水	55z
무리(동2)	輩	52y	므어시쓰니(몽3)	値甚麽	35z
무리(몽2)	輩	44y	므슴의ᄉ로(몽3)	怎好意思	35z
무리등(왜2)	等	39y	믈에ᄲᅡ뎌죽다(역2)	淹死了	50z
무셔워아니타(역2)	不怯氣	50y	믈쑤리다(몽2)	洒水	47y
무슴(동2)	怎麽	48y	미거ᄒ다(역3)	孩子氣	57z
무슴(몽2)	甚麽	40z	미더ᄒ다(동2)	信他	56y
무슴무슴(동2)	甚麽甚麽	48y	미더ᄒ다(몽2)	信他	47z
무슴셩고(동2)	貴庚	61z	미리(동2)	預先	47y
무턴히너기다(역2)	從他	46z	미리(몽2)	預先	39z
무어사(동2)	位	52y	미리(역3)	預先	54z
무어사(몽2)	位	44y	미리예(왜2)	預	41y
무어세(동2)	于何	48z	미리ᄒ다(동2)	預先了	47y
무어세(몽2)	于何	41y	미리ᄒ다(몽2)	預先了	39z
무어시라(동2)	怎麽說	48y	미봉(왜2)	繝縫	47y
무어시라(몽2)	怎麽說	40z	미안(왜2)	未安	47y
무어시라ᄒ더니(동2)	說甚麽	48y	미츨급(왜2)	及	38y
무어시라ᄒ더니(몽2)	說甚麽	40z	밋기어렵다(역2)	難保	49y
무어시이시리(몽3)	有甚麽	36y	밋다(동2)	恃他	56y
무엇ᄒ는사룸(동2)	作甚麽人	48y	밋다(몽2)	靠了	47z
무엇ᄒ는사룸(몽3)	作甚麽人	40y	밋다(역2)	趕上	48y
무익(왜2)	無益	46z	밋디못ᄒ다(역2)	趕不上	51z
묵다(동2)	絪了	55y	밋분힝실업다(역3)	沒信行	57z
묵다(몽2)	絪了	47y	밋자리ᄒ다(역3)	打底兒	59z
문질너삣다(역3)	擦抹	55y	밋쳔격은쟝ᄉ(역3)	小本經紀	61y
문허디디아니ᄒ다(역2)	壞不得	50z	밋티못ᄒ다(역2)	保不得	50z
문허지게되다(동2)	幾壞了	53z	ᄆᆞ뢰오다(동2)	使乾	55z
문허지다(동2)	壞了	53z	ᄆᆞ르다(동2)	乾了	55z
문허지다(몽2)	壞了	45y	ᄆᆞ를간(왜2)	乾	41z
문허지다(몽3)	坍塌	39y	ᄆᆞ즈막(몽3)	末尾	40z

ᄆᆞ디쳘(왜2)	節	40y	믜이셩내다(역3)	發根	52z
ᄆᆞ춤내(동2)	畢竟	49z	믜스의녕니ᄒᆞ다(역3)	百伶百俐	62y
ᄆᆞ춤내(몽2)	畢境	41z	믠것눅다(동2)	鬆了	61y
ᄆᆞ춤죵(왜2)	終	35y	믠것눅다(몽2)	鬆了	46y
ᄆᆞᄋᆞᆷ버셩긔다(몽3)	心離	36y	믠발로가다(역2)	光脚走	51y
ᄆᆞᄋᆞᆷ셕이다(역3)	耐心	54y	믠술먹기어렵다(역3)	寡酒難喫	61y
ᄆᆞᄋᆞᆷ안초지못ᄒᆞ다(역3)	按納不住	62y	밀결(왜2)	結	36z
ᄆᆞᄋᆞᆷ에거림ᄒᆞ다(역3)	過不去	59z	밍셰ᄒᆞ다(역2)	起誓	45z
ᄆᆞᄋᆞᆷ에의혹ᄒᆞ다(역3)	懷着鬼胎	61y	밍셰ᄒᆞ다(역3)	賭誓	53y
ᄆᆞᄋᆞᆷ의걸니다(역3)	記掛	54z	바드라(동2)	受罷	52y
ᄆᆞᄋᆞᆷ케이다(동2)	揪心	59z	바들슈(왜2)	受	36z
ᄆᆞᄋᆞᆷ케이다(몽3)	揪心	36y	바롤졍(왜2)	正	40z
믄지다(역2)	摩摩	47y	바희에대못박다(역3)	石頭撞釘	61z
믈나둔둔ᄒᆞ다(동2)	乾硬	55z	박여머무지못ᄒᆞ다(역3)	住不牢	59z
믈니이다(동2)	一頭翅	56y	반박(왜2)	斑駁	46z
믈됴습ᄒᆞ다(역2)	操馬	49z	반반(왜2)	半	32y
믈라둔둔ᄒᆞ다(몽2)	乾硬	47y	반포반(왜2)	頒	39z
믈라둔둔ᄒᆞ다(역3)	乾硬	55z	반드시(동2)	必定	47z
믈뢰오다(몽2)	使乾	47y	반드시(몽2)	必定	40y
믈르다(몽2)	乾了	47y	받들봉(왜2)	奉	33z
믈셰내여오다(역2)	租馬來	51y	받블망(왜2)	忙	41y
뭇다(동2)	完了	62y	받일우다(몽2)	開荒	50z
뭇다(몽2)	完了	51y	발막아자다(역3)	兩頭睡	58y
뭇다(역2)	了了	48z	발썩휘좃타(역3)	脚硬	52z
뭇지못ᄒᆞ여셔(몽2)	未到完	42z	발홀발(왜2)	發	43y
메다(동2)	塡滿	53z	밤낫으로(역3)	鎭日夜	58z
메다(몽2)	塡滿	45z	밤새오다(몽3)	連夜	39z
메오다(동2)	塡了	53z	밧다(동2)	受了	52y
메오다(몽2)	塡了	45z	밧디아니코도로보내다(역2)		
메이다(몽3)	塡滿	38y		不接還?	53z
믜다(동2)	綷着	54y	밧부다(몽2)	忙啊	44y
믜다(몽2)	綷着	45z	밧분일만타(역3)	忙多	56z
믜다(역3)	綷着	55y	밧브다(동2)	忙啊	52z
믜믈에숢다(역2)	白煮	46z	밧비(역3)	快些	54y

표제어	한자	출전
밧비ᄒ다(역3)	上緊些	59y
밧비ᄒ면그릇ᄒ다(역3)	忙中有錯	60z
방쟝(왜2)	方張	48y
버금부(왜2)	副	40z
버금ᄎ(왜2)	次	43y
버들병(왜2)	迸	42y
버려놋타(역2)	擺放	45z
버릇져기다(역3)	掙扎	55y
버릇ᄇ리지못ᄒ다(역3)	不離本行	61z
버리다(동2)	排了	60z
버릴비(왜2)	排	43y
버서지다(동2)	脫卸	54z
버서지다(몽2)	脫卸	46y
버스스(동2)	酥軟	57z
버슴ᄒ다(동2)	鬆寬	54y
버슴ᄒ다(몽2)	鬆寬	46y
버슴ᄒ다(역3)	鬆寬	55y
버튀오다(역2)	批者	45z
버틔여ᄇ리다(몽3)	弸晒	37z
버틔워셰오다(몽3)	支架着	39y
벅버기(동2)	一定	47z
벅벅이(몽2)	一定	40y
벅벅이(역3)	一定	53y
벅벅이아다(역2)	應應知道	54y
번거번(왜2)	煩	36y
번데지다(몽3)	起?	37z
번드기다(동2)	幌一幌	60z
번드기다(몽2)	幌一幌	50y
번드길번(왜2)	翻	37z
번화(왜2)	繁華	44y
벌건(왜2)	件	39z
벌렬(왜2)	列	37z
벌이다(역3)	護庇	51z
벌임을밋다(역3)	仗庇	51z
범거시ᄀᆞᆺ단말(역3)	一母所生	61y
벗다(역3)	脫卸	55z
변기ᄒ다(동2)	改變了	56z
변통(왜2)	變通	48z
변화ᄒ다(몽2)	變化了	48y
변ᄒ다(동2)	變了	56z
변ᄒ다(몽2)	改變	48y
변ᄒᆞᆯ변(왜2)	變	37y
볃경(왜2)	景	41z
별로(동2)	別	53y
별로(몽2)	別	44z
볏티몰뢰오다(역2)	晒乾	47z
볏히몰뢰오다(동2)	曝晒	55z
볏히몰뢰오다(몽2)	曝晒	47y
보기분명치아니타(역3)	看不眞	57z
보내다(동2)	送去	52y
보내여가게ᄒ다(몽3)	送到去	37y
보내여오다(동2)	送了來	52y
보다(역2)	瞧瞧	45y
보도록ᄀᆞᆺ다(역3)	越看越相	60z
보디못홀되(역3)	欠恭	43z
보람두다(역2)	記認	45y
보젼ᄒ다(동2)	護庇	56y
보젼ᄒ다(몽2)	護庇	47z
보채다(역3)	勒釀	52z
보탤텸(왜2)	添	33y
보ᄉᆞᆯ피다(역2)	照覰	45y
보홀보(왜2)	報	41y
복복(왜2)	福	34y
복이오면ᄆᆞ옴이령ᄒ다(역3)	福至心靈	60y
본(역3)	樣範	55z
본바들효(왜2)	效	36y
본셩곳치지아니타(역3)	舊性不改	60y

본디(동2)	元來	47y	분도도다(역3)	惹氣	52z
본디(몽2)	元來	39z	분명(왜2)	分明	48y
본디(역3)	從來	53z	분분(왜2)	紛紛	50z
본식드러나다(역3)	露出馬脚	60z	분분이흐터지다(몽3)	分散	36y
봇채여못견디다(역3)	纏不過	57y	분주(왜2)	奔走	44z
봉홀봉(왜2)	封	33y	분직희다(역3)	守分	54y
부득이(몽2)	罷不得	40z	불가(왜2)	不可	48y
부듸칠박(왜2)	撲	39y	불릴표(왜2)	飄	37z
부러(동2)	故意	50y	불뙤여몰리오다(역3)	烤曬	55z
부러(몽2)	故意	42y	불힝(왜2)	不幸	48z
부러(역2)	特故	43z	붓그람타지아니타(역3)	不怕羞	58z
부러오다(역2)	特的來	52z	붓다(동2)	滋了	55z
부러져둘희나다(몽3)	齊槎截	39y	붓다(몽2)	滋了	47y
부러홀션(왜2)	羨	35z	붓다(몽3)	粘	39z
부레칠ᄒ다(몽3)	抹鰾	39z	붓드다(동2)	扶持	56y
부리티다(역2)	打嘴吧	52z	붓드다(몽2)	扶持	47z
부쉰드시먹다(역3)	喫的淨光	61y	붓에먹뭇티다(역2)	沾筆	47y
부요ᄒ다(몽3)	富ㅈ谷	37y	붓좃다(몽3)	附他	36y
부작(왜2)	符作	46y	붓지아니타(역3)	貼不着	59y
부졀업시(동2)	白白的	48z	붓치다(역3)	貼上	55z
부졀업시(몽2)	白白的	41y	붓티다(몽2)	貼上	46y
부졀업시머므다(역2)	白住	46z	브러지다(동2)	折了	53z
부졀업시뭇다(역2)	白問	46z	브러지다(몽2)	折了	45y
부졀업시보다(역2)	白看	46z	브르지르다(동2)	截折	54y
부졀업시오다(역2)	白來	46z	브르지르다(몽2)	拿折	45z
부쵹(왜2)	咐囑	47z	브릴시(왜2)	使	38y
부쵹이다(역3)	攛掇	52z	브터(동2)	以來	50z
부칠졉(왜2)	接	41y	블어오다(역2)	專來	48z
부터(몽2)	以來	43y	블에듯붓희면몬져튼다(역3)		
부텨가다(역2)	稍將去	50z		近火先焦	60z
부티다(동2)	貼上	54y	블의에(역2)	猛可裡	53y
부틸쇽(왜2)	屬	43z	븘내다(역2)	失了火	51z
분간(왜2)	分揀	47y	븘벼록(역2)	火星子	51z
분내여내듯다(동2)	發憤直前	60y	비겨낫다(역3)	强如	54y

비겨니ᄅ면(역3)	比方說	58z	ᄇᄋ다(동2)	粉粹貌	57z
비경(왜2)	非輕	47z	ᄇᄋ다(몽3)	弄碎	39y
비다(역2)	央及	44y	ᄇᄋ지다(동2)	碎了	53z
비럭질ᄒ다(동2)	討化	61y	ᄇᄋ지다(몽2)	碎了	45y
비럭질ᄒ다(몽2)	討化	50z	볼셔(동2)	早已	47z
비로소(동2)	始	47y	볼셔(몽2)	早已	40y
비로소(몽2)	始	39z	볼셔(역3)	早已	53y
비로술시(왜2)	始	35y	볼이다(역2)	撇了	48z
비록(동2)	雖	50y	넓다(역2)	跳者	47z
비맛다(동2)	着雨	55z	베플셜(왜2)	設	42y
비비(왜2)	霏霏	50z	뵐시(왜2)	示	38y
비상(왜2)	非常	47z	뷔다(동2)	空了	54z
비올듯ᄒ다(역2)	敢是下雨	53z	뷔다(몽2)	空了	46y
비우다(몽3)	偏	38z	뷔트다(몽2)	交擰	47y
비웃다(역3)	笑話	53y	븨트다(역2)	扭了	47y
비ᄉ뭇다(동2)	雨渝了	55z	븩븩(동2)	綢密貌	57z
비ᄉ뭇다(몽2)	雨透了	47y	븩븩(몽2)	密密	48z
빈빈(왜2)	彬彬	49z	븩븩훌숩(왜2)	森	37z
빋길샤(왜2)	斜	37z	비다(동2)	綢密	58z
빋길횡(왜2)	橫	37z	비다(동2)	滲入	55z
빌허(왜2)	虛	32z	비다(몽2)	滲透	47y
빗그다(역3)	斜了	55z	비부르도록먹다(역3)	往飽裡喫	61y
빗기다(동2)	斜了	55y	비야젓다(몽3)	潤	37z
빗기다(몽2)	斜了	46z	비약(왜2)	背約	47y
빗나다(몽3)	出色	39z	빅빅훌밀(왜2)	密	32z
빗벗치는놈(역3)	賴債的	59z	뿨졍뿨졍ᄒ다(역3)	硬朗	52y
빗저이와겨시(역3)	光降	56y	쁘어움즉못ᄒ다(역3)	拉不動	57z
빗ᄇ이다(몽3)	放光	39z	뜻에둔이(역3)	影射的	58y
빙고빙(왜2)	憑	42z	뜻에맛다(역2)	可意	45y
ᄇ람에의지ᄒ다(역3)	靠壁	55y	픠노다(역2)	踢跳	47z
ᄇ릴기(왜2)	棄	36y	삐져기다(역2)	抖抖	46z
ᄇ아질쇄(왜2)	碎	42y	쩌디다(역2)	泥吊	47z
ᄇ야흐로(동2)	方可	47z	쩌이다(역2)	退泥	47z
ᄇ야흐로(몽2)	方可	40y	짯타(몽2)	積堆	46z

뼈용(왜2)	用	42z	산산이(동2)	三分五裂	61y
쓰디못ᄒ다(역2)	使不得	50z	산산이(몽3)	零散	39y
쁠듸업다(몽2)	不中用	42z	산힁렵(왜2)	獵	38z
쁴오다(역3)	兜住了	59z	살오미다(역2)	活経	46z
쁠내여프다(역2)	?米	49y	살오즈모다(역2)	活鎖	46z
쁠프라드리다(역2)	米	49y	살올일(역3)	營生	54z
뽀긔다(역3)	掐開	55y	살활잇다(역2)	轉便	44z
뜻다(역2)	撕開	48y	삼다(동2)	爲之	59y
뜻다(역3)	撕抹	55y	삼다(몽2)	爲着	49z
사길각(왜2)	刻	43y	삽삽(왜2)	颯颯	50z
사괼교(왜2)	交	40y	상서(왜2)	祥瑞	46y
사슬빠히다(역2)	抽簽	48z	상쾌(왜2)	爽快	44y
사태(왜2)	沙汰	48z	샤들리다(역3)	着迷鬼	59z
사룸건뎌내다(역2)	撈救人	50z	샤례샤(왜2)	謝	40z
사룸긁쥬어리다(역3)	索落人	57y	샹달나ᄒ다(역3)	討賞	55y
사룸대로ᄂ호다(역3)	按人派分	60y	샹업시덤벙이다(역3)	鬼混了	58z
사룸만탄말(역3)	人山人海	61y	샹업시봇채다(역3)	歪厮纏	57y
사룸만하밀니다(역3)	挨擠	56y	샹줄샹(왜2)	賞	39z
사룸먹여어리게ᄒᄂ약(역2)			샹풍(동2)	原來	47z
	麻藥	48z	샹풍(몽2)	原來	40y
사룸미다(역2)	推人	47z	샹합ᄒ다(몽3)	隨合	39z
사룸미져기다(역2)	擠人	47z	서로(동2)	彼此	52y
사룸밀티다(역2)	搎人	47z	서로(몽2)	彼此	44y
사룸보채다(역2)	奈何人	50y	서로(역3)	彼此	53z
사룸수죄ᄒ여구짓다(역2)	數落	49z	서로막즈르다(몽3)	相拒	36y
사룸식이다(역3)	支使人	59z	서로못다(역3)	厮會	56y
사룸술여보다(역3)	眼裡掃人	61z	서로외다(몽3)	彼此相左	35z
사룸잡아가ᄂ귀신(역3)	勾使鬼	59z	서로쓰로다(역3)	厮趕着	58y
사룸졍ᄒ여식이다(역3)	栽派人	59z	서어(왜2)	齟齬	44z
사룸죽ᄂ듸쓰ᄂ말(역2)	山高水低	53z	서재다(역2)	大模樣	52y
사룸침노ᄒ다(역3)	麻犯人	57z	서재다(역)	貌莊	46y
사룸텨말ᄒ다(역2)	擺負人	50y	서릭맛ᄌ다(역3)	相趂	54y
사룸허다(역2)	破人	47z	서릭상(왜2)	相	42y
사룸업슈이녀기다(역2)	驕傲人	50y	섣길잡(왜2)	雜	42y

성글소(왜2)	疎	32z	손스리다(몽2)	手寒	47z
셔편(역2)	西塊子	52z	손에거는ᄭᅳᆫ(역3)	挽手	55z
션물로(왜2)	賂	39z	손에맛곳지아니타(역3)	不趁手	59y
션믈드리다(동2)	送面皮	52y	손으로ᄀᆞᆯ티다(동2)	指示	61z
션믈드리다(몽2)	送面皮	45y	손으로ᄀᆞᆯ티다(몽2)	指示	50z
셜리죽다(역2)	屈死了	53y	손홀손(왜2)	損	32z
셜음을닙다(역2)	喫?	44y	쇼쇼(왜2)	蕭蕭	49y
셜치(왜2)	雪恥	46y	쇼식(왜2)	消息	47z
셤길ᄉ(왜2)	事	33z	쇼식듯보다(역3)	探信息	58y
성내여ᄃᆞ토다(역3)	合了氣	59z	쇼식업다(몽3)	無信息	36y
성녕못ᄎᆞᆫ후에손시사(역2)	澆手	43z	쇼식젼ᄒᆞ다(역3)	遞信	56z
성품(역3)	性格	52y	쇽졀업시(동2)	枉自	48z
성취ᄒᆞ다(역3)	成就	54y	쇽졀업시(몽2)	枉自	41y
성홀셩(왜2)	盛	34y	쇽졀업시(역3)	枉自	53y
소길긔(왜2)	欺	35z	쇽졀업시우임보다(역3)	空喫見笑	60z
소김을닙다(역2)	喫哄	44y	수에치오다(역2)	補錢數	52y
소문(동2)	聲譽	53y	수이(동2)	快着	52z
소문(몽2)	名聲	45y	수이(몽2)	快些兒	44y
소문나다(동2)	有名頭	53z	술먹다(역2)	穿皮襖	51z
소문나다(몽2)	有名頭	45y	숨길비(왜2)	秘	36y
소문젼ᄒᆞᄂᆞᆫ이(역3)	透信的	58y	숨어피ᄒᆞ다(역3)	躲開	54y
소오롬(동2)	寒粟子	56z	숨을은(왜2)	隱	38y
소리귀예막질니다(동2)	震耳	60y	숨꾳치다(역2)	使黑心	50y
소리귀예막질니다(몽2)	震耳	50y	슈고롭게ᄒᆞ다(동2)	敎勞	56z
소리말라(역3)	禁聲	56z	슈고롭ㅅ게ᄒᆞ다(몽2)	敎勞	48y
소ᄲᅢ당티다(역2)	打手掌	52z	슈고ᄒᆞ다(역2)	勞苦	44z
속궁그다(동2)	心空	54z	슈유(왜2)	須臾?	44y
속궁그다(몽2)	心空	46y	슈토에닉다(몽2)	慣水土	49z
속궁그다(역3)	心空	55z	슈폐ᄒᆞ다(역2)	多擾	47y
속이지못ᄒᆞ다(역3)	瞞不過	58y	슈피람ᄒᆞ다(동2)	嘯了	60z
속ᄭᅵ지몰으다(역3)	乾透心	59y	슈피람ᄒᆞ다(몽2)	嘯了	50y
손노로디아니타(역2)	手不停	50z	슝상(왜2)	崇尙	46z
손ㅅ벽티다(역2)	拍手	46z	스믜여붉다(역3)	透亮	56z
손스리다(동2)	手寒	56z	슬타(동2)	不要了	50z

슬토록(동2)	句句的	50z	숨피다(동2)	察看	56y
슷쳐씨둣다(역3)	打動	56y	숨피다(몽2)	察着	47z
시러곰(동2)	得	61z	슴루(왜2)	滲漏	46z
시러곰(몽2)	得	51y	슴출통(왜2)	通	42z
시방(동2)	現今	47z	새롭게ᄒᆞ다(몽3)	見新	39z
시방(몽2)	現今	40y	새신(왜2)	新	35y
시방(역3)	現今	55y	새오ᄂᆞᆫ말(역3)	醋話兒	58y
시방잇ᄂᆞᆫ것(동2)	現成的	59y	세오디말라(역2)	怢强	49z
시방잇ᄂᆞᆫ것(몽2)	現成的	49z	세우디말라(역2)	不要爭	50y
시방잇ᄂᆞᆫ것(역2)	見成的	52z	셀경(왜2)	硬	37y
시작ᄒᆞ고ᄆᆞᆺ업다(역3)	有頭無尾	61y	셰(동2)	縱	55y
시작ᄒᆞ다(동2)	爲始兒	47y	셰(몽2)	縱	46z
시작ᄒᆞ다(몽2)	爲始兒	39z	셰간쓸만ᄒᆞ다(몽3)	足用	37y
시죵드ᄂᆞᆫ이(역3)	荅應的	58y	셰셰(왜2)	細細	49z
시험시(왜2)	試	36y	셰오다(몽2)	使竪	50z
식여보내다(역3)	打發	54y	셰울건(왜2)	建	40y
신고(왜2)	辛苦	47y	셰워놋타(역2)	竪放	45z
신텽(왜2)	信聽	47y	쇠ᄒᆞᆯ쇠(왜2)	衰	34y
신통ᄒᆞᆫ체ᄒᆞᄂᆞᆫ놈(역3)	白日鬼	59z	쉬올이(왜2)	易	35y
실긔다(동2)	歪了	55y	쉽다(동2)	易	53y
실긔다(몽2)	歪了	46z	쉽다(몽2)	易	44z
실로니르다(역3)	實說	56z	스긔스(왜2)	猜	35z
실시ᄒᆞᆫ사ᄅᆞᆷ(역3)	沒時運的	61z	스훤ᄒᆞ다(역3)	舒服	56z
실업시쓰ᄂᆞᆫ돈(역3)	濫錢	54z	시다(동2)	漏	57y
심상(왜2)	尋常	47z	시다(몽2)	漏	48y
심홀심(왜2)	甚	41y	싱각건대(동2)	相是	49z
ᄉᆞ람홉다(몽3)	可愛	37y	싱각건대(몽2)	想着是	42y
ᄉᆞ랑ᄒᆞ다(역2)	愛疼	46y	싱각건대(역3)	想是	53z
ᄉᆞ망만타(역2)	大造化	50z	싱광(왜2)	生光	44y
ᄉᆞ망업다(역2)	造化底	51y	싱소(왜2)	生疎	49y
ᄉᆞ뭇게아다(역3)	參透了	58z	싱심이나(역3)	豈敢	53z
ᄉᆞᄉᆞ(동2)	私	61y	ᄭᆡ여지다(동2)	破了	53z
ᄉᆞᄉᆞ(몽2)	私	50z	ᄭᆡ여지다(몽2)	破了	45y
ᄉᆞᄉᆞᆺ(왜2)	私	33y	ᄭᆡ이다(몽3)	剖開	39y

째치다(역3)	劈開	55y	쏘(동2)	也是	49y
째티다(동2)	打破	54y	쏘(몽2)	也是	41z
째티다(몽2)	打破	45z	뜻밧긔만나다(동2)	邂逅相逢	60y
써글절(왜2)	折	38z	뜻밧긔만나다(몽3)	邂逅相逢	40y
써릴긔(왜2)	忌	35z	뜻뜻다(동2)	滴滴	57y
써지다(동2)	塌陷	53z	싼룰진(왜2)	趂	38y
써지다(몽2)	塌陷	45y	싼룸(동2)	而已	49z
썩다(동2)	折之	54y	싼룸(몽2)	而已	42y
썩다(몽2)	折斷	45z	쏠덕(왜2)	摘	43y
쩨뚤린곳(몽3)	破通處	39y	쏨옷시비다(동2)	汗沾衣	57y
쪄미다(동2)	連絰	54y	쏨옷시비다(몽2)	汗沾衣	48y
쪄미다(몽2)	挾絰	45z	씨(동2)	瑕垢	57y
쑤미다(역2)	扮做	45z	씨(몽2)	瑕垢	48y
쮈관(왜2)	貫	37z	씨오르다(동2)	染?	57y
씉타(동2)	斷了	54y	씨올르다(몽2)	染糙	48y
씉타(몽2)	斷了	45z	쌤귀드다(동2)	耳面俱凍	56z
씉허지다(동2)	斷折	53z	쌤귀드다(몽2)	耳面俱東	48y
씉허지다(몽2)	斷絶	45y	쑈죡첨(왜2)	尖	32z
씉홀졀(왜2)	絶	36z	샌(동2)	寡是	49z
씉말(왜2)	末	35y	샌(몽2)	寡是	42y
씆(동2)	末	56y	샌롤속(왜2)	速	35y
씆마촌것(몽3)	對的尖	38z	샐니(동2)	快快	52z
씆못다(몽3)	終局	41y	샐니(몽2)	快快	44y
씨이다(동2)	碍	61z	샐니ᄒ다(동2)	快着	52z
씨이다(몽3)	擠住	38y	샐니ᄒ다(몽2)	快着	44y
씌협(왜2)	挾	39y	샐리못다(몽3)	完的快	40z
씨힐부(왜2)	剖	43y	쏠과(왜2)	裹	33y
씨드를각(왜2)	覺	38z	짝쳑(왜2)	隻	33z
쌔만나다(동2)	逢時	53y	쓴더이너기지아니타(몽3)	不希罕	36z
쌔만나다(몽2)	逢時	44z	쏫다(동2)	撕開	54y
쩌러지다(동2)	吊下來	55y	쏫다(몽2)	撕開	45z
쩌러지다(몽2)	吊下來	46z	쩔럴(왜2)	裂	37z
썰리다(동2)	抖抖	55z	자각업다(역3)	沒分曉	57y
썰치다(몽2)	抖抖	47y	자리옴다(역2)	那席	48y

자븐것엇다(역2)	找東西	52y		저희(동2)	他們	51z
자연(왜2)	自然	45y		저희(몽2)	他們	43z
작금(왜2)	昨今	43z		저희의(동2)	他們的	51z
잔원(왜2)	潺湲	46z		저희의(몽2)	他們的	43z
잔잔(왜2)	潺潺	50z		저힐햐(왜2)	嚇	35z
잔흘잔(왜2)	殘	37y		적니다(동2)	重皮	59z
잘지내다(몽3)	儘過得	37y		적니다(몽3)	起重皮	38z
잠깐(동2)	暫時	47z		적니다(역3)	起皺	56y
잠깐(몽2)	暫時	40y		적시다(동2)	使濕	55z
잠깐잠(왜2)	暫	35y		적시다(몽2)	使濕	47y
잠깐츠다(역2)	小羅	48y		젇ᄉ올건(왜2)	虙	35z
잡것(역2)	雜巴刺	53y		절로ᄒ여(역2)	着落	49y
잡말아니타(역2)	口穩	43z		젓다(동2)	濕了	55z
잡말ᄒ다(역2)	談說	44z		젓다(몽2)	濕了	47y
잡을집(왜2)	執	39y		져(동2)	那箇	51z
잡을포(왜2)	捕	39y		져(몽2)	那箇	44y
장작(동2)	劈柴	59z		져곳(동2)	那處	48z
쟈글쇼(왜2)	少	32y		져곳(몽2)	那處	40z
쟈랑(역3)	賣弄	52y		져곳에것(몽3)	彼處的	35z
쟈랑ᄒ다(역2)	誇獎	45y		져근규모(역3)	小哉相	57z
쟈쟈(왜2)	藉藉	49z		져근니(역3)	小便宜	57z
쟌ᄉ득(동2)	緊緊的	54y		져글쇼(왜2)	小	32y
쟌ᄉ득(몽2)	緊緊的	45z		져긔(동2)	于彼	48y
쟝대(왜2)	張大	44z		져긔(몽2)	那裏	40z
쟝만ᄒ다(역2)	兌付	49y		져기기ᄃ리다(역3)	小遲些	59y
쟝녀ᄉ샹업다(역3)	不長進	57z		져기낫다(역2)	好些兒	51z
쟝리(왜2)	將來	45y		져기드릴기(왜2)	企	41y
저(동2)	他	51z		져기쇠훤ᄒ다(역3)	鬆快些	59y
저(몽2)	他	43z		져기주리다(역2)	趲短些	53y
저의(동2)	他的	51z		져기ᄲ다(역2)	爭差	49z
저의(몽2)	他的	43z		져들(동2)	那班人	51z
저이(왜2)	伊	33z		져들(몽2)	那班人	43z
저저퍼지다(동2)	蔭開	55z		져런것(몽3)	那樣的	35z
저저퍼지다(몽2)	蔭開	47y		져를단(왜2)	短	32y

져마작(동2)	徃那邊	59y
져마작(몽2)	徃那邊	49z
져마작가라(몽3)	徃那邊些	35z
져의것(몽3)	在他	35z
져의눈칙보다(역3)	看他眼勢	60z
져저기(동2)	曩r	47y
져적의(몽2)	曩r	39z
져한(왜2)	這漢	45y
져드려니르다(역3)	合他說	58y
져르다(동2)	短了	54z
져르다(몽2)	短了	46y
져롤알온체말라(역3)	休理他	58z
젹막(왜2)	寂寞	48y
젹이나ᄒ면(역3)	動不動	58z
젹이므르다(몽3)	微乾	38y
젹젹(왜2)	寂寂	49z
젼례대로ᄒ다(역2)	照例	43z
젼연(왜2)	全然	45y
젼위ᄒ야기도로다(역2)	專等	46y
젼쥬(왜2)	專主	49y
젼파ᄒ다(몽3)	傳揚	36z
젼혀너롤밋노라(역3)	全靠你	57y
젼혀다(동2)	全是	49y
젼홀젼(왜2)	傳	36z
졀도(왜2)	絶倒	48y
졀박(왜2)	切迫	47y
졈졈(동2)	漸漸的	52z
졈졈(몽2)	漸漸的	44y
졈졈(왜2)	漸漸	50z
졈졈퍼지다(몽3)	蔭開	38y
졉어혜아리다(역3)	體諒	51z
졍녕(왜2)	叮嚀	47z
졍셩들이다(역3)	獻勤	52y
졍업다(몽3)	沒情分	36z
졍히(동2)	正	50z
졍히쓰다(몽3)	除淨	37z
졍히업다(역2)	正缺着裡	53z
졍홀졍(왜2)	精	42z
조각(동2)	片	59y
조각편(왜2)	片	32z
조릿조릿ᄒ다(역3)	耽驚受怕	60z
조박(왜2)	糟粕	47y
조심ᄒ라(동2)	仔細看	56y
조심ᄒ면반ᄃ시낫ᄂ니라(역2)	小心必勝	53z
조이(역2)	細作	44y
조쟝ᄒ다(역2)	粧假	44y
조촐ᄒ다(역3)	乾淨	52y
조흔체ᄒ다(역3)	撒淸	52z
존졀(왜2)	撙節	48z
좀되다(몽3)	粗糙	39z
좀쳐로(동2)	麤率	58y
좀쳐로(몽3)	瑣瑣氣氣	39z
좁다(동2)	窄了	54z
좁다(몽2)	窄了	46z
좁을협(왜2)	狹	32y
종종(왜2)	淙棕	50z
죠고만(동2)	些少貌	57z
죠고만것(몽3)	小些的	38z
죠롱ᄒ다(몽2)	嘲戲	50z
죠진(왜2)	兆眹	46y
죠흔일ᄒ다(역3)	作善事	57y
죡ᄒ다(동2)	句了	50z
죡ᄒ다(역3)	彀了	54z
죡홀죡(왜2)	足	42z
죵용(왜2)	從容	46z
죵젹업다(몽3)	無踪影	36y
죵죵싱각ᄒ다(몽3)	不r的思	36y

주다(동2)	給他	52y	증견(동2)	在前	47y
주먹이하면눈이밤의다(역3)			증젼(몽2)	在前	39z
	拳多眼花	61z	지긔우다(역2)	儘一儘	52y
죽다(뭇다)(역2)	結果	49z	지난일은닛는단말(역3)	瘡好忘疼	61z
줄급(왜2)	給	36z	지날과(왜2)	過	41y
줄츅(왜2)	縮	32z	지당(왜2)	支當	47z
줄항(왜2)	行	43y	지도(왜2)	地圖	45z
줄핑핑이버튀우다(역2)	絣開	48y	지리(왜2)	支離	45z
쥬겨쌋타(동2)	疊堆	55y	지을작(왜2)	作	40z
쥬두어혜다(몽2)	籌數	49z	지져귀다(역2)	聒噪	49z
쥬션(왜2)	周旋	47y	지쳬(왜2)	遲滯	44z
쥬쟝치못ᄒ다(역3)	做不得主	60y	지쮀다(역3)	咆囉	52z
쥬져(왜2)	躊躇	44z	진실노(역3)	端的	56y
쥰비ᄒ다(몽3)	備辦	40z	진실로밋거다(몽3)	眞靠得	40y
쥰홀쥰(왜2)	準	43y	진실로아(역2)	眞箇麽	52z
즁간즈음(몽2)	中途	43y	진실이ᄒ다(몽3)	驗實	36y
즁즁(왜2)	重重	49y	진즁(왜2)	珍重	45z
즈음(동2)	r際	60y	진짓것(역3)	眞材實料	62y
즈음(몽2)	r際	50y	진흉진(왜2)	賑	40y
즈음졔(왜2)	際	39z	진비(왜2)	進排	46y
즈음ᄒ다(동2)	隔了	60y	진ᄒ다(동2)	盡	61z
즉금(왜2)	卽今	43z	질긔지못ᄒ다(역3)	不耐勞	59y
즉긔치다(동2)	研碎	54y	질부(왜2)	負	39y
즉긔치다(몽2)	研碎	45z	질을츙(왜2)	衝	37z
즉시(동2)	就是	47z	짐기오다(역2)	朶子偏了	54y
즉시(몽2)	就是	40y	짐밧다(역2)	矬矬	47y
즉시가다(역2)	就去	47y	짐싯다(역2)	駞朶子	50y
즉시오다(역2)	就來	47y	짐쟉ᄒ여(역3)	猜得着	58z
즉효(왜2)	卽效	48z	짐즛(역2)	心應有	50y
즌흙쁴다(역2)	添泥濺	51z	짐즛(역3)	故意兒	57y
즐기다(역2)	快活	44z	집잡다(역2)	跳房子	51y
즐길탐(왜2)	耽	35z	집어뜻다(몽3)	招了	36z
즛ᄆᆞ다(동2)	殘碎	54y	집의두고글비호ᄂ스승(역2)		
즛ᄆᆞ다(몽3)	弄殘壞	39y		門館先生	54y

집의업다(역3)	沒在家	58z	차착(왜2)	差錯	48y
집의와사룸욕ᄒ다(역3)	上門罵人	60y	차타(왜2)	蹉跎	45z
징됴(동2)	兆胎	53y	찬란(왜2)	燦爛	44y
징됴(몽2)	兆胎	44z	참담ᄒ다(동2)	肅殺	60y
징죠(역3)	兆胎	54y	참예참(왜2)	參	39y
ᄌ다(동2)	碎小	54z	창망(왜2)	蒼茫	44y
ᄌ다(몽2)	碎小	46y	창셜(동2)	創	51y
ᄌ로(동2)	頻頻	52z	창셜(몽2)	創	43y
ᄌ로(몽2)	遭遭兒	44z	창졸(왜2)	倉卒	47y
ᄌ르다(몽2)	砍截	45z	창창(왜2)	蒼蒼	50y
ᄌ미업다(동2)	沒趣味	59y	처음(몽2)	初頭	39z
ᄌ미업다(몽2)	沒趣兒	49y	처음보다(역3)	初會	53z
ᄌ미업다(역3)	沒趣	53y	처음초(왜2)	初	35y
ᄌ셔히니ᄅ다(역2)	行的說	53y	처옵(동2)	初頭	47y
ᄌ작스럽다(몽3)	僭越專行	36z	척간(왜2)	擲奸	48y
ᄌ져(왜2)	趑趄	44z	첫날(역3)	頭一日	59y
ᄌ즐빈(왜2)	頻	33y	첫호령(역3)	下馬威	56z
ᄌ르다(동2)	砍截	54y	처량(왜2)	凄涼	46z
줄아나다(역2)	長出來	52z	쳐쳐(왜2)	萋萋	50y
좀그다(동2)	沉着	55z	척척(왜2)	慽慽	51y
좀그다(몽2)	使沉	47y	천거ᄒ다(역3)	擡擧	56y
좀을격기덜자다(역2)	省睡些箇	54y	천연(왜2)	遷延	45z
제대로(역2)	由他	46z	천홀천(왜2)	賤	33y
제돈들여셔방맛다(역3)	賠家人	58y	철쥬(왜2)	掣肘	46y
제삼긴짝(역3)	天生一對	61y	청촉ᄒ다(역3)	囑托	52y
지젼(왜2)	在前	43z	초초ᄒ다(몽3)	潦草	40y
지조(역3)	才能	54y	총총(왜2)	悤悤	49z
지촉ᄒ다(동2)	催催	56y	쵸챵(왜2)	怊悵	44z
지촉ᄒ다(몽2)	催催	47z	추히ᄒ다(몽3)	粗做	39z
지화화(왜2)	禍	34y	축축ᄒ다(동2)	潮了	55y
지화지(왜2)	灾	38y	축축ᄒ다(몽2)	潮了	47y
지익익(왜2)	厄	38y	출힝(왜2)	出行	44z
징강징강(동2)	銅鐵相玉蹦聲	57z	츌렴(왜2)	出歛	46y
징강징강(몽2)	環佩聲	48z	츤착(왜2)	襯着	47z

층층(왜2)	層層	49y	크게ᄒ다(몽2)	張大	46y
친이홀친(왜2)	親	43y	크다(동2)	大了	54z
칠양(왜2)	養	34y	큰대(왜2)	大	32y
츠다(역2)	踢者	47z	큰정분(역3)	大分上	57y
츠례데(왜2)	第	43y	큼즉훈것(몽3)	大些兒	38z
츠례질(왜2)	秩	39z	킬치(왜2)	採	38z
츠재내미다(역3)	和盤托出	61z	쾌쾌(왜2)	快快	50z
츠즐심(왜2)	尋	43y	탈물(왜2)	勿	42z
츠할히(동2)	寧	61z	탓(동2)	所由	49z
츠츠나아드다(역3)	挨近前	58z	탓(몽2)	所由	42y
츠츠로(동2)	次次兒	52z	터지다(동2)	裂開	53z
츠츠로(몽2)	打次次	44y	터지다(몽2)	綻開	45y
출아리(몽2)	寧	51y	터질탄(왜2)	綻	37z
출영(왜2)	盈	32z	텬연히ᄀᆺ다(몽3)	天然一樣	39z
춤람춤(왜2)	僭	42y	텹텹(왜2)	疊疊	49z
춤진(왜2)	眞	34z	텽당(왜2)	停當	47y
춤치(왜2)	參差	46z	투긔투(왜2)	妒	35z
춤아(몽3)	忍心	36z	투정ᄒ다(역2)	爭嘴	44y
체마리흔드다(역2)	篩頭	47y	트러막다(동2)	扭揷	53z
체질ᄒ다(역2)	羅羅	48y	트러막다(몽2)	扭揷	45z
최촉(왜2)	催促	48y	틀어꼿다(역3)	扭揷	55z
취홀취(왜2)	取	36y	틈(동2)	隙	53z
최우치다(역3)	偏了	55z	틈(몽2)	隙	45z
치숑치(왜2)	差	38y	틈극(왜2)	隙	39z
치올츙(왜2)	充	32z	틈나다(동2)	裂縫	53z
칙에됴히심박다(역2)	撚釘者	51y	틈나다(몽2)	有縫	45z
칙의닙피다(역2)	紙穀兒	51y	틈나다(몽3)	裂開	39y
칼과살이집에ᄲᅡ지다(몽3)			틈메오다(동2)	艙縫	53z
	刀箭褪出	39y	틈메오다(몽2)	艙縫	45z
칼ᄀ다(역2)	磨刀子	51y	틈버다(몽3)	裂縫	39y
크게(동2)	大	54z	틈업시로다?(몽3)	不留閒空	39z
크게가얌여다(몽3)	巨富	37y	틈터디다(역2)	裂了縫	52y
크게퍼지다(몽3)	蔭大	38y	틈툭다(역3)	趁空兒	59y
크게ᄒ다(동2)	張大	54z	태과(왜2)	太過	47z

퇴(동2)	?點	57y	핀잔주다(역3)	搶白	53y
틔(몽2)	瘢點	48y	필역(왜2)	畢役	49y
퍼져가다(동2)	滋蔓	55z	핍진홀핍(왜2)	乏	36z
퍼져가다(몽3)	開廣	38y	핑계ᄒ다(몽2)	挑?	42y
펴다(역2)	打開	49y	핑계ᄒ다(역3)	托辭	52z
펴이다(몽3)	舒展	38y	패연(왜2)	沛然	45y
펴주다(동2)	撕給	56z	폐단(왜2)	弊端	47y
펴주다(몽2)	撒給	48y	폐식이다(역3)	打攪	56y
펴지다(동2)	伸開	55z	폐홀폐(왜2)	廢	36y
편의롤구ᄒ다(몽3)	討便宜	37y	픠다(몽3)	刨	39y
편히놋타(역2)	區放	45z	픨굴(왜2)	掘	38z
편히ᄒ다(역2)	穩者	46y	하라비옹(왜2)	翁	33z
편ᄒ다(역3)	安穩	54z	하쳐(왜2)	何處	48z
펼치다(동2)	張開	55z	하놀을ᄯᅡ에견존다(역3)	將天比地	61z
펼치다(몽2)	張開	47y	하놀이돕다(동2)	天庇	60y
펼치다(역3)	張開	55y	하놀이돕다(몽2)	天庇	50y
평안안(왜2)	安	34y	한가한(왜2)	閑	38z
평싱(왜2)	平生	48z	한셩(왜2)	檻穽	48z
평홀평(왜2)	平	37z	할미오(왜2)	媼	33z
포고여놋타(역2)	疊放	45z	합홀합(왜2)	合	36y
포필텹(왜2)	疊	37y	항렬(역3)	排行	52y
표묘(왜2)	標緲	44y	항슈(동2)	行首	61y
표표(왜2)	飄飄	49z	항슈(몽2)	班首	50z
표홀표(왜2)	標	40y	향자(왜2)	嚮者	43z
푸다(동2)	解	54y	향ᄒ여(동2)	向他	48z
푸다(몽2)	解	46y	향ᄒ여(몽2)	向他	41y
풀히(왜2)	解	36z	향홀향(왜2)	向	41z
풍속쇽(왜2)	俗	40y	허긔지다(몽3)	餓過了	37z
풍편의소문(역3)	風裡話	58z	허다(몽3)	毁壞	39y
풍풍(동2)	水渢渢	57z	허믈ᄒ다(역3)	怪他	53y
풍풍(왜2)	渢渢	50z	허방드듸다(역2)	踏空	47z
플ᄲᅵ업다(역3)	不骨立	59y	허비비(왜2)	費	40z
피피(왜2)	彼	33z	허비ᄒ다(역3)	破費	54z
피홀피(왜2)	避	38y	허여케(동2)	極白貌	57z

허여케(몽2)	皓白	48z		흡죡ᄒ다(몽2)	句足	48y
허홀허(왜2)	許	36z		홋더지단말(역3)	三零四落	61y
헌것튼내(역2)	燒布烟氣	53z		홍졍에모즈란것치오다(역2)		
헐버서칩다(동2)	窮寒	56z			補定	48z
헐버서칩다(몽2)	窮寒	47z		홍황업다(몽3)	無意思	36z
헐이ᄒᄂ말(역2)	歇後語	50z		히쇽거리다(역2)	唉調	44y
험홀험(왜2)	險	41z		힐워말ᄒ다(역2)	閑講	44z
혈인(왜2)	引	39y		힘감다(몽3)	筋纒	39z
혐의혐(왜2)	嫌	35z		힘결오다(역2)	厫罣	48z
형세세(왜2)	勢	38y		힘닙을뢰(왜2)	賴	41z
형연(왜2)	逈然	45y		힘쓸무(왜2)	務	38y
혜다(동2)	筭筭	59z		힘힘이노니다(몽3)	閒遊	37y
호양(왜2)	好樣	46y		힘쓰다(역3)	用力	54y
호올로(동2)	獨自	49y		ᄒ가지공(왜2)	共	42y
호올로(몽2)	獨自	41z		ᄒ고져홀욕(왜2)	欲	40z
호호(왜2)	皓皓	49z		ᄒ마(동2)	險些兒	49z
혼인견의된과부(역3)	望門寡	58y		ᄒ마(몽2)	險些兒	42y
혼자(역3)	獨自	53y		ᄒ마(역3)	待要	53z
혼혼(왜2)	昏昏	49z		ᄒ물며(몽2)	況且	42y
홀연이만나다(몽3)	恩然相遇	40y		ᄒ믈며(동2)	況且	49z
홀홀(왜2)	忽忽	50y		ᄒ믈며(역3)	況且	53y
효타(왜2)	效他	47z		ᄒ야질폐(왜2)	弊	37y
효험험(왜2)	驗	36y		ᄒ여곰(동2)	使	61z
홀여속이다(역3)	拐騙	53y		ᄒ여곰(몽2)	使	51y
홀이ᄂ법(역3)	圈套	53y		ᄒ여시리라(동2)	罷字口氣	49z
홀홀(왜2)	倏焂	49z		ᄒ여시리라(몽2)	罷字口氣	42y
흉흉(왜2)	洶洶	50z		ᄒ염즉(동2)	該堪	61z
흉홀흉(왜2)	凶	34y		ᄒ염즉ᄒ다(몽3)	該當	40y
흐리믕등ᄒ다(역2)	黑裡??	53z		ᄒ가지(동2)	一件	59y
흔나므라다(역2)	駁彈	49y		ᄒ가지동(왜2)	同	34z
흔훈말이ᄃ지아니타(역3)				ᄒ가지로(동2)	一塊兒	49y
	話多不詁	60z		ᄒ가지로(몽2)	一塊兒	41z
흗틀산(왜2)	散	37y		ᄒ가지일(역3)	一宗事情	61y
흘긔디아니타(역2)	不走作	53y		ᄒ갓(동2)	徒然	49z

호갓(몽2)	徒然	42y	희미(왜2)	熹迷	46z
호겹질(역3)	一套	53y	희한(왜2)	稀罕	46z
호디위놀며보다(역2)	遊賞一遭	54y	히후(왜2)	邂逅	44z
호벌(몽2)	一件	49z	힝지좀스럽다(몽3)	行止小氣	36z
호숨의듯다(역3)	一氣跑	58z	힝홀힝(왜2)	行	40y
호편으로기우다(몽3)	一瞬歪	38y	화려ᄒ다(몽3)	俏麗	39z
호디모도다(역2)	輳成	48y	화목목(왜2)	睦	34y
호쬐(역2)	一道兒	53y	화쳐에가다(역2)	院裡e走	51y
호쪽(동2)	一瓣	59y	화회(왜2)	和會	45y
호쪽(몽2)	一瓣	49z	황연(왜2)	恍然	45y
호츳리(몽3)	一遭	40z	황홀(왜2)	恍惚	44z
호홀한(왜2)	限	39z	황황(왜2)	遑遑	50y
홀일업다(역3)	沒奈何	59y	싸호다(역2)	厮殺	44y
홈긔(역2)	打夥兒	51z	쌋타(동2)	畜積	55y
홈쯰(동2)	一齊	49y	쌍쌍(왜2)	雙	33z
홈쯰(몽2)	一齊	41z	쓰러지다(몽3)	歪倒	39z
홈쯰히(왜2)	偕	42y	쓸더업다(동2)	不中用	50y
홈아(역2)	險些兒	51z	씻다(동2)	洗洗	55z
해자ᄒ다(역2)	做東道	51z	아나(동2)	遞兒口氣	50y
해홀해(왜2)	害	35z	아나(몽2)	遞兒口氣	42y
헤치다(역3)	攤開	55y	아닐미(왜2)	未	42z
혜아리다(역2)	計較	45z	아ᄂ체ᄒ다(역3)	克知道	57z
혜아릴량(왜2)	量	38z	아다(역2)	理會	45z
혜지아니타(역3)	不筭	56z	아등(왜2)	我等	45y
혬맛초다(역3)	叩數	54z	아로사길됴(왜2)	彫	43y
횡익만나ㅅ다(몽3)	遭孽	37z	아모도(역2)	任誰	49z
횡힝(왜2)	橫行	48z	아모모(왜2)	某	33z
휘다(몽3)	彎	38y	아슬탈(왜2)	奪	36z
휘디아니타(역2)	不彎	48z	아쟈(왜2)	俄者	43z
휘여지다(동2)	彎了	55y	아조(동2)	全然	49y
휘여지다(몽2)	彎了	46z	아조(몽2)	全然	41y
휘황(왜2)	輝煌	44y	아조막다(몽3)	堵塞	38y
흰것(역3)	彎的	55z	아조쉽다(몽3)	甚易	40z
희롱(왜2)	戲弄	48y	아지못게라(동2)	不識	59y

아지못게라(몽2)	不識	49z		어디(동2)	何處	48z
아직(동2)	姑且	49y		어디(몽2)	何處	41y
아직(몽2)	姑且	41z		어디로(동2)	徃何處	48z
아아(왜2)	峨峨	50y		어디로가논다(몽2)	那裏去	41y
아오다(동2)	並	58z		어디로셔(동2)	從那裏	48z
안다(역2)	摟抱	47z		어디로셔(몽2)	從那裏	41y
안심치아니타(몽3)	生受	37y		어디ㅅ것(동2)	那裏的	48y
안자먹으면산도빈다(역3)				어디셔사느니(몽3)	那裏存着	40y
	坐喫山空	61y		어려올난(왜2)	難	35y
안즐셩업다(역3)	沒坐性	57z		어렴프시아다(역2)	影影知道	54y
알고도모른체ᄒ다(역3)	推啞粧聾	60z		어렵다(동2)	難	53y
알온체아니타(역3)	不保	52z		어렵다(몽2)	難	44z
알지(왜2)	知	38z		어룬스러온체(역3)	粧體面	56z
앏흐로휘다(몽3)	向前彎	38y		어름에치오다(역2)	着氷拔者	54y
암암(왜2)	闇闇	51y		어름빼므다(역2)	嚼氷	50y
앗갑다(몽2)	可惜	48y		어름쓰다(몽3)	?氷	39y
앗겨ᄒ다(역2)	捨不得	50z		어룸에치오다(역2)	拔氷	48y
앙얼닙다(역2)	現世報	52y		어즐ᄒ다(역2)	昏了	49y
야긔쁘다(역2)	刁譎	44y		어화(왜2)	漁火	48y
야속(왜2)	野俗	46y		어엿븐체ᄒ다(역3)	粧俏	52y
약간이란것(역2)	些罷些兒	54y		어이그리ᄒ고(몽3)	甚麽意思	35z
약ㅅ간(몽3)	略少些	38z		어이ᄒ리(동2)	怎麽呢	48y
양양(왜2)	揚揚	49z		어이ᄒ리(몽2)	怎麽呢	40z
양일코외양곳치다(역3)	亡羊修牢	61z		어인(동2)	怎樣	48y
어거어(왜2)	御	40z		어인(몽2)	怎樣	40z
어긋나다(동2)	悞了	60y		억륵(왜2)	抑勒	46y
어긋나다(몽2)	違悞	50y		억지로앗다(역3)	霸佔	52z
어긔기만티아니ᄒ다(역2)	差不多兒	53z		언마나크뇨(역2)	多大少	53y
어긜위(왜2)	違	36y		언마나쁘뇨(역2)	爭甚麽	53y
어니(동2)	那的	51z		언머(동2)	幾箇	50y
어니(몽2)	那的	43z		언머치(동2)	能幾何	48y
어들득(왜2)	得	34z		언머치(몽2)	能幾何	40z
어듸ㅅ것(몽2)	那裏的	40z		언약(동2)	定約	56z
어듸셔사느니(동2)	那裏存着	61z		언약ᄒ여덩ᄒ다(역3)	約定	54y

언지(동2)	幾r	47z	엇지닛즈리오(역3)	豈敢有忘	61z
언지(몽2)	多站	40y	엇지말릴이오(역3)	怎禁他	57y
언지온다(역3)	多咱來	59y	엇지시러곰(동2)	如何得	48y
얼굴(역2)	生得	45y	엇지ㅎ리(동2)	怎麽樣	48y
얼굴은복을조차옴는다(역2)			엇지ㅎ여셔(동2)	怎麽的	48y
	貌隨福轉	53z	엇지ㅎ엿느니(몽3)	怎麽樣呢	36y
얼글구(왜2)	搆	39y	엇지홀고(몽3)	怎麽處	35z
얼글유(왜2)	維	36z	여긔(동2)	這裏	48y
얼넌덧(동2)	不覺的	50z	여긔(몽2)	這裏	40z
얼넌덧(몽2)	不覺的	42z	여등(왜2)	汝等	45y
얼런덧(역3)	不覺的	59y	여러루(왜2)	累	37y
얽미이다(역3)	絆住了	58z	여하(왜2)	如何	48y
엄슉(왜2)	嚴肅	48y	여스(왜2)	如斯	43z
업눌으다(역3)	强壓住	58z	역마ㅌ다(동2)	乘傳	59z
업다(동2)	沒有	52z	역스역(왜2)	役	38z
업슈이너길모(왜2)	侮	35z	역끌편(왜2)	編	43z
업업(왜2)	業	38z	연고(왜2)	緣故	47z
업이(왜2)	業已	49y	연명ㅎ다(몽3)	度命	37z
업치다(몽2)	潑水	50z	연연(왜2)	涓涓	50z
업퍼놋타(동2)	合呌	59z	연홀연(왜2)	軟	37y
업퍼놋타(몽2)	合呌	49z	열울박(왜2)	薄	32y
업느냐(동2)	沒了麽	52z	엷다(동2)	薄了	54z
업술무(왜2)	無	34z	엷다(몽2)	薄了	46y
엇더니(동2)	有誰	51z	엿듯기ㅎ다(역3)	聽籬察壁	60y
엇더ㅎ뇨(동2)	何如	48y	엿태(동2)	到今	47z
엇더ㅎ뇨(몽2)	何如	40y	엿태(몽2)	到今	40y
엇던(동2)	甚麽	48y	영화영(왜2)	榮	34y
엇던사롬고(몽3)	甚麽人	40y	오래못볼되(역2)	久違	44z
엇디(몽2)	怎麽	40z	오랠구(왜2)	久	35y
엇디못ㅎ다(역2)	找不得	50z	오로(동2)	全	49y
엇디시러곰(몽2)	如何得	40z	오로(몽2)	全	41z
엇디ㅎ리(몽2)	怎麽樣	40z	오리됴(왜2)	條	39z
엇디ㅎ여셔(몽2)	怎麽的	40z	오히려(동2)	尚且	49z
엇지(동2)	如何	48y	오히려(몽2)	尚且	42y

오히려(역3)	尙且	53y
오히려못ᄒ다(역3)	還未	53z
온(동2)	渾普	59y
온가지로(동2)	千般萬次	49z
온가지로(몽2)	千般萬次	42y
온갖(동2)	凡百	49z
온갖(몽2)	樣樣	42y
온것(동2)	整的	54z
온당ᄒ다(역3)	妥當	54y
온전전(왜2)	全	32y
온전흔 것(동2)	全的	54z
올흘시(왜2)	是	34z
옴겨가다(역2)	搬去	49y
옴겨오다(역2)	搬來	49y
옴길이(왜2)	移	37y
옷가슴헤치다(몽3)	厰胸	37y
옷거두추다(몽3)	撩衣	37y
옹망(왜2)	顒望	47y
요란요(왜2)	擾	42y
요ᄉ이(동2)	這一向	47y
요ᄉ이(몽2)	這一向	39z
요힝ᄇ라다(몽3)	希圖僥倖	37y
욕먹다(역2)	受氣	44z
욕심만흔놈(역3)	黑眼睛	57z
욕홀욕(왜2)	辱	34y
용납지못ᄒ다(몽3)	容不下	39y
용납홀용(왜2)	容	40y
용렬렬(왜2)	劣	34z
용용(왜2)	溶溶	50z
우골우골(동2)	該該滾滾	57z
우러러하늘로춤밧다(역2)	仰面唾天	53z
우루루(동2)	擁擠貌	57z
우루루(몽2)	雷聲樣	48z
우리(동2)	我們	51y
우리(몽2)	我們	43y
우리(몽3)	我們	35z
우리들을(몽3)	把我們	35z
우리들의것(몽3)	是我們的	35z
우리의(동2)	我們的	51y
우리의(몽2)	我們的	43y
우리의게(동2)	於我們	51y
우리의게(몽2)	我們根前	43y
우연(왜2)	偶然	45y
울울(왜2)	鬱鬱?	49z
움즉이디아니타(역2)	不動憚	52z
웃는것시곡절잇다(역3)	笑得有因	61y
웃는중에칼품다(역3)	笑裡e藏刀	62y
웃는ᄂᆾ체셩낸주먹(역3)	笑臉嗔拳	60y
유복(왜2)	有福	45z
유예(왜2)	猶豫	48z
유유(왜2)	悠悠	50y
유익(왜2)	有益	46z
은근(왜2)	慇懃	44z
은은(왜2)	隱隱	49z
은혜를원슈로갑다(역3)	恩將仇報	60y
은혜은(왜2)	恩	34y
읃씀원(왜2)	元	40z
음덕(몽2)	天陰	45y
응당(동2)	該當	47z
응당(몽2)	該當	40y
이(동2)	這箇	51z
이(몽2)	這箇	44y
이곳(동2)	此處	48y
이곳(몽2)	此處	40z
이곳(역2)	這箇去處	54y
이들(동2)	此輩	51z
이들(몽2)	此輩	43z
이러나져러나(몽2)	索性	42z

이러툿(동2)	這樣的	48z	인편편(왜2)	便	41z
이러툿(몽2)	這樣的	40z	인씬조(왜2)	組	39z
이럴니이시랴(동2)	豈有此理	50z	인ᄒ여(동2)	因	61z
이럴리이시랴(몽2)	豈有此理	43y	잍글애(왜2)	惹	42z
이리(동2)	這樣	48z	일그릇ᄒ다(역3)	幹壞了	57y
이리(몽2)	這樣	40z	일뎡(왜2)	一定	48y
이리나져리나(동2)	索性	50y	일로뻐(동2)	以此	50z
이리나져리나(역3)	橫竪	54z	일로뻐(몽3)	以此	40y
이리닐을양이면(역3)	怎地說	57z	일로ᄒ여(동2)	爲此	50z
이리뎌리헌ᄉᄒ다(역2)	跳槽	44y	일로ᄒ여(몽2)	爲此	43y
이리져리(동2)	支支吾吾	50y	일모로ᄂ니(역2)	不曉事的	54y
이리져리(몽2)	支支吾吾	42z	일못차간졍ᄒ다(몽3)	淨了	41y
이리져리버긔오다(역3)	支支吾吾	60y	일반(왜2)	一般	46z
이리져리피ᄒ다(역3)	東躲西閃	60z	일변으로(역3)	一壁廂	58z
이리토져리토못ᄒ다(동2)	無定向	60y	일쯕이(역3)	趂早	54z
이리홀말져리ᄒ다(역3)	左話右說	60y	일잘ᄒ다(역2)	能幹事	50z
이마좍(역3)	往前些	58z	일졀졀(왜2)	切	41y
이밧긔(동2)	除此之外	51y	일즉이(몽2)	趂早	50z
이밧긔(몽2)	除此之外	43y	일홈드리오다(동2)	垂名	53y
이번(역2)	這站箇	53y	일홈드리오다(몽2)	垂名	45y
이시랴(동2)	在罷呢	61z	일홈엇다(동2)	得名	53y
이시랴(몽2)	在罷呢	50z	일홈짓다(몽3)	起名	40y
이실유(왜2)	有	34z	일흘실(왜2)	失	34z
이즈러질휴(왜2)	虧	37y	일홈잇단말(역3)	名頭	54y
이즈음(역3)	這回子	59y	일양(왜2)	一樣	46z
이지금(왜2)	今	35y	일에슬희여ᄒ다(몽3)	厭煩	36z
이편(역2)	這簷子	52y	일에휘지지아니타(몽3)	練長	40y
이후는(동2)	從今以後	50z	일오다(동2)	成了	53z
이후는(몽2)	從今以後	43y	일올셩(왜2)	成	43z
이윽고(동2)	有些時	47z	일을때일치말란말(역3)	打鐵趂熱	61z
이윽고(몽2)	有些時	40y	일의ᄒ다(역2)	撒嬌	49z
이이(왜2)	而已	43z	일일오다(역2)	幹勾當	50z
인연(역3)	緣法	54y	일ᄉ(왜2)	事	33y
인연(왜2)	因緣	48y	일크를칭(왜2)	稱	40z

일ᄒ다(역3)	辦事	54z	예긔쩍다(몽2)	折銳	48y
임내내다(동2)	效樣	60y	예도(왜2)	預度	48z
임내내다(역2)	效他	48y	외람외(왜2)	猥	35z
임의(동2)	恁憑	49z	외자내다(역2)	賖者來	50z
임의(몽2)	恁憑	42y	왼(몽2)	普	49z
임의(왜2)	任意	48z	왼것(몽2)	整的	46y
임의로(동2)	恁憑	50y	왼것(역3)	整的	55z
임의로(몽2)	恁憑了	42y	위로위(왜2)	慰	34y
임의로못ᄒ다(역3)	由不的	57y	위억으로저히다(역3)	威喝	52z
입에맛다(역2)	可口	45y	위티(몽3)	危	37z
입정사오납다(역3)	不戒口	57z	위티롭다(동2)	可危	58y
입치기만싱각ᄒ다(역3)	圖嘴	52y	위티위(왜2)	危	34y
입흘음ᄒ다(역3)	辦嘴	52z	위티ᄒ다(몽2)	可危	49y
입촌말ᄒ다(역3)	說大話	57y	위홀위(왜2)	爲	40z
잇긋(동2)	儘一儘	49z	의심의(왜2)	疑	35z
잇긋(몽2)	儘一儘	41z	의연(왜2)	依然	45y
잇긋ᄒ면(몽3)	至狠	40y	의지ᄒ다(역2)	靠者	47z
잇ᄂ냐(동2)	有麼	52y	의지ᄒ여지내다(몽3)	能得	37y
잇다(동2)	有啊	52y	의지홀의(왜2)	倚	41z
잇다가(동2)	一回兒	50y	의희(왜2)	依俙	44y
잇다가(몽2)	一回兒	42z	의뜻맛다(동2)	相與	60y
잇부다(동2)	勞苦	58y	의뜻맛다(몽2)	相與	49z
잇짜가(역3)	等住回	59y	이미(왜2)	曖昧	46y
애애(왜2)	藹藹	50y	이미히보채다(역2)	賴誣	44y
애케이다(역3)	揪心	54z	익긋다(역2)	晦氣	44z
애뼈죽다(역2)	氣死	47z	원슈구(왜2)	仇	40z
에엿쓰다(역3)	標緻	52y	원리(왜2)	原來	45y
에워나디못ᄒ다(역2)	了不得	50z	웨젼즈런ᄒ다(역3)	熱鬧	54z
예긔쩍다(동2)	折銳	56z			

자 료 2

[天 文]

표제어	풀이	코드
昂星	--(몽3)	01z
彩雲	--(동1)	02y
彩雲	--(몽1)	02y
蒼天	--(동1)	01z
蒼天	--(몽1)	01z
浮雲	--(동1)	02y
浮雲	--(몽1)	02y
彗星	--(동1)	02y
老人星	---(몽3)	01z
平明	--(동1)	03z
平明	--(몽1)	03y
日蝕	--(역1)	01z
三台星	---(동1)	02y
上天	--(몽3)	01z
樞星	--(동1)	02y
樞星	--(몽1)	02y
天變	--(동1)	01z
天變	--(몽1)	01z
天文	--(동1)	01z
天文	--(몽1)	01z
細雨	--(동1)	02z
細雨	--(몽1)	02z
月蝕	--(역1)	02y
參星	--(동1)	02y
霖雨	上仝(댱마비)(역1)	03y
苦霜	上仝(된서리)(역1)	03y
雷震	上仝(별악티다)(역1)	02z
凍雨	上仝(쇠나기)(역1)	02z
驟雨	上仝(쇠나기)(역1)	02z
水滿漕	上仝(시위나다)(역1)	03y
虹兒	上仝(묡션므지게)(역1)	02y
太陰	上仝(둘)(역1)	01z
月圈	上仝(둘모로)(역1)	02y
月亮	上仝(둘븕다)(역1)	01z
賊星	上仝(뽀아가ᄂ별)(역1)	02y
太陽	上仝(ᄒᆡ)(역1)	01z
日圈	上仝(ᄒᆡㅅ모로)(역1)	01z
黃霧	大霧(역3)	03y
朔風	北風(역3)	02y
筎篝星	昴星(동1)	02y
參兒	參星(역1)	02y
辰兒	辰星(역1)	02y
雲磨響	雲中隱雷(역3)	02z
天河	銀河(역1)	02y
日蝕	--ᄒ다(동1)	01z
日蝕	--ᄒ다(몽1)	01z
天變了	--ᄒ다(동1)	01z
月食	--ᄒ다(몽3)	01z
月蝕	--ᄒ다(동1)	02y
天鼓鳴	天動ᄒ다(몽3)	02y
天鼓鳴	天動ᄒ다(역1)	02y
五色雲彩	五色구롬(역1)	02z
彩雲	五色구롬(역3)	02z
魚鱗雲	魚鱗ᄀ흔구름(역3)	02z

月欄雨	月暈ᄒ면비온다(역1)	02y
日頭壓山	히山에거디다(역1)	01z
日欄風	日暈ᄒ면ᄇᆞ람잇다(역1)	01z
黃風	沙石늘리ᄂᆞᆫ큰ᄇᆞ람(역3)	02y
羊角風	沙石늘리ᄂᆞᆫ호로래ᄇᆞ람(역1)	02y

[時 令]

白露	--(몽3)	02z
丙	-(동1)	06y
丙	-(몽1)	05z
朝夕	--(동1)	05y
丑	-(동1)	06z
丑	-(몽1)	05z
初伏	--(역1)	04z
初伏	--(동1)	05y
初伏	--(몽3)	02z
初昏	--(역3)	04z
除夕	--(동1)	05y
除夕	--(몽1)	04z
處暑	--(동1)	05y
處暑	--(몽3)	02z
春分	--(동1)	04z
春分	--(몽1)	04y
大寒	--(몽3)	02z
當今	--(동1)	06y
丁	-(동1)	06y
丁	-(몽1)	05z
冬至	--(역1)	05y
冬至	--(동1)	05y
冬至	--(몽3)	02z
端午	--(역1)	04z
端午	--(동1)	05y
二月	--(동1)	04z
二月	--(몽1)	04y
二更	--(동1)	05z
二更	--(몽1)	05y
豐年	--(동1)	04z
豐年	--(역3)	03z
豐年	--(몽1)	04y
庚	-(동1)	06z
庚	-(몽1)	05z
穀雨	--(몽3)	02z
癸	-(동1)	06z
癸	-(몽1)	05z
亥	-(동1)	06z
亥	-(몽1)	06z
寒食	--(역1)	04z
後年	--(몽1)	04y
黃昏	--(동1)	05z
黃昏	--(역3)	04z
黃昏	--(몽1)	04z
甲	-(동1)	06y
甲	-(몽1)	05y
今年	--(동1)	04z
今年	--(몽1)	03z
驚蟄	--(몽3)	02z
刻	-(동1)	05y
刻	-(몽1)	04z
來月	--(역1)	04y
連夜	--(동1)	05z
芒種	--(동1)	05y
芒種	--(몽3)	02z
每年	--(몽1)	04y
末伏	--(역1)	04z
末伏	--(동1)	05y
末伏	--(몽3)	02z

年前	--(동1)	04z	小滿	--(몽3)	02z
片時	--(片向)(역3)	04z	辛	-(동1)	06z
七夕	--(역1)	04z	辛	-(몽1)	05z
菁年	--(동1)	04z	新年	--(역3)	03z
菁年	--(몽1)	04y	凶年	--(동1)	04z
清明	--(동1)	05y	戌	-(동1)	06z
秋分	--(몽1)	04y	戌	-(몽1)	06z
人定	--(동1)	05z	卯	-(동1)	06z
壬	-(동1)	06z	卯	-(몽1)	05z
壬	-(몽1)	05z	乙	-(동1)	06y
日後	--(동1)	04y	乙	-(몽1)	05y
閏月	--(동1)	04z	巳	-(동1)	06z
閏月	--(몽1)	04y	巳	-(몽1)	05z
三更	--(동1)	05z	陰陽	--(동1)	05z
申	-(동1)	06z	陰陽	--(몽1)	05y
申	-(몽1)	06z	寅	-(동1)	06z
時節	--(동1)	05y	寅	-(몽1)	05z
時節	--(몽1)	04z	酉	-(동1)	06z
世代	--(동1)	06y	酉	-(몽1)	06z
世代	--(몽1)	05y	雨水	--(몽3)	02z
霜降	--(몽3)	02z	正朝	--(역3)	03z
巳	-(동1)	06z	正月	--(동1)	04z
巳	-(몽1)	06z	正月	--(몽1)	04y
未	-(동1)	06z	正月節	---(몽1)	04y
未	-(몽1)	06z	中伏	--(역1)	04z
五行	--(동1)	05z	中伏	--(동1)	05y
五行	--(몽1)	05y	中伏	--(몽3)	02z
午	-(동1)	06z	晝夜	--(몽1)	04z
午	-(몽1)	06z	子	-(동1)	06z
戊	-(동1)	06z	子	-(몽1)	05z
戊	-(몽1)	05z	更	-(동1)	05z
夕陽	--(동1)	05z	辰	-(동1)	06z
夕陽	--(몽1)	04z	辰	-(몽1)	05z
小寒	--(몽3)	02z	立春	--(동1)	04z

立春　--(몽1)　04y
立夏　--(몽3)　02z
盡頭　上仝(금음)(역1)　04y
往年　上仝(디난히)(역1)　04y
淸明　上仝(寒食)(역1)　04z
早晨　上仝(아춤)(역1)　05y
早起　上仝(아춤)(역1)　05y
夜來　上仝(어제)(역1)　03z
下晚　上仝(져녁)(역1)　05z
前年　上仝(젼년)(역1)　04z
拜節　上仝(歲拜)(역1)　04z
上元　上仝(正月보롬)(역1)　04z
狠早　上仝(ᄀ장이ᄅ다)(역1)　05y
老早　上仝(ᄀ장이ᄅ다)(역1)　05y
開年　上仝(너년)(역1)　04z
明年　上仝(너년)(역1)　04z
光景　光陰(역1)　05z
拜歲　過歲問安(역1)　04z
白日　白晝(동1)　05y
晨鍾　罷漏(동1)　05z
重陽　九月九日(역1)　05y
拜年　歲拜(역1)　04z
年終　歲末(역1)　04z
運氣　運(동1)　06y
臘八　臘月八日(역1)　05y
元宵　正月보롬(역1)　04z
元宵　正月보롬날(동1)　04z
元宵　正月보롬날(몽1)　04y
打春　立春노릇(역1)　04z

[氣 候]

嚴寒--(동1)　06y

天熱上仝(덥다)(역1)　06y
霧熱上仝(무덥다)(역1)　06y
燻火上仝(역1)　06y
天寒上仝(칩다)(역1)　06y
溫和上仝(ᄃᄉ다)(역1)　05z
冒風　上仝(ᄇ람쏘이다)(역1)　06y

[地 理]

半氷　--(역1)　08y
赤地　--(몽3)　03z
地動　--(地震)(역3)　05y
地理　--(동1)　07y
地理　--(몽1)　06y
地脈　--(동1)　07y
浮萍　--(동1)　09z
海市　--(辰樓)(역3)　06y
湖　-(동1)　08y
湖　-(몽1)　07y
滑石　--(몽3)　04y
江　-(동1)　08y
江　-(몽1)　06z
牧場　--(몽3)　03z
瀑布　--(몽1)　07y
瀑布　--(동1)　08z
山　-(몽1)　06y
山　-(동1)　07y
水面　--(역3)　06z
水宗　--(역3)　06z
四方　--(동1)　10y
四面　--(몽1)　08z
四面　--(동1)　10y
外面　--(몽1)　08z

外面　--(동1)	10y
溫泉　--(역3)	06z
沿邊　--(동1)	10y
堰　-(동1)	08y
堰　-(몽1)	07y
右　-(동1)	09z
右　-(몽1)	08y
征塵　--(동1)	07z
正面　--(몽3)	04y
左　-(몽1)	08y
左　-(동1)	09z
峻嶺　上仝(고개)(역1)	06z
半凌　上仝(半氷)(역1)	08y
路澁　上仝(길사오납다)(역1)	07y
漲潮　上仝(믈미다)(역1)	07z
潮落　上仝(믈혀다)(역1)	07z
水滸　上仝(믈ㄱ)(역1)	07z
盤石　上仝(바회)(역1)	06z
連氷　上仝(살어름)(역1)	08y
亮氷　上仝(살어름)(역1)	08y
弓北路　上仝(에옴길)(역1)	07y
梢裡　上仝(여흘)(역1)	08y
掘井　上仝(우믈퓌다)(역1)	08z
弓弦路　上仝(즈름길)(역1)	06z
蘆蕩　上仝(즌퍼리)(역1)	08z
官路　上仝(큰길)(역1)	06z
漂流去　上仝(뻐나다)(역1)	08y
北巴剌　北(동1)	09z
北巴剌　北(몽1)	08y
西巴剌　西(동1)	09z
西巴剌　西(몽1)	08y
一泓泉　一口泉(역1)	07z
南巴剌　南(동1)	09z
南巴剌　南(몽1)	08y

東巴剌　東(동1)(동1)	09z
東巴剌　東(몽1)(몽1)	08y
夘石　鵝夘石(역3)	05z
陷坑　地陷(역1)	08z
馬頭　舡倉(역1)	07z
盪水過　步涉水(盪渡)(역3)	06z
合氷　--ㅎ다(동1)	09z
合水　--ㅎ다(몽1)	08y
龍湫　龍소손디(역1)	07z
地窖　짜퓌고穀食넌는디(역1)	08z

[宮 闕]

茱園　--(역1)	19z
層階　--(몽1)	26y
茶房　--(역1)	17y
窓　-(동1)	35z
窓　-(몽1)	27y
簇子　--(동1)	36z
簇子　--(몽1)	27z
殿　-(동1)	34z
殿　-(몽1)	25z
殿庭　--(몽1)	26y
房舍　--(몽3)	15y
果園　--(역1)	19z
九重　--(몽3)	15y
庫房　--(동1)	35y
庫房　--(몽1)	26y
欄干　--(동1)	36y
欄干　--(몽1)	27y
門　-(동1)	35z
門　-(몽1)	26z
牌樓　--(동1)	36y

牌樓	--(역3)	13y	庖廚	上仝(飲食달오는집)(역1)	17y
曲欄干	---(동1)	36y	鷄栖	上仝(둙의자리)(역1)	20y
雙窓	--(역1)	18z	糊塗	上仝(ㅂ름ㅂ르다)(역1)	19y
臺	-(몽1)	26y	草房	草堂(동1)	35y
臺	-(동1)	34z	草房	草堂(몽1)	26y
亭子	--(동1)	34z	笆籬門	柴扉(동1)	35z
亭子	--(역3)	13y	笆籬門	柴門(몽1)	26z
挾房	--(동1)	35y	內裏	大闕(역1)	09y
挾門	--(몽1)	26y	內范	大闕後范(역1)	09y
挾門	--(동1)	34z	丹樨	殿陛(역3)	07z
遮陽	--(동1)	36z	掛柱	樑上短柱(몽3)	15y
遮陽	--(역1)	19z	後桶	馬廐(역1)	20y
正門	--(몽1)	26y	皇帑	內帑(역3)	07z
正門	--(동1)	34z	攔馬木	闕門外紅馬木(역1)	09z
中堂	--(동1)	35y	披屋	挾室(역1)	17y
中堂	--(몽1)	26y	簷網	簷下鐵網(역3)	07z
重門	--(동1)	34z	廂房	翼廊(역1)	17y
珠簾	--(동1)	36z	右掖門	右夾門(역1)	09y
座	-(동1)	34z	月窓	圓窓(역3)	13z
作炕	上仝(구들드리다)(역1)	19y	左掖門	左夾門(역1)	09y
串廊	上仝(누녁行廊)(역1)	09y	修補	--ㅎ다(동1)	37y
槅子	上仝(窓살)(역1)	18z	修理	--ㅎ다(동1)	37y
茅房	上仝(뒷간)(역1)	20y	正門	가온댓門(역1)	09y
內府	上仝(大闕)(역1)	09y	擺班	班列셔다(역1)	09y
地平板	上仝(마루)(역1)	17y	班齊	班列整齊ㅎ다(역1)	09y
草紙	上仝(밋슷는죠희)(역1)	20y	晩朝	나죗朝會(역1)	09z
笆籬	上仝(바조)(역1)	19z	板門	널門(역1)	18z
窩鋪	上仝(산막)(역1)	17z	有朝	朝會계시다(역1)	09z
階臺	上仝(섬서흐레)(역1)	19z	退朝	朝會믈러나다(역1)	09z
磉墩	上仝(쥬츄돌)(역1)	17z	受朝	朝會밧다(역1)	09z
打擡	上仝(태티다)(역1)	09z	朝裏	朝會밧는디(역1)	09y
行馬	上仝(闕門外紅馬木)(역1)	09z	罷朝	朝會못다(역1)	09z
披厦	上仝(挾室)(역1)	17y	主廊	누녁行廊(역1)	09y
羊牢	上仝(羊의우리)(역1)	20y	窓櫺	窓가온대션씻(역1)	18z

窓骨子　窓살(역1)　　　　　　18z
糊窓戶　窓브르다(역1)　　　　19y
窓扇　窓짝(역1)　　　　　　　18y
吊窓　들窓(역1)　　　　　　　18y
陞殿　殿座ᄒ시다(역1)　　　　09y
對子　마조붓친聯句(역3)　　　13y
下番　番나다(역1)　　　　　　09z
上番　番드다(역1)　　　　　　09z
封了　封ᄒ다(몽1)　　　　　　27y
芭籬門　바즈門(역1)　　　　　18z
正殿　公事ᄒᄂ듸(역1)　　　　09y
硬窓　붓바기窓(역1)　　　　　18y
亮窓　살업슨窓(역1)　　　　　18z
稍門　살입門(역1)　　　　　　18z
花房　花草넛ᄂ집(역1)　　　　17y
殿裏　皇帝겨신듸(역1)　　　　09y
御路　皇帝ᄃ니시ᄂ길(역1)　　09y
中宮　皇后겨신듸(역1)　　　　09y
文華殿　經筵ᄒᄂ던(역3)　　　07z
撑門　門고요다(역1)　　　　　18z
門柱　門기동(역1)　　　　　　18z
門坎　門디방(역1)　　　　　　18z
眼者開　門반만여다(역1)　　　19y
門枕石　門벼개ㅅ돌(역1)　　　18z
腰栓子　門빗당(역1)　　　　　19y
門框　門얼굴(역1)　　　　　　18z
楔門　門에쇠야기ᄭᅵ오다(역1)　18z
開門　門여다(역1)　　　　　　19y
門斗　門지도리(역1)　　　　　18z
門縫　門틈(역1)　　　　　　　18z
大開　門훤히여다(역1)　　　　19y
彎子炕　三面으로ᄃ린구돌(역3)　14z
幹兒朵　太上皇겨신듸(역1)　　09y
東宮　太子겨신듸(역1)　　　　09y

撒朝　停朝ᄒ다(역1)　　　　　09z
楗門　衙門外살문(역3)　　　　14y
羊圈　羊의우리(역1)　　　　　20y
廚房　飮食ᄃᆞ오ᄂ집(역1)　　17y
王府　諸王겨신듸(역1)　　　　09y
王門　諸王ᄃ니ᄂ門(역1)　　　09y
天窓　우러리窓(역1)　　　　　18y

[官 府]

倉　-(동1)　　　　　　　　　　40z
大理寺　---(역3)　　　　　　　08y
都察院　---(역3)　　　　　　　08y
府　-(몽1)　　　　　　　　　　30z
光祿寺　---(몽1)　　　　　　　30z
翰林院　---(역3)　　　　　　　08y
鴻臚寺　---(역3)　　　　　　　08z
庫　-(동1)　　　　　　　　　　40z
廩　-(동1)　　　　　　　　　　40z
內閣　--(동1)　　　　　　　　40y
內閣　--(몽1)　　　　　　　　30y
侍衛府　---(역3)　　　　　　　08y
太醫院　---(역3)　　　　　　　08y
議政府　---(동1)　　　　　　　40y
議政府　---(몽1)　　　　　　　30y
印　-(역1)　　　　　　　　　　10z
月臺　--(역3)　　　　　　　　08z
正路　--(몽1)　　　　　　　　30z
打印　上仝(印티다)(역1)　　　10z
堌辟　上仝(遮面墻)(역1)　　　10y
正道　上仝(正路)(역1)　　　　10y
坐堂　上仝(坐起ᄒ다)(역1)　　10z
順天府　北京(역3)　　　　　　08z

兵部　兵曹(동1)		40y
兵部　兵曹(동1)		30y
國子監　成均館(동1)		40y
國子監　成均館(몽1)		30y
通政寺　承政院(역3)		08y
詹事府　春坊(역3)		08y
影辟　大廳後板墻(역1)		10y
太常寺　奉常寺(역3)		08y
六科衙門　給事中衙門(역3)		08y
工部　工曹(동1)		40y
工部　工曹(몽1)		30y
廠房　工作廳(역1)		10y
卯簿　公座簿(역1)		10y
欽天監　觀象監(동1)		40y
欽天監　觀象監(몽1)		30y
欽天監　觀象監(역3)		08y
戶部　戶曹(동1)(동1)		40y
戶部　戶曹(동1)		30y
兒房　火房(耳房)(역3)		08z
禮部　禮曹(몽1)		30y
吏部　吏曹(동1)		40y
吏部　吏曹(몽1)		30y
應天府　南京(역3)		08z
上馴院　內司僕(역3)		08z
太醫院　內醫院(동1)		40y
太醫院　內醫院(몽1)		30y
養心殿　上用什物造辦處(역3)		08z
奉天府　盛京(역3)		08z
上馴院　司僕寺(동1)		40y
上馴院　司僕寺(몽1)		30z
都察院　司憲府(동1)		40y
都察院　司憲府(몽1)		30y
國子監　太學(역3)		08y
鴻臚寺　通禮院(동1)		40y

鴻臚寺　通禮院(몽1)		30y
太僕司　外司僕(역3)		08z
刑部　形曹(동1)		40y
刑部　形曹(몽1)		30y
下馬椿　衙門外拒馬木(역3)		08z
司屬官　仰屬官(역1)		10y
雲板		
以鐵作雲形開坐時先響之器(역1)		11y
六府　猶我國六曹(역3)		08y
內務府　掌帑藏衙門(역3)		08z
理藩院　掌外夷衙門(역3)		08y
光祿寺　掌宴筵衙門(역3)		08z
埔墻　遮面墻(역1)		10y
埔道　正路(역1)		10y
內閣　中書省(역3)		08y
宗人府　宗親府(역3)		08y
光祿寺　禮賓寺(동1)		40y
禮部　禮曹(동1)		40y
掛榜　榜거다(역1)		10z
告示　榜부티다(역1)		10z
晚散　늣게야罷ᄒ다(역1)		10z
後廳　뒷廳(역1)		10y
佐貳官　버금官員(역1)		10y
文卷　公事글월(역1)		10z
稟公事　公事稟ᄒ다(역1)		10z
發放　公事出令ᄒ다(역1)		10z
句喚　公事로부르다(역1)		11y
承奉　公事밧다(역1)		10z
發落公事　公事못다(역1)		10z
畫卯　公座簿에일홈두다(역1)		10y
當該官　빗官員(역1)		10y
前廳　앏廳(역1)		10y
掌印官　읏듬官員(역1)		10y
所　千戶못ᄂ는마ᄋᆞᆯ(역1)		10y

照例　前例로ᄒ다(역1)　10z
騰文書　文書벗기다(역1)　10z
抄文書　文書빼버다(역1)　10z
查看　相考ᄒ다(역1)　10z
鑾儀衛　儀仗ᄀ음아ᄂ마올(역3)　08z
壓印　印티다(역1)　10z
衛　指揮使못ᄂ마올(역1)　10y
坐衙　坐起ᄒ다(역1)　10z

[公 式]

關字　--(역1)　12z
皇曆　--(역1)　11y
回帖　--(역1)　13y
名帖　--(역1)　12z
牌子　--(역1)　12z
聖旨　--(역1)　11y
謝帖　--(역1)　12z
咨文　--(역1)　12y
旨意　--(역1)　11y
差批　上仝(差帖)(역1)　11z
表章　上仝(皇帝끠엿ᄌ읍ᄂ글월)(역1)　11z
曆頭　上仝(皇曆)(역1)　11z
進本　上仝(엿ᄌ읍ᄂ글월드리ᄋ다)(역1)11z
禮帖　上仝(名仃?)(역1)　12z
告狀　上仝(所志呈ᄒ다)(역1)　12y
申狀　上仝(所志呈ᄒ다)(역1)　12y
案司　上仝(立案)(역1)　12y
禀帖　禀目(역3)　09y
'箚付　差帖(역1)　11z
批文　路引(역1)　12z
拜帖　名仃?(역1)　12z
白牌　先文(역1)　12z

先聲牌　先文(역3)　09y
說帖　小錄(역1)　12z
文引　行狀(역1)　12y
批判　猶判下(역1)　12z
誥贈　追贈(역3)　08z
徽號　尊號(역3)　08z
案驗　立案(역1)　12y
呈文　--ᄒ다(역1)　11z
慶賀　--ᄒ다(역1)　12y
御覽　--ᄒ다(역3)　09y
啓奏　--ᄒ다(역3)　08z
公據　구윗明文(역1)　12y
綠頭牌　굽히啓奏ᄒᄂ패(역3)　09y
呈報單　報單呈ᄒ다(역1)　12y
勅書　臣下애알외시ᄂ글월(역1)　11y
遞呈子　呈文ᄒ다(역3)　09y
抄白　傳書ᄒᆞ白文(역1)　12y
呈單目　單子呈ᄒ다(역1)　11z
駁送　公事白文으로보내다(역3)　09y
案卷　公事글월(역3)　09y
領狀　公事맛다(역3)　09y
過堂　公事回公ᄒ다(역3)　09y
申發　公事ᄒ여보내다(역3)　09y
倒關子　關子빈뎝ᄒ다(역1)　12z
車關子　술윗文書(역1)　12z
宣諭　皇帝닐ᄋ시ᄂ말ᄉᆞ(역1)　11y
符驗　皇帝命마초ᄂ글월(역1)　11y
奏本　皇帝끠公事로엿ᄌ읍ᄂ글월(역1)　11z
表文　皇帝끠엿ᄌ읍ᄂ글월(역1)　11z
懿旨　皇后ㅅ命(역1)　11y
冊封　皇后以下封ᄒᄂ글월(역1)　11y
火牌　急報ᄒᄂ패(역3)　09y
飛報　急히報ᄒᄂ글월(역1)　12z
解由　交代ᄒᄂ글월(역1)　12y

頒曆	曆書頒布ᄒ다(역1)	11z		兵符	--(동1)	39z
勘過	磨勘ᄒ다(역3)	09y		兵符	--(몽1)	29z
底策	흘림文書冊	12z		兵使	--(동1)	38z
報單	人馬數뎍은것(역1)	12y		布政司	---(역3)	09z
頒敕	敕書頒布ᄒ다(역1)	11y		部將	--(동1)	38z
敕書	敕쁘는글월(역1)	11y		參議	--(몽3)	16z
呈狀	所志呈ᄒ다(역1)	12y		勅使	--(동1)	38y
令旨	太子와諸王의말ᄉᆞᆷ(역1)	11y		朝廷	--(동1)	37z
箋文	太子와諸王끠엿줍는글월(역1)	11z		朝廷	--(몽1)	28y
啓本	太子끠公事로엿줍는글월(역1)	11z		丞相	--(동1)	37z
詔書	天下애알외시는글월(역1)	11y		丞相	--(몽1)	28y
單目	物目뎍은것(역1)	11z		從二品	---(동1)	39y
演禮	習禮ᄒ다(역1)	12y		從一品	---(몽1)	29y
立箚	行移ᄒᆞᆫ本文(역1)	12y		大臣	--(몽1)	28z
開詔	詔書頒布ᄒ다(역1)	11y		大臣	--(동1)	37z
朝觀	諸侯-皇帝끠朝會ᄒ다(역1)	12y		大學士	---(몽3)	15y
誥命	諸王封ᄒᆞᄂᆞᆫ글월(역1)	11y		等第	--(동1)	39z
似本	ㅈ게傳書ᄒᆫ글월(역1)	12y		都事	--(동1)	38z
馬關子	뭀文書(역1)	12z		都統	--(몽3)	16z
				夫人	--(몽1)	28y
				夫人	--(동1)	37z

[官 職]

按察使	---(역3)	09z		副都統	---(몽3)	16z
貝勒	--(몽1)	28y		閣老	--(몽1)	28z
貝勒	--(동1)	37z		閣老	--(동1)	37z
貝子	--(몽1)	28y		公侯	--(동1)	37z
貝子	--(동1)	37z		公主	--(몽1)	28y
筆帖式	---(몽1)	29y		公主	--(동1)	37z
邊將	--(동1)	38z		功臣	--(몽1)	28z
標	-(동1)	39z		功臣	--(동1)	38y
標	-(몽1)	29z		寡人	--(동1)	37z
標信	--(몽1)	29z		寡人	--(몽1)	28y
標信	--(동1)	39z		官銜	--(역1)	13z
				官員	--(동1)	38y
				官員	--(몽1)	28z

護軍統領　----(몽3)	16z	世臣　--(동1)	37z
皇帝　--(몽1)	27z	世臣　--(몽1)	28z
皇帝　--(동1)	37y	世子　--(동1)	37y
皇后　--(몽1)	28y	世子　--(몽1)	28y
皇后　--(동1)	37y	侍郎　--(역3)	09z
皇太子　---(몽1)	28y	諡號　--(동1)	39y
皇太子　---(동1)	37y	書員　--(동1)	39y
將軍　--(몽1)	28z	水使　--(동1)	38z
將軍　--(동1)	38y	提調　--(몽3)	16z
教授　--(몽3)	16z	提調　--(동1)	38y
節鉞　--(몽1)	29z	提督　--(동1)	38z
節鉞　--(동1)	39z	提督　--(몽1)	28z
軍官　--(몽1)	29y	提督　--(역3)	09z
軍官　--(동1)	38z	天子　--(몽1)	27z
窠闕　--(몽1)	29z	通事　--(동1)	38z
窠闕　--(동1)	39z	通事　--(몽1)	29y
空窠　--(동1)	39z	土官　--(역1)	13y
郎中　--(역3)	09z	王　-(몽1)	28y
老爺　--(동1)	38y	王妃　--(동1)	37y
老爺　--(몽1)	28z	王妃　--(몽1)	28y
謀臣　--(동1)	38y	文臣　--(몽3)	15y
內大臣　---(동1)	37z	文官　--(동1)	38y
內大臣　---(몽1)	28z	文官　--(몽1)	28z
牛彔　--(몽3)	16z	武臣　--(몽3)	15y
陪臣　--(동1)	38y	武官　--(몽1)	28z
前程　--(몽1)	29y	武官　--(동1)	38y
前鋒參領　----(몽3)	16z	謝恩使　---(동1)	38y
前鋒侍衛　----(몽3)	16z	謝恩使　---(몽1)	28z
前鋒統領　----(몽3)	16z	序班　--(몽1)	29y
散秩大臣　----(동1)	37z	序班　--(동1)	39y
散秩大臣　----(몽3)	15y	學士　--(몽3)	15y
尙書　--(正堂)(역3)	09z	巡撫　--(역3)	09z
使臣　-(몽1)	28z	訓導　--(몽3)	16z
使臣　-(동1)	38y	議政大臣　----(몽3)	15y

印 -(동1)	39z	城守尉 城將(동1)	38z
印 -(몽1)	29z	城守尉 城將(몽1)	29y
玉璽 --(몽1)	29z	當月章京 當番哨官(동1)	38z
玉璽 --(동1)	39z	冬大季 冬至使(동1)	38y
御史 --(동1)	38y	冬大季 冬至使(몽1)	28z
御使 --(몽1)	29y	文官 東班(역1)	13y
元帥 --(몽1)	28z	額駙 駙馬(동1)	37z
元帥 --(동1)	38y	額駙 駙馬(몽1)	28y
員外郎 ---(역3)	09z	布政司 監司(동1)	38z
雜織 --(동1)	39y	布政司 監司(몽1)	29y
雜織 --(역1)	13y	郎中 郎廳(동1)	38y
宰相 --(동1)	37z	撥什庫 領將(동1)	38z
宰相 --(몽1)	28z	流官 流品(역1)	13y
正一品 ---(몽1)	29y	尙書 判書(동1)	38y
正一品 ---(동1)	39y	尙書 判書(몽1)	28z
知府 --(역3)	09z	閑官 前銜(역1)	13y
知縣 --(역3)	09z	權官 權知(역1)	13y
知州 --(역3)	09z	章京 哨官(동1)	38z
諸侯 --(동1)	37z	章京 哨官(몽1)	29y
諸侯 --(몽1)	28y	顯官 時任(역1)	13y
主簿 --(몽3)	16z	職事 實職(역1)	13y
主事 --(역3)	09z	外郎 書吏(동1)	38z
宗室 --(몽1)	28y	外郎 書吏(몽1)	29y
宗室 --(동1)	37z	僚官 同官(동1)	38z
捻督 --(역3)	09z	筆帖式 文書主管人(역3)	10y
履歷 --(동1)	39y	都統 武一品捴兵官(역3)	09z
禮任 上仝(出任ㅎ다)(역1)	13z	武官 西班(역1)	13y
散官 上仝(前銜)(역1)	13y	侍衛 宣傳官(동1)	38y
擅職 上仝(前銜되다)(역1)	13y	侍衛 宣傳官(몽1)	28z
覃官 上仝(權知)(역1)	13y	鳴贊 猶我國引儀(역3)	10y
左侍郎 參判(동1)	38y	關口守禦 柵門御使(동1)	38z
侍郎 參判(몽1)	28z	撥什庫 領將(몽1)	28z
右侍郎 參議(동1)	38y	罷職 --ㅎ다(동1)	39z
驛站監督 察訪(동1)	38z	代監 --ㅎ다(동1)	39z

等第　--ᄒ다(몽1)　29z
革職　--ᄒ다(역3)　10y
革職　--ᄒ다(몽1)　29z
給暇　--ᄒ다(몽1)　29z
給由　--ᄒ다(동1)　39z
卽位　--ᄒ다(몽1)　28y
遷轉　--ᄒ다(몽1)　29z
遷轉　--ᄒ다(동1)　39z
受由　--ᄒ다(동1)　39y
叙用　--ᄒ다(동1)　39z
叙用　--ᄒ다(몽1)　29z
引見　--ᄒ다(몽1)　29z
贈職　--ᄒ다(동1)　39y
致仕　--ᄒ다(동1)　39z
旌表　--ᄒ다(동1)　39z
大人們　---들(몽1)　28y
禮上　出任ᄒ다(역1)　13z
候缺　待闕ᄒ다(역3)　10y
上任　到任ᄒ다(역3)　10y
筆帖式　飜淸ᄒ는사ᄅᆷ(동1)　39y
副擬　副望ᄒ다(몽1)　29z
考滿　個月ᄎ다(역1)　13z
欽差　皇旨로부리인이(역1)　13z
坐殿　卽位ᄒ다(동1)　37y
旌表　旌門ᄒ다(몽1)　29z
罷閑　前銜되다(역1)　13y
襲職　世襲ᄒ다(몽3)　16z
擬正　首望녓다(역3)　10y
首擬　首望ᄒ다(몽1)　29z
罰俸　住俸ᄒ다(역3)　10z
補蔭　祖上벼슬닛다(역3)　10y
襲職　祖上벼술닛다(역1)　13y

[祭 祀]

神主　--(역1)　14y
時祭　--(역1)　13z
紙錢　--(剪紙)(역3)　10z
祭戒　--(역3)　10z
願堂　--(역3)　10z
紙錠　--(역3)　10z
忌齊　忌祭(역1)　13z
福物　祭幣(역3)　10z
家堂神　神主(역3)　10z
祈禱　--ᄒ다(역3)　10z
上墳　拜墓ᄒ다(역1)　13z
奠幣　幣帛드리다(역1)　14y
諭祭　臣下의게ᄒ는祭(역3)　10z
祭城隍　城隍에祭ᄒ다(역1)　13z
祭家廟　祠堂에祭ᄒ다(역1)　13z
祭杜稷　杜稷에祭ᄒ다(역1)　13z
還愿　發愿대로ᄒ다(역3)　11y
飮福　福酒먹다(역1)　14y
灌酒　술붓다(역3)　10z
讀祝　祭文닑다(역1)　14y
供獻　祭物들이다(역3)　10z
進饌　祭物밧줍다(역1)　14y
祭天　하늘ᄭᅴ祭ᄒ다(역1)　13z
祭山川　山川에祭ᄒ다(역1)　13z
送神　神靈拜送ᄒ다(역1)　14y
迎神　神靈맛다(역1)　14y
祭四瀆　四海神ᄭᅴ祭ᄒ다(역1)　13z
祭太廟　太廟에祭ᄒ다(역1)　13z
點香　香픠오다(역1)　14y
享獻　盞밧줍다(역1)　14y
燒紙　紙錢ᄉᆞ오다(역1)　14y

[城 郭]

牛途　--(동1)	41z
北京　--(동1)	42y
邊方　--(동1)	41y
邊方　--(몽1)	31y
部落　--(몽1)	31y
部落　--(동1)	41y
部落　--(역3)	11y
倉　-(몽1)	31y
城水門　---(동1)	40z
道路　--(동1)	41z
都城　--(동1)	40z
都城　--(몽1)	30z
烽火　--(몽1)	30z
烽火　--(동1)	41y
鳳凰城　---(몽1)	32y
鳳凰城　---(동1)	42y
故鄉　--(동1)	41y
故鄉　--(몽1)	31y
關　-(몽1)	30z
關　-(동1)	40z
交界　--(몽3)	16y
口子　--(역1)	15y
庫　-(몽1)	31y
閭閻　--(동1)	41y
蒙古地方　----(몽1)	32y
蒙古地方　----(동1)	42y
南京　--(동1)	42y
牌樓　--(몽1)	31z
山城　--(동1)	40z
山海關　---(동1)	42y
山海關　---(몽1)	32y
社稷　--(몽1)	30z

社稷　--(동1)	40z
省　-(몽1)	31y
省　-(동1)	41y
水路　--(몽1)	31z
甕城　--(동1)	40z
甕城　--(몽1)	30z
鄉村　--(몽1)	31y
煙臺　--(역1)	14z
沿路　--(몽1)	31z
沿路　--(동1)	41z
中原　--(동1)	42y
中原　--(몽1)	32y
宗廟　--(몽1)	30z
宗廟　--(동1)	40z
冷鋪　上仝(군포)(역1)	15y
垛口　上仝(城가쾨)(역1)	14z
略彴橋　上仝(외나모ᄃ리)(역1)	15y
順天府　北京(몽1)	32y
城門洞　城門虹霓(몽3)	16y
皇城　都城(역1)	14y
號火　烽火(역3)	11y
門栓?　關門機木(역1)	14z
腹裡　京圻(南直隷, 北直隷`)(역1)	14z
號煙　狼煙?(역3)	11y
應天府　南京(몽1)	32y
盛京　瀋陽(동1)	42y
奉天府　瀋陽(몽1)	32y
外羅城　外城(역1)	14y
程　一日程之程(몽1)	31y
程　一日 - 之 -(동1)	41z
架子門　柵門(동1)	42y
架子門　柵門(몽1)	32y
中火　--ᄒ다(동1)	41z
中火　--ᄒ다(몽1)	31z

弓家兒　城가쾨(역1)　14z
接陽板　城가쾨굼긔둘온널(역1)　14z
城壕　城밋히ㅈ(역1)　14y
砌城　城ㄸ다(역1)　14z
煙墩　烽火뇌퓌오는디(역1)　14z
甕城　문ᄀ리온曲城(역1)　14y
小城子　져근城(역1)　14y
口外　口子밧(역1)　15y
大城子　큰城(역1)　14y
關門　門닷다(역1)　14z
門樓　門우희다락(역1)　14z
懸門　門우희셔디워닷는門(역1)　14z
旗竿　門樓에긔ㅅ다(역3)　11y
鎖門　門ᄌ무다(역1)　14z
開鎖　ᄌ믄門여다(역1)　14z

[學 校]

榜　-(동1)　42z
榜　-(몽1)　32z
褒貶　--(동1)　45y
報單　--(동1)　43y
報單　--(몽1)　34y
勅書　--(동1)　45y
勅書　--(몽1)　34y
點　-(동1)　43z
點　-(몽1)　33y
賦　-(몽1)　32y
賦　-(동1)　42z
甘結　--(동1)　42z
工夫　--(몽1)　32z
工夫　--(동1)　43y
公文　--(동1)　42z

公文　--(몽1)　32z
畵　-(동1)　43z
畵　-(몽1)　33y
會試　--(역1)　16y
科擧　--(몽1)　34y
科擧　--(동1)　44z
目錄　--(동1)　42z
目錄　--(몽1)　32z
詩　-(몽1)　32y
試　-(동1)　42z
書契　--(동1)　42z
四書　--(몽1)　32y
四書　--(동1)　42z
特旨　--(동1)　45y
文章　--(몽1)　32z
文章　--(동1)　43y
五經　--(몽1)　32y
五經　--(동1)　42z
鄉試　--(역1)　16y
小說　--(몽1)　32z
小說　--(동1)　42z
序　-(동1)　42z
序　-(몽1)　32z
學業　--(동1)　43y
學業　--(몽1)　32z
筆筒　-(역3)　12y
詔書　--(동1)　44z
詔書　--(몽1)　34y
註　-(동1)　43z
註　-(몽1)　33y
壯元　--(역1)　16z
咨文　--(몽1)　32z
咨文　--(동1)　42z
旨意　--(동1)　44z

표제어	풀이	위치		표제어	풀이	위치
旨意	--(몽1)	34y		謄錄	--칙(몽1)	32z
受字	上仝(글듯다)(역1)	15z		傳	--ᄒ다(동1)	43z
背書	上仝(글외오다)(역1)	15z		飜譯	--ᄒ다(동1)	43y
敎訓	上仝(글ᄀᆞᆯ치다)(역1)	15z		分別	--ᄒ다(동1)	44z
學稈	上仝(글비호ᄂᆞ디)(역1)	15z		薦擧	--ᄒ다(동1)	44z
小考	上仝(셔올初試)(역1)	16y		啓奏	--ᄒ다(동1)	45y
大考	上仝(會試)(역1)	16y		試驗	--ᄒ다(동1)	44z
應擧	上仝(及第ᄒ다)(역1)	16z		通了	--ᄒ다(동1)	43z
中科	上仝(及第ᄒ다)(역1)	16z		印出	--ᄒ다(동1)	44z
學士	上仝(試官)(역1)	16y		誘引	--ᄒ다(동1)	43y
解試	上仝(鄕試)(역1)	16y		御覽	--ᄒ다(동1)	45y
頭一場	初場(역3)	12z		奏聞	--ᄒ다(동1)	45y
徒弟	弟子(역1)	15z		傳	--ᄒ다(몽1)	33y
附榜	恩賜及第(역1)	16z		飜譯	--ᄒ다(몽1)	33y
座主	恩門先生(역3)	12z		分別	--ᄒ다(몽1)	34y
聞喜宴	恩榮宴(역1)	16z		薦擧	--ᄒ다(몽1)	34y
副主考	副試官(역3)	12z		啓奏	--ᄒ다(몽1)	34y
會魁	會試壯元(역3)	13y		試驗	--ᄒ다(몽1)	34y
巡視官	禁亂官(역3)	12z		御覽	--ᄒ다(몽1)	34y
擧人	擧子(역1)	16y		奏聞	--ᄒ다(몽1)	34y
第一甲	科擧一等(역1)	16z		貫通	--ᄒ다(몽3)	16z
頭踏	前排戲子(역1)	16z		敎訓	--ᄒ다(몽3)	16z
大主考	上試官(역3)	12z		引導	--ᄒ다(몽3)	16z
史冊	史記(동1)	42z		飜譯	--ᄒ다(역3)	11z
史冊	史記(몽1)	32y		討論	--ᄒ다(역3)	11z
考官	試官(역1)	16y		對讀官	글닑ᄂᆞᆫ官員(역1)	16z
貢院	試所(역3)	12z		謄錄官	글벗기ᄂᆞᆫ官員(역1)	16z
解元	鄕試壯元(역1)	16z		潤色	글筆削ᄒ다(역3)	11z
影隔兒	影子(역3)	12y		詩題	긇題(역1)	16y
筆架	筆口(역3)	12y		出題	긇題내다(역1)	16z
楷書	正字(역3)	12y		廷試	殿庭의셔뵈ᄂᆞᆫ科擧(역1)	16y
告示	--방(동1)	42z		封彌官	封ᄒᄂᆞᆫ官員(역1)	16z
告示	--방(몽1)	34y		起荒藁	黑草내다(몽3)	16z
謄錄	--칙(동1)	42z		中擧	及第ᄒ다(역1)	16z

監試　셔울初試(역1)　16y
下科　오는科擧(역1)　16z
下第　科擧디다(역1)　16z
試科　科擧뵈다(몽1)　34y
黃榜　科擧入榜(역1)　16z
平行寫　平行ᄒ여쓰다(역3)　11z
使化　氣質을변화케ᄒ다(몽3)　16z
赴擧場　試場에가다(역1)　16y
下旨意　旨意ᄂ리오다(동1)　45y
下旨意　旨意ᄂ리오다(몽1)　34y
寫倣書　書品쓰다(역1)　15z
裝套　匣에넛다(몽3)　16z
放學　學에셔션비노타(역1)　16y
上學　學堂의가다(역1)　15z
下學　學堂의ᄂ리다(역1)　16y
騰眞　正書ᄒ다(역3)　12y
對句　聯句짓다(역1)　15z

[教 閱]

步兵　--(몽1)　34z
步軍　--(동1)　45y
陳　-(몽1)　35y
敵人　--(몽1)　35y
敵人　--(동1)　46y
伏兵　--(동1)　45y
伏兵　--(몽1)　34z
功　-(동1)　47y
功　-(몽1)　36y
漢軍　--(몽1)　34z
漢軍　--(동1)　45z
精兵　--(몽1)　34z
精兵　--(동1)　45y

軍隊　--(동1)　45z
軍法　--(몽1)　34z
軍法　--(동1)　45z
軍中　--(몽1)　34z
軍中　--(동1)　45y
馬兵　--(몽1)　34z
馬軍　--(동1)　45y
吶喊　--(역3)　15z
炮手　--(몽1)　34z
炮手　--(동1)　45y
砲手　--(역3)　15z
槍手　--(역3)　15z
士兵　--(동1)　45z
探知軍　---(동1)　45z
探知軍　---(몽1)　34z
行伍　--(동1)　45z
行伍　--(몽1)　35y
巡檢淸人　----(동1)　45z
巡檢淸人　----(몽1)　35y
一枝兵　---(동1)　45y
一枝兵　---(몽1)　34z
營　-(동1)　46y
營　-(몽1)　35y
陣　-(동1)　46y
按伏　上仝(伏兵ᄒ다)(역1)　21y
竄到　上仝(살근드겨가다)(역1)　21y
開弓　上仝(활드리다)(역1)　21y
吹鎖喇　上仝(太平簫부다)(역1)　20z
操練　上仝(習陣ᄒ다)(역1)　20z
把子紅心　貫革(역1)　21y
斷後軍　後軍(역3)　15y
護內軍　禁軍(동1)　45z
護內軍　禁軍(몽1)　34z
護內軍　禁軍(역3)　15y

滿軍	淸軍(동1)	45z
滿軍	淸軍(몽1)	34z
前鋒	先鋒(동1)	45z
前鋒	先鋒(몽1)	34z
前鋒	先鋒(역3)	15y
背叛	--ᄒ다(동1)	47y
恢復	--ᄒ다(동1)	47y
抗禦	--ᄒ다(동1)	46z
擄掠	--ᄒ다(동1)	47y
埋伏	--ᄒ다(동1)	46y
謀計	--ᄒ다(동1)	45z
叛	-ᄒ다(동1)	47y
侵犯	--ᄒ다(동1)	46y
擾亂	--ᄒ다(동1)	46z
'掃滅	--ᄒ다(동1)	47y
賞了	--ᄒ다(동1)	47y
習陣	--ᄒ다(동1)	46y
掩襲	--ᄒ다(동1)	46z
夷滅	--ᄒ다(동1)	47y
預備	--ᄒ다(동1)	46y
征伐	--ᄒ다(동1)	46y
背叛	--ᄒ다(몽1)	35z
恢復	--ᄒ다(몽1)	36y
埋伏	--ᄒ다(몽1)	35y
叛	-ᄒ다(몽1)	35z
擾亂	--ᄒ다(몽1)	35z
賞了	--ᄒ다(몽1)	36y
習陣	--ᄒ다(몽1)	35y
巡邏	--ᄒ다(몽1)	35y
掩襲	--ᄒ다(몽1)	35z
夷滅	--ᄒ다(몽1)	36y
預備	--ᄒ다(몽1)	35y
招撫	--ᄒ다(몽1)	36y
征伐	--ᄒ다(몽1)	35y
擄掠	--ᄒ다(몽1)	35z
救援	--ᄒ다(몽3)	17z
'凱歌	--ᄒ다(몽3)	17z
指麾	--ᄒ다(몽3)	17y
班師	--ᄒ다(역3)	15z
裝藥	--ᄒ다(역3)	15z
勦滅	--ᄒ다(掃滅)(역3)	15z
作隊	隊짓다(역1)	20z
埋伏	伏兵ᄒ다(역1)	21y
吹號頭	號令ᄒᄂ쥬라부다(역1)	20z
閱兵	軍兵鍊習ᄒ다(몽3)	17y
放軍	軍士놋타(역1)	21z
調兵	軍士調發ᄒ다(역3)	15y
隊場	軍士셔ᄂ담(역1)	20z
調兵	軍士죠발ᄒ다(몽3)	17y
搞賞	軍士賞주다(역1)	21z
竪旗	旗셰우다(역1)	20z
墩子	人形ᄒᆫ무겁(역1)	20z
吹簫	太平簫부다(역1)	20z
下敎場	習陣ᄒ다(역1)	20z
操兵	習陣ᄒ다(역3)	15y
敎場	習陣ᄒᄂ디(역1)	20z
分伍	作隊ᄒ다(몽3)	17y
一起兵	ᄒᆫ무릿軍士(역3)	15y

[軍 器]

八旗	--(동1)	49z
匕首	--(동1)	49y
纛	-(동1)	50y
火炮	--(동1)	49z
火繩	--(동1)	49z
火藥	--(동1)	49z

箭筒	--(동1)	48z	鑲紅	--旗(동1)	50y
令箭	--(동1)	48y	鑲黃	--旗(동1)	49z
令旗	--(동1)	49z	鑲藍	--旗(동1)	50y
鳥銃	--(동1)	49z	正白	--旗(동1)	50y
旗	-(동1)	49z	正紅	--旗(동1)	50y
鎗	-(동1)	49y	正黃	--旗(동1)	50y
桃皮	--(동1)	48y	正藍	--旗(동1)	50y
帷幄	--(동1)	50y	妙槍	上仝(됴춍)(역1)	32z
一中	--(동1)	48z	掛子	上仝(둑)(역1)	32z
八旗	--(몽1)	37z	箭鏃	上仝(살밋)(역1)	32y
匕首	--(몽1)	37y	虎爪	上仝(세갈고리살)(역1)	32y
纛	-(몽1)	38y	鐵甲	上仝(甲웃)(역1)	31z
火炮	--(몽1)	37z	號旗	標旗(역3)	17y
火藥	--(몽1)	37z	腰刀	長劍(역1)	31z
箭筒	--(몽1)	37y	西洋砲	大碗口(紅衣砲)(역3)	17y
令旗	--(몽1)	37z	順刀	短劍(몽3)	17z
鳥銃	--(몽1)	37z	順刀	短劍(역1)	31z
旗	-(몽1)	37z	護心鐵	護心鏡(역3)	16y
鎗	-(몽1)	37z	刀斗	軍中晝炊夜擊之器(역1)	32z
太平嘯	---(몽1)	38y	將軍砲	軍中에以機發石砲(역1)	32z
鑲白旗	---(몽1)	38y	把箭	柳葉箭(몽3)	17z
鑲紅旗	---(몽1)	38y	鋼叉	三枝鎗(역3)	17y
鑲黃旗	---(몽1)	38y	糸呈帒	腰帶(역1)	32z
鑲藍旗	---(몽1)	38y	明甲	水銀甲(역1)	31z
一中	--(몽1)	37y	放炮	--ᄒ다(동1)	49z
正白旗	---(몽1)	38y	放炮	--ᄒ다(몽1)	37z
正紅旗	---(몽1)	38y	甲兒	甲웃(역1)	31z
正黃旗	---(몽1)	38y	明盔	水銀으로광틴투구(역1)	31z
正藍旗	---(몽1)	38y	寶纛	天子끠셰오ᄂ둑(역1)	32z
艾葉箭	---(역1)	32y	皂纛	諸侯끠셰오ᄂ둑(역1)	32z
槍	-(역1)	32z			
火藥	--(역3)	17y			
令箭	--(역3)	16z			
鑲白	--旗(동1)	50y			

[佃 漁]

混繩	上仝(그믈별이)(역1)	23y
餂食	上仝(낙시밥)(역1)	23z
漁戶	漁父(역1)	23y
漁獵	--ᄒ다(동2)	13y

[館 驛]

廚子	--(역1)	23z
探馬	--(역3)	18y
摘轡頭	上仝(굴리벗기다)(역1)	24z
鞴馬	上仝(ᄆᆯ마짓다)(역1)	24y
綴鐙	上仝(鐙子잡다)(역1)	24z
鋪鋪陳	上仝(자리펴다)(역1)	24z
馬驛	上仝(站驛)(역1)	23z
站裡	上仝(站驛)(역1)	23z
打更的	上仝(更點티ᄂᆞᆫ사ᄅᆞᆷ)(역1)	24y
鋪陳庫子	鋪陳庫直(역1)	24y
館驛	站驛(역1)	23z
腰站	中火站(打點地方)(역3)	18y
搭鐙	鐙子잡다(역1)	24z
糧庫子	穀食ᄀᆞ옴아ᄂᆞᆫ庫直(역1)	24y
急遞鋪	急피傳ᄒᆞᆫ擺撥(역1)	23z
管草的	馬草ᄀᆞ으마ᄂᆞᆫ이(역3)	18z
草庫子	馬草ᄀᆞ옴아ᄂᆞᆫ庫直(역1)	24y
料庫子	馬料ᄀᆞ옴아ᄂᆞᆫ庫直(역1)	24y
察院	使客드ᄂᆞᆫ집(역3)	18y
館夫	使客答應ᄒᆞᄂᆞᆫ사ᄅᆞᆷ(역1)	23z
前站的	先站ᄒᆞ여가ᄂᆞᆫ이(역1)	24z
提鈴的	搖鈴ᄒᆞ여更도ᄂᆞᆫ사ᄅᆞᆷ(역1)	24y
打過站	越站ᄒᆞ다(역3)	18y
巡更的	更도ᄂᆞᆫ사ᄅᆞᆷ(역1)	24y

坐更的	更點티ᄂᆞᆫ사ᄅᆞᆷ(역1)	24y
叫更的	更부ᄅᆞᆫ사ᄅᆞᆷ(역1)	24y
敲梆	나모두드려更알외다(역1)	24y

[倉 庫]

監納	上仝(穀食밧다)(역1)	25y
散糧	上仝(穀食차하ᄒ다)(역1)	25y
關糧	上仝(ᄡᆞᆯ타다)(역1)	25y
囤倉	露積(역1)	25y
朶頂子	露積(역3)	18z
開倉	--ᄒ다(역1)	24z
小脚錢	倉밧긔내ᄂᆞᆫ삭갑(역1)	25y
盤糧	反庫ᄒ다(역1)	25y
倉	穀食녀흔ᄃᆡ(역1)	24z
量糧	穀食되다(역1)	25y
上糧	穀食바티다(역1)	25y
收糧	穀食밧다(역1)	25y
支糧	穀食차하ᄒ다(역1)	25y
管料的	料ᄀᆞ으마ᄂᆞᆫ이(역3)	18z

[寺 觀]

庵子	--(동2)	11z
城隍神	---(역3)	19y
道士	--(몽2)	09y
道士	--(동2)	12y
道士	--(역1)	26y
道童	--(역1)	26y
佛法	--(동2)	12y
佛法	--(몽2)	09y
佛堂	--(역1)	25z
鬼	-(몽2)	09z

鬼	-(동2)	12z
鬼魂	--(몽3)	25y
鬼火	--(몽3)	25y
袈裟	--(역1)	26z
居士	--(동2)	12y
廟堂	--(동2)	11z
廟堂	--(몽2)	08z
廟堂	--(역3)	18z
木魚	--(역3)	19y
菩薩	--(동2)	12y
菩薩	--(몽2)	09y
神	-(동2)	11z
神	-(몽2)	09y
神靈	--(동2)	11z
神靈	--(몽2)	09y
神仙	--(동2)	11z
神仙	--(몽2)	08z
塑像	--(역3)	18z
壇	-(동2)	11z
壇	-(몽2)	08z
土地神	---(몽2)	09y
土地神	---(동2)	11z
閻羅王	---(동2)	11z
閻羅王	---(몽2)	09y
妖術	--(몽2)	09z
妖術	--(동2)	12z
搖鈴	--(동2)	11z
搖鈴	--(몽2)	08z
玉皇	--(동2)	11z
災變	--(몽2)	09z
龍王	--(동2)	11z
法師	上全(道士)(역1)	26y
行者	上全(상재)(역1)	26y
庵子	上全(져근뎔)(역1)	25z
修眞	上全(조심ᄒ다)(역1)	26y
佛殿	法堂(역1)	25z
伽藍	浮屠所居(역1)	25z
關聖帝	關王(동2)	11z
善友	居士(몽2)	09y
修養	修身養性(역1)	26y
合掌	--ᄒ다(동2)	12y
齋戒	--ᄒ다(동2)	12y
合掌	--ᄒ다(몽2)	09y
齋戒	--ᄒ다(몽2)	09z
念佛	--ᄒ다(역1)	26y
合掌	--ᄒ다(역3)	19y
災	-앙(몽2)	09z
涅槃	成道ᄒ죵죽다(역1)	26z
羽化	道士죽다(역1)	26z
成道	得道ᄒ다(역1)	26y
坐禪	佛法의正坐ᄒ고 움즈기디아니타(역1)	26y
懺悔	改過ᄒ야뉘웃다(역1)	26y
念經	經닑다(역1)	26y
使法術	咀呪ᄒ다(몽3)	25z
洗澡	淋浴ᄒ다(동2)	12z
洗澡	淋浴ᄒ다(몽2)	09z
上香	香밧줍다(역1)	26y
燒香	香픠오다(역1)	26y
災變的	災變읫것(동2)	12z

[尊 卑]

朝官	--(역1)	27y
皇帝	--(역1)	26z
皇太子	---(역1)	26z
奴婢	--(역1)	27z

王妃	--(역1)	27y
王女	--(역1)	27y
王孫	--(역1)	27y
王子	--(역1)	27y
宰相	--(역1)	27y
皇后	--(역3)	19y
頭目	上仝(伴當)(역1)	27z
朝士	上仝(朝官)(역1)	27y
貴人	上仝(大人)(역1)	27y
丞相	上仝(閣老)(역1)	27y
朝廷	上仝(官家)(역1)	26z
上位	上仝(皇帝)(역1)	26z
殿下	上仝(君王)(역1)	27y
奴材	上仝(軀口)(역1)	27z
萬歲	上仝(上位)(역1)	26z
官家	上仝(萬歲)(역1)	26z
賤人	上仝(小人)(역1)	27z
大娘子	上仝(正娘子)(역1)	27z
軍民	百姓(역1)	27z
郡王	二等宗室(역3)	19y
伴當	跟隨人(역1)	27z
親王	一等宗室(역3)	19y
君王	諸王(역1)	27y
駙馬	皇帝ㅅ사회(역1)	27y
餘丁	軍士봉죡(역1)	27z
序班	外國사롬디졉ᄒᆞᄂᆞᆫ사롬(역1)	27z
儀賓	諸王의사회(역1)	27y

[人 品]

保人	--(몽1)	11z
保人	--(동1)	14z
刺客	--(동1)	14z

大丈夫	---(동1)	13y
獨	-(몽1)	11y
反覆人	---(동1)	14y
反覆人	---(몽3)	05z
孤	-(몽1)	11y
寡婦	--(동1)	13z
寡婦	--(역1)	30z
寡婦	--(몽1)	11y
鰥夫	--(몽1)	11y
鰥夫	--(동1)	13z
豪傑	--(동1)	13y
豪傑	--(몽1)	10z
奸雄	--(동1)	13y
匠人	--(몽1)	11y
匠人	--(동1)	14y
將軍	--(역1)	28y
君子	--(몽1)	10z
君子	--(동1)	13y
樂工	--(몽3)	05z
名士	--(동1)	13y
名士	--(몽3)	05y
農夫	--(몽1)	11y
農夫	--(동1)	13z
匹夫	--(몽1)	11y
匹夫	--(동1)	13z
商賈	--(동1)	14y
聖人	--(동1)	13y
聖人	--(몽1)	10z
使喚人	---(몽1)	11z
使喚人	---(동1)	14z
探知人	---(동1)	14y
閑人	--(몽1)	11y
閑人	--(동1)	13z
賢人	--(몽3)	05y

賢人	--(동1)	13y
秀才	--(동1)	13y
學生	--(몽1)	11y
隱士	--(동1)	13y
隱士	--(몽1)	10z
英俊	--(몽3)	05y
英雄	--(몽1)	10z
英雄	--(동1)	13y
漁夫	--(동1)	14y
皂隷	--(몽1)	11z
壯丁	--(동1)	13y
壯士	--(몽3)	05y
壯士	--(동1)	13y
烈女	--(동1)	13y
烈女	--(몽1)	10z
烈士	--(몽3)	05y
烈士	--(동1)	13y
耍把戲的	上仝(變戲法的)(역1)	28z
憨頭	上仝(癡人)(역1)	28y
矬厮	上仝(矬漢)(역1)	29z
詭譎的	上仝(詭詐的)(역1)	29y
空袴子	上仝(火者)(역1)	30z
乞討子	上仝(叫化子)(역1)	30z
地不平的	上仝(蹺子)(역1)	30y
懶惰的	上仝(邋遢的)(역1)	29y
胡癩的	上仝(泒癩的)(역1)	29y
討飯的	上仝(乞討子)(역1)	30z
觀風水的	上仝(山人)(역1)	28z
伶俐的	上仝(爽利的)(역1)	28z
筭卦的	上仝(筭命的)(역1)	28z
內相	上仝(太監)(역1)	30y
大夫	上仝(太醫)(역1)	28z
頂童子	上仝(童?哥)(역1)	28y
光頭	上仝(禿子)(역1)	29z

宰牛的	上仝(屠牛的)(역1)	30z
狼鼻子	上仝(齇鼻子)(역1)	29z
瞎子	上仝(瞎厮)(역1)	29z
啞吧	上仝(啞子)(역1)	29z
筭命的	上仝(陰陽人)(역1)	28z
好强的	上仝(用强的)(역1)	29y
屠戶	上仝(宰牛的)(역1)	30z
調嘴的	上仝(償唆人)(역1)	29y
齇鼻子	上仝(齇鼻子)(역1)	30y
老成的	上仝(老實的)(역1)	28z
變戲法的	上仝(弄戲法的)(역1)	28z
養漢的	花娘(역1)	30z
聽令官	軍官(역1)	28y
掌鞭的	馬主牌頭(역1)	30z
木匠	木手(역3)	20y
衙?	女妓(역1)	30z
矇子	淸盲(역1)	29z
書館	書員(동1)	13y
鐵匠	冶匠(역3)	20y
太醫	醫員(역1)	28z
固執人	---ᄒ는이(몽3)	05z
孝順人	---ᄒ사ᄅᆷ(몽3)	05y
奇怪的	---ᄒᆫ이(몽3)	05z
庸劣人	---ᄒᆫ이(몽3)	05z
光棍	계집업고無賴ᄒᆫ놈(역1)	30z
守分的	守分ᄒᆞᄂᆞᆫ사ᄅᆷ(몽3)	05z
仰子	天上ᄇ라기(역1)	29z
相士	相보ᄂᆞᆫ사ᄅᆷ(역1)	28y
䯻子	鬚髥만흔사ᄅᆷ(역1)	29z
光嘴的	鬚髥업ᄉᆞᆫ사ᄅᆷ(역1)	29z
陰陽人	陰陽아ᄂᆞᆫ사ᄅᆷ(역1)	28z
忠厚的	忠厚ᄒᆞᆫ사ᄅᆷ(역3)	19z
掌横的	돈기도ᄂᆞᆫ主人(역1)	30z

[敬 重]

貴表	上仝(表德)(역1)	31z
多承厚意	上仝(頂戴不起)(역1)	31z
寶眷	上仝(貴眷)(역1)	31y
高姓	上仝(貴姓)(역1)	31y
德蔭	上仝(托庇)(역1)	31z
倍倍	代代(역3)	20z
托庇	德分(역1)	31z
小名	兒名(역3)	21y
貴庚	同甲(역1)	31y
祖貫	姓本(역3)	20z
萬福	猶今之稱平安(역1)	31z
老大人	大人위ᄒᆞᄂᆞᆫ말(역1)	31y
頂戴不起	德分만ᄒᆞ이다(역1)	31z
老官人	官人공경ᄒᆞᄂᆞᆫ말(역1)	31y
請安	平安ᄒᆞ신가(역3)	21y
老哥	兄위ᄒᆞᄂᆞᆫ말(역1)	31y
賤日	自己팔ᄌᆞ(역3)	21y
喬梓	ᄂᆞᆷ의父子위ᄒᆞᄂᆞᆫ말(역3)	20z
貴壽	ᄂᆞᆷ의年甲뭇ᄂᆞᆫ말(역1)	31y
貴姓	ᄂᆞᆷ의姓뭇ᄂᆞᆫ말(역1)	31y
貴宅	ᄂᆞᆷ의宅뭇ᄂᆞᆫ말(역1)	31y
表德	ᄂᆞᆷ의字뭇ᄂᆞᆫ말(역1)	31y
大哥	ᄆᆞᆮ兄(역1)	31y

[罵 辱]

邪曲	--(동2)	34y
怪物	--(몽3)	30z
罵不盡	上仝(罵不住)(역1)	32y
賊漢	上仝(賊頭)(역1)	31z
破落戶	敗家子弟(역3)	21z

切責	--ᄒᆞ다(동2)	33z
沒良心	心術不正ᄒᆞ다(역3)	21z

[身 體]

大腸	--(몽3)	06z
骨節	--(동1)	17y
骨節	--(몽1)	13z
骨髓	--(몽1)	14y
骨髓	--(동1)	17z
魂魄	--(몽1)	14y
精神	--(동1)	17z
精神	--(몽1)	14y
脉	-(몽1)	14z
脉	-(동1)	18y
貌樣	--(몽1)	14z
三角鬚	---(역1)	34z
無名指	---(동1)	16z
無名指	---(몽1)	13y
小腸	--(몽3)	06z
小指	--(동1)	16z
小指	--(몽1)	13z
形容	--(몽1)	14z
八子	上仝(屍)(역1)	36y
鼻凹	上仝(鼻孔)(역1)	33z
箚毛	上仝(鼻毛)(역1)	33z
鼻尖	上仝(鼻準)(역1)	33z
脖子	上仝(脖項)(역1)	34z
中拇指	上仝(長指)(역1)	35y
屎	上仝(大便)(역1)	36z
鳥子	上仝(髻髫?)(역1)	36y
耳竅	上仝(耳朵眼)(역1)	33z
耳凹	上仝(耳竅)(역1)	33z

風屑　上仝(浮皮)(역1)	33y	
紅子　上仝(黃子)(역1)	36z	
脚掌　上仝(脚後跟)(역1)	36z	
嘴　上仝(口)(역1)	34y	
大拇指　上仝(拇指)(역1)	35y	
腦杓子　上仝(腦後)(역1)	32z	
屁骨　上仝(屁眼)(역1)	36y	
博落盖　上仝(曲膝盖)(역1)	36y	
氣嗓　上仝(嗓子)(역1)	34z	
手掌　上仝(手心)(역1)	35y	
尿?　上仝(水?)(역1)	36y	
額顱　上仝(頭顱)(역1)	33y	
臁樑骨　上仝(腿頂骨)(역1)	36z	
齠牙　上仝(退齒)(역1)	34y	
下把　上仝(下把頷子)(역1)	34z	
下把頷子　上仝(下額)(역1)	34z	
鬆水　上仝(賢水)(역1)	37y	
小拇指　上仝(小指)(역1)	35z	
尿　上仝(小便)(역1)	37y	
鳥珠　上仝(眼睛)(역1)	33y	
眼仁　上仝(眼瞳子)(역1)	33y	
黑子　上仝(黶子)(역1)	36z	
指人指　第二指(역1)	35y	
長指　第三指(역1)	35y	
無名　指第四指(역1)	35y	
小指　第五指(역1)	35y	
拇指　第一指(역1)	35y	
肝花　肝(역1)	35z	
髱髭?　陽物(동1)	18y	
髱髭?　陽物(몽1)	14z	
髱髭?　陽物(역1)	36y	
腔子　一身羊之體(역1)	35z	
卵毛　陰毛(동1)	18y	
八子　陰門(동1)	18y	

八子　陰門(몽1)	14z	
屄　陰門(역1)	36y	
少白　早白ᄒ다(역1)	37y	
超羣　出衆ᄒ다(몽1)	14z	
頒白　--ᄒ다(몽1)	15y	
强　-ᄒ다(몽1)	15y	
憔悴　--ᄒ다(몽1)	15y	
弱　-ᄒ다(몽1)	15y	
壯　-ᄒ다(몽1)	15y	
壽　-혼(몽1)	15y	
衰　-敗ᄒ다(몽1)	15y	

[孕 産]

生日　--(동1)	54z	
生日　--(몽1)	42y	
月經　--(역1)	37z	
重身　上仝('衍)(역1)	37y	
懷耽　上仝(懷身)(역1)	37y	
産下　上仝(生下)(역1)	37y	
收生婆　上仝(穩婆)(역1)	33y	
天?　上仝(月經)(역1)	37z	
麻妳頭　上仝(摘妳子)(역1)	37z	
産房　아기나흔房(역1)	37z	
衣包下來　衣包낫타(역1)	37z	
瀋紅　月經흐르다(역1)	37z	

[氣 息]

呼吸　--(동1)	20y	
鳴呼　--(몽1)	16y	
元氣　--(동1)	19z	
元氣　--(몽1)	16y	

怨 -(동1)		20z
不懂得 上仝(不曉得)(역1)		39y
心中發酸 上仝(打醋心)(역1)		38y
打身顫 上仝(打寒濛)(역1)		38y
大淨手 上仝(大解)(역1)		39z
出恭 上仝(大淨手)(역1)		39z
害怕 上仝(恐怕)(역1)		38z
悶得慌 上仝(悶的慌)(역1)		38z
使性子 上仝(撒性子)(역1)		39y
打舒伸 上仝(伸腰)(역1)		39y
想起來 上仝(想一想)(역1)		39y
小淨手 上仝(小解)(역1)		39z
快性 上仝(性急)(역1)		39y
懂得 上仝(知道)(역1)		39y
啞 隱語(역3)		14y
愁怨 --ᄒ다(동1)		20z
惶怯 --ᄒ다(동1)		21y
焦躁 --ᄒ다(동1)		20z
驚訝 --ᄒ다(동1)		21y
嗚呼 --ᄒ다(동1)		21y
歎息 --ᄒ다(동1)		21y
心亂 --ᄒ다(동1)		20z
鬱 -ᄒ다(동1)		20z
怨恨 --ᄒ다(동1)		20z
嗟歎 --ᄒ다(몽1)		16y
歎息 --ᄒ다(몽1)		16y
心亂 --ᄒ다(몽1)		16y
鬱 -ᄒ다(몽1)		16y
怨恨 --ᄒ다(몽1)		16y
煩躁 --ᄒ다(몽3)		08y
惶恐 --ᄒ다(몽3)		08y
嘔吐 --ᄒ다(몽3)		08y

[動 靜]

從容 --(동1)		30y
拱手 上仝(叉手)(역1)		39z
支者坐 上仝(蹲者坐)(역1)		40z
顚倒睡 上仝(通脚睡)(역1)		41y
遲緩 --ᄒ다(동1)		30y
留宿 --ᄒ다(동1)		30y
夢壓 --ᄒ다(동1)		28z
徘徊 --ᄒ다(동1)		26z
流離 --ᄒ다(동1)		30z
離別 --ᄒ다(동1)		30y
遲緩 --ᄒ다(몽1)		23y
從容 --ᄒ다(몽1)		23z
流離 --ᄒ다(몽1)		23z
夢壓 --ᄒ다(몽1)		21z
留宿 --ᄒ다(몽1)		23z
離別 --ᄒ다(몽1)		23z
遲滯 --ᄒ다(몽3)		12y
動作 --ᄒ다(몽3)		12y
逗遛 --ᄒ다(몽3)		12y
着急 --ᄒ다(몽3)		12z
搖動 --ᄒ다(역3)		26y
風聞 --으로듯다(동1)		29y
風聞 --으로듯다(몽1)		22y
踢者 四肢펴ᄇ리고업더다(역1)		40z
來廻 往返ᄒ다(몽1)		21y
送東西 物件보내다(몽1)		23y
左看右看 左右顧視ᄒ다(동1)		29y
左看右看 左右顧視ᄒ다(몽3)		11z

[禮 度]

表題	語釋	出處
方物	--(몽1)	40z
方物	--(동1)	52z
婚姻	--(동1)	53y
祭祀	--(동1)	52z
祭祀	--(몽1)	40y
客	-(동1)	53y
客	-(몽1)	40z
禮	-(몽1)	39z
禮	-(동1)	52y
禮數	--(역1)	41y
禮物	--(몽1)	40z
禮物	--(동1)	52z
納幣	--(동1)	52z
納幣	--(몽1)	40z
慶賀	--(역3)	27y
香爐	--(동1)	52z
香爐	--(몽1)	40y
主人	--(동1)	53y
主人	--(몽1)	40z
做親	上仝(成親)(역1)	42y
親想	上仝(恭喜)(역1)	41z
配與	人上仝(嫁與人)(역1)	42y
頓首	上仝(叩頭)(역1)	41y
議婚	上仝(說婚)(역1)	41z
淨鞭	畢(동1)	40z
淨鞭	躍(동1)	52z
禮行	禮(역3)	27y
配耦	配匹(역1)	42y
面幣	人情(역3)	27y
年貢	歲幣(동1)	52z
年貢	歲幣(몽1)	40z
黃花女	未嫁女(역1)	41z
花紅利市	玄纁中錢(역1)	42z
紅花女	已嫁女(역1)	41z
罷	--ㅎ다(동1)	53y
俯伏	--ㅎ다(동1)	52y
餞送	--ㅎ다(동1)	53y
降神	--ㅎ다(동1)	52z
鞠躬	--ㅎ다(동1)	52y
謝恩	--ㅎ다(동1)	52y
議婚	--ㅎ다(동1)	52z
引導	--ㅎ다(동1)	53y
再拜	--ㅎ다(동1)	52y
罷	--ㅎ다(몽1)	40z
俯伏	--ㅎ다(몽1)	40z
婚姻	--ㅎ다(몽1)	40z
降神	--ㅎ다(몽1)	40y
鞠躬	--ㅎ다(몽1)	39z
謝恩	--ㅎ다(몽1)	40y
議婚	--ㅎ다(몽1)	40z
引導	--ㅎ다(몽1)	40z
再拜	--ㅎ다(몽1)	40y
還宮	--ㅎ다(몽3)	19y
排班	--ㅎ다(몽3)	19y
歸宗	本家에보내다(역1)	42y
恭喜	깃게라致賀ㅎ는말(역1)	41z
成親	成婚ㅎ다(역1)	42y
拜門	새절後九日新郎 又拜於妻家(역1)	42y
下紅定	婚書보내다(역1)	42y
餞行	餞送ㅎ다(몽1)	40z
鳴鞭	淨鞭울리다(몽3)	19y
受禮	禮밧다(역1)	41z
饋飯	女嫁三日에夫家의 보내는차반(역1)	42y
開幔延席	三日독좌(역1)	42y

送禮去	送彩ᄒ다(역1)	42y
祭天	天祭ᄒ다(동1)	52z
唱喏	揖ᄒ며ᄒᄂ소ᄅᆡ(역1)	41y
說婚	議婚ᄒ다(역1)	41z

[喪 葬]

碑	-(몽2)	08z
碑	-(동2)	11y
大祥	--(역1)	33y
禫祭	--(역1)	33y
墳墓	--(동2)	11y
墳墓	--(몽2)	08z
忌日	--(동2)	11y
忌日	--(몽2)	08z
路祭	--(역1)	33y
朞年服	---(동2)	11y
齊衰	--(몽3)	25y
齊衰	--(동2)	11y
喪事	--(동2)	10y
喪事	--(몽2)	07z
小祥	--(역1)	33y
虞祭	--(역1)	33y
斬衰	--(몽3)	25y
斬衰	--(동2)	11y
紙錢	--(몽2)	08y
紙錢	--(동2)	11y
卒哭	--(역1)	33y
陵	-(동2)	11y
陵	-(몽2)	08z
服闋	上仝(거상벗다)(역1)	33y
免孝	上仝(거상벗다)(역1)	33y
吊問	上仝(吊問ᄒ다)(역1)	32z
先道人	上仝(方相氏)(역1)	33z
埋葬	上仝(뭇다)(역1)	33y
回靈	返魂(역3)	28y
打路鬼	方相氏(역1)	33z
靈轎	魂車(역3)	28y
魂幡	銘旌(동2)	11y
魂幡	銘旌(몽2)	08y
孝家	喪家(역1)	33y
惆悵	--ᄒ다(동2)	10z
愁心	--ᄒ다(동2)	10z
吊問	--ᄒ다(동2)	10z
涕泣	--ᄒ다(동2)	10z
痛哭	--ᄒ다(동2)	10z
致奠	--ᄒ다(동2)	11y
自刎	--ᄒ다(동2)	10y
痛哭	--ᄒ다(몽2)	08y
致奠	--ᄒ다(몽2)	08z
悲哀	--ᄒ다(몽3)	25y
薨	-ᄒ다(몽3)	25y
憂愁	--ᄒ다(몽3)	25y
崩啊	崩ᄒ다(동2)	10y
吊孝	吊問ᄒ다(역1)	32z
擧哀	發喪ᄒ다(역3)	27z
孝滿	服츠다(역3)	28y
薨啊	薨ᄒ다(동2)	10y
焚化	火葬ᄒ다(동2)	11y
焚化	火葬ᄒ다(몽2)	08z
尊酒	祭홀제술드리다(몽3)	25y
命盡	絶命ᄒ다(동2)	10y
命盡了	絶命ᄒ다(몽2)	07z
壽終	考終ᄒ다(역3)	27z
熱孝	초상(역3)	27z
魂魄	혼빅(왜1)	52z
盛棺材	入棺ᄒ다(동2)	10z

盛棺材　入棺ᄒ다(몽2)　　　　08y
盛得棺材　入棺ᄒ다(역1)　　　32z
送殯　送葬ᄒ다(斷送)(역1)　　33y
丁憂　在喪ᄒ다(역1)　　　　　32z
做齋　齋ᄒ다(역1)　　　　　　33y
叫魂　招魂ᄒ다(역3)　　　　　27z
上吊　自縊ᄒ다(역3)　　　　　28y
卒啊　卒ᄒ다(동2)　　　　　　10y
卒啊　卒ᄒ다(몽2)　　　　　　07z

[服 飾]

氅衣　--(역1)　　　　　　　　45y
朝服　--(몽1)　　　　　　　　43y
朝服　--(동1)　　　　　　　　55z
朝服　--(역1)　　　　　　　　44z
單衫　--(역1)　　　　　　　　45y
道袍　--(역1)　　　　　　　　45y
頂子　--(역1)　　　　　　　　44y
幞頭　--(역1)　　　　　　　　43z
冠　-(몽1)　　　　　　　　　　43y
冠　-(동1)　　　　　　　　　　55z
笏　-(동1)　　　　　　　　　　56y
笏　-(몽1)　　　　　　　　　　43z
舊　-(몽1)　　　　　　　　　　44y
舊　-(동1)　　　　　　　　　　57y
梁冠　--(역1)　　　　　　　　43z
旒絲　--(동1)　　　　　　　　58y
馬蹄袖　---(몽1)　　　　　　　44y
馬蹄袖　---(동1)　　　　　　　56z
面紗　--(몽1)　　　　　　　　45y
面紗　--(동1)　　　　　　　　58y
佩(珮)玉　--(역1)　　　　　　44z

品帶　--(동1)　　　　　　　　58y
品帶　--(역1)　　　　　　　　45z
紗帽　--(동1)　　　　　　　　55z
紗帽　--(몽1)　　　　　　　　43y
紗帽　--(역1)　　　　　　　　43z
手巾　--(동1)　　　　　　　　58y
手巾　--(몽1)　　　　　　　　45y
頭巾　--(역1)　　　　　　　　43z
團領　--(역1)　　　　　　　　45y
猩猩氈　---(동1)　　　　　　　59y
旋?褶　--(털릭)(역1)　　　　　45y
眼鏡　--(몽3)　　　　　　　　19z
衣服-　-(동1)　　　　　　　　55z
衣服　--(몽1)　　　　　　　　43y
玉簪　--(역1)　　　　　　　　44z
油罩　上仝(갓모)(역1)　　　　　44y
脚澯　上仝(격지?)(역1)　　　　47z
耳匙　上仝(귀우개)(역1)　　　　44z
襪袴　上仝(누역)(역1)　　　　　45z
禮鞋　上仝(殿內에신ᄂᆞᆫ신)(역1)　46z
披肩　上仝(耳掩)(역1)　　　　　44y
網子　上仝(망긴)(역1)　　　　　44y
漿糊　上仝(무리)(역1)　　　　　47z
擰下水　上仝(븨트러믈ᄯᆞ다)(역1)　47z
襯包　上仝(비김)(역1)　　　　　47y
展翅　上仝(사모ᄲᅳᆯᄭᅩᆺ다)(역1)　43z
斗篷　上仝(삿갓)(역1)　　　　　44y
寬衣裳　上仝(옷벗다)(역1)　　　47y
雲月兒　上仝(운월)(역1)　　　　44y
緣口　上仝(쳥ㅅ깃)(역1)　　　　46y
面襖　上仝(핫옷)(역1)　　　　　45z
花冠　上仝(女冠)(역1)　　　　　43z
狐帽　上仝(紗帽이염)(역1)　　　**44z**
圓領　上仝(團領)(역1)　　　　　45y

呂公條　上仝(細條씌)(역1)　　45z
衫兒　上仝(쏨밧기격삼)(역1)　　45y
珠冠　女冠(역1)　　43z
笘肩　耳掩(역1)　　44y
圍脖子　揮項(역3)　　28z
臉罩　面紗(역3)　　29y
護膝　膝甲(역1)　　46y
頂簪　圓簪(역1)　　44z
繡　朝服뒤헤슈비(역1)　　44z
朝靴　朝服에시눈휘(역1)　　45y
朝帶　朝服에씌눈씌(역1)　　44z
蔽膝　朝服엣--(역1)　　44z
裳　朝服엣치마(역1)　　44z
壇鞋　殿內에신눈신(역1)　　46z
金釵子　金빈혀(역1)　　44z
簪子　梁冠의꼿눈빈혀(역1)　　43z
蟒龍袍　蟒籠옷(역1)　　45y
銅鉤　珮玉거눈갈고리(역1)　　44z
帽套　紗帽이염(역1)　　44z
方勝兒　四面미줌(역1)　　46y
條兒　細條씌(역1)　　45z
懸?衣裳　衣裳이남누ᄒ다(몽1)　　44z
玉釵子　玉빈혀(역1)　　44z
直身　直領옷(역1)　　45y

[梳 洗]

粉　-(동1)　　55y
粉　-(몽1)　　42z
臙脂　--(동1)　　55y
臙脂　--(몽1)　　42z
快癢子　上仝(등글기)(역1)　　49y
戴網子　上仝(망긴쓰쇼셔)(역1)　　48z

肥皂　上仝(비노)(역1)　　48z
刮麩皮　上仝(비듬긁빗다)(역1)　　48y
弄鬏子　上仝(鬏髻믄지다)(역1)　　48z
梳洗　--ᄒ다(동1)　　54z
梳洗　--ᄒ다(몽1)　　42y
戴冠　冠쓰다(역1)　　48y
編鬏子　鬏髻닷타(역1)　　48z
鑷鬏子　鬏髻뽑다(역1)　　48z
摩鬏子　鬏髻믄지다(역1)　　48z
搓鬏子　鬏髻쪼다(역1)　　48z
抹臙脂　臙脂ᄇᄅ다(역1)　　48z
戴狄髻　狄髻쓰다(역1)　　48y

[食 餌]

八寶糖　---(동1)　　61z
氷糖　--(몽3)　　21y
常行酒　---(역1)　　50z
橙丁　--(역1)　　55y
醋　-(몽1)　　48y
醋　-(동1)　　61z
洞庭橘　---(역1)　　56y
豆腐　--(동1)　　61y
豆腐　--(역1)　　52y
豆腐　--(몽1)　　47z
榧子　--(동2)　　05z
榧子　--(역1)　　55z
佛手　--(역3)　　31z
佛手　--(동2)　　05y
柑子　--(역1)　　56y
柑子　--(몽2)　　04z
柑子　--(동2)　　05y
橄欖　--(역1)　　55z

葛粉	--(역3)	31z	燒酒 --(몽1)	47z
枸杞子	---(동2)	06y	燒酒 --(동1)	60z
枸杞子	---(몽2)	05y	燒酒 --(역1)	50z
黑葡萄	---(몽3)	23z	生薑 --(역1)	53y
胡椒	--(동2)	06y	石榴 --(동2)	05z
胡椒	--(몽2)	05y	石榴 --(역1)	56y
楜椒	--(역1)	53y	石榴 --(몽2)	04z
煎餅	--(몽3)	21y	石炭 --(동1)	64y
醬	-(동1)	61z	石炭 --(몽1)	50y
醬	-(몽1)	48y	石炭 --(역1)	55y
菊花酒	---(역1)	50z	食量 --(동1)	63z
荔支?	--(역1)	55y	食量 --(몽1)	49z
荔芝?	--(몽2)	04z	五味子 ---(역3)	31z
龍眼	--(동2)	05y	五味子 ---(몽2)	05y
龍眼	--(역1)	55y	五味子 ---(동2)	06y
龍眼	--(몽2)	04y	行饌 --(몽1)	48y
木瓜	--(역3)	31z	行饌 --(동1)	61z
木苽	--(동2)	05z	胰子 --(몽3)	20z
葡萄	--(동2)	05z	櫻桃 --(몽2)	05y
葡萄	--(몽2)	04z	櫻桃 --(동2)	05z
乾糧	--(몽1)	48y	櫻桃 --(역1)	56y
乾糧	--(동1)	61z	柚子 --(동2)	05y
芡實	--(몽3)	23z	柚子 --(역1)	56y
清酒	--(역1)	50z	柚子 --(몽2)	04z
清茶	--(몽1)	48y	元宵餅 ---(역3)	31y
清茶	--(동1)	61y	粥 -(동1)	59y
肉醬	--(몽3)	21y	粥 -(몽1)	46y
肉醬	--(동1)	61y	濁酒 --(동1)	60z
饊子	--(역1)	52y	滋味 --(동1)	62y
沙果	--(동2)	05z	滋味 --(몽1)	48z
沙果	--(역1)	55z	餿氣上衣鋪　上仝(곰픠다)(역1)	54y
砂糖	--(몽1)	48y	白檎　上仝(굴근님금)(역1)	55z
砂糖	--(동1)	61z	炙炙　上仝(굽다)(역1)	53z
粆糖	--(역1)	52z	燋飯　上仝(누른밥)(역1)	49z

霅了	上仝(당마의곰탕픠다)(역1)	54y
光水酒	上仝(무술)	50y
酒裡龍多	上仝(무술)	50y
歪水	上仝(믈쓰다)(역1)	49y
酉鹵魚?	上仝(믌고기젓)(역1)	52z
歪飯	上仝(밥담다)(瑞飯)(역1)	49z
煮飯	上仝(밥짓다)(역1)	49y
飯葉兒	上仝(밥풀)(역1)	49z
埋火	上仝(블믓다)(역1)	54z
打火	上仝(블씬다)(역1)	55y
海沙	上仝(소곰)(역1)	53y
做酒漿	上仝(술빗다)(역1)	50y
氣飯	上仝(쉰밥)(역1)	49z
細粉	上仝(싀면)(역1)	52y
飯酉鹵魚?	上仝(식혜)(역1)	52z
粥糨了	上仝(쥭에니블지다)(역1)	50y
愛喫	上仝(즐겨먹다)(역1)	54z
蒸餠	上仝(증편)(역1)	51z
頓茶	上仝(차달히다)(역1)	53z
湯茶	上仝(차달히다)(역1)	53z
黃酒	上仝(清酒)(역1)	50z
氣酒	上仝(燒酒)(역1)	50z
白酒	上仝(濁酒)(역1)	50z
清醬	上仝(ㄱ쟝)(역1)	53y
圓棗	上仝(ㄷ래)(역1)	56y
油骨	上仝(뺸묵)(역1)	52z
舂米	上仝(뿔슬타)(역1)	49y
搗米	上仝(뿔슬타)(역1)	49y
沙米	上仝(뿔이다)(역1)	49y
芝麻油	上仝(춈기름)(역1)	52z
馬乳萄	黑葡萄(역1)	56y
白葡萄	青葡萄(역1)	56y
饞	食不廉(역3)	32y
渾酒	濁酒(역1)	50z

臘酒	臘月酒(역1)	50z
變味	--ㅎ다(동1)	62y
變味	--ㅎ다(몽1)	48z
炒	--ㅎ다(동1)	60y
炒	--ㅎ다(몽1)	47y
吐	--ㅎ다(역1)	54z
醉了	--ㅎ다(동1)	61y
蓮花白酒	빗희고둔淸酒(역1)	50z
葡萄多羅	葡萄송이(역1)	56y
五香酒	五香든술(역1)	50z
勾了	足ㅎ다(몽1)	49z
醉了	醉ㅎ다(몽1)	47z
臘肉	臘月에잡은고기(역1)	51y

[親 屬]

別號	--(몽1)	10z
別號	--(동1)	12z
伯父	--(동1)	10z
伯母	--(동1)	10z
長子	--(동1)	11z
次子	--(동1)	11z
次子	--(몽1)	09z
嫡母	--(동1)	10z
嫡母	--(몽3)	04z
父親	--(동1)	10z
父親	--(몽1)	09y
高祖父	---(몽1)	08z
高祖父	---(동1)	10z
高祖母	---(몽1)	09y
高祖母	---(동1)	10z
姑母	--(동1)	10z
姑母	--(몽1)	09y

後妻	--(동1)	11y	外祖母 ---(몽1)	10y
繼母	--(몽1)	09y	姓 -(동1)	12z
繼母	--(동1)	10z	姓 -(몽1)	10z
妹夫	--(몽1)	09z	姓氏 --(몽3)	05y
母親	--(동1)	10z	玄孫 --(동1)	11z
母親	--(몽1)	09y	玄孫 --(몽1)	10y
朋友	--(몽3)	04z	養父 --(동1)	10z
親兄	--(동1)	12y	養父 --(몽1)	09y
親兄弟	---(몽3)	04z	養子 --(역1)	59y
乳母	--(몽1)	10y	姨母 --(몽1)	10y
乳母	--(동1)	12y	姨母 --(동1)	11z
始祖	--(동1)	10z	遺腹子 ---(몽1)	09z
始祖	--(몽1)	08z	遺腹子 ---(역3)	33z
叔父	--(동1)	10z	遺腹子 ---(동1)	11z
叔母	--(동1)	10z	益友 --(몽3)	05y
庶母	--(동1)	12y	曾孫 --(몽1)	09z
雙親	--(동1)	10z	曾孫 --(동1)	11z
雙親	--(몽3)	04z	曾祖父 ---(동1)	10z
雙生子	---(몽3)	04z	曾祖父 ---(몽1)	09y
雙生子	---(동1)	11z	曾祖母 ---(동1)	10z
孫子	--(동1)	11z	曾祖母 ---(몽1)	09y
孫子	--(몽1)	09z	祖父 --(몽1)	09y
孫子	--(역1)	58y	祖父 --(동1)	10z
損友	--(몽3)	05y	祖母 --(동1)	10z
同名	--(동1)	12z	祖母 --(몽1)	09y
同名	--(몽1)	10z	祖宗 --(역3)	33y
同生	--(동1)	12y	祖宗 --(동1)	10z
同姓	--(몽1)	10z	尊長 --(동1)	12z
同姓	--(동1)	12y	尊丈 --(몽1)	10y
外孫	--(몽1)	10y	伯父 上仝(伯伯)(역1)	57y
外孫	--(동1)	11z	姆姆 上仝(伯母)(역1)	57y
外祖父	---(몽1)	10y	伯母 上仝(伯娘쳐)(역1)	57y
外祖父	---(동1)	11z	老子 上仝(爹爹)(역1)	57y
外祖母	---(동1)	11z	爺爺 上仝(父親)(역1)	57y

표제어	풀이	출처	표제어	풀이	출처
姑娘	上仝(姑姑)(역1)	57y	荊婦	己妻(역3)	33y
當家的	上仝(漢子)(역1)	58z	舅子	妻姨(역1)	58z
妗子	上仝(妗母)(역1)	57z	娘家	妻家(몽3)	05y
舅舅	上仝(舅夫)(역1)	57z	娘家	妻家(역3)	33z
妗母	上仝(舅母)(역1)	57z	奴家	婦女謙稱之話(역1)	59y
孃孃	上仝(母親)(역1)	57y	偏房	妾(역1)	59y
嬋家	上仝(偏房)(역1)	59y	親哥哥	親兄(몽1)	09y
阿婆	上仝(婆婆)(역1)	56z	親眷	親戚(동1)	12y
嫂嫂	上仝(嫂子)(역1)	57z	嫂子	兄弟之妻(역1)	57z
嬌子	上仝(嬌娘)(역1)	57y	叔伯	哥哥同姓四寸兄(역1)	58y
嬌嬌	上仝(嬌子)(역1)	57y	孫女	婿孫婿(역1)	58y
叔父	上仝(叔叔)(역1)	57y	塡房	後妻(역1)	59y
義子	上仝(養子)(역1)	59y	同庚	同甲(몽1)	10z
爹爹	上仝(爺爺)(역1)	57y	同年	同類(동1)	12z
姨娘	上仝(姨姨)(역1)	57z	外公	外祖父(역1)	57z
漢子	上仝(丈夫)(역1)	58z	外婆	外祖母(역1)	57z
岳母	上仝(丈母)(역1)	58z	外甥	外孫(역1)	58y
岳公	上仝(丈人)(역1)	58z	外甥女婿	外孫婿(역1)	58y
老爺爺	上仝(祖父)(역1)	56z	小姨	妻弟(역3)	33y
祖父	上仝(祖公)(역1)	56z	小姨	妻弟(동1)	12y
大大公	高祖父(역1)	56z	小姨	妻弟(몽3)	04z
大大婆	高祖母(역1)	56z	姨夫	姨母夫(동1)	11z
大公曾	祖父(역1)	56z	姨夫	姨母夫(몽3)	04z
大婆曾	祖母(역1)	56z	姨夫	異姓叔母夫(역1)	57z
大姨	妻兄(역3)	33y	丈母	妻母(역1)	58z
大姨	妻兄(동1)	12y	丈人	妻父(역1)	58z
房親	同姓六寸(역1)	59y	中表	異姓四寸(역3)	33z
姑夫	姑母夫(동1)	11y	重山兄弟	二父所生兄弟(역1)	59y
姑夫	姑母夫(몽1)	09y	拙婦	己妻(역1)	59y
姑夫	同姓叔母夫(역1)	57y	踈遠	--ᄒ다(몽1)	10y
孩子	童子(동1)	12z	異姓族	--겨리(동1)	12y
後代	後裔(몽1)	10y	異姓親	--겨리(몽1)	10y
後代	後裔(동1)	12y	出娘子	棄妻ᄒ다(동1)	11y
家小	家屬(역1)	58z	出娘子	棄妻ᄒ다(몽3)	05y

偏房兒㜷   妾아돌(역3)　　　　　33y
阿嫂   同姓四寸의妻(역1)　　　58z
伯伯   同姓묏아즈비(역1)　　　57y
伯娘   同姓묏아즈븨쳐(역1)　　57y
大舅   異姓묏아즈비(역1)　　　57z
大舅子   묏妻娚(역3)　　　　　33y
姐夫   묻妹夫(몽1)　　　　　　09z
舅夫   異姓아즈비(역1)　　　　57z
舅母   異姓아즈븨쳐(역1)　　　57z
兩姨哥哥   兩姨의게난형(역1)　58z
娘子   계집尊稱ㅎ는말(역1)　　58z
嬸母   異姓아ᄋᆞ아즈븨쳐(역1)　57z
嬸娘   同姓아ᄋᆞ아즈븨쳐(역1)　57y
叔叔   同姓아ᄋᆞ아즈비(역1)　　57y
小舅   異姓아ᄋᆞ아즈비(역1)　　57z
小舅子   아ᄋᆞ妻娚(역3)　　　　33y
小嫂子   同姓四寸아의妻(역1)　58z

[宴 享]

接客   --(역1)　　　　　　　　59y
殘酒   上仝(底酒)(역1)　　　　60z
酒冷   上仝(酒寒)(역1)　　　　59z
請饍   上仝(請菜)(역1)　　　　60z
下箸   上仝(請饍)(역1)　　　　60z
奢量   無量酒(역1)　　　　　　60y
接鍾   鍾밧다(역1)　　　　　　59y
換茶   主客茶鐘밧고다(역1)　　59z
主不喫客不飮   主人이먹디아니ᄒᆞ시면
　　　　客이못먹으리로다　　60y
引導   --ㅎ다(역3)　　　　　　33z

[疾 病]

病   -(몽2)　　　　　　　　　　05z
病   -(동2)　　　　　　　　　　06z
殘疾   --(몽3)　　　　　　　　24z
瘡根   --(동2)　　　　　　　　08z
瘡根   --(역3)　　　　　　　　35y
寸白虫   ---(역1)　　　　　　　62z
膏藥   -(몽2)　　　　　　　　　07y
黃疸   -(동2)　　　　　　　　　07y
蛔虫   -(역3)　　　　　　　　　34z
癨亂   --(동2)　　　　　　　　07y
久病   --(동2)　　　　　　　　09y
久病   --(몽3)　　　　　　　　23z
口瘡   --(몽3)　　　　　　　　24y
口瘡   --(동2)　　　　　　　　07z
漏瘡   --(몽3)　　　　　　　　24z
漏瘡   --(동2)　　　　　　　　08y
嘔氣   --(역3)　　　　　　　　34z
傷寒   --(동2)　　　　　　　　06z
傷寒   --(몽2)　　　　　　　　05z
痰症   --(동2)　　　　　　　　07y
丸藥   --(몽2)　　　　　　　　07y
痢疾   --(몽2)　　　　　　　　05z
痢疾   --(동2)　　　　　　　　07y
發午哥子   上仝(半日病)(역1)　62y
身上欠安   上仝(不耐繁)(역1)　61y
氣卵子   上仝(潮毬)(역1)　　　63y
生瘡廊   上仝(出瘡)(역1)　　　62y
斑子   上仝(出痘兒)(역1)　　　62z
鷄眼   上仝(崔目眼)(역1)　　　61z
傷風   上仝(感冒)(역1)　　　　61z
瘡痂   上仝(疙滓)(역1)　　　　62z
凍了手   上仝(輝手)(역1)　　　63y

禿頭	上仝(癩頭)(역1)	62y
漏白	上仝(麻疾)(역1)	63z
蘿葡花	上仝(蘿葡眼)(역1)	61z
半日病	上仝(瘧疾)(역1)	62y
喉聾	上仝(嗓子啞了)(역1)	61z
眼生珠	上仝(生眼丹)(역1)	61z
頭暈	上仝(頭眩)(역1)	61y
心疼	上仝(胸仝)(역1)	61z
天疱瘡	上仝(-楊梅瘡)(역1)	62y
砂子	上仝(疹子)(역1)	62z
生漏瘡	上仝(痔漏)(역1)	63z
臥痢	上仝(走痢)(역1)	62y
重勞	再犯傷寒(역3)	34y
飽悶	--ᄒ다(동2)	07y
病重	--ᄒ다(몽2)	07y
病重	--ᄒ다(동2)	09z
發熱	--ᄒ다(역3)	34y
煩懣	--ᄒ다(동2)	07y
感冒	--ᄒ다(동2)	06z
感冒	--ᄒ다(몽2)	05z
恍惚	--ᄒ다(몽3)	24y
昏沉	--ᄒ다(동2)	07z
昏沉	--ᄒ다(몽3)	24y
救療	--ᄒ다(몽2)	07y
落痂	--ᄒ다(역3)	35y
破腫	--ᄒ다(역3)	35y
破癰	--ᄒ다(몽2)	06z
破癰	--ᄒ다(동2)	08y
傷	-ᄒ다(몽2)	07y
傷	-ᄒ다(동2)	09y
呻吟	--ᄒ다(몽2)	05z
呻吟	--ᄒ다(동2)	06z
泄瀉	--ᄒ다(동2)	07y
泄瀉	--ᄒ다(몽2)	05z

軫脈	--ᄒ다(몽2)	07y
中惡	--ᄒ다(역1)	63y
中風	--ᄒ다(동2)	07y
中風	--ᄒ다(몽2)	05z
起瘤漲泡	疔瘡나다(역1)	63y
喉聾	失音ᄒ다(동2)	06z
生搔疳	陽物굴여워어ᄂ瘡(역1)	63z

[醫 藥]

膏藥	--(동2)	09y
丸藥	--(동2)	09y
藥材	--(동2)	09y
藥材	--(역1)	63z
診脉	上仝(把脉)(역1)	64y
磨藥	上仝(碾藥)(역1)	63z
煎藥	上仝(湯藥)(역1)	63z
醫治	上仝(醫病)(역1)	64y
救療	--ᄒ다(동2)	09y
軫脉	--ᄒ다(동2)	09y
救療	--ᄒ다(역3)	35z
引子	對症ᄒ여藥쓰ᄂ法(역1)	64y

[卜 筮]

賣卦	上仝(賣卜)(역1)	64z
選課	上仝(破卦)(역1)	64z
選命	上仝(筭命)(역1)	64z
命金	八字보ᄂ김(역3)	36y
談星的	八字보ᄂ이(역3)	36y
卦肆	八字보ᄂ저직(역3)	36y
命定	뎡훈八字(역3)	36y

[筭 數]

寸	-(동2)	22z
斤	-(동2)	21z
厘	-(동2)	21z
兩	-(동2)	21z
筭盤	--(역1)	64z
縮	-(동2)	22z
縮	-(몽2)	18y
一半	--(동2)	22y
一半	--(역3)	36y
一半	--(몽2)	17z
一寸	-(몽2)	18y
一厘	--(몽2)	17z
一丈	--(몽2)	18y
億	-(동2)	21z
有餘	--(동2)	22z
有餘	--(몽2)	18y
丈	-(동2)	22y
制度	--(동2)	22y
數數目	上仝(數數)(역1)	64z
等稱	分兩드다(동2)	22z
等稱	分兩드다(몽2)	18y

[爭 訟]

干證人	---(역3)	37y
官差	--(몽2)	24y
決斷	--(몽2)	24z
決斷	--(동2)	29z
問目	--(동2)	29z
問目	--(몽2)	24y
虛實	--(동2)	29z

虛實	--(몽2)	24z
元告	--(동2)	29y
元告	--(몽2)	24y
元告	--(역1)	66y
正犯人	---(역1)	66y
保人	上仝(保官)(역1)	66y
被告	上仝(喫告)(역1)	65z
告狀	上仝(告官)(역1)	65z
對口	上仝(合口)(역1)	66y
反嘴	上仝(交手)(역1)	66y
指攀的	上仝(攀連人)(역1)	66y
勸開	上仝(勸解)(역1)	66z
事主	上仝(元告)(역1)	66y
追他	上仝(追陪)(역1)	66z
攀連人	上仝(連累人)(역1)	66y
施行	--ᄒ다(동2)	29z
相鬪	--ᄒ다(동2)	29y
循私	--ᄒ다(동2)	30y
施行	--ᄒ다(몽2)	24z
相鬪	--ᄒ다(몽2)	23z
循私	--ᄒ다(몽2)	24z
容恕	--ᄒ다(몽3)	29z
通線索	暗囑ᄒ다(몽3)	30y
告官	告官ᄒ다(역1)	65z
洗寃	伸寃ᄒ여주다(몽3)	29z
承告	受理ᄒ다(역1)	65z
準了狀	所志뎍이다(역1)	65z
接狀	所志밧다(역1)	65z
不準了狀	所志退ᄒ다(역1)	65z
失誤	誤決ᄒ다(역1)	66y
追問	更招ᄒ다(몽3)	29z

[刑 獄]

笞	-(동2)	30z
盜賊	--(동2)	30y
罰	-(동2)	30y
逆賊	--(동2)	30y
强盜	--(동2)	30z
赦	-(동2)	31y
赦後	--(동2)	31y
赦前	--(동2)	31y
贖	-(동2)	31y
杖	-(동2)	30z
罪	-(동2)	30y
笞	-(몽2)	25y
罰	-(몽2)	24z
逆賊	--(몽2)	25y
赦	-(몽2)	25z
赦後	--(몽2)	25z
赦前	--(몽2)	25z
贖	-(몽2)	25z
杖	-(몽2)	25y
罪	-(몽2)	24z
?盜	--(역1)	66z
檻車	--(역1)	67z
强盜	--(역1)	66z
赦後	--(역3)	37z
赦前-	(역3)	37z
伏罪 上全(伏打)(역1)		67z
監了 上全(監囚)(역1)		67y
撺了紐子 上全(剪紐的)(역1)		66z
囚車 上全(檻車)(역1)		67z
斷罪 上全(決罪)(역1)		67z
打栲 上全(栲問)(역1)		67z
貶 上全(流)(역1)		68y
砍了 上全(斬)(역1)		68y
猾賊 上全(正賊)(역1)		66z
徒 -年(몽2)		26y
皮鞭子 皮鞭(역1)		67z
監斬官 刑官(역1)		68y
擊鼓叫寃 猶今擊錚(역1)		67z
牢裏 獄(동2)		30y
牢裏 獄(몽2)		25z
犯人 罪人(동2)		30y
犯人 罪人(몽2)		25y
充軍 --ᄒ다(동2)		31z
刺字 --ᄒ다(동2)		31z
干犯 --ᄒ다(동2)		30z
減等 --ᄒ다(동2)		31y
絞 -ᄒ다(동2)		31z
寬恕 --ᄒ다(동2)		31z
凌遲 --ᄒ다(동2)		31z
正? --ᄒ다(동2)		31z
屬公 --ᄒ다(동2)		31z
陷害 --ᄒ다(동2)		31z
充軍 --ᄒ다(몽2)		26y
刺字 --ᄒ다(몽2)		26y
干犯 --ᄒ다(몽2)		25y
減等 --ᄒ다(몽2)		25z
絞 -ᄒ다(몽2)		26y
寬恕 --ᄒ다(몽2)		26y
正法 --ᄒ다(몽2)		26y
屬公 --ᄒ다(몽2)		26y
凌? --ᄒ다(몽2)		26y
犯罪的人 罪犯ᄒ사람(역1)		66z
充軍去 充軍ᄒ다(역1)		68y
決案 公事못다(역1)		68y
竹板子 사름티는竹鞭(역1)		67z

[賣 買]

卑賤　--(몽2)　　　23y
卑賤　--(동2)　　　28z
本錢　--(동2)　　　27z
本錢　--(몽2)　　　22y
典當　--(동2)　　　28y
典當　--(몽2)　　　22z
福　-(몽2)　　　23y
福　-(동2)　　　28z
富　-(몽2)　　　23y
富　-(동2)　　　28z
貴　-(동2)　　　28z
貴　-(몽2)　　　23y
買賣　--(몽3)　　　28z
賈　-(동2)　　　27z
賈　-(몽2)　　　22y
物件　--(몽2)　　　23y
用度　--(몽2)　　　23y
退換　上仝(打倒)(역1)　　　69z
西館裡　上仝(東館裡)(역1)　　　68z
老杭家　上仝(利家)(역1)　　　69y
照行市　上仝(照市價)(역1)　　　69y
稅上　稅所(역3)　　　39y
減多增惕?　折長補短(몽2)　　　22z
繁盛　--ᄒ다(몽2)　　　23y
富盛　--ᄒ다(동2)　　　28z
糊口　--ᄒ다(몽2)　　　23z
糊口　--ᄒ다(동2)　　　28z
窘　--ᄒ다(몽2)　　　23y
窘　--ᄒ다(동2)　　　28z
豊足　--ᄒ다(동2)　　　28y
豊足　--ᄒ다(몽2)　　　23y
窮　--ᄒ다(동2)　　　28z

窮　--ᄒ다(몽2)　　　23y
收稅　--ᄒ다(역3)　　　39y
對半分開　分半ᄒ다(동2)　　　27z
對半分開　分半ᄒ다(몽2)　　　22z
不稀罕　貴티아니타(역1)　　　69z
東館裡　客商못ᄂ데(역1)　　　68z
集　外方各處의돌려니ᄂ져제(역1)　　　68z
老江湖　商賈尊稱ᄒᄂ말(역1)　　　69y
店房　外方흥정ᄒ리오ᄂ데(역1)　　　68z
充積家滿　業充ᄒ다(동2)　　　28z
雜貨鋪　雜貨푸ᄌ(역1)　　　68z
販賣　轉賣ᄒ다(몽3)　　　28z

[珍 寶]

白礬　--(역3)　　　39z
白礬　--(동2)　　　24y
白礬　--(몽2)　　　19z
白檀　--(역3)　　　39z
白檀香　---(동2)　　　24y
白銅　--(역3)　　　39y
寶貝　--(역2)　　　01z
寶石　--(동2)　　　23z
寶石　--(역2)　　　02z
寶石　--(몽2)　　　19y
財物　--(동2)　　　24z
沉香　--(동2)　　　24y
沉香　--(몽2)　　　19z
沉香　--(역3)　　　39z
玳瑁　--(몽2)　　　19y
玳瑁　--(역2)　　　02y
玳瑁　--(동2)　　　23z
琥珀　--(몽2)　　　19y

琥珀	--(역2)	02y	通天犀	---(역2)	02y
琥珀	--(동2)	23z	烏犀角	---(역2)	02y
花斑石	---(역2)	02z	犀角	--(역2)	02y
黃犀角	---(역2)	02y	犀角	--(몽2)	19z
金箔	--(몽2)	18z	犀角	--(동2)	23z
金箔	--(동2)	23y	象牙	--(동2)	23z
金箔	--(역2)	02z	象牙	--(몽2)	19y
孔雀石	---(역2)	02z	象牙	--(역2)	02z
瑪瑙	--(역2)	02y	葉子金	---(몽3)	27z
蜜蠟珠	---(역2)	02y	葉子金	---(역3)	39y
佩玉	--(몽2)	19y	葉子金	---(동2)	23y
佩玉	--(동2)	24y	銀箔	--(역2)	02z
硼砂	--(몽2)	19z	用度	--(동2)	24z
硼砂	--(역3)	39z	玉	-(동2)	23z
硼砂	--(동2)	24y	玉	-(몽2)	18z
砒礵	--(역3)	39z	珍珠	--(몽2)	18z
砒礵	--(동2)	24y	珍珠	--(동2)	23y
砒礵	--(몽2)	19z	朱砂	--(동2)	24y
皮金	--(동2)	23y	朱砂	--(몽2)	19z
皮金	--(몽2)	18z	紫檀	--(역3)	39z
鉛	-(동2)	24y	紫檀香	---(동2)	24y
靑金石	---(역2)	02y	琉璃	--(역2)	02y
靑金石	---(몽3)	27z	琉璃	--(몽2)	19y
珊瑚	--(동2)	23z	琉璃	--(동2)	23z
珊瑚	--(몽2)	19y	硫黃	--(역3)	39z
珊瑚	--(역2)	02y	珠珂子 上仝(海蚆)(역2)		02y
麝香	--(동2)	24y	海蚆 上仝(王車琚)(역2)		02y
石鱗	--(역2)	02z	携鐵石 磁石(역3)		39y
水晶	--(몽2)	19y	靑絲 九成銀(역2)		01z
水晶	--(역2)	02y	皮硝 砒硝(역3)		39z
水晶	--(동2)	23z	燻金 皮金(역2)		02z
水銀	--(동2)	23y	風磨銅 色賽金而貴的金(역2)		01z
水銀	--(몽2)	18z	火樹 珊瑚樹(역3)		39y
水銀	--(역2)	02z	香臍子 麝香(몽2)		19z

花銀　十分銀(역2)　01z
東珠　倭眞珠(역3)　39y
猫睛　夜光珠(역2)　02y
組母綠　夜明珠(역3)　39y
磁石　指南石(역2)　02z
紫石瑛　紫水晶(역2)　02z
錠子　金銀효근덩이(동2)　23y

[蠶 桑]

蚕子　上仝(蚕種)(역2)　03y
扯絲　上仝(繰絲)(역2)　03y
上樹　上仝(上草)(역2)　03y
絲　單曰絲(역3)　39z
線　合曰線(역3)　39z

[織 造]

燦爛　--(몽2)　21y
燦爛　--(동2)　26z
草綠　--(동2)　26z
沉香色　---(동2)　26y
沉香色　---(역3)　40z
純色　--(동2)　26z
純色　--(몽2)　21y
大布　--(동2)　25y
大布　--(몽2)　20y
大布　--(역2)　05z
淡紅　--(동2)　26y
豆綠　--(몽3)　28z
紡絲紬　---(역2)　05z
粉紅　--(몽3)　28z
葛布　--(동2)　25y

葛布　--(역3)　41y
光彩　--(동2)　26z
光彩　--(몽2)　21y
杭羅　--(동2)　24z
花絲紬　---(역2)　05z
灰色　--(역3)　40z
灰色　--(동2)　26y
絳色　--(몽3)　28z
醬色　--(역3)　41y
金絲　--(동2)　25y
金絲　--(몽2)　20y
潞州紬　---(역2)　05z
蟒龍段　---(몽2)　19z
冒段　--(몽2)　19z
冒段?　--(동2)　24z
彭緞　--(몽3)　27z
彭緞　--(역3)　40z
紗　-(동2)　24z
紗　-(몽2)　20y
閃緞　--(몽3)　27z
生絹　--(몽3)　27z
生絹　--(동2)　24z
生絲　--(동2)　25y
生絲　--(몽2)　20y
桃紅　--(몽2)　21y
桃紅　--(동2)　26y
紋　-(몽2)　21y
油綠　--(몽2)　21y
油綠　--(동2)　26z
眞紅　--(몽2)　21y
眞紅　--(역3)　40z
眞紅　--(동2)　26y
中綾　--(역2)　05z
粧段　--(몽2)　19z

粧段　--(동2)　24z
粧緞　--(역3)　40z
羅　-(몽2)　20y
篋　上仝(筬)(역2)　03z
篋匣　上仝(筬筐)(역2)　03z
壓的綿花　上仝(花絨)(역2)　06y
拘杖　上仝(攪棍)(역2)　03z
牽布　上仝(撒布)(역2)　05z
擺一擺　上仝(舒扯)(역2)　06y
漂白布　上仝(洗白布)(역2)　06y
纏線　上仝(旋線)(역2)　03z
碾　上仝(搖搗)(역2)　06y
捲布棍　上仝(柚頭)(역2)　03z
倭段　上仝(羽段)(역2)　05z
碁子布　斑布(역3)　41y
印花布　花布(역3)　41y
綾子　綾(역2)　05y
毛靑布　靑三升(역3)　41y
花絨　去核綿花(역2)　06y
寶藍　天靑(역3)　40z
魚白　玉色(역3)　40z
湖縐　走紗(역3)　40z
蟒龍　--단(동2)　24z
海馬　--문(역2)　05y
四季花　---문(역2)　05y
四雲　--문(역2)　05y
膝襴紋　---문(역2)　05y
六花　--문(역2)　05y
草綠　--비단(역2)　04z
柳黃　--비단(역2)　04z
柳靑　--비단(역2)　04z
明綠　--비단(역2)　04z
天靑　--비단(역2)　04z
鴉靑　--비단(역2)　04z

油綠　--비단(역2)　04z
嵌八寶　八寶씬문(역2)　05y
蜂赶梅　벌이梅花짜로는문(역2)　05y

[裁　縫]

裁兒　上仝(裁帛)(역2)　06z
綽邊　上仝(綽針)(역2)　06y
蹊蹺裁　上仝(顚倒裁)(역2)　06z
上表　上仝(吊面)(역2)　06y
綴帶子　上仝(釘帶子)(역2)　06z

[田　農]

井田　--(동2)　01z
井田　--(몽2)　01z
阡陌　--(동2)　01z
畎畝　--(동2)　01z
鋤地　上仝(鋤田)(역2)　09y
钁子　上仝(鋤子)(역2)　08y
犁凹兒　上仝(鏵子)(역2)　08y
犁把　上仝(犁槳)(역2)　08y
犁底兒　上仝(犁頭)(역2)　08y
收成　上仝(收田禾)(역2)　09y
钁頭　上仝(鐵鏽)(역2)　08z
子粒　上仝(種子)(역2)　08z
好田　上仝(壯田)(역2)　07z
佃戶　農人(역2)　09y

[禾　穀]

綠豆　--(동2)　03z

綠豆　--(역2)　　　　　　　10y
菉豆　--(몽2)　　　　　　　03y
大米　上仝(稻米)(역2)　　　09z
麥麩　上仝(麩皮)(역2)　　　10y
長豆　上仝(豇豆)(역2)　　　10y
黍子　上仝(糜子)(역2)　　　09z
成熟　上仝(熟了)(역2)　　　10y
高粱　上仝(薥薥)(역2)　　　09z
豇豆　上仝(莞豆)(역2)　　　10y
老米　쓸(동2)　　　　　　　03y
老米　쓸(몽2)　　　　　　　03y

[菜 蔬]

薄荷　--(동2)　　　　　　　05y
薄荷　--(역2)　　　　　　　11y
菜　-(동2)　　　　　　　　04y
生薑　--(동2)　　　　　　　04y
生薑　--(몽2)　　　　　　　03z
竹筍　--(동2)　　　　　　　04z
竹筍　--(몽2)　　　　　　　04y
葫蘆旋　上仝(葫蘆絲)(역2)　11z
磨果　上仝(菌)(역2)　　　　12z
鹿角菜　上仝(青角菜)(역2)　12y
苦菜　上仝(田菁)(역2)　　　11z
香瓜　上仝(甛瓜)(역2)　　　11z
垧菜　上仝(捥菜)(역2)　　　13y
芘荇　上仝(莧菜)(역2)　　　12y
龍鬚菜　上仝(筆管菜)(역2)　12z
宰?菜　上仝(煠菜)(역2)　　13y
齊菜　上仝(摘菜)(역2)　　　13y
龍葵菜　上仝(紫花菜)(역2)　12y
松磨果　松耳(역2)　　　　　12z

[器 具]

長盆　--(동2)　　　　　　　14z
燈臺　--(역2)　　　　　　　17y
燈盞　--(동2)　　　　　　　15z
燈盞　--(몽2)　　　　　　　11y
皮櫃　--(몽3)　　　　　　　25z
皮箱　--(동2)　　　　　　　13z
皮箱　--(몽2)　　　　　　　10y
器皿　--(동2)　　　　　　　13z
器皿　--(몽2)　　　　　　　09z
曲尺　--(역2)　　　　　　　18y
繩床　--(역2)　　　　　　　19y
書案　--(역2)　　　　　　　19y
湯罐　--(몽3)　　　　　　　25z
湯罐　--(동2)　　　　　　　14z
雨傘　--(역2)　　　　　　　16z
罇　-(동2)　　　　　　　　14z
涼床　上仝(床)(역2)　　　　19y
被套　上仝(搭連)(역2)　　　15z
燈心　上仝(燈草)(역2)　　　17y
碓桯　上仝(碓身)(역2)　　　17y
碓腰栓　上仝(碓腰幹)(역2)　17y
土猫　上仝(反車子)(역2)　　20y
拗棒　上仝(赶麵棍)(역2)　　16y
火盆　上仝(火床)(역2)　　　14y
運斗　上仝(火斗)(역2)　　　16y
火繩　上仝(火絨)(역2)　　　18z
裁刀　上仝(剪子)(역2)　　　16y
酒瓶　上仝(酒壺)(역2)　　　13z
碾子　上仝(磨兒)(역2)　　　15z
木軸　上仝(木杻)(역2)　　　19y
舞鑽　上仝(牽鑽)(역2)　　　18y
按板　上仝(切板)(역2)　　　15z

八根材　上仝(扇子)(역2)		19z
胡床　上仝(繩床)(역2)		19z
廚刀　上仝(食刀)(역2)		17z
吊桶　上仝(水桶)(역2)		14z
?子　上仝(鐵落)(역2)		14z
泥鏝　上仝(鐵鏝)(역2)		18y
鐵軸　上仝(鐵枏)(역2)		19y
被單　上仝(臥單)(역2)		16y
凉席　上仝(席子)(역2)		16z
十字車　上仝(旋棒)(역2)		19y
槌板石　上仝(呀石)(역2)		16y
硯臺　上仝(硯匣兒)(역2)		19z
火斗　上仝(熨斗)(역2)		16y
甌簾兒　上仝(甌箄兒)(역2)		14z
焠刀　上仝(蘸刀)(역2)		17z
快子　上仝(筯子)(역2)		13y
天平　--저울(역2)		16z
?盒　--챤(역2)		15y
法馬　天平錘(역2)		16z
火籠　焙籠(역2)		14y

[鞍 轡]

鞍籠　--(동2)		20y
鞍籠　--(몽2)		15z
鞍座兒　---(역2)		20y
閘口　上仝(嚼子)(역2)		20z
鼻纓　上仝(前纓)(역2)		20z
嚼子　上仝(水環)(역2)		20z

[舟 舡]

轎子　--(동2)		19z

轎子　--(몽2)		15y
輦　-(동2)		19z
輦　-(몽2)		15y
暗尖　上仝(暗礁)(역2)		22z
推車　上仝(車罍 軸)(역2)		23y
車壓者　上仝(車碾了)(역2)		23z
篙子　上仝(撑子)(역2)		21z
閣舡　上仝(舡旱了)(역2)		22y
舡夫　上仝(舡家)(역2)		21z
換車　上仝(倒車)(역2)		23z
膠車　上仝(膏車)(역2)		23z
卸下來　上仝(盤下來)(역2)		22z
梢子　上仝(梢工)(역2)		21z
舡家　上仝(梢子)(역2)		21z
水手　上仝(使舡的)(역2)		22y
猫繩　上仝(纜)(역2)		21z
飄風　--ᄒ다(역3)		47y
擺渡錢　船價(역3)		47y
開洋　비順風으로놋타(역2)		22y
纜船　結船ᄒ다(몽3)		27y

[技 戲]

骨牌　--(동2)		33y
骨牌　--(몽2)		26z
雙陸　--(동2)		33y
雙陸　--(몽2)		26z
?棚　上仝(?山)(역2)		24y
?挍　上仝(迭挍)(역2)		24y
放蜂箏　上仝(放鶴兒)(역2)		24y
碾葫蘆　上仝(放空中)(역2)		24y
鬼頭　上仝(鬼臉兒)(역2)		24z
假面　上仝(鬼頭)(역2)		24z

遊仙戲	上仝(鞦韆)(역2)	24z
滑差兒	上仝(上竿)(역2)	24z
雜技	上仝(雜戲)(역2)	24y
迭挍	上仝(捽挍)(역2)	23z
投壺	--티다(동2)	33y
投壺	--티다(몽2)	26z
相等	--ㅎ다(몽3)	30y

[飛 禽]

杜鵑	--(몽2)	29y
杜鵑	--(동2)	35z
翡翠	--(동2)	34z
翡翠	--(몽2)	28z
鳳雛	--(동2)	34z
鳳凰	--(동2)	34z
鳳凰	--(몽2)	28z
鳳凰	--(역2)	27y
鶴	-(몽2)	28z
鶴鴒	--(몽2)	29z
孔雀	--(역2)	27y
孔雀	--(동2)	34z
孔雀	--(몽2)	28z
鸞鳳	--(동2)	34z
鸞鳳	--(몽2)	28z
靑雀鳥?	---(몽3)	30z
鴛鴦	--(몽2)	28z
鴛鴦	--(동2)	34z
鴛鴦	--(역2)	27y
回食	上仝(擺呑)(역2)	27y
叫天子	上仝(鷚鷚)(역2)	28y
寒鴉	上仝(鸒鵯)(역2)	27y
寒火虫	上仝(杜鵑)(역2)	28z
鵓鴿	上仝(鴿子)(역2)	26y
望鳰	上仝(寡鳰)(역2)	28z
巧鷃	上仝(胡鷃)(역2)	27z
黃鸝	上仝(黃鳥)(역2)	27z
海猫子	上仝(江鷹)(역2)	28y
勒毛	上仝(理毛)(역2)	28z
家雀	上仝(麻雀)(역2)	27z
騲鷄	上仝(母鷄)(역2)	25y
飄白翎	上仝(飄翎子)(역2)	26z
鳥鬼	上仝(水老鴉)(역2)	27y
雪姑兒	上仝(水不刺)(역2)	28y
鷄抱窩兒	上仝(土浴)(역2)	25y
退毛	上仝(退鷄)(역2)	25z
靈鵲	上仝(喜鵲)(역2)	27z
搝毛	上仝(搝鷄)(역2)	25z
鵝老翅	上仝(鶹鷹)(역2)	27z
靑鵪	上仝(鵪子)(역2)	27y
禿角	上仝(夜猫)(역2)	28z
鷹鈴子	上仝(鷹銃子)(역2)	26z
鷹銃子	上仝(鷹鈴子)(역2)	26z
黑鷹	上仝(皂鵰)(역2)	27y
皂鵰	上仝(皂鷹)(역2)	27y
開鳰	上仝(啄鳰)(역2)	25y
松?兒	上仝(弄鬪兒)(역2)	26y
十姊妹	鶺鴒鳥(역3)	48y
跐榮	飛禽흘오다(역3)	48z

[走 獸]

白馬	--(몽2)	31y
白馬	--(동2)	37y
兒猪	--(몽2)	33z
漢羊皮	---(동2)	40z

漢羊皮 ---(몽2)	34y	金絲猫　上仝(豹花猫)(역2)	33z
黃羊 --(몽3)	31z	母狗　上仝(騲狗)(역2)	32z
羚羊 --(동2)	39z	滾倒　上仝(打滾)(역2)	30z
鹿皮 --(몽2)	34y	跳欄　上仝(打欄)(역2)	31z
鹿茸 --(몽2)	33y	懷犢兒　上仝(帶犢兒)(역2)	31z
麋鹿 --(몽2)	33y	回食　上仝(倒嚼)(역2)	31z
猊猻 --(동2)	37y	臊羊　上仝(羝羊)(역2)	33y
麒麟 --(몽2)	30z	放草　上仝(放靑)(역2)	34z
麒麟 --(역3)	18z	狗叫　上仝(狗吠)(역2)	32z
靑?皮 ---(동2)	41y	鈴鐺　上仝(狗錦子)(역2)	33y
靑?皮 ---(몽2)	34y	狗走襲　上仝(狗連)(역2)	32z
靑羊 --(몽3)	31z	狗護項　上仝(狗項圈)(역2)	33y
靑羊 --(동2)	39z	乳牛　上仝(牯牛)(역2)	31y
山獺 --(몽2)	33y	黑駿馬　上仝(海騮馬)(역2)	29y
山羊皮 ---(몽2)	34y	老鼠　上仝(耗子)(역2)	33z
山羊皮 ---(동2)	40z	帶駒子　上仝(瘝x子)(역2)	30z
生馬 --(몽2)	31z	土猪　上仝(貛子)(역2)	34y
生馬 --(동2)	37z	犗子　上仝(犍牛)(역2)	31y
獅子 --(동2)	37y	疥馬　上仝(癩馬)(역2)	29z
獅子 --(몽2)	31y	鈍馬　上仝(旭R)(역2)	30y
水獺 --(역2)	34y	兒猫　上仝(郎猫)(역2)	33y
水獺 --(몽2)	33y	大虫　上仝(老虎)(역2)	33z
水獺 --(동2)	39z	驢打配　上仝(驢跳)(역2)	32y
天馬皮 ---(동2)	41y	馬顫　上仝(馬抖身)(역2)	31y
羊 -(몽2)	33y	馬打配　上仝(馬盖)(역2)	30z
羊 -(동2)	39z	馬嘶　上仝(馬叫)(역2)	30z
羊皮 --(동2)	40z	馬鬪　上仝(馬厮咬)(역2)	31y
羊皮 --(몽2)	34y	馬蹄才子　上仝(馬蹄腕)(역2)	30y
猪皮 --(몽2)	34y	牯牛　上仝(牡牛)(역2)	31y
猪皮 --(동2)	41y	大犍　上仝(牛?牛)(역2)	31y
坐馬 --(몽2)	31z	厮頂　上仝(牛低頭)(역2)	31z
坐馬 --(동2)	37z	打欄　上仝(牛走)(역2)	31z
鹿皮 --(동2)	40z	大馬　上仝(騸馬)(역2)	29y
鹿茸 --(동2)	39z	海龍　上仝(水獺)(역2)	34y

公狗	上仝(牙狗)(역2)	32z
肥馬	上仝(月表 馬)(역2)	30y
鹿尾狗	上仝(獐子狗)(역2)	32z
猪走襲	上仝(猪跳)(역2)	32z
虎威骨	乙骨(역3)	18z
野羊皮	山羊皮(역3)	19y
牧放	牧場에놋타(몽3)	33y
駝峯	약대肉?(몽2)	33y
駝峰	약대肉鞍(동2)	39y
豹臀馬	?花쟘불몰(몽2)	31z

[昆 虫]

地龍	--(동2)	43z
蝗虫	--(동2)	43z
蝗虫	--(몽2)	36y
蝗虫	--(역2)	36z
蛟龍	--(역3)	50y
白蠟	上仝(白蛆)(역2)	36z
書魚	上仝(壁魚)(역2)	36y
蝸牛	上仝(草螺子)(역2)	35y
蛔虫	上仝(饞虫)(역2)	35z
壁虱	上仝(臭虫)(역2)	36y
蛐蟮	上仝(地龍)(역2)	35z
白脚虫	上仝(多脚虫)(역2)	35z
濕生虫	上仝(負蟹)(역2)	36z
土蟠蛇	上仝(蝮蛇)(역2)	37y
蟾蜍	上仝(黑蠊)(역2)	36z
蠑蚖	上仝(馬蛇)(역2)	37y
秋蟬兒	上仝(秋凉兒)(역2)	35y
地龍	上仝(蚯蚓)(역2)	35z
蛆蟮	上仝(蛆虫)(역2)	35z
田螺子	上仝(水螺子)(역2)	35y

蠟蛄	上仝(土狗)(역2)	35z
螲母	上仝(螲蛛)(역2)	35y
瓮雀兒	上仝(癢瘌子)(역2)	36z
明火虫	上仝(螢火虫)(역2)	35y
蒼蠅	上仝(蠅子)(역2)	36y
蚇虫孫?	上仝(織兒)(역2)	35y
金包虫	上仝(蜫蜋)(역2)	36y
蠹虫	木中虫(역2)	36y
蝎子	全蝎(동2)	43z
蝎子	全蝎(몽2)	36y

[水 族]

魴魚	--(몽2)	34z
魴魚	--(동2)	41z
海蔘	--(몽2)	35y
海蔘	--(동2)	42z
海蔘	--(역2)	39y
洪魚	--(역2)	37z
鯉魚	--(역2)	37y
鯉魚	--(동2)	41y
鯉魚	--(몽2)	34z
鰱魚	--(동2)	41z
鰱魚	--(몽2)	34z
龍	-(동2)	41y
龍	-(몽2)	34z
民魚	--(역2)	38y
靑魚	--(역2)	39y
鯖魚	--(몽3)	33z
鯅魚	--(몽2)	34z
鯅魚	--(동2)	41z
秀魚	--(몽2)	34z
秀魚	--(동2)	41z

秀魚	--(역2)	38y
銀魚	--(역2)	39y
銀魚	--(몽2)	34z
銀魚	--(동2)	41z
龜"穀	--(동2)	42y
八帶魚	上仝(八梢魚)(역2)	37y
芒魚	上仝(拔魚)(역2)	38y
右螯	上仝(刺古)(역2)	38z
吴口魚	上仝(大口魚)(역2)	37y
石決明	上仝(鰒魚)(역2)	37z
錦鱗魚	上仝(鱖魚)(역2)	38z
黑魚	上仝(火頭魚)(역2)	37z
鑭刀魚	上仝(肋魚)(역2)	37y
蠣房	上仝(蠣蝗)(역2)	37z
蠣蝗	上仝(蠣子)(역2)	37z
獐口魚	上仝(蘇魚)(역2)	38y
河魨	上仝(魨魚)(역2)	38y
團魚	上仝(王八)(역2)	38z
火頭魚	上仝(烏魚)(역2)	37z
犁子魚	上仝(湘洋魚)(역2)	37z
梭魚	上仝(秀魚)(역2)	38y
倒虫	上仝(右螯)(역2)	38z
狗嘴魚	上仝(重唇魚)(역2)	38y
?魚	乾魚(역2)	39y
魚冥?鮒	丈魚(몽3)	33z

[花 草]

半夏	--(몽3)	35y
寶相花	---(역2)	39z
菖蒲	--(몽2)	39y
菖蒲	--(동2)	46y
菖蒲	--(역2)	40z

杜鵑花	---(동2)	45z
鳳仙花	---(몽2)	38y
鳳仙花	---(동2)	45z
浮萍	--(역3)	51y
桂花	--(몽2)	38y
桂花	--(동2)	45z
海棠花	---(몽2)	38y
海棠花	---(동2)	45z
紅花	--(몽2)	38y
紅花	--(동2)	45z
紅蓮花	---(역2)	39z
藿香	--(몽3)	35y
金錢花	---(동2)	45z
金錢花	---(역2)	39z
金錢花	---(몽2)	38y
菊花	--(동2)	45z
菊花	--(몽2)	38y
菊花	--(역2)	39z
葵花	--(몽2)	38y
葵花	--(동2)	45z
葵花	--(역2)	39z
蓮花	--(동2)	45z
蓮子	--(역2)	39z
馬蘭草	---(역2)	40z
梅花	--(동2)	45z
梅花	--(몽2)	38y
梅花	--(역2)	39z
木蓮花	---(역2)	40y
薔薇	--(역2)	39z
薔薇花	---(동2)	45z
薔薇花	---(몽2)	38y
青草	--(몽3)	35y
藤子	--(역2)	41z
兎絲子	---(동2)	46y

莘荑花　---(몽2)		38y
益母草　---(몽2)		39z
益母草　---(동2)		46y
紫薇　--(역2)		39z
蘭草　--(동2)		46y
蘭草　--(몽2)		38z
蓮花　--(몽2)		38y
艾花絨　上仝(艾毬)(역2)		41y
熱草　上仝(八根草)(역2)		41y
紅米花　上仝(白米花)(역2)		40y
香氣花　上仝(杜鵑花)(역2)		40y
蓬蒿　上仝(蒿草)(역2)		40z
花鬚　上仝(花絨兒)(역2)		40z
花心　上仝(花鬚)(역2)		40z
鳳仙花　上仝(金鳳花)(역2)		40y
金簪花　上仝(金錢花)(역2)		39z
狗尾把草　上仝(勒草)(역2)		40z
蓮房　上仝(蓮蓬)(역2)		39z
水栗　上仝(菱角)(역2)		39z
牛毛草　上仝(馬菲草)(역2)		41y
馬蒨　上仝(茜草)(역2)		41y
水蓼　上仝(水葒花)(역2)		40y
水葱　上仝(莞草)(역2)		40z
老靑莖　千葉石竹花(역3)		50z
根子　人蔘(동2)		46y
根子　人蔘(몽2)		38z
忘憂草　萱草(동2)		46y
忘憂草　萱草(몽2)		38z
忘憂草　萱草(역3)		51y
甘蔗　蔗草(역3)		51y
浮萍　--草(몽2)		39y
芍藥花　--곳(몽2)		38y

[樹　木]

斑竹　--(동2)		45y
垂楊　--(동2)		44y
垂楊　--(몽2)		37y
桂樹　--(역2)		43y
花梨木　---(역2)		43y
黃楊木　---(역2)		42z
蒺藜木　---(역2)		42z
杉木　--(혹 이개나모)(역2)		43y
檀木　--(몽3)		34z
梧桐　--(몽2)		36z
皂角　--(몽3)		34z
區松　上仝(栢松)(역2)		42y
色木　上仝(茶-l樹)(역2)		42y
虎目樹　上仝(臭椿樹)(역2)		43y
油松　上仝(果松樹)(역2)		42y
山椿　上仝(虎目樹)(역2)		43y
黃楡樹　上仝(黃槐樹)(역2)		43y
皂斗　上仝(櫟實)(역2)		42y
曲理木　上仝(牛筋木)(역2)		42z
黃檗木　上仝(暖木)(역2)		43y
槲木　上仝(靑杠樹)(역2)		42y
白楡樹　上仝(秋景)(역2)		43y
靑杠樹　上仝(鐵櫟樹)(역2)		42y
白果樹　上仝(鴨脚樹)(역2)		43y
秋景　丹楓(동2)		44z
秋景　丹楓(몽2)		37y
秋景　丹楓(역2)		43y
彫落　--ᄒ다(동2)		45y
彫落　--ᄒ다(몽2)		37z
稀踈　--ᄒ다(몽2)		38y
草木黃落　----ᄒ다(몽3)		34z
草木萌動　----ᄒ다(몽3)		34z

草木參差	----ᄒ다(몽3)	34z
白楊樹	--나모(동2)	44y
白楊樹	--나모(몽2)	37y
梧桐	--나모(동2)	44y
山林	樹木거ᄒᆞᆫ디(몽2)	37z

[性 情]

悖逆	--(몽3)	09z
誠心	--(동1)	21z
純朴	--(동1)	22z
聰	-(동1)	22y
聰明	--(동1)	22y
度量	--(몽1)	17y
度量	--(동1)	22y
功業	--(몽3)	08z
奸計	--(몽3)	09y
姦慝	--(동1)	24y
儉素	--(몽1)	17z
慷慨	--(동1)	22y
慷慨	--(몽1)	17y
理	-(몽1)	16z
理	-(동1)	21z
伶俐	--(동1)	22y
伶俐	--(몽1)	17y
倫	-(몽1)	16z
倫	-(동1)	21z
敏捷	--(몽1)	17y
敏捷	--(동1)	22y
明敏	--(동1)	22y
偏僻	--(몽1)	18y
怯	-(동1)	23z
淸廉	--(몽1)	17y

淸廉	--(동1)	22z
仁	-(몽1)	16z
仁	-(동1)	21z
柔順	--(몽3)	08z
柔順	--(동1)	22y
順從	--(동1)	22y
所願	--(몽1)	17z
貪	-(동1)	23z
貪汚	--(동1)	23z
悌	-(몽1)	16z
悌	-(동1)	21z
天命	--(몽1)	16z
天命	--(동1)	21z
天數	--(동1)	21z
天性	--(동1)	21y
天性	--(몽1)	16z
溫良	--(몽3)	08z
溫良	--(동1)	22y
喜	-(동1)	22z
嫌疑	--(몽1)	18y
孝	-(동1)	21z
孝	-(몽1)	16z
邪曲	--(몽3)	09z
信	-(몽1)	17y
信	-(동1)	21z
義	-(동1)	21z
義	-(몽1)	16z
陰險	--(몽3)	09z
蔭德	--(동1)	22y
慇懃	--(몽1)	17y
慇懃	--(동1)	22z
淫亂	--(동1)	24y
穎悟	--(동1)	22y
勇	-(동1)	23z

勇　-(몽1)	18y		性急　--ᄒ다(동1)	23y
嫌疑　--(동1)	23z		猶豫　--ᄒ다(동1)	23z
眞實　--(동1)	22y		猶豫　--ᄒ다(몽1)	18y
正　-(동1)	21z		有理　--ᄒ다(몽3)	08z
正直　--(동1)	21z		嫌疑了　--ᄒ다(동1)	23z
智略　--(동1)	22y		正直　--ᄒ다(몽1)	17y
智略　--(몽1)	18y		所願　慾(동1)	23y
忠　-(몽1)	16z		貞　貞烈之貞(동1)	21z
忠　-(동1)	21z		情願　願ᄒ다(몽1)	17z
周密　--(동1)	22z		無玷　瑕疵업다(몽3)	08z
老實　--(동1)	22y			
暴虐　--ᄒ다(몽3)	09z			
鄙陋　--ᄒ다(동1)	23y		**[言 語]**	
變色　--ᄒ다(동1)	22z			
變色　--ᄒ다(몽1)	17z		讒言　--(몽3)	10z
聰　-ᄒ다(몽1)	17y		粧聾　聽而不聞(몽1)	20y
膽大　--ᄒ다(몽1)	18y		分咐　--ᄒ다(동1)	25y
膽大　--ᄒ다(동1)	23z		吩咐　--ᄒ다(몽1)	19y
發奮　--ᄒ다(몽3)	08z		改正　--ᄒ다(몽3)	10y
固執　--ᄒ다(동1)	22z		回報　--ᄒ다(동1)	25y
和同　--ᄒ다(동1)	22z		會議　--ᄒ다(동1)	25y
儉朴了　--ᄒ다(동1)	22z		會議　--ᄒ다(몽1)	19y
儉素了　--ᄒ다(몽1)	17z		毀謗　--ᄒ다(동1)	26y
經綸　--ᄒ다(몽3)	08z		誇獎　--ᄒ다(몽3)	10y
刻薄　--ᄒ다(동1)	23z		離間　--ᄒ다(몽1)	20y
偏僻　--ᄒ다(동1)	23y		論難　--ᄒ다(몽1)	19y
偏僻　--ᄒ다(몽3)	09y		論難　--ᄒ다(동1)	24z
侵虐　--ᄒ다(동1)	24y		期約　--ᄒ다(몽1)	19y
奢侈　--ᄒ다(몽1)	18y		切當　--ᄒ다(몽3)	10y
貪臟　--ᄒ다(몽3)	09y		食言　--ᄒ다(몽1)	20y
稀罕　--ᄒ다(몽3)	09y		提起　--ᄒ다(몽1)	19y
懈怠　--ᄒ다(동1)	24y		提起　--ᄒ다(동1)	24z
性惡　--ᄒ다(몽1)	18y		微笑　--ᄒ다(몽3)	10y
性惡　--ᄒ다(동1)	23y		誣害　--ᄒ다(동1)	26y

誣害 --ᄒ다(몽1)	20y	
陷害 --ᄒ다(몽3)	10z	
仰天大笑 ----ᄒ다(동1)	25z	
支離 --ᄒ다(몽3)	10y	
冷笑 --ᄒ다(몽1)	19z	
冷笑 --ᄒ다(동1)	25z	
離間 --ᄒ다(동1)	26y	
謗訕 誹謗ᄒ다?(몽1)	20y	
說漢話 漢語ᄒ다(동1)	24z	
說漢話 漢語ᄒ다(몽1)	18z	
說蒙古話 蒙語ᄒ다(동1)	24z	
說蒙古話 蒙語ᄒ다(몽1)	18z	
說滿洲話 淸語ᄒ다(동1)	24z	
說滿洲話 淸語ᄒ다(몽1)	18z	
粧聾 聽而不聞ᄒ다(동1)	25y	
喧嚷 喧嘩ᄒ다(동1)	26y	
喧嚷 喧嘩ᄒ다(몽1)	19z	

[人 事]

寵 -(동1)	31z
警戒 --(몽1)	25y
狂忘 --(몽3)	14z
龐 -(몽1)	24y
情願 --(동1)	34y
體面 --(동1)	32y
體面 --(몽1)	24z
安分 --ᄒ다(몽3)	13z
昂然 --ᄒ다(몽3)	14z
逼迫 --ᄒ다(몽1)	25y
逼迫 --ᄒ다(동1)	33y
惻隱 --ᄒ다(동1)	31z
惻隱 --ᄒ다(몽1)	24y

懲戒 --ᄒ다(동1)	32z
懲戒 --ᄒ다(몽1)	25y
寵愛 --ᄒ다(동1)	31z
慈愛 --ᄒ다(몽3)	13y
慈愛 --ᄒ다(동1)	31z
玷辱 --ᄒ다(몽3)	14y
諫 -ᄒ다(동1)	31z
飜覆 --ᄒ다(몽3)	14z
泛濫 --ᄒ다(동1)	32z
撫恤 --ᄒ다(동1)	31z
撫恤 --ᄒ다(몽1)	24y
感激 --ᄒ다(몽1)	24z
感激 --ᄒ다(동1)	31z
恭順了 --ᄒ다(동1)	31z
恭順了 --ᄒ다(몽1)	24z
和合 --ᄒ다(몽3)	13y
厚待 --ᄒ다(몽3)	13y
檢擧 --ᄒ다(동1)	33y
檢擧 --ᄒ다(몽1)	25y
簡約 --ᄒ다(몽3)	13z
諫 -ᄒ다(몽1)	24z
莭用 --ᄒ다(동1)	32y
節儉 --ᄒ다(몽3)	13z
節用 --ᄒ다(몽1)	24z
竭力 --ᄒ다(동1)	32z
齟齬 --ᄒ다(동1)	34y
眷戀 --ᄒ다(몽1)	24y
眷戀 --ᄒ다(몽1)	34y
可憐 --ᄒ다(동1)	31z
可憐 --ᄒ다(몽1)	24y
懇求 --ᄒ다(동1)	34y
漏泄 --ᄒ다(동1)	33y
藐視 --ᄒ다(몽3)	14y
平安 --ᄒ다(동1)	32y

謙讓	--ᄒ다(동1)	32y
謙讓	--ᄒ다(몽1)	24z
謙遜	--ᄒ다(몽3)	13y
親愛	--ᄒ다(동1)	31z
親愛	--ᄒ다(몽1)	24y
親熟	--ᄒ다(몽3)	13y
輕佻	--ᄒ다(몽3)	14z
榮親	--ᄒ다(동1)	31y
榮親	--ᄒ다(몽3)	12z
擅斷	--ᄒ다(동1)	32z
擅斷	--ᄒ다(몽1)	24z
傷損	--ᄒ다(몽3)	14z
奢侈	--ᄒ다(동1)	32y
失禮	--ᄒ다(동1)	32z
食言	--ᄒ다(동1)	33z
損人利己	----ᄒ다(몽3)	14z
推托	--ᄒ다(몽1)	25y
推托	--ᄒ다(동1)	32z
罔知所措	----ᄒ다(동1)	34y
慰勞	--ᄒ다(동1)	31z
慰勞	--ᄒ다(몽1)	24z
相熟	--ᄒ다(몽3)	13y
養親	--ᄒ다(몽3)	12z
養親	--ᄒ다(동1)	31y
遺漏	--ᄒ다(동1)	33y
優待	--ᄒ다(동1)	31z
友愛	--ᄒ다(동1)	31z
友愛	--ᄒ다(몽1)	24y
迁濶	--ᄒ다(몽3)	14z
悅親	--ᄒ다(몽3)	12z
冷淡	--ᄒ다(몽3)	14y
走風	漏泄ᄒ다(몽1)	25y
捨臉	冒沒廉恥ᄒ다(동1)	32z
行淸廉	淸廉ᄒ다(동1)	32y

尋尋	求ᄒ다(동1)	34y
守寡	守節ᄒ다(동1)	32y
兄兄	兄노릇ᄒ다(동1)	31y
長長	兄으로셤기다(동1)	31y

[政 事]

道	-(동1)	50z
道	-(몽1)	38z
道統	--(몽1)	38z
道統	--(동1)	50z
恩惠	--(동1)	50z
恩惠	--(몽1)	38z
法	-(동1)	50z
法	-(몽1)	38z
法度	--(동1)	50z
番	-(동1)	51z
番	-(몽1)	39z
風俗	--(동1)	51y
風俗	--(몽1)	38z
賦稅	--(몽1)	39z
賦稅	--(동1)	51z
公事	--(몽1)	39y
公事	--(동1)	51y
官差	--(동1)	51y
規矩	--(몽1)	38z
惠澤	--(동1)	51y
混沌	--(몽3)	18z
紀網	--(동1)	50z
紀網	--(몽1)	38z
敎化	--(동1)	50z
敎化	--(몽1)	38z
令	-(동1)	50z

令	-(몽1)	38z
權	-(몽1)	38z
權	-(동1)	50z
事情	--(동1)	51y
事務	--(몽1)	39y
事務	--(동1)	51y
私事	--(동1)	51y
太平	--(몽1)	39y
太平	--(동1)	51y
嚴肅	--(몽3)	18y
緣故	--(몽1)	39z
征代	--(몽3)	18y
政事	--(몽1)	38z
政事	--(동1)	50z
規矩	--(동1)	50z
繁冗	冗雜(몽3)	18z
處分	--ᄒ다(몽1)	39z
處分	--ᄒ다(동1)	51z
處置	--ᄒ다(동1)	52y
處置	--ᄒ다(몽1)	39z
代番	--ᄒ다(동1)	51z
譏察	--ᄒ다(동1)	51z
禁了	--ᄒ다(동1)	50z
禁了	--ᄒ다(몽1)	
闖番	--ᄒ다(동1)	51z
闖番	--ᄒ다(몽1)	39z
使喚	--ᄒ다(몽3)	18z
向化	--ᄒ다(동1)	50z
巡察	--ᄒ다(몽1)	39y
巡察	--ᄒ다(동1)	51z
巡邏	--ᄒ다(동1)	51z
嚴	-ᄒ다(동1)	50z
嚴	-ᄒ다(몽1)	38z
議處	--ᄒ다(동1)	51z

議處	--ᄒ다(몽1)	39z
因番	--ᄒ다(동1)	51z

[樂 器]

簧	-(동1)	53z
琵琶	--(동1)	53y
琵琶	--(몽1)	41y
笙	-(동1)	53z
石磬	--(동1)	53z
石磬	--(몽1)	41y
太平嘯	---(동1)	53z

[匠 器]

廣頭釘	---(동2)	17z
三楞針	---(몽3)	26y
陽刻	--ᄒ다(동2)	18z

[國 號]

蔡	-(동2)	32y
曹	-(동2)	32y
朝鮮	-(몽2)	28y
朝鮮	--(동2)	32z
陳	-(동2)	32y
楚	-(동2)	32z
楚	-(몽2)	28y
高麗	--(동2)	32z
高麗	--(몽2)	28z
韓	-(동2)	32z
韓	-(몽2)	28y

漢 -(몽2)	28y	燕 -(동2)	32z
漢 -(동2)	32y	野人 --(몽2)	28z
漢人 --(몽2)	28z	野人 --(동2)	32z
晉 -(몽2)	28y	殷 -(몽2)	27z
晉 -(동2)	32y	殷 -(동2)	32y
魯 -(몽2)	28y	虞 -(동2)	32y
魯 -(동2)	32y	虞 -(몽2)	27z
滿洲 --(몽2)	28z	元 -(몽2)	28y
滿洲 --(동2)	32z	元 -(동2)	32z
蒙古 --(몽2)	28z	越 -(몽2)	28y
蒙古 --(동2)	32z	越 -(동2)	32y
明 -(동2)	32z	趙 -(몽2)	28y
明 -(몽2)	28y	趙 -(동2)	32z
齊 -(몽2)	28y	鄭 -(몽2)	28y
齊 -(동2)	32z	鄭 -(동2)	32y
秦 -(몽2)	28y	周 -(동2)	32y
秦 -(동2)	32y	周 -(몽2)	27z
蜀 -(동2)	32z	猺子 --(동2)	32z
蜀 -(몽2)	28y	猺子 --(몽2)	28z
宋 -(몽2)	28y		
宋 -(동2)	32y		
隨 -(몽2)	28y		
隨 -(동2)	32y	**[瑣 說]**	
唐 -(몽2)	28y		
唐 -(동2)	32y	八字 --(동2)	58z
滕 -(동2)	32z	報應 --(동2)	56y
衛 -(몽2)	28y	報應 --(몽2)	47z
衛 -(동2)	32y	不勝 --(몽3)	40z
魏 -(동2)	32z	不勝 --(동2)	61z
吳 -(몽2)	28y	不幸 --(동2)	58y
吳 -(동2)	32y	不幸 --(몽2)	49y
夏 -(동2)	32y	倉卒 --(몽2)	49y
夏 -(몽2)	27z	倉卒 --(동2)	58y
燕 -(몽2)	28y	草率 --(몽3)	39z
		層層 --(몽2)	44z

層層	--(동2)	52z	緩急	--(몽2)	49y
差錯	--(몽2)	49z	慌忙	--(동2)	52z
差錯	--(동2)	60y	惶忙	--(몽2)	44y
逞强	--(역3)	52z	混沌	--(동2)	58y
赤身	--(몽3)	37z	或	-(몽2)	40y
存亡	--(동2)	51y	或	-(동2)	47z
存匸	--(몽2)	43y	機會	--(동2)	53y
沓沓	--(동2)	57y	機會	--(몽2)	44z
大槪	--(동2)	47y	機微	--(동2)	53y
大槪	--(몽2)	39z	吉兆	--(동2)	53y
單傳	--(역2)	49z	吉兆	--(몽2)	44z
當初	--(몽2)	39z	急迫	--(몽3)	36z
當初	--(동2)	47y	寂寂	--(몽2)	48z
等	-(동2)	53y	寂寂	--(동2)	57y
等	-(몽2)	44z	間或	--(동2)	47z
疊疊	--(몽2)	44z	將次	--(몽3)	40z
疊疊	--(동2)	52z	將次	--(동2)	61z
多謝	--(역2)	49y	將來	--(몽2)	39z
煩雜	--(동2)	58y	將來	--(동2)	47y
紛紛	--(몽2)	48z	謹封	--(몽3)	40z
紛紛	--(동2)	57y	謹封	--(동2)	60z
紛紜	--(동2)	57y	經論	--(동2)	58z
夫馬	--(동2)	60z	景	-(동2)	61y
耿耿	--(동2)	57y	涓涓	--(동2)	57z
耿耿	--(몽2)	48z	馬夫	--(동2)	60z
苟且	--(몽3)	40y	盟誓	--(역2)	45z
怪石	--(동2)	59z	朦朧	--(몽2)	49y
官馬	--(몽2)	50y	朦朧	--(동2)	58z
官馬	--(동2)	60z	偶然	--(몽2)	48z
貴庚	--(몽2)	50z	偶然	--(동2)	58y
果然	--(동2)	57z	沛然	--(몽2)	48z
果然	--(몽2)	48z	沛然	--(동2)	57z
浩浩	--(동2)	57z	飄然	--(동2)	58y
緩急	--(동2)	58z	平生	--(동2)	58z

平生	--(몽2)	49y	一段	--(동2)	59y
清寒	--(몽2)	48z	依然	--(동2)	58y
清寒	--(동2)	57z	已上	--(동2)	51y
頃刻	--(동2)	47z	已下	--(동2)	51y
頃刻	--(몽2)	40y	以上	--(몽2)	43y
却說	--(몽3)	40z	以下	--(몽2)	43y
却說	--(동2)	60z	異端	--(몽3)	36z
荏苒	--(동2)	57y	異端	--(동2)	58y
日後	--(몽3)	40z	意外	--(몽2)	49y
冗雜	--(몽3)	40y	意外	--(동2)	58z
事蹟	--(동2)	58z	永永	--(몽2)	41y
貪汚	--(몽3)	36z	永永	--(동2)	48z
天數	--(몽2)	45y	優劣	--(몽2)	49y
頭口	--(역2)	48z	優劣	--(동2)	58z
頭目	--(몽3)	40z	有益	--(몽2)	48y
萬一	--(몽2)	40y	元年	--(몽2)	43y
文采	--(몽2)	49z	元年	--(동2)	51y
文采	--(동2)	59z	緣故	--(동2)	59z
顯然	--(동2)	56y	約束	--(동2)	56z
顯然	--(몽2)	47z	皂隸	--(동2)	61y
祥瑞	--(몽2)	44z	自然	--(몽2)	48z
祥瑞	--(동2)	53y	自然	--(역3)	53y
消息	--(동2)	57y	自然	--(동2)	58y
消息	--(몽2)	48y	左道	--(동2)	58y
蕭蕭	--(동2)	57y	狼狽	--(몽2)	49y
蕭蕭	--(몽2)	48z	狼狽	--(동2)	58z
效驗	--(몽3)	40y	碌碌	--(동2)	57y
行李	--(동2)	58z	碌碌	--(몽2)	48z
行狀	--(동2)	58z	廉恥	--(몽3)	36z
虛踈	--(동2)	61y	利益	--(동2)	56z
許多	--(몽3)	38z	愛殺	上全(愛疼)(역2)	46y
許多	--(동2)	59y	反悔	上全(懊悔)(역2)	44y
要緊	--(몽2)	50z	裝扮	上全(扮做)(역2)	45z
一段	--(몽3)	40z	斬新	上全(劃新)(역2)	45y

昂然	--ㅎ다(동2)	58y	忽然	--히(동2)	49y
不可	--ㅎ다(몽2)	49y	忽然	--히(몽2)	41y
不可	--ㅎ다(동2)	59y	吉	-ㅎ다(동2)	53z
殘傷	--ㅎ다(동2)	59y	吉	-ㅎ다(몽2)	45y
草率	--히(동2)	58y	兼	-ㅎ다(몽2)	49y
沉惑	--ㅎ다(몽2)	48z	艱窘	--ㅎ다(몽3)	37y
猝然	--히(동2)	49y	健壯	--ㅎ다(몽3)	40y
大過	--히(몽3)	38z	閒暇	--ㅎ다(동2)	61y
大過	--히(동2)	48z	盡	-ㅎ다(몽2)	51y
當	-ㅎ다(동2)	60z	抗拒	--ㅎ다(몽3)	36y
當	-ㅎ다(몽2)	50y	可	-ㅎ다(몽2)	49y
倒懸	--ㅎ다(몽2)	49y	可	-ㅎ다(동2)	59y
倒懸	--ㅎ다(동2)	58z	可憐	--ㅎ다(역2)	43z
得名	--ㅎ다(몽2)	45y	困窮	--ㅎ다(몽3)	37z
繁盛	--ㅎ다(동2)	60z	懶惰	--ㅎ다(몽3)	36z
彷佛	--ㅎ다(동2)	53y	離異	--ㅎ다(동2)	60z
彷佛	--ㅎ다(몽2)	44z	臨	-ㅎ다(몽2)	50y
訪問	--ㅎ다(몽3)	36y	臨	-ㅎ다(동2)	60z
非常	--ㅎ다(몽2)	50z	飄然	--ㅎ다(몽3)	40y
非常	--ㅎ다(동2)	61y	凄凉	--ㅎ다(몽2)	48z
廢	-ㅎ다(동2)	51y	凄凉	--ㅎ다(동2)	57z
廢	-ㅎ다(몽2)	43y	期約	--ㅎ다(동2)	56z
分明	--ㅎ다(역2)	45y	遷延	--ㅎ다(몽2)	50y
紛散	--ㅎ다(동2)	61y	遷延	--ㅎ다(동2)	60z
伏聞	--ㅎ다(몽2)	49z	全備	--ㅎ다(동2)	61z
伏聞	--ㅎ니(동2)	59z	全備	--ㅎ다(몽2)	51y
怪異	--ㅎ다(동2)	58y	權變	--ㅎ다(몽3)	36y
寒心	--ㅎ다(몽2)	48z	擅斷	--ㅎ다(역3)	52z
寒心	--ㅎ다(동2)	57z	沈惑	--ㅎ다(동2)	58y
合	-ㅎ다(동2)	58z	生望	--ㅎ다(몽3)	37z
合	-ㅎ다(몽2)	49y	收拾	--ㅎ다(역2)	45z
恒習	--ㅎ다(동2)	60y	守寡	--ㅎ다(역2)	49z
橫行	--ㅎ다(몽2)	50z	踈遠	--ㅎ다(동2)	59z
橫行	--ㅎ다(동2)	61y	衰殘	--ㅎ다(동2)	59y

衰殘 --ㅎ다(몽2)	49y	至極 --ㅎ다(몽2)	41y
特別 --히(동2)	53y	至極 --히(동2)	48z
特別 --이(몽2)	44z	中道而廢 ----ㅎ다(동2)	51y
停當 --ㅎ다(역3)	54y	中途而廢 ----ㅎ다(몽2)	43y
統一 --ㅎ다(몽2)	43y	屬 -ㅎ다(몽2)	50y
統一 --ㅎ다(동2)	50z	屬 -ㅎ다(동2)	60z
爲頭 --ㅎ다(역3)	54z	仔細 --ㅎ다(역2)	45y
爲頭 --ㅎ다(동2)	60y	襤褸 --ㅎ다(몽3)	37z
爲頭 --ㅎ다(몽2)	50y	未乳 生産못ㅎ다(역3)	56z
畏避 --ㅎ다(몽3)	36z	根子大 世族엣사롬(역2)	52y
稀踈 --ㅎ다(동2)	58z	租錢 貰갑ᄂᆞᆫ갑(역2)	47y
向化 --ㅎ다(몽3)	36y	租來 貰내다(역2)	47y
消滅 --ㅎ다(몽2)	50z	陰了水 墨디다(역2)	47y
消滅 --ㅎ다(동2)	61z	被人看破 圖謀ㅎᄂᆞᆫ일을	
泄精 --ㅎ다(동2)	59z	사롬의게잡히이다(역2)	53z
辛苦 --ㅎ다(몽2)	49y	嚇的發怔 罔知所措ㅎ다(몽3)	37z
辛苦 --ㅎ다(동2)	58y	俏語 文字로加減ㅎ여ㅎᄂᆞᆫ혈믯말(역2)	
興起 --ㅎ다(동2)	53z		47y
興起 --ㅎ다(몽2)	45y	送東西 物件보내다(동2)	52y
凶 -ㅎ다(몽2)	45y	抽分了 物件數대로稅밧다(역2)	53y
凶 -ㅎ다(동2)	53z	拈抽 物件ᄂᆞᆫ호ᄂᆞᆫ더져비잡다(역2)	46y
要緊 --ㅎ다(동2)	61y	對不着 相合디못ㅎ다(역2)	52y
移居人 --ㅎᄂᆞᆫ이(역2)	51y	對頭 相合디못ㅎ다(역2)	48y
因 -ㅎ여(몽2)	51y	房分中 一家人ᄉᆞ이(역3)	58z
陰乾 --ㅎ다(동2)	55z	好機口 應口捷對ㅎ다(역3)	57z
陰乾 --ㅎ다(몽2)	47y	拈鬮 雜技ㅎᄂᆞᆫ더져비잡다(역2)	46y
壅滯 --ㅎ다(몽3)	38y	回頭人 再嫁ㅎ계집(역3)	58y
有益 --ㅎ다(동2)	57y	坐名要人 指名ㅎ여사롬춧다(역3)	60y
預備 --ㅎ다(역3)	54z	沉朶子 重ㅎ짐(역2)	50y
預度 --ㅎ다(몽2)	50y	和動 周旋ㅎ다(역2)	44z
預度 --ㅎ다(동2)	60z	屬子的 子生이라(동2)	61z
震動 --ㅎ다(동2)	60z	屬子的 子生이라(몽2)	50z
震動 --ㅎ다(몽2)	50y	咬牙 切齒ㅎ다(역2)	49z
正 -히(몽2)	42z	輕朶子 輕ㅎ짐(역2)	50y

尋尋	求ᄒ다(몽2)	47z	緊勾當	急ᄒ일(역2)	53y
三停	三分ᄒ다(역2)	50y	重漆油	加漆ᄒ다(몽3)	39z
力量大	力量크다(역3)	57y	餞行	餞送ᄒ다(역2)	46y
春帖	立春ㅅ글(동2)	60z	搶了	劫奪ᄒ다(역2)	47z
壞了家門	가문을敗壞ᄒ다(역2)	54y	巡風的	일偵探ᄒᄂ이(역3)	58y
替身定者	구실에代身보내다(역2)	53z	抽豊	救窮ᄒ다(역2)	48z
變化了	變化ᄒ다(동2)	56z	色絲子女	絶好ᄒ다(역3)	62y
窖氷	藏氷ᄒ다(역2)	48y	休出	離異ᄒ다(몽3)	36z
償命	代殺ᄒ다(역2)	49z	粗糙	鹿鹵ᄒ다(역3)	52y
護短	短處뿔이다(역3)	52y	捨臉	冒沒廉異uᄒ다(몽3)	37y
走了風	말漏說ᄒ다(역2)	52y	斷送了	命을끈타(역2)	53y
脫落	凡物집의빠지다(동2)	61y	那一那	那移ᄒ다(역2)	51z
壯大	凡物--ᄒ다(몽3)	38z	懼內	內政저히ᄒ다(역2)	48z
兩面刀	反覆唆說ᄒ다(역2)	52y	一遭跌挫	ᄒ번구러뎌挫氣ᄒ다(역2)	54y

[ㄱ]

▷ 가개(역1)가게　17z(궁궐)
　가가(동1)가게　35y(궁궐)
　가가(역3)가게　13y(궁궐)
　가가(왜1)가게　32z(궁궐)
　가가(몽1)가게　26z(궁궐)
▷ 가게ᄒ다(몽3)가게 하다　37y(쇄설)
▷ 가계어(왜2)家鷄魚　25y(수족)
▷ 가긔(왜2)장기를 빌다　20z(기희)
▷ 가난(동2)가난　28z(매매)
　가난(몽2)가난　23y(매매)
▷ 가난ᄒ다(동2)가난하다　28z(매매)
　가난ᄒ다(왜1)가난하다　57y(매매)
　가난ᄒ다(몽2)가난하다　23y(매매)
　가난ᄒ다(몽3)가난하다　37z(쇄설)
▷ 가ᄂ겨리(동1)가는 결에　27z(동정)
　가ᄂ결(몽1)가는 결에　23y(동정)
▷ 가다(역1)가다　39z(기식)
　가다(역2)가다　51y(쇄설)
　가다(동1)가다　27y(동정)
　가다(역3)가다　07z(궁궐)
　가다(왜1)가다　29z(동정)
　가다(몽1)가다　20z(동정)
　가다(몽3)가다　16z(성곽)
▷ 가도다(역1)가두다　66z(형옥)
　가도다(동2)가두다　31y(형옥)
　가도다(왜1)가두다　54y(형옥)
　가도다(몽2)가두다　25z(형옥)

▷ 가ᄃ(몽3)까닭　29z(쟁송)
▷ 가라몰(역2)가라말　28z(주수)
　가라몰(동2)가라말　37z(주수)
　가라몰(몽2)가라말　31y(주수)
▷ 가락(동2)가락(물레～)　18y(장기)
　가락(몽2)가락(물레～)　13z(장기)
▷ 가락지(역1)가락지　44z(복식)
　가락지(동1)가락지　55y(소세)
　가락지(몽1)가락지　42z(소세)
▷ 가랏돗(역1)가랫톳　62y(질병)
▷ 가랑나모(역2)참나무　42y(수목)
▷ 가련(왜2)가련하다　47z(쇄설)
▷ 가름길(동1)갈림길　41z(성곽)
　가름길(몽1)갈림길　31z(성곽)
▷ 가름끠업슨것(역2)기름끼없는것54y(쇄설)
▷ 가리(역1)가리　23z(전어)
　가리(몽3)가리　22y(전어)
▷ 가리다(몽3)가리다, 쌓다　39y(쇄설)
▷ 가리맛(역2)가리맛　37z(수족)
▷ 가리뼈(역1)갈비뼈　35z(신체)
　가리뼈(동1)갈비뼈　17y(신체)
　가리뼈(몽1)갈비뼈　14y(신체)
▷ 가리질ᄒ다(몽3)가리질하다　22y(전어)
▷ 가리운몰(역2)海騮馬　29y(주수)
▷ 가림자(역3)가리마　21z(신체)
▷ 가ᄅ다디(역1)쌍바라지　18y(궁궐)
▷ 가릭(역2)가래　21z(주강)

가리(동1)가래 08z(지리)
가래(동2)가래 18y(장기)
가래(왜2)가래 17y(기구)
가래(몽2)가래 13z(장기)
▷ 가래(몽3)가래 23z(식이)
▷ 가래나모(몽3)가래나무 34z(수목)
▷ 가마(역2)가마 13y(기구)
가마(동2)가마 14z(기구)
가마(왜2)가마 14z(기구)
가마(몽2)가마 10z(기구)
▷ 가마괴(역2)까마귀   비금)
가마괴(동2)까마귀 35z(비금)
가마괴(왜2)까마귀 22y(비금)
가마귀(몽2)까마귀 29z(비금)
▷ 가마두에(동2)가마뚜껑 14z(기구)
가마두에(몽2)가마뚜껑 10z(기구)
▷ 가마종이(역2)까마종이 41z(화초)
가마종이(역3)까마종이 51y(화초)
▷ 가마오디(역2)가마우지 27y(비금)
가마오지(동2)가마우지 34z(비금)
가마오지(역3)가마우지 48y(비금)
가마오지(몽2)가마우지 29y(비금)
▷ 가몰치(동2)가물치 41z(수족)
▷ 가므다(역2)검다 10y(화곡)
▷ 가믈(몽3)가물 33y(주수)
▷ 가믈티(역2)가물치 37y(수족)
가믈치(몽3)가물치 33z(수족)
▷ 가부(왜1)가부,옳고그른것 26z(언어)
▷ 가비야이(몽3)가벼이 14y(인사)
▷ 가비얍다(동2)가볍다 22z(산술)
가비야올(왜2)가벼울(가볍다) 32y(쇄설)
가비얍다(몽2)가볍다 18y(산술)
▷ 가사(왜1)가사 53z(사관)
▷ 가석(왜2)가석하다   쇄설)

▷ 가세(왜1)가세 56z(매매)
▷ 가스ᄒ다(동1)노래하다 54y(악기)
가스ᄒ다(몽1)노래하다 41z(악기)
▷ 가슴(역1)가슴 35z(신체)
가슴(동1)가슴 16z(신체)
가슴(동2)가슴 07y(질병)
가슴(역3)가슴 34z(질병)
가슴(왜1)가슴 18y(신체)
가슴(몽1)가슴 13z(신체)
가슴(몽2)가슴 06y(질병)
가슴(몽3)가슴 08y(기식)
▷ 가슴거리(역2)가슴걸이 20z(안비)
가슴거리(동2)가슴걸이 20y(안비)
가슴거리(몽2)가슴걸이 15z(안비)
▷ 가싀(역2)가시 54y(쇄설)
가싀(동1)가시 63z(식이)
가싀(동2)가시 09y(질병)
가싀(왜2)가시 29y(수목)
가싀(몽1)가시 49z(식이)
가싀(몽2)가시 07y(질병)
▷ 가싀다(동2)가시다,고쳐지다 16z(기구)
가싀다(몽3)가시다,고쳐지다 26y(기구)
▷ 가자미(역2)가재미 38z(수족)
가자미(동2)가재미 41z(수족)
가잠이(몽2)가재미 34z(수족)
▷ 가쟝인체ᄒ다(역3)
가장인체 하다 57y(쇄설)
▷ 가져가다(역1)가져가다 24y(관역)
가져가다(역2)가져가다 52z(쇄설)
가져가다(동2)가져가다 52y(쇄설)
가져가다(몽1)가져가다 23y(동정)
▷ 가죽(역1)가죽 47y(복식)
가죽(동1)가죽 17z(신체)
가죽(동2)가죽 40z(주수)

가족(역3)가죽 49y(주수)

가족(왜1)가죽 18z(신체)

가족(몽1)가죽 14y(신체)

가족(몽2)가죽 34y(주수)

가족(몽3)가죽 33z(주수)

▷ 가족씌(역1)가죽띠 45z(복식)

▷ 가족쳥(역1)가죽양말 46y(복식)

가족쳥(역3)가죽양말 29z(복식)

▷ 가족오리(동2)가죽오리 41y(주수)

가족오리(몽2)가죽오리 34y(주수)

▷ 가지(역2)가지 11z(채소)

가지(동2)가지 04y(채소)

가지(왜2)가지 05z(채소)

가지(몽2)가지 03z(채소)

▷ 가지(동2)나무가지 45y(수목)

가지(몽2)나무가지 37z(수목)

가지(몽3)나무가지 34z(수목)

가지(왜2)나무가지 29y(수목)

▷ 가지다(동2)가지다 52y(쇄설)

가지다(몽1)가지다 23y(동정)

가지다(왜1)가지다 30z(동정)

가지다(몽3)가지다 28z(매매)

▷ 가질나가다(2)가지러 가다 52y(쇄설)

▷ 가즉(동1)가자(告命) 39y(관직)

가즉(몽1)가자(誥命) 29y(관직)

▷ 가재(역2)가재 38z(수족)

가재(동2)가재 42z(수족)

가지(역3)가재 50z(수족)

가재(몽2)가재 35y(수족)

▷ 가치(역2)까치 27z(비금)

가치(동2)까치 35z(비금)

가치(왜2)까치 22y(비금)

가치(몽2)까치 29z(비금)

▷ 가탁(왜1)빗대다, 빌다 7y(언어)

▷ 가탈ᄒ눈물(역2)가탈거리는 말 29z(주수)

▷ 가플(왜1)갚을(갚다) 56z(매매)

▷ 가프ᄅ다(역1)가파르다 06z(지리)

▷ 가흠(왜1)하품 20z(기식)

▷ 가히다(역1)개이다 47z(복식)

가히다(역3)개이다 30y(복식)

▷ 가희(역1)개 31z(마욕)

▷ 가희삿기(역1)개새끼 32z(마욕)

▷ 가화(왜2)가짜꽃 30z(화초)

▷ 가얌(역1)개암 55z(식이)

가얌(동2)개암 05z(식이)

가얌(몽2)개암 04z(식이)

▷ 가업(동2)가업 28y(매매)

가업(몽2)가업 23y(매매)

▷ 가오리(역2)가오리 37z(수족)

가오리(동2)가오리 41z(수족)

가오리(몽3)가오리 33z(수족)

▷ 가온대(동1)가운데 09z(지리)

가온디(왜1)가운데 12y(지리)

가온대(몽1)가운데 08y(지리)

▷ 가유ᄒ다(동2)기름을 가하다 27y(직조)

가유ᄒ다(역3)기름을 가하다 46y(기구)

▷ 가옴여다(동2)부유하다 28z(매매)

가옴여다(왜1)부유하다 57y(매매)

가옴여다(몽2)부유하다 23y(매매)

가얌여다(몽3)부유하다 37y(쇄설)

▷ 가외(역1)추석 05y(시령)

▷ 가의질ᄒ다(동1)가위질하다 57y(복식)

가이질ᄒ다(몽3)가위질하다 20y(복식)

▷ 가외(역2)가위 16y(기구)

가이(동2)가위 18y(장기)

가이(몽2)가위 14y(장기)

▷ 가이사복(몽3)가위자새 26y(장기)

▷ 각각(동2)각각 52z(쇄설)

각(왜1)각각(各) 29y(어사)
각각(몽2)각각 44z(쇄설)
▷ 각기소리(역3)갓괴 44z(기구)
▷ 각괴(몽3)까뀌 26y(장기)
▷ 각다(동2)깎다 06y(식이)
각다(몽2)깎다 05y(식이)
▷ 각다(역2)넓다 06y(재봉)
▷ 각마(왜1)발 저리다 51y(질병)
▷ 각시(역1)각시 27y(존비)
각시(왜1)각시 14z(친속)
▷ 각지(역1)각지 22z(군기)
각지(동1)각지 48y(군기)
각지(왜1)각지 41z(군기)
각지(몽1)각지 36z(군기)
▷ 각쳐(몽3)여러 곳 35z(쇄설)
▷ 간(역2)간 25z(비금)
간(동1)간 17z(신체)
간(왜1)간 19y(신체)
간(몽1)간 14y(신체)
▷ 간고어(왜2)乾古魚 26y(수족)
▷ 간곳마다(역3)가는 곳마다 61y(쇄설)
▷ 간계부리다(동1)간계를 부리다 24y(성정)
▷ 간다개(역2)(마소의)배띠 21y(안비)
간지개(몽3)(마소의)배띠 27z(안비)
▷ 간대로(역1)간대로 32y(마욕)
간대로(역2)간대로 46y(쇄설)
간대로(동2)간대로 49y(쇄설)
간대로(역3)간대로 54y(쇄설)
간대로(몽2)간대로 41y(쇄설)
간대로(몽3)간대로 40z(쇄설)
▷ 간련ᄒ다(역1)간련하다   66y(쟁송)
▷ 간마기(동2)간막이 55y(쇄설)
간막이(역3)간막이 44z(기구)
간막이(몽2)간막이 46z(쇄설)

▷ 간막다(동2)사이를 막다 55y(쇄설)
간막다(몽2)사이를 막다 46z(쇄설)
간막다(몽3)사이를 막다 25z(기구)
▷ 간사(동1)간사하다 24y(성정)
간사(왜1)간사하다 25y(성정)
간사(몽1)간사하다 18z(성정)
▷ 간사ᄒ다(역1)간사하다 29y(인품)
▷ 간사이구다(동1)간사하게 굴다 24y(성정)
▷ 간섭(동2)간섭 50y(쇄설)
간섭(몽2)간섭 42z(쇄설)
▷ 간섭지아니타(동2)간섭하지않다50y(쇄설)
간섭지아니타(몽2)간섭하지않다42z(쇄설)
▷ 간섭홈이잇다(몽3)간섭함이있다40z(쇄설)
▷ 간쟈(역2)간자말 29y(주수)
간쟈물(동2)간자말 37z(주수)
간쟈물(역3)간자말 48z(주수)
간쟈물(몽2)간자말 31z(주수)
▷ 간정ᄒ다(몽3)깨끗하다 41y(쇄설)
▷ 간직ᄒ다(동1)간직하다 30z(동정)
간직ᄒ다(몽1)간직하다 23y(동정)
▷ 간질(왜1)간질, 지랄병 51y(질병)
간질(몽3)간질, 지랄병 23z(질병)
▷ 간ᄒ다(왜1)간하다 26z(언어)
▷ 간악(왜1)간악하다 24z(성정)
▷ 갇가올(왜2)가까울(가깝다) 32z(쇄설)
▷ 갈(왜2)갈(갈다) 03y(전농)
▷ 갈고리(역1)갈구리 22y(군기)
갈고리(역2)갈구리 16z(기구)
갈고리(동2)갈구리 13y(전어)
갈구리(왜2)갈구리 17y(기구)
갈고리(몽1)갈구리 50z(전어)
▷ 갈기(동2)갈기 38y(주수)
갈기(왜2)갈기 24z(주수)
갈기(몽2)갈기 31z(주수)

▷ 갈라지다(역3)갈라지다   06y(지리)

▷ 갈래(역3)갈래   06z(지리)

▷ 갈분(왜1)갈분   48z(식이)

▷ 갈지게(역2)독수리   26y(비금)

▷ 갈키(동2)갈퀴   16z(기구)

　갈키(역3)갈퀴   44y(기구)

　갈키(몽2)갈퀴   12z(기구)

▷ 갈키질ᄒ다(동2)갈퀴질하다   16z(기구)

　갈키질ᄒ다(몽2)갈퀴질하다   12z(기구)

▷ 갈티(역2)칼치   38y(수족)

▷ 갈ᄒ다(왜1)갈증나다   50y(식이)

▷ 갈외(역2)가뢰   35y(곤충)

　갈외(동2)가뢰   43y(곤충)

　갈외(몽2)가뢰   35z(곤충)

▷ 감(역1)감   55y(식이)

　감(동2)감   05y(식이)

　감(몽2)감   04z(식이)

▷ 감곽(왜2)甘藿   06z(채소)

▷ 감다(동1)감다   47z(군기)

　감다(동2)감다   25z(직조)

　감다(역3)감다   16y(군기)

　감다(몽2)감다   20z(직조)

　감다(몽3)감다   28y(직조)

▷ 감ᄉ(왜1)감사   36y(관직)

▷ 감쟝(왜1)감장   48y(식이)

▷ 감쥬(동1)감주   60z(식이)

　감쥬(몽1)감주   47z(식이)

▷ 감질(역1)감질   63y(질병)

▷ 감죄ᄒ다(몽3)감죄하다   29z(쟁송)

▷ 감차할비단(역2)다갈색 비단   04y(직조)

▷ 감초다(몽1)감추다   23y(동정)

▷ 감토(역1)감투   43z(복식)

　감토(동1)감투   55z(복식)

　감토(역3)감투   16y(군기)

　감토(몽1)감투   43y(복식)

▷ 감티(왜2)감태   06z(채소)

▷ 감히(역2)감히   54y(쇄설)

　감히(동2)감히   50y(쇄설)

　감히(왜1)감히   28y(어사)

　감히(몽2)감히   42y(쇄설)

▷ 감인(역3)감인   36y(의약)

▷ 갑(동1)갑   44z(학교)

　갑(왜1)갑   07y(시령)

▷ 갑(역1)값   25y(창고)

　갑(동2)값   27y(매매)

　갑(역3)값   38y(매매)

　갑(왜1)값   56y(매매)

　갑(몽2)값   21z(매매)

▷ 갑과ᄒ다(동2)값이 높다   27y(매매)

　갑과ᄒ다(몽3)값이 높다   28z(매매)

▷ 갑노다(동2)값이 높다   27y(매매)

　갑노다(몽2)값이 높다   21z(매매)

▷ 갑다(동1)갚다   31z(인사)

　갑다(동2)갚다   56y(쇄설)

　갑다(역3)갚다   60y(쇄설)

　갑흘(왜2)갚을(갚다)   40z(쇄설)

　갑다(몽1)갚다   24z(인사)

　갑다(몽2)갚다   47z(쇄설)

▷ 갑쇠(역3)갑쇠   16y(군기)

▷ 갑졀(동2)갑절   27y(매매)

　갑졀(역3)갑절   38y(매매)

　갑졀(왜1)갑절   56y(매매)

　갑졀(몽2)갑절   22y(매매)

▷ 갑졍ᄒ다(역3)값을 정하다   38y(매매)

▷ 갑쳐주다(역3)값을 쳐주다   61y(쇄설)

▷ 갑치다(몽3)가격을 쳐보다   28z(매매)

▷ 갑풀(왜1)꺼풀   40z(군기)

▷ 갑옷(동1)갑옷   47z(군기)

갑옷(역3)갑옷   16y(군기)
갑온(왜1)갑옷   40z(군기)
갑옷(몽1)갑옷   36y(군기)
갑옷(몽3)갑옷   17z(군기)
▷ 갑옷린을(몽3)甲葉   17z(군기)
▷ 갓(역1)갓, 모자   67y(형옥)
갓(역2)갓, 모자   15y(기구)
갓(동1)갓, 모자   55z(복식)
갓(역3)갓, 모자   28z(복식)
간(왜1)갓, 모자   45z(복식)
갓(몽1)갓, 모자   43y(복식)
▷ 갓(역1)가죽   26z(사관)
갓(역2)가죽   20y(안비)
▷ 갓(역2)갓   11y(채소)
갓(동2)갓   04y(채소)
갓(몽3)갓   23y(채소)
▷ 갓가오다(동1)가깝다   42y(성곽)
갓가오다(몽1)가깝다   31z(성곽)
갓가오다(몽3)가깝다   16z(성곽)
▷ 갓갑다(동1)가깝다   41z(성곽)
갓갑다(몽1)가깝다   31z(성곽)
▷ 갓거리(역2)갓걸이   18z(기구)
▷ 갓동옷(동1)갓양태   56y(복식)
갓동옷(몽3)갓양태   19z(복식)
▷ 갓드르(역1)갓채양   44y(복식)
▷ 갓더우(역1)갓모자, 갓대우   44y(복식)
▷ 갓더웃골(역2)모자골   18z(기구)
▷ 갓모(역1)갓모   44y(복식)
갓모(역3)갓모   28z(복식)
▷ 갓끈(역1)갓긴   44y(복식)
갓끈(동1)갓긴   55z(복식)
갓끈(몽1)갓긴   43y(복식)
▷ 갓휘(동1)가죽장화   58z(복식)
갓휘(역3)가죽장화   29z(복식)

갓휘(몽1)가죽장화   45z(복식)
▷ 갓옷(역1)가죽옷   45z(복식)
갓옷(동1)가죽옷   56y(복식)
갓옷(역3)가죽옷   28z(복식)
간온(왜1)가죽옷   46y(복식)
갓옷(몽1)가죽옷   43z(복식)
갓옷(몽3)가죽   20y(복식)
▷ 강가(왜1)감가   56y(매매)
▷ 강궁(왜1)강궁   41y(군기)
▷ 강개(왜2)강개하다   44z(쇄설)
▷ 강권ᄒ다(몽3)강권하다   19y(례도)
▷ 강도(왜1)강도   16y(인품)
▷ 강믈(역1)강물   07z(지리)
▷ 강미(역3)학비   12z(학교)
▷ 강보(왜1)애기포대기   42z(잉산)
▷ 강ᄒ다(왜1)강하다   24y(성정)
▷ 강ᄒ다(역1)강의하다   15z(학교)
강ᄒ다(동1)강의하다   43z(학교)
강ᄒ다(왜1)강의하다   38y(학교)
강ᄒ다(몽1)강의하다   33y(학교)
▷ 강악히(몽3)강악하게   13z(인사)
▷ 강악히구다(동1)강악하게 굴다23y(성정)
▷ 강인(왜2)강인하다   46y(쇄설)
▷ 강잉ᄒ다(동2)강잉하다   06z(질병)
강잉ᄒ다(왜2)강잉하다   41z(쇄설)
강잉ᄒ다(몽2)강잉하다   05z(질병)
▷ 갸군ᄒ고티ᄂ나모(역1)몽둥이   67y(형옥)
▷ 거년(왜1)지난해   03z(시령)
▷ 거느리다(동2)거느리다   60y(쇄설)
거느리다(왜2)거느리다   33z(쇄설)
거느리다(몽2)거느리다   50y(쇄설)
▷ 거는(역3)거는(걸다)   55z(쇄설)
▷ 거다(역1)걸다   47z(복식)
거다(역2)걸다   22y(주강)

거다(동2)걸다   54y(쇄설)

거다(역3)걸다   55z(쇄설)

거다(몽2)걸다   46y(쇄설)

▷ 거동(역3)거동, 행동   60z(쇄설)

거동(왜1)거동   19z(신체)

▷ 거동ᄒ시다(역3)거동하시다   07z(궁궐)

▷ 거두다(동1)거두다   30z(동정)

거두다(역3)거두다   26z(동정)

거두다(몽1)거두다   23y(동정)

▷ 거두다(역1)거두다   69y(매매)

거두다(역2)거두다   09y(전농)

▷ 거두추다(동1)내려놓다   57z(복식)

거두치다(역3)내려놓다   29z(복식)

▷ 거두추다(몽3)젖혀두다   37y(쇄설)

▷ 거들(왜2)거둘(거두다)   04y(전농)

▷ 거듧(동2)거듭   52z(쇄설)

거듧(몽2)거듭   44y(쇄설)

▷ 거러가다(동1)걸어가다   26z(동정)

거러가다(몽1)걸어가다   20z(동정)

▷ 거러안ㅅ다(동1)끄러안다   26z(동정)

▷ 거르다(역1)거르다   53y(식이)

거르다(동1)거르다   60z(식이)

거르다(왜1)거르다   47z(식이)

거르다(몽1)거르다   47z(식이)

▷ 거름(동1)걸음   26z(동정)

거름(역3)걸음   61y(쇄설)

거름(왜1)걸음   29z(동정)

거름(몽1)걸음   20z(동정)

거름(몽3)걸음   11y(동정)

▷ 거름찔(역1)갈림길   07y(지리)

▷ 거리(역1)거리   68z(매매)

거리(동1)거리   41z(성곽)

거리(역3)거리   56z(쇄설)

거리(왜1)거리   08z(지리)

▷ 거림ᄒ다(역3)걸리다   59z(쇄설)

▷ 거마창(역3)

거마창, 가시울타리   17z(군기)

▷ 거만(왜1)거만   24z(성정)

▷ 거만ᄒ다(몽1)거만하다   18y(성정)

▷ 거머리(역2)거마리   36z(곤충)

거머리(동2)거마리   43z(곤충)

거머리(왜2)거마리   27y(곤충)

거머리(몽2)거마리   36y(곤충)

▷ 거머적(동1)柵木   50y(군기)

거머적(몽1)柵木   38y(군기)

▷ 거멀못(동2)꺾쇠   17z(장기)

거멀못(몽2)꺾쇠   13z(장기)

▷ 거믄고(동1)거문고   53y(악기)

거문고(왜1)거문고   43z(악기)

거믄고(몽1)거문고   41y(악기)

▷ 거믄(역2)검은(검다)   04z(직조)

거믈(왜2)검을(검다)   12y(채색)

▷ 거믄금(역2)오금   01z(진보)

▷ 거믄괴(역2)검은고양이   33z(주수)

▷ 거믄차할비단(역2)다갈색 비단   04y(직조)

▷ 거믄휘(역1)검은장화   46y(복식)

▷ 거믜(역2)거미   35z(곤충)

거믜(동2)거미   43z(곤충)

거믜(왜2)거미   27z(곤충)

거믜(몽2)거미   36y(곤충)

▷ 거믜양(역1)그으름   55y(식이)

거믜양(동1)검댕이   64y(식이)

검듸양(역3)검댕이   32z(식이)

거믜양(몽1)검댕이   50y(식이)

▷ 거복(역2)거북   38z(수족)

거복(동2)거북   42y(수족)

거복(왜2)거북   26y(수족)

거복(몽2)거북   35y(수족)

▷ 거ᄉ흐로(몽3)겉으로   04y(지리)
▷ 거상(역1)거상, 상복 33y(상장)
　거상(동2)거상, 상복 10z(상장)
　거상(몽2)거상, 상복 08y(상장)
▷ 거상옷(역1)거상옷   32z(상장)
▷ 거상즐에(역1)起復   33y(상장)
▷ 거상씌(동2)거상띠   11y(상장)
　거상씌(몽2)거상띠   08y(상장)
▷ 거스다(동1)거스르다   32y(인사)
　거스다(몽1)거스르다   24z(인사)
▷ 거스러지다(역3)거스리다   49z(주수)
▷ 거슬이다(역2)전당잡히다   49y(쇄설)
▷ 거스리다(동1)거슬리다   32y(인사)
　거스리다(왜2)거스르다   36y(쇄설)
　거스리다(몽1)거슬리다   24z(인사)
▷ 거ᄉ(역1)거사   26y(사관)
▷ 거젹(역1)거적   37z(잉산)
　거젹(역2)거적   19z(기구)
▷ 거즛(역1)거짓   69z(매매)
　거즛(동1)거짓   33z(인사)
　거즛(역3)거짓   28y(상장)
　거즐(왜2)거짓   34z(쇄설)
　거즛(몽1)거짓   25y(인사)
▷ 거즛말ᄒ다(역1)거짓말을 하다 29y(인품)
▷ 거쳐(역3)거처   54y(쇄설)
▷ 거쳐충이다(몽3)들추다 27y(주강)
▷ 거쳔(왜1)개천   10y(지리)
▷ 거츠다(역1)거칠다   07y(지리)
　거츠다(동2)거칠다   02z(전농)
　거츨(왜2)거칠(거칠다)   03z(전농)
　거츠다(몽2)거칠다   02y(전농)
▷ 거티다(역2)거꾸러지다   29z(주수)
　거티다(동2)거꾸러지다   38z(주수)
　거티다(몽2)거꾸러지다   32z(주수)

▷ 거품(동1)거품   08z(지리)
　거픔(역3)거품   32z(식이)
　겁품(왜1)거품   11y(지리)
　거품(몽1)거품   07z(지리)
▷ 거플(역3)꺼풀   56y(쇄설)
　거플(몽3)꺼풀   34y(수족)
▷ 거헐몰(역2)주둥이가 흰말   29y(주수)
▷ 거어지(역1)거지   30z(인품)
　거ᅌ지(동1)거지   14z(인품)
　거ᅌ지(몽1)거지   11z(인품)
▷ 거오(왜2)거만하다   35z(쇄설)
▷ 거올집(역2)화장통   15z(기구)
▷ 거울(동1)거울   55y(소세)
　거울(왜1)거울   45y(소세)
　거울(몽1)거울   43y(소세)
▷ 거울거리(역3)거울걸이 30z(소세)
▷ 거울보다(동1)거울보다 55z(소세)
　거울보다(몽1)거울보다   43y(소세)
▷ 거유(역2)거위   26y(비금)
　거유(동2)거위   35y(비금)
　게유(왜2)거위   21z(비금)
　거유(몽2)거위   29y(비금)
▷ 거유목(역2)거여목   12z(채소)
▷ 거유삿기(역2)거위새끼 26y(비금)
▷ 거유우리(역1)게사니우리 20y(궁궐)
▷ 거음한(몽3)馬牙磋   26y(장기)
▷ 거위(역1)거위, 회충   62z(질병)
　거위(역2)거위, 회충 35z(곤충)
　거위(동2)거위, 회충 43z(곤충)
▷ 거위(역3)뱀   61z(쇄설)
▷ 거의(동2)거의   50z(쇄설)
　거의(왜1)거의   27z(어사)
　거의(몽2)거의   42z(쇄설)
　거의(몽3)거의   11y(동정)

▷ 거월(역1)지난달 04y(시령)
거월(왜1)지난달 04y(시령)
▷ 걱뎡(역3)걱정 60z(쇄설)
▷ 걱졍업다(역3)걱정없다 60z(쇄설)
▷ 걱졍ᄒᆞ다(역3)걱정하다 24y(기식)
▷ 건너다(동1)건느다 09y(지리)
건너다(역3)건느다 07y(지리)
건너다(왜2)건느다 19y(주강)
건너다(몽1)건느다 08y(지리)
▷ 건너쒸다(몽3)건너뛰다 11y(동정)
▷ 건네(동2)늘, 항상 52z(쇄설)
건네(몽2)늘, 항상 44z(쇄설)
▷ 건담(역3)건담 22y(신체)
▷ 건뎌내다(역2)건져내다 50z(쇄설)
건져내다(몽3)건져내다 21y(식이)
▷ 건디다(역1)건지다 49z(식이)
▷ 건장(왜1)건장하다 24y(성정)
▷ 건지다(동1)건지다 62y(식이)
건지다(몽1)건지다 48z(식이)
▷ 건(왜2)물건 33y(쇄설)
▷ 걸(왜2)걸(거다) 39y(쇄설)
▷ 걸경쇠(역1)걸개 22z(군기)
▷ 걸니다(역2)걸리다 23z(주강)
걸리다(몽3)걸리다 27y(주강)
▷ 걸리다(역2)걸리다 54y(쇄설)
걸니다(역3)걸리다 54z(쇄설)
걸리다(역3)걸리다 55z(쇄설)
▷ 걸리다(동1)걸리다 63z(식이)
걸리다(몽1)걸리다 49z(식이)
▷ 걸리다(동2)걸리다(걷게 하다) 38y(주수)
걸리다(몽2)걸리다(걷게 하다) 32y(주수)
걸리다(몽3)걸리다(걷게 하다) 12y(동정)
▷ 걸리다(동2)걸리다 13y(전어)
걸리다(역3)걸리다 18y(전어)
걸리다(몽1)걸리다 50z(전어)
▷ 걸리다(몽3)걸리다 09y(성정)
▷ 걸리다(왜1)걸리다 54y(형옥)
▷ 걸리ᄂᆞᆫ대로(몽3)걸리는대로 40z(쇄설)
▷ 걸릿긴듸업다(역3)
걸리치는데 없다 60y(쇄설)
▷ 걸새(역1)걸쇠 18z(궁궐)
걸새(동1)걸쇠 36y(궁궐)
걸새(왜1)걸쇠 33y(궁궐)
걸새(몽1)걸쇠 27y(궁궐)
▷ 걸피(몽3)
꾸레미(마소에게 씌우는것) 27y(안비)
▷ 걸퓌여기(동2)花鴇 35y(비금)
걸픠여기(역2)花鴇 26y(비금)
▷ 걸어가다(역3)걸어가다 25z(동정)
▷ 걸인(왜1)거지 16y(인품)
▷ 검금(역3)흑반 39z(진보)
▷ 검다(동2)검다 26z(직조)
검다(역3)검다 56z(쇄설)
검다(몽2)검다 20z(직조)
검다(몽3)검다 37z(쇄설)
▷ 검소(왜1)검소하다 24y(성정)
▷ 검찰(왜2)검찰 43y(쇄설)
▷ 검화(역2)차조기 41z(화초)
▷ 검퓡(왜2)봉함 29y(수목)
▷ 검약ᄒᆞ다(몽3)검약하다 05z(인품)
▷ 검얼못(역3)巴鍋子 45z(기구)
▷ 검으스러ᄒᆞ다(동2)
검스럼하다26z(직조)
검으스러ᄒᆞ다(몽2)
검스럼하다 20z(직조)
▷ 검은훠(몽3)검은장화 19z(복식)
▷ 겁(몽1)겁 18y(성정)
▷ 겁내다(역3)겁내다 56y(쇄설)

겁흘(겁)(왜1)겁내다　40y(교열)
▷ 겁질(역1)껍질　14z(성곽)
　겁딜(동2)껍질　06y(식이)
　겁질(왜2)껍질　39z(쇄설)
　겁질(몽2)껍질　05z(식이)
▷ 것(동1)겉　33y(인사)
　것(몽1)옷겉　44y(복식)
▷ 것(역1)것　69z(매매)
　것(역2)것　18z(기구)
　것(동2)것　22z(산술)
　것(역3)것　55z(쇄설)
　것(몽2)것　16z(산술)
　것(몽3)것　38z(쇄설)
▷ 것겁플(역3)것껍풀　48y(비금)
▷ 것구러디다(동1)거꾸러지다　27y(동정)
　것구러지다(몽1)거꾸러지다　20z(동정)
▷ 것다(역2)걷다　29z(주수)
　것다(동1)걷다　26z(동정)
　것다(몽1)걷다　20z(동정)
　것다(몽3)걷다　32y(주수)
▷ 것다(역1)걷다　14z(성곽)
　것다(동1)걷다　37y(궁궐)
　것다(몽3)걷다　15z(궁궐)
▷ 것다(역1)걷다(구름～)　02z(천문)
　것다(역3)걷다(안개～)　03y(천문)
　것다(몽1)걷다(안개～)　02y(천문)
▷ 것다(역1)걷다, 거두다　24z(관역)
▷ 것셥(동1)섶　56z(복식)
▷ 것셥(몽1)섶　43z(복식)
▷ 것조(역2)겉조　09z(화곡)
▷ 겨(역2)겨　10z(화곡)
　겨(동2)겨　03z(화곡)
　겨(왜2)겨　04y(전농)
　겨(몽2)겨　03y(화곡)

▷ 겨닉다(몽3)이겨내다　32y(주수)
▷ 겨닉지못ᄒ다(동2)
　견뎌내지 못하다　56z(쇄설)
　겨닉지못ᄒ다(몽2)
　견뎌내지 못하다　48y(쇄설)
▷ 겨드랑(역1)겨드랑이　35y(신체)
　겨드랑(동1)겨드랑이　16y(신체)
　겨드랑이(역3)겨드랑이　49y(주수)
　겨드랑이(왜1)겨드랑이　17z(신체)
　겨드랑(몽1)겨드랑이　13y(신체)
▷ 겨류기(역2)납가새　12z(채소)
▷ 겨르다(몽3)가르다　29y(매매)
▷ 겨릅대(역2)겨릅대　10z(화곡)
　겨릅대(몽3)겨릅대　35y(화초)
▷ 겨릇다(역2)겯다　14z(기구)
▷ 겨롤ᄒ다(몽3)迭當　40z(쇄설)
▷ 겨레(동2)곁에　47z(쇄설)
▷ 겨리(동1)겨레, 친척　12y(친속)
　겨리(왜1)겨레, 친척　14y(친속)
　겨리(몽1)겨레, 친척　10y(친속)
　겨리(몽2)겨레, 친척　40y(쇄설)
▷ 겨뭇치다(역3)겨를 묻치다　44z(기구)
▷ 겨ᄉ조치일(몽3)빗나간 일　39z(쇄설)
▷ 겨티(역2)곁에　21z(주강)
▷ 겨ᄋ사리(동2)겨우살이　46z(화초)
　겨ᄋ사리(몽3)겨우살이　34z(수목)
　겨ᄋ사리(역2)겨우살이　41z(화초)
▷ 겨올(역1)겨울　03z(시령)
　겨올(동1)겨울　03z(시령)
　겨의(왜1)겨울　03z(시령)
　겨올(몽1)겨울　03z(시령)
▷ 격군(동1)격군, 곁군　14y(인품)
▷ 격군(왜2)格軍　19y(주강)
▷ 격도ᄒ다(동2)격동하다　59z(쇄설)

격동ᄒ다(몽2)격동하다 49z(쇄설)
▷ 격셔(왜2)격문, 편지 40y(쇄설)
▷ 격지(역1)나무신 47z(복식)
　격지(왜1)나무신 47y(복식)
　격지(몽3)나무신 19z(복식)
▷ 견(동2)견 24z(직조)
▷ 견딀만ᄒ다(역3)
　견딀만 하다 59z(쇄설)
▷ 견딀셩업다(역3)
　견딀셩 없다 57z(쇄설)
▷ 견듸다(역1)견디다 39y(기식)
　견듸다(역3)견디다 52z(쇄설)
　견듸다(왜1)견디다 22y(기식)
　견듸다(왜2)견디다 42z(쇄설)
▷ 견듸지못ᄒ다(몽3)
　견듸지 못하다 37z(쇄설)
　견듸지못ᄒ다(역3)
　견듸지 못하다 57y(쇄설)
▷ 견마ᄒ다(역2)견마하다 21y(안비)
▷ 견조다(동2)견주다 52z(쇄설)
　견존다(역3)견주다 61z(쇄설)
　견조다(왜2)견주다 48z(쇄설)
　견조다(몽2)견주다 44z(쇄설)
▷ 견홍(몽3)겨냥 18y(군기)
▷ 견양(역2)견본, 모양 49z(쇄설)
▷ 견우셩(왜1)견우성 02y(천문)
▷ 겻(역2)곁 54y(쇄설)
　곁(동1)곁 10y(지리)
　곁(왜1)곁 12y(지리)
▷ 결(역3)겨를 60z(쇄설)
　결을(왜2)겨를 38z(쇄설)
▷ 결단(왜1)결단 54y(형옥)
▷ 결단ㅅ코(몽3)결단코 36y(쇄설)
▷ 결단치(몽3)결단하지 14z(인사)

▷ 결단ᄒ다(역1)결단하다 66y(쟁송)
　결ㅅ단ᄒ다(동2)결단하다 29z(쟁송)
　결ㅅ단ᄒ다(몽2)결단하다 24z(쟁송)
▷ 결박(왜1)결박 54y(형옥)
▷ 결박ᄒ다(동2)결박하다 31y(형옥)
　결박ᄒ다(역3)결박하다 37y(형옥)
　결박ᄒ다(몽2)결박하다 45z(쇄설)
▷ 결슌(왜1)결순, 언청이 52y(질병)
▷ 결실(왜2)결실 03z(전농)
▷ 결연(왜2)결연 45z(쇄설)
▷ 결오다(역2)겨루다 48z(쇄설)
　결우다(역3)겨루다 15z(교열)
　결우다(몽3)겨루다 30y(기희)
▷ 결을업다(역3)겨를이 없다 58z(쇄설)
▷ 겸손(왜1)겸손하다 23y(성정)
▷ 겸ᄒ다(왜2)겸하다 39y(쇄설)
▷ 겸양(몽3)겸양 13y(인사)
▷ 겹(동1)겹 56y(복식)
　겹(왜2)겹 37y(쇄설)
　겹(몽1)겹 43z(복식)
▷ 겹것(역3)겹것 28z(복식)
▷ 겹말(역2)겹말 47y(쇄설)
▷ 겹문(역3)겹문 14y(궁궐)
▷ 겹바디(역1)겹바지 46y(복식)
▷ 겹옷(동1)겹옷 56y(복식)
▷ 겻다(역2)겯다 26z(비금)
　겻다(동2)겯다 36y(비금)
　겻다(역3)겯다 48y(비금)
　겻다(몽2)겯다 30y(비금)
▷ 겻다(동2)울다, 짖다 12z(전어)
　겻다(역3)울다, 짖다 17z(전어)
　겻다(몽3)울다, 짖다 21z(전어)
▷ 경(동2)경 12y(사관)
　경(몽2)경 09y(사관)

▷ 경(왜1)경   07y(시령)

경(몽1)경   04z(시령)

▷ 경(왜2)바르다, 강직하다   49y(쇄설)

▷ 경곡(왜2)경각   44y(쇄설)

▷ 경계(동1)경계   33y(인사)

경계(역3)경계   11y(성곽)

경계(왜1)경계   26z(언어)

경계(몽1)경계   31y(성곽)

경계(몽3)경계   22y(전농)

▷ 경뎜(왜1)야경막대기를 치다   05z(시령)

▷ 경디(역2)경대   15z(기구)

▷ 경로(왜1)경로   08z(지리)

▷ 경망ᄒ다(동1)경망하다   23y(성정)

▷ 경미(왜2)메살, 입쌀   04z(화곡)

▷ 경솔(동1)경솔하다   23y(성정)

▷ 경수(왜1)경수   42y(잉산)

▷ 경슷(역1)은거생활을 하는 사람 28z(인품)

▷ 경ᄌ밧다(동1)응석을 받아주다   54z(잉산)

경ᄌ밧다(몽1)응석을 받아주다 42y(잉산)

▷ 경지인(동1)곤두박질하는 사람   14z(인품)

경지인(왜1)곤두박질하는 사람 15z(인품)

▷ 경어(왜2)뱅어, 은뱅어   25z(수족)

▷ 경영(왜2)경영   49y(쇄설)

▷ 경일(왜1)지난번   05y(시령)

▷ 고(역1)꽃   48y(소세)

곳(역2)꽃   05y(직조)

곳(동2)꽃   45z(화초)

곳(역3)꽃   50z(화초)

곧(왜2)꽃   29z(화초)

곳(몽2)꽃   38y(화초)

▷ 고(왜1)코   17y(신체)

▷ 고곰(역1)고금, 학질   62y(질병)

▷ 고공이(동1)고용로동자   14z(인품)

고공이(역3)고용로동자   59z(쇄설)

고공(왜1)고용로동자   16y(인품)

고공이(몽1)고용로동자   11z(인품)

▷ 고기(역1)고기   23z(전어)

고기(역2)고기   39y(수족)

고기(동1)고기   60y(식이)

고기(동2)고기   42y(수족)

고기(역3)고기   18y(전어)

고기(왜1)고기   47z(식이)

고기(왜2)고기   25y(수족)

고기(몽1)고기   46z(식이)

고기(몽3)고기   34y(수족)

▷ 고기가싀(동2)고기가시   42y(수족)

고기가싀(몽2)고기가시   35y(수족)

▷ 고기굽다(역2)고기굽다   14y(기구)

▷ 고기기름(몽1)고기기름   46z(식이)

▷ 고기믈(역3)고기국물   30z(식이)

▷ 고기ㅅ덩이(동1)고기덩이   60y(식이)

고기ㅅ덩이(역3)고기덩이   31y(식이)

고기ㅅ덩이(몽1)고기덩이   46z(식이)

▷ 고기삿기(역2)고기새끼 39y(수족)

고기삿기(동2)고기새끼   42y(수족)

▷ 고기쇼(역1)고기소   52y(식이)

▷ 고기ᄉᆞᆲ다(역1)고기삶다   51y(식이)

▷ 고기잡다(역1)고기잡다 23z(전어)

고기잡다(동2)고기잡다   19y(주강)

고기잡다(왜2)고기잡다   38z(쇄설)

고기잡다(몽1)고기잡다   50z(전어)

고기잡다(몽2)고기잡다   14z(주강)

▷ 고기젹(역1)고기적   51z(식이)

▷ 고기알(동2)고기알   42y(수족)

고기알(역3)고기알   50z(수족)

고기알(몽2)고기알   34z(수족)

▷ 고개(동2)고개   02y(전농)

고개(역3)고개   42y(전농)

고개(몽3)고개   22z(전농)
▷ 고개(역1)산고개   06z(지리)
　고개(왜1)산고개   08y(지리)
▷ 고개(몽3)고개   32z(주수)
▷ 고괴ᄒ다(몽3)괴상하다   05z(인품)
▷ 고긔앙(동2)나무고갱이   44z(수목)
　고긔앙(몽2)나무고갱이   37y(수목)
▷ 고내다(몽3)코를 내다   20y(복식)
　고내다(역3)코를 내다   55z(쇄설)
▷ 고다(역2)곯다   12z(채소)
▷ 고도리(역1)고두리   22y(군기)
　고도리(동1)고두리   48y(군기)
　고도리(왜1)고도리   41y(군기)
　고도리(몽1)고두리   36z(군기)
▷ 고도리(역2)고도리   38y(수족)
▷ 고도쇠(역2)작두   17z(기구)
▷ 고동(동1)고동   50y(군기)
　고동(몽1)공동   38y(군기)
▷ 고동(역3)고동   17z(전어)
▷ 고두ᄒ다(몽3)절하다   19y(례도)
▷ 고들(왜1)곧을(곧다)   23y(성정)
　고들(왜2)곧을(곧다)   34z(쇄설)
▷ 고디식ᄒ다(역1)고지식하다   28z(인품)
　고지식ᄒ다(역3)고지식하다   52y(쇄설)
▷ 고도어(왜2)고도리   25z(수족)
▷ 고둘개(역2)고들개, 길마끈   20y(안비)
　고둘개(왜2)고들개, 길마끈   18y(안비)
▷ 고디머리(역1)번대머리   62y(질병)
▷ 고라니(역2)고라니   34y(주수)
　고라니(몽3)고라니   31y(주수)
▷ 고라지(역1)흰곰팽이   54y(식이)
▷ 고라몰(역2)고라말   28z(주수)
　고라몰(동2)고라말   37z(주수)
▷ 고려(왜2)고려   02z(국호)

▷ 고로다(동2)고르다   27z(매매)
　고로다(왜1)고르다   23z(성정)
　고를(왜2)고르(고르다)   37z(쇄설)
　고로다(몽2)고르다   22y(매매)
▷ 고롬(역1)고름   62z(질병)
　고롬(동2)고름   08z(질병)
　고롬(왜1)고름   46z(복식)
　고롬(몽2)고름   06z(질병)
　고롬(몽3)고름   24z(질병)
▷ 고리(역2)고리   15z(기구)
　고리(동2)고리   15z(기구)
　고리(몽2)고리   11z(기구)
▷ 고래(동2)고래   42y(수족)
　고래(몽2)고래   35y(수족)
　고래(역3)고래   50y(수족)
　고릭(왜2)고래   26y(수족)
　고릭(몽3)고래   21z(식이)
▷ 고마(왜2)말을 사다   18y(안비)
▷ 고모도적(동2)절도   30z(형옥)
▷ 고비(역1)고비   19z(궁궐)
▷ 고비(왜1)고비   12z(친속)
▷ 고ㅅ집(왜1)창고, 고간   35y(성곽)
▷ 고사리(역2)고사리   12y(채소)
　고사리(동2)고사리   04y(채소)
　고사리(왜2)고사리   05z(채소)
　고사리(몽2)고사리   03z(채소)
▷ 고소다(역1)고소하다   53z(식이)
　고소다(동1)고소하다   62y(식이)
　고소다(몽1)고소하다   48z(식이)
▷ 고솜돗(역2)고슴도치   33y(주수)
　고솜돗(동2)고슴도치   40y(주수)
　고솜돋(왜2)고슴도치   24y(주수)
　고솜돗(몽3)고슴도치   31z(주수)
▷ 고식고비(역1)편지꽂이   19z(궁궐)

▷ 고싀(역2)고수   11y(채소)
▷ 고쟈(역1)고자   30z(인품)
　고쟈(동1)고자   14y(인품)
　고쟈(역3)고자   20z(인품)
　고쟈(왜1)고자   52y(질병)
　고쟈(몽1)고자   11y(인품)
▷ 고조목(역1)술주자   50z(식이)
▷ 고지새(역2)고지새   28y(비금)
▷ 고지식(몽1)고지식   17y(성정)
▷ 고집(왜1)고집   24y(성정)
▷ 고집ᄒ다(역3)고집하다   19z(인품)
　고집ᄒ다(몽1)고집하다   17z(성정)
▷ 고ᄌ(역2)油榨   14z(기구)
▷ 고티(역2)고치   03y(잠상)
　곳티(동2)고치   25z(직조)
　고치(역3)고치   39z(잠상)
　고티(왜2)고치   10z(직조)
▷ 고티다(역1)고치다   28z(인품)
　곳티다(역1)고치다   15y(성곽)
　고티다(역2)고치다   31y(주수)
　고치다(동1)고치다   44y(학교)
　고치다(동2)고치다   09y(의약)
　곳치다(역3)고치다   61z(쇄설)
　고치다(왜2)고치다   37y(쇄설)
　고치다(몽1)고치다   33z(학교)
　곳치다(몽2)고치다   07y(질병)
▷ 고토리(역2)꼬투리   09y(전농)
　고토리(동2)꼬투리   02y(전농)
　고토리(몽2)꼬투리   02y(전농)
▷ 고토리(역2)꼬투리   06y(직조)
▷ 고향(왜1)고향   35y(성곽)
▷ 고ᄒ다(왜1)고하다, 알리다   26z(언어)
▷ 고해(왜2)고니   21y(비금)
▷ 고양이소(역2)猫喫齊   52y(쇄설)

▷ 고오다(역1)골다   41y(동정)
▷ 고오리(역2)시루   14z(기구)
▷ 고올(역1)고을   10y(관부)
　고올(동1)고을   41y(성곽)
　고올(몽1)고을   31y(성곽)
　고올(왜1)고을   34z(성곽)
▷ 고올(왜1)고울(곱다)   19z(신체)
　고을(왜2)고울(곱다)   30z(화초)
▷ 고요다(역2)고이다   23y(주강)
▷ 고요ᄒ다(동2)고요하다   57z(쇄설)
　고요하다(왜1)고요하다   30y(동정)
　고요ᄒ다(몽2)고요하다   48z(쇄설)
▷ 고으다(역1)고다, 삶다   52z(식이)
▷ 고은약(역1)고약   63z(의약)
▷ 고이이다(동1)사랑을 받다   31z(인사)
▷ 고이ᄒ다(역2)교묘하다   44z(쇄설)
▷ 고인믈(역1)고인물   08y(지리)
▷ 고일(왜2)괼(괴다), 사랑하다   34y(쇄설)
▷ 고의(역1)고의   46y(복식)
　고의(동1)고의   56z(복식)
　고의(왜1)고의   46y(복식)
　고의(몽1)고의   44y(복식)
▷ 곡도(역2)곡두, 환영   24z(기희)
▷ 곡도숑(역2)꼭두서니   41y(화초)
　곡도숑(동2)꼭두서니   46y(화초)
　곡도숑(몽2)꼭두서니   38z(화초)
▷ 곡도숑(역2)꼭두서니   04y(직조)
▷ 곡됴(동1)곡조   53y(악기)
　곡됴(왜1)곡조   43z(악기)
　곡됴(몽1)곡조   41z(악기)
▷ 곡뒤(역1)꼭뒤   32z(신체)
▷ 곡뒤치다(역2)꼭뒤를 치다   50y(쇄설)
▷ 곡디(역3)머리   61y(쇄설)
▷ 곡식(역2)곡식   09y(전농)

곡식(동1)곡식   40y(관부)
곡식(동2)곡식   02z(전농)
곡식(역3)곡식   43y(화곡)
곡식(왜2)곡식   04z(화곡)
곡식(몽2)곡식   02y(전농)
▷ 곡식집(역3)창고   13y(궁궐)
▷ 곡절(왜2)곡절   47z(쇄설)
▷ 곡절업시(몽3)곡절없이   14y(인사)
▷ 곡절잇다(역3)곡절이 있다   61y(쇄설)
▷ 곤곤(왜2)물이 세차게
   흐르는 모양   50z(쇄설)
▷ 곤댱(역1)곤장   67z(형옥)
   곤쟝(동2)곤장   30z(형옥)
   곤쟝(역3)곤장   37z(형옥)
   곤쟝(몽2)곤장   25y(형옥)
▷ 곤지(동1)向上射   48z(군기)
▷ 곤ᄒ다(동1)곤하다   28y(동정)
   곤ᄒ다(몽1)곤하다   21z(동정)
▷ 곤이(역2)고니   27z(비금)
   곤이(동2)고니   34z(비금)
   곤이(몽2)고니   28z(비금)
▷ 곧(동1)곳, 거처   07y(지리)
   곳(동1)곳, 거처   42y(성곽)
   곧(왜2)곳, 거처   41z(쇄설)
   곳(몽1)곳, 거처   31z(성곽)
   곳(몽2)곳, 거처   40z(쇄설)
   곳(몽3)곳, 거처   15z(궁궐)
▷ 곧다올(왜2)꽃다울(꽃답다)   30z(화초)
▷ 곧부리(왜2)꽃부리   30z(화초)
▷ 곧치(왜2)꼬치   16y(기구)
▷ 곧아올(왜2)꽃향기로울   30z(화초)
▷ 골(동1)골수   60y(식이)
   골슈(왜1)골수   18z(신체)
▷ 골(동1)골목   41z(성곽)

골(몽1)골목   31z(성곽)
▷ 골(동2)골   17z(장기)
   골(역3)골   45z(기구)
   골(몽2)골   13z(장기)
▷ 골(역2)왕골, 물파   40z(화초)
   골(동2)왕골, 물파   46z(화초)
   골(몽2)왕골, 물파   39y(화초)
▷ 골(역1)골목   07y(지리)
   골(왜1)골목   08z(지리)
▷ 골(왜1)골짜기, 산골   08z(지리)
▷ 골모(동2)골무   18y(장기)
   골모(역3)골무   41z(재봉)
   골모(몽2)골무   14y(장기)
▷ 골목어귀(역3)골목어구   14z(궁궐)
▷ 골몰(왜2)골몰하다   44z(쇄설)
▷ 골므려(역3)곪으려(곪다)   35y(질병)
▷ 골미지(역3)골마지   32y(식이)
▷ 골지(왜1)깍지   41z(군기)
▷ 골진칼(역2)오목칼   17z(기구)
▷ 골케(역1)곯게(곯다)   59z(연향)
   골타(동2)곯다   54z(쇄설)
   골다(역3)곯다   18z(창고)
   골타(몽2)곯다   46y(쇄설)
   골타(몽3)곯다   38z(쇄설)
▷ 골플무(역1)골풀무   20z(궁궐)
   골풀무(역3)골풀무 45y(기구)
   골풀무(몽3)골풀무   26y(장기)
▷ 골패노롯ᄒ다(역2)골패노릇하다24y(기희)
▷ 골패ᄒ다(동2)골패를 놀다   33y(기희)
   골패ᄒ다(몽2)골패를 놀다   26z(기희)
▷ 골항(동1)고랑   09y(지리)
   골항(역3)고랑   13z(궁궐)
   골항(몽3)고랑   15z(궁궐)
▷ 골홈(역2)고름   06z(재봉)

▷ 골희(동2)고리   17z(장기)
　골희(몽2)고리   13z(장기)
▷ 골희눈(역2)고리눈   29y(주수)
　골희눈(몽3)고리눈   31z(주수)
▷ 골왕이(역2)우렁이   35y(곤충)
▷ 곰(역2)곰   33z(주수)
　곰(동2)곰   39y(주수)
　곰(왜2)곰   23z(주수)
　곰(몽2)곰   33y(주수)
▷ 곰(역1)곰팡이   54y(식이)
▷ 곰다(동2)곪다   08y(질병)
　곰다(몽2)곪다   06z(질병)
　곰다(몽3)곪다   24z(질병)
▷ 곰ㄷ러(동2)올방개   04z(채소)
　곰돌러(역2)올방개   12y(채소)
▷ 곰탕(동1)골마지   62z(식이)
　곰탕(몽1)골마지   49y(식이)
　곰탕(몽3)골마지   21y(식이)
▷ 곰탕픠다(역1)곰팡이 피다   54y(식이)
▷ 곱다(역1)곱다   38y(기식)
　곱다(역2)곱다   45y(쇄설)
　곱다(동1)곱다   20y(기식)
　곱다(몽3)곱다   35y(화초)
▷ 곱댱이(역1)곱쟁이   30y(인품)
　곱쟝이(동2)곱사등이   08z(질병)
　곱쟝이(몽2)곱사등이   06z(질병)
▷ 곱프다(동2)고프다   28z(매매)
　골푸다(몽2)고프다   23y(매매)
▷ 곱은것(몽3)고운것   38z(쇄설)
　곱은것(역3)고운것   55z(쇄설)
▷ 곳갈(역1)고깔   44y(복식)
▷ 곳감(동2)곳감   05y(식이)
　곳감(몽2)곳감   04z(식이)
　곳감(역1)곳감   55y(식이)

▷ 곳곳에(몽3)곳곳에   35z(쇄설)
▷ 곳곳지(동2)곳곳이   61y(쇄설)
　곳곳지(몽2)곳곳이   50z(쇄설)
▷ 곳게(역2)꽃게   38z(수족)
▷ 곳광이(몽3)곡괭이   26z(장기)
▷ 곳다(동2)곧다   54z(쇄설)
　곳다(몽2)곧다   46z(쇄설)
▷ 곳다대(역2)꽃다지   12y(채소)
▷ 곳다대(동2)꽃꼭지   46y(화초)
　곳다대(역3)꽃꼭지   50z(화초)
　곳다대(몽2)꽃꼭지   38z(화초)
▷ 곳밋티즐기(역2)꽃밑줄기   40z(화초)
▷ 곳봉오리(동2)꽃봉오리   45z(화초)
　곳봉오리(역3)꽃봉오리   50z(화초)
　곳봉오리(몽2)꽃봉오리   38z(화초)
▷ 곳불ㅎ다(동2)고뿔(감기)하다   06z(질병)
　곳블ㅎ다(몽3)고뿔(감기)하다   24y(질병)
▷ 곳블(역1)고뿔, 감기   61z(질병)
▷ 곳비(동2)고삐   20z(안비)
　곳비(역3)고삐   49y(주수)
　곳비(몽2)고삐   16y(안비)
　곳비(몽3)고삐   32y(주수)
▷ 곳송이(동2)꽃송이   45z(화초)
　곳송이(역3)꽃송이   50z(화초)
　곳송이(몽2)꽃송이   38z(화초)
▷ 곳지다(동2)꽃이 지다   46y(화초)
　곳지다(역3)꽃이 지다   50z(화초)
　곳지다(몽2)꽃이 지다   38z(화초)
▷ 곳집(왜1)창고, 고간   35y(성곽)
▷ 곳챵이(동2)꼬챙이   17z(장기)
　곳챵이(몽2)꼬챙이   13z(장기)
▷ 곳쳐말ㅎ다(몽3)고쳐 말하다   18z(정사)
▷ 곳쳐ㄷ다(역3)고쳐 팔다   38z(매매)
▷ 곳퍼괴(동2)꽃포기, 꽃떨기   46y(화초)

곳퍼기(역3)꽃포기, 꽃떨기 50z(화초)
곳퍼괴(몽2)꽃포기, 꽃떨기 38z(화초)
▷ 곳어름(역3)고드름 07y(지리)
곳어름(몽3)고드름 02y(천문)
▷ 곳어름지다(몽3)고드름지다 02y(천문)
▷ 곳여희(역2)꽃술 40z(화초)
곳여희(동2)꽃술 46y(화초)
곳여희(몽2)꽃술 38z(화초)
▷ 공(왜2)공 38z(쇄설)
▷ 공경(왜1)공경하다 23y(성정)
공경(몽3)공경하다 13y(인사)
▷ 공경ᄒ다(역1)공경하다 31z(경중)
공경ᄒ다(동1)공경하다 31y(인사)
공경ᄒ다(몽1)공경하다 24y(인사)
▷ 공골몰(몽2)공골말 31y(주수)
공골몰(역2)공골말 29y(주수)
▷ 공교(동1)공교롭다 3y(성정)
공교(왜1)공교롭다 25y(성정)
▷ 공교로롭다(역1)공교롭다 29y(인품)
▷ 공교히(동1)공교롭게 23y(성정)
공교히(역3)공교롭게 53z(쇄설)
▷ 공긔노다(역2)공기 놀다 24y(기희)
▷ 공덕ᄒ다(역1)공덕하다 26z(사관)
▷ 공듕더윅이(역2)懸扒的 26z(비금)
▷ 공론(왜1)공론 26z(언어)
▷ 공명(왜1)공명 37y(관직)
▷ 공부(왜1)공부 38y(학교)
▷ 공샹놉흔몰(몽3)다리가 긴 말 32y(주수)
▷ 공슌(몽3)공손하다 13y(인사)
▷ 공ᄉᄒ다(역1)공소하다 66y(쟁송)
▷ 공ᄉᄒ다(역3)공사하다 07z(궁궐)
▷ 공세(왜2)세금 04z(전농)
▷ 공작(왜2)공작 21y(비금)
▷ 공정(왜1)공정 24z(성정)

▷ 공즁(역3)공중 60y(쇄설)
▷ 공쥬(왜1)공주 35z(관직)
▷ 공양ᄒ다(역1)공양하다 25z(사관)
▷ 공언(왜1)공언, 빈말 27y(언어)
▷ 공업(왜2)공업 46z(쇄설)
▷ 공연(왜2)공연히 45z(쇄설)
▷ 공이(왜2)공이 04y(전농)
▷ 교교(왜2)교교하다 49z(쇄설)
▷ 교덕ᄒ다(역3)교대하다 08z(관부)
▷ 교룡(왜2)교롱 25y(수족)
▷ 교만(동1)교만하다 23z(성정)
교만(왜2)교만하다 35z(쇄설)
▷ 교만ᄒ다(동1)교만하다 23z(성정)
교만ᄒ다(몽1)교만하다 18y(성정)
▷ 교죡샹(역2)높은 탁상 14y(기구)
▷ 교직(왜2)엇갈아 짜다 10y(직조)
▷ 교ᄌ(왜2)가마 19z(주강)
교ᄌ(몽3)가마 27y(주강)
▷ 교퇴(역1)회향 52y(식이)
▷ 교태(왜1)교태 20y(신체)
▷ 교태ᄒ다(몽3)교태를 부리다 36z(쇄설)
▷ 교ᄒ다(왜1)짜르다, 매다 55y(형옥)
▷ 교의(역2)걸상, 의자 19y(기구)
교의(동2)걸상, 의자 13z(기구)
교의(왜2)걸상, 의자 13y(기구)
교의(몽2)걸상, 의자 10y(기구)
▷ 구겨내(역2)새매 26y(비금)
▷ 구경(왜2)구경 36y(쇄설)
▷ 구경ᄒ다(역1)구경하다 26z(사관)
구경ᄒ다(역2)구경하다 52y(쇄설)
구경ᄒ다(동2)구경하다 61y(쇄설)
구경ᄒ다(몽2)구경하다 50z(쇄설)
▷ 구구(왜2)적다 51y(쇄설)
▷ 구굼살지다(몽3)구김살지다 38y(쇄설)

▷ 구기(동2)구기, 큰 밥주걱 15y(기구)
　구기(왜2)구기, 큰 밥주걱 14y(기구)
　구기(몽2)구기, 큰 밥주걱 11y(기구)
▷ 구긔다(역1)구기다 47z(복식)
　구긔다(동1)구기다 57y(복식)
　구긔다(역3)구기다 29z(복식)
　구긔다(몽1)구기다 44z(복식)
▷ 구다(동1)굴다 32z(인사)
　구다(동2)굴다 34y(마욕)
　구다(몽2)굴다 27z(마욕)
　구다(몽3)굴다 30z(마욕)
▷ 구다(동1)굴다 51y(정사)
　구다(몽1)굴다 39y(정사)
▷ 구다(역2)굴다 30z(주수)
▷ 구더기(역2)노래기 35z(곤충)
▷ 구덕(왜1)피리 44y(악기)
▷ 구돌골애(역3)구들고래 14y(궁궐)
▷ 구돌뎐(역3)구들전 14y(궁궐)
▷ 구두더리다(역1)두덜거리다 38z(기식)
▷ 구들(왜2)굳을(굳다) 37y(쇄설)
▷ 구들(역1)구들 19y(궁궐)
　구돌(동1)구들 36y(궁궐)
　구돌(역3)구들 14z(궁궐)
　구들(왜1)구들 32y(궁궐)
　구돌(몽1)구들 27y(궁궐)
▷ 구러지다(동1)넘어지다 31y(동정)
　구러지다(몽1)넘어지다 24y(동정)
▷ 구렁이(왜2)구렁이 26z(곤충)
▷ 구롬(역1)구름 02z(천문)
　구름(동1)구름 02y(천문)
　구롬(역3)구름 02z(천문)
　구룸(왜1)구름 02z(천문)
　구룸(몽1)구름 02y(천문)
▷ 구름ᄃ리(동1)구름다리 50y(군기)

구룸ᄃ리(몽1)구름다리 38y(군기)
▷ 구리(역2)구리 02z(진보)
　구리(동2)구리 23z(진보)
　구리(왜2)구리 08z(진보)
　구리(몽2)구리 19y(진보)
▷ 구레(동2)굴레 20y(안비)
　구레(역3)굴레 46z(안비)
　구레(몽2)굴레 15z(안비)
▷ 구레곡뒤거리(역3)搭腦 46z(안비)
▷ 구레나룻(역1)구레나룻 34z(신체)
▷ 구무(역3)구멍 47z(기희)
▷ 구무거리다(왜2)굼틀거리다 28y(곤충)
▷ 구무나다(동2)구멍나다 61y(쇄설)
　구무나다(몽2)구멍나다 50z(쇄설)
▷ 구뭉(역1)구멍 08z(지리)
　구무(역2)구멍 23y(주강)
　구무(동1)구멍 36z(궁궐)
　구무(동2)구멍 40y(주수)
　구무(역3)구멍 11y(성곽)
　구므(역3)구멍 14y(궁궐)
　구무(왜1)구멍 09y(지리)
　구무(몽1)구멍 27z(궁궐)
　구무(몽2)구멍 33z(주수)
▷ 구변(동1)구변 25y(언어)
　구변(몽1)구변 19y(언어)
▷ 구병(왜1)병을 고치다 52z(질병)
▷ 구불다(왜1)구불다 30y(동정)
▷ 구븐쟈하물(역2)豹臀馬 28z(주수)
　구불쟈할(동2)豹臀馬 37z(주수)
▷ 구븐것(몽2)구운것(굽다) 46z(쇄설)
▷ 구븐보(역3)구븐 보 13z(궁궐)
▷ 구블(왜2)구울(굽다) 34z(쇄설)
▷ 구븨(역3)굽이 06y(지리)
▷ 구븨지다(역3)굽이지다 06y(지리)

구븨지다(몽3)굽이지다   15z(궁궐)
▷ 구소다(역1)그슬다   53z(식이)
▷ 구수닭(역2)花鷄   25y(비금)
▷ 구슬(역2)구슬   01z(진보)
　구술(왜2)구슬   08z(진보)
▷ 구슬망(역2)그물씌우개   21y(안비)
▷ 구실(역3)구실   10z(관직)
　구실(몽3)구실   18z(정사)
▷ 구실그어(몽3)구실대여   18z(정사)
　구실그어(역2)구실대여   43z(쇄설)
▷ 구죵(동1)말구종   14z(인품)
　구죵(몽1)말구종   11z(인품)
▷ 구짓다(역2)꾸짓다   49z(쇄설)
▷ 구차(왜2)구차하다   46z(쇄설)
▷ 구쳥ᄒ다(동1)사정하다   34y(인사)
▷ 구향하다(동2)귀향가다   31z(형옥)
　구향가다(몽2)귀향가다   26y(형옥)
▷ 구호(왜2)구호   34y(쇄설)
▷ 구ᄒ다(몽3)구하다   37y(쇄설)
　구ᄒ다(왜2)구하다   36z(쇄설)
▷ 구희ᄒ다(몽3)추궁하다   29z(쟁송)
▷ 구역(왜1)구역질   50z(질병)
▷ 구열(왜1)뜨겁다   06z(기후)
▷ 구우다(몽1)구울다   22z(동정)
▷ 구울리다(역2)굴리다   25y(비금)
　구을리다(동1)굴리다   29z(동정)
　구올리다(몽3)굴리다   22z(전농)
▷ 구유(동2)구유   40z(주수)
▷ 구으다(왜1)굽다   48z(식이)
▷ 구으다(왜2)굴다   19z(주강)
▷ 구은쩍(역1)구운떡   51z(식이)
▷ 구은옥(역2)茅山石   02z(진보)
▷ 구을(동2)구을(굴다)   02z(전농)
　구을(몽2)구을(굴다)   02z(전농)

▷ 구을려싱각ᄒ다(몽3)
　구을려 생각하다   36y(쇄설)
▷ 구을무지(동2)細鱗白   41z(수족)
　구올무지(역3)細鱗魚   50y(수족)
　구을무지(몽3)細鱗魚   33z(수족)
▷ 구인(왜2)지렁이   27z(곤충)
▷ 구의(역1)관청, 벼슬, 관리   65z(쟁송)
　구의(동1)관청, 벼슬, 관리   51y(정사)
　구의(왜1)관청, 벼슬, 관리   34y(성곽)
　구의(몽1)관청, 벼슬, 관리   30z(관부)
▷ 구의(왜2)공   33y(쇄설)
▷ 구읫나기(역2)관청에 내다   01z(진보)
▷ 구완병(동1)구원병   45y(교열)
　구완병(몽1)구원병   34z(교열)
▷ 구완ᄒ다(동2)구원하다   56z(쇄설)
▷ 구원(왜1)구원   40y(교열)
▷ 구월(왜1)구월(九月)   04y(시령)
▷ 국(동1)국   61y(식이)
　국(역3)국   30z(식이)
　국(왜1)국   47y(식이)
　국(몽1)국   47z(식이)
▷ 국먹다(역3)국을 먹다   43z(기구)
▷ 국슈(역1)국수   51z(식이)
　국슈(동1)국수   59z(식이)
　국슈(역3)국수   30z(식이)
　국슈(왜1)국수   47z(식이)
　국슈(몽1)국수   46y(식이)
　국슈(몽3)국수   21y(식이)
▷ 국화(왜2)국화   29z(화초)
▷ 군관(왜1)군관   36z(관직)
▷ 군뢰(역1)간수   27z(존비)
▷ 군ᄉ(동1)군사   45y(교열)
　군ᄉ(역3)군사   19z(존비)
　군ᄉ(왜1)군사   39y(교열)

군ᄉ(몽1)군사　34z(교열)
▷군ᄌ(왜1)군자　14z(인품)
▷군포(역1)군포　15y(성곽)
　군포(동1)군포　45z(교열)
▷굔셀(왜1)굔셀(굔세다)　23z(성정)
▷굴(역1)굴　20z(궁궐)
　굴(동1)굴　36y(궁궐)
　굴(왜1)굴　09y(지리)
　굴(몽1)굴　27y(궁궐)
▷굴(역2)굴　37z(수족)
▷굴갓(역1)굴갓　26z(사관)
▷굴러ᄎ다(몽3)굴러차다　32z(주수)
▷굴러(역1)굴레　24y(관역)
　굴레(역2)굴레　20z(안비)
　굴에(왜2)굴레　17z(안비)
▷굴ᄉ독(역1)굴뚝　19y(궁궐)
　굴쏙(동1)굴뚝　36y(궁궐)
　굴독(왜1)굴뚝　33z(궁궐)
　굴쏙(몽1)굴뚝　27y(궁궐)
▷굴헝(역1)구렁　08z(지리)
　굴헝(동1)구렁　07y(지리)
　굴헝(역3)구렁　06y(지리)
　굴헝(왜1)구렁　08y(지리)
　굴헝(몽1)구렁　06y(지리)
▷굴헝몰(역2)구렁말　29y(주수)
　굴헝몰(동2)구렁말　37z(주수)
　굴헝몰(몽2)구렁말　31z(주수)
▷굴헝이(동2)구렁이　42z(곤충)
　굴헝이(역3)구렁이　50y(곤충)
　굴헝이(몽2)구렁이　(곤충)
▷굵근(역1)굵은(굵다)　(식이)
　굵다(역2)굵다　49z(쇄설)
　굵다(동2)굵다　25z(직조)
　굵다(역3)굵다　40y(직조)

굵글(왜2)굵을　32y(쇄설)
　굵다(몽2)굵다　20z(직조)
　굵다(몽3)굵다　28y(직조)
▷굽다(역2)굽다　14y(기구)
　굽다(몽1)굽다　27y(궁궐)
▷굼벙이(역2)굼벵이　36y(곤충)
　굼벙이(동2)굼벵이　44y(곤충)
　굼벙이(왜2)굼벵이　28y(곤충)
　굼벙이(몽2)굼벵이　36z(곤충)
▷굼틀굼틀ᄒ다(동2)굼틀굼틀하다　42z(곤충)
　굼틀굼틀ᄒ다(역3)굼틀굼틀하다　50y(곤충)
　굼틀굼틀ᄒ다(몽2)굼틀굼틀하다　35z(곤충)
▷굽(역2)굽　29z(주수)
　굽(역3)굽　49y(주수)
　굽(왜2)굽　24z(주수)
▷굽다(역1)굽다　20z(궁궐)
　굽다(동1)굽다　36y(궁궐)
　굽다(동2)굽다　15z(기구)
　굽다(역3)굽다　13z(궁궐)
　굽다(몽2)굽다　11y(기구)
▷굽다(역1)굽다　51y(식이)
　굽다(역2)굽다　25z(비금)
　굽다(동1)굽다　60z(식이)
　굽다(몽1)굽다　47y(식이)
▷굽슬굽슬ᄒ다(몽3)굽슬굽슬하다　32y(주수)
　굽슬굽슬ᄒ다(역3)굽슬굽슬하다　49z(주수)
▷굽통속(몽3)굽통속　32y(주수)
　굽통속(역3)굽통속　48z(주수)
▷굽프리다(몽3)구부리다　10z(동정)
▷굿게ᄒ다(동2)굳게 하다　60y(쇄설)
　굿게ᄒ다(몽2)굳게 하다　50y(쇄설)
▷굿다(역2)굳다　44z(쇄설)
　굿다(역3)굳다　07y(지리)
　굿다(몽3)굳다　03y(시령)

▷ 굿ᄒ다(역1)굿을 하다 14y(제례)
　굿ᄒ다(동2)굿을 하다 12y(사관)
　굿하다(몽2)굿을 하다 09z(사관)
▷ 궁구ᄒ다(몽3)궁구하다 16z(학교)
　궁구ᄒ다(왜2)궁구하다 42z(쇄설)
▷ 궁굴(왜2)窮屈 45z(쇄설)
▷ 궁그다(동2)비다 54z(쇄설)
　궁그다(역3)비다 55z(쇄설)
　궁그다(몽2)비다 46y(쇄설)
▷ 궁둥이(동1)궁둥이 17y(신체)
　궁둥이(역3)궁둥이 22z(신체)
　궁둥이(몽3)궁둥이 06z(신체)
▷ 궁터(역1)활집 22y(군기)
▷ 궁소(역3)弓胎 16z(군기)
▷ 궁품(역3)궁품 15z(교열)
▷ 궁합(동1)궁합 52z(례도)
▷ 궁ᄒ다(왜2)궁하다 40y(쇄설)
▷ 규모(역3)규모 57z(쇄설)
▷ 규화(왜2)해바리기꽃 29z(화초)
▷ 귤(역1)귤 56y(식이)
　귤(동2)귤 05y(식이)
　귤(몽2)귤 04z(식이)
▷ 귤병(왜1)꿀에 졸인 귤 48z(식이)
▷ 그(왜1)그 27z(어사)
▷ 그날(역1)그날, 당일 03z(시령)
　그날(역3)그날, 당일 04y(시령)
　그날(몽3)그날, 당일 11y(동정)
▷ 그늘(동1)그늘 28y(동정)
　그늘(몽1)그늘 03y(천문)
　그늘(몽3)그늘 11z(동정)
▷ 그다(동2)기다 17y(기구)
　그다(역3)기다 44y(기구)
　그다(몽2)기다 12z(기구)
▷ 그더기다(동1)끄덕이다 28y(동정)

　그더기다(몽1)끄덕이다 21z(동정)
　그더기다(몽3)끄덕이다 10y(언어)
▷ 그대로(동2)그대로 50y(쇄설)
　그대로(역3)그대로 56z(쇄설)
▷ 그디(동2)그대 59y(쇄설)
　그디(왜2)그대 33z(쇄설)
　그디(몽1)그대 10z(친속)
▷ 그러면(역3)그러면 53z(쇄설)
▷ 그런가(동2)그런가 47z(쇄설)
　그런가(몽2)그런가 40y(쇄설)
▷ 그럴(왜1)그럴(그러하다) 28y(어사)
▷ 그럿긔(동1)재작년, 그러께 04z(시령)
　그럿긔(몽1)재작년, 그러께 04y(시령)
▷ 그르(동2)그루 02y(전농)
　그르(역3)그루 42z(전농)
　그르(몽2)그루 02y(전농)
▷ 그르다(동1)그르다 33y(인사)
　그르다(몽1)그르다 25y(인사)
　그르다(몽3)그르다 13y(인사)
▷ 그르박다(역3)그루 박다 59y(쇄설)
▷ 그르턱박히다(역2)그루턱박히다 52y(쇄설)
▷ 그른ᄒ다(왜2)그릇하다 34z(쇄설)
▷ 그를(왜2)그를(그르다) 34z(쇄설)
▷ 그를(왜1)그늘지다 06z(시령)
▷ 그름(동2)그름(아니다) 29z(쟁송)
　그름(몽2)그름(아니다) 24y(쟁송)
▷ 그릇(역2)그릇(공기) 48y(쇄설)
　그릇(동2)그릇 13z(기구)
　그릇(역3)그릇 43z(기구)
　그름(왜2)그릇 12z(기구)
　그릇(몽2)그릇 09z(기구)
　그릇(몽3)그릇 38z(쇄설)
▷ 그릇(역2)그릇, 틀리게 52z(쇄설)
　그릇(동2)그릇, 틀리게 29z(쟁송)

그릇(몽2)그릇, 틀리게   24y(쟁송)
그릇(몽3)그릇, 틀리게   36z(쇄설)
▷ 그릇ᄒ다(동1)그릇하다   32z(인사)
그릇ᄒ다(역3)그릇하다   60z(쇄설)
그릇ᄒ다(몽1)그릇하다   25y(인사)
▷ 그릇아다(역3)그릇알다   24z(기식)
▷ 그리다(동1)그리다   20y(기식)
그리다(역3)그리다   21y(경중)
그리다(왜1)그리다   22y(기식)
그리다(몽1)그리다   16y(기식)
▷ 그리다(역2)그리다   19z(기구)
그리다(동1)그리다   42z(학교)
그리다(역3)그리다   12z(학교)
그리다(몽1)그리다   32z(학교)
▷ 그리매(역2)그리마, 집게벌레   36z(곤충)
▷ 그리아니면(역3)그리 아니면   53z(쇄설)
▷ 그리씌다(동2)그네 뛰다   33z(기회)
그리씌다(몽2)그네 뛰다   27y(기회)
▷ 그리ᄒ다(몽3)그리하다   35z(쇄설)
▷ 그린쩍(역3)그린 떡   62y(쇄설)
▷ 그릴식(동2)저절로   50y(쇄설)
그릴식(몽3)저절로   40z(쇄설)
▷ 그림(역2)그림   19z(기구)
그림(동1)그림   42z(학교)
그림(역3)그림   12z(학교)
그림(왜1)그림   38z(학교)
그림(몽1)그림   32z(학교)
▷ 그림자(동1)그림자   03z(천문)
그림자(역3)그림자   01z(천문)
그림자(왜1)그림자   20z(신체)
그림자(몽1)그림자   03y(천문)
▷ 그릐(역2)그네   24z(기회)
그릐(동2)그네   33z(기회)
그릐(몽2)그네   27y(기회)

▷ 그름(역2)그름(옳고 ~)   54y(쇄설)
▷ 그무다(동1)캄캄하다   04y(시령)
금으다(역3)캄캄하다   04y(시령)
그무다(몽1)캄캄하다   03z(시령)
그므다(몽3)캄캄하다   03y(시령)
▷ 그믈(역1)그물   23y(전어)
그믈(동2)그물   13y(전어)
그믈(역3)그물   18y(전어)
그믈(왜2)그물   16y(기구)
그믈(몽1)그물   50z(전어)
그믈(몽3)그물   22y(전어)
▷ 그믈티다(역1)그물치다   23y(전어)
그믈티다(동2)그물치다   13y(전어)
그믈치다(역3)그물치다   18y(전어)
그믈티다(몽1)그물치다   50z(전어)
▷ 그믈톳(역1)그물톱   23y(전어)
▷ 그번(역2)그번   53y(쇄설)
▷ 그슬리다(동1)그슬리다 60z(식이)
그슬이다(역3)그슬리다   32y(식이)
그슬리다(몽1)그슬리다   47y(식이)
▷ 그째로서(역3)그때로서 53z(쇄설)
▷ 그저(동2)그저   48z(쇄설)
그저(몽2)그저   41y(쇄설)
▷ 그젓긔(동1)그저께   04y(시령)
그젓긔(몽1)그저께   03z(시령)
▷ 그제(역1)그저께   04y(시령)
▷ 그치다(동2)그치다   62y(쇄설)
그치다(왜2)그치다   41y(쇄설)
그치다(몽2)그치다   51y(쇄설)
▷ 그희(동1)그해   04z(시령)
그희(몽1)그해   03z(시령)
▷ 그을다(역3)그을다   56z(쇄설)
그으다(몽3)그을다   37z(쇄설)
▷ 그으름(동1)그을음   64y(식이)

그으름(역3)그을음 32z(식이)
그으름(몽3)그을음 21z(식이)
▷ 그윽(왜2)그윽하다 38y(쇄설)
▷ 그윽절(왜2)훔치다 43y(쇄설)
▷ 그윽ᄒ다(동2)그윽하다 56y(쇄설)
그윽ᄒ다(몽2)그윽하다 47z(쇄설)
▷ 그윽ᄒ딕(동2)가리운데 56y(쇄설)
그윽ᄒ딕(몽2)가리운데 47z(쇄설)
▷ 그을(왜1)긋을(긋다) 38y(학교)
▷ 극진(몽3)극진하다 40y(쇄설)
▷ 극진이ᄒ다(몽1)극진히 하다 24y(인사)
극진히ᄒ다(동1)극진히 하다 31y(인사)
▷ 극한(몽3)극한 03y(시령)
▷ 극히(몽3)극히 03y(시령)
▷ 극ᄒ다(왜1)다하다 28z(어사)
▷ 근(왜1)근(斤) 55z(산술)
▷ 근간(왜2)근간, 요사이 43z(쇄설)
▷ 근두질ᄒ다(역2)곤두박질하다 24z(기희)
근두딜ᄒ다(동2)곤두박질하다 33z(기희)
근두질ᄒ다(몽2)곤두박질하다 27y(기희)
▷ 근ᄃ겨가다(역1)끄당겨가다 21y(교열)
▷ 근ᄃ다(동2)근을 달다 22z(산술)
근ᄃ다(몽2)근을 달다 18y(산술)
▷ 근대(역2)근대 12y(채소)
▷ 근본(동2)근본 56y(쇄설)
근본(역3)근본 60y(쇄설)
근본(몽1)근본 39y(정사)
▷ 근심(동2)근심 10y(상장)
근심(왜1)근심 21z(기식)
근심(몽2)근심 07z(상장)
▷ 근심ᄒ다(동2)근심하다 10y(상장)
근심ᄒ다(몽2)근심하다 07z(상장)
▷ 근화(왜2)무궁화 30y(화초)
▷ 근원(동1)근원 08z(지리)

근원(왜1)근원 09z(지리)
근원(몽1)근원 07y(지리)
▷ 글(역1)글 15z(학교)
글(역2)글 51y(쇄설)
글(동1)글 42z(학교)
글(역3)글 12y(학교)
글(몽1)글 32y(학교)
글(몽3)글 16z(학교)
▷ 글게(동2)글기 38z(주수)
글기(몽2)글기 38z(안비)
▷ 글게(역2)끌 18z(기구)
▷ 글듯다(역1)上字 15z(학교)
▷ 글러지다(역3)끊어지다 49y(주수)
▷ 글비호다(역2)글배우다 54y(쇄설)
▷ 글ㅅ방(역3)글방(∼선생) 13y(궁궐)
▷ 글쑈노다(동1)判了書 44y(학교)
▷ 글지은명지(역1)시험지 16z(학교)
▷ 글짓다(역1)글짓다 15z(학교)
글짓다(동1)글짓다 43y(학교)
글짓다(몽1)글짓다 33y(학교)
▷ 글ᄌ(동1)글자 43z(학교)
글ᄌ(몽1)글자 33y(학교)
글ᄌ(몽3)글자 16z(학교)
▷ 글초(동1)초고 44y(학교)
글초(역3)초고 11z(학교)
글초(몽1)초고 33z(학교)
▷ 글톄(동1)글제 42z(학교)
글데(왜1)글제, 제목 38y(학교)
글톄(몽1)글제, 제목 32z(학교)
▷ 글픠(역1)글피 04y(시령)
글픠(동1)글피 04y(시령)
▷ 글헉긔(역3)그그러께 03z(시령)
▷ 글히영(역2)勒草 40z(화초)
▷ 글은거슬(역3)그른것을 60y(쇄설)

▷ 글와(역1)소라   26z(사관)

▷ 글월(역1)글   25y(창고)

　글월(왜1)문장   37z(학교)

▷ 글월초(역1)篆本 11z(공식)

▷ 긁다(역1)긁다   48y(소세)

　긁다(동1)긁다   60y(식이)

　긁다(동2)긁다   08y(질병)

　긁다(역3)긁다   12y(학교)

　글글(왜1)긁을(긁다)   30z(동정)

　긁다(몽1)긁다   47y(식이)

　긁다(몽2)긁다   06z(질병)

　긁다(몽3)긁다   21y(식이)

▷ 긁히다(몽3)긁히다   24z(질병)

▷ 금(역2)금   01z(진보)

　금(동2)금   23y(진보)

　금(몽2)금   18z(진보)

▷ 금(역3)금   46y(기구)

▷ 금괴(역2)豹花猫 33z(주수)

▷ 금나라(왜2)금나라   02z(국호)

▷ 금년(왜1)올해   03z(시령)

▷ 금박(역3)금박   39y(진보)

▷ 금석(왜1)오늘저녁   06y(시령)

▷ 금션(왜2)금실   10y(직조)

▷ 금션비단(역2)금실비단   04y(직조)

　금션단(동2)금실비단   24z(직조)

　금션단(역3)금실비단   40z(직조)

▷ 금싯다(역2)금이 실리다   48y(쇄설)

▷ 금스(동2)금사, 금줄   18z(장기)

▷ 금져기다(역1)끔적이다   40y(동정)

　금져기다(왜1)끔적이다   30z(동정)

　금격이다(몽1)끔적이다   22y(동정)

▷ 금젼화(왜2)자오화   30y(화초)

▷ 금조이다(동2)금이 가다   53z(쇄설)

　금조이다(몽2)금이 가다   45y(쇄설)

▷ 금죠개(역2)금조개   37z(수족)

▷ 금죠개거플(역2)금조개꺼풀   37z(수족)

▷ 금차할비단(역2)금색비단   04y(직조)

▷ 금패(역2)호박   02y(진보)

▷ 금ᄒ다(왜1)금하다   54y(형옥)

▷ 금은ㅅ덩이(역3)금은덩이   39y(진보)

　금은겨근덩이(몽2)금은덩이   18z(진보)

▷ 금을어가다(역3)저물어가다   04y(시령)

▷ 금음(역1)그믐   04y(시령)

　그뭄(동1)그믐   04y(시령)

　금음(왜1)그믐   04z(시령)

　금음(몽1)그믐   03z(시령)

▷ 금일(왜1)오늘   05y(시령)

▷ 금의(역2)비단이불   05z(직조)

▷ 금월(왜1)이번달   04y(시령)

▷ 급졔ᄒ다(역3)급제하다   13y(학교)

▷ 급풍(왜1)폭풍   02z(천문)

▷ 급히(역2)급히   51y(쇄설)

　급히(동1)급히   26z(동정)

　급히(동2)급히   52z(쇄설)

　급히(몽2)급히   44y(쇄설)

　급히(몽3)급히   10z(동정)

▷ 급히ᄒ다(동2)급히 하다   52z(쇄설)

　급히ᄒ다(몽2)급히 하다   44y(쇄설)

▷ 급ᄒ다(역3)급하다   02z(천문)

　급ᄒ다(왜2)급하다   35y(쇄설)

▷ 급우(왜1)폭우   02z(천문)

▷ 긋그졔(역1)그그저께   04y(시령)

▷ 긋다(동1)긋다   43z(학교)

　긋다(역3)긋다   12y(학교)

　긋다(몽1)긋다   33y(학교)

　긋다(몽3)긋다   16z(학교)

▷ 긋다(동1)끄당기다   47z(군기)

　긋다(몽3)끄당기다   18y(군기)

▷ 긋다(동1)받다   54z(잉산)
　긋다(몽1)받다   42y(잉산)
　긋다(역3)받다   23z(잉산)
▷ 긋재(동2)아울러   49y(쇄설)
　긋재(몽2)아울러   41z(쇄설)
▷ 기나긴날(역3)기나긴 날   61z(쇄설)
▷ 기다(동1)길다   04y(시령)
　기다(동2)길다   54z(쇄설)
　기다(몽2)길다   46y(쇄설)
▷ 기도로다(역2)기다리다   46y(쇄설)
▷ 기동(역1)기둥   17z(궁궐)
　기동(역2)기둥   08y(전농)
　기동(동1)기둥   35y(궁궐)
　기동(역3)기둥   11y(성곽)
　기동(왜1)기둥   32z(궁궐)
▷ 기드리다(동1)기다리다   27z(동정)
　기드리다(역3)기다리다   59y(쇄설)
　기드리다(왜2)기다리다   39y(쇄설)
　기드리다(몽1)기다리다   21y(동정)
　기드리다(몽3)기다리다   11y(동정)
▷ 기라마우비(역3)안장씌우개   46z(안비)
▷ 기라마짓다(동2)안장을 지우다 20z(안비)
　기르마지다(왜2)안장을 지우다 18y(안비)
　기르마짓다(몽2)안장을 지우다 16y(안비)
▷ 기라ᄆ거리(역2)말안장   18z(기구)
▷ 기러기(역2)기러기   27z(비금)
　기러기(동2)기러기   35y(비금)
　기러기(역3)기러기   48y(비금)
　기러기(왜2)기러기   21y(비금)
　기러기(몽2)기러기   29y(비금)
▷ 기르다(동1)기르다   54z(잉산)
　기ᄅ다(동2)기르다   40z(주수)
　길으다(역3)기르다   23z(잉산)
　기르다(몽1)기르다   42y(잉산)

▷ 기르다(몽2)기르다   33z(주수)
▷ 기를(왜1)길을(물을 긷다)   11y(지리)
▷ 기름(역1)기름   52z(식이)
　기름(역2)기름   51z(쇄설)
　기릅(역2)기름   10z(채소)
　기름(동1)기름   61z(식이)
　기름(동2)기름   03z(화곡)
　기름(왜1)기름   48y(식이)
　기름(몽1)기름   46z(식이)
▷ 기름(역2)기름   14z(기구)
　기릅(역2)기름   23z(주강)
▷ 기름수기다(역2)기름을 숨기다   17y(기구)
▷ 기름끽(역1)기름끼   53z(식이)
▷ 기름치다(역2)기름을 치다   17y(기구)
▷ 기리다(역2)기리다, 칭찬하다   45y(쇄설)
　기리다(동1)기리다, 칭찬하다   25y(언어)
　길이다(역3)기리다, 칭찬하다   52y(쇄설)
　길리다(왜1)기리다, 칭찬하다   27y(언어)
　기리다(몽1)기리다, 칭찬하다   19y(언어)
　기리다(몽3)기리다, 칭찬하다   10y(언어)
▷ 기르마(역1)길마, 말안장   24y(관역)
　기ᄅᄆ(역2)길마, 말안장   20y(안비)
　기라마(동2)길마, 말안장   20y(안비)
　기르마(동2)길마, 말안장   37z(주수)
　기라마(역3)길마, 말안장   46z(안비)
　기르마(역3)길마, 말안장   48z(주수)
　기르마(왜2)길마, 말안장   17z(안비)
　기라마(몽2)길마, 말안장   15z(안비)
　기르마(몽2)길마, 말안장   15z(안비)
　기ᄅ마(몽3)길마, 말안장   27y(안비)
▷ 기ᄅᄆ가지(역2)길마턱   20y(안비)
　기라마가지(동2)길마턱   20y(안비)
　기르마가지(몽2)길마턱   15z(안비)
▷ 기릐(역2)길이   45z(쇄설)

기리(동2)길이 48z(쇄설)
기리(몽2)길이 41y(쇄설)
▷ 기슭(역2)기슭 06y(재봉)
기슭(왜1)기슭 32z(궁궐)
▷ 기시(왜1)기시(其時) 06y(시령)
▷ 기장(역2)기장 09z(화곡)
기장(동2)기장 03y(화곡)
기장(왜2)기장 04z(화곡)
기장(몽2)기장 03y(화곡)
▷ 기장뿔(역2)기장쌀 09z(화곡)
▷ 기지게(역1)기지개 39y(기식)
기지게(동1)기지개 20y(기식)
▷ 기춤(역1)기침 38y(기식)
▷ 기춤ᄒ다(동1)기침하다 20y(기식)
기츰ᄒ다(몽1)기침하다 15z(기식)
▷ 기치다(왜2)끼치다 39z(쇄설)
▷ 기피(동1)깊이 12z(친속)
▷ 기오다(역2)기울다 54y(쇄설)
기오다(동2)기울다 55y(쇄설)
기오다(몽2)기울다 46z(쇄설)
기우다(몽3)기울다 38y(쇄설)
▷ 기오다(역1)기울다 19y(궁궐)
기오다(역2)기울다 22y(주강)
기오다(역3)기울다 13y(궁궐)
▷ 기오다(역1)기울다 30y(인품)
기우다(동2)기울다 34y(마욕)
▷ 기올(왜2)기울(깁다) 33y(쇄설)
▷ 기우다(동1)기울다 01z(천문)
기우다(몽1)기울다 01z(천문)
기우다(몽3)기울다 01z(천문)
▷ 기우러지다(몽3)기울어지다 12y(동정)
기우러지다(왜2)기울어지다 37y(쇄설)
▷ 기우로가다(역1)기울어가다 21y(교열)
▷ 기우리다(역3)기울이다 25y(동정)

▷ 기운(몽3)기운(기울다) 24z(질병)
▷ 기울(왜2)기울(기울다) 41z(쇄설)
▷ 기웃거리다(동1)기웃거리다 29y(동정)
기웃거리다(몽3)기웃거리다 12y(동정)
▷ 기웃기웃(역3)기웃기웃 62y(쇄설)
▷ 기음(역2)김 08y(전농)
기음(동2)김 02z(전농)
기음(역3)김 42y(전농)
기음(왜2)김 03z(전농)
기음(몽2)김 02y(전농)
▷ 기음(역2)가라지 41z(화초)
기옴(동2)가라지 46z(화초)
기음(역3)가라지 51y(화초)
기옴(몽2)가라지 39y(화초)
▷ 기외다(역3)여위다 34z(질병)
▷ 긴(역2)긴(길다) 35y(곤충)
긴(역3)긴(길다) 10z(제례)
긴(왜2)긴(길다) 32y(쇄설)
긴(몽3)긴(길다) 27y(주강)
▷ 긴(역2)끈 26z(비금)
▷ 긴져고리(역3)긴저고리 28z(복식)
▷ 긴치마(역1)긴치마 46y(복식)
▷ 긴칼(역1)긴칼, 장도 67y(형옥)
▷ 긴ᄒ다(왜2)굳게 얽다 41y(쇄설)
▷ 긷그다(왜1)기쁘다 21z(기식)
▷ 긷드리다(왜2)깃들이다 22z(비금)
▷ 길(역1)길 24z(관역)
길(동1)길 27z(동정)
길(역3)길 05z(지리)
길(왜1)길 08z(지리)
길(몽1)길 31y(성곽)
길(몽3)길 21z(전어)
▷ 길(역2)길이 06z(재봉)
▷ 길가는티(역2)길가는데 43z(쇄설)

▷ 길ㄱ느니(역2)길가는 사람   46y(쇄설)

▷ 길경(왜2)길경, 도라지   06y(채소)

▷ 길경이(몽3)질경이   23y(채소)

▷ 길게ㅎ다(역3)길게하다   55y(쇄설)

▷ 길드다(몽3)길들다   31y(비금)

▷ 길드리다(왜2)길들이다   24z(주수)

▷ 길둔니다(몽3)길다니다   11y(동정)

▷ 길벋(동1)길벗, 길동무   12z(친속)

　길벋(몽2)길벗, 길동무   22z(매매)

▷ 길ㅅ즉흔것(몽3)길죽한것   38z(쇄설)

▷ 길즈다(동2)길죽하다   54z(쇄설)

▷ 길즉이(몽2)길죽히   46y(쇄설)

▷ 길ㅎ다(왜2)길하다   34y(쇄설)

▷ 길일타(동2)길을 잃다   60y(쇄설)

　길일타(몽2)길을 잃다   50y(쇄설)

▷ 김나다(역2)김나다   52z(쇄설)

　김나다(역3)김나다   32y(식이)

▷ 김의(역1)기미   36z(신체)

　기뮈(왜1)기미   51z(질병)

　김의(몽1)기미   15z(신체)

▷ 깁(역2)깁   05z(직조)

　깁(동2)깁   24z(직조)

　깁(역3)깁   40z(직조)

　깁(왜2)깁   10y(직조)

　깁(몽2)깁   20y(직조)

▷ 깁다(역1)깊다   03z(천문)

　깁다(동1)깊다   09y(지리)

　깁게(역3)깊게   26z(동정)

　깁흘(왜1)깊을   10z(지리)

　깁다(몽1)깊다   07z(지리)

▷ 깁다(역2)깁다   06z(재봉)

　깁다(동1)깁다   57y(복식)

　깁다(몽1)깁다   44y(복식)

▷ 깁체(역2)가는 채   14y(기구)

▷ 깁히(몽3)깊이   05y(친속)

▷ 깃(역2)깃   06z(재봉)

　긷(왜1)깃   46y(복식)

▷ 깃거아니타(동1)기쁘지 않다   22z(성정)

　깃거아니타(몽3)기쁘지 않다   09y(성정)

▷ 깃거ㅎ다(동1)기뻐하다   22z(성정)

　깃거ㅎ다(몽1)기뻐하다   17z(성정)

▷ 깃다(역3)긷다   06z(지리)

▷ 깃붐(몽1)기쁨   17z(성정)

▷ 깃브다(역2)기쁘다   43z(쇄설)

▷ 깃치다(동2)끼치다, 남기다   59z(쇄설)

　깃치다(몽2)끼치다, 남기다   49z(쇄설)

▷ ㄱ(동1)가   10y(지리)

　ㄱ(역3)가   25z(동정)

　ㅈ(역3)가   12y(학교)

　ㄱ(왜1)가   12y(지리)

　ㄱ(몽1)가   08z(지리)

　ㄱ(몽3)가   20y(복식)

▷ ㄱ느다(역2)가늘다   06y(재봉)

　ㄱ느다(동2)가늘다   25z(직조)

　ㄱ느다(역3)가늘다   40y(직조)

　ㄱ느다(왜2)가늘다   32y(쇄설)

　ㄱ느다(몽2)가늘다   20z(직조)

　ㄱ느다(몽3)가늘다   31y(비금)

▷ ㄱ는눈(역3)가는눈   21z(신체)

▷ ㄱ는대(동1)가늘한 화살   48y(군기)

　ㄱ는대(몽3)가늘한 화살   17z(군기)

▷ ㄱ다(역1)갈다(대체하다)   13z(관직)

　ㄱ다(동1)갈다   39z(관직)

　ㄱ다(몽1)갈다   29z(관직)

▷ ㄱ다(동2)갈다(바꾸다)   36z(비금)

　ㄱ다(역3)갈다(바꾸다)   48z(비금)

　ㄱ다(몽2)갈다(바꾸다)   30z(비금)

　ㄱ다(몽3)갈다(털~)   32z(주수)

▷ ᄀᆞ다(역1)갈다　34y(신체)
　ᄀᆞ다(역2)갈다　50y(쇄설)
　ᄀᆞ다(동1)갈다　44z(학교)
　ᄀᆞ다(역3)갈다　12z(학교)
　ᄀᆞ다(몽1)갈다　33z(학교)
▷ ᄀᆞ다(역2)번지다　23z(주강)
▷ ᄀᆞ다(동2)갈다　02z(전농)
　ᄀᆞ다(역3)갈다　42z(전농)
　ᄀᆞ다(몽2)갈다　02z(전농)
　ᄀᆞ다(몽3)갈다　22z(전농)
▷ ᄀᆞ다듬다(동1)가다듬다　32y(인사)
▷ ᄀᆞ득ᄒᆞ다(동2)가득하다　54z(쇄설)
　ᄀᆞ득ᄒᆞ다(몽2)가득하다　46y(쇄설)
▷ ᄀᆞ득(동1)가득　47z(군기)
　ᄀᆞ득(동2)가득　49z(쇄설)
　ᄀᆞ득(역3)가득　15z(교열)
　ᄀᆞ득(왜2)가득　37y(쇄설)
　ᄀᆞ득(몽2)가득　41z(쇄설)
　ᄀᆞ득(몽3)가득　18y(군기)
▷ ᄀᆞ득이(역1)가득히　59z(연향)
▷ ᄀᆞ랏(역2)가라지　41y(화초)
▷ ᄀᆞ랑비(역1)가랑비　02z(천문)
▷ ᄀᆞ려온듸(역1)가려운데　49y(소세)
　ᄀᆞ려온듸(역3)가려운데　34z(질병)
▷ ᄀᆞ렵다(동2)가렵다　08y(질병)
　ᄀᆞ려을(왜1)가려울(가렵다)　51z(질병)
　ᄀᆞ렵다(몽2)가렵다　06z(질병)
▷ ᄀᆞ르치다(역3)가르치다　11z(학교)
▷ ᄀᆞ룹지다(몽3)가로채다　09z(언어)
▷ ᄀᆞ리다(동2)돌다　18z(장기)
　ᄀᆞ리다(몽2)돌다　14y(장기)
▷ ᄀᆞ리다(역2)가리다　52z(쇄설)
▷ ᄀᆞ리다(역2)걸리다　29z(주수)
▷ ᄀᆞ리오다(역1)가리우다　38z(기식)

▷ ᄀᆞ리오다(역2)가리우다　23z(주강)
　ᄀᆞ리오다(동2)가리우다　54y(쇄설)
　ᄀᆞ리오다(역3)가리우다　02z(천문)
　ᄀᆞ리우다(왜2)가리우다　39y(쇄설)
　ᄀᆞ리오다(몽2)가리우다　46y(쇄설)
　ᄀᆞ리우다(몽3)가리우다　38y(쇄설)
▷ ᄀᆞ리오물(몽3)海鰡　32y(주수)
▷ ᄀᆞ리와ᄒᆞ다(동1)가려워하다　33y(인사)
▷ ᄀᆞ림자(동1)가리마　15y(신체)
　ᄀᆞ림자(몽1)가리마　12y(신체)
▷ ᄀᆞ르(역2)가로　45z(쇄설)
　ᄀᆞ르(동1)가로　36y(궁궐)
　ᄀᆞ르(동2)가로　55y(쇄설)
　ᄀᆞ르(역3)가로　61y(쇄설)
　ᄀᆞ르(몽2)가로　46z(쇄설)
　ᄀᆞ르(몽3)가로　15z(궁궐)
▷ ᄀᆞ르(역1)가루　53y(식이)
　ᄀᆞ르(동2)가루　03z(화곡)
　ᄀᆞ르(역3)가루　30z(식이)
　ᄀᆞ르(왜1)가루　48y(식이)
　ᄀᆞ르(몽2)가루　03y(화곡)
▷ ᄀᆞ르막다(동1)가로막다　30z(동정)
　ᄀᆞ로막다(역3)가로막다　26z(동정)
　ᄀᆞ르막다(몽1)가로막다　23z(동정)
▷ ᄀᆞ르ㅅ찌(동2)桶梁　15y(기구)
▷ ᄀᆞ르쟝(역1)단 된장　53y(식이)
▷ ᄀᆞ르치다(역1)가르치다　15z(학교)
　ᄀᆞ르치다(동1)가르치다　43y(학교)
　ᄀᆞ르치다(왜1)가르치다　38y(학교)
▷ ᄀᆞ르티다(동2)가리키다　61z(쇄설)
　ᄀᆞ론치다(왜1)가리키다　30z(동정)
　ᄀᆞ르치다(몽1)가리키다　29y(관직)
　ᄀᆞ르티다(몽2)가리키다　50z(쇄설)
▷ ᄀᆞ르침(역3)가르침　52y(쇄설)

▷ ᄀᆞ룹(왜1)강, 호수 09z(지리)
▷ ᄀᆞ룻세(역2)손잡이 17y(기구)
  ᄀᆞ룻세(역3)손잡이 43z(기구)
▷ ᄀᆞ래(왜2)가래, 가래나무 28z(수목)
▷ ᄀᆞ래다(동2)나쁘다, 렬등하다 37z(주수)
  ᄀᆞ래다(몽2)나쁘다, 렬등하다 31z(주수)
▷ ᄀᆞ래춤(역1)가래침 38y(기식)
▷ ᄀᆞ만이(동2)가만히 61y(쇄설)
  ᄀᆞ만이(역3)가만히 24y(기식)
  ᄀᆞ마니(역3)가만히 37y(쟁송)
  ᄀᆞ만이(몽1)가만히 19z(언어)
▷ ᄀᆞ만ᄀᆞ만(동1)가만가만 25y(언어)
▷ ᄀᆞ물(몽1)가뭄 05y(기후)
▷ ᄀᆞ뭇다(동2)뜨끔하다 08z(질병)
  ᄀᆞ뭇다(역3)뜨끔하다 35y(질병)
  ᄀᆞ뭇다(몽3)뜨끔하다 24y(질병)
▷ ᄀᆞ므다(역1)가물다 02z(천문)
  ᄀᆞ무다(동1)가물다 06y(기후)
  ᄀᆞ므다(왜1)가물다 02z(천문)
  ᄀᆞ므다(몽3)가물다 03y(시령)
▷ ᄀᆞ쟝(역1)가장 05y(시령)
  ᄀᆞ쟝(역1)가장 69z(매매)
  ᄀᆞ쟝(역2)가장 49y(쇄설)
  ᄀᆞ쟝(동2)가장 48z(쇄설)
  ᄀᆞ쟝(역3)가장 38y(매매)
  ᄀᆞ쟝(왜1)가장 27z(어사)
  ᄀᆞ쟝(몽2)가장 41y(쇄설)
  ᄀᆞ쟝(몽3)가장 37z(쇄설)
▷ ᄀᆞ즉(왜2)가지런하다 42y(쇄설)
▷ ᄀᆞ즉이ᄒᆞ다(동1)가쯘하다 45z(교열)
  ᄀᆞ즉이ᄒᆞ다(역3)가쯘하다 41z(재봉)
  ᄀᆞ즉이ᄒᆞ다(몽1)가쯘하다 35y(교열)
▷ ᄀᆞ초다(왜2)갖추다 41y(쇄설)
▷ ᄀᆞ치(동2)같이 34y(마욕)

  ᄀᆞ치(몽2)같이 27z(마욕)
  ᄀᆞ치(몽3)같이 29y(매매)
▷ ᄀᆞ음아다(역1)관리하다 10y(관부)
  ᄀᆞ음아다(역1)관리하다 23z(관역)
  ᄀᆞ으마다(역3)관리하다 18z(창고)
  ᄀᆞ음아다(왜1)관리하다 36z(관직)
▷ ᄀᆞ올(역1)가을 03z(시령)
  ᄀᆞ올(동1)가을 03z(시령)
  ᄀᆞ올(왜1)가을 03z(시령)
  ᄀᆞ올(몽1)가을 03z(시령)
  ᄀᆞ올(몽3)가을 23y(화곡)
▷ ᄀᆞ옴(몽3)감 20y(복식)
▷ ᄀᆞ옴알아ᄒᆞ다(역1)주관하다 41z(례도)
▷ ᄀᆞᆫᄀᆞᆫ(동1)간간히 26y(언어)
  ᄀᆞᆫᄀᆞᆫ(역3)간간히 23z(기식)
  ᄀᆞᆫᄀᆞᆫ(몽1)간간히 19z(언어)
▷ ᄀᆞᆫ나희(역1)녀자, 계집년 30z(인품)
  ᄀᆞᆫ나히(역2)녀자, 계집년 51y(쇄설)
  ᄀᆞᆫ나희(동1)녀자, 계집년 14z(인품)
  ᄀᆞᆫ나히(몽1)녀자, 계집년 11z(인품)
▷ ᄀᆞᆫ슈(역1)간수, 서슬 53y(식이)
  ᄀᆞᆫ슈(동1)간수, 서슬 61z(식이)
▷ ᄀᆞᆫ쟝(역1)간장 53y(식이)
  ᄀᆞᆫ쟝(동1)간장 61z(식이)
  ᄀᆞᆫ쟝(몽1)간장 48y(식이)
▷ ᄀᆞᆫ졀이(몽3)간절히 37y(쇄설)
▷ ᄀᆞᆫ지러이다(동2)간지럽히다 33z(기회)
  ᄀᆞᆫ지러이다(몽2)간지럽히다 27y(기회)
▷ ᄀᆞᆫ틴고기(역2)소금에 절인 고기 39y(수족)
▷ ᄀᆞᆯ(역2)갈 40z(화초)
  ᄀᆞᆯ(동2)갈 46z(화초)
  ᄀᆞᆯ(왜2)갈 31z(화초)
  ᄀᆞᆯ(몽2)갈 39y(화초)
▷ ᄀᆞᆯ(왜1)가로되 28z(어사)

▷ ᄀᆞᆯ(왜2)갈(갈다)　04y(전농)
▷ ᄀᆞᆯ(왜2)넘겨줄(넘겨주다)　36z(쇄설)
▷ ᄀᆞᆯ가마괴(역2)갈가마귀　27y(비금)
　갈가마괴(동2)갈가마귀　35z(비금)
　갈가마귀(몽2)갈가마귀　29z(비금)
▷ ᄀᆞᆯ기다(왜2)베다, 자르다　43y(쇄설)
▷ ᄀᆞᆯ며기(역2)갈매기　28y(비금)
　ᄀᆞᆯ며기(동2)갈매기　35y(비금)
　ᄀᆞᆯ며기(왜2)갈매기　21y(비금)
　ᄀᆞᆯ며기(몽2)갈매기　29y(비금)
▷ ᄀᆞᆯ새(동2)갈새　35z(비금)
　ᄀᆞᆯ새(몽2)갈새　29z(비금)
▷ ᄀᆞᆯ히다(역1)가리다　64z(복서)
　ᄀᆞᆯ이다(역2)가리다　03z(직조)
　ᄀᆞᆯ히다(동2)가리다　25y(직조)
　ᄀᆞᆯ히다(왜2)가리다　38y(쇄설)
　ᄀᆞᆯ히다(몽2)가리다　20z(직조)
　ᄀᆞᆯ히다(몽3)가리다　22z(전농)
▷ ᄀᆞᆯ여먹다(몽3)갈가먹다　28z(매매)
▷ ᄀᆞᆯ이다(역3)돌려깎다　46y(기구)
▷ ᄀᆞᆲ쥬어리다(역3)결함을 찾다　57y(쇄설)
▷ ᄀᆞᆲ므지게(역3)쌍무지개　02y(천문)
▷ ᄀᆞᆲ션므지게(역1)무지개다리　02y(천문)
▷ ᄀᆞᆲ지다(몽3)함께 넘어지다　30y(기희)
▷ ᄀᆞᆷ다(역1)감다　48z(소세)
▷ ᄀᆞᆷ초다(역1)감추다　47z(복식)
　ᄀᆞᆷ초다(역2)감추다　46y(쇄설)
　ᄀᆞᆷ추다(왜2)감추다　04y(전농)
　ᄀᆞᆷ초다(동1)감추다　30z(동정)
▷ ᄀᆞᆺ(역2)갓, 방금　08z(전농)
　ᄀᆞᆺ(동2)갓, 방금　47z(쇄설)
　ᄀᆞᆺ(몽2)갓, 방금　40y(쇄설)
　ᄀᆞᆺ(몽3)갓, 방금　22y(전농)
▷ ᄀᆞᆺ곰(역2)가끔　53z(쇄설)

▷ ᄀᆞᆺ난아희(몽3)갓난아이　04z(친속)
▷ ᄀᆞᆺ다(동2)같다　53y(쇄설)
　ᄀᆞᆺ다(역3)같다　53z(쇄설)
　ᄀᆞ톨(왜2)같을(같다)　42y(쇄설)
　ᄀᆞᆺ다(몽2)같다　44z(쇄설)
　ᄀᆞᆺ다(몽3)같다　39z(쇄설)
▷ ᄀᆞᆺ부다(역1)가쁘다　40z(동정)
　ᄀᆞᆺ부다(동1)가쁘다　28y(동정)
　ᄀᆞᆺ부다(역3)가쁘다　26z(동정)
　ᄀᆞᆺ부다(몽1)가쁘다　21z(동정)
▷ ᄀᆞᆺ비최다(역1)갓비취다　01z(천문)
▷ ᄀᆞᆺ훈것(몽3)같은것　38z(쇄설)
▷ ᄀᆞᆺ훈득훈것(몽3)같은듯한것　38z(쇄설)
▷ 개(역1)개　07z(지리)
　개(동1)개　08y(지리)
　개(동2)개　12z(전어)
　개(왜1)개　10y(지리)
　개(몽1)개　07y(지리)
▷ 개(역2)개　32z(주수)
　개(왜2)개　24y(주수)
　개(몽2)개　33z(주수)
　개(몽3)개　31z(주수)
▷ 개(왜1)덮개　41z(군기)
　개(왜2)덮개　14z(기구)
▷ 개가마리(역2)개구마리　28y(비금)
▷ 개구리(동2)개구리　42z(수족)
　개구리(왜2)개구리　27z(곤충)
　개구리(몽3)개구리　34y(수족)
▷ 개ᄀᆞ튼(역1)개같다　32z(마욕)
▷ 개너리곳(역2)개나리꽃　40y(화초)
▷ 개다(역1)개이다　03z(천문)
　개다(동1)개이다　03z(천문)
　개다(몽1)개이다　02z(천문)
▷ 개듁나모(역2)개똥나무　43y(수목)

▷ 개방올(역2)개방울   33y(주수)

▷ 개ㅅ버들(동2)버드나무   44y(수목)

▷ 개삿기(동2)개새끼   40y(주수)

　개삿기(몽2)개새끼   33z(주수)

▷ 개야미(역2)개미   36z(곤충)

　가야미(동2)개미   43z(곤충)

　가얌이(왜2)개미   27y(곤충)

　가얌이(몽2)개미   36y(곤충)

▷ 개야(역2)색종이 꽃비단

　송백나무가지로 장식한 가설막   24z(기희)

▷ 개자리(역1)개굴   20y(궁궐)

▷ 개티는놈(역1)개치는 놈   66z(형옥)

▷ 개흙(동1)개흙   07z(지리)

　개흙(역3)개흙   07y(지리)

　개흙(몽1)개흙   06z(지리)

▷ 게(역2)게   38z(수족)

　게(동2)게   42z(수족)

　계(왜2)게   26z(수족)

　게(몽2)게   35y(수족)

▷ 게걸들리다(몽3)게걸들다   37z(쇄설)

▷ 게으르다(역1)게으르다   29y(인품)

　게어르다(왜1)게으르다   24z(성정)

　게으르다(몽1)게으르다   18y(성정)

　게으르다(몽3)게으르다   13z(인사)

▷ 게엄지발(동2)게엄지발   42z(수족)

　게엄지발(역3)게엄지발   50z(수족)

▷ 게으름(동1)게으름   24y(성정)

▷ 게을리ㅎ다(동1)게을리 하다   24y(성정)

▷ 계(왜1)계(癸)   07z(시령)

▷ 계교(몽3)계교   17y(교열)

▷ 계관화(왜2)맨드라미   30y(화초)

▷ 계슈(왜2)계수나무   28y(수목)

▷ 계시다(역3)계시다   07z(궁궐)

▷ 계집(역1)계집   30z(인품)

　겨집(역1)계집   42y(례도)

　계집(역2)계집   48z(쇄설)

　계집(동1)계집   12y(친속)

　계집(동2)계집   34z(마욕)

　계집(역3)계집   58y(쇄설)

　겨집(역3)계집   36z(쟁송)

　계집(왜1)계집   42z(잉산)

　계집(몽1)계집   11y(인품)

▷ 계집년(역1)계집년   28y(존비)

▷ 계집종(동1)계집종   14z(인품)

　계집죵(몽1)계집종   11z(인품)

▷ 계즛(역1)겨자   53y(식이)

　계즛(동2)겨자   04y(채소)

　계즛(왜2)겨자   05z(채소)

　계즛(몽2)겨자   03z(채소)

▷ 계집아히(역1)계집애   28y(존비)

▷ 계유(역2)겨우   47y(쇄설)

　계유(동2)겨우   50z(쇄설)

　겨요(왜2)겨우   42z(쇄설)

　계유(몽2)겨우   42z(쇄설)

　겨요(몽3)겨우   39y(쇄설)

　겨요(몽3)겨우   37y(쇄설)

▷ 괴(역2)고양이   33y(주수)

　괴(동2)고양이   40z(주수)

　괴(왜2)고양이   24y(주수)

　괴(몽2)고양이   33z(주수)

▷ 괴로온(역3)괴로운   10z(관직)

　괴로올(왜2)괴로울(괴롭다)   36y(쇄설)

▷ 괴롭게ㅎ다(동2)괴롭게 하다   56z(쇄설)

　괴롭ㅅ게ㅎ다(몽2)괴롭게 하다   48y(쇄설)

▷ 괴망ㅎ니(동2)궤짜를부리는사람   34y(마욕)

▷ 괴셕(왜1)괴석   08z(지리)

▷ 괴슈(왜2)괴수   40z(쇄설)

▷ 괴아ㅎ벽(역3)결함, 병집   52z(쇄설)

▷ 괴오다(역2)고이다　23y(주강)
　괴오다(동1)고이다　31y(동정)
　괴오다(몽1)고이다　24y(동정)
▷ 괴욤(역1)여린대추　56y(식이)
▷ 괴이타(몽2)괴상하다　48z(쇄설)
　괴이ᄒ다(왜2)괴상하다　36y(쇄설)
▷ 곡나라(왜2)주(周)의
　동성(同姓) 나라　02z(국호)
▷ 괸믈(동1)고인물　08z(지리)
　괸물(몽1)고인물　07z(지리)
▷ 굇고리(역2)꾀꼬리　27z(비금)
　굄고리(왜2)꾀꼬리　21z(비금)
▷ 귀(역1)귀　33z(신체)
　귀(동1)귀　15z(신체)
　귀(동2)귀　56z(쇄설)
　귀(역3)귀　02z(천문)
　귀(왜1)귀　17y(신체)
　귀(몽1)귀　12z(신체)
　귀(몽2)귀　48y(쇄설)
▷ 귀국(왜2)귀국　45z(쇄설)
▷ 귀내다(몽3)귀를 내다　20y(복식)
▷ 귀더기(역2)구데기　35z(곤충)
　귀더기(동2)구데기　44y(곤충)
　귀더기(왜2)구데기　27z(곤충)
　귀덕이(몽2)구데기　36z(곤충)
▷ 귀머거리(동2)귀머거리　08z(질병)
　귀먹어리(몽2)귀머거리　06z(질병)
▷ 귀먹다(역1)귀먹다　30y(인품)
　귀먹다(왜1)귀먹다　52y(질병)
　귀먹다(몽2)귀먹다　06z(질병)
▷ 귀먹은톄ᄒ다(역1)귀먹은체하다30y(인품)
▷ 귀밋(역1)귀밑　33z(신체)
　귀밋(동1)귀밑　15z(신체)
　귀밋(왜1)귀밑　16z(신체)

　귀밋(몽1)귀밑　12z(신체)
▷ 귀밋털(역1)귀밑털　34y(신체)
▷ 귀붉다(동1)귀가 밝다　29y(동정)
　귀붉다(몽1)귀가 밝다　22y(동정)
▷ 귀비(왜1)곱사등이, 곱새　52y(질병)
▷ 귀ㅅ구무(역1)귀구멍　33z(신체)
　귓구무(역1)귀구멍　49y(소세)
　귀ㅅ구무(동1)귀구멍　15z(신체)
　귀ㅅ구무(역3)귀구멍　22y(신체)
　귀ㅅ구무(몽1)귀구멍　12z(신체)
▷ 귀ㅅ젼(역1)귀전　33z(신체)
　귀ㅅ던(역3)귀전　22y(신체)
▷ 귀ㅅ바회(역1)귀바퀴　33z(신체)
　귀ㅅ박회(동1)귀바퀴　15z(신체)
　귀ㅅ박회(몽1)귀바퀴　12z(신체)
▷ 귀ㅅ밥(역1)귀방울　33z(신체)
▷ 귀ㅅ불(몽3)귀방울　06y(신체)
▷ 귀신(역3)귀신　48z(주수)
　귀신(왜1)귀신　53z(사관)
▷ 귀젓나다(동2)귀젖이 나다　08y(질병)
　귀젓나다(역3)귀젖이 나다　34z(질병)
　귀젓나다(몽3)귀젖이 나다　24y(질병)
▷ 귀진것(동2)모난것　55y(쇄설)
　귀진것(몽2)모난것　46z(쇄설)
　귀진것(몽3)모난것　38z(쇄설)
▷ 귀향가다(역1)귀향가다 68y(형옥)
▷ 귀ᄒ다(역1)귀하다　69z(매매)
　귀ᄒ다(왜2)귀하다 33y(쇄설)
▷ 귀야(역2)풀솔　15y(기구)
　귀야(역3)풀솔　44y(기구)
▷ 귀여지(역1)귀여지　33z(신체)
　귀여지(동1)귀여지　15z(신체)
　귀여지(몽1)귀여지　12z(신체)
▷ 귀여지내다(역1)귀여지내다　48z(소세)

귀여지내다(역3)귀여지내다   30y(소세)
▷ 귀엿골(역1)귀걸이   44z(복식)
　귀엿골(동1)귀걸이   55y(소세)
　귀엿골(역3)귀걸이   28z(복식)
　귀엿골(왜1)귀걸이   45y(소세)
　귀엿골(몽1)귀걸이   42z(소세)
▷ 귀우리(역2)귀울   10y(화곡)
　귀우리(동2)귀울   03y(화곡)
　귀오리(역3)귀울   42z(화곡)
　귀우리(몽2)귀울   03y(화곡)
▷ 귀우개(역1)귀우개   44z(복식)
　귀우개(동1)귀우개   55y(소세)
　귀우개(몽1)귀우개   43y(소세)
▷ 귀우(왜2)구유   16z(기구)
▷ 귀이다(역3)꿰다   41z(재봉)
▷ 귓도라미(역2)귀뚜라미   35y(곤충)
　귓도라미(동2)귀뚜라미   43y(곤충)
　귓도람이(역3)귀뚜라미   50y(곤충)
　귓도람이(몽2)귀뚜라미   36y(곤충)
▷ 긔(역1)기, 기발   69y(매매)
　긔(왜1)기, 기발   41z(군기)
▷ 긔(왜1)기(己)   07y(시령)
▷ 긔걸ᄒ다(역2)진렬하다   46z(쇄설)
▷ 긔구(역2)기구   15y(기구)
▷ 긔구(왜1)울퉁불퉁하다   09y(지리)
▷ 긔기ᄒ다(역1)기기하다   41y(동정)
▷ 긔개(왜2)幾介   48z(쇄설)
▷ 긔계(왜1)기계   41z(군기)
▷ 긔괴ᄒ다(동1)기괴하다   13z(인품)
▷ 긔나라(왜2)기나라   02z(국호)
▷ 긔년(왜1)기년(朞年)   03z(시령)
▷ 긔다(역1)기다   41y(동정)
　긔다(동1)기다   27y(동정)
　긔다(역3)기다   23z(잉산)

긔다(몽1)기다   21y(동정)
▷ 긔록(왜1)기록   37z(공식)
▷ 긔록ᄒ다(역2)기록하다   52z(쇄설)
　긔록ᄒ다(몽1)기록하다   34y(학교)
▷ 긔롱(역3)놀다, 롱질하다   47z(기희)
▷ 긔린(왜2)기린   22z(주수)
▷ 긔별(동2)기별   57y(쇄설)
　긔별(역3)기별   13y(학교)
　긔별(몽2)기별   48y(쇄설)
▷ 긔병(왜1)기병   39y(교열)
▷ 긔ㅅ발(동1)기발   49z(군기)
▷ 긔수티아니타(역2)관계치 않다 53y(쇄설)
　긔수치아니타(동1)관계치 않다 33y(인사)
　긔수치아니타(몽3)관계치 않다 14y(인사)
▷ 긔식(동2)기색   56z(쇄설)
　긔식(몽2)기색   47z(쇄설)
▷ 긔싱(동1)기생   14z(인품)
　긔싱(왜2)기생   29y(수목)
　긔싱(몽1)기생   11z(인품)
▷ 긔졀(왜1)기절   52y(질병)
▷ 긔절ᄒ다(몽2)기절하다   06y(질병)
▷ 긔쥬ᄒ다(역1)기주하다   52y(식이)
　긔쥬ᄒ다(몽3)발효시키다   21z(식이)
▷ 긔ᄌ(왜2)장기, 바둑   20y(기희)
▷ 긔찰ᄒ다(몽3)현지 조사하다 36y(쇄설)
▷ 긔쳑(동2)기척   57y(쇄설)
　긔쳑(몽2)기척   48y(쇄설)
▷ 긔초(왜1)초고를 적다 3 8z(학교)
▷ 긔추쏘다(동1)말타고 쏘다   48z(군기)
　긔추쏘다(몽1)말타고 쏘다   37y(군기)
▷ 긔츄(역3)말타고 쏘기   15z(교열)
▷ 긔통(왜2)장기를 넣는 통   20y(기희)
▷ 긔트기(동2)기특하게   53y(쇄설)
　긔특이(몽2)기특하게   45y(쇄설)

▷ 긔특(왜2)기특하다　45z(쇄설)

▷ 긔특ᄒ다(동2)기특하다　53y(쇄설)

　긔특ᄒ다(몽2)기특하다　45y(쇄설)

▷ 긔하(왜2)기하　49y(쇄설)

▷ 긔흘(왜2)깨물다　46y(쇄설)

▷ 긔회(동2)기회　53y(쇄설)

　긔회(왜2)기회　44z(쇄설)

　긔회(몽2)기회　44z(쇄설)

▷ 긔히(역3)그해　03z(시령)

▷ 긔약(동2)기약　56z(쇄설)

　긔약(왜2)기약　41z(쇄설)

▷ 긔우(왜1)기우(제)　02z(천문)

▷ 긔우ᄒ다(동2)꺼리다　12z(사관)

　긔우ᄒ다(역3)꺼리다　19y(사관)

　긔우ᄒ다(몽2)꺼리다　09z(사관)

▷ 긔운(동1)기운　19z(기식)

　긔운(왜1)기운　20z(기식)

　긔운(몽1)기운　15z(기식)

▷ 긔이다(동1)속이다　33z(인사)

　긔이다(왜2)속이다　35z(쇄설)

　긔이다(몽1)속이다　25z(인사)

▷ 긔일(왜1)몇일　05z(시령)

▷ 긔일(왜1)기일　53y(상장)

▷ 길(왜2)길(기다)　28y(곤충)

▷ 길즘싱(동2)길짐승　37y(주수)

　길즘싱(왜2)길짐승　30z(주수)

▷ 긧발(역3)기발　17y(군기)

▷ 긱구(왜1)입을 열다　26z(언어)

▷ 긱변ᄒ다(역3)개변하다　52z(쇄설)

▷ 긱자ᄒ다(몽1)개자하다　14z(신체)

▷ 긱찬(왜2)개찬하다　49y(쇄설)

▷ 긱쳔(동1)개천　09y(지리)

　긱쳔(몽1)개천　07z(지리)

▷ 긱약고(왜1)큰 거문고　43z(악기)

▷ 긔유(왜1)개유하다　26z(언어)

▷ 긔유ᄒ다(동1)개유하다　25y(언어)

　긔유ᄒ다(역3)개우하다　53y(쇄설)

▷ 긱사(동1)객사　40y(관부)

▷ 깅(역1)갱, 국　49z(식이)

▷ 과거(동1)과거　44z(학교)

　과거(왜2)과거(~시험)　38z(쇄설)

▷ 과걸리(역2)급작스레　49z(쇄설)

▷ 과두(왜2)올챙이　27z(곤충)

▷ 과람ᄒ다(몽3)과람하다　13z(인사)

▷ 과부(역3)과부　58y(쇄설)

▷ 과셰ᄒ다(동2)까치설을 쇠다　61y(쇄설)

　과셰ᄒ다(몽2)까치설을 쇠다　50z(쇄설)

▷ 과실(역1)과실, 과일　55y(식이)

　과실(동2)과실, 과일　05y(식이)

　과실(몽2)과실, 과일　04y(식이)

▷ 과실삐(동2)과실씨　06z(식이)

　과실삐(몽2)과실씨　05y(식이)

▷ 과심ᄒ다(역2)괘씸하다　48y(쇄설)

　과씸ᄒ다(동2)괘씸하다　34y(마욕)

　과쁨ᄒ다(몽2)괘씸하다　27z(마욕)

▷ 과ᄉ시기다(역1)破卦　64z(복서)

▷ 과즐(역1)과줄　52y(식이)

　과즐(동1)과줄　59z(식이)

　과즐(몽1)과줄　46z(식이)

▷ 과히(몽2)과히　49y(쇄설)

▷ 과ᄒ다(동2)과하다　58y(쇄설)

　과ᄒ다(몽2)과하다　49y(쇄설)

▷ 과연(왜2)과연　45y(쇄설)

▷ 과연ᄒ다(몽3)과연하다　40z(쇄설)

▷ 곽란(왜1)콜레라　50z(질병)

▷ 관(동2)관재　10z(상장)

　관(역3)관재　27z(상장)

　관지(왜1)관재　52z(상장)

관(몽2)관재 08y(상장)
▷ 관(왜1)관 45z(복식)
▷ 관겨ᄒ라(몽2)관계하랴 42z(쇄설)
　관계ᄒ랴(동2)관계하랴 50y(쇄설)
▷ 관계티아니타(역2)관계치 않다 52z(쇄설)
　관겨치아니타(동2)관계치 않다 50y(쇄설)
　관겨치아니타(몽2)관계치 않다 42z(쇄설)
▷ 관디(동1)관대 55z(복식)
　관디(몽1)관대 43z(복식)
▷ 관소(왜2)광소 45z(쇄설)
▷ 관솔(역2)광솔 17z(기구)
　관솔(역3)광솔 44z(기구)
　관솔(몽3)광솔 34z(수목)
▷ 관씬(역3)관긴 28z(복식)
▷ 관ᄌ(역1)관자 44y(복식)
▷ 관롱ᄒ다(역3)곪기 시작하다 35y(질병)
▷ 관혁(동1)과녁 48z(군기)
　관혁(역3)과녁 16z(군기)
　관혁(왜1)과녁 41y(군기)
　관혁(몽1)관녁 36z(군기)
▷ 관왕(몽2)관왕 08z(사관)
▷ 관원(동1)관원 38z(관직)
　관원(몽1)관원 29y(관직)
　관원(왜1)관원 36y(관직)
▷ 광대(역2)광대 24z(기희)
　광대(동1)광대 14z(인품)
　광대(역3)광대 20z(인품)
　광대(왜1)광대 15z(인품)
　광대(몽2)광대 27y(기희)
▷ 광두뎡(몽3)兩點釘 26z(장기)
▷ 광디뼈(역1)광대뼈 34y(신체)
　광대뼈(동1)광대뼈 15y(신체)
　광대뼈(몽1)광대뼈 12y(신체)
▷ 광망ᄒ다(동1)광망하다 24y(성정)

▷ 광명등(역3)등 세우개 44z(기구)
▷ 광쟝이(역2)완두 10y(화곡)
▷ 광조리(역2)광주리 15y(기구)
　광조리(동2)광주리 15z(기구)
　광조리(왜2)광주리 15z(기구)
　광조리(몽2)광주리 11z(기구)
▷ 광직(왜2)넓게 짜다 10y(직조)
▷ 광치다(역3)갈아 빛을 내다 46y(기구)
　광치다(몽3)갈아 빛을 내다 26z(장기)
▷ 광치(몽3)광채 39z(쇄설)
▷ 광패히(몽3)광패하게 13z(인사)
▷ 광활ᄒ다(동1)광활하다 07y(지리)
　광활ᄒ다(몽3)광활하다 03z(지리)
▷ 광어(왜2)광어 25z(수족)
▷ 광언ᄒ다(동1)미친 소리 하다 25y(언어)
▷ 광이(역2)괭이 08z(전농)
　광이(동2)괭이 17z(장기)
　광이(왜2)괭이 17y(기구)
　광이(몽2)괭이 13z(장기)
▷ 괘봉(왜2)돛을 걸다 19y(주강)
▷ 괘연(왜2)괘연 13y(기구)
▷ 귁진(역2)흰 수리매 26y(비금)
▷ 권(왜1)권 38z(학교)
▷ 권당(역3)권당, 친척 33z(친속)
▷ 권도(왜2)권도 48y(쇄설)
▷ 권법ᄒ다(몽3)권법하다 30y(기희)
▷ 권식(왜1)식사 권하다 43y(연향)
▷ 권세(왜2)권세 38y(쇄설)
▷ 권쟝이(역3)곤쟁이 31z(식이)
▷ 권쟝ᄒ다(동1)권장하다 43y(학교)
　권쟝ᄒ다(몽1)권장하다 33y(학교)
▷ 권ᄒ다(몽3)권하다 19y(례도)
　권ᄒ다(왜1)권하다 27y(언어)
▷ 궐몌오다(역3)보결하다 10y(관직)

▷ 궐주리다(역3)재결하다　10y(관직)
▷ 궐어(왜2)궐어, 쏘가리　25z(수족)
▷ 궤(역2)궤　15z(기구)
　궤(동2)궤　13z(기구)
　궤(왜2)궤　12z(기구)
　궤(몽2)궤　09z(기구)
▷ 궤사ᄒ다(몽3)약빠르게 속이다　05z(인품)
▷ 괃해(역2)흰 수탉　26z(비금)

[ㄴ]

▷ 나(역3)나이, 년세　21y(경중)
　나(몽1)나이, 년세　15y(신체)
▷ 내(ㄹ)(역1)나　66z(쟁송)
　내(ㄹ)(역2)나　51y(쇄설)
　나(동2)나　51y(쇄설)
　나(왜2)나　33z(쇄설)
　나(몽2)나　43y(쇄설)
▷ 나가다(동1)나가다　27z(동정)
　나가다(몽1)나가다　21y(동정)
▷ 나그니(왜2)나그네　40z(쇄설)
▷ 나기(동2)내기　33y(기회)
　나기(왜2)내기　20z(기회)
▷ 나기ᄒ다(동2)내기를 하다　33y(기회)
　나기ᄒ다(역3)내기를 하다　47z(기회)
　나기ᄒ다(몽2)내기를 하다　27y(기회)
▷ 나귀(역1)나귀　24y(관역)
　나괴(역2)나귀　32y(주수)
　나괴(동2)나귀　39y(주수)
　나귀(왜2)나귀　23z(주수)
　나괴(몽2)나귀　32z(주수)
▷ 나귀고기(역1)나귀고기 51y(식이)
▷ 나귀삿기(역2)나귀새끼 32y(주수)

▷ 나괴즈릅(역1)나귀밸　51y(식이)
▷ 나괴썰이(역2)나귀걸이　32y(주수)
▷ 나나리벌(역3)나나니벌　49z(곤충)
▷ 나다(동1)나다(병이 ～)　29y(동정)
　나다(몽3)나다(병이 ～)　12y(동정)
▷ 나(ㄹ)(왜1)날(날다)　29z(동정)
　나다(몽3)날다　31y(비금)
▷ 나다(역2)꿰다　05y(직조)
▷ 나다(역2)나다(싹이 ～)　08z(전농)
▷ 나다(역3)나다(태여～)　05y(지리)
▷ 나던(역2)조개껍질자개박이　02y(진보)
▷ 나라(동1)나라, 국가　40z(성곽)
　나라(역3)나라, 국가　38y(매매)
　나라(왜1)나라, 국가　34y(성곽)
　나라(몽1)나라, 국가　30z(성곽)
　나라(몽3)나라, 국가　16y(성곽)
▷ 나롯(동1)나룻　16y(신체)
　나론(왜1)나룻　17z(신체)
　나롯(몽1)나룻　13y(신체)
▷ 나모(역1)나무　14z(성곽)
　나모(역2)나무　24z(기회)
　나무(동1)나무　50z(군기)
　나모(동2)나무　44y(수목)
　나모(왜2)나무　28y(수목)
　나모(몽2)나무　36z(수목)
　나모(몽3)나무　39y(쇄설)
▷ 나모가락(역2)나무로 만든 고랑　19y(기구)
▷ 나모가래(역2)나모가래　08z(전농)
▷ 나모거풀(동2)나무껍질　44z(수목)
　나모ㅅ거풀(몽2)나무껍질　37z(수목)
▷ 나모공이(동2)나무옹이　45y(수목)
　나모공이(몽2)나무옹이　37z(수목)
▷ 나모뎝시(역2)나무접시　13z(기구)
▷ 나모똑박(동2)나무쪽박　15y(기구)

나모쪽박(몽3)나무쪽박　25z(기구)
▷ 나모ᄆ듸(동2)나무마디　45y(수목)
　나모ᄆ듸(몽2)나무마디　37z(수목)
▷ 나모ㅅ결(동2)나무결　44z(수목)
　나모결(몽2)나무결　37z(수목)
▷ 나모ㅅ기족(역1)나무그루　55y(식이)
▷ 나모ㅅ등걸(역2)나무등걸　43z(수목)
▷ 나모쇼시랑(역2)나모쇠스랑　08z(전농)
▷ 나모신(동1)나무신　58z(복식)
▷ 나모ᄱᅳᆺ(왜2)나무끝　29y(수목)
▷ 나모좀(동2)나무좀　45y(수목)
　나모좀(몽2)나무좀　37z(수목)
▷ 나모쥬게(역2)나무주걱　14y(기구)
　나모쥬게(역3)나무주걱　43z(기구)
▷ 나모진(동2)나무진　44z(수목)
　나모진(몽2)나무진　37z(수목)
▷ 나모토막(몽3)나무토막　34z(수목)
▷ 나모한(역3)木坐　45y(기구)
▷ 나모ᄒᆞ다(동1)나무를 하다　14y(인품)
　나모ᄒᆞ다(몽1)나무를 하다　11y(인품)
　나모ᄒᆞ다(역3)나무를 하다　20y(인품)
▷ 나므라다(역2)나무라다　49y(쇄설)
▷ 나븨(동2)나비　42z(곤충)
　나븨(왜2)나비　26z(곤충)
　나븨(몽2)나비　35z(곤충)
▷ 나븨나다(역2)나비 나오다　03y(잠상)
▷ 나븨어우다(역2)나비 어울리다　03y(잠상)
▷ 나쟝(역1)하급신부름군 (존비)
▷ 나조(왜1)저녁무렵　05z(시령)
▷ 나조ㅅ겻(역3)한낮　04y(시령)
　나좃겻(몽3)한낮　03y(시령)
▷ 나죵내(동2)나중에　49z(쇄설)
　나죵내(역3)나중에　53z(쇄설)
　나죵내(몽2)나중에　41z(쇄설)

▷ 나친이(역2)송골매　26y(비금)
▷ 나타내다(동2)나타나다　56y(쇄설)
　나타나다(몽2)나타나다　47z(쇄설)
▷ 나한(왜2)나한　45y(쇄설)
▷ 나핫는고(역1)낳았는고　33y(잉산)
　나흔(역2)나은(낳다)　28z(비금)
　나흐다(왜1)낳다　42y(잉산)
▷ 나히(역2)냉이　12y(채소)
　나히(동2)냉이　04z(채소)
　닝이(왜2)냉이　06y(채소)
　나히(몽2)냉이　04y(채소)
▷ 나히다(역1)낳이다　33y(잉산)
　나히다(역3)낳이다　23y(잉산)
▷ 나히언머니(동2)나이 얼마니　61z(쇄설)
　나히언머니(몽3)나이 얼마니　40y(쇄설)
▷ 나아가다(역1)나아가다　40z(동정)
▷ 나아드다(역3)다가들다　58z(쇄설)
▷ 나오다(동1)나오다　52y(례도)
　나오다(왜1)나오다　29z(동정)
　나ᄋᆞ오다(몽1)나오다　20z(동정)
　나아오다(몽3)나오다　17y(교열)
▷ 나은(역3)나은(낫다)　10y(관직)
　나을(왜2)나을(낫다)　34z(쇄설)
▷ 낙다(역1)낚다　23z(전어)
　낙다(역3)낚다　18y(전어)
▷ 낙시(역1)낚시　23y(전어)
　낙시(동2)낚시　13y(전어)
　낙시(왜2)낚시　16y(기구)
▷ 낙시밥(역1)낚시밥　23z(전어)
　낙시밥(동2)낚시밥　13y(전어)
　낙시ㅅ밥(역3)낚시밥　18y(전어)
　낙시밥(몽1)낚시밥　50z(전어)
▷ 낙시ㅅ대(동2)낚시대　13y(전어)
　낙시ㅅ대(역3)낚시대　18y(전어)

낙대(왜2)낚시대   16y(기구)
낙시ㅅ대(몽1)낚시대   50z(전어)
▷ 낙시줄(동2)낚시줄   13y(전어)
낙시ㅅ줄(역3)낚시줄   18y(전어)
낙시줄(몽1)낚시줄   50z(전어)
▷ 낙시질ᄒ다(동2)낚시질하다   13y(전어)
낙시질ᄒ다(몽1)낚시질하다   50z(전어)
▷ 낙지(역2)낙지   37y(수족)
▷ 난간(역3)란간   11y(성곽)
▷ 난모(왜1)방한모, 겨울모자   45z(복식)
▷ 난밧냠쥐(역3)일시적인 부부   61z(쇄설)
▷ 난장이(역1)난쟁이   29y(인품)
난장이(동2)난쟁이   08z(질병)
난장이(역3)난쟁이   20y(인품)
난장이(몽2)난쟁이   06z(질병)
▷ 낫(역2)낫   08z(전농)
낫(동2)낫   02z(전농)
낫(왜2)낫   03z(전농)
낫(몽2)낫   02z(전농)
▷ 낫(역1)낮   05z(시령)
낫(역2)낮   35z(곤충)
낫(동1)낮   05y(시령)
낫(왜1)낮   05z(시령)
낫(몽1)낮   04z(시령)
▷ 날(왜2)그루   29y(수목)
▷ 날(왜2)줄기   39z(쇄설)
▷ 낟타나다(왜2)나타나다   40y(쇄설)
▷ 날(역1)날   64z(복서)
날(동1)날   03z(시령)
날(동2)날   59z(쇄설)
날(역3)날   04y(시령)
날(왜1)날   05y(시령)
날(몽1)날   03z(시령)
날(몽3)날   02y(천문)

▷ 날(역2)날(~박다),(장식을 박다)   02y(진보)
▷ 날(왜1)날(낳다)   42y(잉산)
▷ 날조로다(역2)나를 탓하다   44y(쇄설)
▷ 날회라(동2)잠시 기다리다   49y(쇄설)
날회라(역3)잠시 기다리다   53z(쇄설)
날회라(몽2)잠시 기다리다   41z(쇄설)
▷ 남(동2)연한 남빛   26y(직조)
남빗(몽3)연한 남빛   28z(직조)
▷ 남기다(동2)남기다   59y(쇄설)
남기다(몽2)남기다   49z(쇄설)
▷ 남녁(왜1)남녘   11z(지리)
▷ 남누ᄒ다(동1)람루하다   57z(복식)
▷ 남다(동2)남다   22z(산술)
남다(역3)남다   54z(쇄설)
남을(왜2)남을(남다)   32z(쇄설)
남다(몽2)남다   18y(산술)
▷ 남만(왜2)남만   02z(국호)
▷ 남사(역2)대청주단   05y(직조)
▷ 남상(몽3)남생이   34y(수족)
▷ 남진(역1)남편   58z(친속)
남편(역1)남편   58y(친속)
남진(역2)남편   48z(쇄설)
남진(역3)남편   33z(친속)
▷ 남풍(왜1)남풍   02y(천문)
▷ 남여(동2)남여   19z((주강)
남여(몽2)남여   15y((주강)
남여(역3)남여   47y(주강)
▷ 남용ᄒ다(동1)람용하다   33y(인사)
▷ 납(역1)도리   18y(궁궐)
▷ 납(역2)석납   02z(진보)
납(동2)석납   24y(진보)
납(왜2)석납   09y(진보)
▷ 납(역2)잰내비, 원숭이   34y(주수)
▷ 납갯(역2)나무   12z(채소)

▷ 납쪽훈 것(역3)납죽한것 55z(쇄설)

▷ 납향날(역1)섣달 초여드레날 05y(시령)

　납향날(동1)섣달 초여드레날 05y(시령)

▷ 납이(역2)나비 35y(곤충)

　납이(역3)나비 49z(곤충)

▷ 낫계다(역1)(晌午剉) 05z(시령)

▷ 낫낫치(동1)낱낱이 25z(언어)

　낫낫치(몽3)낱낱이 18y(군기)

▷ 낫다(역1)낮다 21y(교열)

▷ 낫다(역2)낫다 53z(쇄설)

　낫다(동2)낫다 09y(의약)

　낫다(역3)낫다 54y(쇄설)

　낫다(몽2)낫다 07z(질병)

▷ 낫도적(역1)낮 도적 66z(형옥)

▷ 낫밥(역1)낮밥 49z(식이)

▷ 낫비다(역3)낮추다 01z(천문)

▷ 낫참(동1)낮참 41z(성곽)

　낫참(몽1)낮참 31z(성곽)

▷ 낫타(역1)낳다 37y(잉산)

　낫다(역2)낳다 31z(주수)

　낫타(역2)낳다 25y(비금)

　낫타(동1)낳다 54y(잉산)

　낫타(동2)낳다 36y(비금)

　낫타(몽1)낳다 41z(잉산)

　낫타(몽2)낳다 30y(비금)

　낫타(몽3)낳다 19y(잉산)

▷ 냥미간(역3)량미간 21z(신체)

　냥미간(몽3)량미간 (신체)

▷ 냥식(역3)량식 18z(창고)

▷ 너(역2)너 44y(쇄설)

　너(동2)너 51y(쇄설)

　너(역3)너 57y(쇄설)

　너(왜2)너 33z(쇄설)

　너(몽2)너 43z(쇄설)

▷ 너기다(역2)여기다 46z(쇄설)

　너기다(동1)여기다 25y(언어)

　너기다(동2)여기다 29z(쟁송)

　녀기다(역2)여기다 50y(쇄설)

　녀기다(역3)여기다 21z(마욕)

　녀기다(역3)여기다 24z(기식)

　너기다(왜2)여기다 35z(쇄설)

　너기다(몽1)여기다 25y(인사)

　너기다(몽2)여기다 45y(쇄설)

　너기다(몽3)여기다 30z(마욕)

▷ 너기다(왜1)복습하다 38y(학교)

▷ 너널(동1)겨울양말 56z(복식)

　너널(몽3)겨울양말 19z(복식)

▷ 너데지다(역3)땅에 얼음지다 07y(지리)

▷ 너리쾌다(역1)(打攪) 61y(연향)

▷ 너리다(역1)(定害) 61y(연향)

▷ 너르다(역1)너르다 17z(궁궐)

　너르다(동1)너르다 57z(복식)

　너르다(동2)너르다 54z(쇄설)

　널으다(역3)너르다 29z(복식)

　너르다(왜1)너르다 23z(성정)

　너르다(왜2)너르다 32y(쇄설)

　너르다(몽1)너르다 45y(복식)

　너르다(몽2)너르다 46z(쇄설)

　너르다(몽3)너르다 03z(지리)

▷ 너무(역1)너무 59z(연향)

　너모(역2)너무 45z(쇄설)

　너무(역2)너무 49z(쇄설)

　너무(동2)너무 48z(쇄설)

　너모(역3)너무 57y(쇄설)

　너무(몽2)너무 41y(쇄설)

▷ 너물(왜1)넘을(물이～) 10z(지리)

▷ 너븐(역2)넓은 06y(재봉)

　너븐(역3)넓은 48y(비금)

▷ 너븐다회(역1)넓은 띠 45z(복식)
▷ 너식(역2)너새 28y(비금)
　너새(동2)너새 34z(비금)
　너새(몽2)너새 29y(비금)
▷ 너출(동2)넌출 46z(화초)
　너출(왜2)넌출 31z(화초)
　너출(몽2)넌출 39y(화초)
▷ 너출시풀(역3)野藤草 51y(화초)
▷ 너푼(역1)네푼(四分) 65y(산술)
▷ 너흐다(역1)갉다 54z(식이)
　너흐다(동1)갉다 63y(식이)
　너흐다(왜1)갉다 49z(식이)
▷ 너희(동2)너희 51z(쇄설)
　너희(역3)너희 56y(쇄설)
　너희(몽2)너희 43z(쇄설)
▷ 넉(동1)넋 17z(신체)
▷ 넉(왜1)넉(넷) 55y(산술)
▷ 넉넉디아니타(역2)넉넉하지않다 49z(쇄설)
▷ 넉넉ᄒ다(동2)넉넉하다 22z(산술)
　넉넉ᄒ다(역3)넉넉하다 55y(쇄설)
　넉넉ᄒ다(왜2)넉넉하다 40z(쇄설)
　넉넉ᄒ다(몽2)넉넉하다 18y(산술)
▷ 넉우리(역2)너구리 34y(주수)
　너고리(동2)너구리 39z(주수)
▷ 넌테(몽3)고드름지다 03y(시령)
▷ 널(역1)널 18y(궁궐)
　널(동2)널 45y(수목)
　널(왜2)널 29y(수목)
　널(몽2)널 37z(수목)
▷ 널반ᄌ(역3)널판자 13z(궁궐)
▷ 널쿠(동1)소매없는 외투, 삿갓 56y(복식)
　널쿠(몽1)소매없는 외투, 삿갓 43z(복식)
▷ 널ᄃ리(역1)널다리 15y(성곽)
▷ 널뽁(역1)널쪽 67y(형옥)

▷ 넘다(동1)넘다(물이~) 08z(지리)
　넘다(역3)넘다(물이~) 06y(지리)
　넘다(몽1)넘다(물이~) 07z(지리)
▷ 넘다(역1)넘다 21y(교열)
　넘다(역2)넘다 49z(쇄설)
　넘다(동1)넘다 27y(동정)
　넘다(몽1)넘다 21y(동정)
▷ 넘나다(동2)넘어나다 58y(쇄설)
▷ 넘삐다(역1)넘치다 59z(연향)
▷ 넙갈나모(역2)?欂樹 42y(수목)
▷ 넙ᄂ믈(역2)넙나물 12y(채소)
▷ 넙덕다리(역1)넙적다리 36y(신체)
▷ 넙쥭ᄒ다(동2)넙죽하다 55y(쇄설)
　넙쥭ᄒ다(몽2)넙죽하다 46z(쇄설)
　넙쥭ᄒ다(몽3)넙죽하다 38z(쇄설)
▷ 넙은챵ᄌ(몽3)큰밸, 대장 20z(식이)
▷ 넛다(동1)넣다 40y(관부)
　넛타(동1)넣다 58z(복식)
　넛타(동2)넣다 25z(직조)
　넛타(몽1)넣다 45z(복식)
　넛타(몽3)넣다 28y(직조)
▷ 녀기(왜1)기생 16y(인품)
▷ 녀도ᄉ(역3)녀도사 19y(사관)
▷ 녀름(역1)여름 03z(시령)
　녀름(동1)여름 03z(시령)
　녀름(왜1)여름 03y(시령)
　녀롬(몽1)여름 03y(시령)
▷ 녀름ㅅ깃(역3)여름깃 28z(복식)
▷ 녀롬(역2)농사 09y(전농)
　녀름(왜2)농사 03y(전농)
▷ 녀식(왜1)녀식, 딸자식 13z(친속)
▷ 넉노(동1)…하는 김에 27z(동정)
▷ 넉드다(역2)향하다, 편들다 43z(쇄설)
　넉드다(몽3)향하다, 편들다 14z(인사)

▷ 넌곳(역2)련꽃 39z(화초)
▷ 넌근ㅅᄀ른(역3)련뿌리가루 31z(식이)
▷ 넌근치(역2)련뿌리채 12y(채소)
▷ 넌ㅅ밤(동2)련밥 05z(식이)
▷ 넌송이(역2)련밥송이 39z(화초)
▷ 넌어(역2)련어 37y(수족)
▷ 넌쥬창(동2)련주창 08y(질병)
　넌쥬창(역3)련주창 34z(질병)
▷ 넘려(왜1)넘려 22y(기식)
▷ 넘습ᄒ다(역3)렴습하다 27z(상장)
▷ 넘쥬(역1)넘주 26y(사관)
　넘주(동1)넘주 58y(복식)
　넘쥬(몽1)넘주 45y(복식)
▷ 넘쥬뼈(몽3)바깥 울대뼈 06z(신체)
▷ 넘통(역1)염통, 심장 35z(신체)
　넘통(역2)염통, 심장 25z(비금)
　넘통(동1)염통, 심장 17z(신체)
　넘통(왜1)염통, 심장 19y(신체)
　넘통(몽1)염통, 심장 14y(신체)
▷ 넘ᄒ다(동1)읽다 43z(학교)
▷ 넙(동1)옆 28y(동정)
　넙(몽1)옆 21z(동정)
▷ 넙팔지(몽3)水肉 20z(식이)
▷ 넛다(역1)넣다 17y(궁궐)
　넌는(역2)넣는(넣다) 22z(주강)
　넛다(역3)넣다 13y(궁궐)
▷ 닝니ᄒ다(역3)령리하다 62y(쇄설)
▷ 녕팔지(역1)갈비 35z(신체)
▷ 녕험(동2)령험 11z(사관)
▷ 녕혼(동1)령혼 17z(신체)
▷ 녕ᄒ다(동1)령하다 23y(성정)
　녕ᄒ다(역3)령하다 24y(기식)
▷ 노(역2)노 22y(주강)
　노(동2)노 19y(주강)

▷ 노(왜2)노 18z(주강)
　노(몽2)노 14z(주강)
▷ 노(동2)노끈 17y(기구)
　노(역3)노끈 45y(기구)
　노(왜2)노끈 16y(기구)
　노(몽2)노끈 12z(기구)
　노(몽3)노끈 26z(장기)
▷ 노(역2)가는 실채(羅) 05y(직조)
▷ 노가즈(역2)노가지 42y(수목)
▷ 노고(역2)번철, 전철 13y(기구)
　노고(동2)번철, 전철 14z(기구)
　노고(왜2)번철, 전철 14z(기구)
　노고(몽3)번철, 전철 25z(기구)
▷ 노기다(동2)녹이다 18z(장기)
　녹이다(역3)녹이다 45y(기구)
　노기다(왜2)녹이다 09y(진보)
　녹이다(몽2)녹이다 14y(장기)
▷ 노니다(몽3)노닐다 37y(쇄설)
▷ 노두(동2)蔘蘆 46y(화초)
　노두(몽2)蔘蘆 38z(화초)
▷ 노둔ᄒ다(역3)우둔하다 19z(인품)
▷ 노략(왜1)로략 39z(교열)
▷ 노략ᄒ다(역3)로략하다 15z(교열)
▷ 노로(역2)노루 32z(주수)
　놀니(역2)노루 34y(주수)
　놀리(동2)노루 39z(주수)
　노로(동2)노루 39z(주수)
　노로(왜2)노루 23z(주수)
　노로(몽2)노루 33y(주수)
▷ 노로다(역2)놀리지 50z(쇄설)
▷ 노롬(몽3)놀음 30y(기희)
▷ 노롯(역2)노릇 24z(기희)
　노론(왜2)노릇 20y(기희)
▷ 노롯ᄒ다(역2)노릇을 하다 24y(기희)

▷ 노른댓무우(역2)홍당무우   11y(채소)
▷ 노른즈의(동2)노란자위   36y(비금)
　노른즈의(역3)노란자위   48y(비금)
▷ 노리다(왜1)노리다   49y(식이)
▷ 노리ᄒ다(역2)놀이하다   53y(쇄설)
▷ 노린내(역1)노린내   54y(식이)
　노린내(동1)노린내   62z(식이)
　노린내(몽1)노린내   48z(식이)
▷ 노론속새(역2)노란속새   40z(화초)
▷ 노래(동1)노래   54y(악기)
　노리(왜1)노래   43y(연향)
　노래(몽1)노래   41z(악기)
▷ 노래부르다(역1)노래부르다   60z(연향)
　노래부르다(동1)노래부르다   54y(악기)
　노래부르다(몽1)노래부르다   41z(악기)
　노래부르다(몽3)노래부르다   05z(인품)
▷ 노망태(역3)노망태   45z(기구)
　노망틱(몽3)노망태 26y(기구)
▷ 노망ᄒ다(역3)로쇠하다   26y(동정)
▷ 노새(역2)노새   32y(주수)
　노새(동2)노새   39y(주수)
　노새(왜2)노새   23z(주수)
　노새(몽2)노새   32z(주수)
▷ 노타(역1)놓다   15y(성곽)
　놋타(역1)놓다   68y(형옥)
　놋타(역2)놓다   26z(비금)
　노하(역2)놓아   31y(주수)
　놋타(동1)놓다   42y(성곽)
　놋타(동2)놓다   12z(전어)
　노하(동2)놓아   38y(주수)
　놋타(역3)놓다   15z(교열)
　노흘(왜1)놓을(놓다)   54z(형옥)
　놋타(몽1)놓다   32y(성곽)
　노하(몽2)놓아   32y(주수)

　노화(몽3)놓아   32y(주수)
　놋타(몽3)놓다   32z(주수)
▷ 노파다(역1)높다   27y(존비)
　노프다(역1)높다   06z(지리)
　노플(왜2)높을(높다)   33y(쇄설)
▷ 노하ᄇ리다(동1)놓아버리다   29z(동정)
　노화ᄇ리다(몽3)놓아버리다   12y(동정)
▷ 노ᄒ다(역1)노하다   38z(기식)
　노하다(역2)노하다   46y(쇄설)
　노ᄒ다(왜1)노하다   23z(성정)
▷ 노히다(역2)놓이다   30z(주수)
　노히다(동2)놓이다   38z(주수)
　노히다(역3)놓이다   24z(기식)
　노히다(몽2)놓이다   32z(주수)
▷ 노ᄒ염즉ᄒ다(역2)노함즉하다   46y(쇄설)
▷ 노히여ᄒ다(몽3)노여워하다   09y(성정)
▷ 노연(역1)使長   27y(존비)
▷ 노올(역1)노을   02z(천문)
　노올(동1)노을   02y(천문)
　노올(역3)노을   02z(천문)
　노올(왜1)노을   03y(천문)
　노올(몽1)노을   02y(천문)
▷ 노올(역1)배속벌레로
　생긴 속병의 한가지   62z(질병)
▷ 노올디다(동1)노을이 지다   02y(천문)
▷ 노올쓰다(몽1)노을이 뜨다   02y(천문)
▷ 노육(왜1)노육   52y(질병)
▷ 노외야츠다(역2)重羅   48y(쇄설)
▷ 녹(동1)록   39y(관직)
　녹(역3)록   10z(관직)
　녹(왜1)록   37y(관직)
　녹(몽1)록   29y(관직)
▷ 녹난ᄒ다(동1)물크러지다   60y(식이)
　녹난ᄒ다(몽1)물크러지다   47y(식이)

▷ 녹다(역1)녹다　03z(천문)

녹다(동1)녹다　06y(기후)

녹다(몽1)녹다　05y(기후)

▷ 녹두기롭(역2)녹두나물　10z(채소)

녹두기름(역3)녹두나물　43y(채소)

▷ 논(역2)논　07z(전농)

논(동2)논　01z(전농)

논(왜2)논　03y(전농)

논(몽2)논　01z(전농)

▷ 논박ᄒ다(동1)논박하다　51z(정사)

논박ᄒ다(역3)논박하다　56z(쇄설)

노박ᄒ다(몽1)논박하다　39y(정사)

▷ 놀다(역2)놀다　54y(쇄설)

노다(동2)놀다　33y(기희)

노다(역3)놀다　47z(기희)

놀(왜1)놀(놀다)　43y(연향)

노다(몽2)놀다　26z(기희)

▷ 놀라다(역1)놀라다　38z(기식)

놀라다(역2)놀라다　29y(주수)

놀라다(동1)놀라다　21y(기식)

놀나다(역3)놀라다　60z(쇄설)

놀라다(역3)놀라다　56z(쇄설)

놀나다(왜1)놀라다　21z(기식)

놀라다(몽1)놀라다　16z(기식)

놀라다(몽3)놀라다　08y(기식)

▷ 놀리다(역2)놀리다　24z(기희)

▷ 놀리고기(역1)노루고기　50z(식이)

▷ 놀여기(역2)지네　35z(곤충)

▷ 놈(역1)놈　27z(존비)

놈(동2)놈　34y(마욕)

놈(역3)놈　17z(전어)

놈(몽2)놈　27z(마욕)

▷ 놉다(역1)높다　21y(교열)

놉다(역2)높다　49z(쇄설)

놉다(동1)높다　08y(지리)

놉다(몽1)높다　06z(지리)

놉흐다(몽3)높다　03z(지리)

▷ 놉흔디(몽3)높은데　11y(동정)

▷ 놉히(동2)높이　36y(비금)

놉히(몽2)높이　30y(비금)

놉히(역3)높이　06y(지리)

놉히(몽3)높이　31y(비금)

▷ 놋(동2)놋　23z(진보)

놋(역3)놋　39y(진보)

놋(왜2)놋　09y(진보)

놋(몽2)놋　19y(진보)

▷ 놋그릇(역2)놋그릇　13y(기구)

▷ 놋소라(역2)놋소라　13z(기구)

▷ 놋술(역2)놋술　13y(기구)

▷ 놋쥬게(역2)놋주걱　14y(기구)

▷ 농(역2)농(약간 큰 상자)15y(기구)

▷ 농소(역3)장원지　42y(전농)

농소(왜2)장원지　04y(전농)

▷ 농즙(왜1)농즙　51z(질병)

▷ 뇌(동1)전량　39y(관직)

뇌(몽1)전량　29y(관직)

▷ 뇨뇨(왜2)예쁘다　50y(쇄설)

▷ 뇨령(왜2)징　17y(기구)

▷ 뇨춰(왜1)오줌냄새　49z(식이)

▷ 눙소(동2)평평이　14z(기구)

눙소(몽3)평평이　26y(기구)

▷ 눙지(동2)등　15z(기구)

눙지(역3)등　44z(기구)

눙지(몽2)등　11z(기구)

▷ 누(역1)루　25z(사관)

▷ 누각(동1)루각　34z(궁궐)

누각(몽1)루각　25z(궁궐)

▷ 누고(동2)누구　51z(쇄설)

눌(역3)누구   57y(쇄설)
누구(왜2)누구   33z(쇄설)
누고(몽2)누구   43z(쇄설)
▷ 누누히(동2)루루이   49y(쇄설)
누누이(몽2)루루이   41z(쇄설)
▷ 누다(역2)누다   31z(주수)
▷ 누더기(왜1)누더기   46z(복식)
▷ 누로다(역2)누르다   34z(주수)
누르다(역2)누르다   10y(화곡)
누루다(동2)누르다   26y(직조)
누르다(동2)누르다   45y(수목)
눌으다(역3)누르다   30z(식이)
누르다(왜2)누르다   11z(채색)
누루다(몽2)누르다   20z(직조)
누르다(몽2)누르다   37z(수목)
▷ 누룩(역1)누룩   50y(식이)
누룩(동1)누룩   61y(식이)
누룩(왜1)누룩   47z(식이)
누룩(몽1)누룩   47z(식이)
▷ 누루스러ᄒ다(동2)누르스름하다 26y(직조)
누루스러ᄒ다(몽2)누르스름하다 20z(직조)
누루스러ᄒ다(몽3)누르스름하다 33y(주수)
▷ 누른금(역2)황금   01z(진보)
▷ 누른내(역1)탄내   54y(식이)
▷ 누른밥(역1)탄밥   49z(식이)
▷ 누른ᄌ의(몽2)노란자위 30y(비금)
▷ 누리다(역1)누리다   54y(식이)
누리다(동1)누리다   62z(식이)
누리다(왜1)누리다   49y(식이)
누리다(몽1)누리다   48z(식이)
▷ 누비(역2)누비   06y(재봉)
누비(역3)누비   41z(재봉)
▷ 누비다(동1)누비다   57y(복식)
누비다(몽1)누비다   44y(복식)

▷ 누비바디(역1)누비바지   46y(복식)
▷ 누비쳥(역1)누비양말   46y(복식)
▷ 누비옷(역1)누비옷   45z(복식)
▷ 누슈(역1)물시계   05z(시령)
▷ 누엇다(역1)누웠다(눕다)   37y(잉산)
누은(역2)눕은(눕다)   06y(직조)
누어(동1)누워(눕다)   28y(동정)
누어(몽1)누어(눕다)   21z(동정)
▷ 누역(역1)도롱이   45z(복식)
누역(동1)도롱이   56y(복식)
누역(몽1)도롱이   43z(복식)
▷ 누이다(동1)눕히다   28y(동정)
누이다(역3)눕히다   46z(주강)
누이다(몽3)눕히다   19z(잉산)
▷ 누에(역2)누에   03y(잠상)
누에(동2)누에   43y(곤충)
누에(왜2)누에   26z(곤충)
누에(몽2)누에   35z(곤충)
▷ 누에고치(몽3)누에고치   34y(곤충)
▷ 누의(역1)누이   57z(친속)
▷ 눅다(동2)느슨하다   61y(쇄설)
▷ 눅다(몽2)눅다   46y(쇄설)
▷ 눅을(왜2)느릴(느리다)   35y(쇄설)
▷ 눈(역1)눈   33y(신체)
눈(동1)눈   15z(신체)
눈(역3)눈   24z(기식)
눈(왜1)눈   16z(신체)
눈(몽1)눈   22y(동정)
눈(몽3)눈   09y(성정)
▷ 눈(동1)눈   03y(천문)
눈(역3)눈   03z(천문)
눈(왜1)눈   03y(천문)
눈(몽1)눈   02z(천문)
▷ 눈곱(역1)눈곱   61z(질병)

눈ㅅ곱(역1)눈곱   33y(신체)

눈ᄊ곱(동1)눈곱   15z(신체)

눈ᄊ곱(몽1)눈곱   12z(신체)

▷ 눈금져기다(역1)눈을 끔적이다 39y(기식)

눈ᄭᆷ적이다(동1)눈을 끔적이다 28z(동정)

눈ᄭᆷ쟈기다(왜1)눈을 끔적이다 30z(동정)

▷ 눈곱다(동1)눈을 감다   28z(동정)

눈곱다(왜1)눈을 감다   30z(동정)

눈곱다(몽1)눈을 감다   21z(동정)

▷ 눈기다(동1)눈짓하다   29y(동정)

눈기다(몽3)눈짓하다   12y(동정)

눈기다(역1)눈짓하다   40y(동정)

▷ 눈ㅅ두에(역1)눈꺼풀   33y(신체)

눈두에(동1)눈꺼풀   15z(신체)

눈두에(왜1)눈꺼풀   17y(신체)

눈ㅅ두에(몽3)눈꺼풀   06y(신체)

▷ 눈맛다(동1)눈맞다   33z(인사)

눈맛다(몽1)눈맞다   25z(인사)

▷ 눈망울(역1)눈망울   33y(신체)

눈망울(동1)눈망울   15z(신체)

눈망울(역3)눈망울   21z(신체)

눈망을(왜1)눈망울   16z(신체)

눈망올(몽1)눈망울   12y(신체)

▷ 눈머다(역1)눈이 멀다   29z(인품)

▷ 눈먼물(역2)눈이 먼 말   30y(주수)

▷ 눈무듸다(역3)눈이 무디다   24z(기식)

▷ 눈물디다(역1)눈물이 지다   39z(기식)

▷ 눈ㅅ물(역1)눈물   33z(신체)

눈믈(역1)눈물   39y(기식)

눈믈(동1)눈물   15z(신체)

눈믈(동2)눈물   10z(상장)

눈믈(역3)눈물   24z(기식)

눈믈(왜1)눈물   20z(기식)

눈믈(몽1)눈물   12z(신체)

눈믈(몽2)눈물   07z(상장)

▷ 눈밤의다(역1)눈이 흐리다   61z(질병)

▷ 눈번ᄒ다(역3)눈이 밝다   24z(기식)

▷ 눈보라치다(몽3)눈보라치다   02y(천문)

▷ 눈ㅅ발(동1)눈발   03y(천문)

눈ㅅ발(몽3)눈발   02y(천문)

▷ 눈ㅅ부텨(역1)눈동자   33y(신체)

눈부쳐(왜1)눈동자   16z(신체)

▷ 눈ㅂ의다(몽1)눈부시다   22y(동정)

눈ㅂ의다(역3)눈부시다   01z(천문)

▷ 눈비엿(역2)野蘇子草   41y(화초)

▷ 눈ㅅ섭(역1)눈섭   33y(신체)

눈ㅅ섭(동1)눈섭   15z(신체)

눈섭(왜1)눈섭   16z(신체)

눈ㅅ섭(몽1)눈섭   12y(신체)

눈섭(몽1)눈섭   16y(기식)

▷ 눈ㅅ섭거리(역1)섭언저리   33y(신체)

▷ 눈ㅅ섭짓다(역3)눈섭짓다   30y(소세)

▷ 눈살(역1)눈살   38z(기식)

눈쌀(동1)눈살   20z(기식)

눈살(역3)눈살   24z(기식)

▷ 눈시울(몽1)눈시울   12z(신체)

▷ 눈주다(동1)눈주다   28z(동정)

눈주다(역1)눈주다   40y(동정)

▷ 눈지내다(동1)훑어보다   28z(동정)

눈지내다(몽1)훑어보다   22y(동정)

▷ 눈초리(역1)눈초리   33y(신체)

▷ 눈ᄎᆯ(역1)눈치   40y(동정)

▷ 눈ᄎᆯ보다(역3)눈치를 보다   60z(쇄설)

▷ 눈흘긔다(역1)눈을 흘기다   29z(인품)

눈흘긔다(역2)눈을 흘기다   48y(쇄설)

▷ 눈어듭다(역1)눈이 어둡다   61z(질병)

눈어둡다(몽1)눈이 어둡다   15z(신체)

▷ 눈어엿(동1)눈어엿   15z(신체)

눈어엿(역1)눈어엿　33y(신체)

▷ 눈에치(역2)눈에 티　31y(주수)

　눈에티(동2)눈에 티　38z(주수)

　눈에티(몽2)눈에 티　32y(주수)

▷ 눈에츳다(역3)눈에 차다　38y(매매)

▷ 눈에츳지아니타(역3)

　눈에 차지 않다　60z(쇄설)

▷ 눈엣동즈(동1)눈동자　15z(신체)

　눈엣동즈(몽1)눈동자　12y(신체)

▷ 눈의알(역1)눈알　61z(질병)

▷ 눌러쓰다(동1)눌러쓰다　44y(학교)

　눌러쓰다(역3)눌러쓰다　12y(학교)

▷ 눌리다(몽3)눌리다　38z(쇄설)

▷ 눌리이다(역3)눌리이다　29z(복식)

▷ 눌이다(역3)누리다　54z(쇄설)

▷ 눕다(역1)눕다　40z(동정)

　눕다(동1)눕다　28y(동정)

　눕다(몽1)눕다　21z(동정)

　눕다(몽3)눕다　11z(동정)

▷ 눗다(동1)그을다　60z(식이)

　눗다(몽1)그을다　47y(식이)

▷ 눗티(역2)누치　38y(수족)

　눗치(몽3)누치　33z(수족)

　눗티(동2)누치　41z(수족)

▷ 뉴(왜1)단추　46z(복식)

▷ 뉴들(동2)무리　51z(쇄설)

　뉴들(몽2)무리　44y(쇄설)

▷ 뇩가락(동1)류가락　16z(신체)

　뇩가락(역3)류가락　22z(신체)

　뇩가락(몽3)류가락　06z(신체)

▷ 뇩노(동1)류로　41z(성곽)

　뇩노(몽1)류로　31y(성곽)

▷ 느다(동2)늘다　27z(매매)

　느다(몽2)늘다　22y(매매)

▷ 느러지다(동2)늘어지다　55y(쇄설)

　느러지다(몽2)늘어지다　46z(쇄설)

▷ 느름나모유(왜2)느릅나무　28z(수목)

▷ 느릅나모(동2)느릅나무　44y(수목)

▷ 느리혀다(동2)느리다　61y(쇄설)

▷ 느릐다(동1)느리다　24y(성정)

　느리다(몽3)느리다　12y(동정)

▷ 느릐다(몽3)느슨하다　28y(직조)

▷ 느즌(동2)늦은(늦다)　02y(전농)

　느즌(역3)늦은　42z(전농)

　느즐(왜1)늦을　05z(시령)

　느즌(몽2)늦은　02y(전농)

▷ 느틔나모(역2)느티나무　43y(수목)

▷ 늗기다(왜1)느끼다　22y(기식)

▷ 늘(왜1)늘　27y(어사)

▷ 늘횟늘횟(역3)느릿느릿　60z(쇄설)

▷ 늘은ᄒ다(몽3)느른하다　24y(질병)

▷ 늘위다(역2)늘이다　21z(주강)

▷ 늙다(역1)늙다　28z(인품)

　늘글(왜1)늙을　20y(신체)

　늙다(몽1)늙다　15y(신체)

▷ 늙되다(역1)늦되다　37y(신체)

▷ 늙어가다(몽1)늙어가다　15y(신체)

▷ 늙은이(역3)늙은이　19z(인품)

▷ 늣다(동1)늦다　03y(천문)

　늣다(역3)늦다　03y(천문)

▷ 능(동2)릉　24z(직조)

　능(몽2)릉　20y(직조)

▷ 능게(몽3)능게, 자게　33z(수족)

▷ 능주마(동2)빨리 걷는 말　37z(주수)

　능주마(몽2)빨리 걷는 말　31z(주수)

▷ 능필(왜1)능필　38z(학교)

▷ 능히(동2)능히　61z(쇄설)

　능히(몽2)능히　51y(쇄설)

능히(몽3)능히   08z(성정)

▷ 능ᄒ다(왜1)능하다   23y(성정)

▷ 늦은좌긔(역3)늦은 재판   09y(공식)

▷ 니(역1)이   34y(신체)

　니(동1)이   16y(신체)

　니(역3)이   62y(쇄설)

　니(왜1)이   17y(신체)

　니(몽1)이   12z(신체)

▷ 니(역2)이   35z(곤충)

　니(동2)이   43z(곤충)

　니(왜2)이   27z(곤충)

　니(몽2)이   36y(곤충)

▷ 니(몽1)이(불명)   19y(언어)

▷ 니(역1)리자   69z(매매)

▷ 니(역3)리익   57z(쇄설)

▷ 니글(왜1)익을(익다)   48z(식이)

　니글(왜2)익을(손에 익다)   42z(쇄설)

▷ 니금(왜2)금가루   08y(진보)

▷ 니기다(동2)이기다   23z(진보)

　니기다(동2)이기다   25y(직조)

　니기다(왜2)이기다   09y(진보)

　니기다(동2)이기다   40z(주수)

▷ 니ᄀ다(동2)이를 갈다   29y(쟁송)

　니ᄀ다(몽2)이를 갈다   23z(쟁송)

▷ 니녕(왜1)질다(泥濘)   09y(지리)

▷ 니다(역1)일다(바람~)   02y(천문)

　니다(동1)일다(바람~)   03y(천문)

　니다(역3)일다(바람~)   07z(지리)

　니다(몽1)일다(바람~)   03y(천문)

▷ 니다(역1)일어나다   40y(동정)

　니다(동1)일어나다   26z(동정)

　니다(몽3)일어나다   10z(동정)

　니다(역3)일어나다   25z(동정)

　니다(왜1)일어나다   29y(동정)

▷ 니다(역1)이다(기와~)   17z(궁궐)

▷ 니다(역2)이기다   17z(기구)

▷ 니닥다(역1)이를 닦다   48y(소세)

　니닥다(역3)이를 닦다   30y(소세)

▷ 니ᄅ다(역2)이르다, 말하다   53y(쇄설)

　니ᄅ다(동1)이르다, 말하다   24z(언어)

　니르다(역3)이르다, 말하다   56z(쇄설)

　닐으다(역3)이르다, 말하다   24y(기식)

　니ᄅ다(역3)이르다, 말하다   62y(쇄설)

　니ᄅ다(왜1)이르다, 말하다   28z(어사)

　니ᄅ다(몽1)이르다, 말하다   18z(언어)

　니ᄅ다(몽3)이르다, 말하다   19y(례도)

▷ 니ᄅ혀다(역1)일커세우다   19y(궁궐)

▷ 니ᄅ욀(왜2)이를(이르다)   40y(쇄설)

▷ 니마(역1)이마   32z(신체)

　니마(동1)이마   15y(신체)

　니마(왜1)이마   16z(신체)

　니마(몽1)이마   12y(신체)

　니마(몽3)이마   31z(주수)

▷ 니마ㅅ두쎌(역1)관자노리   33y(신체)

▷ 니마ㅅ박(역1)이마박   33y(신체)

▷ 니문(몽1)울타리   31z(성곽)

　니문(역3)울타리   14y(궁궐)

▷ 니믈(동2)이물   19y(주강)

▷ 니믈리기(역1)후처   41z(례도)

▷ 니믈기(역1)거르지 않은 술   50z(식이)

▷ 니버든놈(역1)덧이 난 사람   30y(인품)

▷ 니부자리(역1)이부자리   24z(관역)

▷ 니블지다(역1)起粥皮   50y(식이)

　니불지따(동1)結皮   59z(식이)

　니불지다(몽1)結皮   46y(식이)

▷ 니블(역2)이불   16y(기구)

　니불(동1)이불   58z(복식)

　니불(동2)이불   16y(기구)

니불(역3)이불 44z(기구)
니불(몽1)이불 45z(복식)
니불(몽2)이불 11z(기구)
▷ 니뾲시개집(역3)이쑤시개통 30y(소세)
▷ 니뾲시다(역1)이를 쑤시다 48y(소세)
▷ 니뿔(역2)입쌀 09z(화곡)
▷ 니뿔밥(역1)입쌀밥 49y(식이)
▷ 니ㅅ므음(역1)이몸 34y(신체)
니ㅅ무음(동1)이몸 16y(신체)
니ㅅ무음(역3)이몸 22y(신체)
니ㅅ무음(왜1)이몸 17y(신체)
니ㅅ무음(몽1)이몸 12z(신체)
▷ 니ㅅ블회믓튼듸(역1)이틀 34y(신체)
▷ 니ㅅ샀(역3)이발사이 22y(신체)
▷ 니쇠여곱다(역3)이를 다쳐 곱다32z(식이)
▷ 니쏭(역3)이똥 34z(질병)
▷ 니쟝이(역3)미장공 20y(인품)
▷ 니즐(왜1)잊을 22y(기식)
▷ 니질ᄒ다(동2)리질하다 07y(질병)
니질ᄒ다(몽2)리질하다 05z(질병)
니질ᄒ다(역1)리질하다 62y(질병)
▷ 니줌(동1)잊음 14y(인품)
니줌(몽3)잊음 05z(인품)
니줌(역3)잊음 19z(인품)
▷ 니줌헐ᄒ다(몽3)잊음이 쉽다 14z(인사)
▷ 니춰ᄒ다(동1)만취하다 61y(식이)
▷ 니통소(역1)爭食窩子 33y(신체)
니통소(동1)爭食窩 15y(신체)
니통소(몽3)爭食窩 06y(신체)
▷ 니풀(동1)풀 57z(복식)
니풀(몽1)풀 44z(복식)
▷ 니야기(동1)이야기 24z(언어)
니야기(역3)이야기 24y(기식)
니야기(몽1)이야기 18z(언어)

▷ 니어(역3)이어(잇다) 55y(쇄설)
니을(왜2)이을(잇다) 36z(쇄설)
▷ 니음ᄃ라(동2)련락을 달라 52z(쇄설)
니음ᄃ라(몽2)련락을 달라 44y(쇄설)
▷ 니이다(역3)被咬 49z(주수)
▷ 닉다(역2)익다 10y(화곡)
닉다(동1)익다 60z(식이)
닉다(몽1)익다 47y(식이)
▷ 닉다(역2)익다, 익숙하다 44z(쇄설)
닉다(역3)익다, 익숙하다 58y(쇄설)
닉다(몽2)익다, 익숙하다 49z(쇄설)
닉다(몽3)익다,익숙하다 09z(언어)
▷ 닉더귀(역2)송골매 26y(비금)
▷ 닉이다(동1)익히다 43z(학교)
닉이다(몽1)익히다 33y(학교)
▷ 닉이다(역1)이기다 19y(궁궐)
닉이다(역3)이기다 40y(잠상)
닉이다(몽2)이기다 34y(주수)
닉이다(몽3)이기다 26z(장기)
▷ 닌ᄒ다(동1)린색하다 23y(성정)
닌ᄒ다(몽1)린색하다 18y(성정)
▷ 닐(왜2)일(머리에 이다) 39y(쇄설)
▷ 닐곱(동2)일곱 21y(산술)
닐곱(왜1)일곱 55y(산술)
닐곱(몽2)일곱 16z(산술)
▷ 닐곱근(역1)일곱근 65y(산술)
▷ 닐곱벌(역3)일곱벌 36z(산술)
▷ 닐글(왜1)읽을 38y(학교)
▷ 닐러보내라(역3)일러보내라 59z(쇄설)
▷ 닐흔(몽2)일흔 17y(산술)
▷ 닐오다(역2)일구다 08y(전농)
니로다(동2)일구다 01z(전농)
닐오다(역3)일구다 42y(전농)
니로다(몽3)일구다 22y(전농)

닐흔(동2)일흔   21y(산술)

▷ 닑다(역2)읽다   54y(쇄설)

닑다(동1)읽다   43y(학교)

닑다(동2)읽다   12y(사관)

닑다(역3)읽다   11z(학교)

닑다(몽1)읽다   33y(학교)

닑다(몽2)읽다   09y(사관)

▷ 닑히다(동1)읽히다   43y(학교)

▷ 님(역1)님   27y(존비)

▷ 님금(동1)임금   37y(관직)

님금(역3)임금   07z(궁궐)

님금(왜1)임금   35z(관직)

님금(몽1)임금   28y(관직)

▷ 님금(역1)능금   55z(식이)

님금(동2)능금   05z(식이)

님금(몽2)능금   04z(식이)

▷ 님삭(동1)임삭   54y(잉산)

님삭(몽1)임삭   41z(잉산)

▷ 님삭ᄒ다(역3)임삭하다   23y(잉산)

▷ 님자(역1)임자   68z(매매)

▷ 님질(역1)림질   63y(질병)

▷ 닙(동2)잎   45y(수목)

닙(왜2)잎   29y(수목)

닙(몽2)잎   37z(수목)

닙(몽3)잎   34z(수목)

▷ 닙다(역1)입다   33y(상장)

닙다(동1)입다   47z(군기)

닙다(동2)입다   11y(상장)

닙다(역3)입다   16y(군기)

닙다(왜1)입다   47y(복식)

닙다(몽1)입다   44z(복식)

닙다(몽2)입다   08y(상장)

▷ 닙다(역2)입다, 당하다   52y(쇄설)

닙다(왜2)입다(덕을 ~)   41z(쇄설)

▷ 닙피다(역2)입히다   51y(쇄설)

닙히다(동1)입히다   47z(군기)

▷ 닛다(동1)잇다   20z(기식)

닛즈리오(역3)잊으리오   61z(쇄설)

닛다(몽1)잊다   16y(기식)

▷ 닛다(역2)잇다   49y(쇄설)

닛다(동2)잇다   54y(쇄설)

닛다(역3)잇다   55y(쇄설)

닛다(몽2)잇다   45z(쇄설)

▷ 닛븨(역2)갈대로 맨 비   15y(기구)

▷ 닛집(역2)벼짚   10z(화곡)

니ㅅ집(동2)벼짚   46z(화초)

니ㅅ집(몽2)벼짚   39y(화초)

▷ ᄂᆞ다(동2)날다   36y(비금)

ᄂᆞ다(역3)날다   48z(비금)

ᄂᆞ다(몽2)날다   30y(비금)

▷ ᄂᆞ다(역2)비단을 호다   05z(직조)

▷ ᄂᆞ는ᄃᆞ시(몽3)나는듯이   32y(주수)

▷ ᄂᆞ리다(역1)내리다   11z(공식)

ᄂᆞ리다(동1)내리다   27z(동정)

ᄂᆞ리다(동2)내리다   22z(산술)

ᄂᆞ리다(역3)내리다   25z(동정)

ᄂᆞ리다(왜1)내리다   30y(동정)

ᄂᆞ리다(몽1)내리다   21y(동정)

ᄂᆞ리다(몽2)내리다   18y(산술)

ᄂᆞ리다(몽3)내리다   19z(잉산)

▷ ᄂᆞ리다(몽3)날리다   04y(지리)

▷ ᄂᆞ리다(역2)당기다   19y(기구)

▷ ᄂᆞᄅᆞ(역1)나루   07z(지리)

ᄂᆞᄅᆞ(동1)나루   08y(지리)

ᄂᆞᄅᆞ(왜1)나루   10y(지리)

ᄂᆞᄅᆞ(몽1)나루   07y(지리)

▷ ᄂᆞᄅᆞ비(역2)나루배   21y(주강)

ᄂᆞᄅᆞㅅ비(동2)나루배   18z(주강)

느른ㅅ비(몽2)나루배   14z(주강)
▷ 느믈(동1)나물   60y(식이)
 느몰(동2)나물   01z(전농)
 느믈(역3)나물   42y(전농)
 느믈(역3)나물   43y(채소)
 느믈(왜2)나물   05y(채소)
 느믈(몽1)나물   47y(식이)
 느믈(몽2)나물   03z(채소)
▷ 느믈닙(역2)나물잎   13y(채소)
▷ 느붉키다(동1)낯 붉히다   22z(성정)
 늣붉키다(몽1)낯 붉히다   17z(성정)
▷ 느죽ㅎ다(역1)나직하다   06z(지리)
▷ 느준(역2)낮은(낮다)   14y(기구)
 느줄(왜2)낮을(낮다)   33y(쇄설)
▷ 논호다(동2)나누다   27z(매매)
 논호다(역3)나누다   60y(쇄설)
 논호다(몽2)나누다   22y(매매)
 논호다(몽3)나누다   29y(매매)
▷ 눌(동1)칼날   49y(군기)
 눌(역3)칼날   17y(군기)
 눌(왜1)칼날   40z(군기)
 눌(몽1)칼날   37y(군기)
 눌(몽3)칼날   24z(질병)
▷ 눌(동2)날(씨와 날)   25z(직조)
 눌(역3)날(씨와 날)   40y(직조)
 눌(왜2)날(씨와 날)   11y(직조)
 눌(몽3)날(씨와 날)   28y(직조)
▷ 눌(왜2)날(날다)   22z(비금)
▷ 눌것(동1)날것   60z(식이)
 눌것(몽1)날것   47y(식이)
 눌건(왜1)날것   48z(식이)
▷ 눌고기(역1)날고기   51y(식이)
▷ 눌개(역2)날개   25z(비금)
 눌개(동2)날개   36y(비금)

눌애(역3)날개   48y(비금)
 눌개(왜2)날개   22y(비금)
 눌개(몽2)날개   30y(비금)
▷ 눌내다(왜1)용기를 내다   23y(성정)
▷ 눌리다(역1)날리다   55y(식이)
 눌리다(역2)날리다   24y(기희)
 눌리다(동2)날리다   33z(기희)
 눌리다(역3)날리다   03z(천문)
▷ 눌즘싱(동2)날짐승   34z(비금)
 눌즘싱(역3)날짐승   48z(비금)
 눌즘싱(몽2)날짐승   28z(비금)
▷ 눌치(역1)날개   28y(인품)
▷ 눌칼(역2)백철도   17z(기구)
▷ 눌음(역3)날음(날다)   48z(비금)
▷ 눍다(동1)낡다   57y(복식)
 눍다(몽1)낡다   44z(복식)
 눍다(몽3)낡다   37z(쇄설)
▷ 눐쮜다(몽3)날뛰다   29y(쟁송)
▷ 눔(역1)남   31y(경중)
 눔(역2)남   50y(쇄설)
 눔(동1)남   32z(인사)
 눔(동2)남   51z(쇄설)
 눔(역3)남   24y(기식)
 눔(몽1)남   25y(인사)
 눔(몽2)남   43z(쇄설)
 눔(몽3)남   05z(인품)
▷ 눔모로게(몽3)남모르게   28z(매매)
▷ 눔파어긔다(몽3)괴벽하다   14z(인사)
▷ 눔ㅎ는대로(역2)남하는대로   53z(쇄설)
▷ 눗(역1)낯   34y(신체)
 눗(역2)낯   44z(쇄설)
 눗(동1)낯   55y(소세)
 눗(역3)낯   30z(소세)
 눗(왜1)낯   16z(신체)

늦(몽1)낮 12y(신체)
늦(몽3)낮 14y(인사)
▷ 늦가오다(역1)낟다 27z(존비)
▷ 늦갓(역1)낯갖 34y(신체)
▷ 늦곳ᄒ다(역3)성미 24z(기식)
▷ 늦ᄀ리오다(역3)낯을 가리우다 57z(쇄설)
▷ 늦다(동1)낮다 08y(지리)
늦다(역3)낮다 47z(기희)
늦다(몽1)낮다 06z(지리)
▷ 늦살디다(몽1)낮에 살지다 15y(신체)
▷ 늦체살지다(역3)낯에 살지다 22z(신체)
▷ 늦초지다(몽3)낮게 지다 02y(천문)
▷ 내(동1)내 08y(지리)
내(역3)내 06y(지리)
내(왜1)내 09z(지리)
내(몽1)내 07y(지리)
▷ 내(역2)내, 나 51z(쇄설)
내(동2)내, 나 51y(쇄설)
내(몽2)내, 나 43y(쇄설)
내(몽3)내, 나 35z(쇄설)
▷ 내다(동2)내다 42y(수족)
내다(몽3)내다 34y(수족)
▷ 내다(역1)내다(값을~) 69z(매매)
내다(역2)내다(돈~) 49y(쇄설)
▷ 내돗다(동2)내닫다 60y(쇄설)
▷ 내맛다(역2)내 맡다 32z(주수)
내맛다(동1)내 맡다 62z(식이)
내맛다(몽1)내 맡다 49y(식이)
▷ 내미다(역3)내밀다 21z(신체)
▷ 내저즐어내밧다(역2)
제가 놓은 덫에 치우다 54y(쇄설)
▷ 내치다(몽3)내치다
(아궁으로 바람이 ~) 21z(식이)
▷ 내치다(왜1)내치다 54z(형옥)

▷ 냄내다(역2)냄내다 53y(쇄설)
▷ 냅쓰다(몽3)냅뜨다 32z(주수)
▷ 냇믈(역1)내물 07z(지리)
▷ 네(역2)네, 너 53z(쇄설)
네(동2)네, 너 50y(쇄설)
네(역3)네, 너 60y(쇄설)
네(몽2)네, 너 42z(쇄설)
네(몽3)네, 너 35z(쇄설)
▷ 네거리(역1)네거리 07y(지리)
▷ 네골외(역2)네골외 11z(채소)
▷ 네녁(동1)네변, 사방 10y(지리)
네녁(몽1)네변, 사방 08z(지리)
네녁(역2)네변, 사방 51y(쇄설)
▷ 네눈(역2)네눈 32z(주수)
▷ 네아롬(역3)네아름(四摟) 36z(산술)
▷ 네흘(역1)넷을 60y(연향)
▷ 넷(동2)넷 21y(산술)
넷(몽2)넷 16z(산술)
▷ 녜(동1)옛 05z(시령)
녜(왜2)옛 35y(쇄설)
녜(몽1)옛 05y(시령)
▷ 녜다(동1)없다(지붕을~) 37y(궁궐)
녜다(역3)없다 13z(궁궐)
녜다(몽1)없다 27z(궁궐)
▷ 녜다(동2)가다, 거닐다 38y(주수)
녜다(왜1)가다, 거닐다 29z(동정)
▷ 녜대로(동2)옛대로 50y(쇄설)
녜대로(몽2)옛대로 42z(쇄설)
녜대로(역3)옛대로 52z(쇄설)
▷ 녜ᄉ(몽2)례사 49y(쇄설)
▷ 녜ᄉ일(동1)례상사, 일상적인 일 51y(정사)
▷ 녜숫것(역1)일반적인것 69z(매매)
▷ 녜ᄒ다(동1)례하다, 인사하다 52y(례도)
▷ 녯것(동1)옛것 57y(복식)

녯것(몽1)옛것 44z(복식)

▷ 녯날(몽3)옛날 02z(시령)

▷ 뇌믈(동2)뢰물 30y(쟁송)

　뇌믈(몽2)뢰물 24z(쟁송)

▷ 뇌여츠다(동2)세게 치다 15y(기구)

　뇌여츠다(몽3)세게 치다 22z(전농)

▷ 뉘(역2)누구 53z(쇄설)

　뉘(동2)누구 51z(쇄설)

　뉘(역3)누구 61z(쇄설)

　뉘(몽2)누구 43z(쇄설)

　뉘(몽3)누구 35z(쇄설)

▷ 뉘옷다(역2)뉘우치다 44y(쇄설)

　뉘옷다(동1)뉘우치다 32z(인사)

　뉘옷다(몽1)뉘우치다 25y(인사)

　뉘옾츠다(왜1)뉘우치다 22y(기식)

▷ 뉘웃츰(몽3)痴水 07y(신체)

▷ 늬ㅅ근ᄒ다(몽3)느끼하다 20z(식이)

▷ 늬뷰시개(역3)이쑤시개 30y(소세)

　니슈시개(몽3)이쑤시개 19z(복식)

▷ 닉(역1)내, 냄새 47y(복식)

　내(역2)내, 냄새 53z(쇄설)

　내(동1)내, 냄새 62z(식이)

　내(역3)내, 냄새 59z(쇄설)

　내(왜1)내, 냄새 49y(식이)

　내(몽1)내, 냄새 49y(식이)

▷ 닉(동1)내, 내굴, 연기 63z(식이)

　닉(역3)내, 내굴, 연기 32z(식이)

　닉(왜1)내, 내굴, 연기 50y(식이)

　닉(몽1)내, 내굴, 연기 50y(식이)

　닉(몽3)내, 내굴, 연기 37z(쇄설)

▷ 닉년(역1래년 04z(시령)

▷ 니도이(몽2)분명히 41y(쇄설)

　니도히(동2)분명히 49y(쇄설)

▷ 니외죵(몽3)내(외)종사촌형 04z(친속)

▷ 니일(역1)래일 04y(시령)

▷ 닝과리(역1)담배꽁초 55y(식이)

▷ 닝과리(몽3)냉과리 34z(수목)

[ㄷ]

▷ 다(역2)다, 모두 52z(쇄설)

　다(동2)다, 모두 49y(쇄설)

　다(왜1)다, 모두 28y(어사)

　다(왜2)다, 모두 37z(쇄설)

　다(몽2)다, 모두 41z(쇄설)

　다(몽3)다, 모두 35y(화초)

▷ 다갈(역2)자갈 21y(안비)

　다갈(동2)자갈 38z(주수)

　다갈(몽2)자갈 16y(안비)

▷ 다님씬(역1)대님 45z(복식)

　다님씬(역3)대님 29y(복식)

▷ 다다거다(동1)닫아걸다 35z(궁궐)

　다다거다(몽1)닫아걸다 27y(궁궐)

▷ 다드미(왜2)다듬이 16y(기구)

▷ 다들(왜1)닫을(닫다) 33y(궁궐)

▷ 다듬다(역3)다듬다 14z(궁궐)

　다듬다(역3)다듬다 16z(군기)

▷ 다딤(역1)다짐 65z(쟁송)

▷ 다딤밧다(역1)다짐을 받다 67z(형옥)

▷ 다드르다(왜2)다다르다 41y(쇄설)

▷ 다듬다(역1)다듬다 48z(소세)

　다듬다(역2)다듬다 28z(비금)

　다듬다(역2)다듬다 06y(직조)

▷ 다듬다(역2)다듬다 13y(채소)

▷ 다둧다(동1)다닫다 27y(동정)

　다둧다(몽3)다닫다 11y(동정)

▷ 다둧도록(동2)다닫도록 50z(쇄설)

다둣도록(몽2)다닫도록 42z(쇄설)
▷ 다락(왜1)다락 32y(궁궐)
▷ 다락집(역1)다락집 17y(궁궐)
▷ 다르다(왜1)다르다 29y(어사)
　다르다(왜2)다르다 34z(쇄설)
▷ 다릅나모(역2)다릅나무 42z(수목)
▷ 다리(역1)다리 62y(질병)
　다리(역2)다리 25z(비금)
　다리(동1)다리 17y(신체)
　다리(역3)다리 25z(동정)
　다리(왜1)다리 18z(신체)
　다리(몽1)다리 13z(신체)
　다리(몽3)다리 11y(동정)
▷ 다리다(역1)다리다 47z(복식)
　다리다(동2)다리다 18y(장기)
▷ 다리ㅅ무르(역1)腿頂骨 36z(신체)
▷ 다리ㅅ스이(역3)다리 사이 22z(신체)
▷ 다리오리(역2)다리미 16y(기구)
　다리우리(동2)다리미 18y(장기)
　달이울이(몽2)다리미 14y(장기)
▷ 다리예삑오는것(역3)
　다리에 씌우는것 29y(복식)
▷ 다ᄅ다(동2)다르다 53y(쇄설)
　다ᄅ다(몽2)다르다 44z(쇄설)
　다론말(몽3)다른 말 09z(언어)
▷ 다론이(동2)다른이 51z(쇄설)
　다론이(몽2)다른이 43z(쇄설)
▷ 다론디로(동2)다른데로 48z(쇄설)
　다론디로(몽2)다른데로 41y(쇄설)
▷ 다만(동2)다만 49y(쇄설)
　다만(역3)다만 53z(쇄설)
　다만(왜1)다만 27z(어사)
　다만(몽2)다만 41z(쇄설)
▷ 다목(역2)다목 43y(수목)

다목(동2)다목 44z(수목)
　다목(몽2)다목 37y(수목)
▷ 다몬(왜1)동아리가 되다 28z(어사)
▷ 다믓다(동2)다 마쳤다 62y(쇄설)
　다믓다(몽2)다 마쳤다 51y(쇄설)
▷ 다뫼기(역2)따오기 28y(비금)
▷ 다복뿍(역2)다북쑥 40z(화초)
　다북쑥(동2)다북쑥 46y(화초)
　다복쑥(왜2)다북쑥 31z(화초)
　다북뿍(몽2)다북쑥 38z(화초)
▷ 다섯쪽(역3)다섯쪽 36z(산술)
▷ 다시(역2)다시 08y(전농)
　다시(동1)다시 25z(언어)
　다시(동2)다시 09y(의약)
　다시(왜1)다시 27z(어사)
　다시(몽1)다시 19z(언어)
　다시(몽2)다시 07z(질병)
▷ 다시곰(동2)다시금 50z(쇄설)
　다시곰(역3)다시금 53z(쇄설)
　다시곰(몽3)다시금 36y(쇄설)
▷ 다시ᄒ다(역2)다시 하다 45y(쇄설)
▷ 다스리다(동1)다스리다 51y(정사)
　다스리다(몽1)다스리다 39y(정사)
　다스리다(왜1)다스리다 54y(형옥)
▷ 다스마(역1)다시마 55y(식이)
　다스마(동2)다시마 04y(채소)
　다스마(몽2)다시마 03z(채소)
▷ 다숫(동2)다섯 21y(산술)
　다숟(왜1)다섯 55y(산술)
　다숫(몽2)다섯 16z(산술)
▷ 다싁(왜2)연한 갈색, 차빛 11y(직조)
▷ 다자옵(역1)다 마시다 60y(연향)
▷ 다짐글월(역3)다짐서 37z(형옥)
▷ 다치다(동2)다치다 09y(질병)

다치다(몽3)다치다   24z(질병)
▷ 다홍비단(역2)다홍색비단   04y(직조)
▷ 다흔것(역1)땋은것   48y(소세)
▷ 다히다(역1)다히다   45y(복식)
　다히다(역2)대다
　(부두에 배를 ~)   21z(주강)
　다히다(동2)대다   19y(주강)
　다히다(역3)대다   43z(기구)
▷ 다히다(역3)때리다   17z(전어)
▷ 다ㅎ다(역1)땋다   28y(존비)
▷ 다ㅎ다(왜2)다하다   37z(쇄설)
▷ 다ㅎ혁(역2)가죽 채찍   20z(안비)
▷ 다힝(왜2)다행   45z(쇄설)
▷ 다아(왜2)자루가 긴 낫   15y(기구)
▷ 다으다(동1)다지다   37y(궁궐)
　다으다(역3)다지다   14z(궁궐)
▷ 다와기(동2)따오기   34z(비금)
　다와기(왜2)따오기   21y(비금)
▷ 닥(왜2)닥나무   28z(수목)
▷ 닥다(동1)닦다   49y(군기)
　닥다(동2)닦다   12y(사관)
　닥다(역3)닦다   06y(지리)
　닥글(왜2)닦을   40y(쇄설)
　닥다(몽1)닦다   37z(군기)
　닥다(몽2)닦다   09y(사관)
▷ 닥드리다(동1)닥뜨리다   30y(동정)
▷ 닥쟝벌레(역2)딱정벌레   36y(곤충)
　닥쟝버레(몽3)딱정벌레   34y(곤충)
▷ 단(역2)단   06y(재봉)
　단(동1)단   56z(복식)
　단(역3)단   41z(재봉)
　단(왜1)단   45z(복식)
　단(몽3)단   20y(복식)
▷ 단(몽3)단점   14y(인사)

▷ 단(왜1)단(壇)   53z(사관)
▷ 단검(동1)단검   49y(군기)
▷ 단구(왜1)짧은 시간   05z(시령)
▷ 단명타못ᄒ리라(동2)
　어리다 못하리라   59z(쇄설)
▷ 단비(역1)한잔   60y(연향)
　단비(역1)한잔   60y(연향)
▷ 단장(동1)단장   55y(소세)
　단장(역3)단장   30z(소세)
　단장(몽1)단장   42z(소세)
▷ 단장ᄒ다(동1)단장하다   55z(소세)
　단장ᄒ다(왜1)단장하다   45y(소세)
　단장ᄒ다(몽1)단장하다   43y(소세)
▷ 단졍(왜1)단정하다   23z(성정)
▷ 단졍이(몽3)단정히   10z(동정)
▷ 단지(왜2)단지   14z(기구)
　단지(몽3)단지   26y(기구)
▷ 단ᄌ(왜1)쪽지   37z(공식)
▷ 단쵸(역1)단추   66z(형옥)
　단쵸(동1)단추   58y(복식)
　단쵸(역3)단추   29y(복식)
　단쵸(몽1)단추   45y(복식)
▷ 단엽화(왜2)단엽화   30z(화초)
▷ 단오(왜1)단오   04z(시령)
▷ 단의(왜1)홑옷   46y(복식)
▷ 닫(역2)닻   21y(주강)
　닫(동2)닻   19y(주강)
　닫(왜2)닻   18z(주강)
　닫(몽2)닻   14z(주강)
▷ 닫주다(동2)닻을 내리다   19y(주강)
　닫주다(몽2)닻을 내리다   14z(주강)
▷ 닫줄(역2)닻줄   21y(주강)
▷ 달(역2)물억새   40z(화초)
　달(동2)물억새   46z(화초)

달(왜2)물억새 31z(화초)
달(몽2)물억새 39y(화초)
▷ 달구질ᄒᆞ다(역3)달구질하다 14z(궁궐)
달고질ᄒᆞ다(몽3)달구질하다 15z(궁궐)
▷ 달나ᄒᆞ다(역3)달라하다 55y(쇄설)
▷ 달다(왜1)달다 49y(식이)
▷ 달라다(몽3)달라다 28z(매매)
▷ 달래다(역2)달래다 44y(쇄설)
달내다(왜1)달래다 27z(언어)
▷ 달ᄲᅡ다(동1)잘고르다 45z(교열)
달샌다(몽1)잘고르다 35y(교열)
▷ 달ᄌᆞ(왜2)달자 02z(국호)
▷ 달하(역3)닳아(닳다) 56z(쇄설)
달하(몽3)닳아(닳다) 38y(쇄설)
▷ 달ᄒᆞ다(동2)다루다 01z(전농)
▷ 달ᄒᆞ다(역3)달구다 46y(기구)
달ᄒᆞ다(몽3)달구다 26z(장기)
▷ 달히다(역1)달이다 53z(식이)
달히다(동1)달이다 59y(식이)
달히다(역3)달이다 32y(식이)
달히다(왜1)달이다 48z(식이)
달히다(몽1)달이다 46y(식이)
▷ 달아(왜1)밤이 되다 05z(시령)
▷ 달이다(몽2)다리다 14y(장기)
▷ 담(동1)담 16y(신체)
담(왜1)담 51y(질병)
담(몽1)담 12z(신체)
▷ 담(역2)담 49z(쇄설)
담(동1)담 36z(궁궐)
담(역3)담 14z(궁궐)
담(왜1)담 34y(궁궐)
담(몽1)담 27z(궁궐)
▷ 담(역2)담 16z(기구)
담(동1)담 59y(복식)

담(역3)담 44y(기구)
담(왜2)담 13z(기구)
담(몽1)담 45z(복식)
담(몽3)담 28y(직조)
▷ 담다(역1)담다 49z(식이)
담다(역2)담다 34z(주수)
담다(동1)담다 61z(식이)
담다(역3)담다 30z(식이)
담다(왜1)담다 48z(식이)
담다(몽3)담다 12z(동정)
▷ 담당ᄒᆞ다(몽3)담당하다 18z(정사)
담당ᄒᆞ다(역2)담당하다 46y(쇄설)
▷ 담밋(역3)담밑 14z(궁궐)
▷ 담박(왜2)담박하다 46z(쇄설)
▷ 담밧다(동1)담 뱉다 16y(신체)
담밧다(역3)담 뱉다 23z(기식)
담밧다(몽3)담 뱉다 07y(신체)
▷ 담병(왜1)담병 50z(질병)
▷ 담보션(동1)담보선 56z(복식)
▷ 담비(동1)담배 61z(식이)
담비(몽1)담배 48y(식이)
▷ 담비먹다(동1)담배 피우다 61z(식이)
담비먹다(몽1)담배 피우다 48y(식이)
▷ 담비ㅅ대(동1)담배대 61z(식이)
담비ㅅ대(몽1)담배대 48y(식이)
▷ 담븨(역2)담비 34z(주수)
담뷔(동2)담비 40y(주수)
담븨(역3)담비 49z(주수)
담뷔(왜2)담비 24y(주수)
담뷔(몽2)담비 33z(주수)
▷ 담쟝이(역2)담쟁이덩굴 41z(화초)
담쟝이(동2)담쟁이덩굴 46z(화초)
담쟝이(몽2)담쟁이덩굴 39y(화초)
▷ 담화(역1)작살 23z(전어)

▷ 담아붓다(몽3)담아붓다 02y(천문)
▷ 담아흔드다(역2)담아흔들다 18z(기구)
▷ 담옷(역1)담옷 45y(복식)
▷ 답답ᄒ다(역1)답답하다 38z(기식)
　답답ᄒ다(역3)답답하다 24y(기식)
　답답ᄒ다(왜1)답답하다 21z(기식)
▷ 답장(왜1)답장 37z(공식)
▷ 답쟝(역2)디딤판 19y(기구)
▷ 닷거다(역2)닻 올리다 22y(주강)
▷ 닷다(동1)닫다(문을~) 35z(궁궐)
　닷다(몽1)닫다(문을~) 27y(궁궐)
▷ 닷다(역2)닿다, 대이다 22z(주강)
▷ 닷돈(역1)닷돈 65y(산술)
▷ 닷주다(역2)닻을 내리다 22y(주강)
▷ 닷타(역1)땋다 48y(소세)
　닷타(동1)땋다 54z(소세)
▷ 닷타(동2)닿다 38z(주수)
　닷타(몽2)닿다 32z(주수)
▷ 당나라(왜2)당나라 01z(국호)
▷ 당년(왜1)당년, 그해 03z(시령)
▷ 당돌(왜1)당돌하다 24z(성정)
▷ 당랑(왜2)버마재미 27y(곤충)
▷ 당마(역1)장마 54y(식이)
▷ 당마조진놈(역2)로인이
　자기를 겸손하게 이르는 말 52y(쇄설)
▷ 당부(왜1)당부 27y(언어)
▷ 당부ᄒ다(역2)당부하다 49y(쇄설)
　당부ᄒ다(동1)당부하다 25y(언어)
　당부ᄒ다(몽1)당부하다 19y(언어)
▷ 당샹관(왜1)장관 36y(관직)
▷ 당초(왜2)당초 43z(쇄설)
▷ 당ᄒ다(왜2)당하다 42z(쇄설)
▷ 당옴(역1)당옴, 창병 62y(질병)
　당옴(동2)당옴, 창병 08y(질병)

　당옴(몽2)당옴, 창병 06y(질병)
▷ 당월(왜1)그달 04y(시령)
▷ 댱(역1)막대 67z(형옥)
▷ 댱가락(동1)중지 16z(신체)
　댱가락(몽1)중지 13y(신체)
▷ 댱마(동1)장마 02z(천문)
　댱마(몽1)장마 02z(천문)
▷ 댱마디다(동1)장마지다 02z(천문)
　댱마지다(몽1)장마지다 02z(천문)
▷ 댱마비(역1)장마비 02z(천문)
▷ 댱방올(역2)장치기공 24y(기희)
▷ 댱부(역1)장부, 사개 18y(궁궐)
▷ 댱혀(역1)장여 18y(궁궐)
▷ 댱혀도리(역1)장여도리 18y(궁궐)
▷ 댱ᄉ(역1)장사 69y(매매)
▷ 더(몽3)더 28z(매매)
▷ 더그레(역1)더그레 45y(복식)
▷ 더다(역2)덜다 52z(쇄설)
　더다(동2)덜다 22z(산술)
　더다(몽2)덜다 18z(산술)
▷ 더덕(역2)더덕 12z(채소)
　더덕(동2)더덕 04z(채소)
　더덕(왜2)더덕 06y(채소)
　더덕(몽2)더덕 04y(채소)
▷ 더덩이(역1)더뎅이, 더데 62z(질병)
　더덩이(동2)더뎅이, 더데 08z(질병)
▷ 더데(왜1)더뎅이, 더데 51z(질병)
　더덩이(몽2)더뎅이, 더데 06z(질병)
▷ 더덩이지다(동2)더뎅이 지다 08z(질병)
　더덩이지다(역3)더뎅이 지다 35y(질병)
▷ 더두어리(동2)말더듬이 09y(질병)
　더두어리(몽1)말더듬이 19y(언어)
▷ 더두어리다(동2)더듬거리다 09y(질병)
▷ 더듬다(역1)더듬다 23z(전어)

더듬다(동1)더듬다   29z(동정)

더듬다(왜2)더듬다   38z(쇄설)

▷더듬어내다(역3)더듬어내다   56y(쇄설)

▷더디다(동1)던지다   29z(동정)

▷더듸다(동1)더디다   30y(동정)

더딀(왜2)더딀(더디다)   35y(쇄설)

더듸다(몽1)더디다   23z(동정)

▷더러온말(역1)더러운말   32y(마욕)

▷더러울(왜1)더러울(더럽다)   20y(신체)

▷더러이다(역1)더럽히다   47z(복식)

더러이다(동1)더럽히다   33z(인사)

더러이다(동2)더럽히다   57y(쇄설)

▷더러이셔짓다(역1)

더러워서 꾸짓다   32y(마욕)

▷더럽다(역1)더럽다   54y(식이)

더럽다(동1)더럽다   57y(복식)

더럽다(역3)더럽다   30z(소세)

더럽다(몽1)더럽다   44z(복식)

더럽다(몽2)더럽다   48y(쇄설)

▷더브러(동2)더불어   49y(쇄설)

더블여(왜2)더불어   40y(쇄설)

▷더수기(동1)더수기   16y(신체)

더수기(몽3)더수기   06z(신체)

▷더지다(동1)던지다   29z(동정)

더지다(동2)던지다   33y(기회)

더질(왜2)던질(던지다)   39y(쇄설)

더지다(몽1)던지다   22z(동정)

더지다(몽2)던지다   26z(기회)

더지다(몽3)던지다   12y(동정)

▷더투어리다(역1)두덜거리다   29z(인품)

▷더펄개(역2)더펄개   32z(주수)

더펄개(왜2)더펄개   24y(주수)

▷더피다(역1)덮이다   33y(신체)

▷더ᄒ다(동2)더하다   23y(산술)

더ᄒ다(역3)더하다   38y(매매)

더ᄒ다(왜2)더하다   32z(쇄설)

더ᄒ다(몽2)더하다   18z(산술)

더ᄒ다(몽3)더하다   29y(매매)

▷더욱(역2)더욱   45y(쇄설)

더욱(동2)더욱   49z(쇄설)

더욱(왜1)더욱   27z(어사)

더욱(몽2)더욱   42y(쇄설)

▷더울(왜1)더울(덥다)   06z(기후)

▷더음(동2)보탬   27z(매매)

더음(몽2)보탬   22y(매매)

▷더이다(역1)데우다   59z(연향)

더이다(동1)데우다   62y(식이)

더이다(몽1)데우다   48y(식이)

▷더위드다(역1)더위를 먹다   63y(질병)

더위드다(동2)더위를 먹다   07y(질병)

더위드다(역3)더위를 먹다   34y(질병)

더위드다(몽2)더위를 먹다   05z(질병)

▷더위마키다(동2)더위를 맞다   07y(질병)

▷더위치다(왜2)덥치다   22z(비금)

▷더위ᄐ다(역1)더위를 타다   06y(기후)

▷덕(동1)덕   22y(성정)

덕(몽1)덕   17y(성정)

▷덕근(역3)트다(가죽이~)   56y(쇄설)

▷덕다(동2)못(굳은살)박히다   09y(질병)

덕다(몽2)못(굳은살)박히다   07y(질병)

▷덕담(역3)장사에서

행운을 적은 종이   10z(제례)

▷덕분닙히쇼셔(역3)

은혜를 베푸소서   57y(쇄설)

▷덕식(왜2)좋은 일을

했다고 만족해하는 기색   44y(쇄설)

▷덕이다(역3)거닐다   49y(주수)

▷딛(왜2)항상   40y(쇄설)

▷ 덜(역2)덜(덜먹다) 54y(쇄설)
▷ 덜(왜2)덜(덜다) 32z(쇄설)
▷ 덜넘이다(역2)덜렁이다 30y(주수)
　덜렁이다(동2)덜렁이다 37z(주수)
　덜렁이다(몽2)덜렁이다 31z(주수)
　덜렁이다(몽3)덜렁이다 32y(주수)
▷ 덤벙이다(동2)덤벙이다 59z(쇄설)
　덤벙이다(역3)덤벙이다 23z(기식)
　덤벙이다(몽3)덤벙이다 36z(쇄설)
▷ 덤블(왜2)덤불 29z(수목)
▷ 덥다(역1)덥다 06y(기후)
　덥다(동1)덥다 06y(기후)
　덥다(역3)덥다 04z(기후)
　덥다(몽1)덥다 05y(기후)
　덥다(몽3)덥다 03y(시령)
▷ 덥다(역1)덮다 44y(복식)
　덥다(동1)덮다 58z(복식)
　덥다(역3)덮다 28y(상장)
　덥다(몽1)덮다 45z(복식)
▷ 덧(역2)덫 20y(기구)
　덧(역3)덫 45y(기구)
▷ 덧니(역3)덧니 22y(신체)
　덧니(몽3)덧니 06z(신체)
▷ 덧내다(역3)덧내다 52z(쇄설)
▷ 덧더디(동2)때때로 47z(쇄설)
　덧덧이(몽2)때때로 40y(쇄설)
▷ 덩이(왜2)덩이 32z(쇄설)
▷ 뎌(동1)피리 53z(악기)
　뎌(왜1)피리 44y(악기)
　뎌(몽1)피리 41y(악기)
▷ 뎌(역1)저, 그 32y(마욕)
　뎨(역1)저, 그 66z(쟁송)
　뎌(역2)저, 그 53y(쇄설)
▷ 뎌구리(역2)딱따구리 27z(비금)

닷져고리(동2)딱따구리 35z(비금)
닫뎌구리(왜2)딱따구리 22y(비금)
닷뎌구리(몽2)딱따구리 29z(비금)
▷ 뎌기(역2)제기 24y(기희)
　뎌기(동2)제기 33z(기희)
　뎌기(몽2)제기 27y(기희)
▷ 뎌뒤(역2)羅甸子 28y(비금)
▷ 뎌르다(동1)짜르다 04y(시령)
▷ 뎌르다(동1)짜르다 63y(식이)
　뎌르다(몽1)짜르다 49z(식이)
　뎌르다(동2)짜르다 09y(질병)
▷ 뎌리(동2)저리 48z(쇄설)
　뎌리(몽2)저리 41y(쇄설)
▷ 뎌리툿(동2)저렇듯 48z(쇄설)
　뎌러툿(몽2)저렇듯 41y(쇄설)
▷ 뎌불니는나모(역2)停棍 33y(주수)
▷ 뎌브러디다(역2)감아 말다 47z(쇄설)
▷ 뎌편(역2)저편 52y(쇄설)
　뎌편(몽1)저편 08z(지리)
▷ 뎍당(왜2)적당히 47y(쇄설)
▷ 뎍실(왜1)본처, 정실 13z(친속)
▷ 뎍툑(역2)진달래, 영산홍 40y(화초)
▷ 뎍오(역3)넋, 령혼 34z(질병)
▷ 뎍은것(역1)적은것 65y(산술)
▷ 뎐(역3)전 07z(궁궐)
▷ 뎐당(역3)전당 38z(매매)
　뎐당(왜1)전당 56z(매매)
　뎐당(몽3)전당 29y(매매)
▷ 뎐당ᄒ다(역2)전당하다 50z(쇄설)
▷ 뎐부(왜1)농부 15y(인품)
▷ 뎐좌ᄒ시다(역3)좌전하시다 07z(궁궐)
▷ 뎔(역1)절 25z(사관)
　뎔(동2)절 11z(사관)
　뎔(몽2)절 08z(사관)

▷ 뎔온휘(역1)비올 때 신는 신   46z(복식)

▷ 뎜(역3)점   03y(천문)

　뎜(왜1)점   38y(학교)

▷ 뎜방잡다(역2)점방 잡다   51y(쇄설)

▷ 뎜션(왜2)점선   19y(주강)

▷ 뎜치다(역3)간청하다   54z(쇄설)

▷ 뎜티다(역2)점을 치다   47y(쇄설)

　뎜티다(동1)점을 치다   43z(학교)

　뎜치다(역3)점을 치다   47y(기희)

　뎜티다(몽1)점을 치다   33y(학교)

▷ 뎜화ᄒᆞ다(역1)점화하다   22y(군기)

▷ 뎜어(왜2)메기   25z(수족)

▷ 뎝시(왜2)접시   14z(기구)

　뎡(왜1)정(丁)   07y(시령)

▷ 뎡가(역2)정가, 형개   11y(채소)

▷ 뎡뎡(왜2)똑똑, 뚝뚝   50z(쇄설)

▷ 뎡람(왜2)정람   18z(주강)

▷ 뎡박기(역1)정박이   33y(신체)

　뎡박이(역3)정박이   21z(신체)

　뎡바기(왜1)정박이   16z(신체)

▷ 뎡졀(동1)정절   21z(성정)

▷ 뎡죵(동2)정종, 부스럼   07z(질병)

　뎡죵(몽3)정종, 부스럼   24y(질병)

▷ 뎡지(왜2)정지   48z(쇄설)

▷ 뎡ᄌᆞ(왜1)정자   32y(궁궐)

▷ 뎡지노롯ᄒᆞ다(역1)광대노릇하다 60z(연향)

▷ 뎡티못ᄒᆞ다(역2)정하지 못하다   50z(쇄설)

▷ 뎡ᄒᆞ다(동1)정하다   41y(성곽)

　뎡ᄒᆞ다(역3)정하다   54y(쇄설)

　뎡ᄒᆞ다(왜2)정하다   38y(쇄설)

　뎡ᄒᆞ다(몽1)정하다   31y(성곽)

▷ 뎡ᄒᆞ다(왜2)드리다   41y(쇄설)

▷ 뎡ᄒᆞᆫ것업다(역3)정한것 없다   57z(쇄설)

▷ 뎡ᄒᆞᆫᄆᆞᆷ업다(역3)정한마음없다 60z(쇄설)

▷ 도(몽3)도(道)   05y(인품)

▷ 도간(역2)도가니   15y(기구)

▷ 도고리(역1)도고지   21z(군기)

　도고리(동1)도고지   47z(군기)

　도고리(몽1)도고지   36z(군기)

▷ 도곤도곤ᄒᆞ다(동1)두근두근하다 21y(기식)

　도곤도곤ᄒᆞ다(몽3)두근두근하다 08y(기식)

▷ 도금ᄒᆞ다(역3)금 도금하다   46y(기구)

▷ 도관(동2)도관   17y(장기)

　도관(역3)도관   45y(기구)

　도관(몽2)도관   13y(장기)

▷ 도년(역1)망나니   68y(형옥)

▷ 도다(역1)돌다   69y(매매)

　도다(몽3)돌다   16z(성곽)

▷ 도도개(역2)장대받치개   17y(기구)

▷ 도도다(역2)돋우다   17y(기구)

　도도다(동2)돋우다   02y(전농)

　도도다(역3)돋우다   52z(쇄설)

　도드다(왜2)돋우다   03z(전농)

　도도다(몽2)돋우다   02y(전농)

▷ 도도다(역3)빼앗다   49y(주수)

▷ 도도리치다(동1)도도리치다   21y(기식)

　도도리치다(몽3)도도리치다   08y(기식)

▷ 도두듥이다(역3)두드리다   42z(전농)

▷ 도든(역1)돋은(돋다)   63y(질병)

　도든(역1)돋은(돋다)   30y(인품)

▷ 도등(왜2)들불을 돋구다   15z(기구)

▷ 도라가다(왜1)돌아가다   29z(동정)

▷ 도라보다(역1)돌아보다   40y(동정)

　도라보다(동1)돌아보다   29y(동정)

　도라보다(왜1)돌아보다   30y(동정)

　도라보다(몽1)돌아보다   22y(동정)

▷ 도라오다(왜1)돌아오다   29z(동정)

　도라오다(몽2)돌아오다   50z(쇄설)

도라오다(몽3)돌아오다   11y(동정)
▷ 도랏(역2)도라지   12z(채소)
　도랏(동2)도라지   05y(채소)
　도랏(몽2)도라지   04y(채소)
▷ 도랏곳(역2)도라지꽃   40y(화초)
▷ 도련ᄒ다(몽3)도려내다   20y(복식)
▷ 도로(역2)도로, 다시   53z(쇄설)
　도로(역3)도로, 다시   61z(쇄설)
　도로(몽3)도로, 다시   19y(례도)
▷ 도로다(역2)새김질하다   31z(주수)
　도로다(동2)새김질하다   39y(주수)
　도로다(몽3)새김질하다   33y(주수)
▷ 도로래(역2)땅강아지   35z(곤충)
　도로래(동2)땅강아지   43y(곤충)
　도로래(왜2)땅강아지   27y(곤충)
　도로래(몽3)땅강아지   34y(곤충)
▷ 도로혀(동2)도리어   50z(쇄설)
　도로혀(몽2)도리어   42z(쇄설)
▷ 도로혀다(동1)돌아오다   47y(교열)
　도로혀다(왜1)도리키다   27y(어사)
　도로혀다(몽1)돌아오다   36y(교열)
▷ 도론것(몽3)묶은것   21z(전어)
▷ 도리(동1)도리   35y(궁궐)
　도리(역3)도리   13z(궁궐)
　도리(왜1)도리   32z(궁궐)
　도리(몽1)도리   26z(궁궐)
▷ 도리(역2)家鷄魚   39y(수족)
▷ 도리매(동1)곤봉   49z(군기)
　도리매(몽1)곤봉   37z(군기)
▷ 도리채(역2)도리깨   08z(전농)
　도리채(동2)도리깨   02z(전농)
　도리채(왜2)도리깨   03z(전농)
　도리채(몽2)도리깨   02z(전농)
　도리깨(몽3)도리깨   17z(군기)

▷ 도래도래(역3)둘레둘레   25z(동정)
▷ 도래쇠(역2)도래쇠   33y(주수)
▷ 도릭(몽3)도래   21z(전어)
▷ 도마(역2)도마   15z(기구)
　도마(동2)도마   15y(기구)
　도마(왜2)도마   15y(기구)
　도마(몽2)도마   11y(기구)
▷ 도마비얌(역2)도마뱀   37y(곤충)
　도마ᄇ얌(동2)도마뱀   42z(곤충)
　도마비얌(왜2)도마뱀   26z(곤충)
　도마ᄇ얌(몽2)도마뱀   35z(곤충)
▷ 도망(왜2)도망   38y(쇄설)
▷ 도망ᄒ다(동1)도망하다   47y(교열)
　도망ᄒ다(몽1)도망하다   35z(교열)
▷ 도면(왜1)칼국수   47z(식이)
▷ 도모(왜2)도모   46y(쇄설)
▷ 도모지(동2)도무지   49z(쇄설)
　도모지(역3)도무지   53y(쇄설)
　도모지(몽2)도무지   41z(쇄설)
▷ 도미(몽3)도미   33z(수족)
▷ 도본(왜1)도본   40z(군기)
▷ 도섭ᄒ다(역1)거짓말을 하다   28z(인품)
▷ 도셔(왜1)도서   37z(공식)
▷ 도ᄉ(왜1)도사   15z(인품)
▷ 도ᄭ마리(역2)도꼬마리   41y(화초)
▷ 도장(왜1)골방, 안방   32y(궁궐)
▷ 도적(역1)도적   32y(마욕)
　도적(왜1)도적   39z(교열)
　도적(몽2)도적   25y(형옥)
▷ 도적놈(역1)도적놈   31z(마욕)
　도적놈(동2)도적놈   30z(형옥)
▷ 도적맛다(역1)도적맞다   65z(쟁송)
　도적맛다(동2)도적맞다   30z(형옥)
　도적맛다(몽2)도적맞다   25y(형옥)

▷ 도적질ᄒᆞ다(왜1)도적질하다   54y(형옥)
▷ 도적ᄒᆞ다(역1)도적질하다   66z(형옥)
　도적ᄒᆞ다(동2)도적질하다   30z(형옥)
　도적ᄒᆞ다(역3)도적질하다   36z(쟁송)
　도적ᄒᆞ다(몽2)도적질하다   25y(형옥)
▷ 도젼(왜1)도전   39z(교열)
▷ 도지게(역1)도지개   21z(군기)
　도지게(동1)도지개   48y(군기)
▷ 도튱(왜2)도충   26y(수족)
▷ 도칠(왜2)칠하다   12y(채색)
▷ 도토리(역2)도토리   42y(수목)
　도토리(왜2)도토리   28z(수목)
▷ 도토마리(역2)도토마리   04y(직조)
▷ 도ᄐᆞ랏(역2)능쟁이, 명아주   41z(화초)
　도르릇(왜2)능쟁이, 명아주   06y(채소)
▷ 도포(왜1)도포   45z(복식)
▷ 도현(왜2)극도의 곤경에 처하다   48z(쇄설)
▷ 도홍(왜2)연분홍빛   11y(직조)
▷ 도홍비단(역2)연분홍빛비단   04y(직조)
▷ 도황(왜2)도황   11z(채색)
▷ 도아리(역2)또아리   12y(채소)
▷ 도언(역3)打市話   24y(기식)
▷ 도언ᄒᆞ다(동1)조언하다   24z(언어)
▷ 도요새(역2)도요새   28y(비금)
　도요새(동2)도요새   35z(비금)
　도요새(왜2)도요새   21z(비금)
　도요새(몽3)도요새   30z(비금)
▷ 도을(왜2)도울(돕다)   40z(쇄설)
▷ 독(역1)독   20z(궁궐)
　독(역2)독   14y(기구)
　독(동2)독   15z(기구)
　독(왜2)독   15y(기구)
　독(몽3)독   26y(기구)
▷ 독갑이(역2)도깨비   52z(쇄설)

독갑(동2)도깨비   12z(사관)
독갑이(동2)도깨비   12z(사관)
독갑이(몽2)도깨비   09z(사관)
▷ 독긔(역2)도끼   18y(기구)
　독긔(동2)도끼   17z(장기)
　독ㅅ긔(몽2)도끼   13y(장기)
　도치(몽3)도끼   26y(장기)
　도치(왜2)도끼   16z(기구)
▷ 독당(왜2)혼자서 감당하다   47z(쇄설)
▷ 독두(왜1)번대머리   52y(질병)
▷ 독산(왜1)민둥산   08y(지리)
▷ 독ᄉᆞ(역2)독사   37y(곤충)
　독ᄉᆞ(왜2)독사   26z(곤충)
▷ 독실이ᄒᆞ다(몽3)충실하다   16z(학교)
▷ 독촉ᄒᆞ다(동2)독촉하다   56y(쇄설)
▷ 돈(역2)돈   49y(쇄설)
　돈(동2)돈   23y(진보)
　돈(역3)돈   38z(매매)
　돈(왜1)돈   55z(산술)
　돈(왜2)돈   08z(진보)
　돈(몽2)돈   18z(진보)
▷ 돈더느다(역2)도박하다   24y(기희)
▷ 돈들이다(역3)돈을 들이다   58y(쇄설)
▷ 돈대련(역3)돈전띠   44z(기구)
▷ 돈디(왜1)돈대   34z(성곽)
▷ 돈쎄음(동2)돈꿰   23y(진보)
　돈쎄음(몽2)돈꿰   18z(진보)
▷ 돈피(역2)돈피   33z(주수)
　돈피(동2)돈피   40y(주수)
　돈피(왜2)돈피   23z(주수)
　돈피(몽2)돈피   33z(주수)
▷ 돈피옷(역1)돈피옷   45z(복식)
▷ 돋(왜2)돝, 돼지   24y(주수)
　돗(동2)돝, 돼지   40y(주수)

돗(몽2)돝, 돼지   33z(주수)
돗(역2)돝, 돼지   32y(주수)
▷ 돌(역1)돌   47z(복식)
　돌(동1)돌   07z(지리)
　돌(왜1)돌   08z(지리)
　돌(몽1)돌   06z(지리)
▷ 돌겻(역2)旋棒   18z(기구)
▷ 돌ᄃ리(역1)돌다리   15y(성곽)
　돌ᄃ리(왜1)돌다리   34z(성곽)
▷ 돌려보다(몽3)돌려보다   18y(군기)
▷ 돌리다(역2)돌리다   24y(기회)
▷ 돌매(동2)매돌, 망돌   02z(전농)
　돌매(몽2)매돌, 망돌   02z(전농)
▷ 돌보다(역2)돌보다   53y(쇄설)
　돌보다(역3)돌보다   51z(쇄설)
▷ 돌보리업다(역3)돌볼리 없다   59z(쇄설)
▷ 돌삼(역2)돌삼   41z(화초)
▷ 돌섬(역1)돌층계   19z(궁궐)
▷ 돌찌(동1)돌찌   56y(복식)
　돌찌(몽1)돌찌   43z(복식)
▷ 돌쳐보다(동1)돌쳐보다   29y(동정)
▷ 돌틈(역1)돌틈   08z(지리)
▷ 돕다(동2)돕다   56y(쇄설)
　돕다(몽2)돕다   50y(쇄설)
▷ 돗(동1)돗   59y(복식)
　돗(몽1)돗   45z(복식)
▷ 돗(역2)돗자리   16z(기구)
　돈(왜2)돗자리   13y(기구)
▷ 돗(동2)돗   19y(주강)
　돈(왜2)돗   18z(주강)
　돗(몽2)돗   14z(주강)
▷ 돗고마리(동2)도꼬마리   46y(화초)
　돗고마리(몽3)도꼬마리   35y(화초)
▷ 돗다(역1)승급하다   13z(관직)

▷ 돗다(역3)승급하다   10y(관직)
▷ 돗대(동2)돛대   19y(주강)
　돗대(역3)돛대   46z(주강)
　돈대(왜2)돛대   18z(주강)
　돗대(몽2)돛대   14z(주강)
▷ 돗바눌(역2)돗바늘   18y(기구)
▷ 돗퇴삿기(역2)돼지새끼   32z(주수)
▷ 돗희고기(역1)돼지고기   51y(식이)
▷ 돗희앙(역1)돼지내장   51y(식이)
▷ 돗희우리(역1)돼지우리   20y(궁궐)
　돗희우리(동2)돼지우리   40z(주수)
　돗희우리(몽2)돼지우리   34z(주수)
▷ 돗희밥(몽3)돼지죽   33y(주수)
▷ 동경개(역2)동경개   32z(주수)
　동경개(동2)동경개   40z(주수)
▷ 동고리(동2)동고리   16y(기구)
　동고리(몽2)동고리   11z(기구)
▷ 동고리다(동1)둥그리다   43z(학교)
▷ 동고림(동1)동그라미   43z(학교)
　동고림(몽1)동그라미   33y(학교)
▷ 동고치(역2)쑥갓   12y(채소)
▷ 동곳(역3)동곳   28z(복식)
▷ 동궁(왜1)동궁   35z(관직)
▷ 동개(역1)동개   22y(군기)
▷ 동개(역1)살동개   22y(군기)
▷ 동관(왜1)동관(同官)   14y(친속)
▷ 동남풍(왜1)동남풍   02y(천문)
▷ 동냥ᄒ다(역1)동냥하다   26z(사관)
▷ 동녘(왜1)동녘   11z(지리)
▷ 동돌찌(동1)동돌찌   56y(복식)
▷ 동동(왜2)그리워하다   50y(쇄설)
▷ 동록(왜2)동록, 록청   12y(채색)
▷ 동류(왜2)동류, 같은 류   43z(쇄설)
▷ 동무(역1)동무   68z(매매)

동모(동1)동무　12z(친속)

동모(역3)동무　33z(친속)

동모(왜1)동무　57y(매매)

동모(몽2)동무　22z(매매)

▷ 동북풍(왜1)동북풍　02y(천문)

▷ 동비(동2)완두　03z(화곡)

　동비(몽3)완두　23y(화곡)

▷ 동빅(역2)동백　40y(화초)

　동빅(왜2)동백　30z(화초)

▷ 동산(왜1)동산　33z(궁궐)

▷ 동쇼(왜1)퉁소　44y(악기)

▷ 동셰(역1)동서　58z(친속)

　동셰(동1)동서　12y(친속)

　동셔(왜1)동서　13z(친속)

　동셰(몽3)동서　04z(친속)

▷ 동싱(왜1)동생　13y(친속)

▷ 동싱아ᄋ(역1)친형제　57z(친속)

▷ 동싱형(역1)친형　57z(친속)

▷ 동졍(역2)동정　06z(재봉)

▷ 동졍보다(몽3)동정을 살피다　12y(동정)

▷ 동지(왜1)동지　05y(시령)

▷ 동지ㅅ둘(동1)동지달　04z(시령)

▷ 동ᄌ기동(역1)동자기둥　18y(궁궐)

　동ᄌ기동(역3)동자기둥　13z(궁궐)

▷ 동트다(동1)동트다　03y(천문)

　동트다(역3)동트다　04y(시령)

　동트다(몽1)동트다　03y(천문)

▷ 동편(역2)동쪽　52y(쇄설)

▷ 동풍(왜1)동풍　02y(천문)

▷ 동히다(동1)동이다　55z(소세)

　동히다(동2)동이다　54y(쇄설)

　동히다(역3)동이다　55z(쇄설)

　동이다(역3)동이다　30z(소세)

　동이다(몽1)동이다　43y(소세)

　동이다(몽2)동이다　45z(쇄설)

▷ 동희(동2)동이　15z(기구)

　동희(왜2)동이　15y(기구)

　동희(몽2)동이　11y(기구)

▷ 동화(역2)동과, 동아　11y(채소)

　동화(동2)동과, 동아　04y(채소)

　동과(왜2)동과, 동아　05z(채소)

　동화(몽2)동과, 동아　03z(채소)

▷ 동옷(몽3)두루마기　19z(복식)

▷ 동요(동1)요언　24z(언어)

　동요(몽1)요언　18z(언어)

▷ 됴개(역3)조개　50z(수족)

▷ 됴건됴건(동1)조건조건　51z(정사)

▷ 됴곰(역3)조금　36y(산술)

▷ 됴뎡(왜1)조정　35z(관직)

▷ 됴리(왜1)조리　52z(질병)

▷ 됴리잇다(동2)조리있게　59y(쇄설)

　됴리잇다(몽2)조리있다　49z(쇄설)

▷ 됴리ᄒ다(역1)조리하다　64y(의약)

▷ 됴문(왜1)조문　53y(상장)

▷ 됴문ᄒ다(역3)조문하다　27z(상장)

▷ 됴상ᄒ다(역3)조상하다　27z(상장)

▷ 됴습ᄒ다(역2)조습하다　49z(쇄설)

▷ 됴춍(역1)조총　22z(군기)

　됴춍(동1)조총　49z(군기)

　됴춍(왜1)조총　41z(군기)

▷ 됴츤(왜1)이를 갈다　17y(신체)

▷ 됴타(역1)좋다　69z(매매)

　됴흐다(역1)좋다　25z(사관)

　됴타(역2)좋다　09y(전농)

　됴타(동2)좋다　01z(전농)

　됴타(역3)좋다　38y(매매)

　됴흔(몽2)좋은　01z(전농)

▷ 됴흔능(역2)좋은 릉　05y(직조)

▷ 됴히디내다(역2)좋게 지내다 44z(쇄설)

▷ 됴히보리라(역3)좋게 보리라 60y(쇄설)

▷ 됴흔쇠(동2)강철 23z(진보)

　됴흔쇠(역3)강철 19z(진보)

　됴흔쇠(몽2)강철 19y(진보)

▷ 됴히(역2)종이 51y(쇄설)

▷ 됴화ᄒ다(동1)좋아하다 34y(인사)

　됴화ᄒ다(몽1)좋아하다 25z(인사)

▷ 됴이(왜2)새먹이 22z(비금)

▷ 됵박(동2)쪽박 15y(기구)

　됵박(몽2)쪽박 11y(기구)

▷ 두(역1)둘 24y(관역)

　두(역3)둘 25z(동정)

　두(왜1)둘 55y(산술)

　두(몽3)둘 13y(인사)

▷ 두거머리(역2)

　더부룩한 머리 25y(비금)

▷ 두건(역3)두건 28y(상장)

　두건(왜1)두건 45z(복식)

▷ 두겁(동1)두껑 44y(학교)

▷ 두견이(역2)두견 28z(비금)

　두견(왜2)두견 21z(비금)

▷ 두견화(왜2)두견화 30y(화초)

　두견화(몽2)두견화 38y(화초)

▷ 두귀밋(역1)두 귀밑 34y(신체)

▷ 두녁(역2)두번 51y(쇄설)

▷ 두녁말(역2)羊角椿子 23y(주강)

▷ 두다(역2)두다 54y(쇄설)

　두다(동2)두다 28y(매매)

　두다(왜1)두다 56z(매매)

　두다(몽2)두다 22z(매매)

　두다(몽3)두다 14y(인사)

▷ 두다(몽1)들다(칼이 잘~) 37y(군기)

▷ 두다(역1)수표하다 11y(관부)

▷ 두다(역3)두다(주산을 ~) 10y(관직)

▷ 두더쥐(역2)두더쥐 33z(주수)

　두더쥐(동2)두더쥐 40y(주수)

　두더쥐(왜2)두더쥐 24y(주수)

　두더쥐(몽2)두더쥐 33z(주수)

▷ 두던(역1)둔덕 06z(지리)

　두던(동1)둔덕 07z(지리)

　두던(왜1)둔덕 08y(지리)

　두던(몽1)둔덕 06z(지리)

▷ 두두러기(역1)두드러기 62z(질병)

　두드러기(동2)두드러기 08z(질병)

　두드러기(역3)두드러기 35y(질병)

　두드럭이(몽3)두드러기 23z(질병)

▷ 두두러지다(동2)두드러지다 56z(쇄설)

　두두러지다(몽2)두드러지다 47z(쇄설)

　두두러지다(몽3)두두러지다 03z(지리)

▷ 두두룩ᄒ다(동1)두두룩하다 07y(지리)

▷ 두드리다(동1)두드리다 54y(악기)

　두드리다(동1)두드리다 54y(잉산)

　두드리다(동2)두드리다 02z(전농)

　두들이다(역3)두드리다 14y(궁궐)

　두드리다(왜1)두드리다 30z(동정)

　두드리다(왜2)두드리다 03z(전농)

　두드리다(몽1)두드리다 42y(잉산)

　두드리다(몽2)두드리다 47y(쇄설)

　드르리다(몽2)두드리다 02y(전농)

▷ 두드림질ᄒ다(역2)다듬이질하다 06y(직조)

▷ 두디(왜2)말배띠 17z(안비)

▷ 두렷ᄒ다(동2)뚜렷하다 54z(쇄설)

　두렷ᄒ다(역3)뚜렷하다 01z(천문)

　두렷ᄒ다(몽2)뚜렷하다 46z(쇄설)

▷ 두로(역2)擺擁 47z(쇄설)

　두로(역3)一地裡 58y(쇄설)

▷ 두로(역3)두루 24z(기식)

두로(왜2)두루   41z(쇄설)
▷두로년ᄒ집(역3)련결복도   13y(궁궐)
▷두로다(역1)돌리다   40y(동정)
두로다(역2)(단을)두르다   06y(재봉)
두로다(동1)돌리다   29z(동정)
두로다(동2)돌리다   29z(쟁송)
두로다(몽1)돌리다   22y(동정)
두로다(몽2)돌리다   24z(쟁송)
▷두로미(역2)두루미   27y(비금)
두루미(왜2)두루미   21y(비금)
▷두로보다(동1)두루 보다   28z(동정)
▷두로혀다(역1)돌리다   40y(동정)
두로혀다(동1)돌리다   28y(동정)
두루혀다(동1)돌리다   29z(동정)
두로허다(역3)온통 헐다   34z(질병)
두로혀다(몽1)돌리다   21z(동정)
두루혀다(몽1)돌리다   22z(동정)
▷두로힐우다(역1)휘두르며따지다67z(형옥)
▷두로ᄊ다(동1)둘러싸다 59y(복식)
▷두록(왜2)연한 풀색   11y(직조)
▷두루다(동1)두르다   56z(복식)
두르다(역3)(단을)두르다   41z(재봉)
두르다(왜1)두르다   39z(교열)
두르다(왜2)두르다   39y(쇄설)
두루다(몽3)두르다   20y(복식)
▷두류(왜2)머물다   44z(쇄설)
▷두를(왜1)휘두를(휘두르다)   30z(동정)
▷두리다(동1)두렵다   21y(기식)
두리다(몽1)두렵다   16z(기식)
두리다(왜1)두렵다   21z(기식)
▷두뭇(역3)두묶음   36y(산술)
▷두번(동2)두번   21z(산술)
두번(몽2)두번   17y(산술)
▷두부(역1)두부   52y(식이)

두부(왜1)두부   47z(식이)
▷두석(역3)놋, 놋쇠, 황동   39y(진보)
▷두셜(왜1)머리비듬   44z(소세)
▷두쟈(역1)두자   65y(산술)
▷두진(왜1)천연두   51z(질병)
▷두츙(왜2)두충나무   28z(수목)
▷두터온(역1)두터운   45z(복식)
두텁다(동2)두텁다   54z(쇄설)
둗터올(왜2)두터울(두텁다)   32y(쇄설)
두텁다(몽2)두텁다   46y(쇄설)
▷두텁이(왜2)두꺼비   27z(곤충)
▷두퉁(왜1)두통   50z(질병)
▷두풍(왜1)두풍   50z(질병)
▷두험(동1)두엄   07z(지리)
두험흙(역3)두엄흙   07z(지리)
두험(몽1)두엄   06z(지리)
▷두어라ᄒ다(역1)그만두어라하다69y(매매)
▷두에(동2)두껑   14z(기구)
두에(왜2)두껑   14z(기구)
두에(몽2)두껑   10z(기구)
▷둑(역1)둑   22z(군기)
▷둑(왜1)둑   41z(군기)
▷둔즈(역1)頓子   45z(복식)
둔즈(동1)皮袡   56y(복식)
둔즈(몽1)皮袡   43z(복식)
▷둔즈닙다(몽3)穿皮瑞罩   20y(복식)
▷둔비목(역3)둔배목   14y(궁궐)
▷둔ᄒ다(역1)둔하다   29y(인품)
둔ᄒ다(왜1)둔하다   25y(성정)
▷둘(동2)둘   21y(산술)
둘(몽2)둘   16z(산술)
▷둘러안ㅅ다(동1)둘러앉다   26z(동정)
둘러안ㅅ다(몽3)둘러앉다   10z(동정)
▷둘러쳥ᄒ다(몽3)뒤구멍수를뚫다 29z(쟁송)

▷ 둘러ᄀ리오다(몽3)둘러 가리다 38y(쇄설)

▷ 둘식(몽2)둘씩 17y(산술)

▷ 둘째(역1)둘째 16z(학교)

둘째(역2)둘째 03y(잠상)

둘재(동2)둘째 21z(산술)

둘재(몽2)둘째 17y(산술)

▷ 둘재가락(동1)식지 16z(신체)

둘재가락(몽1)식지 13y(신체)

▷ 둘히(동2)둘이 51z(쇄설)

둘히(몽2)둘이 44y(쇄설)

▷ 둘히나다(몽3)둘이 되다 39y(쇄설)

▷ 둘읍(역2)두릅 12y(채소)

▷ 둣터비(역2)두꺼비 36z(곤충)

두터비(동2)두꺼비 42z(수족)

▷ 둥그러케(동2)둥그렇게 55y(쇄설)

둥구러케(몽2)둥그렇게 46z(쇄설)

▷ 둥구레칼(역1)둥구레칼 67y(형옥)

▷ 둥구리다(역3)둥그리다 12y(학교)

▷ 둥굴리다(역3)둥그렇게 말다 46y(기구)

▷ 둥군뎐(역3)단전 07z(궁궐)

▷ 둥굴(왜2)둥글(둥글다) 32z(쇄설)

둥그다(몽3)둥글다 38y(쇄설)

▷ 둥조리(동2)둥주리 16y(기구)

▷ 둥울(역2)雁翅板 20y(안비)

▷ 듀락(역3)주락 46z(안비)

▷ 듀발(몽3)주발 25z(기구)

▷ 듀셕(동2)놋, 놋쇠, 황동 23z(진보)

듀셕(몽2)놋, 놋쇠, 황동 19y(진보)

▷ 듕(동1)중 35y(궁궐)

듕(몽1)중 26y(궁궐)

▷ 듕간즈음(동2)중간즘 51y(쇄설)

▷ 듕긷령(왜1)벽이 무너지지

않도록 어긋물린 기둥 33y(궁궐)

▷ 듕동(역2)덧소매, 한삼 06z(재봉)

▷ 듕매(동1)중매 14z(인품)

▷ 듕미(역1)중매, 매파 41z(례도)

듕미(몽1)중매, 매파 11z(인품)

▷ 듕방(역3)중방 13z(궁궐)

▷ 듕비(역1)중배 60y(연향)

▷ 듕삼승(역2)중삼승(中三棱) 05z(직조)

▷ 듕쥬어리다(동2)

마구 말하는 모양 57z(쇄설)

▷ 듕텬ᄒ다(역3)중천하다 01z(천문)

▷ 듕어리다(역3)중얼거리다 24z(기식)

▷ 듕의밋(역2)중의 06z(재봉)

▷ 듕인ᄉ갑(역1)중인값 42z(례도)

▷ 드다(역2)들다 15z(기구)

드다(동1)들다 30z(동정)

드다(역3)들다 24z(기식)

드다(몽1)들다 23z(동정)

드다(몽3)들다 33y(주수)

▷ 드듸다(역1)디디다 12z(공식)

드듸다(역2)디디다 18z(기구)

드듸다(역3)디디다 18z(관역)

드듸다(왜2)디디다 41y(쇄설)

드듸다(몽3)디디다 10z(동정)

드듸다(몽3)디디다 32z(주수)

▷ 드듸다(왜1)따르다 28z(어사)

▷ 드러가다(몽3)들어가다 11z(동정)

▷ 드러나다(동2)드러나다 56z(쇄설)

드러나다(몽2)드러나다 47z(쇄설)

▷ 드러썰치다(몽3)들어 떨다 37z(쇄설)

▷ 드러업듸다(몽3)드러업디다 31y(비금)

▷ 드러오다(동1)들어오다 27z(동정)

드러오다(몽1)들어오다 21y(동정)

▷ 드렁허리(역2)두렁허리 38z(수족)

드렁허리(동2)두렁허리 41z(수족)

드렁허리(몽2)두렁허리 34z(수족)

▷드르(역1)들　06z(지리)
　드르(동1)들　07z(지리)
▷드르쇼셔(역1)들어가십시오　61y(연향)
▷드를(왜2)들을(듣다)　38z(쇄설)
▷드름(왜2)등급　39z(쇄설)
▷드리그어마시다(동1)들이마시다　63y(식이)
　드리그러마시다(몽1)들이마시다　49z(식이)
▷드리다(역2)들이다　34z(주수)
　드리다(동2)들이다　36z(비금)
　드리다(몽2)들이다　30z(비금)
　드리다(몽3)들이다　33y(주수)
▷드리다(역1)드리다　19y(궁궐)
　드리다(역2)드리다　49y(쇄설)
　드리다(동2)드리다　52y(쇄설)
　드리다(왜2)드리다　04y(전농)
　드리다(몽1)드리다　40y(례도)
　드리다(몽2)드리다　45y(쇄설)
▷드리다(몽3)(물감)들이다　28z(직조)
▷드리오다(역1)드티우다　69y(매매)
▷드리오다(동2)드리우다　53y(쇄설)
　드리올(왜2)드리울(드리우다)　37z(쇄설)
　드리오다(몽2)드리우다　45y(쇄설)
▷드리옵다(역1)드리다　11z(공식)
▷드레(역2)두레　14z(기구)
　드레(동2)두레　15y(기구)
　드레(몽2)두레　11y(기구)
▷드므(-ㄴ)(역2)드물다　06y(재봉)
　드므다(동2)드물다　58z(쇄설)
　드므다(역3)드물다　02y(천문)
　드므다(왜2)드물다　33y(쇄설)
　드므다(몽2)드물다　37z(수목)
　드므다(몽3)드물다　38z(쇄설)
▷드스ᄒᆞ다(역3)따스하다　32y(식이)
▷들(역1)들　21y(교열)

들(왜1)들　08z(지리)
들(몽1)들　06z(지리)
들(몽3)들　03z(지리)
▷들기름(역1)들김름　52z(식이)
▷들너다(동1)들르다　27z(동정)
　들너다(몽1)들르다　21y(동정)
▷들니다(왜1)들리다(듣다)　26z(언어)
▷들다(왜1)들다　29z(동정)
　드는(몽1)드는(손을~)　32y(성곽)
　들라(몽3)들라(물건을 들다)　10z(동정)
▷들리다(역3)떨어지다　07y(지리)
　들으다(왜1)떨어지다　11y(지리)
▷들머겨보다(몽3)손대중하다　29y(매매)
▷들믜쥬근ᄒᆞ다(역1)들미지근하다　50z(식이)
▷들보(역1)들보　18y(궁궐)
　들ㅅ보(동1)들보　35y(궁궐)
　들ㅅ보(역3)들보　13y(궁궐)
　들ㅅ보(왜1)들보　32y(궁궐)
　들ㅅ보(몽1)들보　26z(궁궐)
▷들ㅅ불(동1)들불　63z(식이)
　들ㅅ불(몽1)들불　50y(식이)
▷들쇼(동2)들소　37y(주수)
▷들깨(역2)들깨　10y(화곡)
　들깨(동2)들깨　03z(화곡)
　들깨(몽2)들깨　03y(화곡)
▷들쌧대(역2)들깨대　10z(화곡)
▷들썻(역2)들것　20y(기구)
▷들죽(몽3)들죽　23z(식이)
▷들즘싱(역3)들짐승　31y(식이)
▷들추다(역2)들추다　50y(쇄설)
▷들치다(몽3)들치다　22z(전농)
▷들키다(역3)들키다　61y(쇄설)
▷들픠(역2)들피　29z(주수)
▷들엄(몽3)두렁허리　33z(수족)

▷ 들을듯말듯ᄒ다(역3)
　 못이기는체 하다　60z(쇄설)
▷ 들이다(역3)드리다　10z(제례)
▷ 들엣줄(역2)두레줄　14z(기구)
▷ 듨그믈(역1)들그물　23y(전어)
▷ 듬북이(역2)뜸부기　12z(채소)
▷ 듯기슬타(동2)듣기 싫다　59z(쇄설)
　 듯기슬타(몽1)듣기 싫다　19z(언어)
▷ 듯다(역1)듣다　32y(마욕)
　 듯다(동1)듣다　29y(동정)
　 듯다(몽1)듣다　22y(동정)
▷ 듯다(역3)떨어지다　03y(천문)
▷ 듯부다(역2)알아보다　49y(쇄설)
　 듯보다(동1)알아보다　29y(동정)
　 듯보다(동2)알아보다　57y(쇄설)
　 듯보다(역3)알아보다　58y(쇄설)
　 듯보다(몽1)알아보다　22y(동정)
　 듯보다(몽2)알아보다　48y(쇄설)
▷ 등(역1)등　35z(신체)
　 등(역2)등　21y(안비)
　 등(동1)등　16z(신체)
　 등(동2)등　38z(주수)
　 등(역3)등　25z(동정)
　 등(왜1)등　18y(신체)
　 등(몽1)등　13z(신체)
　 등(몽2)등　32z(주수)
▷ 등(동2)등나무　46z(화초)
▷ 등(왜2)덩쿨　29y(수목)
▷ 등걸(왜2)등걸　29z(수목)
▷ 등걸숫(역1)골탄　55y(식이)
▷ 등겨(몽3)쌀겨　23y(화곡)
▷ 등곱은이(역3)등곱쟁이　20z(인품)
▷ 등굽다(역1)등굽다　30y(인품)
▷ 등글기(역1)등긁이　49y(소세)

▷ 등긁이(동2)등긁이　14y(기구)
▷ 등긁이(역3)등긁이　45y(기구)
▷ 등긁이(몽2)등긁이　12z(기구)
▷ 등나라(왜2)등나라　02z(국호)
▷ 등두드리다(역2)등을 두드리다　46z(쇄설)
▷ 등ᄆᆞ른(역1)등마루　35z(신체)
　 등ᄆᆞ른(왜1)등마루　18y(신체)
▷ 등ᄆᆞ른뼈(동1)등마루뼈　17y(신체)
　 등ᄆᆞ른뼈(몽3)등마루뼈　06z(신체)
▷ 등ㅅ골(몽3)등골　21y(식이)
▷ 등상(동2)네모진 작은 걸상　13z(기구)
　 등상(몽3)네모진 작은 걸상　25z(기구)
▷ 등잔(동2)등잔　15z(기구)
　 등잔(왜2)등잔　15z(기구)
　 등잔(몽2)등잔　11z(기구)
▷ 등졍(동2)향귤나무, 향귤　05y(식이)
　 등뎡(왜1)향귤나무, 향귤　48z(식이)
▷ 등지게(동1)조끼　56y(복식)
　 등지게(역3)조끼　28z(복식)
▷ 등ᄌᆞ(역2)등자, 말등자　20z(안비)
　 등ᄌᆞ(동2)등자, 말등자　20y(안비)
　 등ᄌᆞ(역3)등자, 말등자　18z(관역)
　 등ᄌᆞ(왜2)등자, 말등자　17z(안비)
　 등ᄌᆞ(몽2)등자, 말등자　15z(안비)
　 등ᄌᆞ(몽3)등자, 말등자　32z(주수)
▷ 등창(동2)등창　08y(질병)
　 등창(역3)등창　34z(질병)
　 등창(몽2)등창　06y(질병)
▷ 등티다(역1)등치다　67z(형옥)
▷ 등피(역2)등자에 씌운 가죽　20z(안비)
▷ 등화(왜2)등불　15z(기구)
▷ 등으로겨론벼개(역2)여름베개　16y(기구)
▷ 등으로겨론안셕(역2)여름베개　16y(기구)
▷ 등의(역2)등에　36y(곤충)

등의(동2)등에   43z(곤충)
등의(왜2)등에   27y(곤충)
등의(몽2)등에   36y(곤충)
▷ 디경(동1)지경   41y(성곽)
   디졍(동1)지경   37y(궁궐)
   디경(역3)지경   11y(성곽)
   디졍(역3)지경   14z(궁궐)
   디경(몽1)지경   31y(성곽)
   디경(몽3)지경   16y(성곽)
▷ 디관(동1)지관   13z(인품)
▷ 디난희(역1)지난해   04y(시령)
▷ 디낫타(역1)류산하다   37z(잉산)
▷ 디다(역1)지다(안개~)   03y(천문)
   디다(역2)지다   47z(쇄설)
   디다(동1)지다   09z(지리)
   디다(몽1)지다   02y(천문)
▷ 디다(역1)지다, 잃다   37z(잉산)
   디다(역2)지다, 잃다   30z(주수)
▷ 디달(역2)각반   34z(주수)
▷ 디룡이(역2)지렁이   35z(곤충)
▷ 디르기(역1)찌르기   21z(교열)
▷ 디른다(역1)찌르다   23z(전어)
▷ 디새(역1)기와   20z(궁궐)
   디새(역2)기와   17z(기구)
▷ 디새집(역1)기와집   17y(궁궐)
▷ 디진(왜1)지진   08y(지리)
▷ 디진ᄒ다(동1)지진이 일다   07y(지리)
   디진ᄒ다(몽1)지진이 일다   06y(지리)
▷ 디쳔ᄒ다(동2)매우 천하다   27y(매매)
▷ 디킈다(동1)지키다   32y(인사)
▷ 디튼남(동2)짙은 남색   26y(직조)
▷ 디튼빗(동2)짙은빛   26z(직조)
   딧ᄒ빗(몽2)짙은빛   21y(직조)
▷ 디혜(동1)지혜   22y(성정)

   디혜(몽1)지혜   17y(성정)
▷ 디오다(역1)지우다   47z(복식)
   디오다(역2)지우다   21z(주강)
▷ 디의(왜2)지의초   13y(기구)
▷ 딕히다(역1)박히다, 찍히다   61z(질병)
▷ 딕어먹다(역1)찍어먹다   53z(식이)
▷ 딕이다(역1)두드리다, 때리다   49y(소세)
▷ 딘실(몽1)진실   17y(성정)
▷ 딜것(동2)질그릇   15z(기구)
   딜것(몽2)질그릇   11y(기구)
▷ 딜드레(역2)질그릇동이   14z(기구)
▷ 딜러내티다(역1)찔러 내치다   68y(형옥)
▷ 딜소라(역2)질버치   13z(기구)
▷ 딜채(역2)밀치   20z(안비)
▷ 딜알(역1)질알   62z(질병)
▷ 딤(동2)짐   20y(안비)
   딤(몽2)짐   15z(안비)
▷ 딥(역2)짚   34z(주수)
▷ 딥지즑(역2)藁鷟   16z(기구)
▷ 딥칼(역2)월도   17z(기구)
▷ 딧뵈씌(역1)상복을 입다   32z(상장)
▷ 딧튼쵸록비단(역2)
   짙은 초록색비단   04z(직조)
▷ 딩검ᄃ리(역1)징검다리   15y(성곽)
▷ 딩박다(역1)징박다   46z(복식)
▷ 딩ᄌᆞ(동1)벼슬아치들의
   모자에 다는 치레감   55z(복식)
   딩ᄌᆞ(몽1)벼슬아치들의
   모자에 다는 치레감   43y(복식)
▷ ᄃᆞ리다(역3)당기다   55y(쇄설)
▷ ᄃᆞ다(역1)달다   53z(식이)
   ᄃᆞ다(동1)달다   62y(식이)
   ᄃᆞᆯ다(동1)달다   28z(동정)
   ᄃᆞ다(역3)달다   06z(지리)

둘다(역3)달다   24z(기식)
두다(몽1)달다   48z(식이)
둘다(몽3)달다   11z(동정)
▷ 두다(역1)달다   25z(사관)
둘오다(역1)달다   43z(복식)
두다(역2)달다   06z(재봉)
두다(동2)달다   19y(주강)
둔(역3)단(달다)   43z(기구)
두다(몽2)달다   14z(주강)
두다(몽3)달다   29y(매매)
▷ 두다(동2)얼다   (쇄설)
두다(몽2)얼다   48y(쇄설)
▷ 두도아둦다(몽3)다닫다   11y(동정)
▷ 두디(역3)바꾸다   38z(매매)
▷ 두라나다(동1)달아나다   46z(교열)
▷ 두라미(역2)다람이   34z(주수)
두라미(동2)다람이   40y(주수)
두람이(왜2)다람이   24y(주수)
두람이(몽2)다람이   33z(주수)
▷ 두라치(역1)다래끼   61z(질병)
두라치(동2)다래끼   08y(질병)
두라치(몽2)다래끼   06y(질병)
두랏기(몽3)다래끼   26y(기구)
▷ 두리(역1)다리   14z(성곽)
두리(역2)다리   22z(주강)
두리(동1)다리   41y(성곽)
두리(역3)다리   11y(성곽)
두리(왜1)다리   34z(성곽)
두리(몽1)다리   31z(성곽)
▷ 두리다(역1)당기다   21y(교열)
두리다(역2)당기다   21z(주강)
두리다(동1)당기다   47z(군기)
두리다(역3)당기다   15z(교열)
두리다(역3)당기다   55y(쇄설)

둘의다(역3)당기다   26z(동정)
두리다(몽1)당기다   36z(군기)
▷ 두리ㅅ보(역3)다리보   11y(성곽)
▷ 두린사회(동1)데릴사위   11y(친속)
두린사회(역3)데릴사위   33z(친속)
두린사회(몽1)데릴사위   09z(친속)
▷ 두림ㅅ줄(역3)다림줄   45z(기구)
▷ 두림츄(왜2)다림추   14y(기구)
▷ 두래(역1)다래   56y(식이)
두래(동2)다래   06y(식이)
두래(몽2)다래   05y(식이)
▷ 두릐다(역3)당기다   32z(식이)
▷ 두릐다(역3)데리다   15z(교열)
두리다(역3)데리다   56y(쇄설)
▷ 두무다(동1)벼리다(칼~)   49y(군기)
▷ 두스다(역1)따스하다   05z(기후)
두스ᄒ다(동1)따스하다   06y(기후)
두스다(왜1)따스하다   06z(기후)
두스ᄒ다(몽1)따스하다   05y(기후)
▷ 두초싱되다(몽3)달이 초생되다   01z(천문)
▷ 두토다(역2)다투다   48z(쇄설)
두토다(동2)다투다   29y(쟁송)
두토다(역3)다투다   47z(기회)
둦토다(역3)다투다   59z(쇄설)
두토다(왜1)다투다   27z(언어)
두토다(몽2)다투다   23z(쟁송)
둦토다(몽3)다투다   37y(쇄설)
다토다(몽2)다투다   26z(기회)
▷ 둔녀는다(역2)다녔느냐   53y(쇄설)
▷ 둔니다(역1)다니다   07y(지리)
둔니다(동1)다니다   27y(동정)
둔니다(역3)다니다   56y(쇄설)
둔니다(몽1)다니다   20z(동정)
둔니다(몽3)다니다   11z(동정)

▷ 돈는(역2)닫는(달리다)　31y(주수)

▷ 돈돈이(동2)단단히　54y(쇄설)
　돈돈이(역3)단단히　55z(쇄설)
　돈돈이(몽2)단단히　45z(쇄설)
　돈돈이(몽3)단단히　12z(동정)

▷ 돈돈ᄒ다(동2)단단하다　55z(쇄설)
　돈돈ᄒ다(역3)단단하다　55z(쇄설)
　돈돈ᄒ다(몽2)단단하다　47y(쇄설)
　돈돈ᄒ다(몽3)단단하다　08z(성정)

▷ 둘(역1)달　01z(천문)
　둘(동1)달　02y(천문)
　둘(역3)달　01z(천문)
　둘(왜1)달　01z(천문)
　둘(몽1)달　03z(시령)
　둘(몽3)달　01z(천문)

▷ 둘(역1)달　37y(잉산)

▷ 둘(왜2)매달(매달다)　33y(쇄설)

▷ 둘디다(역1)달지다　02y(천문)
　둘디다(동1)달지다　02y(천문)
　둘디다(몽3)달지다　01z(천문)

▷ 둘랑귀(동2)달래　04y(채소)
　둘랑이(역3)달래　43y(채소)
　둘랑귀(몽2)달래　04y(채소)

▷ 둘리다(역1)달리다　21y(교열)
　둘리다(동2)달리다　38y(주수)
　둘니이다(동2)달리다　60y(쇄설)
　둘리다(역3)달리다　32z(식이)
　둘다(왜1)달리다　29z(동정)
　둘니다(왜2)달리다　24z(주수)
　둘리다(몽2)달리다　32y(주수)

▷ 둘러(역1)가발　48y(소세)
　드러(동1)가발　55y(소세)
　드러(역3)가발　30y(소세)
　둘익(왜1)가발　44z(소세)

　드러(몽1)가발　42z(소세)

▷ 둘러(역1)달래　53y(식이)

▷ 둘마기(역1)단추　43z(복식)
　둘막이(왜1)단추　46z(복식)

▷ 둘모로(역1)달무리　01z(천문)
　둘모로(동1)달무리　02y(천문)
　드모로(몽3)달무리　01z(천문)

▷ 둘모로ᄒ다(동1)달무리지다　02y(천문)
　드모로ᄒ다(몽3)달무리지다　01z(천문)

▷ 둘빗(동1)달빛　02y(천문)
　둘빗(역3)달빛　01z(천문)

▷ 둘ㅅ별리(역3)월리자, 월변　38z(매매)

▷ 둘팡이(역2)달팽이　35y(곤충)
　둘팡이(동2)달팽이　43z(곤충)
　둘팡이(왜2)달팽이　27y(곤충)
　둘팡이(몽2)달팽이　36y(곤충)

▷ 둘오기(역1)도로기　47y(복식)
　드로기(동1)도로기　58z(복식)
　드로기(몽1)도로기　45z(복식)

▷ 둘외나모(역2)다래나무　42z(수목)

▷ 둘의여지다(역3)잡아당기다　37z(형옥)

▷ 둘애(역2)말다래　20y(안비)
　드래(동2)말다래　20y(안비)
　드래(왜2)말다래　17z(안비)
　드래(몽2)말다래　15z(안비)

▷ 둙(역1)닭　20y(궁궐)
　둙(역2)닭　25y(비금)
　둙(동2)닭　35z(비금)
　둙(왜2)닭　22y(비금)
　둙(몽2)닭　29z(비금)
　둙(몽3)닭　31y(비금)

▷ 둙의십곳(역2)꽃받침이푸른매화　40y(화초)

▷ 둙의짓(역2)닭깃　25z(비금)

▷ 둙의알(역2)닭알　25y(비금)

둙의알(동1)닭알　59z(식이)
둙의알(역3)닭알　31y(식이)
둙의알(몽1)닭알　46z(식이)
▷ 둙의알쎡(동1)단설기　59z(식이)
둙의알쎡(역3)단설기　31y(식이)
둙의알쎡(몽1)단설기　46z(식이)
▷ 둙의우리(동2)닭우리　36z(비금)
▷ 둠다(역1)담그다　53y(식이)
두ᄆ다(역2)담그다　17z(기구)
두무다(동2)담그다　55z(쇄설)
두무다(몽2)담그다　47y(쇄설)
두므다(몽3)담그다　26z(장기)
▷ 둣기ᄒ다(역1)달리기하다　41y(동정)
▷ 둣다(역2)달리다　30y(주수)
둣다(동1)달리다　26z(동정)
둣다(역3)달리다　58z(쇄설)
둣다(몽1)달리다　20z(동정)
▷ 대(동2)참대　45y(수목)
대(역3)참대　44y(기구)
대(왜2)참대　28y(수목)
대(몽2)참대　37z(수목)
▷ 대개(몽3)대개　40y(쇄설)
대개(왜2)대개　43z(쇄설)
▷ 대공(역1)대공　18y(궁궐)
대공(역3)대공　13z(궁궐)
▷ 대광조리(역3)참대광주리　44z(기구)
▷ 대구(역2)대구　37y(수족)
대구(동2)대구　41z(수족)
대구(왜2)대구　25y(수족)
대구(몽2)대구　34z(수족)
▷ 대군(왜1)대군, 천신　35z(관직)
▷ 대궐(동1)대궐　34z(궁궐)
대궐(몽1)대궐　25z(궁궐)
▷ 대궐성(역3)대궐성　07z(궁궐)

▷ 대궐섬(동1)층층대　34z(궁궐)
▷ 대니(왜1)궁중, 왕궁　32y(궁궐)
▷ 대단(동2)대단　24z(직조)
대단(몽2)대단　19z(직조)
▷ 대덩(동1)야장　14y(인품)
▷ 대두(왜2)콩　05y(화곡)
▷ 대되(역2)공동　48z(쇄설)
대되(동2)공동　49y(쇄설)
대되(몽2)공동　41z(쇄설)
▷ 대되(역1)모두　60y(연향)
대되(역3)모두　36z(산술)
▷ 대련(동2)전띠　16y(기구)
대련(역3)전띠　44z(기구)
대련(몽2)전띠　11z(기구)
▷ 대륜도(역3)라침판, 지남침　45y(기구)
▷ 대못(역3)대못　61z(쇄설)
▷ 대ᄲ리(역3)대싸리　51y(화초)
▷ 대삭(동2)큰 바줄　17y(기구)
대삭(몽2)큰 바줄　12z(기구)
▷ 대션(왜2)큰배　18y(주강)
▷ 대쇼ᄒ다(몽3)크게 웃다　10y(언어)
▷ 대쪽(역1)대쪽　67z(형옥)
▷ 대쟝(역1)대장, 야장　20y(궁궐)
▷ 대쟝(왜1)대장　36y(관직)
▷ 대초(역1)대추　55z(식이)
대쵸(역1)대추　55z(식이)
대쵸(동2)대추　05z(식이)
대쵸(몽2)대추　04z(식이)
▷ 대쵸ㅅ대(역3)대(큰)초대　44z(기구)
▷ 대테(역2)테두리,대로 만든 테　14z(기구)
▷ 대텽(동1)대청　40y(관부)
대텽(몽1)대청　30z(관부)
▷ 대파(왜2)대포　16z(기구)
▷ 대패질ᄒ다(몽3)대패질하다　26z(장기)

▷ 대하(몽3)왕새우   33z(수족)

▷ 대홍(왜2)대홍   11y(직조)

▷ 대야(역2)대야, 소래   13z(기구)

▷ 대야거리(역3)세수대야를 놓는 틀 43z(기구)

▷ 대육(역1)대육(大飯)   60z(연향)

▷ 댓두럭기(역2)소리개   26y(비금)

▷ 댓무우(역2)무우   11y(채소)

▷ 데다(역1)데다   53z(식이)

　데다(동2)데다   09y(질병)

　데다(몽3)데다   24z(질병)

▷ 데티다(역2)데치다   13y(채소)

　데치다(동1)데치다   60y(식이)

　데치다(역3)데치다   31y(식이)

　데치다(몽1)데치다   47y(식이)

▷ 뎨긔(왜1)제기하다   27y(언어)

▷ 뎨긔ᄒ다(몽3)제기하다   29z(쟁송)

　뎨김(역1)수형, 발행수수료   12y(공식)

▷ 뎨수(왜1)제수   13y(친속)

▷ 뎨ᄉ(동2)례사, 평시   58z(쇄설)

▷ 뎨ᄉᄒ다(동2)고시하다   29z(쟁송)

　뎨ᄉᄒ다(몽2)고시하다   24y(쟁송)

▷ 뎨ᄌ(동1)제자   43y(학교)

　뎨ᄌ(왜1)제자   15y(인품)

▷ 뎨언(왜2)언제   03y(전농)

▷ 되(동2)되   16z(기구)

　되(몽2)되   12y(기구)

　되(왜1)되   55z(산술)

▷ 되다(역2)되다, 되직하다   50y(쇄설)

　되다(동1)되다, 되직하다   61y(식이)

　되다(몽1)되다, 되직하다   46y(식이)

　되다(몽3)되다, 되직하다   20z(식이)

▷ 되다(동2)되다(분량을 헤아리다) 22z(산술)

　되다(역3)되다(분량을 헤아리다) 36y(산술)

　되다(몽2)되다(분량을 헤아리다) 18y(산술)

▷ 되다(역1)되다, 뜨다   25y(창고)

　되다(역3)되다, 뜨다   18z(창고)

　되다(몽3)되다, 뜨다   29y(매매)

▷ 되다(몽3)빽빽하다   28y(직조)

▷ 되로리(역2)몇사람이

　차례로 돌아가면서 차리는 연회 51z(쇄설)

▷ 되룡(역2)도룡농   37y(곤충)

▷ 되룡룡(동2)교룡   41y(수족)

▷ 되룡태(역2)새매   26y(비금)

　되룡태(동2)새매   35y(비금)

▷ 되는대로(동2)되는대로   50z(쇄설)

　되는대로(몽2)되는대로   42z(쇄설)

▷ 되씨다(동2)되깨다   09y(의약)

　되씨다(역3)되깨다   35z(의약)

　되씨다(몽2)되깨다   07z(질병)

▷ 되씨여나다(역2)되깨여나다   49y(쇄설)

▷ 되야기(역1)마마, 홍역   62z(질병)

　되야기(동2)마마, 홍역   07z(질병)

▷ 된서리(역1)된서리   03y(천문)

▷ 된쇼쥬(역3)된소주   30z(식이)

▷ 된쟝(역3)된장   31z(식이)

▷ 된쥭(역1)건죽   50y(식이)

▷ 뒤(역1)뒤   40z(동정)

　뒤(역2)뒤   20z(안비)

　뒤(동1)뒤   09z(지리)

　뒤(역3)뒤   15y(교열)

　뒤(왜1)뒤   11z(지리)

　뒤(몽1)뒤   08z(지리)

　뒤(몽3)뒤   34y(수족)

▷ 뒤다(동2)뒤지다   30z(형옥)

　뒤다(몽2)뒤지다   25y(형옥)

▷ 뒤ㅅ간(왜1)뒤간, 변소   32z(궁궐)

▷ 뒤쩌지다(동1)뒤떨어지다   27y(동정)

　뒤쩌지다(몽1)뒤떨어지다   20z(동정)

▷ 뒤지다(동2)뚜지다, 파다   40y(주수)
　뒤지다(몽3)뚜지다, 파다   31z(주수)
▷ 뒤지다(역3)뒤지다   17z(전어)
　뒤지다(몽3)뒤지다   12y(동정)
▷ 뒤짐지다(역1)뒤짐지다   39z(동정)
▷ 뒤집다(역3)뒤집다   59y(쇄설)
▷ 뒤집히다(몽3)뒤집히다   29z(쟁송)
▷ 뒤켜닙다(동1)뒤집어입다   57z(복식)
　뒤집어닙다(역3)뒤집어입다   29z(복식)
　뒤켜닙다(몽1)뒤집어입다   44z(복식)
▷ 뒤타(역1)뒤트기   43z(복식)
　뒤트기(역3)뒤트기   28z(복식)
▷ 뒤텨지다(동1)뒤쳐지다   48y(군기)
　뒷쳐지다(역3)뒤쳐지다   22y(신체)
　뒤쳐지다(몽3)뒤쳐지다   18y(군기)
▷ 뒤트기옷(역1)뒤트기옷   45y(복식)
▷ 뒤혀다(동2)뒤번지다   01z(전농)
　뒤혀다(몽3)뒤번지다   22y(전농)
　뒤혀다(역3)뒤번지다   42y(전농)
▷ 뒬(왜2)고를(고르다)   43y(쇄설)
▷ 뒷간(역1)뒤간, 변소   19z(궁궐)
▷ 뒷길(역3)뒤길   05z(지리)
▷ 뒷나모(역1)楷屁棍   20y(궁궐)
▷ 뒷다리(역2)뒤다리   30y(주수)
　뒷다리(동1)뒤다리   60y(식이)
　뒷다리(몽1)뒤다리   46z(식이)
▷ 뒷쟈락(역2)뒤자락   06z(재봉)
▷ 뒷집(역3)뒤집   13y(궁궐)
▷ 뒷터(역1)뒤터, 뒤울안   19z(궁궐)
▷ 뒷티다(역2)뒤번저지다   23z(주강)
▷ 뒷티마작(역1)뒤쪽만치   40z(동정)
▷ 디(역1)데   68z(매매)
　디(역2)데   53z(쇄설)
　디(동1)데   28y(동정)

▷ 디(동2)데   59y(쇄설)
　디(역3)데   07z(궁궐)
　디(몽2)데   49z(쇄설)
　디(몽3)데   11z(동정)
▷ 디(몽2)몽둥이   25y(형옥)
▷ 디(왜1)대(臺)   33z(궁궐)
　디(왜2)대(薹)   03z(전농)
▷ 디감ᄒ다(몽1)관리를 바꾸다   29z(관직)
▷ 디골(역1)대골   33y(신체)
　디골(왜1)대골   16z(신체)
▷ 디공(왜1)대공   32z(궁궐)
▷ 디긱ᄒ다(역1)대객하다   59y(연향)
▷ 디답(왜1)대답   26z(언어)
▷ 디답ᄒ다(역1)대답하다   41z(례도)
　디답ᄒ다(동1)대답하다   25z(언어)
　디답ᄒ다(몽1)대답하다   19z(언어)
▷ 디덕(왜1)대적   39z(교열)
▷ 디티로(동2)곱절   52z(쇄설)
　디티로(몽2)곱절   44y(쇄설)
▷ 디모(왜2)대모   08z(진보)
▷ 디숑인(몽3)원쑤   29z(쟁송)
▷ 디신(역3)대신   61y(쇄설)
　디신(몽3)대신   30y(기회)
▷ 디신ᄒ다(역3)대신하다   60z(쇄설)
▷ 디쟉(역1)대작, 대음   60z(연향)
▷ 디쟝(왜1)몽둥이   54z(형옥)
▷ 디적ᄒ다(동1)대적하다   46z(교열)
　디쳑ᄒ다(몽1)대적하다   35z(교열)
▷ 디젹(몽3)대적   30y(기회)
▷ 디졉ᄒ다(동1)대접하다   31z(인사)
　디졉ᄒ다(몽3)대접하다   12z(인사)
　디졉ᄒ다(몽1)대접하다   24z(인사)
▷ 디진ᄒ다(동1)깨닫다   37z(관직)
　디진ᄒ다(몽1)깨닫다   28y(관직)

▷ 딕파(역2)대패 18y(기구)

딕파(동2)대패 17y(장기)

딕파(몽2)대패 13y(장기)

▷ 딕패ㅅ밥(역3)대패밥 45z(기구)

▷ 딕하(왜1)대하, 이슬이 흐르다 51y(질병)

▷ 딕우(역1)여름모자 44y(복식)

▷ 딕예믈리다(동2)대신하여 믈다 28y(매매)

딕예믈리다(몽2)대신하여 믈다 22z(매매)

▷ 딕ᄒᆞ다(왜2)대하다(사람~) 40y(쇄설)

▷ 딩침(역2)대침(句針) 06y(재봉)

▷ 딩딩이너출(동2)댕댕이덩굴 45y(수목)

딩딩이너출(몽2)댕댕이덩굴 37z(수목)

[ㄹ]

▷ 라구레(몽2)굴레를 씌우다 15z(안비)

▷ 라던(왜2)조개껍질자개박이 08z(진보)

▷ 라력(왜1)련주창 51z(질병)

련쥬창(몽2)련주창 06y(질병)

▷ 라마즁(몽2)라마중 09y(사관)

▷ 라밬(역1)나팔 20z(교열)

라밬(동1)나팔 53z(악기)

라밬(왜1)나팔 44y(악기)

라밬(몽1)나팔 38y(군기)

▷ 라복(왜2)무우 05z(채소)

▷ 락락(왜2)어울리지 않다 50y(쇄설)

▷ 락루(왜2)떨어져 새다 49y(쇄설)

▷ 락텰(왜2)다리미, 인두 17y(기구)

▷ 란간(왜1)란간 33y(궁궐)

▷ 란됴(왜2)란새 20z(비금)

▷ 란만ᄒᆞ다(몽3)란만하다 35y(화초)

▷ 란잡(왜2)란잡 47y(쇄설)

▷ 란초(왜2)란초 31y(화초)

▷ 란츌(왜2)막다 45z(쇄설)

▷ 람긔람(왜1)이내, 기운 09y(지리)

▷ 람비치(몽3)랑비하지 13z(인사)

▷ 랍유(왜1)초물 45y(소세)

▷ 랍일(왜1)섣달 초여드레날 05y(시령)

▷ 랑자(왜2)랑자하다 44y(쇄설)

▷ 랑패(왜2)랑패 46y(쇄설)

▷ 량(왜1)냥(兩) 55z(산술)

▷ 량반(왜1)량반 15y(인품)

▷ 량식(왜2)량식 04z(전농)

▷ 량좁다(역3)도량이 좁다 52z(쇄설)

▷ 량ᄭᅥᆺ(몽3)량껏 28z(직조)

▷ 려염(왜1)려염 35y(성곽)

▷ 력력(왜2)력력하다 50z(쇄설)

▷ 력셔(왜1)력서, 일력 38z(학교)

▷ 련(왜2)손수레(輦) 19z(주강)

▷ 련락(왜2)련락 47z(쇄설)

▷ 련령개(몽3)두개골 06z(신체)

▷ 련화(왜2)련꽃 29z(화초)

▷ 련ᄒᆞ다(왜2)계속되다 36z(쇄설)

련ᄒᆞ다(몽3)계속하다 29z(쟁송)

▷ 련어(왜2)련어 25y(수족)

▷ 렬녀(왜1)렬녀 14z(인품)

▷ 렬ᄉᆞ(왜1)렬사 14z(인품)

▷ 렴습ᄒᆞ다(동2)렴습하다 10z(상장)

렴습ᄒᆞ다(몽2)렴습하다 08y(상장)

▷ 렵호(왜1)사냥군 15z(인품)

▷ 령령(왜2)시원하다, 맑다 50z(쇄설)

▷ 령롱(왜2)령롱하다 44z(쇄설)

▷ 령하다(역3)령리하다 20y(인품)

령ᄒᆞ다(역3)령리하다 60y(쇄설)

▷ 령험ᄒᆞ다(몽2)령험하다 09z(사관)

▷ 령ᄒᆞ다(왜1)명령하다 36z(관직)

▷ 령혜ᄒᆞ다(몽3)령리하다 05z(인품)

▷ 로나라(왜2)로나라   02y(국호)

▷ 로심병(몽3)폐병   23z(질병)

▷ 로올병(역1)고질병   62z(질병)

▷ 로인셩(왜1)로인성   01z(천문)

▷ 로졍(왜2)로정   45z(쇄설)

▷ 로즈(왜2)해오라기   21y(비금)

▷ 로츌(왜2)로출   45z(쇄설)

▷ 로츠연(왜1)로차연   42z(연향)

▷ 록두(왜2)록두   05y(화곡)

▷ 록스(왜1)기록원, 서기   36z(관직)

▷ 롱(왜2)장   12z(기구)

▷ 롱담(왜1)롱담   27y(언어)

▷ 롱소(동2)장원지   01z(전농)

   롱소(몽2)장원지   01z(전농)

▷ 롱어(역2)농어   38y(수족)

   룽어(동2)농어   41z(수족)

   로어(왜2)농어   25y(수족)

   로어(몽2)농어   34z(수족)

▷ 료나라(왜2)료나라   02z(국호)

▷ 료량(몽3)료량   14y(인사)

▷ 료료(왜2)공허하다   50y(쇄설)

▷ 료화(역2)개여뀌, 말여뀌   40y(화초)

   료화(왜2)개여뀌, 말여뀌   30y(화초)

▷ 룡병(왜1)비루   51z(질병)

▷ 룡승(왜2)룡승   18z(주강)

▷ 루루(왜2)실실이   49z(쇄설)

▷ 루셜(왜1)루설   27y(언어)

▷ 류구(왜2)류구   02z(국호)

▷ 류리(역3)유리   39y(진보)

   류리(왜2)유리   08z(진보)

▷ 류비(역1)류배   68y(형옥)

▷ 류셔(왜2)버들솜   30y(화초)

▷ 류황(왜2)류황   09z(진보)

▷ 류연(왜1)류연   21y(기식)

▷ 륙부(왜1)륙부   19y(신체)

▷ 륙월(왜1)륙월   04y(시령)

▷ 륜도(왜2)륜도   13z(기구)

▷ 륵슈(왜1)륵수   17z(신체)

▷ 름름(왜2)름름하다   51y(쇄설)

▷ 름마초다(몽3)

   (기구의 이음눈이) 잘 맞다   38y(쇄설)

▷ 리(동2)리자   27z(매매)

   리(몽2)리자   22y(매매)

▷ 리도(왜1)예리한 칼   40z(군기)

▷ 리마(왜1)리마   15z(인품)

▷ 리문(동1)울타리   42y(성곽)

▷ 리별(왜2)리별   45y(쇄설)

▷ 리지(동2)려지   05y(식이)

▷ 리질(왜1)리질   50z(질병)

▷ 리흐다(왜1)리자 놓다   56z(매매)

▷ 리어(왜2)잉어   25y(수족)

▷ 리업다(동2)리자 없다   27z(매매)

   리업다(몽2)리자 없다   22y(매매)

▷ 리이(왜1)리혼하다   42z(례도)

▷ 린린(왜2)덜커덩덜커덩   50y(쇄설)

▷ 린흐다(왜1)린색하다   24y(성정)

▷ 림취흐다(몽3)비위를 맞추다   05z(인품)

▷ 림흐다(왜2)림하다   41z(쇄설)

▷ 림우(왜1)장마비   02z(천문)

▷ 립츈(왜1)립춘   04z(시령)

▷ 르리다(역2)감다   03y(잠상)

▷ 례단(왜1)례단   37y(공식)

▷ 례도(왜1)례도   22z(성정)

▷ 례물(왜1)례물   37y(공식)

▷ 례스일(몽1)례상사, 일상적인일   39y(정사)

▷ 례흐다(몽1)례하다   39z(례도)

▷ 리년(동1)래년   04z(시령)

   리년((몽1)래년   04y(시령)

리년(왜1)래년   03z(시령)
▷ 리일(동1)래일   04y(시령)
　리일(몽1)래일   03z(시령)
▷ 리월(역3)다음달   03z(시령)
　리월(왜1)다음달   04y(시령)

[ㅁ]

▷ 마(역2)마   12z(채소)
　마(동2)마   04z(채소)
　마(몽2)마   04y(채소)
▷ 마(왜2)고구마   06y(채소)
▷ 마고ᄒ다(역3)마구 하다 57y(쇄설)
▷ 마구(동1)마구간 35y(궁궐)
　마구(몽1)마구간   26z(궁궐)
▷ 마구(역3)마구   55y(쇄설)
▷ 마기(왜1)휘감아 싸다   40z(군기)
▷ 마노(동2)마노   23z(진보)
　마노(왜2)마노   08z(진보)
　마노(몽2)마노   19y(진보)
▷ 마노라(역3)마누라   19y(존비)
▷ 마눌(동2)마늘   04y(채소)
　마눌(몽2)마늘   03z(채소)
　마눌(역1)마늘   53y(식이)
　마눌(역2)마늘   11y(채소)
　마눌(왜2)마늘   05z(채소)
▷ 마다(동2)사람마다   61y(쇄설)
　마다(몽2)사람마다   50y(쇄설)
▷ 마당(동2)마당   02y(전농)
　마당(역3)마당   42z(전농)
　마당(몽2)마당   01z(전농)
▷ 마드다(역3)주근깨 나다   56y(쇄설)
▷ 마디못ᄒ다(역2)마지 못하다   50z(쇄설)

▷ 마람(역2)마름   39z(화초)
　마름(동2)마름   06y(식이)
　말옴(왜2)마름   06z(채소)
　마름(몽2)마름   05y(식이)
▷ 마루(역1)마루   17y(궁궐)
　마루(동1)마루   36y(궁궐)
　마루(몽1)마루   27y(궁궐)
▷ 마름쇠(동1)마름쇠   50y(군기)
▷ 마리(역1)머리   28y(존비)
　마리(역2)머리   17z(기구)
　마리(동1)머리   15y(신체)
　마리(동2)머리   29y(쟁송)
　마리(역3)머리   25y(동정)
　마리(왜1)머리   16z(신체)
　마리(몽1)머리   12y(신체)
　마리(몽2)머리   23z(쟁송)
　마리(몽3)머리   29z(쟁송)
▷ 마리골슈(역1)두뇌   32z(신체)
▷ 마리뒤(역3)머리뒤   21z(신체)
▷ 마리ㅅ가마(역1)머리가마   32z(신체)
▷ 마리ㅅ골(동1)두뇌   15y(신체)
　마리ㅅ골(몽1)두뇌   12y(신체)
▷ 마리슈건(동1)머리수건   55y(소세)
　마리슈건(몽1)머리수건   42z(소세)
▷ 마리좃다(역1)머리를 조아리다   40y(동정)
▷ 마리터럭(역1)머리카락   33y(신체)
　마리털(동1)머리카락   15y(신체)
　마리털(몽1)머리카락   12y(신체)
　마리털(몽3)머리카락   29z(쟁송)
▷ 마목(왜1)마비되다, 저리다   51y(질병)
▷ 마샹이(역2)매생이   21y(주강)
　마샹이(동2)매생이   19y(주강)
　마샹이(역3)매생이   46z(주강)
　마샹이(몽2)매생이   14z(주강)

마샹이(몽3)매생이 27y(주강)
▷ 마샹지(왜1)재능이 뛰어난 사람 16y(인품)
▷ 마시다(동1)마시다 63y(식이)
　마시다(역3)마시다 32y(식이)
　마실(왜1)마실(마시다) 43y(연향)
　마시다(몽1)마시다 49z(식이)
▷ 마조(동2)마주 52y(쇄설)
　마조(역3)마주 02y(천문)
　마조(몽2)마주 44y(쇄설)
▷ 마조드다(역3)마주 들다 26z(동정)
▷ 마조메다(동1)마주 메다 30z(동정)
　마조메다(몽3)마주 메다 12z(동정)
▷ 마조쳐보다(역3)마주 쳐다보다 26y(동정)
　마조쳐보다(몽3)마주 쳐다보다 11z(동정)
▷ 마조티다(동1)마주치다 30y(동정)
　마조치다(역3)마주치다 53z(쇄설)
　마조치다(몽1)마주치다 23y(동정)
▷ 마즐(왜1)맞을(맞다) 42z(연향)
▷ 마즘(역3)마침 53z(쇄설)
　마즘(몽2)마침 42z(쇄설)
▷ 마지ᄒ다(역2)맞이하다 46y(쇄설)
▷ 마진(왜1)홍진 51z(질병)
▷ 마존언덕(역3)맞은켠 언덕 05z(지리)
▷ 마줌(동2)때마침 50z(쇄설)
　마줌(왜1)때마침 28z(어사)
▷ 마초다(역1)맞추다 12z(공식)
　마초다(동1)맞추다 27z(동정)
　마초다(역3)맞추다 02z(천문)
　마초다(몽1)맞추다 21y(동정)
　마초다(몽3)맞추다 38z(쇄설)
▷ 마초임것(역1)손님의것 47y(복식)
▷ 마초논글월(역1)증명서 12y(공식)
▷ 마촌글월(왜1)증명서 12y(공식)
▷ 마치(역2)마치 45y(쇄설)

마치(동2)마치 57z(쇄설)
　맛치(역3)마치 53z(쇄설)
　마치(왜2)마치 42y(쇄설)
▷ 마치(동2)망치 17y(장기)
　마치(역3)망치 61z(쇄설)
　마치(몽2)망치 13y(장기)
▷ 마함(역1)말자갈 24z(관역)
　마함(역2)말자갈 20z(안비)
　마함(동2)말자갈 20z(안비)
　마함(역3)말자갈 18z(관역)
　마함(왜2)말자갈 17z(안비)
　마함(몽2)말자갈 16y(안비)
▷ 마흐래(동1)마후라 55z(복식)
　마흐래(몽1)마후라 43y(복식)
　마흐래(몽3)마후라 20y(복식)
▷ 마흔(동2)마흔 21y(산술)
　마흔(몽2)마흔 16z(산술)
▷ 마야지(몽2)망아지 31z(주수)
　마이지(동2)망아지 38y(주수)
▷ 마이(역2)많이 30y(주수)
▷ 마올(역1)마을 09z(관부)
　마올(동1)마을 41y(성곽)
　마을(동1)마을 40y(관부)
　마올(왜1)마을 34y(성곽)
　마을(몽1)마을 30y(관부)
▷ 막(역2)막, 마구 06y(재봉)
　막(동2)막, 마구 60y(쇄설)
　막(몽2)막, 마구 50y(쇄설)
　막(몽3)막, 마구 36y(쇄설)
▷ 막나이(역3)막내 33y(친속)
▷ 막다(동1)막다 46z(교열)
　막다(역3)막다 15y(교열)
　막다(몽3)막다 09z(언어)
▷ 막두ᄅ다(역1)막다르다 07y(지리)

▷ 막대(역1)막대기   28z(인품)

　막대(역3)막대기   19y(사관)

　막대(왜1)막대기   54z(형옥)

▷ 막막(왜2)막막하다   50y(쇄설)

▷ 막밧고다(역1)맞바꾸다   69y(매매)

▷ 막새(역1)막새   17z(궁궐)

　막새(역3)막새   13z(궁궐)

▷ 막즈(역2)막자, 절구공이   18y(기구)

▷ 막즈르다(역2)막자르다   31y(주수)

　막즈르다(동1)막자르다   46y(교열)

　막즈르다(몽1)막자르다   35z(교열)

▷ 막히다(동1)막히다   41z(성곽)

　막히다(왜2)막히다   33y(쇄설)

　막히다(몽1)막히다   31z(성곽)

　막히이다(몽3)막히다   38y(쇄설)

▷ 막아보내다(몽3)막아보내다   18z(정사)

▷ 막아ᄒ다(역3)막아하다   24y(기식)

▷ 만(동2)만   21z(산술)

　만(몽2)만   17y(산술)

▷ 만나다(역2)만나다   46y(쇄설)

　만나다(동1)만나다   30y(동정)

　만나다(동2)만나다   10y(상장)

　만나다(역3)만나다   26z(동정)

　만날(왜2)만날(만나다)   41z(쇄설)

　만나다(몽1)만나다   23y(동정)

　만나다(몽2)만나다   44z(쇄설)

　만나다(몽3)만나다   40y(쇄설)

▷ 만나보다(역2)만나보다   46y(쇄설)

　만나보다(동1)만나보다   30y(동정)

　만나보다(몽1)만나보다   23y(동정)

▷ 만나지못ᄒ다(역3)

　만나보지 못하다   58y(쇄설)

▷ 만도라미(역2)맨드라미   40y(화초)

　만도라미(동2)맨드라미   45z(화초)

　만도람이(몽2)맨드라미   38y(화초)

▷ 만두(왜1)만두   47z(식이)

▷ 만로(왜1)에두름길   08z(지리)

▷ 만뢰(왜2)모든 소리   48y(쇄설)

▷ 만믈(동1)깡치술   60z(식이)

　만믈(몽3)깡치술   20z(식이)

▷ 만타(역2)많다   50z(쇄설)

　만티(역2)많지   53z(쇄설)

　만타(동2)많다   22z(산술)

　만타(역3)많다   03y(천문)

　만ᄒ다(역3)많다   19z(인품)

　만흘(왜2)많을(많다)   32y(쇄설)

　만을(왜2)많을(많다)   42z(쇄설)

　만타(몽1)많다   15y(신체)

　만타(몽2)많다   18y(산술)

　만하(몽3)많아   19y(례도)

▷ 만히(역1)많이   03z(천문)

　만히(역3)많이   03z(천문)

　만히(몽3)많이   12z(동정)

▷ 만화(역1)비장   35z(신체)

　만화(동1)비장   17z(신체)

　만하(왜1)비장   19y(신체)

　만화(몽1)비장   14y(신체)

▷ 만일(동2)만일   47z(쇄설)

　만일(역3)만일   53z(쇄설)

　만일(왜1)만일   28y(어사)

▷ 맏(왜1)맛   49y(식이)

▷ 맏당(왜1)마땅하다   28y(어사)

▷ 맏들다(왜1)맡다   36z(관직)

▷ 맏보다(왜1)맛보다   49y(식이)

▷ 맏지다(왜2)받다   36z(쇄설)

▷ 맏틀(왜1)맡을(맡다)   49z(식이)

▷ 말(역1)말   30y(인품)

　말(동1)말   24z(언어)

말(동2)말   09y(질병)

말(역3)말   27z(상장)

말(몽1)말   19z(언어)

말(몽3)말   09z(언어)

▷ 말(역1)말(斗)   25y(창고)

말(역2)말(斗)   15y(기구)

말(동2)말(斗)   16z(기구)

말(왜1)말(斗)   55z(산술)

말(몽2)말(斗)   12y(기구)

▷ 말구드다(왜1)말더듬다   27z(언어)

▷ 말그릇ᄒ다(역3)말그릇하다   24y(기식)

▷ 말깃ᄃ다(역3)말끼이다   24y(기식)

▷ 말나ᄂ대로ᄒ다(몽3)

　말나는대로 하다   09z(언어)

▷ 말니으다(왜1)말을 잇다   27y(어사)

▷ 말닉게ᄒ다(몽3)말을

　숙련되게 하다   09z(언어)

▷ 말다스리다(역3)

　말대꾸질하다   24y(기식)

▷ 말독(역2)말뚝   21y(안비)

▷ 말련쇽ᄒ다(몽3)말을 련속하다   09z(언어)

▷ 말루(왜1)말루   33y(궁궐)

▷ 말리다(역1)말리다   42z(례도)

　말리다(동1)말리다   31z(인사)

　말릴이오(역3)말리리오   57y(쇄설)

▷ 말마자지다(동1)말이 맞다   25y(언어)

▷ 말막히다(동1)말이 막히다   25y(언어)

　말막히다(역3)말이 막히다   24y(기식)

　말막히다(몽1)말이 막히다   19y(언어)

▷ 말만ᄒ다(역3)말이 많다   20y(인품)

▷ 말못ᄒ다(동1)말 못하다   25z(언어)

▷ 말믜(동1)말미   39y(관직)

　말믜(몽1)말미   29z(관직)

▷ 말미아마(동2)말미암아   61z(쇄설)

말미(왜2)말미암아   41y(쇄설)

말미암아(몽2)말미암아   51y(쇄설)

▷ 말복(왜1)말복   04z(시령)

▷ 말ᄠ다(역3)말이 뜨다

　(말이 더디다)   25z(동정)

▷ 말삭(역1)말삭   25y(창고)

▷ 말ᄉ(역1)말씀   31z(경중)

　말ᄉ(몽1)말씀   18z(언어)

　말ᄉ(왜1)말씀   25y(언어)

▷ 말ᄶ리(몽3)말꺼리   14z(인사)

▷ 말ᄭ미다(동1)말을 꾸미다   26y(언어)

　말ᄭ미다(몽1)말을 꾸미다   20y(언어)

▷ 말쏙(역1)말뚝   18y(궁궐)

　말쏙(왜2)말뚝   16y(기구)

▷ 말잘ᄒ다(역3)말을 잘하다   20y(인품)

　말잘ᄒ다(왜1)말을 잘하다   27z(언어)

▷ 말ᄒ다(역2)말하다   50y(쇄설)

　말ᄒ다(동1)말하다   25y(언어)

　말ᄒ다(몽1)말하다   19y(언어)

　말ᄒ다(몽3)말하다   09z(언어)

▷ 말암ᄭ다(역1)마름을 깎다   56z(식이)

▷ 말음쇠(역3)마름쇠   17y(군기)

▷ 맛(동1)맛   62y(식이)

　맛(몽1)맛   48z(식이)

　맛(몽3)맛   21y(식이)

▷ 맛것젓다(동2)태연하다   59y(쇄설)

▷ 맛ᄌ다(역3)좋다   54y(쇄설)

　맛ᄌ다(몽3)좋다   08z(성정)

▷ 맛나다(동1)맛나다   62y(식이)

　맛나다(몽1)맛나다   48z(식이)

▷ 맛다(동1)맞다(뜻이～)   34y(인사)

　맛다(동2)맞다(뜻이～)   60y(쇄설)

　맛다(몽2)맞다(뜻이～)   49z(쇄설)

▷ 맛다(역1)맞다(서리～)   03y(천문)

맛다(역3)맞다(서리~) 03y(천문)
▷ 맛다(역1)맞다(매를 ~) 32y(마욕)
맛다(역2)맞다(입에~) 45y(쇄설)
맛다(역3)맞다(입에~) 33z(연향)
▷ 맛다(역1)맞다, 맞이하다 42y(례도)
맛다(역2)맞다, 맞이하다 46y(쇄설)
▷ 맛다(역1)맞다(활에~) 21y(교열)
맛다(역3)맞다(활에~) 17z(전어)
맛다(몽1)맞다(활에~) 37y(군기)
맛다(몽3)맞다(활에~) 22y(전어)
▷ 맛다(역3)맡다 59z(쇄설)
▷ 맛당이(역3)마땅히 53z(쇄설)
▷ 맛보다(역1)맛보다 53z(식이)
맛보다(동1)맛보다 63y(식이)
맛보다(역3)맛보다 32z(식이)
맛보다(몽1)맛보다 48z(식이)
▷ 맛잡다(몽3)맞잡다 29z(쟁송)
▷ 맛졉다(역3)맞졉다 61z(쇄설)
▷ 맛지다(동2)위임하다 56y(쇄설)
맛지다(몽2)위임하다 47z(쇄설)
▷ 맛초다(역3)맞추다 54z(쇄설)
맛최다(역3)맞추다 01z(천문)
맛촌것(몽3)맞춘것 39y(쇄설)
▷ 맛치(몽3)바로 22y(전어)
▷ 맛치다(동1)맞히다 48z(군기)
마치다(왜1)맞히다 42y(례도)
맏치다(왜1)맞히다 41y(군기)
마치다(몽1)맞히다 37y(군기)
맛치다(몽3)맞히다 18y(군기)
▷ 망(동2)그물 38z(주수)
망(역3)그물 46z(안비)
망(몽2)그물 16y(안비)
▷ 망건(동1)망건 55z(복식)
망건(몽1)망건 43y(복식)

▷ 망근골(역2)망건골 18z(기구)
▷ 망긴(역1)망건 44y(복식)
▷ 망녕되다(왜2)망녕되다 34z(쇄설)
▷ 망녕되이(몽3)망녕되게 09z(언어)
▷ 망망(왜2)망망하다 50y(쇄설)
▷ 망발(왜1)망발 28y(언어)
▷ 망쵸(동2)망초, 류산나트륨 24y(진보)
망쵸(몽2)망초, 류산나트륨 19z(진보)
▷ 망ᄒ다(동1)망하다 47y(교열)
망홀(왜1)망할(망하다) 40y(교열)
망ᄒ다(몽1)망하다 36y(교열)
▷ 망어(역2)망어 38y(수족)
망어(왜2)망어 25z(수족)
망어(몽3)망어 33z(수족)
▷ 망얽다(동2)망을 얽다 13y(전어)
망얽다(몽3)망을 얽다 22y(전어)
▷ 먀옥ᄒ다(역1)흘겨보다 29y(인품)
▷ 머구리(역2)개구리 36z(곤충)
머구리(동2)개구리 42z(수족)
머고리(몽2)개구리 35y(수족)
▷ 머괴나모(역2)오동나무 42z(수목)
▷ 머다(동1)멀다 41z(성곽)
머다(몽1)멀다 31z(성곽)
머다(몽3)멀다 16z(성곽)
▷ 머롱태(역3)소경 20z(인품)
▷ 머무르다(역1)머무르다 24z(관역)
머무로다(동1)머무르다 30z(동정)
머무로다(몽1)머무르다 23z(동정)
▷ 머뭇거리다(역2)머뭇거리다 43z(쇄설)
머뭇거리다(동1)머뭇거리다 26z(동정)
머무ᄉ거리다(몽1)머뭇거리다 20z(동정)
▷ 머므다(역2)머물다 46z(쇄설)
머무다(역3)머물다 26z(동정)
머믈다(왜1)머물다 30y(동정)

머무다(몽3)머물다　12y(동정)
▷ 머즉다(역1)괜찮다　64y(의약)
▷ 머즉ᄒ다(역1)멈출듯하다　03y(천문)
　머즉ᄒ다(동1)멈출듯하다　22z(성정)
　머즉ᄒ다(역3)멈출듯하다　03y(천문)
　머즉ᄒ다(몽1)멈출듯하다　03y(천문)
　머즉ᄒ다(몽3)멈출듯하다　02y(천문)
▷ 머육(역1)미역　55y(식이)
　머육(동2)미역　04y(채소)
　머육(몽2)미역　03z(채소)
▷ 머유기(역2)메기　37z(수족)
▷ 머이다(역1)메다　67y(형옥)
▷ 먹(역2)먹　19z(기구)
　먹(동1)먹　44z(학교)
　먹(역3)먹　12z(학교)
　먹(왜1)먹　39y(학교)
　먹(몽1)먹　33z(학교)
▷ 먹고즈(역2)먹통　18y(기구)
▷ 먹기(몽3)먹기　20z(식이)
▷ 머기다(동1)먹이다　14z(인품)
▷ 먹다(역1)먹다　60y(연향)
　먹다(역2)먹다　10y(화곡)
　먹다(동1)먹다　62z(식이)
　먹다(동2)먹다　36y(비금)
　먹다(역3)먹다　61y(쇄설)
　먹다(왜1)먹다　49y(식이)
　먹다(몽1)먹다　49y(식이)
　먹다(몽2)먹다　37z(수목)
　먹다(몽3)먹다　20z(식이)
▷ 먹줄(역2)먹줄　18y(기구)
　먹줄(동2)먹줄　17z(장기)
　먹줄(몽2)먹줄　13y(장기)
　먹줄(몽3)먹줄　26z(장기)
▷ 먹줄치다(역3)먹줄을치다　45z(기구)

▷ 먹칠ᄒ다(동1)먹칠하다　44z(학교)
　먹칠ᄒ다(몽1)먹칠하다　33z(학교)
▷ 먹칼(역2)먹칼　18y(기구)
▷ 먹통(동2)먹통　17z(장기)
　먹통(몽2)먹통　13y(장기)
▷ 먹엄즉ᄒ다(역1)먹음직하다　54z(식이)
　먹엄즉혼것(몽3)먹음직한것　20z(식이)
▷ 먹음다(역1)머금다　54z(식이)
　머금다(동1)머금다　63y(식이)
　머금다(동2)머금다　10z(상장)
　머금다(왜1)머금다　49z(식이)
　머금다(몽1)머금다　49y(식이)
　머금다(몽2)머금다　07z(상장)
　먹음다(몽3)머금다　20z(식이)
▷ 먹이다(동1)먹이다(살~)　48z(군기)
　먹이다(몽1)먹이다(살~)　36z(군기)
▷ 먹이다(역1)먹이다　47z(복식)
▷ 먹기다(역1)먹이다　47z(복식)
　먹이다(동1)먹이다　57z(복식)
　먹이다(몽1)먹이다　44z(복식)
▷ 먹이다(역1)먹이다　39y(기식)
　먹이다(역2)먹이다　26z(비금)
　먹이다(동1)먹이다　63y(식이)
　먹이다(역3)먹이다　24z(기식)
　먹이다(왜1)먹이다　49y(식이)
　먹이다(몽1)먹이다　49y(식이)
　먹이다(몽2)먹이다　32y(주수)
　먹이다(몽3)먹이다　19z(잉산)
▷ 먼겨리(동1)먼겨레　12y(친속)
　먼겨리(몽1)먼겨레　10y(친속)
▷ 먼곳(동1)먼곳　42y(성곽)
　먼곳(몽1)먼곳　31z(성곽)
▷ 먼길(몽3)먼길　32y(주수)
▷ 먼길가다(동1)먼길을 가다　27y(동정)

먼길가다(몽1)먼길을 가다 20z(동정)
▷ 먼동(동1)먼동 03z(천문)
먼동(몽3)먼동 01z(천문)
▷ 먼동트다(동1)먼동이 트다 03z(천문)
먼동트다(역3)먼동이 트다 04y(시령)
먼동트다(몽3)먼동이 트다 01z(천문)
▷ 멀(왜2)멀(길이 멀다) 32z(쇄설)
▷ 멀거니보다(동1)멀거니 보다 28z(동정)
▷ 멀거케(동2)멀겋게 57z(쇄설)
멀거케(몽2)멀겋게 48z(쇄설)
▷ 멀리(동1)멀리 48z(군기)
멀리(역3)멀리 49y(주수)
멀니(몽1)멀리 37y(군기)
멀리(몽3)멀리 11y(동정)
▷ 멀믜ᄒ다(역2)멀미하다 22z(주강)
▷ 멀쩌군이(몽3)멀떠구니 31y(비금)
▷ 멀위(역1)머루 56y(식이)
머뤼(동2)머루 06y(식이)
멀위(역3)머루 31z(식이)
머뤼(몽2)머루 05y(식이)
▷ 멈초다(몽3)멈추다 12y(동정)
▷ 멋(역1)사과의 한가지 56y(식이)
▷ 멍에(역2)멍에 08y(전농)
멍에(동2)멍에 19z(주강)
멍에(역3)멍에 47y(주강)
멍에(왜2)멍에 19z(주강)
멍에(몽2)멍에 15y(주강)
▷ 며느리(역1)며느리 58y(친속)
며느리(동1)며느리 11y(친속)
며느리(왜1)며느리 13z(친속)
며느리(몽1)며느리 09z(친속)
▷ 며느리톱(동2)며느리발톱 36z(비금)
며느리톱(역3)며느리발톱 48y(비금)
며느리톱(왜2)며느리발톱 22z(비금)

며느리톱(몽2)며느리발톱 30z(비금)
▷ 멱부리둙(역3)멱부리 닭 47z(비금)
▷ 멱잡다(역1)멱잡다 67y(형옥)
멱잡다(몽3)멱잡다 29z(쟁송)
▷ 면(역1)면, 국수 60z(연향)
▷ 면마(왜1)얼굴이 마비되다 20y(신체)
▷ 면면(왜2)이어지다 50y(쇄설)
▷ 면쥬(동2)명주 25y(직조)
면쥬(왜2)명주 10y(직조)
면쥬(몽2)명주 20y(직조)
▷ 면질ᄒ다(동2)대질하다 29z(쟁송)
면질ᄒ다(역3)대질하다 37z(형옥)
면질ᄒ다(몽2)대질하다 24y(쟁송)
▷ 면케ᄒ다(역2)면하게 하다 54y(쇄설)
▷ 면ᄒ다(동2)면하다 31y(형옥)
면ᄒ다(왜2)면하다 41z(쇄설)
면ᄒ다(몽2)면하다 25z(형옥)
▷ 면흙(동1)벽바르다 36z(궁궐)
면흙(역3)벽바르다 14z(궁궐)
▷ 면화활(역3)솜 타는 활 45y(기구)
▷ 멸(역2)멸 12z(채소)
▷ 멸등(왜2)불 끄다 15z(기구)
▷ 멸시(왜2)멸시 47y(쇄설)
▷ 멸시ᄒ다(동1)멸시하다 33y(인사)
▷ 멸ᄒ다(동1)멸하다 47y(교열)
멸홀멸(왜1)멸하다 40y(교열)
멸ᄒ다(몽1)멸하다 36y(교열)
▷ 몃(역1)몇 65y(산술)
▷ 몃번(역2)몇번 53y(쇄설)
▷ 명(역2)명, 목숨 54y(쇄설)
▷ 명나라(왜2)명나라 02y(국호)
▷ 명년(왜1)명년 03z(시령)
▷ 명도(동2)명도 11z(사관)
명도(역3)명도 19y(사관)

▷ 명막이(역2)붉은허리제비　27z(비금)
　명마기(동2)붉은허리제비　35z(비금)
　명막이(몽2)붉은허리제비　29z(비금)
▷ 명명(왜2)아득하다　49z(쇄설)
▷ 명문(동2)명문　28y(매매)
　명문(왜1)명문　56z(매매)
　명문(몽2)명문　22z(매매)
▷ 명빅히(동1)명백히　20z(기식)
　명빅(왜2)명백히　44y(쇄설)
▷ 명빅히ㅎ다(동2)명백히 하다　56y(쇄설)
　명빅히ㅎ다(몽2)명백히 하다　47z(쇄설)
▷ 명성(왜2)명성　44y(쇄설)
▷ 명정(역3)명정　27z(상장)
▷ 명치(역1)명치　35z(신체)
　명치(동1)명치　16z(신체)
　명치(몽1)명치　13z(신체)
▷ 명치뼈(역3)명치뼈　22z(신체)
▷ 명패(역2)명백　02y(진보)
▷ 명함(역2)명함　15z(기구)
　명함(동1)명함　43y(학교)
　명함(몽1)명함　34y(학교)
▷ 명화지(역2)명아주, 능쟁이　41z(화초)
　명화치(동2)명아주, 능쟁이　04z(채소)
　명화치(몽3)명아주, 능쟁이　23y(채소)
▷ 명후일(왜1)래일모레　05y(시령)
▷ 명약(왜1)명약　52z(질병)
▷ 명일(왜1)래일, 명일　05y(시령)
▷ 모(동2)모, 모서리　55y(쇄설)
　모(역3)모, 모서리　55z(쇄설)
　모(왜1)모, 모서리　12y(지리)
　모(왜2)모, 모서리　39z(쇄설)
　모(몽2)모, 모서리　46z(쇄설)
▷ 모(역2)모　08z(전농)
▷ 모개(왜1)목　34z(성곽)

▷ 모긔(역2)모기　36y(곤충)
　모긔(동2)모기　43z(곤충)
　모긔(몽2)모기　36y(곤충)
　모긔(왜2)모기　27y(곤충)
▷ 모다(역1)몰다　24y(관역)
　모다(역2)몰다　23z(주강)
　모다(동2)몰다　19z(주강)
　몰다(왜2)몰다　24z(주수)
　모다(몽2)몰다　15y(주강)
▷ 모단(왜2)모단　10y(직조)
▷ 모단식(몽3)검붉은빛　28z(직조)
▷ 모토(동1)모두　30z(동정)
　모도(역3)모두　38y(매매)
　모돌(왜1)모두　29y(어사)
　모들(왜1)모두　29y(어사)
　모도(몽3)모두　12z(동정)
▷ 모도다(역2)모두다　48y(쇄설)
　모도다(동1)모두다　30z(동정)
　모도다(몽1)모두다　23y(동정)
▷ 모들(왜2)모이다　36y(쇄설)
▷ 모디다(역1)모질다　32y(마욕)
　모디다(역2)모질다　47z(쇄설)
　모디다(동1)모질다　23z(성정)
　모지다(역3)모질다　02z(천문)
　모지다(왜1)모질다　24y(성정)
　모디다(몽1)모질다　18y(성정)
▷ 모란(역2)모란　39z(화초)
　목단(왜2)모란　29z(화초)
▷ 모란곳(동2)모란꽃　45z(화초)
　모란곳(몽2)모란꽃　38y(화초)
▷ 모러와든놈(역1)우둑진 놈　29y(인품)
▷ 모로(몽3)모루　26y(장기)
▷ 모로다(역2)모르다　54y(쇄설)
　모로다(동1)모르다　20z(기식)

모로다(몽1)모르다   16y(기식)

▷ 모로미(역2)옳고 그른것   48z(쇄설)

　모로미(역3)옳고 그른것   58z(쇄설)

▷ 모로미(왜1)모름지기   27y(어사)

▷ 모롱이(역1)모퉁이   68z(매매)

　모롱이(동1)모퉁이   41z(성곽)

　모롱이(역3)모롱이   05z(지리)

　모롱이(왜1)모롱이   12y(지리)

　모롱이(몽1)모퉁이   31z(성곽)

▷ 모리(역3)모리   49y(주수)

▷ 모리다(역2)감다   03z(직조)

▷ 모래(동1)모래   07z(지리)

　모래(몽1)모래   06z(지리)

　모래(왜1)모래   09y(지리)

▷ 모래므티(역2)모래무치   38z(수족)

　모래무지(몽3)모래무치   33z(수족)

▷ 모릭(역1)모레   04y(시령)

　모릭(동1)모레   04y(시령)

　모릭(몽1)모레   03z(시령)

▷ 모몰ᄒ다(역3)렴치없다   57z(쇄설)

▷ 모밀(역2)메밀   09z(화곡)

　모밀(동2)메밀   03y(화곡)

　모밀(역3)메밀   42z(화곡)

　모밀(왜2)메밀   05y(화곡)

　모밀(몽2)메밀   03y(화곡)

▷ 모밀ᄀᄅ(몽3)메밀가루   23y(화곡)

▷ 모사(동2)술을 붓다   11y(상장)

▷ 모시(동2)모시   25y(직조)

　모시(몽2)모시   20y(직조)

　모시(왜2)모시   31y(화초)

▷ 모시다(왜2)모시다   33z(쇄설)

▷ 모시뵈(역2)모시베   06y(직조)

▷ 모조리(역3)모조리   36z(산술)

▷ 모지(왜1)엄지   18y(신체)

▷ 모진것(몽3)모진것   38z(쇄설)

▷ 모ᄌ(왜1)모자   45z(복식)

▷ 모ᄌ라다(역2)모자라다   48z(쇄설)

　모ᄌ라다(역3)모자라다   38y(매매)

▷ 모칰(동1)묘책   45z(교열)

　모칰(몽1)묘책   34z(교열)

▷ 모해(왜2)모해   46y(쇄설)

▷ 모호다(역1)모으다   55y(식이)

▷ 모양(왜1)모양   19z(신체)

▷ 모양비우다(역3)모양을 피우다   62y(쇄설)

▷ 모옥(왜1)초가집   32y(궁궐)

▷ 모욕ᄒ다(역3)목욕하다   43y(기구)

▷ 목(역1)목   30y(인품)

　목(역2)목   47z(쇄설)

　목(동1)목   16y(신체)

　목(동2)목   61y(쇄설)

　목(역3)목   16y(군기)

　목(왜1)목   17z(신체)

　목(몽1)목   13y(신체)

　목(몽3)목   24z(질병)

▷ 목강(왜1)목강   24z(성정)

▷ 목구무(역1)목구멍   34z(신체)

　목구무(몽1)목구멍   13y(신체)

▷ 목긴병(역3)목이 긴 병   43z(기구)

▷ 목념쥬뼈(역1)목정뼈   34z(신체)

▷ 목록(왜1)목록   37z(공식)

▷ 목면(왜2)목면   10z(직조)

▷ 목ᄆᄅ다(역1)목이 마르다   38z(기식)

　목ᄆᄅ다(동1)목이 마르다   20y(기식)

　목ᄆᄅ다(몽1)목이 마르다   15z(기식)

▷ 목메다(역1)목이 메다   38z(기식)

　목메다(동1)목이 메다   63z(식이)

　목메다(동2)목이 메다   10z(상장)

　목메다(몽1)목이 메다   49z(식이)

목몌다(몽3)목이 몌다 25y(상장)
▷ 목믹다(동2)목을 매다 10y(상장)
▷ 목버히다(역1)목을 베다 68y(형옥)
　목버히다(동2)목을 베다 31z(형옥)
　목버이다(몽2)목을 베다 26y(형옥)
▷ 목소다(역1)목구멍이 아리다 38z(기식)
▷ 목숨(동2)목숨 60y(쇄설)
　목숨(왜1)목숨 20z(기식)
　목숨(몽2)목숨 49z(쇄설)
　목숨(몽3)목숨 40z(쇄설)
▷ 목쉬다(역1)목이 쉬다 61z(질병)
▷ 목슉(왜2)거여목 06z(채소)
▷ 목쟝(왜1)목장 35y(성곽)
▷ 목졋(동1)목젖 16y(신체)
　목졋(몽1)목젖 13y(신체)
▷ 목졋디다(역1)목젖이 지다 61z(질병)
　목졋지다(동2)목젖이 지다 06z(질병)
　목졋지다(몽2)목젖이 지다 05z(질병)
▷ 목줄찍(역1)목구멍 34z(신체)
▷ 목집게(역2)목집개 23y(주강)
▷ 목통(동2)나무통 15y(기구)
　목통(역3)나무통 43z(기구)
▷ 목퇴(왜2)나무마치 16y(기구)
▷ 목홍비단(역2)목홍비단 04y(직조)
▷ 목욕(왜1)목욕 44z(소세)
▷ 목즈르다(역1)목을 짜르다 68y(형옥)
▷ 목칙(동1)목책 41y(성곽)
　목칙(몽1)목책 31y(성곽)
▷ 몬다회(동2)몬다위 38y(주수)
　몬다회(역3)몬다위 48z(주수)
　몬다회(몽2)몬다위 31z(주수)
▷ 몬져(역3)먼저 32z(식이)
　몬져(왜2)먼저 41y(쇄설)
▷ 몬져ᄒ다(동2)먼저하다 47y(쇄설)

몬져ᄒ다(몽2)먼저하다 39z(쇄설)
▷ 몬지(동1)먼지 64y(식이)
　몬지(역3)먼지 44y(기구)
　몬지(왜1)먼지 09y(지리)
　몬지(몽3)먼지 04y(지리)
▷ 몯(왜1)못(池) 10y(지리)
　몯(왜2)못 16z(기구)
▷ 몯츠르기(왜2)메추라기 22y(비금)
▷ 몯ᄒ다(왜2)못하다 42z(쇄설)
▷ 몰리이다(역3)弓半欺 16y(군기)
▷ 몰쇽(동2)전부, 모두 49z(쇄설)
　몰쇽(몽2)전부, 모두 41z(쇄설)
▷ 몰ᄒ다(왜2)몰락하다 42z(쇄설)
▷ 몰오리로다(역2)알 수 없다 48z(쇄설)
　몰올다(역3)알 수 없다 53z(쇄설)
▷ 몸(역1)몸 40y(동정)
　몸(동1)몸 15y(신체)
　몸(역3)몸 25y(동정)
　몸(왜1)몸 16z(신체)
　몸(몽1)몸 21z(동정)
　몸(몽3)몸 06y(신체)
▷ 몸도로혀다(역1)몸돌리다 40y(동정)
▷ 몸삐(역3)신체 23y(신체)
▷ 몸셩치못ᄒ다(동2)몸셩치못하다 06z(질병)
　몸셩치못ᄒ다(몽3)몸셩치못하다 05z(질병)
▷ 몸쏭이(역2)몽뚱이 17y(기구)
▷ 몸져눕다(동2)몸져눕다 09z(질병)
　몸져눕다(역3)몸져눕다 34z(질병)
　몸져눕다(몽3)몸져눕다 23z(질병)
▷ 몸채(역1)몸채 17y(궁궐)
　몸채(동1)몸채 35y(궁궐)
　몸채(역3)몸채 13y(궁궐)
　몸채(몽1)몸채 26y(궁궐)
▷ 몹시(동2)몹시 34y(마욕)

몹시(몽3)몹시 30z(마욕)
▷ 못(역1)못 07z(지리)
　못(동1)못 08y(지리)
　못(몽1)못 07y(지리)
▷ 못(동2)못 17z(장기)
　못(몽2)못 13z(장기)
▷ 못(역1)못(부사) 19y(궁궐)
　못(동1)못(부사) 46z(교열)
　못(동2)못(부) 59y(쇄설)
　못(역3)못(부) 58y(쇄설)
　못(몽2)못(부) 49z(쇄설)
▷ 못견디다(역3)못견디다 57y(쇄설)
　못견디다(몽3)못견디다 30z(마욕)
▷ 못내(역3)못내 62y(쇄설)
▷ 못다(역2)모이다, 만나다 24y(기회)
　못다(동1)모이다, 만나다 27z(동정)
　못다(역3)모이다, 만나다 56y(쇄설)
　못다(몽1)모이다, 만나다 21z(동정)
▷ 못되다(역3)못되다 21z(마욕)
▷ 못먹다(역1)못먹다 60y(연향)
▷ 못보다(역1)못보다 61z(질병)
　못볼되(역2)못보다 44z(쇄설)
　못보다(몽3)못보다 10z(언어)
▷ 못쓰다(역1)못쓰다 61z(질병)
▷ 못쓸놈(역1)몹쓸놈 29y(인품)
▷ 못츠다(역1)못차다 37y(잉산)
▷ 못ᄒ다(역1)못하다 39y(기식)
　못ᄒ다(역2)못하다 50z(쇄설)
　못ᄒ다(동1)못하다 32y(인사)
　못ᄒ다(동2)못하다 60y(쇄설)
　못ᄒ다(역3)못하다 20z(인품)
　못ᄒ다(몽1)못하다 17z(성정)
　못ᄒ다(몽2)못하다 42z(쇄설)
　못ᄒ다(몽3)못하다 09z(언어)

▷ 몽고(동1)몽골 50y(군기)
　몽고(역3)몽골 17z(군기)
　몽고(왜2)몽골 02z(국호)
　몽고(몽1)몽골 38y(군기)
▷ 몽동이(동1)몽둥이 49z(군기)
　몽동이(몽1)몽둥이 37z(군기)
▷ 몽롱(왜2)몽롱하다 44y(쇄설)
▷ 몽몽(왜2)흐릿하다 50z(쇄설)
▷ 몽셜(왜1)몽설 51y(질병)
▷ 몽압(역3)가위눌림 27y(동정)
▷ 몽이(동2)모이 36z(비금)
　몽이(몽2)모이 30z(비금)
▷ 묘(왜1)묘(卯) 07z(시령)
▷ 묘득(몽3)정확성, 믿음성 18y(군기)
▷ 묘리(역3)묘리 52y(쇄설)
　묘리(왜2)묘리 49y(쇄설)
▷ 묘묘(왜2)아득하다 50y(쇄설)
▷ 묘직이(역3)묘직이 19z(존비)
▷ 묘ᄒ다(왜1)묘하다 19z(신체)
▷ 무(역2)옷섶 06z(재봉)
▷ 무(왜1)무(戊) 07y(시령)
▷ 무가내하(몽2)무가내하 40z(쇄설)
▷ 무겁다(동2)무겁다 22z(산술)
　무거올(왜2)무거울(무겁다) 32y(쇄설)
　무겁다(몽2)무겁다 18y(산술)
　무겁다(몽3)무겁다 33y(주수)
▷ 무공쥬(왜2)무공주 08z(진보)
▷ 무궁(왜2)무궁하다 49y(쇄설)
▷ 무궁화(역2)무궁화 40y(화초)
▷ 무근(역2)묵은(몇해 묵다) 26y(비금)
▷ 무긔(몽3)무게 29y(매매)
▷ 무다(역1)동반하다, 물리다 66z(쟁송)
▷ 무당(역1)무당 28y(인품)
　무당(동2)무당 12y(사관)

무당(왜1)무당　16y(인품)
무당(몽2)무당　09z(사관)
▷무더(동1)묻어(묻다)　57y(복식)
　무더(몽1)묻어(묻다)　44z(복식)
▷무던타(역2)무던하다　46z(쇄설)
　무던ᄒ다(동2)무던하다　60z(쇄설)
▷무덤(왜1)무덤　53y(상장)
▷무덥다(동1)무덥다　06y(기후)
　무덥다(몽3)무덥다　03y(시령)
　무덥다(역1)무덥다　06y(기후)
▷무들(왜1)묻을(묻다)　53y(상장)
▷무디ᄒ다(동1)무지하다　13z(인품)
　무지ᄒ다(몽1)무지하다　11z(인품)
▷무되(동2)무두대　17z(장기)
▷무되다(동1)무디다　49y(군기)
　무듸다(역3)무디다　12y(학교)
　무듸다(역3)무디다　17y(군기)
　무듸다(왜1)무디다　41y(군기)
　무듸다(몽1)무디다　37y(군기)
▷무듸(역3)무두질, 무두대　45z(기구)
▷무듸질ᄒ다(동2)무두질하다　41y(주수)
　무듸질ᄒ다(역3)무두질하다　49z(주수)
　무듸질ᄒ다(몽2)무두질하다　34y(주수)
▷무로(역2)모사　05y(직조)
▷무롭(역1)무릎　36y(신체)
　무롭(동1)무릎　17y(신체)
　무릅(왜1)무릎　18z(신체)
　무롭(몽1)무릎　13z(신체)
　무롭(몽3)무릎　10z(동정)
▷무료보다(역3)부끄러워하다　24z(기식)
▷무료ᄒ다(동1)부끄러워하다　20z(기식)
　무료ᄒ다(몽1)부끄러워하다　16y(기식)
▷무루다(동2)물리다　28y(매매)
▷무루좃다(몽3)뒤로 물러나다　14z(인사)

▷무루쳐오다(역3)부딪쳐오다　15z(교열)
▷무류비(동2)망나니　34y(마욕)
　무류비(몽2)망나니　27z(마욕)
▷무른밥(역1)무른밥　49z(식이)
▷무를(왜1)물을(묻다)　26z(언어)
▷무릅다(동1)뒤집어쓰다　57z(복식)
　무릅다(몽1)뒤집어쓰다　44z(복식)
▷무릅쓰다(동2)무릅쓰다　61z(쇄설)
　무릅쓰다(몽3)무릅쓰다　32z(주수)
　무롭쓰다(몽3)무릅쓰다　36y(쇄설)
▷무릇(동2)무릇　49z(쇄설)
　무른(왜1)무릇　27y(어사)
　무릇(몽2)무릇　41z(쇄설)
▷무리(역1)풀　47z(복식)
　무리(동1)풀　57z(복식)
　물이(역3)풀　29z(복식)
　무리(몽1)풀　44z(복식)
▷무리(동2)무리　52y(쇄설)
　무리(왜2)무리　39y(쇄설)
　무리(몽2)무리　44y(쇄설)
▷무례히(동1)무례하게　32z(인사)
▷무명지(왜1)무명지　18y(신체)
▷무문(몽3)흰명주　28z(직조)
▷무셧(역1)무엇을　33y(잉산)
▷무셔워(역2)무서워(무섭다)　50y(쇄설)
▷무쇼(동2)물소　39y(주수)
　믈쇼(역3)물소　49y(주수)
　무쇼(왜2)물소　23z(주수)
　무쇼(몽2)물소　32z(주수)
▷무수히(역1)무수히　32y(마욕)
▷무술(역1)맛없는 술　50y(식이)
▷무스거시니(몽3)무슨것이니　30z(마욕)
▷무스것(몽3)무슨것　10y(언어)
▷무슴(동2)무슨　48y(쇄설)

무슴(몽2)무슨   40z(쇄설)
▷무즉(역2)털천, 담   05z(직조)
▷무즈미ᄒ다(역2)무자맥질하다   22z(주강)
　므즈미ᄒ다(역2)무자맥질하다   22z(주강)
　무즈믜악ᄒ다(동1)자맥질하다   09y(지리)
　무즈믜악ᄒ다(몽1)자맥질하다   08y(지리)
▷무즈미(왜2)무자맥질   19z(주강)
▷무텬히(역2)무던히   46z(쇄설)
▷무티다(동1)묻히다   44y(학교)
　뭇티다(역2)묻히다   47y(쇄설)
　뭇치다(역3)묻히다   12z(학교)
　무치다(몽1)묻히다   33z(학교)
▷무프레(역2)물푸레   42z(수목)
　무푸레(동2)물푸레   44z(수목)
　무푸레(몽2)물푸레   37y(수목)
▷무함ᄒ다(역3)모함하다   37z(형옥)
▷무휘다(역1)묻어서 피우다   55y(식이)
　무희다(몽3)묻어서 피우다   21z(식이)
▷무어사(동2)자리   52y(쇄설)
　무어사(몽2)자리   44y(쇄설)
▷무어세(동2)무엇에   48z(쇄설)
　무어세(몽2)무엇에   41y(쇄설)
▷무어시(몽3)무엇이   36y(쇄설)
▷무어시라(동2)무엇이라   48y(쇄설)
　무어시라(몽2)무엇이라   40z(쇄설)
▷무엇(동2)무엇   48y(쇄설)
　무엇(몽3)무엇   40y(쇄설)
▷무오(역1)무우   53y(식이)
　무우(역2)무우   12z(채소)
　무우(동2)무우   04y(채소)
　무우(몽2)무우   03z(채소)
▷무은(역3)무은(뭇다)   11y(성곽)
▷무익(왜2)무익하다   46z(쇄설)
▷묵(역3)묵   31y(식이)

▷묵다(역3)묶다   42z(전농)
▷묵다(동2)묶다   55y(쇄설)
　묵글(왜2)묶을(묶다)   03z(전농)
　묵을(왜2)묶을(묶다)   03z(전농)
　묵다(몽2)묶다   47y(쇄설)
▷묵이다(몽3)덮씌다   21z(전어)
▷묵이다(몽3)묵이다   22y(전농)
▷문(동1)문   35z(궁궐)
　문(역3)문   14y(궁궐)
　문(왜1)문   32z(궁궐)
▷문(역2)무늬   05y(직조)
　문(동2)무늬   26z(직조)
　믄(역3)무늬   41y(직조)
　문(몽2)무늬   21y(직조)
▷문돌(역3)문돌   14y(궁궐)
▷문득(왜1)문득   29y(어사)
▷문루(역3)문루   11y(성곽)
▷문빗쟝(동1)문빗장   35z(궁궐)
　문빗쟝(역3)문빗장   14y(궁궐)
　문빗쟝(몽1)문빗장   26z(궁궐)
▷문비(역1)돌배   55z(식이)
　문비(역3)돌배   31z(식이)
▷문븨(역3)문비   14y(궁궐)
▷문빡(역1)문짝   18z(궁궐)
　문짝(동1)문짝   35z(궁궐)
　문짝(몽1)문짝   26z(궁궐)
▷문ㅅ간방(역3)문간방   13y(궁궐)
▷문ㅅ쟝(역3)문장, 문장보   14y(궁궐)
▷문ㅅ쟝부(몽3)문장부   15y(궁궐)
▷문셔(역3)문서   38z(매매)
▷문쇼란(역3)문변두리, 문틀   14y(궁궐)
▷문쟝(왜2)모기장   13z(기구)
▷문젹(왜1)문서, 서류   37z(공식)
▷문졍(왜1)정황을 묻다   37y(공식)

▷ 문지(왜1)무늬종이 38z(학교)

▷ 문지방(동1)문지방 35z(궁궐)

　문지방(역3)문지방 14y(궁궐)

▷ 문ㅅ지방(몽1)문지방 26z(궁궐)

▷ 문질녀(역3)문질러(문지르다) 55y(쇄설)

▷ 문치(왜1)앞이 17y(신체)

▷ 문치(왜2)아름다운 빛갈 44y(쇄설)

▷ 문어(역2)문어 37y(수족)

　문어(동2)문어 41z(수족)

▷ 문얼굴(동1)문틀 35z(궁궐)

　문얼굴(몽3)문틀 15y(궁궐)

▷ 문위관(왜1)문위관 36y(관직)

▷ 물가리(왜1)물가래 10y(지리)

　믈ㅅㄱ리(몽3)물가래 04y(지리)

▷ 물구뷔(왜1)물굽이 10y(지리)

▷ 물그다(왜2)무르다 12z(채색)

▷ 물그름(역3)물끄럼이 25y(동정)

▷ 물길(역3)물길 05z(지리)

▷ 물르다(몽2)물리다 22z(매매)

▷ 물리티다(동2)물리치다 29z(쟁송)

　물리치다(역3)물리치다 21y(마욕)

　믈으치다(역3)물리치다 11y(제례)

　물리티다(몽2)물리치다 24z(쟁송)

▷ 물매(역3)물매 17y(군기)

▷ 물방ㅅ올(몽1)물방울 07z(지리)

▷ 물통(역2)물통 14z(기구)

▷ 물화(왜1)화물, 상품 56y(매매)

▷ 물아치(역2)복어 38z(수족)

▷ 물언덕(왜1)물언덕 08y(지리)

▷ 물오녹다(역3)무르녹다 56y(쇄설)

　무로녹다(왜1)무르녹다 48z(식이)

▷ 물우다(몽3)튀하다 33y(주수)

▷ 물우다(역1)물쿠다 06y(기후)

▷ 묽다(동1)묽다 59z(식이)

묽다(역3)묽다 12z(학교)

묽다(몽1)묽다 46y(식이)

▷ 묽고기젓(역1)물고기젓 52z(식이)

▷ 뭇길(역3)뭍길 05z(지리)

▷ 뭇다(역1)묻다 67z(형옥)

　뭇다(역2)묻다 46z(쇄설)

　뭇다(동1)묻다 25z(언어)

　뭇다(동2)묻다 29z(쟁송)

　뭇다(역3)묻다 24y(기식)

　뭇다(몽1)묻다 19z(언어)

　뭇다(몽2)묻다 24y(쟁송)

　뭇다(몽3)묻다 14z(인사)

▷ 뭇다(역1)묻다 33y(상장)

　뭇다(역2)묻다 51z(쇄설)

　뭇다(동2)묻다 11y(상장)

　뭇다(역3)묻다 28y(상장)

　뭇다(몽2)묻다 08z(상장)

▷ 뭇매(역1)뭇매 67z(형옥)

▷ 뭇질르다(동1)무찌르다 46z(교열)

　묻지르다(왜1)무찌르다 40y(교열)

▷ 뭇틔(역2)뭍 22z(주강)

▷ 므다(역1)물다 54z(식이)

　므다(역2)물다 36y(곤충)

　무느(역2)무는(물다) 29z(주수)

　무다(동1)물다 63y(식이)

　므다(동2)물다 43z(곤충)

　무다(역3)물다 18y(전어)

　무다(몽1)물다 49y(식이)

　무다(몽2)물다 36z(곤충)

　무다(몽3)물다 22y(전어)

▷ 므드다(동1)물들다 32z(인사)

　므드다(몽1)물들다 25y(인사)

▷ 므르다(역1)물리다 40z(동정)

▷ 므른믈(역1)유유히 흐르는 물 08y(지리)

▷ 므릅쓰다(동1)물러나다 31y(동정)
▷ 므샤마괴(역1)사마귀 36z(신체)
▷ 므서리(역1)무서리 03y(천문)
▷ 므슴(몽3)무슨 35z(쇄설)
▷ 므지게(역1)무지개 02y(천문)
　무지게(동1)무지개 02z(천문)
　므지게(역3)무지개 02y(천문)
　무지게(왜1)무지개 03y(천문)
　무지게(몽1)무지개 02z(천문)
▷ 므어시(몽3)무엇이 35z(쇄설)
▷ 믄허디다(역1)무너지다 15y(성곽)
　믄허디다(역2)무너지다 50z(쇄설)
　믄허지다(동2)무너지다 53z(쇄설)
　믄허지다(역3)무너지다 06y(지리)
　믄허질(왜2)무너질(무너지다) 37y(쇄설)
　믄허지다(몽2)무너지다 45y(쇄설)
　믄허지다(몽3)무너지다 39y(쇄설)
▷ 믈(역1)물 15y(성곽)
　믈(역2)물 50z(쇄설)
　믈(동1)물 61y(식이)
　믈(동2)물 38y(주수)
　물(동2)물 55z(쇄설)
　믈(역3)물 49z(주수)
　물(역3)물 05y(지리)
　믈(몽1)물 47z(식이)
　믈(몽2)물 47y(쇄설)
　믈(몽3)물 22z(전농)
　물(왜1)물 09z(지리)
　물(왜2)물 24z(주수)
▷ 믈가지(역2)물가지 11z(채소)
▷ 믈그름(동1)물끄럼이 28z(동정)
　믈그름(몽1)물끄럼이 22y(동정)
▷ 믈근죽(역1)멀건 죽 50y(식이)
▷ 믈근몰(역1)묽근 똥 62y(질병)

▷ 믈깃다(역1)물을 깃다 49y(식이)
▷ 믈ᄀ(역1)물가 07z(지리)
　물ᄀ(왜1)물가 10y(지리)
▷ 믈긔안존술(역1)독한술 50z(식이)
▷ 믈너주다(몽3)물려주다 29y(매매)
▷ 믈뎡ᄒ다(역1)고소하다 66z(쟁송)
▷ 믈드다(역2)물들다 05z(직조)
　믈드다(동2)물들다 02y(전농)
　믈드다(역3)물들다 42y(전농)
　믈드다(몽3)물들다 22z(전농)
▷ 믈드리다(동2)물들이다 26z(직조)
　믈드리다(역3)물들이다 41y(직조)
　믈드리다(왜2)물들이다 11z(직조)
　믈드리다(몽2)물들이다 21y(직조)
▷ 믈리다(역1)다니다, 동행하다 66z(쟁송)
▷ 믈리다(몽3)물리다 20z(식이)
▷ 믈레(역2)물레 19y(기구)
　믈레(동2)물레 18y(장기)
　믈레(몽2)물레 13z(장기)
▷ 믈레가락(역2)물레가락 19y(기구)
▷ 믈밋(동1)물밑 08z(지리)
　믈밋(역3)물밑 06z(지리)
▷ 믈몬밥(역1)물에 만 밥 49z(식이)
▷ 믈뿍(역2)물쑥 12z(채소)
　믈뿍(몽3)물쑥 23y(채소)
▷ 믈ᄧ다(역1)물을 짜다 47z(복식)
　믈ᄶ다(동1)물을 짜다 57z(복식)
　믈ᄧ다(역3)물을 짜다 29z(복식)
　믈ᄶ다(몽1)물을 짜다 44z(복식)
▷ 믈ㅅ결(동1)물결 08z(지리)
　믈ㅅ결(몽1)물결 07y(지리)
　믈ㅅ결(몽3)물결 04y(지리)
▷ 믈세이다(몽3)장마지다 03y(시령)
▷ 믈껼(역1)물결 07z(지리)

믈결(역3)물결 06y(지리)

물ㅅ결(왜1)물결 10z(지리)

▷ 믈찌이다(역3)장마지다 03z(시령)

▷ 믈찌인히(역3)장마진 해 03z(시령)

▷ 믈찌티다(역1)물끼치다 49y(식이)

　믈찌치다(몽3)물끼치다 21y(식이)

▷ 믈쓰다(역1)물을 뜨다 49y(식이)

▷ 믈쓰의(동1)물깡치 62y(식이)

▷ 믈주다(역3)물주다 43z(기구)

▷ 믈집(역3)물집 12z(학교)

▷ 믈통(동2)물통 15y(기구)

　믈통(몽2)물통 11y(기구)

▷ 믈한댓무우(역2)쥐무우 11y(채소)

▷ 믈훈비(역1)배의 한가지 55z(식이)

▷ 믈우(동1)물우 08z(지리)

▷ 믈으다(역1)무르다 53z(식이)

　무르다(역2)무르다 29z(주수)

　무르다(동1)무르다 47z(군기)

　므르다(동1)무르다 62z(식이)

　무르다(역3)무르다 05y(지리)

　믈으다(역3)무르다 16y(군기)

　므르다(몽1)무르다 49y(식이)

▷ 믈위(역1)우박 03z(천문)

　무뤼(동1)우박 03y(천문)

　무릐(왜1)우박 03y(천문)

　무뤼(몽1)우박 02z(천문)

▷ 믉고기(역1)물고기 50z(식이)

　물고기(동2)물고기 41y(수족)

　믈고기(몽2)물고기 34z(수족)

▷ 믉다(역2)묽다 50y(쇄설)

▷ 믌거품(역1)물거픔 03y(천문)

▷ 믌고기젼(역1)물고기젼 51z(식이)

▷ 믌방올(역1)물방올 03y(천문)

　믈방올(동1)물방올 08z(지리)

믈방올(동2)물방울 42y(수족)

믈방올(몽3)물방울 34y(수족)

▷ 믓다(역1)모으다 54z(식이)

▷ 믕으리돌륵(왜1)조약돌 08z(지리)

▷ 미(왜1)미(未) 07z(시령)

▷ 미거ㅎ다(역3)어린애 같다 57z(쇄설)

▷ 미나리(역2)미나리 11y(채소)

　미나리(동2)마나리 04y(채소)

　미나리(왜2)미나리 06z(채소)

　미나리(몽2)미나리 03z(채소)

▷ 미눌(역1)미늘, 민지 23y(전어)

　미늘(동2)미늘, 민지 13y(전어)

　미눌(몽3)미늘, 민지 22y(전어)

▷ 미다(역2)밀다 47z(쇄설)

　미다(동1)밀다 32z(인사)

　미다(동2)밀다 19z(주강)

　미다(몽1)밀다 25y(인사)

　미다(몽2)밀다 15y(주강)

　미다(몽3)밀다 21y(식이)

▷ 미다(역1)밀물이 지다 07z(지리)

　미다(동1)밀물이 지다 08z(지리)

　미다(몽1)밀물이 지다 07z(지리)

▷ 미다(몽3)틀다 28y(직조)

▷ 미더ㅎ다(동2)믿어하다 56y(쇄설)

　미더ㅎ다(몽2)믿어하다 47z(쇄설)

▷ 미들(왜1)믿을(믿다) 23y(성정)

▷ 미라(동2)밀랍, 황랍 23z(진보)

　밀(동2)밀랍, 황랍 24y(진보)

　밀(역3)밀랍, 황랍 39z(진보)

　밀랍(왜2)밀랍, 황랍 08z(진보)

　미라(몽2)밀랍, 황랍 19y(진보)

　밀(몽2)밀랍, 황랍 19z(진보)

▷ 미러내티다(역1)밀어내치다 68y(형옥)

▷ 미르(왜2)룡 25y(수족)

▷미리(동2)미리   47y(쇄설)
　미리(역3)미리   54z(쇄설)
　미리(왜2)미리   41y(쇄설)
　미리(몽2)미리   39z(쇄설)
　미리(몽3)미리   18z(정사)
▷미리ᄒ다(동2)미리하다   47y(쇄설)
　미리ᄒ다(몽2)미리하다   39z(쇄설)
▷미봉(왜2)미봉하다   47y(쇄설)
▷미시(역1)미시가루   52y(식이)
　미시(동1)미시가루   59z(식이)
　미시(몽1)미시가루   46y(식이)
▷미시(왜1)미시(未時)   06y(시령)
▷미시쩍(역1)미시가루떡   51z(식이)
▷미숨(동2)미삼   46y(화초)
　미숨(몽2)미삼   38z(화초)
▷미쟝이(동1)미장공   14y(인품)
▷미져기다(역2)밀치다   47z(쇄설)
▷미치다(동2)미치다   07y(질병)
　미치다(역3)미치다   34y(질병)
　미치다(왜1)미치다   51y(질병)
　미츨(왜2)미칠(미치다)   38y(쇄설)
▷미친개(역2)미친개   32z(주수)
▷미친놈(역1)미친놈   30y(인품)
▷미혹ᄒ다(역1)미욱하다   28y(인품)
　미혹ᄒ다(동1)미욱하다   24y(성정)
　미혹ᄒ다(몽1)미욱하다   18y(성정)
▷미안(왜2)미안   47y(쇄설)
▷민망(왜1)숨이 막히다   21z(기식)
▷민망ᄒ다(동1)답답하다   20z(기식)
　민망ᄒ다(몽1)답답하다   16y(기식)
▷민며느리(역1)민며느리   42y(례도)
▷민사회(역1)민사위   42y(례도)
▷민첩(왜1)민첩하다   23z(성정)
▷민어(왜2)민어   25y(수족)

▷민(왜1)밑(本)   56y(매매)
▷밀(역2)밀   09z(화곡)
　밀(동2)밀   03y(화곡)
　밀(몽2)밀   03y(화곡)
　밀(왜2)밀   05y(화곡)
▷밀기울(역2)밀기울   10y(화곡)
　밀ㅅ기울(역3)밀기울   42z(화곡)
▷밀과(왜1)밀과   48y(식이)
▷밀니다(역3)밀리다   56y(쇄설)
▷밀믈(동1)밀물   08z(지리)
　밀믈(몽1)밀물   07z(지리)
▷밀치(역2)밀치   20y(안비)
　밀치(몽3)밀치   32z(주수)
▷밀티다(역2)밀치다   47z(쇄설)
　밀치다(동1)밀치다   29z(동정)
　밀치다(역3)밀치다   26z(동정)
　밀치다(몽1)밀치다   22z(동정)
▷밀오기(몽3)밀기   05z(인품)
▷밋(역1)밑   20y(궁궐)
　밋(역2)밑   06z(재봉)
　밋(동2)밑   14z(기구)
　밋(역3)밑   16z(군기)
　믿(왜1)밑   12y(지리)
　밋(몽2)밑   10z(기구)
▷밋구무(역1)밑구멍   36y(신체)
▷밋다(역2)믿다   48y(쇄설)
　밋다(동2)믿다   50z(쇄설)
　밋다(역3)믿다   60y(쇄설)
　밋다(몽2)믿다   47z(쇄설)
　밋다(몽3)믿다   40y(쇄설)
▷밋다(몽3)미치다(도달하다)   11y(동정)
▷밋디다(역1)밑지다   69z(매매)
　밋지다(역3)밑지다   38z(매매)
▷밋분(역3)믿음성이 없다   57z(쇄설)

▷ 밋쮱(역1)미끼   23y(전어)
▷ 밋짜썻(역1)본지방의것   69z(매매)
▷ 밋자리(역3)밑자리   59z(쇄설)
▷ 밋처오다(동1)닥쳐오다   27z(동정)
▷ 밋쳔(역3)밑천   38z(매매)
▷ 밋치다(몽2)미치다   05z(질병)
▷ 밋친말(역3)미친 말   24y(기식)
▷ ᄆᆞ다(동1)말다   60z(식이)
   ᄆᆞ다(몽1)말다   47y(식이)
▷ ᄆᆞ디(왜2)마디   40y(쇄설)
▷ ᄆᆞᄅᆞ(역1)마루   17z(궁궐)
   ᄆᆞᄅᆞ(역1)마루   17z(궁궐)
   ᄆᆞᄅᆞ(동1)마루   35y(궁궐)
   ᄆᆞᄅᆞ(역3)마루   13y(궁궐)
   ᄆᆞᄅᆞ(왜1)마루   32z(궁궐)
   ᄆᆞᄅᆞ(몽1)마루   26z(궁궐)
▷ ᄆᆞᄅᆞ다(동1)마르다   57y(복식)
   ᄆᆞᄅᆞ다(몽1)마르다   44y(복식)
   ᄆᆞᄅᆞ다(왜1)마르다   46y(복식)
▷ ᄆᆞᄅᆞ다(동1)급하다   23y(성정)
   ᄆᆞᄅᆞ다(몽1)급하다   17z(성정)
▷ ᄆᆞᄅᆞ다(역1)마르다   03y(천문)
   ᄆᆞ르다(동2)마르다   55z(쇄설)
   ᄆᆞ르다(역3)마르다   05y(지리)
   ᄆᆞ르다(역3)마르다   12y(학교)
   ᄆᆞ으다(역3)마르다   59y(쇄설)
   ᄆᆞ르다(왜2)마르다   41z(쇄설)
   ᄆᆞᆯ르다(몽2)마르다   47y(쇄설)
   ᄆᆞᄅᆞ다(몽3)마르다   04y(지리)
▷ ᄆᆞ룜(동1)마름   14z(인품)
   ᄆᆞᆯ음(역3)마름   20y(인품)
   ᄆᆞ룜(몽1)마름   11z(인품)
▷ ᄆᆞ뚱(역3)말뚱   45y(기구)
▷ ᄆᆞ쇼(동2)마소(말과 소)   39y(주수)

▷ ᄆᆞ즈막(몽3)마지막   40z(쇄설)
▷ ᄆᆞ츳다(왜2)끝마치다   35y(쇄설)
▷ ᄆᆞ춤내(동2)마침내   49z(쇄설)
   ᄆᆞ춤내(왜1)마침내   28y(어사)
   ᄆᆞ춤내(몽2)마침내   41z(쇄설)
▷ ᄆᆞ얌이(역2)매미   35y(곤충)
▷ ᄆᆞ오향(역1)말외양   20y(궁궐)
▷ ᄆᆞ이(역3)많이   34y(연향)
▷ ᄆᆞᆯ올(동1)마을   41z(성곽)
   ᄆᆞᆯ올(몽1)마을   31y(성곽)
   ᄆᆞᆯ올(왜1)마을   35y(성곽)
▷ ᄆᆞᆷ옵(역1)마음   31z(경중)
   ᄆᆞᆷ옵(동1)마음   21y(기식)
   ᄆᆞᆷ옵(동2)마음   34y(마욕)
   ᄆᆞᆷ옵(역3)마음   24y(기식)
   ᄆᆞᆷ옵(몽1)마음   16y(기식)
   ᄆᆞᆷ옵(몽3)마음   08y(기식)
▷ ᄆᆞᆫ지다(역2)만지다   47y(쇄설)
▷ ᄆᆞᆮ미부(동1)큰매부   11z(친속)
▷ ᄆᆞᆮ싀누의(동1)맏시누이   12y(친속)
   ᄆᆞᆺ싀누이(역3)맏시누이   33y(친속)
   ᄆᆞᆮ싀누의(몽3)맏시누이   04z(친속)
▷ ᄆᆞᆮ싀아즈비(동1)맏시아버지   11z(친속)
   ᄆᆞᆺ싀아자비(역3)맏시아버지   33y(친속)
   ᄆᆞᆮ싀아즈비(몽3)맏시아버지   04z(친속)
▷ ᄆᆞᆮ쳐남(동1)맏처남, 큰처남   12z(친속)
   ᄆᆞᆮ쳐남(몽3)맏처남, 큰처남   04z(친속)
▷ ᄆᆞᆮ형(왜1)맏형, 큰형   13z(친속)
▷ ᄆᆞᆮ아돌(몽1)맏아들,큰아들   09z(친속)
▷ ᄆᆞᆮ아즈미(몽1)큰어머니   09z(친속)
▷ ᄆᆞᆮ아즈비(몽1)큰아버지   09z(친속)
▷ ᄆᆞᆯ(역1)말   61y(연향)
   ᄆᆞᆯ(역2)말   49z(쇄설)
   ᄆᆞᆯ(동2)말   37y(주수)

물(역3)말   46z(안비)
물(왜2)말   23y(주수)
물(몽2)말   16y(안비)
▷ 물가리(역3)미나리   51y(화초)
▷ 물가슴(역2)말의 가슴   30y(주수)
　물가슴(동2)말의 가슴   38y(주수)
　물가슴(몽2)말의 가슴   31z(주수)
▷ 물갈기(역2)말갈기   30z(주수)
▷ 물고기(역1)말고기   51y(식이)
▷ 물구유(역1)말구유   20y(궁궐)
▷ 물구종(역1)말구종   27z(존비)
▷ 물굽(역2)말발굽 30y(주수)
　물굽(동2)말발굽   38y(주수)
　물굽(몽2)말발굽   31z(주수)
▷ 물굽쇠(역2)말굽쇠   01z(진보)
　물굽쇠(동2)말굽쇠   23y(진보)
　물굽쇠(몽3)말굽쇠   27z(진보)
▷ 물근춤(동1)맑은 침   16y(신체)
　물은춤(몽3)맑은 침   06z(신체)
　물은춤(역3)맑은 침   22y(신체)
▷ 물니이다(동2)一頭翅   56y(쇄설)
▷ 물등(역2)말등   30y(주수)
▷ 물뢰오다(동1)말리우다   60z(식이)
　물뢰오다(역2)말리우다   47z(쇄설)
　물뢰오다(동2)말리우다   55z(쇄설)
　무뢰오다(동2)말리우다   55z(쇄설)
　물늬오다(역3)말리우다   29z(복식)
　물릐오다(역3)말리우다   55z(쇄설)
　물뢰이다(왜1)말리우다   07y(기후)
　물뢰오다(몽1)말리우다   47y(식이)
　물뢰오다(몽2)말리우다   47y(쇄설)
▷ 물벌(동2)말벌   43y(곤충)
　물벌(역3)말벌   49z(곤충)
　물벌(몽2)말벌   35z(곤충)

▷ 물비(역2)말배   30y(주수)
▷ 물속(역2)도투마리   03z(직조)
▷ 물쏭구우리(역2)말똥구리   35y(곤충)
　물쏭구으리(동2)말똥구리   43y(곤충)
　물쏭구을이(역3)말똥구리   50y(곤충)
　물쏭구으리(몽2)말똥구리   36y(곤충)
▷ 물전ᄒ다(역3)말을 전하다   25z(동정)
▷ 물졋(역1)말젓   52z(식이)
▷ 물쥭(역3)말죽   18z(관역)
▷ 물즈릅(역1)말뱃   51y(식이)
▷ 물채텨(동2)채찍쳐(치다)   38y(주수)
▷ 물초리(역2)말꼬리   30z(주수)
▷ 물춍(역2)말꼬리   14y(기구)
　물춍(동2)말꼬리   38y(주수)
　물춍(몽2)말꼬리   32y(주수)
▷ 물콩(동2)말콩   38z(주수)
　물콩(몽2)말콩   32y(주수)
▷ 물텨(몽2)말을 채찍으로 치다   32y(주수)
▷ 물역피(역2)돌피   40y(화초)
▷ 물온밥(역1)국밥, 국말이   49z(식이)
▷ 물다(동1)맑다   09y(지리)
　물글(왜1)맑을(맑다)   10z(지리)
　묽다(몽3)맑다   01z(천문)
▷ 뭇누의(역1)맏누이, 큰누이   58z(친속)
　묻누의(동1)맏누이, 큰누이   11y(친속)
　묻누의(왜1)맏누이, 큰누이   13y(친속)
　묻누의(몽1)맏누이, 큰누이   09z(친속)
▷ 뭇누의남편(역1)큰매부 58z(친속)
▷ 뭇다(역1)마치다, 끝나다   69y(매매)
　뭇다(역2)끝나다   48z(쇄설)
　뭇다(동2)끝나다   62y(쇄설)
　뭇다(역3)맞다   38z(매매)
　뭇다(몽2)끝나다   51y(쇄설)
▷ 뭇동셰(역1)맏동서   58z(친속)

▷ 뭇며느리(역1)맏며느리 58y(친속)

▷ 뭇지(동1)마저 25y(언어)

▷ 뭇추다(몽3)맞추다 18z(정사)

▷ 뭇춘(역2)맞춘(맞추다) 43z(쇄설)

▷ 뭇춘일(몽3)맞춘 일 29z(쟁송)

▷ 매(역1)매 23y(전어)

매(역2)매 26y(비금)

매(동2)매 12z(전어)

매(역3)매 17z(전어)

매(왜2)매 21y(비금)

매(몽1)매 50z(전어)

매(몽2)매 29y(비금)

매(몽2)매 02z(전농)

매(몽3)매 21z(전어)

▷ 매(역2)망, 매돌 15z(기구)

매(동2)망, 매돌 02z(전농)

매판(역3)망, 망돌 44y(기구)

매(왜2)망, 매돌 04y(전농)

매(몽3)망, 매돌 22z(전농)

▷ 매갸즈(동2)매발판 12z(전어)

매갸즈(몽1)매발판 50z(전어)

▷ 매단댱고(역2)鷹墊板 26z(비금)

▷ 매도래(역2)매에게

씌우는 모자 26z(비금)

▷ 매등빗쳇비단(역2)

매등빛비단 04z(직조)

▷ 매발(역2)매발 26z(비금)

▷ 매방울(역2)매방울 26z(비금)

매방올(역3)매방울 17z(전어)

▷ 매버러(역2)매를 받는데

쓰는 손가락끼우개 26z(비금)

▷ 매부리코(역3)매부리코 20z(인품)

▷ 매ㅅ자곡(동2)매자국 09y(질병)

매ㅅ자곡(몽2)매자국 07y(질병)

▷ 매ㅅ즁쇠(역3)매돌구멍 44y(기구)

▷ 매쏭(동2)매똥 36z(비금)

매쏭(몽2)매똥 30z(비금)

▷ 매아논토올(역2)매 앉는 자리 26z(비금)

▷ 메(역2)메, 마치 15z(기구)

메(동2)메, 마치 15y(기구)

메(몽2)메, 마치 11y(기구)

▷ 메(몽3)메 23y(채소)

▷ 메다(역2)메다 23y(주강)

메다(동1)메다 30z(동정)

메다(동2)메다 19z(주강)

메다(역3)메다 26z(동정)

메다(몽1)메다 23z(동정)

메다(몽2)메다 15y(주강)

메다(몽3)메다 12z(동정)

▷ 메우다(역1)메우다 68y(형옥)

메오다(역2)메우다 08y(전농)

메오다(동2)메우다 19z(주강)

메오다(역3)메우다 15z(교열)

메오다(몽2)메우다 15y(주강)

메오다(몽3)메우다 27y(안비)

▷ 유기(동2)메기 41z(수족)

메육이(몽2)메기 34z(수족)

▷ 메토리(동1)미투리 58z(복식)

▷ 메다(동2)메우다(구덩이를~) 53z(쇄설)

메다(몽2)메우다(구덩이를~) 45z(쇄설)

▷ 메조(역1)메주 53y(식이)

▷ 메츠다(동1)이루다 54z(잉산)

▷ 메오다(역1)메우다 08z(지리)

메오다(역2)메우다 22y(주강)

메오다(동2)메우다 53z(쇄설)

메오다(역3)메우다 06y(지리)

메오다(왜1)메우다 09y(지리)

메오다(몽2)메우다 45z(쇄설)

메이다(몽3)메우다 38y(쇄설)
▷ 메이다(몽3)메다 19y(례도)
▷ 뫼(역2)산 26y(비금)
　뫼(역2)산 42z(수목)
　뫼(몽3)산 03z(지리)
　뫼(역3)산 05z(지리)
　뫼(왜1)산 08y(지리)
▷ 뫼(역2)들 11z(채소)
▷ 뫼(역2)메(～벼) 10y(화곡)
▷ 뫼들이다(역3)밥을 내주다 10z(제례)
▷ 뫼ㅅ고개(역3)산고개 05y(지리)
▷ 뫼ㅅ골(역1)산골짜기 06z(지리)
　뫼ㅅ골(동1)산골짜기 07y(지리)
　뫼ㅅ골(몽1)산골짜기 06y(지리)
▷ 뫼ㅅ굴(역3)산굴 05z(지리)
▷ 뫼ㅅ굴헝(역1)산구렁 06z(지리)
▷ 뫼ㅅ긋(역1)산꼭대기 06z(지리)
▷ 뫼ㅅ길(역3)산길 05z(지리)
▷ 뫼ㅅ두던(역3)산언덕 05y(지리)
▷ 뫼ㅅ뒤(역3)산등, 산등성이 05z(지리)
▷ 뫼ㅅ등(역3)산등, 산등성이 05y(지리)
▷ 뫼ㅅ밋(역1)산밑, 산기슭 06z(지리)
　뫼ㅅ밋(역3)산밑, 산기슭 05z(지리)
▷ 뫼ㅅ봉(동1)산봉우리 07y(지리)
　뫼ㅅ봉(역3)산봉우리 05y(지리)
　뫼ㅅ봉오리(왜1)산봉우리 08y(지리)
　뫼ㅅ봉(몽1)산봉우리 06y(지리)
　뫼ㅅ봉(몽3)산봉우리 03z(지리)
▷ 뫼ㅅ부리(동1)산등성이 07y(지리)
　뫼ㅅ부리(몽1)산등성이 06y(지리)
▷ 뫼ㅅ비탈(동1)산비탈 07y(지리)
　뫼ㅅ비탈(몽1)산비탈 06y(지리)
▷ 뫼ㅅ틈(역3)산골짜기 05z(지리)
▷ 뫼ㅅ허리(역1)산허리 06z(지리)

▷ 뫼ㅅ앏(역3)양지쪽 05z(지리)
▷ 뫼시다(동1)모시다 52y(례도)
　뫼시다(역3)모시다 21y(경중)
▷ 뫼츠라기(역2)메추라기 27z(비금)
　뫼초라기(동2)메추라기 35z(비금)
　뫼ㅅ초락이(몽2)메추라기 29z(비금)
▷ 뫼아리(동1)메아리 07z(지리)
　뫼아리(역3)메아리 05z(지리)
　뫼아리(몽1)메아리 06y(지리)
▷ 뫼ㄴ믈(역2)산나물 13y(채소)
▷ 뫼ㅅ됴기(역2)메뚜기 36z(곤충)
　뫼ㅅ도기(동2)메뚜기 43y(곤충)
　뫼ㅅ독이(역3)메뚜기 18y(전어)
　뫼ㅅ도기(왜2)메뚜기 27y(곤충)
　뫼ㅅ독이(몽2)메뚜기 35z(곤충)
▷ 뫼ㅅ비돌기(역2)산비둘기 26y(비금)
　뫼ㅅ비들기(동2)산비둘기 35y(비금)
　뫼ㅅ비들기(몽3)산비둘기 30z(비금)
▷ 뫼ㅅ올히(역2)물오리 27z(비금)
　뫼올이(몽2)물오리 29y(비금)
　뫼올히(동2)물오리 35y(비금)
▷ 뮈여ᄒ다(동2)미워하다 34y(마욕)
　뮈여ᄒ다(몽2)미워하다 27z(마욕)
▷ 뮈오다(동2)밉다 34y(마욕)
　뮈우다(역3)밉다 21y(마욕)
　뮈올(왜1)미울(밉다) 24y(성정)
▷ 뮈워ᄒ다(역3)미워하다 21y(마욕)
▷ 믠마리(동2)민머리 08z(질병)
▷ 믠ᄯᅡ(동1)맨땅 07y(지리)
　믠ᄯᅡ(몽1)맨땅 06y(지리)
▷ 뮙다(동2)밉다 34y(마욕)
　뮙다(몽2)밉다 27z(마욕)
▷ 믜ㅅ그러지다(몽3)미끄러지다 03y(시령)
▷ 믜온놈(역3)미운놈 20y(인품)

▷ 믠머리(역1)번대머리　29z(인품)
　믠마리(몽3)민머리　24z(질병)
▷ 믠뫼(역3)민둥산　05z(지리)
▷ 믠비단(역2)민비단　05y(직조)
▷ 믠산(몽3)민둥산　03z(지리)
▷ 믠소(역1)맨 속　52y(식이)
▷ 믯그럽다(동1)미끄럽다　09z(지리)
　믯그럽다(역3)미끄럽다　07y(지리)
　믯글업다(역3)미끄럽다　06y(지리)
　믠그러올(활)(왜1)미끄러울　11z(지리)
　믯그럽다(몽1)미끄럽다　08y(지리)
　미ㅅ그럽다(몽3)미끄럽다　03y(시령)
▷ 믯그리(역2)미꾸라지　38y(수족)
　믯그리(동2)미꾸라지　42y(수족)
　믯그리(몽3)미꾸라지　33z(수족)
▷ 믱근ᄒ다(동1)미지근하다　62y(식이)
▷ 미다(역2)매다　08y(전농)
　미다(동2)매다　02z(전농)
　미다(역3)매다　42y(전농)
　미다(왜2)매다　03z(전농)
　미다(몽2)매다　02y(전농)
▷ 미다(역1)매다　23y(전어)
　미다(역2)매다　26z(비금)
　미다(동2)매다　19y(주강)
　미다(역3)매다　55z(쇄설)
　밀(왜2)맬(매다)　36z(쇄설)
　미다(몽2)매다　15y(주강)
　미다(몽3)매다　20y(복식)
▷ 미다(몽3)매다　17z(학교)
▷ 민믈(역2)맨물　46z(쇄설)
▷ 미믄지다(동1)매만지다　36z(궁궐)
　미믄지다(몽3)매만지다　15z(궁궐)
▷ 미부(왜1)매부　13y(친속)
▷ 미실(동2)매실　05z(식이)

▷ 미실(역3)매실　31z(식이)
▷ 미ᄉ(역3)매사　62y(쇄설)
▷ 미장군(역3)매장군　28y(상장)
▷ 미즙(역1)매듭　46y(복식)
　미즙(동1)매듭　58y(복식)
　미듭(동1)매듭　58y(복식)
　미즙(역3)매듭　29y(복식)
　미듭(몽1)매듭　45y(복식)
▷ 미치다(역2)맺히다　09y(전농)
　미티다(동1)맺히다　15z(신체)
　미티다(동2)맺히다　02y(전농)
　미치다(역3)맺히다　03y(천문)
　및치다(역3)맺히다　42y(전농)
　미티다(몽1)맺히다　12z(신체)
　및치다(몽2)맺히다　38z(화초)
　및티다(몽2)맺히다　05y(식이)
▷ 미화(왜2)매화　12y(채색)
　미화(왜2)매화　29z(화초)
▷ 미야미(동2)매미　43y(곤충)
　미얌이(왜2)매미　27y(곤충)
　미얌이(몽2)매미　35z(곤충)
▷ 미야지(역2)망아지　29z(주수)
　미야지(왜2)망아지　23y(주수)
▷ 미양(몽3)매양　11z(동정)
　미양(왜1)매양　28y(어사)
▷ 미온술(역1)매운 술　50z(식이)
▷ 미올(왜1)매울(맵다)　49y(식이)
▷ 미이(역1)많이　38z(기식)
　미이(몽3)많이　01z(천문)
　미이(역3)많이　22z(신체)
▷ 믹(역1)맥　64y(의약)
　믹(왜1)맥　19y(신체)
▷ 미아(왜2)보리싹　05y(화곡)
▷ 민(역2)맨(～손)　21y(안비)

▷ 민기름고기(역1)비게   53z(식이)
▷ 민발(역2)맨발   51y(쇄설)
▷ 민밥(역3)맨밥   30z(식이)
▷ 민술(역3)맨술   61y(쇄설)
▷ 민ᄃ다(역1)만들다   49z(식이)
　 민드다(동2)만들다   03z(화곡)
　 밍그다(동2)만들다   18y(장기)
　 민드다(역3)만들다   30z(식이)
　 민드다(몽2)만들다   03y(화곡)
　 밍그다(몽2)만들다   12z(기구)
▷ 밉다(역1)맵다   54y(식이)
　 밉다(동1)맵다   62y(식이)
　 밉다(몽1)맵다   48z(식이)
▷ 밋다(동1)맺다   58y(복식)
　 밋다(역3)맺다   18y(전어)
　 밋다(몽1)맺다   45y(복식)
　 밋다(몽2)맺다   02y(전농)
▷ 밍녈(왜1)맹렬하다   23y(성정)
▷ 밍셰(왜1)맹세   27y(언어)
▷ 밍셰ᄒ다(역2)맹세하다   45z(쇄설)
　 밍셰ᄒ다(동2)맹세하다   29y(쟁송)
　 밍셰ᄒ다(역3)맹세하다   53y(쇄설)
　 맹셰ᄒ다(몽2)맹세하다   23z(쟁송)

[ㅂ]

▷ 바(왜1)바(보는~)   27z(어사)
▷ 바곳비(역2)고삐   20z(안비)
▷ 바굴레(역2)굴레   20z(안비)
　 바구레(동2)굴레   20y(안비)
　 바구레(몽3)굴레   32z(주수)
▷ 바늘(동2)바늘   18y(장기)
　 바눌(역3)바늘   41z(재봉)

바눌(왜2)바늘   17y(기구)
바눌(몽2)바늘   14y(장기)
바눌(몽3)바늘   28y(직조)
▷ 바ᄂ질(동1)바느질   57y(복식)
　 바ᄂ질(몽1)바느질   44y(복식)
▷ 바ᄂ질갑(역3)바느질값   42y(재봉)
▷ 바ᄂ질ᄯ음(역3)바느질듬   41z(재봉)
▷ 바ᄂ질ᄒ다(역3)바느질하다   42y(재봉)
▷ 바눌결이(역3)바늘걸이   41z(재봉)
　 바눌겨러(몽3)바늘꽂이   19z(복식)
▷ 바눌귀(동1)바늘귀   57y(복식)
　 바눌귀(몽3)바늘귀   20y(복식)
▷ 바다(역1)바다   07z(지리)
　 바다(동1)바다   08y(지리)
　 바다(역3)바다   06y(지리)
　 바다(왜1)바다   09z(지리)
　 바다(몽1)바다   07y(지리)
▷ 바다ᄀᄐᆫ(역1)바다같은(같다)   60y(연향)
▷ 바닷믈(역1)바다물   07z(지리)
▷ 바독(동2)바둑   33y(기희)
　 바독(역3)바둑   47z(기희)
　 바독(왜2)바둑   20y(기희)
　 바독(몽2)바둑   26z(기희)
▷ 바독개(동2)바둑개   40z(주수)
▷ 바독두다(역2)바둑을 두다   24z(기희)
　 바독두다(동2)바둑을 두다   33y(기희)
　 바독두다(몽2)바둑을 두다   26z(기희)
▷ 바드라(동2)받으라(받다)   52y(쇄설)
　 바드라(몽1)받으라(받다)   22z(동정)
　 바들(왜2)받을(받다)   36z(쇄설)
▷ 바ᄃ리벌(역2)바더리벌   36y(곤충)
▷ 바디(역2)바디   06z(재봉)
▷ 바디(역3)바디   40y(직조)
▷ 바라(동1)바라, 소라   53z(악기)

바라(몽1)바라, 소라　41y(악기)
▷바라티다(역1)바라치다　26z(사관)
▷바람ㅅ벽(몽1)바람벽　27z(궁궐)
▷바랑이(역2)바랭이　41y(화초)
▷바로다(역1)바르다, 곧다　07y(지리)
　바로다(동1)바르다, 곧다　21z(성정)
　발오다(역3)바르다, 곧다　06y(지리)
　바르다(왜1)바르다, 곧다　45y(소세)
　바롤(왜2)바를(바르다)　40z(쇄설)
　바로다(몽3)바르다　18y(군기)
▷바론길(동1)바른길　27y(동정)
　바른길(몽3)바른길　11y(동정)
▷바리(역3)바리　19y(사관)
　바리(왜2)바리　14z(기구)
▷바ᄌ(역1)바자　19z(궁궐)
　바ᄌ(동1)바자　36y(궁궐)
　바ᄌ(몽1)바자　27z(궁궐)
▷바지(동1)바지　56z(복식)
　바지(역3)바지　29y(복식)
　바지(왜1)바지　46y(복식)
　바지(몽1)바지　44y(복식)
▷바지춤(역3)바지춤　29y(복식)
▷바탕(동2)틀　16z(기구)
▷바티다(동1)받치다　31y(동정)
　밧치다(역3)받치다　41z(재봉)
　밧치다(몽1)받치다　24y(동정)
▷바회(역1)바위　06z(지리)
　바회(동1)바위　07z(지리)
　바희(역3)바위　61z(쇄설)
　바회(왜1)바위　08y(지리)
　바회(몽3)바위　03z(지리)
▷바야흐로(왜1)바야흐로　28y(어사)
▷박(역1)박, 조롱박　03y(천문)
　박(역2)박, 조롱박　11z(채소)

　박(동2)박, 조롱박　04z(채소)
　박(왜2)박, 조롱박　15y(기구)
　박(몽2)박, 조롱박　04y(채소)
▷박고지의(역2)박오가리, 박고지　11z(채소)
　박우거리(동2)박오가리, 박고지　04z(채소)
　박우거리(몽3)박오가리, 박고지　23y(채소)
▷박공(역1)박공　18y(궁궐)
　박궁(역3)박공　13z(궁궐)
▷박다(역1)박다　18y(궁궐)
　바근(역2)박은(박다)　23y(주강)
　박다(동1)박다　29z(동정)
　박다(동2)박다　17z(장기)
　박다(역3)박다　61z(쇄설)
　박다(몽2)박다　16y(안비)
　박다(몽3)박다　38y(쇄설)
▷박달(왜2)박달나무　28z(수목)
▷박달나모(역2)박달나무　42z(수목)
　박달나모(동2)박달나무　44z(수목)
▷박마(왜2)얼룩말　23y(주수)
▷박셕(왜1)엷은 돌　34y(궁궐)
▷박핑이치다(역2)공중에 던지다　24y(기희)
▷박회(동2)바퀴　19z(주강)
　박회(왜2)바퀴　19z(주강)
▷박회(역2)바퀴벌레　36y(곤충)
　박회(동2)바퀴벌레　43z(곤충)
　박회(몽2)바퀴벌레　36z(곤충)
▷박히다(역2)박히다　18z(기구)
　바키다(동2)박히다　09y(질병)
　박여(역3)박혀(박히다)　59z(쇄설)
　박이다(몽2)박히다　07y(질병)
　박이다(몽3)박히다　21z(전어)
　박히다(몽3)박히다　27y(주강)
▷박아내다(역3)박아내다　12y(학교)
▷박음질(역3)박음질　41z(재봉)

▷ 박소(역1)박수(~무당)   28y(인품)
▷ 반(동1)반,절반   35z(궁궐)
　반(왜2)반,절반   32y(쇄설)
▷ 반(역2)쟁반   13z(기구)
　반(동2)쟁반   14y(기구)
　반(몽2)쟁반   10y(기구)
　반(왜2)쟁반   14y(기구)
▷ 반갑다(역3)반갑다   21y(경중)
▷ 반당이(역2)차조기   38y(수족)
▷ 반도(역1)반두   23z(전어)
　반도(역3)반두   18y(전어)
　반도(몽3)반두   22y(전어)
▷ 반들(왜1)반드시   28z(어사)
▷ 반등(동2)걸상   13z(기구)
　반등(몽2)걸상   10y(기구)
▷ 반드시(역2)반드시   53z(쇄설)
　반드시(동2)반드시   47z(쇄설)
　반드시(몽2)반드시   40y(쇄설)
▷ 반되(역2)반디벌레   35y(곤충)
　반도(동2)반디벌레   43y(곤충)
　반도(왜2)반디벌레   26z(곤충)
　반도(몽2)반디벌레   35z(곤충)
▷ 반만닉다(역1)절반만 익다   53z(식이)
▷ 반만서다(역1)절반만 설다   53z(식이)
▷ 반믈드리다(동2)반물들이다   26z(직조)
▷ 반믈드리다(몽2)반물들이다   21z(직조)
▷ 반믈후염ᄒ다(역3)倒靑   41y(직조)
▷ 반박(왜2)반박   46z(쇄설)
▷ 반벙어리(동2)반벙어리   09y(질병)
　반벙얼이(역3)반벙어리   20z(인품)
▷ 반전(동2)반전, 로자   27z(매매)
　반전(몽2)반전, 로자   22y(매매)
▷ 반죽ᄒ다(동1)반죽하다   60z(식이)
　반죽ᄒ다(역3)반죽하다   30z(식이)

▷ 반죽ᄒ다(몽1)반죽하다   47y(식이)
▷ 반즉(역1)널판자   19z(궁궐)
▷ 반찬(역1)반찬   49z(식이)
　반찬(동1)반찬   61y(식이)
　반찬(역3)반찬   30z(식이)
　반찬(왜1)반찬   47y(식이)
　반찬(몽1)반찬   47z(식이)
　반찬(몽3)반찬   20z(식이)
▷ 반포(왜2)반포하다   39z(쇄설)
▷ 반포ᄒ다(동1)반포하다   51y(정사)
　반포ᄒ다(역3)반포하다   09y(공식)
　반포ᄒ다(몽1)반포하다   39y(정사)
▷ 반혼보다(역3)반혼보다   28y(상장)
▷ 반ᄒ다(왜1)배반하다   40y(교열)
▷ 반힝(왜1)半行   38z(학교)
▷ 받거리(왜2)밭지경   03y(전농)
▷ 받골항(몽3)밭고랑   22y(전농)
▷ 받두둑(몽2)밭두덩   01z(전농)
▷ 받들(왜2)받들(받들다)   33z(쇄설)
▷ 받블(왜2)바쁠(바쁘다)   41y(쇄설)
▷ 받셩곽(왜1)성곽   34y(성곽)
▷ 받치다(왜2)받치다   04z(전농)
▷ 발(역1)발   18y(궁궐)
　발(역2)발   35y(곤충)
　발(동1)발   17y(신체)
　발(역3)발   58y(쇄설)
　발(왜1)발   18z(신체)
　발(몽1)발   43y(소세)
▷ 발가락(역1)발가락   36z(신체)
▷ 발구르다(동1)발을 구르다   26z(동정)
▷ 발내다(역1)값을 부르다   69y(매매)
▷ 발괄ᄒ다(역1)발괄하다   65z(쟁송)
▷ 발덩(왜2)닻을 올리다   19y(주강)
▷ 발도돔(역3)사다리,발돋움   44z(기구)

▷ 발뒷측(역1)발뒤축 36z(신체)
　발뒤측(동1)발뒤축 17y(신체)
　발뒤측(왜1)발뒤축 18z(신체)
▷ 발막다(역1)발막다 41y(동정)
　발막다(동1)발막다 28y(동정)
　발막다(몽3)발막다 11z(동정)
▷ 발명(왜1)발명 54z(형옥)
▷ 발목(역1)발목 36z(신체)
▷ 발바당(동1)발바닥 17y(신체)
　발바당(역3)발바닥 22z(신체)
▷ 발발이(몽3)발발이 31z(주수)
▷ 발밧ᄭᅮ머리(역1)바깥복사뼈 36z(신체)
▷ 발ᄲᅩ개(역1)발싸개 47z(복식)
▷ 발ㅅ등(동1)발등 17y(신체)
　발ㅅ등(몽1)발등 13z(신체)
▷ 발사리다(동1)발사리다 26y(동정)
　발사리다(몽3)발사리다 10z(동정)
▷ 발쩍휘(역3)발쪽이 52y(쇄설)
▷ 발자국(역3)발자욱 22z(신체)
▷ 발톱(동2)발톱 36z(비금)
　발톱(몽2)발톱 30z(비금)
▷ 발펴다(몽3)발펴다 11z(동정)
▷ 발표ᄒᆞ다(동2)발표하다
　(발산하다) 09y(의약)
▷ 발ᄒᆞ다(동1)떠나다 45z(교열)
　발ᄒᆞ다(몽1)떠나다 35y(교열)
▷ 발ᄒᆞ다(왜2)보내다, 나누어주다 43y(쇄설)
▷ 발안ᄭᅮ머리(역1)안쪽복사뼈 36z(신체)
▷ 발인ᄒᆞ다(동2)발인하다 11y(상장)
　발인ᄒᆞ다(역3)발인하다 27z(상장)
　발인ᄒᆞ다(몽2)발인하다 08y(상장)
▷ 발외(역2)발구 23z(주강)
▷ 밤(역1)밤 05z(시령)
　밤(동1)밤 05z(시령)

▷ 밤(역3)밤 04z(시령)
　밤(왜1)밤 05z(시령)
　밤(몽1)밤 04z(시령)
　밤(몽3)밤 39z(쇄설)
▷ 밤(역1)밤 55z(식이)
　밤(동2)밤 05z(식이)
　밤(몽2)밤 04z(식이)
▷ 밤낫(역3)밤낮 58z(쇄설)
▷ 밤눈(몽3)밤에 보는 눈 32y(주수)
▷ 밤다(동2)밟다 22z(산술)
　밤다(역3)밟다 36y(산술)
　밤다(몽2)밟다 18y(산술)
▷ 밤듕(역1)밤중 05z(시령)
　밤ㅅ듕(동1)밤중 05z(시령)
　밤ㅅ듕(몽1)밤중 04z(시령)
▷ 밤새도록(역3)밤새도록 04z(시령)
▷ 밤의다(역3)아물아물하다 61z(쇄설)
▷ 밥(역1)밥 49z(식이)
　밥(역2)밥 27y(비금)
　밥(동1)밥 59y(식이)
　밥(역3)밥 30z(식이)
　밥(왜1)밥 47y(식이)
　밥(몽1)밥 46y(식이)
▷ 밥먹다(역1)밥을 먹다 25z(사관)
　밥먹다(동1)밥을 먹다 62z(식이)
　밥먹다(역3)밥을 먹다 30z(식이)
　밥먹다(몽1)밥을 먹다 49y(식이)
▷ 밥ᄯᅴ오다(역1)밥을 띄우다 49z(식이)
▷ 밥서다(동1)밥이 설다 59y(식이)
　밥서다(몽1)밥이 설다 46y(식이)
▷ 밥째(역3)끼니때 04y(시령)
▷ 밥짓다(역1)밥을 짓다 49y(식이)
　밥지을(왜1)밥지을(짓다) 50y(식이)
▷ 밥풀(역1)밥풀 49z(식이)

▷ 밧(역2)밭   07z(전농)
　밭(동2)밭   01z(전농)
　밧(역3)밭   42y(전농)
　밭(왜2)밭   03y(전농)
　밭(몽2)밭   01z(전농)
　밭(몽3)밭   22y(전농)
▷ 밧(동1)밖   10y(지리)
　밭(왜1)밖   12y(지리)
　밧(몽1)밖   08z(지리)
▷ 밧가다(역2)밭을 갈다   08z(전농)
　밭가다(동2)밭을 갈다   01z(전농)
　밭가다(몽2)밭을 갈다   01z(전농)
▷ 밧걸오다(역2)밭을 걸구다   08y(전농)
▷ 밧고다(동2)바꾸다   27z(매매)
　밧고다(역3)바꾸다   38y(매매)
　밭고다(왜1)바꾸다   56y(매매)
　밧고다(몽2)바꾸다   22y(매매)
▷ 밧그로(몽3)밖으로   04y(지리)
▷ 밧다(역1)받다   25z(사관)
　밧다(역2)받다   26z(비금)
　밧다(동2)받다   12z(전어)
　밧다(역3)받다   07z(궁궐)
　밧다(몽1)받다   23y(동정)
　밧다(몽2)받다   25z(형옥)
▷ 밧다(동2)쓰다, 받치다   13z(기구)
　밧다(역3)쓰다, 받치다   44z(기구)
　밧다(몽2)쓰다, 받치다   10y(기구)
▷ 밧다(역1)뱉다   38y(기식)
　밧다(역2)뱉다   53z(쇄설)
　비얏다(동1)뱉다   63z(식이)
　비얏다(몽1)뱉다   49z(식이)
▷ 밧다(역2)밭다(목이~)   47y(쇄설)
▷ 밧다(역1)비기다   16y(학교)
▷ 밧다(역1)박다   47y(복식)

▷ 밧두듥(역2)밭두둑   09y(전농)
▷ 밧븐다(역1)바쁘다   24y(관역)
　밧브다(동2)바쁘다   52z(쇄설)
　밧부다(역3)바쁘다   56z(쇄설)
　밧부다(몽2)바쁘다   44y(쇄설)
▷ 밧비(역3)바삐   54y(쇄설)
▷ 밧비ᄒ다(역3)바삐 하다   59y(쇄설)
▷ 밧썅죠알이(역3)자라걸음   20z(인품)
▷ 밧쥽다(역1)받잡다   47y(복식)
　밧쥽다(역3)받다   08z(공식)
▷ 밧편(동1)밖, 바깥   10y(지리)
　밧편(몽1)밖, 바깥   08z(지리)
▷ 방(역1)방   17y(궁궐)
　방(역3)방   19y(사관)
▷ 방거(왜2)물레   10z(직조)
▷ 방긔(동1)방귀   21y(기식)
　방긔(왜1)방귀   19z(신체)
▷ 방긔ᄒ다(역1)방귀를 뀌다   39z(기식)
　방긔ᄒ다(동1)방귀를 뀌다   21y(기식)
▷ 방광(왜1)방광   19y(신체)
▷ 방마치(역2)방망이   16y(기구)
　방마치(동2)방망이   15z(기구)
　방마치(몽2)방망이   11z(기구)
▷ 방물(왜1)지방산물   37y(공식)
▷ 방비(왜1)방비   40y(교열)
▷ 방ㅅ쟝(동1)弓棚子   50y(군기)
　방ㅅ쟝(몽1)弓棚子   38y(군기)
▷ 방사오리(역2)兀子   19y(기구)
▷ 방셔(역3)방석   44z(기구)
▷ 방셕(동1)방석   58z(복식)
　방셕(왜2)방석   13y(기구)
　방셕(몽1)방석   45z(복식)
▷ 방ᄉ쥬(동2)명주를 짜다   24z(직조)
　방ᄉ쥬(몽2)명주를 짜다   20y(직조)

▷ 방쟝(왜2)방장　48y(쇄설)
▷ 방조각(역2)쪼각을 깁다　06y(재봉)
　방조각(동2)쪼각을 깁다　26y(직조)
　방조각(몽2)쪼각을 깁다　21z(직조)
▷ 방쥬(왜2)명주를 짜다　10y(직조)
▷ 방즈(왜1)방자하다　25y(성정)
▷ 방즈ᄒ다(동1)방자하다　32z(인사)
▷ 방즈ᄒ다(몽1)방자하다　25y(인사)
▷ 방춋돌(역2)방치돌　16y(기구)
　방츄ㅅ돌(동2)방치돌　15z(기구)
　방츄ㅅ돌(몽2)방치돌　11z(기구)
▷ 방패(역1)방패　22z(군기)
　방패(동1)방패　50y(군기)
　방패(역3)방패　16z(군기)
　방패(왜1)방패　41y(군기)
　방패(몽1)방패　38y(군기)
▷ 방포(역3)방포　17y(군기)
　방포(왜1)방포　41z(군기)
▷ 방하(역2)방아　16z(기구)
　방하(동2)방아　02z(전농)
　방하(왜2)방아　04y(전농)
　방하(몽2)방아　02z(전농)
　방하(몽3)방아　22z(전농)
▷ 방핫고(역2)방아확　16z(기구)
　방하ㅅ고(동2)방아확　03y(전농)
　방하ㅅ고(몽2)방아확　02z(전농)
▷ 방하허리(역2)방아허리　17y(기구)
▷ 방핫확(역2)방아확　17y(기구)
　방하확(역3)방아확　44y(기구)
▷ 방핫봇(역2)방아채　16z(기구)
▷ 방혁(몽3)북　18y(군기)
▷ 방올(동2)방울　11z(사관)
　방올(역3)방울　19y(사관)
　방올(왜2)방울　17y(기구)

　방올(몽2)방울　08z(사관)
▷ 방올지다(역3)방울지다　50z(수족)
▷ 방애(버로)(역1)난전　08y(지리)
▷ 바븨다(역1)비비다　39z(동정)
▷ 뱝새(동2)뱁새　35z(비금)
　뱝새(몽2)뱁새　29z(비금)
▷ 뱡어(역2)방어　37y(수족)
　방어(왜2)방어　25y(수족)
▷ 버금(역1)버금　10y(관부)
　버금(동1)버금　39y(관직)
　버금(왜2)버금　40z(쇄설)
　버금(몽1)버금　29y(관직)
▷ 버굿(역1)바가지, 쪽박　23y(전어)
▷ 버긔오다(역3)버그러지게 하다　60y(쇄설)
▷ 버다(동2)터지다(꽃망울이～)　46y(화초)
　버다(역3)터지다(꽃망울이～)　50z(화초)
　버다(몽2)터지다(꽃망울이～)　38z(화초)
　버다(몽3)터지다(꽃망울이～)　39y(쇄설)
▷ 버들(역2)버들　14z(기구)
　버들(왜2)버들　28z(수목)
　버들(몽2)버들　37y(수목)
▷ 버들(왜2)뻐들(뺏다), 도망치다　42y(쇄설)
▷ 버들가야지(몽2)버들개지　37y(수목)
　버들개야지(동2)버들개지　45y(수목)
▷ 버들나모(역2)버드나무　43z(수목)
　버들나모(동2)버드나무　44y(수목)
▷ 버룻(역3)버릇　55y(쇄설)
　버릏(왜2)버릇　24z(주수)
▷ 버룻격이다(몽3)掙跳　32z(주수)
▷ 버리(동2)유리　23z(진보)
　보리(몽2)유리　19y(진보)
▷ 버리다(역2)버리다, 던지다　45z(쇄설)
　버리다(동1)버리다, 던지다　52z(례도)
　버리다(동2)버리다, 던지다　60z(쇄설)

버릴(왜2)버릴(버리다) 43y(쇄설)
▷ 버리다(역1)벌리다 59z(연향)
　버리다(동1)벌리다 26z(동정)
　버리다(역3)벌리다 25z(동정)
　버리다(몽3)벌리다 11y(동정)
▷ 버레(동2)벌레 43y(곤충)
　베레(왜2)벌레 26z(곤충)
　버레(몽2)벌레 36y(곤충)
　버레(몽3)벌레 34z(곤충)
▷ 버레나다(동2)벌레가 나다 06z(식이)
　버레나다(몽2)벌레가 나다 05y(식이)
▷ 버레먹다(동2)벌레가 먹다 02z(전농)
　벌레먹다(역3)벌레가 먹다 42z(전농)
　버레먹다(몽2)벌레가 먹다 02y(전농)
▷ 버무레(동2)咳網 13y(전어)
　버브레(역3)咳網 17z(전어)
▷ 버무리다(역2)버무리다 34z(주수)
　버무리다(동1)버무리다 60z(식이)
　버무리다(몽1)버무리다 47y(식이)
▷ 버므다(역1)련루되다 66y(쟁송)
　버무다(몽3)간섭하다 29z(쟁송)
▷ 버서나다(동2)벗어나다 31z(형옥)
　버서나다(몽2)벗어나다 26y(형옥)
　버서나다(몽3)벗어나다 14y(인사)
▷ 버서지다(동2)벗어지다 09y(질병)
　버서지다(역3)벗어지다 26y(동정)
　버서지다(몽2)벗어지다 46y(쇄설)
　버서지다(몽3)벗어지다 24z(질병)
▷ 버성긔다(몽3)버성기다 36y(쇄설)
▷ 버스스(동2)나른하다 57z(쇄설)
▷ 버슨금차할비단(역2)담황색비단 04y(직조)
▷ 버슨분홍비단(역2)분홍색비단 04y(직조)
▷ 버슬(왜1)벗을(벗다) 47y(복식)
▷ 버습ᄒ다(동2)느슨하다 54y(쇄설)

버습ᄒ다(역3)느슨하다 55y(쇄설)
　버습ᄒ다(몽2)느슨하다 46y(쇄설)
▷ 버슷(역2)버섯 12z(채소)
　버슷(동2)버섯 04z(채소)
　버션(왜2)버섯 06y(채소)
　버슷(몽2)버섯 04y(채소)
▷ 버좀(역1)버짐 62z(질병)
　버즘(동2)버짐 07z(질병)
　버즘(왜1)버짐 51z(질병)
　버즘(몽2)버짐 06y(질병)
▷ 버튀오다(역2)버티우다 45z(쇄설)
　버튀우다(역2)버티우다 48y(쇄설)
　버튀오다(동1)버티우다 50z(군기)
　버틔오다(동1)버티우다 36y(궁궐)
　버틔오다(몽1)버티우다 27y(궁궐)
▷ 버틔다(역3)버티다 29z(복식)
　버틔다(몽3)버티다 37z(쇄설)
▷ 버히다(역1)베다 55y(식이)
　베히다(역1)베다 37z(잉산)
　버히다(동1)베다 46z(교열)
　버히다(역3)베다 44y(기구)
　베히다(왜1)베다 55y(형옥)
　버히다(몽1)베다 35z(교열)
　버이다(몽1)베다 46z(식이)
　버히다(몽3)베이다 24z(질병)
▷ 버으다(역3)벌다 38z(매매)
▷ 벅겨오다(역2)베껴오다 51y(쇄설)
▷ 벅구기(동2)뻐꾸기 35z(비금)
　벅국이(몽2)뻐꾸기 29z(비금)
▷ 벅국새(왜2)뻐꾸기 21z(비금)
▷ 벅벅(왜1)응당 28z(어사)
▷ 벅벅이(역2)반드시 54y(쇄설)
　벅버기(동2)반드시 47z(쇄설)
　벅벅이(역3)반드시 53y(쇄설)

벅벅이(몽2)반드시   40y(쇄설)
▷ 번거(왜2)번거(번거롭다)   36y(쇄설)
▷ 번ᄀ다(동1)번을 갈다   51z(정사)
▷ 번게(역1)번개   02z(천문)
　번게(동1)번개   02z(천문)
　번게(역3)번개   02z(천문)
　번게(왜1)번개   02z(천문)
　번게(몽1)번개   02y(천문)
▷ 번게치다(몽1)번개치다   02y(천문)
▷ 번게ᄒ다(동1)번개치다   02z(천문)
　번게ᄒ다(역3)번개치다   02z(천문)
▷ 번나다(동1)번을 서다   51z(정사)
　번나다(역3)번을 서다   09z(공식)
　번나다(몽1)번을 서다   39z(정사)
▷ 번돌리다(동1)번을 돌리다   51z(정사)
　번돌리다(몽1)번을 돌리다   39z(정사)
▷ 번드기다(동2)번득이다   60z(쇄설)
　번드기다(몽2)번득이다   50y(쇄설)
▷ 번드기다(왜2)번지다   37z(쇄설)
▷ 번드다(동1)번을 들다   51z(정사)
　번득이다(역3)번득이다   02z(천문)
　번드다(몽1)번을 들다   39z(정사)
▷ 번듯번듯ᄒ다(몽3)번뜩번뜩하다 02y(천문)
▷ 번데지다(몽3)번져지다   37z(쇄설)
▷ 번방(왜1)변방   34z(성곽)
▷ 번셩ᄒ다(왜2)번성하다   31z(화초)
▷ 번잡(몽1)번잡   39y(정사)
▷ 번챠ᄒ다(동2)차를 번지다   19z(주강)
　번챠ᄒ다(몽2)차를 번지다   15y(주강)
▷ 번홍비단(역2)반홍색 비단   04y(직조)
▷ 번화(왜2)번화하다   44y(쇄설)
▷ 번열ᄒ다(동2)열이 나다   07z(질병)
　번열ᄒ다(몽2)열이 나다   06y(질병)
▷ 벋(동1)벗   12z(친속)

벋(몽1)벗   10y(친속)
▷ 벌(역2)벌   36y(곤충)
　벌(왜2)벌   27y(곤충)
▷ 벌(왜2)배렬   37z(쇄설)
▷ 벌(왜2)벌(한~)   39z(쇄설)
▷ 벌거벗다(동1)벌거벗다   57z(복식)
　벌거벗다(몽1)벌거벗다   45y(복식)
▷ 벌쩍(역3)벌떡   25z(동정)
▷ 벌쩍이다(역3)벌떡이다   60z(쇄설)
▷ 벌이다(역3)비호하다   51z(쇄설)
▷ 벌임(역3)비호함   51z(쇄설)
▷ 벌통(몽3)벌통   34y(곤충)
▷ 벐블(역1)부대를 일구다   08z(지리)
▷ 범(역2)범   33z(주수)
　범(동2)범   37y(주수)
　범(역3)범   48z(주수)
　범(왜2)범   23y(주수)
　범(몽2)범   31y(주수)
　범(몽3)범   50z(전어)
▷ 범거시(역3)동포   61y(쇄설)
▷ 범나븨(동2)범나비   42z(곤충)
　범나븨(몽2)범나비   35z(곤충)
▷ 범람(왜1)범람   24z(성정)
▷ 범ᄒ다(왜1)범하다   54y(형옥)
▷ 범아귀(동1)범아귀   16z(신체)
　범아귀(몽1)범아귀   13z(신체)
▷ 법(역3)법, 방법   53y(쇄설)
▷ 법(왜1)법   54y(형옥)
▷ 법도(동1)법도   13y(인품)
▷ 법쥬(역1)법주   25z(사관)
▷ 법텹(왜1)법첩, 법서   38z(학교)
▷ 벗(역1)산복숭아   56y(식이)
▷ 벗겨내다(동2)벗겨내다   31y(형옥)
　벗겨내다(몽2)벗겨내다   26y(형옥)

▷ 벗겨드리나(역1)벗겨드리다   67y(형옥)
▷ 벗기다(역1)베끼다   25y(창고)
　벗기다(동1)베끼다   44y(학교)
　벗기다(역3)베끼다   12y(학교)
　벗기다(몽1)베끼다   33z(학교)
▷ 벗기다(역1)벗기다   24y(관역)
　벗기다(동1)벗기다   57z(복식)
　벗기다(동2)벗기다   06y(식이)
　벗기다(역3)벗기다   28z(복식)
　벗기다(몽1)벗기다   45y(복식)
　벗기다(몽2)벗기다   05z(식이)
▷ 벗기지르다(동1)벗기다   57z(복식)
　벗기지르다(몽3)벗기다   20y(복식)
▷ 벗다(역1)벗다   33y(상장)
　벗다(동1)벗다   57z(복식)
　벗다(동2)벗다   11y(상장)
　벗다(역3)벗다   55z(쇄설)
　벗다(몽1)벗다   44z(복식)
　벗다(몽2)벗다   08y(상장)
　벗다(몽3)벗다   34y(곤충)
▷ 벗진는물(역2)벗(친구)
　짓는 말   30y(주수)
▷ 벗치다(역3)뻗치다   37y(쟁송)
　벗치다(역3)뻗치다   59z(쇄설)
▷ 벗텅(역2)틀   17z(기구)
▷ 벗틔오다(역3)버티다   44y(기구)
▷ 벙어리(역1)벙어리   29z(인품)
　벙어리(동2)벙어리   09y(질병)
　벙어리(왜1)벙어리   52y(질병)
　벙어리(몽2)벙어리   07y(질병)
▷ 벙어린테ᄒ다(역1)벙어린체하다 30y(인품)
▷ 벙웃거리다(역1)벙긋거리다   40y(동정)
▷ 벼(역2)벼   08z(전농)
　벼(동2)벼   03y(화곡)

　벼(왜2)벼   04z(화곡)
　벼(몽2)벼   02z(화곡)
▷ 벼겁풀(왜2)벼까풀   04y(전농)
▷ 벼개(역2)베개   16y(기구)
　벼개(동1)베개   58z(복식)
　벼개(왜1)베개   46z(복식)
　벼개(몽1)베개   45z(복식)
▷ 벼개ㅅ모(역2)베개모   16y(기구)
▷ 벼로(역2)벼루   19z(기구)
　벼로(동1)벼루   44z(학교)
　별로(역3)벼루   12z(학교)
　벼로(왜1)벼루   39y(학교)
　벼로(몽1)벼루   33z(학교)
▷ 벼로다(동2)나누다   28y(매매)
　벼로다(몽3)나누다   29y(매매)
▷ 벼로다(동2)벼르다   34y(마육)
　벼로다(몽2)벼르다   27y(마육)
▷ 벼룩(역2)벼룩   35z(곤충)
　벼룩(동2)벼룩   43z(곤충)
　벼룩(역3)벼룩   50y(곤충)
　벼룩(왜2)벼룩   27z(곤충)
　벼룩(몽2)벼룩   36z(곤충)
▷ 벼룻집(역2)벼루집   19z(기구)
▷ 벼ㅅ죄이다(몽3)볕을 쬐이다   03y(시령)
▷ 벼술(역1)벼슬   13y(관직)
　벼슬(동1)벼슬   39y(관직)
　벼슬(역3)벼슬   10y(관직)
　벼슬(역3)벼슬   10y(관직)
　벼슬(왜1)벼슬   36z(관직)
　벼슬(몽1)벼슬   29y(관직)
▷ 벼술ᄒ다(역1)벼슬하다   13z(관직)
　벼슬ᄒ다(역1)벼슬하다   27y(존비)
　벼슬ᄒ다(동1)벼슬하다   39z(관직)
　벼슬ᄒ다(몽1)벼슬하다   29z(관직)

▷ 벽(역1)벽돌 19z(궁궐)
　벽(동1)벽돌 36y(궁궐)
　벽(역3)벽돌 14z(궁궐)
　벽(몽1)벽돌 27y(궁궐)
▷ 벽드르운믄(역2)벽드리운 무늬 05y(직조)
▷ 벽려(왜2)줄사철나무 31y(화초)
▷ 벽력(왜1)벼락 02z(천문)
▷ 벽쟝(동1)벽돌 36z(궁궐)
　벽쟝(몽1)벽돌 27y(궁궐)
▷ 변기ᄒ다(동2)개변하다 56z(쇄설)
　변기ᄒ다(몽3)개변하다 05z(인품)
▷ 변대(동2)멜대, 멜채 15z(기구)
　변대(몽2)멜대, 멜채 11y(기구)
　변대(몽3)멜대, 멜채 12z(동정)
▷ 변리(동2)변리 27z(매매)
　별리(역3)변리 38z(매매)
　변리(왜1)변리 56z(매매)
　변리(몽2)변리 22y(매매)
▷ 변시(역1)편식 52y(식이)
▷ 변ᄉᄒ다(동1)변사하다 33z(인사)
　변ᄉᄒ다(역3)변사하다 24z(기식)
　변ᄉᄒ다(몽1)변사하다 25z(인사)
▷ 변치아니타(몽3)변치 않다 13y(인사)
▷ 변통(왜2)변통 48z(쇄설)
▷ 변ᄒ다(동2)변하다 56z(쇄설)
　변ᄒ다(역3)변하다 01z(천문)
　변ᄒ다(왜2)변하다 37y(쇄설)
　변ᄒ다(몽2)변하다 48y(쇄설)
▷ 변화ᄒ다(몽2)변화하다 48y(쇄설)
▷ 별(역1)별 02y(천문)
　별(동1)별 02y(천문)
　별(역3)별 08y(관부)
　별(왜1)별 01z(천문)
　별(몽1)별 02y(천문)

▷ 별로(동2)별로 53y(쇄설)
　별로(몽2)별로 44z(쇄설)
▷ 별복(왜1)별복 37y(공식)
▷ 별치(왜1)별채 36y(관직)
▷ 별호(왜1)별호, 별명 14z(친속)
▷ 별악(역1)벼락 02z(천문)
　벼락(몽1)벼락 02z(천문)
▷ 별악티다(역1)벼락치다 02z(천문)
　벼락치다(몽1)벼락치다 02y(천문)
▷ 별이(역1)벼리 23y(전어)
　벼리(동2)벼리 13y(전어)
　벼리(왜2)벼리 16y(기구)
　벼리(몽1)벼리 50z(전어)
▷ 법새(역2)뱁새 28z(비금)
▷ 벗(역2)벗 25z(비금)
　벗(동2)벗 36y(비금)
　벗(몽2)벗 30y(비금)
▷ 볏(역2)볕 08y(전농)
　볕(동1)볕 03z(천문)
　볏(역3)볕 29z(복식)
　볕(왜1)볕 06z(시령)
　볕(왜2)볕 41z(쇄설)
　볏(몽1)볕 03y(천문)
　볏(몽3)볕 22z(전농)
▷ 볏틔(역2)볕에 47z(쇄설)
　볏희(동2)볕에 55z(쇄설)
　볏희(몽2)볕에 47y(쇄설)
▷ 병(역1)병 63y(질병)
　병(동2)병 06z(질병)
　병(역3)병 35z(의약)
　병(왜1)병 50z(질병)
　병(몽2)병 07y(질병)
▷ 병(동2)병 14y(기구)
　병(역3)병 43z(기구)

병(왜2)병   14y(기구)
　병(몽2)병   12z(기구)
▷ 병(왜1)병(丙)   07y(시령)
▷ 병드다(역1)병들다   61y(질병)
　병드다(동2)병들다   06z(질병)
　병드다(역3)병들다   34y(질병)
　병들다(역3)병들다   34z(질병)
▷ 병든사룸(동2)병자, 환자   06z(질병)
▷ 병부(왜1)병부   41z(군기)
▷ 병작ᄒ다(역3)병작하다   42z(전농)
▷ 병쟉이(역3)병쟁이   34y(질병)
▷ 병즛다(몽3)병잦다   23z(질병)
▷ 병통만타(몽3)병이 많다   14z(인사)
▷ 병폐ᄒ다(동2)병폐하다   09y(질병)
　병폐ᄒ다(몽2)병폐하다   07y(질병)
▷ 병풍(동2)병풍   13z(기구)
　병풍(역3)병풍   44y(기구)
　병풍(왜2)병풍   13y(기구)
　병풍(몽2)병풍   10y(기구)
▷ 병홀이다(역1)병 낫다   64y(의약)
　병ᄒ리다(역3)병 낫다   35z(의약)
▷ 병아리(몽3)병아리   30z(비금)
▷ 병어(왜2)방어   25z(수족)
▷ 보(동1)보   59y(복식)
　보(몽1)보   45z(복식)
▷ 보(역2)보자기   15z(기구)
　보(왜2)보자기   16y(기구)
▷ 보(동2)보증   28y(매매)
　보(왜1)보증   56z(매매)
　보(몽2)보증   22z(매매)
▷ 보(역1)보, 들보   18y(궁궐)
▷ 보(역2)보습   08y(전농)
▷ 보검(왜1)보검   40z(군기)
▷ 보기(역3)보기   57z(쇄설)

▷ 보궐ᄒ다(몽3)頂缺   16z(관직)
▷ 보끔자리(역2)보금자리   25y(비금)
　보곰쟈리(몽3)보금자리   31y(비금)
▷ 보내다(역1)보내다   61y(연향)
　보내다(역2)보내다   53z(쇄설)
　보내다(동1)보내다   25z(언어)
　보내다(동2)보내다   52y(쇄설)
　보내다(역3)보내다   54y(쇄설)
　보낼(왜1)보낼(보내다)   43z(연향)
　보내다(몽1)보내다   23y(동정)
　보내다(몽3)보내다   18z(정사)
▷ 보내여오다(동2)보내오다   52y(쇄설)
　보내여오다(몽1)보내오다   23y(동정)
▷ 보다(역2)보다   46z(쇄설)
　보다(동1)보다   28z(동정)
　보다(동2)보다   59y(쇄설)
　보다(역3)보다   08y(관부)
　보다(왜1)보다   30z(동정)
　보다(몽1)보다   22y(동정)
　보다(몽2)보다   49z(쇄설)
　보다(몽3)보다   12y(동정)
▷ 보도록(역3)볼수록   60z(쇄설)
▷ 보라매(역2)보라매   26y(비금)
　보라매(동2)보라매   35y(비금)
　보라미(몽3)보라매   30z(비금)
▷ 보람(역3)보람, 표시   41y(직조)
▷ 보람두다(역2)표시해두다   45y(쇄설)
▷ 보람칙(역3)적어두는 책   12z(학교)
▷ 보람ᄒ다(역1)영업하다   69y(매매)
▷ 보롬(역1)보름   04y(시령)
　보롬(왜1)보름   04z(시령)
　보롬(몽1)보름   03z(시령)
▷ 보롬날(동1)보름날   04y(시령)
▷ 보리(역2)보리   09z(화곡)

보리(동2)보리　03y(화곡)
보리(왜2)보리　04z(화곡)
볼이(몽2)보리　03y(화곡)
보리(몽3)보리　23y(화곡)
▷ 보리ㅅ집(역3)보리짚　43y(화곡)
▷ 보리와리(역1)古朶　22z(군기)
▷ 보믜(동2)겨　06y(식이)
▷ 보믜(동2)녹, 동록　24y(진보)
　보믜(몽2)녹, 동록　19y(진보)
▷ 보믜쓰다(동2)녹쓸다　24y(진보)
　보믜쓰다(몽2)녹쓸다　19z(진보)
▷ 보방ㅎ다(역1)보방(보석)되다　66y(쟁송)
▷ 보비(동2)보배　23y(진보)
　보비(왜2)보배　08y(진보)
　보비(몽2)보배　18z(진보)
▷ 보살(왜1)보살　53z(사관)
▷ 보션(동1)보선, 양말　56z(복식)
　보션(왜1)보선, 양말　46z(복식)
　보션(몽1)보선, 양말　44y(복식)
▷ 보슈(왜1)복수하다　40z(교열)
▷ 보시ㅎ다(역1)보시하다　26y(사관)
　보시ㅎ다(동2)보시하다　12y(사관)
　보시ㅎ다(몽2)보시하다　09z(사관)
▷ 보십(역2)보습　08y(전농)
　보십(동2)보습　02z(전농)
　보십(왜2)보습　03y(전농)
　보십(몽2)보습　02y(전농)
▷ 보십ㄴ롯나모(역2)보습끝채　08y(전농)
▷ 보십놀(역2)보습날　08y(전농)
　보십놀(몽3)보습날　22z(전농)
▷ 보슯피다(역2)보살피다　45y(쇄설)
　보술피다(동1)보살피다　34z(인사)
　보슯피다(동1)보살피다　54y(잉산)
　보슯피다(몽1)보살피다　41z(잉산)

보슯히다(몽1)보살피다　25z(인사)
▷ 보쟝ㅎ다(몽1)보장하다　34y(학교)
▷ 보젼ㅎ다(동2)비호하다　56y(쇄설)
　보젼ㅎ다(몽2)비호하다　47z(쇄설)
▷ 보죠개우믈(역3)보조개　22y(신체)
▷ 보죠개(동1)보조개　15z(신체)
　보죠개(왜1)보조개　16z(신체)
　보죠개(몽1)보조개　12z(신체)
▷ 보채다(역2)보채다　44y(쇄설)
　보채다(동1)보채다　32z(인사)
　보채다(역3)보채다　52z(쇄설)
　봇채다(역3)보채다　57y(쇄설)
　보채다(몽1)보채다　25y(인사)
▷ 보탤(왜2)보탤(보태다)　33y(쇄설)
▷ 보ㅎ다(왜2)알리다　41y(쇄설)
▷ 보힝(왜1)보행　15z(인품)
▷ 보ᄋ(역2)보시기　13z(기구)
　보ᄋ(동2)보시기　14y(기구)
　보ᄋ(몽2)보시기　10z(기구)
▷ 보와ㅎ다(몽3)빌리다　08z(성정)
▷ 복(역2)복어　38y(수족)
　복(동2)복어　42y(수족)
　복(몽2)복어　34z(수족)
▷ 복(역2)복　53z(쇄설)
　복(역3)복　60y(쇄설)
　복(왜2)복　34y(쇄설)
　복(몽3)복　05y(인품)
▷ 복날(역3)복날　03z(시령)
▷ 복닙다(역1)상복입다　33y(상장)
▷ 복다(역1)볶다　51y(식이)
　복다(동1)볶다　60z(식이)
　복다(왜1)볶다　48z(식이)
　복다(몽1)볶다　47y(식이)
▷ 복명(왜1)배에서 소리가 나다　21y(기식)

▷ 복물(왜2)복물　18y(안비)

▷ 복병(왜1)복병　39y(교열)

▷ 복쇼아뼈(역1)복사뼈　36z(신체)

　복쇼아쪄(동1)복사뼈　17y(신체)

　복쇼아쪄(몽3)복사뼈　06z(신체)

▷ 복쇼와(역1)복숭아　56y(식이)

　복쇼아(동2)복숭아　05z(식이)

　복쇼아(몽2)복숭아　04z(식이)

▷ 복쇼와또기(역1)털복숭아　56y(식이)

▷ 복자(왜1)점을 치는 사람　15z(인품)

▷ 복주(몽3)明流子　25z(기구)

▷ 복통(왜1)복통　51y(질병)

▷ 본(동1)본　41y(성곽)

　본(역3)본, 원적　55z(쇄설)

　본(몽1)본, 원적　10z(친속)

▷ 본도기(역2)번데기　03y(잠상)

▷ 본디(동2)본래　47y(쇄설)

▷ 본디(역1)본래　47y(연향)

　본디(역3)본래　53z(쇄설)

　본디(몽2)본래　39z(쇄설)

▷ 본밧다(동1)본받다　43y(학교)

　본바들(왜2)본받을(본을 받다)　36y(쇄설)

　본밧다(몽1)본받다　33y(학교)

　본보기(몽3)본보기　20y(복식)

▷ 본셩(역3)본성　60y(쇄설)

▷ 본식(역3)본색　60z(쇄설)

▷ 본증(역1)증거인　66y(쟁송)

▷ 본옷보내다(역1)례장감을보내다 42y(례도)

▷ 볼기(역1)볼기　36y(신체)

　볼기(동1)볼기　17y(신체)

　볼기(왜1)볼기　18y(신체)

　볼기(몽1)볼기　13z(신체)

▷ 볼기롬(몽3)볼기름　21y(식이)

▷ 볼기티다(역1)볼기를 치다　67z(형옥)

볼기티다(동2)볼기를 치다　30z(형옥)

볼기티다(몽2)볼기를 치다　25y(형옥)

▷ 볼기짝(역3)볼기짝　22z(신체)

　볼기짝(몽3)볼기짝　06z(신체)

▷ 볼모(왜1)볼모, 전당　56z(매매)

▷ 볼찌(동1)볼기　55z(복식)

　볼찌(역3)볼기　28z(복식)

　볼찌(몽3)볼기　19z(복식)

▷ 봄(역1)봄　03z(시령)

　봄(동1)봄　03z(시령)

　봄(왜1)봄　03y(시령)

　봄(몽1)봄　03y(시령)

▷ 봄의(역3)겨　31z(식이)

▷ 봄의(역3)녹　46y(기구)

▷ 봇(동1)봇　47z(군기)

　봇(역3)봇　16y(군기)

▷ 봇나모(역2)봇나무　43y(수목)

　봇나모(동2)봇나무　44z(수목)

　봇(왜2)봇나무　28z(수목)

　봇나모(몽2)봇나무　37y(수목)

▷ 봉(역1)봉우리　06z(지리)

　봉오리(몽2)봉오리　38z(화초)

▷ 봉(역2)봉황　05y(직조)

　봉황(왜2)봉황　20z(비금)

▷ 봉션화(역2)봉선화　40y(화초)

　봉션화(왜2)봉선화　30y(화초)

▷ 봉슈(왜1)봉화, 홰불　34z(성곽)

▷ 봉쵸(동2)봉초하다, 자백하다　29z(쟁송)

　봉쵸(역3)봉초하다, 자백하다　37y(쟁송)

　봉쵸(왜1)봉초하다, 자백하다　54z(형옥)

　봉쵸(몽2)봉초하다, 자백하다　24y(쟁송)

▷ 봉ᄒ다(동1)봉하다　35z(궁궐)

　봉ᄒ다(왜2)봉하다(임금을～)　33y(쇄설)

　봉ᄒ다(몽1)봉하다　29y(관직)

▷ 봉오송이(역2)쑥뭉치 41y(화초)
▷ 부나븨(동2)부나비 43y(곤충)
　부납이(역3)부나비 49z(곤충)
　부나븨(몽2)부나비 35z(곤충)
▷ 부다(동1)불다(바람~) 03y(천문)
　부다(역3)불다(바람~) 02y(천문)
　부다(몽1)불다(바람~) 03y(천문)
▷ 부다(역1)불다 20z(교열)
　부다(동1)불다 50y(군기)
　부다(몽1)불다 38y(군기)
▷ 부다(몽3)뿜다 32z(주수)
▷ 부뎐(역1)자개박이 44z(복식)
▷ 부돌주지(역2)부들주지 41z(화초)
▷ 부드럽다(동1)부드럽다 22y(성정)
　부드럽다(몽1)부드럽다 17y(성정)
　부드러오다(왜1)부드럽다 23z(성정)
▷ 부득이(몽2)부득이 40z(쇄설)
▷ 부들(역2)부들 40z(화초)
　부들(동2)부들 46z(화초)
　부들(왜2)부들 31y(화초)
　부들(몽2)부들 39y(화초)
▷ 부들쾅지(역3)부들광주리 45z(기구)
▷ 부들업게(역3)부드럽게 49z(주수)
▷ 부대(동2)부대 16y(기구)
　부대(왜2)부대 15z(기구)
　부대(몽2)부대 11z(기구)
▷ 부듸잇다(동2)부딪치다 29y(쟁송)
　부듸칠(왜2)부딪칠(부딪치다) 39y(쇄설)
　부듸잇다(몽2)부딪치다 23z(쟁송)
▷ 부듸잇다(몽3)내던지다 12y(동정)
▷ 부딪치기(역3)부딪치기 19z(인품)
▷ 부러(역2)일부러 43z(쇄설)
　부러(동2)일부러 50y(쇄설)
　부러(몽2)일부러 42y(쇄설)

▷ 부러지다(동1)부러지다 49y(군기)
　브러지다(동2)부러지다 53z(쇄설)
　부러지다(몽1)부러지다 37y(군기)
　브러지다(몽2)부러지다 45y(쇄설)
　부러지다(몽3)부러지다 39y(쇄설)
▷ 부러진눈(역3)부러워하는 눈길 21z(신체)
▷ 부러ᄒ다(왜2)부러워하다 35z(쇄설)
▷ 부럽다(동1)부럽다 34y(인사)
▷ 부로(역2)상추 10z(채소)
　부루(몽3)상추 22y(전농)
　부루(왜2)상추 05z(채소)
▷ 부룻다(역1)부르트다 62z(질병)
　부릇다(역3)부르트다 22z(신체)
　불웃다(역3)부르트다 34z(질병)
▷ 부루다(동1)부르다 63z(식이)
　부루다(몽1)부르다 49z(식이)
　부르다(역3)부르다 60y(쇄설)
　불으다(역3)부르다 14y(궁궐)
　부르다(왜1)부르다 21y(기식)
　브를(왜1)부를(부르다) 49z(식이)
　부르다(몽3)부르다 33y(주수)
▷ 부루몰(역2)부루말 28z(주수)
　부루몰(동2)부루말 37z(주수)
　부루몰(몽2)부루말 31y(주수)
▷ 부룻대(역2)상추대 10z(채소)
▷ 부르다(왜2)정박하다, 머물다 19y(주강)
▷ 부리(역1)부리, 주둥이 30y(인품)
　부리(역2)부리, 주둥이 52z(쇄설)
　부리(동2)부리, 주둥이 34y(마욕)
　부리(역3)부리, 주둥이 20z(인품)
　부리(왜2)부리, 주둥이 22z(비금)
　부리(몽2)부리, 주둥이 30y(비금)
　부리(몽3)부리, 주둥이 14z(인사)
▷ 부리다(동1)부리다 51y(정사)

부리다(동2)부리다   34y(마욕)
부리다(몽1)부리다   39y(정사)
부리다(몽2)부리다   27z(마욕)
▷부리짓다(동2)곪아 터지다   08y(질병)
부리짓다(역3)곪아 터지다   35y(질병)
부리지다(몽3)곪아 터지다   24z(질병)
▷부리욱이다(몽3)옷소매를조이다   20y(복식)
▷부레도관(동2)부레도관   17y(장기)
부레ㅅ도관(역3)부레도관   45y(기구)
부레도관(몽2)부레도관   13y(장기)
▷부레칠ᄒ다(몽3)부레칠하다   39z(쇄설)
▷부마(왜1)부마   35z(관직)
▷부부(왜1)부부   13y(친속)
▷부슬부슬(몽1)부슬부슬   02z(천문)
▷부ᄉ(왜1)부사   36y(관직)
▷부술부술(동1)부슬부슬   02z(천문)
▷부세밧다(동1)부세를 받다   51z(정사)
부세밧다(몽1)부세를 받다   39z(정사)
▷부쇠(역2)부시   18z(기구)
부쇠(동1)부시   49z(군기)
부쇠(몽1)부시   37z(군기)
▷부쇳깃(역2)부시깃   18z(기구)
부쇠ㅅ깃(동1)부시깃   49z(군기)
부쇠ㅅ깃(몽1)부시깃   37z(군기)
▷부쇳돌(역2)부시돌   18z(기구)
부쇠ㅅ돌(동1)부시돌   49z(군기)
부쇠ㅅ돌(몽1)부시돌   37z(군기)
▷부싀다(동2)부시다   16z(기구)
부싀다(몽2)부시다   12y(기구)
▷부쉰ᄃ시(역3)부신듯이   61y(쇄설)
▷부작(왜2)부작   46y(쇄설)
▷부작ᄒ다(역1)부작하다   28y(인품)
▷부절업시(역2)부절없이   46z(쇄설)
부절업시(동1)부절없이   27y(동정)

부절업시(동2)부절없이   48z(쇄설)
부절업시(몽1)부절없이   20z(동정)
부절업시(몽2)부절없이   41y(쇄설)
▷부조ᄒ다(역2)부조하다   43z(쇄설)
▷부즈런이(동1)부지런히   43z(학교)
부즈런이(몽1)부지런히   33y(학교)
▷부즈런ᄒ다(왜1)부지런하다   24z(성정)
부즈런ᄒ다(몽3)부지런하다   08z(성정)
▷부지ㅅ대(동2)부지깽이   16z(기구)
부짓대(역3)부지깽이   43z(기구)
부지ㅅ대(몽2)부지깽이   12y(기구)
▷부질업슨말(역3)부질없는 말   24y(기식)
▷부쵹(왜2)당부하다   47z(쇄설)
▷부쵹이다(역3)부추기다   52z(쇄설)
부츅이다(몽3)부추키다   10z(언어)
▷부츠다(역2)부치다   08y(전농)
▷부체(역2)부채   19z(기구)
부체(동2)부채   13z(기구)
부체(왜2)부채   13z(기구)
부체(몽2)부채   10y(기구)
▷부체질ᄒ다(동2)부채질하다   14y(기구)
부체질ᄒ다(몽2)부채질하다   10y(기구)
▷부쳇살(역2)부채살   20y(기구)
▷부취(왜1)썩은 냄새   49z(식이)
▷부치(역2)부추   11y(채소)
부치(동2)부추   04y(채소)
부치(왜2)부추   05z(채소)
부치(몽2)부추   03z(채소)
▷부텨(역2)부터   50z(쇄설)
브터(동2)부터   50z(쇄설)
부트(왜1)부터   29y(어사)
부터(몽2)부터   43y(쇄설)
▷부텨(역1)부처   25z(사관)
부텨(동2)부처   12y(사관)

부쳐(왜1)부처 53z(사관)
부텨(몽2)부처 09y(사관)
▷ 부티다(동1)붙이다 31y(동정)
부티다(동2)붙이다 54y(쇄설)
부치다(역3)붙이다 12y(학교)
붓치다(역3)붙이다 56z(쇄설)
붓희다(역3)붙이다 60z(쇄설)
부치다(왜2)홀레하다 41y(쇄설)
부티다(왜2)부탁하다 43z(쇄설)
부티다(몽1)붙이다 24y(동정)
붓티다(몽2)붙히다 46y(쇄설)
붓치다(몽3)붙이다 16z(학교)
▷ 부푸다(동2)부풀다 09y(질병)
브프다(몽3)부풀다 24z(질병)
▷ 부하(역1)부아, 폐 35z(신체)
부화(동1)부아, 폐 17z(신체)
부화(왜1)부아, 폐 19y(신체)
부화(몽1)부아, 폐 14y(신체)
▷ 부형이(역2)부엉이 28y(비금)
부형이(동2)부엉이 35y(비금)
부형이(몽2)부엉이 29y(비금)
▷ 부억아귀(역1)부엌아궁 19y(궁궐)
▷ 부억(동1)부엌 35y(궁궐)
부억(왜1)부엌 32y(궁궐)
부억(몽1)부엌 26y(궁궐)
▷ 부요ᄒ다(몽3)부유하다 37y(쇄설)
▷ 부용(왜2)부용 30y(화초)
▷ 부유(왜2)하루살이 27y(곤충)
▷ 부으름(동2)부스럼 08y(질병)
부으름(역3)부스럼 35y(질병)
부으름(몽2)부스럼 06y(질병)
▷ 부을(왜1)붓을(붓다) 51y(질병)
▷ 부음(역3)부음 28y(상장)
▷ 부이어(왜1)귀속말 27z(언어)

▷ 부월(왜1)부월 41y(군기)
▷ 북(역1)북 26z(사관)
북(역2)북 24y(기회)
북(동1)북 53z(악기)
북(동2)북 18y(장기)
북(역3)북 17y(군기)
북(왜1)북 43z(악기)
북(몽1)북 41y(악기)
북(몽2)북 14y(장기)
▷ 북(역2)실북 03z(직조)
북(왜2)실북 10z(직조)
▷ 북녁(왜1)북녘 11z(지리)
▷ 북뎍(왜2)북적 02z(국호)
▷ 북두셩(동1)북두칠성 02y(천문)
북두셩(몽1)북두칠성 02y(천문)
▷ 북채(동1)북채 53z(악기)
북채(역3)북채 17y(군기)
▷ 북티다(역1)북을 치다 20z(교열)
▷ 북풍(왜1)북풍 02y(천문)
▷ 분(역1)분 48z(소세)
분(동1)분 32y(인사)
분(왜2)분 12y(채색)
분(몽1)분 24z(인사)
분(몽3)분 13z(인사)
▷ 분(역3)본분 54y(쇄설)
▷ 분(역3)분, 성 52z(쇄설)
▷ 분간(왜2)분간 47y(쇄설)
▷ 분내다(동2)분발하다 60y(쇄설)
▷ 분내여ᄒ다(동1)분이 나아하다 32y(인사)
▷ 분디나모(역2)분지나무 42z(수목)
▷ 분명(왜2)분명하다 48y(쇄설)
▷ 분명치(역3)분명하지 57z(쇄설)
▷ 분명히(몽3)분명히 09z(언어)
▷ 분반ᄒ다(역3)절반씩 나누다 38y(매매)

▷ 분복(동2)행운, 타고난 복 28z(매매)
　분복(몽2)행운, 타고난 복 23y(매매)
▷ 분부(왜1)분부 27y(언어)
▷ 분분(왜2)분분하다 50z(쇄설)
▷ 분분이(몽3)분분히 36y(쇄설)
▷ 분ᄇᆞ르다(역1)분바르다 48z(소세)
▷ 분비ᄒᆞ다(몽3)분배하다 19y(례도)
▷ 분주(왜2)분주하다 44z(쇄설)
▷ 분집(왜1)분집(노나가지는것) 57y(매매)
▷ 분푸다(동1)분을 풀다 23z(성정)
▷ 분홍비단(역2)분홍비단 04y(직조)
▷ 분ᄒᆞ다(동1)분하다 23z(성정)
　분ᄒᆞ다(왜1)분하다 21z(기식)
　분ᄒᆞ다(몽1)분하다 18y(성정)
▷ 붇드다(왜1)붙들다 30z(동정)
▷ 불(역1)불 36y(신체)
　불(동1)불 18y(신체)
　블(동2)불 38y(주수)
　불(역3)불 22z(신체)
　불(몽1)불 14z(신체)
　불(몽2)불 32y(주수)
▷ 불가(왜2)불가하다 48y(쇄설)
▷ 불넘기(역3)부엌아궁이 14z(궁궐)
▷ 불니러나다(동1)불이 일어나다 63z(식이)
　불니러나다(몽1)불이 일어나다 50y(식이)
▷ 불리다(왜2)날리다 37z(쇄설)
▷ 불부다(동1)불을 불다 63z(식이)
　불부다(몽1)불을 불다 50y(식이)
▷ 불붓다(동1)불이 붙다 63z(식이)
　불븓틀(왜1)불이 붙을 50y(식이)
　불붓다(몽1)불이 붙다 50y(식이)
▷ 불ㅅ거옷(역1)음모 36y(신체)
▷ 불ㅅ곳(동1)불꽃 63z(식이)
　불꽃(역3)불꽃 32z(식이)

▷ 불ㅅ곳(몽1)불꽃 50y(식이)
▷ 불ㅅ도(동2)불도 12y(사관)
　불ㅅ도(몽2)불도 09y(사관)
▷ 불ㅅ줄기(역1)불알 36y(신체)
▷ 불살오개(역3)불쏘시개, 불살개 32z(식이)
　블쌋개(몽3)불쏘시개, 불살개 35y(화초)
▷ 불상ᄒᆞ다(동2)불쌍하다 31z(형옥)
　불샹ᄒᆞ다(몽2)불쌍하다 26y(형옥)
▷ 불실(왜2)결실맺지 않다 03z(전농)
▷ 불쓰다(몽1)불끄다 50y(식이)
▷ 불ᄭᅵ지다(왜1)불이 꺼지다 50y(식이)
▷ 불짜히다(동1)불을 때다 63z(식이)
▷ 불쬐다(동1)불을 쬐다 63z(식이)
▷ 불ᄶᅵ이다(동2)불을 쪼이다 18z(장기)
▷ 불지르다(왜1)불을 지르다 50y(식이)
▷ 불혈째(역3)불을 켤 때 04z(시령)
▷ 불희(동2)뿌리 44z(수목)
　불희(왜2)뿌리 29y(수목)
　불희(몽2)뿌리 37y(수목)
▷ 불힝(왜2)불행 48z(쇄설)
▷ 불아온닭(역2)불깐 닭 25y(비금)
▷ 불알(동1)불알 18y(신체)
▷ 붉으스러ᄒᆞ다(몽2)불그스레하다 20z(직조)
▷ 붐다(동2)두텁다 41y(주수)
▷ 붓(역2)붓 19z(기구)
　붓(동1)붓 44y(학교)
　붓(역3)붓 12y(학교)
　붇(왜1)붓 39y(학교)
　붓(몽1)붓 33z(학교)
▷ 붓(동2)북 02y(전농)
　붇(왜2)북 03z(전농)
　붓(몽2)북 02y(전농)
▷ 붓그럽다(역1)부끄럽다 38z(기식)
　붓그럽다(동1)부끄럽다 20z(기식)

붓그럽다(역3)부끄럽다 53y(쇄설)

붓그럽다(몽3)부끄럽다 36z(쇄설)

▷ 붓그리다(동1)부끄러워하다 20z(기식)

붇그리다(왜1)부끄러워하다 22y(기식)

붓그리다(몽1)부끄러워하다 16y(기식)

▷ 붓그림(역1)부끄러움 38z(기식)

붓그람(역3)부끄럼 58z(쇄설)

붓그림(몽3)부끄럼 13z(인사)

▷ 붓그림틋다(동1)부끄럼타다 14y(인품)

붓그림틋다(역3)부끄럼타다 19z(인품)

붓그림틋다(몽3)부끄럼타다 05z(인품)

▷ 붓긏(역3)붓끝 12y(학교)

▷ 붓다(동2)부치다(부채를 ∼) 36y(비금)

붓다(역3)부치다(부채를 ∼) 48y(비금)

붓다(몽2)부치다(부채를 ∼) 30y(비금)

▷ 붓다(동2)붓다 08y(질병)

붓다(몽2)붓다 06z(질병)

▷ 붓다(동2)붙다 55z(쇄설)

붓다(역3)붙다 59y(쇄설)

붓다(몽2)붙다 47y(쇄설)

붓다(몽3)붙다 39z(쇄설)

▷ 붓다(역1)붓다 59z(연향)

붓다(역3)붓다 34y(연향)

▷ 붓도도다(역3)북을 돋우다 43y(채소)

▷ 붓도딜흐다(동2)풍구질하다 02z(전농)

붓도질흐다(몽3)풍구질하다 22z(전농)

붓돗질흐다(역3)풍구질하다 42z(전농)

▷ 붓돗티다(역2)풍구질하다 09y(전농)

▷ 붓두겁(역2)붓두껍 19z(기구)

▷ 붓두막(역3)부뚜막 14z(궁궐)

붓두막(몽3)부뚜막 15z(궁궐)

▷ 붓드다(동2)부축하다 56y(쇄설)

붓드다(몽2)부축하다 47z(쇄설)

▷ 붓대(동1)붓대 44y(학교)

붓대(역3)붓대 12y(학교)

▷ 붓좃다(동1)따르다, 매달리다 47y(교열)

붓좃다(몽3)따르다, 매달리다 36y(쇄설)

▷ 붓쳐가다(역3)붙어가다 49y(주수)

▷ 붕사(왜2)붕사 09z(진보)

▷ 붕어(역2)붕어 38y(수족)

부어(동2)붕어 41z(수족)

부어(왜2)붕어 25z(수족)

부어(몽2)붕어 34z(수족)

▷ 붕우(왜1)친구, 벗 14y(친속)

▷ 브룝뜨다(역1)부릅뜨다 40y(동정)

부릅쓰다(동1)부릅뜨다 28z(동정)

부룝쓰다(몽1)부릅뜨다 22y(동정)

▷ 브르다(역1)부르다 41z(례도)

부르다(동1)부르다 27z(동정)

부르다(동2)부르다 38z(주수)

부르다(몽1)부르다 19z(언어)

부르다(몽3)부르다 10y(언어)

브르다(몽3)부르다 10z(언어)

▷ 브르지르다(동2)부러뜨리다 54y(쇄설)

브르지르다(몽2)부러뜨리다 45z(쇄설)

▷ 브리오다(역1)부리다 22y(군기)

브리오다(역2)부리다 23z(주강)

부리오다(역2)부리다 22z(주강)

부리오다(동1)부리다 48y(군기)

부리오다(동2)부리다 19z(주강)

부리우다(왜2)부리다 18y(안비)

부리오다(몽1)부리다 36z(군기)

부리오다(몽2)부리다 15z(주강)

▷ 브릴(왜2)부릴(사람을 ∼) 38y(쇄설)

▷ 브튼(역2)붙은(붙다) 29y(주수)

부툴(왜1)붙을(붙다) 11y(지리)

▷ 브어오르다(몽3)부어오르다 24z(질병)

▷ 브으름(역1)부스럼 62y(질병)

▷ 브으름나다(역1)부스럼이 나다   62y(질병)

▷ 븍결ᄒ다(역1)결박하다   67y(형옥)

▷ 블(역1)불   19y(궁궐)

　블(역2)불   17y(기구)

　불(역2)불   18z(기구)

　불(동1)불   63z(식이)

　불(동2)불   12z(사관)

　블(역3)불   46y(기구)

　불(역3)불   55z(쇄설)

　불(왜1)불   50y(식이)

　불(몽1)불   49z(식이)

　블(몽3)불   21z(식이)

▷ 블그다(왜2)붉다   11z(채색)

▷ 블근(역2)붉은   09z(화곡)

▷ 블근금(역2)적금, 구리   01z(진보)

▷ 블근납이(역2)붉은나비   35y(곤충)

▷ 블근몰(역1)붉은 똥   62y(질병)

▷ 블리다(역1)불리다   20y(궁궐)

　블리다(몽3)불리다(쇠를 ~)   26z(장기)

▷ 블린금(몽3)순금   27z(진보)

▷ 블쏭집다(역2)불똥집다   17y(기구)

▷ 블쏭티다(역2)불똥치다   17y(기구)

▷ 블어(역2)일부러   48z(쇄설)

▷ 블여ᄋ(역2)불여우   34y(주수)

　블여ᄋ(동2)불여우   39z(주수)

　블여ᄋ(몽3)불여우   31z(주수)

▷ 블에(역2)부레   39y(수족)

　부레(동1)부레   48y(군기)

　부레(역3)부레   45y(기구)

　부레(왜2)부레   26y(수족)

　부레(몽2)부레   35y(수족)

▷ 블의에(역2)불의에   53y(쇄설)

▷ 붉다(동2)붉다   26y(직조)

　붉다(몽2)붉다   20z(직조)

▷ 붉은발셔다(몽3)붉은발 서다   24z(질병)

▷ 붉은풋(역3)붉은팥   31y(식이)

▷ 붊(역2)불   51z(쇄설)

▷ 붊벼록(역2)불티, 불꽃   51z(쇄설)

▷ 붓다(역1)붓다   03y(천문)

　붓다(동1)붓다~   09y(지리)

　붓다(동1)붓다   02z(천문)

　붓다(역3)붓다   02z(천문)

　붓다(몽1)붓다   07z(지리)

▷ 붓바기창(역3)붙박이창   14y(궁궐)

　붓박이창(몽3)붙박이창   15z(궁궐)

▷ 비(역1)비   03y(천문)

　비(동1)비   02z(천문)

　비(동2)비   55z(쇄설)

　비(역3)비   02z(천문)

　비(몽1)비   02y(천문)

　비(몽2)비   47y(쇄설)

▷ 비(동2)큰곰, 말곰   39z(주수)

▷ 비각(왜1)걸음이 빠르다   15z(인품)

▷ 비게옷(역1)比甲   45y(복식)

▷ 비경(왜2)매우 가볍다   47z(쇄설)

▷ 비공(왜1)코구멍   17y(신체)

▷ 비교(동2)비교   33y(기희)

　비교(몽2)비교   26z(기희)

▷ 비기다(역3)비기다   54y(쇄설)

▷ 비김(역1)撐布   47y(복식)

▷ 비노(역1)비누   48z(소세)

　비노(동1)비누   55y(소세)

　비노(몽1)비누   42z(소세)

▷ 비노통(역3)비누통   30y(소세)

▷ 비늘(역1)비늘   51z(식이)

　비눌(동2)비늘   42y(수족)

　비눌(역3)비늘   31y(식이)

　비눌(왜2)비늘   26y(수족)

비눌(몽2)비늘　35y(수족)
비눌(몽3)비늘　21y(식이)
▷비눌(역2)바늘　06z(재봉)
▷비다(역2)빌다　44y(쇄설)
비다(동1)빌다　52z(례도)
비다(왜1)빌다　53z(사관)
비다(몽1)빌다　40y(례도)
▷비단(역2)비단　04y(직조)
비단(동2)비단　24z(직조)
비단(역3)비단　40z(직조)
비단(왜2)비단　09z(직조)
비단(몽2)비단　19z(직조)
▷비단조각(역2)비단쪼각　06z(재봉)
비단조각(몽3)비단쪼각　28y(직조)
▷비돌긔(역1)비둘기　20y(궁궐)
비돌기(역2)비둘기　26y(비금)
비들기(동2)비둘기　35y(비금)
비들기(왜2)비둘기　22y(비금)
비듥이(몽2)비둘기　29y(비금)
▷비듬(역1)비듬　33y(신체)
▷비라오론 몰(역2)비루먹은 말　29z(주수)
▷비량(왜1)코등　17y(신체)
▷비럭질ᄒ다(동2)비럭질하다　61y(쇄설)
비럭질ᄒ다(몽2)비럭질하다　50z(쇄설)
▷비로먹다(동2)비루먹다　38z(주수)
비로먹다(몽2)비루먹다　32z(주수)
▷비로먹은것(몽3)빌어먹을것　30z(마욕)
▷비로소(동2)비로소　47y(쇄설)
비로ᄉ(왜2)비로소　35y(쇄설)
비로소(몽2)비로소　39z(쇄설)
▷비록(동2)비록　50y(쇄설)
비록(왜1)비록　28z(어사)
▷비롯다(동1)빌다　54y(잉산)
비롯다(몽1)빌다　41z(잉산)

▷비름(역2)비름　12y(채소)
비름(동2)비름　04z(채소)
비름(왜2)비름　06y(채소)
비름(몽2)비름　04y(채소)
▷비리다(역1)비리다　54y(식이)
비리다(동1)비리다　62z(식이)
비리다(왜1)비리다　49y(식이)
비리다(몽1)비리다　48z(식이)
▷비맛다(동2)비를 맞다　55z(쇄설)
▷비밀(동1)비밀　51y(정사)
비밀(몽1)비밀　39y(정사)
▷비비(왜2)주룩주룩　50z(쇄설)
▷비븨(역2)비비송곳　18y(기구)
비븨(동2)비비송곳　17z(장기)
비븨(왜2)비비송곳　16z(기구)
비븨(몽2)비비송곳　13z(장기)
▷비븨활(역3)비비송곳　46y(기구)
▷비ㅅ구러기(몽3)빗꾸러기　29y(매매)
▷비ㅅ물(왜1)비물　10z(지리)
▷비ㅅ발(몽3)비발　02y(천문)
▷비ㅅ방올지다(몽3)비방울지다　02y(천문)
▷비상(왜2)비상　09z(진보)
▷비상(왜2)비상하다　47z(쇄설)
▷비석(왜1)비석　53y(상장)
▷비션(왜2)쾌속선　18z(주강)
▷비션집(역1)비석 세운 집　25z(사관)
▷비즐(왜1)빛을(빛다)　47z(식이)
▷비지(역1)비지　52y(식이)
▷비취(왜2)비취　21y(비금)
▷비테(왜1)코물　21y(기식)
▷비파(왜1)비파　43z(악기)
▷비어(몽2)뱅어　34z(수족)
▷비오다(역1)비오다　02z(천문)
비오다(동1)비오다　02z(천문)

비오다(역3)비오다 03y(천문)
비오리(왜2)비오리 21z(비금)
비오다(몽1)비오다 02y(천문)
▷ 비올듯ᄒ다(역2)비올듯 하다 53z(쇄설)
▷ 비올히(역2)비오리 27z(비금)
▷ 비우다(몽3)비뚤다 38z(쇄설)
▷ 비웃다(동1)비웃다 25z(언어)
비웃다(역3)비웃다 53y(쇄설)
비우슬(왜1)비웃을(비웃다) 27z(언어)
비웃다(몽1)비웃다 19z(언어)
▷ 비이다(역1)분장하다 47y(복식)
비오다(동1)분장하다 13z(인품)
▷ 빈다(역3)욕보이다 54y(쇄설)
▷ 빈대(역2)빈대 36y(곤충)
빈대(동2)빈대 43z(곤충)
빈대(몽2)빈대 36z(곤충)
▷ 빈대좀(역2)빈대좀 36y(곤충)
▷ 빈빈(왜2)점잖고 소박하다 49z(쇄설)
▷ 빈혀(동1)비녀 55y(소세)
빈혀(역3)비녀 30y(소세)
빈혀(왜1)비녀 45y(소세)
빈혀(몽1)비녀 42z(소세)
▷ 빋길(왜2)비낄(비끼다) 37z(쇄설)
▷ 빌(왜2)빌(비다) 32z(쇄설)
▷ 빌믜짓다(몽3)훼방을 놀다 25z(사관)
▷ 빌오다(역3)벼르다 21y(마욕)
▷ 빌웃다(역3)빌었다 23y(잉산)
▷ 빗(동2)빚 28y(매매)
빗(역3)빚 38z(매매)
빋(왜1)빚 56z(매매)
빗(몽2)빚 22z(매매)
▷ 빗(동2)빛 26y(직조)
빗(역3)빛 40z(직조)
빋(왜2)빛 12z(채색)

빗(몽2)빛 20z(직조)
빗(몽3)빛 39z(쇄설)
▷ 빗(역2)빗 19z(기구)
빗(역3)빗 30y(소세)
빋(왜1)빗 44z(소세)
▷ 빗갑다(동2)빚을 갚다 28y(매매)
빗갑다(몽2)빚을 갚다 23y(매매)
▷ 빗그다(역1)비뚤다 07y(지리)
▷ 빗기다(동2)비끼다 55y(쇄설)
빗그다(역3)비끼다 55z(쇄설)
빗기다(몽2)비끼다 46z(쇄설)
▷ 빗기다(역1)빗기다 30z(인품)
빗기다(역2)빗기다 30z(주수)
▷ 빗나다(동1)빛나다 55z((소세)
빗나다(동2)빛나다 26z(직조)
빗나다(몽1)빛나다 43y((소세)
빗나다(몽2)빛나다 21y(직조)
빗나다(몽3)빛나다 39z(쇄설)
▷ 빗내다(동2)빚을 내다 28y(매매)
빗내다(몽2)빚을 내다 22z(매매)
▷ 빗다(역1)빗다 48y(소세)
빗다(동1)빗다 54z(소세)
빗다(몽1)빗다 42y(소세)
▷ 빗만타(몽3)빚이 많다 29y(매매)
▷ 빗문서(역3)빚문서 38z(매매)
▷ 빗살(역2)빗살 19z(기구)
▷ 빗솔(역2)빗솔 19z(기구)
▷ 빗쑤럭이(역3)빚꾸러기 38z(매매)
▷ 빗쟝(동1)빗장 35z(궁궐)
빋쟝(왜1)빗장 33y(궁궐)
빗쟝(몽1)빗장 26z(궁궐)
▷ 빗주다(동2)빚주다 28y(매매)
빗주다(몽2)빚주다 22z(매매)
▷ 빗취다(동1)비추다 03z(천문)

비최다(몽1)비추다 03y(천문)

비칠(왜1)비출(비추다) 07y(기후)

▷ 빗틔오다(역3)버티우다 14y(궁궐)

▷ 빗연금(몽3)茱金 27z(진보)

▷ 빙고(왜2)기대다 42z(쇄설)

▷ 빙당(왜1)얼음사탕 48y(식이)

▷ 빙소ᄒᆞ다(역1)停尸 32z(상장)

▷ 빙쟈(역1)빈자떡, 빈대떡 51z(식이)

▷ ᄇᆞ뎌(역2)바디 03z(직조)

ᄇᆞ뎌(동2)바디 18y(장기)

ᄇᆞ뎌(왜2)바디 11y(직조)

ᄇᆞ뎌(몽2)바디 13z(장기)

▷ ᄇᆞ뎌집(역2)바디집 03z(직조)

▷ ᄇᆞ라기(역3)바라기 20z(인품)

▷ ᄇᆞ라다(몽1)바라다 25z(인사)

ᄇᆞ라다(몽3)바라다 37y(쇄설)

▷ ᄇᆞ라보다(동1)바라보다 29y(동정)

ᄇᆞ라보다(역3)바라보다 25y(동정)

ᄇᆞ라보다(몽1)바라보다 22y(동정)

▷ ᄇᆞ람(역1)바람 02y(천문)

ᄇᆞ람(동1)바람 03y(천문)

ᄇᆞ람(역3)바람 02y(천문)

ᄇᆞ람(왜1)바람 02y(천문)

▷ ᄇᆞ람가비(동2)바람개비, 조롱이 35y(비금)

ᄇᆞ람갑이(역3)바람개비, 조롱이 48y(비금)

ᄇᆞ롬가비(왜2)바람개비, 조롱이 21z(비금)

ᄇᆞ람갑이(몽2)바람개비, 조롱이 29y(비금)

▷ ᄇᆞ람드다(역1)감기에 걸리다 61z(질병)

▷ ᄇᆞ람자다(역1)바람자다 02y(천문)

ᄇᆞ람자다(동1)바람자다 03y(천문)

ᄇᆞ람자다(역3)바람자다 02z(천문)

ᄇᆞ람자다(몽1)바람자다 03y(천문)

▷ ᄇᆞ려길으다(역3)억세게 키우다 23z(잉산)

▷ ᄇᆞ르다(동1)바르다 37y(궁궐)

ᄇᆞ르다(몽1)바르다 27z(궁궐)

▷ ᄇᆞ르다(동2)밭다, 짧다 41y(주수)

▷ ᄇᆞ르다(동2)빠르다 06z(식이)

ᄇᆞ르다(몽2)빠르다 05z(식이)

▷ ᄇᆞ르다(역1)바르다 19y(궁궐)

ᄇᆞ르다(역2)바르다 23z(주강)

ᄇᆞ르다(역3)바르다 15y(궁궐)

▷ ᄇᆞ르다(왜1)바라다 30y(동정)

▷ ᄇᆞ롬(역1)바람벽 19y(궁궐)

ᄇᆞ람ㅅ벽(동1)바람벽 36y(궁궐)

ᄇᆞ롬(왜1)바람벽 33y(궁궐)

▷ ᄇᆞ러다(몽3)바래다(해빛에~) 37z(쇄설)

▷ ᄇᆞ튼기춤(역3)마른 기침 34z(질병)

▷ ᄇᆞ타다(동1)밭다 20y(기식)

▷ ᄇᆞ야흐로(동2)바야흐로 47z(쇄설)

ᄇᆞ야흐로(몽2)바야흐로 40y(쇄설)

▷ ᄇᆞ얌(동2)뱀 42z(곤충)

ᄇᆞ얌(몽2)뱀 35z(곤충)

▷ ᄇᆞᄋᆞ다(동2)부시다(돌을~) 57z(쇄설)

ᄇᆞᄋᆞ다(몽3)부시다(돌을~) 39y(쇄설)

▷ ᄇᆞᄋᆞ지다(동2)부서지다 53z(쇄설)

ᄇᆞ아지다(왜2)부서지다 42y(쇄설)

ᄇᆞᄋᆞ지다(몽2)부서지다 45y(쇄설)

▷ ᄇᆞ의다(동1)부시다(눈~) 29y(동정)

ᄇᆞ의다(동2)부시다 26z(직조)

ᄇᆞ일영(왜1)부시다 07y(기후)

ᄇᆞ의다(몽3)부시다 39z(쇄설)

▷ 볼근날(역1)밝은날 05z(시령)

▷ 볼셔(동2)벌써 47z(쇄설)

볼셔(역3)벌써 53y(쇄설)

볼셔(몽2)벌써 40y(쇄설)

▷ 볼피다(역2)밟히다 23z(주강)

봇피다(동1)밟히다 27y(동정)

봇피다(몽1)밟히다 21y(동정)

▷ 불이다(역2)버리다 48z(쇄설)
  ㅂ리다(동1)버리다 30y(동정)
  ㅂ리다(동2)버리다 01z(전농)
  ㅂ리다(역3)버리다 11y(제례)
  ㅂ리다(왜2)버리다 36y(쇄설)
  ㅂ리다(몽1)버리다 22z(동정)
  ㅂ리다(몽2)버리다 49z(쇄설)
▷ 붉다(역1)밝다 01z(천문)
  붉다(동1)밝다 02y(천문)
  붉다(역3)밝다 56z(쇄설)
  붉다(왜1)밝다 06z(시령)
  붉다(몽1)밝다 01z(천문)
  붉다(몽3)밝다 14y(인사)
▷ 붉쥐(역2)박쥐 28y(비금)
  붉쥐(동2)박쥐 35z(비금)
  붉쥐(역3)박쥐 48y(비금)
  붉쥐(몽2)박쥐 29z(비금)
▷ 넓다(역2)밟다 47z(쇄설)
  넓다(동1)밟다 27y(동정)
  넓다(몽1)밟다 21y(동정)
▷ 넓히이다(역3)밟히우다 26z(동정)
▷ 붓다(동2)밭다, 짧다 41y(주수)
  붓다(몽3)밭다, 짧다 33y(주수)
  붓튼(역3)밭다, 짧은 49z(주수)
▷ 배(몽2)배 10z(기구)
▷ 백마(왜2)백마 23y(주수)
▷ 백제(왜2)백제 02z(국호)
▷ 베거리(역2)베겡이 03z(직조)
▷ 베다(역2)擺擁 47z(쇄설)
▷ 베무다(몽1)베여물다 49y(식이)
▷ 베프다(왜2)베풀다 13z(기구)
▷ 베플(왜2)베풀(베풀다) 42y(쇄설)
▷ 볘다(동1)베다 58z(복식)
  볘다(몽1)베다 45z(복식)

▷ 베는몰(역2)비틀거리는 말 29z(주수)
▷ 뵈(역2)베 06y(직조)
  뵈(동2)베 18y(장기)
  뵈(왜2)베 10z(직조)
  뵈(몽2)베 14y(장기)
▷ 뵈게ᄒ다(동1)보게 하다 30y(동정)
▷ 뵈ᄂ다(역2)베를 널다 05z(직조)
▷ 뵈다(동1)뵈다 44z(학교)
  뵈다(동2)뵈다 11z(사관)
  뵐(왜2)뵐(뵈다) 38y(쇄설)
  뵈다(몽1)뵈다 22y(동정)
  뵈다(몽3)뵈다 18z(정사)
▷ 뵈미다(역2)베를 만들다 06y(직조)
▷ 뵈틀(역2)베틀 03z(직조)
▷ 뵈옵다(역3)뵙다 07z(궁궐)
  뵈ᅌᅳ다(역3)뵙다 10z(관직)
▷ 뷥장이(역2)베짱이 35y(곤충)
  뷥장이(동2)베짱이 43y(곤충)
  뵈짱이(왜2)베짱이 27y(곤충)
  뵈ㅅ장이(몽3)베짱이 34y(곤충)
▷ 볫조각(역2)베조각 06z(재봉)
▷ 뷔것다(동1)비틀거리다 27y(동정)
  뷔것다(몽3)비틀거리다 11y(동정)
▷ 뷔다(동2)비다 54z(쇄설)
  뷔다(역3)비다 05y(지리)
  뷔다(몽2)비다 46y(쇄설)
  븨다(몽3)비다 03z(지리)
▷ 뷘다(역3)보인다 61y(쇄설)
▷ 뷘말(몽3)빈말 14z(인사)
▷ 뷘주거리(동2)빈쭉정이 06z(식이)
  뷘죽어리(역3)빈쭉정이 31z(식이)
  뷘죽얼이(몽2)빈쭉정이 05y(식이)
▷ 볏독이다(역3)비뚝이다 26y(동정)
▷ 븨(역2)비, 비자루 15y(기구)

뷔(동2)비, 비자루 16z(기구)
뷔(왜2)비, 비자루 16y(기구)
뷔(몽2)비, 비자루 12y(기구)
▷ 븨다(역2)베다 09y(전농)
뷔다(동2)베다 02z(전농)
뷔다(역3)베다 42z(전농)
뷔다(왜2)베다 03z(전농)
뷔다(몽2)베다 02y(전농)
▷ 븨다(역2)비비다 06y(재봉)
부븨다(동1)비비다 29z(동정)
뷔다(동2)비비다 25z(직조)
부븨다(동2)비비다 41y(주수)
부븨다(역3)비비다 25z(동정)
부븨다(몽1)비비다 22z(동정)
뷔다(몽2)비비다 20y(직조)
부븨다(몽2)비비다 34y(주수)
▷ 븨ㅅ독이다(몽3)비뚝이다 03y(시령)
▷ 븨트다(역1)비틀다 47z(복식)
븨트다(역2)비틀다 47y(쇄설)
뷔트다(동2)비틀다 25z(직조)
븨다(역3)비틀다 40y(잠상)
븨트다(역3)비틀다 40y(직조)
뷔트다(몽2)비틀다 47y(쇄설)
▷ 븩븩(동2)빽빽하다 57z(쇄설)
븩븩(몽2)빽빽하다 48z(쇄설)
▷ 븩븩ᄒ다(왜2)빽빽하다 37z(쇄설)
▷ 비(역1)배 61z(질병)
비(역2)배 25z(비금)
비(동1)배 17y(신체)
비(동2)배 28z(매매)
비(왜1)배 18y(신체)
비(몽1)배 13z(신체)
비(몽2)배 23y(매매)
비(몽3)배 33y(주수)

▷ 비(역1)배 55z(식이)
비(동2)배 05z(식이)
비(몽2)배 04z(식이)
비(역3)배 31z(식이)
비(왜1)배 49z(식이)
▷ 비(역1)배 07z(지리)
비(역2)배 22y(주강)
비(동2)배 18z(주강)
비(왜2)배 18y(주강)
비(몽2)배 14z(주강)
▷ 비거다(역2)배를 걸다 22y(주강)
▷ 비다(역1)배다 37y(잉산)
비다(역2)배다 31z(주수)
비다(동1)배다 54y(잉산)
비다(동2)배다 40z(주수)
비다(왜1)배다 42y(잉산)
비다(몽1)배다 41z(잉산)
비다(몽2)배다 33z(주수)
▷ 비다(역1)배다 41y(동정)
비다(역2)배다 19z(기구)
비다(동2)배다 58z(쇄설)
비다(역3)배다 02y(천문)
비다(몽2)배다 37z(수목)
비다(몽3)배다 22y(전어)
▷ 비다(동2)슴배다 57y(쇄설)
비다(몽2)슴배다 48y(쇄설)
비다(몽3)슴배다 37z(쇄설)
▷ 비다(역2)배다 08z(전농)
비다(몽3)배다 22z(전농)
▷ 비뎝(역1)배접 47y(복식)
▷ 비돗(역2)배돛 21z(주강)
▷ 비목(역1)배목 18z(궁궐)
비목(동1)배목 36y(궁궐)
비목(왜1)배목 33y(궁궐)

비목(몽1)배목　27y(궁궐)
▷비반(왜1)배반　40z(교열)
▷비반(왜2)백반　09z(진보)
▷비부로기(역1)포대기　37z(잉산)
　비부로기(역3)포대기　23y(잉산)
▷비ㅅ고믈(동2)고물　19y(주강)
▷비ㅅ대(동2)배띠　20y(안비)
　비ㅅ대(몽2)배띠　15z(안비)
▷비ㅅ보록(역1)배꼽　35z(신체)
　비ㅅ곱(동1)배꼽　17y(신체)
　비ㅅ곱(왜1)배꼽　18y(신체)
　비ㅅ곱(몽1)배꼽　13z(신체)
▷비ㅅ젼(몽3)배전　27y((주강)
▷비젓다(역2)배를 젓다　22y(주강)
　비젓다(동2)배를 젓다　19y(주강)
　비젓다(역3)배를 젓다　46z(주강)
　비젓다(몽2)배를 젓다　14z(주강)
　비젓다(몽3)배를 젓다　27y(주강)
▷비졉ᄒ다(동1)배접하다　37y(궁궐)
　비졉ᄒ다(역3)배접하다　15y(궁궐)
　비졉ᄒ다(몽1)배접하다　27z(궁궐)
▷비즉(역3)등거리　29y(복식)
▷비참ᄒ다(동1)배참하다　27y(동정)
　비참ᄒ다(몽1)배참하다　31y(성곽)
▷비치(동2)배추　04y(채소)
　비치(왜2)배추　05z(채소)
　비치(몽2)배추　03z(채소)
▷비호다(역1)배우다　15z(학교)
　비호다(동1)배우다　26z(동정)
　비호다(역3)배우다　11z(학교)
　비호다(왜1)배우다　37z(학교)
　비호다(몽1)배우다　32z(학교)
　비호다(몽3)배우다　11y(동정)
▷비회(왜1)배회　29z(동정)

▷비약(왜2)약속을 어기다　47y(쇄설)
▷비얌(역3)뱀　50y(곤충)
　비얌(왜2)뱀　26z(곤충)
　비얌(몽3)뱀　34y(곤충)
▷비얌댱어(역2)뱀장어　38y(수족)
　비얌댱어(동2)뱀장어　41z(수족)
▷비양목(역2)백양나무　42z(수목)
▷비어(역2)뱅어　37z(수족)
　비어(동2)뱅어　41z(수족)
▷비영(역2)제비쑥　41y(화초)
▷빅(동2)백　21y(산술)
　빅(몽2)백　17y(산술)
▷빅(왜1)박자　44y(악기)
▷빅낙(역3)백반　23y(신체)
▷빅노(동2)백로　34z(비금)
　빅로(왜2)백로　21y(비금)
　빅노(몽2)백로　29y(비금)
▷빅댱(역1)백정　30z(인품)
　빅댱(동1)백정　14z(인품)
　빅쟝(몽1)백정　11z(인품)
▷빅디(몽3)터놓고 홀리다　14z(인사)
▷빅랍(왜2)백랍　09z(진보)
▷빅발(왜1)백발　17z(신체)
▷빅빅ᄒ다(왜2)빽빽하다　32z(쇄설)
▷빅셜아몰(역2)백마　28z(주수)
▷빅셩(동1)백성　13z(인품)
　빅셩(역3)백성　19z(존비)
　빅셩(왜1)백성　15y(인품)
　빅셩(몽1)백성　11y(인품)
▷빅졍(왜1)흰자위　16z(신체)
▷빅즁(역1))백중　05y(시령)
　빅즁(왜1)백중　05y(시령)
▷빅쳘(몽2)석　19y(진보)
▷빅퉁(동2)백동　23z(진보)

빅퉁(몽2)백동　19y(진보)

▷ 빅회(역1)숫구멍　32z(신체)

▷ 빗고믈(역2)고물　21z(주강)

　 빗고믈(몽3)고물　27y(주강)

▷ 빗니믈(역2)이물　21z((주강)

　 빗니믈(몽3)이물　27y(주강)

▷ 빗돗(역2)돗　21z(주강)

▷ 빗돗대(역2)돗대　21z((주강)

▷ 빗대(역2)배띠　20z(안비)

▷ 뼈오다(역2)擺着擁來　53z(쇄설)

▷ 쁘다(역3)끌다　57z(쇄설)

▷ 삔다(역2)까다　25y(비금)

▷ 쌔므다(역2)깨물다　50y(쇄설)

▷ 쌘묵(역1)깨묵　52z(식이)

▷ 뭬정뭬정ᄒ다(역3)정정하다　52y(쇄설)

▷ 쌰오다(역1)따오다　56z(식이)

▷ 딸기(역2)딸기　41z(화초)

▷ 뼈나다(역1)떠나다　08y(지리)

▷ 뼈다(역1)떨다　47y(복식)

　 뼈다(역2)떨다　31y(주수)

▷ 뼈드다(역2)떠들다,쳐들다　23z(주강)

▷ 뼈디다(역1)떠디다(小了)　21y(교열)

▷ 뼈러디다(역1)떨어지다　54y(식이)

▷ 뼈왓다(역2)떠왔다　22y(주강)

▷ 뛟다(역1)뙓다　54y(식이)

▷ 뿌러지다(역3)뚜러지다　56z(쇄설)

▷ 뚧다(역3)뚫다　45z(기구)

▷ 쁘눈국이(역3)국자　43z(기구)

▷ 쁘다(역2)뜨다, 굼뜨다　32y(주수)

▷ 쁘믈(역3)뜨물　32y(식이)

▷ 쁠(역1)뜰　19y(궁궐)

▷ 쁨쁘다(역1)뜸뜨다　62y(질병)

▷ 뜻(역2)뜻　45y(쇄설)

　 뜯(동1)뜻　21z(성정)

뜻(역3)뜻　58y(쇄설)

　 뜯(몽1)뜻　16z(성정)

　 뜻(몽3)뜯　16z(학교)

▷ 뜻다(역2)뜯다　25z(비금)

▷ 뜻어먹다(역3)뜯어먹다　49y(주수)

▷ 띠(역2)수레바퀴　23y(주강)

▷ 띠다(역1)띠다　55z(식이)

▷ 띠져기다(역2)떨다　46z(쇄설)

▷ 띤다(역2)다투다　49z(쇄설)

▷ 띤다(역2)따다　03y(잠상)

▷ 띤리다(역1)패다　55y(식이)

▷ 쌔(역1)때를 가리다　64z(복서)

▷ 쎄(역2)떼　21y(주강)

▷ 쎄구룸문(역2)떼구름무늬　05y(직조)

▷ 쒸(역2)띠　40z(화초)

▷ 쯰노다(역1)뛰놀다　40y(동정)

　 쯰노다(역2)뛰놀다　47z(쇄설)

▷ 쯰다(역2)튀다(흙탕물이 ～)　51z(쇄설)

▷ 쯰워노흔(역1)띠워놓다　15y(성곽)

▷ 쯧덩이(역3)띠　07y(지리)

▷ 쯱(역1)때　47z(복식)

　 쯱(역2)때　47z(쇄설)

▷ 쌰혀나다(왜1)뛰여나다　19z(신체)

▷ 쌰호다(역3)싸우다　48y(비금)

　 쌰호다(몽2)싸우다　30y(비금)

▷ 쌰히다(역3)쌓이다　34z(질병)

▷ 쌍짓다(몽2)쌍짓다　18y(산술)

▷ 쌍비(역1)두잔　60y(연향)

▷ 쌍쌍이(몽2)쌍쌍이　17z(산술)

▷ 쌍싱(역3)쌍둥이　33y(친속)

▷ 써(왜1)써(무엇으로써)　27y(어사)

▷ 써(왜2)써(쓰다)　42z(쇄설)

▷ 쏘다(역1)쏘다　21y(교열)

　 쏘다(역3)쏘다　15z(교열)

뽀다(몽2)쏘다   35z(곤충)
▷ 뽀다(역3)쏘다   49z(곤충)
▷ 뽀아가다(역1)쏘아가다   2y(천문)
▷ 쀠다(역3)쬐다   43y(화곡)
▷ 쀠악이(몽3)쐐기   34y(곤충)
▷ 뿍(역2)쑥   41y(화초)
뿍(몽2)쑥   38z(화초)
▷ 뿍빗쳇비단(역2)쑥빛비단   04z(직조)
▷ 뿍찜ㅎ다(역3)쑥찜하다   35z(의약)
▷ 뽀는(역2)쑷는(쑷다)   15y(기구)
쁫다(역3)쑷다   14z(궁궐)
▷ 쁘다(역1)쓰다   15z(학교)
쁘다(역3)쓰다   12y(학교)
▷ 쁘다(역1)쓰다   54y(식이)
쁘다(역3)쓰다   06z(지리)
▷ 쁘다(역3)쓰다   54y(쇄설)
▷ 쁘다(역3)쓰다   16y(군기)
▷ 쁘다(역1)쓰다   48z(소세)
쁘다(역2)쓰다   46z(쇄설)
쁘다(역3)쓰다   54z(쇄설)
쁘다(몽2)쓰다   24z(쟁송)
▷ 쁘레(역2)써레   06y(재봉)
쪄흐레(몽3)써레   22z(전농)
▷ 쁠개(역1)쓸개   36y(신체)
▷ 쁠듸업슨놈(역1)쓸데 없는 놈   32z(마욕)
▷ 쁠더업다(몽2)쓸데 없다   42z(쇄설)
▷ 쁠알히다(역1)쓰라리다   62z(질병)
쁠알히다(역3)쓰라리다   04z(기후)
▷ 삐(역2)씨   03y(잠상)
삐(동2)씨   02y(전농)
삐(역3)씨   42y(전농)
삐(몽2)씨   05y(식이)
삐(몽3)씨   22z(전농)
▷ 삐(역1)씨   31z(마욕)

삐(몽3)씨   30z(마욕)
▷ 삐흐다(역2)부딪치다   47y(쇄설)
▷ 삐양이(역2)씨아   18z(기구)
▷ 삣다(역3)씻다   43z(기구)
▷ 쌋눈(역1)싸락눈   03z(천문)
쌋눈(몽1)싸락눈   02z(천문)
▷ 쌋다(몽2)눅다   21z(매매)
▷ 쌋다(역1)싸다   44y(복식)
쌋다(역3)싸다   16y(군기)
▷ 쌋다(역3)공정하다   38y(매매)
▷ 쌋다(역3)쌓다   14z(궁궐)
쌋르(왜1)싸을(쌓다)   34y(궁궐)
쌋타(몽2)쌓다   46z(쇄설)
쌋다(몽3)쌓다   12z(동정)
▷ 쌋리(역2)싸리   15y(기구)
쌀리(역2)싸리   43y(수목)
쌋리(몽2)싸리   37z(수목)
▷ 쌀(역1)쌀   25y(창고)
쌀(역2)쌀   09y(전농)
쌀(왜2)쌀   04z(화곡)
▷ 쌀아기(몽3)싸라기   23y(화곡)
▷ 쌀이다(역1)쌀 일다   49y(식이)
▷ 쁴오다(몽2)씌우다   25z(형옥)
쁴오다(역3)씌우다   37y(형옥)
삐오다(역3)씌우다   27z(상장)
▷ 짝짝이(몽2)짝짝이   17z(산술)
▷ 뽀그다(역3)쪼개다   55y(쇄설)
▷ 뽀차내티다(역1)쫓아내치다   68y(형옥)
▷ 쬐다(역1쪼이다   06y(기후)
쬐다(역3)쪼이다   55z(쇄설)
▷ 쁫다(역2)찢다   48y(쇄설)
쁫다(역3)찢다   55y(쇄설)
▷ 삐다(역2)확 트이다   29z(주수)
▷ 삐다(역3)찌다   44y(기구)

▷ 쯴밥(역3)찐밥   30z(식이)

▷ 쯧타(역3)찧다   42z(전농)

　쯧타(몽3)찧다   22z(전농)

▷ 쯔다(역1)짜다   37z(잉산)

　쯔다(역2)짜다   14z(기구)

　쯔(역3)짜다   35y(질병)

▷ 쯔다(몽1)짜다   39z(정사)

▷ 쯔다(역1)짜다   52y(식이)

　쯔다(역3)짜다   05y(지리)

▷ 쯔다(역1)짜매다   48y((소세)

　쯔다(역3)짜매다   30y(소세)

▷ 쯔다(역2)짜다   03z(직조)

▷ 쯩ᄒ다(역3)찡하다   24z(기식)

▷ 쁜다(역1)빨다   47z(복식)

▷ 쁜라먹다(역1)빨아먹다   54z(식이)

[ㅅ]

▷ 사공(역2)사공   21z(주강)

　사공(동1)사공   14y(인품)

　사공(역3)사공   47y(주강)

　사공(왜2)사공   19y(주강)

　사공(몽2)사공   15y(주강)

▷ 사길(왜2)새길(새기다)   43y(쇄설)

▷ 사괴다(동1)사귀다   12z(친속)

　사괼(왜2)사궐(사귀다)   40y(쇄설)

　사괴다(몽1)사귀다   10z(친속)

　사괴다(몽3)사귀다   05y(친속)

▷ 사그(몽2)사기   10y(기구)

▷ 사과(몽2)사과   04z(식이)

▷ 사나히(몽1)사나이   11y(인품)

▷ 사다(역1)사다   68z(매매)

　사다(역2)사다   53z(쇄설)

　사다(동2)사다   27y(매매)

▷ 사다(몽2)살다   07z(질병)

▷ 사뎝시(역2)사기접시   13z(기구)

▷ 사돈(역1)사돈   42y(례도)

　사돈(동1)사돈   12z(친속)

　사돈(몽1)사돈   10y(친속)

▷ 사돈ᄒ다(동1)사돈하다   52z(례도)

　사돈ᄒ다(몽1)사돈하다   40z(례도)

▷ 사ᄃ리(역1)사다리   15y(성곽)

　사ᄃ리(동2)사다리   16z(기구)

　서ᄃ리(동)사다리   34z(궁궐)

　사ᄃ리(역3)사다리   11y(성곽)

　사ᄃ리(왜1)사다리   33z(궁궐)

　사ᄃ리(몽2)사다리   12z(기구)

▷ 사ᄃ새(역2)사다새   27z(비금)

▷ 사라가다(동2)사러 가다   27y(매매)

　사라가다(몽2)사러 가다   21z(매매)

▷ 사라오다(동2)사러 오다   27y(매매)

　사라오다(몽2)사러 오다   21z(매매)

▷ 사랑(동2)시렁   16y(기구)

　사랑(몽2)시렁   11z(기구)

▷ 사로잡다(왜1)사로잡다   40y(교열)

▷ 사로잡히다(몽1)사로잡히다   35z(교열)

▷ 사립(왜1)도롱이   46y(복식)

▷ 사롭(역1)사람   24y(관역)

　사롭(역2)사람   50z(쇄설)

　사롭(동1)사람   13y(인품)

　사롭(동2)사람   33z(기회)

　사롭(역3)사람   09y(공식)

　사롭(왜1)사람   10z(인품)

　사롭(몽1)사람   11y(인품)

　사롭(몽2)사람   27y(기회)

　사롭(몽3)사람   40y(쇄설)

▷ 사롭쓸타(몽3)사람을 나무라다   10y(언어)

▷ 사롭아다(동1)사람을 알다   20z(기식)
　사롭아다(몽1)사람을 알다   16y(기식)
▷ 사마치(몽3)남자의
　아래옷의 한가지   19z(복식)
▷ 사모(왜1)사모(~관대)   45z(복식)
▷ 사모뿔(역1)사모뿔   43z(복식)
▷ 사못(몽3)사뭇   24y(질병)
▷ 사미(왜1)사미   53z(사관)
▷ 사발(역2)사발   13z(기구)
　사발(동2)사발   14y(기구)
　사발(왜2)사발   14z(기구)
　사발(몽2)사발   10y(기구)
▷ 사볘(왜1)새벽   05z(시령)
▷ 사셕(몽1)모래자갈   06y(지리)
▷ 사소라(역3)법랑소래   43z(기구)
▷ 사슬(동2)제비   16y(기구)
　사슬(왜2)제비   14y(기구)
　사슬(몽2)제비   12y(기구)
▷ 사슬(역1)사슬   67y(형옥)
　사슬(역2)사슬   48z(쇄설)
　사슬(역3)사슬   09y(공식)
▷ 사슬머이다(역1)사슬을 잠그다   67y(형옥)
▷ 사슴(동2)사슴   39z(주수)
　사슴(역3)사슴   49y(주수)
　사슴(왜2)사슴   23z(주수)
　사슴(몽2)사슴   33y(주수)
▷ 사술(역1)산가지   25y(창고)
▷ 사슴고기(역1)사슴고기   50z(식이)
▷ 사즉(역2)솔   15y(기구)
▷ 사춈대(역2)탕개   03z(직조)
▷ 사탕(역1)사탕   52y(식이)
　사당(왜1)사탕   48y(식이)
▷ 사태(왜2)사태   48z(쇄설)
▷ 사푼즉(동2)법랑소래   15z(기구)

▷ 사향노로(몽2)사향노루   33y(주수)
▷ 사회(역1)사위   42y(례도)
　사회(동1)사위   11y(친속)
　사회(왜1)사위   13z(친속)
　사회(몽1)사위   09z(친속)
▷ 사힉(왜1)사핵   54z(형옥)
▷ 사힉ᄒ다(동2)사핵하다   29z(쟁송)
　사힉ᄒ다(몽2)사핵하다   24y(쟁송)
▷ 사홧대(역2)삿대, 상앗대   21z(주강)
　사화ㅅ대(동2)삿대, 상앗대   19y(주강)
　사홛대(왜2)삿대, 상앗대   18z(주강)
　사화ㅅ대(몽2)삿대, 상앗대   14z(주강)
　사화ㅅ대(몽3)삿대, 상앗대   27y(주강)
▷ 사약곳(동2)작약, 함박꽃   45z(화초)
▷ 사어(왜2)상어   25y(수족)
▷ 사오나오다(역1)사납다   28y(인품)
　사오나오다(역2)거칠다   04y(직조)
▷ 사오납다(역1)사납다   07y(지리)
　사오납다(동1)사납다   23y(성정)
　사오납다(동2)사납다   34y(마욕)
　사오납다(몽1)사납다   17z(성정)
　사오납다(역3)사납다, 나쁘다   57z(쇄설)
　사오납다(몽3)사납다   14z(인사)
▷ 사오리(역2)긴 걸상, 평상   19y(기구)
▷ 사인창(역3)곱게 꾸민 창문   13z(궁궐)
▷ 사의(왜1)도롱이   46y(복식)
▷ 삭(동2)싹   02y(전농)
　삭(몽2)싹   01z(전농)
　삭(역3)싹   42y(전농)
　삭(몽3)싹   22z(전농)
▷ 삭갑(역1)삯값   25y(창고)
▷ 삭나다(동2)싹나다   02y(전농)
　삭나다(역3)싹나다   42y(전농)
　삭나다(몽2)싹나다   02y(전농)

삭나다(몽3)싹나다　22z(전농)
▷ 삭내다(역3)삯 내다　39y(매매)
▷ 삭짐(역3)삯짐　18z(창고)
▷ 삭이다(역3)새기다　50y(곤충)
　삭이다(몽2)새기다　14y(장기)
▷ 삭이다(역3)삭이다　10z(제례)
▷ 산(역3)산　61y(쇄설)
▷ 산(역3)셈, 계산　10y(관직)
▷ 산고디(역1)성에　03y(천문)
　산고디(동1)성에　03y(천문)
　산고디(역3)성에　03y(천문)
　산고디(몽1)성에　02z(천문)
▷ 산고디ᄒ다(동1)성에 지다　03y(천문)
　산고디ᄒ다(몽1)성에 지다　02z(천문)
▷ 산남편(몽3)산남쪽　03z(지리)
▷ 산단(왜2)산단　30y(화초)
▷ 산단화(역2)동백꽃　39z(화초)
▷ 산달(왜2)담비　24y(주수)
▷ 산달피(역3)담비가죽　49y(주수)
▷ 산도미(역2)산도(밭벼)　09z(화곡)
▷ 산두다(역1)산 놓다, 계산하다　64z(산술)
▷ 산ᄃᆡ(역2)산대놀음　24y(기희)
▷ 산록(왜1)산기슭　08y(지리)
▷ 산막(역1)산막　17z(궁궐)
▷ 산멱(역2)멀떠구니　25z(비금)
　산멱(동2)멀떠구니　36y(비금)
　산멱(몽2)멀떠구니　30y(비금)
▷ 산북편(몽3)산북쪽　03z(지리)
▷ 산산이(동2)산산이　61y(쇄설)
　산산이(몽3)산산이　39y(쇄설)
▷ 산장이(역1)산쟁이　23y(전어)
　산자이(역3)산쟁이　17z(전어)
　산장이(동1)산쟁이　14y(인품)
▷ 산쟝(왜2)파리　06z(채소)

▷ 산증(역1)산증, 산기　63y(질병)
　산증(동2)산증, 산기　07y(질병)
　산증(몽3)산증, 산기　23z(질병)
▷ 산제(몽3)메돼지　33y(주수)
　산제(왜2)메돼지　24y(주수)
▷ 산제피(몽3)메돼지가죽　33y(주수)
▷ 산판(동2)수판, 주산　16y(기구)
▷ 산호(왜2)산호　08z(진보)
▷ 산힝(왜2)사냥　38z(쇄설)
　산힝(몽1)사냥　50z(전어)
▷ 산양(몽3)산양　31z(주수)
▷ 산영개(동2)사냥개　40y(주수)
▷ 산영ᄒ다(역1)사냥하다　23y(전어)
　산힝ᄒ다(동2)사냥하다　12z(전어)
　산힝ᄒ다(몽1)사냥하다　11y(인품)
▷ 산이스랏(동2)산이스라치　06y(식이)
　산이스랏(몽3)산이스라치　23z(식이)
▷ 산원(동1)주산놓는 사람　13y(인품)
▷ 삷(왜2)삽　13z(기구)
▷ 살(동1)살(떡에 찍는 무늬)　59z(식이)
▷ 살(역3)살　31y(식이)
▷ 살(동1)창살　36y(궁궐)
　살(몽3)창살　15z(궁궐)
▷ 살(역1)살, 화살　21y(교열)
　살(역2)살, 화살　44z(쇄설)
　살(동1)살, 화살　48y(군기)
　살(역3)살, 화살　16z(군기)
　살(왜1)살, 화살　41y(군기)
　살(몽1)살, 화살　36z(군기)
　살(몽3)살, 화살　21z(전어)
▷ 살(왜1)살(사다)　56y(매매)
▷ 살다(역1)살다　36z(신체)
　살다(왜1)살다　35y(성곽)
　산(몽3)산(살다)　31y(비금)

▷ 살동개(동1)살동개   48z(군기)
　살동개(몽1)살동개   36z(군기)
　살동개(역3)살동개   16z(군기)
▷ 살무겁무온디(역1)과녁   22z(군기)
▷ 살문(동1)살문   35z(궁궐)
▷ 살밋(역1)활촉   22y(군기)
　살밋(동1)활촉   48y(군기)
　살믿(왜1)활촉   41y(군기)
▷ 살ㅅ대(역1)살대   22y(군기)
　살ㅅ대(동1)살대   48y(군기)
　살ㅅ대(몽1)살대   36z(군기)
　살때(몽3)살대   18y(군기)
▷ 살ㅅ짓(역1)살깃   22y(군기)
　살짓(동1)살깃   48y(군기)
　살짓(역3)살깃   16z(군기)
　살짓(몽3)살깃   18y(군기)
▷ 살쩍(동1)살쩍   15y(신체)
　살쩍(몽1)살쩍   12y(신체)
▷ 살어름(역1)살어름   08y(지리)
　살어름(동1)살어름   09z(지리)
　살어름(역3)살어름   07y(지리)
　살어름(몽3)살어름   03y(시령)
▷ 살업슨창(역3)창살   13z(궁궐)
▷ 살오기다(동2)절룩이다   38z(주수)
　살옥이다(역3)절룩이다   49y(주수)
　살옥이다(몽2)절룩이다   32z(주수)
▷ 살오다(역2)살리다   46z(쇄설)
　살오다(몽3)살리다   16z(학교)
▷ 살오늬(역1)살오늬   22y(군기)
　살오늬(동1)살오늬   48y(군기)
　살오늬(몽1)살오늬   36z(군기)
▷ 살올(역3)살릴(살리다)   54z(쇄설)
　살이다(역3)살리다   25z(동정)
▷ 살우비(역1)살우비   22z(군기)

▷ 살우비(동1)살우비   48z(군기)
　살우비(역3)살우비   16z(군기)
　살우비(몽3)살우비   18y(군기)
▷ 삷(역2)삽   08z(전농)
　삷(동2)삽   17z(장기)
　삷(왜2)삽   17y(기구)
　삷(몽2)삽   13z(장기)
▷ 삷적(역1)솔   48z(소세)
▷ 삼(역2)삼   05z(직조)
　삼(동2)삼   46z(화초)
　삼(왜2)삼   31y(화초)
　삼(몽2)삼   39z(화초)
　삼(몽3)삼   28y(직조)
▷ 삼가다(왜1)삼가다   23y(성정)
▷ 삼거적(몽3)삼거적   19y(잉산)
▷ 삼겨나다(동1)생겨나다   54z(잉산)
　삼겨나다(몽1)생겨나다   42y(잉산)
▷ 삼기다(동2)생기다   34y(마욕)
　삼기다(몽3)생기다   30z(마욕)
▷ 삼긴품(동1)타고난 성품   21y(성정)
　삼긴품(몽3)타고난 성품   08z(성정)
▷ 삼다(역2)삼다   05z(직조)
　삼다(동2)삼다   59y(쇄설)
　삼다(몽2)삼다   49z(쇄설)
▷ 삼뎡(역2)말을 보호하는 옷   21y(안비)
▷ 삼록(왜2)삼록   12y(채색)
▷ 삼모리(역2)삼오리   19y(기구)
▷ 삼삼이뼈(몽3)三叄骨   32y(주수)
▷ 삼승(동2)석세배   25y(직조)
　삼승(왜2)석세베   10z(직조)
　삼승(몽2)석세베   20y(직조)
▷ 삼신(역3)삼신   29z(복식)
▷ 삼쩌올(역2)삼오리, 삼거풀   10z(화곡)
▷ 삼찍(역1)삼띠   32z(상장)

삼쯰(역3)삼띠   28y(상장)
▷ 삼지창(동1)삼지창   49y(군기)
　삼지창(몽1)삼지창   37z(군기)
▷ 삼쳥(왜2)삼청   12y(채색)
▷ 삼쵸(왜1)삼초   19y(신체)
▷ 삼태(역2)삼태, 삼태기   20y(기구)
　삼태(동2)삼태, 삼태기   17y(기구)
　삼태(왜2)삼태, 삼태기   16y(기구)
　삼태(몽2)삼태, 삼태기   12z(기구)
▷ 삼틔셩(왜1)삼태성   01z(천문)
▷ 삼한(왜2)삼한   02z(국호)
▷ 삼월(왜1)삼월   04y(시령)
▷ 삽듀(역2)삽주   12y(채소)
　삽쥬(동2)삽주   04z(채소)
　샵쥬(왜2)삽주   06y(채소)
　샵쥬(몽3)삽주   23y(채소)
▷ 삽살개(역2)삽살개   32z(주수)
　삽살개(동2)삽살개   40z(주수)
　삽살개(몽3)삽살개   31z(주수)
▷ 삽삽(왜2)선들선들   50z(쇄설)
▷ 삿(동1)삿   59y(복식)
　삿(몽1)삿   45z(복식)
▷ 삿(역2)삿자리   16z(기구)
▷ 삿갓(역1)삿갓   44y(복식)
▷ 삿기(역2)새끼   31z(주수)
　삿기(동2)새끼   36z(비금)
　삿기(역3)새끼   49y(주수)
　삳기(왜2)새끼   22y(비금)
　삿기(몽2)새끼   33z(주수)
　삿기(몽3)새끼   31z(주수)
▷ 삿기낫(역1)점심때가
　가까운 시간   05y(시령)
▷ 삿기노새(역2)새끼노새   32y(주수)
▷ 삿깃(역3)기저귀   23y(잉산)

▷ 삿광조리(역3)삿광주리   44y(기구)
▷ 상(역1)상   59z(연향)
　상(역2)상   13z(기구)
　상(동2)상   14y(기구)
　상(왜2)상   13y(기구)
　상(몽2)상   10y(기구)
▷ 상가손(역2)鷹跳   26z(비금)
▷ 상륙티다(역2)골패를 치다   24z(기희)
　상뉵티다(동2)골패를 치다   33y(기희)
　상뉵티다(몽2)골패를 치다   26z(기희)
▷ 상모(몽1)상모   43y(복식)
▷ 상복(동2)상복   10z(상장)
　상복(몽2)상복   08y(상장)
▷ 상서(왜2)상서롭다   46y(쇄설)
▷ 상ᄉ(왜1)상사   52z(상장)
▷ 상쟝(역3)상장   28y(상장)
▷ 상쾌(왜2)상쾌하다   44y(쇄설)
▷ 상쾌ᄒ다(몽3)상쾌하다   12z(동정)
▷ 상필이(역2)紅頂魚   38z(수족)
▷ 상화(역1)만두, 빵   51z(식이)
　상화(동1)만두, 빵   59z(식이)
　상화(몽1)만두, 빵   46z(식이)
▷ 상홧깅(역1)만두국   51z(식이)
▷ 상어(역2)상어   37z(수족)
▷ 샤간(왜2)사간   31y(화초)
▷ 샤긔(동2)사기   12z(사관)
▷ 샤단(왜1)사단   35y(성곽)
▷ 샤들리다(역3)정신이 팔리다   59z(쇄설)
▷ 샤라부로(역2)曲曲菜   11z(채소)
▷ 샤랑(동1)사랑   35y(궁궐)
　샤랑(왜1)사랑   32y(궁궐)
　샤랑(몽1)사랑   26y(궁궐)
▷ 샤로(왜1)비탈길   08z(지리)
▷ 샤례(왜2)사례   40z(쇄설)

▷ 샤례ᄒ다(동1)사례하다 52y(례도)
　샤례ᄒ다(역3)사례하다 27y(례도)
　샤례ᄒ다(몽1)사례하다 40y(례도)
▷ 샤리드다(역1)사례들다 38y(기식)
　샤리드다(동1)사례들다 63z(식이)
　샤리드다(역3)사례들다 23z(기식)
　샤리드다(몽1)사례들다 49z(식이)
▷ 샤마괴(역1)사마귀 36z(신체)
　샤마귀(왜1)사마귀 51z(질병)
　샤마괴(몽1)사마귀 15z(신체)
▷ 샤봉(왜2)돛을 내리다 19y(주강)
▷ 샤셕(동1)모래자갈 07y(지리)
▷ 샤직(왜1)사직 34y(성곽)
▷ 샤즉(동1)치솔 55y(소세)
　샤즉(역3)치솔 30y(소세)
　샤즉(몽1)치솔 42z(소세)
▷ 샤창(역3)사팔뜨기 14y(궁궐)
　샤안(왜1)사팔뜨기 52y(질병)
▷ 샤치(왜1)사치 24y(성정)
▷ 샤치ᄒ다(동1)사치하다 13z(인품)
　샤치ᄒ다(몽3)사치하다 05z(인품)
▷ 샤티(역1)상투 34z(신체)
▷ 샤태나다(역1)사태나다 08y(지리)
▷ 샤태올(역2)우렁이 11z(채소)
▷ 샤향(역3)사향 36y(의약)
▷ 샤향노로(역2)사향노루 34y(주수)
　샤향노로(동2)사향노루 39z(주수)
　샤향놀(왜2)사향노루 23z(주수)
▷ 샤향빗쳇비단(역2)사향빛비단 04z(직조)
▷ 샤ᄒ다(동2)용서하다 31y(형옥)
　샤ᄒ다(역3)용서하다 37y(쟁송)
　샤ᄒ다(왜1)용서하다 54z(형옥)
　샤ᄒ다(몽2)용서하다 25z(형옥)
▷ 샹(역3)상

　(어쩔~싶지 않다) 57z(쇄설)
▷ 샹(역3)상(장려) 55y(쇄설)
▷ 샹고(동1)장사군 51z(정사)
　샹고(왜1)장사군 57y(매매)
　샹고(몽1)장사군 39y(정사)
▷ 샹관(역3)상관 10z(관직)
▷ 샹년(동1)작년 04z(시령)
　샹년(몽1)작년 04y(시령)
▷ 샹도ㅅ군(역3)상도군 28y(상장)
▷ 샹마디(역2)馬兀子 19z(기구)
▷ 샹보다(동1)상보다 13z(인품)
　샹보다(역3)상보다 20y(인품)
　샹보다(몽1)상보다 11y(인품)
▷ 샹션(왜2)상선(商船) 18z(주강)
▷ 샹션연(왜1)상선연(上船宴) 42z(연향)
▷ 샹줄(왜2)상줄(상을 주다) 39z(쇄설)
▷ 샹즉(역2)상자 15y(기구)
　샹즉(왜2)상자 13y(기구)
▷ 샹재(역1)사미 26y(사관)
▷ 샹지(동2)사미 12y(사관)
　샹지(몽2)사미 09y(사관)
▷ 샹토(역1)상투 48y(소세)
　샹토(동1)상투 15y(신체)
　샹토(왜1)상투 44z(소세)
　샹토(몽1)상투 42z(소세)
▷ 샹풍(동2)원래 47z(쇄설)
　샹풍(몽2)원래 40y(쇄설)
▷ 샹한(왜1)상한 50z(질병)
▷ 샹합ᄒ다(몽3)맞장구를 치다 13y(인사)
▷ 샹현(왜1)상현달 04z(시령)
▷ 샹아(왜2)상아 09y(진보)
▷ 샹업슨놈(몽2)교활한 놈 27z(마욕)
▷ 샹업시(역3)정신없이 58z(쇄설)
▷ 샹업타(동2)상이 없다 34y(마욕)

▷ 샹인(왜1)일반사람 15y(인품)

▷ 서근(역1)썩은(썩다) 47y(복식)

　셕글(왜1)썩을(썩다) 49y(식이)

　셔글(왜2)썩을(썩다) 29z(수목)

▷ 서김(역1)삭임, 발효 50y(식이)

▷ 서계(왜1)글자, 문자 37y(공식)

▷ 서늘(왜1)서늘하다 06z(기후)

▷ 서늘지다(동1)서늘지다 28y(동정)

　서늘지다(몽3)서늘지다 11z(동정)

▷ 서늘ᄒ다(역1)서늘하다 06y(기후)

　서늘ᄒ다(동1)서늘하다 06y(기후)

　서늘ᄒ다(역3)서늘하다 26y(동정)

　서늘ᄒ다(몽1)서늘하다 05y(기후)

▷ 서다(역2)설다(낮~) 54y(쇄설)

▷ 서로(동1)서로 46y(교열)

　서로(동2)서로 52y(쇄설)

　서로(역3)서로 53z(쇄설)

　서릭(역3)서로 54y(쇄설)

　서릭(왜2)서로 42y(쇄설)

　서로(몽1)서로 23y(동정)

　서로(몽2)서로 44y(쇄설)

　서로(몽3)서로 33y(주수)

▷ 서리(동1)서리 03y(천문)

　서리(역3)서리 03y(천문)

　서리(왜1)서리 03y(천문)

　서리(몽1)서리 02z(천문)

▷ 서리다(동2)서리다, 사리다 42z(곤충)

　서리다(역3)서리다, 사리다 50y(곤충)

　서리다(왜2)서리다, 사리다 28y(곤충)

　서리다(몽2)서리다, 사리다 35z(곤충)

▷ 서릭치다(역3)서로 치다 36z(쟁송)

▷ 서룻다(역1)설겆다, 거두다 60z(연향)

▷ 서벅돌(몽3)서벅돌 03z(지리)

▷ 서벅서벅ᄒ다(역3)서벅서벅하다07y(지리)

　서벅서벅ᄒ다(몽3)서벅서벅하다 04y(지리)

▷ 서부즈(역1)촉이 얇고
　넓으며 대가 긴 화살 22y(군기)

　셔부즈(동1)촉이 얇고
　넓으며 대가 긴 화살 48y(군기)

▷ 서재다(역2)뽐내다 52y(쇄설)

　서재다(동1)뽐내다 23z(성정)

▷ 서풍(왜1)서풍 02y(천문)

▷ 서어(왜2)의견이 맞지 않다 44z(쇄설)

▷ 서어ᄒ다(몽3)소올하다 14y(인사)

▷ 석(왜1)석(~자) 55y(산술)

▷ 석다(동1)섞다 60z(식이)

　석다(역3)섞다 32y(식이)

　석다(몽1)섞다 47y(식이)

　석다(몽3)섞다 21z(식이)

▷ 석은나모(몽3)썩은 나무 34z(수목)

▷ 석이다(역3)견디다 54y(쇄설)

▷ 선동화(역3)枕頭瓜 43y(채소)

▷ 선지(역3)선지 31y(식이)

▷ 선창(역2)선창 21z(주강)

　션창(동1)선창 08y(지리)

　션창(왜2)선창 19y(주강)

▷ 설(역1)설날 04z(시령)

　설날(동1)설날 04z(시령)

　설날(몽1)설날 04y(시령)

▷ 설맞다(몽3)설맞다 21z(전어)

▷ 설픠다(역2)설피다, 성기다 19z(기구)

▷ 섥(역2)설기 15z(기구)

　섥(동2)설기 13z(기구)

　섥(왜2)설기 15z(기구)

　섥(몽2)설기 10y(기구)

▷ 섬(동1)층대 34z(궁궐)

　섬(왜1)계단 33z(궁궐)

　섬(몽1)층대 26y(궁궐)

▷ 셤기다(역1)섬기다 31z(경중)
　셤기다(동1)섬기다 31y(인사)
　셤기다(몽1)섬기다 24y(인사)
　셤길(왜2)섬길(섬기다) 33z(쇄설)
▷ 셤셔흐레(역1)계단 19z(궁궐)
▷ 셤층(동1)계단 34z(궁궐)
　셤층(몽1)계단 26y(궁궐)
▷ 셥(왜2)섶나무 29z(수목)
▷ 셥삭임ᄒ다(몽3)조각하다 26z(장기)
▷ 셥셥ᄒ다(역1)섭섭하다 28y(인품)
▷ 셥수(몽3)이삭 22z(전농)
▷ 셥ᄒ(역2)섶 03y(잠상)
▷ 셥업슨옷(역1)섶없는 옷 45y(복식)
▷ 섯돌(역1)섣달 05y(시령)
　섯돌(동1)섣달 04z(시령)
▷ 섯쇠(역2)적쇠 14y(기구)
▷ 섯끼다(역2)섞기다 34y(주수)
　섯길(왜2)섞길(섞기다) 42y(쇄설)
▷ 섯쟈(역2)석자 14y(기구)
　섯쟈(동2)석자 15y(기구)
▷ 셩(왜1)성(姓) 14y(친속)
▷ 셩길(왜2)성길(성기다) 32z(쇄설)
　셩긔다(몽3)성기다 22y(전어)
▷ 셩에(역1)성에 08y(지리)
　셩에(동1)성에 09z(지리)
　셩에(역3)성에 07y(지리)
　셩애(왜1)성에 11y(지리)
▷ 셔(몽2)서캐 36y(곤충)
▷ 셔(왜1)서까래 32z(궁궐)
▷ 셔각(왜2)서각 09y(진보)
▷ 셔간(왜1)편지, 서신 37z(공식)
▷ 셔긔(왜1)상서롭다 03y(천문)
▷ 셔남풍(왜1)서남풍 02y(천문)
▷ 셔다(동1)서다(지다) 02z(천문)

셔다(동1)서다 26z(동정)
　셔다(역3)서다(지다) 02y(천문)
　셔다(몽1)서다(지다) 02z(천문)
▷ 셔다(동1)임신하다 54y(잉산)
　셔다(역3)임신하다 23y(잉산)
　셔다(몽1)임신하다 41z(잉산)
▷ 셔다(역2)서다 08y(전농)
　셔다(왜1)서다 29z(동정)
　셔다(몽3)서다 11y(동정)
▷ 셔리(역1)서리 27z(존비)
　셔리(왜1)서리 36z(관직)
▷ 셔방(역1)서방, 남편 42y(례도)
　셔방(역3)서방, 남편 58y(쇄설)
　셔방(왜1)서방, 남편 42y(례도)
▷ 셔북풍(왜1)서북풍 02y(천문)
▷ 셔ㅅ녁(왜1)서쪽 11z(지리)
▷ 셔슬(동1)갈대발 35z(궁궐)
　셔슬(몽1)갈대발 26z(궁궐)
▷ 셔슬(역1)서슬 18y(궁궐)
▷ 셔진(역3)서진, 문진 12y(학교)
　셔진(왜1)서진, 문진 39y(학교)
　셔진(몽3)서진, 문진 16z(학교)
▷ 셔편(역2)서쪽, 서편 52z(쇄설)
▷ 셔피(역2)서피, 쥐가죽 34z(주수)
　셔피(동2)서피, 쥐가죽 41y(주수)
　셔피(몽2)서피, 쥐가죽 34y(주수)
▷ 셔안(왜1)서안 39y(학교)
▷ 셔얼(왜1)서자, 첩의 아들 13z(친속)
▷ 셔울(역1)서울 14z(성곽)
　셔울(동1)서울 40z(성곽)
　셔울(왜1)서울 34y(성곽)
　셔울(몽1)서울 30z(성곽)
▷ 셕경(왜1)돌로 만든 경쇠 44y(악기)
▷ 셕뉴황(동2)류황 24y(진보)

셕류황(역3)석류황 44z(기구)

셕뉴황(몽2)류황 19z(진보)

▷ 셕닌(역3)돌비늘, 운모 39y(진보)

▷ 셕류곳(역2)석류꽃 40y(화초)

▷ 셕반(왜1)저녁밥 47y(식이)

▷ 셕벽(동1)석벽 07z(지리)

셕벽(왜1)석벽 08y(지리)

▷ 셕슈(왜1)밤미세기 10z(지리)

▷ 셕세드다(역2)정박하다 22y(주강)

▷ 셕죽화(왜2)석죽화, 패랭이꽃 30y(화초)

▷ 셕즈황(왜2)석자황 11z(채색)

▷ 셕화(왜2)석화 26z(수족)

▷ 셕양(왜1)석양 05z(시령)

▷ 셕어(왜2)석어 25z(수족)

▷ 셕웅황(왜2)석웅황 11z(채색)

▷ 셕이(왜2)석이 06y(채소)

▷ 션단(동2)선단 24z(직조)

션단(역3)선단 40z(직조)

션단(왜2)선단 10y(직조)

▷ 션두(왜2)배머리 18z(주강)

▷ 션두루다(동1)선을 두르다 56z(복식)

션드루다(몽1)선을 두르다 44y(복식)

▷ 션마(왜2)불깐 말 23y(주수)

▷ 션믈(동2)선물 52y(쇄설)

션물(왜2)선물 39z(쇄설)

션믈(몽2)선물 45y(쇄설)

▷ 션반(역1)선반 19z(궁궐)

션반(동2)선반 13z(기구)

션반(몽2)선반 12z(기구)

▷ 션보롬(역3)선보름 04y(시령)

▷ 션비(역1)선비 28y(인품)

션비(동1)선비 13y(인품)

션비(왜1)선비 14z(인품)

션비(몽1)선비 10z(인품)

▷ 션쵸(왜2)고물 18z(주강)

▷ 션퇴(왜1)음식 물리다 43y(연향)

▷ 션판즈(왜2)갑판, 배밑의 널 19y(주강)

▷ 션풍(왜1)회오리바람 02y(천문)

▷ 션인(왜1)선인 15y(인품)

▷ 셜교(역1)설기떡 51z(식이)

셜교(역3)설기떡 31y(식이)

▷ 셜나라(왜2)설나라 02z(국호)

▷ 셜당(왜1)설기떡 48y(식이)

▷ 셜리죽다(역2)억울하게 죽다 53y(쇄설)

▷ 셜사(왜1)설사 50z(질병)

▷ 셜자(몽2)석자 11y(기구)

▷ 셜치(왜2)치욕을 씻다 46y(쇄설)

▷ 셜치ᄒ다(동2)설치하다 33y(기회)

셜치ᄒ다(역3)설치하다 47z(기회)

▷ 셜합(역3)서랍 44z(기구)

▷ 셜흔(동2)서른 21y(산술)

셜흔(몽2)서른 16z(산술)

▷ 셜아몰(역2)서라말 28z(주수)

▷ 셜우다(왜1)억울하다 21z(기식)

▷ 셜음(역2)억울함 44y(쇄설)

▷ 셜워ᄒ다(동2)서러워하다 10z(상장)

▷ 셜웨라(역1)억울하다 38z(기식)

▷ 셟다(역1)섧다 69z(매매)

셟다(동2)섧다 10z(상장)

셟다(몽2)섧다 08y(상장)

셟다(몽3)섧다 25y(상장)

▷ 셤(역1)섬 08z(지리)

셤(동1)섬 08y(지리)

셤(왜1)섬 09z(지리)

셤(몽1)섬 07y(지리)

▷ 셤(왜1)섬 55z(산술)

▷ 셤단(왜2)선단 10y(직조)

▷ 셤어(왜1)헛소리 27z(언어)

▷ 셤어ᄒ다(동2)잠꼬대하다   07z(질병)
　셤어ᄒ다(몽3)잠꼬대하다   11z(동정)
▷ 셤여(왜2)두꺼비   27z(곤충)
▷ 셥즈(왜1)쪽집게   45y(소세)
▷ 셧가래(동1)서까래   35z(궁궐)
　셧가래(몽1)서까래   26z(궁궐)
▷ 셩(역1)성   14z(성곽)
　셩(동1)성   40z(성곽)
　셩(왜1)성   34y(성곽)
　셩(몽1)성   30z(성곽)
▷ 셩(동1)성   22z(성정)
　셩(몽1)성   17z(성정)
　셩(역3)성   24z(기식)
▷ 셩가쾨(동1)성가퀴   40z(성곽)
　셩각회(역3)성가퀴   11y(성곽)
　셩각회(왜1)성가퀴   34z(성곽)
　셩각크(몽1)성가퀴   30z(성곽)
▷ 셩결우다(역3)성을 내다   24z(기식)
▷ 셩귀다애(동1)성가퀴에
　있는 포구멍   40z(성곽)
▷ 셩귀ㅅ대애(몽3)성가퀴에
　있는 포구멍   16z(성곽)
▷ 셩관(왜1)성실하다   24y(성정)
▷ 셩내다(역1)성을 내다   39y(기식)
　셩내다(동1)성을 내다   22z(성정)
　셩내다(역3)성을 내다   52z(쇄설)
　셩내다(몽1)성을 내다   17z(성정)
　셩내다(몽3)성을 내다   30y(마욕)
▷ 셩녕(역2)수공업적으로 하는 일 43z(쇄설)
　셩녕(동2)수공업적으로 하는 일 18y(장기)
　셩녕(역3)수공업적으로 하는 일 45z(기구)
　셩뎡(몽2)수공업적으로 하는 일 14y(장기)
▷ 셩녕바치(역1)장인, 장공   30z(인품)
▷ 셩문밧좌우판(동1)성바깥거리   41y(성곽)

　셩문밧좌우판(몽1)성바깥거리   31y(성곽)
▷ 셩무르다(역1)성급하다   39y(기식)
▷ 셩끠내다(몽3)성끼를 내다   09y(성정)
▷ 셩쏜몰(역2)성급한 말   30y(주수)
▷ 셩적함(역3)화장함   30y(소세)
▷ 셩쥬회(역3)성주위   11y(성곽)
▷ 셩챵(왜2)虫聖腸   26z(수족)
▷ 셩취ᄒ다(역3)성취하다   54y(쇄설)
▷ 셩풀리다(동1)성이 풀리다   34y(인사)
▷ 셩품(역3)성품   52y(쇄설)
▷ 셩ᄒ다(왜2)이루다   34y(쇄설)
▷ 셩황소(동2)성황신   11z(사관)
　셩황소(몽2)성황신   09y(사관)
▷ 셩악ᄒ다(역1)성악하다   29y(인품)
▷ 셩인(왜1)성인   14z(인품)
▷ 소(역1)소   52y(식이)
　소(동1)소   59z(식이)
　소(역3)소   31y(식이)
　소(몽1)소   46z(식이)
▷ 소(역1)소   07z(지리)
　소(동1)소   08y(지리)
　소(왜1)소   09z(지리)
　소(몽1)소   07y(지리)
▷ 소각(왜1)梳角   44z(소세)
▷ 소경(역1)소경   29z(인품)
▷ 소곰(역1)소금   52z(식이)
　소곰(동1)소금   61z(식이)
　소곰(왜1)소금   48y(식이)
　소곰(몽1)소금   48y(식이)
▷ 소기다(역2)속이다   44y(쇄설)
　소기다(동1)속이다   33y(인사)
　속이다(역3)속이다   53y(쇄설)
　소길(왜2)속일(속이다)   35z(쇄설)
　속이다(몽1)속이다   25z(인사)

소기다(몽3)속이다 14z(인사)
▷ 소김(역2)속임 44y(쇄설)
▷ 소과(역2)稍瓜 11z(채소)
▷ 소과리(역2)쏘가리 38z(수족)
▷ 소나모(역2)소나무 42y(수목)
　소나모(동2)소나무 44y(수목)
　소나모(몽2)소나무 36z(수목)
▷ 소뇌활(동1)소뇌활 47z(군기)
　소뇌활(역3)소뇌활 16y(군기)
▷ 소두(왜1)머리빗다 44z(소세)
▷ 소라(역3)소래 43y(기구)
▷ 소로다(동1)숫다 48y(군기)
　소로다(역3)숫다 45y(기구)
▷ 소로쟝이(동2)소리쟁이 04z(채소)
　소로쟝이(왜2)소리쟁이 06z(채소)
　소로쟝이(몽2)소리쟁이 04y(채소)
▷ 소리춤나모(역2)鐵櫟樹 42y(수목)
▷ 소리(역1)소리 38z(기식)
　소리(동1)소리 24z(언어)
　소리(동2)소리 33z(마욕)
　소리(역3)소리 23z(기식)
　소리(왜1)소리 21y(기식)
　소리(몽1)소리 18z(언어)
　소리(몽2)소리 50y(쇄설)
　소리(몽3)소리 24y(질병)
▷ 소리업다(몽3)소리없다 25y(상장)
▷ 소리지르다(동1)소리 지르다 25z(언어)
　소리지ᄅ다(몽3)소리 지르다 29y(쟁송)
▷ 소목(왜2)소방나무 28z(수목)
▷ 소문(동2)소문 53y(쇄설)
　소문(역3)소문 58z(쇄설)
　소문(몽2)소문 45y(쇄설)
▷ 소문나다(동2)소문나다 53z(쇄설)
　소문나다(몽2)소문나다 45y(쇄설)

▷ 소부리(동2)언치 20y(안비)
　소부리(역3)언치 46z(안비)
　소부리(몽2)언치 15z(안비)
▷ 소분ᄒ다(동2)성묘하다 11y(상장)
　소분ᄒ다(몽2)성묘하다 08z(상장)
▷ 소비(역1)쇠녹 08z(지리)
▷ 소사나다(동1)솟아나다 08z(지리)
　소사나다(몽1)솟아나다 07y(지리)
▷ 소상(동2)조각상, 석고상 12y(사관)
　소상(몽2)조각상, 석고상 09y(사관)
▷ 소셩(왜1)소성 44z(소세)
▷ 소소다(동1)뛰여오르다 27y(동정)
　소소다(몽3)뛰여오르다 11y(동정)
▷ 소술(왜1)숫을(숫다) 11y(지리)
▷ 소쟝(역3)향주머니 28y(상장)
▷ 소지졍ᄒ다(몽2)고소하다 24y(쟁송)
▷ 소털(왜2)소털풀 31y(화초)
▷ 소텹(왜1)소첩 44z(소세)
▷ 소ᄒ다(역1)소하다 33y(상장)
　소ᄒ다(동2)소하다 12y(사관)
　소ᄒ다(몽2)소하다 09z(사관)
▷ 소오롬(동2)소롬 56z(쇄설)
　소을음(역3)소름 34z(질병)
▷ 소올디다(동1)솟아오르다 07y(지리)
　소올지다(역3)솟아오르다 07y(지리)
▷ 소옴(역2)솜 06y(직조)
　소옴(동2)솜 25z(직조)
　소옴(역3)솜 41y(직조)
　소음(왜2)솜 10z(직조)
　소옴(몽2)솜 21z(직조)
▷ 소옴두다(역2)솜을 두다 06y(재봉)
　소옴두다(역3)솜을 두다 41z(재봉)
▷ 소옴티(역2)솜털 33y(주수)
　소옴치(동2)솜털 36z(비금)

소옴치(몽2)솜털   34y(주수)
소옴치(역3)솜털   49z(주수)
소옴치(몽3)솜털   31y(비금)
▷ 소옴치짓(역3)솜털   48y(비금)
소옴치짓(몽2)솜털   30y(비금)
▷ 소옴트다(동2)솜을 타다   25z(직조)
소옴트다(몽2)솜을 타다   21z(직조)
▷ 소용(역2)아구리가 좁은 병   14y(기구)
소용(동2)아구리가 좁은 병   14z(기구)
소용(역3)아구리가 좁은 병   43z(기구)
▷ 소용이치다(역3)(소, 말)
땅에 딩굴며 비비다   49y(주수)
쇠용이치다(몽3)(소, 말)
땅에 딩굴며 비비다   32z(주수)
▷ 소임(동1)소임   39y(관직)
소임(역3)소임   10y(관직)
소임(몽1)소임   29z(관직)
▷ 속(역1)속   14z(성곽)
속(동1)속   10y(지리)
속(역3)속   05y(지리)
속(왜1)속   12y(지리)
속(몽1)속   08z(지리)
▷ 속(역2)속   12z(채소)
▷ 속(동2)속   54z(쇄설)
속(역3)속   55z(쇄설)
속(몽2)속   46y(쇄설)
속(몽3)속   09y(성정)
▷ 속겹플(역3)속꺼풀   48y(비금)
속거풀(몽3)속꺼풀   34z(수목)
▷ 속눈섭(역3)속눈썹   22y(신체)
속눈ㅅ섭(몽3)속눈썹   06y(신체)
▷ 속돌(몽3)속돌   04y(지리)
▷ 속새(동2)속새   46y(화초)
속새(역3)속새   51y(화초)

속새(몽2)속새   38z(화초)
▷ 속옷(역3)속옷   29z(복식)
▷ 손(동1)손   16y(신체)
손(동1)손   23y(성정)
▷ 손(동2)덩굴   47y(화초)
손(몽2)덩굴   39y(화초)
▷ 손(역1)손   48z(소세)
손(역2)손   50z(쇄설)
손(동2)손   56z(쇄설)
손(역3)손   25z(동정)
손(왜1)손   17z(신체)
손(몽1)손   13y(신체)
손(몽2)손   47z(쇄설)
▷ 손(역1)손님   61y(연향)
손(역3)손님   33z(연향)
손(왜1)손님   42z(연향)
▷ 손가락(역1)손가락   67y(형옥)
손까락(역1)손가락   35y(신체)
손가락(동1)손가락   16z(신체)
손가락(왜1)손가락   17z(신체)
손가락(몽1)손가락   13y(신체)
▷ 손곱다(동2)손꼽다   20z(산술)
손곱다(역3)손꼽다   36y(산술)
손곱다(몽2)손꼽다   16z(산술)
▷ 손늬활(몽1)소뇌활   36y(군기)
▷ 손뎡(역1)손님방, 객방   17y(궁궐)
▷ 손듯다(역1)손 트다   63y(질병)
▷ 손목(역1)손목   35y(신체)
손목(동1)손목   16y(신체)
손목(몽1)손목   13y(신체)
▷ 손발(역1)손발   61z(질병)
▷ 손발쫍(몽1)손발톱   13z(신체)
▷ 손밧변ᄒ다(역1)손짓하다   40y(동정)
▷ 손범아귀(역1)범아귀   35y(신체)

▷ 손비비다(역1)손을 비비다   39z(동정)
▷ 손뼈다(역1)손 떨다   63y(질병)
▷ 손ㅅ금(역1)손금   35y(신체)
　손ㅅ금(동1)손금   16z(신체)
　손ㅅ금(몽1)손금   13y(신체)
▷ 손ㅅ돕(역1)손톱   35y(신체)
　손쏩(역1)손톱   48z(소세)
　손쏩(동1)손톱   16z(신체)
　손톱(왜1)손톱   18y(신체)
▷ 손ㅅ등(역1)손등   35y(신체)
　손ㅅ등(동1)손등   16z(신체)
　손ㅅ등(몽1)손등   13y(신체)
▷ 손ㅅ바당(역1)손바닥   35y(신체)
　소빠당(역2)손바닥   52z(쇄설)
　손비당(동1)손바닥   16z(신체)
　손바당(왜1)손바닥   17z(신체)
　손ㅅ바당(몽1)손바닥   13y(신체)
▷ 손ㅅ벽(역2)손벽   46z(쇄설)
▷ 손ㅅ샷(역1)손살   35y(신체)
　손ㅅ샷(역3)손살   22z(신체)
▷ 손슈건(동1)손수건   58z(복식)
　손슈건(몽1)손수건   45y(복식)
▷ 손시시(역2)수공업적으로 하는 일   43z(쇄설)
▷ 손꼼에고리(역1)手破落   37y(신체)
▷ 손꼼에키(역1)手簸箕   37y(신체)
▷ 손자리다(역1)손 저리다   63y(질병)
▷ 손ᄌ(왜1)손자   13z(친속)
▷ 손티다(역1)손치다   39z(동정)
　손치다(동1)손치다   27z(동정)
　손티다(동1)손치다   27z(동정)
　손치다(역3)손치다   25z(동정)
　손치다(몽3)손치다   10z(언어)
▷ 손ᄒ다(왜2)손해를 보다   32z(쇄설)
▷ 손에뉴(동2)수갑   31y(형옥)

▷ 손에뉴(몽2)수갑   25z(형옥)
▷ 손에뉴박다(역1)수갑 채우다   67y(형옥)
▷ 솔(동2)가마솔   14z(기구)
　솔(역3)가마솔   44y(기구)
　솔(몽2)가마솔   10z(기구)
▷ 솔(역3)솔기   41z(재봉)
　솔(몽3)솔기   20y(복식)
▷ 솔(역1)솔   21y(교열)
　솔(역2)솔   15y(기구)
　솔(왜1)솔   41y(군기)
　솔(왜2)솔   15z(기구)
▷ 솔(왜2)소나무   28y(수목)
▷ 솔(역3)솔   34z(질병)
▷ 솔닙(동2)솔잎   45y(수목)
　솔닙(몽2)솔잎   36z(수목)
▷ 솔방올(역2)솔방울   42y(수목)
▷ 솔살(동1)뼈로 촉을
　만든 대가 긴 화살   48y(군기)
▷ 솔옷(역2)소리쟁이   12y(채소)
▷ 숫(역2)솥   13y(기구)
　숫(동2)솥   14z(기구)
　숟(왜2)솥   14z(기구)
　숫(몽2)솥   10z(기구)
▷ 숫고다(동2)숨다   02z(전농)
　숫고다(몽3)숨다   22z(전농)
▷ 숫동(역2)말의 가슴걸이   20z(안비)
　숫동(역3)말의 가슴걸이   46z(안비)
▷ 숫아귀(동1)부엌아궁   36y(궁궐)
　숫아귀(역3)부엌아궁   14z(궁궐)
　숫아귀(몽1)부엌아궁   27y(궁궐)
▷ 송골매(왜2)송골매   21z(비금)
▷ 송곳(역2)송곳   18y(기구)
　송곳(동2)송곳   17z(장기)
　송곧(왜2)송곳   16z(기구)

송곳(몽2)송곳 13z(장기)
▷ 송곳니(역3)송곳니 22y(신체)
　송곳니(몽3)송곳니 06y(신체)
▷ 송나라(왜2)송나라 01z(국호)
▷ 송신ᄒ다(동2)천연두가 끝나다 07z(질병)
　송신ᄒ다(역3)천연두가 끝나다 35y(질병)
　송신ᄒ다(몽2)천연두가 끝나다 06y(질병)
▷ 송ᄉ(동2)송사 29y(쟁송)
　송ᄉ(왜1)송사 27z(언어)
　송ᄉ(몽2)송사 23z(쟁송)
　송ᄉ(몽3)송사 29z(쟁송)
▷ 송이눈(역3)함박눈 03y(천문)
▷ 쇼(역2)소 31z(주수)
　쇼(동2)소 38z(주수)
　쇼(왜2)소 23y(주수)
　쇼(몽2)소 32z(주수)
　쇼(몽3)소 33y(주수)
▷ 쇼갈(왜1)소갈증, 당뇨병 51y(질병)
▷ 쇼경(동2)소경 09y(질병)
　쇼경(왜1)소경 52y(질병)
　쇼경(몽2)소경 07y(질병)
▷ 쇼교(왜2)작은 가마 19z(주강)
▷ 쇼개(왜1)소개 27y(언어)
▷ 쇼동(왜1)아동 15y(인품)
▷ 쇼두(왜2)팥 05y(화곡)
▷ 쇼대련(동2)돈주머니 16y(기구)
　쇼대련(몽2)돈주머니 11z(기구)
▷ 쇼라(역2)소라 39y(수족)
　쇼라(동2)소라 42y(수족)
　쇼라(왜2)소라 26y(수족)
　쇼라(몽2)소라 35y(수족)
　쇼라(몽3)소라 33z(수족)
▷ 쇼라잔(몽3)소라잔 25z(기구)
▷ 쇼로기(역2)소리개 27z(비금)

쇼로기(동2)소리개 35y(비금)
　쇼로기(왜2)소리개 21z(비금)
　쇼로기(몽2)소리개 29y(비금)
▷ 쇼삼승(역2)작은 석세베 05z(직조)
▷ 쇼션(왜2)작은 배 18y(주강)
▷ 쇼쇼(왜2)비뚤어지다 49y(쇄설)
▷ 쇼식(역3)소식 26y(동정)
　쇼식(왜2)소식 47z(쇄설)
　쇼식(몽3)소식 36y(쇄설)
▷ 쇼심(왜1)조심 23z(성정)
▷ 쇼접시(몽3)작은 접시 25z(기구)
▷ 쇼쥬(역2)소주 14z(기구)
　쇼쥬(동1)소주 61y(식이)
　쇼쥬(왜1)소주 47z(식이)
▷ 쇼지(왜1)새끼손가락 18y(신체)
▷ 쇼쳔어(동2)소천어 41z(수족)
　쇼쳔어(역3)소천어 50y(수족)
　쇼쳔어(몽2)소천어 34z(수족)
▷ 쇼쳥ᄒ다(역1)소청하다 65z(쟁송)
▷ 쇼팔쵸(왜2)낙지 26y(수족)
▷ 쇼홍비단(역2)소홍비단 04y(직조)
▷ 쇼티셩마(역2)옥정마 28z(주수)
　쇼티셩ᄆ(동2)옥정마 37z(주수)
　쇼티셩ᄆ(몽2)옥정마 31z(주수)
▷ 쇼인(왜1)소인 15y(인품)
▷ 쇽(동2)속전 31y(형옥)
　쇽(왜1)속전 54z(형옥)
　쇽(몽2)속전 25z(형옥)
▷ 쇽담(동1)속담 24z(언어)
　쇽담(몽1)속담 18z(언어)
▷ 쇽졀업다(역1)속절없다 69z(매매)
　쇽졀업시(동2)속절없이 48z(쇄설)
　쇽졀업시(역3)속절없이 53y(쇄설)
　쇽졀업술(왜1)속절없을 29y(어사)

쇽졀업시(몽2)속절없이　41y(쇄설)
▷ 숏대(역3)솟대　47z(기희)
▷ 숑시(역2)송진　17z(기구)
▷ 숑亽ᄒ다(역1)송사하다　65z(쟁송)
　송亽ᄒ다(동2)송사하다　29y(쟁송)
　숑亽ᄒ다(몽2)송사하다　24y(쟁송)
▷ 숑지(동2)송진　24y(진보)
▷ 숑ᄌ(왜2)잣송이　29y(수목)
▷ 숑편(동1)송편　59z(식이)
　숑편(역3)송편　31y(식이)
▷ 숑화식(동2)푸른색　26y(직조)
　숑화식(역3)푸른색　40z(직조)
　숑화식(왜2)푸른색　11z(직조)
　숑화식(몽3)푸른색　28y(직조)
▷ 숑어(왜2)송어　25z(수족)
▷ 숑이(왜2)송이　06y(채소)
▷ 수(역2)수(～를 채우다)　52y(쇄설)
　수(동2)수　20z(산술)
　수(몽2)수　16z(산술)
▷ 수고로을(왜1)수고스러울　22y(기식)
▷ 수그리다(몽1)수그리다　21z(동정)
▷ 수기다(역1)숙이다　40y(동정)
　수기다(동1)숙이다　28y(동정)
　수기다(동2)숙이다　02y(전농)
　수기다(역3)숙이다　42y(전농)
▷ 수개(역2)수캐　32z(주수)
▷ 수게(역2)숫게　38z(수족)
▷ 수괴(역2)수코양이　33y(주수)
▷ 수나귀(역2)수나귀　32y(주수)
▷ 수노새(역2)수노새　32y(주수)
▷ 수돗(역2)수퇘지　32y(주수)
▷ 수득이(역3)수두룩히　18z(창고)
▷ 수디새(역1)수키와　17z(궁궐)
　수지새(동1)수키와　36z(궁궐)

　수지새(몽3)수키와　15z(궁궐)
▷ 수돌마기(역1)수단추　46y(복식)
▷ 수닭(역2)수탉　25y(비금)
▷ 수로(왜1)물길　08z(지리)
▷ 수리(역2)수리　27y(비금)
　수리(동2)수리　34z(비금)
　수리(왜2)수리　21y(비금)
　수리(몽2)수리　28z(비금)
▷ 수리취(동2)수리취　46z(화초)
　수리취(역3)수리취　51y(화초)
　수리취(몽3)수리취　35y(화초)
▷ 수목(왜1)수목　45y(소세)
▷ 수몰(동2)수말　37y(주수)
　수몰(몽2)수말　31y(주수)
▷ 수메빠지다(역3)심지가 빠지다 17y(군기)
▷ 수범(동2)수펌　37y(주수)
　수범(몽2)수펌　31y(주수)
▷ 수북이(몽3)수북히　29y(매매)
▷ 수사슴(역2)수사슴　34y(주수)
▷ 수산졔(몽3)수달비　31y(주수)
▷ 수세외(역2)수세미오이　11z(채소)
　수세외(동2)수세미오이　05y(채소)
▷ 수죄ᄒ다(역2)수죄하다　49z(쇄설)
　수죄ᄒ다(동2)수죄하다　34y(마욕)
　수죄ᄒ다(몽2)수죄하다　27z(마욕)
▷ 수풀(동2)수풀　45y(수목)
　수플(왜2)수풀　29z(수목)
　수풀(몽2)수풀　37z(수목)
▷ 수험ᄒ다(역1)수험하다　12z(공식)
▷ 수혜다(역1)수를 세다　64z(산술)
　수혜다(동2)수를 세다　20z(산술)
　수혜다(몽2)수를 세다　16z(산술)
▷ 수양(역2)수양　33y(주수)
　수양(몽3)수양　31z(주수)

▷ 수여휘(역1)구두   46z(복식)

▷ 수울(동1)술   58y(복식)

　수울(역3)술   29y(복식)

▷ 수웅(왜2)수콤   24z(주수)

▷ 수이(동2)쉬이   52z(쇄설)

　수이(몽2)쉬이   44y(쇄설)

▷ 수에빠지다(몽3)허탕치다   29y(매매)

▷ 숙다(몽3)숙다   22z(전농)

▷ 숙모(왜1)숙모, 작은어머니   12z(친속)

▷ 숙부(왜1)숙부, 작은아버지   12z(친속)

▷ 숟두어리다(왜1)떠들다   21z(기식)

▷ 숟막(왜1)숫막   35y(성곽)

▷ 술(역1)술, 막걸리   50y(식이)

　술(동1)술, 막걸리   60z(식이)

　술(역3)술, 막걸리   34y(연향)

　술(왜1)술, 막걸리   47z(식이)

　술(몽1)술, 막걸리   47z(식이)

　술(몽3)술, 막걸리   20z(식이)

▷ 술(동2)숟가락   14y(기구)

　술(역3)숟가락   43z(기구)

　술(왜2)숟가락   14z(기구)

　술(몽2)숟가락   10z(기구)

▷ 술거르다(역1)술거르다   50y(식이)

　술걸으다(역3)술거르다   31z(식이)

▷ 술고조(역1)술주자   50y(식이)

　술고즈(역2)술주자   14z(기구)

▷ 술괴다(역1)술괴다   50y(식이)

▷ 술들이오다(역1)술을 짜내다   50y(식이)

▷ 술대야(역2)술대야   15y(기구)

▷ 술량(역1)술량   60y(연향)

▷ 술맛(동1)술맛   61y(식이)

　술맛(몽1)술맛   47z(식이)

▷ 술먹다(역2)술을 먹다   51z(쇄설)

▷ 술무눅다(동1)술군이 많다   61y(식이)

▷ 술믈눅다(몽1)술군이 많다   47z(식이)

▷ 술붓다(역1)술붓다   59z(연향)

　술붓다(동2)술붓다   11y(상장)

▷ 술빗다(역1)술빗다   50y(식이)

　술빗다(몽1)술빗다   47z(식이)

▷ 술ㅅ병(동2)술병   14y(기구)

　술병(몽3)술병   26y(기구)

▷ 술찌다(동1)술깨다   61y(식이)

　술찌다(역3)술깨다   34y(연향)

　술찌다(몽1)술깨다   47z(식이)

▷ 술잔(역3)술잔   34y(연향)

　술잔(몽3)술잔   19y(례도)

▷ 술준(역2)술단지   13z(기구)

　술준(왜2)술단지   14y(기구)

▷ 술질ᄒ다(동2)술질을 하다   14y(기구)

　술질ᄒ다(몽2)술질을 하다   10z(기구)

▷ 술포ᄂ집(역1)술파는 집   69y(매매)

▷ 술위(역1)수레   10y(관부)

　술위(역2)수레   23y(주강)

　술위(동2)수레   19z(주강)

　술위(역3)수레   47y(주강)

　술뤼(왜2)수레   19z(주강)

　술위(몽2)수레   15y(주강)

　술위(몽3)수레   27y(안비)

▷ 술위갈모(역2)수레 기름   23z(주강)

▷ 술위니다(역2)軬車   23z(주강)

▷ 술위ㅅ회통(몽3)수레앞머리   27y(주강)

▷ 술위채(동2)수레채   19z(주강)

　술위채(몽2)수레채   15y(주강)

▷ 술위삑(역2)수레축   23y(주강)

▷ 술윗난간(역2)수레난간   23y(주강)

　술위ㅅ난간(동2)수레난간   19z(주강)

　술위ㅅ난간(몽2)수레난간   15y(주강)

▷ 술윗바쾨(역2)수레바퀴   23y(주강)

술위ㅅ박회(몽2)수레바퀴   15y(주강)
▷ 술윗살(역2)수레바퀴살   23y(주강)
　술위ㅅ살(동2)수레바퀴살   19z(주강)
　술위ㅅ살(몽2)수레바퀴살   15y(주강)
▷ 술윗통(역2)수레통   23y(주강)
▷ 술윗ᄂᆞ롯(역2)수레채   23y(주강)
▷ 숨(동1)숨   19z(기식)
　숨(몽1)숨   15z(기식)
▷ 숨다(역3)숨다   54y(쇄설)
　숨을(왜2)숨을(숨다)   38y(쇄설)
▷ 숨쉬다(동1)숨쉬다   19z(기식)
　숨쉬다(역3)숨쉬다   23z(기식)
　숨쉬다(몽1)숨쉬다   15z(기식)
▷ 숨꼿치다(역2)심술궂히다   50y(쇄설)
▷ 숨ᄎᆞ다(동1)숨차다   20y(기식)
　숨ᄎᆞ다(역3)숨차다   23z(기식)
　숨ᄎᆞ다(몽1)숨차다   15z(기식)
▷ 숨통(역1)숨통   34z(신체)
　숨통(역3)숨통   22y(신체)
▷ 숫(역1)숯   55y(식이)
　숫(역3)숯   14z(궁궐)
　숟(왜1)숯   50y(식이)
　숫(몽1)숯   49z(식이)
▷ 숫돌(동1)숫돌   49y(군기)
　숟돌(왜2)숫돌   17z(기구)
　숫돌(몽1)숫돌   37z(군기)
▷ 숫막(동2)주막   28y(매매)
　숫막(몽2)주막   22z(매매)
▷ 숫불(동1)숯불   63z(식이)
　숫불(몽1)숯불   49z(식이)
▷ 숭그리다(역3)솟구다, 높이다   48z(비금)
▷ 슈(역2)수   06z(재봉)
▷ 슈(역2)수컷   28y(비금)
　수(동2)수컷   36z(비금)

수(몽2)수컷   30z(비금)
▷ 슈(역3)수(수준)   47z(기희)
▷ 슈가지(동2)물가지   04y(채소)
　슈가지(몽3)물가지   23y(채소)
▷ 슈건(역1)수건   44y(복식)
　슈건(역3)수건   30y(복식)
　슈건(왜1)수건   46z(복식)
▷ 슈고롭게(동2)수고롭게   56z(쇄설)
　슈고롭ㅅ게(몽2)수고롭게   48y(쇄설)
▷ 슈고ᄒᆞ다(역2)수고하다   44z(쇄설)
▷ 슈공(동2)품값, 로임   27z(매매)
　슈공(몽2)품값, 로임   22y(매매)
▷ 슈군다히다(동1)수군대다   25y(언어)
▷ 슈군다히다(몽1)수군대다   19y(언어)
▷ 슈나라(왜2)수나라   01z(국호)
▷ 슈놋타(동1)수놓다   57y(복식)
　슈놋타(몽1)수놓다   44y(복식)
▷ 슈달(왜2)수달   24y(주수)
▷ 슈두(왜2)부엌수채   15y(기구)
▷ 슈령(왜1)명령을 지키다 36y(관직)
▷ 슈령(왜1)수령   10z(지리)
▷ 슈리(왜1)수리   34y(궁궐)
▷ 슈례(역1)수표하다   11y(관부)
▷ 슈먹다(동1)墨蔭了   44z(학교)
▷ 슈묵지다(몽1)墨蔭了   33z(학교)
▷ 슈면(동1)분탕   59z(식이)
　슈면(몽1)분탕   46y(식이)
▷ 슈묵(왜1)물먹   38z(학교)
▷ 슈문(몽3)수문   16z(성곽)
▷ 슈박(역2)수박   11z(채소)
　슈박(동2)수박   06y(식이)
　슈박(몽2)수박   05y(식이)
▷ 슈박삐(역1)수박씨   56z(식이)
　슈박씨(동2)수박씨   06y(식이)

슈박씨(몽2)수박씨 05y(식이)
▷ 슈본(왜1)명함 37y(공식)
▷ 슈비(왜1)손등 17z(신체)
▷ 슈사리(동1)수호 45y(교열)
　슈사리(몽1)수호 34z(교열)
　슈사리(왜1)수호 40y(교열)
▷ 슈슈(동1)주방 14z(인품)
　슈슈(역2)수수 09z(화곡)
　슈슈(동2)수수 03z(화곡)
　슈슈(몽2)수수 03y(화곡)
▷ 슈슛대(역2)수수대 10z(화곡)
　슈슈ㅅ대(몽2)수수대 39y(화초)
▷ 슈신(동1)꽃신 58z(복식)
　슈신(역3)꽃신 29z(복식)
　슈신(몽1)꽃신 45z(복식)
▷ 슈작(왜1)수작 26z(언어)
▷ 슈져비(역1)수제비 51z(식이)
▷ 슈정(왜2)수정 08z(진보)
▷ 슈종(왜1)수종 10z(지리)
▷ 슈즙(왜2)수즙 19z(주강)
▷ 슈진매(동2)籠鷹 35y(비금)
　슈진매(역3)籠鷹 47z(비금)
▷ 슈질(슈)(왜2)수놓다 10y(직조)
▷ 슈채(동1)수채 36z(궁궐)
　슈채(역3)수채 14z(궁궐)
　슈채(몽1)수채 27z(궁궐)
▷ 슈쳥(역3)수청 19z(존비)
▷ 슈토(몽2)수토(～보호) 49z(쇄설)
▷ 슈통(왜2)물통 15y(기구)
▷ 슈폐ㅎ다(역2)페를 끼치다 47y(쇄설)
▷ 슈풍로(왜2)물풍로 14z(기구)
▷ 슈파람(동2)휘파람 60z(쇄설)
　슈프룸(왜1)휘파람 44y(악기)
　슈파람(몽2)휘파람 50y(쇄설)

▷ 슈합(동2)주합 14z(기구)
▷ 슈양아비(역3)수양아버지 33y(친속)
▷ 슈양아둘(역3)수양아들 33z(친속)
▷ 슈양어미(역3)수양어머니 33y(친속)
▷ 슈운ㅎ다(동2)운송하다 19z(주강)
　슈운ㅎ다(역3)운송하다 47y(주강)
　슈운ㅎ다(왜2)운송하다 19z(주강)
　슈운ㅎ다(몽2)운송하다 15z(주강)
▷ 슈유(왜2)수유나무 또는그 열매30y(화초)
▷ 슈유(왜2)수유 44y(쇄설)
▷ 슈은(왜2)수은 08z(진보)
▷ 슈임(왜2)들깨 05y(화곡)
▷ 슈완(왜1)손목 17z(신체)
▷ 슉동(왜2)이긴 동 09y(진보)
▷ 슉마(동2)숙마 46z(화초)
　슉마(몽2)숙마 39z(화초)
▷ 슉복(왜2)숙복 26y(수족)
▷ 슉사(동2)수놓이실, 털실 25y(직조)
▷ 슉셩ㅎ다(몽1)숙성하다 42y(잉산)
▷ 슉슈(왜1)끓인 물 47y(식이)
▷ 슉스(몽2)수놓이실, 털실 20y(직조)
▷ 슌금비단(역2)순금비단 05y(직조)
▷ 슌류(왜1)물이 흐르는
　대로 가다 10z(지리)
▷ 슌박(왜1)순박하다 23z(성정)
▷ 슌죵(동2)순종 07z(질병)
　슌죵(몽3)순종 24y(질병)
▷ 슌직(왜1)순직하다 23z(성정)
▷ 슌풍(왜1)순풍 02y(천문)
▷ 슌ㅎ다(동1)순하다 22y(성정)
　슌ㅎ다(왜1)순하다 23z(성정)
　슌ㅎ다(몽1)순하다 17y(성정)
▷ 슐(왜1)술 07z(시령)
▷ 슐시(왜1)술시 06z(시령)

▷ 슐쟤(왜1)꾀있는 사람 15z(인품)
▷ 슝뇽(역1)승늉 49z(식이)
　슉닁(몽1)승늉 46y(식이)
▷ 슝샹(왜2)숭상하다 46z(쇄설)
▷ 스다(동1)사라지다 02z(천문)
　스다(역3)사라지다 02y(천문)
　스다(몽1)사라지다 02z(천문)
▷ 스다(동2)쓸다 42y(수족)
　스다(몽2)쓸다 35y(수족)
　스다(역3)쓸다 50z(수족)
▷ 스다(역3)쓸다 46y(기구)
▷ 스리다(동2)시리다 56z(쇄설)
　스리다(몽2)시리다 47z(쇄설)
▷ 스믈(동2)스물 21y(산술)
　스믈(몽2)스물 16z(산술)
▷ 스믜나모(역2)스무나무 43y(수목)
　스믜나모(동2)스무나무 44z(수목)
　싀목(왜2)스무나무 29z(수목)
　스믜나모(몽2)스무나무 37y(수목)
▷ 싀미다(역3)스미다 12z(학교)
▷ 스믜다(역3)스미다 56z(쇄설)
　스믜다(몽3)스미다 04y(지리)
▷ 스믠문(역2)드러나지
　않은 꽃무늬 05y(직조)
▷ 스스로(왜1)스스로 27z(어사)
▷ 스승(역1)스승 15z(학교)
　스승(동1)스승 43y(학교)
　스승(역2)스승 54y(쇄설)
　스승(왜1)스승 15y(인품)
　스승(몽1)스승 32z(학교)
▷ 스지졍ᄒ다(동2)고소하다 29y(쟁송)
▷ 스츰실(역2)스침실 06y(재봉)
▷ 슬갑(몽3)무릎받치개 17z(군기)
▷ 슬긔(왜1)슬기, 지혜 23y(성정)

▷ 슬먹다(역3)슬먹다 32z(식이)
▷ 슬타(역1)싫다 69z(매매)
　슬타(동2)싫다 50z(쇄설)
　슬흘(왜1)싫을 50y(식이)
　슬타(몽1)싫다 49z(식이)
▷ 슬타(역2)쓿다 09y(전농)
▷ 슬토록(동2)싫도록 50z(쇄설)
　슬토륵(몽1)싫도톡 49z(식이)
▷ 슬프다(동2)슬프다 10z(상장)
　슬프다(왜1)슬프다 23z(성정)
　슬프다(몽2)슬프다 08y(상장)
▷ 슬픠(역2)蜜狗皮 34z(주수)
▷ 슬허셜워ᄒ다(역1)
　슬퍼 서러워하다 32z(상장)
▷ 슬허우다(역1)슬퍼서 울다 32z(상장)
　슬허우다(역3)슬퍼서 울다 28y(상장)
▷ 슬허ᄒ다(동2)슬퍼하다 10z(상장)
　슬허ᄒ다(몽2)슬퍼하다 08y(상장)
　슬허ᄒ다(몽3)슬퍼하다 25y(상장)
▷ 슬히너기다(몽3)싫어하다 09y(성정)
▷ 슬희여ᄒ다(동1)싫어하다 34y(인사)
　슬희여ᄒ다(몽1)싫어하다 25z(인사)
　슬희여ᄒ다(몽3)싫어하다 36z(쇄설)
▷ 슴겁다(역1)싱겁다 54y(식이)
　승겁다(동1)싱겁다 62y(식이)
　승거울(왜1)싱거울 49y(식이)
　승겁다(몽1)싱겁다 48z(식이)
▷ 습진터(동1)습진터 41y(성곽)
　습진터(몽1)습진터 31y(성곽)
▷ 습의ᄒ다(역3)演禮 27y(례도)
▷ 슛다(역2)누비다 06y(재봉)
　슛다(동1)누비다 57y(복식)
　슛다(역3)누비다 41z(재봉)
　슛다(몽3)누비다 20y(복식)

▷ 슷다(역1)쓷다 20y(궁궐)
　슷다(역3)쓷다 12z(학교)
▷ 슷치다(역3)스치다 56y(쇄설)
▷ 승(역1)녀승 26y(사관)
　승(동2)녀승 12y(사관)
　승(왜1)녀승 53z(사관)
　승(몽2)녀승 09y(사관)
▷ 승냥이(동2)승냥이 39y(주수)
　승량이(왜2)승냥이 23z(주수)
　승냥이(몽2)승냥이 33y(주수)
▷ 승모(왜1)승모 53z(사관)
▷ 승복ᄒ다(역3)승복하다 37z(형옥)
▷ 승부(몽3)승부 30y(기희)
▷ 승사(왜2)떼목 18z(주강)
▷ 승상(왜2)승상 13y(기구)
▷ 승새(동2)승새 25z(직조)
　승새(역3)승새 40y(직조)
▷ 승샹(왜1)승상 36y(관직)
▷ 승아(역2)승아 12y(채소)
　승아(동2)승아 04z(채소)
　승아(몽2)승아 04y(채소)
　승싀(몽3)승새 28y(직조)
▷ 시가(역1)시가, 시세 69y(매매)
　시직(왜1)시가, 시세 56y(매매)
▷ 시겨내다(동1)이동시키다 45z(교열)
▷ 시근치(역2)시금치 11y(채소)
　시근치(동2)시금치 04z(채소)
▷ 시내(동1)시내 08y(지리)
　시내(왜1)시내 10y(지리)
　시내(몽1)시내 07y(지리)
▷ 시뎡(동1)매매하는 사람 14y(인품)
▷ 시드다(몽3)시들다 24y(질병)
▷ 시라손(역2)시라소니 34y(주수)
　시라손(동2)시라소니 39z(주수)

　시라손(몽2)시라소니 33y(주수)
▷ 시러곰(동2)얻다 61z(쇄설)
　시러곰(왜1)얻다 27z(어사)
　시러곰(몽2)얻다 40z(쇄설)
▷ 시렁(왜1)시렁 33z(궁궐)
▷ 시르쩍(동1)시루떡 59z(식이)
　시르쩍(몽1)시루떡 46z(식이)
▷ 시를(왜2)실을(싣다) 20y(주강)
▷ 시르(역2)시루 14z(기구)
　시르(동2)시루 15y(기구)
　시르(몽2)시루 11y(기구)
▷ 시르밋(역2)시루밑 14z(기구)
　시르밋(동2)시루밑 15y(기구)
　시르밋(몽2)시루밑 11y(기구)
▷ 시므다(역2)심다 08z(전농)
　시므다(동2)심다 02y(전농)
　시무다(몽2)심다 01z(전농)
▷ 시방(동2)지금 47z(쇄설)
　시방(역3)지금 55y(쇄설)
　시방(몽2)지금 40y(쇄설)
▷ 시병(왜1)시병 50z(질병)
▷ 시작(역3)시작 61y(쇄설)
▷ 시작ᄒ다(동2)시작하다 47y(쇄설)
　시작ᄒ다(몽2)시작하다 39z(쇄설)
▷ 시절(왜1)시절 04z(시령)
▷ 시죵드다(역3)시중들다 58y(쇄설)
▷ 시즈리다(동1)쓰러져 눕다 28y(동정)
　시즐이다(역3)쓰러져 눕다 26z(동정)
　시즈리다(몽1)쓰러져 눕다 21z(동정)
▷ 시탁(역2)식탁 15y(기구)
▷ 시험(왜2)시험 36y(쇄설)
▷ 시회(왜2)시회 12z(채색)
▷ 시욹(역2)구멍의
　가장자리나 변두리 23y(주강)

시욹(동2)구멍의
  가장자리나 변두리 14z(기구)
시울(몽2)구멍의
  가장자리나 변두리 10z(기구)
▷ 시욹쳥(역1)전양말 46y(복식)
▷ 시인(왜1)도시사람 15y(인품)
▷ 시위(동1)시위 47z(군기)
  시위(왜1)시위 41y(군기)
  시위(몽1)시위 36z(군기)
  시위(몽3)시위 18y(군기)
▷ 시위나다(역1)물나다 03y(천문)
  시위나다(동1)물나다 08z(지리)
  시위나다(몽1)물나다 07z(지리)
▷ 시월보롬(역1)시월보름 05y(시령)
▷ 식견잇다(몽3)식견이 있다 05y(인품)
▷ 식다(동1)식다 62y(식이)
  식다(역3)식다 32y(식이)
  식다(왜1)식다 48z(식이)
  식다(몽1)식다 48y(식이)
▷ 식셔(동2)언저리 25z(직조)
  식셔(역3)언저리 42y(재봉)
  식셔(몽2)언저리 21z(직조)
▷ 식칼(역2)식칼 17z(기구)
  시칼(동2)식칼 15y(기구)
  식칼(몽2)식칼 11y(기구)
▷ 식혜(역1)식혜 52z(식이)
▷ 식여다(역3)시켜(시키다) 54y(쇄설)
▷ 식이다(역3)시키다 10y(관직)
  시기다(몽3)시키다 18z(정사)
▷ 식이다(몽3)식히다 21y(식이)
▷ 신(역1)신 46z(복식)
  신(동1)신 58z(복식)
  신(왜1)신 47y(복식)
  신(몽1)신 45z(복식)

▷ 신(몽3)신장, 콩팥 32y(주수)
▷ 신(왜1)(申)신 07z(시령)
  신(왜1)(辛)신 07y(시령)
▷ 신고(왜2)고생하다 47y(쇄설)
▷ 신ㄱ뭇(역1)신골 47y(복식)
▷ 신나모(역2)신나무 42y(수목)
  싯나모(동2)신나무 44z(수목)
  신나모(왜2)신나무 28z(수목)
  싯나모(몽2)신나무 37y(수목)
▷ 신다(역1)신다 46z(복식)
  신다(동1)신다 58z(복식)
  신다(몽1)신다 45z(복식)
▷ 신라(왜2)신라 02z(국호)
▷ 신령(왜1)신령 53z(사관)
  신령(몽3)신령 25y(사관)
▷ 신션로(왜2)신선로 15y(기구)
▷ 신시(왜1)신시 06z(시령)
▷ 신ᄉ(왜1)사신 36y(관직)
▷ 신쥬(동2)신주 11y(상장)
  신쥬(왜1)신주 53y(상장)
  신쥬(몽2)신주 08z(상장)
▷ 신챵(역1)신창, 신바닥 47y(복식)
  신챵(동1)신창, 신바닥 58z(복식)
  신챵(역3)신창, 신바닥 29z(복식)
  신챵(몽1)신창, 신바닥 45z(복식)
▷ 신코디다(역2)코물 흘리다 31y(주수)
  신코지다(동2)코물 흘리다 38z(주수)
  신코지다(몽2)코물 흘리다 32y(주수)
▷ 신텽(왜2)신청 47y(쇄설)
▷ 신톄쓰리다(역1)렴습하다 32z(상장)
▷ 신통훈체ᄒ다(역3)신통한체하다59z(쇄설)
▷ 신하(동1)신하 37z(관직)
  신하(왜1)신하 35z(관직)
  신하(몽1)신하 28y(관직)

▷신화(왜2)신화 30y(화초)
▷신원ᄒ다(동2)신원하다 30y(쟁송)
　신원ᄒ다(역3)신원하다 37y(쟁송)
　신원ᄒ다(몽2)신원하다 24z(쟁송)
▷실(역2)실 03y(잠상)
　실(동2)실 25y(직조)
　실(역3)실 40y(직조)
　실(왜2)실 10z(직조)
　실(몽2)실 20y(직조)
▷실감기(역3)실패 40y(직조)
　실감기(몽3)실패 28y(직조)
▷실긔다(동2)실그러지다 55y(쇄설)
　실긔다(몽2)실그러지다 46z(쇄설)
▷실로(역3)실로 56z(쇄설)
▷실눈(몽3)실눈 28y(직조)
▷실료(왜1)실료 40y(교열)
▷실모리(역2)실끈 19y(기구)
▷실모리다(역2)실끈이 일다 19y(기구)
▷실미듭(역2)실매듭 03z(직조)
▷실솔(왜2)귀뚜라미 27y(곤충)
▷실시ᄒ다(역3)행운을 잃다 61z(쇄설)
▷실쑤리(동2)실꾸리 25z(직조)
　실쑤리(역3)실꾸리 40y(직조)
　실쑤리(몽2)실꾸리 20z(직조)
▷실긑(몽3)실끝 28y(직조)
▷실ᄭ옴(역2)실감 03z(직조)
▷실테(동2)실테 25z(직조)
　실테(역3)실테 40y(직조)
　실테(몽2)실테 20z(직조)
▷실홈ᄒ다(역2)씨름하다 23z(기희)
　실홈ᄒ다(동2)씨름하다 33z(기희)
　실홈ᄒ다(몽2)씨름하다 27y(기희)
▷실업시(역3)실없이 54z(쇄설)
▷실음(왜1)실음 50z(질병)

▷심(역2)심 17y(기구)
▷심거(동1)심어(심다) 29z(동정)
　심그다(역3)심다 42y(전농)
▷심남식(몽2)짙은 남색 21y(직조)
▷심도홍비단(역2)짙은연분홍비단 04y(직조)
▷심박다(역2)심을 박다 51y(쇄설)
▷심샹(왜2)심상하다 47z(쇄설)
▷심ᄒ다(역1)심하다 32y(마욕)
　심ᄒ다(왜2)심하다 41y(쇄설)
▷십다(역1)씹다 54z(식이)
▷십이월(왜1)십이월 04y(시령)
▷십일월(왜1)십일월 04y(시령)
▷십월(왜1)시월 04y(시령)
▷싯구다(동2)떠들다 29y(쟁송)
▷싯기다(역2)씻기다 30z(주수)
▷싯다(역1)씻다 48y(소세)
　싯다(동1)씻다 55y(소세)
　씻다(동2)씻다 55z(쇄설)
　싯다(몽1)씻다 42z(소세)
　씻다(몽1)씻다 44z(복식)
▷싯다(역2)싣다 22y(주강)
　싯다(동2)싣다 39y(주수)
　싯다(몽2)싣다 15y(주강)
　싯다(몽3)싣다 33y(주수)
▷싱긔젼(역1)신기전 22z(군기)
　신긔젼(동1)신기전 48y(군기)
　신긔젼(역3)신기전 16z(군기)
　신긔젼(몽1)신기전 36z(군기)
▷ᄉ(왜1)사 07z(시령)
▷ᄉ각반(왜2)사각반 14y(기구)
▷ᄉ견(역3)餙件 46z(안비)
▷ᄉ계(역2)모란, 석류, 국화,
　매화의 네가지 꽃 40y(화초)
▷ᄉ나희(역1)사나이, 남자 58z(친속)

ㅅ나히(동1)사나이 13z(인품)
ㅅ나히(왜1)사나이 42z(잉산)
▷ ㅅ나히죵(동1)사내종 14z(인품)
ㅅ나히죵(몽1)사내종 11z(인품)
▷ ㅅ당(왜1)사당 53y(상장)
▷ ㅅ람홉다(몽3)사랑스럽다 37y(쇄설)
▷ ㅅ랑(왜1)사랑 24y(성정)
▷ ㅅ랑ㅎ다(역2)사랑하다 46y(쇄설)
ㅅ랑ㅎ다(동1)사랑하다 23y(성정)
ㅅ랑ㅎ다(몽1)사랑하다 17z(성정)
ㅅ랑ㅎ다(몽3)사랑하다 37y(쇄설)
▷ ㅅ령(역1)사령 27z(존비)
▷ ㅅ령(왜1)사령 15y(인품)
▷ ㅅ로다(동1)사르다 63z(식이)
ㅅ로다(몽1)사르다 50y(식이)
▷ ㅅ르지다(왜1)사라지다 11z(지리)
▷ ㅅ망(역2)행운, 조화 51y(쇄설)
ㅅ망(동2)조화, 변덕 28y(매매)
ㅅ망(몽2)조화, 변덕 22z(매매)
▷ ㅅ망잇다(동2)변덕이 있다 28y(매매)
ㅅ망잇다(몽2)변덕이 있다 22z(매매)
▷ ㅅ면(왜1)사면 12y(지리)
▷ ㅅ면발(동2)사면발이 43z(곤충)
ㅅ면발이(역3)사면발이 50y(곤충)
ㅅ면발(몽2)사면발이 36y(곤충)
▷ ㅅ뭇다(동2)사무치다, 통하다 55z(쇄설)
ㅅ뭇다(역3)사무치다, 통하다 58z(쇄설)
ㅅ뭇다(몽2)사무치다, 통하다 47y(쇄설)
▷ ㅅ뭇다(역3)스미다 03y(천문)
▷ ㅅ못다(역1)많다 07y(지리)
▷ ㅅ매(역2)소매 06z(재봉)
ㅅ매(동1)소매 56z(복식)
ㅅ매(왜1)소매 46z(복식)
ㅅ매(몽1)소매 43z(복식)

▷ ㅅ매밋동(역2)소매밑동 06z(재봉)
ㅅ매밋동(역3)소매밑동 41z(재봉)
▷ ㅅ맷부리(역2)소매부리 06y(재봉)
▷ ㅅ방(왜1)사방 12y(지리)
▷ ㅅ시(왜1)사시 06y(시령)
▷ ㅅ신(왜1)사신 36y(관직)
▷ ㅅ스(동2)사사, 자기 61y(쇄설)
ㅅ스(왜2)사사, 자기 33y(쇄설)
ㅅ스(몽2)사사, 자기 50z(쇄설)
▷ ㅅ스일(몽1)사사, 개인일 39y(정사)
▷ ㅅ정아니타(몽3)사정을 하지않다 08z(성정)
▷ ㅅ족빅(역2)사족발이, 사명마 29y(주수)
ㅅ족빅(동2)사족발이, 사명마 37z(주수)
ㅅ족빅(역3)사족발이, 사명마 48z(주수)
ㅅ족빅(몽2)사족발이, 사명마 31z(주수)
▷ ㅅ쥬(왜1)술주정을 부리다 43y(연향)
▷ ㅅ지노즉(역3)하인, 살림군 19z(존비)
▷ ㅅ지(역2)사자 33z(주수)
ㅅ지(왜2)사자 23y(주수)
▷ ㅅ희다(동1)사위다 64y(식이)
ㅅ희다(역3)사위다 32z(식이)
ㅅ희다(몽1)사위다 50y(식이)
▷ ㅅ양(왜1)사양 23y(성정)
▷ ㅅ양ㅎ다(역2)사양하다 51z(쇄설)
ㅅ양ㅎ다(동1)사양하다 32y(인사)
ㅅ양ㅎ다(역3)사양하다 34y(연향)
ㅅ양ㅎ다(몽1)사양하다 24z(인사)
▷ ㅅ이(동1)사이 09z(지리)
ㅅ이(왜1)사이 12y(지리)
ㅅ이(몽1)사이 08y(지리)
ㅅ이(몽3)사이 16z(성곽)
▷ ㅅ애(동2)주사위 33y(기희)
ㅅ익(역3)주사위 47z(기희)
ㅅ애(몽2)주사위 26z(기희)

▷ ᄉ월(왜1)사월   04y(시령)
▷ ᄉ이드다(역3)사이 들다   58y(쇄설)
▷ 술(역1)살   68y(형옥)
　 술(동1)살   17z(신체)
　 술(동2)살   09y(질병)
　 술(왜1)살   18z(신체)
　 술(몽1)살   14y(신체)
　 술(몽3)살   24z(질병)
▷ 술갑다(몽1)살갑다   17y(성정)
▷ 술고(역1)살구   55z(식이)
　 술고(동2)살구   05z(식이)
　 술고(몽2)살구   04z(식이)
▷ 술게(역2)碓夾柱   17y(기구)
▷ 술믄고기(역1)삶은 고기   51y(식이)
▷ 술찌다(역1)살지다   29z(인품)
　 술지다(역2)살지다   30y(주수)
　 술디다(동2)살지다   38z(주수)
　 술지다(왜1)살지다   20y(신체)
　 술찌다(몽1)살지다   15y(신체)
　 술지다(몽2)살지다   32y(주수)
　 술지다(몽3)살지다   33y(주수)
▷ 술피다(왜1)살피다   23z(성정)
▷ 술어보다(역3)살펴보다   61z(쇄설)
▷ 술오다(역1)태우다   26y(사관)
▷ 술오다(왜1)새우다   26z(언어)
▷ 술을(왜1)사를(사르다)   50y(식이)
▷ 숡(역2)삵   34y(주수)
　 숡(동2)삵   39z(주수)
　 숡(왜2)삵   23z(주수)
　 숡(몽2)삵   33y(주수)
▷ 숣다(역1)삶다   53z(식이)
　 숣다(역2)삶다   25z(비금)
　 숣다(동1)삶다   60z(식이)
　 술믈(왜1)삶을(삶다)   48z(식이)

숣다(몽1)삶다   47y(식이)
숣다(몽3)삶다   28z(직조)
▷ 숣피다(동2)살피다   56y(쇄설)
　 숣피다(몽2)살피다   47z(쇄설)
▷ 숣혀보다(역3)살펴보다   25y(동정)
▷ 숨거적(역3)삼거적   23y(잉산)
▷ 숨루(왜2)새다(물이~)   46z(쇄설)
▷ 숨셩(몽1)삼성   02y(천문)
　 숨셩(왜1)삼성   01z(천문)
▷ 숨끼다(역1)삼키다   54z(식이)
　 숨끼다(동1)삼키다   63y(식이)
　 숨끼다(역3)삼키다   32z(식이)
　 숨키다(왜1)삼키다   49z(식이)
　 숨끼다(몽1)삼키다   49z(식이)
　 숨키다(몽3)삼키다   20z(식이)
▷ 숨쭐(역1)태줄   37z(잉산)
▷ 숨츠다(왜2)통하다   42z(쇄설)
▷ 숭치(동2)상추, 부루   04y(채소)
　 싱치(몽2)상추, 부루   03z(채소)
▷ 새(동1)새   57y(복식)
　 새(몽1)새   44y(복식)
▷ 새(동2)새   35z(비금)
　 새(역3)새   17z(전어)
　 새(왜2)새   20z(비금)
　 새(몽2)새   29z(비금)
▷ 새(역1)새(新)   05z(시령)
　 새(왜2)새(~옷)   35y(쇄설)
▷ 새(역1)새, 이엉   17z(궁궐)
▷ 새것(동1)새것   57y(복식)
　 새것(몽1)새것   44y(복식)
　 새것(몽3)새것   21y(식이)
▷ 새경드다(역1)야경을 바꾸다   05z(시령)
▷ 새다(동1)새다(날을~)   03z(천문)
　 새다(몽1)새다(날을~)   03y(천문)

▷ 새도록(동1)새도록　05z(시령)
　새도록(몽1)새도록　04z(시령)
▷ 새롭게ᄒ다(동1)새롭게 하다　57y(복식)
　새롭게ᄒ다(몽3)새롭게 하다　39z(쇄설)
▷ 새매(역2)새매　27y(비금)
　새매(동2)새매　35y(비금)
　새대(왜2)새매　21z(비금)
　새매(몽2)새매　29y(비금)
▷ 새벽(동1)새벽　03z(천문)
　새볘(역3)새벽　04y(시령)
　새벽(몽1)새벽　03y(천문)
▷ 새별(역1)새별　02y(천문)
　새별(동1)새별　02y(천문)
　새별(역3)새별　02y(천문)
　샛별(몽1)새별　02y(천문)
▷ 새솜(몽3)새삼　35y(화초)
▷ 새콩(역2)새콩　41y(화초)
▷ 새품(동2)새품　46z(화초)
　새품(몽3)새품　35y(화초)
　새픔(역3)새품　51y(화초)
▷ 새오(역2)새우　38z(수족)
　새요(동2)새우　42z(수족)
　새오(왜2)새우　26z(수족)
　새요(몽2)새우　35y(수족)
▷ 새오다(몽3)새우다　39z(쇄설)
▷ 새오다(역3)권하다　58y(쇄설)
▷ 새오젓(역2)새우젓　39y(수족)
▷ 새오깐것(역2)새우깐것　38z(수족)
▷ 새움(역2)싸움　48z(쇄설)
▷ 새옹민이(몽3)臊尖　31y(비금)
▷ 새익시(역1)색시　41z(례도)
▷ 샐럭(역3)려명, 날이 샐녘　04y(시령)
▷ 세(역1)셋　22y(군기)
▷ 세가래(역3)세갈래　05z(지리)

▷ 세거리(역1)세거리　07y(지리)
▷ 세골외(역2)三瓣瓜　11z(채소)
▷ 세다(역1)세다　02y(천문)
　세다(역2)세다　29z(주수)
　세다(동1)세다　47z(군기)
　세다(동2)세다　38y(주수)
　세다(역3)세다　16y(군기)
　셀(왜2)셀(주대가 ～)　37y(쇄설)
　세다(몽1)세다　49y(식이)
　셰다(몽1)세다　15y(신체)
　세다(몽2)세다　32y(주수)
▷ 세다(동2)세다(저울 세다)　22z(산술)
　세다(몽2)세다(저울 세다)　18y(산술)
▷ 세발(역1)세발　65y(산술)
▷ 세번(몽3)세번　19y(례도)
▷ 세번째(역2)세번째　08y(전농)
▷ 세수대야(몽2)세수대야　12y(기구)
▷ 세줄거믄고(동1)세줄거문고　53z(악기)
　세줄거문고(몽1)세줄거문고　41z(악기)
▷ 세오다(동1)씌우다　44y(학교)
▷ 세오다(역2)세우다(주대를～)　49z(쇄설)
▷ 세우흠(역3)세웅큼　36z(산술)
▷ 센물(역1)센물　08y(지리)
▷ 셋(역1)셋　60y(연향)
　셋(동2)셋　21y(산술)
　셋(몽2)셋　16z(산술)
▷ 셋식(몽2)셋씩　17y(산술)
▷ 셋째(역1)셋째　16z(학교)
　셋재(동2)셋째　21z(산술)
　셋재(몽2)셋째　17y(산술)
▷ 세(동1)세금　51z(정사)
　세(몽1)세금　39y(정사)
▷ 세(동1)세로　36y(궁궐)
　세(동2)세로　55y(쇄설)

세(역3)세로   61y(쇄설)
　세(몽2)세로   46z(쇄설)
　세(몽3)세로   15z(궁궐)
▷ 세(몽3)세력   08z(성정)
▷ 세가탈(역2)細點的   29z(주수)
▷ 세간(몽3)넉넉하다   37y(쇄설)
▷ 세내다(동2)세를 내다   27z(매매)
　세내다(왜1)세를 내다   56z(매매)
　세내다(몽2)세를 내다   22y(매매)
▷ 세내여오다(역2)세를주고내오다 51y(쇄설)
▷ 세답줄(역3)서답줄   45y(기구)
▷ 세답ᄒ다(역3)빨래하다   29z(복식)
▷ 세밧치다(역3)세를 바치다   39y(매매)
▷ 셰사(왜1)정방사   09y(지리)
▷ 세살쿠즈(역2)정방사   01z(진보)
▷ 셰삼승(역2)석세베   05z(직조)
▷ 세세(왜2)세세하다   49z(쇄설)
▷ 세슈대야(동2)세수대야   16y(기구)
▷ 셰슈소라(역2)세수소래   13z(기구)
▷ 셰쓰다(동1)세력을 쓰다   13z(인품)
　세쓰다(역3)세력을 쓰다   20y(인품)
　셰쓰다(몽1)세력을 쓰다   11z(인품)
　세쓰다(몽3)세력을 쓰다   13z(인사)
▷ 셰ᄉ나다(역1)분가하다   42y(례도)
▷ 셰ᄌ(왜1)세자   35z(관직)
▷ 세워(역2)세워(기둥을 ～)   45z(쇄설)
　셰오다(동1)세우다   49y(군기)
　세우다(역3)세우다   46z(주강)
　세울(왜2)세울(기둥을 ～)   40y(쇄설)
　셰오다(몽1)세우다   37y(군기)
　셰오다(몽2)세우다   50z(쇄설)
　셰오다(몽3)세우다   39y(쇄설)
▷ 셰우(왜1)가는비   02z(천문)
▷ 셴(몽3)흰(희다)   31z(주수)

▷ 셴괴(역2)흰고양이   33z(주수)
▷ 쇠(역1)쇠, 철   20y(궁궐)
　쇠(역2)쇠, 철   23y(주강)
　쇠(동2)쇠, 철   23z(진보)
　쇠(역3)쇠, 철   39z(진보)
　쇠(왜2)쇠, 철   08y(진보)
　쇠(몽2)쇠, 철   19y(진보)
　쇠(몽3)쇠, 철   26z(장기)
▷ 쇠가락(역2)쇠고랑   19y(기구)
▷ 쇠가래(역2)쇠가래   08z(전농)
▷ 쇠고(역2)절구공이   17y(기구)
▷ 쇠나기(역1)   02z(천문)
　쇠나기(동1)   02z(천문)
　쇠나기(몽1)   02z(천문)
▷ 쇠너덩이(역3)부스럼딱지   35y(질병)
▷ 쇠ᄂ래(역2)쇠날개   29y(주수)
▷ 쇠다(역3)쇠다   43y(채소)
▷ 쇠마치(역2)쇠망치   18z(기구)
　쇠마치(왜2)쇠망치   16z(기구)
▷ 쇠몽동이(동2)쇠몽둥이   17y(장기)
　쇠몽동이(몽2)쇠몽둥이   13y(장기)
▷ 쇠북(역1)쇠북, 종   26z(사관)
　쇠북(동1)쇠북, 종   53z(악기)
　쇠북(왜1)쇠북, 종   43z(악기)
　쇠북(몽1)쇠북, 종   41y(악기)
▷ 쇠사슬(동2)쇠사슬   31y(형옥)
　쇠사슬(역3)쇠사슬   37z(형옥)
　쇠사슬(몽2)쇠사슬   25z(형옥)
▷ 쇠손(역2)쇠로 만든 흙손   18y(기구)
　쇠손(왜2)쇠로 만든 흙손   17y(기구)
▷ 쇠쇼시랑(역2)쇠스랑   08z(전농)
▷ 쇠시슬(역1)쇠사슬   15y(성곽)
▷ 쇠새(역2)촉새   28y(비금)
▷ 쇠쏭(역3)쇠찌끼, 광재   39z(진보)

쇠ㅅ동(몽3)쇠찌끼   26z(장기)
▷ 쇠지다(역3)주조하다   46y(기구)
▷ 쇠테(역2)쇠로 만든 테   14z(기구)
쇠테(동2)쇠테   17z(장기)
쇠테(몽2)쇠테   13z(장기)
▷ 쇠ᄒ다(왜2)쇠하다   34y(쇄설)
▷ 쇠야기(역1)쐐기   18y(궁궐)
쇠야기(역2)쐐기   23y(주강)
▷ 쇠오다(역1)쇠다   05y(시령)
▷ 쇠우리(역1)소우리, 외양간   20y(궁궐)
▷ 쇠가죽(동2)소가죽   40z(주수)
쇠가죽(몽2)소가죽   34y(주수)
▷ 쇠고기(역1)쇠고기, 소고기   51y(식이)
▷ 쇠념통(역1)쇠심장, 소심장   51y(식이)
▷ 쇠먹(역3)鷥?皮   49y(주수)
▷ 쇠삿기(몽2)소새끼   32z(주수)
▷ 쇠젓(역1)소젖   52z(식이)
▷ 쇠족(역1)소발쪽   51y(식이)
▷ 쇠힘(동2)소힘줄   39y(주수)
쇠심(몽2)소힘줄   32z(주수)
▷ 쇠양(역1)송아지   51y(식이)
쇠아지(역2)송아지   31y(주수)
쇠야지(동2)송아지   39y(주수)
쇠야지(왜2)송아지   23y(주수)
▷ 쇳기리(역2)후거리   04y(직조)
▷ 쇳대(역2)숫대   24z(기희)
▷ 쇳블(역2)소뿔   31z(주수)
▷ 쇳꼬리(역2)소꼬리   31z(주수)
▷ 쉬(역2)쉬   36z(곤충)
쉬(동2)쉬   43y(곤충)
쉬(역3)쉬   50y(곤충)
쉬(몽2)쉬   36y(곤충)
▷ 쉬는길(역1)수렁길   07y(지리)
▷ 쉬는짜(몽3)수렁땅   03z(지리)

▷ 쉬다(동1)쉬다   28y(동정)
쉬다(역3)쉬다   26y(동정)
쉬다(왜1)쉬다   20z(기식)
쉬다(몽1)쉬다   21z(동정)
쉬다(몽3)쉬다   11z(동정)
▷ 쉬다(역1)쉬다   54y(식이)
쉬다(동1)쉬다   59y(식이)
쉬다(몽1)쉬다   46y(식이)
▷ 쉬다(역1)무르다   07y(지리)
쉬다(역3)무르다   06y(지리)
▷ 쉬스다(역3)쉬쓸다   32y(식이)
▷ 쉬지아니타(몽3)쉬지 않다   13z(인사)
▷ 쉬오다(역3)쉬우다   26y(동정)
▷ 쉬이(역3)쉽게   05y(지리)
▷ 쉰(동2)쉰   21y(산술)
쉰(몽2)쉰   16z(산술)
▷ 쉰밥(역1)쉰밥   49z(식이)
▷ 쉽다(동2)쉽다   53y(쇄설)
쉬울(왜2)쉬울(쉽다)   35y(쇄설)
쉽다(몽2)쉽다   44z(쇄설)
쉽다(몽3)쉽다   16z(성곽)
▷ 슛구무(역1)숫구멍   32z(신체)
슛구무(동1)숫구멍   15y(신체)
슛구무(역3)숫구멍   21z(신체)
슛구무(몽1)숫구멍   12y(신체)
▷ 슛무우(역2)순무우   11y(채소)
슛무우(동2)순무우   04y(채소)
쉴무우(왜2)순무우   05z(채소)
슛무우(몽2)순무우   03z(채소)
▷ 싀골(동1)시골   41y(성곽)
싀골(역3)시골   11y(성곽)
싀골(왜1)시골   35y(성곽)
▷ 싀공(역1)시궁창   07y(지리)
▷ 싀근싀근ᄒ다(동2)시큰시큰하다 07y(질병)

싀근싀근ᄒ다(몽3)시큰시큰하다 24y(질병)
▷싀긔(왜2)시기, 샘하다 35z(쇄설)
▷싀다(역1)시다 54y(식이)
싀다(동1)시다 62y(식이)
싀다(왜1)시다 49y(식이)
싀다(몽1)시다 48z(식이)
▷싀면(역1)분탕 51z(식이)
▷싀비(왜1)사립문 32z(궁궐)
▷싀훤치아니타(몽3)시원치 않다 09y(성정)
▷싀훤ᄒ다(동1)시원하다 21y(기식)
싀훤ᄒ다(역3)시원하다 56z(쇄설)
싀훤ᄒ다(왜1)시원하다 21z(기식)
싀훤ᄒ다(몽1)시원하다 16y(기식)
▷싀아비(역1)시아버지 58z(친속)
싀아비(동1)시아버지 11z(친속)
싀아비(왜1)시아버지 12z(친속)
싀아비(몽1)시아버지 10y(친속)
▷싀어미(역1)시어머니 58z(친속)
싀어미(동1)시어머니 11z(친속)
싀어미(왜1)시어머니 12z(친속)
싀어미(몽1)시어머니 10y(친속)
▷싁싁ᄒ다(왜1)씩씩하다 19z(신체)
▷쉰다리(동1)허벅다리 17y(신체)
쉰다리(몽3)허벅다리 06z(신체)
쉰다리(왜1)허벅다리 18z(신체)
▷시긔다(동2)새기다 18z(장기)
▷시다(동2)새다(물이~) 57y(쇄설)
싈(왜1)샐(새다) 11y(지리)
시다(몽2)새다(물이~) 48y(쇄설)
▷식지(왜1)색종이 38z(학교)
▷신목쑵다(역1)가슴이 쓰리다 38y(기식)
신목곱다(동1)가슴이 쓰리다 20y(기식)
신목쑵다(몽1)가슴이 쓰리다 15z(기식)
▷십(동1)샘 08z(지리)

십(역3)샘 06z(지리)
십(왜1)샘 09z(지리)
십(몽1)샘 07y(지리)
십(몽3)샘 04y(지리)
▷싱(동2)생(몇년도 생) 61z(쇄설)
▷싱각(왜1)생각 22y(기식)
▷싱각건대(동2)생각컨대 49z(쇄설)
싱각건대(역3)생각컨대 53z(쇄설)
싱각건대(몽2)생각컨대 42y(쇄설)
▷싱각나다(동1)생각나다 20y(기식)
싱각나다(몽3)생각나다 13y(인사)
▷싱각뎌기다(동1)생각에 잠기다 20y(기식)
▷싱각ᄒ다(역1)생각하다 39y(기식)
싱각ᄒ다(동1)생각하다 20y(기식)
싱각ᄒ다(역3)생각하다 52y(쇄설)
싱각ᄒ다(몽1)생각하다 15z(기식)
싱각ᄒ다(몽3)생각하다 36y(쇄설)
▷싱강(왜2)생강 05z(채소)
▷싱구(왜2)생구 12y(채색)
▷싱금ᄒ다(동1)생금하다 47y(교열)
싱금ᄒ다(몽1)생금하다 35z(교열)
▷싱긔다(왜1)량미간을 찌프리다 21y(기식)
▷싱광(왜2)생광,옹근가림끈 44y(쇄설)
▷싱동(왜2)생동 09y(진보)
▷싱복(왜2)생복 26y(수족)
▷싱소(왜2)생소하다 49y(쇄설)
▷싱심이나(역1)감히 31z(경중)
싱심이나(역3)감히 53z(쇄설)
▷싱질(왜1)생질, 외조카 13z(친속)
▷싱포(역2)복어 37z(수족)
▷싱포(왜2)생포, 생베 10z(직조)
▷싱황(왜1)생황 43z(악기)
▷싱혼손(역3)생손, 생안손 34z(질병)
싱혼손(동2)생손, 생안손 08y(질병)

싱혼손(몽3)생손, 생안손 24z(질병)

▷ 싱이(왜1)생애 57y(매매)

▷ 솗(몽3)쏵 32y(주수)

▷ 솽불쥐다(역2)제비를 쥐다 24y(기희)

▷ 쇄우(왜2)깃 다듬다 22z(비금)

▷ 쇄지(왜2)자물쇠 13y(기구)

▷ 쇄즉(왜2)자물쇠 13y(기구)

▷ 짜다(역1)깔다 19z(궁궐)

▷ 짜무다(동2)까불다 03y(전농)

짜부다(몽2)까불다 02z(전농)

▷ 짜보로다(역2)까불다 09y(전농)

▷ 싹다(역1)깎다 30z(인품)

쌋는(역2)깎는 17z(기구)

싹다(동1)깎다 55y(소세)

싹다(동2)깎다 18z(장기)

싹다(역3)깎다 30y(소세)

싹글(왜2)깎을(깎다) 17z(기구)

싹다(몽1)깎다 42z(소세)

싹다(몽2)깎다 14y(장기)

싹다(몽3)깎다 23z(식이)

▷ 쩌리다(동1)꺼리다 33z(인사)

쩌리다(왜2)꺼리다 35z(쇄설)

쩌리다(몽1)꺼리다 25z(인사)

▷ 쩌지다(동2)꺼지다 53z(쇄설)

쩌지다(역3)꺼지다 14z(궁궐)

쩌지다(몽1)꺼지다 17z(성정)

쩌지다(몽2)꺼지다 45y(쇄설)

▷ 썩다(동2)꺾다 56z(쇄설)

쩌글(왜2)꺾을(꺾다) 38z(쇄설)

썩다(몽2)꺾다 48y(쇄설)

▷ 썩지르다(몽3)구박하다 30z(마욕)

▷ 쩌닙다(동1)껴입다 57z(복식)

쩌닙다(역3)껴입다 29z(복식)

쩌닙다(몽1)껴입다 44z(복식)

▷ 쩌티다(동1)껴치다 46z(교열)

쩌치다(몽3)껴치다 17y(교열)

▷ 쩌미다(역1)꿰매다 67y(형옥)

쩌미다(역2)꿰매다 23z(주강)

쩌미다(동2)꿰매다 54y(쇄설)

쩌미다(몽2)꿰매다 45z(쇄설)

▷ 쎳붓드다(몽3)겻붙들다 12z(동정)

▷ 쏘다(역3)꼬다 45y(기구)

▷ 쏘리(역2)꼬리 25z(비금)

쏘리(동2)꼬리 36z(비금)

쏘리(왜2)꼬리 24z(주수)

쏘리(몽2)꼬리 30y(비금)

▷ 쏘리티다(몽2)꼬리치다 33z(주수)

쏘리치다(몽3)꼬리치다 31z(주수)

▷ 쏘아리(역2)꽈리 41z(화초)

쏘아리(동2)꽈리 06y(식이)

쏘아리(몽2)꽈리 05y(식이)

▷ 쏠(동2)꼴 46z(화초)

쏠(왜2)꼴 31z(화초)

쏠(몽2)꼴 39y(화초)

▷ 쏩다(몽1)곱다 15z(기식)

▷ 쏫다(역1)꽂다 43z(복식)

쏫다(동1)꽂다 31y(동정)

쏫다(역3)꽂다 29y(복식)

쏫다(몽1)꽂다 24y(동정)

▷ 쑤다(역1)꿇다 41y(례도)

쑤다(동1)꿇다 52y(례도)

쑤다(몽1)꿇다 40y(례도)

쑤다(몽3)꿇다 19y(례도)

▷ 쑤러안짜(역1)꿇어앉다 40z(동정)

쑤러안ㅅ다(동1)꿇어앉다 26z(동정)

쑤러안ㅅ다(몽1)꿇어앉다 40y(례도)

▷ 쑤리(역2)꾸리 06y(직조)

▷ 쑤지람(역1)꾸지람 32y(마욕)

▷ 쑤지람듯다(역1)꾸지람듣다 65z(쟁송)
▷ 쑤짓다(역1)꾸짖다 32y(마욕)
　쑤짇다(동2)꾸짖다 33z(마욕)
　쑤지즐(왜1)꾸짖을(꾸짖다) 27z(언어)
　쑤짇다(몽2)꾸짖다 27z(마욕)
　쑤짓다(몽3)꾸짖다 30y(마욕)
▷ 쑤유다(역1)꾸미다 48y(소세)
　쑤미다(역2)꾸미다 45z(쇄설)
　쑤미다(동1)꾸미다 33y(인사)
　쑤미다(왜1)꾸미다 45y(소세)
　쑤미다(몽1)꾸미다 43y(소세)
　쑤미다(몽3)꾸미다 09z(언어)
▷ 쑤윤것(역1)꾸민것 48y(소세)
▷ 쑥(몽3)꼭 10z(동정)
▷ 쑬(역1)꿀 52z(식이)
　쑬(동1)꿀 61z(식이)
　쑬(왜1)꿀 48y(식이)
　쑬(몽1)꿀 48y(식이)
▷ 쑬(왜1)꿀(돈을 꾸다) 56z(매매)
▷ 쑬벌(동2)꿀벌 43y(곤충)
　쑬벌(역3)꿀벌 49z(곤충)
　쑬벌(몽2)꿀벌 35z(곤충)
▷ 쑬빗쳇비단(역2)꿀빛비단 04z(직조)
▷ 쑬쩍(동1)꿀떡 63y(식이)
▷ 쑴(동1)꿈 28z(동정)
　쑴(몽1)꿈 21z(동정)
　쑴(몽3)꿈 11z(동정)
▷ 쑴격쑴격ᄒ다(몽3)꿈쩍꿈쩍하다 34y(곤충)
▷ 쑴쑤다(동1)꿈꾸다 28z(동정)
　쑴쑤다(역3)꿈꾸다 27y(동정)
　쑴쑤다(몽1)꿈꾸다 21z(동정)
▷ 쯔다(몽3)끄다(얼음~) 39y(쇄설)
▷ 쯔다(역2)끌다 23y(주강)
　쯔으다(동2)끌다 29z(쟁송)

　쯔다(왜2)끌다 20y(주강)
　쯔으다(몽2)끌다 24z(쟁송)
　쯔으다(몽3)끌다 27y(주강)
▷ 쯔드러오다(역1)끌어오다 67y(형옥)
▷ 쯔어내티다(역1)끌어내치다 68y(형옥)
▷ 쯔어둘으다(역3)끌어오다 37z(형옥)
▷ 쯔을신(역1)끌신 46z(복식)
▷ 끈(역3)끈 55z(쇄설)
▷ 끈타(역2)끊다 05z(직조)
　끈타(동2)끊다 54y(쇄설)
　끈타(역3)끊다 26z(동정)
　끈ᄒ다(왜2)끊다 36z(쇄설)
　끈타(몽2)끊다 45z(쇄설)
　끗타(몽3)끊다 32z(주수)
▷ 끈허지다(동2)끊어지다 53z(쇄설)
　끈허지다(몽2)끊어지다 45y(쇄설)
▷ 쯸(역2)끌 18y(기구)
　쯸(동2)끌 17z(장기)
　쯸(왜2)끌 16z(기구)
　쯸(몽2)끌 13y(장기)
▷ 쯸는믈(역1)끓는물 53z(식이)
▷ 쯸다(역3)바다~海笑 06y(지리)
▷ 쯸어넘다(역3)끓어넘치다 32y(식이)
▷ 쯸질ᄒ다(몽3)끌질하다 26z(장기)
▷ 쯸타(역1)끓다 53z(식이)
　쯸타(동1)끓다 59y(식이)
　쯸타(역3)끓다 32y(식이)
　쯸을(왜1)끓을(끓다) 48z(식이)
　쯸타(몽1)끓다 46y(식이)
　쯸흔(몽3)끓은(끓다) 21y(식이)
▷ 쯸힌믈(역3)끓인물 32y(식이)
▷ 끗(동2)끝 56y(쇄설)
　끗(역3)끝 61y(쇄설)
　끝(왜2)끝 35y(쇄설)

ᄭᅳᆺ(몽1)끝 39y(정사)
ᄭᅳᆺ(몽3)끝 38z(쇄설)
▷ᄭᅳᆺ못다(몽3)끝맺다 41y(쇄설)
▷ᄭᅳᆺ티아둘(동1)막내아들 11z(친속)
ᄭᅳᆺ희아둘(몽1)막내아들 09z(친속)
▷ᄭᅵ다(동1)끼다 30z(동정)
ᄭᅵ다(역3)끼다 26y(동정)
ᄭᅵ다(왜1)끼다 30z(동정)
ᄭᅵ다(몽1)끼다 23z(동정)
▷ᄭᅵ다(역1)끼다, 쓰다 24y(관역)
ᄭᅵ다(역3)끼다, 쓰다 18z(관역)
ᄭᅵᆯ(왜2)낄(끼다) 39y(쇄설)
▷ᄭᅵ다(역1)끼다 54y(식이)
ᄭᅵ다(역3)끼다 32y(식이)
▷ᄭᅵ오다(동1)끼우다 58y(복식)
ᄭᅵ오다(동2)끼우다 20y(안비)
ᄭᅵ우다(역3)끼우다 29y(복식)
ᄭᅵ오다(몽1)끼우다 45y(복식)
ᄭᅵ오다(몽2)끼우다 15z(안비)
ᄭᅵ오다(몽3)끼우다 32z(주수)
▷ᄭᅵ이다(역1)끼다(안개~) 03y(천문)
ᄭᅵ이다(역3)끼이다 06z(지리)
▷ᄭᅵ이다(동2)끼이다 61z(쇄설)
ᄭᅵ이다(역3)끼이다 45y(기구)
ᄭᅵ이다(몽3)끼이다 38y(쇄설)
▷ᄭᅵ이다(역3)끼이다 32z(식이)
▷ᄭᅵ치다(역3)끼얹다 06z(지리)
▷ᄭᅵᆫ(동1)긴 58y(복식)
ᄭᅵᆫ(왜1)긴 46z(복식)
ᄭᅵᆫ(몽1)긴 45y(복식)
ᄭᅵᆫ(몽3)긴 20y(복식)
▷ᄭᅵᆷ(역3)김(왔던~에) 52z(쇄설)
▷ᄭᅡ다(역1)깔다 18y(궁궐)
ᄭᅡ다(동1)깔다 58z(복식)

ᄭᅡ다(몽1)깔다 45z(복식)
▷ᄭᅡ다(동2)까다 36y(비금)
ᄭᅡ다(몽2)까다 30y(비금)
▷ᄭᅡ다(역1)까다 56z(식이)
ᄭᅡ다(동2)까다 06z(식이)
▷ᄭᅡ다(동2)줄어들다, 까다 22z(산술)
ᄭᅡ다(몽2)줄어들다, 까다 18y(산술)
▷ᄭᅡ지시다(역2)儘舡裝 22y(주강)
▷ᄭᅳᆯ리다(몽3)깔리다 01z(천문)
▷ᄭᅵᆷ즉놀라다(역3)깜작 놀라다 24z(기식)
ᄭᅵᆷ쓱놀라다(몽3)깜짝 놀라다 08y(기식)
▷ᄭᅵᆷ즉ᄭᅵᆷ즉(동1)깜짝깜짝 21y(기식)
▷ᄭᅢ(역1)깨, 참깨 51z(식이)
▷ᄭᅢ여지다(동2)깨여지다 53z(쇄설)
ᄭᅢ여지다(몽2)깨여지다 45y(쇄설)
▷ᄭᅢ이다(몽3)쪼개다 39y(쇄설)
▷ᄭᅢᆺ목(동2)깨묵 03z(화곡)
▷ᄭᅦ다(동1)꿰다 57y(복식)
ᄭᅦ다(동2)꿰다 18z(장기)
ᄭᅦ다(몽2)꿰다 14y(장기)
ᄭᅦ다(몽3)꿰다 20y(복식)
▷ᄭᅦ뿌러지다(역3)꿰뚫어지다 42y(재봉)
▷ᄭᅦ쓸러나오다(몽3)꿰뚤러나오다 21z(전어)
▷ᄭᅦ쓸리다(몽3)꿰뚤리다 39y(쇄설)
▷ᄭᅦ뚧다(동2)꿰뚫다 17z(장기)
ᄭᅦ뚧다(역3)꿰뚧다 45z(기구)
ᄭᅦ뚧다(몽2)꿰뚧다 14y(장기)
▷ᄭᅦ티다(동1)깨치다 46z(교열)
ᄭᅢ티다(동2)깨치다 54y(쇄설)
ᄭᅢ치다(역3)깨치다 55y(쇄설)
ᄭᅢ티다(몽2)깨치다 45z(쇄설)
▷ᄭᅬ(몽3)꾀 13z(인사)
ᄭᅬ(왜1)꾀 23y(성정)
▷ᄭᅬᄭᅩ리(동2)꾀꼬리 35z(비금)

쐬ㅅ고리(역3)꾀꼬리 48y(비금)

쐬쬬리(몽2)꾀꼬리 29z(비금)

▷ 쐬온다(역2)꾀다 49z(쇄설)

쐬오다(동1)꾀다 33y(인사)

쐬오다(몽1)꾀다 25y(인사)

쐬오다(몽3)꾀다 14z(인사)

▷ 씌다(동1)깨다 28z(동정)

씌ㄹ(왜1)씌(술을 깨다) 43y(연향)

씌다(몽1)깨다 21z(동정)

▷ 씌듯다(동1)깨닫다 20z(기식)

씌듯다(역3)깨닫다 24z(기식)

씌드를(왜2)깨달을(깨닫다) 38z(쇄설)

씌듯다(몽1)깨닫다 16y(기식)

▷ 씌치다(몽3)깨치다, 알다 13y(인사)

▷ 씌티다(동1)깨치다 20z(기식)

씌치다(왜1)깨치다 22y(기식)

▷ 씌힐(왜2)쪼갤(쪼개다) 43y(쇄설)

▷ 씌여나다(왜1)깨여나다 52y(질병)

▷ 쐥(역2)꿩 27z(비금)

쐥(동2)꿩 35y(비금)

쐥(왜2)꿩 22y(비금)

쐥(몽2)꿩 29y(비금)

▷ 쐘(왜2)궬(꿰다) 37z(쇄설)

▷ 따(역1)땅 08z(지리)

따(동1)땅 07y(지리)

따(동2)땅 01z(전농)

따(역3)땅 61z(쇄설)

따(몽1)땅 06y(지리)

따(몽3)땅 22z(전농)

▷ 따븨(왜2)따비 03y(전농)

▷ 따이다(몽1)때다 50y(식이)

▷ 딸기(동2)딸기 06y(식이)

딸기(역3)딸기 31z(식이)

▷ 짯타(몽1)땋다 42y(소세)

▷ 쩌나다(동1)떠나다 30y(동정)

쩌나다(몽1)떠나다 21y(동정)

▷ 쩌다(동1)싸우다 33z(인사)

쩌다(몽3)싸우다 09y(성정)

▷ 쩌다(동2)떨다 07z(질병)

쩌다(몽2)떨다 06y(질병)

쩌다(몽3)떨다 08y(기식)

▷ 쩌다(역3)떨다, 털다 44y(기구)

▷ 쩌들리다(몽3)떠들리다 12y(동정)

▷ 쩌러지다(동2)떨어지다 55y(쇄설)

쩌러지다(역3)떨어지다 24z(기식)

쩌러지다(몽2)떨어지다 46z(쇄설)

쩌러지다(몽3)떨어지다 11y(동정)

▷ 쩌보다(역3)떠보다 60z(쇄설)

▷ 쩌혀내다(몽2)떼여내다 22y(매매)

▷ 쩌혀먹다(동2)떼여 먹다 27z(매매)

쩌혀먹다(역3)떼여 먹다 38z(매매)

쩌혀먹다(몽2)떼여 먹다 22z(매매)

▷ 쩌올으다(동2)떠오르다 36y(비금)

▷ 쩍(역1)떡 51z(식이)

쩍(역2)떡 14y(기구)

쩍(동1)떡 59z(식이)

쩍(역3)떡 31y(식이)

쩍(왜1)떡 47z(식이)

쩍(몽1)떡 46z(식이)

▷ 쩔리다(동2)떨리다 07z(질병)

▷ 쩔치다(몽2)떨리다 47y(쇄설)

▷ 쩗다(동1)떫다 62y(식이)

쩗다(몽1)떫다 48z(식이)

▷ 쏘(동2)또 49y(쇄설)

쏘(몽2)또 41z(쇄설)

▷ 쏘애(동2)또아리, 똬리 15z(기구)

▷ 쏘애복쇼와(역1)감복숭아 56y(식이)

▷ 쏭(역2)똥 31z(주수)

ᄯᅩᆼ(동1)똥 18y(신체)
ᄯᅩᆼ(동2)똥 36z(비금)
ᄯᅩᆼ(왜1)똥 19y(신체)
ᄯᅩᆼ(몽1)똥 14z(신체)
ᄯᅩᆼ(몽2)똥 30z(비금)
▷ ᄯᅩᆼ개(역2)鷄肶 25z(비금)
▷ ᄯᅩᆼ누다(역2)똥을 누다 30z(주수)
ᄯᅩᆼ누다(동1)똥을 누다 18y(신체)
ᄯᅩᆼ누다(동2)똥을 누다 36z(비금)
ᄯᅩᆼ누다(몽1)똥을 누다 14z(신체)
ᄯᅩᆼ누다(몽2)똥을 누다 30z(비금)
▷ ᄯᅩᆼ오좀(몽1)똥오줌 42y(잉산)
▷ ᄯᅮ러지다(동1)뚫어지다 57y(복식)
ᄯᅮ러지다(몽1)뚫어지다 44z(복식)
▷ ᄯᅮ르다(동1)뚜르다(뚫다) 46z(교열)
▷ ᄯᅮᆲ다(동2)뚫다 17z(장기)
ᄯᅮᆲ다(몽2)뚫다 13z(장기)
▷ ᄯᅳᆷ(왜2)뜸 15z(기구)
▷ ᄯᅳ다(동1)뜨다(물에~) 09y(지리)
ᄯᅳ다(몽1)뜨다(물에~) 08y(지리)
▷ ᄯᅳ다(동1)뜨다 09y(지리)
ᄯᅳ다(몽1)뜨다 07z(지리)
▷ ᄯᅳ다(동1)뜨다(종이를~) 44y(학교)
▷ ᄯᅳ다(동2)뜨다, 굼뜨다 37z(주수)
ᄯᅳ다(몽2)뜨다, 굼뜨다 31z(주수)
▷ ᄯᅳ다(몽3)떨다 31y(비금)
▷ ᄯᅳ다(몽3)뜨다 25z(사관)
▷ ᄯᅳ눈(역2)뜨는 06z(재봉)
ᄯᅳ다(몽3)뜨다 28y(직조)
▷ ᄯᅳ다(역1)뜨다 60z(연향)
▷ ᄯᅳ더죽이다(역1)뜯어죽이다 68y(형옥)
▷ ᄯᅳ리(동2)뜨리, 수두 07z(질병)
ᄯᅳ리(역3)뜨리, 수두 35y(질병)
ᄯᅳ리(몽3)뜨리, 수두 24z(질병)

▷ ᄯᅳ믈(동1)뜨물 62y(식이)
ᄯᅳ믈(몽1)뜨물 48z(식이)
▷ ᄯᅳᆯ(역1)뜰 14z(궁궐)
ᄯᅳᆯ(동1)뜰 36z(궁궐)
ᄯᅳᆯ(왜1)뜰 33z(궁궐)
ᄯᅳᆯ(몽1)뜰 27z(궁궐)
▷ ᄯᅮᆲ다(몽2)뚫다 33z(주수)
▷ ᄯᅳᆷ단지(동2)뜸단지 09y(의약)
ᄯᅳᆷㅅ단지(역3)뜸단지 35z(의약)
ᄯᅳᆷ단지(몽3)뜸단지 24z(질병)
▷ ᄯᅳᆷ질(왜1)뜸질 52z(질병)
▷ ᄯᅳᆷ질ᄒᆞ다(동2)뜸질하다 09y(의약)
ᄯᅳᆷ질ᄒᆞ다(역3)뜸질하다 35z(의약)
ᄯᅳᆷ질ᄒᆞ다(몽2)뜸질하다 07z(질병)
▷ ᄯᅳᆺ(동1)뜻 34y(인사)
ᄯᅳᆺ(왜1)뜻 22z(성정)
▷ ᄯᅳᆺ밧긔(동2)뜻밖에 60y(쇄설)
ᄯᅳᆺ밧긔(몽3)뜻밖에 40y(쇄설)
▷ ᄯᅳᆺᄯᅳᆺ다(동2)방울져 떨어지다 57y(쇄설)
▷ ᄯᅳᆺ어먹다(동1)뜯어먹다 63y(식이)
ᄯᅳ더먹다(동2)뜯어먹다 38y(주수)
ᄯᅳ더먹다(몽1)뜯어먹다 49y(식이)
ᄯᅳ더먹다(몽2)뜯어먹다 32y(주수)
▷ ᄶᅵ셥으로ᄂᆞ다(역3)
땅을 스치며 날다 48z(비금)
▷ 씻다(역1)때다 19y(궁궐)
▷ 씻다(역2)찧다 09y(전농)
▷ ᄯᅡ다(동2)따다 02z(전농)
ᄯᅡᆯ(왜2)딸(배를 따다) 43y(쇄설)
ᄯᅡ다(몽2)따다 02y(전농)
▷ ᄯᅡ로(역3)따로 38z(매매)
▷ ᄯᅡ로다(동1)따르다 46z(교열)
ᄯᅡ로다(역3)따르다 58y(쇄설)
ᄯᅡ르다(왜1)따르다 30y(동정)

싿ᄅᆞ다(왜2)따르다 38y(쇄설)
싿로다(몽1)따르다 35z(교열)
싿르다(몽3)따르다 09y(성정)
▷ 싿리다(동2)패다, 쪼개다 59z(쇄설)
싿리다(몽3)패다, 쪼개다 39y(쇄설)
▷ 싿롭(동2)따름 49z(쇄설)
싿롭(몽2)따름 42y(쇄설)
▷ 싿롸밋다(동1)따라믿다 46z(교열)
▷ 싿롸잡다(몽3)따라잡다 17y(교열)
▷ 싿(역3)딴(다른) 33z(친속)
싿(몽3)딴(~일) 29z(쟁송)
▷ 쏠(역1)딸 58y(친속)
쏠(동1)딸 11y(친속)
쏠(몽1)딸 09z(친속)
▷ 쏠기(몽3)딸기 23z(식이)
▷ 씀(역2)땀 20y(안비)
씀(동1)땀 18y(신체)
씀(동2)땀 38y(주수)
씀(왜1)땀 20z(기식)
씀(몽1)땀 14z(신체)
씀(몽2)땀 48y(쇄설)
씀(몽3)땀 33y(주수)
▷ 씀내다(역1)땀을 내다 64y(의약)
씀내다(동2)땀을 내다 09y(의약)
씀내다(역3)땀을 내다 35z(의약)
씀내다(몽2)땀을 내다 07z(질병)
▷ 씀되돗다(동2)땀띠 돗다 08z(질병)
씀되돗다(몽2)땀띠 돗다 06z(질병)
▷ 씀ᄆᆞᆯ다(역1)땀 말리다 64y(의약)
▷ 씀밧기(역1)땀받기 45y(복식)
씀밧기(역3)땀받기 28z(복식)
▷ 씀쏘야기(역1)땀띠 62z(질병)
▷ 씀씌(왜1)땀띠 51z(질병)
▷ 씀흐르다(역1)땀 흐르다 64y(의약)

쏫쏫ᄒ다(동1)따뜻하다 61z(식이)
쏫쏫ᄒ다(몽1)따뜻하다 48y(식이)
▷ 째(동1)때 05y(시령)
째(역3)때 02z(천문)
째(몽1)때 04z(시령)
째(몽3)때 03y(시령)
▷ 째다(동2)때다 18z(장기)
째다(역3)때다 46y(기구)
째다(왜2)때다 17y(기구)
째다(몽2)때다 14z(장기)
▷ 째만나다(동2)때를 만나다 53y(쇄설)
째만나다(몽2)때를 만나다 44z(쇄설)
▷ 쩨(동2)떼 19y(주강)
쩨(왜2)떼 18z(주강)
쩨(몽2)떼 14z(주강)
▷ 쩨짓다(몽3)떼를 짓다 32z(주수)
▷ 쩨치다(몽3)떼치다 14z(인사)
▷ 쮜(동2)띠 46z(화초)
쮜(왜2)띠 31z(화초)
쮜(몽2)띠 39y(화초)
▷ 쮜노다(역3)뛰노다 61z(쇄설)
쮜노다(몽3)뛰놀다 11y(동정)
▷ 쮜다(동1)뛰다 27y(동정)
쮜다(동2)뛰다 42y(수족)
쮜다(역3)뛰다 50z(수족)
쮜다(몽1)뛰다 21y(동정)
쮜다(몽2)뛰다 35y(수족)
쮜다(몽3)뛰다 11y(동정)
▷ 쮜여넘다(동1)뛰여넘다 27y(동정)
쮜여넘다(역3)뛰여넘다 26y(동정)
▷ 쮜여올으다(역3)뛰여오르다 26y(동정)
▷ 쮜오다(몽3)뛰우다 32z(주수)
▷ 씍(동1)띠 58y(복식)
씍(역3)띠 29y(복식)

씌(왜1)띠   46y(복식)
씌(몽1)띠   45y(복식)
▷ 씌다(역1)띠다   45z(복식)
씌다(동1)띠다   58y(복식)
씌다(역3)띠다   29y(복식)
씌다(몽1)띠다   45y(복식)
▷ 씌ㅅ돈(동1)띠돈   58y(복식)
씻돈(역3)띠돈   29y(복식)
씌ㅅ돈(몽3)띠돈   29y(복식)
▷ 씌쟝이(동1)띠장이   14y(인품)
씌쟝이(역3)띠장이   20y(인품)
▷ 씌치다(역3)띠 겯다   41y(직조)
▷ 씌오다(동1)띄우다   59y(식이)
씰(왜1)띨(띄우다)   48z(식이)
씌오다(몽1)띄우다   46y(식이)
▷ 씩(동2)때(때가 많다)   57y(쇄설)
씩(역3)때   30y(소세)
씩(왜1)때   20y(신체)
씩(몽2)때(때가 많다)   48y(쇄설)
▷ 씩오르다(동2)때오르다   57y(쇄설)
씩올르다(몽2)때오르다   48y(쇄설)
▷ 빠뎌(역2)빠져(빠지다)   50z(쇄설)
▷ 빠디다(동1)빠지다(물에∼)   09y(지리)
빠지다(역3)빠지다   15z(교열)
빠디다(왜1)빠지다(물에∼)   09y(지리)
빠질(왜1)빠지다(물에∼)   11y(지리)
빠지다(몽3)빠지다   39y(쇄설)
▷ 빠져드라나다(몽3)빠져달아나다 11y(동정)
▷ 빠지오다(몽1)빠지우다   25y(인사)
▷ 빠혀드다(동2)빼들다   30y(쟁송)
빠혀드다(몽2)빼들다   23z(쟁송)
▷ 빠히다(동1)빠지다   31y(동정)
빠히다(역3)빠지다   16z(군기)
빠히다(왜1)빠지다   40y(교열)

빠히다(몽1)빠지다   24y(동정)
빠히다(몽3)빠내다   29y(매매)
▷ 빠히다(역3)열리다   29y(복식)
▷ 뺨(역1)뺨   34y(신체)
뺨(동1)뺨   15y(신체)
뺨(동2)뺨   56z(쇄설)
뺨(왜1)뺨   16z(신체)
뺨(몽1)뺨   12y(신체)
뺨(몽2)뺨   48y(쇄설)
▷ 뺨티다(동2)뺨치다   29y(쟁송)
뺨티다(몽2)뺨치다   23z(쟁송)
▷ 뼈(동1)뼈   17y(신체)
뼈(왜1)뼈   18z(신체)
뼈(몽1)뼈   13z(신체)
뼈(몽3)뼈   24y(질병)
▷ 뼈타(역2)뿌리다   08z(전농)
뼛타(동2)뿌리다   02y(전농)
뼛눈(역3)뿌리는   42y(전농)
뼛타(몽2)뿌리다   01z(전농)
뼛코(몽3)뿌리고   22z(전농)
▷ 쏘족(왜1)뾰족하다   09y(지리)
쏘족(왜2)뾰족하다   32z(쇄설)
▷ 쏘이다(역1)쏘이다   06y(기후)
▷ 쏨내다(몽2)뽐내다   23z(쟁송)
쏩내다(역3)뽐내다   36z(쟁송)
쏨내다(동2)뽐내다   29y(쟁송)
▷ 쏩다(동2)뽑다   02z(전농)
쏩다(역3)뽑다   46y(기구)
쏩다(몽2)뽑다   02y(전농)
쏩다(몽3)뽑다   26z(장기)
▷ 쏭나모(역2)뽕나무   42z(수목)
쏭나모(동2)뽕나무   44y(수목)
쏭나모(왜2)뽕나무   28y(수목)
쏭나모(몽2)뽕나무   36z(수목)

▷ 쑤리다(동1)뿌리다   30y(동정)

  쑤리다(동2)뿌리다   55z(쇄설)

  쏼이다(역3)뿌리다   07y(지리)

  쑤리다(왜1)뿌리다   45y(소세)

  쑤리다(몽2)뿌리다   47y(쇄설)

▷ 쑨(동2)뿐   49z(쇄설)

  쑨(몽2)뿐   42y(쇄설)

▷ 쏼(동2)뿔   39y(주수)

  쏼(왜2)뿔   24z(주수)

  쏼(몽2)뿔   32z(주수)

▷ 쏼고도리(역3)뿔고도리   16z(군기)

▷ 쑴을(왜1)뿜을(뿜다)   49z(식이)

▷ 쌘다(동1)빨다   63y(식이)

  쌘다(몽1)빨다   49z(식이)

▷ 쌘다(동1)뽑다, 고르다   44z(학교)

  쏼(왜1)빨(빨다)   49z(식이)

  쌘다(몽1)뽑다, 고르다   34y(학교)

▷ 쌘다(역1)짜다   37z(잉산)

▷ 쌜ᄅ다(왜2)빠르다   35y(쇄설)

  쏼르다(몽3)빠르다   09z(언어)

▷ 쏼니(동2)빨리   52z(쇄설)

  쏼니(몽2)빨리   44y(쇄설)

▷ 쏼니ᄒ다(동2)빨리 하다   52z(쇄설)

  쏼니ᄒ다(몽2)빨리 하다   44y(쇄설)

▷ 쏼리못다(몽3)빨리 끝내다   40z(쇄설)

▷ 쌔짓(역2)빼깃   26z(비금)

  쌔짓(동2)빼깃   36z(비금)

  쌔짓(몽2)빼깃   30y(비금)

▷ 쒹다(역3)빠지다   06z(지리)

  쒹다(몽1)빠지다   07z(지리)

▷ 쒵알(역2)삼릉초, 매자기   40z(화초)

▷ 짝(왜1)짝   42y(례도)

▷ 짝짝이(동2)짝짝이   22y(산술)

▷ 짝짓다(동1)짝짓다   53y(례도)

짝짓다(몽1)짝짓다   40z(례도)

▷ 쏘차내치다(동1)쫓아내치다   30z(동정)

▷ 쏫다(몽1)쫓다   23z(동정)

  쏘츠다(왜1)쫓다   30y(동정)

▷ 쓴더이(몽3)희한하게   36z(쇄설)

▷ 쓴더이(동1)의심하게   34y(인사)

▷ 쓰다(동2)찢다   54y(쇄설)

  쓰다(몽2)찢다   45z(쇄설)

▷ 찌다(동1)찌다   60y(식이)

  찌다(몽1)찌다   47y(식이)

▷ 찌다(몽3)찌다   03y(시령)

▷ 찐밥(동1)찐밥   59y(식이)

  찐밥(몽1)찐밥   46y(식이)

▷ 쩻타(동2)찧다   03y(전농)

  쩰(왜2)찧을(찧다)   37z(쇄설)

  쩻타(몽2)찧다   02z(전농)

▷ 찡긔다(몽1)찡그리다   16y(기식)

▷ 찡ᄒ다(역3)찡하다   02z(천문)

▷ 쓰다(동1)짜다   51z(정사)

▷ 쓰다(동1)짜다(소금이~)   62y(식이)

  쏠(왜1)짤(짜다,소금이~)   49y(식이)

  쓰다(몽1)짜다(소금이~)   48z(식이)

▷ 쓰다(동1)짜다   59y(복식)

▷ 쓰다(동1)짜매다   54z(소세)

  쓰다(몽1)짜매다   42z(소세)

▷ 쓰다(동2)짜다(고름~)   08z(질병)

  쓰다(몽2)짜다(고름~)   06z(질병)

▷ 쓰다(동2)짜다   25z(직조)

  쓰다(왜2)짜다   11y(직조)

  쓰다(몽2)짜다   20z(직조)

▷ 쬐다(동1)쬐다   60z(식이)

  쬐다(역3)쬐다   46y(기구)

  쬐다(몽1)쬐다   47y(식이)

  쬐다(몽3)쬐다   22z(전농)

▷ 씌여지다(동1)째여지다　57y(복식)
　씌여지다(몽1)째여지다　44z(복식)
▷ 씌오다(동1)찌우다　62y(식이)
　씌오다(몽1)찌우다　48z(식이)
▷ 셕다(역2)캐다　13y(채소)

[ㅈ]

▷ 자(역2)자대　15z(기구)
　자(동2)자대　18y(장기)
　자(왜1)자대　55z(산술)
　자(몽2)자대　14y(장기)
▷ 자가사리(역2)자가사리　38z(수족)
▷ 자각(역3)도리, 리치　57y(쇄설)
▷ 자괴(역2)자귀　18y(기구)
　자괴(동2)자귀　17y(장기)
　자괴(왜2)자귀　16z(기구)
　자괴(몽2)자귀　13y(장기)
▷ 자괴(역2)자귀, 자국　34z(주수)
▷ 자괴질ᄒ다(몽3)자귀질하다　26z(장기)
▷ 자는듯마는듯(몽3)자는듯마는듯　11z(동정)
▷ 자다(역1)자다　17y(궁궐)
　자다(역2)자다　54y(쇄설)
　자다(동1)자다　28z(동정)
　자다(역3)자다　19y(사관)
　자다(몽1)자다　21z(동정)
　자다(몽3)자다　11z(동정)
▷ 자리(역1)자리　20y(궁궐)
　자리(역2)자리　48y(쇄설)
　자리(동1)자리　59y(복식)
▷ 자리다(역1)저리다　63y(질병)
　자리다(몽2)저리다　06y(질병)
▷ 자바드리다(왜1)잡아드리다　54y(형옥)

▷ 자분것(역1)잡은것　65z(쟁송)
　자븐것(역2)잡은것　52y(쇄설)
▷ 자자히(역2)曲尺虫　35z(곤충)
▷ 자최(왜1)자취　20z(신체)
▷ 자토리(역2)자투리　06y(직조)
▷ 자픠다(동1)찌프리다　20z(기식)
▷ 자히다(몽3)재다　26z(장기)
▷ 자연(왜2)자연　45y(쇄설)
▷ 자오(역1)집다　60z(연향)
▷ 자오쇼셔(동1)자시십시오　63y(식이)
▷ 자와(왜2)사발, 그릇　14y(기구)
▷ 작금(왜2)작금, 요사이　43z(쇄설)
▷ 작난ᄒ다(동2)장난하다　29y(쟁송)
　작난ᄒ다(몽2)장난하다　23z(쟁송)
▷ 작석(왜1)엊저녁　06y(시령)
▷ 작식(역2)작살　39y(수족)
▷ 작일(왜1)어제　05y(시령)
▷ 잔(역1)잔　59z(연향)
　잔(역2)잔　13z(기구)
　잔(동2)잔　14y(기구)
　잔(역3)잔　10z(제례)
　잔(왜2)잔　14y(기구)
▷ 잔ㅅ디(동2)잔대　14y(기구)
　잔ㅅ디(역3)잔대　43z(기구)
　잔ㅅ디(몽2)잔대　10z(기구)
▷ 잔잔(왜2)잔잔하다　50z(쇄설)
▷ 잔채ᄒ다(동1)잔치하다　53y(례도)
　잔치ᄒ다(역3)잔치하다　34y(연향)
　잔채ᄒ다(몽1)잔치하다　40z(례도)
▷ 잔치(역1)잔치　42y(례도)
　잔채(동1)잔치　53y(례도)
　잔치(역3)잔치　47y(기희)
　잔채(왜1)잔치　42z(연향)
　잔채(몽1)잔치　40z(례도)

▷ 잔풍(왜1)잔풍   02z(천문)
▷ 잔ᄒ다(왜2)잔인하다   37y(쇄설)
▷ 잔인(왜1)잔인   24z(성정)
▷ 잔원(왜2)굼실거리다   46z(쇄설)
▷ 잘(동1)잘   48z(군기)
　잘(몽1)잘   37y(군기)
▷ 잘못ᄒ다(몽3)잘못하다   09y(성정)
▷ 잘지내다(몽3)잘지내다   37y(쇄설)
▷ 잘참(동1)숙참   41z(성곽)
　잘참(몽1)숙참   31z(성곽)
▷ 잘코셔니(동2)잘코사니   34y(마욕)
　잘코셔니(몽2)잘코사니   27z(마욕)
▷ 잘ᄒ다(역1)잘하다   16y(학교)
　잘ᄒ다(역2)잘하다   50z(쇄설)
　잘ᄒ다(왜1)잘하다   24y(성정)
　잘ᄒ다(몽3)잘하다   05z(인품)
▷ 잠깐(역2)잠깐   48y(쇄설)
　잠깐(동2)잠깐   47z(쇄설)
　잠깐(왜2)잠깐   35y(쇄설)
　잠깐(몽2)잠깐   40y(쇄설)
▷ 잡것(역2)잡것   53y(쇄설)
▷ 잡구(왜1)마시다, 빨다   49z(식이)
▷ 잡기(왜2)잡기   20y(기희)
▷ 잡다(동1)잡다(글감～)   44y(학교)
　잡다(역3)잡다(글감～)   11z(학교)
　잡다(몽1)잡다(글감～)   33z(학교)
▷ 잡다(역1)잡다   23y(전어)
　잡다(역2)잡다   32z(주수)
　잡다(역3)잡다   17z(전어)
　잡을(왜2)잡을,(새를～)   39y(쇄설)
▷ 잡다(동1)잡다   29z(동정)
　잡다(왜1)잡다   30z(동정)
　잡다(몽1)잡다   22z(동정)
　잡다(몽3)잡다   12z(동정)

▷ 잡다(역2)잡다(집을～)   51y(쇄설)
▷ 잡말(역2)잡말   43z(쇄설)
▷ 잡말ᄒ다(역2)잡말하다   44z(쇄설)
▷ 잡쎄(역1)잡종   32z(마욕)
▷ 잡죄다(몽3)속박하다   30y(마욕)
▷ 잡히이다(동1)잡히다   29z(동정)
　잡히다(역3)잡히다   37y(형옥)
　잡히이다(역3)잡히우다   26y(동정)
　잡히이다(몽1)잡히다   22z(동정)
▷ 잡아가다(역3)잡아가다   59z(쇄설)
▷ 잡아가도다(역3)잡아가두다   37z(형옥)
▷ 잡아오다역3)잡아오다   09y(공식)
▷ 잣(역1)잣   55z(식이)
　잣(동2)잣   05z(식이)
　잗(왜2)잣   28y(수목)
　잣(몽2)잣   04z(식이)
▷ 잣나모(역2)잣나무   42y(수목)
　잣나모(동2)잣나무   44y(수목)
　잣나모(몽2)잣나무   36z(수목)
▷ 잣송이(동2)잣송이   06y(식이)
　잣송이(몽2)잣송이   04z(식이)
▷ 잣ᄭ다(역1)잣까다   56z(식이)
▷ 장(동2)장   13z(기구)
　장(역3)장   44z(기구)
　장(왜2)장   12z(기구)
　장(몽2)장   09z(기구)
▷ 장단(왜2)장단   09z(직조)
▷ 장뎡(왜1)장정   15y(인품)
▷ 장믈(동2)장물, 장품   30z(형옥)
　장믈(역3)장물, 장품   37y(형옥)
　장믈(몽2)장물, 장품   25y(형옥)
▷ 장식(몽3)   27z(안비)
▷ 장작(동2)장작   59z(쇄설)
　장작(몽3)장작   34z(수목)

▷ 쟝ᄒ다(왜1)장하다   24y(셩졍)

▷ 쟈가사리(동2)자가사리   41z(수족)

　쟈가사리(몽3)자가사리   33z(수족)

▷ 쟈감이(몽3)아가미   34y(수족)

▷ 쟈고(왜2)자고   21z(비금)

▷ 쟈근며ᄂ리(역1)작은며느리   58y(친속)

▷ 쟈글(왜2)적을(량이 ~)   32y(쇄설)

▷ 쟈개(역2)조개   02y(진보)

　쟈개(동2)조개   23z(진보)

　쟈기(왜2)조개   08z(진보)

▷ 쟈라(역2)자라   38y(수족)

　쟈라(동2)자라   42y(수족)

　쟈라(왜2)자라   26y(수족)

　쟈라(몽2)자라   35y(수족)

　쟈라(몽3)자라   34y(수족)

▷ 쟈랑(역3)자랑   52y(쇄설)

　쟈랑(왜1)자랑   27z(언어)

▷ 쟈랑ᄒ다(역2)자랑하다   45y(쇄설)

　쟈랑ᄒ다(동1)자랑하다   32z(인사)

　쟈랑ᄒ다(몽1)자랑하다   24z(인사)

▷ 쟈ᄅ(역2)자루   15z(기구)

　쟈ᄅ(동2)자루   16y(기구)

　쟈ᄅ(왜2)자루   16y(기구)

　쟈ᄅ(몽2)자루   11z(기구)

▷ 쟈쟈(왜2)자자하다(소문이~)   49z(쇄설)

▷ 쟉도(역2)작두   17z(기구)

　쟉도(동2)작두   16z(기구)

　쟉도(왜2)작두   17y(기구)

　쟉도(몽2)작두   12z(기구)

▷ 쟉별(동1)조약돌   07z(지리)

　쟉별(왜1)조약돌   08z(지리)

　쟉별(몽1)조약돌   06z(지리)

▷ 쟉셜(몽3)엽차   23y(채소)

▷ 쟉슈(역1)세로 막아서다   18y(궁궐)

▷ 쟉조(왜2)새가 지저귀다   22y(비금)

▷ 쟉쥬(왜1)술붓다   43y(연향)

▷ 쟉약(역2)작약, 함박꽃   39z(화초)

　쟉약(왜2)작약, 함박꽃   29z(화초)

▷ 쟌ᄉ득(동2)잔뜩   54y(쇄설)

　쟌ᄉ득(몽2)잔뜩   45z(쇄설)

　쟌ᄉ득(몽3)잔뜩   20y(복식)

　쟌쓱(몽3)잔뜩   31z(주수)

▷ 쟘불몰(역2)잠불말   29y(주수)

▷ 쟘뛰(역2)베짱이   40z(화초)

　쟘쒸(동2)베짱이   46z(화초)

　쟘쒸(역3)베짱이   50z(화초)

　쟘쒸(몽2)베짱이   39y(화초)

▷ 쟝(동1)장   42y(셩곽)

▷ 쟝(동1)장막   50y(군기)

　쟝(역3)장막   17z(군기)

　쟝(왜2)장(휘장)   13z(기구)

　쟝(몽1)장막   38z(군기)

▷ 쟝(동2)곤장   30z(형옥)

　쟝(몽2)곤장   25y(형옥)

▷ 쟝(역1)장   53y(식이)

▷ 쟝가드리다(왜1)장가드리다   42y(례도)

▷ 쟝갑(왜1)장갑   41z(군기)

▷ 쟝고(왜1)장고   44y(악기)

▷ 쟝고아비(역2)장구벌레   36z(곤충)

▷ 쟝긔(동2)장기   33y(기희)

　쟝긔(왜2)장기   20y(기희)

　쟝긔(몽2)장기   26z(기희)

▷ 쟝긔(왜1)장기, 장독   11z(지리)

▷ 쟝긔두다(역2)장기를 두다   24z(기희)

　쟝긔두다(동2)장기를 두다   33y(기희)

　쟝긔두다(몽2)장기를 두다   26z(기희)

▷ 쟝긔뼈(역1)무릎뼈   36y(신체)

　쟝긔쎠(동1)무릎뼈   17y(신체)

쟝긔쎠(역3)무릎뼈   22z(신체)
▷ 쟝너(역3)장래   57z(쇄설)
쟝러(왜2)장래   45y(쇄설)
▷ 쟝도리(역2)장도리   18z(기구)
쟝도리(동2)장도리   17y(장기)
쟝도리(몽2)장도리   13y(장기)
▷ 쟝대(왜2)장대하다   44z(쇄설)
▷ 쟝로(왜1)장로   53z(사관)
▷ 쟝마ㅅ비(역3)장마비   03y(천문)
▷ 쟝막(동1)장막   50y(군기)
쟝막(역3)장막   17z(군기)
쟝막(왜2)장막   13z(기구)
쟝막(몽1)장막   38y(군기)
▷ 쟝만ᄒ다(역2)장만하다   49y(쇄설)
쟝만ᄒ다(왜1)장만하다   43y(연향)
▷ 쟝미(왜2)장미   30y(화초)
▷ 쟝보라가다(역1)장보러 가다   68z(매매)
▷ 쟝ㅅ대(동2)장대   22y(산술)
쟝ㅅ대(몽2)장대   12y(기구)
▷ 쟝ㅅ빗(동2)장빛,진한 갈색   26y(직조)
▷ 쟝삼(왜1)두루마기   53z(사관)
▷ 쟝셩(왜1)장성   20y(신체)
▷ 쟝승(동1)장승   41z(성곽)
쟝승(역3)장승   11y(성곽)
쟝승(왜1)장승   35y(성곽)
쟝승(몽1)장승   31z(성곽)
▷ 쟝ᄉ(역3)장사   61y(쇄설)
▷ 쟝자(왜1)장자   14z(인품)
▷ 쟝지(왜1)중지   18y(신체)
▷ 쟝즉(왜1)울바지, 울타리   33y(궁궐)
▷ 쟝지(역3)부자, 자본가   38z(매매)
▷ 쟝촌(왜1)장차   27y(어사)
▷ 쟝앗디이(동2)장아찌   05y(채소)
쟝앗쩨이(몽1)장아찌   48y(식이)

▷ 쟝인(역3)장인   20z(인품)
쟝인(왜1)장인   15z(인품)
▷ 저(동2)그   51z(쇄설)
져(역3)그   58z(쇄설)
저(왜2)그   33z(쇄설)
저(몽2)그   43z(쇄설)
져(몽3)그   35z(쇄설)
▷ 저구리옷(역1)저고리   45z(복식)
▷ 저근챵ᄌ(역1)작은밸   35z(신체)
▷ 저는놈(역1)절름뱅이   30y(인품)
저는놈(동2)절름뱅이   08z(질병)
저는놈(몽2)절름뱅이   06z(질병)
▷ 저는몰(역2)저는 말   29z(주수)
▷ 저다(동2)절다   08z(질병)
저다(몽2)절다   06z(질병)
▷ 저리다(동2)저리다   07z(질병)
저리다(몽3)저리다   03y(시령)
▷ 저리다(역1)절이다   53y(식이)
저리다(동1)절이다   61z(식이)
져루다(동2)절이다   27y(직조)
절이다(역3)절이다   31z(식이)
저리다(몽1)절이다   48y(식이)
절우다(몽2)절이다   12z(기구)
▷ 저퍼ᄒ다(동1)두려워하다   21y(기식)
저퍼ᄒ다(몽3)두려워하다   08y(기식)
▷ 저품(몽3)두려움   14y(인사)
▷ 저프다(역1)두렵다   38z(기식)
▷ 저희(동2)그들   51z(쇄설)
저희(몽2)그들   43z(쇄설)
▷ 저히다(역1)협박하다   32y(마욕)
저히다(역2)협박하다   32y(주수)
저히다(동1)위협하다   33y(인사)
저히다(역3)협박하다   52z(쇄설)
저히다(왜2)협박하다   35z(쇄설)

저흐다?(몽1)위협하다   25y(인사)
▷ 저어가다(역1)흩어져가다   21y(교열)
▷ 저어오다(역3)저어오다   46z(주강)
▷ 저울(역2)저울   16z(기구)
　 저울(동2)저울   16y(기구)
　 저울(왜2)저울   14y(기구)
　 저울(몽2)저울   18y(산술)
　 저울(몽3)저울   29y(매매)
▷ 저울눈(역2)저울눈   16z(기구)
　 저울눈(동2)저울눈   16z(기구)
　 저울눈(몽2)저울눈   12y(기구)
▷ 저울때(역2)저울대   16z(기구)
　 저울ㅅ대(동2)저울대   16y(기구)
　 저울ㅅ대(몽2)저울대   12y(기구)
▷ 저울축(역3)저울축   38z(매매)
▷ 저울튜(역2)저울추   16z(기구)
　 저울튜(동2)저울추   16y(기구)
　 저울튜(몽2)저울추   12y(기구)
▷ 저을(왜2)저을(젓다)   19y(주강)
▷ 저읍다(역1)절하다   25z(사관)
▷ 저이와겨시(역3)내리다   56y(쇄설)
▷ 적니다(동2)트다(가죽이~)   59z(쇄설)
　 적니다(역3)트다(가죽이~)   56y(쇄설)
　 적니다(몽3)트다(가죽이~)   38z(쇄설)
▷ 적시다(동2)적시다   55z(쇄설)
　 적시다(몽2)적시다 47y(쇄설)
▷ 전반(역2)자대   15z(기구)
▷ 전병(역3)전병   31y(식이)
▷ 젇ㅅ오다(왜2)경건하다 35z(쇄설)
▷ 절(왜1)절   30y(동정)
▷ 절다(왜1)절다   52y(질병)
▷ 절로흐여(역2)돌아오다, 떨어지다   49y(쇄설)
▷ 절흐다(역1)절하다   41y(례도)
　 절흐다(동1)절하다   52y(례도)

절흐다(몽1)절하다   40y(례도)
▷ 점즉흔이(역1)맹동적인 사람   29y(인품)
▷ 젓나모(역2)전나무   42y(수목)
　 젓나모(동2)전나무   44y(수목)
　 젓나모(몽2)전나무   36z(수목)
　 젇나모(왜2)전나무   28z(수목)
▷ 젓다(역2)젖다   21z(주강)
　 젓다(동2)젖다   55z(쇄설)
　 젓다(역3)젖다   03y(천문)
　 저즐(왜1)젖을(젖다)   11y(지리)
　 저즐(왜2)젖을(젖다)   11z(직조)
　 젓다(몽2)젖다   47y(쇄설)
　 젓다(몽3)젖다   20z(식이)
▷ 젓ㅅ와이다(역1)황공하다   31z(경중)
▷ 정의아비(몽3)허수아비   22z(전농)
　 정의아비(역3)허수아비   42y(전농)
▷ 져(역2)저, 저가락   13y(기구)
　 져(동2)저, 저가락   14y(기구)
　 져(왜2)저, 저가락   14z(기구)
　 져(몽2)저, 저가락   10z(기구)
▷ 져(동2)저   51z(쇄설)
　 져(몽2)저   44y(쇄설)
▷ 져곳(동2)저곳   48z(쇄설)
　 져곳(몽2)저곳   40z(쇄설)
▷ 져곳에것(몽3)저곳에것   35z(쇄설)
▷ 져근가마(역2)작은가마   13y(기구)
▷ 져근뎔(역1)작은절   25z(사관)
▷ 져근저울(역2)작은 저울   16z(기구)
▷ 져근혹(역1)작은혹   63y(질병)
▷ 져근물(역1)소변, 오줌   37y(신체)
▷ 져근물보다(역1)소변을 보다   39z(기식)
▷ 져근쏨(동2)작은쏨   22y(산술)
▷ 져글(왜2)작을(작다)   32y(쇄설)
▷ 져기(동2)조금, 적게   23y(산술)

격이(몽3)조금   38y(쇄설)

져기(몽2)조금, 적게   18z(산술)

▷ 져기(역1)좀   21y(교열)

져기(역2)좀   49z(쇄설)

져기(역3)좀   59y(쇄설)

져기(왜2)좀   41y(쇄설)

▷ 져기다(동1)모이다   30z(동정)

져기다(몽3)모이다   12z(동정)

▷ 져기다(역3)제기다   55y(쇄설)

▷ 져긔(동2)저기   48y(쇄설)

져긔(몽2)저기   40z(쇄설)

▷ 져녁(역1)저녁   02z(천문)

져녁(동1)저녁   05z(시령)

져녁(몽1)저녁   04z(시령)

▷ 져녁노올(역1)저녁노을   02z(천문)

▷ 져녁밥(역1)저녁밥   50y(식이)

▷ 져들(동2)저들   51z(쇄설)

져들(몽2)저들(저 사람들)   43z(쇄설)

▷ 져드리다(역3)합하다   58y(쇄설)

▷ 져런것(몽3)저런것   35z(쇄설)

▷ 져리토(동2)저렇게도   60y(쇄설)

▷ 져리ᄒ다(역3)저리에 하다   60y(쇄설)

▷ 져른다(동2)짧다   54z(쇄설)

결다(역3)짧다   10z(제례)

져르다(왜2)짧다   32y(쇄설)

져르다(몽1)짧다   19y(언어)

져른다(몽2)짧다   46y(쇄설)

▷ 져마작(동2)저만치   59y(쇄설)

져마작(몽2)저만치   49z(쇄설)

져마작(몽3)저만치   35z(쇄설)

▷ 져머뵌다(역1)젊어뵈다   37y(신체)

졈어뵈다(몽1)젊어뵈다   15y(신체)

▷ 져므다(동1)저물다   05z(시령)

져므다(역3)저물다   04z(시령)

▷ 져므다(왜1)저물다   05z(시령)

져므다(몽1)저물다   04z(시령)

▷ 져므다(왜1)젊다   20y(신체)

▷ 져부러지다(동1)접히다   49y(군기)

▷ 져ᄇ리다(동1)저버리다   33z(인사)

져ᄇ리다(몽1)저버리다   25z(인사)

▷ 져븨초리(역3)제비초리   49y(주수)

▷ 져ᄉ지다(몽3)젖을 짜다   06z(신체)

▷ 져저기(동2)옛날   47y(쇄설)

져적의(몽2)옛날   39z(쇄설)

▷ 저조다(역1)치며 따지다   67z(형옥)

져조다(동2)치며 따지다   29z(쟁송)

져조다(역3)치며 따지다   37y(형옥)

져주다(왜1)치며 따지다   54z(형옥)

져조다(몽2)치며 따지다   24y(쟁송)

▷ 져질ᄒ다(몽2)절질을 하다   10z(기구)

▷ 저제(동1)시장, 장   42y(성곽)

져제(몽2)시장, 장   22z(매매)

▷ 져젯거리(역1)장거리   68z(매매)

져짓ᄉ거리(몽1)장거리   31z(성곽)

▷ 저츅(왜2)저축   04y(전농)

▷ 저편(동1)저편   10y(지리)

져편(동2)저편   19y(주강)

▷ 져포(왜2)저포   10z(직조)

▷ 져한(왜2)저 사나이   45y(쇄설)

▷ 격곳(역2)제비,작은 꼬챙이   15y(기구)

▷ 격기(역2)적게   54y(쇄설)

▷ 격다(동1)적다   04y(시령)

격다(역3)적다   03y(천문)

격다(몽1)적다   06z(지리)

▷ 격다(동1)좁다   23z(성정)

격다(몽1)좁다   18z(성정)

▷ 격다(역1)작다   29z(인품)

져근(역2)작은(작다)   16z(기구)

저근(역2)작은(작다) 23y(주강)

져근(동1)작은(작다) 40z(성곽)

젹다(동2)작다 22z(산술)

젹다(역3)작다 61z(쇄설)

젹다(몽1)작다 15y(신체)

젹다(몽2)작다 18y(산술)

젹다(몽3)작다 06y(신체)

▷ 젹마(왜2)절따말 23y(주수)

▷ 젹막(왜2)적막하다 48y(쇄설)

▷ 젹몰ㅎ다(동2)적몰하다 31z(형옥)

젹몰ㅎ다(역3)적몰하다 37z(형옥)

젹몰ㅎ다(몽2)적몰하다 26y(형옥)

▷ 젹삼(역1)적삼 45y(복식)

젹삼(동1)적삼 56y(복식)

젹삼(왜1)적삼 46y(복식)

젹삼(몽1)적삼 43z(복식)

▷ 젹슈(동2)적수 33z(기희)

젹슈(역3)적수 47z(기희)

젹슈(몽2)적수 27y(기희)

▷ 젹쇠(역2)적쇠 14y(기구)

▷ 젹젹(왜2)적적하다 49z(쇄설)

▷ 젹어주다(역3)적어주다 09y(공식)

▷ 젹으마치(동2)저그만치 23y(산술)

▷ 젹은고리(몽3)작은고리 26y(기구)

▷ 젹이나ㅎ면(역3)쩍하면 58z(쇄설)

▷ 젹이얽다(역3)적게 얽다 22z(신체)

▷ 젼(동2)옹근 15y(기구)

젼(역3)옹근 43z(기구)

▷ 젼(동2)전 14z(기구)

젼(역3)전 46y(기구)

젼(몽2)전 10z(기구)

▷ 젼갈(역2)전갈 37y(곤충)

젼갈(왜1)전갈하다 27y(언어)

▷ 젼갈ㅎ다(동1)전갈하다 43y(학교)

전갈ㅎ다(역3)전갈하다 24y(기식)

전갈ㅎ다(몽1)전갈하다 19y(언어)

▷ 전년(역1)지난해, 작년 04z(시령)

▷ 전당(동2)전당 28y(매매)

전당(역3)전당 38z(매매)

전당(몽2)전당 22z(매매)

▷ 전당푸ᄌ(동2)전당포 28y(매매)

전당푸ᄌ(몽2)전당포 22z(매매)

▷ 전당ㅎ다(동2)전당하다 28y(매매)

전당ㅎ다(몽2)전당하다 22z(매매)

▷ 전대(동2)전대 16y(기구)

전대(몽2)전대 12y(기구)

▷ 젼디(역1)노끈 45z(복식)

▷ 젼령(왜1)명령을 전하다 37y(공식)

▷ 젼례대로(역2)전례대로 43z(쇄설)

전례대로(동1)전례대로 52y(정사)

전례대로(몽1)전례대로 39z(정사)

▷ 젼머(역2)玉板魚 37z(수족)

▷ 전반(역3)전반(烙板) 41z(재봉)

▷ 젼병(역1)전병 52y(식이)

전병(동1)전병 59z(식이)

▷ 젼복(왜2)전복 26y(수족)

▷ 젼㖈아기(역2)馬菲草 41y(화초)

▷ 젼송(왜1)정과 43y(연향)

▷ 젼실(역3)전실 33y(친속)

▷ 젼장(왜1)전장 39z(교열)

▷ 젼쥬(왜2)전문적으로 취급하다 49y(쇄설)

▷ 젼ᄌ(동1)전자 44y(학교)

젼ᄌ(왜1)전자 38y(학교)

▷ 젼ᄌ(왜2)가위 17y(기구)

▷ 젼쵸(역1)쓰촨고추 53y(식이)

▷ 젼쵸나모(동2)화초나무 44z(수목)

젼쵸나모(몽2)화초나무 37y(수목)

▷ 젼텰(왜2)철을 달구다 14z(기구)

▷ 젼툐(역2)길고 넓게 짠 전담요   16z(기구)

▷ 젼파ᄒ다(몽3)전파하다   36z(쇄설)

▷ 젼혀(동2)전적으로   49y(쇄설)

　　젼혀(역3)전적으로   57y(쇄설)

▷ 젼ᄒ다(역3)전하다   13y(학교)

　　젼ᄒ다(왜2)전하다   36z(쇄설)

　　젼ᄒ다(몽3)전하다   36z(쇄설)

▷ 젼어(왜2)두렁허리   25z(수족)

▷ 젼연(왜2)전연히   45y(쇄설)

▷ 젼위ᄒ다(역2)전념하다   46y(쇄설)

▷ 젼의되다(역3)전의되다   58y(쇄설)

▷ 졀(왜1)젖   18y(신체)

▷ 졀(몽1)정절   17y(성정)

▷ 졀(역1)절   41z(례도)

　　졀(왜1)절   53y(사관)

▷ 졀고(동2)절구   03y(전농)

　　졀구(역3)절구   44y(기구)

　　졀고(몽2)절구   02z(전농)

▷ 졀고ㅅ고(동2)절구확   03y(전농)

　　졀구ㅅ고(역3)절구공이   44y(기구)

　　졀고ㅅ고(몽2)절구확   02z(전농)

▷ 졀다(역3)맵다   32z(식이)

▷ 졀도(왜1)절도   09z(지리)

▷ 졀도(왜2)졸도하다   48y(쇄설)

▷ 졀로(동1)절로   29z(동정)

　　졀로(역3)절로   26y(동정)

　　졀로(몽3)절로   12y(동정)

▷ 졀믄이(역3)젊은이   19z(인품)

▷ 졀박(왜2)절박하다   47y(쇄설)

▷ 졀벽(동1)절벽   07z(지리)

　　졀벽(왜1)절벽   08y(지리)

　　졀벽(몽1)절벽   06z(지리)

▷ 졀짜몰(역2)절따말   28z(주수)

　　졀짜몰(동2)절따말   37y(주수)

졀짜몰(몽2)절따말   31y(주수)

▷ 졀질ᄒ다(동2)절질하다   14y(기구)

▷ 졀ᄒ다(동1)짜르다(베다)   44y(학교)

▷ 졀으다(역3)짜르다   32z(식이)

▷ 졈다(동1)용서하다, 양보하다   31z(인사)

　　졉다(몽1)용서하다, 양보하다   24y(인사)

　　졉으다(왜1)용서하다   54z(형옥)

▷ 졈다(몽1)젊다   15y(신체)

▷ 졈복사슬(역1)점복표(제비)   64z(복서)

▷ 졈복ᄒ다(역1)점복하다   64z(복서)

▷ 졈졈(동2)점점   52z(쇄설)

　　졈졈(왜2)점점   50z(쇄설)

　　졈졈(몽2)점점   44y(쇄설)

　　졈졈(몽3)점점   38y(쇄설)

▷ 졈ᄎ(몽3)점차   17y(교열)

▷ 졈티다(역1)점치다   64z(복서)

▷ 졈ᄑ다(역1)점 팔다   64z(복서)

▷ 졈ᄒ다(동1)점치다   13z(인품)

　　졈ᄒ다(몽1)점치다   11y(인품)

▷ 졈ᄒ눈이(역3)점치는 사람   36y(복서)

▷ 졉(역1)제비   20y(궁궐)

　　져비(역2)제비   27z(비금)

　　져비(동2)제비   35z(비금)

　　져비(왜2)제비   22y(비금)

　　져비(몽2)제비   22y(매매)

▷ 졉다(동1)접다   56z(복식)

　　졉다(역3)접다   51z(쇄설)

　　졉다(몽1)접다   44z(복식)

　　졉다(몽3)접다   20y(복식)

▷ 졉디(왜1)접대   42z(연향)

▷ 졉시(동2)접시   14y(기구)

　　졉시(몽2)접시   10z(기구)

▷ 졉히다(역3)양보하다   47z(기희)

▷ 졉이(동2)제비   27z(매매)

▷ 젹이(역3)제기   47z(기희)
　져기(왜2)제기   20z(기희)
　졉이(왜2)제기   20z(기희)
▷ 졉위관(왜1)접위관   36y(관직)
▷ 졋(역1)젖   52z(식이)
　졋(동1)젖   16z(신체)
　졑(왜1)젓   48y(식이)
　졋(몽1)젖   13z(신체)
　졋(몽3)젖   19z(잉산)
▷ 졋가슴(역1)젖가슴   35z(신체)
▷ 졋곡지(동1)젖꼭지   16z(신체)
　졋곡지(역3)젖꼭지   22z(신체)
　졋곡지(몽3)젖꼭지   06z(신체)
▷ 졋니(역3)젖니   22y(신체)
▷ 졋다(동1)맵다   62z(식이)
　졋다(몽1)맵다   49y(식이)
▷ 졋바디다(역1)자빠지다   40z(동정)
　졋바지다(동1)자빠지다   28y(동정)
　졉바지다(왜1)자빠지다   30y(동정)
　졋바디다(몽1)자빠지다   20z(동정)
▷ 졋쓰다(동1)젖짜다   16z(신체)
▷ 졋통(동1)젖통   16z(신체)
　졋통(몽3)젖통   06z(신체)
▷ 졋아비(역3)젖아비   33z(친속)
▷ 졋어미(역3)젖어미   33z(친속)
▷ 졍(몽3)정   36z(쇄설)
▷ 졍과(동2)정과   06y(식이)
　졍과(몽2)정과   05y(식이)
▷ 졍나라(왜2)정나라   02y(국호)
▷ 졍녕(왜2)정녕   47z(쇄설)
▷ 졍분(역3)정분   57y(쇄설)
▷ 졍셔(왜1)정서   38z(학교)
▷ 졍셔ᄒ다(동1)정서하다   44y(학교)
▷ 졍셩(동1)정성   21z(성정)

▷ 졍셩(역3)정성   52y(쇄설)
　졍셩(왜1)정성   23y(성정)
　졍셩(몽1)정성   17y(성정)
▷ 졍셩다ᄒ다(몽3)정성을 다하다   12z(인사)
▷ 졍셩업다(역1)정성이 없다   29y(인품)
▷ 졍셩ᄒ다(역1)정성스럽다   31z(경중)
▷ 졍승(역1)정승   27y(존비)
▷ 졍신(동1)정신   32y(인사)
　졍신(왜1)정신   20z(기식)
　졍신(몽3)정신   14y(인사)
▷ 졍ᄉ(왜1)정사   36z(관직)
▷ 졍ᄌ(몽1)정자   33z(학교)
▷ 졍졔(왜1)정연하다   39y(교열)
▷ 졍히(역1)정히   40z(동정)
　졍히(동1)정히   44y(학교)
　졍히(동2)정히   50z(쇄설)
　졍히(몽3)정히   37z(쇄설)
▷ 졍히(역2)속마음   53z(쇄설)
▷ 졍ᄒ다(역3)정하다   11y(성곽)
▷ 졍ᄒ다(왜2)세밀하다   42z(쇄설)
▷ 졍업다(동1)정없다   33y(인사)
▷ 졍월(왜1)정월   03z(시령)
▷ 조(왜2)조   05y(화곡)
▷ 조각(동2)쪼각   59y(쇄설)
　조각(왜2)쪼각   32z(쇄설)
　조각(몽1)쪼각   46z(식이)
▷ 조각조각(동1)쪼각쪼각   60y(식이)
　조각조각(몽3)쪼각쪼각   21y(식이)
▷ 조구(왜1)부엌아궁   33z(궁궐)
▷ 조급ᄒ다(몽3)조급하다   12z(동정)
▷ 조긔(역2)조기   38y(수족)
▷ 조나라(왜2)조나라   02y(국호)
▷ 조나라(왜2)조나라   02y(국호)
▷ 조류물(몽2)자류말   31y(주수)

▷ 조리다(역1)졸이다 55z(식이)
▷ 조릿조릿ᄒᆞ다(역3)조마조마하다 60z(쇄설)
▷ 조모(왜1)조모, 할머니 12z(친속)
▷ 조박(왜2)찌꺼기 47y(쇄설)
▷ 조반(왜1)조반, 아침밥 47y(식이)
▷ 조부(왜1)조부, 할아버지 12z(친속)
▷ 조부거미(역2)조짚 10z(화곡)
▷ 조븨압다(동1)좁다 24y(성정)
▷ 조비옵다(몽3)옹색하다 14z(인사)
▷ 조뿔(역2)좁쌀 09z(화곡)
  좁쌀(동2)좁쌀 03y(화곡)
  좁쌀(몽2)좁쌀 03y(화곡)
▷ 조뿔밥(역1)좁쌀밥, 조밥 49z(식이)
▷ 조심ᄒᆞ다(역1)조심하다 26y(사관)
  조심ᄒᆞ다(역2)조심하다 53z(쇄설)
  조심ᄒᆞ다(동1)조심하다 13z(인품)
  조심ᄒᆞ다(동2)조심하다 56y(쇄설)
  조심ᄒᆞ다(몽1)조심하다 24z(인사)
  조심ᄒᆞ다(몽3)조심하다 05z(인품)
▷ 조ᄭᅩ리다(역1)쪼크리다 40z(동정)
▷ 조쟝ᄒᆞ다(역2)조작하다 44y(쇄설)
▷ 조지(동2)손잡이 14z(기구)
  조지(역3)손잡이 43z(기구)
  조지(몽2)손잡이 10z(기구)
▷ 조ᄌᆞ(역3)탁자 43z(기구)
▷ 조차(역2)좇아 53z(쇄설)
▷ 조촐ᄒᆞ다(역3)조출하다 52y(쇄설)
  조즐하다(몽1)조촐하다 14z(신체)
▷ 조흔체ᄒᆞ다(역3)청백한체 한다 52y(쇄설)
▷ 조ᄒᆞ다(왜1)성급하다 25y(성정)
▷ 조훈세답(역1)위생대 37z(잉산)
▷ 조아먹다(역3)쪼아먹다 48z(비금)
▷ 조악(동1)만두, 교자 59z(식이)
▷ 조올이다(몽1)졸리다 59z(동정)

▷ 조우다(역1)졸다 40z(동정)
  조으다(동1)졸다 28y(동정)
▷ 조을(왜2)ᄶᅩ을(쫓다) 22z(비금)
▷ 조을ㅅ갈기(역3)脖ᄒᆞ쐉 48z(주수)
  조올갈기(몽3)腦ᄒᆞ鬃 32y(주수)
▷ 조을음(역3)조을음 26z(동정)
▷ 조이(역2)무늬를 새겨넣다 44y(쇄설)
▷ 조이ᄒᆞ다(동2)종이 접다 18z(장기)
  조이ᄒᆞ다(몽2)종이 접다 14y(장기)
  조이ᄒᆞ다(역3)종이 접다 46y(기구)
▷ 족(역2)남 41z(화초)
  족(몽2)남 39z(화초)
▷ 족람(왜2)쪽빛 11y(직조)
▷ 족쇄(역1)족쇄 67y(형옥)
▷ 족지다(동1)쪽지다 54z(소세)
  족지다(몽1)쪽지다 42z(소세)
▷ 족ᄌᆞ(역3)족자 44y(기구)
  족ᄌᆞ(왜2)족자 13y(기구)
▷ 족하(동1)조카 11z(친속)
  족하(왜1)조카 13z(친속)
  족하(몽1)조카 09z(친속)
▷ 존졀(왜2)절약하다 48z(쇄설)
▷ 존졀치(동1)절약하지 32y(인사)
▷ 졸ᄒᆞ다(왜1)졸하다 24z(성정)
▷ 좀(역2)좀 36y(곤충)
  좀(동2)좀 44y(곤충)
  좀(역3)좀 50y(곤충)
  좀(왜2)좀 27z(곤충)
  좀(몽2)좀 36z(곤충)
▷ 좀것(역3)일반적인것 38y(매매)
▷ 좀되다(몽3)거칠다 39z(쇄설)
▷ 좀스럽다(몽3)좀스럽다 36z(쇄설)
▷ 좀쳐로(동2)거칠고 침착성없다 58y(쇄설)
  좀쳐로(몽3)거칠고 침착성없다 39z(쇄설)

▷ 좁다(역1)좁다 17z(궁궐)
　좁다(역2)좁다 49z(쇄설)
　좁다(동1)좁다 58y(복식)
　좁다(동2)좁다 54z(쇄설)
　좁다(역3)좁다 11y(성곽)
　좁을(왜2)좁을(좁다) 32y(쇄설)
　좁다(몽1)좁다 45y(복식)
　좁다(몽2)좁다 46z(쇄설)
　좁다(몽3)좁다 14z(인사)
▷ 좃다(역1)쫓다 41y(례도)
　좃다(역2)쫓다 54y(쇄설)
　조ㅅ다(몽3)쫓다 03y(시령)
　조츠다(몽3)쫓다 14z(인사)
▷ 좃다(역2)쏠다(책을 쏠다) 33z(주수)
▷ 좃집(역2)조짚 10z(화곡)
　조ㅅ집(동2)조짚 46z(화초)
　조ㅅ집(몽2)조짚 39y(화초)
▷ 좃타(동1)깨긋하다 22z(성정)
　조타(몽1)깨끗하다 17z(성정)
　조흐다(왜1)깨끗하다 19z(신체)
▷ 종갓(역1)櫻帽子 43z(복식)
▷ 종려(왜2)종려나무 28z(수목)
▷ 종묘(왜1)종묘 34y(성곽)
▷ 종실(동1)종실 37z(관직)
　종실(왜1)종실 35z(관직)
　종실(몽1)종실 28y(관직)
▷ 종종(왜2)종종 50z(쇄설)
　종종(몽3)종종 36y(쇄설)
▷ 종요(왜1)바라다 29y(어사)
▷ 죠개(동2)조개 42y(수족)
　죠개(왜2)조개 26y(수족)
　죠개(몽2)조개 35y(수족)
▷ 죠건죠건(몽3)조건조건 18z(정사)
▷ 죠고마치(몽2)조그마니 18z(산술)

▷ 죠고만(동2)조그만하다 57z(쇄설)
▷ 죠고만것(몽3)조그만한것 38z(쇄설)
▷ 죠곰(동2)조금 22y(산술)
▷ 죠공ᄒ다(동1)
　지방특산물을 바치다 52z(례도)
　죠공ᄒ다(몽1)
　지방특산물을바치다 40z(례도)
▷ 죠론(왜1)조롱 27y(언어)
▷ 죠롱태(몽3)조롱이 30z(비금)
▷ 죠롱ᄒ다(몽2)조롱하다 50z(쇄설)
▷ 죠리(역2)조리, 종다래끼 14y(기구)
　죠리(왜2)조리, 종다래끼 15z(기구)
▷ 죠보(역3)파발 09y(공식)
▷ 죠션(왜2)조선 02z(국호)
▷ 죠슈(왜1)조수 10z(지리)
▷ 죠진(왜2)좋고 나쁜 것의 징후 46y(쇄설)
▷ 죠춍(역3)조총 15z(교열)
　죠춍(몽1)조총 37z(군기)
▷ 죠타(역3)좋다 23y(신체)
　좃타(역3)좋다 15z(교열)
　죠흘(왜1)좋을(좋다) 19z(신체)
　죠타(몽3)좋다 22z(전농)
▷ 죠혼일ᄒ다(역3)좋은일 하다 57y(쇄설)
▷ 죠혼쏠(역3)메쌀, 입쌀 42z(화곡)
▷ 죠회ᄒ다(동1)조회하다 52z(례도)
　죠회ᄒ다(몽1)조회하다 40y(례도)
▷ 죠희(역1)조회 20y(궁궐)
　죠회(역3)조회 07z(궁궐)
▷ 족(동1)족, 발굽, 발통 60y(식이)
　족(동2)족 33z(기회)
　족(몽1)족, 발굽, 발통 46z(식이)
　족(몽2)족 27y(기회)
▷ 족마(왜1)발 저리다 51y(질병)
▷ 족박(역2)쪽박 14z(기구)

▷ 족비(왜1)발등 18z(신체)

▷ 족쇄(동2)족쇄 31y(형옥)

족쇄(몽2)족쇄 25z(형옥)

▷ 족쟝(왜1)발바닥 18z(신체)

▷ 족져비(역2)족제비 34y(주수)

족져비(동2)족제비 40y(주수)

족졉이(왜2)족제비 24y(주수)

족졉이(몽2)족제비 33z(주수)

▷ 족지(역2)달래 12z(채소)

▷ 족집게(동1)쪽집게 55y(소세)

족집개(역3)쪽집게 30y(소세)

족집개(몽1)쪽집게 42z(소세)

▷ 족ᄒᆞ다(동2)족하다 50z(쇄설)

족ᄒᆞ다(역3)족하다 54z(쇄설)

족ᄒᆞ다(왜2)족하다 42z(쇄설)

▷ 죵(역1)종 27z(존비)

죵(동1)종 14z(인품)

죵(동2)종 34y(마욕)

죵(역3)종 19z(존비)

죵(왜1)종 16y(인품)

죵(몽2)종 27z(마욕)

죵(몽3)종 05z(인품)

▷ 죵고비(역2)딱따구리 28y(비금)

▷ 죵긔(동2)종기 08y(질병)

죵긔(몽2)종기 06z(질병)

죵긔(몽3)종기 24y(질병)

▷ 죵놈(역1)종놈 32z(마욕)

▷ 죵다리(역2)종달새 28y(비금)

▷ 죵루(왜1)종루 35y(성곽)

▷ 죵바당(몽3)발바닥 32y(주수)

▷ 죵젹업다(몽3)종적없다 36y(쇄설)

▷ 죵ᄌᆞ(역2)종지 13z(기구)

죵ᄌᆞ(왜2)종지 14z(기구)

▷ 죵형뎨(왜1)사촌형제 13z(친속)

▷ 죵희(역1)종이 26y(사관)

죠희(동1)종이 44y(학교)

죠희(역3)종이 10z(제례)

죠희(왜1)종이 38z(학교)

죠희(몽1)종이 33z(학교)

죠희(몽3)종이 28y(직조)

▷ 죵희심(역2)종이심 17y(기구)

▷ 죵아리(역1)종아리 36y(신체)

죵아리(동1)종아리 17y(신체)

죵아리(역3)종아리 22z(신체)

죵아리(왜1)종아리 18z(신체)

죵아리(몽1)종아리 13z(신체)

▷ 죵아리뼈(몽3)종아리뼈 20z(식이)

▷ 죵용(왜2)침착하다 46z(쇄설)

▷ 죵일(왜1)종일 05z(시령)

▷ 주검(동2)주검 10z(상장)

▷ 주글놈(역1)죽을놈 32y(마욕)

▷ 주닐(주)(왜1)주석하다 38y(학교)

▷ 주다(동1)줄리다 58y(복식)

주다(몽1)줄리다 45y(복식)

▷ 주다(역1)주다 25y(창고)

주다(역2)주다 34z(주수)

주다(동2)주다 52y(쇄설)

줄(왜2)줄(주다) 36z(쇄설)

주다(몽1)주다 23y(동정)

▷ 주롬(역2)주름 06y(재봉)

주름(동1)주름 56z(복식)

주룸(왜1)주름 46z(복식)

주름(몽1)주름 44y(복식)

▷ 주리다(역2)줄이다 53y(쇄설)

주리다(동1)줄이다 58y(복식)

주리다(몽1)줄이다 58y(복식)

▷ 주리다(동2)주리다 28z(매매)

주리다(역3)주리다 32z(식이)

주리다(왜1)주리다 50y(식이)
주리다(몽2)주리다 23y(매매)
▷ 주림(동2)주림 28z(매매)
주림(몽2)주림 23y(매매)
▷ 주머귀(역1)주머귀 35y(신체)
주머귀(동1)주머귀 16z(신체)
주머귀(동2)주머귀 29y(쟁송)
주머귀(역3)주머귀 36z(쟁송)
주머귀(왜1)주머귀 18y(신체)
주머귀(몽1)주머귀 13y(신체)
주머귀(몽2)주머귀 23z(쟁송)
주머귀(몽3)주머귀 29z(쟁송)
▷ 주머니(역2)주머니 14z(기구)
주면이(동1)주머니 58z(복식)
주머니(역3)주머니 29y(복식)
주머니(왜2)주머니 15z(기구)
주면이(몽1)주머니 45y(복식)
▷ 주먹(역3)주먹 60y(쇄설)
▷ 주사(동2)주사, 명주실 25y(직조)
주사(왜2)주사, 명주실 10y(직조)
주사(몽3)주사, 명주실 27z(직조)
▷ 주쟝(왜1)주장 15z(인품)
▷ 주저안ㅅ다(동2)주저앉다 31z(형옥)
주저안ㅅ다(몽2)주저앉다 26y(형옥)
▷ 주엽나모(역2)주염나무 42y(수목)
주염나모(동2)주염나무 44z(수목)
주염나모(몽2)주염나무 37y(수목)
▷ 주을든아희(역3)주눅든 아이 23z(잉산)
▷ 죽글터언논놈(역1)죽을데없는놈 32y(마욕)
▷ 죽다(역1)죽다 26z(사관)
죽다(역2)죽다 47z(쇄설)
죽다(동1)죽다 46z(교열)
죽다(동2)죽다 10y(상장)
죽다(역3)죽다 28y(상장)

죽다(왜1)죽다 52z(상장)
죽다(몽2)죽다 07z(상장)
죽다(몽3)죽다 08y(기식)
▷ 죽정이(동2)쭉정이 03z(화곡)
죽정이(몽2)쭉정이 03y(화곡)
▷ 죽엄(역3)주검 27z(상장)
죽엄(왜1)주검 52z(상장)
죽엄(몽2)주검 08y(상장)
▷ 죽엄즉흔것(몽3)죽음적한것 30z(마욕)
▷ 죽은째(역3)죽은깨 23y(신체)
죽은째(몽1)죽은깨 15z(신체)
▷ 죽을죄인(역3)죽을 죄인 37y(형옥)
▷ 죽이다(역1)죽이다 68y(형옥)
주기다(역2)죽이다 32y(주수)
죽이다(동1)죽이다 46z(교열)
죽이다(동2)죽이다 10y(상장)
주기다(동2)죽이다 31z(형옥)
즉이다(역3)죽이다 37z(형옥)
죽이다(왜1)죽이다 55y(형옥)
죽이다(몽1)죽이다 35z(교열)
죽이다(몽3)죽이다 17z(교열)
▷ 줄(동1)줄 43z(학교)
줄(몽3)줄 16z(학교)
▷ 줄(역2)줄 21z(주강)
줄(동1)줄 53z(악기)
줄(왜1)줄 43z(악기)
줄(왜2)줄 16y(기구)
줄(몽1)줄 41y(악기)
▷ 줄(역2)줄, 줄칼 18y(기구)
줄(동2)줄, 줄칼 17y(장기)
줄(왜2)줄, 줄칼 16z(기구)
줄(몽2)줄, 줄칼 13y(장기)
▷ 줄(역1)줄(불완전명사) 60y(연항)
▷ 줄(역2)葿子草 41y(화초)

▷ 줄(왜2)줄(줄다) 32z(쇄설)
▷ 줄기(동2)줄기 44z(수목)
　줄기(왜2)줄기 31z(화초)
　줄기(몽2)줄기 37z(수목)
▷ 줄넘다(동2)줄넘다 33z(기회)
　줄넘다(역3)줄넘다 47y(기회)
　줄넘다(몽2)줄넘다 27y(기회)
▷ 줄살(역3)줄살 16z(군기)
▷ 줄지다(역3)줄지다 32z(식이)
▷ 줄어름ᄒ다(역2)줄타기하다 24z(기회)
　줄얼음ᄐ다(역3)줄타기하다 47y(기회)
▷ 줍다(동1)줏다 30z(동정)
　줍다(몽3)줏다 12z(동정)
　줍다(역3)줏다 26z(동정)
▷ 줏그리다(동1)쭈크리다 26z(동정)
　줏그리다(몽1)쭈크리다 20z(동정)
▷ 줏개(역1)짐승이나 귀신모양으로 만든
　기와나 도자기 17z(궁궐)
　줏개(역3)짐승이나 귀신모양으로 만든
　기와나 도자기 13z(궁궐)
▷ 중(동2)목이 긴 병 14z(기구)
▷ 쥬(몽2)산대기 49z(쇄설)
▷ 쥬겨쌋타(동2)겹겹히 쌓다 55y(쇄설)
▷ 쥬게(동2)주걱 15y(기구)
　쥬게(몽2)주걱 11y(기구)
▷ 쥬나라(왜2)주나라 01z(국호)
▷ 쥬년(왜1)주년 03z(시령)
▷ 쥬라(역1)주라 20z(교열)
　쥬라(동1)주라 53z(악기)
　주라(왜1)주라 44y(악기)
　쥬라(몽1)주라 38y(군기)
▷ 쥬락(동2)주락 20z(안비)
　쥬락(몽2)주락 16y(안비)
▷ 쥬량(역1)주량 60y(연향)

▷ 쥬렴(왜1)주렴 33z(궁궐)
▷ 쥬리올(역2)(마소의)고삐 20z(안비)
　쥬리울(왜2)(마소의)고삐 18y(안비)
▷ 쥬뢰(역1)주리 67y(형옥)
　쥬리(동2)주리 30z(형옥)
　쥬리(몽2)주리 25y(형옥)
▷ 쥬뢰트다(역1)주리를 틀다 67y(형옥)
　쥬리트다(동2)주리를 틀다 30z(형옥)
　쥬리트다(몽2)주리를 틀다 25z(형옥)
▷ 쥬망(동1)술고래 61y(식이)
　쥬망(역3)술고래 20y(인품)
▷ 쥬벼ᄋ(역2)술병 13z(기구)
▷ 쥬복코(역1)주부코 30y(인품)
▷ 쥬봉ᄒ다(동1)처벌로
　로임을 삭감하다 39y(관직)
　쥬봉ᄒ다(몽1)처벌로
　로임을 삭감하다 29z(관직)
▷ 쥬셕(왜2)석 09y(진보)
▷ 쥬션(왜2)감돌다 47y(쇄설)
▷ 쥬ᄉ(왜2)주사 09y(진보)
▷ 쥬원(왜1)주원 36z(관직)
▷ 쥬자(왜2)술찌끼 14y(기구)
▷ 쥬쟝(몽3)주장 13z(인사)
▷ 쥬쟝치(역3)주장하지 60y(쇄설)
▷ 쥬져(왜2)주저하다 44z(쇄설)
▷ 쥬젼ᄌ(역2)주전자 13z(기구)
　쥬젼ᄌ(역3)주전자 43z(기구)
　쥬젼ᄌ(왜2)주전자 14y(기구)
▷ 쥬졍ᄒ다(동1)주정하다 61y(식이)
　쥬졍ᄒ다(역3)주정하다 26y(동정)
　쥬졍ᄒ다(몽1)주정하다 47z(식이)
▷ 쥬졍ᄒᄂ사롬(동1)주정군 61y(식이)
　쥬졍ᄒᄂ사롬(몽1)주정군 47z(식이)
▷ 쥬츄돌(역1)주춧돌 17z(궁궐)

쥬츄ㅅ돌(동1)주춧돌 35y(궁궐)

쥬츄(왜1)주춧돌 32z(궁궐)

쥬츄ㅅ돌(몽1)주춧돌 26z(궁궐)

▷ 쥬판(몽2)주판, 산판 12y(기구)

▷ 쥬피(역2)밀치 20y(안비)

쥬피(몽3)밀치 27z(안비)

▷ 쥬합(몽2)주합 12z(기구)

▷ 쥬홍(역2)주사 02z(진보)

쥬홍(동2)주사 24y(진보)

쥬홍(몽2)주사 19z(진보)

▷ 쥬홍(왜2)주홍 11z(채색)

▷ 쥬황(동2)주황, 금빛 26y(직조)

쥬황(몽2)주황, 금빛 21y(직조)

▷ 쥬황비단(역2)금빛비단 04z(직조)

▷ 쥬인(왜1)주인 42z(연향)

▷ 쥬인노롯ᄒ다(동1)주인노릇하다 53y(례도)

쥬인노롯ᄒ다(몽3)주인노릇하다 19y(례도)

쥬인노롯ᄒ다(역3)주인노릇하다 33z(연향)

▷ 쥭(역1)죽 50y(식이)

쥭(동1)죽 59z(식이)

쥭(동2)죽 38z(주수)

쥭(왜1)죽 47y(식이)

쥭(몽2)죽 32y(주수)

▷ 쥭방올(왜2)공, 둥근 물체 20z(기희)

쥭방올(몽3)공, 둥근 물체 30y(기희)

▷ 쥭뿌다(역1)죽쓰다 50y(식이)

▷ 쥭슌(왜2)죽순 06y(채소)

▷ 쥭ᄉ(왜2)참대로 만든 체 15z(기구)

▷ 쥭지(역3)죽지 48z(비금)

▷ 쥭여ᄣ타(몽3)말아쌓다 20y(복식)

▷ 쥰마(왜2)준마 23y(주수)

▷ 쥰비ᄒ다(몽3)준비하다 40z(쇄설)

▷ 쥰티(역2)준치 37y(수족)

▷ 쥰ᄒ다(왜2)준하다 43y(쇄설)

▷ 즁(역1)중 25z(사관)

즁(동2)중 12y(사관)

즁(역3)중 19y(사관)

즁(왜1)중 53z(사관)

즁(몽2)중 09y(사관)

▷ 즁(역3)중, 가운데 62y(쇄설)

▷ 즁간즈음(몽2)중간즘 43y(쇄설)

▷ 즁깃(몽3)벽이 무너지지
않도록 어긋물린 기둥 15y(궁궐)

▷ 즁계(몽3)편수 21y(식이)

▷ 즁미(왜1)중매 42y(례도)

▷ 즁방(몽3)중방 15y(궁궐)

▷ 즁복(왜1)중복 04z(시령)

▷ 즁즁(왜2)겹쌓이다 49y(쇄설)

▷ 즁풍(왜1)중풍 50z(질병)

▷ 즁양(왜1)중양절 05y(시령)

▷ 즁연(왜1)중연(中宴) 42z(연향)

▷ 즈다(역1)질다 07y(지리)

즈다(동1)질다 07y(지리)

즈다(몽1)질다 06y(지리)

▷ 즈름(역1)거간군 68z(매매)

즈름(동1)거간군 14z(인품)

즈름(몽1)거간군 11y(인품)

▷ 즈름갑(역1)거간값, 흥정값 69z(매매)

▷ 즈름길(역1)지름길 06z(지리)

즈름길(동1)지름길 27y(동정)

즈름길(몽1)지름길 20z(동정)

▷ 즈벅즈벅ᄒ다(역1)끔쩍끔적하다 39y(기식)

▷ 즈즐ᄒ다(동1)성가시다 34y(인사)

즈즐ᄒ다(몽3)성가시다 09y(성정)

▷ 즈최다(역3)지치다(얼음을 ～) 25z(동정)

즈최다(몽3)지치다(얼음을～) 03y(시령)

▷ 즈최다(역1)지치다 62y(질병)

▷ 즈우ᄉ(역2)주사, 명주실 05y(직조)

▷ 즈음(동2)즈음 60y(쇄설)
　즈음(왜2)즈음 39z(쇄설)
　즈음(몽2)즈음 50y(쇄설)
▷ 즈음ᄒ다(동2)즈음하다 60y(쇄설)
　즈음ᄒ다(몽3)즘즘하다 16z(성곽)
▷ 즈의(동1)찌끼, 지게미 61y(식이)
　즈의(왜1)찌꺼기 47z(식이)
▷ 즉금(왜2)지금 43z(쇄설)
▷ 즉긔치다(동2)부시다 54y(쇄설)
　즉긔치다(몽2)부시다 45z(쇄설)
▷ 즉시(역2)즉시 47y(쇄설)
　즉시(동2)즉시 47z(쇄설)
　즉시(역3)즉시 04z(시령)
　즉지(왜1)즉시 28y(어사)
　즉시(몽2)즉시 40y(쇄설)
▷ 즉효(왜2)즉효 48z(쇄설)
▷ 즉일(왜1)즉일 05y(시령)
▷ 즌굴이(역3)옆구리 22z(신체)
▷ 즌길(역1)진길 07y(지리)
▷ 즌저리틔다(역1)진저리치다 38y(기식)
　즌저리치다(몽3)진저리치다 08y(기식)
　즌저리티다(동1)진저리치다 20y(기식)
▷ 즌퍼리(역1)진펄 08z(지리)
　즌퍼리(동1)진펄 07y(지리)
　즌퍼리(몽1)진펄 06y(지리)
▷ 즌흙(역2)진흙 51z(쇄설)
　즌흙(왜1)진흙 09y(지리)
▷ 즌훠(역1)밀랍을 바른 장화 46z(복식)
▷ 즐겨먹다(역1)즐겨먹 54z(식이)
▷ 즐겨ᄒ다(동1)즐거워 하다 23y(성정)
　즐겨ᄒ다(몽1)즐거워 하다 17z(성정)
▷ 즐기다(동1)옳이 여기다 34y(인사)
　즐기다(몽1)옳이 여기다 25z(인사)
▷ 즐기다(역1)즐기다 54z(식이)

즐기다(역2)즐기다 24z(기희)
즐기다(역3)즐기다 23z(기식)
즐기다(왜1)즐기다 23z(성정)
즐길(왜2)즐길(즐기다) 35z(쇄설)
▷ 즐러막다(동1)질러막다 30z(동정)
▷ 즐르다(몽3)자르다 21z(전어)
▷ 즘싱(역1)짐승 23y(전어)
　즘싱(역2)짐승 34z(주수)
　즘싱(동1)짐승 14z(인품)
　즘싱(동2)짐승 36z(비금)
　즘싱(역3)짐승 17z(전어)
　즘싱(몽1)짐승 11z(인품)
　즘싱(몽2)짐승 30z(비금)
　즘싱(몽3)짐승 31y(비금)
▷ 즘싱의무리(동2)짐승무리 37y(주수)
　즘싱의무리(몽2)짐승무리 31y(주수)
▷ 즘은(역3)인공적으로 만든 은 39y(진보)
▷ 즛다(역2)짖다 32z(주수)
　즛다(동2)짖다 40z(주수)
　즈즐(왜2)짖을(짖다) 24z(주수)
　즛다(몽2)짖다 33z(주수)
▷ 즛무ᄋ다(동2)짓마스다 54y(쇄설)
　즛무ᄋ다(몽3)짓마스다 39y(쇄설)
▷ 증(동1)징 53z(악기)
　증(몽1)징 41y(악기)
▷ 증손(왜1)증손자 13z(친속)
▷ 증젼(동2)앞서 47y(쇄설)
　증젼(몽2)앞서 39z(쇄설)
▷ 증조모(왜1)증조할머니 12z(친속)
▷ 증조부(왜1)증조할아버지 12z(친속)
▷ 증편(역1)증편 51z(식이)
▷ 증인(동1)증인 14z(인품)
　증인(왜1)증인 56z(매매)
　증인(몽1)증인 11z(인품)

▷ 지(역3)막대기　41z(재봉)

▷ 지경(왜1)지경　34z(성곽)

▷ 지게(동1)지게　36y(궁궐)

　지게(동2)지게　16z(기구)

　지게(역3)지게　45y(기구)

　지게(왜1)지게　33y(궁궐)

　지게(몽1)지게　27y(궁궐)

　지게(몽2)지게　12z(기구)

▷ 지긔우다(역2)지겹게 하다　52y(쇄설)

▷ 지나다(동1)지나다　27z(동정)

　지날(왜2)지날(지나다)　41y(쇄설)

　지나다(몽1)지나다　21y(동정)

　지나다(몽3)지나다　18z(정사)

▷ 지난둘(역3)지난달　03z(시령)

　지는둘(몽3)지난달　02z(시령)

▷ 지난일(역3)지난일　61z(쇄설)

▷ 지내다(몽3)지내다　37y(쇄설)

▷ 지내치다(역3)지나치다　59y(쇄설)

▷ 지낼만ᄒ다(몽3)지낼 만하다　37y(쇄설)

▷ 지다(동1)지다　30z(동정)

　지다(역3)지다　26y(동정)

　지다(몽1)지다　23z(동정)

▷ 지다(몽1)지다(해～)　03z(시령)

　지다(역3)지다(별～)　02y(천문)

▷ 지다(역3)빠지다　49z(주수)

▷ 지다(왜2)지다　20z(기희)

▷ 지달(동2)감발, 각반　20z(안비)

　지달(몽2)감발, 각반　16y(안비)

▷ 지당(왜2)지당　47z(쇄설)

▷ 지도(왜2)지도　45z(쇄설)

▷ 지도리(동1)문지도리　35z(궁궐)

　지도리(왜1)문지도리　33y(궁궐)

　지도리(몽1)문지도리　26z(궁궐)

　▷ 지룡이(몽2)지렁이　36y(곤충)

▷ 지르다(동1)찌르다　46z(교열)

　지르다(왜1)찌르다　54z(형옥)

　찌르다(왜2)찌르다　24z(주수)

　지르다(몽1)찌르다　35z(교열)

　지르다(몽3)찌르다　29z(쟁송)

▷ 지르다(동2)머리로 받다　39y(주수)

　지르다(몽2)머리로 받다　32z(주수)

　지르다(몽3)머리로 받다　33y(주수)

▷ 지르다(동2)뽑다　46z(매매)

▷ 지리(왜2)지리　45z(쇄설)

▷ 지레(동2)지레　18y(장기)

　지레(역3)지레　45z(기구)

　지레(몽2)지레　13z(장기)

▷ 지봉(왜2)돛을 찢다　19y(주강)

▷ 지꿰다(역3)떠들썩하다　52z(쇄설)

▷ 지식(몽3)지식　13z(인사)

▷ 지새(동1)기와　36z(궁궐)

　지새(역3)기와　13z(궁궐)

　지새(왜1)기와　32z(궁궐)

　지새(몽1)기와　27z(궁궐)

　지새(몽3)기와　15z(궁궐)

▷ 지새ᄆ른(역3)기와마루　13z(궁궐)

　지새ᄆ라(몽3)기와마루　15z(궁궐)

▷ 지져귀다(역2)지저귀다　49z(쇄설)

　지져괴다(동2)지저귀다　29y(쟁송)

　지져귀다(역3)지저귀다　23z(기식)

　지져괴다(몽2)지저귀다　23z(쟁송)

▷ 지지다(동1)지지다, 볶다　60y(식이)

　지지다(왜1)지지다　48z(식이)

　지지다(몽1)지지다, 볶다　47y(식이)

▷ 지지는둘(몽3)그전번달　02z(시령)

▷ 지진쩍(동1)지진떡　59z(식이)

　지진쩍(몽1)지진떡　46z(식이)

▷ 지차리(역2)잠자리　35z(곤충)

▷ 지쳔ᄒ다(몽2)매우 눅다 22y(매매)

▷ 지초(왜2)지초 31y(화초)

▷ 지치다(몽3)지치다 11z(동정)

▷ 지체(왜2)지체하다 44z(쇄설)

▷ 지패(왜2)투전장 20y(기회)

▷ 지픠오다(역1)찌프리다 38z(기식)

▷ 지혀다(동1)기대다 28y(동정)

   지혀다(몽1)기대다 21z(동정)

▷ 지혜(왜1)지혜 22z(성정)

▷ 지휘(왜1)지휘 27y(언어)

▷ 지환(왜1)가락지 45y(소세)

▷ 지아븨(역1)지아비, 남편 58z(친속)

   지아비(동1)지아비, 남편 11y(친속)

   지아비(왜1)지아비, 남편 13y(친속)

   지아비(몽1)지아비, 남편 09y(친속)

▷ 지어내다(역3)지어내다 60y(쇄설)

▷ 지에(역1)酒米飯 50y(식이)

▷ 지오다(동1)내리우다 36y(궁궐)

   지오다(동2)지우다, 내리다 19y(주강)

   지오다(몽1)내리우다 27y(궁궐)

   지오다(몽2)지우다, 내리다 14z(주강)

▷ 지우다(역3)지우다 29z(복식)

   지오다(몽3)지우다 20y(복식)

▷ 지오다(동2)쇠를 녹여 붓다 18z(장기)

   지오다(몽2)쇠를 녹여 붓다 14z(장기)

▷ 지우다(동2)데치다 40z(주수)

   지오다(몽2)데치다 34y(주수)

   지오다(역3)데치다 49z(주수)

▷ 지은(역2)지은(짓다) 22z(주강)

▷ 지을(왜2)붓을(붓다),
   주조하다 09y(진보)

   지을(왜2)지을(짓다) 03y(전농)

   지을(왜2)지을(짓다) 40z(쇄설)

▷ 지인지(왜1)식지 18y(신체)

▷ 지위(동1)목공 14y(인품)

   지위(몽3)목공 05z(인품)

▷ 지위(역3)기회 04z(시령)

▷ 지위(왜1)지위 27y(언어)

▷ 지위ᄒ다(역3)동업회를 열다 09y(공식)

▷ 지의(역3)임금의 명령 08z(공식)

▷ 직녀성(왜1)직녀성 02y(천문)

▷ 직항증(몽3)직항증 24y(질병)

▷ 직희다(동1)지키다 46y(교열)

   직희다(역3)지키다 54y(쇄설)

   직히다(왜1)지키다 40y(교열)

   직희다(몽1)지키다 24z(인사)

▷ 직희오다(동1)지키우다 46y(교열)

   직희오다(몽1)지키우다 35y(교열)

▷ 진(왜1)진 07z(시령)

▷ 진나라(왜2)진나라 01z(국호)

   진나라(왜2)진나라 01z(국호)

   진나라(왜2)진나라 02y(국호)

▷ 진듕ᄒ다(동1)심중하다 22z(성정)

▷ 진득지못ᄒ다(몽3)근기 없다 13z(인사)

▷ 진ᄃ러(역2)진달래 39z(화초)

▷ 진되(역2)진드기 36z(곤충)

   진되(동2)진드기 43y(곤충)

   진듸(역3)진드기 50y(곤충)

   진뒤(왜2)진드기 27z(곤충)

   진되(몽2)진드기 36y(곤충)

▷ 진믈(동2)진물 08z(질병)

   진믈(역3)진물 35y(질병)

   진믈(몽2)진물 06z(질병)

▷ 진비(왜2)지배 46y(쇄설)

▷ 진샹연(왜1)진상연 42z(연향)

▷ 진시(왜1)진시 06y(시령)

▷ 진실노(역3)참말로 56y(쇄설)

   진실노(왜1)진실로 28z(어사)

진실로(몽3)참말로   40y(쇄설)
▷진실로야(역2)참말로   52z(쇄설)
▷진실이ᄒ다(몽3)진실히 하다   36y(쇄설)
▷진즁(왜2)귀중히 여기다   45z(쇄설)
▷진쥬(왜2)진주   08z(진보)
▷진짓(역3)진짜   62y(쇄설)
▷진짓것(역1)진짜것   69z(매매)
▷진징(왜1)진   34z(성곽)
▷진터(역3)진터   15y(교열)
▷진티다(동1)진치다   46y(교열)
  진치다(역3)진치다   15y(교열)
  진치다(왜1)진치다   39y(교열)
  진티다(몽1)진치다   35y(교열)
▷진홍(왜2)진홍색   11y(직조)
▷진휼(왜2)진휼, 구제   40y(쇄설)
▷진ᄒ다(동2)다하다   61z(쇄설)
  진ᄒ다(몽3)진하다, 다하다   16y(성곽)
▷진언(동2)진언   12y(사관)
  진언(몽2)진언   09y(사관)
▷진언ᄒ다(동2)진언하다   12y(사관)
  진언ᄒ다(역3)진언하다   19y(사관)
  진언ᄒ다(몽2)진언하다   09y(사관)
▷진영(역1)그림자   14y(제례)
▷진영(역1)애기배다   36z(신체)
▷진임(왜2)들깨   05y(화곡)
▷진에(역2)지느러미   39y(수족)
  진에(동2)지느러미   42y(수족)
  진에(역3)지느러미   50z(수족)
  진엄이(몽3)지느러미   34y(수족)
▷진에(역2)지네, 오공   35z(곤충)
  진에(동2)지네, 오공   43z(곤충)
  진에(몽2)지네, 오공   36y(곤충)
▷진익(왜1)잔액   20z(기식)
▷질건(왜2)질그릇   15y(기구)

▷질긔다(역1)질기다   51y(식이)
  질긔다(동1)질기다   62z(식이)
  질긔다(역3)질기다   59y(쇄설)
  질긔다(몽1)질기다   49y(식이)
▷질권고기(역1)질긴 고기   51y(식이)
▷질녀(왜1)조카딸   13z(친속)
▷질니다(동2)질리다   60y(쇄설)
  질니다(몽2)질리다   50y(쇄설)
▷질뎡(왜2)질정   16z(기구)
▷질르다(몽2)뽑다   22y(매매)
▷질리다(역3)질리다   06z(지리)
▷질샹(방)(왜2)짜다   11y(직조)
▷질지(역1)세금   69z(매매)
▷질으다(역3)지르다   14y(궁궐)
  질으다(몽1)지르다   26z(궁궐)
▷짐(역1)짐   12z(공식)
  짐(역2)짐   22z(주강)
  짐(동2)짐   39y(주수)
  짐(역3)짐   46z(안비)
  짐(몽2)짐   33y(주수)
  짐(몽3)짐   33y(주수)
▷짐메다(역2)짐을 메다   18z(기구)
▷짐메ᄂ나모(역2)멜대   18z(기구)
▷짐쟉ᄒ다(역1)짐작하다   39y(기식)
  짐쟉ᄒ다(역3)짐작하다   58z(쇄설)
▷짐즛(역2)짐짓   50y(쇄설)
  짐즛(역3)짐짓   57y(쇄설)
  짐짇(왜1)짐짓   28y(어사)
  짐즛(몽3)짐짓   14z(인사)
▷집(역1)집   17y(궁궐)
  집(역2)집   54y(쇄설)
  집(동1)집   30y(동정)
  집(동1)집   34z(궁궐)
  집(동2)집   36z(비금)

집(역3)집   58z(쇄설)
집(왜1)집   32y(궁궐)
집(몽1)집   26y(궁궐)
집(몽2)집   30z(비금)
집(몽3)집   39y(쇄설)
▷ 집(역2)전띠   15z(기구)
집(동2)전띠   16y(기구)
집(몽2)전띠   11z(기구)
▷ 집곡지(역3)지붕   13z(궁궐)
▷ 집기슭(역1)집처마   19y(궁궐)
▷ 집게(역2)집게   18y(기구)
집게(동2)집게   17y(장기)
집게(왜2)집게   16z(기구)
집게(몽2)집게   13y(장기)
▷ 집다(동1)집다   30z(동정)
집다(몽1)집다   22z(동정)
▷ 집다(역2)집다,먹다(좀이 먹다)   36y(곤충)
▷ 집뒤다(역1)집 뒤지다   67y(형옥)
▷ 집벽이다(동1)비틀거리다   27y(동정)
집벽이다(몽3)비틀거리다   11y(동정)
▷ 집소술(동1)집식솔   14z(인품)
집소술(역3)집식솔   33z(친속)
집소술(몽1)집식솔   11z(인품)
▷ 집쟉말라(역2)집작하지 말라   53y(쇄설)
▷ 집쟉ᄒ다(몽3)집착하다   14y(인사)
▷ 집팡이(동2)지팡이   13z(기구)
집팡이(역3)지팡이   44z(기구)
집팡이(몽2)지팡이   10y(기구)
▷ 집픠다(역3)찌프리다   24z(기식)
▷ 집안(역1)집안   17y(궁궐)
▷ 집어쁫다(몽3)집어뜯다   36z(쇄설)
▷ 집올히(역2)집오리   26y(비금)
▷ 짓(역2)깃   05z(직조)
짓(동2)깃   24z(직조)

짓(역3)깃   48y(비금)
짇(왜2)깃   22y(비금)
짓(몽2)깃   19z(직조)
▷ 짓다(역1)짓다   17z(궁궐)
짓다(역2)짓다   03y(잠상)
짓다(동1)짓다   37y(궁궐)
짓다(몽1)짓다   26y(궁궐)
짓다(몽3)짓다   40y(쇄설)
▷ 짓부ㅅ체(몽2)날짐승의 깃으로
만든 부채   12z(기구)
짓부체(동2)날짐승의 깃으로
만든 부채   14y(기구)
▷ 짓뷔(동2)날짐승의
깃으로 만든 비   14y(기구)
짓뷔(몽2)날짐승의
깃으로 만든 비   12y(기구)
▷ 짓통(역3)깃통   48y(비금)
▷ 짓튼(역3)짙은(짙다)   40z(직조)
짓흔(몽3)짙은(짙다)   28z(직조)
▷ 징검ᄃ리(동1)징검다리   42y(성곽)
징검ᄃ리(몽1)징검다리   32y(성곽)
▷ 징됴(동2)징조   53y(쇄설)
징죠(역3)징조   54y(쇄설)
징됴(몽2)징조   44z(쇄설)
▷ ᄌ(동1)자(字)   12z(친속)
ᄌ(왜1)자(字)   14y(친속)
ᄌ(몽1)자(字)   10z(친속)
▷ ᄌ(왜1)자   07z(시령)
▷ ᄌ가미(역2)자개미   20z(안비)
▷ ᄌ공(역3)자공   39z(진보)
▷ ᄌ다(동2)작다   54z(쇄설)
ᄌ다(몽2)작다   46y(쇄설)
ᄌ다(몽3)차다   29z(쟁송)
▷ ᄌ디비단(역2)자지색비단   05y(직조)

▷ ᄌᆞ라다(동1)자라다　54z(잉산)
　ᄌᆞ라다(동2)자라다　02y(전농)
　ᄌᆞ라다(역3)자라다　42y(전농)
　ᄌᆞ라다(몽1)자라다　42y(잉산)
▷ ᄌᆞ로(동2)자주　52z(쇄설)
　ᄌᆞ로(몽2)자주　44z(쇄설)
▷ ᄌᆞ로(왜2)자루　17z(기구)
▷ ᄌᆞ로박(역3)조롱박　42y(전농)
▷ ᄌᆞ류마(역2)자류마　29y(주수)
　ᄌᆞ류ᄆᆞ(동2)자류마　37z(주수)
▷ ᄌᆞᄅᆞ(동1)자루　49y(군기)
　ᄌᆞᄅᆞ(몽1)자루　37y(군기)
▷ ᄌᆞᄅᆞ다(역2)짜르다　43z(쇄설)
　ᄌᆞᄅᆞ다(동2)짜르다　54y(쇄설)
　ᄌᆞ르다(몽2)짜르다　45z(쇄설)
　ᄌᆞ르다(몽3)짜르다　36y(쇄설)
　ᄌᆞ라다(몽3)짜르다　39y(쇄설)
▷ ᄌᆞᄅᆞ북(역1)자루북　69y(매매)
▷ ᄌᆞ명죵(왜2)자명종　13z(기구)
▷ ᄌᆞ모다(역2)잠그다　46z(쇄설)
　ᄌᆞ무다(동2)잠그다　13z(기구)
　ᄌᆞᆷ그다(동2)잠그다　55z(쇄설)
　ᄌᆞ무다(몽2)잠그다　10y(기구)
　ᄌᆞᆷ그다(몽2)잠그다　47y(쇄설)
▷ ᄌᆞ몯(왜1)자못　27y(어ᄉᆞ)
▷ ᄌᆞ물쇠살(동2)자물쇠살　13z(기구)
▷ ᄌᆞ믌쇠(역1)자물쇠　14z(성곽)
　ᄌᆞ물쇠(동2)자물쇠　13z(기구)
　ᄌᆞ물쇠(몽2)자물쇠　10y(기구)
▷ ᄌᆞ미업다(동2)재미없다　59y(쇄설)
　ᄌᆞ미업다(역3)재미없다　53y(쇄설)
　ᄌᆞ미업다(몽2)재미없다　49y(쇄설)
▷ ᄌᆞ셔히(역2)자세히　53y(쇄설)
　ᄌᆞ셔히(동1)자세히　29y(동정)

　ᄌᆞ셔히(몽1)자세히　22y(동정)
▷ ᄌᆞ셔ᄒ다(역1)자세하다　28z(인품)
　ᄌᆞ셔ᄒ다(동1)자세하다　13z(인품)
　ᄌᆞ세ᄒ다(역3)자세하다　19z(인품)
　ᄌᆞ세ᄒ다(몽3)자세하다　05y(인품)
▷ ᄌᆞ셕(왜2)자석　09z(진보)
▷ ᄌᆞ시(왜1)자시　06y(시령)
▷ ᄌᆞ식(동1)자식　11y(친속)
　ᄌᆞ식(동2)자식　10y(상장)
　ᄌᆞ식(역3)자식　23y(잉산)
　ᄌᆞ식(몽1)자식　41z(잉산)
▷ ᄌᆞ세(왜1)자세하다　23z(성정)
▷ ᄌᆞ작나모(역2)자작나무　43y(수목)
▷ ᄌᆞ작스럽다(몽3)잠망스럽다　36z(쇄설)
▷ ᄌᆞ져(왜2)머뭇거리다　44z(쇄설)
▷ ᄌᆞ져ᄒ다(동2)자살하다　10y(상장)
　ᄌᆞ쳐ᄒ다(몽2)자살하다　07z(상장)
　ᄌᆞ쳐ᄒ다(역3)자살하다　28y(상장)
▷ ᄌᆞ즐(왜2)잦을(잦다)　33y(쇄설)
▷ ᄌᆞ지(동2)자지색　26y(직조)
　ᄌᆞ지(역3)자지색　40z(직조)
　ᄌᆞ지(왜2)자지색　11y(직조)
　ᄌᆞ지(몽2)자지색　21y(직조)
▷ ᄌᆞᄌᆞᄒ다(역1)자자하다　68y(형옥)
▷ ᄌᆞ지(왜1)묵형　54z(형옥)
▷ ᄌᆞ총(왜2)자총이　06y(채소)
▷ ᄌᆞ총이(몽3)자총이　23y(채소)
▷ ᄌᆞ칭(왜1)자칭　27y(언어)
▷ ᄌᆞ츼옴ᄒ다(역1)재채기하다　38y(기식)
　ᄌᆞ츼옴ᄒ다(동1)재채기하다　20y(기식)
　ᄌᆞ츼옴ᄒ다(몽1)재채기하다　15z(기식)
▷ ᄌᆞ츼음(왜1)재채기　21y(기식)
▷ ᄌᆞ퇴(왜1)자태　19z(신체)
▷ ᄌᆞ현ᄒ다(동2)자수하다　30z(형옥)

ᄌ현ᄒ다(역3)자수하다   37z(형옥)
ᄌ현ᄒ다(몽2)자수하다   25y(형옥)
▷ ᄌ약ᄒ다(몽3)자연스럽다   08z(성정)
▷ ᄌ옥ᄒ다(동1)자욱하다   02z(천문)
　 ᄌ욱ᄒ다(역3)자욱하다   03y(천문)
　 ᄌ옥ᄒ다(몽3)자욱하다   02y(천문)
▷ ᄌ애(역2)자새   14z(기구)
▷ ᄌ완(동2)사발   14y(기구)
▷ 존거름ᄒ다(몽3)잔걸음하다   32y(주수)
▷ 존누비(역2)잔누비   06z(재봉)
　 존누비(역3)잔누비   41z(재봉)
▷ 존님금(역1)작은 능금   55z(식이)
▷ 존다(역3)진땅   05y(지리)
▷ 존말(역3)잔말   24y(기식)
▷ 존말ᄒ다(동1)잔말하다   14y(인품)
　 존말ᄒ다(역3)잔말하다   20y(인품)
　 존말ᄒ다(몽3)잔말하다   05z(인품)
▷ 존물위(역3)잔우박   03y(천문)
▷ 존므르다(역1)짓무르다   61y(질병)
▷ 존비눌(역2)잔바늘   06z(재봉)
▷ 존자리(역2)잠자리   35y(곤충)
　 존자리(동2)잠자리   43y(곤충)
　 존자리(왜2)잠자리   27y(곤충)
　 존자리(몽2)잠자리   35z(곤충)
▷ 존허리(동1)갈비뼈   17y(신체)
　 존허리(역3)갈비뼈   22z(신체)
　 존허리(몽3)갈비뼈   06z(신체)
▷ 존헴(역3)잔헴   19z(인품)
▷ 존비(역1)팔배   55z(식이)
▷ 줄게(동1)잘게(잘다)   60y(식이)
　 줄게(몽1)잘게(잘다)   46z(식이)
▷ 줄믈으다(역3)짓무르다   34z(질병)
▷ 줄아나다(역2)자라나다   52z(쇄설)
▷ 좀(역2)잠   03y(잠상)

좀(동1)잠   28y(동정)
　 좀(몽1)잠   21z(동정)
▷ 좀고대ᄒ다(동1)잠꼬대하다   28z(동정)
　 좀쏘대ᄒ다(몽1)잠꼬대하다   21z(동정)
▷ 좀기이다(역1)잠기다   03y(천문)
　 좀기다(동1)잠기다   09y(지리)
　 좀기다(왜1)잠기다   11y(지리)
　 좀기다(몽1)잠기다   08y(지리)
▷ 좀겹다(동1)잠겹다   28y(동정)
　 좀겹ᄉ다(몽3)잠겹다   11z(동정)
▷ 좀귀붉다(동1)잠귀밝다   28y(동정)
　 좀ᄉ귀붉다(역3)잠귀밝다   27y(동정)
　 좀ᄉ귀붉다(몽3)잠귀밝다   11z(동정)
▷ 좀쏘대(역3)잠꼬대   27y(동정)
▷ 좀씨다(역1)잠깨다   41y(동정)
▷ 좀좀(왜1)잠잠하다   27z(언어)
▷ 좀좀ᄒ다(동1)잠잠하다   25z(언어)
　 좀좀ᄒ다(역3)잠잠하다   25z(동정)
　 좀좀ᄒ다(몽1)잠잠하다   19z(언어)
▷ 좀업다(동1)잠없다   28z(동정)
　 좀업다(역3)잠없다   26z(동정)
　 좀업다(몽3)잠없다   11z(동정)
▷ 줏다(동2)잣다   25z(직조)
　 줏다(몽2)잣다   20y(직조)
　 줏다(역3)잣다   40y(잠상)
▷ 재(동1)재, 령   07y(지리)
　 재(왜1)재, 령   08y(지리)
　 재(몽1)재, 령   06y(지리)
▷ 재오다(몽3)재우다   21z(전어)
▷ 잰나괴(역2)걸음이 빠른 나귀   32y(주수)
▷ 잰믈(동2)걸음이 빠른 말   37z(주수)
　 잰믈(몽2)걸음이 빠른 말   31z(주수)
▷ 제(역1)제, 때   24y(관역)
▷ 제(역3)제, 자기 58y(쇄설)

▷ 제대로(역2)제대로　46z(쇄설)
▷ 제믈엣깁(역2)水光絹　05z(직조)
▷ 제삼긴깍(역3)천상배필　61y(쇄설)
▷ 제쳘(몽3)제철　21y(식이)
▷ 제나라(왜2)제나라　02y(국호)
▷ 제믈(동1)제물　52z(례도)
　 제믈(몽1)제물　40y(례도)
▷ 제석(왜1)추석　05y(시령)
▷ 제ᄉ(왜1)제사　53y(상장)
▷ 제후(왜1)제후　35z(관직)
▷ 제ᄒ다(동1)제를 지내다　52z(례도)
　 제ᄒ다(몽1)제를 지내다　40y(례도)
▷ 제오도리(역1)響樸頭　22y(군기)
▷ 죄결ᄒ다(역1)죄를 결정짓다　67z(형옥)
▷ 죄닙다(역1)죄를 입다　67z(형옥)
▷ 죄벗다(역3)죄를 벗다　37z(형옥)
▷ 죄주다(동2)죄를 주다　30y(쟁송)
　 죄주다(왜1)죄를 주다　54y(형옥)
　 죄주다(몽2)죄를 주다　24z(쟁송)
▷ 죄인(역3)죄인　37y(형옥)
▷ 쥐(역2)쥐　33z(주수)
　 쥐(동2)쥐　40y(주수)
　 쥐(왜2)쥐　24y(주수)
　 쥐(몽2)쥐　33z(주수)
▷ 쥐다(몽3)쥐다　29z(쟁송)
▷ 쥐덧(역2)쥐덫　20y(기구)
▷ 쥐먹다(역1)쥐여먹다　54z(식이)
▷ 쥐며ᄂ리(역2)쥐며느리　36z(곤충)
▷ 쥐무로다(동1)주무르다　29z(동정)
　 쥐무로다(몽1)주무르다　22z(동정)
▷ 쥐젓(동2)쥐젖　08y(질병)
▷ 쥐춤외(역2)쥐참외　11z(채소)
▷ 지(역1)재　54y(식이)
　 지(동1)재　64y(식이)

▷ 지(왜1)재　09y(지리)
　 지(몽1)재　50y(식이)
▷ 지(동2)제　12y(사관)
▷ 지간(몽1)재간　17y(성정)
▷ 지강(역1)재강　50y(식이)
　 지강(동1)재강　61y(식이)
　 지강(몽1)재강　47z(식이)
▷ 지계(역3)재계　10z(제례)
　 지계(왜1)재계　53y(상장)
▷ 지괴(역2)재빛고양이　33z(주수)
▷ 지목(왜2)재목　29y(수목)
▷ 지믈(몽3)재물　27z(진보)
▷ 지변(동2)재변　12z(사관)
　 지변(몽3)재변　25z(사관)
▷ 지ᄉ빗쇼(몽3)재빛소　33y(주수)
▷ 지산(왜1)재산　57y(매매)
▷ 지상ᄒ다(동2)부모의
　 상사를 당하다　10y(상장)
　 지상ᄒ다(몽2)부모의
　 상사를 당하다　07(상장)
▷ 지샹(왜1)재상　36y(관직)
▷ 지식(왜2)다시 심다　03z(전농)
▷ 지작일(왜1)그저게　05y(시령)
▷ 지젼(왜2)앞서　43z(쇄설)
▷ 지조(역1)재주　16y(학교)
　 지조(동1)재주　22y(성정)
　 지조(역3)재주　54y(쇄설)
　 지조(왜1)재주　25y(성정)
　 지조(몽3)재주　08z(성정)
▷ 지죵(왜1)류촌형제　13z(친속)
▷ 지촉ᄒ다(동2)재촉하다 56y(쇄설)
　 지촉ᄒ다(역3)재촉하다　38z(매매)
　 지촉ᄒ다(몽2)재촉하다　47z(쇄설)
▷ 지화(왜2)재화　34y(쇄설)

▷지앙(동2)재앙 12z(사관)
▷지익(왜2)재앙 38y(쇄설)
▷진나비(동2)잰내비,원숭이 39z(주수)
　진납이(왜2)잰내비,원숭이 23z(주수)
　진납이(몽2)잰내비,원숭이 33y(주수)
▷짓믈(동1)재물 57z(복식)
　지ᄉ믈(역3)재물 29z(복식)
▷짓빗(몽3)재빛 32y(주수)
▷짓빗몰(몽2)재빛말 31y(주수)
▷징(동1)쟁 53z(악기)
　징(왜1)쟁 43z(악기)
　징(몽1)쟁 41y(악기)
▷징(왜1)징 41z(군기)
▷징강징강(동2)쟁강쟁강 57z(쇄설)
　징강징강(몽2)쟁강쟁강 48z(쇄설)
▷징반(동2)쟁반 14y(기구)
　징반(왜2)쟁반 14y(기구)
▷좌긔ᄒ다(동1)사무를 보다 52z(례도)
　좌긔ᄒ다(몽1)사무를 보다 40y(례도)
▷좌션ᄒ다(역1)선당 25z(사관)
▷좌즉(역2)자리(앉을~) 19y(기구)
▷좌우(동1)좌우 35y(궁궐)
　좌우(몽1)좌우 26y(궁궐)

[ㅊ]

▷차(역1)차 59z(연향)
　차(동1)차 61y(식이)
　차(왜1)차 43y(연향)
　차(몽1)차 47z(식이)
　차(몽3)차 21y(식이)
▷차다(역1)차다 59z(연향)
　차다(동1)차다 25y(언어)

▷차반(동1)차반 61z(식이)
▷차착(왜2)오유, 착오 48y(쇄설)
▷차타(왜2)때를 놓치다 45z(쇄설)
▷차탄ᄒ다(동1)차탄하다 21y(기식)
▷차탕권(역2)차관 13y(기구)
▷차통(동2)차통(차를 담은 통) 15y(기구)
　차통(몽2)차통(차를 담은 통) 11y(기구)
▷찬란(왜2)찬란하다 44y(쇄설)
▷찬지(왜2)쇠송곳 17z(기구)
▷착히(동1)착하게 25y(언어)
▷착ᄒ다(동1)착하다 23y(성정)
▷참(왜1)참 34z(성곽)
▷참담ᄒ다(동2)참담하다 60y(쇄설)
▷참예(왜2)참여 39y(쇄설)
▷찻반(역2)차잔을 받치는 접시 13z(기구)
▷창(동1)창 36y(궁궐)
　창(역3)창 14y(궁궐)
　창(왜1)창 33y(궁궐)
　창(몽1)창 27y(궁궐)
　창(몽3)창 15z(궁궐)
▷창(역1)창 21z(교열)
　창(왜1)창 41y(군기)
　창(동1)창 49z(군기)
　창(몽3)창 18y(군기)
▷창(동2)창(련주~) 07z(질병)
　창역(3)창(련주~) 35y(질병)
　창(몽2)창(련주~) 06y(질병)
▷창(역3)창고 18z(창고)
　창(왜1)창(련주~) 51z(질병)
▷창경(왜2)왜가리 21z(비금)
▷창령(왜1)창살, 창문살 33y(궁궐)
▷창망(왜2)창망하다 44y(쇄설)
▷창방(왜2)선실, 선창 18z(주강)
▷창셜(동2)창설하다 51y(쇄설)

창설(몽2)창설하다   43y(쇄설)
▷ 창졸(왜2)창졸하다   47y(쇄설)
▷ 창지빋(역3)창문, 창턱 14y(궁궐)
▷ 창창(왜2)창창하다   50y(쇄설)
▷ 챠면(역3)패쪽   15y(궁궐)
　챠면(왜1)패쪽   33z(궁궐)
▷ 챠양(왜1)채양, got빛을 가리다   33z(궁궐)
▷ 챠일(동1)차일, 해를 막다   50y(군기)
　챠일(왜2)차일, 해를 막다   13z(기구)
　챠일(몽1)차일, 해를 막다   38z(군기)
▷ 챠옥(동2)집게   13y(전어)
　챠옥(역3)집게   17z(전어)
　챠옥(몽1)집게   50z(전어)
▷ 챡급ᄒ다(몽3)급해하다   18z(정사)
▷ 챡긔(왜2)바둑 두다   20y(기희)
▷ 챵만(왜1)팽창하다, 부풀다   51y(질병)
▷ 챵ㅅ젼(동1)창문, 창턱   35z(궁궐)
　챵ㅅ젼(몽1)창문, 창턱   27y(궁궐)
▷ 챵자(역2)밸, 창자   25z(비금)
　챵ᄌ(동1)창자, 밸   17z(신체)
　챵자(몽1)창자, 밸   14y(신체)
　챵ᄌ(몽3)창자, 밸   20z(식이)
▷ 챵포(왜2)창포   31y(화초)
▷ 챵포검(역3)창포검   17y(군기)
▷ 챵ᄒ다(몽3)팽창하다,부풀다   24y(질병)
▷ 챵의(왜1)털옷   45z(복식)
▷ 처음(역2)처음   08y(전농)
　처음(동2)처음   47y(쇄설)
　처음(역3)처음   53z(쇄설)
　처음(왜2)처음   35y(쇄설)
　처음(몽2)처음   39z(쇄설)
▷ 척간(왜2)척간하다   48y(쇄설)
▷ 첫(역2)첫   25z(비금)
　첫(동2)첫   21z(산술)

첫(몽2)첫   17y(산술)
▷ 첫날(역3)첫날   59y(쇄설)
▷ 첫조곰(역1)초생달   04y(시령)
　첫조곰(동1)초생달   04y(시령)
　첫조곰(몽1)초생달   03z(시령)
▷ 첫줌(역2)첫잠   03y(잠상)
▷ 첫호령(역3)첫호령   56z(쇄설)
▷ 첫희(역1)첫해   04y(시령)
▷ 쳥(역1)양말   46y(복식)
▷ 쳥렴(왜1)청렴하다   23y(성정)
▷ 쳐(동1)처   11y(친속)
　쳐(역3)처   21y(경중)
　쳐(몽1)처   09y(친속)
▷ 쳐가(동1)처가집   11y(친속)
▷ 쳐남(왜1)처남   13z(친속)
▷ 쳐녀(왜1)처녀   42y(례도)
▷ 쳐들추다(몽3)들추다   14y(인사)
▷ 쳐량(왜2)처량하다   46z(쇄설)
▷ 쳐변ᄒ다(역1)처변하다 28z(인품)
▷ 쳐셔(왜1)처서   04z(시령)
▷ 쳐져조다(역3)치며 따지다   37y(형옥)
▷ 쳐쳐(왜2)우거지다   50y(쇄설)
▷ 쳑골ᄒ다(동2)척골하다   09y(질병)
　쳑골ᄒ다(역3)척골하다   34z(질병)
▷ 쳑동(왜2)척동   09y(진보)
▷ 쳑령(동2)할미새   35z(비금)
▷ 쳑령(왜2)할미새   21z(비금)
▷ 쳑쳑(왜2)척척   51y(쇄설)
▷ 쳑쵹(왜2)철쭉   30y(화초)
▷ 쳑확(왜2)자벌레   27z(곤충)
▷ 쳔(동2)천, 일천 21y(산술)
　쳔(몽2)천, 일천   17y(산술)
▷ 쳔거(왜1)천거   37y(관직)
▷ 쳔거ᄒ다(역3)천거하다   56y(쇄설)

▷ 천리경(왜2)망원경 13z(기구)
▷ 천마(왜1)숨차다 51y(질병)
▷ 천천이(동1)천천히 30y(동정)
　천천이(몽1)천천히 23z(동정)
▷ 천하다(몽3)천하다 30z(마욕)
　천ᄒ다(왜2)천하다 33y(쇄설)
▷ 천안쥬(왜2)천안주 12z(기구)
▷ 천연(왜2)지연시키다 45z(쇄설)
▷ 천엽(역1)천엽 51y(식이)
　천엽(몽3)천엽 20z(식이)
▷ 천엽화(왜2)천엽화 30z((화초)
▷ 천이(동2)천하게 34y(마욕)
　천히(역3)천하게 21z(마욕)
　천이(몽2)천하게 27z(마욕)
　천히(몽3)천히, 천하게 14y(인사)
▷ 철망(몽3)철망 15y(궁궐)
▷ 철쥬(왜2)팔을 잡아당기다 46y(쇄설)
▷ 철쥬ᄒ다(몽3)함께 언급하다 18z(정사)
▷ 철청총이몰(몽3)청총말 32y(주수)
▷ 첨보로(역2)안장과 언치 20z(안비)
▷ 첨하(역1)처마 19y(궁궐)
　첨하(동1)처마 35z(궁궐)
　첨하(왜1)처마 32z(궁궐)
　첨하(몽1)처마 26z(궁궐)
　첨하(몽3)처마 15y(궁궐)
▷ 첩(역1)첩 27z(존비)
　첩(동1)첩 12y(친속)
　첩(역3)첩 21y(경중)
　첩(왜1)첩 14y(친속)
　첩(몽1)첩 10y(친속)
▷ 첩셔(동1)첩서, 첩보 47y(교열)
　첩셔(몽1)첩서, 첩보 36y(교열)
▷ 첩아돌(동1)서자 12z(친속)
　첩아돌(몽3)서자 04z(친속)

▷ 첩의(왜1)옷을 개다 46y(복식)
▷ 청각(역2)청각 12y(채소)
▷ 청개구리(역2)청개구리 36z(곤충)
▷ 청나라(왜2)청나라 02y(국호)
▷ 청냥미(역2)청량미 09z(화곡)
　청량미(몽3)청량미 23y(화곡)
▷ 청대(몽3)꽃창포 35y(화초)
▷ 청디(동2)연한 곤색 26z(직조)
　청디(몽2)연한 곤색 21y(직조)
▷ 청디(역2)꽃창포 41z(화초)
▷ 청명ᄒ다(역3)청명하다 01z(천문)
　청명ᄒ다(몽3)청명하다 02y(천문)
▷ 쳥ㅅ길다히다(역3)단서를 잡다 37y(쟁송)
▷ 쳥ㅅ깃(역1)청깃 46y(복식)
▷ 청삼승(동2)푸른 석세베 25y(직조)
　청삼승(몽2)푸른 석세베 20y(직조)
▷ 청쥬(왜1)청주 47z(식이)
▷ 청촉(동1)청촉 34y(인사)
　청촉(몽2)청촉 24y(쟁송)
▷ 청촉ᄒ다(동1)청촉하다 34y(인사)
　청촉ᄒ다(역3)청촉하다 52y(쇄설)
　청촉ᄒ다(몽2)청촉하다 24z(쟁송)
▷ 청화(왜2)쪽빛 12y(채색)
▷ 청ᄒ다(역1)청하다 59y(연향)
　청ᄒ다(동1)청하다 53y(례도)
　청ᄒ다(왜1)청하다 26z(언어)
　청ᄒ다(몽1)청하다 40z(례도)
　청ᄒ다(몽3)청하다 20z(식이)
▷ 청양목(역2)青-顯樹 42z(수목)
▷ 청어(왜2)청어 26y(수족)
　청쟝(왜1)청장 48y(식이)
▷ 초(동1)초서 44y(학교)
　초셔(왜1)초서 38z(학교)
　초(몽1)초서 33z(학교)

▷ 초(역1)초, 식초 53y(식이)
　초(왜1)초, 식초 48y(식이)
▷ 초가(동1)초가 37y(궁궐)
　초가(역3)초가 13z(궁궐)
▷ 초갓(역1)초모자 43z(복식)
　초갓(동1)초모자 55z(복식)
　초갓(몽1)초모자 43y(복식)
▷ 초경(역1)초경 05z(시령)
　초경(동1)초경 05z(시령)
　초경(역3)초경 04z(시령)
　초경(몽1)초경 05y(시령)
▷ 초김(왜1)갈잎피리 44y(악기)
▷ 초개집(역1)초가집 17y(궁궐)
▷ 초나라(왜2)초나라 02y(국호)
▷ 초라삼(역2)삼, 대마 41z(화초)
▷ 초렴(왜2)짚으로 만든 발 15z(기구)
▷ 초록(역3)초록색 40z(직조)
　초록(왜2)초록색 11y(직조)
▷ 초료(몽3)록봉 18z(정사)
▷ 초리(왜2)초리 29y(수목)
▷ 초막(역1)초막 17z(궁궐)
▷ 초복(왜1)초복 04z(시령)
▷ 초싱(역1)월초, 초생 04y(시령)
▷ 초싱달(역3)초생달 01z(천문)
▷ 초초ᄒ다(몽3)거칠다 40y(쇄설)
▷ 초ᄒ릭(동1)초하루 04y(시령)
　초ᄒ릭(왜1)초하루 04z(시령)
　초ᄒ릭(몽1)초하루 03z(시령)
▷ 초혜(왜1)초신, 짚신 47y(복식)
▷ 촌것(몽3)촌놈 30z(마욕)
▷ 총마(왜2)총이말 23y(주수)
▷ 총명(왜1)총명하다 23y(성정)
▷ 총총(왜2)총총하다 49z(쇄설)
▷ 총혜ᄒ다(몽3)총명하다 05z(인품)

▷ 총ᄒ다(동1)총명하다 13z(인품)
　총ᄒ다(몽3)총명하다 05y(인품)
▷ 총이ᄆ(역2)총이말 29y(주수)
　총이ᄆ(동2)총이말 37y(주수)
　총이ᄆ(몽2)총이말 31y(주수)
　총이ᄆ(몽3)총이말 32y(주수)
▷ 총잇다(역3)총기가 있다 19z(인품)
▷ 쵸(동2)초, 초불 15z(기구)
　쵸(왜2)초, 초불 15z(기구)
　쵸(몽2)초, 초불 11z(기구)
▷ 쵸기다(왜1)부추기다 27z(언어)
▷ 쵸롱(역2)초롱(불～) 17y(기구)
　쵸롱(동2)초롱(불～) 15z(기구)
　쵸롱(몽2)초롱(불～) 11z(기구)
▷ 쵸료(왜2)법새 21z(비금)
▷ 쵸부(왜1)나무군 15z(인품)
▷ 쵸졔ᄒ다(역3)제사를 지내다 19y(사관)
▷ 쵸창(왜2)비관실망하다 44z(쇄설)
▷ 쵸췌(왜1)초최하다 20y(신체)
▷ 쵸ᄒ다(역2)볶다 25z(비금)
▷ 축(몽3)축 18y(군기)
▷ 축나라(왜2)촉나라 01z(국호)
▷ 축축(왜2)수수 05y(화곡)
▷ 춋디(역2)초대 17y(기구)
　쵸ㅅ디(동2)초대 15z(기구)
　쵸ㅅ대(역3)초대 44z(기구)
　축디(왜2)초대 15z(기구)
　쵸ㅅ대(몽2)초대 11z(기구)
▷ 추창ᄒ다(몽3)몸을 굽히고
　빨리 가다 11y(동정)
▷ 추히ᄒ다(몽3)거칠게 하다 39z(쇄설)
▷ 축축ᄒ다(역1)축축하다 08y(지리)
　축축ᄒ다(동2)축축하다 55y(쇄설)
　축축ᄒ다(역3)축축하다 05y(지리)

축축ㅎ다(몽2)축축하다 47y(쇄설)

축축ㅎ다(몽3)축축하다 03z(지리)

▷ 출힝(왜2)출행하다 44z(쇄설)

▷ 춤(동1)춤 54y(악기)

춤(몽1)춤 41z(악기)

춤(몽3)춤 09y(성정)

▷ 춤(역1)침 34y(신체)

춤(역2)침 53z(쇄설)

춤(동1)침 15z(신체)

춤(역3)침 22y(신체)

춤(왜1)침 21y(기식)

춤(몽1)침 12z(신체)

▷ 춤받틀(왜1)침뱉을 21y(기식)

▷ 춤밧기(역1)침받기 37z(잉산)

▷ 춤밧다(역1)침뱉다 38y(기식)

춤밧다(동1)침뱉다 16y(신체)

춤밧다(동2)침밧다 33z(마욕)

춤밧다(역3)침뱉다 23z(기식)

춤밧다(몽1)침뱉다 12z(신체)

춤밧다(몽2)침밧다 27z(마욕)

▷ 춤추다(역1)춤추다 60z(연향)

춤추다(동1)춤추다 54y(악기)

춤추다(왜1)춤추다 43y(연향)

춤추다(몽1)춤추다 41z(악기)

▷ 춤흘리다(역3)침흘리다 25z(동정)

▷ 취라(왜1)소라 불다 44y(악기)

▷ 취츙(왜2)빈대 27z(곤충)

▷ 취ㅎ다(왜1)취하다 43y(연향)

▷ 츄렴ㅎ다(동1)추렴하다 51z(정사)

츄렴ㅎ다(역3)추렴하다 38y(매매)

츌렴(왜2)추렴하다 46y(쇄설)

츌염ㅎ다(몽1)추렴하다 39z(정사)

▷ 츄마(왜2)오추마 23y(주수)

▷ 츄마몰(역2)추마말 29y(주수)

츄마몰(동2)추마말 37z(주수)

▷ 츄사ᄋ하다(역2)바둑을 놀다 24z(기희)

▷ 츄셕(동1)추석 05y(시령)

츄셕(왜1)추석 05y(시령)

▷ 츄쇄(왜1)추쇄하다 54z(형옥)

▷ 츄정ㅎ다(몽3)신고하다 29z(쟁송)

▷ 츄징(왜1)추징 56z(매매)

▷ 츄쳔(왜2)그네 20z(기희)

▷ 츄어(왜2)미꾸라지 25z(수족)

▷ 츄이(왜1)추이 57y(매매)

▷ 츅(왜1)축 07z(시령)

▷ 츅각(왜1)발을 움츠리다 52y(질병)

▷ 츅리(왜1)동서 13z(친속)

▷ 츅시(왜1)축시 (시령)

▷ 츈나모(동2)참죽나무 44y(수목)

츈나모(몽2)참죽나무 36z(수목)

▷ 츈혀(역3)추녀 13y(궁궐)

▷ 츌션(왜2)배 떠나다 19y(주강)

▷ 츙돌ㅎ다(몽3)충돌하다 17y(교열)

▷ 츙셩(왜1)충성하다 22z(성정)

▷ 츙손(왜2)벌레가 좀먹다 28y(곤충)

▷ 츙신(왜1)충신 14z(인품)

▷ 츙직ㅎ다(몽3)충직하다 05y(인품)

▷ 츠다(역1)치다(우물~) 08z(지리)

츠다(동1)치다(우물~) 08y(지리)

츠다(역3)치다(우물~) 06y(지리)

츠다(몽3)치다(우물~) 04y(지리)

▷ 츠다(역2)치다(가루를 ~) 48y(쇄설)

츠다(동2)치다(가루를 ~) 15y(기구)

츠다(역3)치다(가루를 ~) 44y(기구)

츠다(몽2)치다(가루를 ~) 10z(기구)

▷ 츠엿집(몽3)이쑤시개통 19z(복식)

▷ 측간(동1)측간 35y(궁궐)

측ㅅ간(몽1)측간 26y(궁궐)

▷ 측빅(역2)측백나무 42y(수목)
　측빅(동2)측백나무 44y(수목)
　측빅(왜2)측백나무 28y(수목)
　측빅(몽2)측백나무 36z(수목)
▷ 츤쳑(왜2)안에다 받치다 47z(쇄설)
▷ 춤(역2)춤 41z(화초)
　춤(동2)춤 46z(화초)
　춤(왜2)춤 31z(화초)
　춤(몽2)춤 39y(화초)
▷ 층층(왜2)층층 49y(쇄설)
▷ 층함(왜2)여러층으로 된 함 12z(기구)
▷ 치(역2)키 21z(주강)
　치(왜2)키 18z(주강)
▷ 치(왜1)치(寸) 55z(산술)
▷ 치다(역3)치다 36z(쟁송)
　칠(벌)(왜1)치다 39z(교열)
　치다(몽1)치다 29z(관직)
　치다(몽3)치다 29z(쟁송)
▷ 치다(역3)치다 04z(시령)
　치다(몽1)치다 02z(천문)
▷ 치다(몽1)치다 37z(군기)
　치다(역3)치다 17z(군기)
　치다(몽3)치다 26z(장기)
▷ 치다(몽2)견다(띠 겯다) 20z(직조)
▷ 치다(몽3)치다 31y(비금)
▷ 치다(역2)치다 03y(잠상)
　칠(왜2)칠(양을 치다) 34y(쇄설)
▷ 치마(역1)치마 22z(군기)
　치마(동1)치마 47z(군기)
　치마(왜1)치마 46y(복식)
　치마(몽1)치마 44y(복식)
▷ 치질(동2)치질 08y(질병)
　치질(몽2)치질 06y(질병)
▷ 치ᄌ(왜2)치자나무 30z(화초)

▷ 치위젓다(역1)추위타다 06y(기후)
▷ 치위ᄐ다(역1)추위타다 06y(기후)
▷ 칙ᄉ(왜1)칙사 36y(관직)
▷ 친구(역3)친구 33z(친속)
　친구(왜1)친구 14y(친속)
▷ 친쩍(역3)찰떡 31y(식이)
▷ 친ᄒ다(왜1)친하다 14y(친속)
▷ 친이ᄒ다(왜2)친이 하다 쇄설)
▷ 칠셕(왜1)칠석 04z(시령)
▷ 칠셩(왜1)북두칠성 01z(천문)
▷ 칠ᄒ다(동2)칠하다 27y(직조)
　칠ᄒ다(몽2)칠하다 12z(기구)
▷ 칠월(왜1)칠월 04y(시령)
▷ 침(동2)침 09y(의약)
　침(왜1)침 52z(질병)
　침(몽2)침 07y(질병)
▷ 침노(왜1)침노 39z(교열)
▷ 침노ᄒ다(동1)침노하다 46y(교열)
　침노ᄒ다(역3)침노하다 57z(쇄설)
　침노ᄒ다(몽1)침노하다 35y(교열)
▷ 침주다(역1)침놓다 64y(의약)
　침주다(동2)침놓다 09y(의약)
　침주다(몽2)침놓다 07y(질병)
▷ 침치(동2)김치 05y(채소)
　침치(역3)김치 31z(식이)
　침치(몽1)김치 48y(식이)
▷ 침향식(왜2)침향색 11y(직조)
▷ 침의(역3)외과 20y(인품)
▷ 칩다(역1)춥다 06y(기후)
　칩다(동1)춥다 06y(기후)
　칩다(동2)춥다 56z(쇄설)
　칩다(역3)춥다 04z(기후)
　칩다(몽1)춥다 05y(기후)
　칩다(몽2)춥다 47z(쇄설)

칩다(몽3)춥다   03y(시령)
▷ 칭탈(왜1)칭탈   27y(언어)
▷ 츳다(동1)차다   58z(복식)
　츳다(몽1)차다   45y(복식)
　츳다(역1)차다   22z(군기)
　츳다(몽3)차다   18y(군기)
　츳다(왜1)차다   45y(소세)
▷ 츳다(동1)차다   06y(기후)
　츳다(역3)차다   32y(식이)
　출(왜1)찰(차다)   06z(기후)
　츳다(몽1)차다   05y(기후)
▷ 츳다(동2)채다, 잡다   35y(비금)
　츳다(몽2)채다, 잡다   29y(비금)
　츳다(역2)채다, 잡다   26z(비금)
▷ 츳다(역2)차다   24y(기희)
　츳다(동2)차다   33z(기희)
　츳다(몽2)차다   23z(쟁송)
▷ 츳다(몽3)차다   10y(언어)
▷ 츠례(왜1)차례   36z(관직)
　츠례(왜2)차례   43y(쇄설)
▷ 츠마(몽1)차마   17z(성정)
▷ 츠시(왜1)이때, 지금   06y(시령)
▷ 츠재내미다(역3)깡그리 내놓다   61z(쇄설)
▷ 츠죠(동2)찰조   03y(화곡)
　출죠(몽2)찰조   03y(화곡)
▷ 츠조기(역2)차조기   11y(채소)
　츠조기(동2)차조기   05y(채소)
　츠조기(왜2)차조기   06y(채소)
▷ 츠조뿔(역2)찰좁쌀   09z(화곡)
▷ 츠즐(왜2)찾을(찾다)   43y(쇄설)
▷ 츠츠(역3)차차   58z(쇄설)
▷ 츠츠로(동2)차례로   52z(쇄설)
　츠츠로(몽2)차례로   44y(쇄설)
▷ 츠할히(동2)차라리   61z(쇄설)

▷ 추운(왜1)차운   38y(학교)
▷ 춘ᄇ람(역3)찬바람   02y(천문)
▷ 출(역2)찰   10y(화곡)
▷ 출(왜2)찰(달이 차다)   32z(쇄설)
▷ 출기장(역2)찰기장   09z(화곡)
　출기장(동2)찰기장   03z(화곡)
　출기장(역3)찰기장   42z(화곡)
▷ 출슈슈(몽3)찰수수   23y(화곡)
▷ 출쩍(역3)찰떡   31y(식이)
▷ 출ᄒ다(동1)처리하다   51y(정사)
　출흐다(몽1)처리하다   39y(정사)
▷ 출아리(왜1)차라리   27z(어사)
　출아리(몽2)차라리   51y(쇄설)
▷ 출여오다(역3)차려오다   30z(식이)
▷ 춤(왜2)참, 진짜   34z(쇄설)
▷ 춤개쩨(역2)참깨대   10z(화곡)
▷ 춤기름(역1)참기름   52z(식이)
▷ 춤나모(동2)참나무   44z(수목)
　춤나모(몽2)참나무   37y(수목)
▷ 춤ᄂ믈(역2)참나물   12y(채소)
▷ 춤다(역1)참다   39y(기식)
　춤다(동1)참다   22z(성정)
　춤다(왜1)참다   22y(기식)
　춤다(몽1)참다   17z(성정)
▷ 춤람(왜2)참람하다, 어긋나다   42y(쇄설)
▷ 춤먹(역3)참먹   12z(학교)
▷ 춤버슷(동2)참나무버섯 04z(채소)
▷ 춤빗(역2)참빗   19z(기구)
　춤빗(동1)참빗   55y(소세)
　춤빗(몽1)참빗   42z(소세)
▷ 춤빗질ᄒ다(역3)참빗질하다   30y(소세)
▷ 춤소(동1)참소   26y(언어)
　춤소(왜1)참소   27z(언어)
　춤소(몽1)참소   20y(언어)

▷ 춈소닙다(동1)참소를 당하다　26y(언어)
　춈소닙다(몽1)참소를 당하다　20y(언어)
▷ 춈소ᄒ다(동1)참소하다　26y(언어)
　춈소ᄒ다(몽1)참소하다　20y(언어)
▷ 춈새(역2)참새　27z(비금)
　춈새(동2)참새　35z(비금)
　춈새(왜2)참새　22y(비금)
　춈새(몽2)참새　29z(비금)
▷ 춈깨(역2)참깨　10y(화곡)
　춈개(역2)참깨　10z(화곡)
　춈깨(동2)참깨　03z(화곡)
　춈깨(몽2)참깨　03y(화곡)
▷ 춈죠개(동2)참조개　42y(수족)
▷ 춈치(왜2)둘쑹날쑹하다　46z(쇄설)
▷ 춈아(동1)차마　22z(성정)
　춈아(몽3)차마　36z(쇄설)
▷ 춈아ᄒ다(몽3)참다　09y(성정)
▷ 춈외(역2)참외　11z(채소)
　춈외(동2)참외　06y(식이)
　춈외(몽2)참외　05y(식이)
▷ 춉쌀(동2)찹쌀　03y(화곡)
　출쌀(역3)찹쌀　42z(화곡)
　춉뿔(왜2)찹쌀　04z(화곡)
　춉뿔(몽2)찹쌀　02z(화곡)
▷ 춧다(역3)찾다　24z(기식)
▷ 채(역2)채, 채찍　21y(안비)
　채(동2)채, 채찍　20z(안비)
　채(왜2)채, 채찍　18y(안비)
　채(몽2)채, 채찍　16y(안비)
▷ 채(역2)채(싸리～)　15y(기구)
▷ 채나라(왜2)채나라　02y(국호)
▷ 채붉다(역3)환하게 밝다　04y(시령)
▷ 채밋(역3)채찍의 끝　46z(안비)
▷ 채씬(동2)채찍 손잡이　20z(안비)

채씬(몽2)채찍 손잡이　16y(안비)
▷ 채티다(동2)채찍을 치다　20z(안비)
　채티다(몽2)채찍을 치다　16y(안비)
▷ 채열(역2)채찍의 끝　21y(안비)
　채열(동2)채찍의 끝　20z(안비)
　채열(몽2)채찍의 끝　16y(안비)
▷ 챗딕(역2)채찍대　21y(안비)
▷ 체(역2)채(가루치는 채)　14y(기구)
　체(동2)채　15y(기구)
　체(역3)채　44y(기구)
　체(왜2)채　15z(기구)
　체(몽2)채　10z(기구)
▷ 체마리(역2)채, 어레미　47y(쇄설)
▷ 체질ᄒ다(역2)채질하다　48y(쇄설)
▷ 최촉(왜2)재촉하다　48y(쇄설)
▷ 췌치아니타(역3)취하지 않다　34y(연향)
▷ 췌ᄒ다(동1)취하다　27y(동정)
　췌ᄒ다(역3)취하다　34y(연향)
　췌ᄒ다(몽3)취하다　11y(동정)
▷ 췌ᄒ다(몽3)얻다　37y(쇄설)
　췌ᄒ다(왜2)취하다, 얻다　36y(쇄설)
▷ 췌우(왜1)취우　02z(천문)
▷ 칙어(왜2)숭어　25y(수족)
▷ 칙우치다(역3)치우치다　55z(쇄설)
▷ 치란(동2)채련(당나귀～)　41y(주수)
　치란(몽2)채련(당나귀～)　34y(주수)
▷ 치비관(왜1)차비관　36z(관직)
▷ 치소(역1)채소　52y(식이)
▷ 치송(왜2)실수　38y(쇄설)
▷ 치식(왜2)채색　11z(채색)
▷ 치오다(역2)빼다(발을 ～)　48y(쇄설)
▷ 치오다(역2)채우다　48z(쇄설)
　치오다(역3)채우다　38z(매매)
　치오다(왜2)채우다　32z(쇄설)

▷ 칙(역2)책   51y(쇄설)

　칙(동1)책   44z(학교)

　칙(왜1)책   38z(학교)

　칙(몽1)책   33z(학교)

　칙(몽3)책   16z(학교)

▷ 칙갑(동1)책갑   44z(학교)

　칙갑(몽1)책갑   34y(학교)

▷ 칙걸이(역3)책장   12z(학교)

▷ 칙녁(동1)책력   42z(학교)

　칙녁(몽1)책력   32z(학교)

▷ 칙상(왜2)책상   13y(기구)

▷ 칙칙ᄒᆞ다(역2)굳다   06y(직조)

▷ 칙ᄒᆞ다(동2)질책하다   33z(마욕)

　칙ᄒᆞ다(몽2)질책하다   27y(마욕)

▷ 칙의(역3)서면   12z(학교)

[ㅋ]

▷ 칼(역2)칼   51y(쇄설)

　칼(동1)칼   48z(군기)

　칼(역3)칼   17y(군기)

　칼(왜1)칼   40z(군기)

　칼(몽1)칼   37y(군기)

　칼(몽3)칼   39y(쇄설)

▷ 칼(역1)칼   67y(형옥)

　칼(동2)칼   31y(형옥)

　칼(역3)칼   37y(형옥)

　칼(몽2)칼   25z(형옥)

▷ 칼가플(역2)칼집   17z(기구)

▷ 칼ᄂᆞᆯ(동1)칼날   49y(군기)

　칼ᄂᆞᆯ(역3)칼날   16z(군기)

　칼ᄂᆞᆯ(몽1)칼날   37y(군기)

▷ 칼등(역3)칼등   16z(군기)

▷ 칼마기(역2)칼막이   17z(기구)

　칼마기(동1)칼막이   49y(군기)

▷ 칼ㅅ등(동1)칼등   49y(군기)

　칼ㅅ등(몽1)칼등   37y(군기)

▷ 칼수메(역3)심지   17y(군기)

▷ 칼ᄭᅳᆺ(동1)칼끝   49y(군기)

　칼ᄭᅳᆺ(역3)칼끝   16z(군기)

　칼ᄭᅳᆺ(몽1)칼끝   37y(군기)

▷ 칼집(동1)칼집   49y(군기)

　칼집(역3)칼집   17y(군기)

▷ 칼짓(역3)칼깃   48y(비금)

▷ 칼ᄌᆞᄅ(역2)칼자루   17z(기구)

▷ 캉젼(몽3)구들가, 구들변두리 15z(궁궐)

▷ 켜다(역1)켜다   39y(기식)

　켜다(동2)켜다   15z(기구)

▷ 코(역1)코   33z(신체)

　코(역2)코   29z(주수)

　코(동1)코   15z(신체)

　코(몽1)코   12z(신체)

　코(몽3)코   32z(주수)

▷ 코고으다(동1)코골다   20y(기식)

　코고으다(역3)코골다   24z(기식)

　코고으다(왜1)코골다   21y(기식)

　코고으다(몽1)코골다   15z(기식)

▷ 코머근놈(역1)코가 막힌 놈   29z(인품)

▷ 코ㅅ구무(역1)코구멍   33z(신체)

▷ 코ㅅ구무엣털(역1)코털   33z(신체)

▷ 코ㅅ긋(역1)코끝   33z(신체)

▷ 코ㅅ도래(동2)코뚜레   39y(주수)

　코ㅅ도래(역3)코두레   49y(주수)

　코ㅅ도래(몽2)코뚜레   32z(주수)

▷ 코ㅅ대(역1)코대   33z(신체)

▷ 코ㅅ믈(역1)코물   33z(신체)

　코ㅅ믈(동1)코물   15z(신체)

코ㅅ믈(몽1)코물   12z(신체)
▷ 코ㅅㅁ릭(역1)코등   33z(신체)
▷ 코ㅅ방올(역3)코방울   22y(신체)
▷ 코숫다(역1)코를 쏫다   40z(동정)
▷ 코키리(역2)코끼리   33z(주수)
　코키리(동2)코끼리   37y(주수)
　코키리(왜2)코끼리   23y(주수)
　코키리(몽2)코끼리   31y(주수)
▷ 코프다(역1)코를 풀다   40z(동정)
　코푸다(동1)코를 풀다   15z(신체)
　코푸다(몽1)코를 풀다   12z(신체)
▷ 콧ㅁ릭(몽3)코등   06y(신체)
▷ 코아래(역1)인중   34y(신체)
▷ 콩(역2)콩   09y(전농)
　콩(동2)콩   03z(화곡)
　콩(몽2)콩   03y(화곡)
▷ 콩각대(역2)콩깍대   10z(화곡)
▷ 콩고토리(역2)콩꼬투리   10z(화곡)
▷ 콩기름(동2)콩기름   05y(채소)
▷ 콩부리(동2)콩빛처럼
　느리께한 새의 부리   36y(비금)
　콩부리(몽2)콩빛처럼
　느리께한 새의 부리   30y(비금)
▷ 콩ㅅ대(몽3)콩대   35y(화초)
▷ 콩새(역2)콩새   28y(비금)
　콩새(동2)콩새   35z(비금)
　콩새(몽2)콩새   29z(비금)
▷ 콩풋(역1)콩밭, 신장   35z(신체)
　콩풋(동1)콩팥, 신장   17z(신체)
　콩풋(왜1)콩밭, 신장   19y(신체)
　콩풋(몽1)콩밭, 신장   14y(신체)
▷ 쿠리매(동1)쾌자   56y(복식)
　쿠리매(몽1)쾌자   43z(복식)
▷ 크게ᄒ다(동2)크게 하다   54z(쇄설)

크게ᄒ다(몽2)크게 하다   46y(쇄설)
▷ 크다(역1)크다   09z(관부)
　크다(역2)크다   45z(쇄설)
　크다(동1)크다   23y(성정)
　크다(동2)크다   54z(쇄설)
　크다(역3)크다   23y(신체)
　큰(왜2)큰(크다)   32y(쇄설)
　크다(몽1)크다   18z(성정)
　크다(몽2)크다   18z(산술)
　크다(몽3)크다   04y(지리)
▷ 큰길(역1)큰길   06z(지리)
▷ 큰덕(왜1)큰 덕   22z(성정)
▷ 큰말(역3)큰 말   44y(기구)
▷ 큰멍에(역2)큰 멍에   23y(주강)
▷ 큰몰((역1)똥, 대변   39z(기식)
▷ 큰몰보다(역1)똥을 누다   39z(기식)
▷ 큰보(동1)큰보   59y(복식)
▷ 큰비(역2)큰배   21y(주강)
▷ 큰사발(몽3)큰사발   25z(기구)
▷ 큰사슴(동2)큰사슴   39z(주수)
▷ 큰술위(역2)큰수레   22z(주강)
▷ 큰자괴(몽3)큰 자귀   26y(장기)
▷ 큰저울(역2)큰저울   16z(기구)
　큰저울(역3)큰저울   45y(기구)
　큰저울(몽3)큰저울   29y(매매)
▷ 큰겨지(역1)큰시장   68z(매매)
▷ 큰즘싱(동2)큰짐승   40z(주수)
▷ 큰진나비(동2)큰잰내비   39z(주수)
　큰진납비(몽3)큰잰내비   31z(주수)
▷ 큰챵즛(역1)큰창자, 큰밸   35z(신체)
▷ 큰탁즛(역3)큰탁자   43z(기구)
▷ 큰옷(역3)큰옷   28z(복식)
▷ 큼즉ᄒ것(몽3)큼직한것   38z(쇄설)
▷ 키(역2)키   15y(기구)

키(동2)키   03y(전농)
키(왜2)키   04y(전농)
키(몽2)키   02z(전농)
▷ 킈(역1)키   29z(인품)
킈(역3)키   23y(신체)
킈(몽1)키   15y(신체)
▷ 킈다(역2)캐다   12z(채소)
킈다(동2)캐다   02z(전농)
킈다(역3)캐다   43y(채소)
킐(왜2)캘(캐다)   38z(쇄설)
킈다(몽2)캐다   02y(전농)
▷ 켸오다(몽3)켕기다, 펴다   33z(주수)
▷ 켸이다(동2)케이다   59z(쇄설)
켸이다(역3)조이다   54z(쇄설)
켸이다(몽3)케이다   36y(쇄설)
▷ 쾅지(동2)광주리   16y(기구)
쾅지(몽2)광주리   11z(기구)
▷ 쾌복ᄒ다(동2)쾌복하다   09y(의약)
▷ 쾌션(왜2)쾌속선   18y(주강)
▷ 쾌쾌(왜2)빨리   50z(쇄설)
▷ 쾌ᄒ다(왜1)기쁘다   21z(기식)

[ㅌ]

▷ 타구(역3)타구, 가래침통   44z(기구)
▷ 타다(역1)타다   47z(복식)
타다(역3)타다   58z(쇄설)
▷ 타락(역1)소젖   52z(식이)
타락(역3)소젖   31y(식이)
타락(왜1)소젖   48y(식이)
▷ 타락차(동1)소젖차   61z(식이)
타락차(몽1)소젖차   48y(식이)
▷ 탁쥬(몽1)탁주, 막걸리   47z(식이)

탁쥬(왜1)탁주, 막걸리   47z(식이)
▷ 탁ᄌ(몽3)탁자   25z(기구)
탁ᄌ(왜1)탁자   33z(궁궐)
▷ 탄막(왜1)탄막   32z(궁궐)
▷ 탄식(왜1)탄식   21y(기식)
▷ 탄ᄌ(동1)탄궁   48z(군기)
탄ᄌ(몽3)탄궁   18y(군기)
▷ 탄ᄌ(왜1)탄자   41z(군기)
▷ 탄ᄌ활(동1)탄궁   47z(군기)
탄ᄌ활(역3)탄궁   16y(군기)
탄ᄌ활(몽1)탄궁   36y(군기)
▷ 탄일(동1)탄생일   54z((잉산)
탄일(몽1)탄생일   42y(잉산)
▷ 탈(몽2)탈   27y(기희)
▷ 탈(왜2)기발   42z(쇄설)
▷ 탈대질ᄒ다(몽3)탈대질하다   28y(직조)
▷ 탈판(동2)휘틀   17z(장기)
탈판(몽2)휘틀   13z(장기)
탈판(역3)휘틀   45z(기구)
▷ 탈팡대(동1)광대   54y(악기)
▷ 탈잇다(역3)탈이 있다   61y(쇄설)
▷ 탐지군(역3)탐지군   15y(교열)
▷ 탐ᄒ다(동1)탐하다   23z(성정)
탐ᄒ다(역3)탐하다   32z(식이)
탐ᄒ다(왜1)탐하다   24y(성정)
탐ᄒ다(몽1)탐하다   18y(성정)
▷ 탑(역1)탑   25z(사관)
탑(동2)탑   11z(사관)
탑(왜1)탑   53z(사관)
탑(몽2)탑   08z(사관)
▷ 탓(동2)탓   49z(쇄설)
탓(몽2)탓   42y(쇄설)
▷ 탕(역1)국   60z(연향)
▷ 탕드다(역3)국을 뜨다   30z(식이)

▷ 탕쥬(왜2)배를 젓다   19y(주강)

▷ 탕패ᄒ다(동2)탕패하다   28z(매매)

　탕패ᄒ다(몽2)탕패하다   23z(매매)

▷ 터(동1)터   36z(궁궐)

　터(역3)터   37z(형옥)

　터(왜1)터   35y(성곽)

　터(몽1)터   27z(궁궐)

▷ 터디다(역2)터지다   52y(쇄설)

　터지다(동2)터지다   08y(질병)

　터지다(역3)터지다   35y(질병)

　터질(왜2)터질(터지다)   37z(쇄설)

　터지다(몽2)터지다   06z(질병)

▷ 터지다(동1)터지다, 갈라지다   08z(지리)

　터지다(몽1)터지다, 갈라지다   07z(지리)

　터지다(역3)터지다, 갈라지다   05y(지리)

▷ 터에음(동1)울타리   36z(궁궐)

　터어엿(역3)울타리   14z(궁궐)

▷ 털(역1)털   45z(복식)

　털(역2)털   41z(화초)

　털(동1)털   59y(복식)

　털(동2)털   38y(주수)

　털(역3)털   49y(주수)

　터럭(왜1)털   17z(신체)

　터럭(왜2)털   24z(주수)

　털(몽2)털   31z(주수)

　털(몽3)털   32y(주수)

▷ 털갓(역1)털모자   43z(복식)

▷ 털구무(동1)털구멍   17z(신체)

　털구무(몽1)털구멍   14y(신체)

▷ 털두로다(역3)털두르다   28z(복식)

▷ 털옷깃(동1)털옷깃   56z(복식)

　털옷깃(몽1)털옷깃   43z(복식)

▷ 텨(역2)쳐(채찍으로 ～)   50y(쇄설)

▷ 텨주다(동2)쳐주다(값을～)   28y(매매)

　텨주다(몽2)쳐주다(값을～)   23y(매매)

▷ 텬긔(역3)천기   01z(천문)

▷ 텬만(역3)숨차다   34y(질병)

▷ 텬상(역3)천자   20z(인품)

▷ 텬셩(왜1)천성   22(성정)

▷ 텬평(몽3)천평   29y(매매)

▷ 텬평저울(동2)천평저울   16y(기구)

　텬평저울(몽2)천평저울   12y(기구)

▷ 텬평츄(동2)천평저울의 추   16y(기구)

　텸평튜(몽2)천평저울의 추   12y(기구)

▷ 텬연히(몽3)천연히   39z(쇄설)

▷ 텰릭(역1)천릭   45y(복식)

▷ 텰ᄉ(동2)철사   18z(장기)

　텰ᄉ(역3)철사   46y(기구)

　텰ᄉ(몽3)철사   26z(장기)

▷ 텰총이(역2)철총마   29y(주수)

▷ 텰퇴(왜2)철퇴   16z(기구)

▷ 텰파(왜2)철로 만든 써레   17y(기구)

▷ 텰환(동1)철환(탄환)   49z(군기)

　텰환(역3)철환(탄환)   17y(군기)

　텰환(왜1)철환(탄환)   41z(군기)

　텰환(몽1)철환(탄환)   37z(군기)

▷ 텸ᄒ다(역1)더하다   60z(연향)

　텸ᄒ다(역3)더하다   34y(연향)

▷ 텹셕(왜2)첩석   13y(기구)

▷ 텹텹(왜2)첩첩   49z(쇄설)

▷ 텽당(왜2)정당   47y(쇄설)

▷ 토기다(동1)퉁기다   47z(군기)

　토기다(역3)퉁기다   16y(군기)

▷ 토담(동1)토담   36z(궁궐)

▷ 토란(역2)토란   11y(채소)

　토란(왜2)토란   06y(채소)

▷ 토란알(역2)토란알   11y(채소)

▷ 토랏다(몽3)넘치다, 출렁이다   24y(질병)

▷ 토막(동2)토막   45y(수목)
▷ 토밥(동2)토밥   45y(수목)
▷ 토슈(동1)토시   56z(복식)
　토슈(역3)토시   29y(복식)
　토슈(몽1)토시   44y(복식)
▷ 토지신(역3)토지신   19y(사관)
▷ 토ᄒ다(동1)토하다   20y(기식)
　토ᄒ다(역3)토하다   23y(잉산)
　토ᄒ다(왜1)토하다   49z(식이)
　토ᄒ다(몽1)토하다   15z(기식)
▷ 톱(역2)톱   18y(기구)
　톱(동2)톱   17y(장기)
　톱(역3)톱   45y(기구)
　톱(왜2)톱   16z(기구)
　톱(몽2)톱   13y(장기)
▷ 톱(몽3)발톱   31y(비금)
▷ 톱니(역3)톱날   45y(기구)
▷ 톱밥(역3)톱밥   45y(기구)
▷ 톱질ᄒ다(몽3)톱질하다   26z(장기)
▷ 톳기(역2)토끼   34y(주수)
　톳기(동2)토끼   40y(주수)
　톤기(왜2)토끼   24y(주수)
　톳기(몽2)토끼   33z(주수)
▷ 톳긔고기(역1)토끼고기   51y(식이)
▷ 통(역3)통(물~)   43z(기구)
　통(왜2)통(물~)   15y(기구)
▷ 통그믈(역3)통그물   18y(전어)
▷ 통발이(동2)통발   13y(전어)
　통바리(역3)통발   18y(전어)
　통발이(몽1)통발   50z(전어)
▷ 통ᄉ(왜1)통사   36z(관직)
▷ 통ᄉ노롯ᄒ다(동1)통사노릇하다   24z(언어)
　통ᄉ노롯ᄒ다(몽1)통사노릇하다   18z(언어)
▷ 통ᄒ다(몽1)통하다   33y(학교)

통ᄒ다(몽3)통하다   16z(학교)
▷ 통인아ᅙᅵ(역1)통인아이   27z(존비)
▷ 통ᄋ(역3)箭梯   16z(군기)
▷ 툐상(역2)馬床   19z(기구)
▷ 투구(역1)투구   21z(군기)
　투구(동1)투구   47z(군기)
　투구(역3)투구   16y(군기)
　투구(몽1)투구   36y(군기)
▷ 투구두녑드림(역3)투구의
　두 옆에 있는 드림   16y(군기)
▷ 투구뒷드림(역3)투구의
　뒤에 있는 드림   16y(군기)
▷ 투구샹모(몽3)투구의 상모   17z(군기)
▷ 투구쥬(역3)'胄   40z(군기)
▷ 투기다(몽3)추기다   50z(전어)
▷ 투긔ᄒ다(동1)질투하다   23y(성정)
　투긔(왜2)질투하다   35z(쇄설)
　투긔ᄒ다(몽1)질투하다   18y(성정)
▷ 투슈(역1)서명하다, 잡아가두다   10z(관부)
▷ 투젼(동2)투전   33y(기희)
　투젼(몽2)투전   26z(기희)
▷ 투젼ᄒ다(역3)투전하다   47z(기희)
▷ 투정ᄒ다(역2)투정하다   44y(쇄설)
　투정ᄒ다(역3)투정질하다   38y(매매)
▷ 퉁노고(역3)동으로 만든 노구솥   43z(기구)
　퉁노고(몽3)동으로 만든 노구솥   25z(기구)
▷ 퉁노고자리(동2)노구솥을
　놓는 자리   16z(기구)
▷ 퉁쇼(동1)퉁소   53z(악기)
　퉁쇼(몽1)퉁소   41y(악기)
▷ 튬나모(역2)참죽나무   42z(수목)
▷ 트다(역1)트다   08y(지리)
　트다(동1)트다   09y(지리)
　트다(역3)트다   07y(지리)

▷ 트다(몽1)트다   07z(지리)
▷ 트다(동2)트다   09y(질병)
　 트다(몽2)트다   07y(질병)
▷ 트다(역1)틀다   67y(형옥)
▷ 트러막다(동2)틀어막다   3z(쇄설)
　 트러막다(몽2)틀어막다   45z(쇄설)
▷ 트림ᄒ다(역1)트림하다   38y(기식)
　 트림ᄒ다(동1)트림하다   19z(기식)
　 트림ᄒ다(몽1)트림하다   15z(기식)
▷ 특별(왜1)특별히   28y(어사)
▷ 틀(동2)틀   18y(장기)
　 틀(왜2)틀   10z(직조)
　 틀(몽2)틀   13z(장기)
▷ 틀어꽂다(역3)틀어꽂다 55z(쇄설)
▷ 틈(역2)틈   52y(쇄설)
　 틈(동2)틈   53z(쇄설)
　 틈(역3)틈   59y(쇄설)
　 틈(왜2)틈   39z(쇄설)
　 틈(몽2)틈   45z(쇄설)
　 틈(몽3)틈   39z(쇄설)
▷ 틈나다(동2)틈나다   53z(쇄설)
　 틈나다(몽2)틈나다   45z(쇄설)
　 틈나다(몽3)틈나다   39y(쇄설)
▷ 티(동2)키   19y(주강)
　 티(몽2)키   14z(주강)
▷ 티다(역1)치다   23y(전어)
　 티다(역2)치다   52z(쇄설)
　 티다(동1)치다   39z(관직)
　 티다(동2)치다   25z(직조)
　 티다(몽1)치다   41y(악기)
　 티다(몽2)치다   25y(형옥)
▷ 티다(동2)치다, 까다   38y(주수)
　 티다(몽2)치다, 까다   32y(주수)
▷ 티다(역2)치다(혜염~)   22z(주강)

▷ 티다(역2)치다   25y(비금)
▷ 티질(역1)치질   63z(질병)
▷ 티이다(역2)치이다   23z(주강)
▷ 팀치(왜1)침채   48y(식이)
▷ 튀다(동1)타다(물에~)   60z(식이)
　 튀다(몽1)타다(물에~)   47y(식이)
▷ 튀다(동1)타다   53z(악기)
　 툴(왜1)탈(타다)   43z(악기)
　 튀다(몽1)타다   41y(악기)
▷ 튀다(역1)타다   61y(연향)
　 튀다(역2)타다   21y(안비)
　 튀다(동2)타다   59z(쇄설)
　 튀다(왜2)타다   24z(주수)
　 튀다(몽2)타다   32y(주수)
▷ 튀다(몽3)타다   03y(시령)
▷ 튀다(역1)타다   25y(창고)
▷ 튀다(역3)타다(틈~)   59y(쇄설)
▷ 튀다(역2)타다   53z(쇄설)
　 튀다(역3)타다   24z(기식)
　 튀다(역3)타다   04z(기후)
▷ 특(역1)턱   34z(신체)
　 특(동1)턱   16y(신체)
　 특(왜1)턱   17z(신체)
　 특(몽1)턱   13y(신체)
▷ 특밧치다(역3)턱받치다   25y(동정)
▷ 특앳나롯(역1)턱수염   34z(신체)
▷ 툴대(역3)탈대   45z(기구)
　 탈대(몽3)탈대   28y(직조)
▷ 태(역1)채찍   09z(궁궐)
▷ 태과(왜2)너무 지나치다   47z(쇄설)
▷ 태모시(역3)모시풀   40y(직조)
▷ 태식(왜1)탄식, 한숨   22y(기식)
▷ 태즛(역1)태자   28y(인품)
　 태즛(왜1)태자   35z(관직)

▷ 태평쇼(왜1)태평소, 대평소 44y(악기)
▷ 태안(왜2)짐을 실을
　때 쓰는 길마 17z(안비)
▷ 테(역1)테 44y(복식)
▷ 테(동2)테(철~) 15y(기구)
　테(왜2)테(철~) 15y(기구)
　테(몽2)테(철~) 11y(기구)
▷ 테모시(동2)모시풀 47y(화초)
　테모시(몽3)모시풀 28y(직조)
▷ 테짓다(동2)실테짓다 25y(직조)
　테짓다(몽3)실테짓다 28y(직조)
▷ 톄(역3)체 28y(상장)
▷ 톄두(왜1)머리깎다 44z(소세)
▷ 톄면(동1)체면 32z(인사)
　톄면(몽1)체면 24z(인사)
　톄모(몽3)체면 14y(인사)
▷ 톄즈(몽1)제자 32z(학교)
▷ 퇴(동1)퇴마루 35y(궁궐)
　퇴(몽1)퇴마루 26y(궁궐)
▷ 퇴(동2)반점 57y(쇄설)
▷ 퇴쵹ᄒ다(동1)퇴촉하다 48z(군기)
　퇴츅ᄒ다(동1)퇴촉하다 31y(동정)
　퇴쵹ᄒ다(역3)퇴촉하다 15z(교열)
▷ 튀곤(역2)흰독수리 26y(비금)
▷ 튀ᄒ다(역2)튀하다 25z(비금)
　튀ᄒ다(동1)튀하다 60y(식이)
　튀ᄒ다(역3)튀하다 49z(주수)
　튀ᄒ다(몽1)튀하다 46z(식이)
▷ 틔(역3)티 24z(기식)
　틔(몽2)티 48y(쇄설)
▷ 틔눈(동2)티눈 08y(질병)
　틔눈(몽2)티눈 06y(질병)
▷ 틔ㅅ글(동1)티끌 07z(지리)
　틧글(왜1)티끌 09y(지리)

　틔ㅅ글(몽1)티끌 06z(지리)
▷ 티(동1)태 54y(잉산)
　티(역3)태 23y(잉산)
　티(왜1)태 42y(잉산)
　티(몽1)태 41z(잉산)
　티(몽3)태 19y(잉산)
▷ 티(역1)몽둥이 67z(형옥)
▷ 티도(왜1)태도 20y(신체)
▷ 틱일(역3)택일 36y(복서)
▷ 팅즈나모(역2)탱자나무 42z(수목)
　팅즈(왜2)탱자나무 29y(수목)

[ㅍ]

▷ 파(역1)파 53y(식이)
　파(역2)파 11y(채소)
　파(동2)파 04y(채소)
　파(왜2)파 05z(채소)
　파(몽2)파 03z(채소)
▷ 파란(역3)법랑 39y(진보)
▷ 파루(역3)파루 04y(시령)
　파루(왜1)파루 06y(시령)
　파루(몽1)파루 04z(시령)
▷ 파래(역2)용드레 22z(주강)
▷ 파발(역1)파발 12z(공식)
　파발(동1)파발 14z(인품)
　파발(역3)파발 09y(공식)
　파발(몽1)파발 11z(인품)
▷ 파발쟝(동1)파발장 38z(관직)
▷ 파션(왜2)파선 19z(주강)
▷ 파죵지(역2)파대(파종지) 12z(채소)
　파ㅅ죵지(역3)파대(파종지) 43y(채소)
▷ 파쵸(왜2)파초 31y(화초)

▷ 파ᄒ다(동1)파하다, 격파하다 46z(교열)
　파ᄒ다(왜1)파하다, 격파하다 40y(교열)
　파ᄒ다(몽1)파하다, 격파하다 35z(교열)
▷ 파임(몽3)꼬리(字尾) 16z(학교)
▷ 판(왜2)판 20y(기희)
　판(몽2)판 26z(기희)
▷ 판ᄌ(동2)판 33y(기희)
▷ 판장(동1)판장, 널판대기 36z(궁궐)
　판장(역3)판장, 널판대기 15y(궁궐)
　판장(몽1)판장, 널판대기 27z(궁궐)
▷ 판ᄌ(왜1)널판대기 33y(궁궐)
▷ 판판ᄒ다(역1)편편하다 07y(지리)
▷ 팔방(왜1)팔방 12y(지리)
▷ 팔ᄌ(역1)팔자 64z(복서)
　팔ᄌ(역3)팔자 21y(경중)
　팔ᄌ(왜1)팔자 42y(례도)
▷ 팔쵸어(왜2)낙지 25y(수족)
▷ 팔월(왜1)팔월 04y(시령)
▷ 팟(역2)팥 09y(전농)
▷ 괙ᄒ다(왜1)괴팍하다 25y(성정)
▷ 퍼괴(동2)떨기 45y(수목)
　퍼기(왜2)떨기 31z(화초)
　퍼괴(몽2)떨기 37z(수목)
▷ 펴다(역3)펴다 25z(동정)
▷ 퍼져가다(동2)퍼져가다 55z(쇄설)
　퍼져가다(몽3)퍼져가다 38y(쇄설)
▷ 퍼지다(동2)퍼지다 55z(쇄설)
　퍼지다(동2)퍼지다 55z(쇄설)
　퍼지다(몽2)퍼지다 47y(쇄설)
　퍼지다(역3)퍼지다 02z(천문)
　퍼지다(몽3)퍼지다 38y(쇄설)
▷ 펴다(동2)펴다 36y(비금)
　펴다(역3)펴다 48y(비금)
　펴다(몽2)펴다 30y(비금)

▷ 펴다(역1)펴다 24z(관역)
　펴다(역2)펴다 49y(쇄설)
　펴다(왜1)펴다 30y(동정)
　펼(왜2)펼(펴다) 13z(기구)
　펴다(몽3)펴다 10z(동정)
▷ 펴주다(동2)펴주다 56z(쇄설)
　펴주다(몽2)펴주다 48y(쇄설)
▷ 펴이다(몽3)펴다 38y(쇄설)
▷ 편벽(왜1)편벽하다 24z(성정)
▷ 편벽지(몽3)편벽하지 13y(인사)
▷ 편복(왜2)박쥐 22y(비금)
▷ 편쇠(역2)편쇠 14y(기구)
▷ 편지(동1)편지 43y(학교)
　편지(몽1)편지 32z(학교)
▷ 편지ᄒ다(동1)편지하다 43y(학교)
　편지ᄒ다(몽1)편지하다 32z(학교)
▷ 편히(역1)편히 17z(궁궐)
　편히(역2)편히 45z(쇄설)
　편히(몽3)편히 11z(동정)
▷ 편히ᄒ다(역2)편히 하다 46y(쇄설)
▷ 편ᄒ다(역3)편하다 54z(쇄설)
▷ 편의(몽3)편의 37y(쇄설)
▷ 펼치다(동2)펼치다 55z(쇄설)
　펼치다(역3)펼치다 55y(쇄설)
　펼치다(몽2)펼치다 47y(쇄설)
▷ 평교ᄌ(동2)평교자 19z(주강)
▷ 평디(왜1)평지 08y(지리)
▷ 평명(왜1)동틀무렵, 샐녁 05z(시령)
▷ 평목(역2)평목, 평미레 15y(기구)
▷ 평상(역2)평상, 침대 19y(기구)
　평상(동2)평상, 침대 13z(기구)
　평상(몽2)평상, 침대 10y(기구)
▷ 평싱(왜2)평생 48z(쇄설)
▷ 평정ᄒ다(몽3)평정하다 17z(교열)

▷ 평지(동2)평지　04z(채소)
　평지(역3)평지　43y(채소)
　평지(몽2)평지　04y(채소)
▷ 평초(왜2)부평초　31z(화초)
▷ 평평히(몽3)평평하게　26z(장기)
▷ 평항(동1)평행　43z(학교)
▷ 평ᄒ다(동1)평평하다　08y(지리)
　평ᄒ다(역3)평평하다　05z(지리)
　평ᄒ다(몽1)평평하다　06z(지리)
　평ᄒ다(왜2)평평하다　37z(쇄설)
▷ 평안(왜2)평안　34y(쇄설)
▷ 평안ᄒ다(동1)평안하다　31z(인사)
　평안ᄒ다(몽1)평안하다　19z(언어)
　평안ᄒ다(몽3)평안하다　10y(언어)
▷ 포고다(역2)포개다　45z(쇄설)
　포괼(왜2)포갤(포개다)　37y(쇄설)
▷ 포덩(왜2)닻을 던지다　19y(주강)
▷ 포도너츌(몽3)포도넌츌　23z(식이)
▷ 포폄(왜1)비난　37y(관직)
▷ 포풍(왜1)폭풍　02z(천문)
▷ 포학ᄒ다(동1)포악하다　24y(성정)
▷ 포한(왜1)포한　15z(인품)
▷ 폭(왜1)폭　46z(복식)
▷ 폭포(역3)폭포　06z(지리)
　폭포(왜1)폭포　09z(지리)
▷ 표(동1)표　45y(학교)
　표(몽1)표　34y(학교)
▷ 표고(역2)표고　12z(채소)
　표고(동2)표고　04z(채소)
　표고(몽2)표고　04y(채소)
▷ 표묘(왜2)어렴풋하다　44y(쇄설)
▷ 표물(역2)은총마　29z(주수)
▷ 표범(역2)표범　33z(주수)
　표범(동2)표범　37y(주수)

　표범(왜2)표범　23y(주수)
　표범(몽2)표범　31y(주수)
▷ 표신(왜1)표신　41z(군기)
▷ 표ᄌ박(몽3)표주박　25z(기구)
▷ 표표(왜2)상쾌하다　49z(쇄설)
▷ 표풍(왜1)회오리바람　02y(천문)
　표풍(왜2)돌개바람　19z(주강)
▷ 표풍ᄒ다(동2)돌개바람이 불다　19y(주강)
　표풍ᄒ다(몽2)돌개바람이 불다　15y(주강)
▷ 표ᄒ다(역1)표시하다　69y(매매)
　표ᄒ다(왜2)표기하다　40y(쇄설)
▷ 표의(왜1)겉옷　45z(복식)
▷ 푸다(동1)풀다　54z(소세)
　푸다(동2)풀다　54y(쇄설)
　푸다(역3)풀다　30y(소세)
　풀(왜2)풀다　36z(쇄설)
　푸다(몽1)풀다　42y(소세)
　푸다(몽2)풀다　46y(쇄설)
▷ 푸루다(동2)푸르다　26z(직조)
　푸르다(동2)푸르다　09y(질병)
　프르다(왜2)푸르다　12y(채색)
　푸루다(몽2)푸르다　21y(직조)
　프르다(몽3)푸르다　24z(질병)
▷ 푸루스러ᄒ다(동2)푸르스레하다 26z(직조)
　푸루스러ᄒ다(몽2)푸르스레하다 21y(직조)
▷ 푸마(역1)쌍마　24y(관역)
▷ 푸ᄌ(동2)가게　28y(매매)
　푸ᄌ(역3)가게　38z(매매)
　푸ᄌ(몽2)가게　22z(매매)
▷ 푼(동2)푼(分)　21z(산술)
　푼(왜1)푼(分)　55z(산술)
▷ 풀(동1)풀　57z(복식)
　풀(몽1)풀　44z(복식)
▷ 풀무부다(동2)풀무질하다　17y(장기)

풀무부다(몽2)풀무질하다   13y(장기)
▷ 풀끠(몽3)풀끠   14y(인사)
▷ 풀이ᄒ다(역3)풀이하다   11y(제례)
▷ 풀에(역2)후림새   34z(주수)
▷ 품(동1)품   39y(관직)
품(역3)품   26y(동정)
품(몽1)품   29y(관직)
▷ 품다(동1)품다   30z(동정)
품다(역3)품다   62y(쇄설)
품다(왜1)품다   22y(기식)
품다(몽1)품다   23z(동정)
▷ 품ᄒ다(왜1)품하다, 여쭈어 묻다 26z(언어)
▷ 픗내(역3)픗내   32y(식이)
픗내(몽3)픗내   21y(식이)
▷ 풍경(역3)풍경   19y(사관)
▷ 풍년(왜1)풍년   03z(시령)
▷ 풍뉴(동1)풍류   53y(악기)
풍뉴(몽1)풍류   41y(악기)
▷ 풍뉴아치(역1)풍류아치   30z(인품)
▷ 풍뉴ᄒ다(역1)풍뉴하다   60z(연향)
풍뉴ᄒ다(몽1)풍뉴하다   41y(악기)
▷ 풍덩이(동2)풍뎅이   43y(곤충)
▷ 풍로(왜2)풍로   14z(기구)
▷ 풍류(왜1)풍류   43z(악기)
▷ 풍쇽(왜2)풍속   40y(쇄설)
▷ 풍지(왜1)바람멎다   02z(천문)
▷ 풍편(역3)풍편(떠도는 말)   58z(쇄설)
▷ 풍풍(동2)풍풍(~솟다)   57z(쇄설)
풍풍(왜2)풍풍(~솟다)   50z(쇄설)
▷ 풍월(왜1)풍월   38y(학교)
▷ 프지다(역1)퍼래지다   23y(전어)
▷ 픈즉(몽3)작은 소래   26y(기구)
▷ 플(역2)암초   22z(주강)
▷ 플(역2)풀   34z(주수)

풀(동2)풀   38y(주수)
플(역3)풀   49y(주수)
플(왜2)풀   31y(화초)
풀(몽2)풀   38z(화초)
풀(몽3)풀   35y(화초)
▷ 플머기다(역2)풀먹이다   06y(직조)
▷ 플무(역1)풀무   20y(궁궐)
풀무(동2)풀무   17y(장기)
풀무(역3)풀무   15y(궁궐)
풀무(왜2)풀무   16z(기구)
풀무(몽2)풀무   13y(장기)
▷ 플븨(역3)풀기   59y(쇄설)
▷ 플소옴(역2)풀솜   06y(직조)
풀소옴(동2)풀솜   25z(직조)
풀소옴(역3)풀솜   41y(직조)
풀소옴(몽2)풀솜   21z(직조)
▷ 피(역1)피   37z(잉산)
피(동1)피   17z(신체)
피(왜1)피   19y(신체)
피(몽1)피   14y(신체)
피(몽3)피   33y(주수)
▷ 피(역2)피   09z(화곡)
피(동2)피   03z(화곡)
피(왜2)피   04z(화곡)
피(몽2)피   03y(화곡)
▷ 피(왜2)저, 그   33z(쇄설)
▷ 피기(역3)딸국질   23z(기식)
▷ 피괘연(왜2)피괘연   13y(기구)
▷ 피나게(동1)피나게   46y(교열)
피나게(몽3)피나게   17y(교열)
▷ 피나모(역2)피나무   42z(수목)
피나모(동2)피나무   44z(수목)
피나모(왜2)피나무   28z(수목)
피나모(몽2)피나무   37y(수목)

▷ 피롱(왜2)가죽으로 만든 농 12z(기구)
▷ 피리(동1)피리 53z(악기)
　피리(왜1)피리 44y(악기)
　피리(몽1)피리 41z(악기)
▷ 피마즈(역2)피마자 41z(화초)
　피마즈(동2)피마자 46z(화초)
　피마즈(왜2)피마자 31y(화초)
　피마즈(몽2)피마자 39y(화초)
▷ 피ㅅ대(동1)피줄 17z(신체)
　피ㅅ대(몽1)피줄 14y(신체)
▷ 피ㅅ집(역3)피짚 43y(화곡)
▷ 피지다(동2)피지다 09y(질병)
　피지다(몽3)피지다 24z(질병)
▷ 피케여저다(몽3)익숙하게 절다 33y(주수)
▷ 피ㅎ다(동1)피하다 30z(동정)
　피ㅎ다(역3)피하다 26z(동정)
　피ㅎ다(왜2)피하다 38y(쇄설)
　피ㅎ다(몽1)피하다 23z(동정)
▷ 픽이질ㅎ다(역1)딸꾹질하다 38y(기식)
　피기ㅎ다(동1)딸국질하다 20y(기식)
　피기ㅎ다(몽1)딸국질하다 16z(기식)
▷ 핀잔스럽다(몽1)부끄럽다 16y(기식)
▷ 핀잔젓다(동1)부끄럽다 21y(기식)
▷ 핀잔주다(역3)핀잔을 주다 53y(쇄설)
▷ 필(왜1)필(疋) 55z(산술)
▷ 필갑(역2)필갑 15z(기구)
▷ 필역(왜2)일을 끝내다 49y(쇄설)
▷ 핍박(왜1)핍박 39z(교열)
▷ 핍진ㅎ다(왜2)피로하다 36z(쇄설)
▷ 핑계잡다(몽3)핑게잡다 10y(언어)
▷ 핑계ㅎ다(동1)핑게하다 32z(인사)
　핑계ㅎ다(역3)핑게하다 52z(쇄설)
　핑계ㅎ다(몽2)핑게하다 42y(쇄설)
▷ 핑이(역2)팽이 24y(기회)

▷ 픈다(역1)팔다 69y(매매)
　픈다(역2)팔다 49y(쇄설)
　픈다(동2)팔다 27y(매매)
　픈다(역3)팔다 38y(매매)
　픈다(왜1)팔다 56y(매매)
　픨(왜2)팔(파다) 38z(쇄설)
　픈다(몽2)팔다 21z(매매)
▷ 프르다(왜2)파랗다 12y(채색)
▷ 프리(역2)파리 36y(곤충)
　프리(동2)파리 43y(곤충)
　프리(왜2)파리 27y(곤충)
　프리(몽2)파리 36y(곤충)
▷ 프리채(역2)파리채 15y(기구)
　프리채(동2)파리채 14y(기구)
　프리채(몽2)파리채 10y(기구)
▷ 프래(왜2)용드레 19y(주강)
▷ 풀(동1)팔 16y(신체)
　풀(동2)팔 29y(쟁송)
　풀(역3)팔 36z(쟁송)
　풀(왜1)팔 17z(신체)
　풀(몽1)팔 13y(신체)
　풀(몽2)팔 23z(쟁송)
▷ 풀구미(왜1)팔굽이 17z(신체)
▷ 풀매(역3)팔매 47z(기희)
▷ 풀매ㅎ다(동1)팔매하다 29z(동정)
　풀매ㅎ다(몽1)팔매하다 22z(동정)
　풀매ㅎ다(몽3)팔매하다 12y(동정)
▷ 풀목(역1)팔목 30y(인품)
▷ 풀ㅅ구머리(역1)팔굽치 35y(신체)
▷ 풀ㅅ댱디ᄅ다(역1)팔짱지르다 39z(동정)
　풀쟝지르다(동1)팔장지르다 52y(례도)
　풀쟝지르다(몽1)팔장지르다 39z(례도)
▷ 풀쇠(동1)팔쇠 55y(소세)
　풀쇠(역3)팔쇠 28z(복식)

풀쇠(왜1)팔쇠   45y(소세)
풀쇠(몽1)팔쇠   42z(소세)
▷ 풀쭉(역1)팔뚝   34z(신체)
풀쭉(동1)팔뚝   16y(신체)
풀쭉(몽1)팔뚝   13y(신체)
▷ 풀펴다(역3)팔을 펴다   20z(인품)
▷ 풋(역2)팥   10y(화곡)
풋(동2)팥   03z(화곡)
풋(몽2)팥   03y(화곡)
▷ 풋단즉(몽3)팥단자   21y(식이)
▷ 풋닭(역2)뜸부기   28z(비금)
▷ 풋소(역1)팥소   52y(식이)
▷ 패(역3)패쪽   11y(성곽)
패(왜1)패쪽   41z(군기)
▷ 패두(역1)패두   27z(존비)
▷ 패석다(몽3)패를 섞다   30y(기희)
▷ 패치다(역3)패를 쓰다   47z(기희)
▷ 패ᄒ다(왜1)패하다   40y(교열)
패ᄒ다(몽1)패하다   35z(교열)
▷ 패악(왜1)패악   25y(성정)
▷ 패악히(동2)패악하게   34y(마욕)
패악히(몽2)패악하게   27z(마욕)
▷ 패악ᄒ다(동1)패악하다   24y(성정)
▷ 패연(왜2)세차다   45y(쇄설)
▷ 폐(역3)폐, 지장   56y(쇄설)
▷ 폐단(동1)폐단   51y(정사)
폐단(왜2)폐단   47y(쇄설)
폐단(몽3)폐단   30y(쟁송)
▷ 폐ᄒ다(왜2)폐하다   36y(쇄설)
▷ 피다(역1)피다   54y(식이)
피다(동2)피다   46y(화초)
피다(역3)피다   50z(화초)
필(왜2)필(피다) 30z(화초)
피다(몽2)피다   38z(화초)

피다(몽3)패다   22z(전농)
▷ 픠오다(역1)피우다   54z(식이)
픠오다(역3)피우다 14z(궁궐)
▷ 픠다(동2)패다   02y(전농)
픠다(몽2)패다   02y(전농)
픠다(몽3)패다   39y(쇄설)
픠다(역2)패다   08z(전농)
▷ 픠다(역1)파다(우물~)   08z(지리)
▷ 핑핑이(역2)팽팽히   48y(쇄설)

[ㅎ]

▷ 하나라(왜2)하나라   01z(국호)
▷ 하늘(역2)하늘   53z(쇄설)
▷ 하ᄂᆞᆯ(역1)하늘   01z(천문)
하ᄂᆞᆯ(동1)하늘   01z(천문)
하ᄂᆞᆯ(동2)하늘   60y(쇄설)
하ᄂᆞᆯ(역3)하늘   61z(쇄설)
하ᄂᆞᆯ(왜1)하늘   01z(천문)
하ᄂᆞᆯ(몽1)하늘   01z(천문)
하ᄂᆞᆯ(몽2)하늘   50y(쇄설)
하ᄂᆞᆯ(몽3)하늘   01z(천문)
▷ 하ᄂᆞᆯ다리(역2)天瓜   11z(채소)
▷ 하ᄂᆞᆯ人ᄀᆞ(동1)하늘가   01z(천문)
하ᄂᆞᆯ人ᄀᆞ(몽1)하늘가   01z(천문)
▷ 하ᄂᆞᆯ트리(몽3)쥐참외   35y(화초)
▷ 하다(역1)참소하다   65z(쟁송)
▷ 하돈(왜2)복어   25z(수족)
▷ 하딕술(역1)하직술   61y(연향)
▷ 하딕ᄒ다(역1)하직하다   61y(연향)
하직ᄒ다(동1)하직하다   53y(례도)
하직ᄒ다(몽1)하직하다   40z(례도)
▷ 하라비(왜2)할아버지   33z(쇄설)

▷ 하례(동1)하례 52y(례도)

▷ 하례ᄒ다(몽1)하례하다 40y(례도)

　하례ᄒ다(역3)하례하다 27y(례도)

▷ 하마(왜2)개구리 27z(곤충)

▷ 하면(역3)많으면(많다) 61z(쇄설)

▷ 하선연(왜1)하선연 42z(연향)

▷ 하쇽거리다(동1)자꾸 참소하다 26y(언어)

　하쇽쩌리다(몽3)자꾸 참소하다 10z(언어)

▷ 하슈(왜1)강물 09z(지리)

▷ 하시(왜1)어느때 06y(시령)

▷ 하존(왜2)하존 18y(안비)

▷ 하직(왜1)하직 43y(연향)

▷ 하쳐(왜2)어데, 어느곳 48z(쇄설)

▷ 하톄(역1)초대장 11z(공식)

▷ 하픠옴(역1)하픔 38y(기식)

▷ 하픠옴ᄒ다(동1)하픔하다 20y(기식)

　하픠음ᄒ다(역3)하픔하다 23z(기식)

　하픠옴ᄒ다(몽1)하픔하다 15z(기식)

▷ 하현(왜1)그믐달, 하현달 04z(시령)

▷ 하야로비(역2)해오라기 27y(비금)

▷ 하엽(왜2)련잎 12y(채색)

▷ 하인(왜1)하인 15y(인품)

▷ 하일(왜1)어느날 05y(시령)

▷ 학(역2)학 27y(비금)

　학(동2)학 34z(비금)

　학(왜2)학 21y(비금)

▷ 학질(동2)학질 07y(질병)

　학질(왜1)학질 50z(질병)

　학질(몽2)학질 05z(질병)

▷ 한(동2)나무줄칼 17y(장기)

　한(몽2)나무줄칼 13y(장기)

▷ 한(역3)꽹과리 45y(기구)

▷ 한가(왜2)한가하다 38z(쇄설)

▷ 한가히(몽3)한가히 11z(동정)

▷ 한나라(왜2)한나라 01z(국호)

▷ 한담(왜1)한담 27y(언어)

▷ 한삼(역2)한삼 41y(화초)

　한삼(왜1)속옷, 속적삼 46y(복식)

▷ 한삼너츌(역2)한삼넌출 41y(화초)

▷ 한셩(왜2)문턱 48z(쇄설)

▷ 한쇼(역2)황소 31y(주수)

　한쇼(동2)황소 38z(주수)

　한쇼(몽2)황소 32z(주수)

▷ 한숨디다(역1)한숨짓다 38z(기식)

▷ 한식(몽1)한식 04y(시령)

　한식(왜1)한식 04z(시령)

▷ 한새(역2)황새 27y(비금)

　한새(동2)황새 34z(비금)

　한새(왜2)황새 21y(비금)

　한새(몽2)황새 29y(비금)

▷ 한줌(역2)한잠 03y(잠상)

　한줌(역3)한잠 39z(잠상)

▷ 한아비(역1)할아버지 56z(친속)

▷ 한어미(역1)할머니 56z(친속)

▷ 할(訴)(왜1)하소연하다 26z(언어)

▷ 할미(왜2)할머니 33z(쇄설)

▷ 할미새(역2)할미새 28y(비금)

▷ 할ᄉ다(동1)핥다 63y(식이)

▷ 핥틀(왜1)핥을(핥다) 49z(식이)

　할ᄉ다(몽1)핥다 49z(식이)

▷ 할타먹다(역1)핥다먹다 54z(식이)

▷ 할이다(역1)참소를 당하다 65z(쟁송)

▷ 함(왜2)함(종이~) 12z(기구)

▷ 함셕(왜2)함석 09y(진보)

▷ 합(역2)합(~에 넣다) 15y(기구)

　합(동2)합(~에 넣다) 14y(기구)

　합(왜2)합(~에 넣다) 14y(기구)

　합(몽3)합(~에 넣다) 25z(기구)

▷ 합등(몽3)盒子燈   30y(기희)
▷ 합빙ᄒ다(역3)얼음이 얼다   07y(지리)
▷ 합션(몽3)합선   28y(직조)
▷ 합션ᄒ다(동2)합선하다   25y(직조)
▷ 합지아니타(몽3)합하지 않다   09y(성정)
▷ 합창ᄒ다(몽2)창이 아물다   06z(질병)
▷ 합ᄒ다(왜2)합하다   36y(쇄설)
▷ 핫바디(역1)핫바지   46y(복식)
▷ 핫옷(역1)핫옷   45y(복식)
　핫옷(동1)핫옷   56y(복식)
　핟옫(왜1)핫옷   45z(복식)
　핫옷(몽1)핫옷   43z(복식)
▷ 항(역2)항아리   14y(기구)
　항(동2)항아리   15z(기구)
　항(왜2)항아리   15y(기구)
　항(몽2)항아리   11y(기구)
▷ 항거(동2)죄인차   19z(주강)
　함거(몽2)죄인차   15y(주강)
▷ 항괴(역2)동전   18z(기구)
▷ 항녈(동1)항렬   12z(친속)
　항렬(역3)항렬   52y(쇄설)
　항녈(몽1)항렬   09z(친속)
▷ 항라(왜2)항라   10y(직조)
▷ 항복(왜1)항복   40y(교열)
▷ 항복밧다(몽1)항복받다   36y(교열)
▷ 항복ᄒ다(동1)항복하다   47y(교열)
　항복ᄒ다(역3)항복하다   15z(교열)
　항복ᄒ다(몽1)항복하다   36y(교열)
▷ 항슈(동2)행수   61y(쇄설)
　항슈(몽2)행수   50z(쇄설)
▷ 햐쳐ᄒ다(동1)아래로 내려가다   30y(동정)
　햐쳐ᄒ다(몽1)아래로 내려가다   23z(동정)
▷ 향(동1)향   52z(례도)
　향(몽1)향   40y(례도)

▷ 향긔(왜1)향기   49y(식이)
▷ 향긔롭다(동1)향기롭다   62z(식이)
▷ 향단ᄌ(역3)향주머니   29y(복식)
▷ 향로(왜2)향로   15y(기구)
▷ 향심(왜2)향심   06y(채소)
▷ 향쟈(왜2)그전, 그전에   43z(쇄설)
▷ 향합(왜2)향통(향을 담는 통)   15y(기구)
▷ 향ᄒ다(동2)향하다   48z(쇄설)
　향ᄒ다(왜2)향하다   41z(쇄설)
　향ᄒ다(몽2)향하다   41y(쇄설)
▷ 향암되다(역3)촌티나다   19z(인품)
▷ 향음(역1)농사집, 박   29y(인품)
▷ 허긔지다(몽3)허기지다   37z(쇄설)
▷ 허나라(왜2)허나라   02z(국호)
▷ 허낙(왜1)허락   27y(언어)
▷ 허다(역2)폭로하다   47z(쇄설)
▷ 허다(역3)헐다(집을~)   11y(성곽)
▷ 허도레일(동1)허드레일   51y(정사)
▷ 허대(역2)서대기, 우설어   38z(수족)
▷ 허락ᄒ다(동1)허락하다   25y(언어)
　허락ᄒ다(몽1)허락하다   19y(언어)
▷ 허러(역1)헐어(헐다)   62y(질병)
　허다(몽3)헐다, 허물다   39y(쇄설)
▷ 허리(역1)허리   35z(신체)
　허리(역2)허리   08y(전농)
　허리(동1)허리   17y(신체)
　허리(동2)허리   08z(질병)
　허리(역3)허리   35y(질병)
　허리(왜1)허리   18y(신체)
　허리(몽1)허리   13z(신체)
　허리(몽3)허리   24y(질병)
▷ 허리굽히다(역3)허리굽히다   27y(례도)
▷ 허리씌(동1)허리띠   58y(복식)
　허리씌(역3)허리띠   29y(복식)

허리씌(몽1)허리띠 45y(복식)

▷ 허믈(역1)허물 63y(질병)

허믈(역2)허물 50y(쇄설)

허믈(동2)허물 08z(질병)

허믈(역3)허물 35y(질병)

허믈(왜1)허물 20y(신체)

허믈(몽2)허물 06z(질병)

허믈(몽3)허물 34y(곤충)

▷ 허믈(동1)허물, 과실, 착오 33z(인사)

허물(왜1)허물, 과실, 착오 54y(형옥)

허믈(몽1)허물, 과실, 착오 25z(인사)

▷ 허믈지다(역3)허물지다 35y(질병)

▷ 허믈ᄒ다(동1)허물하다 33z(인사)

허믈ᄒ다(역3)허물하다 53y(쇄설)

허믈ᄒ다(몽1)허물하다 25z(인사)

▷ 허방(역2)허방 47z(쇄설)

▷ 허비(동1)허비 33y(인사)

허비(왜2)허비 40z(쇄설)

허비(몽1)허비 25y(인사)

▷ 허비다(몽1)허비하다 25y(인사)

▷ 허비ᄒ다(역2)허비하다 46z(쇄설)

허비ᄒ다(동1)허비하다 33y(인사)

허비ᄒ다(역3)허비하다 54z(쇄설)

▷ 허ㅅ되다(왜1)헛되다 25y(성정)

▷ 허즛(동2)허자 25y(직조)

허즛(왜2)허자 10z(직조)

▷ 허허(몽3)허허 10y(언어)

▷ 허휘티다(동2)잡히다 29y(쟁송)

▷ 허ᄒ다(왜2)허락하다 36z(쇄설)

▷ 허여지다(왜1)흩어지다 10z(지리)

▷ 허여케(동2)허옇게 57z(쇄설)

허여케(몽2)허옇게 48z(쇄설)

▷ 허위다(동2)허비다, 긁다 40y(주수)

▷ 허위다(몽2)잡히다 23z(쟁송)

▷ 헌것(역2)헝겊 53z(쇄설)

▷ 헌허믈렛미듭(역1)뽀두라지 62z(질병)

▷ 헌스ᄒ다(역1)떠들다 29y(인품)

헌스ᄒ다(역2)떠들다 44y(쇄설)

▷ 헐(왜1)헐(헐다) 27z(언어)

▷ 헐겁질(역1)헐겁지 22z(군기)

▷ 헐믓다(역2)헐다 30y(주수)

헐믓다(동2)헐다 07z(질병)

헐믓다(몽2)헐다 06y(질병)

▷ 헐버서(동2)헐벗어(헐벗다) 56z(쇄설)

헐버서(몽2)헐벗어(헐벗다) 47z(쇄설)

▷ 헐쩍이다(역3)헐떡이다 61z(쇄설)

▷ 헐ᄒ다(동1)헐하다 14y(인품)

헐ᄒ다(역3)헐하다 19z(인품)

헐ᄒ다(몽3)헐하다 05z(인품)

▷ 헐이ᄒ다(역2)쉽게 하다 50z(쇄설)

▷ 험ᄒ다(동1)험하다 08y(지리)

험ᄒ다(역3)험하다 06y(지리)

험ᄒ다(왜2)험하다 41z(쇄설)

험ᄒ다(몽1)험하다 06z(지리)

험ᄒ다(몽3)험하다 03z(지리)

▷ 협륵ᄒ다(몽3)협박하다 09z(성정)

▷ 헛간(동1)헛간 35y(궁궐)

헛간(몽1)헛간 26z(궁궐)

▷ 헛틔ㅅ비(역1)장단지 36y(신체)

▷ 헝것긋(역2)천쪼박 06z(재봉)

▷ 혀(역1)혀 34y(신체)

혀(동1)혀 25y(언어)

혀(동2)혀 09y(질병)

혀(왜1)혀 17y(신체)

혀(몽1)혀 19y(언어)

혀(몽3)혀 10y(언어)

▷ 혀(역2)서캐 35z(곤충)

혀(동2)서캐 43z(곤충)

혀(왜2)서캐   27z(곤충)
▷ 혀(역1)서까래   17z(궁궐)
▷ 혀거다(역1)서까래 펴다   19z(궁궐)
▷ 혀기다(역1)깎다   69y(매매)
▷ 혀기다(역1)깎다   66y(쟁송)
▷ 혀다(역1)뒤로 물러서다   07z(지리)
   혀다(동1)뒤로 물러서다   08z(지리)
   혀다(몽1)뒤로 물러서다   07z(지리)
▷ 혀다(동2)당기다   18z(장기)
▷ 혀다(동2)뽑다   25z(직조)
   혀다(왜2)뽑다   10z(직조)
▷ 혀다(몽1)켜다   16z(기식)
   혀다(몽2)켜다   11z(기구)
   혀다(몽3)켜다   21z(식이)
▷ 혀다(역2)젓다   22y(주강)
▷ 혀다(역2)켜다, 짜다   03y(잠상)
   혀다(역3)켜다, 짜다   40y(잠상)
▷ 혀대(몽3)서대기, 우설어   33z(수족)
▷ 혀ㅅ긏(역1)혀끝   34z(신체)
▷ 혀쇠(동2)혀쇠   20y(안비)
   허쇠(역3)혀쇠   46z(안비)
   혀쇠(몽2)혀쇠   15z(안비)
▷ 혀츠다(역1)혀를 차다   39y(기식)
   혀츠다(왜1)혀를 차다   21y(기식)
▷ 혁(역2)고삐   20z(안비)
   혁(동2)고삐   20z(안비)
   혁(역3)고삐   46z(안비)
   혁(왜2)고삐   17z(안비)
   혁(몽2)고삐   16y(안비)
▷ 혁대세다(역3)주둥이가 세다   49y(주수)
▷ 현판(역3)현판   13y(궁궐)
   현판(왜1)현판   33z(궁궐)
▷ 현운(왜1)눈이 어지럽다   50z(질병)
▷ 혈(왜2)끌(끌다)   39y(쇄설)

▷ 혈칼(역2)채칼   17z(기구)
▷ 혐의(왜2)혐의   35z(쇄설)
▷ 협도(동2)가위집게   16z(기구)
   협도(역3)가위집게   44y(기구)
   협도(왜2)가위집게   17y(기구)
   협도(몽2)가위집게   12y(기구)
▷ 형(동1)형   11y(친속)
   형(몽1)형   09y(친속)
   형(몽3)형   12z(인사)
▷ 형뎨(왜1)형제   13y(친속)
▷ 형벌(동2)형벌   30y(형옥)
   형벌(왜1)형벌   54y(형옥)
   형벌(몽2)형벌   24z(형옥)
▷ 형벌ᄒ다(동2)형벌하다   30y(형옥)
   형벌ᄒ다(역3)형벌하다   37z(형옥)
   형벌ᄒ다(몽2)형벌하다   24z(형옥)
▷ 형수(왜1)형수, 아주머니   13y(친속)
▷ 형세(왜2)형세   38y(쇄설)
▷ 형연(왜2)분명히   45y(쇄설)
▷ 형용삼기다(몽3)分形   31y(비금)
▷ 형의쳐(동1)형수, 아주머니   11y(친속)
   형의쳐(몽1)형수, 아주머니   09z(친속)
▷ 호걸(왜1)호걸   14z(인품)
▷ 호다(역2)호다, 깁다   06y(재봉)
   호다(동1)호다   57y(복식)
   호도(동2)호두   05z(식이)
   호다(몽1)호다   44y(복식)
▷ 호도(역1)호두   55z(식이)
   호도(몽2)호두   04z(식이)
▷ 호도ᄭ다(역1)호두를 까다   56z(식이)
▷ 호령(왜1)호령   39z(교열)
▷ 호령ᄒ다(동1)호령하다   45z(교열)
   호령ᄒ다(몽1)호령하다   34z(교열)
▷ 호로(왜2)호로   15y(기구)

▷ 호로래ᄇ람(역1)회오리바람 02y(천문)
　호로래ᄇ람(동1)회오리바람 03y(천문)
　호로래ᄇ람(역3)회오리바람 02y(천문)
　호로래ᄇ람(몽1)회오리바람 03y(천문)
▷ 호믜(역2)호미 08y(전농)
　호믜(동2)호미 02z(전농)
　호미(왜2)호미 03y(전농)
　호믜(몽2)호미 02z(전농)
▷ 호박(역3)호박 43y(채소)
　호박(왜2)호박 08z(진보)
▷ 호반(왜1)무술 39y(교열)
▷ 호병(역2)술병 13z(기구)
▷ 호송치(동1)머리태 15y(신체)
　호송이(몽1)머리태 12y(신체)
▷ 호통(역1)화총 22z(군기)
▷ 호호(왜2)결백하다 49z(쇄설)
▷ 호호(왜2)오이 05z(채소)
▷ 호흡(왜1)호흡 20z(기식)
▷ 호양(왜2)훌륭하다 46y(쇄설)
▷ 호연(왜2)호연 22y(비금)
▷ 호올로(동2)홀로 49y(쇄설)
　호올(왜1)홀로 16y(인품)
　호올로(몽2)홀로 41z(쇄설)
▷ 혹(역1)혹 30y(인품)
　혹(동2)혹 08y(질병)
　혹(왜1)혹 51z(질병)
　혹(몽2)혹 06y(질병)
▷ 혹(왜1)혹(或) 28y(어사)
▷ 혹ᄒ다(왜1)혹하다 24z(성정)
▷ 혼(역3)혼 24z(기식)
▷ 혼가(왜1)혼사 14y(친속)
▷ 혼망ᄒ다(동1)혼망하다 24y(성정)
▷ 혼잡히(몽3)혼잡하게 09z(언어)
▷ 혼절ᄒ다(동2)혼미해지다 07z(질병)

▷ 혼혼(왜2)어둡다 49z(쇄설)
▷ 혼인(역1)혼인 41z(례도)
　혼인(역3)혼인 58y(쇄설)
　혼인(왜1)혼인 42y(례도)
　혼인(몽3)혼인 19y(례도)
▷ 혼인잔채(동1)혼인잔치 53y(례도)
　혼인잔채(몽1)혼인잔치 40z(례도)
▷ 혼인ᄒ다(역1)혼인하다 41z(례도)
▷ 홀(역1)홀 44z(복식)
　홀(왜1)홀 45z(복식)
▷ 홀홀(왜2)서운하다 50y(쇄설)
▷ 홀아비(왜1)홀아비 16y(인품)
▷ 홀어미(왜1)홀어미 16y(인품)
▷ 홀연이(몽3)홀연이 11z(동정)
▷ 홈(역3)홈 15y(궁궐)
▷ 홈자(동1)혼자 25y(언어)
　혼자(역3)혼자 53y(쇄설)
　혼자(몽3)혼자 10z(동정)
　혼자(몽3)혼자 28z(매매)
▷ 홈자ᄒ다(동1)혼자 하다 32z(인사)
▷ 홋(동1)홑 56y(복식)
　홋(몽1)홑 43z(복식)
▷ 홋고의(역1)홑고의 46y(복식)
▷ 홋니불(역2)홑이불 16y(기구)
▷ 홋옷(동1)홑옷 56y(복식)
▷ 홍(왜2)홈통 16z(기구)
▷ 홍둣개(역2)홍두깨 16y(기구)
　홍도ㅅ개(동2)홍두깨 15y(기구)
　홍도ㅅ개(몽2)홍두깨 11z(기구)
▷ 홍화(왜2)홍화, 잇꽃 30y(화초)
▷ 홍어(왜2)홍어 25z(수족)
▷ 효근일(동1)작은일 51y(정사)
▷ 효도(왜1)효도 22z(성정)
▷ 효도ᄒ다(동1)효도하다 21z(성정)

효도ᄒ다(몽1)흉도하다 16z(성정)
▷ 효시(왜1)효시 55y(형옥)
▷ 효쥬(왜1)효주 37z(공식)
▷ 효ᄌ(왜1)효자 14z(인품)
▷ 효타(왜2)모방하다 47z(쇄설)
▷ 효험(왜2)효험 36y(쇄설)
▷ 후(역2)후 43z(쇄설)
▷ 후간(왜1)목구멍이 마르다 49z(식이)
▷ 후거리(동2)후걸이 20y(안비)
　후거리(몽2)후걸이 15z(안비)
▷ 후리다(동1)후리다 33z(인사)
　후리다(몽3)후리다 14z(인사)
▷ 후리마리(동1)후리마리 33z(인사)
▷ 후리ㅅ그물(역3)후리그물 18y(전어)
▷ 후리이다(동1)후리다 33z(인사)
▷ 후림(몽3)올가미, 술책 14z(인사)
▷ 후비(왜1)후비(후두결핵 따위) 51y(질병)
▷ 후ㅅ보롬(역3)후보름 04y(시령)
▷ 후샤디(동1)철퇴할 때
　뒤를 엄호하는 군대 45z(교열)
▷ 후실(왜1)후실 13y(친속)
▷ 후일죡(역3)외발족 49y(주수)
▷ 훈감ᄒ다(몽3)농후하다 21y(식이)
▷ 훈도(왜1)훈도 36y(관직)
▷ 훈슈(역3)훈수 47z(기희)
　훈슈(왜2)훈수 20z(기희)
▷ 훌붓다(몽3)小忽着 21z(식이)
▷ 훌훌(왜2)홀련 49z(쇄설)
▷ 훌여내다(동1)홀려내다 46y(교열)
　훌여내다(몽3)홀려내다 17z(교열)
▷ 훌이다(역3)홀리다 53y(쇄설)
▷ 훗비(역3)훗배 23y(잉산)
　훗비(몽3)훗배 (잉산)
▷ 훗조곰(역1)하현달 04y(시령)

후ㅅ조곰(동1)하현달 04y(시령)
　훗조곰(몽1)하현달 03z(시령)
▷ 훙치다(역3)훙치다 06z(지리)
　훙티다(역3)훙치다 50z(수족)
▷ 휴류(왜2)올빼미 21z(비금)
▷ 휴지(역1)휴지 12z(공식)
▷ 흉년(몽1)흉년 04y(시령)
　흉년(역3)흉년 03z(시령)
　흉년(왜1)흉년 03z(시령)
▷ 흉더(왜2)(소말의)가슴띠 17z(안비)
▷ 흉비(동1)흉배 56y(복식)
　흉비(역3)흉배 28z(복식)
　흉비(왜1)흉배 45z(복식)
　흉비(몽1)흉배 43z(복식)
▷ 흉통(왜1)가슴앓이 51y(질병)
▷ 흉흉(왜2)콸콸 50z(쇄설)
▷ 흉ᄒ다(왜2)흉하다 34y(쇄설)
▷ 흐르다(역1)흐르다 08y(지리)
　흐르다(동1)흐르다 08z(지리)
　흘으다(왜1)흐르다 10z(지리)
　흐르다(몽1)흐르다 07y(지리)
　흐르다(몽3)흐르다 24z(질병)
▷ 흐리다(동1)흐리다, 어리석다 14y(인품)
　흐리다(몽1)흐리다, 어리석다 11z(인품)
▷ 흐리다(역1)흐리다 06y(기후)
　흐륵다(역1)흐르다 37z(잉산)
　흐리다(동1)흐리다 03z(천문)
　흐리다(역3)흐리다 06z(지리)
　흘이다(역3)흐리다 01z(천문)
　흐리다(왜1)흐리다 10z(지리)
　흐리다(몽1)흐리다 07z(지리)
　흐리다(몽3)흐리다 01z(천문)
▷ 흐리뭉등ᄒ다(역2)흐리멍텅하다 53z(쇄설)
▷ 흐리오다(동1)흐리우다 44y(학교)

흐리오다(역3)흐리우다 12y(학교)

흐리오다(몽1)흐리우다 33z(학교)

▷ 흐믓ᄒ다(동1)흐믓하다 63z(식이)

흐믓ᄒ다(몽1)흐믓하다 49z(식이)

▷ 흐터디다(역1)흩어지다 16y(학교)

흐터지다(동1)흩어지다 46z(교열)

흐터지다(몽1)흩어지다 35z(교열)

흐터지다(몽3)흩어지다 36y(쇄설)

▷ 흑마포(왜2)검은 베천 10z(직조)

▷ 흑식(몽3)흑색 28z(직조)

▷ 흑포도(동2)흑포도 05z(식이)

▷ 흔(역2)흠 49y(쇄설)

▷ 흔득이다(몽3)흔들리다 12y(동정)

▷ 흔들다(역1)흔들다 69y(매매)

흔드다(역2)흔들다 47y(쇄설)

흔드다(동1)흔들다 29z(동정)

흔드다(역3)흔들다 19y(사관)

흔드다(몽1)흔들다 22y(동정)

흔드다(몽3)흔들다 32z(주수)

▷ 흔망ᄒ다(몽3)기분이 없다 14z(인사)

▷ 흔ᄒ다(역1)흔하다, 넓다 69z(매매)

흔ᄒ다(역3)흔하다, 넓다 60z(쇄설)

▷ 흔ᄒ다(동2)헐하다 27y(매매)

흔ᄒ다(몽2)헐하다 21z(매매)

▷ 흔연이(동1)흔연히 25z(언어)

흔연히(몽3)흔연히 10y(언어)

▷ 흔틀(왜2)흩어질(흩어지다) 37y(쇄설)

▷ 흘근드리다(역1)훌쩍거리다 30y(인품)

▷ 흘긔다(역2)흘기다 53y(쇄설)

흘긔다(왜1)흘기다 30y(동정)

▷ 흘긔여보다(동1)흘겨보다 29y(동정)

흘긔여보다(역3)흘겨보다 25y(동정)

흘긔여보다(몽1)흘겨보다 22y(동정)

▷ 흘리다(동1)흘리다 09y(지리)

흘리다(동2)흘리다 10z(상장)

흘리다(역3)흘리다 06z(지리)

흘리다(몽2)흘리다 08y(상장)

흘리다(몽3)흘리다 09y(성정)

▷ 흘림ㅅ쟝(역3)흘림장부 38z(매매)

▷ 흘레(역2)쌍붙이, 홀레 33z(주수)

흘레(역2)쌍붙이, 홀레 33z(주수)

▷ 흘우다(역2)홀레하다, 쌍붙다 32z(주수)

흐로다(동2)홀레하다, 쌍붙다 36y(비금)

흐루다(동2)홀레하다, 쌍붙다 40z(주수)

흐르다(몽2)홀레하다, 쌍붙다 33z(주수)

흐루다(몽2)홀레하다, 쌍붙다 32z(주수)

▷ 흙밧기(역2)흙받치개 18y(기구)

▷ 흠향ᄒ다(동1)흠향하다 52z(례도)

흠향ᄒ다(몽1)흠향하다 40y(례도)

▷ 흡쪽ᄒ다(몽2)흡족하다 48y(쇄설)

흡족하다(몽3)흡족하다 02y(천문)

▷ 훗더가다(역1)흩어져가다 21z(교열)

▷ 훗터디다(역1)흩어지다 02z(천문)

훗더지다(역3)흩어지다 61y(쇄설)

훗터지다(역3)흩어지다 02z(천문)

훗더지다(몽3)흩어지다 12y(동정)

▷ 흥긔ᄒ다(몽3)흥기하다 16z(학교)

▷ 흥리(왜1)리식 56z(매매)

▷ 흥미(왜1)흥미 22y(기식)

▷ 흥졍(역1)흥정 69z(매매)

흥졍(역2)흥정 48z(쇄설)

▷ 흥졍바치(역1)흥정군 69y(매매)

흥졍밧치(역3)흥정군 38y(매매)

▷ 흥졍시작ᄒ다(역1)흥정시작하다 69y(매매)

▷ 흥졍못다(역1)흥정이이루어지다 69y(매매)

▷ 흥졍ᄒ다(역1)흥정하다 69y(매매)

흥졍ᄒ다(동2)흥정하다 27y(매매)

흥졍ᄒ다(역3)흥정하다 38y(매매)

홍정ᄒ다(몽1)홍정하다　11y(인품)
홍정ᄒ다(몽2)홍정하다　21z(매매)
▷ 홍판(왜1)팔다(販)　56y(매매)
▷ 홍합(역2)홍합, 섭조개　39y(수족)
　홍합(동2)홍합, 섭조개　42z(수족)
　홍합(역3)홍합, 섭조개　50z(수족)
　홍합(왜2)홍합, 섭조개　26y(수족)
　홍합(몽2)홍합, 섭조개　35y(수족)
▷ 홍황업다(몽3)상황이 없다　36z(쇄설)
▷ 히쇽거리다(역2)부추기다　44y(쇄설)
▷ 힐난ᄒ다(왜1)힐난하다　27z(언어)
▷ 힐문ᄒ다(동1)힐문하다　25z(언어)
　힐문ᄒ다(몽3)힐문하다　10y(언어)
▷ 힐후다(역1)힐난하다　66y(쟁송)
▷ 힐워말ᄒ다(역2)힐난하다　44z(쇄설)
▷ 힘(역1)힘　22y(군기)
　힘(역2)힘　48z(쇄설)
　힘(동1)힘　23z(성정)
　힘(역3)힘　54y(쇄설)
　힘(왜1)힘　20z(기식)
　힘(왜2)힘　41z(쇄설)
　힘(몽1)힘　18y(성정)
　힘(몽3)힘　39z(쇄설)
▷ 힘ㅅ줄(동1)힘줄　17z(신체)
　힘쓸(왜1)힘줄　18z(신체)
　힘ㅅ줄(몽1)힘줄　14y(신체)
▷ 힘힘이(몽3)심심히　37y(쇄설)
▷ 힘쓰다(동1)힘쓰다　32y(인사)
　힘쓰다(몽1)힘쓰다　24z(인사)
▷ ᄒ고져ᄒ다(왜2)하고저하다　40z(쇄설)
▷ ᄒ다(역1)하다　17z(궁궐)
　ᄒ다(역2)하다　48z(쇄설)
　ᄒ다(동1)하다　46z(교열)
　ᄒ다(역3)하다　28y(상장)

ᄒ다(몽3)하다　08z(성정)
▷ ᄒ다(왜1)하다(爲)　28y(어사)
▷ ᄒ리다(왜1)병이 낫다　52z(질병)
▷ ᄒ리이다(역3)하리이다　52y(쇄설)
▷ ᄒ마(동2)하마트면　49z(쇄설)
　ᄒ마(몽2)하마트면　42y(쇄설)
▷ ᄒ마(역3)…려고 하다　53z(쇄설)
▷ ᄒ믈며(동2)하물며　49z(쇄설)
　ᄒ믈며(역3)하물며　53y(쇄설)
　ᄒ믈며(왜1)하물며　28z(어사)
　ᄒ믈며(몽2)하물며　42y(쇄설)
▷ ᄒ ᄅ사리(역2)하루살이　36z(곤충)
　ᄒ ᄅ사리(동2)하루살이　44y(곤충)
　ᄒ ᄅ사리(몽2)하루살이　36z(곤충)
▷ ᄒ야지다(왜2)해지다
　(옷이~)　37y(쇄설)
▷ ᄒ여곰(동2)하여금　61z(쇄설)
　ᄒ여곰(왜1)하여금　28z(어사)
　ᄒ여곰(몽2)하여금　51y(쇄설)
▷ ᄒ여시리라(동2)하여시리라　49z(쇄설)
　ᄒ여시리라(몽2)하여시리라　42y(쇄설)
▷ ᄒ염즉(동2)하염즉　61z(쇄설)
▷ ᄒ염즉ᄒ다(몽3)하염즉하다　40y(쇄설)
▷ ᄒ이다(역1)해임하다　13y(관직)
　ᄒ이다(동1)해임하다　39z(관직)
　ᄒ이다(역3)해임하다　10y(관직)
　ᄒ이다(몽1)해임하다　29z(관직)
▷ 훈(동2)기한　31y(형옥)
　훈(몽2)기한　25z(형옥)
　훈(몽3)기한　18z(정사)
▷ 훈(역1)한(하나)　24z(관역)
　훈(역2)한(하나)　23y(주강)
　훈(역3)한(하나)　04z(시령)
　훈(왜1)한(하나)　55y(산술)

▷ 혼가닭(동2)한가닥 25y(직조)
　혼가닭(역3)한가닥 40y(직조)
▷ 혼가지(동2)한가지 59y(쇄설)
　혼가지(몽3)한가지 13y(인사)
　혼가지(왜2)한가지 34z(쇄설)
　혼가지(왜2)한가지 42y(쇄설)
▷ 혼가지로(동2)한가지로 49y(쇄설)
　혼가지로(몽2)한가지로 41z(쇄설)
▷ 혼가지일(역3)한가지일 61y(쇄설)
▷ 혼간(동1)한칸 36y(궁궐)
　혼간(몽1)한칸 27y(궁궐)
▷ 혼갇(왜1)한갖 27z(어사)
▷ 혼갓(동2)헛되다 49z(쇄설)
　혼갓(몽2)헛되다 42y(쇄설)
▷ 혼겹질(역3)한견지 53y(쇄설)
▷ 혼근(몽2)한근 17y(산술)
▷ 혼권(동1)한권 44y(학교)
　혼권(몽1)한권 33z(학교)
▷ 혼나(역1)하나 64z(산술)
　혼나(동2)하나 20z(산술)
　혼낫(동2)하나 21z(산술)
　혼나(몽2)하나 16z(산술)
▷ 혼나식(동2)하나씩 21z(산술)
　혼나식(몽2)하나씩 17y(산술)
▷ 혼나잘가리(동2)한나절갈이 01z(전농)
　혼나잘가리(역3)한나절갈이 42y(전농)
　혼나잘가리(몽2)한나절갈이 01z(전농)
▷ 혼낫(역1)한알 65y(산술)
　혼낫(몽2)한알 17z(산술)
▷ 혼냥(몽2)한냥 17z(산술)
▷ 혼눈머다(동2)한눈 멀다 08z(질병)
　혼눈머다(몽2)한눈 멀다 07y(질병)
▷ 혼니음(몽2)한가닥 20z(직조)
▷ 혼다리(몽3)한쪽다리 19y(례도)

▷ 혼돈(동2)한돈 21z(산술)
　혼돈(몽2)한돈 17z(산술)
▷ 혼디위(역2)한가히
　노닐며 구경하다 54y(쇄설)
▷ 혼디(역1)밖 41y(동정)
▷ 혼디(역2)한데, 한곳에 48y(쇄설)
▷ 혼먹음(동1)한목음 63y(식이)
▷ 혼물리다(동2)기한을 물리다 31y(형옥)
　혼물리다(몽2)기한을 물리다 25z(형옥)
▷ 혼뭇(동2)한묶음 22y(산술)
　혼뭇(몽2)한묶음 17z(산술)
▷ 혼발(동2)한발 22y(산술)
　혼발(몽2)한발 17z(산술)
▷ 혼번(역1)한번 69y(매매)
　혼번(동2)한번 21z(산술)
　혼번(몽2)한번 17y(산술)
▷ 혼번식(동2)한번씩 21z(산술)
　혼번식(몽2)한번씩 17y(산술)
▷ 혼벌(몽2)한벌 49z(쇄설)
▷ 혼복(동2)한폭 25z(직조)
　혼복(몽2)한폭 21z(직조)
▷ 혼복(역1)한복(一服) 64y(의약)
▷ 혼빵(몽2)한쌍 17z(산술)
▷ 혼삣(역1)한봉지 65y(산술)
▷ 혼섬(동2)한섬 22y(산술)
　혼섬(몽2)한섬 17z(산술)
▷ 혼숨(동1)한숨 63y(식이)
▷ 혼숨의(역3)한숨에 58z(쇄설)
▷ 혼쯰(역2)함께 53y(쇄설)
▷ 혼쩨(역3)한때 02z(천문)
▷ 혼쮜음(몽3)한뜀 11y(동정)
▷ 혼쏨(동2)한묶음 22y(산술)
　혼쏨(역3)한묶음 36y(산술)
　혼쏨(몽2)한묶음 17z(산술)

▷ ᄒᆞᆷ쎔(역1)한뼘 65y(산술)

▷ ᄒᆞᆷ짝(동2)한짝 22y(산술)

　ᄒᆞᆷ빡(몽2)한짝 17z(산술)

▷ ᄒᆞᆷ쪽(동2)한쪽 59y(쇄설)

　ᄒᆞᆷ쪽(몽2)한쪽 49z(쇄설)

▷ ᄒᆞ쟈봄(역1)한뼘 65y(산술)

▷ ᄒᆞᆫ쟝(동1)한장 44z(학교)

　ᄒᆞᆫ쟝(몽1)한장 33z(학교)

▷ ᄒᆞᆫ졍ᄒᆞ다(동2)한정하다 31y(형옥)

　ᄒᆞᆫ졍ᄒᆞ다(몽2)한정하다 25z(형옥)

▷ ᄒᆞᆫ줌(역1)한줌 65y(산술)

　ᄒᆞᆫ줌(동2)한줌 22y(산술)

　ᄒᆞᆫ줌(몽2)한줌 17z(산술)

▷ ᄒᆞᆫ질(동1)한질 44z(학교)

　ᄒᆞᆫ질(몽1)한질 33z(학교)

▷ ᄒᆞᆫ츠리(동2)한바퀴 21z(산술)

　ᄒᆞᆫ츠리(몽3)한자리 40z(쇄설)

▷ ᄒᆞᆫ탄ᄒᆞ다(동1)한탄하다 20z(기식)

▷ ᄒᆞᆫ텹(역1)한첩(一貼) 64y(의약)

▷ ᄒᆞᆫ편(동1)한편 44z(학교)

　ᄒᆞᆫ편(몽1)한편 33z(학교)

　ᄒᆞᆫ편(몽3)한편, 한쪽 38y(쇄설)

▷ ᄒᆞᆫ푼(몽2)한푼 17z(산술)

▷ ᄒᆞᆫ필(동2)한필 25z(직조)

　ᄒᆞᆫ필(몽2)한필 21z(직조)

▷ ᄒᆞᆫ흡(동2)하나의 22y(산술)

　ᄒᆞᆫ흡(몽2)하나의 17z(산술)

▷ ᄒᆞᆼᄒᆞ다(동2)한정하다 22z(산술)

　ᄒᆞᆼᄒᆞ다(몽2)한정하다 18y(산술)

▷ ᄒᆞᆼᄒᆞ다(왜1)원하다 21z(기식)

　ᄒᆞᆼᄒᆞ다(왜2)한하다 39z(쇄설)

▷ ᄒᆞ휘(몽2)한휘 17z(산술)

▷ ᄒᆞᆫ환(역1)한알 64y(의약)

▷ ᄒᆞᆫ쌍(동2)한쌍 22y(산술)

▷ ᄒᆞ아롬(동2)한아름 22y(산술)

　ᄒᆞ아롬(몽2)한아름 17z(산술)

▷ ᄒᆞ오리(동2)한오리 22y(산술)

　ᄒᆞ오리(몽2)한오리 17z(산술)

▷ ᄒᆞ우흠(동2)한웅큼 22y(산술)

　ᄒᆞ우흠(몽2)한웅큼 17z(산술)

▷ 홀긋보다(동1)흘긋보다 29y(동정)

▷ 홀일업다(역3)할일없다 59y(쇄설)

▷ 흙(역1)흙 19y(궁궐)

　흙(동1)흙 07z(지리)

　흙(역3)흙 14z(궁궐)

　흙(왜1)흙 08z(지리)

　흙(몽1)흙 06z(지리)

　흙(몽3)흙 04y(지리)

▷ 흙구들(역1)흙구들 19y(궁궐)

▷ 흙덩이(동1)흙덩이 07z(지리)

　흙덩이(역3)흙덩이 07y(지리)

　흙덩이(몽1)흙덩이 06z(지리)

▷ 흙ᄃ리(역1)흙다리 15y(성곽)

▷ 흙무디(역1)흙무지 08z(지리)

▷ 흙비(역3)흙비 02z(천문)

▷ 흙손(동2)흙손, 흙칼 18y(장기)

　흙손(몽2)흙손, 흙칼 13z(장기)

▷ 흠ᄭᅴ(역2)함께 10y(화곡)

　흠긔(역2)함께 51z(쇄설)

　흠ᄭᅴ(동2)함께 49y(쇄설)

　흠ᄭᅴ(왜2)함께 42y(쇄설)

　흠ᄭᅴ(몽2)함께 41z(쇄설)

▷ 흠아(역2)하마트면 51z(쇄설)

▷ 해자ᄒᆞ다(역2)페를 끼치다 51z(쇄설)

▷ 해ᄒᆞ다(역3)해치다 37y(쟁송)

　해ᄒᆞ다(왜2)해치다 35z(쇄설)

▷ 헤너러디다(역2)헤벌어지다 13y(기구)

▷ 헤여ᄒᆞ다(동2)새하얗다 26y(직조)

헤여ᄒ다(몽2)새하얗다　21y(직조)
▷ 헤옴(역2)혜염　22z(주강)
　헤옴(왜2)혜염　19z(주강)
▷ 헤음ᄒ다(동1)혜염치다　09y(지리)
　헤음ᄒ다(몽1)혜염하다　08y(지리)
　헤음ᄒ다(몽2)혜염하다　34y(주수)
▷ 헷구역ᄒ다(동1)헛구역질하다　20y(기식)
　헷구역ᄒ다(몽3)헛구역질하다　08y(기식)
▷ 헷티다(역1)헤치다　47z(복식)
　헤티다(동1)헤치다　57z(복식)
　헤치다(몽1)헤치다　22z(동정)
　헤치다(역3)헤치다　55y(쇄설)
　헷치다(몽3)헤치다　22z(전농)
　헤치다(몽3)헤치다　37y(쇄설)
▷ 헷우음(역1)헛웃음　40y(동정)
▷ 혜다(역1)세다　64z(산술)
　혜다(동1)세다　33y(인사)
　혜다(동2)세다　20z(산술)
　혜다(역3)세다　36z(산술)
　혜다(몽2)세다　16z(산술)
　혜다(몽3)세다　14y(인사)
▷ 혜성(역3)혜성　02y(천문)
▷ 혜아려보다(역1)헤아려보다　64z(복서)
▷ 혜아리다(역2)헤아리다　45z(쇄설)
　혜아리다(동1)헤아리다　20y(기식)
　혜아리다(역3)헤아리다　51z(쇄설)
　혜아리다(왜2)헤아리다　38z(쇄설)
　혜아리다(몽1)헤아리다　16y(기식)
　혜아리다(몽3)헤아리다　13y(인사)
▷ 혬(역3)셈　38z(매매)
　혬(왜1)셈　55y(산술)
▷ 회(역1)회, 석회　19z(궁궐)
　회(동1)회, 석회　37y(궁궐)
　회(역3)회, 석회　15y(궁궐)

회(몽1)회, 석회　27z(궁궐)
▷ 회(동1)회　60y(식이)
　회(역3)회　31z(식이)
　회(왜1)회　47z(식이)
　회(몽1)회　46z(식이)
▷ 회나모(역2)회나무　42z(수목)
▷ 회답ᄒ다(역1)회답하다　41z(례도)
▷ 회보ᄒ다(몽1)회보하다　20y(언어)
▷ 회비(역1)답례연회　60z(연향)
▷ 회샤ᄒ다(역3)답례하다　27y(례도)
▷ 회촘이(역2)회초, 관중　12y(채소)
▷ 회티다(역1)회치다　51z(식이)
▷ 회회청(왜2)회회청　12y(채색)
▷ 회화나모(역2)회화나무　42z(수목)
　회화나모(동2)회화나무　44z(수목)
　회화(왜2)회화나무　28z(수목)
　회화나모(몽2)회화나무　37y(수목)
▷ 획(동1)획　43z(학교)
　획(역3)획　12y(학교)
　획(몽1)획　33y(학교)
▷ 횡지ᄒ다(역3)횡재하다　38y(매매)
▷ 횡힝(왜2)횡포하다　48z(쇄설)
▷ 횡익(몽3)횡액　37z(쇄설)
▷ 휘(역1)휘　25y(창고)
　휘(역2)휘　15y(기구)
　휘(동2)휘　21z(산술)
▷ 휘건(역3)앞치마, 행주치마　29y(복식)
▷ 휘다(역2)휘다　48z(쇄설)
　휘다(역3)휘다　55z(쇄설)
　휘다(몽3)휘다　38y(쇄설)
▷ 휘듯다(몽1)구불구불하다　22z(동정)
▷ 휘슈(역1)소용돌이　08y(지리)
▷ 휘지다(몽3)練長　40y(쇄설)
▷ 휘황(왜2)휘황하다　44y(쇄설)

▷ 휘여지다(동2)휘여지다 55y(쇄설)
　휘여지다(몽2)휘여지다 46z(쇄설)
▷ 휘영휘영타(역3)휘영휘영하다 25y(동정)
▷ 휘오다(동2)휘우다 18z(장기)
　휘우다(역3)휘다 46y(기구)
　휘오다(몽2)휘우다 14y(장기)
▷ 희다(역2)희다 05y(직조)
　희다(동2)희다 26y(직조)
　희다(역3)희다 40z(직조)
　희다(왜2)희다 12y(채색)
　희다(몽2)희다 20z(직조)
　희다(몽3)희다 31z(주수)
▷ 희롱(동2)희롱 33y(기희)
　희롱(왜2)희롱 48y(쇄설)
　희롱(몽2)희롱 26z(기희)
▷ 희롱ᄒ다(동2)희롱하다, 놀다 33y(기희)
　희롱ᄒ다(몽2)희롱하다, 놀다 26z(기희)
▷ 희모(동2)배안의 새끼양털 41y(주수)
　희모(몽3)배안의 새끼양털 33y(주수)
▷ 희무로비단(역2)검은비단 04z(직조)
▷ 희미(왜2)희미하다 46z(쇄설)
▷ 희번득이다(동1)희번덕이다 29y(동정)
　희번득이다(역3)희번덕이다 25y(동정)
　희번득이다(몽3)희번덕이다 12y(동정)
▷ 희소ᄒ다(몽3)희소하다 34z(수목)
▷ 희짓다(역1)희롱하다 66y(쟁송)
▷ 희ᄌ(역3)희극 47y(기희)
　희ᄌ(왜1)희극 15z(인품)
▷ 희ᄌ칙(역3)극본, 대본 47y(기희)
▷ 희한(왜2)희한하다 46z(쇄설)
▷ 희읍스러ᄒ다(동2)
　희읍스름하다 26y(직조)
　희읍스러ᄒ다(몽2)
　희읍스름하다 20z(직조)

▷ 흰납익(역2)흰나비 35y(곤충)
▷ 흰산ᄌ(몽3)흰산자 21y(식이)
▷ 흰ᄌ의(동2)흰자위 36y(비금)
　흰ᄌ의(역3)흰자위 48y(비금)
　흰ᄌ의(몽2)흰자위 29z(비금)
▷ 흰톳기(동2)천마 40y(주수)
　흰톳기(몽3)천마 31z(주수)
▷ 희(역1)해 01z(천문)
　희(동1)해 01z(천문)
　희(역3)해 01z(천문)
　희(왜1)해 03z(시령)
　희(몽1)해 01z(천문)
　희(몽3)해 01z(천문)
▷ 희금(동1)해금 53z(악기)
　희금(왜1)해금 43z(악기)
　희금(몽1)해금 41y(악기)
▷ 희금켜다(몽1)해금을 켜다 41z(악기)
▷ 희귀엿골ᄒ다(동1)해무리지다 01z(천문)
　희귀엿골ᄒ다(몽1)해무리지다 01z(천문)
▷ 희나다(몽1)해나다 01z(천문)
▷ 희당(역2)해당화 39z(화초)
　희당화(왜2)해당화 29z(화초)
▷ 희돗다(역1)해돋다 01z(천문)
　희돗다(동1)해돋다 01z(천문)
　희도ㅅ다(몽3)해돋다 01z(천문)
▷ 희동쳥(역2)해동청, 푸른매 26y(비금)
　희동쳥(동2)해동청, 푸른매 35y(비금)
　희동쳥(몽2)해동청, 푸른매 29y(비금)
▷ 희디다(동1)해지다 01z(천문)
　희지다(역3)해지다 01z(천문)
　희디다(몽1)해지다 01z(천문)
▷ 희디(왜2)다시마 06z(채소)
▷ 희ㅅ귀엣골(역1)해무리 천 01z(문)
　희ㅅ귀엿골(역3)해무리 01z(천문)

▷ 힛ㅅ모로(역1)해무리   01z(천문)

　힛ㅅ모로(동1)해무리   01z(천문)

　힛ㅅ모로(몽1)해무리   01z(천문)

▷ 힛ㅅ모로ᄒ다(동1)해무리지다   01z(천문)

　힛ㅅ모로ᄒ다(몽1)해무리지다   01z(천문)

▷ 힛ㅅ빗(동1)햇빛   01z(천문)

　힛ㅅ빗(역3)햇빛   01z(천문)

　힛ㅅ빗(몽1)햇빛   01z(천문)

▷ 힛산ᄒ다(몽3)해산하다   19y(잉산)

▷ 힛소ᄒ다(역1)開齋   33y(상장)

▷ 힛시(왜1)해시   06z(시령)

▷ 힛ᄉᆷ(왜2)해삼   26y(수족)

▷ 힛ᄌ(역1)해자   08z(지리)

　힛ᄌ(동1)해자   41y(성곽)

　힛ᄌ(역3)해자   11y(성곽)

　힛ᄌ(왜1)해자   34z(성곽)

　힛ᄌ(몽1)해자   30z(성곽)

▷ 힛후(왜2)해후   44z(쇄설)

▷ 힛어슬음(역3)해질무렵   01z(천문)

▷ 힛여지다(동1)해어지다   57y(복식)

　힛여지다(몽1)해어지다   44z(복식)

▷ 힛ᄋ(왜1)아이   14y(친속)

▷ 힛의(왜2)海衣   06z(채소)

▷ 힌털(역2)흰털   34y(주수)

▷ 힝각(동1)행각   34z(궁궐)

　힝각(몽1)행각   26y(궁궐)

▷ 힝담(역3)행담   44z(기구)

▷ 힝랑(왜1)행랑   32y(궁궐)

▷ 힝비테(왜1)코풀다   21y(기식)

▷ 힝실(동1)행실   33z(인사)

　힝실(역3)행실   57z(쇄설)

　힝실(왜1)행실   22z(성정)

▷ 힝젼(역3)행전   29y(복식)

　힝젼(왜1)행전   46z(복식)

▷ 힝지(몽3)행동거지   36z(쇄설)

▷ 힝ᄌ(역2)행주   14y(기구)

　힝ᄌ(동2)행주   16z(기구)

▷ 힝ᄌ질ᄒ다(몽3)행주질하다   26y(기구)

▷ 힝ᄌ치마(역1)행주치마   47z(복식)

▷ 힝침(역2)행침   06y(재봉)

▷ 힝ᄎ(역1)행차   24z(관역)

▷ 힝ᄎ칼(역1)행차칼   67y(형옥)

▷ 힝ᄒ다(동1)걷다   26z(동정)

　힝ᄒ다(몽1)걷다   20z(동정)

▷ 힝ᄒ다(왜2)행하다   40y(쇄설)

▷ 힝여(왜1)행여   28y(어사)

▷ 힝역(역1)천연두   62z(질병)

▷ 화(동1)화   22z(성정)

　화(몽1)화   17y(성정)

▷ 화계(왜1)화계   34y(궁궐)

▷ 화냥이(동1)화냥년   14z(인품)

　화냥이(몽3)화냥년   30z(마욕)

▷ 화논ᄒ다(역1)화해하다   66z(쟁송)

▷ 화도굿(역2)베의 첫끝   06z(재봉)

▷ 화두(몽3)베의 첫끝   28y(직조)

▷ 화랑이(왜1)남자무당   16y(인품)

▷ 화려ᄒ다(몽3)화려하다   39z(쇄설)

▷ 화로(역2)화로   14y(기구)

　화로(동2)화로   15z(기구)

　화로(왜2)화로   14z(기구)

　화로(몽2)화로   11y(기구)

▷ 화목(동1)화목   31z(인사)

　화목(왜2)화목   34y(쇄설)

▷ 화목ᄒ다(몽3)화목하다   09y(성정)

▷ 화방(동1)화방   36z(궁궐)

　화방(역3)화방   14z(궁궐)

　화방(몽1)화방   27z(궁궐)

▷ 화방쥬(동2)꽃비단   24z(직조)

화쥬(왜2)꽃비단 10y(직조)

화방쥬(몽2)꽃비단 20y(직조)

▷ 화병(왜2)꽃병 14y(기구)

▷ 화분(왜2)화분 30z(화초)

▷ 화살(역1)화살 22z(군기)

▷ 화승(왜1)화승 41z(군기)

▷ 화쥬(역2)부저가락 14y(기구)

화져(동2)부저라갈 15z(기구)

화져(몽2)부저가락 11y(기구)

▷ 화쳐(역2)화원 51y(쇄설)

▷ 화초(역3)화초 43z(기구)

▷ 화친(왜1)화친 40z(교열)

▷ 화타(왜2)꽃봉오리 30z(화초)

▷ 화테(왜2)꽃술 30z(화초)

▷ 화텰(왜2)화철 13z(기구)

▷ 화포(동2)꽃천 25y(직조)

화포(몽2)꽃천 20y(직조)

▷ 화회(왜2)화해하여 합하다 45y(쇄설)

▷ 화악닭(역2)哈八鷄 25y(비금)

▷ 화약(왜1)화약 41z(군기)

▷ 화원(왜1)그림 그리는 관리 36z(관직)

▷ 확(동2)확 02z(전농)

확(왜2)확 04y(전농)

확(몽2)확 02z(전농)

▷ 확실(왜1)확실 24z(성정)

▷ 환갑히(동1)환갑해 04z(시령)

환갑히(역3)환갑해 03z(시령)

환갑히(몽1)환갑해 04y(시령)

▷ 환도(동1)환도 49y(군기)

환도(왜1)환도 40z(군기)

환도(몽1)환도 37y(군기)

▷ 환도양마(역3)刀隔手 16z(군기)

▷ 환슐(왜1)환술, 마술 16y(인품)

▷ 환슐ᄒᆞ다(동2)요술하다 33z(기희)

환슐ᄒᆞ다(몽2)요술하다 27y(기희)

▷ 환질ᄒᆞ다(역3)折搶 46z(주강)

환질ᄒᆞ다(몽3)折搶 27y(주강)

▷ 활(역1)활 21y(교열)

활(역2)활 44z(쇄설)

활(동1)활 47z(군기)

활(역3)활 15z(교열)

활(왜1)활 41y(군기)

활(몽1)활 36y(군기)

▷ 활고재(역1)활고자 21z(군기)

활고재(동1)활고자 47z(군기)

활고자(몽1)활고자 36z(군기)

▷ 활긋다(몽3)활을 당기다 18y(군기)

▷ 활넘다(역3)弓反身 16z(군기)

▷ 활년논동개(역1)활동개 22y(군기)

▷ 활동개(동1)활동개 48z(군기)

활동개(몽1)활동개 36z(군기)

활동개(역3)활동개 16z(군기)

▷ 활비븨(역2)활비비 18y(기구)

활비븨(역3)활비비 45z(기구)

▷ 활시위(역1)활시위 21z(군기)

▷ 활좀(역1)활손잡이 21z(군기)

활좀(동1)활손잡이 47z(군기)

활좀(몽1)활손잡이 36y(군기)

활좀(몽3)활손잡이 18y(군기)

▷ 활집(역3)활집 16z(군기)

▷ 활짓다(역1)활 짓다 22y(군기)

활짓다(동1)활 짓다 47z(군기)

활짓다(몽1)활 짓다 36z(군기)

▷ 활혀다(왜1)활 당기다 41y(군기)

▷ 활오닉(역1)활오뇌 31z(군기)

▷ 활우개(동1)활우비 48z(군기)

▷ 활우비(역1)활우비 22z(군기)

활우비(역3)활우비 16z(군기)

활우비(몽1)활우비　36z(군기)
▷ 황각(왜2)황각　06z(채소)
▷ 황과(왜2)오이　05z(채소)
▷ 황단(왜2)황단　11z(채색)
▷ 황달(왜1)황달　51y(질병)
▷ 황믄(역1)항문　36y(신체)
　항문(동1)항문　18y(신체)
　항믄(역3)항문　22z(신체)
　황문(몽1)항문　14z(신체)
▷ 황벽나모(역2)황백나무　43y(수목)
　황빅나모(동2)황백나무　44z(수목)
　황빅나모(몽2)황백나무　37y(수목)
　황빅피(몽3)황백나무　34z(수목)
▷ 황제(역3)황제　07z(궁궐)
　황데(왜1)황제　35z(관직)
▷ 황츙(왜2)황충, 누리　27y(곤충)
▷ 황칠(왜2)누런 칠　11z(채색)
▷ 황티(역2)조기　37z(수족)
▷ 황홀(왜2)황홀하다　44z(쇄설)
▷ 황황(왜2)황황하다　50y(쇄설)
▷ 황후(역3)황후　07z(궁궐)
　황후(왜1)황후　35z(관직)
▷ 황연(왜2)언뜻　45y(쇄설)
▷ 훠(역1)신, 장화　46y(복식)
　훠(동1)신, 장화　58z(복식)
　훠(왜1)신, 장화　46z(복식)
　훠(몽1)신, 장화　45z(복식)
▷ 훤초(왜2)원추리　31y(화초)
▷ 훤환(왜1)따스하다　06z(기후)
▷ 훤ᄒ다(몽3)훤하다　03z(지리)
▷ 훤이(동1)훤히　35z(궁궐)
　훤이(몽1)훤히　27y(궁궐)
▷ 훳고(역1)신코　46z(복식)
▷ 훳돈(역1)신목, 장화목　46z(복식)

▷ 훳뒷볼(역1)신뒤축　46z(복식)
▷ 훳뒷측(역1)신뒤축　46z(복식)
▷ 훳머리(역1)신목　46z(복식)
▷ 훳볼(역1)신짝　46z(복식)
▷ 훳챵(역1)신창　46z(복식)
▷ 훳울(역1)신목　46z(복식)
▷ 홰(동2)횃불　15z(기구)
　홰(왜2)횃불　16y(기구)
　홰(몽2)횃불　11z(기구)
▷ 홰(왜1)홰　33z(궁궐)
　홰(몽2)홰　30z(비금)
　홰(몽3)홰　31y(비금)
▷ 훼방ᄒ다(몽3)훼방하다　10z(언어)

[ㄲ]

▷ 까불(왜2)까불(까불다), 키질하다　04y(전농)
▷ 끌박다(몽3)끌박다　20y(복식)
▷ 끌회(왜2)고리　17y(기구)

[ㄸ]

▷ 따(왜1)땅　08y(지리)
▷ 또(왜1)또　27z(어사)
▷ 뜰(왜1)뜰(뜨다)　11y(지리)
▷ 띄(왜2)사초, 향부자　31z(화초)

[ㅃ]

▷ 빠히다(역1)빼다　64z(복서)
　빠히다(역2)뽑다　48z(쇄설)
▷ 뼈(역1)뼈　33y(신체)

▷ 뽀롯ᄒ다(역1)뾰족하다   06z(지리)

[ㅆ]

▷ 싸다(몽3)싸다   20y(복식)
▷ 싸리(왜2)싸리   29y(수목)
▷ 싸호다(역1)싸우다   66y(쟁송)
　싸호다(역2)싸우다   31y(주수)
　싸호다(동1)싸우다   46y(교열)
　싸호다(동2)싸우다   36y(비금)
　싸호다(왜1)싸우다   39z(교열)
　싸호다(몽3)싸우다   17y(교열)
▷ 싸홈ᄒ다(몽1)싸움하다   35z(교열)
▷ 싸흐다(역1)썰다   63z(의약)
　싸흐다(역2)썰다   34z(주수)
　싸흐다(동1)썰다   60y(식이)
　싸흐다(동2)썰다   16z(기구)
　싸흐다(몽1)썰다   46z(식이)
　싸흐다(몽2)썰다   12z(기구)
　싸흐다(몽3)썰다   21y(식이)
▷ 쌋타(동2)쌓다   55y(쇄설)
　싸흘(왜2)쌓을(쌓다)   04y(전농)
▷ 쌍괘연(왜2)쌍괘연   12z(기구)
▷ 쌍륙(왜2)골패   20y(기희)
▷ 쌍비(역1)두잔   60y(연향)
▷ 쌍짓다(동2)쌍짓다   22y(산술)
▷ 쌍필이(동2)船釘魚   42y(수족)
　쌍피리(몽3)船釘魚   33z(수족)
▷ 쌍쌍(왜2)쌍쌍   33z(쇄설)
▷ 쌍쌍이(동2)쌍쌍이   22y(산술)
▷ 썩(몽3)썩   11z(동정)
▷ 썩다(몽1)썩다   49y(식이)
▷ 쏘다(동1)쏘다   48z(군기)

▷ 쏘다(동2)쏘다   43y(곤충)
　쏘다(왜1)쏘다   41y(군기)
　쏘다(몽1)쏘다   36z(군기)
　쏘다(몽3)쏘다   18y(군기)
▷ 쏘이다(동1)쏘이다   03z(천문)
　쏘이다(몽1)쏘이다   50y(식이)
　쏘이다(몽3)쏘이다   01z(천문)
▷ 쏫다(동1)쏫다   09y(지리)
　쏫다(역3)쏘다   06z(지리)
　쏫다(몽1)쏫다   07z(지리)
▷ 쑥(동2)쑥   46y(화초)
　쑥(왜2)쑥   31z(화초)
▷ 쓰다(동1)쓰다   43z(학교)
　쓰다(동2)쓰다   30y(쟁송)
　쓰다(왜1)쓰다   38y(학교)
　쓰다(몽1)쓰다   33z(학교)
▷ 쓰다(동1)쓰다   47z(군기)
▷ 쓰다(동1)쓰다   62y(식이)
　쓰다(왜1)쓰다   49y(식이)
　쓰다(몽1)쓰다   48z(식이)
▷ 쓰다(역1)쓸다   08z(지리)
　쓰다(동1)쓸다   62z(식이)
　쓰다(동2)쓸다   16z(기구)
　쓰다(몽1)쓸다   49y(식이)
　쓰다(몽2)쓸다   12y(기구)
　쓰다(몽3)쓸다(마당을~)   37z(쇄설)
▷ 쓰다(왜2)쓰다(힘을~)   38y(쇄설)
　쓰다(몽3)쓰다(계교~)   17y(교열)
▷ 쓰러지다(몽3)쓰러지다   39z(쇄설)
▷ 쓰치다(몽3)스치다   31y(비금)
▷ 쓸게(동1)쓸개   17z((신체)
　쓸기(왜1)쓸개   19y(신체)
　쓸게(몽1)쓸개   14y(신체)
▷ 쓸듸업다(동2)쓸데없다   50y(쇄설)

▷ 쓸만ᄒ다(몽3)쓸만하다 37y(쇄설)
▷ 쓸믜게(몽3)밉게 14z(인사)
▷ 쓸믜다(몽3)미워하다 09y(성정)
▷ 쓸믠것(몽3)싫은것 30z(마욕)
▷ 쓸타(동2)쓸다, 갈다 17y(장기)
　쓸타(몽2)쓸다, 갈다 13y(장기)
▷ 쓸알히다(동2)쓰라리다 07y(질병)
　쓸알히다(몽3)쓰라리다 24y(질병)
▷ 씀바괴(동2)씀바귀 04z(채소)
▷ 쓴다(동1)쓴다 36z(궁궐)
　쓴다(동2)쓴다 16z(기구)
▷ 씨(동2)씨(緯) 25z(직조)
　씨(왜2)씨(緯) 11y(직조)
▷ 씨(동2)씨 02y(전농)
　씨(왜2)씨 03z(전농)
　씨(몽2)씨 01z(전농)
▷ 씨(동2)씨 34z(마욕)
▷ 씨슬(왜1)씻을(씻다) 44z(소세)
▷ 씨앗(동2)씨앗 03z(화곡)
▷ 씹다(동1)씹다 63y(식이)
　씨블(왜1)씹을 49z(식이)
　씹다(몽1)씹다 49y(식이)
▷ 쐬야기(동2)쐐기 43z(곤충)
　쏘야기(몽3)쐐기 35y(수목)
▷ 씌오다(동2)씌우다 31y(형옥)

[ㅉ]

▷ 찌흘(왜2)찧다(찧다＋을) 04y(전농)
▷ 찡긜(왜1)찡그릴(찡그리다) 20y(신체)

[ㅏ]

▷ 아가외(역1)아가위 56y(식이)
　아가외(동2)아가위 06y(식이)
　아가외(몽2)아가위 05y(식이)
▷ 아감이(역2)아가미 39y(수족)
▷ 아공(동1)악공 14y(인품)
▷ 아교(역3)아교 45y(기구)
　아교(왜2)아교 09z(진보)
▷ 아금이(몽3)어금이 06y(신체)
▷ 아기(역1)아기 37y(잉산)
▷ 아기플(역2)수리취 41z(화초)
▷ 아게(왜1)두가닥으로
　갈라땋은 머리채 44z(소세)
▷ 아귀(역2)입아귀 29z(주수)
　아귀(동2)입아귀 38y(주수)
　아귀(몽2)입아귀 32y(주수)
▷ 아긔깃(역1)기저귀 37z(잉산)
▷ 아나(동2)아니(알다) 50y(쇄설)
　아나(몽2)아니(알다) 42y(쇄설)
▷ 아니(역1)아니 60y(연향)
　아닉(역1)아니 38y(기식)
　아니(역2)아니 18z(기구)
　아니(역3)아니 13z(궁궐)
　아닉(동1)아니 20y(기식)
　아닉(몽1)아니 15z(기식)
▷ 아니쇠(역3)삼바리 43y(기구)
▷ 아니완흔놈(역1)生分忰? 32y(마욕)
▷ 아니타(역1)않다 54z(식이)
　아니타(역2)않다 50z(쇄설)
　아니타(동1)않다 52y(례도)
　아니타(역3)않다 18y(전어)
　아니타(몽1)않다 25z(인사)
　아니타(몽3)않다 36z(쇄설)

▷ 아는체ᄒ다(역3)아는체 하다   57z(쇄설)
　아는체ᄒ다(몽3)아는체 하다   14z(인사)
▷ 아다(역1)알다   39y(기식)
　아다(역2)알다   45z(쇄설)
　아다(동1)알다   20z(기식)
　아다(역3)알다   58z(쇄설)
　알(왜2)알(알다)   38z(쇄설)
　아다(몽1)알다   16y(기식)
　아다(몽3)알다   13y(인사)
　알다(몽3)알다   14z(인사)
▷ 아담ᄒ다(역1)악담하다   29y(인품)
　아당ᄒ다(동1)의심하다   26y(언어)
　아담ᄒ다(몽1)의심하다   20y(언어)
▷ 아당(동1)의심   26y(언어)
　아담(몽1)의심   20y(언어)
▷ 아득ᄒ다(왜1)아득하다   24z(성정)
▷ 아득ᄒ다(왜1)어둑하다   06z(시령)
▷ 아들(왜1)아들   13y(친속)
▷ 아등(왜2)우리들   45y(쇄설)
▷ 아돌(역1)아들   58y(친속)
　아돌(동1)아들   11y(친속)
　아돌(몽1)아들   09z(친속)
▷ 아돌마기(역2)獐羔草   41y(화초)
▷ 아로사기다(왜2)아로새기다   43y(쇄설)
▷ 아롬답다(몽1)아름답다   14z(신체)
▷ 아롱곳가(역2)관계하다   53z(쇄설)
　아랑곳가(동2)관계하다   50y(쇄설)
　아랑곳가(몽2)관계하다   42z(쇄설)
▷ 아롱씌(역1)아롱띠   45z(복식)
▷ 아리쇠(동2)삼바리   14z(기구)
　아리쇠(몽2)삼바리   10z(기구)
▷ 아롭답다(왜1)아름답다   19z(신체)
▷ 아래뎌론개(역2)발발이   32z(주수)
▷ 아래풀쪽(역1)아래팔뚝   35y(신체)

▷ 아랫동(역2)아래도리   06z(재봉)
▷ 아리(동1)아래   09z(지리)
　아리(왜1)아래   12y(지리)
　아리(몽1)아래   08y(지리)
　아리(몽3)아래   04y(지리)
▷ 아러ㅅ덕(동1)아래턱   10y(지리)
　아러ㅅ덕(몽3)아래턱   04y(지리)
▷ 아릿동(역3)아래동아리   16y(군기)
▷ 아릿망녓다(역3)"M陰품   10y(관직)
▷ 아릿목(역3)아래목   14y(궁궐)
▷ 아릿비(역3)아래배   22z(신체)
▷ 아모(역2)아무   49z(쇄설)
　아모(왜2)아무   33z(쇄설)
▷ 아몰(역2)암말   29y(주수)
　아몰(동2)암말   37y(주수)
▷ 아븨(역1)아비, 아버지   32z(상장)
　아비(역1)아버지   31y(경중)
　아비(왜1)아버지   12z(친속)
▷ 아븨누의(역1)고모   57y(친속)
▷ 아븨아ᄋ누의(역1)작은고모   57y(친속)
▷ 아븨뭇누의(역1)큰고모   57y(친속)
▷ 아사가다(역3)앗아가다   37y(쟁송)
▷ 아삭아삭ᄒ다(몽3)아삭아삭하다 21y(식이)
▷ 아쟈(왜2)러시아 사람   43z(쇄설)
▷ 아젼(역3)아전   20y(인품)
▷ 아조(역1)아주   18y(궁궐)
　아조(동2)아주   49y(쇄설)
　아조(몽2)아주   41y(쇄설)
　아조(몽3)아주   38y(쇄설)
▷ 아즈랑이(동1)아지랑이   29y(동정)
　아즈랑이(왜1)아지랑이   03y(천문)
　아즈랑이(몽3)아지랑이   12y(동정)
▷ 아지못게라(동2)알지 못하다   59y(쇄설)
　아지못게라(몽2)알지 못하다   49z(쇄설)

▷아직(역1)아직   05y(시령)
　아직(동2)아직   49y(쇄설)
　아직(역3)아직   04y(시령)
　아직(왜1)아직   27z(어사)
　아직(몽2)아직   41z(쇄설)
▷아질개물(역2)수말   29y(주수)
▷아즈미(몽1)숙모, 작은어머니   09y(친속)
▷아즈비(몽1)숙부, 작은아버지   09y(친속)
▷아쳥(왜2)야청   11y(직조)
▷아쳥비단(역2)검은색 비단   04z(직조)
▷아촌설(역1)그믐날   05y(시령)
▷아촌설밤(역1)그믐날밤   05y(시령)
▷아촌아둘(역1)조카   58y(친속)
▷아촌쫄(역1)조카딸   58y(친속)
▷아춤(역1)아침   05y(시령)
　아춤(동1)아침   05y(시령)
　아춤(왜1)아침   05z(시령)
　아춤(몽1)아침   04z(시령)
▷아춤노올(역1)아침노을   02z(천문)
▷아춤밥(역1)아침밥   49z(식이)
▷아춤설밤(역3)그믐날밤   03z(시령)
▷아파(왜1)아파   16y(인품)
▷아프게ᄒ다(동2)아프게 하다   30z(형옥)
　아프게ᄒ다(몽2)아프게 하다   25z(형옥)
▷아혹(역2)아욱   10z(채소)
　아옥(동2)아욱   04z(채소)
　아옥(왜2)아욱   05z(채소)
　아옥(몽2)아욱   03z(채소)
▷아홉(동2)아홉   21y(산술)
　아홉(왜1)아홉   55z(산술)
　아홉(몽2)아홉   16z(산술)
▷아홉말(역1)아홉말   65y(산술)
▷아홉번(몽3)아홉번   19y(례도)
▷아홉휘(역3)아홉휘   36z(산술)

▷아흔(동2)아흔   21y(산술)
　아흔(몽2)아흔   17y(산술)
▷아희깃(동1)애기포대기   54z(잉산)
　아희깃(몽1)애기포대기   42y(잉산)
▷아희들(몽3)아이들   04z(친속)
▷아희(역1)아이   27z(존비)
　아희(역2)아이   18z(기구)
　아희(동1)아이   12z(친속)
　아희(동1)아이   54y(잉산)
　아희(왜1)아이   15y(인품)
　아희(몽1)아이   10y(친속)
　아희(몽1)아이   41z(잉산)
　아희(몽3)아이   19z(잉산)
▷아아(왜2)아아하다   50y(쇄설)
▷아양ᄒ다(왜1)아양하다   27z(언어)
▷아오다(동2)아울다   58z(쇄설)
▷아올(왜1)아울러다   29y(어사)
▷아오셩ᄒ다(동1)아우성치다   46y(교열)
　아오셩ᄒ다(몽1)아우성치다   35y(교열)
▷아이다(역1)빼앗기다   65z(쟁송)
　아이다(역3)빼앗기다   37y(쟁송)
　아이다(몽2)빼앗기다   25y(형옥)
▷아ᄋ(역1)아우   58y(친속)
　아ᄋ(동1)아우   11y(친속)
　아ᄋ(왜1)아우   13y(친속)
　아ᄋ(몽1)아우   09z(친속)
▷아ᄋ노롯(동1)아우노릇   31y(인사)
　아ᄋ노롯(몽3)아우노릇   12z(인사)
▷아ᄋ누의(역1)누이동생   58y(친속)
　아ᄋ누의(동1)누이동생   11y(친속)
　아ᄋ누의(왜1)누이동생   13y(친속)
　아ᄋ누의(몽1)누이동생   09z(친속)
▷아ᄋ미부(동1)손아래 매부   11y(친속)
▷아ᄋ싀누의(동1)손아래 시누이   12y(친속)

아ᄋᆞ싀누이(역3)손아래 시누이   33y(친속)
아ᄋᆞ싀누의(몽3)손아래 시누이   04z(친속)
▷아ᄋᆞ싀아즈비(동1)시숙부   11z(친속)
아ᄋᆞ싀아자비(역3)시숙부   33y(친속)
아ᄋᆞ싀아즈비(몽3)시숙부   04z(친속)
▷아ᄋᆞ처남(동1)손아래 처남   12y(친속)
아ᄋᆞ처남(몽3)손아래 처남   04z(친속)
▷아ᄋᆞ의쳐(동1)제수   11y(친속)
아ᄋᆞ의쳐(몽1)제수   09z(친속)
▷악귀(몽3)악귀   25y(사관)
▷악대쇼(역2)불친 소, 거세찬 소   31y(주수)
악대쇼(동2)불친 소, 거세찬 소   39y(주수)
악대쇼(몽2)불친 소, 거세찬 소   32z(주수)
▷악대양(역2)불친 양, 거세찬 양   33y(주수)
▷악대물(역2)불친 말, 거세찬 말   29y(주수)
▷악취(동1)악취   62z(식이)
악긔(역3)악취   32y(식이)
악취(몽1)익취   49y(식이)
▷악쓰다(동1)악을 쓰다   33y(인사)
악쁘다(역3)악쓰다   21z(마욕)
악쁘다(몽2)악쓰다   23z(쟁송)
▷안(역2)안   23y(주강)
안(동1)안   10y(지리)
안(왜1)안   12y(지리)
안(몽1)안   08z(지리)
안(몽3)안   04y(지리)
▷안갑(역2)안장   20z(안비)
안갑(동2)안장   20y(안비)
안갑(왜2)안장   17z(안비)
안갑(몽2)안장   15z(안비)
▷안경(왜2)안경   14y(기구)
▷안개(역1)안개   03y(천문)
안개(동1)안개   03y(천문)
안개(역3)안개   02y(천문)

안개(왜1)안개   03y(천문)
안개(몽1)안개   02y(천문)
▷안개것다(역3)안개가 거치다   03y(천문)
안개것다(몽1)안개가 거치다   02y(천문)
▷안개디다(역1)안개가 지다   03y(천문)
안개디다(동1)안개가 지다   02z(천문)
안개디다(몽1)안개가 지다   02y(천문)
▷안남(왜2)안남   02z(국호)
▷안다(역2)안다   25y(비금)
안다(동1)안다   29z(동정)
안다(동2)안다   36y(비금)
안따(역3)안다   07z(지리)
안다(왜1)안다   30z(동정)
안다(몽1)안다   22z(동정)
안다(몽2)안다   30y(비금)
안다(몽3)안다   10z(동정)
▷안롱(역2)안롱   21y(안비)
▷안막(왜1)안막   52y(질병)
▷안빵죠알이(역3)오리발   20z(인품)
▷안ㅅ손님(역3)안손님   33z(친속)
▷안셕(역2)안석   16y(기구)
▷안심(동1)안심   52y(례도)
▷안심치(몽3)안심하지   37y(쇄설)
▷안짜(역1)앉다   40z(동정)
안ㅅ다(동1)앉다   28y(동정)
안ㅅ다(동2)앉다   36z(비금)
안짜(역3)앉다   25z(동정)
안자(역3)앉아   61y(쇄설)
안즐(왜1)앉을   29y(동정)
안짜(몽1)앉다   20y(동정)
안ㅅ다(몽1)앉다   20z(동정)
안ㅅ다(몽2)앉다   30z(비금)
안ㅅ다(몽3)앉다   10z(동정)
▷안쫑(몽3)안종, 여자종   13z(인사)

▷ 안쟈락(역2)안자락　06z(재봉)

　안ㅅ쟈락(몽3)안자락　19z(복식)

▷ 안쥬(역1)안주　60z(연향)

　안쥬(동1)안주　61y(식이)

　안쥬(역3)안주　30z(식이)

　안쥬(왜1)안주　47z(식이)

　안쥬(몽1)안주　47z(식이)

▷ 안초다(역3)가라앉히다　56z(쇄설)

▷ 안치다(동1)앉히다　26y(동정)

　안치다(몽1)앉히다　20y(동정)

　안치다(역3)앉히다　17z(전어)

▷ 안탁갑이(몽3)안타까비　34y(곤충)

▷ 안편(동1)안쪽　10y(지리)

▷ 안후ᄒ다(동1)안후하다　32z(인사)

　안후ᄒ다(몽3)안후하다　14y(인사)

▷ 안해(역1)안해　27y(존비)

　안희(역1)안해　31y(경중)

　안희(역3)안해　33y(친속)

　안해(왜1)안해　13y(친속)

▷ 앋기다(왜1)아끼다　24y(성정)

▷ 알(역2)알　28z(비금)

　알(역3)알　42y(전농)

　알(동2)알　36y(비금)

　알(왜2)알　22z(비금)

　알(몽2)알　29z(비금)

　알(몽3)알　22z(전농)

▷ 알(역2)고기알　39y(수족)

▷ 알고도모른체ᄒ다(역3)

　알고도 모르는체한다　60z(쇄설)

▷ 알디킨눈(동2)알박힌 눈　08z(질병)

　알딕힌눈(몽2)알박힌 눈　07y(질병)

▷ 알맞다(동2)알맞다　27y(매매)

　알맞다(역3)알맞다　38y(매매)

　알맞다(몽2)알맞다　21z(매매)

▷ 알붓다(동1)닭알볶다　60z(식이)

　알붓다(역3)닭알볶다　31y(식이)

▷ 알삐근ᄒ다(역3)알짝지근하다　32z(식이)

▷ 알스다(역2)알쓸다　03y(잠상)

▷ 알타(역1)앓다　61y(질병)

　알타(역2)앓다　31y(주수)

　알타(동2)앓다　08y(질병)

　알흘(왜1)앓을(앓다)　50z(질병)

　알타(역3)앓다　35y(질병)

　알타(몽2)앓다　06y(질병)

　알타(몽3)앓다　19z(잉산)

▷ 알프다(역1)아프다　61z(질병)

▷ 알온체(역3)알은체　58z(쇄설)

▷ 알온체아니타(역3)알은체 않다　52z(쇄설)

▷ 알이새(역2)꾀꼬리　27z(비금)

▷ 알외다(역1)조회하다　11z(공식)

▷ 알의다(동2)아뢰다　29y(쟁송)

　알외다(몽2)아뢰다　24y(쟁송)

▷ 앒(역1)앞　40z(동정)

　앒(역2)앞　20z(안비)

　앒(동1)앞　09z(지리)

　앒(동2)앞　38z(주수)

　앒(역3)앞　21z(신체)

　앒(왜1)앞　11z(지리)

　앒(몽1)앞　08y(지리)

　앒(몽2)앞　32z(주수)

　앒(몽3)앞　34y(수족)

▷ 앒니(역1)앞니　34y(신체)

　암니(역1)앞니　34y(신체)

　앒니(몽3)앞니　06y(신체)

▷ 앒셔가다(역3)앞서가다　26y(동정)

▷ 암(역2)암컷　28y(비금)

　암(동2)암컷　36z(비금)

　암(왜2)암컷　24y(주수)

암(몽2)암컷   30z(비금)
▷ 암그다(동2)아물다   08z(질병)
  암그다(역3)아물다   35y(질병)
  암그다(왜1)아물다   51z(질병)
▷ 암개(역2)암캐   32z(주수)
▷ 암게(역2)암케   38z(수족)
▷ 암괴(역2)암코양이   33y(주수)
▷ 암나귀(역2)암나귀   32y(주수)
▷ 암노로(역2)암노루   34y(주수)
▷ 암노새(역2)암노새   32y(주수)
▷ 암단쵸(동1)암단추   58y(복식)
  암단쵸(역3)암단추   29y(복식)
▷ 암돗(역2)암돼지   32y(주수)
▷ 암디새(역1)암키와   17z(궁궐)
  암지새(동1)암키와   36z(궁궐)
▷ 암둘마기(역1)암단추   46y(복식)
▷ 암둙(역2)암탉   25y(비금)
▷ 암물(몽2)암말   31y(주수)
▷ 암범(동2)암펌   37y(주수)
  암범(몽2)암펌   31y(주수)
▷ 암사슴(역2)암사슴   34y(주수)
▷ 암산졔(몽3)암돼지   31z(주수)
▷ 암쇼(역2)암소   31y(주수)
  암쇼(동2)암소   38z(주수)
  암쇼(몽2)암소   32z(주수)
▷ 암쥭(몽3)암죽   19z(잉산)
▷ 암즉(왜1)암자   53z(사관)
▷ 암암(왜2)암암(~리에)   51y(쇄설)
▷ 암양(역2)암양   33y(주수)
▷ 압거(왜2)차를 호송하다   10z(직조)
▷ 압다리(역2)앞다리   30y(주수)
  압다리(동1)앞다리   60y(식이)
  압다리(몽1)앞다리   46z(식이)
▷ 압발치다(몽3)앞발치다   32z(주수)

▷ 압쟈락(역2)앞자락   06z(재봉)
▷ 앗갑다(동1)아깝다   34z(인사)
  앗갑다(몽2)아깝다   48y(쇄설)
▷ 앗겨ᄒ다(역2)아끼다   50z(쇄설)
▷ 앗기다(동1)아끼다   23y(성정)
  앗기다(몽1)아끼다   17z(성정)
▷ 앗기이다(동2)빼앗기다   30z(형옥)
▷ 앗다(동2)빼앗다   30z(형옥)
  앗다(역3)빼앗다   52z(쇄설)
  아슬(왜2)빼앗을(빼앗다)   36z(쇄설)
  앗다(몽2)빼앗다   25y(형옥)
▷ 앙벽ᄒ다(역1)仰泥   19y(궁궐)
▷ 앙시(왜1)앙시   06y(시령)
▷ 앙텬대쇼ᄒ다(몽3)앙천대소하다 10y(언어)
▷ 앙얼(역2)앙을(앙, 보복)   52y(쇄설)

[ㅑ]

▷ 야감좃다(동1)왼다리로 뛰다   26z(동정)
  아감좃다(역3)왼다리로 뛰다   26y(동정)
▷ 야견ᄉ(역3)야견사   41y(직조)
▷ 야긔쁘다(역2)약을 올리다   44y(쇄설)
▷ 야긔쓴체ᄒ다(역3)
  되지 못하게 놀다   26y(동정)
▷ 야광주(동2)야광주   23y(진보)
▷ 야속(왜2)야속   46y(쇄설)
▷ 야장(왜1)야장   15z(인품)
▷ 야차(왜1)야차   53z(사관)
▷ 야청(동2)야청   26z(직조)
  야청(몽2)야청   21y(직조)
▷ 야총(왜2)들파   06y(채소)
▷ 야토록비단(역2)鴨頭綠   04z(직조)
▷ 약(역1)약   63z(의약)

약(역2)약　48z(쇄설)

약(동2)약　31z(형옥)

약(왜1)약　52z(질병)

약(몽2)약　07y(질병)

▷ 약간(역2)약간　54y(쇄설)

약간(동2)약간　23y(산술)

약ㅅ간(몽3)약간　38z(쇄설)

▷ 약됴(왜1)약조　37y(공식)

▷ 약대(역2)약대, 락타　33z(주수)

약대(동2)약대, 락타　39y(주수)

약대(왜2)약대, 락타　23y(주수)

약대(몽2)약대, 락타　33y(주수)

▷ 약대육안(역3)약대봉　49y(주수)

▷ 약짓다(역1)약짓다　63z(의약)

▷ 약ㅎ다(왜1)약하다　24y(성정)

▷ 약환짓다(역1)환약을 짓다　63z(의약)

▷ 약의(역3)내과　20y(인품)

▷ 양(동1)위　17z(신체)

양(왜1)위　19y(신체)

양(몽1)위　14y(신체)

▷ 양(역2)양　33y(주수)

양(역3)양　61z(쇄설)

양(왜2)양　23z(주수)

▷ 양(역3)양, 모양　57z(쇄설)

▷ 양구빗곳(역2)양귀비꽃　40y(화초)

▷ 양모(왜1)양어머니　12z(친속)

▷ 양물(왜1)양물　18z(신체)

▷ 양부(왜1)양아버지　12z(친속)

▷ 양ᄌᆞ(역1)모양　32z(신체)

양ᄌᆞ(왜1)양아들　13y(친속)

▷ 양치믈ㅎ다(역1)양치질하다　48y(소세)

양치믈ㅎ다(동1)양치질하다　55y(소세)

양치질ㅎ다(왜1)양치질하다　44z(소세)

양치믈ㅎ다(몽1)양치질하다　42z(소세)

▷ 양양(왜2)양양하다　49z(쇄설)

▷ 양염흘위나흔것(역2)殽饌　33y(주수)

▷ 양의마리(역3)양머리　21z(신체)

▷ 양의삿기(역2)양새끼　33y(주수)

[ㅓ]

▷ 어거(왜2)몰다　40z(쇄설)

▷ 어긋나다(동2)어긋나다　60y(쇄설)

어긋나다(몽2)어긋나다　50y(쇄설)

▷ 어귀(동1)어구　41y(성곽)

어귀(역3)어구　11y(성곽)

어귀(몽1)어구　31y(성곽)

▷ 어긔기(역2)어기기(어기다)　53z(쇄설)

어길(왜2)어길(어기다)　36y(쇄설)

▷ 어긔치다(동1)어기다　33z(인사)

어긔치다(동2)어기다　56z(쇄설)

어긔치다(몽1)어기다　25z(인사)

▷ 어니(동2)어디　51z(쇄설)

어니(몽2)어디　43z(쇄설)

▷ 어니(역1)어느　24z(관역)

어니(역3)어느　04y(시령)

▷ 어다(동1)얼다　06y(기후)

어다(역3)얼다　04z(기후)

얼다(왜1)얼다　11z(지리)

어다(몽1)얼다　08y(지리)

▷ 어둡다(동1)어둡다　05z(시령)

어둡다(역3)어둡다　02y(천문)

어둡다(몽1)어둡다　04z(시령)

▷ 어득ㅎ다(역1)어둑하다　02z(천문)

어득ㅎ다(동1)어둑하다　24y(성정)

어득ㅎ다(몽1)어둑하다　18z(성정)

▷ 어들(왜2)얻을(얻다)　34z(쇄설)

▷ 어듸ㅅ것(몽2)어디것   40z(쇄설)

▷ 어듸셔(동2)어디에서   61z(쇄설)

▷ 어듸뻔(역1)어떻던   31z(경중)

▷ 어딘(동2)어디   48z(쇄설)

　어딘(몽2)어디   41y(쇄설)

　어딘(몽3)어디   10y(언어)

▷ 어려올(왜2)어려울(어렵다)   35y(쇄설)

▷ 어려워ᄒ다(동1)어려워하다   20z(기식)

　어려워ᄒ다(역3)어려워하다   24z(기식)

　어려워ᄒ다(몽1)어려워하다   16z(기식)

▷ 어렴프시(역2)어렴풋이   54y(쇄설)

▷ 어렵다(역2)어렵다   49y(쇄설)

　어렵다(동2)어렵다   53y(쇄설)

　어렵다(역3)어렵다   61y(쇄설)

　어렵다(몽2)어렵다   44z(쇄설)

▷ 어롱(동2)얼룩   37y(주수)

　어록(왜2)얼룩   12z(채색)

　어롬(몽2)얼룩   34y(주수)

▷ 어롱개(역2)얼룩개   32z(주수)

　어룽개(몽3)얼룩개   31z(주수)

▷ 어롱괴(역2)얼룩고양이   33y(주수)

▷ 어루러기(역1)어루러기   62z(질병)

　어루러기(왜1)어루러기   51z(질병)

▷ 어룬노룻(몽3)어른노릇   13y(인사)

▷ 어룬스러온체(역3)

　어른스러운체   56z(쇄설)

▷ 어룬인체ᄒ다(동1)

　어른인체 하다   31y(인사)

　어룬인체ᄒ다(몽3)

　어른인체하다   13y(인사)

▷ 어룽쇼(역2)얼룩소   31y(주수)

　어룽쇼(동2)얼룩소   39y(주수)

　어룽쇼(몽2)얼룩소   32z(주수)

▷ 어르누그다(왜2)무늬가 가다   10y(직조)

▷ 어르믄지다(동1)어루만지다   29z(동정)

　어르믄지다(몽1)어루만지다   22z(동정)

▷ 어름어다(몽3)얼음얼다   03y(시령)

▷ 어름조각(역1)어름조각   08y(지리)

▷ 어름지픠다(몽3)살얼음이 지다   03y(시령)

▷ 어리게(역2)어러어리하게   48z(쇄설)

▷ 어리다(역1)어리석다   28y(인품)

　어리다(동1)어리석다   21y(기식)

　어리다(역3)어리석다   20y(인품)

　어리다(왜1)어리석다   24z(성정)

　어리다(몽3)어리석다   05z(인품)

▷ 어리다(동2)매달다   07z(질병)

▷ 어리다(몽1)어리다   15y(신체)

▷ 어린이(동1)어리석은 사람   24y(성정)

▷ 어림(왜1)어림   20y(신체)

▷ 어롬(역2)얼음   48y(쇄설)

　어름(역2)얼음   54y(쇄설)

　어름(동1)얼음   09y(지리)

　어름(역3)얼음   07y(지리)

　어름(왜1)얼음   11z(지리)

　어름(몽1)얼음   08y(지리)

　어름(몽3)얼음   39y(쇄설)

▷ 어릐(동2)자새   18y(장기)

　어릐(몽2)자새   13z(장기)

▷ 어릐(역2)얼레   03z(직조)

▷ 어릐다(동1)엉기다   59z(식이)

　어릐다(몽1)엉기다   46y(식이)

▷ 어믜(역1)어미, 어머니   32z(상장)

　어미(역1)어미, 어머니   57y(친속)

　어미(역2)어미, 어머니   51y(쇄설)

　어미(왜1)어미, 어머니   12z(친속)

▷ 어믜형(역1)큰이모   57z(친속)

▷ 어버이(동1)어버이   10z(친속)

　어버이(몽1)어버이   09y(친속)

어버이(왜1)어버이 12z(친속)

▷어살(동2)어살 13y(전어)

어살(역3)어살 18y(전어)

어살(몽1)어살 50z(전어)

▷어션(왜2)어선, 고기잡이 배 18z(주강)

▷어슨(왜1)어사 36y(관직)

▷어습(왜1)말이 뜳다 27y(언어)

▷어저귀(역2)어저귀 41z(화초)

어저귀(동2)어저귀 47y(화초)

어저귀(몽2)어저귀 39y(화초)

▷어즈러이(동1)어지러이 51y(정사)

어즈러이(몽1)어지러이 39y(정사)

어즈러이(몽3)어즈러이 12y(동정)

▷어즈럽다(동1)어지럽다 51y(정사)

어즈러올(왜1)어지러울 40y(교열)

어즈럽다(몽1)어지럽다 39y(정사)

▷어즐ᄒ다(역1)어질어질하다 61y(질병)

어즐ᄒ다(역2)어질어질하다 49y(쇄설)

어즐ᄒ다(동2)어질어질하다 07z(질병)

어즐ᄒ다(역3)어질어질하다 34y(질병)

어즐ᄒ다(몽2)어질어질하다 06y(질병)

어즐ᄒ다(몽3)어질어질하다 18z(정사)

▷어지다(왜1)어질다 22z(성정)

▷어제(역1)어제 03z(시령)

어제(동1)어제 04y(시령)

어제(몽1)어제 03z(시령)

▷어탑(동1)보좌, 옥좌 34z(궁궐)

어탑(역3)보좌, 옥좌 07z(궁궐)

어탑(몽1)보좌, 옥좌 25z(궁궐)

▷어한ᄒ다(역3)어한하다 32z(식이)

▷어훈(동1)어음 24z(언어)

어훈(몽1)어음 18z(언어)

▷어화(왜2)고기잡이 불 48y(쇄설)

▷어엿(몽3)언저리 38z(쇄설)

▷어엿븐체ᄒ다(역3)어여쁜체하다 52y(쇄설)

▷어영가싀(몽2)사마귀 35z(곤충)

▷어웅(왜1)고기잡는 사람 15z(인품)

▷어우러지다(동1)어울러지다 46y(교열)

어우러지다(몽3)어울러지다 17y(교열)

▷어우렁이(동2)식물줄기가
한데 어울린것 06z(식이)

어으렁이(역3)식물줄기가
한데 어울린것 31z(식이)

어우렁이(몽2)식물줄기가
한데 어울린것 05y(식이)

▷어우로다(역2)어우르다 06y(재봉)

어우르다(역3)어우르다 41z(재봉)

▷어울다(역2)어울다 21y(안비)

어울다(동2)어울다 38y(주수)

어울다(몽2)어울다 32y(주수)

▷어으름(왜1)어스름 06z(시령)

▷어이(몽3)어이(~할가) 35z(쇄설)

▷어이(왜2)고기미끼 26z(수족)

▷어이ᄒ리(동2)어이하리 48y(쇄설)

어이ᄒ리(몽2)어이하리 40z(쇄설)

▷어인(동2)어인, 어찌된 48y(쇄설)

어인(몽2)어인, 어찌된 40z(쇄설)

▷어웍새(역2)억새 40z(화초)

▷억(왜1)억 55z(산술)

▷억륵(왜2)억제하다 46y(쇄설)

▷억지내다(동1)억지내다 32z(인사)

억지내다(몽1)억지내다 24z(인사)

▷억지로(역3)억지로 52z(쇄설)

▷억지로ᄒ다(몽3)억지로하다 29z(쟁송)

▷언덕(동1)언덕 07z(지리)

언덕(역3)언덕 05z(지리)

언덕(왜1)언덕 08y(지리)

언덕(몽1)언덕 06z(지리)

언덕(몽3)언덕   03z(지리)
▷ 언마나(역2)얼마나   53y(쇄설)
▷ 언머(동2)얼마   50y(쇄설)
　언머(몽2)얼마   17y(산술)
▷ 언머치(동2)얼마만치   48y(쇄설)
　언머치(몽2)얼마만치   40z(쇄설)
▷ 언문(왜1)언문   38z(학교)
▷ 언째(역1)없다   50y(식이)
　언ᄉ다(동1)없다   35y(궁궐)
　언다(역3)없다   13z(궁궐)
　언째(몽1)없다   26z(궁궐)
　언ᄉ다(몽3)없다   18y(군기)
▷ 언지(역1)언제   05z(시령)
　언지(동2)언제   47z(쇄설)
　언지(역3)언제   59y(쇄설)
　언지(몽2)언제   40y(쇄설)
▷ 언약(동2)언약   56z(쇄설)
　언약(왜1)언약   27y(언어)
　언약(몽1)언약   19y(언어)
▷ 언약ᄒ다(역1)언약하다   42y(례도)
　언약ᄒ다(역3)언약하다   54y(쇄설)
▷ 언월도(동1)언월도   48z(군기)
　언월도(몽1)언월도   37y(군기)
▷ 얼굴(역2)얼굴   45y(쇄설)
　얼굴(왜1)얼굴   19z(신체)
▷ 얼글(왜2)얽을(얽다)   36z(쇄설)
▷ 얼넌덧(동2)어느덧   50z(쇄설)
　얼런덧(역3)어느덧   59y(쇄설)
　얼넌덧(몽2)어느덧   42z(쇄설)
▷ 얼럭몰(몽2)얼럭말   31y(주수)
▷ 얼멍이(역2)어레미   14y(기구)
▷ 얼믜다(역2)성글다   06y(직조)
▷ 얼ᄌ(왜1)서자   14y(친속)
▷ 얼킈다(동2)엉키다   25y(직조)

얼킈다(역3)엉키다   40y(직조)
　얽킈다(몽2)엉키다   20z(직조)
▷ 얼픳(역3)얼핏   25y(동정)
▷ 얼에빗(역2)얼레빗   19z(기구)
　어릐빗(동1)얼레빗   55y(소세)
　어릐빗(몽1)얼레빗   42z(소세)
　어레빋(왜1)얼레빗   44z(소세)
▷ 얼운(역1)어른   27y(존비)
　어룬(동1)어른   31y(인사)
　어룬(몽1)어른   24y(인사)
　어룬(몽3)어른   04z(친속)
▷ 얼운털(역1)솜털, 잔털   48z(소세)
▷ 얼의다(역3)엉기다   32y(식이)
　엉긔다(왜1)엉기다   48z(식이)
　엉귈(왜1)엉기다   11y(지리)
　엉긔다(몽3)엉기다   02y(천문)
▷ 얽다(동2)얽다   18z(장기)
　얽다(역3)얽다   20y(인품)
　얽다(몽1)얽다   14z(신체)
　얽다(몽3)얽다   26z(장기)
▷ 얽머흐다(역3)얽히고 험하다   05y(지리)
▷ 얽미이다(역3)얽매이다   58z(쇄설)
▷ 얽은이(역3)곰보   20y(인품)
▷ 엄(역2)움, 싹   08z(전농)
　엄(왜2)움, 싹   06z(채소)
▷ 엄나다(역2)싹나다   08z(전농)
▷ 엄나모(역2)엄나무   43y(수목)
　엄나모(동2)엄나무   44z(수목)
　엄나모(몽2)엄나무   37y(수목)
▷ 엄노로(역2)수노루   34y(주수)
▷ 엄니(역3)어금이   22y(신체)
　어금니(역3)어금이   22y(신체)
　엄니(왜1)어금이   17y(신체)
　엄니(몽3)어금이   06z(신체)

▷ 엄슈이너기다(역1)
　업수이 여기다　32y(마욕)
▷ 엄슉(왜2)엄숙하다　48y(쇄설)
▷ 엄습ᄒ다(왜1)엄습하다　39z(교열)
▷ 엄지가락(동1)엄지손가락　16z(신체)
　엄지가락(몽1)엄지손가락　13y(신체)
▷ 엄히ᄒ다(동1)엄하게 하다　45z(교열)
　엄히ᄒ다(몽1)엄하게 하다　35y(교열)
▷ 엄ᄒ다(왜1)엄하다　39z(교열)
▷ 엄의계집동ᄉᆡᆼ(역1)이모　57z(친속)
▷ 엄의아ᄋᆞ(역1)작은이모　57z(친속)
▷ 업(역3)억지로　58z(쇄설)
▷ 업(왜2)업, 일, 사업　38z(쇄설)
▷ 업다(동1)업다　54z(잉산)
　업ㅅ다(몽1)업다　42y(잉산)
▷ 업다(역1)없다　30z(인품)
　업다(역2)없다　53z(쇄설)
　업다(동1)없다　32z(인사)
　업다(동2)없다　52z(쇄설)
　업다(역3)없다　57z(쇄설)
　업ㅅ다(역3)없다　13z(궁궐)
　업술(왜2)없을(없다)　34z(쇄설)
　업다(몽1)없다　19z(언어)
　업다(몽3)없다　36z(쇄설)
▷ 업더눕다(동1)엎디어 눕다　28y(동정)
▷ 업더디다(동1)엎어지다　27y(동정)
　업더지다(역3)엎어지다　26z(동정)
　업쩌지다(역3)엎어지다　61y(쇄설)
　업더지다(왜1)엎어지다　30y(동정)
　업더디다(몽1)엎어지다　20z(동정)
▷ 업디다(역1)업디다　40z(동정)
　업디다(몽3)엎디다　10z(동정)
▷ 업서ᄒ다(몽3)없어하다　14y(인사)
▷ 업슈이(역2)업수이　50y(쇄설)

업슈이(동1)업수이　33y(인사)
업슈이(왜2)업수이　50y(쇄설)
업슈이(몽1)업수이　33y(인사)
▷ 업티다(동1)엎치다, 엎지르다　09y(지리)
　업치다(몽2)엎치다, 엎지르다　50z(쇄설)
▷ 업퍼놋타(동2)엎어놓다　59z(쇄설)
　업퍼놋타(몽2)엎어놓다　49z(쇄설)
▷ 업이(왜2)이미, 벌써　49y(쇄설)
▷ 엇게(역1)어깨　34z(신체)
　엇게(동1)어깨　16y(신체)
　엇게(역3)어깨　22y(신체)
　얻게(왜1)어깨　17z(신체)
　엇게(몽1)어깨　13y(신체)
▷ 엇다(역1)얻다　42y(례도)
　엇다(역2)얻다　52y(쇄설)
　엇다(동1)얻다　30y(동정)
　엇다(동2)얻다　53y(쇄설)
　엇다(몽1)얻다　22z(동정)
　엇다(몽3)얻다　28z(직조)
▷ 엇더니(동2)어떻니　51z(쇄설)
▷ 엇더ᄒ다(동2)어떠하다　48y(쇄설)
　엇더ᄒ다(몽2)어떠하다　40y(쇄설)
▷ 엇던(동2)어떤　48y(쇄설)
　엇던(몽3)어떤　40y(쇄설)
▷ 엇덩이(역1)언청이　30y(인품)
　언쳥이(동2)언청이　08z(질병)
　언쳥이(몽2)언청이　06z(질병)
▷ 엇ᄆᆞᄅ다(역2)엇마르다　06z(재봉)
▷ 엇지(동2)어찌　48y(쇄설)
　엇지(역3)어찌　61z(쇄설)
　얻지(왜1)어찌　27z(어사)
　엇디(몽2)어찌　40z(쇄설)
▷ 엇지ᄒ리(동2)어찌하리　48y(쇄설)
　엇디ᄒ리(몽2)어찌하리　40z(쇄설)

▷ 엇지ᄒ여셔(동2)어찌하여서　48y(쇄설)
　엇디ᄒ여서(몽2)어찌하여서　40z(쇄설)
▷ 엇지ᄒ엿ᄂ니(몽3)
　어찌 하였느냐　10y(언어)
▷ 엇지홀고(몽3)어찌할고　35z(쇄설)
▷ 엇치(역2)언치　20y(안비)
　언치(동2)언치　20z(안비)
　언치(왜2)언치　18y(안비)
　언치(몽2)언치　16y(안비)
　언치(몽3)언치　32z(주수)
▷ 엉것귀(역2)엉경퀴　40y(화초)

[ㅕ]

▷ 여긔(동2)여기　48y(쇄설)
　여긔(몽2)여기　40z(쇄설)
▷ 여다(동1)열다　35z(궁궐)
　여다(역3)옅다　02y(천문)
　열다(역3)열다　14y(궁궐)
　여다(몽1)열다　26z(궁궐)
▷ 여드름(몽3)여드름　24y(질병)
▷ 여든(동2)여든　21y(산술)
　여든(몽2)여든　17y(산술)
▷ 여듧되(역1)여덟되　65y(산술)
▷ 여등(왜2)너희들　45y(쇄설)
▷ 여듧(동2)여덟　21y(산술)
　여듧(역3)여덟　43z(기구)
　여듧(왜1)여덟　55y(산술)
　여듧(몽2)여덟　16z(산술)
▷ 여듧오리(역3)여덟오리　36z(산술)
▷ 여러(동2)여럿　22z(산술)
　여러(왜2)여러　37y(쇄설)
　여러(몽2)여럿　18y(산술)

▷ 여러 가지(몽3)여러 가지　21z(식이)
▷ 여러번(동2)여러번　21z(산술)
　여러번(몽2)여러번　17y(산술)
▷ 여러히(동1)여럿이　26y(동정)
　여러히(동2)여럿이　27z(매매)
　여러히(몽1)여럿이　20y(동정)
　여러히(몽3)여럿이　11y(동정)
▷ 여론(역2)엷은　17z(기구)
▷ 여무다(동2)여물다　02y(전농)
▷ 여믈(역2)여물　31z(주수)
　여믈(동2)여물　16z(기구)
　여믈(몽2)여물　32y(주수)
　여믈(몽3)여물　33y(주수)
▷ 여섯쌍(역3)여섯쌍　36z(산술)
▷ 여슌(동2)예순　21y(산술)
　여슌(몽2)예순　17y(산술)
▷ 여스(왜2)이러하다　43z(쇄설)
▷ 여슷(동2)여섯　21y(산술)
　여슫(왜1)여섯　55y(산술)
　여슷(몽2)여섯　16z(산술)
▷ 여하(왜2)어떻게　48y(쇄설)
▷ 여흘(역1)여울　08y(지리)
　여흘(동1)여울　08y(지리)
　여흘(왜1)여울　10y(지리)
　여흘(몽1)여울　07y(지리)
▷ 여희(왜2)꽃술　30z(화초)
▷ 여어보다(역1)엿보다　40y(동정)
　여어보다(동1)엿보다　28z(동정)
　엿보다(역3)엿보다　25y(동정)
　엳보다(왜1)엿보다　30y(동정)
　여어보다(몽1)엿보다　22y(동정)
▷ 여으(역2)여우　34y(주수)
　여으(동2)여우　39z(주수)
　여으(왜2)여우　23z(주수)

여ᅀᆞ(몽2)여우   33y(주수)
▷ 여위다(역1)여위다   29z(인품)
　여의다(역1)여위다   19z(궁궐)
　여위다(역2)여위다   30y(주수)
　여위다(동2)여위다   38z(주수)
　여위다(왜1)여위다   20y(신체)
　여외다(몽1)여위다   15y(신체)
　여위다(몽2)여위다   32y(주수)
▷ 여의가족(동2)여우가죽   40z(주수)
▷ 역(동1)역   41y(성곽)
　역(왜1)역   34z(성곽)
　역(몽1)역   31y(성곽)
▷ 역거픠우다(역1)엮어띄우다   19z(궁궐)
▷ 역괴(역2)여뀌   10z(채소)
　역괴(동2)여뀌   04z(채소)
　열귀(왜2)여뀌   06z(채소)
　역괴(몽2)여뀌   04y(채소)
▷ 역마(동2)역마   59z(쇄설)
▷ 역슈(왜1)거스르다   10z(지리)
▷ 역승(역3)역승   10y(관직)
▷ 역ᄉᆞ(왜2)역사   38z(쇄설)
▷ 역ᅀᆞᆯ(왜2)엮을(엮다)   43z(쇄설)
▷ 역졸(동1)역졸   14z(인품)
▷ 역질도셔다(역3)연두에 걸리다   35y(질병)
　역질돗다(몽3)천연두에 걸리다   24z(질병)
▷ 역질삭뵈다(역3)
　천연두에 걸리다   35y(질병)
▷ 역질ᄒᆞ다(동2)천연두에 걸리다   07z(질병)
　역질ᄒᆞ다(몽2)천연두에 걸리다   06y(질병)
▷ 역풍(역3)역풍   46z(주강)
　역풍(왜1)역풍   02y(천문)
　역풍(몽3)역풍   27y(주강)
▷ 연(역2)연   24y(기회)
　연(동2)연   33z(기회)

▷ 연(역2)흑연, 함석   02z(진보)
　연(몽2)흑연, 함석   19z(진보)
　연(왜2)흑연, 함석   09y(진보)
▷ 연(왜2)갈다(研)   16y(기구)
▷ 연고(왜2)연고   47z(쇄설)
▷ 연계(역2)햇닭   25y(비금)
　연계(동2)햇닭   35z(비금)
　연계(몽2)햇닭   29z(비금)
▷ 연나라(왜2)연나라   02y(국호)
▷ 연남비단(역2)연남색비단   04z(직조)
▷ 연뎍(역2)연적   19z(기구)
　연뎍(왜1)연적   39y(학교)
▷ 연도홍(역3)연붉은색   40z(직조)
▷ 연듸(동1)돈대   41y(성곽)
　연듸(몽1)돈대   30z(성곽)
▷ 연명ᄒᆞ다(몽3)연명하다   37z(쇄설)
▷ 연빗(동2)연한색   26z(직조)
　연빗(몽2)연한색   21y(직조)
▷ 연샹(왜1)벼루를 넣는 상자   39y(학교)
▷ 연숑화식(역3)연푸른색   40z(직조)
▷ 연쇄(왜1)연쇄   50y(식이)
▷ 연좌ᅀᆞ(역2)부드러운 안장   20y(안비)
▷ 연쥭(왜2)연죽   13z(기구)
▷ 연지(왜1)연지   45y(소세)
▷ 연초록(역3)연초록   40z(직조)
▷ 연초식(왜2)연초록색   11z(직조)
▷ 연쵸록비단(역2)연초록비단   04z(직조)
▷ 연훈(왜2)연기에 그슬다   19z(주강)
▷ 연ᄒᆞ다(역1)연하다   51z(식이)
　연ᄒᆞ다(왜2)연하다   37y(쇄설)
▷ 연연(왜2)졸졸 흐르다   50z(쇄설)
▷ 열(동2)열   21y(산술)
　열(왜1)열(십)   55z(산술)
　열(몽2)열(십)   16z(산술)

▷ 열개(왜1)열개 33y(궁궐)

▷ 열닛(역1)열개 65y(산술)

▷ 열다숫(동2)열다섯 21y(산술)

　열다숫(몽2)열다섯 16z(산술)

▷ 열셤(역1)열섬 65y(산술)

　열쇠(왜2)열쇠 13y(기구)

▷ 열즈로(역3)열자루 36z(산술)

▷ 열흘(왜1)열흘 04z(시령)

▷ 열아문날(역3)여라문날 04y(시령)

▷ 열온뵈(역2)엷은 베 06y(직조)

▷ 열운(역1)大舍 31y(경중)

▷ 열이다(역3)여리다 24z(기식)

▷ 엷다(동2)엷다 54z(쇄설)

　열울(왜2)엷을(엷다) 32y(쇄설)

　엷다(몽2)엷다 46y(쇄설)

▷ 엶쇠(역1)열쇠 14z(성곽)

　열쇠(몽2)열쇠 10y(기구)

▷ 염규(역2)부추 11y(채소)

▷ 염그다(역2)여물다 10y(화곡)

　염그다(몽2)여물다 02y(전농)

▷ 염병(동2)열병 07y(질병)

　염병(역3)열볌 34y(질병)

　염병(몽2)열병 05z(질병)

▷ 염쇼(역2)염소 33y(주수)

　염소(동2)염소 39z(주수)

　염쇼(왜2)염소 23z(주수)

　염쇼(몽2)염소 33y(주수)

▷ 염쇼삿기(역2)염소새끼 33y(주수)

▷ 염쵸(왜2)염초 09z(진보)

▷ 엿(역1)엿 51z(식이)

　엿(동1)엿 61z(식이)

　엿(역3)엿 31y(식이)

　엿(몽1)엿 48y(식이)

▷ 엿기름(역3)엿싹 31y(식이)

▷ 엿냥(역1)엿냥 65y(산술)

▷ 엿다(역1)옅다 60y(연향)

　여튼(역2)옅은(옅다) 22y(주강)

　엿다(동1)옅다 09y(지리)

　엿흔(몽3)옅은(옅다) 27y(주강)

　엳틀(왜1)옅을(옅다) 10z(지리)

　엿다(몽1)옅다 07z(지리)

▷ 엿듯기ᄒ다(역3)엿듣기하다 60y(쇄설)

▷ 엿태(동2)여태(~까지) 47z(쇄설)

　엿태(몽2)여태(~까지) 40y(쇄설)

▷ 엿줍다(역1)여쭈다 11z(공식)

　엿줍다(동1)여쭈다 51z(정사)

　엿줍다(몽3)여쭈다 18z(정사)

▷ 영노ᄒ다(역1)시원스럽다 28z(인품)

▷ 영산홍(왜2)영산홍, 진달래 30y(화초)

▷ 영장ᄒ다(동2)매장하다 11y(상장)

　영장ᄒ다(몽2)매장하다 08y(상장)

▷ 영합ᄒ다(몽3)비위를 맞추다 05z(인품)

▷ 영화(왜2)영화(부귀~) 34y(쇄설)

▷ 영오(왜1)영민하다 23y(성정)

▷ 영웅(왜1)영웅 14z(인품)

[ㅗ]

▷ 오(왜1)오 07z(시령)

▷ 오가리(역2)靑? 28y(비금)

▷ 오공(왜2)오공, 지네 27z(곤충)

▷ 오나라(왜2)오나라 02y(국호)

▷ 오누의게난형(역1)외사촌형 58y(친속)

▷ 오늘(역1)오늘 03z(시령)

　오늘(동1)오늘 03z(시령)

　오늘(몽1)오늘 03z(시령)

▷ 오니(왜1)오뇌 41y(군기)

▷ 오다(역1)오다, 내리다 03y(천문)
　오다(동1)오다, 내리다 02z(천문)
　오다(역3)오다, 내리다 02z(천문)
　오다(몽1)오다, 내리다 02z(천문)
　오다(몽3)오다, 내리다 02y(천문)
▷ 오다(역1)오다 59y(연향)
　오다(역2)오다 46z(쇄설)
　오다(동1)오다 27z(동정)
　오다(역3)오다 60y(쇄설)
　오다(왜1)오다 29z(동정)
　오다(몽1)오다 21y(동정)
▷ 오동(왜2)오동 09y(진보)
▷ 오동(왜2)오동나무 28y(수목)
▷ 오듀(역1)청첩 41z(례도)
▷ 오디(역2)오디 42z(수목)
　오디(동2)오디 06y(식이)
▷ 오랑캐(왜2)오랑캐 02z(국호)
▷ 오로(동2)온, 전체 49y(쇄설)
　오로(몽2)온, 전체 41z(쇄설)
▷ 오로(왜1)오로지 29y(어사)
▷ 오롯이ᄒ다(몽3)전심하다 16z(학교)
▷ 오르다(동1)오르다 27z(동정)
　오르다(왜1)오르다 30y(동정)
　올으다(역3)오르다 06y(지리)
　오로다(몽1)오르다 21y(동정)
　오로다(몽3)오르다 31y(비금)
▷ 오리(왜2)오리(실∼) 39z(쇄설)
▷ 오리나모(역2)오리나무 42z(수목)
▷ 오리다(동1)오리다 60y(식이)
　오리다(몽1)오리다 46z(식이)
▷ 오래(역2)오래 44z(쇄설)
▷ 오랜병(역3)오랜병 34z(질병)
▷ 오랠(왜2)오랠(오래다) 35y(쇄설)
▷ 오목(왜1)오목하다 09y(지리)

▷ 오반(왜1)점심밥 47y(식이)
▷ 오소리(왜2)오소리 24y(주수)
▷ 오시(왜1)오시 06y(시령)
▷ 오슈리(역2)오소리 34y(주수)
　오스리(동2)오소리 40y(주수)
　오스리(몽2)오소리 33z(주수)
▷ 오장(왜1)오장 19y(신체)
▷ 오장뉵부(동1)오장륙부 17z(신체)
　오장뉵부(몽1)오장륙부 14y(신체)
▷ 오좀(역2)오줌 31z(주수)
　오좀(동1)오줌 18y(신체)
　오좀(역3)오줌 23z(잉산)
　오좀(왜1)오줌 19y(신체)
　오좀(몽1)오줌 14z(신체)
▷ 오좀누다(역2)오줌누다 30z(주수)
　오좀누다(동1)오줌누다 18y(신체)
　오좀누다(몽1)오줌누다 14z(신체)
▷ 오좀통(역1)오줌통 36y(신체)
　오좀통(동1)오줌통 17z(신체)
　오좀통(몽1)오줌통 14y(신체)
▷ 오증어(역2)오징어 37y(수족)
　오적어(왜2)오징어 25z(수족)
▷ 오직(왜1)오직 27z(어사)
▷ 오챠ᄒ다(역1)릉지쳐참하다 68y(형옥)
▷ 오치(왜1)오치 17y(신체)
▷ 오후(역1)오후 05z(시령)
　오후(역3)오후 04y(시령)
▷ 오히려(동2)오히려 49z(쇄설)
　오히려(역3)오히려 53y(쇄설)
　오히려(왜1)오히려 27z(어사)
　오히려(몽2)오히려 42y(쇄설)
▷ 오화당(왜1)여러가지 사탕 48y(식이)
▷ 오활(왜1)현실에 맞지 않다 24z(성정)
▷ 오활ᄒ다(동1)迂浮 33z(인사)

▷ 오월(왜1)오월 04y(시령)

▷ 옥(역2)옥 01z(진보)

옥(왜2)옥 08z(진보)

▷ 옥(왜1)옥, 감옥 54y(형옥)

▷ 옥슈슈(역2)옥수수 10y(화곡)

옥슈슈(몽2)옥수수 38z(화초)

옥셔(왜2)옥수수 05y(화곡)

▷ 옥뚤는것(역2)금강석비녀 02z(진보)

▷ 옥식(동2)옥색 26y(직조)

▷ 옥식비단(역2)옥색비단 04z(직조)

▷ 온(동1)온 40z(성곽)

온(동2)온 59y(쇄설)

온(몽3)온 16y(성곽)

▷ 온가지로(동2)온갖 49z(쇄설)

온가지로(몽2)온갖 42y(쇄설)

▷ 온갓(동2)온갖 49z(쇄설)

온갓(몽2)온갖 42y(쇄설)

▷ 온것(동2)완전한것 54z(쇄설)

▷ 온당ᄒ다(역3)온당하다 54y(쇄설)

▷ 온반(역1)온반 49z(식이)

▷ 온밤(동1)온밤 05z(시령)

▷ 온젼(왜2)온전하다 32y(쇄설)

▷ 온젼ᄒ것(동2)온전한 것 54z(쇄설)

▷ 온졍(왜1)온천 10y(지리)

▷ 온집(동1)온집 35y(궁궐)

▷ 온ᄒ(동1)온해 04z(시령)

▷ 온이(역3)온이 32z(식이)

▷ 옫(왜1)옷 45z(복식)

▷ 옫(왜2)옻 12y(채색)

▷ 옫나모(왜2)옻나무 28z(수목)

▷ 올(역1)올해 04y(시령)

▷ 올가잡다(몽3)올가잡다 32z(주수)

▷ 올감애(동2)올감이 13y(전어)

올감이(역3)올감이 17z(전어)

올감이(몽1)올감이 50z(전어)

▷ 올려쓰다(동1)올려쓰다 43z(학교)

올려쁘다(역3)올려쓰다 11z(학교)

▷ 올리다(역1)올리다 22y(군기)

올리다(역2)올리다 03y(잠상)

올리다(동1)올리다 45y(학교)

올리다(동2)올리다 12y(사관)

올리다(역3)올리다 16y(군기)

올리다(몽1)올리다 34y(학교)

올리다(몽3)올리다 20y(복식)

▷ 올ᄉ외다(동1)옳습니다 25z(언어)

올ᄉ외다(몽3)옳습니다 10y(언어)

▷ 올창이(역2)올챙이 36z(곤충)

올창이(동2)올챙이 42z(수족)

올창이(몽2)올챙이 35y(수족)

▷ 올타(동1)옳다 25z(언어)

올ᄒ다(왜1)옳다 28z(어사)

올흘(왜2)옳을(옳다) 34z(쇄설)

올타(몽1)옳다 19z(언어)

▷ 올흔(동1)오른(쪽) 48y(군기)

올흘(왜1)오른쪽 11z(지리)

올흔(몽1)오른(쪽) 36z(군기)

▷ 올흔체ᄒ다(역3)옳은체하다 60y(쇄설)

올흔체ᄒ다(몽3)옳은체하다 05z(인품)

▷ 올흠(동2)옳음 29z(쟁송)

올흠(몽2)옳음 24y(쟁송)

▷ 올희(역1)오리 20y(궁궐)

올히(동2)오리 35y(비금)

오리(왜2)오리 22y(비금)

올이(몽2)오리 29y(비금)

▷ 옴(역1)옴 62y(질병)

옴(동2)옴 07z(질병)

옴(왜1)옴 51z(질병)

옴(몽2)옴 06y(질병)

▷ 옴겨가다(역2)옴겨가다   49y(쇄설)
▷ 옴겨오다(역2)옴겨가다   49y(쇄설)
▷ 옴기다(역2)옮기다   08z(전농)
  옴다(역2)옮기다   48y(쇄설)
  옴기다(동1)옮기다   30y(동정)
  옴다(동1)옮기다   30y(동정)
  옴기다(동2)옮기다   45z(화초)
  옴기다(역3)옮기다   26z(동정)
  옴길(왜2)옮길(옮기다)   37y(쇄설)
  옴기다(몽1)옮기다   23z(동정)
  옴다(몽1)옮기다   23z(동정)
▷ 옴두터비(동2)옴두꺼비   42z(수족)
  옴둣터비(역2)옴두꺼비   36z(곤충)
▷ 옴는다(역2)옴는다   53z(쇄설)
▷ 옷(역1)옷   47z(복식)
  옷(역2)옷   06z(재봉)
  옷(동1)옷   55z(복식)
  옷(동2)옷   57y(쇄설)
  옷(역3)옷   29z(복식)
  옷(몽1)옷   44y(복식)
  옷(몽2)옷   48y(쇄설)
  옷(몽3)옷   37y(쇄설)
▷ 옷가슴(동1)옷가슴   57z(복식)
  옷가슴(몽3)옷가슴   37y(쇄설)
▷ 옷거리(역2)옷걸이   18z(기구)
  옷거리(동2)옷걸이   16y(기구)
  옷거리(몽2)옷걸이   11z(기구)
▷ 옷거죽(역3)옷거죽   41y(재봉)
▷ 옷것녑(역3)옷섶   41y(재봉)
▷ 옷것(역2)옷섶   06y(재봉)
▷ 옷기슭(동1)옷깃   56z(복식)
  옷깃(동1)옷깃   56z(복식)
  옷기슭(역3)옷깃   41y(재봉)
  옷깃(역3)옷깃   28z(복식)

  옷깃(몽1)옷깃   43z(복식)
  옷기슭(몽3)옷깃   19z(복식)
▷ 옷ᄀ음(역2)옷감   06z(재봉)
  옷ᄀ음(역3)옷감   41y(재봉)
▷ 옷ᄆᆞ르다(역2)옷을 마르다   06z(재봉)
▷ 옷밤이(역2)올빼미   28z(비금)
  옷밤이(동2)올빼미   35y(비금)
  온바미(왜2)올빼미   21z(비금)
  옷밤이(몽2)올빼미   29y(비금)
▷ 옷쟈락(역2)옷자락   34z(주수)
  옷쟈락(몽3)옷자락   12z(동정)
▷ 옷칠(동2)칠   26z(직조)
  옷칠(몽2)옻칠   12z(기구)
▷ 옷칠ᄒᆞ다(동2)옻칠하다   26z(직조)
  옷칠ᄒᆞ다(몽2)옻칠하다   12z(기구)
▷ 옹망(왜2)옹망하다,
  크게 우러러 보다   47y(쇄설)
▷ 옹미(왜1)꽁무니   18y(신체)
▷ 옷안(동1)옷안   56z(복식)
  옷안(역3)옷안   41z(재봉)
  옷안(몽1)옷안   44y(복식)

[ㅛ]

▷ 요(역2)요   16y(기구)
  요(동1)요   58z(복식)
  요(왜1)요   46z(복식)
  요(몽1)요   45z(복식)
▷ 요강(동2)뇨강   16y(기구)
  요강(역3)뇨강   44y(기구)
  요강(몽2)뇨강   12y(기구)
▷ 요구창(역3)요구창   17y(군기)
▷ 요괴(동2)요귀   12z(사관)

요긔(몽2)요귀   09z(사관)

▷ 요디(왜1)허리띠   46y(복식)

▷ 요란(왜2)요란하다   42y(쇄설)

▷ 요란찌다(몽3)떠들다   09y(성정)

▷ 요스이(동2)요사이   47y(쇄설)

　요스이(몽2)요사이   39z(쇄설)

▷ 요차(몽3)요차   19z(잉산)

▷ 요향(역2)골풀   41y(화초)

　요향(왜2)골풀   31y(화초)

▷ 요힝(몽3)요행   37y(쇄설)

▷ 욕먹다(역2)욕먹다   44z(쇄설)

▷ 욕심(역3)욕심   57z(쇄설)

　욕심(왜1)욕심   24y(성정)

▷ 욕심내다(몽3)욕심내다   28z(매매)

▷ 욕ᄒ다(동2)욕하다   34y(마욕)

　욕ᄒ다(역3)욕하다   60y(쇄설)

　욕ᄒ다(왜2)욕하다   34y(쇄설)

　욕ᄒ다(몽2)욕하다   27y(마욕)

▷ 용납지(몽3)용납하지   39y(쇄설)

▷ 용납ᄒ다(동1)용납하다   32y(인사)

　용납ᄒ다(왜2)용납하다   40y(쇄설)

　용납ᄒ다(몽1)용납하다   24z(인사)

▷ 용내다(동1)용기를 내다   23z(성정)

　용내다(몽3)용기를 내다   08z(성정)

▷ 용렬(왜2)용렬하다   34z(쇄설)

▷ 용렬ᄒ다(동1)용렬하다   24y(성정)

▷ 용소(역2)술주자   14z(기구)

▷ 용탑(동1)庸懶   24y(성정)

▷ 용ᄒ다(역1)로실하다   28y(인품)

　용ᄒ다(동2)로실하다   37z(주수)

　용ᄒ다(몽2)로실하다   31z(주수)

▷ 용용(왜2)
　물결이 넘실넘실하다   50z(쇄설)

[ㅜ]

▷ 우(역2)우   23z(주강)

　우(동1)우   09z(지리)

　우(왜1)우   12y(지리)

　우(몽1)우   08y(지리)

　우(몽3)우   04y(지리)

▷ 우각뜸(역1)우각뜸 헛뜸   64y(의약)

▷ 우격으로(몽3)우격다짐으로   09z(언어)

▷ 우격이다(역3)우격이다   10y(관직)

▷ 우골우골(동2)우글우글   57z(쇄설)

▷ 우골우골ᄒ다(몽3)우글우글하다   34z(곤충)

▷ 우그러디다(역2)우그러지다   48y(쇄설)

▷ 우기다(동1)우기다   13z(인품)

　우기다(몽3)우기다   05z(인품)

▷ 우나라(왜2)우나라   01z(국호)

▷ 우다(역1)울다   32z(상장)

　우다(역2)울다   30z(주수)

　우다(동2)울다   10z(상장)

　우다(왜1)우다   53y(상장)

　울(왜2)울(울다)   22z(비금)

　우다(몽2)울다   08y(상장)

　우다(몽3)울다   25y(상장)

▷ 우등ㅅ불(동1)우등불   63z(식이)

　우등ㅅ불(몽1)우등불   50y(식이)

▷ 우러러(역2)우러러   53z(쇄설)

　우럴(왜1)우러를(우러러다) 동정)

▷ 우럴(동2)우결함   33y(기회)

　우럴(역3)우결함   47z(기회)

　우럴(몽2)우결함   26z(기회)

▷ 우룡이(역2)우렁이   39y(수족)

▷ 우루루(동2)우루루   57z(쇄설)

　우루루(몽2)우루루   48z(쇄설)

▷ 우리(동2)우리(너와~)   51y(쇄설)

우리(몽2)우리(너와~) 43y(쇄설)
우리(몽3)우리(너와~) 35z(쇄설)
▷ 우리(역1)우리(개~) 20y(궁궐)
▷ 우리더다(역1)위협하다 32y(마욕)
▷ 우리치다(역3)물리치다 21y(마욕)
▷ 우레다(역1)울리다 21y(교열)
▷ 우리(역1)우뢰 02z(천문)
　우레(동1)우뢰 02z(천문)
　우리(역3)우뢰 02z(천문)
　우레(왜1)우뢰 02z(천문)
　우레(몽1)우뢰 02y(천문)
▷ 우리ㅅ소리(역1)우뢰소리 02z(천문)
▷ 우리ᄒ다(역3)우뢰치다 02z(천문)
　우레ᄒ다(몽1)우뢰치다 02y(천문)
　우레ᄒ다(몽3)우뢰치다 02y(천문)
▷ 우목ᄒ다(역1)우묵하다 07y(지리)
　우목ᄒ다(동1)우묵하다 07y(지리)
　우묵ᄒ다(몽3)우묵하다 03z(지리)
▷ 우목ᄒ눈(역3)우묵눈 22y(신체)
▷ 우무(역1)海凍 52z(식이)
▷ 우믈(역1)우물 19z(궁궐)
　우믈(동1)우물 08y(지리)
　우물(왜1)우물 10y(지리)
　우믈(몽1)우물 07y(지리)
▷ 우뷔다(동2)우비다 18z(장기)
　우븨다(역3)우비다 45z(기구)
　우뷔다(몽2)우비다 14y(장기)
▷ 우ㅅ턱(동1)우턱 10y(지리)
　우ㅅ덕(몽3)우턱 04y(지리)
▷ 우산(역2)우산 16z(기구)
　우산(왜2)우산 13z(기구)
▷ 우숩다(몽3)우습다 10y(언어)
▷ 우장(왜1)비옷 46y(복식)
▷ 우힐비단(역2)련사 04y(직조)

▷ 우희다(역3)움키다 25z(동정)
　우희다(왜1)움키다 30z(동정)
　우희다(몽1)움키다 22z(동정)
▷ 우희여쥐다(동1)움켜쥐다 29z(동정)
▷ 우연(왜2)우연하다 45y(쇄설)
▷ 우연ᄒ다(동2)우연하다 09y(의약)
　우연ᄒ다(몽3)우연하다 24z(질병)
▷ 우음(동1)웃음 25z(언어)
　우임(역3)웃음 60z(쇄설)
　우움(왜1)웃음 21y(기식)
▷ 우이다(몽3)웃기다 30y(기희)
▷ 우웡(역2)우엉 11y(채소)
▷ 욱여드다(역3)욱여들다 17z(전어)
▷ 운(몽1)(~이 좋다) 05y(시령)
▷ 운션(왜2)배멀미하다 19z(주강)
▷ 운혀(역1)신 47y(복식)
▷ 운월(역1)大帽雲頂兒 44y(복식)
▷ 울두(왜2)인두, 다리미 17y(기구)
▷ 울섭(동1)울섶 36y(궁궐)
　울섭(역3)울섶 15y(궁궐)
　울섭(왜1)울섶 34y(궁궐)
　울섭(몽1)울섶 27y(궁궐)
▷ 울어러보다(역1)우러러보다 40y(동정)
　우러러보다(동1)우러러보다 29y(동정)
　우러러보다(몽1)우러러보다 22y(동정)
▷ 울울(왜2)울울하다 49z(쇄설)
▷ 울이이다(왜1)울리다 21y(기식)
▷ 움(역1)움 17z(궁궐)
　움(동1)움 36y(궁궐)
　움(역3)움 13y(궁궐)
　움(몽1)움 27y(궁궐)
▷ 움(동2)움, 싹 02y(전농)
　움(몽2)움, 싹 01z(전농)
　움(몽3)움, 싹 22z(전농)

▷ 움(역3)재생초 43y(채소)
▷ 움나다(몽3)싹나다 22z(전농)
▷ 움즉못ᄒ다(역3)
  움직이지 못하다 57z(쇄설)
▷ 움즉이다(역2)움직이다 52z(쇄설)
  움즈기다(동1)움직이다 29z(동정)
  움즉이다(역3)움직이다 05y(지리)
  움즉이다(왜1)움직이다 29z(동정)
  움즉이다(몽1)움직이다 22y(동정)
▷ 움치켜다(역2)움츠리다 51y(쇄설)
▷ 웃다(역3)웃다 23z(기식)
  웃다(몽1)웃다 19z(언어)
  웃다(몽3)웃다 10y(언어)
▷ 웃동(역2)웃도리 06z(재봉)
  웃동(역3)웃도리 16y(군기)
▷ 웃짐(역3)끝, 말단 47y(주강)
▷ 웃풀쪽(역1)웃팔뚝 34z(신체)
▷ 웃옷(동1)웃옷 56y(복식)
  웃옷(역3)웃옷 28z(복식)
  웃옷(몽1)웃옷 43z(복식)
▷ 웅덩이(동1)웅덩이 08y(지리)
  웅덩이(역3)웅덩이 06z(지리)
  웅덩이(몽1)웅덩이 07y(지리)

[ㅠ]

▷ 유(왜1)유 07z(시령)
▷ 유록(왜2)기름기가
  도는 짙은 풀빛 11y(직조)
▷ 유모(왜1)유모(乳母) 13z(친속)
▷ 유무(역1)서신 12z(공식)
▷ 유복(왜2)유복 45z(쇄설)
▷ 유복ᄒ다(역3)유복하다 61y(쇄설)

▷ 유삼(역1)유삼, 비옷 45z(복식)
  유삼(동1)유삼, 비옷 56y(복식)
  유삼(역3)유삼, 비옷 29y(복식)
  유삼(왜1)유삼, 비옷 46y(복식)
  유삼(몽1)유삼, 비옷 43z(복식)
▷ 유삼옷(동1)유삼옷 56y(복식)
  유삼옷(몽1)유삼옷 43z(복식)
▷ 유시(왜1)유시 06z(시령)
▷ 유싱(왜1)유생 15y(인품)
▷ 유ᄌ(역3)유자 31z(식이)
▷ 유어(왜2)다랑어 25z(수족)
▷ 유언하다(동2)유언하다 10y(상장)
  유언ᄒ다(몽2)유언하다 07z(상장)
▷ 유유(왜2)유유하다 50y(쇄설)
▷ 유익(왜2)유익하다 46z(쇄설)
▷ 유인ᄒ다(몽3)유인하다 14z(인사)
▷ 유ᄋ(왜1)유아, 애기 14y(친속)
▷ 유예(왜2)주저하다 48z(쇄설)
▷ 유월ᄒ다(동1)달이 지나다 54y(잉산)
  유월ᄒ다(역3)달이 지나다 23y(잉산)
  유월ᄒ다(몽1)달이 지나다 42y(잉산)
▷ 육홍비단(역2)살색비단 04y(직조)
▷ 윤둘(역3)윤달 03z(시령)
  윤월(왜1)윤달 04y(시령)
▷ 윤습ᄒ다(역1)습윤하다 08y(지리)
▷ 윤포(왜2)윤포 10z(직조)
▷ 율모(역2)율무 10y(화곡)
  율모(동2)율무 03z(화곡)
  율모(몽3)율무 23y(화곡)
▷ 융스(역3)수놓이실, 털실 40y(직조)

[ㅡ]

▷ 으드덕다무다(역3)으드득 물다 62y(쇄설)
▷ 은(역2)은 01z(진보)
　은(동2)은 23y(진보)
　은(역3)은 38z(매매)
　은(왜2)은 08y(진보)
　은(몽2)은 18z(진보)
▷ 은구(역3)물웅덩이 06y(지리)
▷ 은구어(역2)은어,도루메기 38y(수족)
　은구어(왜2)은어,도루메기 25y(수족)
▷ 은근(왜2)은근하다 44z(쇄설)
▷ 은나라(왜2)은나라 01z(국호)
▷ 은덕(동1)은덕 50z(정사)
　은덕(몽1)은덕 38z(정사)
▷ 은릭ᄒ다(동1)속이다 33z(인사)
▷ 은ㅅ덩(역3)관뚜껑에 박는 못 27z(상장)
▷ 은ᄉ(왜1)은사 14z(인품)
▷ 은하슈(동1)은하수 01z(천문)
　은하(왜1)은하수 02y(천문)
　은하슈(몽1)은하수 01z(천문)
▷ 은혜(동1)은혜 31z(인사)
　은혜(역3)은혜 60y(쇄설)
　은혜(왜2)은혜 34y(쇄설)
　은혜(몽1)은혜 24z(인사)
▷ 은힝(역1)은행 55z(식이)
　은힝(동2)은행 06y(식이)
　은힝(몽2)은행 05y(식이)
▷ 은힝나모(역2)은행나무 43y(수목)
▷ 은은(왜2)은은하다 49z(쇄설)
▷ 은뜸(왜2)으뜸 40z(쇄설)
▷ 을(왜1)을 07y(시령)
▷ 읇다(역1)읊다 15z(학교)
　을플(왜1)읊을 38y(학교)

▷ 읇쥬어리다(동1)읊조리다 43y(학교)
　을쥬어리다(몽1)읊조리다 32z(학교)
▷ 음난ᄒ다(동1)음란하다 24y(성정)
　음난ᄒ다(몽1)음란하다 18z(성정)
▷ 음낭(왜1)음낭 18z(신체)
▷ 음달(동1)음달 03z(천문)
　음달(역3)음달 05y(지리)
　음달(몽1)음달 03y(천문)
▷ 음덕(몽2)날이 흐리다 45y(쇄설)
▷ 음란(왜1)음란 25y(성정)
▷ 음문(왜1)음문 18z(신체)
▷ 음슈(역1)음수 37y(신체)
▷ 음식(역2)음식 48y(쇄설)
　음식(동1)음식 59y(식이)
　음식(역3)음식 32z(식이)
　음식(몽1)음식 46y(식이)
　음식(몽3)음식 19y(례도)
▷ 음탕ᄒ다(몽3)음탕하다 13z(인사)
▷ 읍ᄒ다(동1)읍하다 52y(례도)
　읍ᄒ다(역3)읍하다 27y(례도)
　읍ᄒ다(왜1)읍하다 30y(동정)
　읍ᄒ다(몽1)읍하다 40y(례도)
▷ 응당(동2)응당 47z(쇄설)
　응당(몽2)응당 40y(쇄설)
▷ 응당ᄒ다(역3)응당하다 24y(기식)
▷ 응ᄉ(왜1)매를 키우는 사람 15z(인품)

[ㅣ]

▷ 이(역1)이, 사람 63y(질병)
　이(동1)이, 사람 25y(언어)
　이(역3)이, 사람 10y(관직)
　이(몽1)이, 사람 35z(교열)

이(몽3)이, 사람   24z(질병)
▷ 이(동2)이(대명사)   51z(쇄설)
　이(왜1)이(대명사)   28z(어사)
　이(몽2)이(대명사)   44y(쇄설)
▷ 이(왜1)이다   28z(어사)
▷ 이곳(역2)이곳   54y(쇄설)
　이곳(동2)이곳   48y(쇄설)
　이곳(몽2)이곳   40z(쇄설)
▷ 이기다(역2)이기다   53z(쇄설)
　이긔다(동1)이기다   46z(교열)
　이긔다(왜2)이기다   20z(기회)
　이긔다(몽1)이기다   35z(교열)
▷ 이다(동1)이다   30z(동정)
　이다(몽1)이다   23z(동정)
▷ 이다(동1)일다   62y(식이)
　이다(몽1)일다   48z(식이)
▷ 이다(역2)일다(때가 ～)   47z(쇄설)
▷ 이댱(왜1)물엿   48y(식이)
▷ 이들(동2)이들   51z(쇄설)
　이들(몽2)이들   43z(쇄설)
▷ 이둘(역1)이 달   04y(시령)
▷ 이랑(역2)이랑   08y(전농)
　이랑(동2)이랑   01z(전농)
　이랑(왜2)이랑   03y(전농)
▷ 이러나져러나(몽2)이러나저러나 42z(쇄설)
▷ 이러툿(동2)이렇듯   48z(쇄설)
　이러툿(몽2)이렇듯   40z(쇄설)
▷ 이럴니이시랴(동2)
　이럴리 있으랴   50z(쇄설)
　이럴리이시랴(몽2)
　이럴리 있으랴   43y(쇄설)
▷ 이리(동2)이리하여   48z(쇄설)
　이리(몽2)이리하여 40z(쇄설)
▷ 이리(역3)이리   57z(쇄설)

▷ 이리나져리나(동2)
　이리나저리나   50y(쇄설)
　이리나져리나(역3)
　이리나저리나   54z(쇄설)
▷ 이리뎌리(역2)이리저리 44y(쇄설)
　이리져리(동2)이리저리   50y(쇄설)
　이리져리(역3)이리저리   60y(쇄설)
　이리져리(몽2)이리저리   42z(쇄설)
▷ 이리토(동2)이렇게도 60y(쇄설)
▷ 이리토져리토(몽3)이리도저리도13z(인사)
▷ 이리ᄒ다(역3)이리하다 60y(쇄설)
▷ 이릇다(역1)일찍하다   05y(시령)
　이릇다(동1)일찍하다   03y(천문)
　이르다(동2)일찍하다   02y(전농)
　이릇다(역3)일찍하다   04y(시령)
　일으다(역3)이르다   03y(천문)
　일으다(왜1)이르다   05z(시령)
　일릇다(몽1)이르다   04z(시령)
　이르다(몽2)일찍하다   02y(전농)
▷ 이릐ᄒ다(동1)아양을 떨다   54z(잉산)
　이릐ᄒ다(몽1)아양을 떨다   42y(잉산)
▷ 이마작(역3)이만큼   58z(쇄설)
▷ 이모(왜2)이모   04z(화곡)
▷ 이바디(역1)음식대접   59z(연향)
　이바지(왜1)음식대접   43y(연향)
▷ 이바디상(역1)음식상, 연회상   59z(연향)
▷ 이밧긔(동2)이밖에   51y(쇄설)
　이밧긔(몽2)이밖에   43y(쇄설)
▷ 이번(역2)이번   53y(쇄설)
　이번(동2)이번   21z(산술)
　이번(몽2)이번   17y(산술)
▷ 이분(역3)이분   21y(경중)
▷ 이삭(역2)이삭   08z(전농)
　이삭(동2)이삭   02y(전농)

이삭(역3)이삭 42y(전농)

이삭(왜2)이삭 03z(전농)

이삭(몽2)이삭 02y(전농)

이삭(몽3)이삭 22z(전농)

▷ 이삭옷(역1)衣撒 45y(복식)

▷ 이슬(역1)이슬 03y(천문)

이술(동1)이슬 03y(천문)

이슬(역3)이슬 03y(천문)

이슬(왜1)이슬 03y(천문)

이슬(몽1)이슬 02z(천문)

▷ 이슬프다(역2)물이 솟다 22z(주강)

이슬프다(역3)물이 솟다 47y(주강)

▷ 이스랏나모(역2)이스라치나무 42z(수목)

▷ 이즈러지다(역3)이지러지다 01z(천문)

이즈러지다(왜2)이즈러지다 37y(쇄설)

▷ 이즈음(역3)이쯤 59y(쇄설)

▷ 이즉(왜1)(틈새를 칠하여

메우는 빠데) 45y(소세)

▷ 이제(동1)이제 06y(시령)

이지(왜2)이제 35y(쇄설)

이제(몽1)이제 05y(시령)

▷ 이쳥(왜2)이청 12y(채색)

▷ 이튼날(동1)이튿날 04y(시령)

이튼날(역3)이튿날 04y(시령)

▷ 이편(역2)이편 52y(쇄설)

이편(동1)이편 10y(지리)

이편(동2)이편 19y(주강)

이편(몽1)이편 08z(지리)

▷ 이하다(역1)술주량이 세다 60z(연향)

▷ 이혹(역2)대합조개 37z(수족)

▷ 이후(동2)이후 50z(쇄설)

이후(몽2)이후 43y(쇄설)

▷ 이희(역3)이 해 03z(시령)

▷ 이오지(동1)이웃 41y(성곽)

이욷(왜1)이웃 35y(성곽)

이오지(몽1)이웃 31y(성곽)

▷ 이울다(왜2)시들다 30z(화초)

▷ 이윽고(동2)이윽고 47z(쇄설)

이윽고(몽2)이윽고 40y(쇄설)

▷ 이이(왜2)…따름이다 43z(쇄설)

▷ 이월(왜1)이월 04y(시령)

▷ 익것(역3)기껏 24y(기식)

▷ 익년(왜1)다음해 03z(시령)

▷ 익두매(역2)익더귀 26y(비금)

▷ 익일(왜1)다음날 05y(시령)

▷ 인(동1)인, 도장 39z(관직)

인(왜1)인, 도장 37z(공식)

인(몽1)인, 도장 29z(관직)

▷ 인(역3)인, 사람 08z(관부)

▷ 인(왜1)인 07z(시령)

▷ 인덩(역3)인정 04z(시령)

인덩(몽1)인정 04z(시령)

▷ 인덩(왜1)인경(봉건사회) 06y(시령)

▷ 인도(역2)인두, 다리미 16y(기구)

인도(동2)인두, 다리미 18y(장기)

인도(역3)인두, 다리미 41z(재봉)

인도(몽2)인두, 다리미 14y(장기)

▷ 인도질ᄒᆞ다(동2)인두질하다 18y(장기)

인도질ᄒᆞ다(몽2)인두질하다 14y(장기)

▷ 인도ᄒᆞ다(역3)인도하다 48z(주수)

▷ 인번ᄒᆞ다(몽3)작업을 교대받다 18z(정사)

▷ 인시(왜1)인시 06y(시령)

▷ 인숨(왜2)인삼 31y(화초)

▷ 인식(왜1)목이 막히다 49z(식이)

▷ 인씬(왜2)끈 39z(쇄설)

▷ 인절미(역1)인절미 51z(식이)

인절미(동1)인절미 59z(식이)

▷ 인즁(왜1)인중 17y(신체)

▷ 인편(몽1)인편　21y(동정)
　인편(왜2)인편　41z(쇄설)
▷ 인후(왜1)인후　17y(신체)
▷ 인ᄒ다(동2)인하다　61z(쇄설)
　인ᄒ다(왜1)인하다　28y(어사)
▷ 인연(역3)인연　54y(쇄설)
　인연(왜2)인연　48y(쇄설)
▷ 인임ᄒ다(역3)還缺　10y(관직)
▷ 일(역1)일　41z(례도)
　일(역2)일　50z(쇄설)
　일(동1)일　33y(인사)
　일(동2)일　10y(상장)
　일(역3)일　56z(쇄설)
　일(왜2)일　33y(쇄설)
　일(몽1)일　25y(인사)
　일(몽2)일　07z(상장)
　일(몽3)일　12y(동정)
▷ 일가(왜1)일가, 한집　14y(친속)
▷ 일그릇ᄒ다(역3)일 그릇하다　57y(쇄설)
▷ 일긔(왜1)일기　38z(학교)
▷ 일나다(동2)일나다　31z(형옥)
　일나다(몽2)일나다　26y(형옥)
▷ 일내다(동2)일내다　31z(형옥)
　일내다(역3)일내다　37z(형옥)
　일내다(몽2)일내다　26y(형옥)
▷ 일다(왜1)일다　11y(지리)
▷ 일뎡(왜2)반드시, 꼭　48y(쇄설)
▷ 일로뻐(동2)이로써　50z(쇄설)
　일로뻐(몽3)이로써　40y(쇄설)
▷ 일로ᄒ여(동2)이로하여　50z(쇄설)
　일로ᄒ여(몽2)이로하여　43y(쇄설)
▷ 일만(역1)일만　65y(산술)
　일만(왜1)일만　55z(산술)
▷ 일목(왜1)일목　52y(질병)

▷ 일못다(역1)일찍 모이다　10z(관부)
▷ 일반(왜2)일반　46z(쇄설)
▷ 일변으로(역3)한편으로　58z(쇄설)
▷ 일본(왜2)일본　02z(국호)
▷ 일빅(역1)일백　65y(산술)
　일빅(왜1)일백　55z(산술)
▷ 일쯕이(역3)일찍이　54z(쇄설)
　일쯕이(역3)일찍이　04y(시령)
▷ 일산(역2)양산　16z(기구)
　일산(동2)양산　13z(기구)
　일산(왜2)양산　13z(기구)
　일산(몽2)양산　10y(기구)
▷ 일식(왜1)일식　01z(천문)
▷ 일쓰다(동2)일을 없애다　31z(형옥)
　일쓰다(몽2)일을 없애다　26y(형옥)
▷ 일씨오다(동1)일깨우다　24z(언어)
　일씨오다(몽1)일깨우다　19y(언어)
▷ 일졀(왜2)일절, 일체　41y(쇄설)
▷ 일족(왜1)일족, 한가족　14y(친속)
▷ 일즉(왜1)일찍　28y(어사)
▷ 일즉을(왜1)어릴(어리다)　20z(신체)
▷ 일즉이(몽2)일찍이　50z(쇄설)
▷ 일쳑(왜1)일척　56y(산술)
▷ 일천(역1)일천　65y(산술)
　일천(왜1)일천　55z(산술)
▷ 일쵿(왜1)한줌　56y(산술)
▷ 일크를(왜2)일커를(일커다)　40z(쇄설)
▷ 일타(역1)잃다　24z(관역)
　일타(동1)잃다　30y(동정)
　일코(역3)잃고　61z(쇄설)
　일흘(왜2)잃을(잃다)　34z(쇄설)
▷ 일태(왜1)한바리　56y(산술)
▷ 일허ᄇ리다(몽1)잃어버리다　22z(동정)
▷ 일흠(역1)이름　11y(관부)

일홈(동1)이름 12z(친속)
일홈(동2)이름 53y(쇄설)
일홈(역3)이름 54y(쇄설)
일홈(왜1)이름 14y(친속)
일홈(몽1)이름 10z(친속)
일홈(몽2)이름 45y(쇄설)
일홈(몽3)이름 40y(쇄설)
▷일ᄒ다(역1)일하다 25z(사관)
　일ᄒ다(역3)일하다 54z(쇄설)
▷일악(왜1)한줌 56y(산술)
▷일양(왜2)한가지, 같다 46z(쇄설)
▷일영(왜1)해그림자 07y(기후)
▷일오다(역2)이루다 50z(쇄설)
　일오다(동2)이루다 53z(쇄설)
　일올(왜2)이룰(이루다) 43z(쇄설)
　일우다(몽2)일구다 50z(쇄설)
▷일운(왜1)해무리 01z(천문)
▷일은좌긔(역3)이른 재판 09y(공식)
▷일을ᄣᅢ(역3)잃을 때 61z(쇄설)
▷일의(역2)이리 39y(수족)
　일히(역2)이리 33z(주수)
　일의(동2)이리 42y(수족)
　일히(동2)이리 39y(주수)
　일히(왜2)이리 23z(주수)
　일의(몽2)이리 35y(수족)
　일히(몽2)이리 33y(주수)
▷일의ᄒ다(역2)애교를 부리다 49z(쇄설)
▷임(왜1)임 07z(시령)
▷임내내다(역2)흉내를 내다 48y(쇄설)
　임내내다(동2)흉내를 내다 60y(쇄설)
　임내내다(몽3)흉내를 내다 30y(기회)
▷임의(동2)임의 49z(쇄설)
　임의(왜2)임의 48z(쇄설)
　임의(몽2)임의 42y(쇄설)

　임의(몽3)임의 13z(인사)
▷임의(왜1)이미 28z(어사)
▷임의로(동2)임의로 50y(쇄설)
　임의로(역3)임의로 57y(쇄설)
　임의로(몽2)임의로 42y(쇄설)
▷입(역1)입 34y(신체)
　입(역2)입 45y(쇄설)
　입(동1)입 15z(신체)
　입(동2)입 38z(주수)
　입(역3)입 46z(안비)
　입(왜1)입 17y(신체)
　입(몽1)입 12z(신체)
　입(몽2)입 16y(안비)
▷입다므다(동1)입을 다물다 29y(동정)
　입다므다(몽1)입을 다물다 20y(언어)
▷입다시다(역1)입을 다시다 38y(기식)
▷입ᄃᆞ다(동1)입이 밭다 63y(식이)
　입ᄃᆞ다(몽1)입이 밭다 49z(식이)
　입ᄃᆞ다(몽3)입이 밭다 20z(식이)
▷입데다(역1)입을 데다 53z(식이)
▷입마초다(역1)입맞추다 40y(동정)
　입마초다(동1)입맞추다 54y(잉산)
　입마초다(몽1)입맞추다 41z(잉산)
▷입맛업다(동1)입맛이 없다 63y(식이)
▷입맛젓다(몽3)입맛이 적다 19y(잉산)
▷입버리다(동1)입을 벌리다 29y(동정)
　입벌이다(역3)입을 벌리다 25y(동정)
　입버리다(몽1)입을 벌리다 20y(언어)
▷입쁫다(역3)입을 쏫다 25z(동정)
▷입슈얼(역1)입술 53z(식이)
　입시울(동1)입술 16y(신체)
　입ㅅ욹(역3)입술 22y(신체)
　입시욹(역3)입술 34z(질병)
　임시울(왜1)입술 17y(신체)

입시울(몽1)입술 12z(신체)
▷ 입亽ᄒ다(동2)도금하다 18z(장기)
　입亽ᄒ다(몽3)도금하다 26z(장기)
▷ 입졋다(역3)입맛적다 23y(잉산)
▷ 입졍(역3)입정 57z(쇄설)
▷ 입주다(역1)입비쭉이다 40y(동정)
▷ 입치기(역3)입치기 52y(쇄설)
▷ 입춘말ᄒ다(역3) 큰소리만 하다 57y(쇄설)
▷ 입하눌(몽3)입천장 06z(신체)
▷ 입힐홈(역1)입씨름 66y(쟁송)
　입힐홈(동2)입씨름 29y(쟁송)
　입흘음(역3)입씨름 52z(쇄설)
　입힐홈(몽2)입씨름 23z(쟁송)
　입히롬(몽3)입씨름 29y(쟁송)
▷ 입아귀(역3)입아귀 22y(신체)
　입아귀(몽3)입아귀 06y(신체)
▷ 입아랫나롯(역1)수염 34z(신체)
▷ 입아랫시울(역1)아래입술 34y(신체)
▷ 입웃나롯(역1)코수염 34z(신체)
▷ 입웃시울(역1)웃입술 34y(신체)
▷ 잇그다(역2)이끌다 32y(주수)
　잇그다(동2)이끌다 38y(주수)
　잇그다(몽2)이끌다 32y(주수)
　읻그다(왜1)이끌다 30z(동정)
　읻그다(왜2)이끌다 20y(주강)
▷ 잇글리이다(몽3)이끌리다 29z(쟁송)
▷ 잇굿(동2)단지, 근근히 49z(쇄설)
　잇굿(몽2)단지, 근근히 41z(쇄설)
▷ 잇굿ᄒ면(몽3)가장, 대단히 40y(쇄설)
▷ 잇기(동1)이끼 09z(지리)
　잇끼(역3)이끼 51y(화초)
　읻기(왜2)이끼 31z(화초)
　잇기(몽2)이끼 39y(화초)
　잇기(몽3)미끼 22y(전어)

이ㅅ기(몽3)이끼 35y(화초)
▷ 잇개나모(동2)삼나무 44y(수목)
　잇개나모(몽2)삼나무 36z(수목)
▷ 잇다(역1)있다 02y(천문)
　잇다(역2)있다 52z(쇄설)
　잇다(동1)있다 13y(인품)
　잇다(동2)있다 22z(산술)
　잇다(역3)있다 17y(군기)
　잇다(몽1)있다 19y(언어)
　잇다(몽2)있다 34y(주수)
　잇다(몽3)있다 05y(인품)
▷ 잇부다(동2)피곤하다 58y(쇄설)
　읻부다(왜1)묵다 22y(기식)
▷ 잇짜가(역3)있다가 59y(쇄설)
▷ 잉아(역2)잉아 03z(직조)
　잉아(몽3)잉아 28y(직조)

[ㆍ]

▷ ᄋᆞᄆᆞ(몽3)망아지 32y(주수)

[ㅐ]

▷ 애(역3)애, 마음 54z(쇄설)
　애(왜1)애, 마음 19y(신체)
▷ 애둛다(역1)애닯다 38z(기식)
▷ 애쓰다(역1)애쓰다 38z(기식)
　애쓰다(역2)애쓰다 47z(쇄설)
▷ 애애(왜2)많다, 무성하다 50y(쇄설)
▷ 애오라지(왜1)애오라지 29y(어사)

[ㅔ]

▷ 에엿쓰다(역3)어여쁘다   52y(쇄설)
　어열부다(왜1)어여쁘다   21z(기식)
▷ 에오다(역3)에우다   12y(학교)
　에우다(역3)에우다   15z(교열)
　에오다(왜1)에우다   39z(교열)
　에우다(몽3)에우다   16z(학교)
▷ 에옴길(역1)에두름길   06z(지리)
　에음길(동1)에두름길   41z(성곽)
　에옴길(역3)에두름길   05z(지리)
　에음길(몽1)에두름길   31z(성곽)
▷ 에우티다(동1)에우치다   43z(학교)
　에우치다(몽3)에우치다   16z(학교)
▷ 에유아리(역2)바리대   13z(기구)
▷ 에워가다(동1)에돌아가다   27y(동정)
　에워가다(역3)에돌아가다   26y(동정)
　에워가다(몽1)에돌아가다   20z(동정)
▷ 에워나다(역2)견디다   50z(쇄설)
▷ 에워쓰다(동1)에워싸다   46y(교열)
　에워쓰다(몽1)에워싸다   35y(교열)

[ㅖ]

▷ 예고쵸(역1)중국 산서 고추   53y(식이)
▷ 예긔(동2)예기, 예리한 기운   56z(쇄설)
　예긔(몽2)예기, 예리한 기운   48y(쇄설)
▷ 예도(왜2)預度   48z(쇄설)
▷ 예비ᄒ다(역1)예비하다   59y(연향)

[ㅚ]

▷ 외(역1)오이   53y(식이)

외(역2)오이   11y(채소)
외(동2)오이   04y(채소)
외(왜2)오이   05z(채소)
외(몽2)오이   03z(채소)
▷ 외감(왜1)외감, 감기   50z(질병)
▷ 외관(동2)외관, 관의 겉널   10z(상장)
　외관(몽2)외관, 관의 겉널   08y(상장)
▷ 외나모ᄃ리(역1)외나무다리   15y(성곽)
　외나모ᄃ리(동1)외나무다리   42y(성곽)
　외나모ᄃ리(몽1)외나무다리   32y(성곽)
　외나모ᄃ리(몽3)외나무다리   11y(동정)
▷ 외다(몽3)외따로 나다   35z(쇄설)
▷ 외다리(역1)외다리   18z(궁궐)
▷ 외람(왜2)외람되게   35z(쇄설)
▷ 외로오다(왜1)외롭다   16y(인품)
▷ 외방(동1)외방   41y(성곽)
　외방(왜1)외방   34z(성곽)
▷ 외불(역1)潮毯   63y(질병)
▷ 외ㅅ손(역3)외덩굴   51y(화초)
▷ 외삼촌(동1)외삼촌   11z(친속)
　외아자비(역3)외삼촌   33y(친속)
　외구(왜1)외삼촌   13y(친속)
　외삼촌(몽1)외삼촌   10y(친속)
▷ 외삼촌의쳐(동1)외삼촌어머니   11z(친속)
　외삼촌의쳐(몽3)외삼촌어머니   04z(친속)
▷ 외꼭지(역3)외꼭지   51y(화초)
▷ 외자(역2)외자(~돈)   50z(쇄설)
▷ 외자내다(동2)외자를 내다   27z(매매)
　외자내다(몽2)외자를 내다   22y(매매)
▷ 외자ㅅ쟝(역3)외자장   38z(매매)
▷ 외알(동2)외발굽   38y(주수)
　외알(역3)외발굽   49y(주수)
▷ 외알레다(몽2)외발굽   32y(주수)
▷ 외앗(역1)오얏   56y(식이)

외얏(동2)오얏　05z(식이)

외얏(몽2)오얏　04z(식이)

▷ 외양(역3)외양간　61z(쇄설)

외양(왜1)외양간　32z(궁궐)

외양(몽3)외양간　33y(주수)

▷ 외오다(역1)외우다　15z(학교)

외오다(동1)외우다　43z(학교)

외오다(역3)외우다　11z(학교)

외오다(왜1)외우다　38y(학교)

외오다(몽1)외우다　33y(학교)

▷ 외온길(역3)외딴길　06y(지리)

▷ 외올실(몽2)외오리실　20y(직조)

▷ 왼(동1)왼(쪽)　48y(군기)

욀(좌)(왜1)왼쪽　11z(지리)

왼(몽1)왼(쪽)　36z(군기)

▷ 왼(역3)온, 전부　40y(직조)

왼(몽2)온, 전부　49z(쇄설)

▷ 왼것(역3)완전한것　55z(쇄설)

왼것(몽2)완전한것　46y(쇄설)

▷ 왼날(역3)온 하루　04y(시령)

▷ 왼밤(역3)온 밤　04z(시령)

왼밤(몽1)온 밤　04z(시령)

▷ 왼집(몽1)온 집　26y(궁궐)

▷ 왼히(역3)온 해　03z(시령)

왼히(몽1)온 해　04y(시령)

▷ 윈이(몽3)윈이　20z(식이)

▷ 윗속(역2)오이속　11z(채소)

[ㅟ]

▷ 위나라(왜2)위나라　02y(국호)

▷ 위대(역1)몸을 조심하다　31z(경중)

▷ 위두ᄒ다(몽3)우두머리로 되다　18z(정사)

▷ 위로(왜2)위로하다　34y(쇄설)

▷ 위박(왜1)갈대발, 문발　32z(궁궐)

▷ 위티(몽3)위태　37z(쇄설)

위티(왜2)위태　34y(쇄설)

▷ 위티롭다(동2)위태롭다　58y(쇄설)

▷ 위티ᄒ다(몽2)위태하다　49y(쇄설)

▷ 위ᄒ다(역1)위하다　25z(사관)

위ᄒ다(역3)위하다　20z(인품)

위ᄒ다(왜2)위하다　40z(쇄설)

위ᄒ다(몽3)위하다　25y(사관)

▷ 위어(역2)칼치　37z(수족)

▷ 위억(역3)위협　52z(쇄설)

▷ 위엄(동1)위엄　50z(정사)

위엄(왜1)위엄　39z(교열)

위엄(몽1)위엄　38z(정사)

▷ 위연ᄒ다(역3)우연하다　35z(의약)

▷ 위우다(역1)우비다　49y(소세)

▷ 윈쳡(몽2)식탁　10y(기구)

[ㅢ]

▷ 의개(왜2)삼나무　28z(수목)

▷ 의논(동1)의논　25y(언어)

의론(왜1)의논　26z(언어)

의논(몽1)의논　19y(언어)

▷ 의논ᄒ다(동1)의논하다　25y(언어)

의논ᄒ다(몽1)의논하다　19y(언어)

▷ 의상(동1)의상, 옷차림　57z(복식)

▷ 의심(왜2)의심　35z(쇄설)

▷ 의심젓다(동2)의심쩍다　31z(형옥)

의심젓다(몽2)의심쩍다　26y(형옥)

▷ 의심ᄒ다(동1)의심하다　23z(성정)

의심ᄒ다(역3)의심하다　57y(쇄설)

의심ㅎ다(몽1)의심하다   18y(성정)
▷ 의ᄉ(몽3)뜻   35z(쇄설)
▷ 의쯧(동2)의와 뜻   60y(쇄설)
　의쯧(몽2)의와 뜻   49z(쇄설)
▷ 의졋디아니타(동2)
　의젓하지 않다   34y(마육)
　의졋티아니타(몽2)
　의젓하지 않다   27z(마육)
▷ 의지ㅎ다(역2)의지하다   47z(쇄설)
　의지ㅎ다(역3)의지하다   55y(쇄설)
　의지ㅎ다(왜2)의지하다   41z(쇄설)
　의지ㅎ다(몽3)의지하다   37y(쇄설)
▷ 의혹ㅎ다(역3)의심하다   61y(쇄설)
▷ 의희이(동1)어슴푸레   29y(동정)
　의희(왜2)어슴푸레   44y(쇄설)
　의희이(몽3)어슴푸레   12y(동정)
▷ 의연(왜2)의연하다   45y(쇄설)
▷ 의원(동1)의원   13y(인품)
　의원(왜1)의원   36z(관직)
　의원(몽1)의원   11y(인품)
▷ 의이(왜2)의이   05y(화곡)

[ㅓ]

▷ 익도로다(왜1)분노하다   21z(기식)
▷ 잉무(역2)앵무새 27y(비금)
　잉무(동2)앵무새   34z(비금)
　잉무(왜2)앵무새   21y(비금)
　잉무(몽2)앵무새   28z(비금)
▷ 잉무비(역2)앵무조개   13z(기구)
▷ 익미(동2)애매   30y(쟁송)
　익미(왜2)애매   46y(쇄설)
▷ 익미히(역1)애매하게   66z(쟁송)

익미히(역2)애매히   44y(쇄설)
　익미히(역3)애매하게   37z(형옥)
▷ 익(역2)액   44z(쇄설)
　익(역3)액   11y(제례)

[ㅘ]

▷ 완비(역1)다 마시다   60y(연향)
▷ 왈학ㅎ다(역1)나른하다   38z(기식)
▷ 왕(동1)왕   37y(관직)
▷ 왕반(역3)왕복   26y(동정)
▷ 왕반ㅎ다(동1)왕복하다   26z(동정)
▷ 왕프리(몽3)왕파리   34y(곤충)

[ㅝ]

▷ 워기다(동2)웨치다   27y(매매)
　웨이다(역3)웨치다   38y(매매)
　위이다(몽2)웨치다   22y(매매)
▷ 원(동1)원(知縣)   38z(관직)
　원(몽1)원(知縣)   29y(관직)
▷ 원나라(왜2)원나라   01z(국호)
▷ 원릭(왜2)원래   45y(쇄설)
▷ 원망(왜1)원망   21z(기식)
▷ 원망ㅎ다(역3)원망하다   24z(기식)
▷ 원슈(동2)원쑤   29z(쟁송)
　원슈(역3)원쑤   60y(쇄설)
　원슈(왜2)원쑤   40z(쇄설)
　원슈(몽2)원쑤   24y(쟁송)
▷ 원슈갑다(동2)원쑤를 갚다   29z(쟁송)
　원슈갑다(역3)원쑤를 갚다   37y(쟁송)
　원슈갑다(몽2)원쑤를 갚다   24y(쟁송)

▷ 원슈스럽다(역3)원쑤스럽다 21z(마욕)
▷ 원슈짓다(동2)원쑤지다 29z(쟁송)
　원슈짓다(몽2)원쑤지다 24y(쟁송)
▷ 원척(동2)피고인 29y(쟁송)
　원척(몽2)피고인 24y(쟁송)
▷ 원통ᄒ다(역3)원통하다 36z(쟁송)
▷ 원혼(동2)원혼 12z(사관)
▷ 원ᄒ다(동1)원하다 34y(인사)
　원ᄒ다(왜1)원하다 29y(어사)
▷ 원앙(왜2)원앙새 21y(비금)
▷ 원억(몽2)원통 24z(쟁송)
▷ 원억ᄒ다(몽2)원통하다 24z(쟁송)
▷ 월계(역2)월계화 40y(화초)
▷ 월나라(왜2)월나라 02y(국호)
▷ 월라몰(역2)얼럭말 29y(주수)
　월라몰(동2)얼럭말 37z(주수)
▷ 월식(왜1)월식 01z(천문)

▷ 월야(왜1)달밤 05z(시령)
▷ 월운(왜1)달무리 01z(천문)

[ᅫ]

▷ 왜(동2)왜 32z(국호)
　왜(몽2)왜 28z(국호)
▷ 왜걸이(역3)안으로 휜다리 20z(인품)
▷ 왜진주(동2)동북구슬 23y(진보)
　왜진주(몽2)동북구슬 18z(진보)
▷ 왜즉(왜1)난쟁이 52y(질병)

[ᅰ]

▷ 웨젼즈런ᄒ다(역3)훙셩거리다 54z(쇄설)

저자 소개

김 철 준

경력 : 연변대학 아시아아프리카언어문학학과 박사학위 취득
　　　연변대학 조선-한국학학원 부교수

저서 :『광복 후 조선어논저목록지침서』(역락출판사, 2001)
　　　『화어류초의 어휘연구』(역락출판사, 2004)
　　　『언어학개론』(연변대학출판사, 2005)
　　　『조선어 운률적 특징에 대한 실험음성학적 연구』(민족출판사, 2007)
　　　『조선어문법』(연변대학출판사, 2008)

『류해』서 어휘 사용 양상 연구

인 쇄 2009년 9월 15일
발 행 2009년 9월 30일
지은이 김철준
펴낸이 이대현
편 집 이소희
펴낸곳 도서출판 역락
　　　서울 서초구 반포4동 577-25 문창빌딩 2층
　　　전화 02-3409-2058(영업부), 2060(편집부) I FAX 02-3409-2059
　　　이메일 youkrack@hanmail.net
　　　등록 1999년 4월 19일 제303-2002-000014호

ISBN 978-89-5556-725-0 93710
정 가 29,000원

* 잘못된 책은 교환해 드립니다.